Tegen/Reul/Heidinger/Tersteegen
Unternehmensrecht

Unternehmensrecht

Handelsrecht, Gesellschaftsrecht, Umwandlungsrecht

von

Prof. Dr. Thomas Tegen

Fachhochschule Nordhausen Thüringen

Dr. Adolf Reul

Notar in Neu-Ulm

Dr. Andreas Heidinger

Dr. Jens Tersteegen

Deutsches Notarinstitut Würzburg

Verlag Franz Vahlen München

VERLAG
VAHLEN
MÜNCHEN
www.vahlen.de

Lösungen zu den Übungsfällen und Aufgaben
zur Selbstüberprüfung unter:

www.vahlen.de

Die Autoren haben das Werk sorgfältig erstellt. Eine Haftung für inhaltliche oder
drucktechnische Fehler kann jedoch nicht übernommen werden.

ISBN 978 3 8006 3657 0

© 2009 Verlag Franz Vahlen GmbH, Wilhelmstraße 9, 80801 München
Satz: Fotosatz H. Buck, Kumhausen
Druck und Bindung: Druckhaus Nomos, In den Lissen 12, 76547 Sinzheim
Umschlaggestaltung: Bruno Schachtner, Dachau

Gedruckt auf säurefreiem, alterungsbeständigem Papier
(hergestellt aus chlorfrei gebleichtem Zellstoff).

Vorwort

Juristische Lehrbücher gibt es in Hülle und Fülle. Auch viele fachlich durchaus exzellente und anspruchsvolle Werke, die heute längst und völlig zu Recht ihren festen Platz in der juristischen Ausbildungsliteratur gefunden haben. Gleichwohl gibt es immer noch kaum Lehrbücher zum Unternehmensrecht, die sich zuvörderst an Studierende wenden, die ohne fundierte Vorkenntnisse gerade erst damit beginnen, sich mit Themen, wie dem Handels – oder Gesellschaftsrecht, zu beschäftigen und sich zunächst einen Einblick in die Grundlagen und Strukturen dieser Rechtsgebietes verschaffen möchten. Deshalb wendet sich dieses Lehrbuch sowohl an Studierende wirtschaftswissenschaftlicher und wirtschaftsverwandter Studiengänge an Universitäten und Fachhochschulen, die Wirtschaftsrecht und vor allem Unternehmensrecht als Pflichtfach absolvieren müssen, als auch an Jura – Studenten, die sich das erste Mal mit Themen aus dem Bereich des Unternehmensrechts befassen und nicht nur einen ersten, aber kompakten Einstieg in diese Rechtsgebiete wünschen, sondern einmal den berühmten „roten" Faden erkennen wollen.

Dabei beschreitet dieses Lehrbuch ganz bewusst einen neuen Weg. Es ist in Form einer geschriebenen Vorlesung konzipiert. Der Leser wird bewusst persönlich angesprochen, zum Mitdenken motiviert und eingeladen, die zahlreichen Fragen, Übungsfälle und Beispiele zunächst selbst zu lösen. Der arrivierte Praktiker mag über die vielen Schaubilder und Organigramme schmunzeln, sind sie dem klassischen juristischen Lehrbuch (und nicht zuletzt auch dem Juristen an sich) eher fremd. Doch ihre Verwendung, die Herausgeber gestehen es, geschah mit dolus directus 1. Grades. Ganz bewusst macht sich dieses Lehrbuch Lernstrukturen, die sich seit Jahren im Fernstudium bewährt haben, zu nutze. Dabei wurde auch bewusst auf rechtsdogmatische Fragen und umfangreiche Literaturhinweise, soweit dies vertretbar erschien, verzichtet. Ganz im Fokus der Herausgeber und Autoren stand der Studierende, der sich – freiwillig oder nicht – das erste Mal mit den Kernthemen des Unternehmensrechts, dem Handels-, dem Gesellschafts- und dem Umwandlungsrecht befassen muss. Dabei möchte und kann dieses Werk nicht in Konkurrenz zu den etablierten Standardwerken treten. Ziel dieses Buches ist es, dem Leser einen ersten fundierten Einstieg in die Kernthemen des Unternehmensrechts zu verschaffen und somit das rechtliche Fundament zu legen, auf das dann mit Hilfe der (großen) Standardwerke aufgebaut werden kann. Sollte dieses Werk gleichwohl seinen Platz in der juristischen Ausbildungsliteratur finden, haben die Herausgeber mehr als ihr Ziel erreicht.

Dieses Lehrbuch berücksichtigt Gesetzgebung und Rechtsprechung bis Ende Mai 2009. Es enthält bereits eine Einführung in die wesentliche Ziele und Änderungen, die das Handelsrecht durch das Bilanzmodernisierungsgesetz (BilMoG) erfährt. Ferner ist im Teil Aktienrecht bereits das Gesetz zur Umsetzung der Aktionärsrechtrichtlinie (ARUG) enthalten und berücksichtigt. Im Gesellschaftsrecht beschränkt sich die Darstellung auf einen Überblick über die für die Unternehmenspraxis relevanten Gesellschaftsformen. Auf eine Darstellung zum Verein, zum Versicherungsverein und zur Genossenschaft wurde daher verzichtet.

Und nun noch eine kleine Anleitung zum Arbeiten mit diesem Werk: Dieses Lehrbuch ist als Arbeitsbuch mit interaktivem Ansatz konzipiert. Sie sollten das Buch nicht nur durchlesen. Erfolg erzielen Sie nur, wenn Sie mit ihm arbeiten. Versuchen Sie die in dem Buch enthaltenen Fragen, Übungsfälle und Beispielfälle zunächst selbst zu beantworten, bevor Sie weiter lesen! Gleiches gilt für die Aufgaben zur Selbstüberprüfung, die Sie am Schluss eines jeden Kapitels finden! Die Lösungen zu den Übungsfällen und den Aufgaben zur Selbstüberprüfung finden Sie auf der Hompage des Vahlen Verlages unter www.vahlen.de unter Vahlens Online Materialien zu diesem Titel. Auch diese Lösungen sollten sie stets nachlesen. Sie enthalten häufig noch weiterführende Hinweise und Erläuterungen. Schließlich sollten Sie auch die zitierten Paragraphen in ihrem Gesetzestext nachlesen!

Die in diesem Buch enthaltenen Merksätze, Beispiele, Übungsfälle und Zusammenfassungen sind mit folgenden Symbolen markiert:

Merksätze: **!**

Beispiele: ➡

Übungsfälle: **?**

Zusammenfassungen: ↵

Konstruktive Kritik und Anregungen sind uns stets willkommen. Stets dankbar sind wir auch für Hinweise auf Fehler, die wir hoffen, vermieden zu haben. Unser aufrichtiger Dank gilt all jenen, die uns während der Erstellung dieses Werkes nicht nur entbehren, sondern auch ertragen mussten. Wir wünschen Ihnen nun viel Erfolg beim Arbeiten mit diesem Lehrbuch und vor allem auch viel Freude beim Durchdringen einer äußerst praxisrelevanten Rechtsmaterie!

Lucundi sunt acti labores
(Cicero)

Thomas Tegen, Adolf Reul, Andreas Heidinger, Jens Tersteegen

Inhaltsübersicht

Inhaltsverzeichnis

Abkürzungsverzeichnis

a. F.	alte Fassung
AG	Aktiengesellschaft
AGB	Allgemeine Geschäftsbedingungen
AktG	Aktiengesetz
Alt.	Alternative
BaFin	Bundesanstalt für Finanzdienstleistungsaufsicht
BayObLGZ	Entscheidungen des Bayer. Obersten Landesgerichts in Zivilsachen
BayObLG	Bayerisches Oberstes Landesgericht
BB	Betriebsberater
BGB	Bürgerliches Gesetzbuch
BGBl.	Bundesgesetzblatt
BGH	Bundesgerichtshof
BGHZ	Entscheidungen des Bundesgerichtshofs in Zivilsachen
BörsG	Börsengesetz
BörsZulV	Börsenzulassungsverordnung
BT-Drucks.	Bundestags-Drucksache
DB	Der Betrieb
DepotG	Depotgesetz
DNotI-Report	Report des Deutschen Notarinstituts
DNotZ	Deutsche Notarzeitung
EGV	Vertrag zur Gründung der Europäischen Gemeinschaft
EWiV	Europäische wirtschatliche Interessenvereinigung
FGPrax	Praxis der Freiwilligen Gerichtsbarkeit
FSAP	Aktionsplan für Finanzdienstleistungen (Financial Services Action Plan)
FS	Festschrift
GbR	Gesellschaft bürgerlichen Rechts
Gem.	Gemäß
GmbH	Gesellschaft mit beschränkter Haftung
HGB	Handelsgesetzbuch
ICAM	International Capital Market Association
InsO	Insolvenzordnung
InvG	Investmentgesetz
IPO	Initial Public Offering
KG	Kommanditgesellschaft
KWG	Kreditwesengesetz
MaKonV	Marktmanipulations-Konkretisierungsverordnung
MiFID	Markets in Financial Instruments Directive
n. F.	neue Fassung
NJW	Neue Juristische Wochenschrift
NJW-RR	Neue Juristische Wochenschrift – Rechtsprechungs-Report

Teil A
Handelsrecht

von

Dr. Thomas Tegen
Rechtsanwalt und Notar
Professor für Wirtschaftsrecht
an der FH Nordhausen

Einleitung

Das Handelsrecht ist das Recht der Kaufleute. Dieser kurze und prägnante Satz beinhaltet das Wesen des Handelsrechts. Handelsrecht ist das Recht, das im kaufmännischen Verkehr zu beachten ist. Nun ist im kaufmännischen Verkehr nicht nur das Handelsrecht zu beachten, sondern das Handelsrecht ist als Sonderprivatrecht zuvörderst zu beachten. Daneben gelten freilich das BGB und andere Gesetze des Wirtschaftsrechts, sofern sie einschlägig sind.

Für die Anwendung des Handelsrechts ist eine Eigenschaft wichtig, nämlich die Kaufmannseigenschaft. Das Handelsrecht gilt nur für Kaufleute im rechtlichen Sinne. Als Teil des Wirtschaftsprivatrechts ist das Handelsrecht folglich im unternehmerisch-kaufmännischen Bereich von besonderer Bedeutung und praktischer Relevanz.

Lernziele

Sie lernen in diesem ersten Teil des Buches Unternehmensrecht die rechtlichen Grundlagen des Handelsrechts kennen. Nach der Lektüre dieses Teils sollen Sie in der Lage sein, selbst zu erkennen, wann handelsrechtliche Vorschriften zur Anwendung kommen. Ferner sollen Sie die im unternehmerischen Bereich wichtigsten handelsrechtlichen Strukturen kennen. Sie sollen Funktion und Bedeutung des Handelsregisters kennen und erhalten einen Überblick über ausgewählte registerrechtliche Vorgänge im Unternehmensbereich. Darüber hinaus sollen Sie neben den allgemeinen rechtlichen Rahmenbedingungen von Handelsgeschäften auch mit den Grundzügen des Handelskaufes und des Kommissionsgeschäftes vertraut gemacht werden. Das Transportrecht (Fracht-, Speditions- und Lagervertrag) ist zu einer Spezialmaterie geworden, die nicht Gegenstand dieses Lehrbuches ist.

Mit Hilfe dieses Buches werden Sie folglich mit den rechtlichen Rahmenbedingungen des Handelsstandes, der Handelsbücher und der Handelsgeschäfte, einschließlich des Handelskaufes und des Kommissionsgeschäftes, vertraut gemacht. Zugleich erhalten Sie einen Überblick über das kürzlich in Kraft getretene Bilanzmodernisierungsgesetz (BilMoG) und die daraus folgenden wichtigsten Änderungen der kaufmännischen Rechnungslegung.

Um die aufgezeigten Ziele zu erreichen, benötigen Sie im Grunde nicht viel: Neben diesem Lehrbuch ist es das Gesetz, das HGB und natürlich das BGB. Machen Sie es sich gleich zu Beginn zur Gewohnheit jede genannte Vorschrift im Gesetz nachzulesen. Auch wenn dies etwas mühsam erscheint, werden Sie schnell erfahren, dass sich diese Mühe lohnt. Sind Sie erst mit den einschlägigen Vorschriften vertraut, finden Sie den Zugang zu diesem interessanten und praxisnahen Rechtsgebiet umso leichter. Deshalb gilt hier im ersten Teil zum Handelsrecht das Gleiche wie in den folgenden Teilen zum Gesellschafts- und Umwandlungsrecht: lesen Sie jede im Buch genannte Vorschrift nach! Der Gesetzestext sollte stets neben diesem Buch liegen und Sie beim Durchar-

Thomas Tegen

beiten begleiten. Machen Sie sich diese Vorgehensweise gleich zur Gewohnheit. Sie werden sehen, der Lernerfolg stellt sich dann ganz von selbst ein.

Und nun wünsche ich Ihnen Erfolg und auch Freude mit dem ersten Teil, dem Handelsrecht.

Ihr

Thomas Tegen

Thomas Tegen

A.1 Grundlagen

In diesem Kapitel lernen Sie die Grundbegriffe und Rechtsquellen des Handelsrechts kennen. Die Grundlagen des Handelsrechts sollen Ihnen vermitteln, wie das HGB aufgebaut ist und welche Rechtsgeschäfte dem Handelsrecht unterliegen und welche Personen (Rechtssubjekte) es besonders zu beachten haben. Nach dem Durcharbeiten dieses Kapitels wissen Sie, wann Sie die Vorschriften des Handelsrechts beachten müssen und welche Bereiche diese Vorschriften regeln.

A.1.1 Entstehung

> *"No nation was ever ruined by trade"*
> (Benjamin Franklin, 1705–1788, *Bartlett, J.*, Familiar Quotations)

Das Handelsrecht ist das Recht der Kaufleute. Kaufleute gibt es nun schon seit Jahrhunderten. Denken Sie nur an das Geschlecht der *Fugger* oder der *Medici*. Handelsrecht ist deshalb altes Recht. Es hat sich um das 16./17. Jahrhundert aus den Handelsbräuchen und den Rechtsinstituten der Handelsstände heraus entwickelt (zur Geschichte des Handelsrechts vgl. *Raisch,* Geschichtliche Voraussetzungen, dogmatische Grundlagen und Sinnwandlung des Handelsrechts, 1965) und verlief sich zunächst gemäß der damaligen territorialen Zersplitterung in eine unübersehbare Vielzahl von einzelnen „Merkantilordnungen" (Markt-, Börsen- oder Wechselverordnungen). Diese Ordnungen waren teils (so etwa in den westlichen Teilen Deutschlands) durch das französische Recht, nämlich den „Code de Commerce" von 1807, geprägt.

Die erste allgemeine Kodifikation des Handelsrechts in Deutschland erscheint erst Mitte des 19. Jahrhunderts mit der Entstehung des Allgemeinen Deutschen Handelsgesetzbuchs von 1861 (ADHGB). Auf diesem Werk fußt das HGB von 1897, das gemeinsam mit dem BGB am 01.01.1900 in Kraft getreten ist. Während das BGB ein komplett neu konzipiertes Gesetz war, hat sich das Handelsrecht also aus dem ADHGB und den Handelsbräuchen entwickelt. Deshalb ist auch noch heute das ADHGB von Bedeutung, da wesentliche Teile des HGB und auch des Aktienrechts auf das ADHGB zurückgehen.

Das Handelsrecht wurde durch das Handelsrechtsreformgesetz vom 22.06.1998 (in Kraft seit dem 01.07.1988) grundlegend modernisiert. Dies betrifft insbesondere die Bestimmungen über Kaufleute und Firmen. Unser heute geltendes Handelsrecht im engeren Sinne umfasst neben dem HGB auch das Scheckgesetz und das Wechselgesetz. Im weiteren Sinne wird vom Handelsrecht daneben noch das Wertpapierrecht und das Bank- und Börsenrecht umfasst. In diesem Lehrbuch wird Handelsrecht im engeren Sinne verstanden.

Thomas Tegen

A.1.2 Aufbau

Das Handelsrecht im engeren Sinne ist weitestgehend im HGB geregelt. Das HGB ist wie das BGB in fünf Bücher unterteilt. Um sich einen Überblick zu verschaffen, nehmen Sie Ihren HGB Gesetzestext zur Hand und schauen Sie sich das Inhaltsverzeichnis an. Im Mittelpunkt dieses Werkes stehen das erste, dritte und vierte Buch des HGB. Einen Gesamtüberblick verschafft Ihnen das nachfolgende Schaubild:

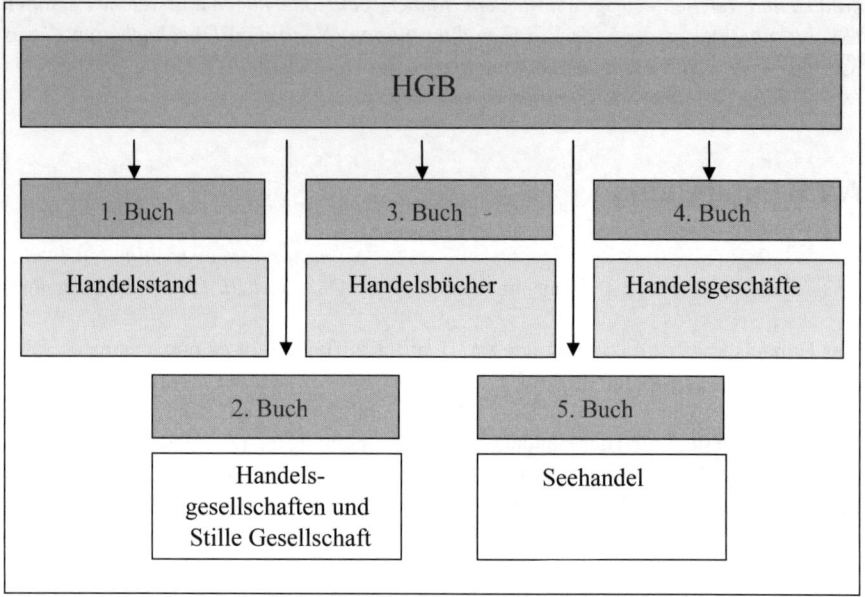

Abbildung A.1.2: Aufbau des HGB

Das erste Buch – der Handelsstand – beschäftigt sich zunächst mit der wichtigen Kaufmannseigenschaft. Sie werden sogleich im nächsten Kapitel erfahren, dass die Kaufmannseigenschaft quasi die Eintrittskarte in das Reich des HGB ist. Ferner werden die Bedeutung der Handelsfirma, des Handelsregisters und die Hilfspersonen des Kaufmanns behandelt. Das zweite Buch beschäftigt sich mit den Personen**handels**gesellschaften und der stillen Gesellschaft. Wie Sie schon bemerkt haben werden, liegt die Betonung auf Personen**handels**gesellschaften, mithin solche Personengesellschaften, die gerade ein Handelsgewerbe betreiben. Dieser kleine begriffliche Zusatz hat eine große Bedeutung; dies werden Sie selbst nun gleich feststellen.

Das dritte Buch bildet den Kern der deutschen Rechnungslegungsvorschriften (*Kirnberger*, in HK-HGB, E vor 238, Rz. 1). Es wurde durch das Bilanzrichtlinien-Gesetz vom 19.12.1985 in das HGB eingefügt und erfährt gegenwärtig durch das Bilanzmodernisierungsgesetz, das am 28. Mai 2009 in Kraft getreten ist, eine umfangreiche Modernisierung, die vor allem für den Mittelstand von zentraler Bedeutung sein wird. Das vierte Buch schließlich behandelt allgemeine Regelungen, die für Rechtsgeschäfte des Kaufmanns gelten und beinhaltet sodann besondere Rechtsgeschäfte des Kaufmanns, wie das Kommission-, das Transport- und das Lagergeschäft. Das im fünften Buch geregelte Seehandelsrecht ist zu einer Spezialmaterie (Seerecht) geworden, die aus Platzgründen hier nicht behandelt werden kann. In diesem ersten Teil des Buches zum Unternehmensrecht, beschränken wir uns auf die Grundlagen des Handelsrechts und somit insbesondere auf das erste, dritte und vierte Buch des Handelsrechts. Im dritten Buch, die Handelsbücher, stellen wir Ihnen aus aktuellem Anlass bereits die Grundlagen des Bilanzmodernisierungsgesetzes vor. Im vierten Buch beschränken wir uns auf die allgemeinen Vorschriften, den Handelskauf und das Kommissionsgeschäft. Abschließend erhalten Sie noch einen Überblick über die Handelspapiere des Kaufmanns. Das Fracht-, Speditions- und Lagergeschäft gehört zum Transportrecht und damit zu einer Spezialmaterie des Handelsrechts, die den Umfang dieses Grundlagenwerkes sprengen würde und deshalb nicht behandelt wird. Das zweite Buch des Handelsrechts wird Ihnen gleich im Anschluss, nämlich in dem Teil B, dem Recht der Personenhandelsgesellschaften, begegnen.

Bevor wir uns nun dem ersten Buch des HGB nähern, wollen wir uns noch kurz anschauen, für wen das HGB gilt und in welchem Verhältnis es zum BGB und zu anderen wichtigen Wirtschaftsgesetzen steht.

A.1.3 Geltungsbereich

Wir haben bereits festgestellt, dass das Handelsrecht ein Teil des Privatrechts ist.

 Übung A.1.1
Kennen Sie noch die eingangs genannte Definition des Handelsrechts? (Bevor Sie nachschlagen, versuchen Sie es erst selbst!).

Deshalb ist die Frage, in welchem Verhältnis das Handelsrecht zum übrigen Privatrecht, allem voran zum BGB, steht, von besonderem Interesse. Wir haben bereits festgestellt – und Sie sicher richtig beantwortet –, dass Handelsrecht *Sonder*privatrecht ist. Als Sonderprivatrecht gilt es folglich auch nur in besonderen Bereichen, hat also einen gesonderten Geltungsbereich. Dieser Geltungsbereich ist subjektiv bestimmt. Dieser wichtige Grundsatz bedeutet, dass Handelsrecht gerade (und nur) für einen bestimmten Personenkreis gilt. Dieser Personenkreis muss zudem bestimmte Kriterien erfüllen, damit Handelsrecht für und auch gegen ihn gilt. Deshalb wird in der handelsrechtlichen Literatur auch von dem subjektiven System des handelsrechtlichen Geltungskreises gesprochen (*K. Schmidt*, § 1 I 1 b).

Das Handelsrecht gilt nur für bestimmte Adressaten, nämlich nur für Kaufleute. Kaufleute wiederum sind nach dem gesetzlichen Modell nicht ausschließlich natürliche Personen, sondern sowohl natürliche Personen als auch Handelsgesellschaften (wie etwa die AG, die GmbH, die OHG, die KG oder die Genossenschaft).

 Handelsrecht gilt als *Sonder*privatrecht nur für eine *besondere* Gruppe von Normadressaten. Nämlich nur für *Kaufleute* im Sinne des HGB.

Diesen wichtigen Grundsatz sollten Sie sich unbedingt einprägen und merken, bevor Sie sich weiter mit dem Handelsrecht befassen. Ohne sein Verständnis lässt sich das Handelsrecht nicht begreifen; er bildet quasi das Axiom des Handelsrechts.

Thomas Tegen

Die Frage, ob eine oder mehrere Parteien Kaufleute sind, ist also im Handelsrecht von zentraler Bedeutung. Dabei sollten Sie eines unbedingt beachten: in Klausuren wird die Kaufmannseigenschaft häufig zusammenhanglos am Anfang geprüft, ohne dass dem Leser klar wird, warum diese Eigenschaft für den zu lösenden Fall von Bedeutung ist. Derartige Lösungen offenbaren, dass Begriff und Bedeutung der Kaufmannseigenschaft nicht verstanden worden sind. Die Frage, ob Subjekte Kaufleute im Sinne des HGB sind, ist stets im Zusammenhang und im Zuge der Beantwortung einer weiteren Frage zu beantworten, nämlich der Frage, ob eine bestimmte handelsrechtliche Norm anwendbar ist oder nicht. Hierzu sogleich ein Beispiel:

 Beispiel A.1.1

Holzhändler W bezieht sein Holz von dem Großhändler L, der in finanziellen Schwierigkeiten steckt, da er seine Kreditlinie bei der S-Bank überzogen hat. Die S-Bank verlangt als Sicherheit eine Bürgschaft, andernfalls werde sie den Kredit sofort fällig stellen. Für diesen Fall könnte L seine Lieferverpflichtungen gegenüber W nicht erfüllen. W ist deshalb bereit, gegenüber der S-Bank eine Bürgschaft zu übernehmen, da er dringend auf die Holzlieferung des L angewiesen ist, ohne die er selbst in Lieferschwierigkeiten geraten würde. Die Bank faxt dem W ein Bürgschaftsformular zu, das W unterschrieben zurückfaxen soll. Können Sie die Frage, ob die Bürgschaft wirksam ist mit Hilfe des BGB beantworten? (Versuchen Sie es wie immer zunächst selbst).

Die Bürgschaft ist grundsätzlich an die Schriftform (§ 766 BGB) gebunden. Die Bürgschaft wäre allerdings auch ohne Beachtung dieser Form wirksam, wenn sie für W nach § 350 HGB ein Handelsgeschäft wäre. Nach § 343 HGB sind Handelsgeschäfte alle Geschäfte eines Kaufmanns. Damit wäre (erst) jetzt zu prüfen, ob W Kaufmann im Sinne des HGB ist und (wenn ja), ob die Erklärung der Bürgschaft in diesem Fall für W ein Handelsgeschäft ist. Laut Sachverhalt wäre dies wohl zu bejahen, da W die Bürgschaft nur erklärt, damit L seine Lieferverpflichtungen ihm gegenüber erfüllen kann und W dadurch wiederum seine Lieferverpflichtungen erfüllen kann.

Wie das Beispiel zeigt, ist die Frage der Kaufmannseigenschaft des W hier nicht etwa isoliert am Anfang der Lösung zu erörtern, sondern Bestandteil der Frage, ob die Bürgschaft formfrei erklärt werden konnte, m. a. W. ob § 350 HGB zur Anwendung kommt. Im Vordergrund stand folglich eine spezielle handelsrechtliche Norm (Sonderprivatrecht) und die Frage ihrer Anwendbarkeit auf den konkreten Fall.

Das Vorliegen der Kaufmannseigenschaft ist also untrennbar mit der Frage verbunden, ob eine bestimmte handelsrechtliche Norm zur Anwendung kommt oder nicht, ja sie ist im Grunde Bestandteil dieser Frage.

> **!** Die Kaufmannseigenschaft einer Partei wird nicht isoliert geprüft, ihre Prüfung erfolgt im Zuge der Anwendbarkeit einer bestimmten handelsrechtlichen Norm.

Nachdem wir geklärt haben, wann handelsrechtliche Normen zur Anwendung kommen, wenden wir uns nun dem Verhältnis zwischen dem BGB und dem HGB zu.

Handelsrecht ist als Sonderprivatrecht zunächst stets im Zusammenhang mit dem BGB zu betrachten. Nur all zu oft neigen Studierende dazu beide Rechtsgebiete zu trennen. Es geht aber nicht um die Frage, ob BGB oder HGB anwendbar ist. Wie im vorstehenden Beispiel geht es stets darum, ob bestimmte Normen des HGB auf einen privatrechtlichen Fall anwendbar sind oder nicht. Deshalb ist es auch nicht zutreffend, dass Nichtkaufleute nur das BGB, nicht aber das HGB zu beachten brauchen. Bei einseitigen Handelsgeschäften, bei denen also nur eine Partei Kaufmann und die andere Nichtkaufmann ist, kommen nach § 345 HGB (lesen!) die Vorschriften über Handelsgeschäfte für beide Teile gleichmäßig zur Anwendung, soweit nicht aus diesen Vorschriften sich ein anderes ergibt.

➡️ **Beispiel A.1.2**

A betreibt seit kurzem in dem Kurort K einen kleinen Fischhandel. Er liefert erst seit wenigen Tagen Frischfisch an das Hotel „Zur goldenen Gans". Das Hotel hat jeweils Mittwoch geschlossen („Ruhetag"), was A noch nicht wusste. Andere Hotels haben jeweils Dienstag Ruhetag. A hatte sich gegenüber G, dem Inhaber der „Goldenen Gans", verpflichtet, drei mal wöchentlich, um 07:30 Uhr, Frischfisch zu liefern. Als er am Mittwoch um 07:30 Uhr vor dem Hotel steht und keiner öffnet, lässt er seine Ware vor der Tür stehen. Am nächsten Tag ist die Ware verdorben. G besteht auf erneute Lieferung. A indessen meint, er habe das seinerseits Erforderliche getan und damit erfüllt.

Ob hier A oder G Kaufleute sind, ist in diesem Fall zunächst völlig unbeachtlich. Es geht allein um die Frage, ob A seine Leistungspflicht erfüllt hat oder diese Lieferung nachholen muss. Gemäß § 271 Abs. 1 BGB wäre A berechtigt, die Leistung jederzeit zu bewirken, sofern eine Zeit für die Leistung weder bestimmt noch aus den Umständen erkennbar ist. Zwar war vereinbart, dass A drei Mal in der Woche liefern soll, allerdings war die genaue Leistungszeit nicht vereinbart. Der Sachverhalt macht keine Angaben zu Umständen, aus denen für A erkennbar war, dass das Hotel am Mittwoch Ruhetag hat. Damit wäre er berechtigt gewesen seine Ware am Mittwoch zu liefern und von seiner Leistungspflicht befreit. Anders wäre zu entscheiden, wenn A seine Leistung nach § 358 HGB (lesen!) nur während der gewöhnlichen Geschäftszeit bewirken kann. Dann nämlich hätte A seine Leistung nicht bewirkt und müsse nochmals liefern. Dies setzt aber voraus, dass § 358 HGB überhaupt zur Anwendung kommt. Erst hier – bei der konkreten Norm des § 358 HGB – taucht die Frage, wie sich BGB- und HGB-Vorschriften zueinander verhalten, auf. § 358 HGB wäre anwendbar, wenn ein einseitiges Handelsgeschäft nach § 345 HGB vorläge. Dann müsste das Rechtsgeschäft zumindest für eine der Parteien Handelsgeschäft sein. Handelsgeschäfte sind nach § 343 HGB alle Geschäfte eines Kaufmanns. Erst jetzt stellt sich die Frage, ob A oder G Kaufmann im Sinne des HGB sind. Hier könnte G Kaufmann sein, sofern der Sachverhalt hierzu nähere Angaben enthalten würde. Dann läge ein einseitiges Handelsgeschäft i. S. v. § 354 HGB vor und die Vorschriften über Handelsgeschäfte wären auch auf A anwendbar. Deshalb hätte A seine Leistung nach § 358 HGB nur zu den gewöhnlichen Geschäftszeiten, mithin nicht am Mittwoch bewirken können.

Sie sehen, dass auch für Nichtkaufleute (oben A) einzelne Vorschriften des HGB (hier § 358 HGB) von Bedeutung sein können. Der Fall sollte Ihnen nochmals vor Augen führen, dass die Frage, ob A oder G Kaufmann sind, nicht losgelöst vorab geprüft werden darf. Diese Frage spielt nur im Zusammenhang mit der konkreten handelsrechtlichen Norm eine Rolle und ist auch nur dort zu erörtern. Bitte merken Sie sich dies!

Das an dem Kaufmannsbegriff orientierte subjektive System des Handelsrechts wird teils als zu eng und überholt kritisiert und seine Ausdehnung auf alle Unternehmensträger gefordert (wegweisend insofern *K. Schmidt*, § 1 I 1 b, c und § 3 ff.). Diese Diskussion hängt eng mit dem rechtlichen Verständnis des Unternehmens als Unternehmensträger zusammen. Wer das Unternehmen selbst als Rechtssubjekt versteht, muss die geltenden Grenzen des Kaufmannsbegriffes überschreiten. Ob allerdings auch die klassischen freien Berufe von der Kaufmannseigenschaft erfasst werden sollen, scheint zumindest dann zweifelhaft, wenn sie damit im Ergebnis den Gewerbetreibenden gleichgestellt werden.

In diesem Lehrbuch soll jedoch dieser Frage nicht weiter nachgegangen werden. Vielmehr wollen wir uns im nächsten Kapitel nun dem zentralen Kaufmannsbegriff und seiner rechtlichen Bedeutung näher zuwenden.

 Zusammenfassung

Wir können festhalten, dass das Handelsrecht als Sonderrecht der Kaufleute neben das Privatrecht tritt. Es gilt vor dem Privatrecht, soweit es zur Anwendung gelangt. Dann überlagern die handelsrechtlichen Normen das Privatrecht. Ob handelsrechtliche Normen anwendbar sind, hängt von der Kaufmannseigenschaft der Adressaten der handelsrechtlichen Normen ab. Die Frage, ob eine Partei Kaufmann ist oder nicht, wird jedoch nicht isoliert betrachtet, sondern stets im Zusammenhang mit der Prüfung der Anwendbarkeit einer konkreten handelsrechtlichen Norm.

Aufgaben zur Selbstüberprüfung

1. Nennen Sie die Bücher des HGB.
2. Im welchem Verhältnis stehen das BGB und das HGB?
3. Wovon hängt die Anwendbarkeit der handelsrechtlichen Normen entscheidend ab?

A.2 Der Kaufmannsbegriff

Dieses Kapitel soll Sie befähigen, den Begriff des Kaufmanns und des Handelsgewerbes zu erläutern. Sie sollen selbst die verschiedenen Kaufmannsarten definieren können. Ferner sollen Sie wissen, wann die Eintragung der Firma des Kaufmanns in das Handelsregister konstitutiv oder deklaratorisch wirkt. Schließlich werden Sie mit der Kaufmannseigenschaft von Personengesellschaften vertraut gemacht und können den Fiktiv- vom Scheinkaufmann abgrenzen.

Der handelsrechtliche Kaufmannsbegriff ist in den §§ 1–6 HGB geregelt. Er deckt sich keinesfalls mit dem im gewöhnlichen Sprachgebrauch verwendeten Begriff eines „Kaufmanns".

Dies können Sie selbst leicht feststellen. Hierzu gleich ein Beispiel:

 Beispiel A.2.1

Vielleicht haben Sie bereits eine kaufmännische Ausbildung, etwa zum Bank- oder Groß- und Einzelhandelskaufmann absolviert. Sie haben Ihre Prüfung vor der Handelskammer erfolgreich abgelegt und ein Freund fragt Sie, ob Sie denn nun ein Kaufmann seien. Was werden Sie antworten? Versuchen Sie es zunächst (wie stets) selbst.

Sie werden vielleicht entgegnen, dass Sie nun ein Bankkaufmann oder Groß- und Einzelhandelskaufmann sind. Tatsächlich erhalten Sie mit der bestandenen Prüfung den Kaufmanngehilfenbrief, sind aber kein Kaufmann, sondern sein ausgebildeter Gehilfe. Auch wenn Sie sich im gewöhnlichen Sprachgebrauch als „Kaufmann" bezeichnen oder als solcher bezeichnet werden, ob Sie es tatsächlich und rechtlich sind, ist eine andere Sache. Der Begriff des „Kaufmanns" im gewöhnlichen Sprachgebrauch ist also weit gefasst. Deutlich enger ist dagegen der Begriff des Kaufmanns im Sinne des HGB. Dies soll Ihnen die folgende Übung verdeutlichen, die Sie bitte anhand von § 1 HGB versuchen zu lösen.

? **Übung A.2.1**

Ferdinand betreibt in Wiesbaden ein Feinkostgeschäft bereits in der dritten Generation. Eines Tages fragen Sie Ferdinand anlässlich eines Einkaufes, ob er eigentlich Kaufmann sei. Ferdinand reagiert mit Unverständnis und meint, natürlich sei er „Kaufmann". Er sei doch einer der klassischen Einzelhandelskaufleute. Versuchen Sie einmal selbst herauszufinden, ob Ferdinand Kaufmann ist. Wie müsste wohl die richtige Antwort lauten?

Der handelsrechtliche Kaufmannsbegriff ist in den §§ 1–6 HGB definiert; dort ist geregelt, wer Kaufmann im Sinne des Handelsrechts ist. Nur für diejenigen, die Kaufmann im Sinne des Handelsrechts sind, gelten die Vorschriften des Handelsrechts. Damit kommt dem Kaufmannsbegriff eine zentrale Rolle zu. Er bestimmt, wer Kaufmann im Sinne des Handelsrechts ist. Nur der Kaufmann ist folglich der Adressat des Handelsrechts.

Thomas Tegen

Nur für den, der Kaufmann im Sinne des Handelsrechts ist, gelten die gesamten handelsrechtlichen Vorschriften.

Für die Frage, ob Handelsrecht zur Anwendung kommt, ist also einzig entscheidend, ob eine Person (oder ein Unternehmen) Kaufmann im Sinne des Handelsrechts ist. Wie sich jemand bezeichnet, ob als Kaufmann oder nicht, ist für die Anwendbarkeit der handelsrechtlichen Vorschriften unerheblich. Wir wollen uns nun anschauen, was einen Kaufmann im Sinne des Handelsrechts ausmacht. Hierzu betrachten wir zunächst die Personen und Personenvereinigungen, die überhaupt als Kaufleute in Betracht kommen. Wir gehen folglich der Frage nach, wer Kaufmann sein kann.

A.2.1 Die Person des Kaufmanns

Das HGB bestimmt in den §§ 1–6 HGB wer Kaufmann ist, regelt aber nicht, welche Personen als Kaufmann überhaupt in Frage kommen. Die *Kaufmannsfähigkei*t (so *K. Schmidt*, § 9 II) ist damit nicht ausdrücklich geregelt. Auch § 1 Abs. 1 HGB bestimmt zwar, dass Kaufmann ist, wer ein Handelsgewerbe betreibt, knüpft indessen keine besonderen Voraussetzungen an die Person, die ein Handelsgewerbe betreibt. Damit kommen als Kaufleute im Sinne des Handelsrechts sowohl natürliche als auch juristische Personen in Betracht.

A.2.1.1 Natürliche Personen

Die Fähigkeit Kaufmann zu sein haben grundsätzlich alle natürlichen Personen. Um aber tatsächlich Kaufmann zu sein, müssen natürliche Personen nach § 1 Abs. 1 HGB (lesen!) jedoch ein Handelsgewerbe betreiben. Betreiben eines Handelsgewerbes bedeutet in diesem Zusammenhang, dass die natürliche Person zwar nicht persönlich tätig zu sein braucht, aber durch die Rechtsgeschäfte, die im laufenden Betrieb des Handelsgewerbes geschlossen werden, unmittelbar berechtigt und verpflichtet wird. Betreiber eines Handelsgeschäftes ist folglich, wer das betriebliche Risiko aus dem Geschäftsbetrieb unmittelbar trägt.

 Beispiel A.2.2

Ausgehend von unserer Übung A.2.1 braucht Ferdinand also nicht täglich selbst in seinem Feinkostgeschäft zu stehen und kann die tägliche Arbeit durch Angestellte verrichten lassen. Entscheidend für die Anwendbarkeit des Handelsrechts und damit die Frage, ob Ferdinand Kaufmann im Sinne des Handelsrechts ist, ist zunächst, ob Ferdinand selbst aus den im laufenden Betrieb seines Feinkostgeschäftes getätigten Rechtsgeschäften berechtigt und verpflichtet wird, mithin ob er das betriebliche Risiko unmittelbar trägt.

 Übung A.2.2

Ist der Vorstandsvorsitzende einer börsennotierten Aktiengesellschaft Kaufmann im Sinne des HGB? Wie muss die richtige Antwort lauten?

Vertreter scheiden folglich als Kaufmann im Sinne des HGB aus. Bereits aus § 164 Abs. 1 BGB (lesen!) folgt, dass der Vertretene und nicht der Vertreter durch eine Willenserklärung, die der Vertreter im Namen des Vertretenen abgibt, unmittelbar berechtigt und verpflichtet wird. Dies gilt auch für gesetzliche Vertreter, wie etwa Geschäftsführer einer GmbH oder Vorstände einer AG (hierzu BGH NJW 1997, 399). Der Vorstandsvorsitzende ist zwar eine natürliche Person, allein seine Organstellung reicht indessen nicht aus, um die Kaufmannseigenschaft nach § 1 Abs. 1 HGB zu begründet. Er kann zwar die Aktiengesellschaft nach außen wirksam vertreten, berechtigt und verpflichtet wird aus diesem Handeln jedoch allein die Aktiengesellschaft als juristische Person selbst (siehe hierzu auch unter Kapitel C1 im Teil C Aktienrecht).

Bestimmte Berufsgruppen sind jedoch von der Kaufmannseigenschaft von vorn herein ausgenommen. Dies sind die Angehörigen der wissenschaftlichen, künstlerischen und freien Berufe. Was versteht man unter einem freien Beruf und warum sind die Freiberufler keine Kaufleute? (Versuchen Sie doch die Antwort einmal selbst zu formulieren, bevor Sie weiterlesen).

Freie Berufe oder auch Freiberufler sind dadurch gekennzeichnet, dass sie kein Gewerbe ausüben. Sie unterliegen weder der Gewerbe- noch der Körperschaftsteuer. Ihnen gemein ist, dass ihre Angehörigen zwangsweise Mitglied einer berufsständischen Kammer sind (etwa die Rechtsanwaltskammer, die Ärztekammer, die Notarkammer, die Architektenkammer). Zu den Freiberuflern gehören Rechtsanwälte, Steuerberater, Wirtschaftsprüfer, Architekten, Ärzte, Zahnärzte und Notare. Sie alle sind in ihrer beruflichen Funktion keine Kaufleute. Der Grund dafür liegt in dem Standesrecht dieser Berufe.

Können auch Minderjährige Kaufmann im Sinne von § 1 Abs. 1 HGB sein? Auch beschränkt Geschäftsfähige können Kaufmann im Sinne von § 1 Abs. 1 HGB sein. Nehmen wir an, eine Siebzehnjährige erbt von ihren Großeltern einen Friseursalon. Nicht sie selbst, sondern ihre Eltern betreiben den Salon im Namen der Tochter. Damit wird die Minderjährige selbst aus allen Rechtsgeschäften, die die Eltern in ihrem Namen schließen, berechtigt und verpflichtet. Grundsätzlich ist sie also fähig Kaufmann i. S. v. § 1 Abs. 1 HGB zu sein.

Kann ein Minderjähriger auch selbst ein Handelsgeschäft betreiben? Nach § 112 BGB (lesen!) kann ein Minderjähriger auch selbst ein Erwerbsgeschäft betreiben, sofern ihn der gesetzliche Vertreter mit Genehmigung des Vormundschaftsgerichts dazu ermächtigt.

A.2.1.2 Juristische Personen

Neben den natürlichen Personen können auch Vereinigungen von Personen Kaufmann i. S. der §§ 1 ff. HGB sein. Als solche kommen juristische Personen des privaten Rechts und juristische Personen des öffentlichen Rechts sowie die Personengesellschaften in Betracht.

Die juristischen Personen des privaten Rechts sind bereits allein kraft ihrer Rechtsform Kaufmann im Sinne des Handelsrechts. Mit ihrer Entstehung und Begründung der Rechtsform sind sie automatisch Kaufmann und werden deshalb auch als Formkaufmann bezeichnet. Wir widmen uns diesen Formkaufleuten gleich unter Punkt A.2.2.

Auf die juristischen Personen des öffentlichen Rechts trifft dies nicht zu. Für sie gilt quasi der „Normalfall", d. h. sie können Kaufmann nach § 1 Abs. 1 HGB sein, sofern

Thomas Tegen

sie ein Handelsgewerbe betreiben. Juristische Personen des öffentlichen Rechts sind Körperschaften, Anstalten und Stiftungen, die ebenfalls als Träger der Kaufmannseigenschaft in Betracht kommen, sofern sie eben ein Handelsgewerbe betreiben. Dies betrifft etwa Universitäten, Fachhochschulen oder öffentliche Krankenhäuser. Nicht dagegen kommen die sog. Gebietskörperschaften, also Gemeinden, Bezirke, Länder oder der Bund als Kaufmann in Betracht.

A.2.1.3 Personengesellschaften und sonstige Verbandsformen

Wir greifen hier dem Personengesellschaftsrecht und damit Teil B etwas vor. Unter Personengesellschaften versteht man Gesellschaften, die von der Individualität ihrer Gesellschafter abhängig sind (*K. Schmidt*, Gesellschaftsrecht, § 3 I 2). Bei einer Personengesellschaft steht folglich die persönliche Mitwirkung des Gesellschafters im täglichen Geschäftsbetrieb ganz im Vordergrund. In der Praxis häufig anzutreffende Personengesellschaften sind die Gesellschaft bürgerlichen Rechts und die Kommanditgesellschaft. Zu den Personengesellschaften zählen daneben die Offene Handelsgesellschaft, die stille Gesellschaft, die freiberufliche Partnerschaft und die Europäische Wirtschaftliche Interessenvereinigung sowie Mischformen, wie die GmbH & Co. KG.

Begrifflich unterscheidet man zwischen Personengesellschaften und Personenhandelsgesellschaften. Der Begriff Personengesellschaften ist dabei als Oberbegriff zu verstehen, während als Personenhandelsgesellschaften die Handelsgesellschaften des HGB bezeichnet werden.

Bei einer Personengesellschaft verbinden sich mindestens zwei natürliche Personen zu einem Verband und wollen künftig mittels des Verbandes (der Gesellschaft) einen gemeinsamen Zweck verfolgen. Unternehmensträger ist also nicht mehr der einzelne Gesellschafter, sondern die Gesellschaft selbst. Deshalb kann die Personengesellschaft selbst die Fähigkeit haben Kaufmann zu sein. Ist sie Kaufmann im Sinne des Handelsrechts, dann gelten für sie die handelsrechtlichen Bestimmungen. Neben der Personengesellschaft können freilich auch ihre Gesellschafter Kaufleute sein. Dabei ist aber zu beachten, dass bei der Prüfung, ob die Gesellschafter Kaufleute sind, nicht auf den Betrieb des Unternehmens abgestellt werden darf, den die Gesellschaft betreibt.

Personengesellschaften sind Zweckgebilde (*K. Schmidt*, Gesellschaftsrecht, § 4 I 1). Ihr Wesensmerkmal ist die Verfolgung eines gemeinsamen Zwecks. Dem gemeinsamen Zweck kommt bei der Frage, ob die Personengesellschaft Kaufmann ist oder nicht, eine ganz entscheidende Bedeutung zu. Der gemeinsame Zweck, der mit der Gesellschaft verfolgt wird, kann betrieblicher Art oder nicht betrieblicher Art sein. Ist er aber auf den Betrieb eines Handelsgewerbes unter gemeinschaftlicher Firma gerichtet, ist die Personengesellschaft eine Handelsgesellschaft und als solche Kaufmann. Ist der gemeinsame Zweck nicht betrieblicher Art, so kann die Gesellschaft gleichwohl den Kaufmannsstatus erlangen. Dafür ist dann allerdings die Eintragung der Gesellschaft als Handelsgesellschaft in das Handelsregister erforderlich (dazu gleich ausführlich unter Punkt A.2.2.2).

 Personengesellschaften können grundsätzlich Kaufmann im Sinne des Handelsrechts sein. Sind sie es, so gelten für sie die gesamten handelsrechtlichen Vorschriften.

Thomas Tegen

Bei der stillen Gesellschaft nach § 230 HGB (lesen!) beteiligt sich jemand dem Handelsgewerbe, das ein anderer betreibt, mit einer Vermögenseinlage. Das Gesetz setzt hier voraus, dass das Gewerbe, an dem sich beteiligt wird, ein Handelsgewerbe ist. Hier ist nur derjenige, an dessen Gewerbebetrieb sich ein anderer, der stille Gesellschafter, beteiligt, Kaufmann. Der stille Gesellschafter wird durch die Begründung der stillen Gesellschaft nicht zum Kaufmann.

Die Partnerschaftsgesellschaft, die mit dem Gesetz über Partnerschaftsgesellschaften insbesondere für Freiberufler geschaffen wurde, ist kein Kaufmann im Sinne des HGB. Können Sie begründen warum?

Zwar wird die Partnerschaftsgesellschaft in ein Register (Partnerschaftsregister) eingetragen, gleichwohl ist sie kein Kaufmann, da sie nicht auf den Betrieb eines Gewerbes gerichtet ist.

A.2.2 Kaufmann kraft Rechtsform

A.2.2.1 Formkaufmann

Wir haben bereits unter Punkt A.2.1.2 festgestellt, dass juristische Personen des privaten Rechts nicht nur die Fähigkeit besitzen Kaufmann zu sein, sondern schon allein kraft ihrer Recht**form** bereits Kaufmann im Sinne des HGB sind. Sie werden deshalb als **Form**kaufleute bezeichnet. Sie unterliegen damit den gesamten handelsrechtlichen Vorschriften. Ob der Gegenstand ihres Unternehmens auf den Betrieb eines Handelsgewerbes gerichtet ist, ist für sie unerheblich. Sie sind auch Kaufmann wenn sie kein Handelsgewerbe betreiben. Diese Gesellschaften werden nämlich bereits aufgrund des sie regelnden Gesetzes zu Kaufleuten erklärt, ohne Rücksicht auf die tatsächlich ausgeübte Unternehmenstätigkeit. So bestimmt etwa § 13 Abs. 3 GmbHG (lesen!), dass die GmbH als Handelsgesellschaft im Sinne des Handelsgesetzbuches gilt. Entsprechende Vorschriften finden sich für die Aktiengesellschaft (§ 3 Abs. 1 AktG – lesen!) und die Genossenschaft (§ 17 Abs. 2 GenG – lesen!). Entscheidend ist allerdings, dass diese Gesellschaften in das Handelsregister bzw. Genossenschaftsregister eingetragen sind.

Die GmbH, die AG und die Genossenschaft sind also schon – und allein – deshalb Kaufmann, weil ein Gesetz dies für diese Rechtsformen so vorsieht. Sie werden deshalb auch als Formkaufleute bezeichnet. Taucht in handelsrechtlichen Klausuren eine juristische Person des privaten Rechts auf und geht es um die Frage, ob die handelsrechtliche Vorschriften auf sie anwendbar sind, brauchen Sie also nicht zu prüfen, ob ihr Unternehmensgegenstand auf den Betrieb eines Handelsgewerbes gerichtet ist. Das gesamte Handelsrecht ist allein deshalb anwendbar, weil sie bereits wegen ihrer Rechtsform Kaufmann ist. In diesem Fall ist die Prüfung also einfach.

> **!** Juristische Personen des privaten Rechts sind auch bei fehlendem Handelsgewerbe Kaufmann allein kraft ihrer Recht**form**. Sie werden als **Form**kaufleute bezeichnet. Sie unterliegen damit dem gesamten Handelsrecht.

Zu den juristischen Personen des privaten Rechts zählt auch noch die Kommanditgesellschaft auf Aktien.

Thomas Tegen

A.2.2.2 Handelsgesellschaften

Neben Kapitalgesellschaften können auch Personengesellschaften grundsätzlich die Fähigkeit besitzen, Kaufleute zu sein. In § 6 Abs. 1 HGB (lesen!) ist bestimmt, dass die in Betreff der Kaufleute gegebenen Vorschriften auch auf die Handelsgesellschaften Anwendung finden. Mit Handelsgesellschaften sind Personengesellschaften gemeint, die ein Handelsgewerbe betreiben. Man spricht deshalb auch von Personen**handels**gesellschaften. Die Handelsgesellschaften sind im zweiten Buch des HGB geregelt. Insbesondere sind dies die OHG, die KG und die stille Gesellschaft. Damit stellt § 6 Abs. 1 HGB lediglich klar, dass die §§ 1 ff. HGB, die für Kaufleute gelten, auch auf Handelsgesellschaften Anwendung finden. Findet § 6 Abs. 1 HGB auch auf die Gesellschaft bürgerlichen Rechts Anwendung? Versuchen Sie es zunächst wieder selbst.

Bereits dem Wortlaut nach bezieht sich § 6 Abs. 1 HGB nur auf die Handelsgesellschaften. Die Gesellschaft bürgerlichen Rechts ist zwar eine Personengesellschaft, aber keine Personen**handels**gesellschaft. Damit ist klargestellt, dass die Gesellschaft bürgerlichen Rechts nicht von § 6 Abs. 1 HGB erfasst ist. Nur wenn die Gesellschaft bürgerlichen Rechts ein Handelsgewerbe betreibt und damit quasi automatisch zu einer OHG wird, fällt diese Gesellschaft unter den Anwendungsbereich des § 6 Abs. 1 HGB (zur Gesellschaft bürgerlichen Rechts und zur OHG siehe Kapitel B 2 und B 6 im Teil B Recht der Personengesellschaften). Ist durch § 6 Abs. 1 HGB geregelt, dass die Handelsgesellschaften Kaufmann im Sinne des HGB sind?

§ 6 Abs. 1 HGB regelt nur, dass die *„in betreff auf die Kaufleute gegebenen Vorschriften auch auf die Handelsgesellschaften Anwendung finden".* Daraus folgt, dass über § 6 Abs. 1 HGB der § 1 Abs. 1 HGB auf Handelsgesellschaften anwendbar ist. Damit ist nicht gesagt, dass die Handelsgesellschaften grundsätzlich Kaufleute sind. Zunächst einmal muss es sich um eine Handelsgesellschaft handeln. Nur wenn eine Handelsgesellschaft vorliegt, gilt für sie über § 6 Abs. 1 HGB der § 1 Abs. 1 HGB, wonach der Betreiber eines Handelsgewerbes kraft dieser Tätigkeit Kaufmann ist. Wir können zunächst festhalten, dass eine Personengesellschaft dann Kaufmann ist, wenn sie ein Handelsgewerbe betreibt. Ob dies der Fall ist, richtet sich nach dem Zweck der Gesellschaft.

Entsprechend sehen die §§ 105 Abs. 1 und 161 Abs. 1 HGB (lesen!) für die OHG und die KG vor, dass sowohl der Zweck einer OHG als auch der einer KG auf den Betrieb eines Handelsgewerbes unter gemeinschaftlicher Firma gerichtet sein muss. Ist dies der Fall, ist die Gesellschaft allein deshalb Handelsgesellschaft, auch wenn sie noch nicht in das Handelsregister eingetragen ist. Und weil sie Handelsgesellschaft ist, gilt für sie über § 6 Abs. 1 HGB der § 1 Abs. 1 HGB, wonach sie Kaufmann ist, weil ihr Zweck auf den Betrieb eines Handelsgewerbes gerichtet ist. Sie kann also Kaufmann allein deshalb sein, weil ihr Zweck auf den Betrieb eines Handelsgewerbes unter gemeinschaftlicher Firma gerichtet ist. Zwar sind die OHG und die KG nach den §§ 106 Abs. 1, 161 Abs. 2 HGB (lesen!) zur Eintragung in das Handelsregister anzumelden. Die Eintragung in das Handelsregister ist für die Frage nach der Kaufmannseigenschaft aber unerheblich, sofern der Zweck der Gesellschaft auf den Betrieb eines Handelsgewerbes unter gemeinschaftlicher Firma gerichtet ist und die Gesellschaft allein schon deshalb Handelsgesellschaft und über die §§ 6 Abs. 1, 1 Abs. 1 HGB Kaufmann ist.

Ist der Zweck der Personengesellschaft indessen nicht auf den Betrieb eines Handelsgewerbes gerichtet, so kann sie gleichwohl eine Handelsgesellschaft und damit Kaufmann

Thomas Tegen

werden. Ist der Betrieb einer Personengesellschaft etwa ausschließlich auf die Verwaltung eigenen Vermögens gerichtet (reine Besitzgesellschaften), ist sie deshalb keine Handelsgesellschaft. Seit der Handelsrechtsreform von 1998 kann diese Gesellschaft gleichwohl nach § 105 Abs. 2 HGB (lesen!) Handelsgesellschaft und damit auch Kaufmann werden, sofern die Firma ihres Unternehmens in das Handelsregister eingetragen ist. In diesem Fall begründet also erst die Eintragung der Firma der Gesellschaft in das Handelsregister die Kaufmannseigenschaft, ohne dass es auf die Gewerblichkeit ihrer Tätigkeit ankommt.

Wir können damit festhalten, dass den Personengesellschaften zwei Wege offen stehen, um Kaufmann zu sein oder zu werden:

- entweder sind sie bereits deshalb Handelsgesellschaft, weil ihr Zweck auf den Betrieb eines Handelsgewerbes unter gemeinschaftlicher Firma gerichtet ist. In diesem Fall gilt für sie über § 6 Abs. 1 der § 1 Abs. 1 HGB, wonach sie allein deshalb (weil ihr Zweck auf den Betrieb eines Handelsgewerbes gerichtet ist) Kaufmann sind;

- oder sie werden ohne Rücksicht auf ihre gewerbliche Tätigkeit erst durch Eintragung ihrer Firma in das Handelsregister zu einer Handelsgesellschaft und sind in diesem Fall den Formkaufleuten gleich (*K. Schmidt*, bezeichnet sie für diesen Fall auch als Formkaufleute; a. A. *Ruß* in HK-HGB, § 6 Rz. 2).

Im ersten Fall hat die Eintragung der Gesellschaft in das Handelsregister im Hinblick auf die Kaufmannseigenschaft nur deklaratorische Wirkung. Im zweiten Fall hat die Eintragung der Gesellschaft in das Handelsregister bezüglich der Kaufmannseigenschaft wie bei den Formkaufleuten eine konstitutive Wirkung. Die folgende Abbildung A.2.2.2 mag dies verdeutlichen:

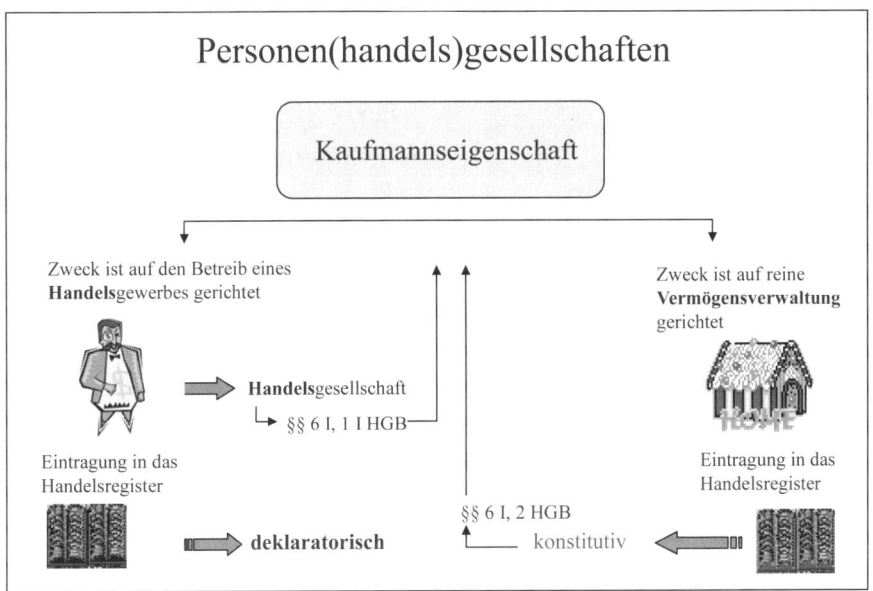

*Abbildung A.2.2.2: Personen(handels)gesellschaften
(Clipart –Quelle: www.123gif.de).*

Thomas Tegen

Für die Mischform der GmbH & Co. KG (hierzu Kapitel B 14 im Teil B Recht der Personengesellschaften) gilt, dass die Kaufmannseigenschaft der Komplementär-GmbH, die bereits wegen ihrer Rechtsform kraft Gesetz (§ 13 Abs. 3 GmbHG) Kaufmann ist, nicht ausreicht, um die Kaufmannseigenschaft der KG zu begründen (BayObLG NJW 1995, 982). Die KG ist ja regelmäßig Träger des Unternehmens, das infolge dessen auf den Betrieb eines Handelsgewerbes gerichtet sein muss.

A.2.3 Kaufmann kraft Handelsgewerbe

In § 1 Abs. 1 HGB ist bestimmt, dass die Personen, die grundsätzlich als Kaufleute in Betracht kommen, ein Handelsgewerbe betreiben müssen, damit sie Kaufmann im Sinne des HGB sind. Damit kommt dem Begriff des Handelsgewerbes eine zentrale Funktion zu. Nur wer ein Handelsgewerbe betreibt ist Kaufmann! Mehr ist aber auch nicht erforderlich. Zwar ist nach § 29 HGB (lesen!) jeder Kaufmann verpflichtet, seine Firma und den Sitz seiner Handelsniederlassung in das Handelsregister einzutragen. Die Eintragung ist nach § 1 HGB jedoch nicht erforderlich, um die Kaufmannseigenschaft zu begründen; sie wirkt nur deklaratorisch.

 Jeder Kaufmann ist nach § 29 HGB verpflichtet, seine Firma und den Sitz seiner Handelsniederlassung zur Eintragung in das Handelsregister anzumelden.

Der zentrale Begriff in § 1 Abs. 1 HGB ist der des Handelsgewerbes. Allein der Betrieb eines Handelsgewerbes begründet nach § 1 Abs. 1 HGB die Kaufmannseigenschaft. Die nachfolgende Übersicht soll dies verdeutlichen:

Kaufmann i.S.v. § 1 HGB

- Jeder, der ein Handelsgewerbe betreibt

- Handelsgewerbe:
  - Jeder Gewerbebetrieb
  - der nach Art und Umfang einen in kaufmännischer Weise eingerichteten Geschäftsbetrieb erfordert

Abbildung A.2.3: Kaufmann i. S. v. § 1 HGB, (Clipart – Quelle: www.123gif.de).

Damit knüpft § 1 Abs. 1 HGB an die Tätigkeit an. Wer nach § 1 Abs. 1 HGB bereits Kaufmann ist, ist es ohne Rücksicht auf die Eintragung in das Handelsregister. Er ist bereits Kaufmann kraft seiner Tätigkeit. Deshalb trägt § 1 HGB auch die Überschrift „Istkaufmann".

Der Istkaufmann ist Kaufmann kraft seiner Tätigkeit. Eines weiteren Aktes, nämlich der Eintragung in das Handelsregister, bedarf es zur Begründung der Kaufmannseigenschaft nicht.

Da dem Handelsgewerbe zentrale Bedeutung zukommt, ist zu klären, was darunter zu verstehen ist. Dies ist in § 1 Abs. 2 HGB (lesen!) bestimmt. Diese Vorschrift wollen wir uns nun näher anschauen.

A.2.3.1 Der Begriff des Handelsgewerbes

§ 1 Abs. 2 HGB setzt zunächst einen Gewerbebetrieb voraus. Welche Berufsgruppen fallen nicht unter den Gewerbebegriff? Nach der herrschenden Auffassung wird Gewerbe als *„berufsmäßige und selbstständige – aber nicht künstlerische, wissenschaftliche oder freiberufliche – von der Absicht dauernder Gewinnerzielung getragene Tätigkeit"* bezeichnet (*K. Schmidt*, § 9 IV 2 mit zahlreichen weiteren Nachweisen). Damit scheiden die künstlerischen, wissenschaftlichen und freien Berufen bereits aus.

Ganz entscheidend kommt es auf die Selbstständigkeit an. Damit ist klargestellt, dass Arbeitnehmer nicht von dem Gewerbebegriff erfasst werden. Entscheidend ist, wer Träger des Unternehmens ist. Nur der Träger des Unternehmens kann Gewerbebetreibender sein. Deshalb ist es ganz entscheidend zu erkennen, wer Unternehmensträger ist (hierzu bereits oben unter Punkt A.2.1.3). Die Tätigkeit muss ferner von der Absicht getragen sein, Gewinne zu erzielen, mithin Einnahmen, die über die Kostendeckung hinausgehen. Ob tatsächlich Gewinne erzielt werden, ist unerheblich. Es kommt allein auf die Absicht an. Die Gewinnerzielungsabsicht fehlt bei rein karikativen Tätigkeiten. In § 1 Abs. 2 HGB ist weiter bestimmt, dass der Gewerbebetrieb *nicht* kaufmännisch ist, wenn das Unternehmen nach Art oder Umfang einen in kaufmännischer Weise eingerichteten Geschäftsbetrieb *nicht* erfordert. Der Gesetzgeber arbeitet hier sprachlich nicht besonders geglückt mit einer doppelten Verneinung. Das macht es auf den ersten Blick schwer diesen Satz zu verstehen.

 Übung A.2.3
Versuchen Sie selbst diesen Satz positiv zu formulieren, also die Frage zu beantworten, wann ein Gewerbebetrieb kaufmännisch ist.

Ein Gewerbebetrieb ist kaufmännisch, wenn das Unternehmen nach Art oder Umfang einen in kaufmännischer Weise eingerichteten Geschäftsbetrieb erfordert. Wichtig ist dabei, dass Sie die Art und den Umfang des Geschäftsbetriebes auseinanderhalten und beachten, dass sowohl die Art als auch der Umfang vorliegen müssen, beides also kumulativ zu verstehen ist (*Baumbach/Hopt*, § 1, Rz. 23). Wann aber ist ein Geschäftsbetrieb nach Art und Umfang in kaufmännischer Weise eingerichtet? Hierbei ist zwischen Art und Umfang zu unterscheiden.

Nach der Art bedeutet nach der inneren Struktur und Organisation des Betriebes. Danach soll ein kaufmännischer Geschäftsbetrieb kaufmännische Einrichtungen, wie kaufmännische Buchführung, Inventarisierung und Rechnungslegung erfordern, wogegen die schlichte Dokumentation von Einnahmen und Ausgaben nicht ausreicht (*Schmidt*, in MünchKommHGB, § 1 Rn 71, 72). Ferner soll die Zahlungsweise eine Indizwirkung haben. Bei einem ausschließlich bargeldlosen Zahlungsverkehr, der über mehrere Konten und Kreditinstitute abgewickelt wird, spricht einiges für die kaufmännische Einrichtung. Dagegen spricht es gegen eine kaufmännische Einrichtung, wenn der Zahlungsverkehr ausschließlich bar über den Tresen (etwa bei einer Boutique) abgewickelt wird. Weitere Indizien sind mehrere Zweigniederlassungen, die nennenswerte Inanspruchnahme von Krediten und Teilzahlungen und die Komplexität der Geschäftsvorgänge.

Hinsichtlich des Umfanges wird häufig auf die Größe des Betriebes, den Umsatz, die Anzahl der Mitarbeiter und Niederlassungen (Geschäftslokale) abgestellt. So soll ein Jahresumsatz von € 500.000 und mehr ein Indiz für das Vorliegen eines Handelsgewerbes sein, ohne dass noch weitere Kriterien heranzuziehen sind (*Ruß* in HK-HGB, § 1, Rz. 43). Das nachfolgende Schaubild gibt einen Überblick:

Kaufmännischer Geschäftsbetrieb

- Art
  - Bargeldloser Zahlungsverkehr
  - Bilanzierung
  - Inanspruchnahme von Krediten
  - Schwierigkeit der Geschäftsvorgänge
  - Eigene Lohnbuchhaltung

- Umfang
  - Umsatz > € 500 000
  - Größe und Anzahl der Betriebsstätten (Niederlassungen)
  - Anzahl der Beschäftigten

Abbildung A.2.3.1: Kaufmännischer Geschäftsbetrieb

Die folgenden Beispiele aus der Rechtsprechung mögen Ihnen verdeutlichen, wie schwierig die Abgrenzung im Einzelnen sein kann und wie unterschiedlich die Kasuistik ist.

➡ **Beispiel A.2.3**

Ein nach Art und Umfang in kaufmännischer Weise eingerichteter Geschäftsbetrieb wurde verneint, bei einer Bundeswehrkantine mit einem Umsatz von DM 500.000 (OLG Celle, BB 1963, 324) sowie bei einer ländlichen Zimmerei mit über DM 500.000 Umsatz, fünf Fachkräften und einer eigenen Steuerbuchführung (OLG Celle, MDR 1974, 235). Bejaht wurde er dagegen bei Handelsvertretern und Grundstücksmaklern ab DM 200.000 Umsatz (OLG Frankfurt, BB 1983, 335) sowie bei einem Optiker mit komplizierter Abrechnung, aber nur geringem Umsatz (OLG Hamm, DB 1969, 386).

Entscheidend ist das Gesamtbild des Unternehmens. Ist der Betrieb in der Lage, in Spitzenzeiten Aufträge erheblichen Umfangs auszuführen, spricht dies für die Kaufmannseigenschaft (OLG Dresden, NJW-RR 2002, 33).

A.2.3.2 Der Betrieb des Handelsgewerbes

Schließlich ist nach § 1 Abs. 2 HGB erforderlich, dass der vermeintliche Kaufmann das Handelsgewerbe **selbst** betreibt. Hierzu haben wir unter Kapitel A.2.1.1 ausgeführt, dass die im Rahmen seines Handelsgewerbes geschlossenen Geschäfte in seinem Namen und für seine Rechnung geschlossen werden müssen. Stellvertretung reicht nicht aus. Die geschlossenen Rechtsgeschäfte müssen für und gegen den Kaufmann wirken; er muss also unmittelbar aus ihnen berechtigt und verpflichtet werden. Erinnern Sie sich noch: Ist der Geschäftsführer einer GmbH wegen seiner Organstellung als Geschäftsführer Kaufmann?

Organe von juristischen Personen sind folglich allein kraft ihrer Organstellung nicht Kaufmann nach § 1 HGB. Und wann ist der Geschäftsführer einer GmbH Kaufmann? Überlegen Sie gut, bevor Sie (zu schnell) antworten. Der Geschäftsführer einer GmbH ist Kaufmann, wenn er nach § 1 Abs. 1 HGB ein Handelsgewerbe betreibt. Ob er ein Handelsgewerbe betreibt, richtet sich wiederum nach § 1 Abs. 2 HGB. Das von dem Geschäftsführer betriebene Unternehmen muss also nach Art und Umfang einen in kaufmännischer Weise eingerichteten Geschäftsbetrieb erfordern. Auf welches Unternehmen müssen Sie jetzt abstellen?

Das Unternehmen, das die GmbH selbst betreibt, wird ja eben gerade von der GmbH als juristische Person betrieben und nicht von dem Geschäftsführer der GmbH. Er ist lediglich Organ der GmbH, indessen nicht aber der Träger des Unternehmens der GmbH. Insofern müsste der Geschäftsführer selbst, quasi neben seiner Tätigkeit als GmbH-Geschäftsführer ein Unternehmen betreiben. Hier ist es folglich wichtig, genau zu prüfen, wer Träger des Unternehmens ist, mithin das Unternehmen betreibt. Hierzu sogleich noch ein Übungsfall.

 Übung A.2.4
Dr. David ist plastischer Chirurg. Seine Praxis befindet sich in bester Lage der Hamburger Innenstadt. Er beschäftigt zwölf Mitarbeiter, worunter sich zwei weitere angestellte Ärzte befinden. Auf die Frage einer Patientin, ob er eigentlich ein Unternehmer sei, antwortet Dr. David, natürlich sei er ein Unternehmer, er führe doch schließlich ein kaufmännisches Unternehmen. Trifft dies zu? (Versuchen Sie die Lösung wie immer zunächst selbst zu erarbeiten).

Wer Unternehmer ist, steht in § 14 BGB. Die Unternehmereigenschaft zieht aber keinesfalls zwangsläufig die Kaufmannseigenschaft nach sich. Umgekehrt wird ein Kaufmann aber regelmäßig Unternehmer im Sinne von § 14 BGB sein. Wie steht es denn nun mit der Kaufmannseigenschaft von Dr. David – wie muss hier wieder die richtige Antwort lauten? Dr. David müsste ein Handelsgewerbe betreiben. Er betreibt immerhin ein Unternehmen. Damit sein Unternehmen ein Handelsgewerbe ist, müßte er ein Gewerbe betreiben. Als Arzt gehört er den freien Berufen an und betreibt kein Gewerbe. Dr. David ist somit kein Kaufmann im Sinne des HGB, wohl aber Unternehmer.

 Auch wenn jemand selbst ein Unternehmen betreibt und Unternehmer ist, muss stets gesondert geprüft werden, ob sein Unternehmen ein Handelsgewerbe nach § 1 HGB ist. Nur dann ist er auch Kaufmann.

Ist der Insolvenzverwalter Kaufmann?

Wird über das Vermögen des Inhabers und Betreibers eines Handelsgeschäftes (eines Einzelkaufmannes oder etwa einer GmbH) das Insolvenzverfahren eröffnet, so verliert der Inhaber zwar die Verfügungsbefugnis, bleibt aber weiterhin Kaufmann, so dass er auch weiterhin aus Rechtsgeschäften, die nun der Insolvenzverwalter schließt, unmittelbar berechtigt und verpflichtet wird. Der Insolvenzverwalter selbst ist aufgrund seiner Tätigkeit nicht Kaufmann, sondern handelt kraft Amtes für den Gemeinschuldner.

A.2.4 Kaufmann kraft Eintragung

Wir haben uns bisher mit den Formkaufleuten, die ja bereits kraft ihrer Rechtsform Kaufmann sind, und dem Istkaufmann nach § 1 HGB, der kraft seiner Tätigkeit bereits Kaufmann ist, beschäftigt. Das HGB eröffnet auch solchen Personen die Möglichkeit Kaufmann zu werden, die weder Formkaufmann noch kraft Betreiben eines Handelsgewerbes bereits Kaufmann sind. Sie merken schon, diese Personen sind nicht bereits Kaufleute, sondern können es werden, sofern sie es wünschen. Erforderlich hierzu ist allerdings ein besonderer förmlicher Akt, nämlich die Eintragung in das Handelsregister.

Ferner können Istkaufleute, die ihrer Eintragungspflicht nach § 29 HGB nachgekommen und im Handelsregister eingetragen sind, nachträglich ihre Kaufmannseigenschaft verlieren, da ihr Unternehmen nicht mehr, etwa wegen Entlassung von Beschäftigten und Schließung von Betriebsteilen, einen nach Art und Umfang in kaufmännischer Weise eingerichteten Geschäftsbetrieb aufweisen. Sofern sie aber weiter im Handelsregister stehen, fragt sich, ob sie auch weiter Kaufleute sind. Beiden Aspekten werden wir im Folgenden nachgehen.

A.2.4.1 Der Kannkaufmann

In § 2 HGB (lesen!) ist geregelt, dass ein gewerbliches Unternehmen, dessen Gewerbebetrieb nicht schon nach § 1 Abs. 2 HGB Handelsgewerbe ist, als Handelsgewerbe *gilt*, wenn die Firma des Unternehmens in das Handelsregister eingetragen ist. Derartige Unternehmen werden auch als kleingewerbliche Unternehmen bezeichnet. Der Kleingewerbebetreibende ist berechtigt, aber nicht verpflichtet, die Eintragung in das Handelsregister herbeizuführen. Es steht ihm somit frei, ob er die Kaufmannseigenschaft kraft Eintragung erlangen möchte oder nicht. Ist er einmal eingetragen, so kann er seine Firma auf Antrag auch wieder aus dem Register löschen lassen, womit er wiederum die Kaufmannseigenschaft verliert. Deshalb wird dieser Typ des Kaufmannes auch als *„Kaufmann mit Rückfahrschein"* bezeichnet. Aber auch § 2 HGB setzt voraus, dass es sich um ein gewerbliches Unternehmen handelt.

Kann ein Steuerberater, der ein Steuerberatungsbüro mit 50 Beschäftigten und vier Niederlassungen betreibt, ausschließlich bargeldlosem Zahlungsverkehr, einer ausgegliederten Lohnbuchhaltung sowie einem jährlichen Umsatz von € 5 Mio. durch Eintragung in das Handelsregister zum Kaufmann werden?

Voraussetzung zur Erlangung der Kaufmannseigenschaft ist nach § 2 HGB der Betrieb eines Gewerbes. Folglich fallen alle Freiberufler, wie etwa Steuerberater, nicht in den Anwendungsbereich dieser Vorschrift. Dies wird im Rahmen der Kritik am Kaufmannsbegriff teils als zu eng empfunden, weshalb gefordert wird, an Stelle des Kaufmannsbegriffs den Unternehmensbegriff zu setzen und somit den Adressatenkreis der handelsrechtlichen Vorschriften zu erweitern (*K. Schmidt*, § 3 II ff.). In unserem Beispiel mit dem Steuerberater stellt sich in der Tat die Frage, weshalb auf einen derartigen Betrieb, der ja gemessen an § 1 Abs. 2 HGB nach Art und Umfang einen in kaufmännischer Weise eingerichteten Geschäftsbetrieb erfordert, die für Kaufleute geltenden Vorschriften nicht anwendbar sein sollten. Hier allein auf standesrechtliche Erwägungen abzustellen, geht an der Rechtswirklichkeit vorbei.

Wir können festhalten, dass der Kannkaufmann, wie ihn § 2 HGB selbst bezeichnet, erst durch die Eintragung seiner Firma in das Handelsregister zum Kaufmann wird.

? Übung A.2.5

Nach § 2 HGB ist ein gewerbliches Unternehmen Kaufmann, wenn die Firma des Unternehmens in das Handelsregister eingetragen wird. Dagegen bestimmt § 29 HGB, dass jeder Kaufmann verpflichtet ist, die Firma und den Ort seiner Handelsniederlassung zur Eintragung in das Handelsregister anzumelden. Erläutern Sie, wie die Registereintragung in beiden Fällen wirkt.

Die Eintragung, die nach § 2 HGB gefordert wird, begründet erst die Kaufmannseigenschaft. Erst durch die Eintragung wird der Kannkaufmann nach § 2 HGB zum Kaufmann. Dagegen setzt § 29 HGB schon voraus, dass jemand Kaufmann ist. Deshalb knüpft § 29 HGB im Grunde an § 1 HGB an. Der Istkaufmann, der ja schon Kaufmann ist, weil er ein Handelsgewerbe betreibt, ist nach § 29 HGB verpflichtet, die Registereintragung vorzunehmen. Die Eintragung selbst begründet in diesem Fall aber nicht die Kaufmannseigenschaft. Man sprich deshalb im Falle des § 2 HGB von der *konstitutiven* Wirkung der Registereintragung, während die Eintragung im Falle des Istkaufmannes nur *deklaratorische* Funktion hat. Das folgende Schaubild soll Ihnen dies nochmals verdeutlichen:

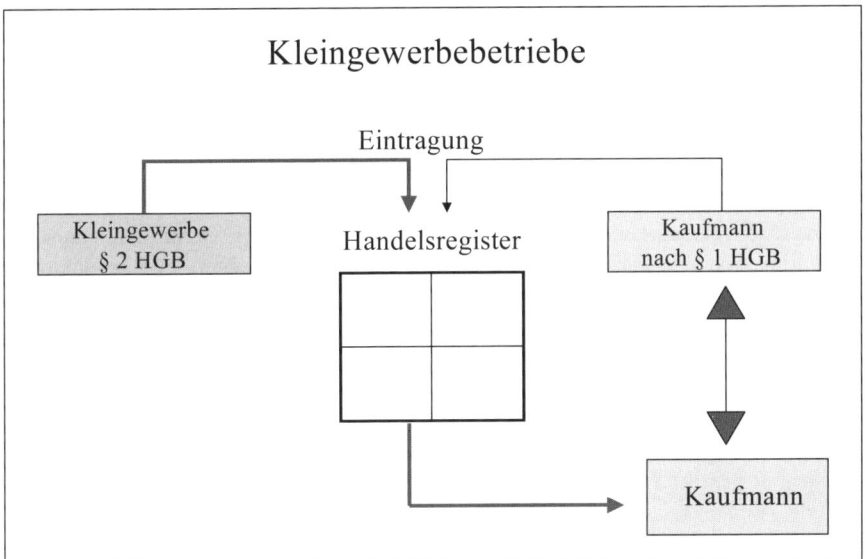

Abbildung A.2.4.1: Kleingewerbebetriebe

Sind die Kleingewerbebetreibenden eingetragen, so gelten für sie die gesamten handelsrechtlichen Bestimmungen. Wir werden gleich noch sehen, welche Folgen die Geltung der handelsrechtlichen Vorschriften für den Unternehmensträger haben. Es sei schon jetzt verraten, dass nur der Kaufmann Prokura erteilen und eine Firma führen darf. Lässt sich der Kleinbetrieb folglich eintragen, ist er fortan berechtigt Prokura zu erteilen und eine Firma zu führen.

A.2.4.2 Der Fiktivkaufmann

§ 5 HGB ist nicht leicht zu verstehen. Er regelt den Fiktivkaufmann oder auch den Kaufmann kraft formalen Rechts. Er ist nicht mit dem Scheinkaufmann zu verwechseln. § 5 HGB enthält auch nicht etwa eine Fiktion. Der Kaufmann wird hier nicht fingiert. Im Gegenteil, § 5 bestimmt, dass jemand solange Kaufmann bleibt, wie er im Handelsregister als solcher eingetragen ist. Die Vorschrift ist insbesondere im Zusammenhang mit dem Istkaufmann zu verstehen. Während die §§ 1, 29 HGB bestimmen, dass sich der Istkaufmann in das Handelsregister eintragen lassen muss, bestimmt § 5, dass der auf diese Weise einmal eingetragene Kaufmann auch Kaufmann bleibt, wenn sein Unternehmen keinen nach Art und Umfang in kaufmännischer Weise eingerichteten Geschäftsbetrieb (mehr) erfordert. Damit stellt § 5 HGB lediglich klar, dass es auf den Betrieb eines Handelsgewerbes nicht mehr ankommt, wenn der Kaufmann (im Grunde der Istkaufmann) erst einmal im Handelsregister eingetragen ist. Dann nämlich ist es dem Kaufmann nach § 5 HGB versagt, sich auf das tatsächlich fehlende Handelsgewerbe zu berufen, selbst wenn dies zutrifft. Allein die Tatsache, dass die Eintragung fortbesteht begründet die rechtliche Folge, dass die Kaufmannseigenschaft andauert. Deshalb braucht es auch keiner Fiktion. Allerdings verlangt die höchstrichterliche Rechtsprechung, dass zumindest ein Gewerbe betrieben werden muss (BGH, NJW 1982, 45; kritisch hierzu zurecht *K. Schmidt*, § 10 III 2). Auch § 5 HGB kann darüber nicht hinweghelfen.

Nicht zu verwechseln ist der Fiktivkaufmann mit dem Scheinkaufmann. Der wesentliche Unterschied besteht eben darin, dass der Scheinkaufmann gerade kein Kaufmann ist, weder einer kraft Gewerbebetriebes noch einer kraft Eintragung. Der Scheinkaufmann ist gerade **nicht** im Handelsregister eingetragen. Die Lehre vom Scheinkaufmann besagt, dass wer im Rechtsverkehr als Kaufmann auftritt, ohne es nach den §§ 1–6 HGB zu sein, auch als Kaufmann gilt. Der Scheinkaufmann muss durch zurechenbares Verhalten den Anschein erweckt oder unterhalten haben, er sei Kaufmann. Damit wird er also im Verhältnis zu einem gutgläubigen Dritten, der ihn für einen Kaufmann gehalten hat, auch als solcher behandelt. Allerdings gelten die handelsrechtlichen Vorschriften nur zu seinen Lasten, nicht zugunsten des Scheinkaufmanns. Die eigentliche Problematik des Scheinkaufmannes besteht darin, wann ein solcher Rechtsschein vorliegt. Reicht es hierzu bereits aus, dass auf Visitenkarten der Begriff Kaufmann gedruckt ist? Genügt allein schon auf einer Homepage im Internet die Verwendung von *Geschäfts*bedingungen durch einen Nichtkaufmann? Dies deutet alles eher auf einen Unternehmer hin. Es gibt aber noch nicht Anlass, auf einen Kaufmann zu schließen. Hier ist also eher Zurückhaltung geboten. Wer allerdings Rechtsformzusätze, wie etwa „& Co. KG" verwendet, ohne sein Unternehmen in der entsprechenden Rechtsform zu betreiben und als solche eingetragen zu sein, unterliegt dem Rechtsscheintatbestand eines Scheinkaufmannes.

A.2.5 Land- und Forstwirtschaft

Auf Betriebe der Land- und Forstwirtschaft finden nach § 3 Abs. 1 HGB (lesen!) die Vorschriften des § 1 HGB keine Anwendung. Nach § 3 Abs. 2 HGB (lesen!) kann der Unternehmer die Eintragung in das Handelsregister und damit auch die Kaufmannseigenschaft bewirken, wenn sein land- oder forstwirtschaftliches Unternehmen nach Art und Umfang einen in kaufmännischer Weise eingerichteten Geschäftsbetrieb erfordert. Wie wirkt die Eintragung in diesem Fall?

Die Eintragung in das Handelsregister wirkt dann konstitutiv. Anders als beim Kannkaufmann steht es dem land- oder forstwirtschaftlichen Unternehmer zwar frei, ob er die Eintragung bewirkt. Hat er sich jedoch eintragen lassen, so kann er nicht mehr zurück und ist hieran gebunden (§ 3 Abs. 2 HGB: „... *mit der Maßgabe, dass nach Eintragung in das Handelsregister eine Löschung der Firma nur nach den allgemeinen Vorschriften stattfindet*"). Einen Rückfahrschein hat dieser Kaufmann nicht.

Der nach Art und Umfang in kaufmännischer Weise eingerichtete Geschäftsbetrieb ist allerdings nur erforderlich, um eine Eintragung nach § 3 HGB zu bewirken. Erfordert das land- oder forstwirtschaftliche Unternehmen keinen nach Art und Umfang in kaufmännischer Weise eingerichteten Geschäftsbetrieb, so kommt die Erlangung des Kaufmannsstatus über § 2 HGB in Betracht.

A.2.6 Folgen der Kaufmannseigenschaft

Nachdem wir nun festgestellt haben, wer alles Kaufmann ist und werden kann, ist es an der Zeit sich zu fragen, welche Privilegien einerseits und welche Pflichten andererseits mit der Kaufmannseigenschaft verbunden sind. Weshalb kann es für den Kleingewerbebetrieb von Interesse sein Kaufmann sein zu wollen und, wenn er die Eintragung in das Handelsregister bewirkt, welche Pflichten treffen ihn. Dieser Frage wollen wir nun nachgehen.

A.2.6.1 Privilegien

Nur der Kaufmann führt eine Firma. Der Kleingewerbebetreibende, der nicht im Handelsregister eingetragen ist, kann keine Firma, sondern nur eine Geschäftsbezeichnung führen. Wir werden noch sehen, dass die Firma des Kaufmanns im Handelsrecht besonders geschützt ist (§ 37 HGB). Diesen handelsrechtlichen Schutz genießt die Geschäftsbezeichnung nicht. Der Kaufmann kann nach § 17 Abs. 2 HGB (lesen!) unter seiner Firma klagen und verklagt werden. Ferner kann nur der Kaufmann Prokura oder Handlungsvollmacht nach § 54 HGB (lesen!) erteilen. Der Kaufmann kann Zweigniederlassungen errichten und hat sie zur Eintragung in das Handelsregister anzumelden (§ 13 Abs. 1 HGB). Der Kleingewerbebetrieb kann keine Zweigniederlassungen errichten, sondern begnügt sich mit nicht eintragungsfähigen Geschäftsstellen. Schließlich können Kaufleute einen anderen als den gesetzlich bestimmten Gerichtsstand vereinbaren. Eine Vereinbarung über den Gerichtsstand ist unter Kaufleuten zulässig (§ 38 Abs. 1 ZPO).

Thomas Tegen

Unter Kaufleuten beträgt der gesetzliche Zinssatz 5 Prozent und Zinsen können bereits ab Fälligkeit erhoben werden.

A.2.6.2 Pflichten

Die Kaufmannseigenschaft hat allerdings nicht nur Vorteile, sondern bringt auch Nachteile mit sich. Nach § 238 HGB a. F. war jeder Kaufmann verpflichtet, Bücher zu führen (Buchhaltungspflicht). Von dieser Pflicht werden durch das BilMoG künftig Einzelkaufleute größenabhängig befreit (siehe hierzu Kapitel A.7.5.4). Ferner haben wir schon gelernt, dass Kaufleute nach § 29 HGB verpflichtet sind, die Firma und den Ort ihrer Handelsniederlassung zur Eintragung in das Handelsregister anzumelden. Kommen sie dieser Pflicht nicht nach, kann das Registergericht sie dazu unter Festsetzung eines Zwangsgeldes nach § 14 HGB (lesen!) anhalten. Sofern Kaufleute eine Bürgschaft erklären und die Bürgschaft für sie Handelsgeschäft ist, steht ihnen nach § 349 HGB (lesen!) die Einrede der Vorausklage nicht zu. Schließlich haben Kaufleute im Falle eines beiderseitigen Handelsgeschäfts die Ware unverzüglich zu untersuchen und etwagige Mängel unverzüglich anzuzeigen. Unterlässt der Kaufmann dies, so gilt die Ware nach § 377 Abs. 2 HGB (lesen!) als genehmigt.

Vor- und Nachteile
der Kaufmannseigenschaft

- **Vorteile**
  - Gründung von Zweigniederlassungen
  - Erteilung von Prokura
  - Gesetzlicher Zinssatz 5 %
  - Zinsen bereits ab Fälligkeit
  - Antrag auf Verweisung an die Kammer für Handelssachen
  - Kann unter der Firma klagen und verklagt werden
  - Führung einer Firma
  - Handelsrechtlicher Firmenschutz

- **Nachteile**
  - Pflicht zur Führung von Handelsbüchern, § 238 HGB (nach dem BilMoG aber eingeschränkt)
  - Pflicht zur Eintragung in das Handelsregister, § 29 HGB
  - Keine Einrede der Vorausklage, § 349 HGB
  - Kurze Rüge- und Untersuchungspflichten, § 377 HGB

Abbildung A.2.6.2: Vor- und Nachteile der Kaufmannseigenschaft

 Zusammenfassung

In diesem Kapitel haben Sie den Kaufmannsbegriff und seine Bedeutung kennengelernt. Sie wissen nicht nur, wer im Grunde fähig ist Kaufmann zu sein, sondern wer nach den §§ 1–6 HGB Kaufmann im Sinne des Handelsrechts ist. Dabei liegt es in der Praxis nahe, zunächst zu prüfen, ob ein Formkaufmann vorliegt. Formkaufleute sind bereits deshalb Kaufmann, weil ein Gesetz dies so bestimmt. Bei ihnen kommt es auf die Art und den Gegenstand der Unternehmung nicht an. Auch Personenge-

Thomas Tegen

sellschaften können Kaufmann sein, sofern ihr Zweck auf den Betrieb eines Handelsgewerbes gerichtet ist. Ist dies nicht der Fall, können sie dennoch zum Kaufmann werden, indem sie sich als Handelsgesellschaft (OHG oder KG) ins Handelsregister eintragen lassen. Auf diese Weise ist es nun auch reinen Besitzgesellschaften, Holdinggesellschaften oder rein vermögensverwaltenden Gesellschaften möglich, Adressat der handelsrechtlichen Vorschriften zu werden. Die Registereintragung wirkt im letzteren Fall konstitutiv im Hinblick auf die Kaufmannseigenschaft. § 1 HGB regelt den Kaufmann kraft Handelsgewerbes. Entscheidend ist hier der Betrieb eines Handelsgewerbes. Auf die Eintragung in das Handelsregister kommt es hier nicht an. Zwar ist der Istkaufmann nach § 29 HGB zur Eintragung verpflichtet, diese wirkt bezüglich der Kaufmannseigenschaft aber nur deklaratorisch. Anders verhält sich dies bei den Kleinunternehmern nach § 2 HGB. Ihr Unternehmen erfordert keinen nach Art und Umfang in kaufmännischer Weise eingerichteten Gewerbebetrieb. Gleichwohl können sie Kaufmann werden, sofern sie ihre Firma ins Handelsregister eintragen lassen. In diesem Fall wirkt die Registereintragung wiederum konstitutiv. Ob sie die Eintragung bewirken, ist ihnen freigestellt. Auch nach erfolgter Eintragung können sie sich mittels Antrag wieder löschen lassen und so den Kaufmannsstatus verlieren. Für land- und forstwirtschaftliche Betriebe gilt § 1 HGB nicht. Auch diese Unternehmen können entweder über § 3 HGB mittels Eintragung in das Handelsregister Kaufmannsstatus erlangen, sofern ihr Unternehmen einen nach Art und Umfang in kaufmännischer Weise eingerichteten Geschäftsbetrieb erfordert. Andernfalls können sie über § 2 HGB Kaufmannsstatus erlangen.

Aufgaben zur Selbstüberprüfung

1. Welche Konsequenzen hat die Eintragung eines Kleingewerbetreibenden in das Handelsregister?
2. Welche Konsequenzen hat die Eintragung einer Handelsgesellschaft, deren Zweck auf den Betrieb eines Handelsgewerbes gerichtet ist, in das Handelsregister?
3. Wann ist der Vorstandsvorsitzende einer Aktiengesellschaft Kaufmann?
4. Erläutern Sie den Unterschied zwischen einem Unternehmer und einem Kaufmann im Sinne des HGB.
5. Erläutern Sie kurz den wesentlichen Unterschied zwischen einem Fiktivkaufmann und einem Scheinkaufmann.
6. Ist ein Prokurist ein Kaufmann?
7. Wer ist Kaufmann im Sinne des HGB und was ist hierfür erforderlich?
8. Kann ein Minderjähriger Kaufmann sein?
9. Ist eine überregionale Rechtsanwaltskanzlei mit einem Jahresumsatz vom € 10 Mio. und Standorten in München, Frankfurt, Hamburg, Berlin, Leipzig, Bremen, Düsseldorf und Stuttgart Kaufmann und wenn nicht, wie kann sie es werden?

Thomas Tegen

A.3 Die Handelsfirma

In diesem Kapitel lernen Sie, die Wahlmöglichkeiten bei der Firmenbildung zu erläutern und die Firmengrundsätze zu erklären. Ferner sollen Sie die unterschiedlichen Möglichkeiten des Erwerbes eines Handelsgeschäftes aufzeigen und erläutern können. Darüber hinaus machen wir Sie mit in der Praxis wichtigen Haftungsfragen bei Ein- und Austritt bzw. Erwerb eines Handelsgeschäftes und Firmenfortführung vertraut.

A.3.1 Der Begriff der Firma

Die Firma ist nach § 17 HGB (lesen!) der Name, unter dem der Kaufmann seine Geschäfte betreibt und seine Unterschrift zeichnet. Sie kennen den Begriff der „Firma" sicher aus dem allgemeinen Sprachgebrauch. Dort bezeichnet der Begriff „Firma" zumeist das Unternehmen selbst. Der juristische Laie spricht von „Firma", meint aber das Unternehmen (man spricht etwa davon, dass jemandem die „Firma" gehört, das jemand in die „Firma" geht). Handelsrechtlich verstehen wir unter der Firma nur den Namen, den der Kaufmann im Handelsverkehr verwendet. Dieser muss bei natürlichen Personen als Kaufmann nicht mit dem bürgerlichen Namen identisch sein.

 Die Firma ist der Name, unter dem der Kaufmann seine Geschäfte betreibt und seine Unterschrift zeichnet.

Nur der Kaufmann darf eine Firma führen. Von der Firma zu unterscheiden sind Geschäftsbezeichnungen. Während die Firma der Name des Kaufmanns ist und als solcher den Unternehmens**träger** identifizieren soll, kennzeichnen Geschäftsbezeichnungen die Art des Betriebes oder Geschäftes (etwa: Holzland, Möbelparadies, Fitness-Club, Hotel Erfurter Hof). Geschäftsbezeichnungen können aber Bestandteil der Firma sein, diese aber nicht ersetzen. Wir haben bereits gesehen (oben unter Punkt A.2.6.1), dass der nicht im Handelsregister eingetragene Kleingewerbebetrieb keine Firma, sondern eine Geschäftsbezeichnung führen kann (teils wird in diesem Fall auch von *Minderfirma* gesprochen, *K. Schmidt*, § 12 I 2 a. bb).

A.3.2 Bildung der Firma

Der Kaufmann, der sich eine Firma gibt, hat dabei zu bedenken, ob er gewisse Beschränkungen zu beachten hat. Während das Handelsrecht vor seiner Reform im Jahre 1998 noch ein strenges und vor allem enges Firmenrecht kannte, ist der Kaufmann nach heutigem Recht bei der Gestaltung seiner Firma weitgehend frei. Er kann zwischen einer Personenfirma, Sachfirma oder auch Phantasiefirma sowie Mischtypen wählen. Hierzu ein Beispiel:

Thomas Tegen

Beispiel A.3.1
Billy Bord betreibt einen Handel mit dänischen Möbeln. Als Kaufmann könnte er wie folgt firmieren: *Billy Bord e. K.* (Personenfirma); Dänische *Möbel e. K.* (Sachfirma); *Mellesund e.K.* (Phantasiefirma); *Mellesund Bord e.K.* (Mischform); *Billy's Mellesund Danske Möbel e.K.* (Mischform).

Bei der Bildung der Firma sind jedoch auch nach der aktuellen Rechtslage einige Grundsätze zu beachten, die der Freiheit gewisse Grenzen setzen. Das folgende Schaubild verdeutlicht dies:

Firma des Kaufmanns

Name, unter dem er seine Geschäfte betreibt

Firmenbildung richtet sich nach 5 Grundsätzen:

1. Kennzeichnungs- und Unterscheidungskraft
2. Irreführungsverbot
3. Rechtsformzusatz
4. Firmenbeständigkeit
5. Firmenausschließlichkeit

Abbildung A.3.2: Firma des Kaufmanns

A.3.2.1 Kennzeichnungswirkung und Unterscheidungskraft

Das Firmenrecht in seiner alten Fassung vor der Handelsrechtsreform enthielt die Grundsätze der Firmenwahrheit, Firmenunterscheidbarkeit, Firmenbeständigkeit, Firmeneinheit und Firmenöffentlichkeit. Diese Grundsätze haben ihre Bedeutung heute zwar nicht verloren, sind aber im Lichte des neuen Rechts, namentlich der Liberalisierung des Firmenrechts zu betrachten. Deshalb wird hier ausschließlich den neuen Begrifflichkeiten gefolgt und auf die herkömmliche Einteilung der Grundsätze, wie sie noch immer in vielen Lehrbüchern zu finden ist, bewusst verzichtet.

Nach § 18 HGB muss die Firma zur Kennzeichnung des Kaufmanns geeignet sein und Unterscheidungskraft besitzen. Wir haben schon festgestellt, dass sowohl Personenfirmen, Sachfirmen, Phantasiefirmen und Mischformen zulässig sind. Zulässig ist auch die Zufügung von geografischen Bezeichnungen. Die Firma muss aber ihre eigentliche Funktion erfüllen. Sie muss daher geeignet sein, den Unternehmensträger zu individu-

alisieren. Reine Tätigkeitsbezeichnungen reichen hierfür nicht aus. Auch hierzu einige
Beispiele:

 Beispiel A.3.2

Holz GmbH, Consulting OHG, Bäder KG, Bauträger sind Bezeichnungen, die nicht
zur Individualisierung ausreichen und daher für sich allein keine Kennzeichnungswirkung haben.

Zulässig, weil mit Kennzeichnungswirkung versehen, dagegen: *Holzland Schmidt,
Fliesen Harry, Weinquelle.*

Immer wieder wird in der Praxis versucht, das @-Zeichen als Firmenbestandteil
zu verwenden. Eintragungsfähig ist dies indessen selbst dann nicht, wenn dieses
Zeichen als sprechbare Wortkombination verwendet wird (etwa: *N@tt & Friends
pc-Consulting*). Derartige Symbole sind bislang nicht eintragungsfähig (siehe
BayObLG NJW 2001, 2337 „eine Firma, die das „@" enthält, kann nicht in das Handelsregister eingetragen werden."; OLG Celle DB 1999, 40). Gerade im Hinblick auf
die rasante Verbreitung des Internets erscheint dies fragwürdig. Das @-Zeichen dürfte
heute bereits derart allgemein bekannt sein, dass eine Kennzeichnungswirkung nicht
mehr bezweifelt werden kann. Buchstabenkombinationen sind dagegen zulässig, sofern
sie artikulierbar sind (OLG Hamm, RNotZ 2008, 232 für die Firma Higa M&A GmbH
& Co. KG)

Neben der Kennzeichnungswirkung braucht die Firma ferner Unterscheidungskraft.
Sie muss also geeignet sein, eine Unterscheidung des Unternehmensträgers von
anderen zu ermöglichen. Dabei ist auf den ersten Blick der Unterschied zwischen
Kennzeichnungswirkung und Unterscheidungskraft nicht einfach auszumachen.
Das wesentliche Kriterium der Unterscheidungskraft ist denn auch die Verwechse-
lungsgefahr mit anderen Firmen. Maßgeblich ist dabei die Verkehrsauffassung des
angesprochenen Publikums. Ähnlichkeit und gleichlautendes Klangbild sind hier
wichtige Anhaltspunkte zur Abgrenzung. Unterscheidbarkeit kann durch Zusätze
hergestellt werden (etwa: *RoomReich* für ein Unternehmen, das mit Einrichtungsge-
genständen handelt und *Ruhmreich* für eine Personalcoaching Agentur. Hier kann
die Unterscheidungskraft durch Hinzufügen eines individualisierenden Zusatzes
hergestellt werden (etwa *RoomReich Interieur and More*).

A.3.2.2 Irreführungsverbot

In § 18 Abs. 2 HGB (lesen!) ist das Irreführungsverbot enthalten. Danach darf die
Firma keine Angaben enthalten, die geeignet sind, über geschäftliche Verhältnisse,
die für die angesprochenen Verkehrskreise wesentlich sind, irrezuführen. Entscheidend ist also die Perspektive der angesprochenen Verkehrskreise. Als problematisch
erweisen sich hier insbesondere Firmenzusätze.

Das Irreführungsverbot ist Ausdruck des Grundsatzes der Firmenwahrheit. Die Kasuistik, die sich zum Irreführungsverbot findet, ist denn auch bunt und teils widersprüchlich.
Einige Beispiele aus der Rechtsprechung mögen dies veranschaulichen:

→ **Beispiel A.3.3**

Der Firmenzusatz *Interbau* oder *Intermedia* weist auf internationale Geschäftsbeziehungen hin und wirkt täuschend, wenn diese fehlen – BayObLG, BB 1973, 305; OLG Stuttgart, BB 1986, 1393 –; *Hamburger Kaffeelager* täuscht Größe vor und ist unzulässig bei einem einfachen Genussmittelgeschäft – BGH, BB 1968, 972 – (zitiert nach *K. Schmidt*, § 12 III 1 b. bb. mit zahlreichen weiteren Entscheidungen). Der Zusatz „*Werk*" steht grundsätzlich für einen großindustriellen Betrieb oder eine überdurchschnittliche Größe innerhalb einer Branche (*Ruß* in HK-HGB, § 18 Rz. 21 mit Hinweis auf OLG Stuttgart BB 1981, 1670). Der Zusatz „*Dr.*" weist auf einen Akademiker als Unternehmensinhaber hin. Wird ein Maklergeschäft eines promovierten Inhabers von einem nicht promovierten Nachfolger fortgeführt, so bedarf es eines Nachfolgezusatzes (BGH DB 1998, 512). Eine Zweigniederlassung eines Kreditinstitutes, das nicht zu der Organisation der Raiffeisenbanken gehört, darf sich nicht *Volks- und Raiffeisenbank* nennen (OLG Frankfurt, NJW-RR 1989, 843; zahlreiche weitere Beispiele aus der Rechtsprechung nach Fallgruppen sortiert bei *Heidinger* in MünchKommHGB, § 18, Rz. 106–183).

Die umfangreiche Rechtsprechung, die hierzu ergangen ist, betrifft ganz verschiedene Einzelfälle. Die Entscheidungen sind teils recht alt. Da das allein entscheidende Kriterium die Verkehrsanschauung der angesprochenen Verkehrskreise ist und sich die Anschauung der Verkehrskreise mit der Zeit ändert, kann eine zunächst zulässige Firma unzulässig und eine unzulässige Firma (etwa mit dem @-Zusatz) später zulässig werden.

A.3.2.3 Rechtsformzusätze und gesetzlich vorgeschriebene Zusätze

Bis zur Handelsrechtsreform war ein Rechtsformzusatz nur bei Kapitalgesellschaften, Genossenschaften und Personengesellschaften ohne natürliche Person als persönlich haftenden Gesellschafter vorgeschrieben. Nunmehr regelt der neue § 19 Abs. 1 HGB (lesen!), dass die Firma der Einzelkaufleute und Handelsgesellschaften einen Rechtsformzusatz enthalten muss (*e. K* oder *e. Kfm.* oder *e. Kfr.* bei Einzelkaufleuten und *OHG* bei einer Offenen Handelsgesellschaft und *KG* bei einer Kommanditgesellschaft). Ein Verstoß gegen das Gebot der Rechtsformzusätze macht die Firma unzulässig.

Welchen Zusatz muss demnach eine Kommanditgesellschaft, deren einziger persönlich haftender Gesellschafter (Komplementär) eine GmbH ist, der Firma zufügen?

Eine OHG oder eine KG, bei der keine natürliche Person haftet, muss nach § 19 Abs. 2 HGB (lesen!) auf die Haftungsbeschränkung hinweisen. Der zutreffende Rechtsformzusatz lautet in diesem Fall *GmbH & Co. KG* oder im Falle der OHG *GmbH & Co. OHG*.

Neben dem § 19 HGB sehen auch andere Gesetze außerhalb des HGB besondere Zusätze der Firmierung zwingend vor bzw. begrenzen ihre Verwendung auf bestimmte Branchen. Nach § 39 Abs. 2 KWG dürfen die Bezeichnung „Volksbank" oder eine Bezeichnung, in der das Wort „Volksbank" enthalten ist, nur Kreditinstitute neu aufnehmen, die in der Rechtsform einer eingetragenen Genossenschaft betrieben werden und einem Prüfungsverband angehören. Nach § 53 StBerG ist eine Steuerberatungsgesellschaft verpflichtet, die Bezeichnung „Steuerberatungsgesellschaft" in die Firma oder den

Namen aufzunehmen. Nach § 59 k Abs. 1 BRAO muss die Firma einer Rechtsanwaltsgesellschaft den Namen wenigstens eines Gesellschafters, der Rechtsanwalt ist, und die
Bezeichnung „Rechtsanwaltsgesellschaft" enthalten.

Die Rechtsformzusätze dürfen nicht mit den Pflichtangaben auf Geschäftsbriefen
gleichgestellt oder verwechselt werden. Seit der Handelsrechtsreform ist durch den
neu eingefügten § 37a HGB (lesen!) geregelt, welche Angaben auf Geschäftsbriefen
enthalten sein müssen. Dazu zählt unter anderem der Rechtsformzusatz. Wichtig ist
in diesem Zusammenhang, dass als Geschäftsbriefe auch E-Mail-Nachrichten gelten.
Entsprechend sind die sog. „Abbinder", die zumeist nach der Grußformel einer E-Mail
erscheinen, im kaufmännischen Verkehr nach den Vorgaben des § 37a HGB zu formulieren, andernfalls kann ein Zwangsgeld drohen (§ 37a Abs. 4 HGB).

A.3.2.4 Die Firmenbeständigkeit

Der Grundsatz der Firmenbeständigkeit wird aus den §§ 21 bis 24 HGB abgeleitet. In
seinem Kern besagt er, dass die Firma nicht bei jeder Veränderung des Unternehmensträgers oder seines Namens wechseln muss. Damit steht dieser Grundsatz in einem
gewissen Widerspruch zum Irreführungsverbot und zu dem dieses Verbot enthaltenen
Grundsatz der Firmenwahrheit und setzt letzterem Grenzen. Die Firmenbeständigkeit
erfasst insbesondere folgende Fälle:
- Firmenfortführung auch bei einer Änderung von Namen oder Identität des Inhabers,
  § 21 HGB (lesen!)
- Firmenfortführung bei Erwerb eines Handelsgeschäftes von Todes wegen oder unter
  Lebenden; mithin bei Inhaberwechsel nach § 22 HGB (lesen!)
- Firmenfortführung bei einer Änderung des Gesellschafterbestandes nach § 24 HGB
  (lesen!).

Das nachfolgende Beispiel soll das Gebot der Firmenbeständigkeit verdeutlichen:

Beispiel A.3.4
Ochs betreibt nun schon in der dritten Generation in Braunlage eine Metzgerei. Er
verfügt über weitere Geschäfte in Bad Harzburg, Quedlinburg, Erfurt und Halle.
Vor einigen Jahren hat er seinen Sohn Öxi als Gesellschafter mit in das Geschäft
aufgenommen und zu diesem Zweck eine OHG gegründet, die unter dem Namen
„Ochs Metzgerei OHG" firmiert. Ochs scheidet Ende April 2009 aus Altersgründen
aus dem Betrieb aus und hat den gesamten Betrieb mit Wirkung zum 1. Mai 2009
auf Öxi übertragen. Ochs hat jedoch aus Familientradition Wert darauf gelegt, dass
Öxi den Betrieb unter derselben Firma – *„Ochs Metzgerei OHG"* – fortführt. Porki,
der jüngere Bruder von Öxi, der Wirtschaftsrecht studiert, meint, Öxi könne nicht
unter *„Ochs Metzgerei OHG"* firmieren. Trifft seine Meinung zu?

Versuchen Sie die Lösung zunächst – wie stets – selbst zu erarbeiten und denken Sie
daran: *ein Blick in das Gesetz erleichtert die Rechtsfindung!*

Wir wollen uns den Fall nun gemeinsam ansehen.

Zunächst ist zu bemerken, dass nach der Aufnahme des Öxi in das Geschäft nach
§ 24 Abs. 1 HGB der bisherige Firmenname Ochs Metzgerei fortgeführt werden konnte.
Allerdings musste nun nach § 19 Abs. 1 Ziffer 2 HGB der Zusatz OHG Bestandteil der

Firma sein, da mit Aufnahme des Öxi in den Betrieb dieser künftig in der Rechtsform einer OHG geführt wurde. Nach dem Grundsatz der Firmenbeständigkeit, der in den §§ 22 bis 24 HGB verankert ist, könnte Öxi auch nach dem Ausscheiden von Ochs die Firma fortführen, sofern nach § 24 Abs. 3 HGB Ochs damit einverstanden ist. Laut Sachverhalt legt Ochs gerade besonderen Wert auf die Firmenfortführung, womit sein Einverständnis vorliegt. Allerdings sind die gesetzlich verlangten Rechtsformzusätze auch neben dem Gebot der Firmenbeständigkeit zu beachten. Insofern darf Öxi nach dem Ausscheiden von Ochs nicht mehr mit dem Rechtsformzusatz „OHG" firmieren, da mit dem Ausscheiden des Ochs der einzige verbleibende Gesellschafter Öxi Einzelunternehmer und die OHG als Gesellschaft aufgelöst wird. Öxi müsste nun § 19 Abs. 1 Ziffer 1 HGB beachten und mit „Ochs Metzgerei e.K." firmieren. Eines Nachfolgezusatzes (etwa *„Ochs Metzgerei Nachf. E.K."*) bedarf es nach § 22 Abs. 1 HGB nicht.

Die Firma kann nach dem Grundsatz der Firmenbeständigkeit zwar auch bei Identitätswechsel des Unternehmensträgers fortgeführt werden, jedoch ist der Rechtsformzusatz stets zu beachten. Er muss nach § 19 HGB so gewählt sein, dass er den gegenwärtigen Rechtszustand zutreffend wiedergibt. Nach § 22 Abs. 1 HGB darf der Erwerber die Firma unverändert fortführen und ihr nur einem das Nachfolgeverhältnis andeutenden Zusatz beifügen. Eine darüber hinausgehende Änderung der Firma ist nicht durch § 22 Abs. 1 HGB gedeckt (OLG Düsseldorf, FG Prax 2007, 277).

In der Praxis ist § 23 HGB immer wieder von Bedeutung, auch wenn diese Vorschrift im Grunde nicht zum Grundsatz der Firmenbeständigkeit, sondern konsequent dem Irreführungsverbot folgt. Die Firma hängt quasi am Handelsgeschäft, dessen Unternehmensträger sie benennt. Sie kann nicht ohne das Handelsgeschäft veräußert werden. Damit soll vermieden werden, dass der Rechtsverkehr über das, was hinter der Firma steckt, irregeführt wird. Ein Handel mit Firmen ist somit nicht möglich. Dies dürfen Sie nicht mit Marken verwechseln. Eine Marke ist ein Ursprungszeichen zur Kennzeichnung von Waren und Dienstleistungen. Eine Marke kann zur Firmenbildung verwendet werden (etwa *UHU GmbH* für Klebstoff) und im Gegensatz zur Firma auch übertragen werden (§ 27 MarkG).

A.3.2.5 Die Firmenausschließlichkeit

Wir sind nun bei dem letzten Grundsatz des Firmenrechts angelangt, der Firmenausschließlichkeit. Dieser Grundsatz ist in § 30 HGB (lesen!) geregelt. § 30 HGB fordert, dass sich jede neue Firma von den am gleichen Ort bestehenden Firmen deutlich unterscheidet. Hierzu ein Beispiel:

 Beispiel A.3.5

Hat nach § 30 Abs. 2 HGB (lesen!) ein Kaufmann namens Heinrich Meier, der einen Autohandel betreibt, den gleichlautenden Vor- und Nachnamen mit einem bereits im Handelsregister eingetragenen Kaufmann, der eine Spedition betreibt, (etwa *Heinrich Meier e. Kfm.*) und will er sich auch dieses Namens als Firma bedienen, so muss er der Firma einen Zusatz zufügen, durch den sie sich von der bereits eingetragenen deutlich unterscheidet.

Wie könnte in dem Beispiel der „spätere" Heinrich Meier firmieren?

Thomas Tegen

Der Heinrich Meier, der einen Autohandel betreibt, könnte mit *„Autohandel Heinrich Meier e. Kfm."* firmieren. Die Firmenausschließlichkeit ist nach § 30 Abs. 1 HGB auf den Ort und die Gemeinde beschränkt. Ist in unserem Beispiel für den „Auto Meier" ein anderes Handelsregister (Amtsgericht – dazu gleich mehr) zuständig, weil Heinrich Meier seinen Autohandel in einer anderen Stadt betreibt, so greift § 30 HGB nicht. Möchte der *„Auto Meier"* dagegen die Eintragung in derselben Stadt bewirken, so kann er selbst dann nicht eingetragen werden, wenn der *„Speditions Meier"* ausdrücklich sein Einverständnis erklärt. Daraus ist zu entnehmen, dass die Firmenausschließlichkeit nicht den bereits eingetragenen gleichnamigen Kaufmann schützen soll, sondern den (lokalen) Rechtsverkehr, der durch die identische Verwendung der Firmen getäuscht werden kann.

§ 30 HGB ist im Zusammenhang mit § 29 HGB zu verstehen. Hinter § 29 HGB verbirgt sich der Grundsatz der Firmenöffentlichkeit, letztlich also die schon erwähnte Pflicht des Kaufmannes, seine Firma zur Eintragung in das Handelsregister anzumelden. Diese Pflicht stellt sicher, dass das Registergericht nach § 30 HGB überprüfen kann, ob Unterscheidbarkeit der Firma von bereits eingetragenen Firmen besteht und die Eintragung bewirkt werden kann oder nicht.

A.3.3 Der Schutz der Firma

Das HGB schützt die Firma nicht ausdrücklich, sondern sanktioniert vielmehr in § 37 HGB (lesen!) den unzulässigen Gebrauch einer Firma. § 37 HGB wird auch als handelsrechtlicher Firmenschutz bezeichnet, was indiziert, dass es daneben noch einen anderen Firmenschutz gibt. Und in der Tat gibt es diesen zivilrechtlichen Schutz durch die §§ 12, 823, 1004 BGB (lesen!). Hier wird jedoch ausschließlich der handelsrechtliche Schutz des § 37 HGB behandelt. Dieser Schutz besteht auf zwei unterschiedlichen Ebenen. Lesen Sie § 37 Abs. 1 und Abs. 2 HGB sorgfältig und versuchen Sie zunächst selbst den wesentlichen Unterschied herauszufinden.

§ 37 Abs. 1 HGB regelt den öffentlich-rechtlichen Firmenschutz. Wer eine nach dem Firmenrecht des HGB ihm nicht zustehende Firma gebraucht, ist vom Registergericht durch Festsetzung von Ordnungsgeld zur Unterlassung anzuhalten. Das Registergericht wird hier also selbst tätig. Dabei richtet sich diese Norm nicht nur an Kaufleute, sondern auch an Nichtkaufleute, mithin Kleingewerbebetreibende und auch an Freiberufler, die eine unzulässige Firma führen.

Dagegen enthält § 37 Abs. 2 HGB einen privatrechtlichen Unterlassungsanspruch, auf den sich derjenige stützen kann, dessen Firma durch unzulässigen Gebrauch verletzt wird. Hat allerdings der Betroffene den unzulässigen Gebrauch gestattet, fehlt es an einer Rechtsverletzung. Davon unberührt bleibt aber die Ahndung nach § 37 Abs. 1 HGB, da diese Vorschrift nicht zur Disposition der Parteien steht. Der in § 37 Abs. 2 HGB enthaltene Unterlassungsanspruch verjährt in drei Jahren (§ 195 BGB), wobei die Verjährungsfrist mit jeder Verletzung erneut in Lauf gesetzt wird. Wie § 37 Abs. 1 HGB richtet sich auch § 37 Abs. 2 HGB nicht nur an Kaufleute, sondern auch an Nichtkaufleute. Neben § 37 Abs. 2 HGB stehen dem Betroffenen weitere privatrechtliche Ansprüche auf Unterlassung und Schadensersatz offen.

Thomas Tegen

Firmenschutz

- Öffentlich-rechtlicher
  Schutz:

  - § 37 Abs. 1 HGB, bei
    Verletzung förmlichen
    Registerrechts

  - Unterlassung der
    Firmierung

  - Durchsetzung:
    Zwangsgeld

- Privatrechtlicher-
  Schutz:

  - § 37 Abs. 2 HGB:
    Unterlassungsanspruch

  - Verstoß gegen sonstige
    Vorschriften
    - Namensrecht
    - Unterlassung
    - Schadensersatz

  - Markenrecht

Abbildung A.3.3: Firmenschutz

A.3.4 Haftung bei Firmenfortführung

Unternehmen und damit Handelsgeschäfte können von ihrem Träger auf einen anderen übertragen werden. Dabei kommen verschieden Möglichkeiten der Übertragung
in Betracht. Neben dem Kauf- und Verkauf eines Unternehmens (§ 25 HGB) etwa die
Einbringung eines Unternehmens im Rahmen einer Gesellschaftsgründung (§ 28 HGB)
oder der Erwerb des Unternehmens im Wege einer Erbschaft (§ 27 HGB). In jedem dieser
Übertragungsfälle stellt sich zunächst aus der Sicht des Erwerbers die Frage, ob er das
Geschäft unter der bisherigen Firma fortführt oder die Firma ändert. Was kann dafür
sprechen die bisherige Firma fortzuführen? (Versuchen Sie es – wie stets – zunächst
selbst).

Sofern die bisherige Firma bereits einen hohen Bekanntheitsgrad und eine über Jahre
gewachsene Reputation genießt, wird der Erwerber häufig gerade daran interessiert
sein, die Firma unverändert fortzuführen. Aus der Sicht Dritter, die mit dem bisherigen
Unternehmensträger, der sein Unternehmen überträgt, rechtsgeschäftliche Verbindun-
gen unterhalten, stellt sich die Frage nach dem Schicksal der noch nicht abgewickelten
Schuldverhältnisse und hieraus resultierender Forderungen. Dies ist auf der Seite des
Erwerbers des Handelsgeschäftes die in der Praxis besonders wichtige Frage nach der
Haftung für Altverbindlichkeiten. Diese Frage wird insbesondere dann interessant,
wenn der Erwerber die Firma fortführt, da dann ja für Dritte der Inhaberwechsel nicht
ohne weiteres ersichtlich ist und sie deshalb Vertrauensschutz genießen. Dieser Frage
wollen wir bezogen auf die in den §§ 25, 27 und 28 HGB enthaltenen Übertragungstat-
bestände im Folgenden nachgehen und sie beantworten.

Thomas Tegen

A.3.4.1 Die Haftung bei Erwerb eines Handelsgeschäftes

Nach § 25 Abs. 1 HGB (lesen!) haftet, wer ein unter Lebenden erworbenes Handelsgeschäft unter der bisherigen Firma mit oder ohne Beifügung eines das Nachfolgeverhältnis andeutenden Zusatzes fortführt, für alle im Betrieb des Geschäftes begründeten Verbindlichkeiten des bisherigen Inhabers. Die Haftung nach § 25 HGB ist auf die Fortführung von Handelsgeschäften begrenzt. Eine analoge Anwendung des § 25 Abs. 1 Satz 1 HGB auf Fälle der Fortführung einer Geschäftsbezeichnung eines Kleingewerbebetriebes findet nicht statt (FG Münster, v. 12.03.2009, 8K2496/06).

Damit erfasst § 25 Abs. 1 HGB den **Erwerb** eines Handelsgeschäftes unter Lebenden. Der Rechtsgrund für den Erwerb ist dabei nicht von Bedeutung. Es kommt also ein Unternehmenskauf genauso in Betracht, wie die Schenkung eines Unternehmens. Was meinen Sie; wird auch eine reine Besitzüberlassung, etwa eine Verpachtung eines Unternehmens, von § 25 Abs. 1 HGB erfasst? Hierzu sogleich ein Übungsfall:

> **?** **Übung A.3.1**
> Hans Schlüssel betreibt in dritter Generation eine Schlosserei als Einzelunternehmen unter der Firma *Schlüssel Schlossereibetrieb e. K.* Nachdem ihm sein langjähriger Großkunde wegen Insolvenz weggebrochen ist, laufen die Geschäfte schlecht. Die Kontokorrentlinie hat Hans bereits überzogen. Sein Schwiegersohn Herbert, ebenfalls Schlossermeister, bietet Hans an, das Unternehmen zu „übernehmen", damit Hans aus dem Schneider sei. Hans kann sich aber nicht ganz endgültig von der Schlosserei trennen und es wird vereinbart, dass Herbert die Schlosserei mit Wirkung zum 1. August 2008 pachtet. Zwischen Hans und Herbert wird im Pachtvertrag vereinbart, dass Herbert nur für künftige Verbindlichkeiten, die ab dem 1. August 2008 begründet werden, haften soll und er berechtigt ist, die bisherige Firma fortzuführen, was er auch tut. Mitte September 2008 kündigt die Bank B den Kontokorrentkredit der Schlosserei fristlos und fordert von Herbert Rückzahlung des aufgelaufenen Sollsaldos. Herbert wendet ein, er hafte wegen der im Pachtvertrag getroffenen Vereinbarung nicht. Hat er Recht?

Nach § 22 Abs. 2 HGB gilt der Grundsatz der Firmenbeständigkeit auch für Nießbrauch, Pacht oder ähnliche Verhältnisse. Damit ist auch die zeitlich begrenzte Überlassung durch Pacht von § 25 Abs. 1 HGB erfasst (BGH NJW 1984, 1186).

Die Vorschrift des § 25 HGB hat in der Praxis große Bedeutung. Sie taucht regelmäßig im Zuge von Unternehmenskäufen auf, wenn die Firma des Unternehmensträgers nach dem Erwerb des Unternehmens fortgeführt werden soll. Für Ihre Anwendung ist folgender Merksatz wichtig:

> **!** Erwerb i. S. v. § 25 Abs. 1 HGB meint den Wechsel der Unternehmensträgerschaft, nicht den dinglichen Eigentumserwerb.

Auch im Bereich der Unternehmensnachfolge spielt diese Vorschrift eine große Rolle. In diesem Zusammenhang ist die Möglichkeit der Haftungsreduzierung des Erwerbers nach § 25 Abs. 2 HGB in der Gestaltungspraxis besonders wichtig. Die nachfolgende Übersicht soll dies nochmals veranschaulichen:

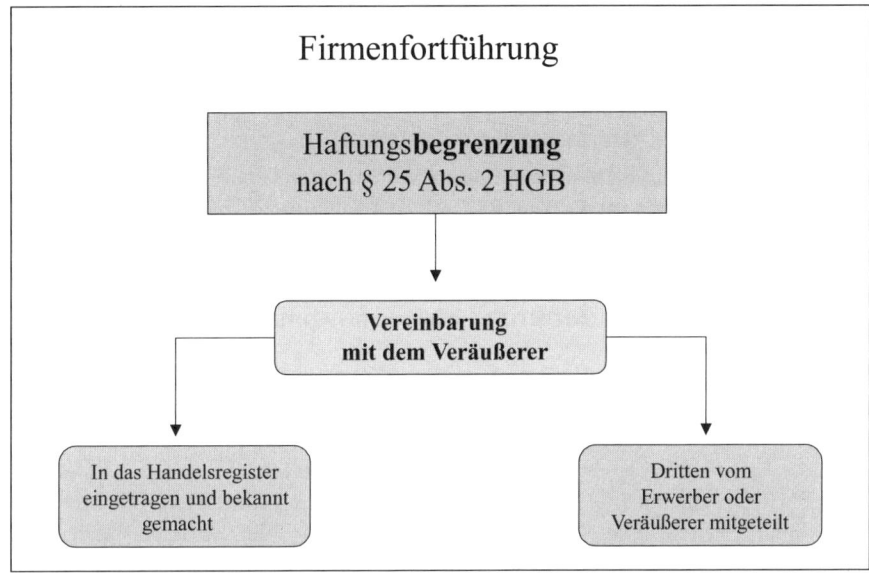

Abbildung A.3.4.1: Firmenfortführung

Die Haftung des Erwerbers nach § 25 Abs. 1 HGB kann grundsätzlich rechtsgeschäftlich zwischen Erwerber und Veräußerer ausgeschlossen werden. Dritten gegenüber wirkt der Ausschluss nur, wenn ihnen dies von Erwerber oder Veräußerer mitgeteilt worden oder der Haftungsausschluss in das Handelsregister eingetragen und bekannt gemacht worden ist.

Dabei ist zu beachten, dass der Haftungsausschluss zwar bei Erwerb (oder Besitzwechsel) des Handelsgeschäftes noch nicht ins Handelsregister eingetragen und bekannt gemacht zu sein braucht. Wohl aber ist die Eintragung und Bekanntmachung *unverzüglich* nach dem Erwerb zu bewirken (*Ruß* in HK-HGB, § 25, Rz. 16 mit zahlreichen Rechtsprechungsnachweisen).

Schließlich ist für den Erwerber eines Handelsgeschäftes nicht nur die Frage der Haftung interessant. Er wird auch wissen wollen, ob er Forderungen des Veräußerers aus dem Betrieb des Unternehmens gegenüber Dritten (Schuldnern) erwirbt. Insofern bestimmt § 25 Abs. 1 Satz 2 HGB konsequent, dass die bestehenden Forderungen auf den Erwerber übergehen, sofern der Veräußerer in die Fortführung der Firma eingewilligt hat (ob die Forderung tatsächlich auf den Erwerber übergeht – so *K. Schmidt*, § 8 II d – oder der Übergang nur fingiert wird – dafür *Ruß* in HK-HGB, § 25, Rz. 14 – ist strittig). Entscheidend ist, dass der Übergang wiederum nach § 25 Abs. 2 HGB zwischen Veräußerer und Erwerber ausgeschlossen werden kann. Dieser Ausschluss kann einem Dritten (Schuldner) aber nur dann entgegen gehalten werden, wenn er entweder diesem gegenüber von Erwerber oder Veräußerer mitgeteilt oder ins Handelsregister eingetragen und bekannt gemacht worden ist (dazu auch BGH NJW-RR 1992, 866). Solange dies nicht der Fall ist, kann der Dritte (Schuldner) mit schuldbefreiender Wirkung an den Erwerber leisten.

Im Zusammenhang mit § 25 HGB ist in der Praxis regelmäßig auch § 75 Abgabenordnung (AO) von großer praktischer Relevanz. Danach haftet bei Übereignung eines

Unternehmens oder Teilbetriebes im Ganzen der Erwerber für rückständige Umsatz-steuern, Gewerbesteuern und Lohnsteuerabzugsbeiträge, sofern die Steuern vor Beginn des letzten, vor der Übereignung liegenden Kalenderjahres entstanden sind. Den Begriff der Übereignung versteht das Steuerrecht hier im wirtschaftlichen Sinne, so dass es auf die sachenrechtliche Übereignung nicht ankommt.

Im Rahmen einer *Legal Due Diligence* im Vorfeld eines Unternehmenskaufes wird eine mögliche Haftung nach den §§ 25 HGB und 75 AO regelmäßig Gegenstand der Prüfung sein.

A.3.4.2 Die Haftung der Erben eines Handelsgeschäftes

Der soeben behandelte § 25 HGB findet nach § 27 Abs. 1 HGB (lesen!) auch dann An-wendung, wenn ein zu einem Nachlass gehörendes Handelsgeschäft von dem Erben fortgeführt wird. Die Haftung aus § 27 Abs. 1 HGB trifft den Erben aber nur, wenn der Erblasser Einzelunternehmer war. Erbt der Erbe Geschäftsanteile – etwa einer GmbH – gilt § 27 HGB nicht. Auch bei § 27 HGB geht es im Kern um die Haftung des Erben für Altverbindlichkeiten, also solche Verbindlichkeiten, die vor dem Erbfall entstanden sind und auf deren Entstehung der Erbe keinen Einfluss hatte. Welche Frage wird den Erben deshalb besonders interessieren?

Der Erbe wird regelmäßig daran interessiert sein, wie er diese Haftung vermeiden oder reduzieren kann. Das ist denn auch das eigentliche Problem, worum es sich im Rahmen des § 27 HGB dreht. Während § 27 Abs. 1 HGB klarstellt, dass der Erbe entsprechend dem Erwerber nach § 25 Abs. 1 HGB bei Fortführung des geerbten Handelsgeschäftes haftet, regelt § 27 Abs. 2 HGB eine Möglichkeit der Haftungsreduzierung. Daneben kommen aber auch die Haftungsreduzierungsmöglichkeiten des § 25 Abs. 2 HGB zur Anwendung, da § 27 Abs. 1 HGB auf den kompletten § 25 HGB verweist und ihn für entsprechend anwendbar erklärt.

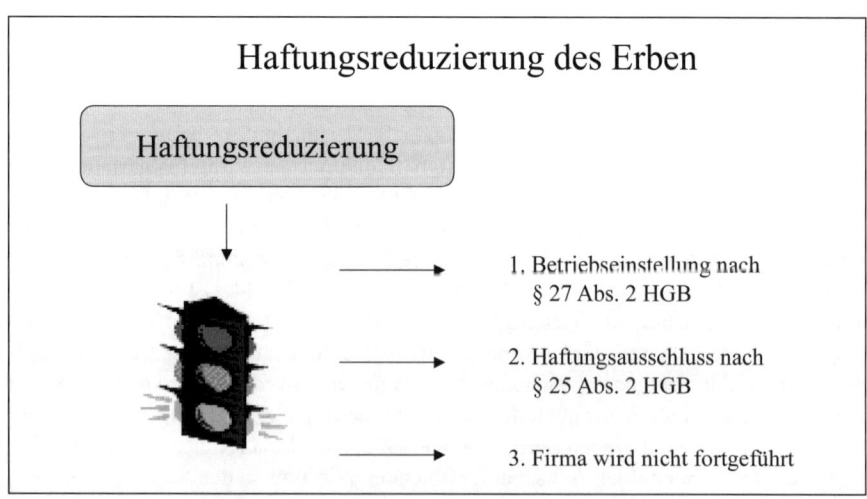

Abbildung A.3.4.2: Haftungsreduzierung des Erben
(Clipart – Quelle: www.123gif.de).

Thomas Tegen

Der Erbe hat im Einzelnen also die folgenden drei Möglichkeiten der Haftungsreduzierung:

- Der Erbe stellt den Betrieb des Handelsgeschäftes innerhalb von drei Monaten nach dem Zeitpunkt, zu welchem er Kenntnis vom Anfall der Erbschaft erlangt hat, ein.
- Der Erbe erklärt einen Haftungsausschluss und lässt diesen entsprechend § 25 Abs. 2 HGB in das Handelsregister eintragen und bekannt machen oder teilt ihn Dritten gegenüber mit.
- Der Erbe führt das Handelsgeschäft fort, ändert aber die Firma und führt damit die Firma gerade nicht fort.

Die Einstellung des Betriebes nach § 27 Abs. 2 HGB darf nicht mit der Ausschlagung der Erbschaft verwechselt werden. Sie setzt die Ausschlagung der Erbschaft auch nicht etwa voraus. Die Ausschlagung der Erbschaft führt ja gerade nicht zum Anfall der Erbschaft. Der Erbe, der nach § 27 Abs. 2 HGB die Führung des Handelsgeschäftes einstellt, bleibt weiter Erbe und haftet zivilrechtlich nach den §§ 1967 ff. BGB. Nur die Haftung wegen Fortführung der Firma kann er also ausschließen. Will er auch die Erbenhaftung ausschließen, dann muss er die Erbschaft ausschlagen.

A.3.4.3 Die Haftung bei Eintritt in das Geschäft eines Kaufmanns

Der letzte Haftungstatbestand bei Firmenfortführung ist in § 28 HGB geregelt. Hier tritt jemand als persönlich haftender Gesellschafter oder Kommanditist in das Geschäft eines Einzelkaufmannes ein. Dadurch wird das Einzelunternehmen automatisch zu einer Gesellschaft (OHG oder KG). Der Regelfall, den § 28 HGB vorsieht, ist, dass ein Einzelkaufmann eine andere Person in sein Geschäft aufnimmt. Das bestehende Einzelunternehmen wird durch den Hinzutritt eines Dritten in eine Gesamthandsgesellschaft überführt. Der entscheidende Anknüpfungspunkt für die Haftung ist die Einbringung des bisherigen Einzelunternehmens in die Gesellschaft (*K. Schmidt*, § 8 III 1 b mit zutreffenden Hinweis darauf, das deshalb der Begriff des „Eintritts" ungeschickt gewählt ist).

Wir knüpfen hier an das Beispiel unter Punkt A.3.4 an. Dort hatte Ochs seinen Sohn Öxi in sein Einzelunternehmen aufgenommen und dadurch sein Einzelunternehmen in eine OHG umgewandelt. Dabei hat Ochs sein bisheriges Einzelunternehmen in die OHG eingebracht. Ist auch in diesem Fall die Fortführung der Firma des Einzelunternehmers für die Haftung erforderlich? Versuchen Sie dies zunächst selbst anhand der Vorschrift des § 28 HGB zu beantworten.

Als Rechtsfolge sieht § 28 Abs. 1 HGB vor, dass die durch den Eintritt eines persönlich haftenden Gesellschafters oder Kommanditisten entstandene Gesellschaft für die im Handelsgeschäft des Einzelunternehmens entstandenen Altschulden haftet. Es haftet nun also die neu entstandene Gesellschaft (OHG oder KG). Dabei kommt es nach § 28 Abs. 1 HGB nicht darauf an, ob die neu entstandene Personengesellschaft die Firma des Einzelunternehmers fortführt.

 Anders als bei § 25 HGB verlangt § 28 Abs. 1 HGB für die Haftung keine Firmenfortführung.

Da nach § 28 Abs. 1 HGB die Gesellschaft für Altverbindlichkeiten haftet, haftet auch der in das Einzelunternehmen Aufgenommene gemäß seiner Gesellschafterstellung.

Thomas Tegen

Wird durch den Eintritt eine OHG gegründet, so haftet auch der Eintretende nach § 128 HGB persönlich und vor allem gesamtschuldnerisch für die Altverbindlichkeiten des vormaligen Einzelunternehmens.

Auch hier stellt sich dann die Frage nach einem Haftungsausschluss. Dieser ist nach § 28 Abs. 2 HGB wie bei § 25 HGB möglich, wenn die abweichende Vereinbarung unverzüglich in das Handelsregister eingetragen und bekannt gemacht oder dem Dritten mitgeteilt wird.

 ## Zusammenfassung

Nach der Handelsrechtsreform von 1998 kann heute die Firma durchaus frei gebildet werden. Selbst Phantasienamen sind zulässig. Trotz der deutlichen Liberalisierung des Firmenrechts, muss die Firma so gebildet werden, dass sie Kennzeichnungswirkung und Unterscheidungskraft besitzt. Ferner darf sie die angesprochenen Verkehrskreise nicht über geschäftliche Verhältnisse, die für sie wesentlich sind, täuschen. In einem Punkt ist das aktuelle Firmenrecht strenger geworden. Die Firma jedes Kaufmannes muss einen Zusatz enthalten, aus dem die Rechtsform des Unternehmensträgers erkennbar ist. Ferner sind auf Geschäftsbriefen, zu denen auch E-Mail-Nachrichten gehören, bestimmte Angaben zwingend. Trotz des Verbotes der Irreführung, muss nicht jeder Identitätswechsel zu einer Firmenänderung führen. Sofern der bisherige Inhaber einwilligt, ist eine Firmenfortführung durch den Erwerber zulässig. Nur soweit sich durch die Fortführung auch die Rechtsform ändert, bedarf es eines entsprechend geänderten Rechtsformzusatzes. Wird die bisherige Firma durch einen Erwerber fortgeführt, kann die Fortführung eine Haftung des Erwerbers für Altverbindlichkeiten begründen. Diese Haftung trifft den Erwerber sowohl bei einem Erwerb unter Lebenden als auch von Todes wegen. In diesen Fällen ist jedoch ein Haftungsausschluss möglich, sofern er unverzüglich ins Handelsregister eingetragen und bekannt gemacht oder den Dritten, gegenüber denen er greifen soll, mitgeteilt wird.

Aufgaben zur Selbstüberprüfung

1. Was versteht das Handelsrecht unter der Firma?
2. Nennen Sie die wichtigsten Grundsätze des Firmenrechts?
3. Welche Rechtsformzusätze sind bei einem Einzelkaufmann und einer Kommanditgesellschaft, bei der kein persönlich haftender Gesellschafter eine natürliche Person ist, erforderlich?
4. Kann die Haftung bei Fortführung der Firma nach dem Erwerb eines Handelsgeschäftes ausgeschlossen werden und wenn ja, wie?
5. Wie kann die Haftung bei § 27 HGB neben dem in § 27 Abs. 2 HGB geregelten Ausschluss vermieden werden. Nennen Sie mindestens eine Möglichkeit.
6. Was unterscheidet die §§ 25 und 28 HGB voneinander?
7. Greift § 28 HGB auch für den Fall, dass durch den Eintritt eine Gesellschaft bürgerlichen Rechts entsteht?

Thomas Tegen

A.4 Das Handelsregister

In diesem Kapitel lernen Sie Funktion und Zweck des Handelsregisters aufzeigen zu können. Sie wissen nach dem Durcharbeiten dieses Kapitels, wer das Handelsregister führt und welche Tatsachen eintragungsfähig und welche eintragungspflichtig sind. Ferner sollen Sie die Bedeutung von Registereintragungen bzw. der Unterlassung von Eintragungen darstellen können. Schließlich sollen Sie die unterschiedlichen Publizitätswirkungen des Handelsregisters erläutern können.

In den vorangegangenen Kapiteln haben wir schon mehrfach den Begriff des Handelsregisters verwendet. Es ging dabei zumeist um die Eintragung gewisser Tatsachen in das Handelsregister, wie etwa der Firma des Kaufmannes nach § 29 HGB. Nun wollen wir uns zunächst näher mit dem Handelsregister und seiner Funktion und sodann mit den verschiedenen Wirkungen der Publizität befassen.

A.4.1 Aufgabe und Gegenstand des Handelsregisters

Das Handelsregister ist ein öffentliches Register. Es dient der Offenbarung von Tatsachen und Rechtsverhältnissen der Kaufleute und Handelsgesellschaften, die für den Rechtsverkehr von wesentlicher Bedeutung sind (*Krafka/Willer*, Registerrecht, Teil 1, Rz. 1). Gemäß § 8 HGB (lesen!) wird das Handelsregister von den Gerichten geführt. Sachlich zuständig für die Führung des Handelsregisters sind die Amtsgerichte (§ 125 Abs. 1 FGG). Man spricht in diesem Fall auch von den Registergerichten. Örtlich zuständig ist nach § 29 HGB das Amtsgericht, in dessen Bezirk sich die Niederlassung des die Eintragung bewirkenden Kaufmanns befindet.

Das Registergericht macht gemäß § 10 HGB alle Neueintragungen in das Handelsregister bekannt. Die Bekanntmachung hat seit dem 1.1.2007 auf elektronischem Wege zu erfolgen. Das hierfür verwendete Informations- und Kommunikationssystem wird von den Landesjustizverwaltungen bestimmt (etwa der elektronische Bundesanzeiger). Für einen Übergangszeitraum bis zum 31.12.2008 wird die Bekanntmachung zusätzlich auch in einer Tageszeitung oder einem sonstigen Blatt vorgenommen (*Krafka/Willer*, Registerrecht, Teil 1, Rz. 197). Ebenfalls ab dem 1.1.2007 ist das Handelsregister (wie auch das Genossenschafts- und Partnerschaftsregister) elektronisch zu führen. Die Einreichung der Dokumente, die zu einer Eintragung in das Handelsregister beigefügt werden müssen, hat zwingend in elektronischer Form zu erfolgen.

Die Eintragung einer Tatsache in das Handelsregister setzt einen Antrag in öffentlich beglaubigter Form voraus (§§ 12 Abs. 1 HGB, 129 Abs. 1 BGB). Einsicht in das Handelsregister steht jedermann zu. Ein besonderes Interesse ist anders als beim Grundbuch nicht nachzuweisen.

Thomas Tegen

A.4.2 Funktionen des Handelsregisters

Das Handelsregister erfüllt im Rechtsverkehr die in der folgenden Übersicht enthaltenen Funktionen:

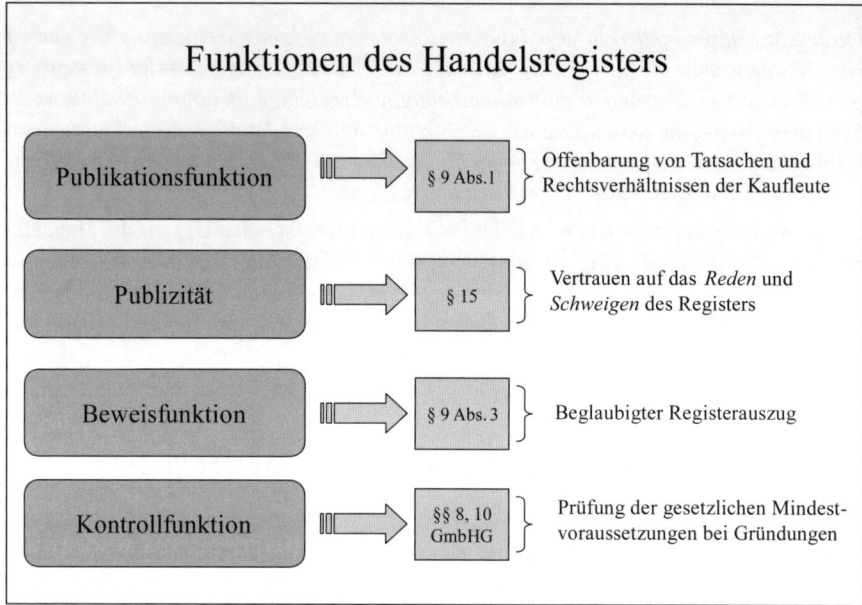

Abbildung A.4.2: Funktionen des Handelsregisters

Nach § 9 Abs. 1 HGB (lesen!) ist es jedem gestattet, sich durch Einsicht in das Handelsregister über Tatsachen und Rechtsverhältnisse der Kaufleute, die für den Rechtsverkehr von Bedeutung sind, zu informieren. Welche Tatsachen und Rechtsverhältnisse dies sind, sehen wir unter dem nächsten Gliederungspunkt. Daneben übt das Register auch eine Kontrollfunktion aus. In dem Registrierungsverfahren prüft das Registergericht, ob die für Gesellschaftsgründungen vorgeschriebenen gesetzlichen Mindestvoraussetzungen erfüllt worden sind (hierzu näher: *K. Schmidt*, Gesellschaftsrecht, § 8 II 5a). Das Handelsregister erfüllt ferner eine Beweisfunktion. Nach § 9 Abs. 3 HGB (lesen!) beglaubigt das Handelsregister auf Antrag die Übereinstimmung der (elektronisch) übermittelten Daten mit dem Inhalt des Handelsregisters.

⇒ **Beispiel A.4.1**

Dr. Pfau möchte bei der Sparkasse Friesland von dem dort geführten Konto der *Eitel & Schön Kosmetik GmbH* € 5.000,– abheben. Der Sparkassenangestellte Hase ist sich nicht sicher, ob Dr. Pfau dies darf. Dr. Pfau legt ihm eine schön und edel gestaltete Visitenkarte vor, auf der steht: „Dr. Pfau – Geschäftsführer *Eitel & Schön Kosmetik GmbH.* Ist damit seine Vertretungsmacht nachgewiesen? Hase hat immer noch Bedenken.

Wie kann sich Hase über die Vertretungsmacht des Dr. Pfau vergewissern?

Natürlich reicht die Visitenkarte, auch wenn sie noch so schön gestaltet ist, nicht aus, um die Vertretungsmacht nachzuweisen. Die Visitenkarte beweist im Grunde nur, dass es sie gibt. Hase könnte sich jedoch durch Einsicht in das Handelsregister über die Vertretungsmacht von Dr. Pfau informieren. Ist Dr. Pfau dort tatsächlich als Geschäftsführer eingetragen, kann Hase einen beglaubigten Auszug beantragen.

Die Funktion der Publizität des Handelsregisters, ist eine Schutzfunktion. Es schützt nämlich den Rechtsverkehr in seinem Vertrauen auf die Richtigkeit der im Register enthaltenen Angaben und darauf, dass nicht eingetragene, aber eintragungspflichtige Vorgänge auch nicht erfolgt sind. Diese Problematik behandeln wir sogleich unter dem Kapitel A.4.5. Sie ist nicht mit der Publikationsfunktion zu verwechseln.

A.4.3 Eintragungspflichtige und eintragungsfähige Tatsachen

Wir haben schon festgestellt, dass nur Tatsachen und Rechtsverhältnisse, für deren Offenlegung ein wesentliches Bedürfnis des Rechtsverkehrs besteht, in das Handelsregister eingetragen werden. Daraus folgt zunächst, dass nur Tatsachen und Rechtsverhältnisse in das Handelsregister eingetragen werden können. Hierbei wird zwischen eintragungsfähigen und eintragungspflichtigen Tatsachen unterschieden (*Krafka/Willer*, Registerrecht, Teil 1, Rz. 85, bezeichnen die eintragungspflichtigen Tatsachen auch als anmeldepflichtig, was im Grunde genauer ist).

Eintragungsfähige Tatsachen *können* eingetragen werden, müssen aber nicht eingetragen werden. Sie sind nicht anmeldungspflichtig, da ihre Anmeldung zur Eintragung nicht per Gesetz zwingend vorgeschrieben ist.

Eintragungspflichtige Tatsachen dagegen *müssen* per Gesetz zur Eintragung in das Register angemeldet werden; sie sind deshalb im Grunde anmeldungspflichtig (*Krafka/Willer*, a. a. O.). Die folgende Übersicht zeigt Beispiele zu eintragungsfähigen und eintragungspflichtigen Tatsachen:

Handelsregister	
Eintragungspflichtig	**Eintragungsfähig**
• Firma des Kaufmanns, §29 HGB • Prokura, §53 HGB • Gründung einer AG, § 36 AktG • Gründung einer GmbH, §7 GmbHG • Gründung einer OHG, §106 HGB • Gründung einer KG, §162 HGB • Ausschluss eines Gesellschafters von der Vertretung, §125 I HGB	• Eintragung von Haftungsausschlüssen, §§25 II, 28 II HGB

Abbildung A.4.3 Eintragungspflichtige und eintragungsfähige Tatsachen

Thomas Tegen

Welche Tatsachen sind denn nun nicht eintragungsfähig? Nicht alle Tatsachen, die der Rechtsverkehr als wesentlich erachtet, können in das Handelsregister eingetragen werden. Bei Personenhandelsgesellschaften etwa sind ihr Zweck und der Gesellschaftsvertrag nicht eintragungsfähig. Ferner ist die Handlungsvollmacht nach § 54 Abs. 1 HGB nicht eintragungsfähig. Nicht eintragungsfähig ist schließlich eine Beschränkung der Vertretungsmacht eines Geschäftsführers oder Prokuristen, die in einem Anstellungsvertrag geregelt ist. Sind dagegen einzelne Gesellschafter einer OHG nach § 125 HGB von der Vertretung ausgeschlossen, so ist dies nach § 106 Abs. 2 Ziff. 4 HGB in das Handelsregister einzutragen.

A.4.4 Deklaratorische und konstitutive Wirkung der Eintragung

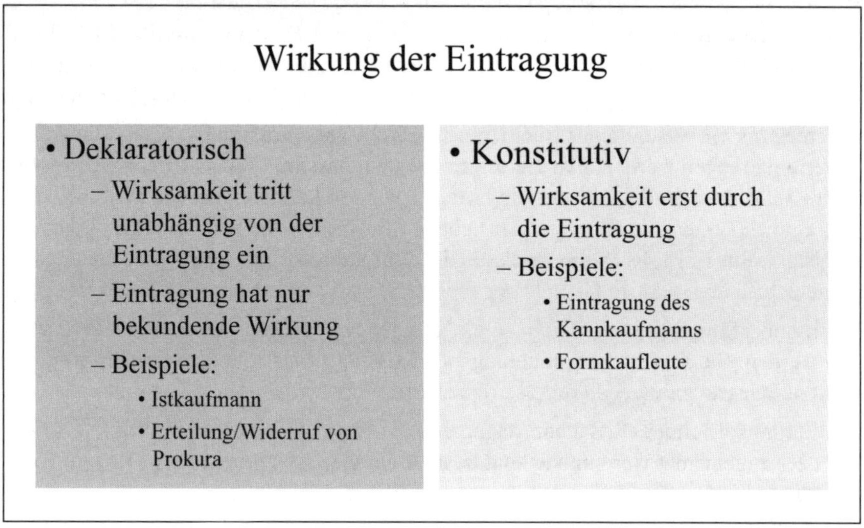

Abbildung A.4.4: Wirkung der Eintragung

Sofern eine Tatsache eintragungsfähig oder eintragungspflichtig ist, stellt sich die Frage, wie ihre Eintragung in das Handelsregister wirkt. Wir haben ja schon festgestellt, dass die Eintragung in das Handelsregister entweder deklaratorisch oder konstitutiv wirken kann. Wissen Sie noch, wann die Eintragung einer OHG deklaratorisch und wann sie konstitutiv wirkt?

Bei den Personenhandelsgesellschaften kann die Registereintragung sowohl deklaratorisch als auch konstitutiv wirken. Eine Gesellschaft, deren Zweck auf den Betrieb eines Handelsgewerbes gerichtet ist, ist bereits deshalb Handelsgesellschaft und als solche Kaufmann (§§ 105 Abs. 1, 6 Abs. 1, 1 Abs. 1 HGB). Sie ist nach § 106 Abs. 1 HGB zur Eintragung in das Handelsregister anzumelden (eintragungspflichtig). Die Eintragung wirkt in diesem Fall aber nur deklaratorisch, begründet mithin nicht die Entstehung der OHG. Genauso verhält es sich mit der Eintragung des Istkaufmannes, der ja schon Kaufmann kraft seiner Tätigkeit (Betreiben eines Handelsgewerbes) ist.

Thomas Tegen

Anders verhält es sich bei einer Gesellschaft, die nicht auf den Betrieb eines Handelsgewerbes gerichtet ist. Eine Gesellschaft bürgerlichen Rechts etwa, deren Gesamthandsvermögen nur aus einem Betriebsgrundstück besteht und deren einziger Zweck die Verwaltung dieses eigenen Vermögens ist, kann gleichwohl zu einer Handelsgesellschaft und dadurch zu einem Kaufmann werden, wenn sie sich nach § 105 Abs. 2 HGB als OHG in das Handelsregister eintragen lässt. In diesem Fall wirkt die Eintragung im Hinblick auf die Entstehung der Handelsgesellschaft OHG und damit auch der für sie wieder über § 6 Abs. 1 HGB geltenden Kaufmannseigenschaft konstitutiv.

A.4.5 Aufbau des Handelsregisters

Das Handelsregister ist in zwei Abteilungen gegliedert. Die Aufteilung ist einfach. Es gibt eine Abteilung A und eine Abteilung B. In Abteilung A werden die Tatsachen und Rechtsverhältnisse über Einzelkaufleute, Handelsgesellschaften (OHG und KG sowie GmbH & Co. KG) und über juristische Personen des öffentlichen Rechts eingetragen.

In Abteilung B finden sich dann alle Tatsachen und Rechtsverhältnisse über Kapitalgesellschaften (GmbH, AG, Kommanditgesellschaft auf Aktien und Europäische Aktiengesellschaft [SE]). Wir wollen uns dies sogleich anhand eines Registerauszuges anschauen.

Der folgende Registerauszug enthält in der Spalte 6 auch eine Befreiung von den Beschränkungen des § 181 BGB (lesen!). Wissen Sie noch, welche Beschränkungen § 181 BGB enthält?

Handelsregisterauszug

Handelsregister – Abt. B – des Amtsgerichts .... Blatt........... **HRB**

Nr. der Eintragung	a) Firma b) Sitz c) Gegenstand des Unternehmens	Grundkapital oder Stammkapital	Geschäftsinhaber Persönlich haftende Gesellschafter Geschäftsführer Abwickler	Prokura	Rechtsverhältnisse	Tag der Eintragung und Unterschrift Bemerkungen
1	2	3	4	5	6	7
1	Gut GmbH Franfurt a.M. Handel mit Spezial Bohrern	25.000,00 €	Detlef Diamant	Kurt Kanns gemeinsam mit Geschäftsführer	Gesellschaft mit beschränkter Haftung. Gesellschaftsvertrag am 30. Mai 2006 geschlossen. Die Gesellschaft hat einen oder mehrere Geschäftsführer. Sind mehrere Geschäftsführer bestellt, wird die Gesellschaft durch zwei Geschäftsführer oder durch einen Geschäftsführer mit einem Prokuristen vertreten. Den Geschäftsführern ist Befreiung von § 181 BGB erteilt.	12.06.2006

Abbildung A.4.5: Handelsregisterauszug

Thomas Tegen

§ 181 BGB enthält das Verbot des Insichgeschäftes und der Mehrfachvertretung. Von diesem Verbot kann jedoch Befreiung erteilt werden. Solange aber die Befreiung nicht erteilt ist, fehlt dem Vertreter die Vertretungsmacht und die Wirksamkeit des Rechtsgeschäftes hängt von der Genehmigung durch den Vertretenen ab (§ 177 Abs. 1 BGB – lesen!). Häufig sehen Gesellschaftsverträge die Möglichkeit vor, von den Beschränkungen des § 181 BGB Befreiung zu erteilen. Zur Befreiung bedarf es dann noch eines Gesellschafterbeschlusses. Allein die Möglichkeit der Befreiung ist nicht eintragungsfähig. Nur wenn im Gesellschaftsvertrag oder Gründungsprotokoll die Befreiung von § 181 BGB erteilt ist, kann und muss sie zur Eintragung angemeldet werden.

A.4.6 Die Publizitätswirkungen des Handelsregisters

Durch die Eintragung und Bekanntmachung der für den Rechtsverkehr besonders wichtigen Tatsachen und Rechtsverhältnisse werden sie zugleich für den Rechtsverkehr offen gelegt. Durch diese Offenlegung erfüllt das Handelsregister seine Publikationsfunktion. Sie wird teils auch als formelle Publizität des Handelsregisters bezeichnet (*K. Schmidt*, § 13 III 2 b). Die Offenlegung der Tatsachen und Rechtsverhältnisse der Kaufleute selbst entfaltet eine Publizitäts*wirkung*, die auch materielle Publizität genannt wird (*K. Schmidt*, a.a.O.). Geregelt ist sie in § 15 Abs. 1 bis 3 HGB (lesen!).

Durch die Publizitätswirkung des Handelsregisters wird seine Schutzfunktion erfüllt. Jeder, der in das Register einsieht, soll sich auf seinen Inhalt verlassen können. Das Handelsregister genießt öffentlichen Glauben. Es gilt folgender Merksatz:

 Die Verkehrskreise dürfen sich auf das *Reden* und das *Schweigen* des Registers verlassen.

Das *Reden* des Registers bedeutet, dass sich die Verkehrskreise auf das, was im Register eingetragen ist, verlassen dürfen, selbst wenn dies tatsächlich schon wieder überholt ist, aber die neuen Tatsachen nicht eingetragen worden sind. Dann gilt, was im Register steht. *Schweigen* des Registers heißt, dass Tatsachen, die eintragungspflichtig sind, aber nicht eingetragen worden sind, solange als nicht ereignet gelten, wie die Verkehrskreise keine Kenntnis von ihnen haben.

Nun sind sie wahrscheinlich etwas verwirrt. Zu Recht. Die Schutzfunktion und damit die Publizitätswirkung des Registers ist nicht leicht zu verstehen und bei vielen Studentengenerationen in handelsrechtlichen Klausuren gefürchtet. Der Grund liegt in dem schwer zugänglichen § 15 HGB, dem wir uns nun in kleinen Schritten nähern.

Zunächst haben Sie vielleicht schon beim ersten Lesen des § 15 HGB festgestellt, dass er drei verschiedene Publizitätsfälle regelt.

Diese drei Publizitätsfälle betrachten wir uns nun im Einzelnen. Dabei beginnen wir, entgegen der Reihenfolge im § 15 HGB, mit dem Absatz 2. § 15 Abs. 2 HGB entfaltet im Grunde gar keine Publizitätswirkung, da er den sog. Normalfall enthält.

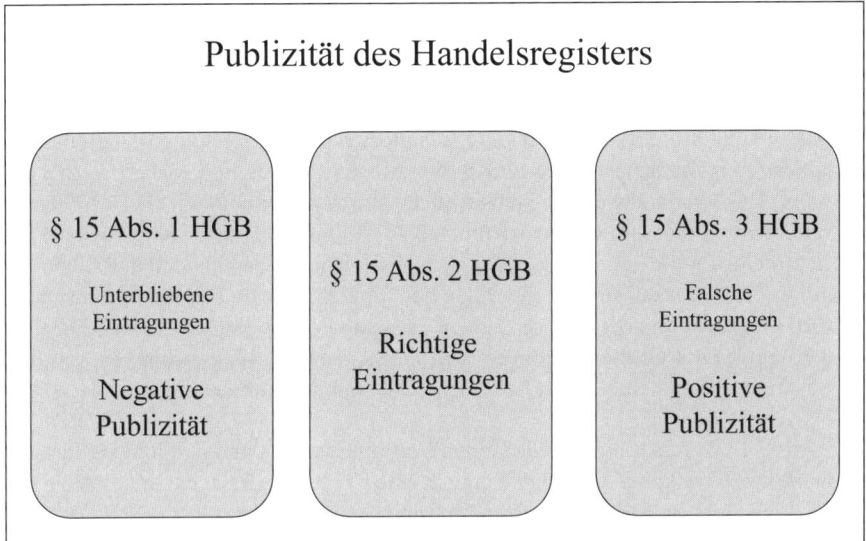

Abbildung A.4.6: Publizität des Handelsregisters

A.4.6.1 Der Normalfall

Nach § 15 Abs. 2 HGB muss ein Dritter eine Tatsache, die eingetragen und bekannt gemacht worden ist, gegen sich gelten lassen. Er kann also nicht behaupten, ihm sei diese Tatsache nicht bekannt, denn er kann ja jederzeit Einsicht in das Register nehmen. Diese Selbstverständlichkeit verwundert zunächst. Ihr eigentlicher Regelungsgehalt steckt denn auch in § 15 Abs. 2 Satz 2 HGB (lesen!). Der erste Satz des § 15 Abs. 2 HGB soll nämlich nicht bei Rechtshandlungen gelten, die innerhalb von fünfzehn Tagen nach der Bekanntmachung vorgenommen werden, sofern der Dritte beweist, dass er die Tatsache weder kannte noch kennen musste. Das Gesetz geht davon aus, dass jeder Kaufmann Bekanntmachungen des Registergerichts liest und gibt ihm hierfür fünfzehn Tage Zeit. Nach Ablauf der Fünfzehntagesfrist kann also der Dritte nicht mehr behaupten, er habe von dem Inhalt des Registers keine Kenntnis. Dann wird der Inhalt des Registers quasi als bekannt vorausgesetzt; er hätte ja in das Register schauen können.

Was aber passiert nun innerhalb der Frist von fünfzehn Tagen? Hierzu ein Beispiel. Wir bemühen wieder die *Eitel & Schön Kosmetik GmbH*, nur diesmal in der Rechtsform einer OHG:

Beispiel A.4.2

Im Handelsregister in Abteilung A ist die *Eitel & Schön Kosmetik OHG* eingetragen. Gesellschafter sind Dr. Pfau und Hans Schön. Unter Rechtsverhältnisse (Spalte 6) ist vermerkt, dass die Gesellschafter die Gesellschaft nur gemeinsam vertreten können. Die Eintragung der *Eitel & Schön Kosmetik OHG* erfolgte am 6. August 2007, die Bekanntmachung am 20. August 2007. Am 28. August 2007 kauft Dr. Pfau bei dem Großhändler Clemens Krem 200 Kartons einer hochwertigen Körperlotion im Namen der *Eitel & Schön Kosmetik OHG*. Als die Rechnung über € 12.500,– am

10. September 2007 eintrifft, verweigert Schön die Bezahlung, da Dr. Pfau allein nicht vertretungsberechtigt war. Nun endlich greift unser § 15 Abs. 2 Satz 2 HGB. Clemens Krem kann Schön nun entgegenhalten, dass er die Tatsache, dass Dr. Pfau nur gemeinsam mit Schön vertretungsberechtigt ist, am 28. August 2007 nicht kannte. Nach § 125 Abs. 1 HGB ist jeder Gesellschafter der OHG berechtigt, die Gesellschaft zu vertreten. Danach ist also grundsätzlich Alleinvertretung vorgesehen. Nach § 125 Abs. 2 HGB kann abweichend davon auch Gesamtvertretung, wie hier geschehen, vereinbart werden. Da Clemens Krem am 28. August 2007 keine Kenntnis von der Gesamtvertretung hatte, ging er von dem gesetzlichen Grundmodell der Alleinvertretung aus. Darauf darf er allerdings nur fünfzehn Tage nach Bekanntmachung vertrauen. Nur innerhalb dieser kurzen Frist ist er quasi geschützt. Hätte Dr. Pfau den Vertrag mit Clemens Krem erst am 17. September 2007 geschlossen, gilt das, was im Register steht. Darauf hätte sich Schön dann berufen können.

§ 15 Abs. 2 HGB regelt im Grunde keinen Vertrauensschutz und damit keine Publizitätswirkung. Er räumt dem Dritten lediglich eine Art „Schonfrist" ein, innerhalb derer ihm daraus, dass er die Registerbekanntmachungen nicht gelesen hat, keine Nachteile erwachsen. Damit wird lediglich berücksichtigt, dass nicht jeder Kaufmann die Registerbekanntmachung sofort nach ihrem Erscheinen liest.

In Einzelfällen kann es rechtsmissbräuchlich sein, sich auf § 15 Abs. 2 HGB zu berufen. Haben Dr. Pfau und Schön ihr Unternehmen in eine GmbH umgewandelt und ist die GmbH im Zuge der Umwandlung im Register eingetragen, können sich Dr. Pfau und Schön nicht – auch nicht nach Überschreiten der Fünfzehntagesfrist – auf die Haftungsbeschränkung berufen, wenn sie im Rechtsverkehr trotz des Rechtsformwechsels weiter mit OHG firmieren und weiter OHG auf ihren Geschäftsbriefen als Rechtsformzusatz steht.

Den Normalfall des § 15 Abs. 2 HGB fasst die folgende Übersicht nochmals zusammen:

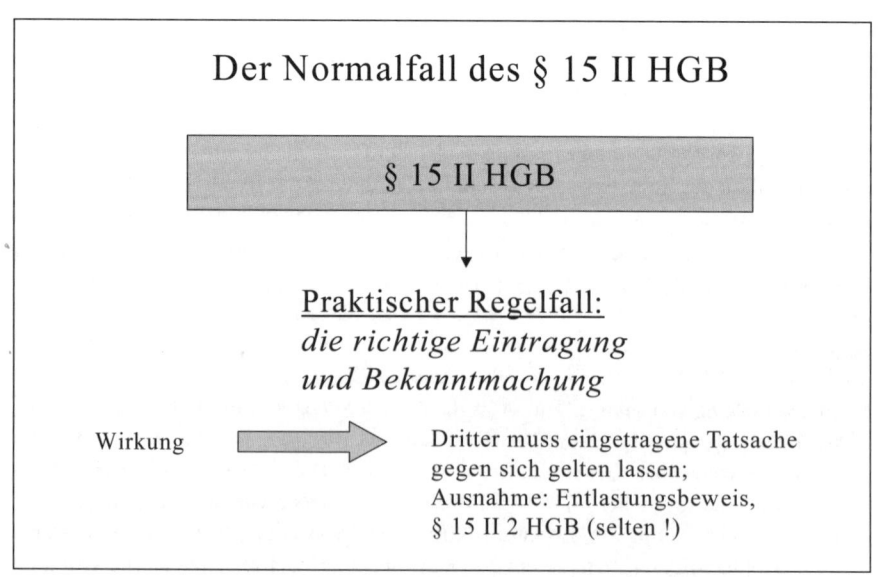

Abbildung A.4.6.1: Normalfall des § 15 Abs. 2 HGB

Thomas Tegen

A.4.6.2 Negative Publizität

§ 15 Abs. 1 HGB (unbedingt lesen!) regelt die sog. „negative Publizität". Danach kann eine in das Handelsregister einzutragende Tatsache, solange sie nicht eingetragen und bekannt gemacht ist, von demjenigen, indessen Angelegenheiten sie einzutragen war, einem Dritten nicht entgegengesetzt werden, es sei denn, dass sie diesem bekannt war. Damit schützt § 15 Abs. 1 HGB das Vertrauen auf das Schweigen des Registers.

Schauen wir uns zunächst die Tatbestandsvoraussetzungen und dann die Rechtsfolge an. Können Sie die Tatbestandsvoraussetzungen nennen?

Zunächst verlangt § 15 Abs. 1 HGB eine eintragungspflichtige Tatsache. Nur eintragungsfähige Tatsachen scheiden aus. Diese eintragungspflichtige Tatsache wurde nicht eingetragen und bekannt gemacht. Daraus wird geschlossen, dass allein die fehlende Eintragung nicht reicht, sondern auch die Bekanntmachung fehlen muss. Dies ist zwar nach dem Wortlaut konsequent, geht aber an der Praxis vorbei. Wenn bereits die Eintragung nicht beantragt worden ist, wird es regelmäßig auch an der Bekanntmachung fehlen. Schließlich ist erforderlich, dass der Dritte gutgläubig ist. Ihm schadet nach § 15 Abs. 1 HGB nur positive Kenntnis. Fahrlässige Unkenntnis schadet also nicht. Ob der Dritte Einsicht in das Register genommen hat, ist hier unerheblich.

Nachdem wird die Tatbestandsvoraussetzungen herausgearbeitet haben, kommen wir nun zur Rechtsfolge. Die Rechtsfolge des § 15 Abs. 1 HGB bereitet den Studierenden zumeist die größten Schwierigkeiten. Hier ließt man nicht selten: *„wegen § 15 Abs. 1 HGB ist der Vertrag wirksam"*. Das aber steht in der Vorschrift weder drin noch folgt aus ihr. Liegen die Tatbestandsvoraussetzungen vor, so greift der Vertrauensschutz. Dieser richtet sich nämlich dann gegen denjenigen, in dessen Angelegenheiten die Eintragung vorzunehmen war.

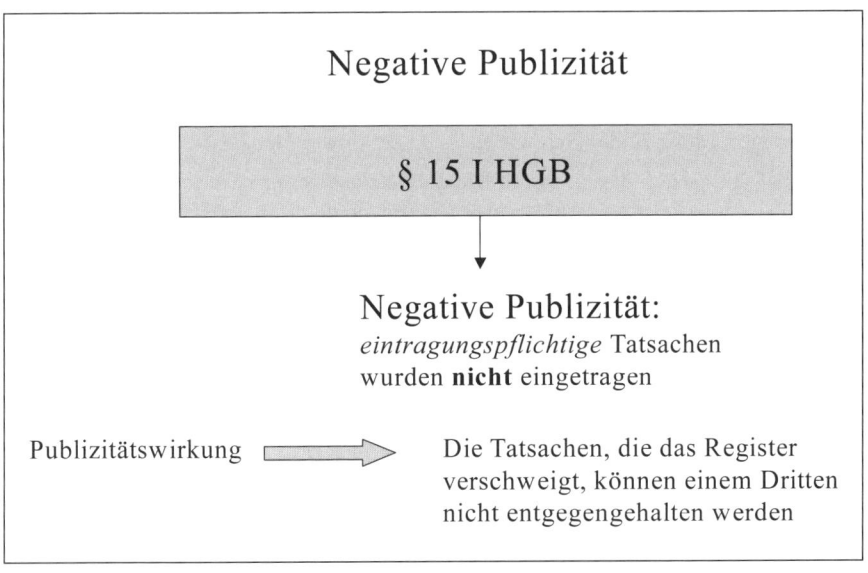

Abbildung A.4.6.2: Negative Publizität

Thomas Tegen

Versuchen Sie zunächst selbst, die Wirkung des Vertrauensschutzes zu formulieren.

Da sich der Vertrauensschutz gegen den richtet, in dessen Angelegenheiten die Eintragung vorzunehmen war, kann dieser sich nun dem Dritten gegenüber nicht auf die nicht eingetragene Tatsache berufen. Die Tatsache gilt damit dem Dritten gegenüber als nicht erfolgt. Aber nur dem Dritten gegenüber. Daraus kann nicht geschlossen werden, dass die nicht eingetragene Tatsache sich überhaupt nicht ereignet hat. Hierzu eine Übung:

? **Übung A.4.1**

Kaufmann Erwin betreibt einen Elektronikgroßhandel. Schon seit Langem ist ihm sein Verkäufer Alfred wegen guter Umsatzzahlen aufgefallen. Er erteilt Alfred am 18.04.2005 Prokura und lässt dies umgehend in das Handelsregister eintragen und auch bekannt machen, was am 29.04.05 geschieht. Schon nach kurzer Zeit bemerkt Erwin, dass er Alfred offensichtlich überfordert hat. Nachdem es zwischen beiden zu einem kurzen, aber heftigen Streit gekommen ist, widerruft Erwin am 09.06.05 mündlich die dem Alfred erteilte Prokura. Am 12.06.05 schließt Alfred im Namen des Erwin einen Vertrag mit dem Hersteller Hartmut über die Lieferung von zehn Plasmabildschirmen zu einem Preis von € 1.900/Bildschirm. Am 15.06.05 wird der Widerruf der Prokura in das Handelsregister eingetragen und am 23.06.05 bekannt gemacht. Als bei Erwin am 2.07.05 die Rechnung des Hartmut über € 19.000,– eintrifft, verweigert Erwin die Zahlung mit der Behauptung, Alfred habe ihn am 12.06.05 nicht mehr vertreten können, da Alfred zu diesem Zeitpunkt schon keine Prokura mehr gehabt habe. Hartmut indessen besteht auf Zahlung. Kann er die Bezahlung des Kaufpreises von Erwin verlangen?

Bevor Sie hier weiterlesen, sollten Sie versuchen, den Fall selbst zu lösen.

Nun, wie steht es mit der Lösung? Trauen wir uns heran.

Gefragt ist, ob Hartmut Zahlung des Kaufpreises von Erwin verlangen kann. Dann müsste zwischen Erwin und Hartmut ein wirksamer Kaufvertrag zustande gekommen sein. Da Erwin den Vertrag über die Plasmabildschirme nicht selbst geschlossen hat, ist fraglich, ob er durch Alfred wirksam vertreten worden ist. Dies gilt es zu prüfen. Die vollständige Lösung finden Sie (wie stets) unter www.vahlen.de.

Wir haben hier schon den nächsten Kapiteln etwas vorgegriffen und die Prokura erwähnt. Fälle zum § 15 Abs. 1 HGB werden häufig mit der Prokura kombiniert, da sowohl die Erteilung der Prokura als auch ihr Erlöschen eintragungspflichtige Tatsachen sind und insofern optimal in den Anwendungsbereich des § 15 Abs. 1 HGB fallen. Im Rahmen des § 15 Abs. 1 HGB spielt auch das Ausscheiden eines Gesellschafters aus einer OHG regelmäßig eine wichtige Rolle, da auch diese Tatsache eintragungspflichtig ist (§ 143 Abs. 2 HGB). Wird dies versäumt, so können sich die verbleibenden Gesellschafter nicht auf das Ausscheiden berufen und einem gutgläubigen Dritten gegenüber gilt es als nicht erfolgt, womit der ausgeschiedene Gesellschafter dem Dritten gegenüber noch als Gesellschafter gilt und als solcher auch noch vertretungsberechtigt ist.

! Rechtsfolge von § 15 Abs. 1 HGB ist, dass die nicht eingetragene und bekannt gemachte Tatsache dem Dritten gegenüber als nicht erfolgt gilt.

A.4.6.3 Positive Publizität

Schließlich regelt § 15 Abs. 3 HGB die positive Publizität. § 15 Abs. 3 HGB schützt das Vertrauen auf das *Reden* des Registers. Ein Dritter darf auf die Richtigkeit einer bekannt gemachten Tatsache vertrauen, auch wenn diese nicht richtig bekannt gemacht worden ist und der wahren Rechtslage nicht entspricht.

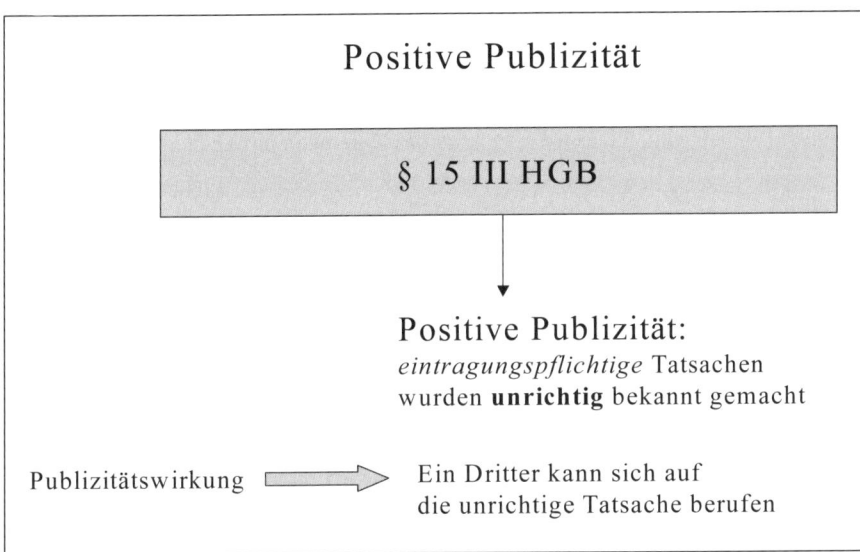

Abbildung A.4.6.3: Positive Publizität

Auch § 15 Abs. 3 HGB verlangt zunächst als Tatbestandsvoraussetzung eine eintragungspflichtige Tatsache. Ist diese allerdings unrichtig bekannt gemacht, so wird aus ihr ja eine andere Tatsache, die vielleicht gar nicht eintragungspflichtig ist. Deshalb ist zu prüfen, ob die Tatsache, die nicht richtig bekannt gemacht worden ist, eintragungspflichtig ist bzw. wäre. § 15 Abs. 3 HGB knüpft nur an die Bekanntmachung an. Nicht ausreichend ist also, dass die Tatsache unrichtig eingetragen worden ist. Dann besteht ja noch die, wenn auch sehr theoretische, Möglichkeit, dass die unrichtig eingetragene Tatsache wiederum richtig bekannt gemacht wird. In der Praxis kommen unrichtige Bekanntmachungen denn auch deutlich seltener vor, als in den Hörsälen juristischer Fakultäten (ähnlich auch *K. Schmidt*, § 13 I 1 a). Wie bei § 15 Abs. 1 HGB muss der Dritte gutgläubig sein. Die Unrichtigkeit der Tatsache darf ihm nicht bekannt sein.

▶ Beispiel A.4.3

Wir bemühen wieder unsere *Eitel & Schön Kosmetik OHG*. Dieses Mal soll der Angestellten Doreen Douglas Prokura erteilt werden, was auch unter Überreichung eines großen Blumenstraußes durch die Gesellschafter Dr. Pfau und Schön geschieht. Die Prokura wird gleich am nächsten Tag zur Eintragung in das Handelsregister angemeldet. Zwar wird Dorren als Prokuristin eingetragen, hingegen wird bekannt gemacht, dass Doreen Douglas mit Wirkung zum 11.11.06 Gesellschafterin der *Eitel & Schön Kosmetik OHG* geworden ist. Doreen veräußert am 20.12.2006 das Be-

Thomas Tegen

triebsgrundstück der *Eitel & Schön Kosmetik OHG* an den Reeder Karl, der den wahren Sachverhalt nicht kennt. Als Dr. Pfau und Schön davon erfahren, behaupten sie, Doreen sei als Prokuristin nicht zur Veräußerung von Grundstücken berechtigt, was nach § 49 Abs. 2 HGB (lesen!) auch zutrifft. Karl allerdings beruft sich hier wegen seiner Gutgläubigkeit zu Recht auf die Gesellschafterstellung der Doreen, die es nach § 126 Abs. 1 HGB (lesen!) mit sich bringt, dass Doreen als Gesellschafterin einer OHG berechtigt ist Grundstücke zu veräußern. Als solche war Doreen aus seiner Sicht auch berechtigt, das Betriebsgrundstück zu veräußern. Wenn Karl an dem Vertrag festhalten möchte, so kann er dies.

Damit haben Sie sich durch den schwierigen § 15 HGB gekämpft. Bevor wir nun das Kapitel beenden, wollen wir uns noch kurz das Unternehmensregister anschauen.

A.4.7 Das Unternehmensregister

Das Unternehmensregister ist in § 8b HGB geregelt. Es wurde mit der Umsetzung der elektronischen Registerführung neu eingeführt und ist eine als Zugangsportal ausgestaltete Plattform zur Sammlung unternehmensbezogener Daten. Es ist im Internet unter **www.unternehmensregister.de** zu finden und einzusehen. Die Einsicht ist wie beim Handelsregister jedermann gestattet (§ 9 Abs. 1 HGB – lesen!). Das Unternehmensregister wird zentral vom Bundesministerium der Justiz geführt. Es enthält selbst aber nicht alle Daten, die auch im Handelsregister geführt werden. Die Registergerichte arbeiten insofern mit dem Unternehmensregister zusammen, indem die Bekanntmachungen der Eintragungen im Handelsregister in das Unternehmensregister aufgenommen werden.

A.4.7.1 Funktion

Das Unternehmensregister ist eine zentrale Informationsstelle für alle publikationspflichtigen Daten eines Unternehmens. Über das Unternehmensregister erfolgt wiederum der Zugriff auf Veröffentlichungen im elektronischen Bundesanzeiger. Ihm kommt keine eigene Publizitätsfunktion zu. Es ist lediglich ein Portal, um sich über Bekanntmachungen von Registereintragungen zu informieren.

A.4.7.2 Abgrenzung zum Handelsregister

Im Unterschied zum Handelsregister nimmt das Unternehmensregister selbst keine Eintragungen vor. Auch die Verpflichtung der Kaufleute und Handelsgesellschaften eintragungspflichtige Tatsachen (im elektronischen Bundesanzeiger) zu veröffentlichen, wird durch das Unternehmensregister nicht ersetzt und bleibt bestehen.

Zusammenfassung

Das Handelsregister ist ein öffentliches Register, das über die Tatsachen und Rechtsverhältnisse der Kaufleute Auskunft gibt, die für die angesprochenen Verkehrskreise von besonderer Bedeutung sind. Die Einsicht in das Handelsregister ist jedem gestattet. Die in das Register eingetragenen Tatsachen und Rechtsverhältnisse müssen öffentlich bekannt gemacht werden. Eine Veröffentlichung erfolgt durch das Gericht auf elektronischem Wege. In das Handelsregister eingetragen werden eintragungspflichtige Tatsachen, also Tatsachen, die bereits aufgrund eines Gesetzes zur Eintragung in das Register angemeldet werden müssen und eintragungsfähige Tatsachen, bei denen die Eintragung zwar nicht vorgeschrieben, aber möglich ist (wie der Haftungsausschluss nach den §§ 25 Abs. 2, 28 Abs. 2 HGB). Die Eintragung in das Register kann deklaratorische oder konstitutive Wirkung haben. Das Handelsregister schützt durch seine Publizitätswirkung den Rechtsverkehr in seinem Vertrauen auf den Registerinhalt. Geschützt wird das Vertrauen in das Reden des Registers durch die positive Publizität und in das Schweigen des Registers durch die negative Publizität.

Aufgaben zur Selbstüberprüfung

1. Erläutern Sie den Unterschied zwischen eintragungspflichtigen Tatsachen und eintragungsfähigen Tatsachen.
2. Erläutern Sie kurz den Unterschied zwischen der deklaratorischen und der konstitutiven Wirkung der Registereintragung anhand je eines Beispieles.
3. Dem langjährigen Mitarbeiter Franz wird von der Bauprofi GmbH Prokura erteilt. Dies wird auch eingetragen und bekannt gemacht. Nachdem Franz kündigt, wird die Prokura widerrufen. Der Widerruf wird ebenfalls eingetragen und bekannt gemacht. Drei Wochen nach der Bekanntmachung hebt Franz von dem Konto der Bauprofi GmbH € 5.000,– ab. Die kontoführende Sparkasse Ostfriesland zahlt den Betrag aus. Die Bauprofi GmbH verlangt von der Sparkasse Ostfriesland Rückzahlung des Betrages. Ist dies ein Fall des § 15 HGB und wenn ja, welcher?
4. Bernd Brand betreibt schon seit vielen Jahren einen Blumengroßhandel unter dem Namen *BlumenLandBrand*. Als er erfährt, dass im gleichen Ort ein neues Blumengeschäft mit der Bezeichnung *BrandBlumenLand* eröffnet hat, verlangt er von letzterem Unterlassung dieser Bezeichnung nach § 37 Abs. 2 HGB. Zu Recht?

Thomas Tegen

A.5 Die Stellvertretung der Kaufleute

Dieses Kapitel beschäftigt sich mit der handelsrechtlichen Stellvertretung. Sie sollen nach diesem Kapitel erläutern können, wer den Kaufmann im Rechtsverkehr vertritt. Sie sollen erläutern können, wie Prokura erteilt wird und was zu ihrem Erlöschen führt. Ferner kennen sie die Bedeutung der Handelsregistereintragung für das Entstehen und Erlöschen der Prokura. Sie sollen die Publizitätswirkung des Handelsregisters im Zusammenhang mit der Eintragung von Erteilung und Erlöschen der Prokura kennen und die wesentlichen Merkmale der Handlungsvollmacht darstellen können. Schließlich sollen Sie die Hilfspersonen des Kaufmanns nennen und ihre wesentlichen Funktionen erläutern können.

Die meisten handelsrechtlichen Lehrbücher unterteilen die Hilfspersonen des Kaufmanns in unselbstständige und selbstständige Hilfspersonen. Zu den unselbstständigen Hilfspersonen zählen dann regelmäßig Prokurist, Handlungsbevollmächtigter, Handlungsgehilfe und Handlungslehrling. Zu den selbstständigen dagegen der Handelsvertreter und der Handelsmakler. Dieser Gliederung wird hier nicht gefolgt. Prokura und Handlungsvollmacht gehören systematisch zur kaufmännischen Stellvertretung und damit zum Außenprivatrecht der Unternehmen, während die Vorschriften über die Hilfspersonen des Kaufmannes, einschließlich der Handelsvertreter (§§ 59–104a HGB), das Innenverhältnis zwischen diesen Personen und dem Kaufmann regeln und im Grunde besser im Arbeitsrecht angesiedelt wären. Deshalb folgt auch die didaktische Darstellung in Kapitel A.5 zunächst dem handelsrechtlichen Stellvertretungsrecht und widmet sich in Kapitel A.6 dem Verhältnis zwischen dem Kaufmann und seinen unselbstständigen und selbstständigen Hilfspersonen.

A.5.1 Die Prokura

Sie werden sich (hoffentlich) an die Stellvertretung im zivilen Recht erinnern. Auch das Handelsrecht kennt die Stellvertretung des Kaufmanns. Das Handelsrecht knüpft insoweit an die zivilrechtlichen Strukturen der Stellvertretung an. Auch im Handelsrecht handelt es sich um eine rechtsgeschäftliche Stellvertretung, nicht etwa um gesetzliche Stellvertretung. Auch die handelsrechtliche Stellvertretung muss folglich offen gelegt werden. Es bedarf also eines Handelns im Namen des Kaufmanns. Was ist noch erforderlich, damit der Kaufmann wirksam vertreten wird?

Neben der Offenlegung der Vertretung benötigt der Vertreter Vertretungsmacht. Die Vertretungsmacht ist im Handelsrecht gesondert geregelt. Sie kann Prokura oder Handlungsvollmacht sein. Nur der Kaufmann kann sie erteilen.

 Die Prokura ist eine kaufmännische Form der rechtsgeschäftlich erteilten Vertretungsmacht, die nur von einem Kaufmann erteilt werden kann.

Die Prokura ist folglich nur eine Vertretungsmacht, deren Einzelheiten, wie ihr Umfang, zwar gesetzlich in den §§ 48 bis 53 HGB geregelt sind. Sie ist aber keine gesetzliche Vertretungsmacht, da sie mittels Rechtsgeschäft erteilt wird.

A.5.1.1 Die Erteilung der Prokura

Nach § 48 Abs. 1 HGB kann die Prokura nur von dem Inhaber des Handelsgeschäftes oder seinem gesetzlichen Vertreter und nur mittels ausdrücklicher Erklärung erteilt werden. Es bedarf damit einer ausdrücklichen Erklärung und damit eines (einseitigen empfangsbedürftigen) Rechtsgeschäftes. Schlüssige Erteilung der Prokura scheidet aus. Ihre Erteilung kann nur durch Kaufleute erfolgen. Der Prokurist selbst muss eine natürliche Person sein. Juristische Personen und auch ihre vertretungsberechtigten Organe sowie die geschäftsführenden Gesellschafter von OHG und KG scheiden als Prokuristen aus.

 Übung A.5.1
Kann auch einem Minderjährigen Prokura erteilt werden?

Nur der Inhaber des Handelsgeschäftes oder sein gesetzlicher Vertreter kann die Prokura erteilen. Damit sind die Handelsgesellschaften, sowohl die Personenhandelsgesellschaften als auch die Kapitalgesellschaften gemeint. Sie handeln durch ihre gesetzlichen Vertreter. Dies sind die Personen und Organe, die durch Gesetz (etwa §§ 35 Abs. 1 GmbHG, 78 Abs. 1 AktG) als Vertreter der Handelsgesellschaften bestimmt sind. Folglich die Geschäftsführer einer GmbH, der Vorstand einer Aktiengesellschaft oder aber jeder Gesellschafter einer OHG (§ 125 Abs. 1 HGB) sowie der persönlich haftende Gesellschafter (Komplementär) der KG (§§ 170, 161 Abs. 2, 125 Abs. 1 HGB).

Die Prokura ist nach § 52 Abs. 2 HGB nicht übertragbar. Ebenfalls kann der Prokurist auch keine Untervollmacht erteilen, da diese nach § 48 Abs. 1 HGB nur von dem Inhaber des Handelsgeschäftes oder seinem gesetzlichen Vertreter erteilt werden kann.

Die erteilte Prokura ist nach § 53 Abs. 1 HGB (lesen!) von dem Inhaber des Handelsgeschäfts zur Eintragung in das Handelsregister anzumelden. Es handelt sich also um eine eintragungspflichtige Tatsache. Ist die Eintragung der Prokura in das Handelsregister für die Begründung der Prokura erforderlich?

Die Eintragung der Prokura, die nach § 53 Abs. 1 HGB von dem Inhaber des Handelsgeschäftes zu bewirken ist, wirkt nur deklaratorisch. Die Prokura selbst wird allein durch ausdrückliche Erklärung nach § 48 Abs. 1 HGB erteilt.

 Die Eintragung der Prokura in das Handelsregister, die nach § 53 Abs. 1 HGB von dem Inhaber des Handelsgeschäftes zu bewirken ist, hat lediglich deklaratorische Wirkung.

 Beispiel A.5.1
Der Bauunternehmer Mörtel hat Bernd Prokura erteilt. Mörtel hat allerdings vergessen die Prokura zur Eintragung in das Handelsregister anzumelden. Bernd möchte das Fertighausbaugeschäft ausbauen und nimmt hierzu im Namen von Mörtel ein Darlehen bei der Sorgfrei Bank in Höhe von € 250.000,– auf. Kurz darauf kommt

es zu einem heftigen Streit zwischen Mörtel und Bernd infolgedessen Bernd wütend kündigt. Mörtel widerruft sofort die Prokura. Einen Monat später verlangt die Sorgfrei Bank von Mörtel die Rückzahlung des Darlehens. Mörtel ist hierzu nicht bereit. Er meint, Bernd sei nie Prokurist geworden, da die Prokura ja nicht in das Handelsregister eingetragen worden sei. Außerdem hätte die Sorgfrei Bank ja das Handelsregister einsehen können und dann festgestellt, dass Bernd dort nicht als Prokurist eingetragen ist. Kann die Sorgfrei Bank die Rückzahlung des Darlehens verlangen? Die Lösung wollen wir sogleich gemeinsam erarbeiten. Es schadet nicht, wenn Sie es zunächst selbst versuchen.

Die Sorgfrei Bank könnte die Rückzahlung des Darlehens von Mörtel nach § 488 Abs. 1 BGB verlangen, wenn zwischen ihr und Mörtel ein wirksamer Darlehensvertrag geschlossen worden ist. Mörtel hat den Vertrag nicht selbst geschlossen, sondern wurde dabei von Bernd vertreten. Fraglich ist, ob Bernd Vertretungsmacht hatte. Mörtel hatte Bernd Prokura erteilt. Hierzu reicht die ausdrückliche Erklärung des Inhabers eines Handelsgeschäftes. Die Eintragung in das Handelsregister wirkt nur deklaratorisch. Damit ist Bernd zunächst Prokurist geworden und war es zum Zeitpunkt des Vertragsschlusses. Zu diesem Zeitpunkt konnte er Mörtel also wirksam vertreten. Daran ändert auch der anschließende Widerruf der Prokura nichts. Mörtel muss zahlen. Sie sehen, die Lösung ist im Grunde einfach. Wer hier mit § 15 Abs. 1 HGB (nochmals lesen!) arbeitet, sollte den Punkt A.4.6.2 nochmals wiederholen. Die Publizitätswirkung des Handelsregisters ist hier nicht erforderlich (gleichwohl wird sie bei diesem Übungsfall von Studenten immer wieder geprüft). Auch § 15 Abs. 2 HGB (nochmals lesen!) ist nicht anwendbar, da die Prokura ja gerade nicht eingetragen worden ist.

A.5.1.2 Der Umfang und Sonderformen der Prokura

Anders als im BGB ist der Umfang der Prokura gesetzlich geregelt. § 49 Abs. 1 HGB bestimmt, dass die Prokura zu allen gerichtlichen und außergerichtlichen Rechtshandlungen ermächtigt, die der Betrieb eines Handelsgewerbes mit sich bringt. Die Prokura ist also eine umfangreiche Vollmacht. Können Sie sich vorstellen, zu welchen Rechtsgeschäften die Prokura ermächtigt?

Der Prokurist kann Personal einstellen und auch entlassen. Er kann Darlehen aufnehmen und Bürgschaften im Namen des Kaufmannes erklären. Er kann Miet- und Pachtverträge über Grundstücke oder Räume abschließen und Anlagevermögen veräußern. Kann er auch den Unternehmensgegenstand ändern oder das Unternehmen veräußern?

Alle Rechtshandlungen, die den Kern und das Wesen des Unternehmens betreffen, wie etwa die Änderung des Unternehmensgegenstandes, die Veräußerung oder Einstellung des Handelsgeschäftes, die Verpachtung des Betriebes sowie die Aufnahme neuer Gesellschafter sind nicht von dem gesetzlichen Umfang der Prokura gedeckt. Ferner ist der Prokurist nicht zu den Rechtshandlungen berechtigt, die allein dem Inhaber des Handelsgeschäftes obliegen, wie die Erteilung der Prokura nach § 48 Abs. 1 HGB, die Anmeldung der Firma zum Handelsregister nach § 29 HGB und die Unterzeichnung des

Jahresabschlusses nach § 245 HGB. Ferner ist in § 49 Abs. 2 HGB (lesen!) ausdrücklich bestimmt, dass der Prokurist Grundstücke nur veräußern und belasten darf, wenn er hierzu besonders bevollmächtigt ist. Damit ist klargestellt, dass die Prokura diese Geschäfte nicht deckt und es hierzu einer gesonderten Vollmacht bedarf.

Eine Beschränkung der Prokura ist durchaus möglich. Sie wirkt aber nur im Innenverhältnis. Im Außenverhältnis bleibt sie ohne Wirkung, da sie nach § 50 Abs. 1 HGB (lesen!) Dritten gegenüber unwirksam ist. Im Innenverhältnis macht sich der Prokurist allerdings schadensersatzpflichtig (§ 280 BGB), sofern er eine ihm auferlegte Beschränkung im Außenverhältnis überschreitet.

§ 50 Abs. 1 HGB findet jedoch dort eine Grenze, wo der Prokurist zusammen mit dem Dritten bewusst zum Nachteil des Kaufmanns handelt, also dem Dritten die Beschränkung bekannt ist und beide die rechtliche Wirkung des § 50 Abs. 1 HGB bewusst zum Nachteil des Kaufmannes nutzen wollen.

! Rechtsgeschäftlich kann die Prokura nicht begrenzt werden.

Zum Umfang der Prokura sogleich ein Übungsfall:

? **Übung A.5.2**

Weinhändler Bardolino hat seinem Mitarbeiter Chianto Prokura erteilt. Er hat die Prokura allerdings ausdrücklich auf Geschäfte bis zu einem Wert von maximal € 10.000,– für jeden Einzelfall beschränkt. Chinato, der sich seit einigen Wochen in der Toskana aufhält, kauft bei Erzeuger Paolo im Namen von Bardolino Rotwein zu einem Gesamtwert von € 11.500,– ein, da er den Wein für besonders gut, lagerfähig und im Einkauf günstig hält, was auch zutrifft. Ferner wird er auf ein altes Weingut aufmerksam, dass die Künstlerin Francesca zu dem „Schnäppchenpreis" von € 120.000,– verkaufen möchte. Chianto kauft das Weingut im Namen des Bardolino. Sowohl Paolo als auch Francesca verlangen nun von Bardolino Erfüllung der Kaufverträge. Bardolino lehnt dies ab. Er meint, Chianto sei zum Weineinkauf nur bis zu einem Preis von € 10.000,– bevollmächtigt und eine besondere Vollmacht zum Kauf von Grundstücken habe er Chianto nicht erteilt. Sind die Verträge wirksam?

Neben der bisher behandelten Einzelprokura, kennt das Handelsrecht Varianten der Prokura, denen eine Begrenzung ihres Umfanges gerade eigen ist. Dies sind die Filialprokura und die Gesamtprokura.

Sonderformen der Prokura

- ## Gesamtprokura
  - Echte Gesamtprokura
    - Jeder Prokurist nur gemeinsam mit einem anderen Prokuristen
    - Ein Prokurist kann allein; der andere nur gemeinsam mit dem anderen
  - *Unechte* Gesamtprokura
    - Nur gemeinsam mit einem Vertretungsorgan (Bsp.: Geschäftsführer)
    - Nur gemeinsam mit einem Gesellschafter (OHG)

- ## Filialprokura
  - § 50 Abs. 3 HGB
    - Kaufmann betreibt mehrere Unternehmen
    - Unter verschiedener Firma
  - Prokura wird auf ein Unternehmen beschränkt

Abbildung A.5.1.2: Sonderformen der Prokura

Die *unechte* Gesamtprokura ist dann problematisch und unwirksam, wenn bei einer GmbH der **alleinige** Geschäftsführer die Gesellschaft nur zusammen mit einem Prokuristen vertreten kann. Darin wird eine Beschränkung der organschaftlichen Vertretung gesehen, die unwirksam ist (hierzu *K. Schmidt*, § 16 III 3 c). Die Filialprokura ist insbesondere in der Bankenpraxis verbreitet.

A.5.1.3 Das Erlöschen der Prokura

Nach § 52 Abs. 1 HGB (lesen!) ist die Prokura ohne Rücksicht auf das der Erteilung zugrundeliegende Rechtsverhältnis jederzeit widerruflich. Damit ist zweierlei gesagt: die Prokura ist jederzeit frei widerruflich und der Widerruf der Prokura ist nicht an das Erlöschen des Grundverhältnisses geknüpft. Die Prokura kann also auch widerrufen werden, wenn das Grundverhältnis fortbesteht. Widerrufen wird die Prokura analog § 49 Abs. 1 HGB durch formlose Erklärung gegenüber dem Prokuristen. Erlischt die Prokura auch ohne Widerruf, wenn das ihrer Erteilung zugrunde liegende Rechtsgeschäft beendet wird?

Diese Frage erscheint Ihnen auf den ersten Blick vielleicht schwer. Ihre Beantwortung ist es indessen nicht. Ein Blick in das HGB hilft hier nicht weiter. § 52 Abs. 1 HGB bestimmt lediglich die freie Widerrufbarkeit der Prokura unabhängig von dem Schicksal des Grundverhältnisses. Hier geht es um die Frage, ob die Prokura automatisch mit dem Fortfall des Grundverhältnisses erlischt. Ein Blick in das Vertretungsrecht des BGB hilft weiter. Nach § 168 Satz 1 BGB bestimmt sich das Erlöschen der Vollmacht nach dem ihrer Erteilung zugrunde liegenden Rechtsverhältnis. War die Erteilung der Prokura Inhalt eines Anstellungsvertrages und erlischt dieser durch Kündigung, erlischt damit auch die Prokura. Ein Widerruf ist dann nicht nötig.

In jedem Fall (Erlöschen durch Widerruf oder Fortfall des Grundverhältnisses nach § 168 Satz 1 BGB) ist das Erlöschen der Prokura nach § 53 Abs. 3 HGB (lesen!) zur Eintragung in das Handelsregister anzumelden.

Thomas Tegen

→ Beispiel A.5.2

Bauunternehmer Mörtel stellt nach der Kündigung des Bernd am 2. Oktober 2007 die Wirtschaftsjuristin Gisela als neue Personalleiterin ein. Im Anstellungsvertrag wird vereinbart, dass die Funktion der Personalleiterin mit Prokura verbunden ist, die ihr damit erteilt wird. Die Prokura der Gisela wird auch in das Handelsregister eingetragen und am 29.10.2007 bekannt gemacht. Schon Anfang des Jahres 2008 kommt es zu kleinen Missverständnissen zwischen Gisela und Mörtel, da Gisela zahlreiche Einladungen des Mörtel zu einem privaten Essen ausschlägt und sich gemeinsamen Mittagessen versagt. Verärgert darüber verlangt Mörtel von Gisela, sie möge ihm künftig jeden Vorfall zur Gegenzeichnung vorlegen und außerdem sei sie ab sofort auch für den Empfang zuständig. Gisela sucht sich eine neue Beschäftigung, kündigt fristgemäß und scheidet am 31. März 2007 aus dem Unternehmen des Mörtel aus. Gisela ist noch immer äußerst verärgert über diese Vorfälle und nimmt am 5. April 2007 im Namen des Mörtel bei der Sorgfrei Bank ein Darlehen in Höhe von € 100.000,– auf und begibt sich mit dem Geld auf eine Schiffsreise, um diesen Vorfall zu vergessen. Mörtel hat nicht daran gedacht das Erlöschen der Prokura zur Eintragung in das Handelsregister anzumelden. Im Juni 2007 verlangt die Sorgfrei Bank von Mörtel Rückzahlung des Darlehens. Zu Recht?

Zu prüfen ist wiederum, ob zwischen Mörtel und der Sorgfrei Bank ein wirksamer Darlehensvertrag zustande gekommen ist. Dies setzt voraus, dass Gisela den Mörtel bei Abschluss des Darlehensvertrages wirksam vertreten konnte. Zwar ist Gisela zunächst wirksam Prokura erteilt worden, wozu die ausdrückliche Erklärung im Anstellungsvertrag ausreicht. Indessen könnte die Prokura erloschen sein. Ausdrücklich nach § 52 Abs. 2 HGB widerrufen hat Mörtel die Prokura nicht. Allerdings könnte die Prokura nach § 168 Satz 1 BGB insofern erloschen sein, als das ihrer Erteilung zugrunde liegende Rechtsverhältnis erloschen ist. Die Prokura wurde durch den Anstellungsvertrag erteilt, der somit das Grundgeschäft bildet. Den Anstellungsvertrag hat Gisela zum 31. März 2007 gekündigt, womit er mit Ablauf des 31. März 2007 erlosch. Damit erlosch nach § 168 Satz 1 BGB auch die Prokura. Folglich hatte Gisela am 5. April 2007 keine Prokura und war nicht zur Vertretung des Mörtel berechtigt.

Problematisch ist allerdings, dass Gisela zu diesem Zeitpunkt noch als Prokuristin im Handelsregister stand, da Mörtel es versäumt hat das Erlöschen zur Eintragung anzumelden. Deshalb greift § 15 Abs. 1 HGB (negative Publizität). Das Erlöschen der Prokura ist eine eintragungspflichtige Tatsache. Nach § 53 Abs. 2 HGB hätte Mörtel die Eintragung des Erlöschens bewirken müssen. Da dies unterblieben ist, kann er sich nun nicht auf diese Tatsache, nämlich das Erlöschen der Prokura, berufen. Die Prokura gilt somit gegenüber der Sorgfrei Bank als nicht erloschen und damit als fortbestehend. Die Sorgfrei Bank kann somit an dem Darlehensvertrag festhalten und Zahlung von Mörtel verlangen.

 Auch die Eintragung des Erlöschens der Prokura in das Handelsregister hat lediglich deklaratorische Wirkung.

Schließlich bestimmt § 52 Abs. 3 HGB, dass die Prokura nicht mit dem Tod des Inhabers des Handelsgeschäftes erlischt. Dagegen führt der Tod des Prokuristen freilich zum Erlöschen der Prokura.

Thomas Tegen

A.5.2 Handlungsvollmacht

Die Stellvertretung des Kaufmannes ist neben der Prokura auch durch Handlungsvollmacht möglich. Handlungsvollmacht ist nach § 54 HGB (lesen!) eine von einem
Kaufmann mit Bezug auf sein Handelsgewerbe erteilte Vollmacht, die nicht Prokura
ist. Die Handlungsvollmacht spielt in der Praxis eine große Rolle. Sie reicht von der
Kassiererin im Supermarkt über den Kellner bis hin zu einem Filialleiter ohne Prokura
(anschaulich *K. Schmidt*, § 16 IV 1 b).

A.5.2.1 Unterschied zur Prokura und Entstehung

Die Handlungsvollmacht bleibt jedoch hinter der Prokura zurück. Was unterscheidet
die Handlungsvollmacht von der Prokura?

Die Handlungsvollmacht muss nicht von dem Inhaber eines Handelsgewerbes selbst
erteilt werden. Auch ein Prokurist kann Handlungsvollmacht erteilen. Ferner braucht
die Handlungsvollmacht nicht in das Handelsregister eingetragen zu werden. Sie ist
nämlich weder eintragungspflichtig noch eintragungsfähig. Auch ist der gesetzliche
Umfang der Handlungsvollmacht stärker eingeschränkt als der der Prokura. Nach
§ 54 Abs. 2 HGB (lesen!) ermächtigt die Handlungsvollmacht im Gegensatz zur Prokura
nicht per Gesetz zur Eingehung von Wechselverbindlichkeiten, zur Aufnahme von Darlehen und zur Prozessvertretung. Soll der Handlungsbevollmächtigte auch hierzu befugt
sein, bedarf es nach § 54 Abs. 2 HGB einer gesonderten Befugnis. Schließlich kann aus
§ 58 HGB (lesen!) entnommen werden, dass der Gesetzgeber die Handlungsvollmacht
grundsätzlich für übertragbar hält, sofern der Inhaber des Handelsgeschäftes zustimmt.
Dies ist bei der Prokura nach § 52 Abs. 2 HGB (lesen!) ausgeschlossen.

Wie die Erteilung der Handlungsvollmacht zu erfolgen hat, regelt das Handelsrecht nicht
gesondert. Zur Erteilung der Handlungsvollmacht bedarf es also keiner ausdrücklichen
Erklärung, wie sie in § 48 Abs. 1 HGB für die Prokura verlangt wird. Damit richtet sich
die *Erteilung* der Handlungsvollmacht allein nach den §§ 167 ff. BGB. Sie erfolgt durch
eine einseitige empfangsbedürftige Willenserklärung.

Eine Beschränkung der Handlungsvollmacht ist im Gegensatz zur Prokura nach § 54
Abs. 3 HGB (lesen!) grundsätzlich auch mit Wirkung im Außenverhältnis möglich. Ein
Dritter braucht sonstige Beschränkungen der Handlungsvollmacht nur dann nicht gegen
sich gelten zu lassen, wenn er sie nicht kannte und auch nicht kennen musste. Auf die
Kenntnis kommt es indessen bei § 50 Abs. 1 HGB nicht an.

A.5.2.2 Umfang und Arten der Handlungsvollmacht

Den Umfang der Handlungsvollmacht bestimmt grundsätzlich der Kaufmann bei ihrer
Erteilung. In § 54 Abs. 1 HGB (lesen!) werden die folgenden drei Arten unterschieden:

- **Generalvollmacht**, bevollmächtigt zu allen Rechtsgeschäften, die der gesamte Betrieb eines derartigen Handelsgewerbes mit sich bringt. Sie wird auch als die „kleine
  Schwester" der Prokura bezeichnet (*K. Schmidt*, § 16 IV 1 c).

Thomas Tegen

- **Arthandlungsvollmacht,** wird nur für bestimmte Arten von Rechtsgeschäfte, die das betreffende Handelsgewerbe gewöhnlich mit sich bringt, erteilt (etwa nur für den Einkauf bzw. Verkauf).
- **Spezialvollmacht,** erteilt der Kaufmann nur für einzelne konkrete Rechtsgeschäfte (z. B. ein Bevollmächtigter soll das Dienstfahrzeug des Kaufmannes verkaufen).

Allerdings wirkt auch die Generalvollmacht nicht unbegrenzt. Wodurch ist sie begrenzt?

Das Gesetz zieht ihr durch § 54 Abs. 2 HGB selbst eine Grenze. Ferner kann sie durch den Kaufmann bei Ihrer Erteilung eingeschränkt werden und kann, je nach dem Umfang der Beschränkung, im Grunde eine Arthandlungsvollmacht sein.

A.5.2.3 Handlungsvollmacht im Außendienst

§ 55 HGB (lesen!) regelt den „Abschlussvertreter". Die Vorschrift ist auf den ersten Blick etwas missverständlich. Sie regelt nicht etwa einen zusätzlichen Fall der handelsrechtlichen Stellvertretung, sondern stellt lediglich klar, dass § 54 HGB auch auf Handlungsbevollmächtigte und Handelsvertreter anwendbar ist, die *außerhalb* des Betriebes des Unternehmers Geschäfte in dessen Namen abschließen. Bedeutung hat die Vorschrift insbesondere für den Handelsvertreter, dem Abschlussvollmacht erteilt wird (dazu unter Punkt A.6.2.2). *Außerhalb* ist hier rein räumlich zu verstehen. § 55 HGB stellt damit klar, dass die Regelungen über die Handlungsvollmacht auch für die Stellvertretung im Außendienst gilt, ohne dass es darauf ankommt, ob der Vertreter Handlungsgehilfe oder Handelsvertreter ist. Dies ist nämlich für den Rechtsverkehr regelmäßig nicht erkennbar. Damit gelten auch im Bereich des Außendienstes die Vorschriften über die Handlungsvollmacht und damit auch die Arten der Handlungsvollmacht und ihr Umfang.

A.5.2.4 Erlöschen der Handlungsvollmacht

Das Erlöschen der Handlungsvollmacht richtet sich wie ihr Entstehen nach allgemeinem Stellvertretungsrecht, nämlich nach § 168 ff. HGB. Damit erlischt die Handlungsvollmacht mit der Beendigung (etwa Kündigung) des ihr zugrundeliegenden Arbeitsverhältnisses. Einer Eintragung des Erlöschens der Handlungsvollmacht in das Handelsregister bedarf es nicht.

Was passiert, wenn der Bevollmächtigte trotz Erlöschen der Vollmacht weiter im Namen des Inhabers des Handelsgeschäftes auftritt?

Tritt der Bevollmächtigte gleichwohl weiter im Namen des Inhabers des Handelsgeschäftes auf, so handelt er als Vertreter ohne Vertretungsmacht nach § 177 BGB. Die Wirksamkeit der geschlossenen Rechtsgeschäfte hängt dann von der Genehmigung des Inhabers des Handelsgeschäftes ab (§ 177 Abs. 1 BGB).

Der Tod des Inhabers des Handelsgeschäftes führt im Gegensatz zur Prokura (§ 52 Abs. 3 HGB) nur dann zum Erlöschen der Handlungsvollmacht, wenn dies bei ihrer Erteilung vereinbart wurde, andernfalls besteht sie auch nach dem Tod des Inhabers des Handelsgeschäftes fort. Erteilt ein Kleingewerbebetreibender „Prokura", so kann diese unwirksame Erteilung einer Prokura nach § 140 BGB (lesen!) in die Erteilung einer Handlungsvollmacht umgedeutet werden, sofern deren Voraussetzungen vorliegen.

Thomas Tegen

A.5.3 Stellvertretung durch Ladenangestellte

Nach § 56 HGB (lesen!) *gelten* Angestellte, die in einem Laden oder offenen Warenlager tätig sind, als ermächtigt zu Verkäufen und Empfangnahmen, die in einem derartigen Laden oder Warenlager gewöhnlich geschehen. Die Vorschrift schützt damit diejenigen Verkehrskreise, die einen solchen Laden oder ein solches Warenlager betreten und mit den dort beschäftigten Verkaufspersonen Rechtsgeschäfte schließen. Sie wollen ja regelmäßig das Rechtsgeschäft nicht mit den Ladenangestellten persönlich schließen, sondern mit dem Inhaber des Ladengeschäftes oder Warenlagers. Wenn sie einen Laden oder ein offenes Warenlager betreten, gehen sie ja davon aus, dass die dort beschäftigten auch zum Verkauf oder zu gewöhnlichen Entgegennahmen bevollmächtigt sind. Ist dem nicht so, können sie dies ja nicht wissen. Deshalb trägt nach § 56 HGB das Risiko fehlender Vertretungsmacht der Inhaber des Ladens oder Warenlagers. Die dort tätigen Angestellten *gelten* als ermächtigt. Unterstreichen Sie sich deshalb in § 56 HGB den Begriff **gelten**.

Die Tätigkeit der Ladenangestellten erweckt den Anschein, dass sie hierzu auch bevollmächtigt sind. Das Vertrauen in diesen Anschein wird geschützt, indem die Vollmacht, sollte sie nach § 167 Abs. 1 BGB nicht erteilt sein, fingiert wird („gilt" als ermächtigt). Der Besucher eines Ladengeschäftes muss nicht erst nachfragen oder gar nachforschen, ob die dort für den Geschäftsinhaber wirkenden Ladenangestellten auch im Namen und für Rechnung des Geschäftsinhabers handeln dürfen (BGH NJW 1975, 2191). Die Vollmacht wird also fingiert und gilt für den Kunden als bestehend.

Der Wortlaut der Vorschrift ist allerdings etwas zu eng gefasst und damit missverständlich. Erfasst werden nicht nur (geschlossene) Läden oder offene Warenlager, sondern alle Verkaufsstätten. Damit taucht die Frage auf, welche Verkaufsstätten § 56 HGB erfasst. Entscheidend ist die Funktion des Verkaufslokals (Laden oder Warenlager) als Verkaufsstätte für das Publikum. Deshalb erfasst § 56 HGB auch offene Verkaufsstände oder sog. Shop-in-the-Shop-Systeme.

Fraglich ist, welchen Umfang die durch § 56 HGB fingierte Anscheinsvollmacht hat. Das Gesetz schweigt dazu. Unstreitig ist, dass § 56 HGB nicht für Einkäufe gilt (BGH NJW 1988, 2109). Erfasst werden alle Verkäufe und Empfangnahmen, die in einem derartigen Geschäft gewöhnlich geschehen. Mit Verkäufen ist nicht nur das Verpflichtungsgeschäft, sondern auch das Verfügungsgeschäft gemeint. Auch der Umtausch von Ware gehört nach den Gepflogenheiten des Einzelhandels zu den Verkäufen (*K. Schmidt*, § 16 V 3 e).

Kennt der Kunde allerdings die fehlende Vertretungsmacht, ist er also bösgläubig, gilt § 56 HGB nicht. Das leuchtet ein. Zur Begründung wird hier § 54 Abs. 3 HGB analog angewendet. Danach schadet dem Kunden positive Kenntnis oder fahrlässige Unkenntnis. Der Inhaber eines Verkaufslokales kann sich jedoch vor den Wirkungen des § 56 HGB schützen, indem er im Bereich seines Verkaufslokals deutlich sichtbar darauf hinweist, dass die „Zahlung nur an der Kasse" erfolgen kann (*Ruß* in HK-HGB, § 58 Rz. 3).

Zusammenfassung

Die Prokura ist eine Vertretungsmacht, die das Handelsrecht gesetzlich geregelt hat. Sie ist deshalb keine gesetzliche Vertretungsmacht, sondern rechtsgeschäftliche Vertretungsmacht. Die Prokura ist eine umfangreiche Vollmacht, die zu allen Rechtsgeschäften ermächtigt, die der Betrieb eines Handelsgewerbes mit sich bringt. Erteilung und Widerruf erfolgen durch ausdrückliche Erklärung und müssen von dem Inhaber des Handelsgewerbes zur Eintragung in das Handelsregister angemeldet werden. Die Eintragung wirkt in beiden Fällen lediglich deklaratorisch. Das folgende Schaubild fasst dies zusammen:

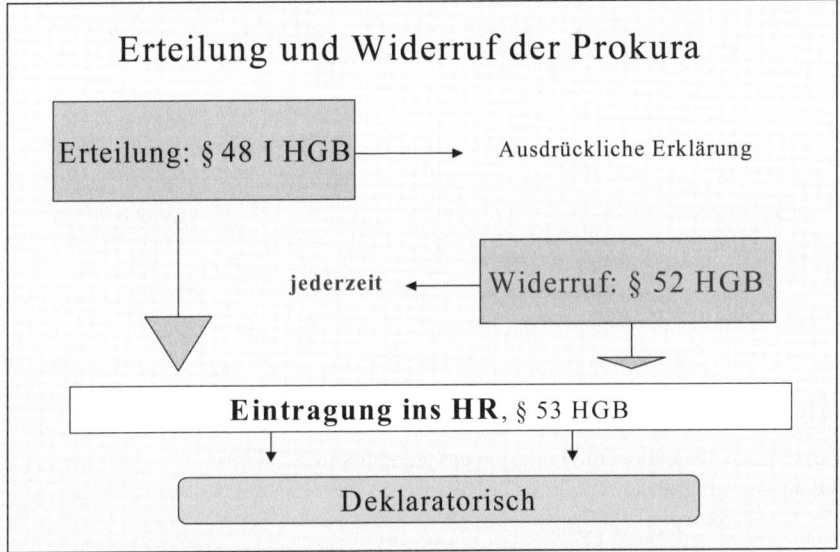

Abbildung A.5 (Zusammenfassung): Erteilung und Widerruf der Prokura

Der Umfang der Prokura kann rechtsgeschäftlich nicht beschränkt werden. Eine gleichwohl erfolgte Beschränkung ist Dritten gegenüber unwirksam. Die Handlungsvollmacht bleibt im Hinblick auf ihren Umfang hinter der Prokura zurück. Sie ist nicht eintragungspflichtig und auch nicht eintragungsfähig. Eine Beschränkung der Handlungsvollmacht im Innenverhältnis ist möglich und kann auch im Außenverhältnis gegenüber Dritten wirken, wenn der Dritte die Beschränkung kannte oder kennen musste. Anders als die Prokura ist die Handlungsvollmacht grundsätzlich mit Zustimmung des Inhabers des Handelsgeschäftes übertragbar. Lässt der Inhaber eines Handelsgeschäftes in seinem Geschäftslokal Angestellte für sich wirken, so schafft er damit den Anschein, dass er sie zu solchen Verkäufen und Entgegennahmen ermächtigt hat, die in einem solchen Geschäft gewöhnlich geschehen. Dem gutgläubigen Kunden gegenüber gelten sie als bevollmächtigt.

Thomas Tegen

Aufgaben zur Selbstüberprüfung

1. Kann ein Prokurist einem Mitarbeiter Prokura erteilen?
2. Kann einem Kommanditisten Prokura erteilt werden?
3. Kann ein Kommanditist Prokura erteilen?
4. A erteilt B Prokura, vergisst aber dies in das Register eintragen zu lassen. B stellt im Namen des A C ein. A meint der Anstellungsvertrag mit C sei mangels Vertretungsmacht unwirksam. Hat er Recht?
5. Kann der Umfang der Prokura beschränkt werden?
6. B hat von dem Kaufmann A Handlungsvollmacht erhalten. Kurz darauf kündigt B und scheidet aus dem Unternehmen des A aus. Er tritt aber weiter im Namen des A auf. A meint, er sei nicht mehr bevollmächtigt. B indessen behauptet, er sei noch bevollmächtigt, da A die Vollmacht zu keinem Zeitpunkt ausdrücklich widerrufen habe und der Widerruf auch nicht in das Register eingetragen sei. Was halten Sie von den Behauptungen des B?
7. K erwirbt in der Boutique *„Beauty Girls"* von der Verkäuferin Luisa ein Kleid, wobei es sich um ein Ausstellungsstück handelt. Boutique-Inhaberin Jenny wollte dieses Kleid selbst behalten, was aber weder Luisa noch K wussten. Jenny behauptet nun, der Kaufvertrag sei mangels Vertretungsmacht nicht wirksam zustande gekommen. Hat sie Recht?

A.6 Die Hilfspersonen des Kaufmanns

In diesem Kapitel beschäftigen wir uns mit dem Innenverhältnis zwischen dem Kaufmann und seinen Hilfspersonen. Sie sollen zwischen unselbstständigen und selbstständigen Hilfspersonen des Kaufmanns unterscheiden können und die Zugehörigen zu den jeweiligen Gruppen benennen und ihre wesentlichen Merkmale aufzeigen können. Sie sollen die Aufgaben und Funktionen von Handelsvertreter und Handelsmakler nennen und den Handlungsgehilfen von dem Handlungslehrling unterscheiden können. Ferner sollen Sie den Handelsvertreter von dem Handelsmakler abgrenzen und die wichtigsten Rechte und Pflichten der Handelsvertreter und der Handelsmakler erläutern können. Schließlich kennen Sie neben Handelsvertreter und Handelsmakler auch wichtige sonstige Hilfspersonen des Kaufmanns.

Schauen Sie sich einmal, zunächst flüchtig, die Vorschriften der §§ 59 bis 104a HGB an. Was fällt Ihnen auf?

Die Vorschriften regeln Aspekte, wie Wettbewerbsverbote (§§ 60, 61, 74, 74a, 82a HGB), Gehaltszahlungen und Provisionen (§§ 64, 65 HGB), Vertragsstrafe (§ 75e HGB), Pflichten (§§ 86, 86a, 100 HGB), Provisionsregelungen (§§ 86b–87c HGB), Kündigung (§§ 89, 89a HGB). Dies sind Gegenstände, die gewöhnlich in Anstellungs- bzw. Arbeitsverträgen geregelt sind. Die §§ 59–83 HGB regeln folglich nicht, ob und in wie weit die Hilfspersonen des Kaufmannes ihn im Außenverhältnis zu Dritten vertreten dürfen, sondern das Innenverhältnis des Kaufmannes zu diesen Hilfspersonen. Hierüber müssen Sie sich im Klaren sein, bevor wir uns nun mit einzelnen Hilfspersonen beschäftigen.

Das HGB unterscheidet zunächst zwischen Handlungsgehilfen und Handlungslehrling. Beide werden als unselbstständige Hilfspersonen des Kaufmanns bezeichnet. Daneben

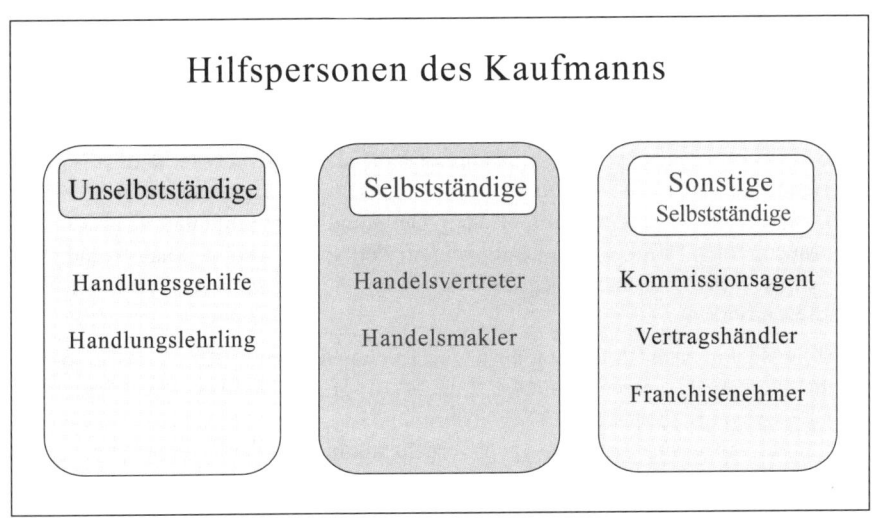

Abbildung A.6: Hilfspersonen des Kaufmanns

Thomas Tegen

gibt es die selbstständigen Hilfspersonen des Kaufmanns, den Handelsvertreter und den Handelsmakler sowie sonstige selbstständige Hilfspersonen.

A.6.1 Handlungsgehilfe und Handlungslehrling

Das HGB unterscheidet zunächst zwischen Handlungsgehilfe und Handlungslehrling. Beide werden als unselbstständige Hilfspersonen des Kaufmanns bezeichnet.

A.6.1.1 Der Handlungsgehilfe

Nach § 59 HGB ist Handlungsgehilfe, wer in einem Handelsgewerbe zur Leistung kaufmännischer Dienste gegen Entgelt angestellt ist. Drei Tatbestandsmerkmale sind also erforderlich:

- ein Handelsgewerbe des Arbeitgebers
- ein Arbeitsverhältnis
- die Leistung kaufmännischer Dienste.

Abgrenzungsschwierigkeiten bereitet das letzte Merkmal. Wer leistet kaufmännische Dienste? Ist hierzu eine kaufmännische Ausbildung erforderlich?

Eine griffige Definition fehlt. Auf eine kaufmännische Ausbildung soll es nicht ankommen. Kaufmännisch sollen solche Dienste sein, die bei überwiegend geistiger statt körperlicher Tätigkeit nach der Verkehrsauffassung ein gewisses Maß an kaufmännischer Übung erfordern (*Ruß* in HK-KGB, § 59 Rz. 2). Die Rechtsprechung hierzu ist nicht eindeutig. Kaufmännische Dienste werden etwa bejaht bei Buchhaltern und Sekretärinnen, aber auch bei einem Kassierer in einem Selbstbedienungsladen. Dagegen wurden kaufmännische Dienste verneint bei einer Verkäuferin an einem Bahnhofskiosk, bei einem Schaffner, einem Tankwart oder einem Kellner (hierzu mit weiteren Beispielen *Ruß*, in HK-HGB, § 59 Rz. 2; *K. Schmidt*, § 17 I 2 a).

Ob eine Person Handlungsgehilfe ist oder ein „normaler" Arbeitnehmer, ist für den Betroffenen nicht ohne Folgen. Ist die Person Handlungsgehilfe nach § 59 HGB, so gilt für sie das Wettbewerbsverbot des § 60 HGB (lesen!). Danach darf der Handlungsgehilfe ohne Einwilligung des Arbeitgebers während der Dauer des Arbeitsverhältnisses weder ein Handelsgewerbe betreiben noch in dem Handelszweig des Arbeitgebers für eigene oder fremde Rechnung Geschäfte machen. Der Handlungsgehilfe unterliegt während der Dauer seiner Tätigkeit also einem echten Wettbewerbsverbot. Nach Beendigung des Arbeitsverhältnisses unterliegt der Handlungsgehilfe keinem (gesetzlichen) Wettbewerbsverbot.

Allerdings kann auch für die Zeit nach dem Ausscheiden ein Wettbewerbsverbot vertraglich vereinbart werden. Ein solches nachvertragliches Wettbewerbsverbot bedarf nach § 74 Abs. 1 HGB (lesen!) der Schriftform und ist nach § 74 Abs. 2 HGB (lesen!) nur verbindlich, wenn sich der Arbeitgeber verpflichtet hat, während der Dauer des nachvertraglichen Wettbewerbsverbotes eine Entschädigung zu zahlen, die für jedes Jahr des Verbotes mindestens die Hälfte der von dem Handlungsgehilfen zuletzt bezogenen vertragsmäßigen Leistung erreicht. Diese Entschädigung wird im Arbeitsrecht auch

„Karenzentschädigung" genannt. Ihre Bezugsgröße ist der zuletzt gezahlte Bruttolohn. Nachvertragliche Wettbewerbsverbote spielen im Arbeitsrecht eine große praktische Rolle. Die §§ 74 ff. HGB werden dort analog angewendet.

A.6.1.2 Der Handlungslehrling

Wenn Sie in die §§ 59 bis 83 HGB schauen fällt zunächst auf, dass der Handlungslehrling nur in § 82a HGB (lesen!) erwähnt ist, sonst nicht. Seit dem Berufsbildungsgesetz aus dem Jahr 1969 gibt es nur noch *Auszubildende*, obwohl im allgemeinen Sprachgebrauch noch immer vom *Lehrling* gesprochen wird. Die früheren Vorschriften über Lehrlinge, die §§ 76 ff. HGB a. F., sind denn auch gestrichen. Der Inhalt des Ausbildungsverhältnisses ist im Berufsbildungsgesetz geregelt.

A.6.2 Der Handelsvertreter

Wir haben soeben festgestellt, dass der Handlungsgehilfe bei dem Kaufmann angestellt ist. Daneben gibt es Hilfspersonen, die eben nicht bei dem Kaufmann angestellt, sondern selbstständig tätig sind. Hierzu gehören Handelsvertreter und Handelsmakler.

Das Rechtsverhältnis zwischen einem Kaufmann und einem Handelsvertreter ist rechtlich zunächst ein Dienstvertrag nach den §§ 611 ff. BGB für den vorrangig die Sondervorschriften der §§ 84 ff. HGB gelten. Der Vertrag bedarf keiner Form; schriftliche Ausfertigung kann aber von beiden verlangt werden (§ 85 HGB).

A.6.2.1 Begriff und Funktion

Der Begriff des *Handelsvertreters* wird im allgemeinen Sprachgebrauch häufig mit dem des *Vertreters* gleichgesetzt, wobei der juristische Laie als Vertreter zumeist einen Außendienstmitarbeiter bezeichnet. Wir müssen hier genau differenzieren.

➡ Beispiel A.6.1

Der Politurproduzent „*Glanz&Glori*" GmbH mit Sitz in Kiel versetzt seine bisher in der Produktion beschäftigten Angestellten Felix und Volker auf deren Bitte in den Bereich Vertrieb und macht sie zu Vertriebsassistenten des Leiters Vertrieb. Sie sollen künftig Autohäuser und Baumärkte im gesamten norddeutschen Bereich anfahren und versuchen die Politurprodukte der „*Glanz&Glori*" GmbH zu verkaufen. Am Abend kommt Felix stolz nach Hause und berichtet, er sei jetzt Handelsvertreter. Tochter Tina, die Wirtschaftsrecht studiert, meint dagegen, er sei nur normaler Handlungsgehilfe. Verunsichert betritt Felix am nächsten Tag die Rechtsabteilung der „*Glanz&Glori*" GmbH und fragt Sie als zuständigen Justitiar, was er denn nun eigentlich sei? Was antworten Sie ihm?

Auch in diesem Kapitel gilt, dass Sie die Fälle zunächst versuchen selbst zu lösen. Dies haben Sie sicher auch gemacht. Nun vergleichen wir die Lösungen.

Thomas Tegen

Nach § 84 Abs. 1 HGB ist Handelsvertreter, wer als selbstständiger Gewerbebetreibender ständig damit betraut ist, für einen anderen Unternehmer Geschäfte zu vermitteln oder in dessen Namen abzuschließen. § 84 Abs. 1 HGB enthält also folgende Tatbestandsvoraussetzungen:

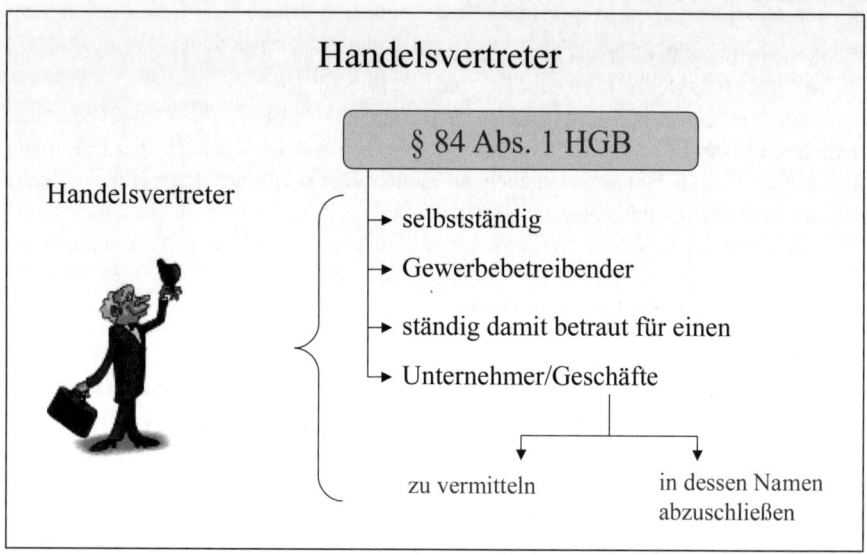

In unserem Übungsfall fehlt es also bereits an der Selbstständigkeit, da Felix bei der *„Glanz&Glori"* GmbH angestellt ist, mithin zwischen beiden ein Arbeitsverhältnis besteht. In § 84 Abs. 2 HGB (lesen!) grenzt das Handelsrecht den unselbstständigen Vertreter ausdrücklich von dem Handelsvertreter ab. Es trägt damit der Praxis Rechnung, die sich selbstverständlich neben den Handelsvertretern im großen Umfang angestellten Vertretern bedient. Letztere sind aber gerade keine Handelsvertreter, da § 84 Abs. 2 HGB bestimmt, dass derjenige, der zwar auch ständig damit betraut ist, für einen Unternehmer Geschäfte zu vermitteln oder in dessen Namen abzuschließen, ohne jedoch selbstständig zu sein, als Angestellter gilt. Unser Felix ist also Angestellter und kein Handelsvertreter.

Das Merkmal der Selbstständigkeit hat große praktische Relevanz. Im Grunde geht es bei der Frage nach der Selbstständigkeit immer darum, ob Handelsrecht (§§ 84 ff. HGB) oder Arbeitsrecht anwendbar ist. Ist Arbeitsrecht anwendbar, weil keine Selbständigkeit vorliegt, so gilt u. U. auch das Kündigungsschutzrecht. Die Frage kann also durchaus erhebliche praktische Konsequenzen haben. Der Handelsvertreter muss ein Gewerbe betreiben. Freiberufler scheiden damit aus. Ist der Handelsvertreter Kaufmann bzw. muss er Kaufmann sein, damit die §§ 84 ff. HGB gelten?

Der Handelsvertreter ist nach § 84 Abs. 1 HGB selbstständiger Gewerbebetreibender. Er betreibt also ein Gewerbe und kann, sofern dies ein Handelsgewerbe ist, nach § 1 Abs. 1 HGB Kaufmann sein. Ist er lediglich ein Kleingewerbebetreibender, da sein

Unternehmen einen nach Art oder Umfang in kaufmännischer Weise eingerichteten Geschäftsbetrieb nicht erfordert, sind nach § 84 Abs. 4 HGB (lesen!) die §§ 84–92c HGB gleichwohl anzuwenden.

Schwierigkeiten macht in der Praxis auch das Merkmal „ständig betraut". Der Handelsvertreter muss ständig damit betraut ein, für einen Unternehmer Geschäfte zu vermitteln oder abzuschließen. Dies grenzt ihn nämlich vom Handelmakler ab (dazu sogleich mehr unter Punkt A.6.3). Es kommt dabei nicht auf einen bestimmten Zeitraum an, sondern es wird auf das Vertragsverhältnis zwischen dem Unternehmer und dem Handelsvertreter abgestellt. Wir haben ja schon festgestellt, dass es sich dabei um eine Form des Dienstvertrages nach § 611 ff. BGB, mithin um ein Dauerschuldverhältnis handelt. Maßgeblich ist die sich aus diesem Vertrag ergebene Verpflichtung des Handelsvertreters, sich ständig um Geschäfte zu bemühen und die daraus folgende auf Dauer gerichtete Einbindung in das Vertriebssystem des Unternehmers (BGH NJW 1992, 2818).

A.6.2.2 Abschluss- und Vermittlungsvertreter

Die Abbildung A.6.2.1 zeigt, dass zwischen zwei Varianten des Handelsvertreters unterschieden wird. Dem Vermittlungsvertreter und dem Abschlussvertreter. Diese Differenzierung nimmt § 84 Abs. 1 HGB (nochmals lesen!) selbst vor. Der Vermittlungsvertreter ist nur berechtigt, Verträge zu vermitteln. Nicht dagegen ist er ermächtigt, die Verträge auch im Namen des Unternehmers zu schließen. Dies bleibt letzterem selbst vorbehalten.

Der Abschlussvertreter dagegen ist auch berechtigt, Verträge im Namen des Unternehmers zu schließen. Hierbei ist es wichtig, dass Sie die Verträge, die der Handelsvertreter schließt, nicht mit dem Vertrag verwechseln, der zwischen dem Handelsvertreter und dem Unternehmer besteht. Wird der Abschlussvertreter aus § 84 Abs. 1 HGB zum Abschluss von Verträgen bevollmächtig?

Der Abschlussvertreter benötigt von dem Unternehmer eine Vollmacht. Ist der Unternehmer Kaufmann, was in der Praxis der Regelfall sein wird, so kann er dem Handelsvertreter Handlungsvollmacht nach § 54 HGB erteilen. Wie wir bereits gesehen haben (oben unter Punkt A.5.2.3), erklärt § 55 HGB den § 54 HGB auch im Hinblick auf den Handelsvertreter als Abschlussvertreter für anwendbar. Nach § 91 Abs. 1 HGB (lesen!) gilt § 55 HGB auch dann, wenn die Abschlussvollmacht von einem Unternehmer erteilt wird, der nicht Kaufmann ist.

⇒ Beispiel A.6.2

Gerd ist seit kurzem als selbstständiger Handelsvertreter für die „*Glanz&Glori*" GmbH tätig, die ihr Vertriebssystem mittels selbstständiger Handelsvertreter ausgebaut hat. Gerd ist nach seinem Vertrag mit der „*Glanz&Glori*" GmbH zur Vermittlung von Geschäften berechtigt. Nach zähen Verhandlungen in einem Lübecker Baumarkt, kann Gerd eine große Menge Politurprodukte verkaufen. Der Inhaber des Baumarktes, Hans Holz, will aber nur kaufen, wenn alles sofort unter „Dach und Fach" gebracht wird. Gerd unterzeichnet den Vertrag im Namen der „*Glanz&Glori*" GmbH. Ist der Vertrag wirksam?

Der Vertrag ist nur wirksam, wenn Gerd die „*Glanz&Glori*" GmbH wirksam vertreten konnte. Dies konnte er nicht, da er nur zur Vermittlung berechtigt, nicht aber zum

Abschluss befug war und ihm eine Vollmacht hierzu nicht erteilt worden ist. Zivilrechtlich handelt Gerd als Vertreter ohne Vertretungsmacht (§ 177 Abs. 1 BGB). Der Vertrag wäre schwebend unwirksam, allerdings könnte die *„Glanz&Glori"* GmbH den Vertrag genehmigen.

In dem vorgenannten Beispiel greift aber eine handelsrechtliche Sonderregel. Nach § 91a Abs. 1 HGB (lesen!) *gilt* der Vertrag als genehmigt, wenn der Unternehmer nicht unverzüglich, nachdem er von dem Handelsvertreter oder dem Dritten über den Abschluss und wesentlichen Inhalt benachrichtigt worden ist, dem Dritten gegenüber das Geschäft ablehnt. § 91a Abs. 1 HGB ist auch auf Unternehmer anwendbar, die nicht Kaufmann sind (*Ruß* in HK-HGB, § 91a, Rz. 1).

A.6.2.3 Pflichten des Handelsvertreters

Wir haben ja schon festgestellt, dass der Handelsvertretervertrag ein Dienstvertrag ist, der größtenteils durch Sondervorschriften des HGB geregelt wird. Deshalb finden Sie die Pflichten des Handelsvertreters auch in § 86 HGB (lesen!) geregelt. Danach treffen ihn folgende Pflichten:

- Er hat sich um die Vermittlung oder den Abschluss von Geschäften zu bemühen.
- Dabei hat er das Interesse des Unternehmers wahrzunehmen.
- Er hat dem Unternehmer von jeder Geschäftsvermittlung und von jedem Geschäftsabschluss unverzüglich Mitteilung zu machen.
- Er hat diese Pflichten mit der Sorgfalt eines ordentlichen Kaufmannes wahrzunehmen.

Aus seiner Pflicht zur Wahrung der Unternehmerinteressen folgt, dass er Vertragbedingungen aushandeln muss, die im Interesse des Unternehmers liegen. Ferner folgt daraus, das während der Dauer des Vertrages bestehende Wettbewerbsverbot. Der Handelsvertreter darf dem Unternehmer, für den er tätig ist, keine Konkurrenz in dem Bereich machen, der ihm zu Betreuung übertragen ist. Er kann jedoch aufgrund seiner Selbstständigkeit gleichzeitig für andere Unternehmer tätig sein. Konkurrenzware allerdings darf er nur mit Zustimmung des Unternehmers vertreiben.

Nach Beendigung seiner Tätigkeit für einen Unternehmer und damit nach Beendigung des Handelsvertretervertrages trifft den Handelsvertreter die Pflicht zur Verschwiegenheit im Hinblick auf Geschäfts- und Betriebsgeheimnisse nach § 90 HGB (lesen!). Ferner hat er sich auch nach Vertragsbeendigung eines Wettbewerbes zu enthalten, sofern im Vertrag ein nachvertragliches Wettbewerbsverbot vereinbart wurde. Ist dies der Fall, kann sich das Wettbewerbsverbot nach § 90a Abs. 1 HGB (lesen!) längsten auf zwei Jahre erstrecken, muss räumlich und gegenständlich beschränkt sein und dem Handelsvertreter ist für die Dauer des Verbotes eine angemessene Entschädigung zu zahlen.

 Übung A.6.1

Handelsvertreter H, dessen Unternehmen keinen nach Art oder Umfang in kaufmännischer Weise eingerichteten Geschäftsbetrieb erfordert, meint, für ihn seien die Vorschriften der §§ 84 ff. HGB nicht von Bedeutung. Hat er Recht?

A.6.2.4 Rechte des Handelsvertreters

Wie die Pflichten, sind auch die Rechte des Handelsvertreters gesondert durch das Handelsrecht geregelt. Das Gesetz selbst spricht nicht von Rechten des Handelsvertreters, sondern von den Pflichten des Unternehmers, aus denen der Handelsvertreter seine Rechte herleitet. Die wichtigsten Rechte des Handelsvertreters sind in den §§ 86a, 86b, 87, 87d und 89b HGB geregelt. Es gilt zwischen den Rechten während der Dauer des Handelsvertretervertrages und denen nach seiner Beendigung zu unterscheiden:

Während des Vertragsverhältnisses

Der Unternehmer hat dem Handelsvertreter nach § 86a Abs. 1 HGB (lesen!) die zur Ausübung seiner Tätigkeit erforderlichen Unterlagen zur Verfügung zu stellen. Ferner treffen den Unternehmer nach § 86a Abs. 2 HGB (lesen!) Informationspflichten, deren Nichterfüllung Schadenersatzansprüche nach sich ziehen kann. Nach § 86a Abs. 3 HGB (lesen!) können diese Pflichten des Unternehmers nicht vertraglich abbedungen werden.

Das für den Handelsvertreter wichtigste Recht ist sein Anspruch auf Provision nach § 87 Abs. 1 HGB (lesen!) für alle während des Vertragsverhältnisses abgeschlossenen Geschäfte, die auf seine Tätigkeit zurückzuführen sind oder mit Dritten abgeschlossen werden, die er als Kunden für Geschäfte der gleichen Art gewonnen hat. Davon sind zweierlei Geschäfte mit Dritten erfasst:
* Geschäfte, die er selbst vermittelt oder abgeschlossen hat.
* Geschäfte mit Dritten, die zuvor von dem Handelsvertreter als Kunden geworben worden sind, wie etwa Folgeaufträge oder Nachbestellungen.

Dem Handelsvertreter können daneben weitere Provisionsansprüche zustehen, falls er zusätzlich ein Bezirksvertreter ist, zum Inkasso berechtigt ist oder das Delkredererisiko übernimmt.

Der Handelsvertreter kann nach § 87 Abs. 2 HGB (lesen!) eine Provision auch für solche Geschäfte verlangen, die *ohne* seine Mitwirkung mit Personen seines Bezirkes oder seines Kundenkreises während des Vertragsverhältnisses abgeschlossen worden sind, sofern ihm ein bestimmter Bezirk oder Kundenkreis zugewiesen ist (Bezirksvertreter). Ist er überdies auch zum Inkasso berechtigt, so erhält er nach § 87 Abs. 4 HGB (lesen!) auch noch eine Inkassoprovision für die von ihm auftragsgemäß eingezogenen Beträge.

Eine Delkredereprovision steht dem Handelsvertreter nach § 86b HGB (lesen!) zu, wenn er sich verpflichtet, für die Erfüllung der Verbindlichkeit eines Kunden aus einem vermittelten oder von ihm im Namen des Unternehmers abgeschlossenen Geschäftes einzustehen. Diese Verpflichtung bedarf nach § 86b Abs. 1 Satz 3 HGB der Schriftform, was besonders zu beachten ist, wenn diese Verpflichtung nur einmalig, anlässlich eines bestimmten Geschäftes übernommen wird.

Schließlich geht aus dem als Ausnahmevorschrift formulierten § 87d HGB (lesen!) hervor, dass der Handelsvertreter für seine im regelmäßigen Geschäftsbetrieb entstandenen Aufwendungen grundsätzlich selbst aufzukommen hat, sofern die Übernahme dieser Kosten (Fahrkosten, Geschäftsessen) nicht ausnahmsweise handelsüblich oder vertraglich vereinbart ist.

Thomas Tegen

Nach Vertragsbeendigung

Nach Beendigung des Vertrages kann dem Handelsvertreter ein Ausgleichsanspruch nach § 89b HGB (lesen!) zustehen, sofern die dort unter Absatz 1 Ziffern 1 bis 3 genannten Voraussetzungen vorliegen. Dieser Ausgleichsanspruch soll dem Handelsvertreter für den von ihm (möglicherweise über Jahre hinweg) für den Unternehmer erschlossenen Markt und aufgebauten Kundenstamm, den der Unternehmer ja nach dem Ausscheiden des Handelsvertreters weiter nutzt, eine Vergütung sichern, die jedoch stark von Billigkeitsgesichtspunkten beeinflusst wird (*K. Schmidt*, § 27 V 2). Der Ausgleichsanspruch kann gem. § 89 Abs. 3 Nr. 2 HGB (lesen!) erlöschen. Das setzt jedoch – entgegen der früheren Rechtslage – eine ursächliche Verknüpfung zwischen dem schuldhaften Verhalten und der ausgesprochenen Vertragskündigung des Handelsvertreters voraus. § 89 Abs. 3 HGB ist insofern europa-richtlinienkonform auszulegen (OLG Rostock v. 04.03.2009, 1 U 57/08).

A.6.3 Der Handelsmakler

Mit den Vorschriften über den Handelsmakler stellt das HGB einmal mehr Sonderregelungen für eine Gruppe bestimmter Personen auf: die Makler. Wissen Sie, wo der Makler sonst rechtlich geregelt ist?

Der Makler (auch Zivilmakler genannt) ist in den §§ 652 ff. BGB geregelt. Er darf nicht mit dem Handelsmakler verwechselt werden. Der Handelsmakler vermittelt nach 93 Abs. 1 HGB (lesen!) gewerbsmäßig für andere Personen Verträge über die Anschaffung oder Veräußerung von Waren oder Wertpapieren, über Versicherungen, Güterbeförderung, Schiffsmiete oder sonstige Gegenstände des Handelsverkehrs, ohne von diesen Personen aufgrund eines Vertragsverhältnisses ständig damit betraut zu sein. Handelsmakler ist also nur, wer die in § 93 Abs. 1 HGB genannten Geschäfte vermittelt. Die Aufzählung ist zwar nicht abschließend, jedoch müssen auch die sonstigen Geschäfte solche des Handelsverkehrs sein. Die Geschäfte der Immobilienmakler fallen nicht darunter, weshalb auf sie nach § 93 Abs. 2 HGB die Vorschriften über Handelsmakler nicht anwendbar sind.

Was unterscheidet den Handelsmakler von dem Handelsvertreter? (lesen Sie dazu nochmals § 84 Abs. 1 HGB).

Im Unterschied zum Handelsvertreter ist der Handelsmakler nicht aufgrund eines Vertragsverhältnisses ständig damit betraut die Vermittlung der in § 93 Abs. 1 HGB genannten Verträge für andere Personen zu übernehmen. Auch ist der Handelsmakler nicht nur im Interesse des Unternehmers tätig. Der Handelsmakler braucht auch nicht (wie der Handelsvertreter nach § 86 Abs. 1 HGB) die Interessen des Unternehmers wahrzunehmen. Der Handelsmakler steht zwischen den Parteien und fungiert als Mittler auf beiden Seiten. Dies ist Ausdruck seiner starken selbstständigen Position. Das folgt auch aus der Regelung des § 99 HGB (lesen!), wonach er von beiden Parteien Provision erhält. Von dieser Regelung kann freilich durch Individualvereinbarung abgewichen werden. In der Praxis zahlt im Falle des Versicherungsmaklers regelmäßig der Versicherer die Provision allein. Ferner soll der Handelsmakler nach § 97 HGB (lesen!) grundsätzlich keine Inkassovollmacht haben. Auch dies kann vertraglich anders vereinbart werden (in der Praxis der privaten Versicherungen etwa durch die sog. „Maklerklausel" in Versicherungsverträgen).

Nach § 93 Abs. 1 HGB übernimmt der Handelsmakler die Vermittlung von Verträgen, nicht deren Abschluss. Soll ihm Vertretungsmacht erteilt werden, so hat dies gesondert über § 167 ff. BGB zu erfolgen. § 55 HGB gilt folglich für den Handelsmakler nicht.

Der Handelsmakler ist ein selbstständiger Unternehmer. Er ist als solcher zumeist nach § 1 Abs. 2 HGB Kaufmann. Ist er es nicht, so finden die Vorschriften über den Handelsmakler nach § 93 Abs. 3 HGB gleichwohl Anwendung.

A.6.4 Sonstige Hilfspersonen

Neben dem Handelsvertreter und dem Handelsmakler hat das Gesetz keine weiteren selbstständigen Hilfspersonen geregelt, die zwischen Unternehmer und Kunde den Vertrieb von Waren organisieren. Daraus folgt aber nicht, dass es in der Praxis keine weiteren Formen gibt. Wie so häufig, folgt das Recht der Wirtschaft und nicht umgekehrt. Und die wirtschaftliche Realität bringt Vertriebssysteme hervor, die (zumindest noch) nicht gesetzlich geregelt sind. Die wichtigsten sonstigen Hilfspersonen haben wir in der Abbildung A.6 schon genannt. Es sind

- Kommissionsagent
- Vertragshändler und
- Franchisenehmer

Wir können diese Vertriebsformen hier nicht ausführlich regeln. Das würde den Umfang dieses Werkes sprengen. Gleichwohl sei ein kurzer Überblick gegeben.

A.6.4.1 Der Kommissionsagent

Der Kommissionsagent ist nicht mit dem Kommissionär zu verwechseln, der wiederum in den §§ 383 ff. HGB geregelt ist. Der Kommissionär handelt in eigenem Namen und für fremde Rechnung. Er ist also ein verdeckter Stellvertreter. Der Kommissionär schließt zwei Verträge. Den Kommissionsvertrag mit dem Auftraggeber (Kommittenten) und den Ausführungsvertrag mit einem Dritten. Dies alles macht auch der Kommissionsagent. Im Gegensatz zu dem Kommissionär ist der Kommissionsagent aber ständig damit betraut für einen Unternehmer Verträge im eigenen Namen und für fremde Rechnung abzuschließen. Dies hat er mit einem Handelsvertreter mit Abschlussvollmacht gemeinsam. Deshalb ist der Kommissionsagent im Grunde eine Mischform aus Handelsvertreter (Abschlussvertreter) und Kommissionär. Dies wirft Probleme auf. Die §§ 383 ff. HGB regeln zwar den Inhalt des Kommissionsvertrages zwischen Kommissionär und Auftraggeber (Kommittent). Diese Vorschriften passen aber nicht auf das vertragliche Verhältnis zwischen dem Kommissionsagenten und dem Unternehmer, für den er tätig ist. Da er in diesem Verhältnis einem Handelsvertreter ähnlicher ist, als einem Kommissionär, gelten die §§ 83 HGB teils analog.

Thomas Tegen

A.6.4.2 Der Vertragshändler

Der Vertragshändler handelt ebenfalls im *eigenen* Namen, aber auch für *eigene* Rechnung. Er wird deshalb auch als Eigenhändler bezeichnet (*K. Schmidt*, § 28 II 2 a). Er ist aber fest in ein Vertriebssystem eines Unternehmens eingegliedert. Vertragshändler sind Ihnen bestimmt aus der Praxis bekannt, ohne dass Sie diese bewusst als solche wahrgenommen haben. Vertragshändler sind häufig Autohäuser bekannter Pkw-Marken (BMW-, Mercedes-, VW-, Audi-, Citroen-Händler). Der Vertragshändlervertrag ist wiederum nicht gesetzlich geregelt. Er wird heute überwiegend als Rahmenvertrag mit Geschäftsbesorgungscharakter (§ 675 BGB – lesen!) verstanden. Aus diesem Vertrag ist der Vertragshändler verpflichtet, sich für eine bestimmte Marke einzusetzen und Waren dieser Marke zu vertreiben. Der Unternehmer und Markeninhaber dagegen räumt dem Vertragshändler ein Alleinvertriebsrecht, bezogen auf ein bestimmtes Gebiet, ein.

Probleme wirft dieser Vertragstyp insofern auf, als der Vertragshändler ja auch ständig damit betraut ist für einen Unternehmer Waren (einer bestimmten Marke) zu vertreiben, was ihn wieder in die Nähe zum Handelsvertreter rückt. Es fragt sich also wieder, in wie weit Handelsvertreterrecht analog anzuwenden ist, wobei die wohl herrschende Meinung eine Analogie insbesondere der Schutzvorschriften der §§ 89 ff. HGB befürwortet (*Baumbach/Hopt*, § 84, Rz. 11 ff.).

A.6.4.3 Der Franchisenehmer

Franchising stammt aus den USA (ausführlich zum Franchising: *Martinek*, Moderne Vertragstypen, Band II 1992). Es handelt sich um eine vertikale Vertriebsstruktur. Der bekannteste Repräsentant dieses Vertriebssystems ist die Fast Food Kette *McDonalds*.

Wesentliches Merkmal des Franchising ist, dass eine Kette von autorisierten Unternehmen, die Franchisenehmer (*franchisees*), von einem Franchisegeber (*franchisor*) ständig damit betraut ist, unter einer meist einheitlichen Marke, Waren (Fastfood) oder Leistungen (etwa Sonnenstudios) am Markt anzubieten. Die Franchisenehmer sind somit selbstständige Unternehmer, die im eigenen Namen und für eigene Rechnung handeln. Sie verbindet mit dem Franchisegeber der Franchisevertrag, in dem die gegenseitigen Rechte und Pflichten, vor allem die Pflichten des Franchisenehmers, bestimmt sind. Das Abhängigkeitsverhältnis des Franchisenehmers vom Franchisegeber kann derart stark sein, dass erwogen wird, ob Franchisenehmer Arbeitnehmer oder arbeitnehmerähnliche Personen sein können, mit der Folge, dass dann auch das arbeitsrechtliche Schutzinstrumentarium zu ihren Gunsten greifen würde (BGH, NJW 1999, 218; BAG NZA 1997, 1126). Entscheidend sind die konkreten Umstände des Einzelfalles (so zuletzt OLG Düsseldorf v. 12.09.2008, 10 W 131/08) Fraglich ist auch, ob der im Grunde vom Franchisegeber abhängige Franchisenehmer konzernrechtlichen Schutz genießt (*Martinek*, Moderne Vertragstypen, Band II, S. 71 ff.). Je nach dem Umfang der vertikalen Vertriebsstruktur wirft Franchising auch kartellrechtliche Probleme auf (Verstoß gegen das europarechtliche Kartellverbot des Art. 85 EWGV).

Thomas Tegen

Zusammenfassung

Der Kaufmann kann sich unselbstständiger und selbstständiger Hilfspersonen bedienen. Zu den unselbstständigen Hilfspersonen gehört im Grunde nur noch der Handlungsgehilfe, da der Handlungslehrling durch das Berufsbildungsgesetz geregelt wird. Die wichtigsten selbstständigen Handlungsgehilfen sind der Handelsvertreter und der Handelsmakler. Der Handelsvertreter ist aufgrund eines Vertrages ständig damit betraut für einen Unternehmer Geschäfte zu vermitteln oder abzuschließen. Als Abschlussvertreter besitzt er über die §§ 55, 54 HGB Handlungsvollmacht. Der Handelsvertreter hat die Interessen des Unternehmers zu wahren und unterliegt dadurch während der Dauer des Vertrages einem Wettbewerbsverbot. Der Handelsvertreter erhält für seine Tätigkeit eine Provision. Daneben können ihm weitere Provisionsansprüche zustehen, sofern er auch das Inkasso übernimmt oder für die Erfüllung der Verbindlichkeit aus einem vermittelten Geschäft einsteht. Der Handelsmakler ist dagegen nicht ständig damit betraut für einen Unternehmer Geschäfte zu vermitteln. Er wird im Regelfall nicht nur für einen Unternehmer tätig, sondern steht zwischen den Vertragsparteien. Deshalb kann er grundsätzlich auch von beiden Parteien eine Provision verlangen. Dem Handelsmakler kann Vollmacht erteilt werden. Dies vollzieht sich dann nach den zivilrechtlichen Vorschriften. Neben Handelsvertreter und Handelsmakler kennt die Praxis noch den Kommissionsagenten, den Vertragshändler und den Franchisenehmer, die sämtlich gesetzlich nicht geregelt sind. Insbesondere beim Kommissionsagenten und Vertragshändler ist fraglich, in wie weit das Handelsvertreterrecht auf sie analog anzuwenden ist.

Aufgaben zur Selbstüberprüfung

1. Erklären Sie den Unterschied zwischen einem Vermittlungsvertreter und einem Abschlussvertreter.
2. Der Handelsvertreter hat nach § 86 Abs. 1 HGB das Interesse des Unternehmers wahrzunehmen. Kann er trotzdem für andere Unternehmer tätig sein?
3. Kann auch ein Kleingewerbebetreibender einen Handelsvertreter beschäftigen?
4. Hat der Handelsvertreter einen Anspruch auf Ersatz seiner Aufwendungen?
5. Ist ein Immobilienmakler ein Handelsmakler?
6. Kann ein Immobilienmakler Kaufmann sein?
7. Was unterscheidet den Kommissionsagenten von dem Vertragshändler?

A.7 Die Handelsbücher

In diesem Kapitel erhalten Sie nun einen Einblick in den Inhalt des Dritten Buches des Handelsrechts. Das dritte Buch des HGB enthält Vorschriften über die Handelsbücher des Kaufmanns und über die kaufmännische Rechnungslegung, die zusammen auch als Handelsbilanzrecht bezeichnet werden. In diesem Grundlagenwerk beschränken wir uns auf einige wichtige Aspekte, die zum Verständnis des gesamten Unternehmensrechts von Bedeutung sind. Dabei sind in diesem Kapitel bereits die wesentlichen Änderungen aufgrund des Gesetzes zur Modernisierung des Bilanzrechts (im Folgenden: BilMoG) enthalten. Das BilMoG trat am 28. Mai 2009 in Kraft. Durch das BilMoG werden wesentliche Teile des dritten Buches des HGB modifiziert. Ziel dieses Kapitels ist es deshalb auch, Ihnen einen ersten Überblick über Inhalt und Folgen des BilMoG zu verschaffen.

A.7.1 Begriff

Die Überschrift des Dritten Buches des Handelsgesetzbuches lautet „Handelsbücher". Neben den Handelsbüchern enthält es aber Vorschriften über die kaufmännische Rechnungslegung. Das Dritte Buch wurde erst durch das Bilanzrichtliniengesetz vom 19.12.1985 eingefügt. Bis dahin war das Recht der Rechnungslegung nur schwer zu finden, da es nicht nur im (alten) HGB, sondern auch im GmbHG, im AktG und im GenG sowie im Publizitätsgesetz geregelt war.

Die Vorschriften über die Bücher des Kaufmannes und der Rechnungslegung dienen einmal der Dokumentation der Geschäftsverhältnisse. Zum anderen soll durch die Offenlegung der Bücher wiederum der Rechtsverkehr, der mit dem Kaufmann zu tun hat, geschützt werden. Er kann und soll sich einen Überblick über die Bonität eines kaufmännisch geführten Unternehmens machen können. Das deutsche Handelsbilanzrecht hat vor allem die Kapitalsicherung der Gesellschaften und den Schutz der Gläubiger im Auge. Ganz anders versteht sich das US-amerikanische Bilanzrecht, dass seinen Blick insbesondere auf den Unternehmens- und Beteiligungswert richtet. Diese Sichtweise hat sich in der Vergangenheit immer mehr durchgesetzt. So sind die International Financial Reporting Standards (IFRS) in Deutschland für den Konzernabschluss kapitalmarktorientierter Unternehmen verpflichtend (lesen Sie hierzu § 315a Abs. 1 HGB).

A.7.2 Buchführungspflicht

Nach § 238 Abs. 1 HGB (a. F.) war **jeder** Kaufmann verpflichtet, Bücher zu führen und in diesen seine Handelsgeschäfte und die Lage seines Vermögens nach den Grundsätzen ordnungsgemäßer Buchführung ersichtlich zu machen. Die Verpflichtung richtet sich also an Kaufleute, mithin Formkaufleute und Kaufleute kraft Handelsgewerbes sowie auch Kleingewerbebetreibende nach ihrer Eintragung in das Handelsregister.

Thomas Tegen

Allerdings sagt § 238 Abs. 1 HGB nicht, welche Bücher der Kaufmann zu führen hat. Im wesentlichen sind es folgende:

- Grundbuch
- Hauptbuch
- Nebenbuch

Das Grundbuch ist nicht etwa mit dem Grundbuch im Sachenrecht zu verwechseln. Das Grundbuch wird auch als Journal bezeichnet. In ihm werden die Geschäftsvorfälle in zeitlicher Reihenfolge aufgezeichnet. Im Hauptbuch wird nach sachlicher Ordnung aufgezeichnet. In dem Nebenbuch werden etwa Lohn- und Gehaltsvorgänge festgehalten.

Neben der Buchführungspflicht hat der Kaufmann nach § 240 Abs. 1 HGB (lesen) seine Grundstücke, seine Forderungen und Schulden, den Betrag seines baren Geldes sowie seine sonstigen Vermögensgegenstände genau zu verzeichnen und dabei den Wert der einzelnen Vermögensgegenstände und Schulden anzugeben. Diese Pflicht zur Erstellung eines Inventars muss der Kaufmann nach § 240 Abs. 1 und 2 HGB bei Beginn seines Handelsgewerbes und später für den Schluss eines jeden Geschäftsjahres erfüllen. Diese Aufstellung erfolgt regelmäßig durch eine Inventur, eine körperliche Bestandsaufnahme des Vermögens.

Ferner hat der Kaufmann nach § 242 Abs. 1 HGB (lesen!) die Pflicht, eine Eröffnungsbilanz sowie nach § 242 Abs. 2 HGB (lesen!) eine Gewinn- und Verlustrechnung aufzustellen. Die Gewinn- und Verlustrechnung ist eine Gegenüberstellung der Aufwendungen und Erträge und bildet nach § 242 Abs. 3 HGB (lesen!) zusammen mit der Bilanz den Jahresabschluss.

Nach § 257 HGB (lesen!) ist der Kaufmann verpflichtet, die Handelsbücher, das Inventar, den Jahresabschluss und die Bilanzen zehn Jahre lang aufzubewahren. Nur die Eröffnungsbilanz und Jahresabschlüsse müssen in Papierform aufbewahrt werden. Die anderen Unterlagen können auch in elektronischer Form gespeichert werden.

Verantwortlich für die Buchführung sind der Einzelkaufmann, die persönlich haftenden Gesellschafter bei Personenhandelsgesellschaften und die gesetzlichen Vertreter der Kapitalgesellschaften.

Vielleicht haben Sie schon einmal davon gehört, dass ein Jahresabschluss festgestellt wird. Gerade haben wir gelernt, dass die Verantwortung für die Buchführung, mithin die Aufstellung des Jahresabschlusses, bei Gesellschaften entweder die persönlich haftenden Gesellschafter oder bei Kapitalgesellschaften die gesetzlichen Vertreter (Geschäftsführer oder Vorstand) sind. Offensichtlich wird aber zwischen Aufstellung und Feststellung des Jahresabschlusses differenziert. Und in der Tat sind beide Maßnahmen getrennt zu betrachten. Die Aufstellung des Jahresabschlusses dient der Erfüllung der Rechnungslegungspflicht nach dem dritten Buch des HGB. Da der Jahresabschluss aber zugleich die Grundlage der Gewinnverteilung im Unternehmen ist, dient seine Feststellung quasi im Innenverhältnis der Zustimmung aller Gesellschafter zu seinen rechnerischen Inhalten als Grundlage der Gewinnverteilung.

 Übung A.7.1
An der *Heiz & Dampf KG* ist Michael als Kommanditist beteiligt. Persönlich haftende Gesellschafter (Komplementäre) sind Jürgen und Karl. Beide haben den Jahresabschluss aufgestellt. Michael meint, er müsse dem Jahresabschluss zustimmen. Jürgen und Karl verweisen auf seine Stellung als Kommanditist und meinen, seine Zustimmung sei nicht erforderlich. Was halten Sie davon? Mit etwas Gesetzeslektüre können Sie dies selbst beantworten.

Die handelsrechtliche Pflicht zur Buchführung gilt nach § 140 AO auch für die Besteuerung. Diese Pflicht kann nach den §§ 328 ff. AO durch Zwangsgelder erzwungen werden. Ferner kann eine nicht ordnungsgemäße Buchführung zur Steuergefährdung oder Steuerhinterziehung führen. Nach § 5 Abs. 1 EStG (lesen!) ist denn auch für den Schluss des Wirtschaftsjahres das Betriebsvermögen anzusetzen, das nach den handelsrechtlichen Grundsätzen ordnungsgemäßer Buchführung auszuweisen ist. Die Handelsbilanz ist insofern maßgeblich für die Erstellung der Steuerbilanz. Wir werden hierauf noch zu sprechen kommen.

A.7.3 Kaufmännische Rechnungslegung

Soeben haben wir festgestellt, dass der Kaufmann zur Buchführung verpflichtet ist. Durch die Buchführung als solche sollen die laufenden Geschäftsvorfälle in einem Unternehmen erfasst werden. Dies geschieht durch Konten. Auf einem Konto (lat. *conto* = Rechnung) werden auf zwei Seiten Zugänge und Abgänge verzeichnet. Jedes Konto hat eine Soll- und eine Haben-Seite. Diese Soll- und Haben-Seite dürfen Sie nicht mit den Soll- und Haben-Ständen Ihres Dispositionskontos verwechseln, denn Plus- oder Minuszeichen werden auf einem Konto nicht verwendet. Jeder Geschäftsvorfall wird einmal im Haben und einmal im Soll abgebildet. Damit wird jeder Geschäftsvorfall in zweifacher Weise erfasst.

Die Erfassung selbst erfolgt in Form von Buchungssätzen. Man bucht *Soll an Haben*. Jeder Geschäftsvorfall wird also zweifach (doppelt) erfasst und zwar auf verschiedenen Konten, einmal im Soll und einmal im Haben. Man spricht deshalb auch von der „doppelten Buchführung", der sog. „Doppik". Die wohl älteste systematische Darstellung der doppelten Buchführung (die „*Summa de Arithmetica, Geometria, Proportioni et Proportionalità, 1494"*) wurde von dem italienischen Mathematiker und Theologen *Luca Pacioli* (1445–1514) verfasst.

Bei der doppelten Buchführung werden die Konten in Aktivkonten und Passivkonten unterteilt. Aktivkonten stehen auf der Aktivseite der Bilanz, Passivkonten auf der Passivseite. Auf den Aktivkonten werden Anfangsbestände (kurz „AB") und Zugänge auf der Sollseite und die Abgänge auf der Habenseite erfasst. Auf der anderen (rechten) Seite (Passivseite – Passivkonten) erfolgt die Erfassung genau anders herum. Anfangsbestände und Zugänge werden auf der Habenseite und Abgänge auf der Sollseite erfasst.

Wir wollen uns einen einfachen Buchungsvorgang einmal anschauen, wobei wir uns zunächst nur auf der Aktivseite der Bilanz bewegen und nur auf Bestandskonten buchen wollen:

 Beispiel A.7.1

Wir heben von unserem Geschäftskonto € 5.000,– ab. Der Buchungssatz lautet: „Konto Kasse an Konto Bank" Da wir immer Soll an Haben buchen, lautet der Buchungssatz: „Konto Kasse Soll € 5.000,– an Konto Bank Haben € 5.000,–". Der Betrag von € 5.000,– wird also doppelt erfasst. Einmal auf der Sollseite der Kasse als Zugang und ferner auf der Habenseite des Kontos Bank als Abgang.

In Kontenform sieht die Buchung wie folgt aus:

Soll	Kasse	Haben	Soll	Bank		Haben
AB	€ 10.000,-		AB	€ 60.000,-	Kasse	€ 5.000,-
Bank	€ 5.000,-					
			Copy Right			

Wie Sie sehen, verändert eine schlichte Geldabhebung vom Geschäftskonto des Kaufmanns die Bestände zweier Bestandskonten. Verändert haben sich also die Bestände zweier Vermögensposten. Der Erfolg (Ergebnis) eines Betriebes, der sich entweder in einem Gewinn oder einem Verlust ausdrückt, wird dadurch nicht berührt. Die Buchführung beschränkt sich aber nicht nur auf die Erfassung von Bestandsveränderungen, sondern erstreckt sich auch auf solche Vorgänge, die den Erfolg und damit das Eigenkapital mindern oder erhöhen. Wird das Eigenkapital durch Geschäftsvorgänge gemindert, spricht man von *Aufwendungen*. Wird es dagegen erhöht, nennt man diese Vorfälle *Erträge*. Diese Begrifflichkeiten sind dem Juristen in ihrer Bedeutung meist genauso fremd, wie dem Kaufmann die Begriffe Eigentum und Besitz. Es schadet jedoch nicht, sie richtig zu erfassen.

Die Veränderungen des Eigenkapitals werden auf Erfolgskonten erfasst. Dies sind Aufwandskonten und Ertragskonten als Unterkonten des Eigenkapitals. Auf Aufwandskonten werden etwa betriebliche Steuern, wie die Gewerbesteuer, erfasst. Die Zahlung der Gewerbesteuer mindert nämlich direkt das Eigenkapital. Auf Ertragskonten werden etwa Mieterträge erfasst, die das Eigenkapital erhöhen. Minderungen des Eigenkapitals werden auf Aufwandskonten im Soll erfasst. Zuwächse werden auf Ertragskonten im Haben erfasst.

 Übung A.7.2
Versuchen Sie bitte die folgenden Geschäftsvorgänge zu buchen:
Kaufmann K zahlt Gewerbesteuer in Höhe von € 13.000,– via online Banküberweisung und zugleich geht die Miete in Höhe von € 8.000,– für eine vermietete Werkhalle auf dasselbe Konto ein.

Die Daten aus sämtlichen Aufwands- und Ertragskonten fließen in die Gewinn- und Verlustrechnung. Die Gewinn- und Verlustrechnung bildet auf der Sollseite die gesamten Aufwendungen und auf der Habenseite sämtliche Erträge ab. Aus dieser Gegenüberstellung, die sich auf eine bestimmte Abrechnungsperiode erstreckt, wird der Erfolg eines Unternehmens ermittelt. Und was kann damit wohl gemeint sein? Sie haben es sicher gewusst – hoffentlich ein Gewinn, andernfalls ein Verlust.

Bei der Buchführung sind zudem bestimmte Grundsätze zu beachten. Es handelt sich um die Grundsätze der ordnungsgemäßen Buchführung (§ 239 Abs. 4 Satz 1 HGB – lesen!). Diese Grundsätze, die sog. „GoB", werden in formelle und materiell Grundsätze unterteilt (*Kirnberger* in HK-HGB, §§ 238, 239, Rz. 6). Während die formellen Grundsätze der Sicherung einer zutreffenden Dokumentation dienen, befassen sich die materiellen Grundsätze ordnungsgemäßer Buchführung mit Bilanzierungsfragen (*Kirnberger* in HK-HGB, E vor § 242, Rz. 9). Waren diese Grundsätze zunächst im Wesentlichen auf Handelsbräuche zurückzuführen, so sind sie heute weitgehend in den

§§ 238 ff. HGB kodifiziert. Eine weitere Modifizierung erfahren sie durch das BilMoG, auf das wir noch zu sprechen kommen.

Durch das Bilanzrichtliniengesetz vom 19.12.1985 ist die kaufmännische Rechnungslegung nun ausführlich im HGB kodifiziert. Die §§ 238 ff. HGB sind wie folgt gegliedert:

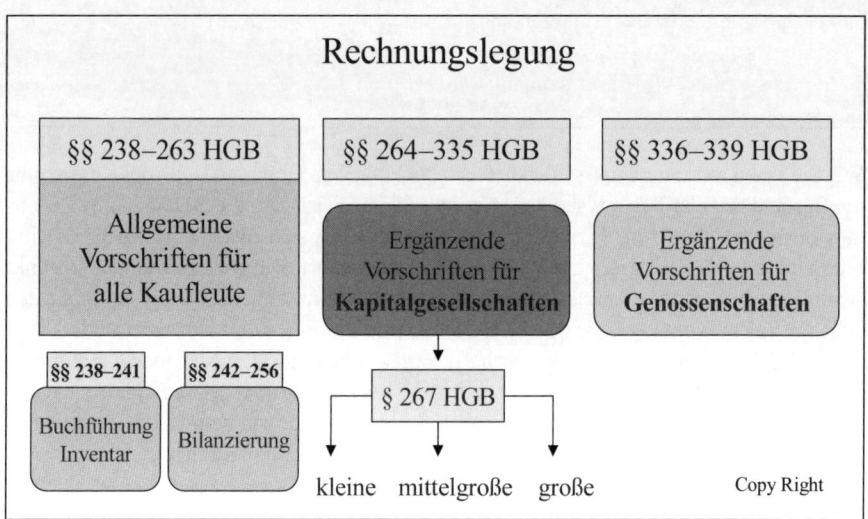

Abbildung A.7.3: Rechnungslegung

Während die §§ 238–241 HGB von allen Kaufleuten zu beachtende Vorschriften über die Buchführung und das Inventar enthalten, regeln die §§ 242–256 HGB die für alle Kaufleute geltenden Bilanzierungsvorschriften. Nur für Kapitalgesellschaften enthalten die §§ 264–335 HGB ergänzende Bilanzierungsvorschriften. Eine Besonderheit des dritten Buches des HGB ist die Unterteilung der Kapitalgesellschaften nach § 267 HGB in kleine, mittelgroße und große Kapitalgesellschaften. Diese Differenzierung hat Folgen. So sind etwa kleine Kapitalgesellschaften nach § 316 Abs. 1 HGB (lesen!) nicht prüfungspflichtig; mittelgroße und große müssen ihren Jahresabschluss und Lagebericht dagegen durch einen Abschlussprüfer prüfen lassen. Die §§ 336–339 HGB enthalten schließlich ergänzende Bilanzierungsvorschriften für eingetragene Genossenschaften.

A.7.3.1 Die Bilanz

Wenn Sie sich die Mühe machen und noch einmal das Gesetz zur Hand nehmen, werden Sie feststellen, dass die §§ 242 bis 256 HGB die für alle Kaufleute geltenden Bilanzierungsvorschriften enthalten. Nach § 242 Abs. 1 HGB (lesen!) hat der Kaufmann zu Beginn seines Handelsgewerbes (Eröffnungsbilanz) und für den Schluss eines jeden Geschäftsjahres eine Bilanz aufzustellen. Die Bilanz ist eine Gegenüberstellung von Vermögen und Kapital eines Unternehmens, bezogen auf einen Bilanzstichtag. Die Begriffe „Vermögen" und „Kapital" dürfen Sie nicht rein monetär verstehen. Vielmehr meint „Vermögen" die Summe aller Aktiva und „Kapital" die Summe aller Passiva.

Thomas Tegen

Man spricht deshalb auch von der Aktiv- und Passivseite der Bilanz. Die Aktiven geben dabei Aufschluss über die Verwendung des Kapitals und die Passiven über die Herkunft des Kapitals. Im Grunde schaut man von rechts nach links: die Passivseite (rechte Seite der Bilanz) zeigt, woher das (eingesetzte) Kapital stammt. Entweder von den Gesellschaftern (Eigenkapital) oder von Gläubigern (Fremdkapital). Deshalb steht das Eigenkapital (bei der GmbH das Stammkapital) auch auf der Passivseite. Dagegen zeigt die Aktivseite, wie das Kapital verwendet wurde. Deshalb zeigt das Eigenkapital auf der Passivseite der Bilanz auch nicht etwa einen Saldo an Geld. Vielmehr handelt es sich um einen Posten, der den Buchwert des eingesetzten Kapitals zeigt. Das Verständnis dieser bilanziellen Betrachtung ist gerade für den Juristen, dem diese Betrachtung zunächst fremd erscheint, wichtig, da sie unerlässliche Voraussetzung für das Verstehen der Vorschriften über die Kapitalerhaltung im Gesellschaftsrecht ist. In den Teilen C und D über die GmbH und die AG werden Sie sich damit noch näher befassen.

Die Bilanz, die der Kaufmann nach § 242 Abs. 1 HGB am Schluss eines jeden Geschäftsjahres zu erstellen hat, bezeichnet man auch als Handelsbilanz. Sie dürfen die Handelsbilanz nicht mit der Steuerbilanz verwechseln. Die Steuerbilanz dient der Grundlage der Besteuerung des Unternehmens. Beide Bilanzen sind jedoch durch den sog. Maßgeblichkeitsgrundsatz miteinander verbunden. Dieser Grundsatz besagt, dass die handelsrechtlichen Grundsätze ordnungsgemäßer Buchführung, insbesondere die zuvor genannten materiellen Grundsätze der ordnungsgemäßen Buchführung, auch für die Steuerbilanz gelten, sofern nicht das Steuerrecht selbst etwas anderes bestimmt. In der Praxis werden häufig aber keine zwei Bilanzen erstellt, sondern die Handelsbilanz wird von vorn herein unter Berücksichtigung der steuerlichen Besonderheiten erstellt und bildet so zugleich die Grundlage der Besteuerung. Dies alles übernimmt bei kleinen und mittelständischen Unternehmen zumeist der Steuerberater, der zum „Herrn des Bilanzgeschehens" avanciert (so *K. Schmidt*, § 15 III, 3). Zwar haben die Gesellschafter die Bilanz festzustellen, indessen beschränkt sich ihr Beschluss in vielen kleineren Gesellschafen auf den Entwurf des Steuerberaters, der zuvor das Zahlenwerk erläutert hat (*K. Schmidt*, a. a. O.). Auch der Beschluss über die Gewinnverwendung folgt in der Praxis nicht selten dem Vorschlag des Steuerberaters.

Neben dem Grundsatz der Maßgeblichkeit der Handelsbilanz für die Steuerbilanz, gibt es auch den Grundsatz der umgekehrten Maßgeblichkeit. Danach können steuerliche Vorteile nur in Anspruch genommen werden, sofern auch handelsrechtlich entsprechend bilanziert wird. Wir werden gleich sehen, dass dieser Grundsatz durch das BilMoG aufgehoben wird.

A.7.3.2 Die Gewinn- und Verlustrechnung

Nach § 242 Abs. 2 HGB (lesen!) hat der Kaufmann für den Schluss eines jeden Jahres eine Aufstellung der Aufwendungen und Erträge des Geschäftsjahres aufzustellen. Diese Aufstellung bezeichnet das Gesetz als Gewinn- und Verlustrechnung (auch kurz „GuV" genannt).

Wissen Sie noch wozu die Gewinn- und Verlustrechnung dient? Sie werden sich sicher erinnern. Sie dient zur Ermittlung des unternehmerischen Erfolges. Übersteigen die Erträge die Aufwendungen, ist das Ergebnis des unternehmerischen Erfolges ein Gewinn, im umgekehrten Fall ein Verlust.

Thomas Tegen

A.7.3.3 Der Jahresabschluss

Der Jahresabschluss besteht nach § 242 Abs. 3 HGB (lesen!) aus der Bilanz und der Gewinn- und Verlustrechnung. Kapitalgesellschaften haben nach § 264 Abs. 1 HGB (lesen!) den Jahresabschluss um einen Anhang zu erweitern und einen Lagebericht aufzustellen. Der Anhang dient der Erläuterung der in der Bilanz und der Gewinn- und Verlustrechnung enthaltenen Zahlen. Einzelheiten zu den im Anhang enthaltenen Pflichtangaben enthält § 285 HGB. Der Lagebericht soll nach § 289 Abs. 1 HGB den Geschäftsverlauf einschließlich des Geschäftsergebnisses und der Lage der Kapitalgesellschaft so darstellen, dass ein den tatsächlichen Verhältnissen entsprechendes Bild vermittelt wird. Um dies zu gewährleisten gelten für die Rechnungslegung Rechtsgrundsätze, die bei der Bilanzierung zu beachten sind. Sie werden auch als Bilanzierungsgrundsätze bezeichnet. Sie dürfen nicht mit den Grundsätzen ordnungsgemäßer Buchführung gleichgesetzt werden, werden von letzteren aber umfasst (*Kirnberger* in HK-HGB, E vor § 242, Rz. 6).

Zunächst einmal ist bereits in § 243 Abs. 2 HGB (lesen!) bestimmt, dass der Jahresabschluss **klar und übersichtlich** sein muss. Dieser Grundsatz wird dann durch detaillierte Gliederungsvorschriften konkretisiert. Die §§ 266, 275 und 289 Abs. 2 HGB enthalten die detaillierte Gliederung von Bilanz, Gewinn- und Verlustrechnung und Lagebericht. Daneben ist der Grundsatz der **Bilanzwahrheit** zu beachten. Danach muss die Bilanzierung vollständig sein und richtig in Bezug auf die Höhe der Bilanzierung, wobei insbesondere die Bewertungsgrundsätze und -bestimmungen (§§ 252 ff. HGB) zu beachten sind.

Ferner ist nach § 265 Abs. 2 HGB in der Bilanz sowie in der Gewinn- und Verlustrechnung zu jedem Posten der entsprechende Betrag des vorhergehenden Geschäftsjahres anzugeben. Dahinter verbirgt sich der Grundsatz der **Bilanzkontinuität**. Zwar ist dieser Grundsatz in § 265 HGB verankert, der ja eine für Kapitalgesellschaften geltende ergänzende Vorschrift darstellt. Jedoch gilt er sinngemäß für alle Unternehmen.

Nach § 252 Abs. 1 Nr. 2 HGB (lesen!) ist bei der Bewertung von der Fortführung des Unternehmens auszugehen (**„Going Concern-Concept"**). Für den Jahresabschluss gilt somit die Prämisse der Fortführung des Unternehmens auf unbestimmte Zeit. Das Gegenteil sind Liquidationswerte, die aber nur in Sonderbilanzen (etwa einer Überschuldungsbilanz) von Bedeutung sind.

Quasi oberstes Gebot der Bilanzierung ist das **Vorsichtsprinzip**. Das HGB selbst erwähnt es nur in § 252 Abs. 1 Nr. 4, wonach ausdrücklich vorsichtig zu bewerten ist. Das Vorsichtsprinzip gilt aber nicht nur für die Bewertung, sondern allgemein. Ausprägungen dieses Prinzips sind das Realisationsprinzip und das Imparitätsprinzip. Nach dem Realisationsprinzip dürfen Gewinne erst ausgewiesen werden, wenn sie etwa durch Veräußerung eines Vermögensgegenstandes verwirklicht worden sind (*Kirnberger* in HK-HGB, E vor § 242, Rz. 20). Dagegen sind Wertsteigerungen eines Vermögensgegenstandes, etwa eines Betriebsgrundstückes, nicht realisierte Gewinne, die folglich nicht ausgewiesen werden dürfen. Genau anders verhält es sich bei den nicht realisierten Verlusten, also solchen Verlusten, die bevorstehen, aber noch nicht realisiert sind. Verluste sind bereits dann zu berücksichtigen, wenn sie drohen. Hinter dieser Imparität zwischen der Behandlung nicht realisierter Verluste und Gewinn steckt das Imparitätsprinzip.

Schließlich bleibt hier das **Niederstwertprinzip** zu nennen. Nach diesem Prinzip sind die Anschaffungs- und Herstellungskosten eines Vermögensgegenstandes mit dem

Wert dieses Gegenstandes am Abschlussstichtag zu vergleichen. Ist etwa der Wert am Abschlussstichtag höher, so ist gleichwohl der niedere Wert der Anschaffungs- und Herstellungskosten anzusetzen. Hinter diesem Prinzip verbirgt sich einmal mehr der Gläubigerschutz.

Lesen Sie doch einmal die §§ 252 bis 256 HGB. Welche Grundsätze sind in diesen Vorschriften geregelt? Sie haben es sicher herausgefunden. Dort sind die für alle Kaufleute, ungeachtet ihrer Rechtsform, bei der Erstellung der Bilanz zu berücksichtigenden **Bewertungsgrundsätze** enthalten. Die Bewertungsgrundsätze sollen dafür sorgen, dass die Kaufleute ihre Unternehmenssituation nicht beschönigen und sich nicht reicher rechnen, als sie sind (*K. Schmidt*, § 15 IV 2 f.). Wir haben ja bereits festgestellt, dass bei der Bewertung von der Fortführung des Unternehmens auszugehen ist (§ 252 Abs. 1 Nr. 2 HGB). Auch das in § 252 Abs. 1 Nr. 4 HGB enthaltende Vorsichtsprinzip haben wir bereits erwähnt. In § 252 Abs. 1 Nr. 3 HGB ist der Grundsatz der Einzelbewertung enthalten. Danach sind Vermögensgegenstände und Schulden zum Abschlussstichtag einzeln zu bewerten. Dadurch können grundsätzlich keine Verrechnungen vorgenommen werden. So kann etwa eine Wertsteigerung eines Vermögensgegenstandes nicht durch Wertminderungen anderer Posten kompensiert werden.

Die vorstehenden Rechtsgrundsätze der Rechnungslegung hängen in der Praxis ganz entscheidend davon ab, in wie weit sie auch beachtet werden. Deshalb sieht das HGB in den §§ 316 bis 324a eine **Prüfung des Jahresabschlusses** durch eine neutrale Instanz, nämlich die Wirtschaftsprüfer bzw. Wirtschaftsprüfungsgesellschaften vor. Nach § 316 Abs. 1 Satz 1 HGB (lesen!) muss der Jahresabschluss und der Lagebericht von Kapitalgesellschaften, die nicht kleine Gesellschaften im Sinne des § 267 Abs. 1 HGB sind, durch einen Abschlussprüfer geprüft werden. Die Abschlussprüfung muss für große Kapitalgesellschaften durch einen Wirtschaftsprüfer oder eine Wirtschaftsprüfungsgesellschaft erfolgen. Mittelgroße Kapitalgesellschaften in der Rechtsform der GmbH und mittelgroße Personenhandelsgesellschaften können nach § 319 Abs. 1 Satz 2 HGB auch durch Buchprüfer oder Buchprüfungsgesellschaften als Abschlussprüfer geprüft werden.

Was aber passiert, wenn die Pflicht zur Prüfung missachtet wird; können Sie dies anhand des HGB beantworten? Versuchen Sie es, bevor Sie weiterlesen. Hat eine vom Gesetz angeordnete Prüfung (Pflichtprüfung) nicht stattgefunden, so kann nach § 316 Abs. 1 Satz 2 HGB (lesen – falls noch nicht geschehen) der Jahresabschluss nicht festgestellt werden. Und was ist die Folge, wenn der Jahresabschluss nicht festgestellt werden kann; haben Sie es gewusst? Der Jahresabschluss ist nichtig und damit nicht verbindlich. Dies ist für die Aktiengesellschaft in § 256 Abs. 1 Nr. 2 AktG ausdrücklich geregelt. Für die GmbH fehlt eine entsprechende Vorschrift. Teils wird hier § 256 Abs. 1 Nr. 2 AktG analog angewendet.

Gesellschaften und Einzelunternehmen, die nicht prüfungspflichtig sind, können sich gleichwohl prüfen lassen. In der Praxis findet sich eine „Pflicht" zur Prüfung solcher nicht prüfungspflichtigen Gesellschaften häufig in ihren Gesellschaftsverträgen (Statuten), weshalb auch von einer statuarischen Abschlussprüfung gesprochen wird (*Kirnberger* in HK-HGB, § 316, Rz.6). Ziel einer statuarischen Abschlussprüfung ist häufig das Streben nach einer höheren Kreditwürdigkeit bei der Beschaffung von Fremdkapital.

Der Abschlussprüfer hat nach § 321 Abs. 1 HGB einen Prüfungsbericht zu fertigen, in dem er über Art und Umfang sowie über das Ergebnis der Prüfung schriftlich und mit

Thomas Tegen

der gebotenen Klarheit zu berichten hat. Nach § 321 Abs. 5 HGB hat der Abschlussprüfer den Prüfungsbericht zu unterzeichnen und den gesetzlichen Vertretern vorzulegen. Ferner hat der Abschlussprüfer nach § 322 Abs. 1 HGB den geprüften Jahresabschluss mit einem Bestätigungsvermerk zu versehen. Dieser Bestätigungsvermerk ist, sofern er uneingeschränkt nach § 322 Abs. 2 Nr. 1 HGB erteilt wird, ein Positivbefund darüber, dass die Rechnungslegung den gesetzlichen Vorschriften entspricht (*Kirnberger* in HK-HGB, § 322, Rz.1). Ist dies nicht der Fall, so kann der Abschlussprüfer den Bestätigungsvermerk nach § 322 Abs. 2 Nr. 2–4 HGB (lesen!) einschränken oder gar versagen. Der Abschlussprüfer unterliegt bei seiner Prüfungstätigkeit einer strengen Verschuldenshaftung nach § 323 Abs. 1 HGB (lesen!). Für fahrlässiges Handeln ist diese Ersatzpflicht nach § 323 Abs. 2 HGB auf 1 Mio. € bzw. auf 4 Mio. € bei börsennotierten Aktiengesellschaften beschränkt.

A.7.4 Offenlegung

Wir haben ja schon in Kapitel A.4 erfahren, dass zum Schutz des Rechtsverkehrs wichtige Rechtsverhältnisse des Handelsunternehmens durch Anmeldung zur Eintragung in das Handelsregister offengelegt werden müssen. Insbesondere für Gläubiger ist die Vermögenslage des Handelsunternehmens von großem Interesse, weshalb auch die Bilanz offengelegt werden muss. Die §§ 325 bis 329 HGB regeln die Offenlegung von Unternehmensverhältnissen. Allerdings korrespondiert die Offenlegungspflicht nicht mit der Prüfungspflicht. Die Offenlegungspflicht geht deutlich über die Prüfungspflicht hinaus.

Die Pflicht zur Offenlegung, die Publizitätspflicht, galt ursprünglich nur für Aktiengesellschaften und aktienrechtliche Konzerne und war demzufolge im Aktienrecht geregelt. Erst das Publizitätsgesetz vom 15.8.1969 löste die Publizitätspflicht aus dem Aktienrecht heraus und schuf eine rechtsformunabhängige Publizitätspflicht für alle Großunternehmen. Die Offenlegungspflicht nach dem Publizitätsgesetz gilt auch für Personengesellschaften und Einzelkaufleute. Mit dem Bilanzrichtliniengesetz wurde die Offenlegungspflicht für Kapitalgesellschaften wieder aus dem Bereich des Publizitätsgesetzes herausgenommen und in das Handelsrecht integriert (§§ 325 ff. HGB). Das Publizitätsgesetz erfüllt nunmehr bloß eine Auffangfunktion (*K. Schmidt*, § 15 VI, 1 b).

In § 325 Abs. 1 HGB (lesen!) ist bestimmt, dass die gesetzlichen Vertreter von Kapitalgesellschaften den Jahresabschluss der Kapitalgesellschaften beim Betreiber des elektronischen Bundesanzeigers elektronisch einzureichen haben. Wissen Sie, wen diese Vorschrift verpflichtet? Mit den gesetzlichen Vertretern sind die Geschäftsführer einer GmbH und der Vorstand einer AG gemeint. Wie Sie der Vorschrift entnehmen, gilt diese Pflicht zur Offenlegung für alle Kapitalgesellschaften, also nicht nur für die prüfungspflichtigen. Allerdings sieht das Gesetz in den §§ 326 und 327 HGB (lesen!) Erleichterungen für kleine und mittelgroße Kapitalgesellschaften vor. Danach ergibt sich folgende Abstufung der Offenlegungspflicht:

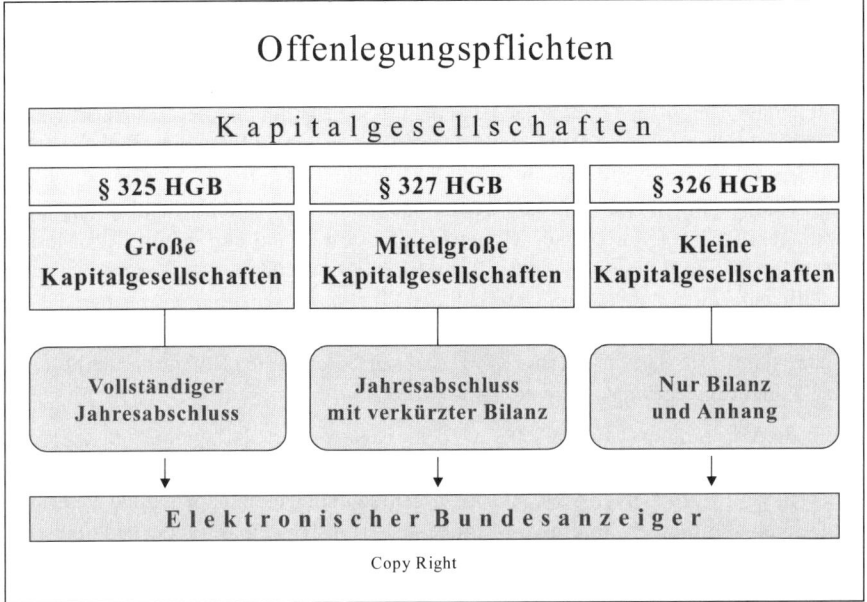

Abbildung A.7.4: Offenlegungspflichten

A.7.5 Bilanzrechtsmodernisierungsgesetz

Gegenwärtig erfährt das im HGB enthaltene Bilanzrecht eine umfangreiche Modernisierung durch das Bilanzrechtsmodernisierungsgesetz (kurz: BilMoG). Der Deutsche Bundestag hat am 26. März 2009 das Gesetz zur Modernisierung des Bilanzrechts (kurz: BilMoG) in einer gegenüber dem Entwurf der Bundesregierung veränderten Fassung beschlossen (BR-Drs. 270/09) und der Bundesrat hat am 3. April 2009 seine Zustimmung erteilt. Das Gesetz ist am 28. Mai 2009 in Kraft getreten (BGBl. 2009, 1102). Grund genug, einen Blick auf dieses für die Praxis so wichtige Gesetz und seine Neuerungen zu werfen. Zunächst stellt sich die Frage, ab wann muss der Kaufmann die neuen Regelungen beachten?

Die neuen Bilanzierungsregelungen sind für Geschäftsjahre ab dem 1. Januar 2010 verpflichtend anzuwenden. Sie können freiwillig bereits für den Jahresabschluss 2009 angewendet werden, allerdings nur als Gesamtheit. Einige Vorschriften gelten sogar für das Geschäftsjahr 2009 schon als verpflichtend. Bilanzierungserleichterungen greifen bereits für das Jahr 2008, also rückwirkend. Das Gesetz ist von hoher Aktualität und wir wollen uns nun einen Überblick über die Ziele und wichtigsten Änderungen und Novitäten verschaffen.

Um Ziel und Inhalt des BilMoG zu verstehen, müssen wir zunächst einen kurzen Blick auf die Bedeutung internationaler Rechnungslegungsvorschriften für den Jahresabschluss von Handelsunternehmen mit Sitz im Inland werfen. Denn durch das BilMoG soll die Bilanzierung nach HGB zwar beibehalten, aber zugleich für den Wettbewerb mit den internationalen Rechnungslegungsstandards aufgerüstet werden.

Thomas Tegen

A.7.5.1 Konzernrechnungslegung und internationale Rechnungslegung

Die Rechnungslegung im Konzern war vor dem Bilanzrichtliniengesetz im Aktiengesetz geregelt und ist seit dem Bilanzrichtliniengesetz aus dem Aktiengesetz in das HGB integriert worden. Sie ist heute in den §§ 290–315a HGB geregelt. Stehen nach § 290 Abs. 1 HGB in einem Konzern die Unternehmen unter der einheitlichen Leitung einer Kapitalgesellschaft (Mutterunternehmen) mit Sitz im Inland und gehört dem Mutterunternehmen eine Beteiligung nach § 271 Abs. 1 HGB an dem oder den anderen unter einheitlicher Leitung stehenden Unternehmen (Tochterunternehmen), so haben die gesetzlichen Vertreter des Mutterunternehmens in den ersten fünf Monaten des Konzerngeschäftsjahres für das vergangene Konzerngeschäftsjahr einen Konzernabschluss und einen Konzernlagebericht aufzustellen.

Durch die Verordnung (EG) Nr. 1606/2002 des Europäischen Parlaments und des Rates vom 19. Juli 2002 betreffend die internationalen Rechnungslegungsstandards (sog. „IAS-Verordnung") wurden nach § 290 HGB konzernrechnungslegungspflichtige Unternehmen, deren Wertpapiere in einem Mitgliedstaat zum Handel an einem organisierten Markt zugelassen sind (sog. kapitalmarktorientierte Unternehmen) verpflichtet, ihren Konzernabschluss für am oder nach dem 1. Januar 2005 beginnende Geschäftsjahre nach den International Financial Reporting Standards (IFRS) aufzustellen. Die IFRS wurden von dem International Accounting Standards Board (IASB) mit Sitz in London erarbeitet. Neben den IFRS sind im amerikanischen Wirtschaftsraum die United States-Generally Accepted Accounting Principles (US-GAAP) des Financial Accounting Standards Board (FASB) maßgeblich. In einer 2007 unterschriebenen Rahmenvereinbarung zwischen der Europäischen Union und den Vereinigten Staaten haben sich beide zur gegenseitigen Anerkennung der IFRS und der US-GAAP verpflichtet.

Kapitelmarktorientierte Unternehmen sind somit nach § 315a Abs. 1 HGB verpflichtet, den Konzernabschluss unter Beachtung der IFRS aufzustellen. Ferner erlaubt § 315a Abs. 3 HGB (lesen!) allen konzernrechnungslegungspflichtigen Unternehmen, auch wenn sie keine kapitalmarktorientierten Unternehmen sind, den Konzernabschluss nach Maßgabe der IFRS aufzustellen. Im Rahmen eines fortschreitenden Internationalisierungsprozesses bleibt vielen konzernrechnungslegungspflichtigen Unternehmen, sofern sie international tätig sind, aus Wettbewerbsgründen häufig keine andere Wahl, als eine Rechnungslegung nach Maßgabe der IFRS, selbst wenn sie nicht kapitalmarktorientiert sind. Dies hat zu einer deutlichen Zunahme der Rechnungslegung nach IFRS auch in Deutschland und den hier ansässigen Handelsunternehmen geführt.

Die Rechnungslegungsgrundsätze nach den IFRS unterscheiden sich konzeptionell von den handelsrechtlichen Vorschriften. In diesem Grundlagenwerk kann aber nicht auf die Einzelheiten der IFRS eingegangen werden. Zum Verständnis wollen wir nur hervorheben, dass die IFRS wesentlich umfangreichere Informationspflichten enthalten, als die handelsrechtlichen Vorschriften. Deshalb sind nach IFRS auch umfangreiche Angaben im Anhang zu machen, während das im HGB geltende Vorsichtsprinzip in den Hintergrund tritt. Gerade die weitreichenden Angaben im Anhang, die ja wettbewerbsrelevante Unternehmensdaten betreffen, die dann schließlich auch offengelegt werden müssen, können für kleine und mittlere Unternehmen zu einer Existenzfrage werden. Zudem erfordern diese umfangreichen Angaben einen erhöhten Aufwand und

Thomas Tegen

damit auch zusätzliche Kosten. Deshalb passen die IFRS im Grunde nicht für kleine und mittelständische Unternehmen. Sind letztere indessen international tätig, so besteht im internationalen Umfeld analog den IFRS ein erhöhter Informationsbedarf. Um diesem Rechnung zu tragen, sollen einzelne Komponenten aus den IFRS (wie etwa Ansatz, Bewertung, Ausweis) in die Rechnungslegung nach dem HGB integriert werden, ohne das gesamte Regelungswerk der IFRS zu übernehmen. Diese Integration soll durch das BilMoG erfolgen. Auch wenn wir Sie mit dieser Einführung etwas strapaziert haben, so ist sie doch notwendig, um das Spannungsfeld zu verstehen, in dem sich gegenwärtig die Rechnungslegung befindet und aus dem heraus das BilMoG zu begreifen ist.

A.7.5.2 Die Ziele des BilMoG

Ziel des BilMoG ist es, das bewährte, kostengünstige und einfache HGB-Bilanzrecht beizubehalten und für den Wettbewerb mit den internationalen Rechnungslegungsstandards zu stärken (so das Referat Presse- und Öffentlichkeitsarbeit des Bundesministeriums der Justiz vom 8. November 2008; Quelle: www.bmj.de).

Nach dem Gesetzentwurf der Bundesregierung verfolgt das BilMoG das Ziel

> **!** „Das bewährte HGB-Bilanzrecht zu einer dauerhaften und im Verhältnis zu den internationalen Rechnungslegungsstandards vollwertigen, aber kostengünstigeren und einfacheren Alternative weiter zu entwickeln, ohne die Eckpunkte des HGB-Bilanzrechts – die HGB-Bilanz bleibt Grundlage der Ausschüttungsbemessung und der steuerlichen Gewinnermittlung – und das bisherige System der Grundsätze ordnungsgemäßer Buchführung aufzugeben. Darüber hinaus sollen die Unternehmen – wo möglich – von unnötigen Kosten entlastet werden. Zudem sind die Richtlinie 2006/43/EG des Europäischen Parlaments und des Rates vom 17. Mai 2006 über Abschlussprüfungen von Jahresabschlüssen und konsolidierten Abschlüssen, zur Änderung der Richtlinien 78/660/EWG und 83/349/EWG des Rates und zur Aufhebung der Richtlinie 84/253/EWG des Rates, ABL. EU Nr. L 157 S. 87 (sog. Abschlussprüferrichtlinie) und die Richtlinie 2006/46/EG des Europäischen Parlaments und des Rates vom 14. Juni 2006 zur Änderung der Richtlinien des Rates 78/660/EWG, 83/349/EWG, 86/635/EWG und 91/674/EWG, Abl. EU Nr. L 224 S. 1 (sog. Abänderungsrichtlinie), schonend – eins zu eins – umzusetzen (Begr. RegE, BT-Drs. 16/10067 v. 30.7.2008, S. 1)."

Um dies zu erreichen, soll der Informationsgehalt eines handelsrechtlichen Jahresabschlusses erhöht werden. Damit sollen zugleich den Befürchtungen gerade kleinerer und mittlerer Unternehmen, die mit einer Bilanzierung nach den IFRS überproportionale Umstellungs- und fortlaufende Beratungskosten verbinden, entgegengewirkt und so der Druck, die IFRS anwenden zu müssen, genommen werden (*Hennrichs*, FS f. K. Schmidt, S. 583). Dem Mittelstand wird so eine echte Alternative zu der internationalen Rechnungslegung geboten. Ferner sollen die Buchführungs- und Bilanzierungspflichten für Einzelkaufleute umfassend dereguliert und somit kleine Unternehmen von vermeidbarem Bilanzierungsaufwand entlastet werden. Die wesentlichen Ziele des BilMoG sind folglich:

Thomas Tegen

- die Verbesserung der Aussagekraft des HGB-Einzelabschlusses und
- eine Deregulierung und damit verbundene Kostensenkung, insbesondere für kleine und mittelständische Unternehmen.

A.7.5.3 Wesentliche Inhalte des BilMoG

Das BilMoG sieht Änderungen im Bilanzrecht und im Recht der Abschlussprüfung vor. Wir wollen uns im Wesentlichen mit den wichtigsten Änderungen im Bilanzrecht befassen. Daneben enthält das BilMoG auch Änderungen im Recht der Abschlussprüfung, die für Wirtschafts- und Buchprüfer von großer Bedeutung sind, auf die wir hier jedoch aus Platzgründen nicht eingehen können.

Wir können zunächst einmal festhalten, dass durch das BilMoG die bisherigen handelsrechtlichen Bilanzierungsgrundsätze nicht aufgegeben werden. Ebenfalls bleibt der handelsrechtliche Jahresabschluss weiterhin die Grundlage der Gewinnausschüttung. Ferner wird auch der Grundsatz der Maßgeblichkeit der Handelsbilanz für die Steuerbilanz grundsätzlich beibehalten. Aber wenn im Grunde alles „beim Alten bleibt" – was ändert sich denn dann?

Zunächst wird – das werden wir sogleich sehen – der Grundsatz der umgekehrten Maßgeblichkeit aufgegeben. Ferner werden bestehende handelsrechtliche Ansatz-, Ausweis- und Bewertungswahlrechte beseitigt. Die Änderungen betreffen im Wesentlichen Deregulierungen durch größenabhängige Erleichterungen, veränderte Ansätze und Bewertungen in der Handelsbilanz und die Neuordnung der Maßgeblichkeit der Handelsbilanz für die Steuerbilanz.

A.7.5.4 Deregulierung

Wir hatten bereits gelernt, dass nach den §§ 238 Abs. 1 HGB jeder Kaufmann zur Buchführung verpflichtet ist und nach den §§ 240 Abs. 1 und 2, 242 Abs. 1–3 HGB verpflichtet war, zu Beginn seiner Tätigkeit und zum Ende jedes Geschäftsjahres ein Inventar sowie einen Jahresabschluss aufzustellen. Diese Pflichten werden künftig nach § 241a HGB n. F. für Einzelkaufleute größenabhängig aufgehoben. Einzelkaufleute, die an den Abschlussstichtagen von zwei aufeinander folgenden Geschäftsjahren nicht mehr als € 500.000,– Umsatzerlöse und nicht mehr als € 50.000,– Jahresüberschuss erwirtschaftet haben, sind künftig von diesen Pflichten komplett befreit. Künftig werden wir damit eine neue „Form" von Kaufleuten haben, nämlich Kaufleute, die nicht zur Buchführung bzw. zur Aufstellung von Inventar und Jahresabschluss verpflichtet sind. Für diese Kaufleute wird dann eine Aufzeichnung der Einnahmen und Ausgaben ausreichen. Allerdings können sie freiwillig weiterhin Bücher führen und Abschlüsse erstellen. Ihnen steht insoweit ein Wahlrecht zu, ob sie zur Ermittlung ihrer Einkünfte aus Gewerbebetrieb nach dem HGB bilanzieren oder lediglich eine Einnahmen-Überschuss-Rechnung nach § 4 Abs. 3 EStG (lesen!) erstellen. Es steht zu erwarten, dass allein aus Kostengründen eine ganze Reihe kleiner Unternehmen künftig auf die Bilanzierung verzichten wird (*Herzig*, *Briesemeister*, DB 2008, 2; anders sieht dies *Theile*, DStR 2009, 21 ff.). Die Einnahmen-Überschuss-Rechnung beschränkt sich auf die steuerliche Gewinnermittlung. Sie verlangt weder eine Führung von Bestandskonten noch eine

Inventur oder Kassenführung. Sie ist also mit geringerem Aufwand zu erstellen, womit wiederum Kosteneinsparungen verbunden sind.

Es wird künftig also Kaufleute geben, die reine Überschussrechnungen erstellen, solche, die nach dem HGB bilanzieren und die sog. Doppelbilanzierer, die eben sowohl nach HGB als auch nach IFRS bilanzieren müssen (kapitalmarktorientierte Unternehmen). Die Befreiung von der Buchführungs- und Bilanzierungspflicht betrifft indessen nur Einzelkaufleute. Personenhandelsgesellschaften, auch rein vermögensverwaltende Kommanditgesellschaften, bleiben weiter bilanzierungspflichtig und fallen nicht unter § 241a HGB n. F.

> **!** Von der Buchführungs- und Bilanzierungspflicht befreit sind nur Einzelkaufleute, soweit sie unter den Schwellenwerten des § 241a HGB n. F. liegen. Für Personenhandelsgesellschaften gelten diese Befreiungstatbestände nicht.

Eine zweite Maßnahme zur Deregulierung besteht in der Anhebung der in § 267 Abs. 1 und 2 HGB a. F. (lesen!) genannten Schwellenwerte. Unter Punkt 7.4 haben wir bereits festgestellt, dass aus der Zuordnung einer Gesellschaft zu kleinen, mittleren und großen Kapitalgesellschaften der Umfang ihrer Offenlegungspflichten folgt. Man kann etwas pauschal sagen: *„ je größer die Kapitalgesellschaft, desto umfangreicher die Offenlegungspflichten"*. Aber auch die Pflicht zur Abschlussprüfung hängt bei einer Kapitalgesellschaft davon ab, ob sie klein, mittel oder groß ist. Wir haben bereits gesehen (oben unter Punkt A.7.3.3), dass kleine Kapitalgesellschaften von der Pflicht zur Abschlussprüfung nach § 316 Abs. 1 HGB befreit sind. Für die Einstufung einer Kapitalgesellschaft in die drei Klassen (klein, mittel und groß) hält § 267 HGB bestimmte Schwellenwerte bereit. Von dem Überschreiten dieser Schwellenwerte hängen folglich Erleichterungen und Befreiungen bei der Rechnungslegung und Offenlegung ab. Diese Schwellenwerte werden durch das BilMoG nun angehoben. Dadurch bleiben künftig mehr Unternehmen unter den Schwellenwerten und können so Befreiungen und Erleichterungen in Anspruch nehmen, was wiederum mit Kosteneinsparungen verbunden sein wird.

Auf europäischer Ebene überprüft der Rat auf Vorschlag der Kommission alle fünf Jahre die Schwellenwerte und passt sie ggf. an. Die letzte Anpassung (Anhebung) erfolgte durch die Richtlinie 2003/38/EG des Rates vom 13. Mai 2003 (ABl. EU L 120 S. 22 – Schwellenwertrichtlinie –). Bei der durch das BilMoG vorgenommenen Anhebung der Schwellenwerte handelt es sich also um eine außerplanmäßige Anhebung der Schwellenwerte. Die Änderung dieser Schwellenwerte in § 267 HGB n. F. zeigt die folgende Tabelle:

	Bilanzsumme in TEUR		Umsatzerlöse in TEUR		Arbeitnehmer Jahresdurchschnitt	
Kapitalgesellschaften	alt	neu	alt	neu	alt	neu
große	über 16060	über 19250	über 32120	über 38500	über 250	über 250
mittlere	bis 16060	bis 19250	bis 32120	bis 38500	bis 250	bis 250
kleine	bis 4015	bis 4840	bis 8030	bis 9680	bis 50	bis 50

Thomas Tegen

Bei der Einstufung einer Kapitalgesellschaft als klein, mittel oder groß müssen mindestens zwei der in der Tabelle genannten Schwellenwerte aus Bilanzsumme, Umsatzerlöse oder Arbeitnehmer an zwei auf einander folgenden Stichtagen überschritten bzw. nicht überschritten werden. Besonders zu beachten ist, dass die neuen Schwellenwerte rückwirkend (!) ab dem 1.1.2008 für Kapitalgesellschaften und OHG sowie KG, an denen nicht wenigstens eine natürliche Person als persönlich haftender Gesellschafter direkt oder indirekt beteiligt ist (§ 262a Abs. 1 HGB – lesen!), gelten. Diese Rückwirkung ist insofern von Bedeutung, da die Schwellenwerte an zwei aufeinander folgenden Stichtagen überschritten werden müssen. Hierzu ein kleiner Übungsfall, den Sie bitte versuchen selbst zu lösen:

> **? Übung A.7.3**
>
> Unsere eingangs schon bemühte Holzland GmbH, nennen wir sie *Holzland Wurm GmbH,* erzielt im Jahr 2007 Umsatzerlöse von TEUR 8290 bei einer Bilanzsumme von TEUR 4375. Im Jahr 2008 erzielt sie Umsatzerlöse von TEUR 9500 bei einer Bilanzsumme von TEUR 4820. Steuerberater *Gerhard Geizig* meint, bereits ab 2008 sei die Gesellschaft prüfungspflichtig. Geschäftsführer *Uwe Wurm* fragt Sie, ob er den Jahresabschluss für 2008 durch einen Wirtschaftsprüfer prüfen lassen muss?

Ungeachtet der Schwellenwerte gelten kapitalmarktorientierte Gesellschaften nach § 267 Abs. 3 Satz 2 HGB stets als große Kapitalgesellschaften. Der Begriff „kapitalmarktorientiert" wird künftig durch den neu eingeführten § 264d HGB definiert, was seine Handhabung bei der Anwendung einer ganzen Reihe von Vorschriften erleichtern wird.

A.7.5.5 Ansätze und Bewertungen in der Handelsbilanz

Das BilMoG beschert den Kaufleuten einige neue Ansatz- und Bewertungsvorschriften, die den Informationsgehalt der HGB-Bilanz verbessern sollen, womit sich das künftige Bilanzrecht den IFRS nähert. Wir können an dieser Stelle nicht auf sämtliche Änderungen, die das BilMoG vorsieht, eingehen und beschränken uns daher auf einige ausgewählte Änderungen bei der Aktivierung, der Passivierung und der Bewertung, die für die Praxis von besonderer Relevanz sein dürften.

Für sog. **immaterielle Vermögensgegenstände** des Anlagevermögens bestand bisher ein Aktivierungsverbot, sofern sie nicht entgeltlich erworben wurden (§ 248 Abs. 2 HGB a. F.). Sie werden sich nun sicher fragen, was denn immaterielle Vermögensgegenstände des Anlagevermögens sind. Auch hier hilft ein Blick in das Gesetz. Nach § 266 Abs. 2 A. I. HGB sind immaterielle Vermögenswerte etwa Konzessionen, gewerbliche Schutzrechte (etwa Marken) oder Lizenzen. Es handelt sich also um nicht körperliche Vermögenswerte. Derartige immaterielle Vermögenswerte durften nach § 248 Abs. 2 HGB a. F. nicht aktiviert werden, sofern sie nicht entgeltlich erworben wurden. Damit durften etwa Entwicklungskosten für neue Produkte oder Produktinnovationen nicht aktiviert werden, da sie ja nicht entgeltlich erworben wurden.

Das BilMoG sieht hier eine Änderung vor. Zwar bleibt es einerseits bei dem Aktivierungsverbot für selbst geschaffene Marken, Drucktitel, Verlagsrechte, Kundenlisten oder vergleichbare immaterielle Vermögensgegenstände. Indessen wird mit dem neu gefassten § 248 Abs. 2 HGB nun ein Wahlrecht bezüglich der Aktivierung sonstiger immaterieller Vermögensgegenstände eingeführt. Dies betrifft die Aktivierung von Entwicklungskosten, die künftig aktiviert werden können. Damit nicht zu verwechseln sind Forschungsaufwendungen, die auch nach dem BilMoG nicht aktiviert werden dürfen (§ 255 Abs. 2 S. 4 HGB n. F.).

Wahrscheinlich werden Sie sich nun zu Recht fragen, wo denn der Unterschied zwischen Forschungs- und Entwicklungskosten ist und ob es hier eine klare Abgrenzung gibt. Entwicklung setzt quasi Forschung voraus und ist nach dem neu gefassten § 255 Abs. 2a S. 2 HGB die Anwendung von Forschungsergebnissen für die Neuentwicklung oder Weiterentwicklung von Gütern oder Verfahren mittels wesentlicher Änderung. Dabei müssen die Aufwendungen für Neuentwicklung oder Weiterentwicklung intern dokumentiert und aufgezeichnet werden, um sie klar von den Forschungsaufwendungen zu trennen. Können nämlich Forschung und Entwicklung nicht klar von einander unterschieden werden, dürfen auch die Entwicklungskosten nicht aktiviert werden (§ 255 Abs. 2a S. 4 HGB n. F.). Zwar können Unternehmen künftig durch die Aktivierung der Entwicklungskosten schon in der Entwicklungsphase in der Außendarstellung besser dastehen, aber die Aktivierung setzt eine entsprechende Dokumentation und Aufzeichnung zwecks klarer Trennung von den Forschungskosten voraus. Damit dürfte dieses neu geschaffene Wahlrecht im Grunde nur für größere Unternehmen interessant sein, die über entsprechende Dokumentations- und Aufzeichnungsmöglichkeiten verfügen. Für kleinere Unternehmen bedeutet die Ausübung dieses Wahlrechts zugleich einen zusätzlichen Aufwand an Dokumentation und Aufzeichnung und wirkt so der bezweckten Deregulierung faktisch entgegen.

In der Steuerbilanz dagegen können selbst geschaffene immaterielle Vermögenswerte, wie Entwicklungskosten, wegen des in § 5 Abs. 2 EStG enthaltenen Aktivierungsverbotes, nicht aktiviert werden. Damit aber führt der neu gefasste § 248 Abs. 2 HGB n. F. zu einer Durchbrechung des Maßgeblichkeitsgrundsatzes.

Als Folge von Unternehmenskäufen oder -fusionen konnte ein entgeltlich erworbener Geschäfts- oder Firmenwert (sog. **derivativer Geschäfts-/Firmenwert**) bisher wahlweise ganz oder teilweise angesetzt oder sofort aufwandswirksam erfasst werden (§ 255 Abs. 4 Satz 2 und 3 HGB). Das BilMoG fingiert mittels § 246 Abs. 1 Satz HGB n. F. den entgeltlich erworbenen Geschäfts- oder Firmenwert zu einem zeitlich begrenzt nutzbaren Vermögensgegenstand und macht ihn so aktivierungspflichtig.

 Durch das BilMoG wird der derivative Geschäfts- oder Firmenwert aktivierungspflichtig. Das bisherige Aktivierungswahlrecht wird aufgehoben.

Dadurch soll eine Verbesserung der Vergleichbarkeit des handelsrechtlichen Jahresabschlusses erreicht werden und damit des Informationsgehaltes der Handelsbilanz. In steuerlicher Hinsicht ist der derivative Geschäfts- oder Firmenwert ebenfalls zu aktivieren und nach § 7 Abs. 1 Satz 3 EStG abzuschreiben. Damit stärkt das BilMoG die Parallelität zwischen Handels- und Steuerbilanz.

Als zentrale Änderung im Bereich der Passivierung beseitigt das BilMoG durch die Aufhebung von § 249 Abs. 1 Satz 3 und Abs. 2 HGB die handelsrechtlichen Wahlrechte zum Ansatz von **Aufwandsrückstellungen**. Dem Juristen ist der Unterschied zwischen Rückstellungen und Rücklagen nicht so ohne weiteres geläufig. Kennen Sie ihn? Versuchen Sie doch erst einmal selbst eine Abgrenzung, bevor Sie weiterlesen. Rückstellungen sind nach § 249 Abs. 1 Satz 1 HGB für ungewisse Verbindlichkeiten und für drohende Verluste aus schwebenden Geschäften zu bilden. Drohen etwa einem Bauunternehmen Ansprüche aus Mängelhaftung, kann es hierfür Rückstellungen bilden. Rücklagen dagegen sind gebundenes Eigenkapital. Rücklagen werden durch einbehaltene Gewinne gebildet und sind durch Gesetz oder Satzung vorgeschrieben. Sie sollen etwaigen Verlusten vorbeugen. Was aber sind nun Aufwandsrückstellungen? Zumindest schon einmal keine Rücklagen.

Aufwandsrückstellungen könnten bisher für unterlassene Instandhaltungen innerhalb des Unternehmens gebildet werden, wenn beabsichtigt ist, die Instandhaltung innerhalb des folgenden Geschäftsjahres nachzuholen (§ 249 Abs. 1 Satz 3 HGB). Neben den Aufwandsrückstellungen für Instandhaltungen konnten bisher nach § 249 Abs. 2 HGB auch Aufwandsrückstellungen für geplante Großreparaturen maschineller Anlagen oder die Generalüberholung von Schiffen (*Küting*, DStR 2009, 288) gebildet werden. Im Grunde beruhen sowohl die Aufwandsrückstellungen für unterlassene Instandhaltungen als auch für Großreparaturen und Generalüberholungen nicht auf einer rechtlichen Verpflichtung Dritten gegenüber, sondern auf eigenem unternehmerischen Entschluss, so dass sie als reine Innenverpflichtungen (*Küting*, a. a. O.) nicht den Charakter von Schulden aufweisen. Wenn sie aber nicht auf Drittverbindlichkeiten beruhen und dennoch gebildet werden, sind sie im Grunde eine Art Rücklage. Dann aber führt ihre Passivierung in der Handelsbilanz zu einer irreführenden Darstellung der Vermögenslage und letztlich auch der Ertragslage. Deshalb wird mit der Aufhebung des § 249 Abs. 1 Satz 3 und Abs. 2 HGB künftig das Wahlrecht zur Bildung von Aufwandsrückstellungen abgeschafft und somit der Informationsgehalt des handelsrechtlichen Jahresabschlusses verbessert. Zugleich erfolgt damit eine Annäherung der handelsrechtlichen Rechnungslegung an die internationale Rechnungslegung, denn international ist die Bildung von Rückstellungen für Innenverpflichtungen grundsätzlich nicht zulässig. Für die Steuerbilanz bleibt diese Änderung ohne Konsequenzen, da im Steuerrecht Aufwandsrückstellungen noch niemals passiviert werden durften. Diese Änderung nähert folglich die Handelsbilanz an die Steuerbilanz an.

Eine weitere Neuerung betrifft die handelsrechtliche **Bewertung von Rückstellungen**. Nach § 253 Abs. 1 Satz 2 HGB sind Rückstellungen bisher nur in Höhe des Betrages anzusetzen, der nach vernünftiger kaufmännischer Beurteilung notwendig ist. Dabei wurden in der Praxis künftige Preis- und Kostensteigerungen im Wege einer stillschweigenden Weiterentwicklung der Grundsätze ordnungsgemäßer Buchführung zumindest teilweise berücksichtigt. Dem Bedürfnis der Praxis nach einer zukunftsgerichteten Bewertung von Rückstellungen wird nun durch den neu gefassten § 253 Abs. 1 Satz 2 HGB n. F. Rechnung getragen (Begr. RegE., S. 114). Dadurch sind künftige Preis- und Kostensteigerungen in die Bewertung von Rückstellungen mit einzubeziehen. Die Höhe der Rückstellung richtet sich somit nach den Preis- und Kostenverhältnissen im Zeitpunkt des tatsächlichen Anfalls der Aufwendungen. Damit verlagert sich der Bewertungszeitpunkt weg vom Stichtag der Bilanzierung hin zum Zeitpunkt der Erfüllung der Verpflichtung. Dadurch soll eine Über- oder Unterbewertung vermieden werden und zugleich die Vermögens-, Finanz- und Ertragslage des Unternehmens stärker als bisher den tatsächlichen wirtschaftlichen Verhältnissen angenähert werden (Begr. RegE., S. 115).

Die Berücksichtigung von künftigen Preis- und Kostensteigerungen führt aus steuerlicher Sicht zu einer Minderung der steuerlichen Bemessungsgrundlage. Deshalb wird für die Steuerbilanz an dem Stichtagsprinzip festgehalten, wonach künftige Preis- und Kostensteigerungen eben nicht zu berücksichtigen sind. Dies wird durch eine Änderung von § 6 Abs. 1 Nr. 3a Buchst. F EStG erreicht, wonach für die Steuerbilanz ausdrücklich am strengen Stichtagsprinzip festgehalten wird. Freilich führt dies im Ergebnis zu unterschiedlichen Wertansätzen der Rückstellungen in Handels- und Steuerbilanz (*Theile*, DStR 2009, 21, 32).

Eine Vereinfachung erfährt auch die Bewertung von **Pensionsrückstellungen**, also Rückstellungen die wegen betrieblicher Altersversorgungszusagen gebildet werden. Sofern diese Pensionszusagen wertpapiergebunden sind, stellte sich regelmäßig die Frage, mit welchem Wert die hierfür zu bildenden Rückstellungen anzusetzen sind. Welche Werte kommen wohl in Betracht? Versuchen sie es – wie stets – einmal selbst. Nun, es könnte der Wert angesetzt werden, der garantiert ist (garantierter Mindestbetrag) oder aber der Wert, den die Wertpapiere zum Ansatzzeitpunkt haben (Zeitwert). Bislang sah § 253 Abs. 1 Satz 2 HGB vor, dass Rentenverpflichtungen mit ihrem Barwert anzusetzen sind. Mit dem neuen § 253 Abs. 1 Satz 3 HGB n. F. führt das BilMoG das Prinzip der Zeitwertbewertung ein. Maßgebend bei der Bewertung von Pensionsrückstellungen für wertpapiergebundene Pensionszusagen ist nun also der Zeitwert. Übersteigt der Zeitwert den garantierten Mindestbetrag, ist die Pensionsrückstellung mit dem Zeitwert zu bewerten. Ein Pensionsgutachten ist künftig nicht mehr erforderlich. Und welcher Wert ist maßgeblich, wenn der Zeitwert unter dem garantierten Mindestwert bleibt? In diesem Fall kann der höhere Wert als Rückstellung angesetzt werden, sofern dieser höhere Wert voraussichtlich bis zum 31.12.2024 wieder erreicht wird (*Theile*, a. a. O.).

A.7.5.6 Neuordnung der Maßgeblichkeit

Wir haben bereits oben unter Punkt A.7.3.1 erfahren, dass nach dem Grundsatz der (materiellen) Maßgeblichkeit der handelsrechtliche Jahresabschluss Grundlage der steuerlichen Gewinnermittlung ist. An diesem Grundsatz hält auch das BilMoG unverändert fest. Nach dem Grundsatz der umgekehrten (formellen) Maßgeblichkeit können steuerliche Vorteile nur in Anspruch genommen werden, sofern auch handelsrechtlich entsprechend bilanziert wird. Steuerliche Wahlrechte bei der Gewinnermittlung konnten danach nur in Übereinstimmung mit den handelsrechtlichen Jahresbilanzen ausgeübt werden (§ 5 Abs. 1 Satz 2 EStG).

Eine wichtige Neuerung durch das BilMoG ist die Aufgabe der umgekehrten (formellen) Maßgeblichkeit durch die Streichung von § 5 Abs. 1 Satz 2 EStG und Neufassung von § 5 Abs. 1 Satz 1 EStG. Durch den Grundsatz der umgekehrten Maßgeblichkeit kamen niedrigere Werte in die Handelsbilanz, die im Grunde mit den Grundsätzen ordnungsgemäßer Buchführung in Konflikt gerieten. Betroffen davon waren solche steuerlichen Wahlrechte, die von handelsrechtlichen Bilanzierungsvorschriften abwichen und nur ausgeübt werden konnten, wenn quasi entgegen den Grundsätzen einer ordnungsgemäßen Buchführung bilanziert wurde, was zu einer Verfälschung der Handelsbilanz führte. Dies wiederum führte zu dem Vorwurf, die Handelsbilanz werde durch die umgekehrte Maßgeblichkeit deformiert, der nun, durch die Aufgabe der umgekehrten Maßgeblichkeit, entfällt.

Folge dieses Fortfalls der umgekehrten Maßgeblichkeit ist, dass künftig steuerliche Wahlrechte abweichend von der Handelsbilanz ausgeübt werden können (*Theile*, a. a. O.,

26). Dies führt im Ergebnis zu einer deutlichen Abweichung von Handels- und Steuerbilanz. Die Zeiten einer „Einheitsbilanz" sind daher wohl vorbei, wenngleich dies nicht zwei getrennte Buchführungen nach sich zieht. Dennoch wird in vielen Fällen die Ausübung steuerlicher Wahlrechte, insbesondere der mit den Grundsätzen einer ordnungsgemäßen Buchführung nicht konformen Wahlrechte, die Erstellung zweier getrennter Bilanzen erforderlich machen. Ob das sonst in vielen Teilen begrüßenswerte BilMoG damit sein Ziel einer Deregulierung verfehlt, bleibt abzuwarten.

 Zusammenfassung

Nach § 238 Abs. 1 HGB ist jeder Kaufmann verpflichtet, Bücher zu führen und in diesen seine Handelsgeschäfte und die Lage seines Vermögens nach den Grundsätzen ordnungsgemäßer Buchführung ersichtlich zu machen. Ferner ist der Kaufmann nach § 242 Abs. 1 HGB verpflichtet, zu Beginn seines Handelsgewerbes eine Eröffnungsbilanz und zum Schluss eines jeden Geschäftsjahres eine Bilanz aufzustellen. Nach dem BilMoG entfällt die Pflicht zur Buchführung und Bilanzierung für Einzelkaufleute mit kleinem Geschäftsbetrieb. Für Personenhandelsgesellschaften dagegen bleibt sie auch nach dem BilMoG bestehen. Die Bilanz bildet zusammen mit der Gewinn- und Verlustrechnung den Jahresabschluss. Die Gewinn- und Verlustrechnung dient zur Ermittlung des unternehmerischen Erfolges. Die Handelsbilanz darf nicht mit der Steuerbilanz verwechselt werden. Die Steuerbilanz dient zur Ermittlung des zu versteuernden Gewinns. Maßgebliche Grundlage der Steuerbilanz ist die Handelsbilanz. Durch das BilMoG wurde allerdings der Grundsatz der umgekehrten Maßgeblichkeit aufgehoben. Künftig können daher steuerliche Wahlrechte unabhängig von der Handelsbilanz auch ausgeübt werden, wenn sie nicht mit den Grundsätzen der ordnungsgemäßen Buchführung übereinstimmen, was zu einem Auseinanderklaffen von Handels- und Steuerbilanz führen dürfte. Der Jahresabschluss von Kapitalgesellschaften muss durch einen Abschlussprüfer geprüft und offengelegt (publiziert) werden. Von der Prüfungspflicht ausgenommen sind kleine Kapitalgesellschaften. Die Schwellenwerte zur Einstufung von kleinen, mittleren und großen Kapitalgesellschaften werden durch das BilMoG angehoben, was sich entsprechend auf die Offenlegungsvorschriften auswirkt. Das BilMoG verfolgt das Ziel, den Informationsgehalt des Jahresabschlusses zu erhöhen und durch Deregulierung Unternehmen von unnötigen Kosten zu entlasten. Durch das BilMoG wird der derivative Geschäfts- und Firmenwert zu einem zeitlich begrenzt nutzbaren Vermögensgegenstand erhoben. Ferner führt das BilMoG ein Aktivierungswahlrecht für selbst erstellte immaterielle Vermögensgegenstände des Anlagevermögens ein. Schließlich hebt das BilMoG eine Reihe von Wahlrechten bei der handelsrechtlichen Bewertung von Rückstellungen auf.

Aufgaben zur Selbstüberprüfung

1. Woraus besteht der Jahresabschluss?
2. Sind Inventar und Inventur das Gleiche?
3. Erläutern Sie die Begriffe Aufwendungen, Erträge und Erfolg.
4. Welche zwei Grundziele verfolgt das BilMoG?
5. Ist eine OHG mit einem Jahresumsatz von € 300.000,– nach dem BilMoG zur Aufstellung eines Jahresabschlusses verpflichtet?
6. Ein Betrieb zur Fertigung von Autofelgen plant noch im laufenden Geschäftsjahr für das folgende Jahr eine umfassende Renovierung der eigenen Werkshalle und möchte bereits im Jahresabschluss des laufenden Jahres hierfür eine Rückstellung bilden. Ist dies nach BilMoG möglich?
7. Ist nach dem BilMoG der eigene Geschäfts- oder Firmenwert aktivierungspflichtig?
8. Erläutern Sie den Grundsatz der materiellen Maßgeblichkeit.

A.8 Die Handelsgeschäfte

In diesem Kapitel beschäftigen wir uns mit den Handelsgeschäften, genau genommen mit den Sonderregelungen, die das Handelsrecht für bestimmte Geschäfte, wie den Handelskauf und das Kommissionsgeschäft bereithält. Sie sollen die wichtigsten Sonderregelungen erläutern können, die bei dem Zustandekommen von Handelsgeschäften zu beachten sind. Sie können aufzeigen, welche Sonderregelungen für das Schweigen im kaufmännischen Verkehr gelten. Ferner können Sie den Begriff des kaufmännischen Bestätigungsschreibens erläutern und es von der Auftragsbestätigung abgrenzen. Sie sollen das Kontokorrent und seine wirtschaftliche Bedeutung sowie die Besonderheiten des gutgläubigen Erwerbs und der Formvorschriften bei Handelsgeschäften aufzeigen können. Schließlich können Sie wichtige Abweichungen von den BGB-Regelungen beim Handelskauf aufzeigen und die Grundzüge des Kommissionsgeschäftes sowie die wesentlichen Rechte und Pflichten des Kommissionärs erläutern.

A.8.1 Begriff und Systematik

Den Begriff des Handelsgeschäftes haben wir in nahezu jedem Kapitel bereits mehrfach verwendet. Wir haben damit immer den Betrieb des Kaufmannes bezeichnet. Das Handelsgeschäft in diesem Kapitel meint die *Rechtsgeschäfte* des Kaufmannes. Insbesondere den Handels**kauf** und das Kommissionsgeschäft. Daneben regelt das Handelsrecht noch das Fracht-, Speditions- und das Lagergeschäft (§§ 407 ff., 453 ff. und 467 ff. HGB). Diese drei Geschäfte gehören zum Transportrecht, das wie das Seerecht eine Spezialmaterie des Handelsrechts ist und auf dessen Darstellung in diesem Grundlagenwerk verzichtet wird.

Die Handelsgeschäfte sind im vierten Buch des HGB geregelt (§§ 343–475h HGB). Sie enthalten Sonderregelungen (Sie erinnern vielleicht, dass Handelsrecht Sonderprivatrecht ist), die den Regelungen des BGB vorgehen. Daneben, wo also das HGB keine Sonderegelungen bereithält, gilt freilich wieder das BGB. Daran müssen Sie vor allem in Klausuren denken.

Die Vorschriften zu den Handelsgeschäften gliedern sich in einen Allgemeinen Teil (Erster Abschnitt: Allgemeine Vorschriften), der für alle Handelsgeschäfte gilt und besondere Regelungen für einzelne Handelsgeschäfte, wie den Handelskauf, das Kommissionsgeschäft, das Fracht-, Speditions- und Lagergeschäft. Sie können diese Systematik mit der des Schuldrechts vergleichen. Auch dort sind in einem allgemeinen Teil Regelungen enthalten, die für alle Schuldverhältnisse gelten. Sodann sind in einem besonderen Teil (dem besonderem Schuldrecht) bestimmte Schuldverhältnisse und ihre Besonderheiten speziell geregelt (wie etwa der Kaufvertrag, Miet- und Werkvertrag oder der Darlehensvertrag).

Thomas Tegen

Das Verhältnis von allgemeinen Vorschriften zu den Besonderen folgt dem Ihnen aus dem BGB bekannten Prinzip des *„Vor-die-Klammer-Ziehens"*: erst wenn der besondere Teil keine spezielle Regelung bereithält, ist auf die allgemeinen Vorschriften zurückzugreifen. Gleiches gilt für die Handelsgeschäfte.

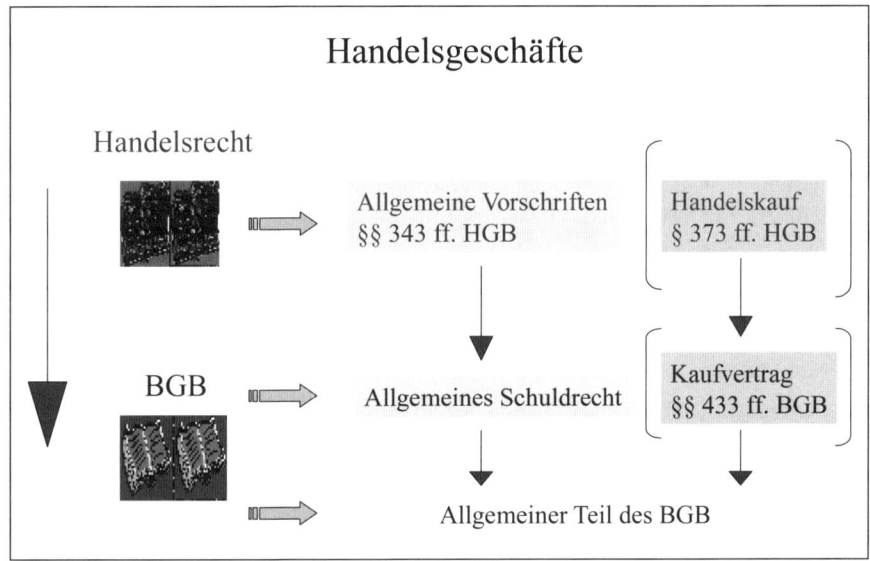

Abbildung A.8.1: Handelsgeschäfte, (Clipart – Quelle: www.123gif.de)

Nach § 343 HGB (lesen!) sind alle Geschäfte eines Kaufmanns, die zu seinem Handelsgewerbe gehören, Handelsgeschäfte. Keine Handelsgeschäfte sind folglich die Geschäfte, die der Kaufmann für seine privaten Zwecke tätigt.

➡ Beispiel A.8.1

Jürgen ist Inhaber eines Heizungsbaubetriebes. Seine Firma ist in das Handelsregister eingetragen. Er stellt an einem Freitagmittag einen neuen Installateur ein. Kurz vor Feierabend fällt ihm plötzlich ein, dass auf diesen Tag sein Hochzeitstag fällt. Er bittet den Auszubildenden Kalle, er möge in seinem Namen einen Blumenstrauß für seine Frau besorgen und drückt Kalle € 50,– in die Hand. Kalle tut wie ihm geheißen und liefert noch vor Feierabend den Blumenstrauß und € 5,70 Rückgeld bei Jürgen ab. In diesem Fall ist nur die Einstellung des neuen Installateurs Handelsgeschäft. Der Blumenkauf für Jürgens Frau ist ein Kauf nach § 433 BGB.

In der Praxis geht es nicht immer so eindeutig zu wie in unserem Beispiel. Was ist, wenn ein Großkunde Jürgen bittet, er möge gegenüber der Bank des Kunden eine Bürgschaft als Sicherheit für einen Überbrückungskredit des Kunden übernehmen. Gehört die Erklärung einer solchen Bürgschaft zu seinem Handelsgewerbe?

Hier fällt die Antwort schwer. Aber hier hilft § 344 Abs. 1 HGB (lesen!). Dort ist die widerlegliche Vermutung enthalten, dass ein von einem Kaufmann vorgenommenes Geschäft zum Betrieb seines Handelsgewerbes gehört. Im Zweifel also für das Handelsgeschäft. Widerleglich bedeutet, dass der Kaufmann im Streitfall beweisen muss, dass es sich um ein Privatgeschäft handelt. Diese Abgrenzungsprobleme ergeben sich bei den Handelsgesellschaften und Kapitalgesellschaften nicht, da sie mangels Privatsphäre keine Privatgeschäfte tätigen können und damit stets Handelsgeschäfte vornehmen (*K. Schmidt* in: MünchKommHGB, § 343 Rz. 13).

A.8.2 Arten von Handelsgeschäften

Aus § 345 HGB folgt die Unterscheidung zwischen einseitigen und zweiseitigen Rechtsgeschäften, die nicht mit einseitigen oder zweiseitigen Rechtsgeschäften verwechselt werden darf. Ein zweiseitiges Rechtsgeschäft, wie der Kaufvertrag, kann für eine Partei ein Handelsgeschäft sein, für die andere indessen nicht. Entscheidend ist zunächst die jeweilige Perspektive. Gehört das Geschäft für die eine Partei zum Betrieb ihres Handelsgewerbes, so ist es für diese Partei ein Handelsgeschäft. Gehört es auch für die andere Vertragspartei zum Betrieb ihres Handelsgewerbes, ist es auch für sie Handelsgeschäft und damit ein zweiseitiges Handelsgeschäft.

Die Systematik des Gesetzes ist hier nicht ganz einfach. Liegt nach dem soeben Gesagten ein zweiseitiges Handelsgeschäft vor, so hält das Handelsrecht dafür einige besondere Regelungen vor, die **nur** für zweiseitige Handelsgeschäfte gelten. Liegt dagegen ein einseitiges Handelsgeschäft vor, so gelten wiederum bestimmte Vorschriften nur für die Partei, für die das Geschäft zum Betrieb ihres Handelsgewerbes gehört. Welche Vorschriften das im Einzelnen sind zeigt die Übersicht:

Wichtige einseitige und zweiseitige Handelsgeschäfte

- Einseitige Handelsgeschäfte
  - Sorgfaltpflicht des Kaufmanns, § 347 HGB
  - Einrede der Vorausklage, § 349 HGB
  - Formfreiheit für Bürgschaften, § 350 HGB
  - Provisionen, § 354 HGB

- Zweiseitige Handelsgeschäfte
  - Handelsbrauch, § 346 HGB
  - Gesetzlicher Zins, § 352 Abs. 1 HGB
  - Fälligkeitszinsen, § 353 HGB
  - Kfm. Zurückbehaltungsrecht, §§ 369 ff. HGB
  - Untersuchungs- und Rügepflicht, § 377 HGB

Abbildung A.8.2: Wichtige einseitige und zweiseitige Handelsgeschäfte

Kommen weder Vorschriften aus der einen noch aus der anderen Gruppe zur Anwendung, und ist das Geschäft gleichwohl für einen der beiden Teile ein Handelsgeschäft, so kommen nach § 345 HGB (lesen!) die Vorschriften über Handelsgeschäfte für beide Teile gleichmäßig zur Anwendung, soweit nicht aus diesen Vorschriften sich ein anderes ergibt. Mit Vorschriften sind die in der vorstehenden Abbildung aufgeführten Normen gemeint, die für die beiden vorgenannten Sonderfällen gelten. Damit verbleiben für den Anwendungsbereich des § 345 HGB im Wesentlichen die §§ 352 Abs. 2, 355–361, 366, 367, 373–376, 380, 382 HGB sowie die §§ 383 ff., 407 ff., 453 ff. und 467 ff. HGB. Als Folge von § 345 HGB können diese Vorschriften also auch für Nichtkaufleute von Bedeutung sein.

Sind Sie nun ein wenig verwirrt? Keine Sorge. Im Grunde wird stets anhand der konkreten handelsrechtlichen Norm (Sie erinnern sich an das Kapitel Grundlagen) geprüft, ob sie für beide oder nur für eine Partei eines Geschäftes gilt.

A.8.3 Allgemeine (Sonder-)Vorschriften für Handelsgeschäfte

Im Folgenden wollen wir uns zunächst die für alle Handelsgeschäfte geltenden allgemeinen (Sonder-)Vorschriften näher anschauen, bevor wir uns dem Handelkauf und dem Kommissionsgeschäft widmen. Die nachfolgenden Sonderregelungen gehen dem BGB, namentlich dem allgemeinen Schuldrecht und auch dem Allgemeinen Teil des BGB vor.

A.8.3.1 Schweigen im Handelsverkehr

Allgemeine Sondervorschriften hält das Handelsrecht für das Zustandekommen von Handelsgeschäften bereit. Das Zustandekommen von Handelsgeschäften richtet sich zunächst nach dem BGB. Welche Vorschriften sind hier einschlägig?

Auch das Handelsgeschäft kommt wie der Vertrag nach den §§ 145 ff. BGB durch Antrag und Annahme zustande. Im Hinblick auf Willensmängel gelten die allgemein zivilrechtlichen Regelungen über bewusste (§§ 116–118 BGB) und unbewusste Willensmängel (§§ 119, 123 BGB). Auch im Handelsverkehr gilt der Grundsatz, das Schweigen auf ein Vertragsangebot grundsätzlich keine Annahme ist.

Beispiel A.8.2

Karl Kraft betreibt einen Fitnessclub, den er umfangreich um ein modernes Sonnenstudio erweitert hat. Anfang Januar 2008 schreibt er alle Mitglieder an und bietet ihnen ein Jahresabonnement für das neue Sonnenstudio zum Vorzugspreis von € 290,– an. In dem Angebot erklärt Karl, sofern er innerhalb von zwei Wochen keine ausdrückliche Ablehnung erhalte, betrachte er dies als Annahme des Jahresabonnements.

Schweigen ist im zivilen Recht grundsätzlich ein *nullum* und ohne rechtliche Wirkung. Dies gilt auch im Handelsrecht, nur macht das Handelsrecht hiervon zwei Ausnahmen, bei denen dem Schweigen (ausnahmsweise) eine rechtliche Bedeutung zukommt. Diese Ausnahmen sind das Schweigen des Kaufmanns auf Anträge und das Schweigen auf ein kaufmännisches Bestätigungsschreiben. Diese Ausnahmen sollen die Schnelligkeit und Leichtigkeit des Handelsverkehrs begünstigen.

Thomas Tegen

A.8.3.1.1 Schweigen des Kaufmanns auf Anträge

Wer nach zivilem Recht mit der entgeltlichen Geschäftsbesorgung für andere betraut ist, hat über § 675 Abs. 1 BGB (lesen!) auch § 663 BGB zu beachten. In der Praxis wichtige Geschäftsbesorgungsverträge sind etwa der Bankvertrag oder der Vertrag des Mandanten mit einem Rechtsanwalt oder Steuerberater. Der zur Geschäftsbesorgung Verpflichtete hat dann über § 675 Abs. 1 BGB nach § 663 BGB (lesen!), wenn er einen auf eine Geschäftsbesorgung gerichteten Auftrag nicht annimmt, die Ablehnung dem Auftraggeber unverzüglich anzuzeigen. Unterlässt er dies, so gilt sein Schweigen zwar nicht als Annahme des Auftrages, allerdings macht er sich schadensersatzpflichtig (§§ 280 Abs. 1, 311 Abs. 1 Ziffer 2, 663 BGB – lesen!).

Das Handelsrecht hält hier mit § 362 HGB die erste Ausnahme von dem Grundsatz, Schweigen auf ein Vertragsangebot ist keine Annahme, bereit. Nach § 362 HGB (lesen!) muss ein Kaufmann, der für andere gewerbsmäßig Geschäfte besorgt, auf den Antrag über die Besorgung solcher Geschäfte von jemand, mit dem er in Geschäftsverbindung steht, unverzüglich antworten. Die entscheidende Abweichung zu den §§ 663, 675 BGB liegt in der Rechtsfolge. Antwortet der Kaufmann nicht unverzüglich, so gilt sein Schweigen als Annahme und der Vertrag über die Geschäftsbesorgung kommt zustande.

 Schweigt der Kaufmann, der für andere gewerbsmäßig Geschäfte besorgt, auf einen Antrag, kann sein Schweigen nach § 362 HGB als Annahme gelten.

A.8.3.1.2 Schweigen auf ein kaufmännisches Bestätigungsschreiben

Im kaufmännischen Verkehr ist es üblich, dass im Anschluss an verhandelte und geschlossene Verträge eine Partei kurz darauf den Inhalt des zuvor geschlossenen Vertrages schriftlich bestätigt. Mit dieser schriftlichen Bestätigung soll ein möglicher Streit darüber, ob und mit welchem Inhalt ein Vertrag geschlossen worden ist, vermieden werden. Dieses Schreiben nennt das Handelsrecht „Kaufmännisches Bestätigungsschreiben". Es bildet die zweite Ausnahme, bei der das Handelsrecht an das Schweigen rechtlich erhebliche Wirkungen knüpft.

Sie werden den Rechtssatz vom Bestätigungsschreiben vergeblich im Gesetz suchen, denn er hat sich aus den Handelsbräuchen entwickelt und ist heute Bestandteil des geltenden Gewohnheitsrechts. Er besagt, dass der Empfänger eines *kaufmännischen Bestätigungsschreibens* dem Schreiben unverzüglich widersprechen muss, wenn er den Inhalt des Schreibens nicht gegen sich gelten lassen will. Widerspricht er nicht, so muss er den Vertrag mit dem aus dem Bestätigungsschreiben ersichtlichen Inhalt hinnehmen, es sei denn, er weist die Unredlichkeit des Absenders nach oder er weist nach, dass das Schreiben von den vorausgegangenen Abreden soweit abweicht, dass der Absender nicht auf Billigung vertrauen durfte. Widerspricht der Empfänger dem Bestätigungsschreiben nicht unverzüglich, so gilt sein Inhalt als genehmigt.

Der Empfänger muss den Vertrag mit dem Inhalt hinnehmen, wie er sich aus dem Bestätigungsschreiben ergibt.

Der Empfänger des Bestätigungsschreibens muss nicht Kaufmann sein, muss aber gleich einem Kaufmann am Rechtsverkehr teilnehmen. Daher gilt dieser Rechtssatz auch für Kleingewerbebetriebe. Er kann sich selbst auf Freiberufler erstrecken.

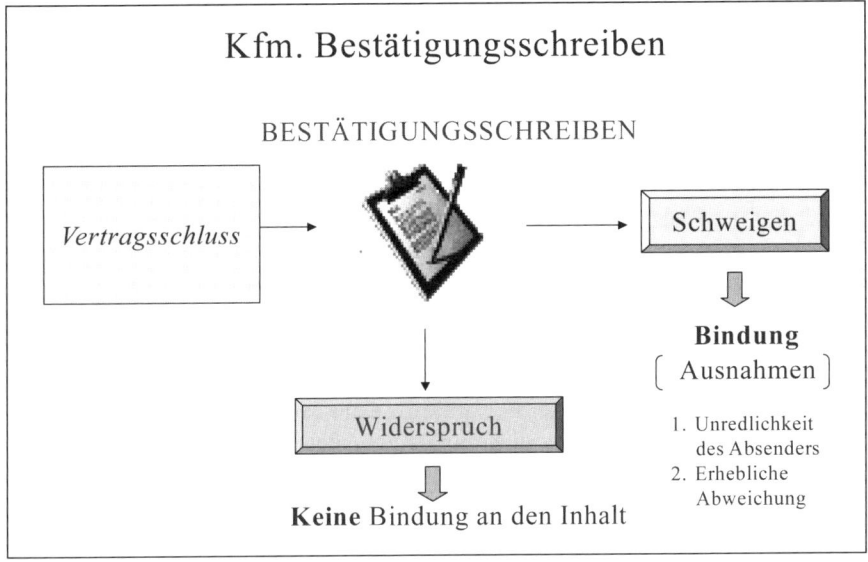

Abbildung A.8.3.1.2: Kfm. Bestätigungsschreiben
(Clipart – Quelle: www.123gif.de)

Beispiel A.8.3
Nach einer Entscheidung des OLG Köln (Computer und Recht 1991, 541) muss auch ein Rechtsanwalt, der wie ein Kaufmann in größerem Umfang selbstständig am Rechtsverkehr teilnimmt, und der zuvor mit einem Computerunternehmen über Hard- und Software verhandelt hat und anschließend ein als „Auftragsbestätigung" bezeichnetes Schreiben von dem Computerunternehmen erhält, in dem ein telefonisch erhaltender Auftrag bestätigt wird, diesem Schreiben unverzüglich widersprechen, andernfalls gilt der Inhalt der Bestätigung und der Auftrag wird verbindlich.

Der Absender des Bestätigungsschreibens braucht ebenfalls nicht Kaufmann zu sein. Dies leuchtet ein, da ihn ja auch die Rechtswirkungen des Schweigens auf ein Bestätigungsschreiben nicht treffen. Er muss aber Unternehmer sein. Dies ist auch konsequent, da das Schweigen auf Briefe von Privatpersonen nach zivilrechtlichen Grundsätzen ja gerade keine Rechtswirkungen erzeugt.

Die Wirkung des Bestätigungsschreibens tritt allerdings in drei wichtigen Fällen nicht ein:
- wenn der Absender den Inhalt des zuvor geschlossenen Vertrages bewusst ändert und hofft, dass der Empfänger dies nicht merkt bzw. nicht widerspricht
- wenn die inhaltliche Abweichung so gravierend ist, dass der Absender vernünftigerweise nicht mit einer Zustimmung des Empfängers rechnen kann
- sofern sich inhaltlich widersprüchliche Bestätigungsschreiben kreuzen.

Der letzte Fall sich überkreuzender Bestätigungsschreiben ist in der Praxis besonders relevant, wenn die Parteien den Bestätigungsschreiben jeweils ihre Allgemeinen Geschäftsbedingungen beifügen, die sich inhaltlich widersprechen. In einem solchen Fall sollen die sich widersprechenden AGB auf beiden Seiten unwirksam sein.

Thomas Tegen

Das kaufmännische Bestätigungsschreiben darf nicht mit der Auftragsbestätigung verwechselt werden. Durch die Auftragsbestätigung kommt ein Vertrag erst zustande. Das kaufmännische Bestätigungsschreiben dagegen setzt einen bereits geschlossenen Vertrag voraus, dessen Inhalt und Abschluss lediglich zu Beweiszwecken bestätigt werden sollen.

A.8.3.2 Das Kontokorrent

Die praktische Bedeutung des Kontokorrents liegt vor allem im Bankrecht. Sie alle haben sicher ein Girokonto. Die Eröffnung des Girokontos begründet ein Kontokorrentverhältnis zwischen Ihnen und der Bank. Kontokorrent bedeutet dabei die laufende Verrechnung von Verbindlichkeiten und Forderungen (etwa ihr Guthaben mit Kontoführungsgebühren der Bank). Kontokorrent ist nicht der Dispositionsrahmen (Überziehungskredit) und damit auch nicht mit dem Kontokorrentkredit zu verwechseln. Allerdings erfolgt auch bei einem Dispositionskredit im Rahmen eines Girovertrages eine laufende Verrechnung der beiderseitigen Ansprüche. Durch den Überziehungskredit stellt Ihnen die Bank einen Kreditrahmen zur Verfügung, den Sie ausschöpfen können, aber nicht müssen. Auf dem Girokonto mit Kontokorrent herrscht ein ständiges „Kommen und Gehen". Buchgeld geht ein (etwa das Gehalt) und verschwindet wieder (etwa wegen eines Dauerauftrages für die Miete) vom Konto. Nehmen Sie den Dispositionskredit in Anspruch, hat die Bank eine Forderung gegen Sie. Eingehende Beträge werden mit dieser Forderung der Bank (aus einem Sollsaldo) verrechnet.

Das Kontokorrent ist in § 355 HGB (lesen!) geregelt. Danach muss jemand mit einem Kaufmann in laufender Geschäftsbedingung stehen. Ferner regelt § 355 Abs. 1 HGB, dass die beiderseitigen Ansprüche und Leistungen nebst Zinsen in Rechnung gestellt und in regelmäßigen Zeitabschnitten durch Verrechnung und Feststellung des für den einen oder anderen Teil sich ergebenden Überschusses ausgeglichen werden (laufende Rechnung, Kontokorrent). Das entscheidende Merkmal ist die Kontokorrentabrede zwischen dem Kaufmann (Bank) und dem Kunden. Erst die Kontokorrentabrede begründet das Kontokorrent.

 Kontokorrent bedeutet „laufende Rechnung". Erst die Kontokorrentabrede begründet das Kontokorrent.

Die Kontokorrentabrede ist nicht ausdrücklich in § 355 Abs. 1 HGB genannt, aber ihr Inhalt ist dort geregelt. Die Kontokorrentabrede ist in der Praxis Bestandteil des Kontoeröffnungsvertrages.

Die Wirkung der Kontokorrentabrede ist das Entscheidende. Während der Rechnungsperiode sind die laufenden gegenseitigen Ansprüche ihrer Selbstständigkeit beraubt, sie werden wirtschaftlich zu unselbstständigen Rechnungsposten. Als Teil der Verrechnungsabrede und mit Einstellung in das Kontokorrent verlieren sie ihre wirtschaftliche Selbstständigkeit. Daraus folgt, dass diese Ansprüche während der Rechnungsperiode weder abtretbar, aufrechenbar noch pfändbar (!) sind. Nur so bleiben diese Forderungen ja für die später, am Ende des Zeitabschnittes (Kontokorrentperiode) vorgesehene Verrechnung erhalten und damit eine Verrechnung überhaupt möglich.

Bei Abschluss der Kontokorrentperiode werden die wirtschaftlich unselbstständigen Forderungen verrechnet und durch einen Saldo ersetzt. Der Saldo ist allerdings wieder pfändbar (§ 357 HGB). Er hat den Charakter eines abstrakten Schuldanerkenntnisses (§ 781 BGB). Beim Bankkontokorrent ist der Tagessaldo nicht mit dem Saldoabschluss zu verwechseln. Der Tagessaldo ist eine schlichte Mitteilung über den Kontostand. Die Verrechnung erfolgt erst am Ende der Kontokorrentperiode, längsten nach einem Jahr (§ 355 Abs. 2 HGB); im Bankenverkehr regelmäßig in kürzeren Abständen.

In der Praxis wichtig ist, dass die Kontokorrentabrede nach § 355 Abs. 1 HGB auch einen Verzicht auf das Zinseszinsverbot des § 248 Abs. 1 BGB enthält. Fällt der Saldoabschluss für den Kunden negativ (Sollsaldo) aus, so kann die Bank auch dann Zinsen auf diesen Saldo berechnen, wenn in ihm schon Sollzinsen aus laufender Verrechnung enthalten sind.

A.8.3.3 Das kaufmännische Zurückbehaltungsrecht

Ein Kaufmann hat nach § 369 Abs. 1 Satz 1 HGB (lesen!) ein Zurückbehaltungsrecht an den beweglichen Sachen und Wertpapieren des Schuldners. Damit geht § 369 HGB dem § 273 BGB vor. Welche Art von Handelsgeschäften meint § 369 Abs. 1 HGB?

§ 369 Abs. 1 HGB setzt ein zweiseitiges Handelsgeschäft voraus, aus dem einem Kaufmann fällige Forderungen gegen einen anderen Kaufmann zustehen. Das Zurückbehaltungsrecht des § 369 HGB geht über das zivilrechtliche Zurückbehaltungsrecht des § 273 BGB hinaus. Die Konnexität („ ... *aus dem selben rechtlichen Verhältnis*"), die in § 273 Abs. 1 BGB gefordert ist, braucht hier nicht vorzuliegen. Es reicht eine fällige Forderung aus einem beiderseitigen Handelsgeschäft.

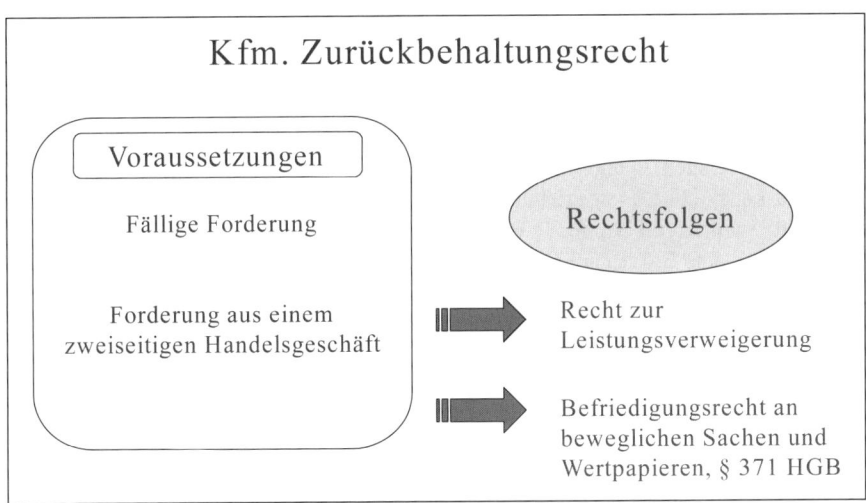

Abbildung A.8.3.3: Kfm. Zurückbehaltungsrecht

Auch die Rechtsfolgen des kaufmännischen Zurückbehaltungsrechts gehen erheblich über § 273 BGB hinaus.

Der Kaufmann, der eine fällige Forderung aus einem zweiseitigen Handelsgeschäft mit einem anderen Kaufmann hat, kann die von ihm zu erbringende Leistung verweigern.

Thomas Tegen

Daneben steht ihm nach § 371 HGB ein Befriedigungsrecht an den zurückbehaltenen Gegenständen, nämlich beweglichen Sachen oder Wertpapieren nach § 369 Abs. 1 HGB zu. Die Befriedigung erfolgt nach § 371 Abs. 2 HGB nach den für das Pfandrecht geltenden Vorschriften (§§ 1233 ff. BGB). Abweichend hiervon ist die Befriedigung nach § 371 Abs. 3 HGB aber erst zulässig, wenn der Kaufmann gegen den Schuldner einen Titel auf Duldung der Zwangsvollstreckung erwirkt hat.

A.8.3.4 Formfreiheit von Bürgschaften

Abweichend vom BGB sieht § 350 HGB eine Lockerung des Formzwanges für Bürgschaften, Schuldversprechen oder ein Schuldanerkenntnis vor, indem die Formvorschriften der §§ 766 Satz 1 und 2, 780 und 781 Satz 1 und 2 BGB keine Anwendung finden, sofern die Bürgschaft auf der Seite des Bürgen, das Versprechen oder das Anerkenntnis auf der Seite des Schuldners ein Handelsgeschäft ist.

Der Formzwang, der ja der Beweiserleichterung dient und zugleich eine Warnfunktion erfüllt, soll dann nicht gelten, wenn etwa die Bürgschaft auf Seiten des Bürgen ein Handelsgeschäft ist. Das Gesetz traut hier den Kaufleuten zu, dass sie auch ohne die Warnfunktion die rechtliche Tragweite derartiger Erklärungen erkennen. Ganz entscheidend ist nach § 350 HGB folglich, dass die Bürgschaft auf Seiten des Bürgen ein Handelsgeschäft ist. Nur dann greift die Befreiung von dem Formerfordernis. Was ein Handelsgeschäft ist, finden Sie wiederum in § 343 HGB. Dort ist zu prüfen, ob die Bürgschaft Handelsgeschäft, mithin der Bürge Kaufmann ist. In Klausuren wird hier häufig nicht sauber gearbeitet und bereits im Rahmen des § 350 HGB geprüft, ob der Bürge Kaufmann ist. Kommt es in § 350 HGB darauf an?

> **?** **Übung A.8.1**
>
> G handelt mit Betonfertigteilen. In seinem Betrieb hat er 47 Arbeiter beschäftigt und er verfügt über eine eigene Lohnbuchhaltung. Der Zahlungsverkehr wird im Wesentlichen über Kreditinstitute abgewickelt. G ist nicht in das Handelsregister eingetragen. G unterhält zu seinem Betonlieferanten N seit acht Jahren gute und konstante Lieferbeziehungen. Als N in finanzielle Schwierigkeiten gerät und einen Kredit bei der D Bank aufnehmen muss, bittet er G gegenüber der D-Bank eine Bürgschaft für diesen Kredit in Höhe von € 20.000,– zu übernehmen. G willigt ein. Die D-Bank faxt ihm die Bürgschaftserklärung in sein Büro, G unterschreibt und faxt sie an die Bank zurück. Nachdem N plötzlich spurlos verschwunden ist, begehrt die D-Bank von G Zahlung der Restschuld in Höhe von € 14.500,– und nimmt G aus der Bürgschaft in Anspruch. G wendet nun ein, die Bürgschaft sei ja nicht wirksam, da sie schriftlich hätte erteilt werden müssen. Trifft dies zu?

Wer in dem vorstehenden Übungsfall seine Lösung mit dem Satz beginnt: *„Fraglich ist, ob G Kaufmann ist"*, hat bereits verloren. Ist das entscheidend? Hier geht es um die Wirksamkeit der Bürgschaft, die nach § 766 BGB grundsätzlich der Schriftform bedarf. Die Erklärung per Fax ist nach § 766 Satz 2 BGB (lesen!) ausgeschlossen. Das Formerfordernis könnte aber nach § 350 HGB entbehrlich sein, sofern die Bürgschaft auf Seiten des Bürgen ein Handelsgeschäft ist. Und was ist dafür erforderlich? Versuchen Sie den Fall selbst zu lösen.

A.8.3.5 Keine Einrede der Vorausklage

Da wir gerade bei Bürgschaften sind, ist es angebracht § 349 HGB (lesen!) kurz anzusprechen. Ist die Bürgschaft für den Bürgen ein Handelsgeschäft, so steht im die Einrede der Vorausklage nach § 771 BGB nicht zu. Ist die Bürgschaft somit Handelsbürgschaft, so ist sie nach § 349 HGB eine selbstschuldnerische Bürgschaft. Der Unterschied zum zivilen Recht ist in der Praxis dennoch nicht gravierend, da auf die Einrede der Vorausklage nach § 773 Abs. 1 Ziffer 1 BGB verzichtet werden kann, was in der Praxis der Kreditsicherung der Regelfall ist, indem der Verzicht bereits in der Bürgschaftserklärung vorgesehen (und meistens vorformuliert) ist.

A.8.3.6 Gesetzlicher Zinssatz und Fälligkeit

Der gesetzliche Zinssatz beträgt abweichend von § 246 BGB (4 %) nach § 352 HGB (lesen!) 5.%. Gilt dies auch, wenn sich ein Kaufmann in Zahlungsverzug befindet?

Sicher sind Sie nicht auf die Frage reingefallen. Die Verzugszinsen sind im Bürgerlichen Gesetzbuch in § 288 BGB geregelt und betragen fünf Prozentpunkte über dem Basiszinssatz nach § 247 BGB. Diese Vorschriften gelten auch unter Kaufleuten, da für Verzugszinsen keine Sonderregelungen bestehen. Nur der gesetzliche Zinssatz ist folglich mit 5 % höher. § 352 HGB verlangt für den höheren Zinssatz, dass ein zweiseitiges Handelsgeschäft vorliegt. Er gilt also nur bei zweiseitigen Handelsgeschäften.

Auch nur für zweiseitige Handelsgeschäfte gilt § 353 HGB (lesen!). Danach müssen Kaufleute Geldforderungen aus beiderseitigen Handelsgeschäften bereits ab *Fälligkeit* verzinsen und nicht erst ab Eintritt des Verzuges. Welcher Zinssatz gilt dann?

Da ein beiderseitiges Handelsgeschäft vorliegt gilt § 352 HGB (5 %) und ab Verzugseintritt gelten die §§ 288, 247 BGB (fünf Prozentpunkte über dem Basiszinssatz). Sie sehen, bei Geld und Zinsen kennt der Kaufmann kein Pardon – *pecunia non olet!*

A.8.3.7 Unwirksamkeit von Abtretungsverboten

Abtretungsverbote sind nach § 399 BGB (lesen!) zulässig, wenn die Abtretung durch Vereinbarung zwischen Gläubiger und Schuldner ausgeschlossen ist. Das Handelsrecht hält auch hier mit § 354a HGB eine Abweichung bereit. Ist nämlich das Rechtsgeschäft, das die Forderung begründet hat, für beide Teile ein Handelsgeschäft oder ist der Schuldner eine juristische Person des öffentlichen Rechts oder ein öffentlich-rechtliches Sondervermögen, so ist die Abtretung trotz eines vereinbarten Verbotes wirksam. Allerdings kann der Schuldner nach § 354a Satz 2 HGB weiterhin mit schuldbefreiender Wirkung an den bisherigen Gläubiger leisten.

Beispiel A.8.4

Autohersteller M und Vertragshändler V stehen in ständiger Geschäftsbeziehung. Den regelmäßigen Pkw-Käufen zwischen M und V liegen AGB zugrunde, in denen die Abtretung der Kaufpreisforderung ausdrücklich ausgeschlossen wurde. M tritt seine Kaufpreisforderung gegen V dennoch zur Sicherheit für ein Darlehen an die Sparkasse Emsland ab. Die Sparkasse verlangt Zahlung von V. Der Anspruch des V besteht zu Recht, da die Abtretung trotz des Ausschlusses nach § 354a HGB wirksam ist.

A.8.3.8 Gutgläubiger Erwerb

Den gutgläubigen Erwerb kennen Sie aus dem Sachenrecht und zwar aus den Vorschriften über den Eigentumserwerb an beweglichen Sachen. Dort ist in den §§ 932 ff. BGB auch der gutgläubige Erwerb geregelt. Geschützt wird hier der gute Glaube an das Eigentum. Nicht dagegen der gute Glaube an die Verfügungsmacht, der im zivilen Recht grundsätzlich keinen Schutz genießt (deshalb gibt es auch keinen gutgläubigen Forderungserwerb).

Vielleicht wundert es Sie, dass Regelungen über den gutgläubigen Erwerb sich nun im Handelsrecht wiederfinden. Aber das Handelsrecht enthält hier im Grunde keine gesonderten, abweichenden Regelungen, sondern vielmehr neben den Gutglaubenvorschriften der §§ 932 ff. BGB einen zusätzlichen Gutglaubenstatbestand. § 366 Abs. 1 HGB (lesen!) schützt neben dem guten Glauben an das Eigentum auch den guten Glauben an die Verfügungsmacht.

Voraussetzung nach § 366 Abs. 1 HGB ist, dass der Veräußerer Kaufmann sein muss. Der Kaufmann muss im Betriebe seines Handelsgewerbes eine ihm nicht gehörige bewegliche Sache veräußern. § 366 HGB greift also nicht bei der Veräußerung von Immobilien und Rechten. Die Veräußerung muss ferner im Betriebe des Handelsgewerbes erfolgen, also betriebsbezogen sein. Und schließlich muss der Erwerber gutgläubig sein. Der gute Glaube bezieht sich hier aber auf die Verfügungsberechtigung. Hinsichtlich der Verfügungsberechtigung muss guter Glaube vorliegen. Kenntnis und grob fahrlässige Unkenntnis schaden. Hier gilt § 932 Abs. 2 BGB entsprechend.

▶ Beispiel A.8.5

Carola bringt ihr Cabrio zu Fritz, der eine Autowerkstatt betreibt und mit seiner Firma im Handelsregister eingetragen ist, zur Inspektion. Günter sieht das Fahrzeug bei Fritz und fragt, ob es zu kaufen sei. Fritz behauptet, er habe es in Kommission genommen und verkaufe es für € 12.300,–. Günter willigt ein und zahlt den Kaufpreis. Nach dem Kfz-Brief hat er nicht gefragt, da er Fritz geglaubt hat. Gutgläubigkeit hinsichtlich des Eigentums scheitert hier, da sich Günter den Kfz-Brief nicht zeigen lässt. Damit scheitert auch ein gutgläubiger Erwerb nach § 932 BGB. In Betracht kommt nun § 366 Abs. 1 HGB. Fritz ist Kaufmann nach § 2 HGB. Günter müsste jetzt auf die Verfügungsmacht des Fritz vertraut haben. Da dies wohl der Fall ist, könnte er nach § 366 Abs. 1 HGB gutgläubig erwerben.

Wandeln wir den Fall etwas ab. Fritz behauptet nun, er solle das Fahrzeug im Auftrag und im Namen von Carola verkaufen. Dann tritt Fritz als Vertreter auf. Der Vertreter handelt im fremden Namen und hat keine Verfügungsmacht. Die Frage, ob § 366 HGB analog auch auf diesen Fall und damit auf Fälle des guten Glaubens an die Vertretungsmacht angewendet werden kann, ist äußerst strittig (zum Stand der verschiedenen Meinungen *K. Schmidt*, § 23 III 1 b). Die Vorschrift schützt das Vertrauen in die Verfügungsmacht des Kaufmannes. Da sich der Kaufmann in der Realität zum Betriebe seines Handelsgewerbes Hilfspersonen bedient, liefe § 366 HGB faktisch leer, wenn er nicht auch analog den guten Glauben an die Vertretungsmacht schützen würde, der deshalb auch von § 366 HGB geschützt sein muss.

A.8.4 Der Handelskauf

Nachdem wir uns mit den allgemeinen Vorschriften, die für Handelsgeschäfte gelten, beschäftigt haben, kommen wir nun zu einem besonderen Handelsgeschäft, dem Handelskauf.

A.8.4.1 Begriff

Wie schon der Begriff verrät, geht es um den Kaufvertrag im Bereich des Handelsverkehrs, eben den Handelskauf. Für den Handelskauf gelten die §§ 373–381 HGB, die den allgemeinen Vorschriften (§§ 343–372 HGB) vorgehen. Diese Vorschriften verfolgen einmal mehr das Ziel, die im Handelsverkehr begründeten Rechtsbeziehungen rasch zu klären und zügig abzuwickeln.

Auf eine Definition des Handelskaufes hat das Handelsrecht verzichtet. Vielmehr startet es sogleich, getreu seinem Ziel (rasch und zügig) mit dem Annahmeverzug. Bevor wir uns damit beschäftigen, wollen wir dennoch eine nähere Begriffbestimmung des Handelskaufes wagen. Erforderlich ist zumindest ein einseitiges Handelsgeschäft, also der Handelskauf muss zumindest für eine Partei zum Betrieb ihres Handelsgewerbes gehören. Ferner können Gegenstand des Handelskaufes bewegliche Sachen und (verkehrsfähige) Wertpapiere sein. Die Vorschriften über den Handelskauf sind folglich nicht auf Grundstücksgeschäfte anwendbar.

 Der Handelskauf muss für eine Partei zum Betrieb ihres Handelsgewerbes gehören und hat bewegliche Sachen und Wertpapiere zum Gegenstand.

A.8.4.2 Annahmeverzug

Die Rechtsposition des Verkäufers beim Annahmeverzug wird durch § 373 HGB (lesen!) verstärkt. Der Verkäufer erhält nach § 373 Abs. 1 HGB für den Fall des Annahmeverzuges des Käufers das Recht, die Ware auf Gefahr und Kosten des Käufers in einem öffentlichen Lagerhaus oder sonst in sicherer Weise zu hinterlegen. Er ist also nicht auf eine Hinterlegung beim Amtsgericht, wie sie in den §§ 372 ff. BGB vorgesehen ist, beschränkt. Voraussetzung ist allerdings der Annahmeverzug des Käufers. Dieser richtet sich nach den §§ 293 ff. BGB.

Dessen nicht genug. § 373 Abs. 2 Satz 1 HGB (lesen!) räumt dem Verkäufer darüber hinaus die Befugnis ein, nach vorheriger Androhung die Ware öffentlich versteigern zu lassen. Soweit die Waren oder Wertpapiere einen Börsen- oder Marktpreis haben, ist er auch befugt, diese freihändig zu verkaufen. Nach § 373 Abs. 3 HGB (lesen!) erfolgt der Selbsthilfeverkauf auf Rechnung des Käufers, wobei der Verkäufer nach § 667 BGB) die Herausgabe des Erlöses schuldet. Er kann gegen den Herausgabeanspruch des Käufers aber wiederum mit seinem Kaufpreisanspruch aufrechnen. § 374 HGB (lesen!) stellt lediglich klar, dass daneben die Befugnisse, die dem Verkäufer nach den §§ 293 ff. BGB zustehen, gelten.

A.8.4.3 Bestimmungskauf

§ 375 HGB regelt den Bestimmungs- oder Spezifikationskauf. Er setzt voraus, dass die Bestimmung über Form, Maß oder ähnliche Verhältnisse noch vorbehalten ist und durch den Käufer erfolgen soll.

 Beispiel A.8.6

Wir erinnern uns an Autohersteller M und Vertragshändler V aus dem Beispiel unter Punkt A.8.4. V bestellt bei M fünf Off-Road-Fahrzeuge einer bestimmten Modellserie. Er behält sich aber die Getriebeausstattung (Automatik oder Schaltgetriebe) noch vor.

Kommt V seiner Pflicht zur Bestimmung nicht nach, so gerät er hiermit in Verzug und zwar in Schuldnerverzug, wenn er trotz Mahnung oder nach Ablauf der für die Bestimmung bestimmten Zeit seiner Bestimmungspflicht nicht nachkommt. Ab Verzug kann der Verkäufer die Bestimmung nach § 375 Abs. 2 Satz 1 HGB selbst vornehmen. Er kann dann auch einen etwaigen Verzugsschaden vom Käufer verlangen (§ 280 Abs. 1 und 2, § 286 Abs. 1 BGB). Über die Ausübung seines Selbstbestimmungsrechtes hat der Verkäufer den Käufer nach § 375 Abs. 2 Satz 2 HGB (lesen!) Mitteilung zu machen und ihm eine angemessene Frist zu setzen, innerhalb der der Käufer eine anderweitige Bestimmung vornehmen kann.

Nach § 375 Abs. 2 Satz 1 HGB (lesen!) kann der Verkäufer aber auch auf eine Selbstbestimmung verzichten und nach den §§ 280, 281 BGB Schadensersatz statt der Leistung verlangen. Er kann aber auch vom Vertrag zurücktreten (§§ 281 Abs. 1, 323 Abs. 1 BGB).

A.8.4.4 Fixhandelskauf

Der in § 376 HGB (lesen!) geregelte Fixhandelskauf knüpft an das Fixgeschäft alten Rechts (§ 361 BGB a. F.) an. Das BGB regelt diesen Fall nun in § 323 Abs. 2 Ziff. 2 BGB (lesen!). In beiden Fällen ist das relative Fixgeschäft gemeint. Beim relativen Fixgeschäft wird vereinbart, dass die Leistung genau zu einer fest bestimmten Zeit oder innerhalb einer fest bestimmten Frist bewirkt werden soll. Das Geschäft steht und fällt mit der Termineinhaltung. Die Terminfixierung geht hier über die kalendermäßige Bestimmung nach § 286 Abs. 2 Ziff. 1 BGB hinaus. Zur Fixierung bedarf es daher Klauseln wie „fix", „fix und prompt", „genau am … (Zeitpunkt)", „präzise zum … (Zeitpunkt)". Nicht ausreichen sollen Klauseln wie „umgehend" oder „schleunigst" (zum ganzen *K. Schmidt*, § 29 II 4 a mit zahlreichen Rechtsprechungsnachweisen).

Da das Geschäft mit der Einhaltung des Termins steht und fällt, gehen auch die Rechtsfolgen, die an die Terminsüberschreitung geknüpft sind, über die Folgen des Schuldnerverzuges hinaus. Die Rechtsfolgen richten sich, wenn das Geschäft zumindest für einen Teil Handelsgeschäft ist, nach § 376 Abs. 1 HGB (lesen!). Danach kann der Gläubiger der Leistung vom Vertrag zurücktreten, wenn die Leistung nicht zu der bestimmten Zeit oder nicht innerhalb der bestimmten Frist erfolgt.

Sofern sich der Schuldner auch in Schuldnerverzug befindet (dies setzt neben den Voraussetzungen des § 286 Abs. 1 und 2 BGB grundsätzlich Verschulden voraus), kann der Gläubiger statt Erfüllung Schadensersatz wegen Nichterfüllung verlangen.

Außerhalb des Handelsrechts kann der Gläubiger beim Fixgeschäft zwar nach § 323 Abs. 2 Ziff. 1 BGB auch vom Vertrag zurücktreten, jedoch muss er im Vertrag den Fortbestand seines Leistungsinteresses an die Rechtzeitigkeit der Leistung gebunden haben. Schadensersatz wegen Nichterfüllung kann er nicht verlangen.

Neben dem relativen Fixhandelskauf gibt es das absolute Fixgeschäft, das gesetzlich weder im BGB noch im HGB geregelt ist. Der wesentliche Unterschied zum relativen Fixgeschäft besteht darin, dass beim absoluten Fixgeschäft die Leistung nach dem fixen Termin nicht mehr erbracht werden kann und deshalb ein Fall der Nichterfüllung vorliegt (Bsp.: der Weihnachtsbaum wird am 20. Februar geliefert, die Hochzeitstorte trifft drei Tage nach der Hochzeit ein).

A.8.4.5 Haftung für Sachmängel

Für die Haftung für Sachmängel gelten grundsätzlich die zivilrechtlichen Vorschriften (§§ 437 ff. BGB). Ob also ein Sachmangel vorliegt, bestimmt sich zunächst nach diesen Regeln. Das HGB geht insoweit über die §§ 437 ff. BGB hinaus, als es dem Käufer durch § 377 Abs. 1 HGB (lesen!) auferlegt, die Ware unverzüglich zu untersuchen und, wenn sich ein Mangel zeigt, diesen dem Verkäufer unverzüglich anzuzeigen.

Der Käufer muss also unverzüglich Untersuchen und im Falle eines Mangels auch unverzüglich rügen. Diese Pflichten sind von großer praktischer Bedeutung. Hinter ihr verbirgt sich einmal mehr das Ziel der handelsrechtlichen Vorschriften nach Klarheit und Schnelligkeit der Abwicklung handelsrechtlicher Geschäfte.

Tatbestandsvoraussetzungen

§ 377 Abs. 1 HGB setzt ein zweiseitiges Handelsgeschäft voraus, kommt also nur zur Anwendung, wenn das Handelsgeschäft für beide Teile zum Betrieb ihres Handelsgewerbes gehört. Ferner muss die Ware durch den Verkäufer abgeliefert sein. Damit ist nicht die Übergabe nach § 929 BGB oder die Annahme gemeint. Ablieferung meint eine tatsächliche Handlung des Verkäufers oder seiner Hilfspersonen, durch die der Käufer die Verfügungsmacht über die Ware dergestalt erhält, dass er ihre Beschaffenheit nachprüfen kann (*Stuhlfelner* in HK-HGB, § 377 Rz. 2). Ferner muss die Ware mangelhaft sein, was sich nach § 434 BGB und § 360 HGB richtet. Liegen diese Voraussetzungen vor, trifft den Käufer die Rügelast. Er muss die Ware unverzüglich untersuchen und, sofern er dabei einen Mangel feststellt, diesen unverzüglich dem Verkäufer anzeigen.

Rechtsfolgen

Die Rechtsfolge ergibt sich aus § 377 Abs. 2 HGB (lesen!). Unterlässt der Käufer die Anzeige, gemeint ist hier die Anzeige des Mangels, so gilt die Ware als genehmigt. Hier haben wir wieder eine Fiktion. Fingiert wird hier aber nicht das Einverständnis des Verkäufers mit der Mangelhaftigkeit, sondern die Warenbeschaffenheit gilt als vertragsgemäß bzw. die Lieferung als ordnungsgemäß (BGH NJW 1980, 782, 784). Dies gilt jedoch nach § 377 Abs. 2, 2. Halbsatz HGB (lesen!) nicht, wenn der Mangel bei der Untersuchung nicht erkennbar war.

➡ Beispiel A.8.7

Alfons Albrecht, Inhaber einer großen und überregionalen Lebensmittelkette, kauft regelmäßig bei Großhändler Banana Bernd Bananen ein. Die Bananen werden in Kisten zu je 10 kg auf Paletten verpackt, wobei 75 Kisten auf einer Palette verstaut sind. Die Bananen werden direkt nach dem Löschen der Ladung vom Schiff in den Verkaufshallen eines Großmarktes von Banana Bernd an Einzelhändler verkauft. Alfons kauft persönlich die Ware jeden Montag früh, um 02:00 Uhr, ein und nimmt wöchentlich 2250 Kisten der Sorte *Delponto* – Costa Rica ab. Die Ware wird sofort auf Kühlwagen geladen und an seine Lebensmittelmärkte verteilt. Vor Verladung auf die Kühlwagen prüft Alfons stichprobenartig die Ware, indem er stets nur zwei Kisten aus der Gesamtcharge öffnet. Er ißt eine Banane und stellt keinen Mangel fest. Nach dem die Lieferung an seine Lebensmittelmärkte verteilt worden ist, kommt es am Donnerstag zu massiven Beschwerden von Kunden, die die Bananen als ungenießbar und verfault rügen. Tatsächlich wurden die Bananen auf der Plantage in Costa Rica versehentlich mit einem Insektengift besprizt, das zwar Schädlinge erfolgreich bekämpft, aber leider die Frucht schwarz färbt und ungenießbar macht. Noch am Donnerstag melden die Filialleiter der Lebensmittelmärkte Alfons diesen Reklamationsvorfall. Alfons wendet sich noch am Donnerstag an Banana Bernd, rügt die Mangelhaftigkeit der Ware und verlangt gegen Rückgabe der Ware sein Geld zurück. Kann er das?

Alfons verlangt Rücktritt. Dieses Verlangen könnte er auf § 437 Nr. 2, 1 Fall i. V. m. § 434 Abs. 1 Satz 2 Ziffer 2 BGB und § 323 Abs. 1 BGB (lesen!) stützen. Dies setzt zunächst einen wirksamen Kaufvertrag voraus, der nach dem Sachverhalt geschlossen wurde. Wir können hier bereits festhalten, dass ein beiderseitiger Handelskauf vorliegt, da der hier geschlossene Kaufvertrag sowohl für Alfons als auch für Bernd zum Betrieb ihres Handelsgewerbes gehörte. Insofern ist Handelsrecht zu beachten. Ferner müssten die Bananen mangelhaft sein. Da weder eine Beschaffenheit vertraglich vereinbart noch eine bestimmte Verwendung vertraglich vorausgesetzt war, müssen die Bananen eine Beschaffenheit von mittlerer Art und Güte aufweisen (§ 360 HGB). Eine solche liegt bei ungenießbaren Bananen nicht vor. Damit sind sie für die gewöhnliche Verwendung, nämlich den schlichten Verzehr, nicht geeignet. Wegen fehlender Genießbarkeit waren sie nach § 437 Nr. 2, 1 Fall BGB mangelhaft. Der Mangel lag bereits bei Übergabe nach § 446 BGB (lesen!) vor. Alfons könnte folglich vom Vertrag zurücktreten, sofern auch die Voraussetzungen des § 323 Abs. 1 BGB (lesen!) erfüllt sind. Danach müsste er Bernd eine angemessene Frist zur Nacherfüllung setzen.

Wir haben bereits festgestellt, dass ein zweiseitiges Handelsgeschäft vorliegt. Deshalb könnte der Nachlieferungsanspruch des Alfons durch § 377 Abs. 2 HGB ausgeschlossen sein, wenn Alfons seiner Rügepflicht aus § 377 Abs. 1 HGB nicht nachgekommen ist. Dies ist nun zu prüfen. Alfons wurde der Mangel am Donnerstag bekannt. Fraglich ist jetzt, ob die Mängelrüge am Donnerstag noch unverzüglich erfolgt ist. Alfons könnte sich nun auf § 377 Abs. 3 HGB (lesen!) berufen. Danach muss die Anzeige unverzüglich nach der Entdeckung gemacht werden, wenn sich ein Mangel später zeigt. Der Mangel hat sich erst am Donnerstag gezeigt und noch an diesem Tag hat Alfons ihn angezeigt.

Thomas Tegen

Aber § 377 Abs. 3 HGB setzt voraus, dass der Mangel bei einer unverzüglichen Untersuchung nach Ablieferung nicht erkennbar war und sich eben erst später zeigt. Dies folgt aus dem Umkehrschluss des 2. Halbsatzes in § 377 Abs. 2 HGB. Die Rechtsfolge des § 377 Abs. 2, 1. Halbsatz HGB tritt nur dann ein, wenn der Mangel bei der Untersuchung erkennbar war. War der Mangel erkennbar, muss unverzüglich gerügt werden. Ob der Mangel erkennbar war, richtet sich danach, ob er bei einer unverzüglichen Untersuchung zutage getreten wäre. Hier stellt sich die Frage, ob die Untersuchung unverzüglich und so durchgeführt wurde, wie dies ein ordnungsgemäßer Geschäftsgang erfordert.

Nach § 377 Abs. 1 HGB hat Alfons die Ware unverzüglich zu untersuchen, soweit dies nach ordnungsmäßigem Geschäftsgange tunlich ist. Alfons hat stichprobenartig zwei Kisten geöffnet, eine Banane gegessen und keine Mängel festgestellt. Fraglich ist aber, ob diese Art der Untersuchung nach ordnungsmäßigem Geschäftsgange tunlich ist. Was würden Sie sagen? Immer erst selbst die Antworten suchen. Das Problem ist hier die Stichprobe. Ist eine Stichprobe ausreichend? Andererseits wird man wohl nicht verlangen können, dass Alfons alle Bananen probiert (dann bleibt für die Kunden nichts mehr übrig). Stichproben genügen nach Ansicht der Rechtsprechung, sofern sie statistisch sinnvoll angelegt sind (OLG Köln Computer und Recht 1998, 335). Dies soll dann der Fall sein, wenn die Stichprobe geeignet ist, Mängel zu entdecken. Wie steht es hier? Wer rechnen kann ist klar im Vorteil. Bei 30 Paletten müsste zumindest pro Palette eine Kiste geöffnet werden. Die Öffnung von nur zwei Kisten von 2250 ist ein statistisch nicht geeignetes Stichprobenverfahren, um Mängel festzustellen. Damit hat Alfons die Ware nicht so untersucht, wie dies ein ordnungsgemäßer Geschäftsgang erfordert. Hieran knüpft § 377 Abs. 2 HGB (lesen!) aber noch *nicht* die Rechtsfolge. Die Verletzung der Untersuchungspflicht führt nur dazu, dass der Mangel unverzüglich

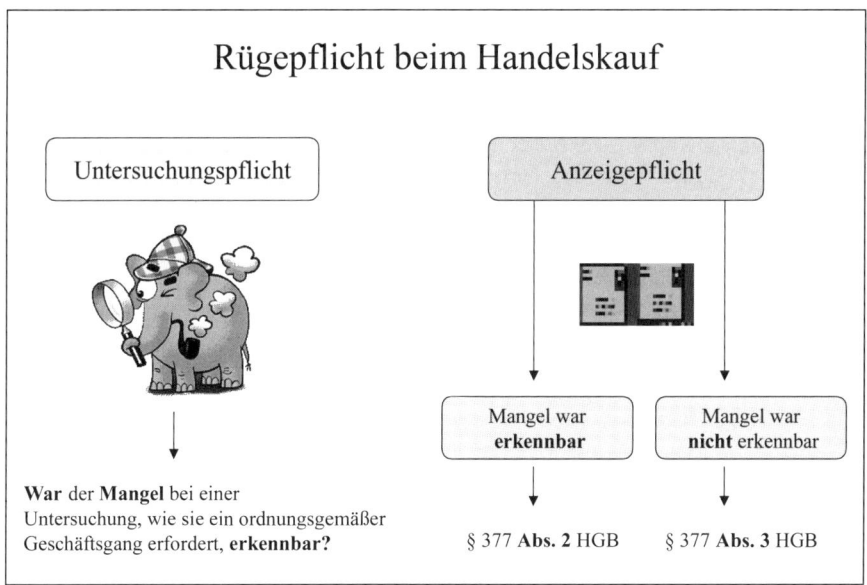

Abbildung A.8.4.5: Rügepflicht beim Handelskauf,
(Clipart – Quelle: www.123gif.de)

Thomas Tegen

nach Ablieferung hätte erkannt werden können. Der Mangel war also erkennbar. Dann aber hätte Alfons ihn unverzüglich rügen müssen. Unverzüglich meint hier wie in § 121 BGB „ohne schuldhaftes Zögern". Die erst Donnerstag erfolgte Rüge ist also nicht unverzüglich erfolgt. Damit tritt die Rechtsfolge des § 377 Abs. 2 HGB ein und die Ware gilt als genehmigt. Die Lieferung der 2250 Kisten gilt folglich als eine Lieferung von Ware mittlerer Art und Güte, mithin eine ordnungsgemäße Lieferung.

§ 377 HGB kommt nicht nur bei Mängeln nach § 434 Abs. 1 GBG, sondern auch bei Quantitätsabweichungen (es wird weniger geliefert als vereinbart) oder Aliud-Lieferungen (es wird eine andere Sache als vereinbart – etwa Apfelsinen statt Bananen – geliefert) über § 434 Abs. 3 BGB zur Anwendung. Vor der Schuldrechtsreform war die Untersuchungs- und Rügepflicht bei Mengenfehlern oder Falschlieferung in § 378 HGB a. F. geregelt. Zu beachten ist, dass diese Vorschrift für sog. Altfälle, also Verträge die vor dem 1.1.2002 geschlossen wurden, noch Bedeutung hat. Allerdings dürfte es sich hier faktisch nur noch um Fälle des § 377 Abs. 3 HGB handeln.

A.8.5 Das Kommissionsgeschäft

Wir kommen nun zu dem letzten besonderen Handelsgeschäft, dass wir uns näher ansehen wollen. Wir haben den Kommissionär schon bei der Abgrenzung zum Kommissionsagent unter Punkt A.6.4.1 kurz erwähnt. Die Vorschriften über das Kommissionsgeschäft finden sich in den §§ 383–406 HGB.

A.8.5.1 Begriff und Struktur

Im Unterschied zum Stellvertreter und Handelsvertreter handelt der Kommissionär im eigenen Namen und für fremde Rechnung. Deshalb wird in diesem Fall auch von mittelbarer oder verdeckter Stellvertretung gesprochen. In § 383 HGB (lesen!) wird einerseits vom Kommissionär und andererseits vom Kommissionsvertrag gesprochen. Nun sollte man meinen, der Kommissionsvertrag sei der Vertrag, den der Kommissionär schließt. Dies ist nur bedingt richtig. Das Gesetz meint mit Kommissionär in § 383 Abs. 1 HGB denjenigen, der gewerbsmäßig Kommissionsgeschäfte betreibt, den Kommissionsunternehmer, der stets Kaufmann kraft Kommissionsgewerbe ist. § 383 Abs. 2 HGB (lesen!) stellt denn auch klar, dass die Vorschriften über das Kommissionsgeschäft auch auf Kleingewerbebetreibende nach § 2 HGB Anwendung finden.

> **!** Das Kommissionsgeschäft ist vom Kommissionär als Kommissionsunternehmer zu unterscheiden. Auch ein Nichtkaufmann kann ein Kommissionsgeschäft schließen. Die Vorschriften über das Kommissionsgeschäft kommen nach § 383 Abs. 2 gleichwohl zur Anwendung.

Die Kaufmannseigenschaft ist demnach nicht erforderlich, um ein Kommissionsgeschäft zu schließen.

Neben dem Kommissionär tritt der Kommittent, für den der Kommissionär tätig wird und für dessen Rechnung er handelt. Das Rechtsgeschäft, das beide verbindet, ist das Kommissionsgeschäft (es wird teils auch als Innenverhältnis bezeichnet). Daneben tritt der Dritte, mit dem der Kommissionär den Absatz- oder Einkaufsvertrag schließt (Verkaufs- oder Einkaufkommissionär). Dieses Rechtsgeschäft wird als Ausführungsgeschäft (oder Außenverhältnis) bezeichnet.

Können Sie herausfinden, wer aus dem Ausführungsgeschäft berechtigt und verpflichtet wird – der Kommissionär oder der Kommittent?

Wir machen uns die rechtsgeschäftliche Struktur zunächst anhand der folgenden Übersicht klar:

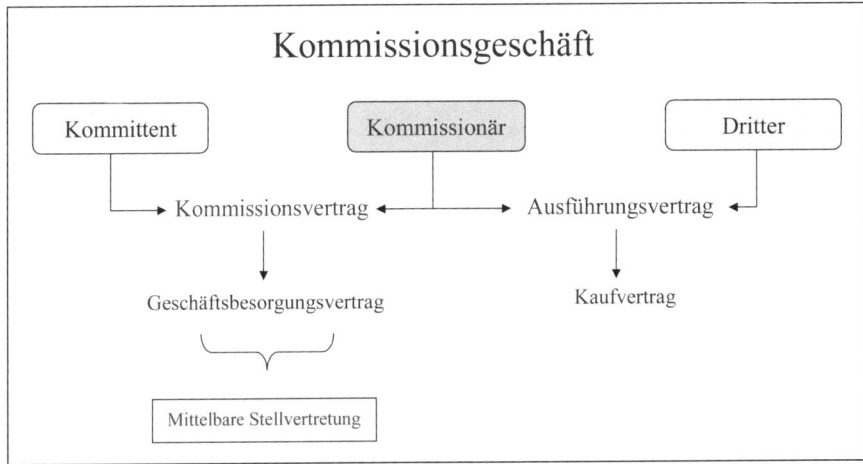

Abbildung A.8.5.1: Kommissionsgeschäft

Wie die Abbildung zeigt, wird aus dem Ausführungsgeschäft der Kommissionär und der Dritte berechtigt und verpflichtet. Es handelt sich ja gerade nicht um einen Fall der echten Stellvertretung, in dem nach § 164 Abs. 1 BGB (lesen!) durch das Vertreterhandeln der Vertretende berechtigt und verpflichtet wird. Damit stehen die Ansprüche aus dem Ausführungsvertrag auch dem Kommissionär und nicht dem Kommittenten zu.

Beispiel A.8.8

Nehmen wir an der Kommissionär Bernd ist Autohändler. Bert nimmt für Julius (Kommittent) einen Sportwagen in Kommission. Damit wird Bert nicht Eigentümer des Sportwagens. Dies bleibt weiter Julius. Verkauft er den Sportwagen an den Käufer Heinrich, kommt zwischen Bert und Heinrich ein Kaufvertrag zustande, aus dem Bert und Heinrich berechtigt und verpflichtet werden. Die Übereignung des Sportwagens zur Erfüllung des Kaufvertrages erfolgt zwischen Julius und Heinrich nach den §§ 929, 185 Abs. 1 BGB. Ein Durchgangserwerb des Eigentums bei Bert findet nicht statt. Bert steht nun allerdings der Anspruch auf Zahlung des Kaufpreises nach § 433 Abs. 2 BGB zu, was aus der Sicht des Julius zunächst problematisch erscheint. Hierzu sogleich mehr.

Das Kommissionsgeschäft hat an wirtschaftlicher Bedeutung verloren. Es ist heute vor allem im Wertpapierhandel (Effektenkommission) und beim Gebrauchtwagenkauf anzutreffen. Im Bereich des Bankrechts ist zu beachten, dass der Handel mit Wertpapieren den Regelungen des Kapitalmarktrechtes unterliegt. Die in § 383 HGB genannten Kommissionsgeschäfte sind entweder Verkaufs- oder Einkaufskommissionen, je nach dem, ob der Kommissionär für den Kommittenten verkauft oder einkauft.

A.8.5.2 Pflichten des Kommissionärs

Wir schauen uns nun die Pflichten des Kommissionärs aus dem Kommissionsvertrag an. Nach § 384 Abs. 1 HGB (lesen!) ist der Kommissionär verpflichtet, die Interessen des Kommittenten wahrzunehmen und dessen Weisungen zu befolgen. Die Beachtung der Weisungen des Kommittenten ist von besonderer Wichtigkeit, da ihre Missachtung nach § 385 Abs. 1 HGB (lesen!) zu zweierlei führt:

- Schadensersatzpflicht des Kommissionärs und
- der Kommittent braucht das Geschäft nicht für seine Rechnung gelten zu lassen.

Letzteres gilt allerdings nur bei erheblichen Abweichungen von den Weisungen des Kommittenten.

 Beispiel A.8.9

Bleiben wir bei unserem soeben genannten Beispiel (unter 8.8). Nur hat Julius dem Bert angewiesen, er möge den Spotwagen auf keinen Fall unter € 30.000,– veräußern. Bert findet keinen Käufer und entschließt sich, den Preis auf 28.500,– zu setzen. Jetzt schlägt Heinrich zu. Bert informiert gleich nach Abschluss des Vertrages Julius und erklärt ihm, er, Bert, komme für die Differenz auf. Julius meint, er lasse das Geschäft nicht gegen sich gelten. Bert möge nun sehen, wie er aus der „Nummer" heraus kommt.

In diesem Beispiel war die Weisung klar. Kein Verkauf unter € 30.000,–. Damit hat Bert grundsätzlich gegen diese Weisung verstoßen. Muss Julius den Vertrag gleichwohl für seine Rechnung gelten lassen?

Vertiefe Lesekenntnisse führen auch hier zum Erfolg. Nach § 386 Abs. 2 HGB (lesen!) ist der Kommittent zur Rückweisung des Ausführungsgeschäftes nicht berechtigt, wenn der Kommissionär zugleich mit der Anzeige des Ausführungsgeschäftes die Deckung des Preisunterschiedes anbietet. Dies ist aus der Sicht des Kommissionärs wirtschaftlich solange sinnvoll, wie seine Provision den Deckungsbetrag übersteigt.

Der Kommissionär hat noch weitere Pflichten zu beachten. Nach § 384 Abs. 2 HGB (lesen!) hat er dem Kommittenten den Abschluss des Ausführungsgeschäftes unverzüglich anzuzeigen. Ferner ist er verpflichtet, dem Kommittenten Rechenschaft abzulegen und ihm dasjenige herauszugeben, was er aus der Geschäftsbesorgung erlangt hat. Würde in unserem Beispiel Bert den Sportwagen nicht für € 28.500,–, sondern für € 31.999,– verkaufen, so kann Bert die Differenz nicht etwa behalten, sondern muss sie nach § 384 Abs. 2 HGB an Julius herausgeben. Dies wird durch § 387 Abs. 1 HGB (lesen!) nochmals deutlich. Aus der Rechenschaftspflicht folgt, dass er dem Kommittenten den Dritten ausreichend benennen muss.

Nach § 390 Abs. 1 HGB (lesen!) ist der Kommissionär verpflichtet, das Kommissionsgut mit der Sorgfalt eines ordentlichen Kaufmannes zu verwahren. Der Kommittent hat nur zu beweisen, dass ein Schaden während der Verwahrung beim Kommissionär entstanden ist. Der Kommissionär dagegen kann sich nur entlasten, indem er beweist, dass der Schaden auch bei Beachtung der Sorgfalt eines ordentlichen Kaufmannes entstanden wäre. Zur Versicherung des Kommissionsgutes ist der Kommissionär ohne ausdrückliche Weisung nicht verpflichtet (§ 390 Abs. 2 HGB).

A.8.5.3 Rechte des Kommissionärs

Dem Kommissionär steht nach § 396 Abs. 1 HGB (lesen!) ein Anspruch auf Provision zu, der allerdings erst nach der Ausführung des (Ausführungs-)Geschäfts entsteht. Ausführung bedeutet hier, dass das Ausführungsgeschäft wesentlich erfüllt und sein wirtschaftlicher Erfolg eingetreten sein muss (*Ruß* in HK-HGB, § 396, Rz. 1). Allein die Vermittlung oder der Abschluss des Ausführungsgeschäftes reichen nicht aus. Hat allerdings der Kommittent das Geschäft vereitelt, so behält der Kommissionär seinen Anspruch auf die Provision (§ 396 Abs. 1 Satz 2, 2. Fall HGB). Eine Auslieferungsprovision nach § 396 Abs. 2 Satz, 1. Fall HGB erhält der Kommissionär nur, wenn diese vereinbart und ortsüblich ist.

Neben dem Provisionsanspruch hat der Kommissionär einen Anspruch auf Aufwendungsersatz nach § 396 Abs. 2 HGB (lesen!). § 396 Abs. 2 HGB erweitert den Umfang des grundsätzlich nach den §§ 675, 670 BGB bestehenden Ersatzanspruches um Mieten (oder Pacht) für Lagerräume sowie Beförderungskosten (Fahrkosten).

In der Praxis des Kommissgeschäftes wichtig sind das dem Kommissionär zustehende gesetzliche Pfandrecht nach § 397 HGB (lesen!) an dem Kommissionsgut sowie das Befriedigungsrecht an eigenen Forderungen nach § 399 HGB (lesen!). Beide Rechte dienen dem Kommissionär als Sicherheit zur Durchsetzung seiner Provisions- und Ersatzansprüche gegen den Kommittenten. Nach § 397 HGB muss sich das Kommissionsgut in seinem Besitz befinden. Der Besitz von Ladeschein oder Konnossement genügt. Die Befriedigung nach § 399 HGB erfolgt durch Einziehung der Forderung nach den §§ 1282 ff. BGB. Ein Titel ist nicht nötig (*Ruß* in HK-HGB, § 399, Rz. 1). Das Sicherungsrecht aus § 399 HGB erlangt insbesondere im Falle der Insolvenz des Kommittenten Bedeutung. Dann nämlich führt § 399 HGB zu einer abgesonderten Befriedigung des Kommissionärs.

A.8.5.4 Das Ausführungsgeschäft

Wir haben schon festgestellt, dass das Ausführungsgeschäft zwischen dem Kommissionär und dem Dritten zustande kommt. In unseren Beispielfällen erwarb der Kommissionär Bert eine Forderung aus dem Autokaufvertrag mit Julius. Diese Forderung steht dem Kommissionär zu; er ist Inhaber dieser Forderung, was durch § 392 Abs. 1 HGB (lesen!) insofern nur klargestellt wird. Der Kommittent kann die Forderung dem Schuldner gegenüber erst nach Abtretung von dem Kommissionär an den Kommittenten geltend machen. Also braucht der Kommittent eine Verpflichtung des Kommissionärs zur Abtretung. In welcher Vorschrift steht diese Verpflichtung?

Nach § 384 Abs. 2, 2. Halbsatz HGB (lesen!) ist der Kommissionär verpflichtet, dem Kommittenten dasjenige herauszugeben, was er aus der Geschäftsbesorgung erlangt hat. Dazu gehört auch die Forderung gegen den Schuldner (Dritten). Der Kommissionär ist also verpflichtet, die Forderung an den Kommittenten abzutreten. Solange er

Gegenansprüche hat, wird er dieser Verpflichtung wegen § 399 HGB natürlich nicht nachkommen.

Hat der Kommissionär diese Forderung nicht an den Kommittenten abgetreten, so gilt sie nach § 392 Abs. 2 HGB (lesen!) zwischen dem Kommittenten und dem Kommissionär oder dessen Gläubiger als Forderungen des Kommittenten.

 Beispiel A.8.10

Würde in unserem Beispiel (oben unter Punkt A.8.8) Bert die gegen Heinrich aus dem Verkauf stammende Kaufpreisforderung nicht an Julius abtreten, sondern sie etwa zur Sicherheit für ein Darlehen an seine Bank abtreten, so würde in diesem Fall nach § 392 Abs. 2 HGB die Forderung als eine solche des Julius gelten. Damit konnte Bert die Forderung nicht an seine Bank abtreten, da er nicht Inhaber der Forderung war.

Da es ja keinen gutgläubigen Forderungserwerb (auch nicht im Handelsrecht) gibt, scheitert damit die Abtretung an die Bank.

Kommissionsgeschäfte sind typische Anwendungsfälle der sog. Drittschadensliquidation. Dabei tritt bei Abwicklung des Ausführungsgeschäftes ein Schaden des Kommittenten ein, der von dem Dritten oder dessen Gehilfen verursacht worden ist.

Nehmen wir hierzu wieder unser bekanntes Beispiel. Dieses Mal beauftragt Julius Bert für ihn, Julius, einen Sportwagen für € 25.000,– zu kaufen. Bert wird dieses Mal bei Herbert fündig. Es wird vereinbart, dass Herbert den Transport übernimmt und das Fahrzeug direkt an Julius liefert und übergibt. Herbert sichert den Sportwagen auf dem hierfür vorgesehenen Trailer nicht ordnungsgemäß und der Sportwagen rutscht in einer Kurve vom Trailer und wird total beschädigt. Welchen Anspruch könnte Julius gegen Herbert haben? Kommen vertragliche Ansprüche in Betracht?

Ein Vertrag zwischen Julius und Herbert besteht nicht, da das Ausführungsgeschäft (hier handelt es sich um einen Fall der Einkaufskommission) zwischen Bert und Herbert geschlossen wurde. Aber Julius könnte einen Anspruch aus § 823 Abs. 1 BGB haben. Auch dieser Anspruch greift nicht, da keines der dort genannten Rechtsgüter verletzt ist. Julius war ja noch nicht Eigentümer des Sportwagens (mangels Übergabe). Damit hat Julius den Schaden (er muss zahlen und hat dafür keinen Sportwagen). Allerdings hat Bert gegen Herbert aus dem Kaufvertrag einen Anspruch auf Leistung. Die Leistung, nämlich die Lieferung des ausgesuchten Sportwagens, ist jedoch für Herbert nach § 275 Abs. 1 BGB unmöglich geworden, weshalb seine Leistungspflicht entfällt. Da er dies zu vertreten hat, könnte Bert nach den §§ 283, 280 Abs. 1 BGB Schadensersatz von Herbert verlangen, wobei Bert jedoch der Schaden fehlt. Wir haben jetzt eine kuriose Situation: Julius ist geschädigt, hat aber keinen Anspruch. Bert hätte einen Anspruch, nur fehlt ihm der Schaden. In dieser Situation wird zunächst der Schaden zum Anspruch gezogen. Bert kann den Schaden des Julius bei Herbert geltend machen (den Schaden eines Dritten liquidieren). Dafür hat der Geschädigte einen Anspruch auf Abtretung des Schadensersatzanspruches nach § 285 BGB. Bert muss seinen Anspruch also an Julius abtreten (Drittschadensliquidation).

Zusammenfassung

Die Vorschriften über die Handelsgeschäfte teilen sich in einen (ersten) Abschnitt, der allgemeine Vorschriften für alle Handelsgeschäfte enthält und einen besonderen Abschnitt, in dem bestimmte Handelsgeschäfte, wie der Handelskauf und das Kommissionsgeschäft, gesondert geregelt sind. Diese Vorschriften enthalten teils vom zivilen Recht abweichende, teil ergänzende Vorschriften. In jedem Fall gilt das zivile Recht subsidiär. Die allgemeinen Vorschriften unterscheiden zwischen einseitigen und zweiseitigen Handelsgeschäften. Bei letzteren muss für jede Vertragspartei das Geschäft zum Betrieb ihres Handelsgewerbes gehören. Gewisse Vorschriften sind nur anwendbar, wenn ein zweiseitiges Handelsgeschäft vorliegt. Das Handelsrecht lässt dem Schweigen in zwei Fällen rechtliche Wirkung zukommen. Im Falle des Schweigens auf einen Antrag im Rahmen der Geschäftsbesorgung und auf ein kaufmännisches Bestätigungsschreiben. Abweichend von § 766 BGB kann die Erklärung einer Bürgschaft formfrei erfolgen, soweit sie auf Seiten des Bürgen ein Handelsgeschäft ist. Das Handelsrecht schützt auch den Glauben an die Verfügungsmacht, sofern eine bewegliche Sache vom Kaufmann im Betrieb seines Handelsgewerbes veräußert wird. Ein Handelskauf liegt vor, wenn das Geschäft für eine Partei zum Betrieb ihres Handelsgewerbes gehört. Beim Handelskauf trifft den Kaufmann eine Rügepflicht. Er muss die Ware unverzüglich untersuchen und erkannte Mängel unverzüglich anzeigen. Verstößt er gegen die Anzeigepflicht, so gilt die Lieferung als ordnungsgemäß. Beim Kommissionsgeschäft ist zu beachten, dass der Kommissionär im eigenen Namen und für fremde Rechnung handelt. Deshalb wird er und nicht der Kommittent aus dem Ausführungsgeschäft mit dem Dritten verpflichtet.

Aufgaben zur Selbstüberprüfung

1. Erklären Sie den Unterschied zwischen einem kaufmännischen Bestätigungsschreiben und einer Auftragsbestätigung.
2. Wann wird der gute Glaube an die Verfügungsmacht nicht geschützt?
3. Wird ein Kontokorrent nur bei einem Kontokorrentkredit vereinbart?
4. Kann die Bank nach Abschluss der Kontokorrentperiode auch dann Zinsen auf einen Saldo berechnen, wenn in ihm schon Sollzinsen aus laufender Verrechnung enthalten sind?
5. Ab wann können Kaufleute untereinander Zinsen verlangen?
6. Welche Rechte hat der Verkäufer im Falle des Annahmeverzuges beim Handelskauf?
7. Muss der Handelskauf ein zweiseitiges Handelsgeschäft sein?
8. Wer wird bei Abschluss des Ausführungsgeschäftes Inhaber der Forderung – der Kommissionär oder der Kommittent?
9. Handelt der Kommissionär im eigenen Namen?

Thomas Tegen

A.9 Die kaufmännischen Wertpapiere

Dieses Kapitel ist quasi eine Zugabe, wenn auch eine notwendige. Wir wollen Ihnen einen kurzen Überblick über die wichtigsten Wertpapiere des Kaufmanns geben. Sie sollen die kaufmännischen Wertpapiere kennen und kurz erläutern können. Ferner sollen Sie die Orderpapiere von den Traditionspapieren unterscheiden und ihre jeweilige Funktion aufzeigen können.

A.9.1 Begriff

Die kaufmännischen Wertpapiere sind in den §§ 363–365 HGB geregelt und gehören damit in den ersten Abschnitt des vierten Buches, der die allgemeinen Vorschriften zu den Handelsgeschäften enthält. Wir behandeln dieses Thema gleichwohl in einem gesonderten Kapitel, da es teils zum Wertpapierrecht gehört, das heute aus dem Handelsrecht nahezu verbannt und zu einer Spezialmaterie geworden ist, mit der der Student nur bei besonders gelagerten Interesse in Berührung kommt. Dem Studenten, der sich mit Unternehmensrecht beschäftigt, sollten aber zumindest einige Grundbegriffe geläufig sein.

Ein Wertpapier ist jede Urkunde, in der ein privates Recht dergestalt verbrieft ist, dass zur Geltendmachung des Rechts die Vorlegung der Urkunde erforderlich ist (*Brox*, Rz. 475). Es werden Wertpapiere im engeren Sinne und Wertpapiere im weiteren Sinne unterschieden.

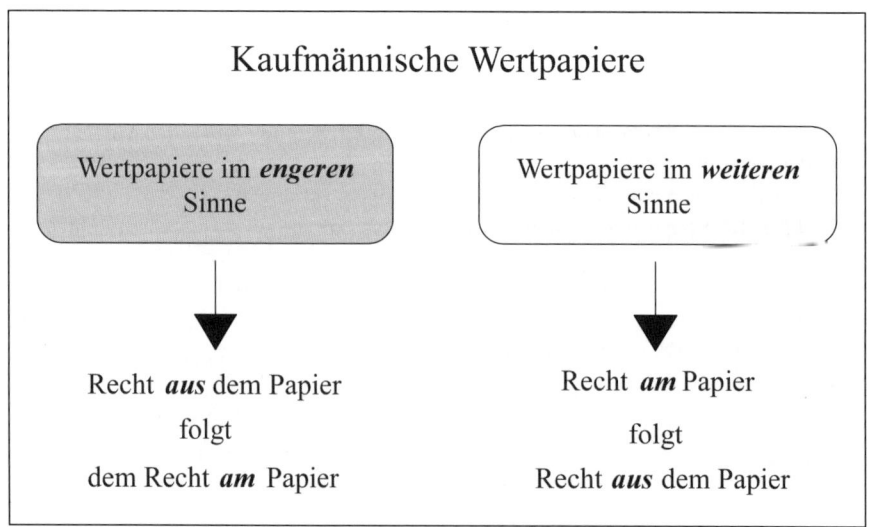

Abbildung A.9.1: Wertpapiere

Thomas Tegen

Wertpapiere im engeren Sinne sind Inhaberpapiere und Orderpapiere. Ein Inhaberpapier ist etwa die Inhaberaktie. Wer Inhaber der Aktie in Papierform ist, dem steht auch das darin verbriefte Recht zu. Inhaberpapiere werden nach den §§ 929 ff. BGB übertragen. Der Wechsel ist ein Orderpapier. Orderpapiere werden anders als Inhaberpapiere durch ein Indossament übertragen. Das Indossament wird zumeist auf dem Orderpapier selbst vermerkt. Wertpapiere im weiteren Sinne sind die Rektapapiere. Hier ist nicht der Inhaber des Papiers auch der Inhabers des Rechtes, sondern nur wer aus dem Papier berechtigt ist, mithin Inhaber der in dem Papier verbrieften Forderung ist, ist auch Inhaber des Papiers. Wichtigstes Beispiel ist das Sparbuch. Nur wen das Sparbuch namentlich benennt, ist der Berechtigte und damit der Inhaber der Forderung. Die Übertragung erfolgt denn auch durch Abtretung der Forderung.

In § 363 Abs. 1 HGB (lesen!) sind die kaufmännischen Orderpapiere und die Traditionspapiere aufgeführt. Orderpapiere können nicht beliebig konstruiert werden. Hier gilt ein *numerus clausus* der Wertpapiere (*Ebenroth/Boujong/Joost/Hakenberg*, § 363, Rz. 2). Es darf nur die Orderpapiere geben, die das Gesetz vorsieht.

A.9.2 Die kaufmännischen Orderpapiere

In § 363 Abs. 1 und 2 HGB sind namentlich sechs Papiere aufgeführt:
- Anweisungen
- Verpflichtungsscheine
- Konnossemente
- Ladescheine
- Lagerscheine
- Transportversicherungspolicen.

Bei diesen Papieren handelt es sich grundsätzlich nicht um Orderpapiere. Die Besonderheit des § 363 HGB besteht darin, dass er die Möglichkeit eröffnet, diese Papiere zu Orderpapieren zu machen, indem der Aussteller eine Orderklausel anbringt. Die Orderklausel regelt, dass die verbriefte Leistung an den in ihr genannten Gläubiger oder dessen Order erfolgen soll. Dies durchbricht zunächst den *numerus clausus* der Wertpapiere, ist aber durch Gesetz (eben § 363 HGB) gerechtfertigt. Deshalb werden die dort aufgeführten Papiere auch als gekorene (gewillkürte) Orderpapiere bezeichnet, wogegen der Wechsel, der Scheck und die Namensaktie geborene Orderpapiere sind (*Ebenroth/Boujong/Joost/Hakenberg*, a. a. O.). Der Zweck dieser Körung liegt in der gesteigerten Handelbarkeit dieser Papiere. Erinnern Sie sich noch, wie Orderpapiere übertragen werden?

Orderpapiere bzw. die in ihnen verbrieften Rechte werden durch Weitergabe des Papiers übertragen. Die Übertragung von Orderpapieren erfolgt regelmäßig durch Indossament. Auch die Übertragung durch Indossament setzt die Übergabe des Papiers voraus (das Recht aus dem Papier folgt dem Recht am Papier). Nach § 364 Abs. 1 HGB (lesen!) gehen durch Indossament alle Rechte aus dem indossierten Papier auf den Indossatar über. Das Indossament ist ein schriftlicher Vermerk über die Rechtsübertragung auf dem Papier. Der Schuldner ist nach § 364 Abs. 3 HGB (lesen!) nur gegen Aushändigung der quittierten Urkunde zur Leistung verpflichtet.

Thomas Tegen

§ 363 HGB enthält eine Sonderregelung gegenüber der zivilrechtlichen Anweisung nach § 783 BGB (lesen!). Die praktische Bedeutung (im Grunde beider Vorschriften) ist heute durch den bargeldlosen Zahlungsverkehr gering.

➡ Beispiel A.9.1

James handelt mit englischen Restaurantmöbeln, die er aus Insolvenzen englischer Nobelhotels erwirbt und bei Stefan Stauer, der als eingetragener Kaufmann gewerbsmäßig Lagerflächen in großen Hallen vermietet, in einer Halle eingelagert hat. James vertreibt seine Möbel auf sog. „Home & Garden" Messen und „Landausstellungen" („Wohnen auf dem Lande" usw.). Dort ist er mit einem Messestand und einzelnen Ausstellungsstücken vertreten. Der Verkauf erfolgt auf der Messe gegen Aushändigung eines Lieferscheines. In dem Lieferschein ist Stefan von James angewiesen, die Ware an denjenigen auszuhändigen, der den Lieferschein vorlegt und dort als Berechtigter benannt ist. Auf einer Messe erwirbt Rolf einen Esstisch mit sechs Stühlen. James stellt Rolf einen Lieferschein aus, in dem er Stefan anweist, die Stühle an Rolf oder dessen Order auszuhändigen. Rolf verkauft die Möbel an Felix, händigt ihm den Lieferschein aus und indossiert den Lieferschein auf Felix. Als Felix die Möbel unter Vorlage des Lieferscheins bei Stefan abholen will, behauptet Stefan, Felix sei nicht Eigentümer der Möbel und verweigert die Herausgabe der Möbel.

Der Lieferschein ist eine Form der Anweisung im Sinne von § 363 Abs. 1 HGB. Nach § 363 Abs. 1 HGB muss nur der Angewiesene Kaufmann sein (*Ebenroth/Boujong/Joost/ Hakenberg*, § 363, Rz. 8). Dies ist in unserem Beispiel Stefan. Ferner darf die Leistung, die er erbringen soll, nicht von einer Gegenleistung abhängig sein. In diesem Fall durfte James den Lieferschein mit einer Orderklausel versehen und machte ihn somit zu einem Orderpapier, das nun leichter, nämlich durch Indossament, übertragen werden kann, was durch die Indossierung auf Felix erfolgt ist. Felix ist damit Inhaber des Orderpapiers und somit auch der aus dem Papier folgenden Rechte. Welches Recht ist in dem Lieferschein verbrieft?

Der Lieferschein enthält die Anweisung an den Berechtigten die Möbel herauszugeben. Verbrieft ist also ein Recht auf Herausgabe. Damit ist Felix aber noch nicht Eigentümer der Möbel geworden. Die Übertragung des Lieferscheins bewirkt nicht die Übereignung bzw. die Übergabe der Ware (BGH, NJW 1971, 1608). Dazu bedarf es bei beweglichen Sachen der Einigung und Übergabe. Die Einigung erfolgt hier konkludent mit der Übertragung des Lieferscheines gegen Zahlung des Kaufpreises. Die Übergabe wird durch die Abtretung des Herausgabeanspruches nach § 931 BGB (lesen!) ersetzt. Der somit erworbene Herausgabeanspruch wird durch den Lieferschein verbrieft. Entgegen der Ansicht von Stefan ist Felix Eigentümer der Möbel und kann sie herausverlangen.

Der Lieferschein ist nicht mit dem Lagerschein zu verwechseln. Den Lieferschein stellt zumeist der Eigentümer der eingelagerten Ware (der Einlagerer) aus, wogegen der Lagerschein vom Lagerhalter nach § 475c Abs. 1 HGB ausgestellt wird.

A.9.3 Die Traditionspapiere

Unter den in § 363 Abs. 2 HGB (lesen!) genannten Papieren befinden sich zwei sog. Traditionspapiere. Dies sind das Konnossement und der Ladeschein.

Das Konnossement (im internationalen Seeverkehr *bill of lading*) hat vor allem im Seefrachtverkehr eine große praktische Bedeutung. Bei der Übereignung der Ware tritt es quasi an die sonst erforderliche Übergabe. Die Übergabe des Papiers hat dieselben Wirkungen wie die Übergabe der Ware (*Ebenroth/Boujong/Joost/Hakenberg*, § 363 363, Rz. 18).

Damit verbrieft das Konnossement nicht nur den Anspruch auf Herausgabe der Ware im Bestimmungshafen (*port of destination*), sondern ersetzt eben auch die Übergabe der Ware durch Übergabe des Konnossements. Dadurch unterscheidet sich das Konnossement deutlich vom gekorenen kaufmännischen Orderpapier. Dies ist zugleich das wesentliche Merkmal der Traditionspapiere.

 Die Übergabe des Traditionspapiers hat dieselben Wirkungen wie die Übergabe der Ware.

Zwar ersetzt das Konnossement die Übergabe des Besitzes nach § 929 BGB, aber nicht die Einigung über den Eigentumsübergang, der somit neben der Übergabe des Konnossements noch erforderlich ist. Das Konnossement wird vom Verfrachter (Reeder) ausgestellt und enthält das Anerkenntnis des Reeders, dass die im Seeverkehr zu transportierenden Güter an Bord genommen worden sind und verbrieft zugleich den Anspruch auf Herausgabe der Güter im Bestimmungshafen. Auf Verlangen des Abladers (das ist im Seeverkehr derjenige, der die Ware dem Reeder zwecks Transport zur See übergibt) ist es mit der Orderklausel zu versehen und kann dann als gekorenes Orderpapier durch Indossament übertragen werden. Nach § 364 Abs. 3 HGB erfolgt die Aushändigung der Ware nur gegen Rückgabe einer Ausfertigung des Konnossements und Quittierung.

Was das Konnossement im Seeverkehr ist, ist der Ladeschein für den Transport von Gütern zu Lande, auf Binnengewässern oder mit Luftfahrzeugen. Auch der Ladeschein ist Traditionspapier, seine Übergabe ersetzt die Übergabe der Ware. Der Frachtbrief und auch der (in Klausuren immer wieder überschätzte) Kfz-Brief sind keine Traditionspapiere und ihnen fehlt die Traditionswirkung.

 Zusammenfassung

Die kaufmännischen Wertpapiere sind insbesondere die kaufmännischen Orderpapiere. Dies sind im Grunde keine echten Orderpapiere, sondern sie werden es nach § 363 HGB durch die Orderklausel. Mittels der Orderklausel können sie leichter, nämlich durch Indossament übertragen werden. Um ein kaufmännisches Orderpapier zu kreieren muss der Angewiesene Kaufmann sein. Einige kaufmännische Orderpapiere sind Traditionspapiere. Dies sind das Konnossement und der Ladeschein. Sie verbriefen nicht nur einen Herausgabeanspruch, sondern ihre Übergabe ersetzt die Übergabe nach § 929 BGB. Ein Orderpapier gehört zu den Wertpapieren im engeren Sinne. Das Recht aus diesen Papieren folgt dem Recht am Papier. Dagegen folgt das Recht am Papier bei den Wertpapieren im weiteren Sinne dem Recht aus dem Papier. Zu den Wertpapieren im weiteren Sinne gehört etwa das Sparbuch.

Aufgaben zur Selbstüberprüfung

1. Ist die Namensaktie ein Wertpapier im engeren Sinne?
2. Für welche Wertpapiere trifft die Aussage „das Recht aus dem Papier folgt dem Recht am Papier" zu:
   a. Konnossement
   b. Sparbuch
   c. Wechsel
3. Reicht bei der Eigentumsübertragung eines Pkw die Übergabe des Kfz-Briefes und die Einigung über den Eigentumswechsel aus?
4. Wann ist eine Übertragung eines kaufmännischen Orderpapiers durch Indossament möglich?
5. Wodurch unterscheidet sich ein Traditionspapier von einem kaufmännischen Orderpapier?

Schlussbetrachtung

Sie sind nun mit den wesentlichen Grundstrukturen des Handelsrechts vertraut. Sie können die Bedeutung des Kaufmannsbegriffes im Handelsrecht ermessen und wissen, wer Kaufmann im Sinne des Handelsrechts ist. Ihnen sind die Funktion und die Publizitätswirkung des Handelsregisters genauso bekannt, wie deklaratorische und konstitutive Wirkung von Registereintragungen. Sie haben gelernt, dass das Handelsrecht eigene Regelungen über die Stellvertretung bereit hält und mit dem Kommissionsgeschäft auch die mittelbare Stellvertretung gesondert regelt. Sie kennen die Hilfspersonen des Kaufmanns und die wichtigsten Bestimmungen über ihr Innenverhältnis zum Kaufmann. Ferner haben Sie einen ersten Überblick über einige wesentliche Änderungen der handelsrechtlichen Rechnungslegung nach dem BilMoG erhalten. Sie haben einen Einblick in praktisch wichtige Sonderegelungen für Handelsgeschäfte erhalten und kennen die Besonderheiten des Handelskaufes. Schließlich wissen Sie, was kaufmännische Wertpapiere und Traditionspapiere sind.

Sie haben sich damit ein Fundament handelsrechtlichen Wissens gelegt, mit dem Sie nicht nur handelsrechtliche Sachverhalte lösen können, sondern auch ein Gespür für dieses praxisnahe, lebendige und vor allem dynamische Rechtsgebiet entwickelt und vielleicht sogar ein wenig Faszination.

Gerüstet mit diesem Wissen verlassen Sie nun nicht etwa das HGB, sondern beschäftigen sich mit dem zweiten Buch des HGB, dem Recht der Personenhandelsgesellschaften. Ich wünsche Ihnen hierbei viel Erfolg!

Thomas Tegen

Teil B
Personengesellschaften

von

Dr. Jens Tersteegen
Notarassessor

Einleitung

In diesem Teil werden Sie sich mit den Grundlagen des Personengesellschaftsrechts beschäftigen. Sie werden insbesondere folgende Themenbereiche erarbeiten:

- verschiedene Typen von Personengesellschaften und ihre Unterscheidungsmerkmale
- Entstehung von Personengesellschaften
- Rechtsverhältnisse bei bestehenden Personengesellschaften
- Auflösung von Personengesellschaften

Neben der Beschäftigung mit dem Personengesellschaftsrecht werden Sie auch grundlegendes Wissen für das gesamte Gesellschaftsrecht, d.h. auch für das Recht der Kapitalgesellschaften erarbeiten. Auf diesem Teil zum Personengesellschaftsrecht bauen alle nachfolgenden Teile zum Gesellschaftsrecht auf. Die hier erarbeiteten Begriffe haben für das gesamte Gesellschaftsrecht Bedeutung. Dabei geht es in diesem Teil um die Erarbeitung der Grundstrukturen. In Detailfragen (insbesondere in der Praxis) können Sie auf die im Literaturverzeichnis zitierte Spezialliteratur zurückgreifen.

> **?** **Übung**
> Da die in diesem Teil erarbeiteten Grundsätze über das Personengesellschaftsrecht hinaus für das gesamte Gesellschaftsrecht Bedeutung haben, sollten Sie sich bei der Bearbeitung stets fragen, inwieweit diese Grundsätze auch für das Recht der Kapitalgesellschaften maßgeblich sind.

Das Recht der Personengesellschaften ist maßgeblich im *BGB* (Bürgerlichem Gesetzbuch) und im *HGB* (Handelsgesetzbuch) geregelt.

Nach einer Auswertung des Statistischen Bundesamts gab es in Deutschland im Jahr 2004 neben 2.174.656 Einzelunternehmern 397.204 unternehmerisch tätige Personengesellschaften und 566.414 Kapitalgesellschaften. Diese Zahlen zeigen, dass den Personengesellschaften neben den Kapitalgesellschaften im Wirtschaftsleben eine *erhebliche Bedeutung* zukommt. Bei diesen Zahlen müssen Sie auch berücksichtigen, dass zahlreiche Personengesellschaften (nämlich in der Form der GbR) in keinem Register registriert sind. Die Anzahl der Personengesellschaften kann also anders als die Zahl der Kapitalgesellschaften nur geschätzt werden. Nimmt man außerdem rein vermögensverwaltende Personengesellschaften, die also nicht unternehmerisch tätig sind, hinzu, so dürfte die Zahl der Personengesellschaften noch deutlich höher sein.

Aufgaben zur Selbstüberprüfung

1. In welchen Punkten unterscheiden sich die Personengesellschaften von den Kapitalgesellschaften?
2. Zwei Frauen beabsichtigen in der Innenstadt von Köln gemeinsam ein Geschäft zu betreiben, das mit Stoffen handelt. Sie fragen Sie, ob sich für diesen Zweck besser die Gründung einer Personengesellschaft oder die Gründung einer Kapitalgesellschaft eignet.
3. Ist die GmbH & Co. KG ein eigenständiger Gesellschaftstyp?

Jens Tersteegen

B.1 Grundlagen des Personengesellschaftsrechts

In diesem ersten Kapitel werden Sie zunächst einige Grundlagen des Rechts der Personengesellschaften kennenlernen. Insbesondere werden Sie den Unterschied zwischen Personen- und Kapitalgesellschaften und die verschiedenen Typen von Personengesellschaften erfahren.

B.1.1 Unterschiede zwischen Personen- und Kapitalgesellschaften

Wollte man den Unterschied zwischen Personen- und Kapitalgesellschaften in zwei schlagwortartigen Sätzen zusammenfassen, so könnte man sagen: Wesentlich an einer Personengesellschaft ist die *Person des einzelnen Gesellschafters*. Wesentlich an einer Kapitalgesellschaft ist dagegen die *Kapitalbeteiligung*.

Der Zusammenschluss in einer Personengesellschaft beruht auf dem *persönlichen Vertrauen*, das sich die einzelnen Gesellschafter entgegenbringen. Der *Fortbestand* einer Personengesellschaft ist daher grundsätzlich vom unveränderten Zusammenschluss des Personenkreises abhängig. Ohne Zustimmung der anderen Gesellschafter ist die Mitgliedschaft in einer Personengesellschaft grundsätzlich *nicht übertragbar und nicht vererblich*. Die Gesellschafter einer Personengesellschaft *haften regelmäßig persönlich* und nicht nur mit ihrer Kapitalbeteiligung. Häufig arbeiten die Gesellschafter in einer Personengesellschaft persönlich mit. Typisch für eine Personengesellschaft (und in gewissem Umfang zwingend) ist auch, dass die Geschäfte der Gesellschaft durch die Gesellschafter selbst geführt werden (sog. *Grundsatz der Selbstorganschaft*).

Bei einer Kapitalgesellschaft steht demgegenüber die *Kapitalbeteiligung* im Vordergrund. Eine Kapitalgesellschaft verfügt regelmäßig über ein ziffernmäßig festgelegtes Grundkapital, an dem der einzelne Gesellschafter mit einer gewissen Kapitalsumme beteiligt ist. Kapitalanteile können grundsätzlich *frei veräußert* werden. Die Beteiligung ist in der Regel vererblich. Ferner ist es typisch für eine Kapitalgesellschaft, dass die Gesellschafter nicht persönlich haften. Es haftet vielmehr nur das *Gesellschaftsvermögen*. Bei einer Kapitalgesellschaft werden die Geschäfte durch besondere Organe geführt (sog. *Grundsatz der Drittorganschaft*).

Der Unterschied zwischen einer Personen- und einer Kapitalgesellschaft zeigt sich auch darin, dass zumindest bei der Gründung *mindestens zwei Personen an einer Personengesellschaft beteiligt* sein müssen. Eine Kapitalgesellschaft kann dagegen auch durch eine Person (beispielsweise Einmann-GmbH) gegründet werden.

Jens Tersteegen

B.1.2 Personengesellschaftstypen

Zu den Personengesellschaften gehören:
- Gesellschaft bürgerlichen Rechts, GbR bzw. BGB-Gesellschaft, §§ 705 ff. BGB
- Offene Handelsgesellschaft, OHG, § 105 ff. HGB
- Kommanditgesellschaft, KG, §§ 161 ff. HGB
- Partnerschaftsgesellschaft, §§ 1 ff. PartGG
- stille Gesellschaft, §§ 230 ff. HGB
- Europäische wirtschaftliche Interessenvereinigung, EWIV, Verordnung Nr. 2137/85 des Ministerrats der Europäischen Gemeinschaft vom 25.7.1985 und EWIV-Ausführungsgesetz vom 14.4.1988, BGBl. I S. 514

Streng genommen ist die *GmbH & Co. KG* kein eigener Gesellschaftstyp. Hierbei handelt es sich um eine Kommanditgesellschaft, bei der ein Gesellschafter eine GmbH ist. Obwohl die GmbH & Co. KG letztlich kein selbstständiger Gesellschaftstyp ist, ist der GmbH & Co. KG eine Reihe von Spezialliteratur gewidmet. Insofern stellt sich die GmbH & Co. KG quasi als eigenständiger Gesellschaftstyp dar. Wir werden sie hier daher gesondert vorstellen (vgl. unten Kapitel 14).

Keine Rolle für das Wirtschaftsleben spielt die *Europäische wirtschaftliche Interessenvereinigung* (französisch: Groupement européen d'intérêt économique – GEIE). Bei der EWIV handelt es sich um eine auf dem EG-Recht basierende Personengesellschaft. Mit der EWIV wurde die Möglichkeit geschaffen, dass sich Unternehmen aus mindestens zwei Mitgliedstaaten der EG zusammenschließen. Einziges prominentes Beispiel einer EWIV ist heute der Fernsehsender ARTE, der den Rechtsformzusatz GEIE führt. Wegen der geringen Bedeutung wird hier auf die EWIV nicht weiter eingegangen (zur EWIV: Eisenhardt, Gesellschaftsrecht, Rn. 208 ff.).

 Zusammenfassung

In diesem Kapitel haben Sie gelernt, dass die Personengesellschaften auf dem besonderen Vertrauen zwischen den Gesellschaftern beruhen. Der einzelne Gesellschafter ist nicht lediglich mit einem Kapitalanteil beteiligt, sondern haftet persönlich und arbeitet in der Regel in der Personengesellschaft mit. Die Geschäfte der Personengesellschaft werden grundsätzlich von den Gesellschaftern selbst geführt (*Grundsatz der Selbstorganschaft*). Die Beteiligung an einer Personengesellschaft ist auch grundsätzlich nicht übertragbar. Daneben haben Sie einen Überblick über die verschiedenen Typen der Personengesellschaften erhalten.

Aufgaben zur Selbstüberprüfung

1. Welche der folgenden Aussagen sind richtig?
   a) Eine GbR setzt den Zusammenschluss von mindestens drei Personen voraus.
   b) Auch das Verwalten eines größeren Immobilienvermögens kann gemeinsamer Zweck einer GbR sein.
   c) Der Gesellschaftsvertrag zu einer GbR muss stets schriftlich geschlossen werden.
   d) Auch fehlerhafte Gesellschaften, d. h. Gesellschaften mit Gründungsmängeln, werden zunächst als wirksame Gesellschaften behandelt.
2. Die Eltern A und B wollen mit ihren beiden minderjährigen Kindern X und Y eine Familiengesellschaft gründen. Diese Familiengesellschaft soll den Grundbesitz von A und B halten und verwalten. Bedarf es hier der Mitwirkung eines Ergänzungspflegers?

Jens Tersteegen

B.2 Gesellschaft bürgerlichen Rechts – Begriff, Bedeutung und Entstehung

Die Gesellschaft bürgerlichen Rechts (im Folgenden: GbR) ist der *Grundtyp der Personengesellschaften.* Sofern bei den übrigen Personengesellschaften spezielle Regelungen fehlen, kann in der Regel auf die Regelungen zur GbR zurückgegriffen werden. Wir werden uns daher in diesem und den folgenden drei Kapiteln intensiv mit der GbR beschäftigen. Hier werden Sie Grundlagen erarbeiten, die so auch für alle anderen Personengesellschaften von Bedeutung sind. Daher sollten Sie diese Kapitel besonders sorgfältig bearbeiten. Das wesentliche Lernziel dieses Kapitels ist es, sich zu verdeutlichen, wann eine GbR vorliegt.

B.2.1 Begriff

Die Regelungen zur GbR finden sich im BGB in den §§ 705 ff. In der Literatur wird statt des Begriffs GbR auch der Begriff BGB-Gesellschaft verwendet. Beide Begriffe sind synonym. In diesem Buch wird durchgängig der Begriff GbR verwendet.

 Übung B.2.1
Lesen Sie zunächst § 705 BGB und versuchen Sie selbstständig aus diesem Paragraphen die Elemente zu entnehmen, die für den Begriff der GbR maßgeblich sind. Gehen Sie dabei Wort für Wort vor.

Die Gesellschaft bürgerlichen Rechts ist als Personengesellschaft ein auf einem
* *Gesellschaftsvertrag* beruhender
* Zusammenschluss mehrerer Personen
* zur *Förderung* eines
* von den Gesellschaftern *gemeinsam verfolgten Zwecks.*

Im Regelfall wird die Gesellschaft zur Erreichung des gemeinsamen Zwecks nach außen hin auftreten, d. h. beispielsweise Verträge mit Dritten abschließen und bestimmte Leistungen anbieten. Für diesen Regelfall der GbR sprechen wir von einer sog. *Außengesellschaft.* Der gemeinsame Zweck kann aber auch in der Weise verfolgt werden, dass die Gesellschafter lediglich im Innenverhältnis, d.h. im Verhältnis zueinander, eine Gesellschaft bilden. Für diesen Ausnahmefall sprechen wir von der sog. *Innengesellschaft.* Auch die Innengesellschaft (vgl. Kapitel B.16) weist die oben genannten Begriffsmerkmale auf und ist daher eine echte Gesellschaft. Ein Spezialfall der Innengesellschaft ist die sog. *stille Gesellschaft* (vgl. unten Kapitel B.17).

 Beispiel B.2.1
Anne und Frank sind Freunde. Da sie beide von Zeit zu Zeit ein Auto benötigen, beschließen sie, einen Kleinwagen zu leasen. Beim Abschluss des Leasingvertra-

ges tritt nur Frank alleine auf. Das Auto wird auch auf ihn zugelassen. Gleichwohl benutzen Frank und Anne das Auto gemeinschaftlich. Zu den Leasingraten tragen sie jeweils zur Hälfte bei. Auch die Kosten für Reparaturen sowie Benzin werden geteilt. In einem derartigen Fall liegt eine Innengesellschaft vor, da die Gesellschafter sich zu einem gemeinsamen Zweck (gemeinsames Haben und gemeinsamer Betrieb eines Autos) zusammengeschlossen haben. Nach außen treten sie jedoch nicht als Gesellschaft in Erscheinung. Ihre Beziehungen sind also rein auf das Innenverhältnis beschränkt. Man spricht insofern von einer Innengesellschaft (vgl. auch OLG Karlsruhe, NJW-RR 1988, 1266 – zur Lotto-Tipp-Gemeinschaft).

Nachdem wir den Begriff der GbR definiert haben, beschäftigen wir uns nachfolgend mit den einzelnen Merkmalen dieses Begriffs intensiver.

B.2.1.1 Gesellschaftsvertrag

Wie jede Gesellschaft, so setzt auch die GbR den *Abschluss eines Gesellschaftsvertrages* voraus. Als *Mindestinhalt* muss dieser enthalten, dass sich die Gesellschafter verpflichten, die Erreichung eines gemeinsamen Zwecks in der im Vertrag vorgesehenen Weise zu fördern, wozu vor allem die Leistung der vereinbarten Beiträge gehört (§ 705 BGB). Mit den Einzelheiten zum Abschluss des Gesellschaftsvertrages beschäftigen wir uns unter Punkt B.2.2.

 Das Vorliegen eines Gesellschaftsvertrags ist das erste Kernelement einer Gesellschaft.

Ohne Vertrag keine Gesellschaft!

B.2.1.2 Gemeinsamer Zweck

Wie man bereits aus § 705 BGB entnehmen kann, ist die *Förderung des gemeinsamen Zwecks* das zentrale Element der GbR. *Jeder erlaubte Zweck* kann Gegenstand einer GbR sein. So kommt beispielsweise die Verfolgung wirtschaftlicher, auf den Betrieb eines (nicht kaufmännischen) Erwerbsgeschäfts oder Unternehmens gerichteter Zwecke in Betracht. Es können aber auch rein ideelle Zwecke, seien sie wissenschaftlicher, kultureller, politischer oder religiöser Art, verfolgt werden. Der Zweck kann auf einen materiellen Erfolg gerichtet sein, etwa auf die gemeinsame Herstellung von Sachen. Er kann aber auch in der gemeinsamen Ausübung einer beruflichen Tätigkeit oder der Herbeiführung eines immateriellen Erfolgs, wie beispielsweise einer gemeinsamen Reise oder Theateraufführung, liegen.

Über das Kriterium des gemeinsamen Zwecks grenzt man die Gesellschaft auch von der bloßen *Gemeinschaft* ab. Sind an einem Gegenstand mehrere beispielsweise als Miterben oder Miteigentümer berechtigt, ohne dass sie eine Zweckvereinbarung getroffen haben, dann handelt es sich nicht um eine Gesellschaft, sondern um eine Gemeinschaft (z. B. Erbengemeinschaft oder in den §§ 741–758 BGB geregelte Bruchteilsgemeinschaft).

➡️ **Beispiel B.2.1.2**

Ehemann E ist verstorben und entsprechend der gesetzlichen Erbfolge (§§ 1924, 1931 BGB) von seiner Ehefrau zu ½ und seinen beiden Kindern A und B zu je ¼ beerbt worden. Zum Nachlass gehören vier Hausgrundstücke im Stadtgebiet von Würzburg. Darüber hinaus ist Barvermögen vorhanden. Die Erben sind sich darüber einig, dass die Mutter zwei der vier Hausgrundstücke und jedes Kind ein Hausgrundstück erhält. Auch das Barvermögen soll verhältnismäßig geteilt werden. Bis zur Teilung nehmen die Erben die notwendigen Verwaltungsaufgaben gemeinschaftlich vor. Obwohl auch in diesem Fall die Erben natürlich den Zweck verfolgen, den Nachlass möglichst zu erhalten, handelt es sich nicht um eine Gesellschaft, sondern vielmehr um eine Erbengemeinschaft nach den §§ 2032 ff. BGB. Die Erben verfolgen nämlich keinen über die Auseinandersetzung der Erbengemeinschaft und die Verwaltung des Vermögens bis zur Auseinandersetzung hinausgehenden Zweck. Es fehlt also an der Vereinbarung eines gemeinsamen Zwecks.

Sind sich die Erben dagegen einig, dass sie auch nach der Auseinandersetzung der Erbengemeinschaft weiterhin die vier Grundstücke gemeinsam bewirtschaften wollen und das insbesondere auch Mietausfälle (etc.) bezüglich eines Grundstücks von allen getragen werden sollen, so kommt die Gründung einer vermögensverwaltenden GbR oder OHG in Betracht.

➡️ **Beispiel B.2.1.2**

Die Eltern F und M haben ihren beiden Kindern A und B ein Hausgrundstück in der Innenstadt von Gießen geschenkt. Auf dem Grundstück ist ein Wohnhaus mit zwei Wohnungen errichtet. A und B sind als Eigentümer zu je ½ im Grundbuch eingetragen. A und seine Familie nutzen die obere Wohnung, B nutzt die untere Wohnung. Auch in einem derartigen Fall wird es sich regelmäßig nicht um eine Gesellschaft zwischen A und B, sondern lediglich um eine Miteigentümergemeinschaft (§§ 1008 ff., 741 ff. BGB), handeln. A und B verfolgen nämlich keinen gemeinsamen Zweck, sondern sind im vorliegenden Fall vielmehr nur gemeinsam Eigentümer einer Sache, nämlich des Hausgrundstücks mit dem aufstehenden Wohnhaus. A und B bilden insofern eine Bruchteilsgemeinschaft. Für die Annahme einer Gesellschaft fehlt es im vorliegenden Fall an der Verfolgung eines gemeinsamen Zwecks.

Vermieten dagegen A und B die beiden Wohnungen an Dritte und wollen sie dabei gemeinsam wirtschaften, so handelt es sich um eine vermögensverwaltende Gesellschaft. Allerdings ist für die Annahme einer Gesellschaft nicht ausreichend, dass sowohl A als auch B jeweils ihre Wohnung vermieten. Erforderlich ist vielmehr, dass sie gemeinsam wirtschaften (einen gemeinsamen Zweck verfolgen) sowie Gewinne und Kosten teilen.

❗ Sind an einem Gegenstand mehrere – etwa als Miterben oder Miteigentümer – berechtigt, ohne dass sie einen weitergehenden gemeinsamen Zweck verfolgen, so handelt es sich um eine Gemeinschaft und nicht um eine Gesellschaft.

Die Abgrenzung von Gesellschaft und Gemeinschaft ist nicht immer einfach. Anerkannt ist nämlich, dass auch das *Halten und Verwalten von beweglichen und unbeweglichen*

Jens Tersteegen

Sachen Gesellschaftszweck sein kann. In diesen Fällen kommt es darauf an, ob sich die Beteiligten darüber geeinigt haben, einen über die bloße rechtliche Beteiligung an der Sache hinausgehenden Zweck zu verfolgen. Letztlich stellt sich also die Frage, ob ein Gesellschaftsvertrag geschlossen wurde, der auf die Verfolgung eines gemeinsamen Zwecks gerichtet ist.

▶ Beispiel B.2.4

Eine Gesellschaft liegt – wie gezeigt – in den oben genannten Beispielen dann vor, wenn Immobilien gemeisam verwaltet werden und dementsprechend alle Gewinne, Kosten und Lasten in die Gesellschaft einfließen. Wenn also beide gemeinsam das Risiko des Leerstands einer Wohnung tragen, verfolgen sie die Vermietung als gemeinsamen Zweck.

❗ Der gemeinsame Zweck ist das zweite Kernelement der GbR. Jeder erlaubte Zweck kann Gegenstand der GbR sein. In Betracht kommen wirtschaftliche, ideelle und vermögensverwaltende Zwecke.
Ohne gemeinsamen Zweck keine Gesellschaft!

B.2.1.3 Förderpflicht

Voraussetzung für das Vorliegen einer GbR bzw. für das Vorliegen einer Personengesellschaft überhaupt ist, dass die Gesellschafter aufgrund des Gesellschaftsvertrages *zur dauerhaften Förderung des Gesellschaftszwecks verpflichtet* sind. Es handelt sich nicht um eine GbR, wenn die Gesellschafter keine Förderungspflicht übernommen haben oder wenn die in Frage stehenden Pflichten sich bereits aus anderen, unabhängig vom Gesellschaftsvertrag zwischen ihnen bestehenden Bindungen ergeben. Als *Inhalt der Förderpflicht* kommen alle Arten von Handlungen und ebenso auch Unterlassungen (z. B. Übernahme eines Wettbewerbsverbots) in Betracht. Häufig wird eine Tätigkeit für die Gesellschaft oder die Leistung von Beiträgen (dann auch Beitragspflicht genannt) vereinbart.

 Beispiel B.2.5

A beabsichtigt, einen Lastentransportservice anzubieten. Sein Onkel O erklärt sich großzügigerweise bereit, ihm hierfür einen alten ausgedienten Lkw zu schenken. Zwar fördert in einem derartigen Fall O das Geschäft des A durch die Schenkung des Lkw, gleichwohl liegt keine Gesellschaft zwischen A und O vor, da die Förderung des O nur eine einmalige ist. O übernimmt keine dauerhafte Förderungspflicht. Vielmehr betreibt A das Geschäft in Zukunft alleine. Es handelt sich folglich nicht um eine Gesellschaft.

Inhalt der Förderpflicht kann jede Handlung sein. Die Förderung kann darin bestehen, dass dauerhaft bestimmte Sachen zur Verfügung gestellt werden oder dass durch die eigene Arbeitskraft zum Gesellschaftszweck beigetragen wird. Auch die sog. gesellschaftsrechtliche *Treuepflicht* ist eine Hauptpflicht, die Gegenstand der Förderpflicht sein kann. So ist es beispielsweise auch vorstellbar, dass Inhalt der Förderpflicht die Übernahme eines Wettbewerbsverbots ist.

Jens Tersteegen

> ! Eine Gesellschaft liegt nur dann vor, wenn die an ihr beteiligten Personen zur dauerhaften Förderung der Gesellschaft verpflichtet sind. Als Förderungshandlung kommt jede beliebige Handlung, beispielsweise auch die Übernahme bloß eines Wettbewerbsverbots, in Betracht.
> Ohne dauerhafte Förderung keine (Personen-)Gesellschaft!

B.2.1.4 Personale Struktur

Die Gründung einer GbR setzt stets die *Beteiligung von mindestens zwei Personen* voraus, denn es muss ein Gesellschaftsvertrag abgeschlossen werden. Eine Höchstzahl von beteiligten Gesellschaftern gibt es nicht.

> ! Ohne mindestens zwei Gesellschafter keine (Personen-)Gesellschaft!

B.2.1.5 Dauer der Gesellschaft

Eine GbR muss *nicht zwingend für einen unbegrenzten Zeitraum* eingegangen werden. Je nach Ausgestaltung des gemeinsamen Zwecks der GbR kann auch ein *nur einmaliger Zweck* verfolgt werden. So liegt es beispielsweise, wenn sich eine Arbeitsgemeinschaft zur Errichtung eines Bauwerks zusammenschließt. Hier wird nur ein einmaliger Zweck verfolgt. Gleichwohl handelt es sich um eine GbR. Andererseits ist es freilich auch möglich, dass die GbR auf Dauer angelegt ist und nicht mit einem bestimmten Zeitpunkt, sondern erst durch eine Kündigung endet.

B.2.2 Entstehung

B.2.2.1 Grundsatz

Die GbR entsteht durch die *Einigung über einen entsprechenden Gesellschaftsvertrag.* Dieser muss die oben genannten Elemente enthalten, d. h. die Einigung muss sich insbesondere auf die Verfolgung eines gemeinsamen Zwecks und auf die Förderungspflicht jedes Gesellschafters beziehen. Auch die Verpflichtung zur Leistung der vereinbarten Beiträge ist Mindestinhalt des Gesellschaftsvertrages.

Der Gesellschaftsvertrag als solcher bedarf *keiner Form.* Eine Gesellschaft kann also auch zustande kommen, wenn die Beteiligten lediglich mündlich eine Einigung über die Verfolgung eines gemeinsamen Zwecks erzielt haben. Ausnahmsweise *formbedürftig* ist der Gesellschaftsvertrag dann, wenn die Beitragspflicht eines Gesellschafters ein Formerfordernis auslöst. Der wichtigste Fall ist das Versprechen eines Gesellschafters, ein Grundstück einzubringen. In diesem Fall ist § 311b BGB zu berücksichtigen, der für die Verpflichtung zur Übertragung eines Grundstücks die notarielle Beurkundung vorsieht. In einem solchen Fall muss dann der gesamte Gesellschaftsvertrag notariell beurkundet werden. Ein nur schriftlich oder gar mündlich abgeschlossener Gesellschaftsvertrag ist dann wegen § 125 BGB formnichtig.

Jens Tersteegen

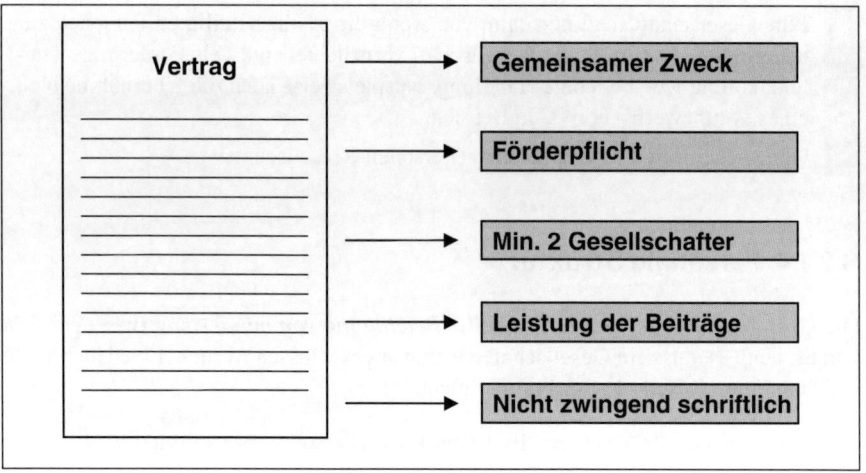

Abbildung B.2.1: Mindestinhalt Gesellschaftsvertrag

Sofern an der Gesellschaft ein Minderjähriger beteiligt ist, muss bei der Gründung für den Minderjährigen sein gesetzlicher Vertreter (Eltern) handeln (§ 1629 BGB). Werden auch die Eltern des Minderjährigen Gesellschafter, so bedarf es der Bestellung eines *Ergänzungspflegers* für den Minderjährigen (§§ 1629 Abs. 2 Satz 1, 1795 Abs. 2, 181 BGB). Außerdem bedarf es möglicherweise der *vormundschaftsgerichtlichen Genehmigung* nach § 1822 Nr. 3 BGB, sofern die Gesellschaft auf den Betrieb eines Erwerbsgeschäfts gerichtet ist. Ein Erwerbsgeschäft ist jede regelmäßig ausgeübte, auf selbstständigen Erwerb gerichtete Tätigkeit, gleichgültig, ob es sich um Handel, Fabrikation, Handwerk, Landwirtschaft, wissenschaftliche, künstlerische oder sonstige Tätigkeiten handelt. Die reine Vermögensverwaltung stellt regelmäßig kein Erwerbsgeschäft i. S. d. § 1822 Nr. 3 BGB dar. Allerdings nimmt die Rechtsprechung häufig bei Gesellschaften, die auf die Verwaltung, Vermietung und Verwertung gewerblich nutzbarer Immobilien von erheblichem Wert gerichtet sind, das Vorliegen eines Erwerbsgeschäfts i. S. v. § 1822 Nr. 3 BGB an, so dass hier im Ergebnis eine vormundschaftsgerichtliche Genehmigung erforderlich ist. In der Literatur wird auch vertreten, dass bei einer Außengesellschaft eine Genehmigung nach § 1822 Nr. 10 BGB erforderlich ist, da der Minderjährige für die Verbindlichkeiten der Gesellschaft auch nach außen hin haftet.

> **!**   Eine GbR kann grundsätzlich formlos gegründet werden. Nur in besonderen Fällen bedarf es der Einhaltung einer bestimmten Form. Dies ist immer dann der Fall, wenn Gegenstände eingebracht werden, für deren Übertragung Formerfordernisse bestehen. Häufig ist dann die Mitwirkung eines Notars erforderlich.

B.2.2.2 Entstehung durch Umwandlung

Einen Sonderfall der Gründung einer Gesellschaft stellt die *Gründung durch Umwandlung* dar. Nach den Vorschriften der §§ 190 ff. UmwG kann eine in der Rechtsform einer Kapitalgesellschaft gegründete Gesellschaft durch Umwandlung in die Rechtsform einer

GbR (oder OHG, KG etc. – zu den möglichen Rechtsformen des neuen Rechtsträgers vgl. § 191 Abs. 2 UmwG) wechseln. In einem derartigen Fall wird also beispielsweise eine GmbH in eine GbR umgewandelt.

B.2.2.3 Fehlerhafte Gesellschaft

Für den Abschluss eines Gesellschaftsvertrages gelten die allgemeinen Regelungen über Willenserklärungen (§§ 104 ff. BGB). Nun kann der gesamte Gesellschaftsvertrag oder die einzelnen Erklärungen der Gesellschafter an Mängeln leiden, die nach allgemeinen Grundsätzen zur Nichtigkeit oder Anfechtbarkeit führen (beispielsweise Geschäftsunfähigkeit, Sittenwidrigkeit, Gesetzeswidrigkeit, Willensmängel, Formmängel usw.). Liegen derartige Mängel vor, so ist ein Gesellschaftsvertrag nicht zustande gekommen. Alle erbrachten Leistungen wären nach den Vorschriften des Bereicherungsrechts (§§ 812 ff. BGB) zurückabzuwickeln. Die herrschende Meinung nimmt an, dass dies bei einer bereits in Vollzug gesetzten Gesellschaft, d. h. bei einer Gesellschaft, die nach außen hin aufgetreten ist, nicht sachgerecht ist. Für diese Fälle wurden die Grundsätze der *„fehlerhaften Gesellschaft"* geschaffen.

Von einer fehlerhaften Gesellschaft spricht man, wenn ein Mangel zur Nichtigkeit des Gesellschaftsvertrages führt, die Gesellschaft aber gleichwohl von den Gesellschaftern in Vollzug gesetzt wurde. *Rechtsfolge des Bestehens einer derartigen fehlerhaften Gesellschaft* ist, dass lediglich ein Auflösungs- bzw. Kündigungsgrund besteht. Bis zur Auflösung bzw. Kündigung wird die fehlerhafte Gesellschaft *grundsätzlich wie eine fehlerfreie Gesellschaft behandelt* (BGHZ 3, 285, 288; BGHZ 13, 320, 324; BGH NJW-RR 1988, 1379; BGH NJW 1992, 1501; *Palandt/Thomas*, § 705 BGB Rn. 11). Allerdings dürfen der Annahme einer fehlerhaften Gesellschaft *keine überwiegenden Interessen Einzelner oder der Allgemeinheit entgegenstehen*. Dies ist beispielsweise dann der Fall, wenn eine nicht *voll geschäftsfähige Person* ohne die erforderliche gesetzliche Vertretung am Vertragsschluss mitgewirkt hat. Interessen der Allgemeinheit stehen entgegen, wenn der Gesellschaftsvertrag *gesetzlich verbotene oder sittenwidrige Zwecke* verfolgt.

➡ **Beispiel B.2.6**

A und B schließen einen Gesellschaftsvertrag. B ist verpflichtet, ein Grundstück in die Gesellschaft einzubringen. Der Gesellschaftsvertrag wird nur privatschriftlich geschlossen. Das Grundstück dient in der Folgezeit als Betriebsgrundstück. Die Gesellschaft nimmt ihre Tätigkeit entsprechend der Planung von A und B auf. In einem derartigen Fall hätte der Gesellschaftsvertrag der notariellen Beurkundung bedurft (vgl. oben B.2.2.1). Der nicht beurkundete Gesellschaftsvertrag ist gem. §§ 125, 311b BGB nichtig. Die Gesellschaft ist aber in Vollzug gesetzt, so dass hier die Annahme einer fehlerhaften Gesellschaft möglich ist. Es besteht ein Auflösungs- und Kündigungsrecht. Auch der Formzweck des § 311b BGB steht der Annahme einer fehlerhaften Gesellschaft nicht entgegen.

➡ **Beispiel B.2.7**

A und B gründen eine GbR. Insbesondere soll die Vermietung zentral übernommen werden. Nach fünf Jahren stellt sich heraus, dass A bereits beim Abschluss des Gesellschaftsvertrages unerkannt geisteskrank war. A ist geschäftsunfähig nach § 104 Nr. 2 BGB. Die von ihm abgegebenen Willenserklärungen, d. h. auch die Einigung über die Eingehung der GbR, sind nach § 105 Abs. 1 BGB nichtig. Allerdings ist die Gesellschaft in Vollzug gesetzt. Man könne daher daran denken, hier eine fehlerhafte Gesellschaft anzunehmen. Bei Geschäftsunfähigen und beschränkt Geschäftsfähigen wird die Lehre von der fehlerhaften Gesellschaft aber wegen des überwiegenden Schutzinteresses dieser Personen nicht angewendet. Die Beitrittserklärung des Geschäftsunfähigen ist nichtig. Die des beschränkt Geschäftsfähigen ist schwebend unwirksam.

! Gründungsmängel bei einer Personengesellschaft führen nicht zwingend dazu, dass eine Gesellschaft nicht entstanden ist. Vielmehr kann die Lehre von der sog. fehlerhaften Gesellschaft eingreifen. Diese fehlerhafte Gesellschaft ist Gesellschaft, unterliegt aber der Möglichkeit der Auflösung bzw. Kündigung. Die fehlerhafte Gesellschaft muss nicht zwingend eine GbR sein. Vielmehr kann jede Personengesellschaft fehlerhafte Gesellschaft sein.

? **Übung B.2.2**

A und B betreiben in der Innenstadt von Köln einen kleinen Schreibservice in der Form einer GbR. Bei Abschluss des GbR-Vertrages hatte A verlangt, dass in den GbR-Vertrag eine Regelung aufgenommen wird, wonach A verlangen kann, dass sein Sohn S jederzeit in die Gesellschaft aufgenommen wird. B war damit nicht einverstanden. A und B haben dann zwar die Tätigkeit aufgenommen, waren sich aber darüber einig, dass der zwischen ihnen streitige Punkt noch ausdiskutiert werden müsse. A verlangt nunmehr von B die Aufnahme von S in die Gesellschaft. Da B sich weigert, S aufzunehmen, kündigt A den Gesellschaftsvertrag fristlos und verlangt Auseinandersetzung der Gesellschaft.

1. Liegt eine wirksame Gesellschaft vor?
2. Besteht ein Anspruch des A auf Aufnahme des S?
3. Kann A Auseinandersetzung der Gesellschaft verlangen?

B.2.3 Bedeutung

Man könnte die Auffassung vertreten, dass der GbR im Vergleich zu anderen Personengesellschaften (insbesondere zur OHG und KG) eher geringe Bedeutung zukommt. In rein rechtlicher Hinsicht ist diese Bestandsaufnahme aber falsch, da letztlich alle Personengesellschaften auf der GbR aufbauen. Aber auch in praktischer Hinsicht kommt der GbR durchaus große Bedeutung zu. So handelt es sich um eine sehr *flexible Gesellschaftsform*, weil die Regelungen der §§ 705 ff. BGB kaum zwingendes Recht enthalten.

Besondere Bedeutung hat die GbR bei den *Zusammenschlüssen von Angehörigen freier Berufe* zu Sozietäten. Insbesondere in der Vergangenheit war es aufgrund standesrechtlicher und gesellschaftsrechtlicher Regelungen den Angehörigen der freien Berufe kaum möglich, sich in anderen Gesellschaftsformen als in der GbR zusammenzuschließen.

Jens Tersteegen

Beispiel B.2.8
Sozietäten von Rechtsanwälten, Steuerberatern, Ärzten etc.

Auch bei *Konsortien* und Arbeitsgemeinschaften (ARGE) handelt es sich regelmäßig um eine GbR. Ein Konsortium ist eine Gelegenheitsgesellschaft, zu der sich mehrere Personen zur Durchführung eines Geschäfts oder einer Reihe von Geschäften zusammenschließen.

 Beispiel B.2.9
Dem Bauunternehmer A wird angetragen, als Generalunternehmer ein großes Bauvorhaben bestehend aus fünf Hochhäusern mit je 60 Wohnungen in Köln-Kalk zu errichten. A fühlt sich hiermit überfordert und schließt sich mit seinem Kollegen B sowie dem Dachdecker C, dem Zimmermann Z, dem Fliesenleger F und dem Installateur I zur Arbeitsgemeinschaft „Neue Platte in Köln-Kalk" zusammen. Hier handelt es sich um eine GbR, die gemeinsam das Bauprojekt verwirklicht.

 Beispiel B.2.10
Ein erfolgreiches Start-up-Unternehmen mit mittlerweile 600 Mitarbeitern plant einen Börsengang. Dieser Börsengang soll von mehreren deutschen Großbanken begleitet werden. Diese schließen sich, um die Aktien der neu zu gründenden Aktiengesellschaft zu übernehmen und auf dem Markt unterzubringen, zu einem sog. „Emmissionskonsortium" zusammen. Diese vorübergehende Verbindung der Banken zur Erledigung der konkreten Aufgabe „Börsengang" dürfte ebenfalls in der Rechtsform einer GbR organisiert sein. Es handelt sich um ein Konsortium zur Erledigung einer vorübergehenden konkreten Einzelaufgabe.

 Zusammenfassung

Im vorstehenden Kapitel haben Sie erfahren, dass die *GbR* als Personengesellschaft ein auf einem *Gesellschaftsvertrag* beruhender Zusammenschluss *mehrerer Personen* zur *Förderung* eines von den Gesellschaftern *gemeinsam verfolgten Zwecks* ist. Gemeinsamer Zweck kann jeder *erlaubte Zweck* sein, auch wenn er nur vorübergehender Art ist. Ferner ist erforderlich, dass eine *dauerhafte Förderpflicht* besteht.

Die GbR entsteht durch *Abschluss eines Gesellschaftsvertrages*, d. h. durch Einigung über die Verfolgung eines gemeinsamen Zwecks. Der GbR-Vertrag ist grundsätzlich formfrei. Lediglich wenn bestimmte formbedürftige Rechtsgeschäfte mit dem GbR-Vertrag verbunden sind, erstreckt sich das Formerfordernis auch auf den GbR-Vertrag.

Fehler bei der Entstehung der Gesellschaft müssen nicht zwingend dazu führen, dass keine Gesellschaft entsteht. Vielmehr kann nach den Grundsätzen der fehlerhaften Gesellschaft eine derartige Gesellschaft grundsätzlich als wirksame Gesellschaft angesehen werden. Es besteht aber die Möglichkeit der Auflösung und Kündigung der Gesellschaft.

Aufgaben zur Selbstüberprüfung

1. A und B betreiben eine Tanzschule als GbR. B erkrankt sehr schwer und möchte, dass sein Sohn S an seiner Stelle in die Gesellschaft eintritt. A ist hiermit eigentlich nicht einverstanden. Ist A dennoch verpflichtet, einem Eintritt des S in die Gesellschaft zuzustimmen?

2. Sind die nachfolgenden Aussagen richtig oder falsch?

   a) Ein Gesellschafter ist über seinen Beitrag hinaus nicht verpflichtet, einen Nachschuss in das Gesellschaftskapital zu leisten.

   b) Eine Nachschusspflicht kann vereinbart werden. Hierfür bedarf es nicht der Angabe einer Obergrenze oder besonderer Gründe im Gesellschaftsvertrag.

   c) Aus der allgemeinen Treuepflicht ergibt sich die Verpflichtung, nicht zu der Gesellschaft in Wettbewerb zu treten.

   d) Es muss zumindest einen Gesellschafter geben, der auch zur Geschäftsführung befugt ist.

   e) Bei der GbR steht jedem Gesellschafter grundsätzlich das Recht zur Geschäftsführung alleine zu.

   f) Das Vermögen der Gesellschaft steht den Gesellschaftern zu.

   g) Die Verteilung des Gewinns erfolgt zwingend am Ende eines Jahres.

3. Erklären Sie den Unterschied zwischen Geschäftsführung und Vertretung.

B.3 Gesellschaft bürgerlichen Rechts – Innenverhältnis

In diesem Kapitel werden wir uns mit dem Innenverhältnis der GbR beschäftigen. Die dazu erarbeiteten Grundsätze sind für alle Personengesellschaften (und auch für die Kapitalgesellschaften) maßgeblich. Es handelt sich insofern um gesellschaftsrechtliches Basiswissen.

Zunächst ist die Frage von Bedeutung, wie man überhaupt das sog. Innenverhältnis der Gesellschaft vom sog. Außenverhältnis der Gesellschaft abgrenzt.

Wie Sie aus der folgenden Grafik entnehmen können, bestehen zwischen den Gesellschaftern Rechtsbeziehungen. Dies sind die Rechte und Pflichten, die mit Abschluss des Gesellschaftsvertrags entstehen. Die Summe dieser Rechte und Pflichten bezeichnet man als *Innenverhältnis*. Zum Innenverhältnis gehört auch die rechtliche Zuordnung des Gesellschaftsvermögens. Die rechtliche Zuordnung des Gesellschaftsvermögens ist sozusagen die dingliche Seite der Beteiligung an der GbR. Ebenfalls für das Innenverhältnis von Bedeutung ist die Frage, wie innerhalb der Gesellschaft die Willensbildung stattfindet und wer die Geschäfte der Gesellschaft führt.

Vom Innenverhältnis abzugrenzen ist das *Außenverhältnis*. Das Außenverhältnis sind die Beziehungen der Gesellschaft zu Dritten. Im Außenverhältnis wird die Gesellschaft vertreten, haftet gegenüber Dritten und hat möglicherweise Ansprüche gegen Dritte.

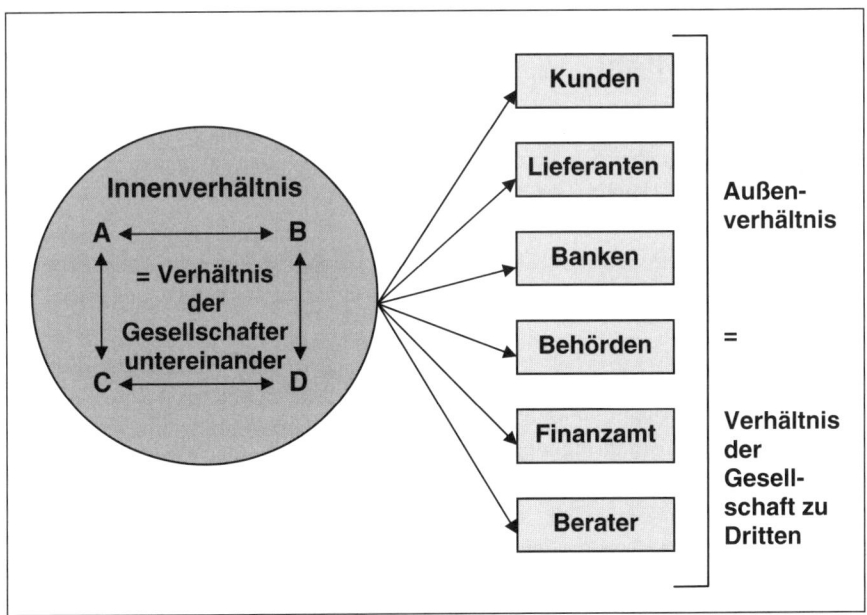

Abbildung B.3: Innen- und Außenverhältnis

Jens Tersteegen

B.3.1 Rechte und Pflichten der Gesellschafter

 Übung B.3.1
Legen Sie auf einem gesonderten Blatt eine Tabelle an. Schreiben Sie in die linke Spalte sämtliche Pflichten der Gesellschafter und schreiben Sie in die rechte Spalte sämtliche Rechte der Gesellschafter. Vervollständigen Sie die Tabelle während Sie die nachstehenden Ausführungen durcharbeiten.

Rechte und Pflichten der Gesellschafter ergeben sich aus den grundsätzlich dispositiven gesetzlichen Regelungen (§§ 705 ff. BGB) und dem Gesellschaftsvertrag. Eine gesellschaftsvertragliche Regelung geht im Zweifel der gesetzlichen Regelung vor.

! Gesellschaftsvertragliche Regelungen gehen gesetzlichen Regelungen im Zweifel vor, es sei denn, es handelt sich ausnahmsweise um zwingendes Recht.

 Beispiel B.3.1
Gem. § 709 BGB sind alle Gesellschafter gemeinschaftlich zur Geschäftsführung berechtigt. In der Regel ist es aber für eine am Markt tätige Gesellschaft sinnvoll, einen oder einzelne Gesellschafter zum Geschäftsführer zu bestellen. § 709 BGB ist also eine typische dispositive Norm. Die Gesellschafter können im Gesellschaftsvertrag festlegen, dass nur einer oder einzelne Gesellschafter zur Geschäftsführung befugt sind.

Nachfolgend finden Sie einige wichtige *Rechte und Pflichten* der Gesellschafter erläutert:

B.3.1.1 Förderpflicht

Die wichtigste Pflicht der Gesellschafter haben Sie bereits kennengelernt. Eine Personengesellschaft liegt überhaupt nur dann vor, wenn die Gesellschafter sich verpflichtet haben, einen gemeinsamen Zweck zu fördern. Dies ist die *Förderpflicht* (vgl. oben B.2.1.3).

Insbesondere sind die Gesellschafter verpflichtet, die *Beiträge zu erbringen*, zu denen sie sich im Gesellschaftsvertrag verpflichtet haben. Die Beiträge können beispielsweise bestehen in:
- Geldzahlungen
- Übereignung von beweglichen Sachen und Grundstücken
- Überlassen von bestimmten Rechten (Patente, Lizenzen, Internetdomain)
- Verpflichtung zur Einbringung von Beteiligungen an anderen Gesellschaften (beispielsweise an einer GmbH)
- Arbeitsleistung

Die *Höhe der Beiträge* ist entweder im Gesellschaftsvertrag festgelegt oder einem Mehrheitsbeschluss der Gesellschafter vorbehalten. Im letzteren Fall muss allerdings der Gesellschaftsvertrag eine Obergrenze für die Beiträge vorsehen.

Jens Tersteegen

§ 707 BGB regelt, dass ein Gesellschafter nicht zur Erhöhung des vereinbarten Beitrags oder zur Ergänzung der durch Verlust verminderten Einlage verpflichtet ist. Es besteht keine sog. *Nachschusspflicht*. Grund hierfür ist, dass jeder Gesellschafter bereits bei Abschluss des Gesellschaftsvertrages erkennen können soll, zu welchen Leistungen er verpflichtet ist. Die Eingehung einer Gesellschaft wäre ein ungleich risikoreicheres Geschäft, wenn eine Nachschusspflicht unbegrenzt bestünde. Allerdings können die Beteiligten im *Vertrag Nachschusspflichten vorsehen*. § 707 BGB ist dispositiv. Im Gesellschaftsvertrag kann auch vorgesehen werden, dass eine Nachschusspflicht durch *Mehrheitsbeschluss* begründet werden kann. Allerdings sind hierfür strenge Voraussetzungen erforderlich. Die Klausel muss sich ausdrücklich darauf beziehen, dass eine Nachschusspflicht begründet werden kann. Ferner bedarf es der Angabe einer Obergrenze oder sonstiger Kriterien, die der Eingrenzung der Erhöhungsrisiken für mehrheitlich zu beschließende Kapitalerhöhungen dienen.

? Übung B.3.2

A, B, C und D haben sich zu einer Gesellschaft bürgerlichen Rechts zusammengeschlossen. Zur Förderung des Gesellschaftszwecks hat jeder der vier Gesellschafter zu Beginn der Gesellschaft auf das Konto der Gesellschaft 30.000,00 € eingezahlt. Nach vier Monaten erkennt man, dass das zu Anfang vorgesehene Kapital keinesfalls ausreicht. Die Gesellschaft ist zahlungsunfähig. Die Gesellschafter halten eine Gesellschafterversammlung ab, auf der A, B und C mehrheitlich beschließen, dass jeder Gesellschafter verpflichtet ist, weitere 35.000,00 € nachzuschießen. D ist hiermit nicht einverstanden. A, B und C argumentieren, D habe vom Gesellschaftsrecht keine Ahnung. Bereits in jedem Taubenzüchterverein sei es so, dass die Beiträge zur Gesellschaft durch Mehrheitsbeschluss erhöht werden könnten. D erinnert sich daran, dass in der Tat bei der diesjährigen Jahreshauptversammlung seines Golfclubs eine Beitragserhöhung um 700,00 € pro Jahr beschlossen wurde. Auch hier waren einzelne Mitglieder nicht einverstanden. Letztlich waren aber auch diese zur Zahlung des erhöhten Beitrags verpflichtet. D lenkt daher zähneknirschend ein und zahlt die 35.000,00 €. War D hierzu tatsächlich verpflichtet?

B.3.1.2 Treuepflicht

Zwischen den Gesellschaftern einer Personengesellschaft besteht eine allgemeine Treuepflicht. Aus ihr ergibt sich die Pflicht,

- die Interessen der Gesellschaft wahrzunehmen (*positive Treuepflicht*)
- alles zu unterlassen, was die Interessen der Gesellschaft schädigt (*negative Treuepflicht*).

Die Treuepflicht besteht einerseits im *Verhältnis des Gesellschafters zur Gesellschaft* und andererseits auch im *Verhältnis der Mitgesellschafter untereinander*.

Aus der Treuepflicht gegenüber der Gesellschaft folgt beispielsweise für die geschäftsführenden Gesellschafter, dass sie in besonderem Maße gehalten sind, die Interessen der Gesellschaft zu wahren und nicht eigene Interessen in den Vordergrund zu stellen. Aus der Treuepflicht kann sich auch ergeben, dass beispielsweise das Stimmrecht

Jens Tersteegen

in bestimmter Weise auszuüben ist. Im Einzelfall kann daher auch ein Anspruch auf Änderung des Gesellschaftsvertrages bestehen. Auch bei der Geltendmachung von Ansprüchen aus Drittbeziehungen ist der Gesellschafter verpflichtet, die Interessen der Gesellschaft stets zu berücksichtigen. Die gegenüber den Mitgesellschaftern bestehende Treuepflicht führt dazu, dass jeder Gesellschafter *auf die Belange seiner Mitgesellschafter Rücksicht zu nehmen* hat. Er muss insbesondere Mitgesellschafter über Vorgänge *vollständig und zutreffend informieren*, die ihre mitgliedschaftlichen Vermögensinteressen berühren (BGH ZIP 2003, 73).

Verletzt ein Gesellschafter seine Treuepflicht gegenüber der Gesellschaft oder gegenüber den Mitgesellschaftern, so *haftet* er hierfür nach den allgemeinen Regeln des Schuldrechts, d.h. insbesondere nach § 280 BGB. Bei der Erfüllung der Treuepflicht hat der Gesellschafter aber gem. § 708 BGB nur diejenige Sorgfalt anzuwenden, welche er auch in eigenen Angelegenheiten anzuwenden pflegt. Hieraus kann sich gem. § 277 BGB eine Begrenzung der Haftung wegen leichter Fahrlässigkeit ergeben.

? Übung B.3.3

A, B, C und D sind Unternehmensberater und haben sich zu einer Unternehmensberatungs-GbR zusammengeschlossen. Diese GbR ist beauftragt, ein großes Unternehmen bei einem Börsengang zu unterstützen. C und D liegt hierzu ein vertrauliches Strategiepapier des Unternehmens vor. Als D eines Abends mit seinem Freund, dem Journalisten J, in einer Kneipe sitzt, übergibt er ihm das Strategiepapier, da er J noch einen Gefallen schuldig war. C hat am gleichen Tag das Strategiepapier in einer Mappe auf seinem Schreibtisch liegen lassen. Dort findet es seine Putzfrau P und verkauft die Information an eine deutsche Boulevardzeitung. Da C seine Unterlagen immer in Mappen auf seinem Schreibtisch liegen lässt, hatte er P besonders zur Verschwiegenheit verpflichtet und ihr verboten, seine Unterlagen anzurühren. Zwei Zeitungen veröffentlichen daraufhin unabhängig voneinander das geheime Strategiepapier. Die GbR hatte in ihrem Vertrag mit dem Unternehmen vereinbart, dass für jeden Fall der Verletzung der Vertraulichkeit geheimer Unterlagen ein pauschalierter Schadensersatz von 150.000,00 € zu zahlen sei. Nachdem die GbR die Zahlung von insgesamt 300.000,00 € erbracht hat, wollen A und B die beiden Gesellschafter C und D jeweils auf Ersatz von 150.000,00 € in Anspruch nehmen. Zu Recht?

! Aus dem Gesellschaftsvertrag ergibt sich für die Gesellschafter *die positive Pflicht, alles zu tun, was die Interessen der Gesellschaft fördert, und die negative Pflicht, alles zu unterlassen, was den Interessen der Gesellschaft zuwiderläuft.* Wegen der Verletzung dieser Pflicht haften die Gesellschafter nach § 280 Abs. 1 BGB. Sie müssen dabei diejenige Sorgfalt anwenden, die sie auch in eigenen Angelegenheiten anwenden (§ 708 BGB).

B.3.1.3 Wettbewerbsverbot

Aus der allgemeinen Treuepflicht kann sich auch ein *Wettbewerbsverbot für die Gesellschafter* ergeben. Schädigt ein Gesellschafter durch seine Konkurrenz die GbR, so ist er aufgrund der allgemeinen Treuepflicht zur Unterlassung verpflichtet. Im Bereich der OHG gilt ein spezielles Wettbewerbsverbot aus § 112 HGB (vgl. dazu unten Kapitel B.7.1.2).

B.3.1.4 Mitverwaltungsrechte

Die wichtigsten Rechte der Gesellschafter sind die Mitverwaltungsrechte. Hierzu gehört insbesondere das *Recht auf Geschäftsführung* (Näheres dazu unten Kap. B.3.2). Ein weiteres wichtiges Mitverwaltungsrecht ist das *Kontrollrecht*, das in § 716 BGB geregelt ist. Danach kann ein Gesellschafter, auch wenn er von der Geschäftsführung ausgeschlossen ist, sich von den Angelegenheiten der Gesellschaft persönlich unterrichten, die Geschäftsbücher und die Papiere der Gesellschaft einsehen und sich aus ihnen eine Übersicht über den Stand des Gesellschaftsvermögens anfertigen.

Zu den Mitverwaltungsrechten gehört ferner das *Stimmrecht*. Durch Ausübung des Stimmrechts führen die Gesellschafter *Gesellschafterbeschlüsse* herbei. Möglicher Gegenstand eines Gesellschafterbeschlusses ist grundsätzlich alles, was innerhalb der Gesellschaft auf dem Wege der Erreichung des gemeinsamen Zwecks zur Entscheidung ansteht. Beschlüsse können in einer Gesellschafterversammlung, aber auch formfrei (Telefon, Fax, Email) gefasst werden. Die Einzelfälle, in denen Beschlüsse erforderlich sind, können sich aus dem Gesetz (z.B. §§ 709, 712, 715 BGB) oder aus dem Gesellschaftsvertrag ergeben. Beschlüsse können betreffen:

- **Grundlagengeschäfte** (Änderungen des Gesellschaftsvertrages, Aufnahme oder Ausscheiden eines Gesellschafters, Bestimmung oder Abberufung eines Geschäftsführers)

- **Geschäftsführungsangelegenheiten** (Entscheidung über konkrete Einzelmaßnahmen durch Beschluss)

- **Sonstige gemeinsame Gesellschaftsangelegenheiten** (z.B.: Bilanzfeststellung, Gewinnverwendung, Entlastung der Geschäftsführer)

Grundsätzlich werden *Gesellschafterbeschlüsse in der GbR einstimmig* gefasst. Der Gesellschaftsvertrag kann aber Abweichendes vorsehen. Insbesondere können Mehrheitsentscheidungen vorgesehen sein. Allerdings sind Mehrheitsentscheidungen dann problematisch, wenn in den Kernbereich der Mitgliedschaft eingegriffen wird (sog. Kernbereichslehre), insbesondere bei Änderungen des Gesellschaftsvertrages. Die Grenzen der Mehrheitsentscheidung und die Kernbereichslehre sind umstritten. Der BGH hat zu dieser Frage in der sog. Otto-Entscheidung (betreffend eine KG) (BGH, 15.1.2007 BB 2007, 1128 = DNotZ 2007, 629 = NJW 2007, 1685) umfassend Stellung genommen (dazu auch: Ebenroth/Boujong/Joost/Strohn/Goette, § 119 HGB Rn. 59). Vereinfacht gesagt, ist zweistufig zu prüfen: Zunächst ist unter Beachtung des Bestimmtheitsgrundsatzes zu fragen, ob der Gesellschaftsvertrag eine Legitimation für die Mehrheitsentscheidung enthält. Dann ist zu fragen, ob der Beschluss deshalb unwirksam ist, weil er in unverzichtbare Mitgliedschaftsrechte eingreift. Aber auch zu dieser Rechtsprechung sind die Einzelheiten umstritten. Für Sie ist es allerdings ausreichend, sich zunächst einmal zu merken oder zunächst einmal zu wissen, dass Mehrheitsentscheidungen im Grundlagenbereich nicht unproblematisch sind.

Jens Tersteegen

B.3.1.5 Vermögensrechte

Neben den Mitverwaltungsrechten stehen dem Gesellschafter auch Vermögensrechte zu. Das wichtigste Vermögensrecht ist der *Anspruch auf den Gewinn* und das *Auseinandersetzungsguthaben* (dazu unten Kap. B.3.4). Die Ansprüche richten sich gegen die Gesellschaft, nicht gegen die einzelnen Gesellschafter.

B.3.1.6 Abspaltungsverbot

Gem. § 717 BGB sind die Rechte, die den Gesellschaftern aus dem Gesellschaftsverhältnis gegeneinander zustehen, *nicht übertragbar*. Das sog. Abspaltungsverbot umfasst im Wesentlichen die Verwaltungsrechte (Stimmrecht, Geschäftsführungsbefugnis, organschaftliche Vertretungsmacht, Informations- und Kontrollrechte, Recht auf Mitwirkung an Abberufungsbeschlüssen, Kündigungsrecht, Anspruch auf Rechnungslegung, Rechnungsabschluss etc.). Grund hierfür ist, dass nicht ein Fremder ohne Zustimmung der anderen Gesellschafter in das Gesellschaftsverhältnis eingreifen können soll. Eine Ausnahme gilt aber für rein vermögensrechtliche Ansprüche. Diese können abgetreten werden (§ 717 Satz 2 BGB). In Betracht kommt aber, dass ein Dritter widerruflich oder befristet bevollmächtigt wird, bestimmte Rechte auszuüben. So kann z.B. eine Stimmrechtsvollmacht erteilt werden. Auch die Bestellung eines Nießbrauchs am Gesellschaftsanteil verletzt nicht das Abspaltungsverbot. Ebenso kommt auch eine Testamentsvollstreckung über den Gesellschaftsanteil in Betracht.

> **!** Die Rechte aus dem Gesellschaftsverhältnis, d.h. die Rechte, die Ausfluss der Mitgliedschaft sind, sind nicht übertragbar (§ 717 BGB – Abspaltungsverbot). Allerdings ist beispielsweise eine Bevollmächtigung möglich. Vermögensrechte sind dagegen übertragbar.

B.3.1.7 Durchsetzung von Verpflichtungen der Gesellschafter

Wie Sie gesehen haben, ergeben sich aus dem Gesellschaftsvertrag für jeden Gesellschafter auch Pflichten. Kommt er diesen nicht nach, leistet er also z.B. einen Beitrag nicht, oder verletzt er eine Pflicht und führt dadurch einen Schaden herbei, so werden die Ansprüche gegen diesen Gesellschafter (Sozialansprüche) grundsätzlich durch den vertretungsberechtigten Gesellschafter durchgesetzt. Nach der allgemeinen Auffassung kann aber auch jeder einzelne Gesellschafter (unabhängig von der Geschäftsführungsbefugnis) im eigenen Namen gegen den Verpflichteten auf Leistung an die Gesellschaft klagen. Diese Klage wird mit dem lateinischen Begriff „actio pro socio" bezeichnet (dazu: BGH 13.5.1985, BB 1985, 1623 = NJW 1985, 1830 = ZIP 1985, 1137). Diese ist auch bei den übrigen Personengesellschaften möglich.

B.3.2 Geschäftsführung

B.3.2.1 Begriff

Eine Gesellschaft – nicht nur eine GbR, sondern jede Gesellschaft (auch eine Kapitalgesellschaft) – kann selbst nicht handeln. Für eine Gesellschaft müssen stets natürliche Personen, d. h. die Gesellschafter oder Dritte, handeln.

Im Gesellschaftsrecht allgemein (auch im Recht der Kapitalgesellschaften) unterscheidet man zwischen der *Geschäftsführung* auf der einen Seite und der *Vertretung* der Gesellschaft auf der anderen Seite. Die Geschäftsführung bzw. insbesondere die Geschäftsführungsbefugnis ist auf das *Innenverhältnis* bezogen. Bei der Geschäftsführung geht es um die Frage der *internen Verantwortlichkeit* und insbesondere darum, wer (bzw. für das Personengesellschaftsrecht: ob der Gesellschafter) im Innenverhältnis berechtigt ist, eine bestimmte Handlung vorzunehmen. Die Frage der *Vertretung der Gesellschaft* und insbesondere die Frage der Vertretungsmacht betrifft dagegen das *Außenverhältnis*. Hier geht es um die Frage, wer (bzw. für das Personengesellschaftsrecht: ob der Gesellschafter) die Handlung nach außen hin wirksam vornehmen kann. Auch wenn das Gesetz sehr scharf zwischen Geschäftsführung (§§ 709 ff. BGB) und Vertretung (§§ 714 ff. BGB) unterscheidet, so bedeutet dies nicht, dass eine Handlung zwingend nur eine Geschäftsführungsmaßnahme oder Vertretung der Gesellschaft sein kann. Vielmehr handelt es sich *regelmäßig* bei den Handlungen der Gesellschafter *sowohl um Geschäftsführungsmaßnahmen als auch um Vertretungshandlungen.*

Eine Geschäftsführungsmaßnahme kann bestehen in *rein tatsächlichen Handlungen* oder in *rechtsgeschäftlichen Handlungen.*

➡ Beispiel B.3.2
Beispiele für *rein tatsächliche Handlungen* des Geschäftsführers sind: Vorbereitung der Gesellschaftsversammlungen; Aufstellung von Bilanzen; Überwachung der Geschäfte der Gesellschaft; Kontrolle der Arbeitnehmer. Zu den *rechtsgeschäftlichen Handlungen* gehört der Abschluss von Verträgen, insbesondere von Arbeitsverträgen, Kaufverträgen, Miet- und Pachtverträgen etc.

! Das Gesetz unterscheidet zwischen der *Geschäftsführung* (§§ 709 ff. BGB) und der *Vertretung* der Gesellschaft (§§ 714 ff. BGB). Die Geschäftsführung ist auf das Innenverhältnis bezogen. Es geht um die Frage, ob die handelnde Person im Verhältnis zu den übrigen Gesellschaftern diese Handlung vornehmen darf. Bei der Vertretung geht es dagegen um die Wirksamkeit der Handlung nach außen.

Die Begriffe „Geschäftsführung" und „Vertretung" haben für das gesamte Gesellschaftsrecht Bedeutung (auch für das Kapitalgesellschaftsrecht)

? Übung B.3.4
Überlegen Sie sich, ob Geschäftsführungsbefugnisse und Vertretungsbefugnisse zwingend gleichlaufen müssen.

Jens Tersteegen

B.3.2.2 Geschäftsführungsbefugnis bei der GbR

Grundsätzlich steht gem. § 709 Abs. 1 BGB die *Geschäftsführung den Gesellschaftern gemeinschaftlich* zu. Für jede Geschäftsführungsmaßnahme ist die Zustimmung aller Gesellschafter erforderlich (Gesamtgeschäftsführung). Das Gesetz sieht in den §§ 709 ff. BGB aber auch die Möglichkeit vor, durch den Gesellschaftsvertrag andere Geschäftsführungsregelungen zu treffen:

- § 709 Abs. 2 BGB: Zunächst besteht die Möglichkeit, vorzusehen, dass die Geschäftsführung zwar allen Gesellschaftern zusteht, dass aber durch Stimmmehrheit entschieden wird (*Mehrheitsprinzip*).
- § 711 BGB: Die Geschäftsführung steht allen Gesellschaftern zu, aber jedem für sich alleine – *Einzelgeschäftsführung*. Jeder Geschäftsführer kann also im Innenverhältnis wirksam Handlungen vornehmen. Die anderen Geschäftsführer können aber der Vornahme widersprechen.
- § 710 BGB: Schließlich können *einzelne Gesellschafter nach § 710 BGB von der Geschäftsführung ausgeschlossen* werden.

? Übung B.3.5
40 Rechtsanwälte haben sich in einer Sozietät zusammengeschlossen. Die Sozietät wird in der Rechtsform einer GbR betrieben. Diese GbR möchte nun einen neuen Büroboten einstellen. Wer muss über diese Frage entscheiden?

Zu beachten ist, dass für die GbR der *Grundsatz der Selbstorganschaft* gilt: Die Geschäftsführerstellung ist bei allen Personengesellschaften (auch bei der OHG und KG) zwingend mit der Gesellschafterstellung verbunden. Zwar können einem Dritten im Rahmen eines Anstellungs- oder Auftragsverhältnisses bestimmte Geschäftsführungsaufgaben übertragen werden. Die Befugnisse des Dritten sind aber stets nur abgeleiteter Natur. Der komplette Ausschluss aller Gesellschafter von der Geschäftsführung ist nicht zulässig. Es muss stets noch möglich sein, dem Dritten Weisungen zu erteilen oder aus wichtigem Grund zu kündigen.

? Übung B.3.6
A, B und C bilden eine GbR. Als weiterer Gesellschafter wird nun die X-GmbH aufgenommen. Im Rahmen einer Änderung des Gesellschaftsvertrages wollen die Gesellschafter vereinbaren, dass nur noch die X-GmbH geschäftsführungsbefugt ist. Der hinzugezogene Rechtsanwalt R ist der Auffassung, dass dies nicht möglich sei, da dadurch der Grundsatz der Selbstorganschaft verletzt werde, denn die Geschäfte der X-GmbH würden durch den Fremdgeschäftsführer Y geführt. Hat R recht?

Auch in den Fällen, in denen ein Gesellschafter einzelgeschäftsführungsbefugt ist, kann abweichend durch Beschluss entschieden werden. Gesellschafterbeschlüsse sind grundsätzlich bei allen die Gesellschaft betreffenden Angelegenheiten zulässig.

B.3.2.3 Entziehung der Geschäftsführungsbefugnis

Soweit im Gesellschaftsvertrag nichts Abweichendes geregelt ist, kann einem der Geschäftsführer nicht ohne Weiteres die Geschäftsführungsbefugnis entzogen werden. Liegt allerdings ein wichtiger Grund für die Entziehung der Geschäftsführungsbefugnis vor, so kann dies nach § 712 BGB von den übrigen Gesellschaftern beschlossen werden.

B.3.2.4 Verletzung der Geschäftsführungspflicht/Aufwendungsersatzanspruch

Verletzt einer der Geschäftsführer bei der Tätigkeit seine Pflichten, so können sich hieraus *Schadensersatzansprüche* der Gesellschaft gem. § 280 Abs. 1 BGB ergeben. Der Geschäftsführer haftet aber gem. § 708 BGB nur für diejenige Sorgfalt, die er in eigenen Angelegenheiten zu beachten pflegt (vgl. oben B.3.1.3), falls nicht etwa Anderes vereinbart ist.

Der Geschäftsführer kann nach §§ 713, 670 BGB Ersatz seiner Aufwendungen verlangen. Dazu gehört aber nicht eine Tätigkeitsvergütung. Eine solche muss gesondert vereinbart werden.

B.3.3 Gesellschaftsvermögen

Die Gesellschaft beschränkt sich aber nicht auf die Rechtsbeziehungen zwischen den Gesellschaftern, sondern mit der Gründung der Gesellschaft entsteht vielmehr auch ein *Sondervermögen (Gesellschaftsvermögen)*, das vom Privatvermögen der Gesellschafter streng zu trennen ist. Zum Gesellschaftsvermögen gehören die Beiträge der Gesellschaft und alle Gegenstände, die durch die Geschäftsführung für die Gesellschaft erworben worden sind.

 Übung B.3.7
Überlegen Sie sich, was alles Gegenstand des Gesellschaftsvermögens sein kann.

Das Gesellschaftsvermögen ist *Gesamthandsvermögen bzw. Vermögen zur gesamten Hand*. Die einzelnen Gegenstände stehen also nicht dem einzelnen Gesellschafter zu. Die einzelnen Gesellschafter sind auch nicht Bruchteilsberechtigte (§§ 741 ff. BGB – Bruchteilsgemeinschaft). Das Gesellschaftsvermögen steht vielmehr allen Gesellschaftern in ihrer gesamthänderischen Verbundenheit zu. Hierdurch soll zum Ausdruck kommen, dass nicht ein einzelner der Gesellschafter einen Anteil an den Vermögensgegenständen hat und dass auch nicht ein Einzelner der Gesellschafter über das Vermögen verfügen kann. Lediglich alle Gesellschafter gemeinsam können über das Gesellschaftsvermögen als Ganzes bzw. über Teile des Gesellschaftsvermögens verfügen. Dies ergibt sich aus § 719 BGB, der die gesamthänderische Bindung regelt.

 Übung B.3.8
An dieser Stelle sollten Sie unbedingt § 719 BGB lesen.

Jens Tersteegen

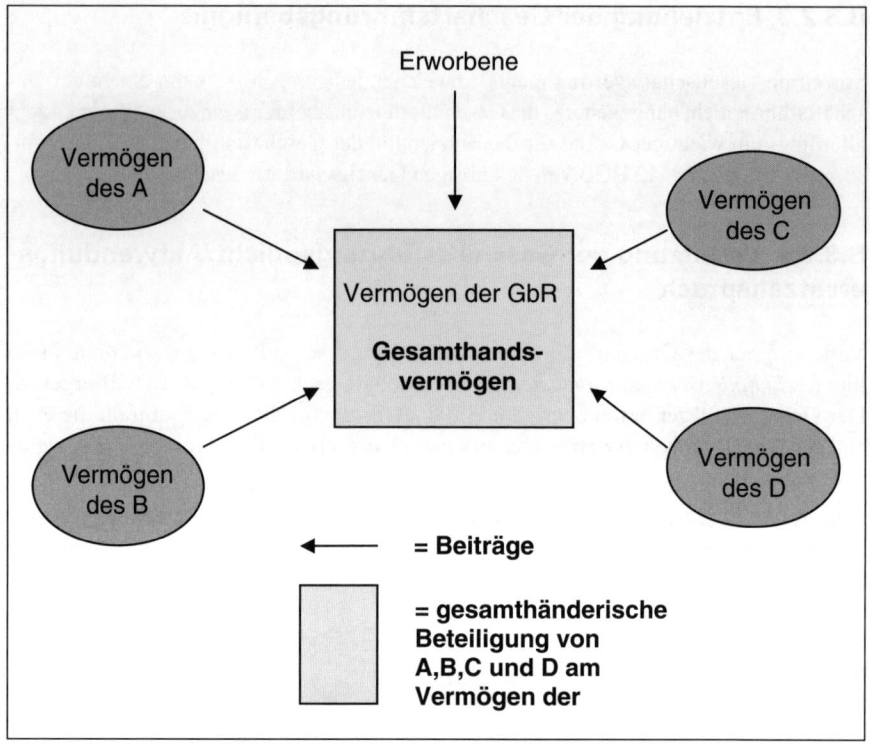

Abbildung B.3.3: Gesamthandsvermögen

> **!** Das Gesellschaftsvermögen ist ein Sondervermögen, das vom Privatvermögen der Gesellschafter zu trennen ist. Es handelt sich um ein Gesamthandsvermögen. Dies bedeutet, dass alle Sachen und Rechte allen Gesellschaftern gemeinschaftlich zustehen. Über einzelne Vermögensgegenstände können die Gesellschafter nur gemeinsam verfügen.

Um die Frage, wem das Gesellschaftsvermögen als Gesamthandsvermögen zusteht, d. h. wer Träger des Gesamthandsvermögens ist, rankt sich ein *historisch bedingter Streit.* Nach der früher herrschenden Meinung konnte die Gesellschaft nicht selbst Träger von Rechten und Pflichten sein. Man nahm also an, dass das Gesamthandsvermögen allein den Gesellschaftern zustand. Träger des Gesamthandsvermögens war jeder Gesellschafter, wobei seine Herrschaftsbefugnis über dieses Vermögen durch die Rechte der anderen Gesellschafter beschränkt war. Diese Sichtweise war für die früher herrschende Meinung praktisch zwingend, da man früher davon ausging, dass der GbR keine eigene Rechtspersönlichkeit zukam. Mit einer viel beachteten *Entscheidung vom 29.1.2001* (BGHZ 146, 341 = DB 2001, 423 = BB 2001, 374 = DStR 2001, 310 = DNotZ 2001, 234 = NJW 2001, 1056) hat der BGH allerdings anerkannt, dass die GbR als solche zumindest (teil-)rechtsfähig ist. Mit dieser Entscheidung des BGH ist die früher herrschende Meinung überholt. Nach heutiger herrschender Meinung muss man davon ausgehen, dass die *GbR selbst Rechtssubjekt* ist, d.h. sie ist fähig, Träger von Rechten und Pflichten zu sein. Die Gesellschaft ist Eigentümerin der zum Gesamthandsvermögen gehörenden Sachen, sie ist selbst Inhaber der zum Vermögen gehörenden Forderungen und kann auch selbst Schuldner sein.

> **Übung B.3.9**
> Lesen Sie das Urteil des BGH vom 29.1.2001 (BGHZ 146, 341 = ZIP 2001, 330 = DB 2001, 423 = NZM 2001, 299 = DNotZ 2001, 234 = NJW 2001, 1056).

Scheidet einer von mehreren Gesellschaftern aus der Gesellschaft aus, so wächst sein Anteil an dem Gesellschaftsvermögen nach § 738 Abs. 1 BGB den in der Gesellschaft verbleibenden Gesellschaftern an (sog. *Anwachsung*). Entsprechend wächst einem neu in die Gesellschaft eintretenden Gesellschafter automatisch ein Anteil am Gesellschaftsvermögen zu. Dies ist eine zwingende Folge der Annahme einer Gesamthandsgemeinschaft. Wird ein neuer Gesellschafter durch Aufnahmevertrag in die Gesellschaft aufgenommen, so wird er automatisch Mitberechtigter am Gesamthandsvermögen.

> **Übung B.3.10**
> A, B und C betreiben eine Tanzschul-GbR. A hat sein Eigentum an einer Stereoanlage auf die GbR übertragen und damit seinen Beitrag zur GbR erbracht. Ein Privatgläubiger des A möchte nun in die Stereoanlage vollstrecken. Er ist der Meinung, dies sei möglich, da A ja ebenfalls Gesellschafter der GbR sei. Hat er Recht?

B.3.4 Verteilung von Gewinn und Verlust

Im Hinblick auf die Verteilung von Gewinn und Verlust sind zwei Fragen von besonderer Bedeutung:
* Wann erfolgt die Verteilung von Gewinn und Verlust?
* Mit welchem Anteil ist der einzelne Gesellschafter an Gewinn und Verlust beteiligt?

Diese Fragen (die sich so bei jedem Gesellschaftstyp stellen) werden regelmäßig im Gesellschaftsvertrag ausdrücklich geregelt sein. Sofern der Gesellschaftsvertrag aber keine Regelung enthält, sind die §§ 721, 722 BGB maßgeblich. Nach § 722 Abs. 1 BGB hat jeder Gesellschafter unabhängig davon, welchen Beitrag er zu der Gesellschaft geleistet hat, einen *gleichen Anteil am Gewinn und Verlust*. Es wird also nicht berücksichtigt, ob ein Gesellschafter einen größeren oder kleineren Anteil geleistet hat.

Hinsichtlich des *Zeitpunkts der Verteilung von Gewinn und Verlust* regelt § 721 BGB in Abs. 1, dass die Verteilung von Gewinn und Verlust grundsätzlich erst nach Auflösung der Gesellschaft stattfindet. Ist die Gesellschaft aber für längere Dauer gegründet, so erfolgt jedes Jahr ein Rechnungsabschluss mit Gewinnverteilung (§ 721 Abs. 2 BGB).

Beispiel B.3.3

Anne und Georg haben sich zu einer GbR zusammengeschlossen. Die Gesellschaft ist auf längere Dauer angelegt und der Gesellschaftsvertrag regelt nichts zur Verteilung des Gewinns. Im ersten Jahr werden 10.000 EUR Gewinn gemacht.

Da die Gesellschaft auf längere Dauer angelegt ist, erfolgt jedes Jahr ein Rechnungsabschluss mit Gewinnverteilung. Da die Gesellschafter im Gesellschaftsvertrag nichts Abweichendes festgelegt haben, erhält jeder nach § 722 BGB einen gleichhohen Gewinnanteil. Der Gesellschaftsvertrag sieht auch nicht die Bildung von Rücklagen vor. Jeder erhält folglich 5.000,– EUR.

 ## Zusammenfassung

In diesem Kapitel haben Sie sich die Grundlagen zum *Innenverhältnis* der GbR erarbeitet. Sie haben sich damit gleichzeitig die Grundlagen für das Innenverhältnis bei sämtlichen Personengesellschaften angeeignet. Diese Grundkenntnisse werden nun in allen folgenden Kapiteln vorausgesetzt. Überlegen Sie daher noch mal, ob Ihnen diese Grundlagen nun vertraut sind!

Das Innenverhältnis ist das *Verhältnis der Gesellschafter untereinander*. Dem Innenverhältnis steht das Außenverhältnis gegenüber. Außenverhältnis ist das *Verhältnis der Gesellschaft zu Dritten*. Im Innenverhältnis bestehen zunächst Rechte und Pflichten der Gesellschafter. Als wichtige Pflichten der Gesellschafter haben Sie die Förderpflicht und die Treuepflicht kennengelernt. Wichtige Rechte der Gesellschafter sind: Die Mitverwaltungsrechte und die Vermögensrechte.

Sie haben sich mit der *Unterscheidung zwischen Geschäftsführung und Vertretung* beschäftigt. Die Geschäftsführung ist die Frage, wer im Innenverhältnis der Gesellschafter zur Durchführung eines Geschäfts berechtigt ist. Von der Frage der Geschäftsführung zu unterscheiden ist die Frage, wer die Gesellschaft beim Abschluss eines bestimmten Rechtsgeschäfts nach außen hin vertritt. Dies ist die Vertretung der Gesellschaft. Die Geschäftsführung ist also auf das Innenverhältnis bezogen, während die Vertretung auf das Außenverhältnis bezogen ist. Die *Geschäftsführung* steht in der GbR grundsätzlich allen Gesellschaftern gemeinsam zu. Regelmäßig enthält aber hierfür der Gesellschaftsvertrag Regelungen, die vorsehen, dass nur einzelne Gesellschafter zur Geschäftsführung berechtigt sind. Prägend für alle Personengesellschaften ist der *Grundsatz der Selbstorganschaft*, d. h. die Gesellschafter dürfen nicht alle vollständig von der Geschäftsführung ausgeschlossen sein.

Zum *Gesellschaftsvermögen* gehören die Beiträge der Gesellschaft und alles, was durch die Maßnahmen der Geschäftsführung erworben wurde. Das Gesellschaftsvermögen ist *Gesamthandsvermögen*, d. h. die Gesellschafter sind am Vermögen nicht zu Bruchteilen beteiligt, sondern vielmehr in ihrer gesamthänderischen Verbundenheit. Seit einer grundlegenden Entscheidung des BGH aus dem Jahre 2001 ist anerkannt, dass die *GbR rechtsfähig* ist. Sie ist damit auch Träger des Gesellschaftsvermögens.

Jens Tersteegen

Eng mit der Frage des Gesellschaftsvermögens verknüpft ist die Frage der *Verteilung von Gewinn und Verlust*. Derartige Fragen sind regelmäßig im Gesellschaftsvertrag ausführlich geregelt. Ansonsten sind alle Gesellschafter – sofern keine Regelung existiert – an Gewinn und Verlust gleichmäßig beteiligt.

Aufgaben zur Selbstüberprüfung

1. A, B und C bilden eine GbR. Wer vertritt in den nachfolgenden Fallkonstellationen die GbR beim Abschluss von Rechtsgeschäften?
   a) Der Gesellschaftsvertrag enthält keine gesonderte Regelung über die Geschäftsführung und Vertretung.
   b) Im Gesellschaftsvertrag ist geregelt, dass die Geschäftsführung A übertragen ist.
   c) Im Gesellschaftsvertrag ist geregelt, dass jeder der Gesellschafter berechtigt ist, die Gesellschaft allein zu vertreten.
2. Der Gesellschaftsvertrag enthält folgende Regelung:
   „Zur Geschäftsführung ist jeder der Gesellschafter allein berechtigt. Jeder der Gesellschafter ist grundsätzlich auch allein zur Vertretung der Gesellschaft berechtigt. Allerdings ist die Vertretungsmacht in der Weise eingeschränkt, dass die Haftung für Verbindlichkeiten stets auf das Gesellschaftsvermögen beschränkt ist. Darüber hinaus besteht keine weitere Vertretungsmacht."

Der Gesellschafter A schließt einen Vertrag über die Anschaffung eines Lkw zum Kaufpreis von 140.000,00 €. Aus dem Gesellschaftsvermögen kann der Kaufpreis nicht aufgebracht werden. Der Verkäufer möchte gegen den Gesellschafter B vorgehen und in das Privatvermögen des B vollstrecken. B beruft sich darauf, dass A keine Vertretungsmacht gehabt hat, Verpflichtungen einzugehen, die über das Gesellschaftsvermögen hinausgehen. Zu Recht?

Jens Tersteegen

B.4 Gesellschaft bürgerlichen Rechts – Außenverhältnis

Im folgenden Kapitel werden Sie sich mit dem Außenverhältnis bei der GbR beschäftigen. Wie Sie in Kapitel 3 erfahren haben, fasst man unter dem Begriff Außenverhältnis die *Rechtsbeziehungen der GbR zu Dritten* zusammen.

 Übung B.4.1
Überlegen Sie sich an dieser Stelle kurz noch einmal, wie das Innenverhältnis vom Außenverhältnis abzugrenzen ist.

B.4.1 Rechts- und Parteifähigkeit

Wie Sie bereits aus dem Kapitel über das Vermögen der Gesellschaft (Kapitel B.3.3) wissen, hat man die GbR früher nicht als rechtsfähig anerkannt. Diese Auffassung hat der BGH aber mit der Entscheidung vom 29.1.2001 aufgegeben. Er geht nun davon aus, dass die Außengesellschaft bürgerlichen Rechts *Rechtsfähigkeit* besitzt, soweit sie durch Teilnahme am Rechtsverkehr eigene Rechte und Pflichten begründet. Infolge dieser Entscheidung des BGH ist anerkannt, dass die *GbR Träger von Rechten und Pflichten* sein kann. Sie ist *(teil-)rechtsfähig.* Die GbR kann im Rechtsverkehr grundsätzlich jede Rechtsposition einnehmen. Insbesondere kann sie beispielsweise auch Eigentum erwerben.

Im Grundsatz kann man also sagen: *Die GbR ist rechtsfähig.* Allerdings sind bei diesem Grundsatz *zwei Besonderheiten* zu beachten:
- Rechtsfähig ist nur die *Außengesellschaft*, d. h. die Außen-GbR. Die GbR als reine Innengesellschaft (vgl. unten Kapitel B.16) ist nicht rechtsfähig.
- Der BGH hat in der Entscheidung vom 29.1.2001 davon gesprochen, dass die GbR *teilrechtsfähig* ist. Der BGH wollte nicht für alle Bereiche über die Rechtsfähigkeit der GbR entscheiden. Für die Praxis kommt dieser Aussage aber nur geringe Bedeutung zu.

Besonderheiten sind in zwei Teilbereichen der Rechtsfähigkeit zu berücksichtigen:
- Nach der Entscheidung des BGH vom 29.1.2001 ist auch klargestellt, dass die Außen-GbR zugleich im Zivilprozess *aktiv und passiv parteifähig* ist (§ 50 ZPO). Die GbR kann also Partei in einem Rechtsstreit sein, d. h. sie kann Kläger oder Beklagter sein.
- Umstritten war bislang allerdings die *Grundbuchfähigkeit der GbR,* d. h. die Fähigkeit unter eigener Bezeichnung z. B. als Eigentümer ins Grundbuch eingetragen zu werden. (für Grundbuchunfähigkeit: BayObLGZ 2002, 330 = DNotI-Report 2002, 180 = DNotZ 2003, 52 = NJW 2003, 70; BayObLG DNotI-Report 2003, 192 = NJW-RR 2004, 8, 10; für Grundbuchfähigkeit: OLG Stuttgart DB 2007, 334 = ZIP 2007, 14

= NZM 2007, 262 = BB 2007, 845 = DNotZ 2007, 383; klärend: BGH, NJW 2009, 594 = NZG 2009, 137 = DNotZ 2009, 115). Mit dem am 18.6.2009 beschlossenen Gesetz zur Einführung des elektronischen Rechtsverkehrs und der elektronischen Akte im Grundbuchverfahren (BT-Drucks. 16/13473) hat der Bundestag nun beschlossen, dass die GbR und alle Gesellschafter ins Grundbuch eingetragen werden müssen. Dies schafft die nötige Rechtssicherheit.

■➡ Beispiel B.4.1
Eine GbR kann also nach Anerkennung ihrer eigenen Rechtsfähigkeit selbst Eigentümer eines Lkw sein. Auch stehen der GbR Forderungen beispielsweise der Kaufpreisanspruch aus einem Kaufvertrag selbst zu. Die GbR kann auch Eigentümerin eines Grundstücks sein.

! Die GbR ist (teil-)rechtsfähig. Sie kann Träger von Rechten und Pflichten sein. Insbesondere kann sie auch Eigentümer von Sachen sein. Mit der Rechtsfähigkeit ist auch die Parteifähigkeit der GbR anerkannt.

? Übung B.4.2
Definieren Sie kurz, was Sie unter dem Begriff Rechtsfähigkeit und was Sie unter dem Begriff Parteifähigkeit verstehen.

B.4.2 Vertretung

? Übung B.4.3
Erklären Sie den Unterschied zwischen Geschäftsführung und Vertretung. Wenn nötig, arbeiten Sie hierzu zunächst noch einmal den Abschnitt B.3.2.1 durch.

Damit eine GbR beispielsweise einen Kaufvertrag abschließen kann, muss sie nach außen hin vertreten werden. Hierfür ist zweierlei erforderlich:
- Eine natürliche Person muss für die GbR handeln, d. h. beispielsweise auf den Vertragsschluss gerichtete *Willenserklärungen im Namen der GbR abgeben.*
- Außerdem ist erforderlich, dass derjenige, der die Erklärung abgibt, hierzu auch berechtigt ist, d. h. er muss *Vertretungsmacht besitzen.*

Die *Vertretungsmacht* ist in § 714 BGB geregelt. Soweit im Gesellschaftsvertrag nichts Abweichendes geregelt ist, sind die Geschäftsführer zur Vertretung der Gesellschaft berechtigt. Da die Geschäftsführung, sofern im Gesellschaftsvertrag keine abweichende Regelung enthalten ist, gem. § 709 BGB grundsätzlich durch alle Gesellschafter gemeinschaftlich erfolgt, muss grundsätzlich auch die *Vertretung durch alle Gesellschafter gemeinschaftlich* (Gesamtvertretungsmacht) erfolgen. Ist allerdings einzelnen Geschäftsführern die Befugnis zur Einzelgeschäftsführung eingeräumt, so sind sie auch zur Einzelvertretung der GbR berechtigt (Einzelvertretungsmacht).

➡ **Beispiel B.4.2**

A, B und C betreiben eine Tanzschule in der Rechtsform einer GbR. Sie möchten eine professionelle Stereoanlage anschaffen. Sofern A, B und C im Gesellschaftsvertrag keine abweichende Regelung getroffen haben, müssen alle Beteiligten, d.h. A, B und C beim Abschluss des Kaufvertrages mitwirken. Ist im Gesellschaftsvertrag dagegen beispielsweise geregelt, dass C einzelvertretungsberechtigt ist, so kann C den Kaufvertrag nach außen wirksam alleine schließen.

Auch bei der Vertretung gilt das Prinzip der Selbstorganschaft. Eine Vertretung durch Nichtgesellschafter kann nur aufgrund einer rechtsgeschäftlichen Vollmacht erfolgen.

B.4.3 Haftung für Verbindlichkeiten der Gesellschaft

Eine wichtige Frage ist auch, wer für Verbindlichkeiten der GbR haftet. Dabei ist zunächst, nachdem man die Rechtsfähigkeit der GbR anerkannt hat, klar, dass *die GbR selbst mit dem Gesellschaftsvermögen* haftet.

Daneben haften auch die Gesellschafter *mit ihrem Privatvermögen*. Die Begründung dafür war früher heftig umstritten. Insbesondere wurde von der herrschenden Meinung lange Zeit vertreten, dass zwar grundsätzlich auch die Gesellschafter mit ihrem Privatvermögen haften, dass dafür aber bei rechtsgeschäftlich begründeten Verbindlichkeiten eine besondere rechtsgeschäftliche Verpflichtung der Gesellschafter persönlich erforderlich sei (*Theorie von der Doppelverpflichtung*).

Diese Theorie ist aber nunmehr nach der Entscheidung des BGH vom 29.1.2001 gegenstandslos geworden. Nach nunmehr herrschender Meinung *haften alle Gesellschafter einer Gesellschaft bürgerlichen Rechts für alle rechtsgeschäftlichen Verbindlichkeiten persönlich und gesamtschuldnerisch.* Der BGH nimmt an, dass ein allgemeiner Grundsatz besteht, dass derjenige, der als Einzelperson oder in Gemeinschaft mit anderen

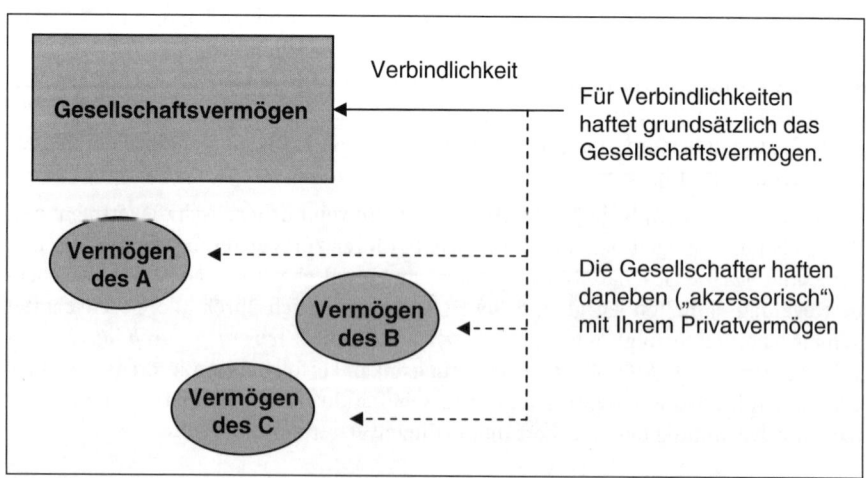

Abbildung B.4.3: Haftung für Verbindlichkeiten der Gesellschaft

Geschäfte betreibt, für die daraus entstehenden Verpflichtungen mit seinem gesamten Vermögen haftet. Die Haftung der Gesellschafter ist dabei *akzessorisch zur Haftung der Gesellschaft*. Dies bedeutet, die Gesellschafter haften in genau demselben Umfang für Verbindlichkeiten wie auch die Gesellschaft. Die Haftung der Gesellschafter ist mit der Haftung der Gesellschaft verknüpft. Zur Begründung hierfür wendet man die Regelung zur OHG, nämlich § 128 HGB analog an.

Die Gesellschafter haften nicht nur für die rechtsgeschäftlich begründeten Verbindlichkeiten, sondern auch für die aus dem Gesetz entstehenden Verbindlichkeiten akzessorisch und unbeschränkt mit ihrem Privatvermögen.

 Übung B.4.4
Überlegen Sie, worin der Unterschied zwischen rechtsgeschäftlich begründeten Verbindlichkeiten und Verbindlichkeiten, die auf ein gesetzliches Schuldverhältnis zurückgehen, besteht.

 Beispiel B.4.3
Die Bauunternehmer A, B und C haben sich zu einer Arbeitsgemeinschaft in der Rechtsform einer GbR zusammengeschlossen. Sie sollen ein großes Sportzentrum errichten. Ihr Auftraggeber ist eine Investorengruppe in der Rechtsform einer GmbH, die Sportcenterbetriebs-GmbH. A ist in der GbR zur Geschäftsführung befugt und begeht als solcher eine betrügerische Handlung gegenüber der Investorengruppe. Hier kann die Sportcenter-GmbH zunächst A persönlich auf Schadensersatz in Anspruch nehmen. Er haftet aus § 823 Abs. 2 BGB i. V. m. § 263 StGB wegen des Betrugs. Ferner haftet er auch aus § 826 BGB. Da A als geschäftsführender Gesellschafter der GbR tätig war, kann die Sportcenter-GmbH auch die GbR in Anspruch nehmen. Nachdem die Rechtsfähigkeit der GbR anerkannt ist, wendet man insofern § 31 BGB analog an. § 31 BGB (lesen!) ist eine sog. Zurechnungsnorm. Der Anspruch besteht also aus § 31 BGB i.V.m. einer Anspruchsgrundlage (z.B. §§ 823, 826 BGB). Schließlich haften auch die beiden Gesellschafter B und C gem. § 128 HGB analog akzessorisch für die Schulden der Gesellschaft (str., wie hier: BGH, NJW 2003, 1445 = BB 2003, 862). Im vorliegenden Fall kann die Sportcenter-GmbH also sowohl A, als auch die GbR, als auch B und C persönlich in Anspruch nehmen. A, B und C haften jeweils mit ihrem gesamten Vermögen.

Der vorstehende Fall wirft die Frage auf, inwieweit eine *GbR mbH*, d. h. eine *Gesellschaft bürgerlichen Rechts mit beschränkter Haftung*, zulässig ist. Dies war lange Zeit diskutiert und teilweise für zulässig gehalten worden. Dieser Auffassung hat der BGH mit der Entscheidung vom 27.9.1999 (NJW 1999, 3483) eine Absage erteilt. Mit dem Konstrukt einer GbR mbH würde eine vom Gesetz nicht vorgesehene Rechtsform geschaffen. Möglich ist nur eine ausdrückliche Vereinbarung mit dem Vertragspartner. Der GbRmbH kommt damit praktisch keine Bedeutung mehr zu.

Soweit es die Haftung für Verbindlichkeiten betrifft, sind aber noch zwei Besonderheiten zu berücksichtigen:

- Bisher ging es darum, wie die Gesellschaft für die Verbindlichkeiten haftet, die Dritten gegen die Gesellschaft zustehen. Die Gesellschaft kann aber auch den Gesellschaftern gegenüber haften. Hierzu zählen insbesondere die sog. *Sozialverbind-*

lichkeiten. Zu Sozialverbindlichkeiten zählen z. B. die Verpflichtung, den Gesellschaftern entstandene Aufwendungen zu erstatten (§§ 713, 670 BGB) oder einem Gesellschafter den auf ihn entfallenden Gewinnanteil auszuzahlen. Für derartige Sozialverbindlichkeiten haftet in erster Linie nur das Gesellschaftsvermögen, nicht aber die Gesellschafter mit ihrem Privatvermögen.

- Anderes gilt dann, wenn einem Gesellschafter gegen die Gesellschaft aus einem *gesellschaftsfremden Rechtsverhältnis* Ansprüche zustehen. Vermietet also beispielsweise der Gesellschafter A der Gesellschaft sein Auto, so hat er einen Anspruch gegen die Gesellschaft auf den Mietzins. Diese Forderung kann er zunächst gegen das Gesellschaftsvermögen geltend machen. Gem. § 128 HGB analog haften aber auch alle einzelnen Gesellschafter.

 Zusammenfassung

In diesem Kapitel haben Sie zunächst gelernt, dass nach der Entscheidung des BGH vom 29.1.2001 anerkannt ist, dass die *GbR (teil-)rechtsfähig* ist. Die GbR ist fähig, Träger von Rechten und Pflichten zu sein. Sie ist auch *parteifähig* im Prozess.

Ferner haben Sie gelernt, dass die GbR grundsätzlich durch die Personen vertreten wird, die auch zur Geschäftsführung berechtigt sind (§ 714 BGB).

Für *Verbindlichkeiten* haftet zunächst das *Gesellschaftsvermögen*, d. h. die GbR als solche. Daneben haften auch die Gesellschafter der GbR *unbeschränkt und akzessorisch.* (§ 128 HGB analog).

Aufgaben zur Selbstüberprüfung

1. A, B und C betreiben eine Steuerberatungsgesellschaft. Sie wollen den neuen Gesellschafter D aufnehmen. Im Aufnahmevertrag vereinbaren sie, dass D für Verbindlichkeiten, die vor seinem Eintritt begründet wurden, nicht haftet. Kurz nach dem Abschluss des Aufnahmevertrages nimmt die B-Bank D auf Rückzahlung eines der Gesellschaft früher gewährten Darlehens in Höhe von 30.000,00 € in Anspruch. D wendet ein, dass im Gesellschaftsvertrag geregelt ist, dass er für rückständige Verbindlichkeiten nicht haftet. Er fragt Rechtsanwalt R, ob er sich mit Erfolg gegen die Klage der B-Bank verteidigen kann. Zumindest aber will er von A, B und C jeweils 10.000,00 € haben, falls er von der Bank in Anspruch genommen wird. Zu Recht?

2. Die fünf Freunde A, B, C, D und E haben eine GbR gegründet, die den Zweck verfolgt, die Verbreitung heimischer Schmetterlinge in der Heimatstadt von A, B, C, D und E zu erforschen und zu katalogisieren. Sie haben im Gesellschaftsvertrag ausdrücklich vereinbart, dass die Gesellschaft keine wirtschaftlichen Zwecke verfolgt. Gleichzeitig haben sie vereinbart, dass für den Fall des Ausscheidens eines Gesellschafters jegliches Abfindungsguthaben ausgeschlossen ist. Um die aufwendige Forschungstätigkeit zu finanzieren, hat jeder Gesellschafter bei Gründung der GbR 500,00 € in das Gesellschaftsvermögen eingezahlt. Im Gesellschaftsvertrag ist ferner geregelt, dass, wenn ein Gesellschafter kündigt, die Gesellschaft unter den übrigen Gesellschaftern fortgesetzt wird. Die Gesellschaft wurde nicht für eine bestimmte Zeit eingegangen. Nachdem es zum Streit mit E gekommen ist, kündigt dieser und verlangt, dass ihm aus dem Gesellschaftsvermögen ein Abfindungsbetrag von 400,00 € gezahlt wird. Dieser Betrag entspricht tatsächlich seiner Beteiligung am Gesellschaftsvermögen.
   a) Hat die Gesellschaft einen zulässigen Zweck?
   b) Welche Rechtsfolge löst die Kündigung aus?
   c) Steht E der Anspruch auf Zahlung von 400,00 € Abfindungsguthaben zu?

3. A, B und C betreiben eine Tanzschule in der Rechtsform einer GbR. Das Gesellschaftsvermögen beträgt derzeit 15.000,00 €. Die Gesellschaft hat noch Verbindlichkeiten in Höhe von 6.000,00 €. Nachdem es zum Streit gekommen ist, kündigt C die Gesellschaft zulässigerweise. Im Rahmen der nun erfolgenden Liquidation der Gesellschaft verlangt C, dass ihm ein Drittel des Gesellschaftsvermögens, d. h. 5.000,00 €, ausgezahlt werden. Er ist der Auffassung, mit den Schulden in Höhe von 6.000,00 € habe er nichts zu tun. Diese Verbindlichkeiten seien allein von den beiden Geschäftsführern der GbR zu ersetzen und dies seien immerhin A und B. Ist die Auffassung des C richtig?

B.5 Gesellschaft bürgerlichen Rechts – Gesellschafterwechsel und Beendigung

In diesem Kapitel werden Sie lernen, wie sich der *Ein- und Austritt von Gesellschaftern* aus der GbR vollzieht. Ferner werden Sie sich mit der Frage beschäftigen, wann die Gesellschaft beendet wird und welchen Folgen die *Beendigung der Gesellschaft* hat. Hier werden wiederum Grundlagen vermittelt, die für alle Personengesellschaften von Bedeutung sind.

Für die GbR prägend ist, dass es ein besonderes persönliches Vertrauen zwischen den einzelnen Gesellschaftern gibt. Der Fortbestand einer GbR ist also grundsätzlich davon abhängig, dass der Personenverband in seiner Zusammensetzung unverändert bleibt. Kein Gesellschafter muss nach Abschluss des Gesellschaftsvertrages dulden, dass ein Dritter in die Gesellschaft eintritt, es sei denn, der Gesellschaftsvertrag enthält entsprechende Regelungen.

B.5.1 Eintritt eines neuen Gesellschafters

Der Eintritt eines neuen Gesellschafters in eine bestehende GbR erfolgt in der Regel in der Weise, dass der neu eintretende Gesellschafter mit allen Gesellschaftern einen *Aufnahmevertrag* abschließt. Es ist aber auch möglich, dass der neue Gesellschafter den *Geschäftsanteil* eines bisherigen Gesellschafters *übernimmt*. Hierfür ist aber eine einfache Abtretung des Geschäftsanteils im Hinblick auf die spezielle Natur der GbR als Zusammenschluss von Personen mit besonderem persönlichen Vertrauen nicht ausreichend. Auch zu einer Übernahme des Geschäftsanteils bedarf es der *Zustimmung aller übrigen Gesellschafter*. Diese kann auch vorweg im Gesellschaftsvertrag enthalten sein.

➡ **Beispiel B.5.1**

A, B und C betreiben eine Fitnessstudio-GbR. B möchte nun, dass sein Sohn S in die Gesellschaft eintritt. Wenn S zusätzlich in die Gesellschaft eintreten soll, dann muss S einen entsprechenden Aufnahmevertrag mit A, B und C abschließen. Soll S anstelle seines Vaters in die Gesellschaft eintreten, so ist es erforderlich, dass sein Vater ihm den Geschäftsanteil abtritt. Zusätzlich bedarf es der Zustimmung sämtlicher verbliebener Gesellschafter, d. h. von A und C.

Mit seinem Eintritt in die Gesellschaft wird der neue Gesellschafter Gesamthänder. Ihm *wächst* die gesamthänderische Beteiligung *an* dem Vermögen der GbR an. Dies meint aber nicht nur die Aktiva der Gesellschaft, sondern auch die Passiva, d.h. die Verbindlichkeiten. Auch für alte Verbindlichkeiten, d.h. für solche Verbindlichkeiten, die vor dem Eintritt in die Gesellschaft begründet wurden, haftet der neu eintretende Gesellschafter mit seiner Beteiligung am Gesamthandsvermögen. Nach Anerkennung der

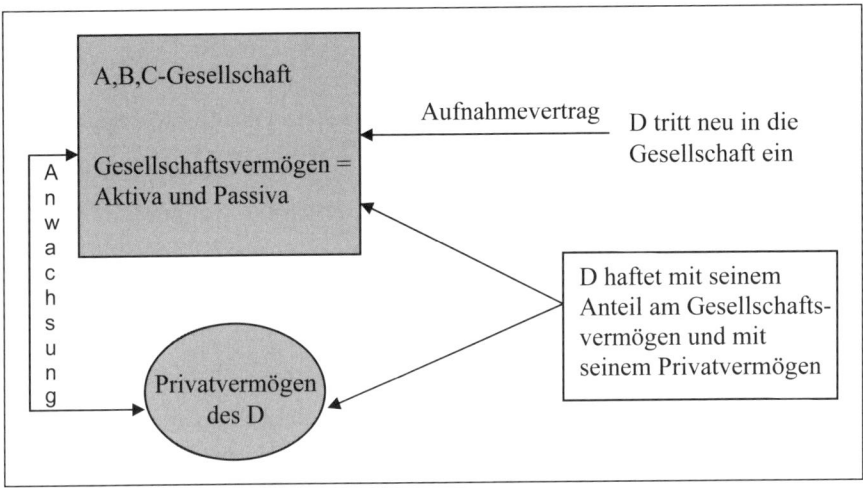

Abbildung B.5.1: Eintritt in eine GbR

Rechtsfähigkeit der GbR geht man ferner davon aus, dass der eintretende Gesellschafter analog § 130 HGB für alte Verbindlichkeiten unbegrenzt mit seinem Privatvermögen haftet (BGHZ 154, 370 = ZIP 2003, 399 = WM 2003, 977 = NJW 2003, 1803 = NZG 2003, 577 = DStR 2003, 1084 = DNotZ 2003, 764).

> **? Übung B.5.1**
>
> A und B betreiben eine Tanzschule in der Rechtsform einer GbR. Sie haben vor kurzem eine professionelle Lichtanlage für den Preis von 15.000,00 € erworben. Da sie den Kaufpreis nicht direkt zahlen konnten, haben sie vereinbart, dass 15 monatliche Raten in Höhe von 1.000,00 € gezahlt werden sollen. Derzeit stehen noch 3.000,00 € aus. A und B beschließen nunmehr, den Dritten C in die Gesellschaft aufzunehmen. Sie vereinbaren, dass C in das Gesellschaftsvermögen als Beitrag für seinen Eintritt in die Gesellschaft 3.000,00 € zahlen muss. C geht davon aus, dass hiervon die Lichtanlage abbezahlt wird. Tatsächlich hatten A und B aus dem letzten veranstalteten Fest aber noch höhere Schulden bei mehreren Händlern. Der zur alleinigen Geschäftsführung und Vertretung berechtigte A begleicht mit dem von C eingebrachten Kapital zunächst die Schulden bei diesen Händlern. Da die Gesellschaft aber auch mit der Zahlung der Raten für die Lichtanlage im Verzug ist, nimmt deren Lieferant nunmehr C privat in Anspruch. C beruft sich darauf, er habe bereits 3.000,00 € gezahlt. Diese seien für die Lichtanlage bestimmt gewesen. Mehr müsse er nicht zahlen. Zu Recht?

B.5.2 Ausscheiden eines Gesellschafters

B.5.2.1 Gründe

Es ist stets das *Ausscheiden* eines Gesellschafters von der *Auflösung* der Gesellschaft zu unterscheiden. Das Vorliegen eines Auflösungsgrundes führt zur Beendigung der

Gesellschaft insgesamt. Beim Ausscheiden geht es dagegen um die Fälle, in denen nur ein einzelner betroffener Gesellschafter aus der Gesellschaft ausscheidet. Dies kann entweder freiwillig oder in bestimmten Fällen auch zwangsweise erfolgen.

Gründe für das Ausscheiden eines Gesellschafters aus der Gesellschaft können sein:
- Freiwilliges Ausscheiden, wenn der Gesellschaftsvertrag dies vorsieht oder in den Fällen des § 736 Abs. 1 BGB (s. B. 5.3.1).
- Freiwilliges Ausscheiden, wenn alle übrigen Gesellschafter zustimmen
- Unfreiwilliger Ausschluss eines Gesellschafters, wenn der Gesellschaftsvertrag dies vorsieht oder unter den Voraussetzungen des § 737 BGB

B.5.2.2 Haftung

Mit seinem Ausscheiden aus der Gesellschaft verliert der bisherige Gesellschafter seine Beteiligung am Gesamthandsvermögen. Diese wächst den anderen Gesellschaftern an, während bei dem ausscheidenden Gesellschafter eine *Abwachsung* stattfindet. Das Gesellschaftsvermögen als solches haftet weiterhin für die Verbindlichkeiten der Gesellschaft. Allerdings ist der ausgeschiedene Gesellschafter am Gesellschaftsvermögen nicht mehr beteiligt. Er haftet aber auch *weiterhin für alle bis zum Zeitpunkt seines Ausscheidens entstandenen Verbindlichkeiten mit seinem Privatvermögen (Nachhaftung)*. Die Ansprüche gegen den ausgeschiedenen Gesellschafter erlöschen gem. § 736 Abs. 2 BGB i. V. m. § 160 HGB innerhalb von fünf Jahren, soweit sie nicht ohnehin einer kürzeren Verjährungsfrist unterliegen. Allerdings beginnt die Frist des § 160 HGB, da die GbR nicht in einem Register eingetragen ist, nicht mit dem Zeitpunkt des Ausscheidens, sondern vielmehr *mit dem Zeitpunkt, in dem der jeweilige Gläubiger von dem Ausscheiden des Gesellschafters Kenntnis hatte*. Für unterschiedliche Gläubiger kann es also zu einer unterschiedlich langen Nachhaftung kommen.

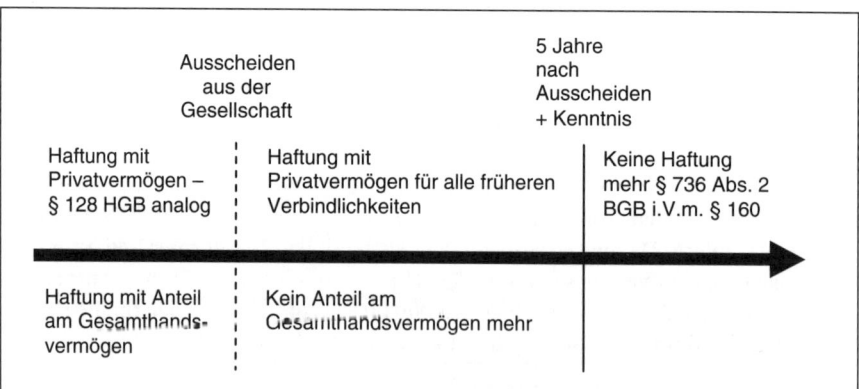

Abbildung B.5.2.2: Haftung des ausscheidenden Gesellschafters

> **? Übung B.5.2**
>
> A, B und C betreiben die Tanzschul-GbR. Sie vereinbaren einvernehmlich, dass der C aus der Gesellschaft ausscheidet. C wird nunmehr von folgenden Gläubigern auf Zahlung in Anspruch genommen, wobei hier grundsätzlich alle Verjährungsfristen des allgemeinen Schuldrechts außer Betracht bleiben sollen:
>
> - X nimmt den C wegen einer Verbindlichkeit in Höhe von 5.000,00 € in Anspruch, die noch vor Ausscheiden des C begründet wurde. X hat von dem Ausscheiden des C seit sechs Jahren Kenntnis.
> - Y nimmt den C ebenfalls wegen einer Verbindlichkeit in Höhe von 5.000,00 € in Anspruch. Auch diese Verbindlichkeit wurde vor dem Ausscheiden des C begründet. Y geht davon aus, dass C auch weiterhin Gesellschafter der GbR ist.
> - Z nimmt den C für eine Verbindlichkeit, die erst nach dem Ausscheiden des C begründet wurde, in Höhe von 5.000,00 € in Anspruch.
>
> Ist C zur Zahlung verpflichtet?

B.5.2.3 Abfindungsanspruch

Wie bereits gesehen, führt das Ausscheiden eines Gesellschafters aus der GbR dazu, dass gem. § 738 Abs. 1 Satz 1 BGB den verbleibenden Gesellschaftern die Beteiligung des ausgeschiedenen Gesellschafters am Gesamthandsvermögen anwächst. Der ausscheidende Gesellschafter hat aber auch noch Ansprüche gegen das Gesellschaftsvermögen:

- Die verbleibenden Gesellschafter sind verpflichtet, dem ausgeschiedenen Gesellschafter die Gegenstände, die er der Gesellschaft zur Benutzung überlassen hat, *zurückzugeben* (§ 738 Abs. 1 Satz 2 BGB).
- Der ausgeschiedene Gesellschafter muss von den *Schulden freigestellt* werden (§ 738 Abs. 1 Satz 2 BGB).
- Der ausgeschiedene Gesellschafter erhält einen *Abfindungsbetrag* (§ 738 Abs. 1 Satz 2 BGB).

Der zu zahlende Abfindungsbetrag richtet sich grundsätzlich nach dem *tatsächlichen Wert des Anteils an der Gesellschaft*. Allerdings sind die §§ 738 bis 740 BGB dispositives Recht. Insofern findet sich regelmäßig eine Abfindungsbeschränkung. Derartige Abfindungsbeschränkungen sind zulässig, wenn sie den Sinn haben, den Bestand der Gesellschaft zu gewährleisten oder die Berechnung des Abfindungsanspruchs zu vereinfachen. Der Ausschluss jeder Abfindung stellt sich aber regelmäßig als sittenwidrige Benachteiligung der ausscheidenden Gesellschafter dar.

B.5.3 Beendigung der Gesellschaft

B.5.3.1 Auflösungsgründe

In den §§ 723 ff. BGB sind die Gründe geregelt, die zur Auflösung der GbR führen. Die Gesellschafter können aber auch weitere Auflösungsgründe vereinbaren. Die wichtigsten sind:

- *Kündigung der Gesellschaft durch einen der Gesellschafter* unter den Voraussetzungen der §§ 723 und 724 BGB
- *Kündigung durch einen Pfändungspfandgläubiger* unter den Voraussetzungen des § 725 BGB
- Auflösung wegen *Erreichens oder Unmöglichwerdens des Zwecks* gem. § 726 BGB
- Auflösung durch den *Tod eines Gesellschafters* gem. § 727 BGB
- Auflösung durch die *Insolvenz der Gesellschaft oder eines Gesellschafters* nach § 728 BGB

Gemäß § 736 Abs. 1 BGB kann im Gesellschaftsvertrag geregelt werden, dass das Vorliegen bestimmter Gründe abweichend von der gesetzlichen Regelung nicht zur Auflösung, sondern zum Ausscheiden des betreffenden Gesellschafters führt (vgl. B.5.2.1).

Mit Eintritt eines dieser Auflösungsgründe ändert die Gesellschaft zunächst nur ihren Zweck. Sie ist nun auf die *Liquidation*, d. h. auf die *Auseinandersetzung*, die Abwicklung der Gesellschaft, gerichtet. Sie bleibt aber Gesamthandsgemeinschaft.

B.5.3.2 Auseinandersetzung

Ziel der Liquidation ist es:
- Gläubiger aus dem Vermögen der Gesellschaft wegen ihrer Forderungen zu befriedigen
- eventuell verbliebenes Vermögen der Gesellschaft unter die Gesellschafter zu verteilen

Das Verfahren der Auseinandersetzung ist in den §§ 729 bis 740 BGB geregelt. Erst wenn die Auseinandersetzung vollständig abgeschlossen ist, ist die Gesellschaft beendet.

B.5.3.3 Fortsetzung

Sofern die Gesellschaft noch nicht voll beendet ist, können die Gesellschafter die Fortsetzung der Gesellschaft beschließen. Voraussetzung hierfür ist aber, dass der Auflösungsgrund weggefallen ist.

Beispiel B.5.2

Die Bauunternehmer A, B und C haben sich zu einer Arbeitsgemeinschaft zusammengeschlossen. Diese Arbeitsgemeinschaft wird in der Form einer GbR geführt. Die Arbeitsgemeinschaft hat ein Grundstück erworben und dieses planmäßig ausgekiest. Zweck der Gesellschaft war also die Durchführung der Auskiesungsmaßnahme. Nunmehr ist die Auskiesungsmaßnahme beendet. Grundsätzlich ist damit der Zweck der Gesellschaft erreicht, so dass der Auflösungsgrund des § 726 BGB vorliegt. Die Bauunternehmer können aber nun den Beschluss fassen, die Gesellschaft fortzusetzen. Hierfür ist eine Änderung des Zwecks erforderlich. Neuer Zweck könnte beispielsweise die Renaturierung des Geländes bzw. die zukünftige Nutzung des Geländes als Freizeitpark sein.

Jens Tersteegen

B.5.4. Tod eines Gesellschafters

Ein besonderer Grund für die Auflösung der Gesellschaft ist auch der *Tod eines Ge-sellschafters*. Dieser führt gem. § 727 BGB grundsätzlich zur Auflösung. Allerdings kann im Gesellschaftsvertrag die Regelung enthalten sein, dass die Gesellschaft auch bei Tod eines Gesellschafters weitergeführt wird. Insofern kann geregelt sein, dass die Gesellschaft entweder nur mit den verbliebenen Gesellschaftern *(einfache Fortsetzungs-klausel)* oder aber auch mit den Erben *(Nachfolgeklausel)* fortgesetzt wird. Der Tod kann also abweichend von § 727 BGB auch zum Ausscheiden führen oder aber dazu, dass die Erben an die Stelle des Verstorbenen treten.

 Zusammenfassung

In diesem Kapitel haben Sie gelernt, wie sich der Eintritt und Austritt in die Gesell-schaft vollzieht. Zum Eintritt eines Gesellschafters in die Gesellschaft ist grund-sätzlich der Abschluss eines *Aufnahmevertrages* erforderlich. Der neu eingetretene Gesellschafter haftet nunmehr auch für Verbindlichkeiten, die vor seinem Eintritt begründet wurden, mit seiner Beteiligung am Gesamthandsvermögen und mit sei-nem kompletten Privatvermögen (§ 130 HGB analog). Neben dem Eintritt in die Gesellschaft ist auch der *Austritt* eines Gesellschafters möglich. Der Austritt eines Gesellschafters führt dazu, dass seine Beteiligung am Gesamthandsvermögen den übrigen Gesellschaftern anwächst (§ 738 BGB). Der ausgeschiedene Gesellschaf-ter haftet aber grundsätzlich für die bis zu seinem Ausscheiden begründeten Ver-bindlichkeiten weiterhin mit seinem Privatvermögen. Lediglich wenn fünf Jahre seit dem Ausscheiden vergangen sind, kann der ausgeschiedene Gesellschafter sich gem. § 736 Abs. 2 BGB i.V.m. § 160 HGB darauf berufen, dass er nicht mehr haftet.

Ferner haben Sie sich mit der *Auflösung der Gesellschaft* beschäftigt. Die Auflösung der Gesellschaft setzt grundsätzlich einen *Auflösungsgrund* voraus. Diese sind in den §§ 723 ff. BGB geregelt. Sofern ein Auflösungsgrund vorliegt, erfolgt die Auseinan-dersetzung der Gesellschaft nach den Vorschriften der §§ 729 bis 740 BGB.

Aufgaben zur Selbstüberprüfung

1. A, B und C betreiben eine GbR. Sie wollen den neuen Gesellschafter D aufnehmen. Im Aufnahmevertrag vereinbaren sie, dass D für Verbindlichkeiten, die vor seinem Eintritt begründet wurden, nicht haftet. Kurz nach dem Abschluss des Aufnahme-vertrages nimmt die B-Bank den D auf Rückzahlung eines der Gesellschaft früher gewährten Darlehens in Höhe von 30.000,00 € in Anspruch. D wendet ein, dass im Gesellschaftsvertrag geregelt ist, dass er für rückständige Verbindlichkeiten nicht haftet. Er fragt Rechtsanwalt R, ob er sich mit Erfolg gegen die Klage der B-Bank verteidigen kann. Zumindest aber will er von A, B und C jeweils 10.000,00 € haben, falls er von der Bank in Anspruch genommen wird. Zu Recht?

2. Die fünf Freunde A, B, C, D und E haben eine GbR gegründet, die den Zweck verfolgt, die Verbreitung heimischer Schmetterlinge in der Heimatstadt von A, B, C, D und E zu erforschen und zu katalogisieren. Sie haben im Gesellschaftsvertrag ausdrücklich vereinbart, dass die Gesellschaft keine wirtschaftlichen Zwecke ver-

Jens Tersteegen

folgt. Gleichzeitig haben sie vereinbart, dass für den Fall des Ausscheidens eines Gesellschafters jegliches Abfindungsguthaben ausgeschlossen ist. Um die aufwendige Forschungstätigkeit zu finanzieren, hat jeder Gesellschafter bei Gründung der GbR 500,00 € in das Gesellschaftsvermögen eingezahlt. Im Gesellschaftsvertrag ist ferner geregelt, dass, wenn ein Gesellschafter kündigt, die Gesellschaft unter den übrigen Gesellschaftern fortgesetzt wird. Die Gesellschaft wurde nicht für eine bestimmte Zeit eingegangen. Nachdem es zum Streit mit E gekommen ist, kündigt dieser und verlangt, dass ihm aus dem Gesellschaftsvermögen ein Abfindungsbetrag von 400,00 € gezahlt wird. Dieser Betrag entspricht tatsächlich seiner Beteiligung am Gesellschaftsvermögen.

a) Hat die Gesellschaft einen zulässigen Zweck?
b) Welche Rechtsfolge löst die Kündigung aus?
c) Steht dem E der Anspruch auf Zahlung von 400,00 € Abfindungsguthaben zu?

3. A, B und C betreiben eine Tanzschule in der Rechtsform einer GbR. Das Gesellschaftsvermögen beträgt derzeit 15.000,00 €. Die Gesellschaft hat noch Verbindlichkeiten in Höhe von 6.000,00 €. Nachdem es zum Streit gekommen ist, kündigt C die Gesellschaft zulässigerweise. Im Rahmen der nun erfolgenden Liquidation der Gesellschaft verlangt C, dass ihm ein Drittel des Gesellschaftsvermögens, d. h. 5.000,00 €, ausgezahlt werden. Er ist der Auffassung, mit den Schulden in Höhe von 6.000,00 € habe er nichts zu tun. Diese Verbindlichkeiten seien allein von den beiden Geschäftsführern der GbR zu ersetzen und dies seien immerhin A und B. Ist die Auffassung des C richtig?

B.6 Offene Handelsgesellschaft – Begriff, Bedeutung und Entstehung

Nachdem Sie sich in den vorstehenden Kapiteln mit der GbR beschäftigt haben, die sozusagen die Mutter aller Personengesellschaften ist, werden wir uns jetzt speziellen Gesellschaftsformen zuwenden. Hier werden wir uns jetzt zunächst mit der *Offenen Handelsgesellschaft* (im Folgenden abgekürzt mit OHG) beschäftigen.

> **? Übung B.6.1**
> Überprüfen Sie, ob Ihnen die folgenden Begriffe bekannt sind. Arbeiten Sie ansonsten nochmals die entsprechenden Kapitel zur GbR durch:
>
> - Gemeinsamer Zweck
> - Förderpflicht
> - Entstehung durch Einigung über einen entsprechenden Gesellschaftsvertrag
> - Fehlerhafte Gesellschaft
> - Innenverhältnis
> - Beitragspflicht
>
> - Treuepflicht
> - Geschäftsführung
> - Gesamthandsvermögen
> - Außenverhältnis
> - Vertretung
> - Anwachsung
> - Ausscheiden aus der Gesellschaft
> - Auseinandersetzung der Gesellschaft

B.6.1 Begriff

B.6.1.1 Personengesellschaft

Die OHG ist eine *besondere Form der Personengesellschaft*. Sie ist letztlich eine Unterart der GbR, damit also ein auf einem Vertrag (Gesellschaftsvertrag) beruhender Zusammenschluss mehrerer Personen zur Förderung eines gemeinsamen Zwecks.

B.6.1.2 Spezielle Begriffsmerkmale

Die speziellen Begriffsmerkmale der OHG, d. h. die Merkmale, durch die sich die OHG von der GbR unterscheidet, lassen sich aus § 105 Abs. 1 HGB entnehmen. Danach ist die OHG eine Gesellschaft, deren Zweck auf den *Betrieb eines Handelsgewerbes* (erstes Begriffsmerkmal) unter *gemeinschaftlicher Firma* gerichtet ist und bei der *für keinen der Gesellschafter die Haftung gegenüber den Gesellschaftsgläubigern beschränkt* ist (zweites Begriffsmerkmal).

Der wesentliche Unterschied zwischen der OHG und der GbR besteht darin, dass die OHG ein *Handelsgewerbe* betreibt. Was unter einem Handelsgewerbe zu verstehen ist, ergibt sich aus den §§ 1 bis 3 HGB. Gem. § 1 Abs. 2 HGB ist ein Handelsgewerbe *jeder Gewerbebetrieb*, es sei denn, dass das Unternehmen nach Art oder Umfang einen in kaufmännischer Weise eingerichteten Geschäftsbetrieb nicht erfordert. Bei solchen *Kleingewerbetreibenden* handelt es sich nicht um eine OHG, sondern um eine GbR. Aber auch ein Kleingewerbe i. S. v. § 1 Abs. 2 HGB gilt als Handelsgewerbe i. S. d. HGB, wenn die Firma in das Handelsregister eingetragen ist (§ 2 HGB – Kannkaufmann; vgl. § 105 Abs. 2 HGB). Sofern nur ein Kleingewerbe betrieben wird, entsteht die OHG mit Eintragung in das Handelsregister. Gleiches gilt, wenn die OHG nur eigenes Vermögen verwaltet und ins Handelsregister eingetragen wird (vgl. § 105 Abs. 2 HGB).

> **!** Bei der Frage, ob eine OHG vorliegt, ist also zu prüfen:
> * Liegen *alle Kriterien der Personengesellschaft* vor?
>   – Gesellschaftsvertrag?
>   – Zusammenschluss mehrerer Personen?
>   – Förderung eines gemeinsamen Zwecks?
> * Liegen *die speziellen Begriffsmerkmale der OHG* vor?
>   – Keine Haftungsbeschränkung?
>   – Handelsgewerbe?
>   – Kein Kleingewerbe? (Dennoch OHG, wenn Eintragung ins Handelsregister; § 105 Abs. 2 HGB)
>   – Nur Verwaltung eigenen Vermögens? (OHG entsteht dennoch mit Eintragung in das Handelsregister; § 105 Abs. 2 HGB)

> **?** **Übung B.6.2**
> A und B haben sich während ihres Physikstudiums kennengelernt. In diesem Zusammenhang ist ihnen eine neue Idee gekommen, wie man bestimmte Verschraubungen durch Steckverbindungen ersetzen kann. A und B haben mehrere Jahre lang im Keller des B an dieser Methode getüftelt. Zur Finanzierung des Projekts hat jeder der beiden Beteiligten zunächst 500,00 € und dann noch zweimal jeweils 1.000,00 € in eine gemeinsame Kasse gezahlt. Einzelne Prototypen haben A und B auch bereits an kleine Firmen veräußert. Bücher geführt und Steuern gezahlt haben A und B jedoch noch nicht. Nachdem ein Großunternehmer von ihrem revolutionären Steckverbindungssystem Wind bekommen hat, produzieren A und B diese Steckverbindungen nunmehr mit 25 Mitarbeitern in einer eigenen Produktionshalle. Sie haben zwischenzeitlich einen Betriebswirt eingestellt, der die kaufmännischen Dinge der Firma regelt. Nunmehr erstellen sie auch eine Bilanz.
> 1. Handelte es sich bei dem ursprünglichen Garagenunternehmen um eine OHG?
> 2. Handelt es sich jetzt um eine OHG?

B.6.1.3 Handelsgesellschaft/Gesamthandsgemeinschaft

Die OHG ist stets *Handelsgesellschaft*. Auf die OHG als Handelsgesellschaft finden stets die für Kaufleute geltenden Vorschriften (§ 6 HGB) Anwendung. Die OHG ist auch eine *Gesamthandsgemeinschaft*, d. h. das Vermögen steht den Gesellschaftern zur gesamten Hand zu. Ebenso wie nunmehr die GbR rechtsfähig ist, ist auch die OHG als solche rechts- und parteifähig.

B.6.2 Bedeutung

Die OHG hat nach wie vor für das *Wirtschaftsleben große Bedeutung*. Sie ist die Grundform der Handelsgesellschaften. Insbesondere bei kleineren Gesellschaften handelt es sich regelmäßig um eine OHG. Vielfach wird allerdings, sofern die Gesellschafter eine Haftungsbeschränkung wünschen, auf die Rechtsform der KG bzw. der GmbH & Co. KG ausgewichen. Die OHG ist die geeignete Gesellschaftsform, wenn sämtliche Gesellschafter mitarbeiten und ihr gesamtes Vermögen als Haftsumme zur Verfügung stellen wollen.

B.6.3 Entstehung

B.6.3.1 Abschluss des Gesellschaftsvertrages

Da es sich bei der OHG um eine Personengesellschaft handelt, entsteht die OHG wie jede Personengesellschaft mit dem *Abschluss des Gesellschaftsvertrages*. Dieser hat grundsätzlich den gleichen Mindestinhalt wie bei der GbR (ober B.2.1.1). Die Besonderheit ist hierbei, dass der Gesellschaftsvertrag auf den *gemeinsamen Betrieb eines Handelsgewerbes* gerichtet sein muss. Allerdings kann eine OHG gem. § 105 Abs. 2 HGB auch entstehen, wenn ein Kleingewerbe vorliegt oder nur eigenes Vermögen verwaltet wird und die Firma in das Handelsregister eingetragen wird.

 Übung B.6.3
Überlegen Sie sich, welche Elemente der Gesellschaftsvertrag bei der OHG zwingend enthalten muss.

Auch bei der OHG ist der Abschluss des Gesellschaftsvertrages grundsätzlich *formfrei*. Wie bei der GbR gilt allerdings, dass der Gesellschaftsvertrag dann formbedürftig ist, wenn er ein Leistungsversprechen (Beitrag eines Gesellschafters) enthält, das eine Formvorschrift auslöst (vgl. Kapitel B.2.2.1, z. B.: Übertragung eines Grundstücks an die Gesellschaft).

Die oben dargestellten Grundsätze zur *fehlerhaften Gesellschaft* (Kapitel B.2.2.3) gelten auch für die OHG. Auch hier führen Gründungsmängel dazu, dass möglicherweise das Entstehen einer fehlerhaften Gesellschaft angenommen werden kann.

B.6.3.2 Eintragung in das Handelsregister

Gem. § 106 HGB ist die Gesellschaft bei dem Gericht, in dessen Bezirk sie ihren Sitz hat, zur Eintragung in das Handelsregister anzumelden. Die *Anmeldung* muss gem. § 106 Abs. 2 HGB folgende Angaben enthalten:
- Namen, Vornamen, Geburtsdatum und Wohnort jeden Gesellschafters
- Firma der Gesellschaft
- Sitz der Gesellschaft
- Vertretungsmacht der Gesellschafter

Jens Tersteegen

Die Eintragung der OHG in das Handelsregister gem. § 106 HGB ist aber *grundsätzlich nicht Voraussetzung ihres Entstehens.* Gleichwohl kommt der Eintragung ins Handelsregister nicht unerhebliche Bedeutung zu.

Für das Entstehen der OHG ist zwischen Innen- und Außenverhältnis zu differenzieren.

Im *Innenverhältnis* entsteht eine OHG, die ein Handelsgewerbe betreibt (wie jede Personengesellschaft) mit dem Abschluss des Gesellschaftsvertrages. Liegt allerdings ein Fall des § 105 Abs. 2 HGB (Kleingewerbe, nur Verwaltung eigenen Vermögens – vgl. B.6.1.2) vor, so entsteht eine OHG erst mit Eintragung der Gesellschaft in das Handelsregister.

Für die Frage, wann die OHG im *Außenverhältnis,* d. h. im Verhältnis zu Dritten entsteht, enthält § 123 HGB eine besondere Regelung. Gem. § 123 Abs. 1 HGB entsteht die Gesellschaft im Außenverhältnis grundsätzlich mit der Eintragung in das Handelsregister. Beginnt die Gesellschaft mit Zustimmung der Gesellschafter ihre Geschäfte aber bereits vor der Eintragung, so tritt ihre Wirksamkeit auch im Außenverhältnis bereits mit der Aufnahme der Geschäfte ein (§ 123 Abs. 2 HGB). Letzteres gilt aber nicht, wenn ein Fall des § 105 Abs. 2 HGB vorliegt, da in diesem Fall die Entstehung der OHG stets die Eintragung im Handelsregister voraussetzt.

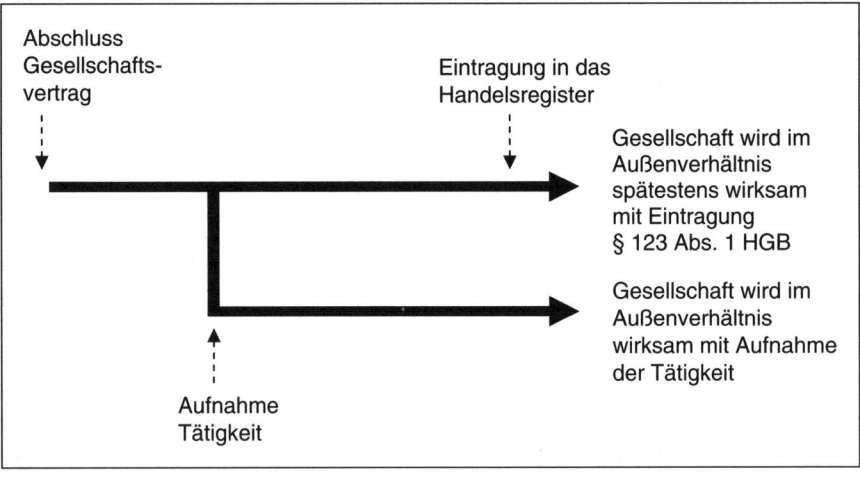

Abbildung B.6.3.2: Entstehung der OHG

B.6.3.3 Eintritt in das Geschäft eines Einzelkaufmanns

Eine OHG entsteht auch dann, wenn jemand *als (weiterer) persönlich haftender Gesellschafter in das Geschäft eines Einzelkaufmanns eintritt* und ein entsprechender Gesellschaftsvertrag abgeschlossen wird. § 28 HGB regelt, dass in diesem Fall die Forderungen und Verbindlichkeiten, die für das Geschäft des Einzelkaufmanns entstanden sind, auf die Gesellschaft übergehen. Die nunmehrigen Gesellschafter *haften für die Altschulden* und damit auch für die Verbindlichkeiten des früheren Geschäftsinhabers, die jetzt Verbindlichkeiten der Gesellschaft sind, gem. § 128 HGB. Allerdings lässt § 28 Abs. 2

HGB hier abweichende Vereinbarungen zu. Die Gesellschafter können vereinbaren, dass der neu eintretende Gesellschafter nicht für die Altverbindlichkeiten haftet. Eine derartige Vereinbarung ist Dritten gegenüber aber nur dann wirksam, wenn sie *in das Handelsregister eingetragen* und bekannt gemacht oder von einem Gesellschafter dem Dritten mitgeteilt worden ist. Die Eintragung in das Handelsregister muss alsbald nach der Gründung der OHG erfolgen.

 Beispiel B.6.1
Der Kaufmann A betreibt ein Einzelhandelsgeschäft. Er hat Verbindlichkeiten gegenüber den Unternehmern X und Y. Mit Wirkung zum 1.1.2007 tritt B in das Handelsgeschäft des A ein. A und B schließen einen OHG-Gesellschaftsvertrag. Sie vereinbaren, dass der eintretende B für Altverbindlichkeiten des A nicht haftet. Dies teilen sie auch am 2.1. dem X mit. Eine Mitteilung an Y unterbleibt. Eine Handelsregistereintragung der Vereinbarung nach § 28 Abs. 2 HGB wird erst am 1.7.2007 beantragt. In diesem Fall kann der X den eingetretenen B nicht wegen der Altverbindlichkeiten in Anspruch nehmen, da A und B eine abweichende Vereinbarung getroffen haben und dies dem Dritten X gem. § 28 Abs. 2 HGB mitgeteilt wurde. Gegenüber Y kann sich B jedoch nicht auf die Vereinbarung berufen, da eine Mitteilung an Y nicht erfolgt ist und auch die Eintragung im Handelsregister unterblieben ist bzw. erst am 1.7.2007 erfolgte und damit nicht mehr alsbald nach dem Eintritt in die Gesellschaft.

B.6.3.4 Gesellschafter einer OHG

Gesellschafter einer OHG können alle *juristischen oder natürlichen Personen* sein. Somit können auch andere OHGs, eine GbR oder eine KG Gesellschafter einer OHG sein.

 Beispiel B.6.2
Vorstellbar ist beispielsweise, dass an der XY-OHG neben den Gesellschaftern X und Y noch eine weitere OHG beteiligt ist, die aus A, B und C besteht. Ebenso könnte beispielsweise auch eine Kommanditgesellschaft an der OHG beteiligt sein.

B.6.3.5 Firma der OHG

Eine Besonderheit der OHG gegenüber der GbR ist, dass die OHG im geschäftlichen Verkehr unter einer *gemeinschaftlichen Firma* auftritt. Wie Sie bereits im Teil „Handelsrecht" gelernt haben (Verlag **hier bitte Querverweis einfügen!**), ist die Firma eines Kaufmanns der Name, unter dem er seine Geschäfte betreibt und die Unterschrift abgibt (§ 17 HGB). Der Kaufmann kann unter seiner Firma *klagen und verklagt werden*. Die Firma einer OHG ist also der Name der Gesellschaft, unter dem diese im Rechtsverkehr auftritt, klagen und verklagt werden kann.

Die OHG muss zwingend eine Firma führen (§ 106 Abs. 1 HGB). Die Firma muss gem. § 19 Nr. 2 HGB die Bezeichnung „Offene Handelsgesellschaft" oder die Abkürzung „OHG" enthalten.

Jens Tersteegen

Übung B.6.4

Was ist an folgender Aussage falsch und wie muss es richtig heißen:

„A und B betreiben eine Firma, die Plastikspielzeug im Druckgießverfahren herstellt."

 Zusammenfassung

Im vorstehenden Kapitel haben Sie gelernt, wodurch sich die OHG von der GbR unterscheidet, wie die OHG entsteht und welche Bedeutung die OHG hat.

Wichtigstes Unterscheidungsmerkmal zwischen der GbR und der OHG ist, dass die OHG auf den *Betrieb eines Handelsgewerbes* gerichtet ist. Handelsgewerbe ist jeder Gewerbebetrieb, es sei denn, dass das Unternehmen nach Art oder Umfang einen in kaufmännischer Weise eingerichteten Geschäftsbetrieb nicht erfordert. Sie haben auch gelernt, dass die OHG *Handelsgesellschaft* ist und auf sie stets die für Kaufleute geltenden Vorschriften (§ 6 HGB) Anwendung finden.

Zur Entstehung der OHG sollte Ihnen nun bekannt sein, dass die OHG entweder durch den *Abschluss eines Gesellschaftsvertrages* oder durch den *Eintritt eines weiteren persönlich haftenden Gesellschafters in das Geschäft eines Einzelkaufmanns* entsteht. *Gesellschafter* einer OHG kann jede natürliche oder juristische Person sein. Die OHG führt eine *Firma*, unter der sie im Rechtsverkehr auftritt, klagen und verklagt werden kann.

Aufgaben zur Selbstüberprüfung

1. Im Industriegebiet der Stadt München steht eine Halle leer. Die Halle ist in drei selbstständige Einheiten unterteilt. A betreibt einen kleinen Holzhandel und sucht ein neues Ladengeschäft. Der Eigentümer der Halle ist zu einer Vermietung aber nur bereit, wenn er einen Mieter für alle drei Einheiten findet. Da A nicht in der Lage ist, alle drei Einheiten anzumieten, fragt er in seinem Bekanntenkreis herum. Da auch B, der ein Farbengeschäft und C, der einen Metallhandel betreibt, an der Anmietung neuer Räume interessiert sind, erklärt sich der Eigentümer schließlich bereit, mit A, B und C jeweils einen Mietvertrag abzuschließen. Als B mit dem Mietzins im Verzug ist, nimmt der Vermieter A und C in Anspruch mit der Argumentation, A, B und C bildeten eine Holz-, Farben-, Metallwarenhandel-OHG. Hat dieses Vorgehen Aussicht auf Erfolg?
2. A und B betreiben neben ihrer sonstigen Berufstätigkeit ein kleines Softwareentwicklungsunternehmen. Mehr als ein oder zwei Aufträge im Jahr kommen nicht zustande. Bücher führen A und B nicht. Im Handelsregister sind A und B als „Megasoft OHG" eingetragen. Liegt eine OHG vor?
3. Welche Folgen hat es überhaupt, wenn eine Gesellschaft als OHG anzusehen ist?

Jens Tersteegen

B.7 Offene Handelsgesellschaft – Innenverhältnis

Mit dem Innenverhältnis bei der GbR haben Sie sich schon ausführlich im Kapitel 3 beschäftigt. Mit dem Begriff „Innenverhältnis" bezeichnet man die *Rechtsbeziehungen der Gesellschafter untereinander.* Zum Innenverhältnis gehört auch die Zuordnung des Gesellschaftsvermögens. Von den Grundstrukturen her unterscheidet sich das Innenverhältnis bei der OHG nicht vom Innenverhältnis bei der GbR. Im Folgenden werden Sie sich daher nur noch mit den Besonderheiten beschäftigen, die für das Innenverhältnis der OHG-Gesellschafter untereinander gelten.

B.7.1 Rechte und Pflichten der Gesellschafter

B.7.1.1 Grundsatz

Überlegen Sie, aus welchen Regelungen sich bei der OHG die Rechte und Pflichten der Gesellschafter untereinander in erster, zweiter und dritter Linie ergeben!

Grundnorm für die Rechte und Pflichten der Gesellschafter untereinander ist § 109 HGB. Gem. § 109 HGB richtet sich das Rechtsverhältnis der Gesellschafter untereinander zunächst nach dem *Gesellschaftsvertrag.* Die Vorschriften der §§ 110 bis 122 HGB finden nur insoweit Anwendung, als nicht durch den Gesellschaftsvertrag ein anderes bestimmt ist.

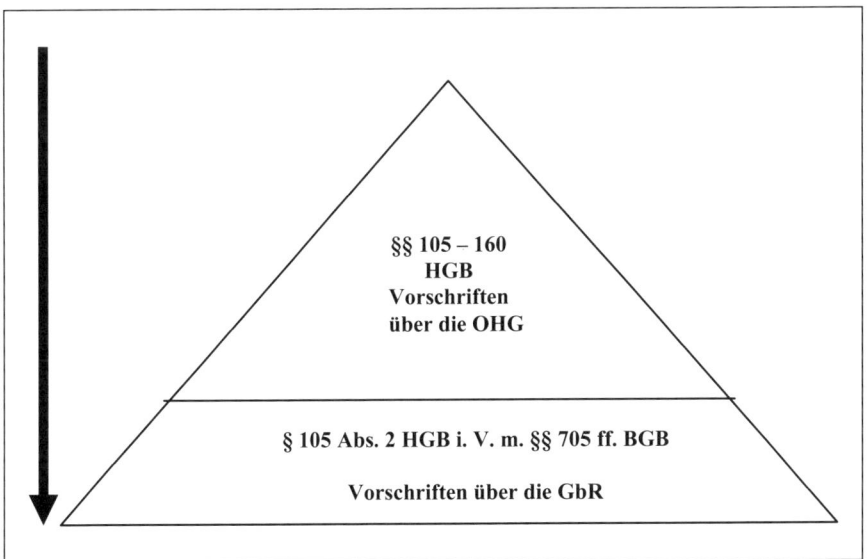

§§ 105 – 160
HGB
Vorschriften
über die OHG

§ 105 Abs. 2 HGB i. V. m. §§ 705 ff. BGB

Vorschriften über die GbR

Abbildung B.7.1.1: Auf die OHG anwendbares Recht

> **!** Die Rechte und Pflichten der Gesellschafter einer OHG ergeben sich in erster
> Linie aus dem Gesellschaftsvertrag. Die §§ 110 bis 122 HGB stellen dispositives
> Recht dar. Soweit im Gesellschaftsvertrag und im HGB keine Regelung enthalten
> ist, kann, wie in § 105 Abs. 3 HGB geregelt ist, auf die §§ 705 ff. BGB zurück-
> gegriffen werden.

B.7.1.2 Einzelne Rechte und Pflichten der Gesellschafter

- **Förderpflicht:** Wie bei jeder Gesellschaft sind die Gesellschafter auch bei der OHG
  verpflichtet, den *gemeinsamen Zweck zu fördern* (vgl. oben Kapitel B.2.1.3 und
  Kapitel B.3.1.1). Die Gesellschafter einer OHG sind insbesondere zur *Erbringung
  der im Gesellschaftsvertrag festgelegten Beiträge* verpflichtet (vgl. oben B.3.1.1.).
  Gem. § 707 BGB, der auf die OHG ebenfalls Anwendung findet (über § 105 Abs. 3
  HGB), sind die Gesellschafter weder zur Erhöhung des vereinbarten Beitrags noch
  zur Ergänzung einer durch Verlust verminderten Einlage verpflichtet, es sei denn,
  der Gesellschaftsvertrag enthält eine abweichende Regelung (*grdsl. keine Nachschusspflicht*).

➡ Beispiel B.7.1

A, B und C gründen die A, B und C-OHG. A verpflichtet sich, als Beitrag 50.000,00 €
einzubringen. B verpflichtet sich, als Beitrag die Rechte an drei von ihm gemachten
Erfindungen (Patente) einzubringen. C verpflichtet sich, als Beitrag die in seinem
Eigentum stehenden Werkzeugmaschinen im Wert von insgesamt 70.000,00 € einzubringen.

- **Treuepflicht:** Wie bei jeder Personengesellschaft besteht auch für die Gesellschafter
  einer OHG die Verpflichtung, die Interessen der Gesellschaft wahrzunehmen (*positive Treuepflicht*) und alles zu unterlassen, was den Interessen der Gesellschaft
  entgegenläuft (*negative Treuepflicht*).
- **Wettbewerbsverbot:** Bereits bei der GbR haben Sie gelernt, dass sich aus der Treuepflicht ein Wettbewerbsverbot für die Gesellschafter ergeben kann. Für die OHG
  ist dieses in den §§ 112 und 113 HGB *spezialgesetzlich* geregelt. § 112 Abs. 1 HGB
  regelt, dass ein Gesellschafter ohne Einwilligung der anderen Gesellschafter weder
  in dem Handelszweig der Gesellschaft Geschäfte machen noch einer anderen gleich-
  artigen Handelsgesellschaft als persönlich haftender Gesellschafter beitreten darf.
  Für die Verletzung des Wettbewerbsverbots sieht § 113 Abs. 1 HGB eine Schadensersatzpflicht vor. Die §§ 112, 113 HGB sind als Regelungen des Innenverhältnisses
  dispositiv.

➡ Beispiel B.7.2

A, B und C haben sich zu einer OHG zusammengeschlossen, die über das Internet
CDs vertreibt. B verkauft zusätzlich in größerem Umfang über eBay selbst CDs. Im
vorliegenden Fall wird der B im Handelszweig der Gesellschaft tätig und verstößt damit
gegen das Wettbewerbsverbot aus § 112 HGB. Die Gesellschaft kann gem. § 113 Abs. 1
HGB Schadensersatz verlangen. Ferner kann sie verlangen, dass B alle Vergütungen
herausgibt oder seine Ansprüche auf Vergütung an die Gesellschaft abtritt.

- **Kontrollrecht:** Die Kontrollrechte der Gesellschafter sind in § 118 HGB geregelt. Jeder Gesellschafter kann sich *von den Angelegenheiten der Gesellschaft persönlich unterrichten*, die Handelsbücher und die Papiere der Gesellschaft einsehen und sich aus ihnen eine Bilanz oder einen Jahresabschluss anfertigen. Zwar kann das Kontrollrecht im Gesellschaftsvertrag eingeschränkt oder ausgeschlossen werden. Ein Ausschluss gilt allerdings dann nicht, wenn Grund zur Annahme unredlicher Geschäftsführung besteht (§ 118 Abs. 2 HGB).
- **Recht auf Beteiligung an Gewinn und Verlust:** Siehe Kapitel B.7.2
- **Recht auf Beteiligung an der Geschäftsführung:** Siehe Kapitel B.7.1.3

B.7.1.3 Geschäftsführung

Die Geschäftsführung in der OHG ist in den §§ 114 bis 117 HGB geregelt. Die dortigen Regelungen sind allerdings *dispositiv*, d. h. der Gesellschaftsvertrag kann abweichende Regelungen treffen.

Ebenso wie in § 709 Abs. 1 BGB wird in § 114 Abs. 1 HGB davon ausgegangen, dass *alle Gesellschafter* zur Geschäftsführung berechtigt und verpflichtet sind. Im Gesellschaftsvertrag können allerdings *einzelne Gesellschafter von der Geschäftsführung ausgeschlossen* werden. Gem. § 114 Abs. 2 HGB sind die übrigen Gesellschafter von der Geschäftsführung ausgeschlossen, wenn einzelne Gesellschafter zu Geschäftsführern berufen wurden.

 Übung B.7.1
A, B, C und D haben sich zu einer OHG zusammengeschlossen. Im Gesellschaftsvertrag ist geregelt, dass die Führung der Geschäfte allein D übertragen wird. B beruft sich nunmehr darauf, dass auch ihm gem. § 114 Abs. 1 HGB die Geschäftsführungsbefugnis zustehe. Mit Recht?

Auch für die OHG gilt der *Grundsatz der Selbstorganschaft*. Es muss also zumindest einen Gesellschafter geben, der zur Geschäftsführung befugt ist.

 Beispiel B.7.3
A, B, C und D haben sich zu einer OHG zusammengeschlossen. Im Gesellschaftsvertrag ist geregelt, dass die Geschäftsführung nur dem Schwager des D, dem X, obliegt. Eine derartige Regelung wäre unzulässig, da X nicht Gesellschafter der OHG ist. Hier wäre der Grundsatz der Selbstorganschaft verletzt. Folglich wäre die Regelung im Gesellschaftsvertrag unwirksam, so dass grundsätzlich von der Regelung des § 114 Abs. 1 HGB auszugehen ist und grundsätzlich alle Gesellschafter hier zur Geschäftsführung befugt sind.

Bei der GbR ist in § 709 BGB vorgesehen, dass alle Gesellschafter die Geschäfte der Gesellschaft gemeinsam führen. Demgegenüber sieht § 115 Abs. 1 HGB für die OHG vor, dass jeder von der Geschäftsführung nicht ausgeschlossene Gesellschafter *allein* für die Gesellschaft handelt. Andere geschäftsführende Gesellschafter können aber widersprechen (§ 115 Abs. 1 2. Hs. HGB). Diese Regelung ist bei der OHG aufgenommen worden, um ein rasches Handeln im Geschäftsverkehr zu ermöglichen. Der Gesellschaftsvertrag kann hiervon aber Abweichungen vorsehen. So kann geregelt werden, dass alle nur gemeinsam die Geschäfte führen dürfen. Es wäre auch möglich, zur regeln, dass immer zwei Geschäftsführer gemeinsam handeln müssen. Außerdem ist zu berücksichtigen, dass die *Einzelgeschäftsführungsbefugnis* des § 115 Abs. 1 HGB nur für solche Handlungen gilt, die der *gewöhnliche Geschäftsbetrieb* gerade dieser OHG (§ 116 Abs. 1 HGB – lesen!) mit sich bringt. Für ungewöhnliche Maßnahmen und Transaktionen ist ein Beschluss aller Gesellschafter (auch der nicht geschäftsführungsbefugten) erforderlich (§ 116 Abs. 2 HGB).

➡ Beispiel B.7.4

A, B, C und D haben sich zu einer OHG zusammengeschlossen, die mit selbst hergestellten Haushaltsgeräten handelt. Als die Gesellschaft in Schwierigkeiten gerät, entscheidet D, der im Gesellschaftsvertrag zum Geschäftsführer berufen ist, dass das Produktionsgrundstück der OHG an den X veräußert wird. In einem derartigen Fall handelt es sich nicht um eine Handlung, die der gewöhnliche Betrieb des Handelsgewerbes der Gesellschaft mit sich bringt. Die Veräußerung des Betriebsgrundstücks ist vielmehr eine ungewöhnliche Handlung. Hier wäre also gem. § 116 Abs. 2 HGB ein Beschluss sämtlicher Gesellschafter erforderlich.

Die Geschäftsführungsbefugnis kann gem. § 117 HGB aus wichtigem Grund entzogen werden.

> **!** Bei einer OHG sind, soweit der Gesellschaftsvertrag keine abweichenden Regelungen vorsieht, alle Gesellschafter zur Geschäftsführung berechtigt und verpflichtet. Anders als bei der GbR ist allerdings bei der OHG *Einzelgeschäftsführungsbefugnis* vorgesehen. Jeder Geschäftsführer kann grundsätzlich die Geschäfte der Gesellschaft allein führen. Den übrigen Gesellschaftern steht allerdings ein Widerspruchsrecht aus § 115 HGB zu. Die Geschäftsführung ist auf gewöhnliche Geschäfte gem. § 116 Abs. 1 HGB beschränkt.

B.7.1.4 Gesellschafterbeschlüsse

In § 119 HGB taucht der Begriff des *Gesellschafterbeschlusses* auf. Gesellschafterbeschlüsse sind grundsätzlich bei allen die Gesellschaft betreffenden Angelegenheiten zulässig. Auch in den Fällen, in denen ein Gesellschafter einzelgeschäftsführungsbefugt ist, kann abweichend durch Beschluss entschieden werden. Die Grundlagen zu Gesellschafterbeschlüssen haben Sie bereits oben bei der GbR erfahren (lesen Sie eventuell nochmals im Kapitel B 3.1.5 nach).

Für Gesellschafterbeschlüsse gilt gem. § 119 Abs. 1 HGB das *Einstimmigkeitsprinzip*. Im Gesellschaftsvertrag kann allerdings auch eine Mehrheitsentscheidung vorgesehen sein. Soweit der Gesellschaftsvertrag allgemein die Entscheidung durch Mehrheitsbeschluss vorsieht, bezieht sich dies im Zweifel nur auf laufende Geschäftsführungsangelegenheiten. In anderen Fällen muss sich aus dem Gesellschaftsvertrag ergeben, dass auch in diesen Fällen eine Mehrheitsentscheidung zulässig sein soll. Oben bei der GbR haben Sie sich schon mit den Grenzen zulässiger Mehrheitsentscheidungen und der sog. Otto-Entscheidung des BGH befasst (vgl. oben B.3.1.5). Diese Grundsätze sind für alle Personengesellschaften maßgeblich.

Jens Tersteegen

B.7.2 Gesellschaftsvermögen

Eine eigenständige Regelung zum Gesellschaftsvermögen fehlt im HGB. Folglich ist gem. § 105 Abs. 3 HGB auf § 718 BGB zurückzugreifen.

Auch bei der OHG ist das Gesellschaftsvermögen ein *Gesamthandsvermögen*. Aus § 124 Abs. 1 HGB folgt, dass die OHG selbst *teilrechtsfähig* ist. Folglich ist die Gesellschaft selbst Eigentümerin der zum Gesamthandsvermögen gehörenden Sachen und selbst Inhaberin der zum Vermögen gehörenden Forderungen. Zum Gesellschaftsvermögen gehören bei der OHG ebenso wie bei der GbR die Beiträge, die die Gesellschafter erbracht haben und außerdem das, was durch Geschäftsführungsmaßnahmen erworben wurde.

 Das Vermögen der OHG ist ein Gesamthandsvermögen. Da die OHG selbst (teil-)rechtsfähig ist, steht das Gesellschaftsvermögen der OHG selbst zu.

B.7.3 Verteilung von Gewinn und Verlust

Die Verteilung von Gewinn und Verlust ist in den §§ 120 bis 122 HGB geregelt. Auch diese Vorschriften sind aber dispositiv und *in der Praxis ist es üblich*, hiervon abweichende Vereinbarungen zu treffen. Gleichwohl beschäftigen wir uns zunächst mit den gesetzlichen Regelungen. Die Grundlagen der Verteilung von Gewinn und Verlust sind in § 121 HGB geregelt.

B.7.3.1 Kapitalanteil

Das Gesetz verwendet in den §§ 120 ff. HGB für die Verteilung des Gewinns und Verlusts den Begriff des sog. „Kapitalanteils" als *Berechnungsgröße*. Daher muss zunächst die Frage beantwortet werden, was unter dem Kapitalanteil zu verstehen ist.

Eine gesetzliche Definition hierzu fehlt. Einigkeit besteht darüber, dass der Kapitalanteil eine *Rechnungs- oder Bilanzziffer ist, durch die das Beteiligungsverhältnis für einen bestimmten Gesellschafter angegeben wird*. Wesen und rechtliche Bedeutung des Kapitalanteils ergeben sich aus der Entstehung dieses Begriffs. Der Einzelkaufmann weist in seiner Bilanz als Kapital den Betrag aus, um den die Summe der Vermögensgegenstände die Summe seiner Verbindlichkeiten übersteigt. Dieses Kapital ist veränderlich. Das Kapital steigt, wenn profitable Geschäfte gemacht werden und verringert sich, wenn negative Geschäfte gemacht werden. Bei der OHG muss nun dieses Kapital noch rechnerisch auf die einzelnen Gesellschafter verteilt werden. Der Kapitalanteil eines jeden Gesellschafters bestimmt sich *aus der geleisteten Einlage zuzüglich weiterer Einlagen und Gewinne der Gesellschaft und abzüglich der Verluste und Entnahmen*. Der Saldo ergibt den aktuellen Stand des Kapitalanteils. Der Kapitalanteil *bezeichnet als Rechengröße den gegenwärtigen Stand der Beteiligung*, und zwar zu dem Buchwert, der in der Bilanz ausgewiesen wird.

Sofern der Gesellschaftsvertrag keine abweichende Regelung enthält, geht das Gesetz von einem, wie sich aus § 120 Abs. 2 HGB ergibt, *veränderlichen Kapitalanteil* aus.

Jens Tersteegen

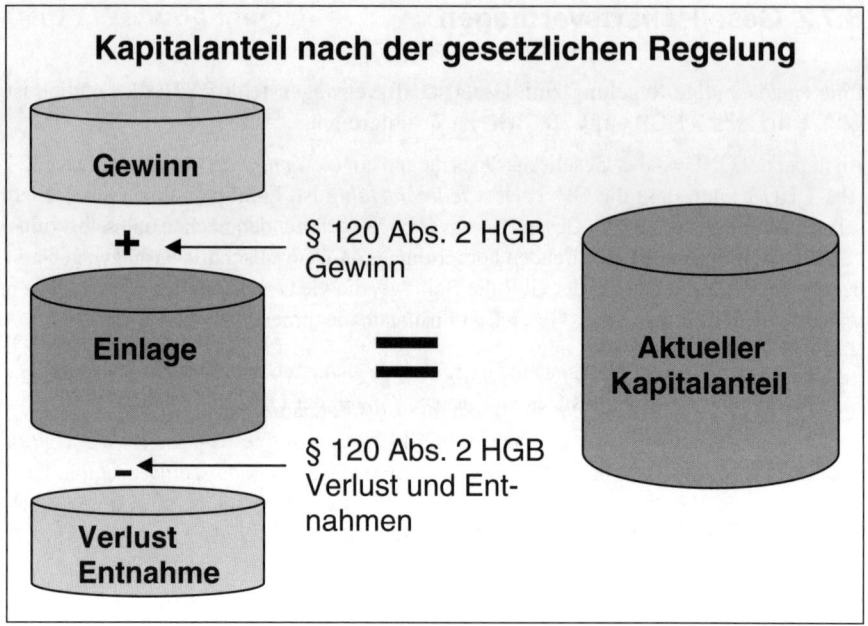

Abbildung B.7.3.1: Kapitalanteile nach der gesetzlichen Regelung

Der Kapitalanteil verändert sich durch die Zuschreibung von Einlagen und Gewinnen und durch die Abschreibung von Verlusten und Entnahmen.

> **? Übung B.7.2**
> A, B und C haben im Gesellschaftsvertrag ihrer OHG keine Regelungen über den Kapitalanteil getroffen. Sie haben jeder eine Einlage von 10.000,00 € erbracht. Im folgenden Jahr macht die OHG Gewinne von 30.000,00 €, die sich gleichmäßig auf alle Gesellschafter verteilen. A und B entnehmen jeweils 5.000,00 €. Berechnen Sie bitte die Kapitalanteile.

Regelmäßig werden von der gesetzlichen Regelung *abweichende Vereinbarungen* getroffen. Es ist dabei üblich, allen Gesellschaftern *feste Kapitalanteile* zuzuordnen. Auf diese Weise wird die Gewinnverteilung vereinfacht und die Beteiligungsverhältnisse werden eindeutig festgelegt. Kein Gesellschafter kann seine Stellung einseitig zulasten eines anderen Gesellschafters verändern, indem er beispielsweise Gewinne nicht entnimmt. Die festen Kapitalanteile werden regelmäßig auf einem sog. *Kapitalkonto I* oder *Festkapitalkonto* geführt. Auch wenn feste Kapitalanteile vereinbart sind, müssen Gewinne nicht sofort entnommen werden. Vielmehr wird bei den meisten Gesellschaften ein sog. *Kapitalkonto II* geführt, bei dem die Verrechnung von Gewinnen und Verlusten stattfindet. Häufig werden die Verluste nicht auf das Kapitalkonto II, sondern auf ein sog. *Verlustkonto* verbucht. Schließlich können Rücklagenkonten gebildet werden.

Insofern kommen in der Praxis die unterschiedlichsten Gestaltungsvarianten in Betracht. Diese hat der BFH in der lesenswerten (!) Entscheidung vom 16.10.2008 (DStR 2009, 212 = DB 2009, 429) übersichtlich zusammengestellt.

Jens Tersteegen

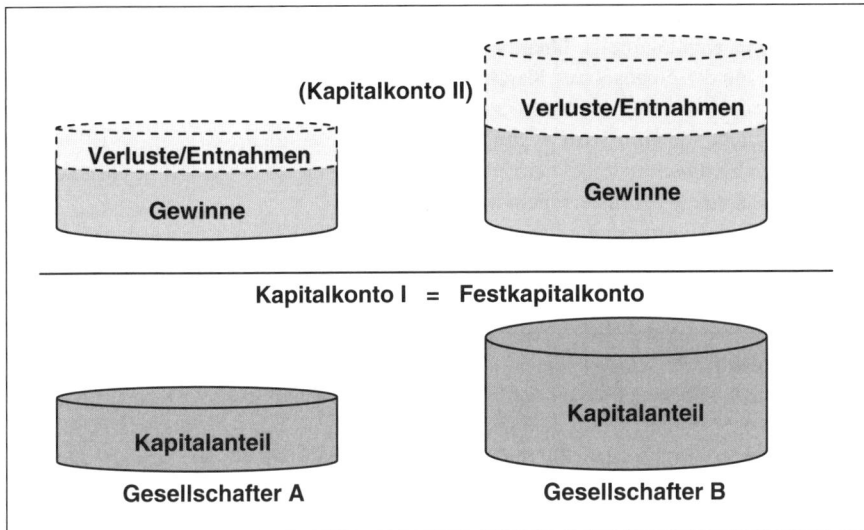

Abbildung B.7.3: Beispiel eines Zweikontenmodells

- Bei einem *Zweikontenmodell* wird ein festes Kapitalkonto I und daneben ein bewegliches Konto geführt, auf dem Gewinne, Verluste und Entnahmen verbucht werden.
- Das *Dreikontenmodell* kennzeichnet sich dadurch, dass neben dem festen Kapitalkonto I ein Konto besteht, auf dem nicht entnahmefähige Gewinn- und Verlustanteile verbucht werden (Kapitalkonto II) sowie ein weiteres Konto, auf dem entnahmefähige Gewinnanteile, Einlagen und Entnahmen verbucht werden (Darlehenskonto).
- Beim *Vierkontenmodell* kommt ein Verlustverrechnungskonto hinzu.
- Gesellschaftsvertraglich können aber all diese Modelle auch modifiziert werden. Ohnehin stehen sie nicht soweit fest, dass im Gesellschaftsvertrag schlicht geregelt werden könnte, dass das Vierkontenmodell gewählt wird. Hier muss sehr genau angegeben werden, wie die einzelnen Konten ausgestaltet sind.

B.7.3.2 Ergebnisverteilung

Nunmehr stellt sich die Frage, wie die eigentliche *Ergebnisverteilung* nach der gesetzlichen Regelung stattfindet. Hierzu sind im Wesentlichen drei Schritte zu unterscheiden:
- Zunächst stellen die Gesellschafter die Bilanz auf, aus der sich das *Jahresergebnis* (Gewinn oder Verlust) ergibt.
- In einem zweiten Schritt erfolgt die *Verteilung* des in der Bilanz festgestellten Gewinns oder Verlusts auf die Gesellschafter. Dies bedeutet aber nur, dass Gewinn und Verlust auf den jeweiligen Gesellschafterkonten verbucht werden.
- In einem dritten Schritt ist sodann die Frage zu stellen, wie die Gesellschafter auf den Gewinn zugreifen können (*Gewinnauszahlung und Entnahme*).

Die Gewinnverteilung erfolgt, sofern der Gesellschaftsvertrag keine abweichenden Regelungen enthält, nach der Vorschrift des § 121 HGB:

Jens Tersteegen

- Zunächst erhält jeder Gesellschafter von dem Jahresgewinn einen Anteil in Höhe von 4 % seines Kapitalanteils. Diese *Vorzugsdividende* ist ein Gewinnanteil und keine Verzinsung des eingesetzten Kapitals. Die Vorzugsdividende ist also nur zu zahlen, wenn und soweit ein Gewinn für das fragliche Geschäftsjahr angefallen ist.
- Der restliche Gewinn wird, wenn nichts anderes vereinbart ist, gem. § 121 Abs. 3 HGB *nach Köpfen* verteilt. Dies gilt unabhängig davon, ob der jeweilige Gesellschafter seine Einlage bereits erbracht hat.
- Für die Verlustverteilung gilt ebenfalls § 121 Abs. 3 HGB. *Verluste* werden also *nach Köpfen* unter den Gesellschaftern verteilt, wenn der Gesellschaftsvertrag keine abweichende Regelung trifft.

➡ **Beispiel B.7.5**

A, B und C haben sich zu einer OHG zusammengeschlossen. Der Kapitalanteil des A beträgt 10.000,00 €. Der Kapitalanteil von B und C beträgt jeweils 20.000,00 €. Im Geschäftsjahr wurden 100.000,00 € Gewinn erzielt. A, B und C erhalten jeweils eine Vorzugsdividende in Höhe von 4 % ihres Kapitalanteils. A erhält also eine Vorzugsdividende von 400,00 €. B und C erhalten eine Vorzugsdividende von jeweils 800,00 €. Die verbleibenden 98.000,00 € werden nach Köpfen verteilt, d. h. jeder Gesellschafter erhält 32.666,67 €.

➡ **Beispiel B.7.6**

A und B haben sich zu einer OHG zusammengeschlossen. Der Kapitalanteil des A beträgt 10.000,00 €. Der Kapitalanteil des B beträgt 20.000,00 €. Im Geschäftsjahr wurde ein Verlust von 40.000,00 € erwirtschaftet. Dieser wird nach § 121 Abs. 2 HGB nach Köpfen verteilt. Folglich entfallen auf A und B jeweils ein Verlust in Höhe von 20.000,00 €.

Die gesetzlich geregelte Verteilung von Gewinn und Verlust wird *regelmäßig als nicht angemessen verstanden*. Sie trägt insbesondere der Tatsache unterschiedlicher Beteiligungsverhältnisse durch die Verteilung nach Köpfen zu wenig Rechnung. Eine übliche Regelung ist beispielsweise:

„Von dem aufgrund der Bilanz festgestellten Jahresgewinn erhält der Gesellschafter X vorab 20 % zum Ausgleich für seine Tätigkeit für die Gesellschaft. Der Restgewinn wird im Verhältnis der Festkapitalanteile verteilt. Ein Verlust wird ebenfalls im Verhältnis der Festkapitalanteile verteilt."

Die Verteilung von Gewinn und Verlust führt grundsätzlich nur zu einer *Buchung auf die jeweiligen Gesellschafterkonten*. Insofern stellt sich noch die Frage, wie ein entstandener Gewinn *entnommen* werden kann. Dies ist in § 122 HGB geregelt. § 122 HGB geht grundsätzlich davon aus, dass jeder Gesellschafter alle ihm zustehenden Gewinne entnimmt. Das Gesetz sieht zunächst in § 122 Abs. 1 HGB vor, dass jeder Gesellschafter 4 % seines Kapitalanteils pro Jahr entnehmen kann. Dieses Entnahmerecht besteht nach dem Gesetz unabhängig davon, ob die Gesellschaft Gewinn erwirtschaftet hat. Daneben hat der Gesellschafter gem. § 122 Abs. 1 HGB Anspruch auf Auszahlung des im Jahresabschluss festgestellten Gewinns des letzten Jahres.

Auch die Regelung über das Entnahmerecht ist regelmäßig nicht zeitgemäß und wird daher im Gesellschaftsvertrag häufig abweichend gestaltet. Typisch wäre beispielsweise die folgende Regelung:

„Die Gesellschafter sind berechtigt, in monatlichen Teilbeträgen 1/12 des auf sie entfallenden Gewinnanteils des vorhergehenden Jahres zu entnehmen. Die Gesellschafter können durch Mehrheitsbeschluss die Ausübung des Entnahmerechts auf die Dauer von höchstens zwölf Monaten aussetzen, wenn die wirtschaftliche Lage der OHG, insbesondere die Liquiditätslage, dies erforderlich macht.“

 Zusammenfassung

In diesem Kapitel haben Sie sich mit dem *Innenverhältnis der OHG* beschäftigt. Das Innenverhältnis meint die Rechtsbeziehungen zwischen den Gesellschaftern und der Gesellschaft. In einem ersten Abschnitt haben wir uns zunächst mit den *Rechten und Pflichten der Gesellschafter* beschäftigt. Typische Pflichten sind die *Beitragspflicht*, die *Treuepflicht* und die *Einhaltung des Wettbewerbsverbots*. Zu den Rechten der Gesellschafter gehören die *Kontrollrechte (§ 118 HGB)*, das Recht auf *Beteiligung am Gewinn und Verlust (§§ 120 ff. HGB)* und das *Recht zur Geschäftsführung (§ 115 HGB)*. Hinsichtlich der Geschäftsführung ist auch für die OHG vom Grundsatz der *Selbstorganschaft* auszugehen, d. h. zumindest ein Gesellschafter muss zur Geschäftsführung berechtigt und verpflichtet sein. Grundsätzlich steht die Führung der Geschäfte der OHG allen Gesellschaftern zu. Anders als bei der GbR ist bei der OHG gem. § 115 Abs. 1 HGB jeder Gesellschafter aber einzeln zur Geschäftsführung befugt. Die Befugnis zur Geschäftsführung erstreckt sich gem. § 116 HGB auf alle Handlungen, die der *gewöhnliche Betrieb des Handelsgewerbes* der Gesellschaft mit sich bringt.

Die Fassung von Beschlüssen ist in § 119 HGB geregelt. Eine Beschlussfassung ist insbesondere dann erforderlich, wenn es sich nicht um Handlungen handelt, die zum gewöhnlichen Betrieb des Handelsgewerbes gehören.

Schließlich haben Sie sich mit dem *Gesellschaftsvermögen und der Verteilung von Gewinn und Verlust* beschäftigt. Die Verteilung von Gewinn und Verlust ist in den §§ 120, 121 HGB geregelt. Für die Verteilung des Gewinns ist insbesondere der Begriff des *Kapitalanteils* von Bedeutung. Er bezeichnet eine Rechengröße, die die Beteiligung an der Gesellschaft widerspiegelt. Die Beteiligung an Gewinn und Verlust wird regelmäßig im Gesellschaftsvertrag abweichend von den gesetzlichen Regelungen der §§ 120, 121 HGB ausgestaltet.

Aufgaben zur Selbstüberprüfung

1. A, B und C haben sich zu einer OHG zusammengeschlossen. Sie vereinbaren, dass jeder der Beteiligten 10.000,00 € als Einlage erbringt. B erbringt diese Einlage, obwohl A und C darauf bestehen, zunächst nicht. Die Gesellschaft macht in der Folgezeit 30.000,00 € Verlust. C verlangt nun von B Zahlung von 10.000,00 € rückständiger Einlage und von A einen Nachschuss in Höhe von 10.000,00 €. Er selbst ist bereit, ebenfalls noch einmal 10.000,00 € nachzuschießen. Ist das Verlangen des C gerechtfertigt?

Jens Tersteegen

2. X, Y und Z haben eine OHG gegründet. Y soll grundsätzlich die Geschäfte dieser OHG führen. Allerdings soll geregelt werden, dass Y nur zu solchen Geschäften berechtigt ist, die typischerweise in diesem Unternehmen anfallen. Ferner soll geregelt werden, dass Y bei Geschäften, durch die die Gesellschaft mit mehr als 20.000,00 € verpflichtet wird, der Zustimmung der übrigen Gesellschafter bedarf. X, Y und Z bitten Sie, eine entsprechende Regelung zu entwerfen.

3. Die XYZ-OHG hat eine entsprechende Regelung in den Gesellschaftsvertrag aufgenommen. Y schließt mit dem Lieferanten L einen Vertrag über die Lieferung einer Maschine im Wert von 30.000,00 €. X und Z haben nicht zugestimmt. Sie berufen sich darauf, dass der Vertrag nicht wirksam geschlossen sei. Zu Recht?

4. a) A, B und C gründen eine OHG. A bringt ein Betriebsgrundstück im Wert von 300.000,00 € ein. B bringt eine Maschine und zehn Patente im Wert von 150.000,00 € ein. C erbringt zunächst keinen besonderen Beitrag. Bilden Sie bitte die Kapitalkonten für A, B und C nach der gesetzlichen Regelung. Abweichende Regelungen im Gesellschaftsvertrag sind nicht enthalten.

   b) Im ersten Jahr werden 30.000,00 € Gewinn gemacht. Verteilen Sie diesen Gewinn auf A, B und C entsprechend der gesetzlichen Regelung und stellen Sie den neuen Stand der Kapitalkonten für A, B und C fest.

   c) A und C entnehmen ihren kompletten Gewinn. Stellen Sie nun bitte den neuen Stand der Kapitalkonten für A, B und C fest.

   d) Im nächsten Jahr werden 30.000,00 € Verlust gemacht. Stellen Sie bitte den neuen Stand der Kapitalkonten für A, B und C fest und bestimmen Sie, wie viel jeder Gesellschafter im folgenden Jahr aus der Gesellschaft entnehmen darf.

B.8 Offene Handelsgesellschaft – Außenverhältnis

Im folgenden Kapital werden wir uns mit dem Außenverhältnis bei der OHG beschäftigen. Unter den Begriff Außenverhältnis fasst man – wie Sie bereits wissen – das Verhältnis der Gesellschaft zu Dritten zusammen. Das Außenverhältnis der OHG ist in den §§ 123 ff. HGB geregelt. Im Gegensatz zu den Vorschriften über das Innenverhältnis sind diese Vorschriften über das Außenverhältnis der OHG weitestgehend *zwingend*.

 Übung B.8.1

Überlegen Sie sich, warum die Vorschriften über das Außenverhältnis der OHG im Gesetz weitestgehend zwingend ausgestaltet sind.

B.8.1 Rechts- und Parteifähigkeit

Bei der OHG handelt es sich um eine Gesellschaft, die *teilrechtsfähig* ist. § 124 Abs. 1 HGB regelt, dass die OHG unter ihrer Firma *Rechte erwerben und Verbindlichkeiten eingehen, Eigentum und andere dingliche Rechte an Grundstücken erwerben, vor Gericht klagen und verklagt werden kann.*

- Nach außen tritt die OHG als geschlossene Einheit auf. Die Gesamtheit der Gesellschafter wird unter der *gemeinsamen Firma* der OHG zusammengefasst.
- Die OHG kann unter ihrer Firma *Rechte erwerben und Verbindlichkeiten eingehen* (§ 124 Abs. 1 HGB).
- Die OHG kann Eigentum an Grundstücken erwerben, d. h. sie ist *grundbuchfähig* (§ 124 Abs. 1 HGB).
- Die OHG kann unter ihrer Firma *klagen* und *verklagt werden* (§ 124 Abs. 1 HGB).
- Zur *Zwangsvollstreckung* in das Gesellschaftsvermögen ist ein gegen die Gesellschaft gerichteter vollstreckbarer Schuldtitel erforderlich (§ 124 Abs. 2 HGB).
- Die OHG ist *insolvenzfähig* (§ 11 Abs. 2 Nr. 1 InsO).
- Die OHG wird als *deliktsfähig* behandelt. Insofern wird § 31 BGB auf die OHG analog angewendet. Die OHG haftet (ebenso wie die GbR) für unerlaubte Handlungen, die ein Gesellschafter in Ausführung der ihm für die Gesellschaft auferlegten Verbindlichkeiten begeht (§ 31 BGB analog).

 Übung B.8.2

Überlegen Sie sich, inwieweit sich die Teilrechtsfähigkeit der GbR von der Teilrechtsfähigkeit der OHG unterscheidet.

B.8.2 Vertretung

Auch die OHG kann – wie die GbR – nicht für sich selber handeln. Sie wird daher *durch ihre Gesellschafter vertreten*. Nach dem für die OHG als Personengesellschaft zwingenden *Grundsatz der Selbstorganschaft* muss zumindest einer der Gesellschafter zur Vertretung der Gesellschaft berechtigt sein.

Zwar ist es möglich, dass für die Gesellschaft auch beispielsweise ein Prokurist (§§ 48 ff. HGB) oder ein Handlungsbevollmächtigter (§ 54 HGB) handelt, hierbei handelt es sich aber nur um spezielle rechtsgeschäftlich erteilte Vollmachten. Primär wird die Gesellschaft immer durch einen oder mehrere Gesellschafter vertreten.

 Übung B.8.3

Was halten Sie im Hinblick auf den Grundsatz der Selbstorganschaft von folgender Regelung zur Vertretung in einem OHG-Gesellschaftsvertrag:

„Die Gesellschaft wird durch zwei Gesellschafter gemeinsam oder durch einen Gesellschafter zusammen mit einem Prokuristen vertreten."

Anders als bei der GbR geht das Gesetz für die OHG vom Grundsatz der *Einzelvertretungsmacht* aus. Gem. § 125 Abs. 1 HGB ist zur Vertretung der Gesellschaft grundsätzlich jeder Gesellschafter ermächtigt, wenn er nicht durch den Gesellschaftsvertrag von der Vertretung ausgeschlossen ist. Die Vertretungsmacht ist auch dann gegeben, wenn ein einzelner Gesellschafter der Maßnahme widersprochen hat (der Widerspruch wirkt nur im Innenverhältnis). Von der im Grundsatz vorgesehenen Einzelvertretungsbefugnis kann durch Regelung im Gesellschaftsvertrag abgewichen werden. Anders als bei der Geschäftsführung sind hier aber keine beliebigen Regelungen zulässig. Das Gesetz lässt im Hinblick auf den *Schutz der Geschäftspartner der OHG* nur ganz bestimmte Abweichungen zu:

- Einzelne Gesellschafter können *von der Vertretung ausgeschlossen* werden (§ 125 Abs. 1 HGB). In diesem Fall sind nur die übrigen Gesellschafter zur Vertretung berechtigt. Sie haben grundsätzlich Einzelvertretungsmacht.
- Es kann bestimmt werden, dass alle oder mehrere Gesellschafter die OHG nur gemeinsam vertreten können (sog. *Gesamtvertretung* – § 125 Abs. 2 HGB). Hierzu kann geregelt sein, dass entweder immer alle Gesellschafter zusammenwirken müssen, oder dass beispielsweise das Zusammenwirken von zwei Gesellschaftern ausreicht. Es ist auch möglich, dass einzelne Gesellschafter Einzelvertretungsmacht haben, während andere nur zur Gesamtvertretung berechtigt sind.
- Der Gesellschaftsvertrag kann einzelne Gesellschafter ermächtigen, die Gesellschaft gemeinsam mit einem Prokuristen zu vertreten (*unechte Gesamtvertretung*, § 125 Abs. 3 HGB). Hier muss aber der Grundsatz der Selbstorganschaft gewahrt bleiben. Wenn es also nur einen vertretungsberechtigten Gesellschafter gibt, dann darf dieser nicht an die Mitwirkung des Prokuristen gebunden werden, denn es muss jederzeit möglich sein, dass die OHG allein durch ihre Gesellschafter vertreten wird.
- Bei Vorliegen eines wichtigen Grundes kann auf Antrag der übrigen Gesellschafter durch gerichtliche Entscheidung einem Gesellschafter die Geschäftsführungsbefugnis *entzogen* werden (§ 127 HGB).

Alle Abweichungen von der grundsätzlich vorgesehenen Einzelvertretungsbefugnis sind von den Gesellschaftern zur *Eintragung in das Handelsregister* anzumelden (§ 106

Abs. 2 Nr. 4 HGB). Zwar ist eine abweichende Regelung auch ohne Eintragung in das Handelsregister wirksam. Einem Dritten gegenüber kann sich die Gesellschaft aber nur auf eine abweichende Vertretungsmacht berufen, wenn die Eintragung in das Handelsregister erfolgt ist (§ 15 Abs. 1 HGB) oder der Dritte die Abweichung kannte.

 Übung B.8.4

Im Gesellschaftsvertrag der ABC-OHG ist geregelt, dass die OHG nur wirksam vertreten werden kann, wenn zwei Gesellschafter gemeinsam handeln oder ein Gesellschafter zusammen mit einem Prokuristen. In das Handelsregister ist dies allerdings nicht eingetragen. Der Gesellschafter A schließt mit dem Lieferanten L einen Vertrag über die Lieferung mehrerer Maschinen im Wert von 40.000,00 €. Kurz vor Lieferung der Maschinen bereut A dieses Geschäft, da er bessere und günstigere Maschinen beim Lieferanten X entdeckt hat. L besteht auf der Einhaltung des Vertrages. A argumentiert, er habe die Gesellschaft gar nicht wirksam vertreten können, so dass ein Vertrag nicht zustande gekommen sei. Hat A recht?

Neben der Frage, wer die Gesellschaft vertreten darf, stellt sich stets auch die Frage, in welchem Umfang *Vertretungsmacht* besteht.

Übung B.8.5

Lesen Sie § 126 HGB.

Die *Vertretungsmacht* ist im HGB ausdrücklich geregelt. Sie ist zwingend festgelegt, unbeschränkt und grundsätzlich auch unbeschränkbar. Die Vertretungsmacht umfasst gem. § 126 Abs. 1 HGB alle *gerichtlichen und außergerichtlichen Geschäfte und Rechtshandlungen einschließlich der Veräußerung und Belastung von Grundstücken sowie der Erteilung und des Widerrufs einer Prokura.* Gem. § 126 Abs. 2 HGB kann die Vertretungsmacht Dritten gegenüber nicht eingeschränkt werden. Jeder Dritte, der mit einer OHG Geschäfte abschließt, soll darauf vertrauen dürfen, dass die Vertretungsmacht nicht beschränkt ist. Während die Geschäftsführungsbefugnis beschränkbar ist, ist also die Vertretungsmacht grundsätzlich unbeschränkbar.

! Grundsätzlich sind alle Gesellschafter bei der OHG *einzelvertretungsberechtigt* (§ 125 Abs. 1 HGB). Abweichungen von dieser Regelung sind nur zulässig, soweit vom Gesetz ausdrücklich vorgesehen (§ 125 Abs. 2 und 3 HGB). Der Umfang der *Vertretungsmacht* ist im Gesetz festgelegt, unbeschränkt und grundsätzlich auch nicht beschränkbar (§ 126 HGB). Dies dient dem Verkehrsschutz. Jeder Geschäftspartner soll sich auf die unbeschränkte Vertretungsmacht verlassen können.

B.8.3 Haftung für Verbindlichkeiten der Gesellschaft

B.8.3.1 Grundsatz

Gesellschaftsverbindlichkeiten sind alle Verbindlichkeiten, für die die OHG mit dem Gesellschaftsvermögen haftet. Die OHG haftet freilich nur für solche Verbindlich-

Jens Tersteegen

keiten, die gerade die Gesellschaft in ihrer Eigenschaft treffen. Privatgläubiger eines Gesellschafters können nicht auf das Gesellschaftsvermögen zugreifen, sondern können beispielsweise nur einen Anspruch des Gesellschafters auf seine Beteiligung am Gewinn pfänden.

> **!** Die OHG selbst haftet zunächst für alle von ihr eingegangenen Verbindlichkeiten sowie für alle sonstigen Verbindlichkeiten, die sie in ihrer Eigenschaft als Gesellschaft treffen (Verbindlichkeiten aus Delikt, ungerechtfertigter Bereicherung etc.).

B.8.3.2 Haftung der Gesellschafter

Wie Sie bereits bei der GbR gelernt haben, ergibt sich eine *akzessorische Haftung der Gesellschafter* aus § 128 S. 1 HGB. Die Gesellschafter haften für die Verbindlichkeiten der Gesellschaft den Gläubigern als Gesamtschuldner persönlich. Es hat sich eingebürgert, die Ausgestaltung dieser Haftung der Gesellschafter mit folgenden Stichwörtern zu kennzeichnen. Jeder Gesellschafter haftet:

- *unmittelbar:* Die Gläubiger können sich direkt an die Gesellschafter halten. Es besteht also nicht bloß eine Nachschusspflicht gegenüber der Gesellschaft.
- *primär:* Die Haftung jedes Gesellschafters gilt unabhängig davon, ob die OHG selbst zur Leistung in der Lage ist. Die Haftung ist also nicht nur subsidiär. Anders als beispielsweise bei der Bürgschaft gibt es keine Einrede der Vorausklage.
- *unbeschränkt:* Alle Gesellschafter haften mit ihrem kompletten Vermögen und nicht nur mit ihrem Anteil am Gesellschaftsvermögen.
- *aufs Ganze:* Die Gesellschafter haften also nicht nur mit einer quotalen Beteiligung, sondern jeder Gesellschafter haftet als Gesamtschuldner in voller Höhe.
- *unbeschränkbar:* Die Ansprüche Dritter können nicht durch Vereinbarung zwischen den Gesellschaftern verkürzt oder ausgeschlossen werden (§ 128 Satz 2 HGB).

> **!** Für die Verbindlichkeiten der Gesellschaft haften die Gesellschafter *unmittelbar, primär, aufs Ganze, unbeschränkt und unbeschränkbar.* Die Haftung ist gem. § 128 HGB akzessorisch.

Umstritten ist, welche Leistung von den jeweiligen Gesellschaftern erbracht werden muss. Die Vertreter der sog. *Erfüllungstheorie* (BGH 73, 217; NJW 1987, 2367) gehen davon aus, dass jeder Gesellschafter genau dieselbe Leistung zu erbringen hat wie die Gesellschaft. Die Vertreter der sog. *Haftungstheorie* gehen demgegenüber davon aus, dass die Gesellschafter nur auf Geldersatz haften. Im Grundsatz (im Einzelnen bestehen aber erhebliche Einschränkungen vgl. Ebenroth/Boujong/Joost/Strohn § 128 HGB Rn. 22) wird man wohl von der Erfüllungstheorie ausgehen müssen, soweit es sich nicht um eine Leistung handelt, die nur von der Gesellschaft erbracht werden kann.

B.8.3.3 Einwendungen

Für den Fall, dass ein Gesellschafter für eine Verbindlichkeit der Gesellschaft in Anspruch genommen wird, regelt § 129 HGB, wie er sich gegen diese Inanspruchnahme verteidigen kann:

Jens Tersteegen

Der Gesellschafter kann zunächst alle *Einwendungen* geltend machen, die die OHG selbst erheben könnte. Der Gesellschafter kann also beispielsweise einwenden, dass der Anspruch verjährt ist. Außerdem kann der Gesellschafter sich auf Einwendungen berufen, die in seiner Person begründet sind. Hier wäre beispielsweise eine persönlich zugesagte Stundung zu berücksichtigen oder es wäre die Aufrechnung mit einer privaten Forderung möglich.

B.8.3.4 Verbindlichkeiten eines Gesellschafters

Auch ein Gesellschafter kann Gläubiger der OHG sein. Auch ihm haftet das Gesellschaftsvermögen. Wie bereits in Kapitel B.4.3 zur GbR ausgeführt, sind hier zwei unterschiedliche Anspruchsarten zu unterscheiden:
- *Sozialverbindlichkeiten:* Sozialverbindlichkeiten sind die Verbindlichkeiten, die dem Gesellschafter gegen die Gesellschaft gerade aus seiner Rechtsstellung als Gesellschafter zustehen. Beispielsweise das Recht auf die Entnahme von Gewinn ist eine Sozialverbindlichkeit. Für solche Ansprüche haften die Gesellschafter grundsätzlich nicht mit ihrem Privatvermögen.
- *Gesellschaftsfremde Rechtsverhältnisse:* Sofern dem Gesellschafter aus einem gesellschaftsfremden Rechtsverhältnis (beispielsweise einem Kaufvertrag) Ansprüche zustehen, steht er der OHG wie ein Dritter gegenüber. Alle Gesellschafter haften ihm grundsätzlich persönlich als Gesamtschuldner. Aus der Treuepflicht folgt allerdings, dass er sich in erster Linie an die OHG halten muss und die Mitgesellschafter nur in Anspruch nehmen kann, wenn eine Befriedigung aus dem Gesellschaftsvermögen nicht möglich ist. Im Innenverhältnis muss er außerdem den auf ihn entfallenden Verlustanteil tragen.

 Zusammenfassung

In diesem Kapitel haben Sie sich mit dem Außenverhältnis der OHG beschäftigt. Sie haben gelernt, dass die OHG gem. § 124 HGB *teilrechtsfähig* ist. Sie kann unter ihrer Firma Rechte erwerben und Verbindlichkeiten eingehen, Eigentum und andere dingliche Rechte an Grundstücken erwerben und vor Gericht klagen und verklagt werden. Ferner haben Sie erfahren, wie die OHG im Rechtsverkehr *vertreten* wird. Grundsätzlich sind alle Gesellschafter *einzelvertretungsbefugt.* Abweichende Vereinbarungen im Gesellschaftsvertrag sind nur in den Grenzen des § 125 HGB zulässig und wirken Dritten gegenüber nur, soweit sie diesen Dritten bekannt oder ins Handelsregister eingetragen sind (§ 15 Abs. 1 HGB). Die *Vertretungsmacht* ist gem. § 126 HGB grundsätzlich *nicht beschränkt und nicht beschränk*bar. Für Verbindlichkeiten der Gesellschaft haftet zunächst die OHG selbst mit ihrem Gesellschaftsvermögen. Daneben haften die Gesellschafter *unmittelbar, primär, aufs Ganze, unbeschränkt und unbeschränkbar. Die Haftung der Gesellschafter ist akzessorisch gem. § 128 HGB.*

Jens Tersteegen

Aufgaben zur Selbstüberprüfung

1. A, B und C wenden sich mit der Bitte an Sie, einen Gesellschaftsvertrag für eine OHG zu entwerfen. Zur Vertretung soll im Gesellschaftsvertrag vorgesehen sein, dass A stets einzelvertretungsberechtigt ist. B und C sollen die Gesellschaft aber nur vertreten können, wenn sie gemeinsam mit einem weiteren Gesellschafter oder einem Prokuristen handeln. B und C sollen außerdem nicht berechtigt sein, Grundstücksgeschäfte abzuschließen. Bitte entwerfen Sie die entsprechende Regelung für den Gesellschaftsvertrag.

2. A, B und C fragen, ob die hier geplante Vertretungsregelung auch in das Handelsregister eingetragen werden muss.

3. Die ABC-OHG hat Schulden beim Lieferanten L in Höhe von 50.000,00 €. L nimmt den Gesellschafter A in Anspruch. A ist empört und wendet Folgendes ein:

   a) L müsse zunächst versuchen, seine Forderung gegenüber der Gesellschaft durchzusetzen. Erst wenn sich eine Zwangsvollstreckung aus einem entsprechenden Urteil als undurchführbar erweise, könne er noch mal versuchen, von A sein Geld zu bekommen.

   b) A meint, überhaupt hafte er, da drei Gesellschafter an der OHG beteiligt seien, höchstens in Höhe eines Drittels der Gesamtsumme.

   c) Schließlich ist A der Auffassung, dass, selbst wenn er hier haften solle, die Haftung höchstens in Höhe von 30.000,00 € begründet sei. L habe nämlich bei der letzten Lieferung mit seinem Lieferwagen den vor der Firma geparkten Jaguar des A gerammt. Dadurch sei ein Schaden in Höhe von 20.000,00 € entstanden. Mit diesem Schaden rechne A auf.

Jens Tersteegen

B.9 Offene Handelsgesellschaft – Gesellschafterwechsel und Beendigung

In diesem Kapitel werden Sie sich mit den Fragen des Eintritts und Austritts einzelner Gesellschafter aus der Gesellschaft beschäftigen. Außerdem werden Sie lernen, aus welchen Gründen die Gesellschaft beendet wird und zu welchen Folgen die Beendigung der Gesellschaft führt.

B.9.1 Eintritt eines neuen Gesellschafters

Aus vielerlei Gründen kann ein Interesse daran bestehen, einen neuen Gesellschafter in eine OHG aufzunehmen. Hier stellt sich die Frage, wie sich der Eintritt vollzieht und inwiefern der neue Gesellschafter mit seinem Eintritt in die Gesellschaft haftet.

B.9.1.1 Vollzug des Eintritts

Der Eintritt in eine OHG kann sich in zweierlei Weise vollziehen:
- Zunächst kann ein neuer Gesellschafter hinzukommen. Mit diesem neuen Gesellschafter wird dann ein entsprechender Vertrag (*Aufnahmevertrag*) abgeschlossen (BGHZ 26, 330). Dem neu eintretenden Gesellschafter wächst – wie bei der GbR – ein entsprechender Anteil am Gesellschaftsvermögen zu. Der neue Gesellschafter wird Gesamthänder. Einer besonderen Übertragung des Eigentums am Gesellschaftsvermögen bedarf es nicht.
- Darüber hinaus kommt in Betracht, dass ein neuer Gesellschafter an die Stelle eines alten Gesellschafters tritt, d.h. dass der *Gesellschaftsanteil übertragen* wird. Mit der Übertragung des Gesellschaftsanteils wird der neue Gesellschafter Rechtsnachfolger des alten Gesellschafters. Eine derartige Übertragung ist im Hinblick auf den Charakter der OHG als Personengesellschaft aber nur dann möglich, *wenn alle Gesellschafter zustimmen.* Diese Zustimmung kann bereits im Gesellschaftsvertrag ausdrücklich für alle Fälle enthalten sein.
- Als besondere Form des Eintritts neuer Gesellschafter kommt auch die *Fortsetzung der OHG mit einem Erben des Gesellschafters* in Betracht. Nach der gesetzlichen Regelung des § 131 Abs. 3 HGB wird die Gesellschaft durch den Tod eines Gesellschafters nicht aufgelöst, sondern vielmehr unter den verbleibenden Gesellschaftern fortgesetzt. Der verstorbene Gesellschafter scheidet also aus der Gesellschaft aus. Er erhält lediglich ein Abfindungsguthaben. Die Erben sind nur dann berechtigt, in die Gesellschaft einzutreten, wenn der Gesellschaftsvertrag entsprechende *Eintritts- oder Nachfolgeklauseln* enthält (vgl. dazu oben bei der GbR Kapitel B.5.4).

Jens Tersteegen

B.9.1.2 Haftung des eintretenden Gesellschafters

Die *Haftung eines eintretenden Gesellschafters* ist in § 130 HGB geregelt. Wer in eine bestehende OHG eintritt, haftet genauso wie die anderen Gesellschafter *auch für die vor seinem Eintritt begründeten Verbindlichkeiten* der Gesellschaft. Für ihn gelten die §§ 128, 129 HGB entsprechend. Von dieser Regelung kann gem. § 130 Abs. 2 HGB im Verhältnis zu Dritten nicht abgewichen werden. Die Gesellschafter können also für das Innenverhältnis regeln, dass der aufgenommene Gesellschafter erst ab seinem Eintritt für neue Verbindlichkeiten haftet. Für das Außenverhältnis ist diese Regelung gem. § 130 Abs. 2 HGB aber unbeachtlich.

 Gem. § 130 HGB haftet ein neu eintretender Gesellschafter auch für die bereits vor seinem Eintritt begründeten Verbindlichkeiten wie jeder andere Gesellschafter.

Für Erben eines verstorbenen Gesellschafters ergeben sich Besonderheiten aus § 139 HGB (lesen!).

B.9.2 Ausscheiden eines Gesellschafters

Nachfolgend werden Sie sich mit der Frage beschäftigen, unter welchen Voraussetzungen ein Gesellschafter aus der Gesellschaft ausscheidet und was dies für die Haftung und das Abfindungsguthaben bedeutet.

B.9.2.1 Gründe

§ 131 Abs. 3 HGB regelt, welche *Gründe zum Ausscheiden* eines Gesellschafters aus der Gesellschaft führen. Dies sind:
- der *Tod* eines Gesellschafters (§ 131 Abs. 3 Nr. 1 HGB).
- die Eröffnung des *Insolvenzverfahrens* über das Vermögen des Gesellschafters (§ 131 Abs. 3 Nr. 2 HGB).
- die *Kündigung* des Gesellschafters (§ 131 Abs. 3 Nr. 3 HGB).
- die *Kündigung durch einen Privatgläubiger* des Gesellschafters (§ 131 Abs. 3 Nr. 4 HGB).
- der Eintritt von weiteren im Gesellschaftsvertrag vorgesehenen Fällen (§ 131 Abs. 3 Nr. 5 HGB).
- der *Beschluss* der Gesellschafter (§ 131 Abs. 3 Nr. 6 HGB).

§ 131 Abs. 3 Nr. 5 HGB zeigt, dass abweichend von der gesetzlichen Regelung weitere Fälle aufgenommen werden können, in denen der Gesellschafter aus der Gesellschaft ausscheidet. Darüber hinaus kann aber auch vorgesehen werden, dass trotz des Vorliegens eines der in § 131 Abs. 3 HGB genannten Gründe, der Gesellschafter nicht aus der Gesellschaft ausscheidet. So kann beispielsweise für den Fall des Todes des Gesellschafters die Fortsetzung der Gesellschaft mit den Erben *(einfache und qualifizierte Nachfolgeklausel)* vorgesehen werden.

Jens Tersteegen

Einer der wichtigsten Gründe für das Ausscheiden aus der Gesellschaft ist die *Kündigung durch einen Gesellschafter*. Der Gesellschafter muss grundsätzlich eine im Gesellschaftsvertrag vorgesehene Kündigungsfrist beachten. Ist die Gesellschaft für unbestimmte Zeit eingegangen, kann die Kündigung nur für den Schluss eines Geschäftsjahres erfolgen und muss mindestens sechs Monate vor diesem Zeitpunkt stattfinden (§ 132 HGB).

Ein Gesellschafter scheidet ebenfalls aus, wenn er aus der Gesellschaft *ausgeschlossen* wird. Eine derartige Ausschließung aus der Gesellschaft ist gem. § 140 HGB möglich, wenn in der Person eines Gesellschafters ein Umstand eintritt, der nach § 133 HGB für die übrigen Gesellschafter das Recht begründet, die Auflösung der Gesellschaft zu verlangen. Nach § 133 Abs. 2 HGB liegt ein wichtiger Grund i.S.d. § 133 Abs. 1 HGB und des § 140 HGB insbesondere dann vor, wenn ein Gesellschafter *eine ihm nach dem Gesellschaftsvertrag obliegende wesentliche Verpflichtung vorsätzlich oder grob fahrlässig verletzt*. Das Ausschlussrecht muss im Wege der *Gestaltungsklage* aller übrigen Gesellschafter gegen den Auszuschließenden durchgesetzt werden. § 140 HGB ist aber nicht zwingendes Recht, so dass im Gesellschaftsvertrag vorgesehen werden kann, dass eine Ausschließung durch Beschluss möglich ist. Es wäre aber nicht ohne Weiteres zulässig, im Gesellschaftsvertrag vorzusehen, dass eine Ausschließung auch ohne wichtigen Grund zulässig ist.

B.9.2.2 Haftung des ausgeschiedenen Gesellschafters

Sofern ein Gesellschafter aus der Gesellschaft ausgeschieden ist, haftet er freilich nicht mehr für neue Verbindlichkeiten. Es stellt sich aber die Frage, inwieweit er noch für alte Verbindlichkeiten haftet. Dies regelt § 160 HGB. Der ausscheidende Gesellschafter *haftet fünf Jahre lang weiterhin persönlich für die bis zum Zeitpunkt seines Ausscheidens aus der OHG entstandenen Verbindlichkeiten* der Gesellschaft. Die Frist des § 160 Abs. 1 HGB beginnt gem. § 160 Abs. 1 Satz 2 HGB mit dem Ende des Tages, an dem das Ausscheiden in das Handelsregister eingetragen wird. Der jeweilige Gesellschafter hat also ein erhebliches Interesse daran, dass die Eintragung in das Handelsregister erfolgt.

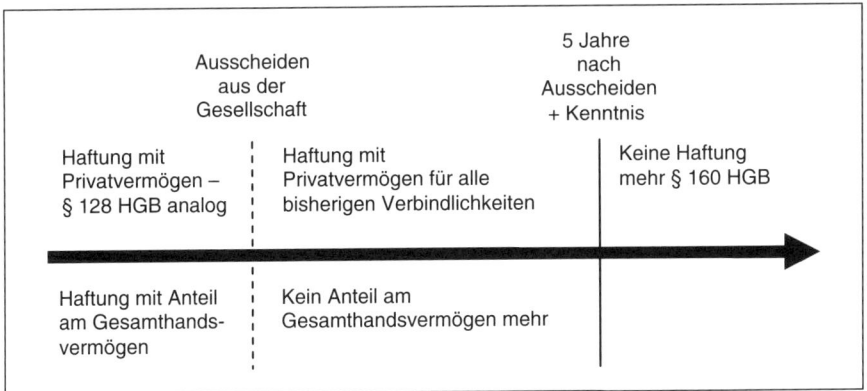

Abbildung B.9.2.2: Haftung des ausscheidenden Gesellschafters

Jens Tersteegen

B.9.2.3 Abfindungsanspruch

Sofern ein Gesellschafter aus der Gesellschaft ausscheidet, stellt sich auch die Frage, ob er dafür eine Abfindung verlangen kann. Die Abfindung ist im HGB selbst nicht geregelt. Insofern ist hier gem. § 105 Abs. 2 HGB auf § 738 Abs. 1 Satz 2 BGB zurückzugreifen. Der Ausgeschiedene hat grundsätzlich Anspruch auf dasjenige, was er bei der Auseinandersetzung erhalten würde, wenn die Gesellschaft zur Zeit des Ausscheidens aufgelöst worden wäre. Grundsätzlich ist der Abfindungsanspruch auf Grundlage des *wirklichen Werts des lebenden Unternehmens (einschließlich stiller Reserven und seines Geschäftswerts)* zu berechnen. Ebenso wie bei der GbR kann auch hier im Gesellschaftsvertrag etwas Abweichendes vereinbart werden. Derartige Vereinbarungen finden sich regelmäßig, da die Abfindung zum vollen Verkehrswert das Unternehmen vor erhebliche Probleme stellt. Abfindungsbeschränkungen sind wie bei der GbR zulässig, wenn sie den Sinn haben, den *Bestandsschutz der Gesellschaft zu gewährleisten* oder der *Vereinfachung der Berechnung* dienen sollen. Die Grenze der Sittenwidrigkeit ist aber stets zu berücksichtigen (dazu: BGHZ 65, 22; BGHZ 123, 281 ff).

B.9.3 Beendigung der Gesellschaft

Wie bei der GbR vollzieht sich auch bei der OHG die Beendigung in zwei Schritten: Mit dem Eintritt eines *Auflösungsgrundes* erfolgt die Auflösung der OHG. Dies führt aber nur dazu, dass die OHG zunächst ihren Zweck ändert. War sie zuvor auf Erwerb gerichtet, so ist sie jetzt auf die *Liquidation*, d. h. auf die Abwicklung, gerichtet.

B.9.3.1 Auflösungsgründe

§ 131 Abs. 1 HGB zählt die Gründe auf, die kraft Gesetzes zur Auflösung der Gesellschaft führen. Die gesetzlichen Auflösungsgründe sind in § 131 HGB erschöpfend aufgezählt. Allerdings können vertraglich weitere Auflösungsgründe festgelegt werden. Gesetzliche Auflösungsgründe sind:

- *Ablauf der Zeit*, für die die Gesellschaft eingegangen wurde (§ 131 Abs. 1 Nr. 1 HGB).
- *Beschluss* der Gesellschafter (§ 131 Abs. 1 Nr. 2 HGB).
- Die Eröffnung des *Insolvenzverfahrens* über das Vermögen der Gesellschaft (§ 131 Abs. 1 Nr. 3 HGB).
- *Gerichtliche Entscheidung* (§ 131 Abs. 1 Nr. 4 HGB).

Im Gegensatz zur BGB-Gesellschaft sind die Erreichung oder das Unmöglichwerden des Gesellschaftszwecks keine Auflösungsgründe. Die Erreichung oder das Unmöglichwerden des Gesellschaftszwecks kann lediglich eine Kündigung oder eine Auflösungsklage rechtfertigen.

Wenn ein wichtiger Grund vorliegt, kann auf Antrag eines Gesellschafters die Auflösung der Gesellschaft vor Ablauf der vorgesehenen Frist durch eine gerichtliche Entscheidung ausgesprochen werden (§ 133 Abs. 1 HGB). Diese im Gesetz vorgesehene Auflösungsklage tritt an die Stelle einer außerordentlichen Kündigung. Ein wichtiger Grund für eine Auflösungsklage ist gem. § 133 Abs. 2 HGB insbesondere gegeben, wenn ein anderer Gesellschafter eine ihm aus dem Gesellschaftsvertrag obliegende *wesentliche Verpflichtung vorsätzlich oder grob fahrlässig verletzt* oder wenn die *Erfüllung einer solchen Verpflichtung unmöglich* wird.

 Beispiel B.9.1

A, B und C haben sich zur gemeinsamen Entwicklung und Vermarktung eines neuen Softwareprodukts zur Megasoft OHG zusammengeschlossen. B, der an der Entwicklungsarbeit der Software maßgeblich beteiligt ist, hat von einem Konkurrenzunternehmen 50.000,00 € für eine Kopie des aktuellen Quellcodes der Software angeboten bekommen. Hierdurch spart der Konkurrent Entwicklungskosten in Höhe von mehreren 100.000,00 €. B akzeptiert das Angebot. Nachdem die ganze Sache aufgeflogen ist, will A an der Gesellschaft nicht mehr festhalten. Dies wäre ein typischer Fall, in dem eine Auflösungsklage durch gerichtliche Entscheidung in Betracht käme. Das Verhalten des B zum Nachteil der Gesellschaft, das insbesondere die gesellschaftsvertragliche Treuepflicht verletzt, stellt einen wichtigen Grund i. S. v. § 133 Abs. 2 HGB dar.

B.9.3.2 Auseinandersetzung

Nach Eintritt eines Auflösungsgrundes schließt sich auch bei der OHG noch die *Liquidationsphase* an. Ebenso wie bei der GbR ist es Ziel der Liquidation:
* *Gläubiger* aus dem Vermögen der Gesellschaft wegen ihren Forderungen zu *befriedigen*
* Eventuell *verbliebenes Vermögen* der Gesellschaft unter die Gesellschafter zu *verteilen*.

Das Liquidationsverfahren ist in den §§ 145 ff. HGB geregelt. Erst wenn die Auseinandersetzung vollständig abgeschlossen ist, ist die Gesellschaft beendet. Bis dahin kann durch einstimmigen Fortsetzungsbeschluss die Fortsetzung der Gesellschaft beschlossen werden.

B.9.3.3 Haftung bei Auflösung

Nach Auflösung der Gesellschaft *haften die Gesellschafter weiterhin gem. § 128 HGB mit ihrem Privatvermögen.* § 159 HGB sieht hier nun eine *Haftungsbegrenzung* vor. Nach § 159 Abs. 1 HGB verjähren die Ansprüche gegen einen Gesellschafter aus Verbindlichkeiten der Gesellschaft in fünf Jahren nach der Auflösung der Gesellschaft, sofern nicht der Anspruch gegen die Gesellschaft einer kürzeren Verjährung unterliegt. Die Verjährung beginnt mit dem Ende des Tages, an welchem die Auflösung der Gesellschaft in das Handelsregister eingetragen wurde (§ 159 Abs. 2 HGB). Wird der Anspruch des Gläubigers gegen die Gesellschaft allerdings erst nach der Eintragung fällig, so beginnt die Verjährung mit dem Zeitpunkt der Fälligkeit gem. § 159 Abs. 3 HGB. Aus § 159 Abs. 3 HGB folgt beispielsweise, dass die Gesellschafter der aufgelösten OHG ohne feste Zeitgrenze für Pensionszusagen haften, die erst nach der Beendigung der OHG fällig werden. Dies ist auch sinnvoll, denn ansonsten würden derartige Pensionszusagen dadurch hinfällig, dass die Gesellschaft aufgelöst wird.

Jens Tersteegen

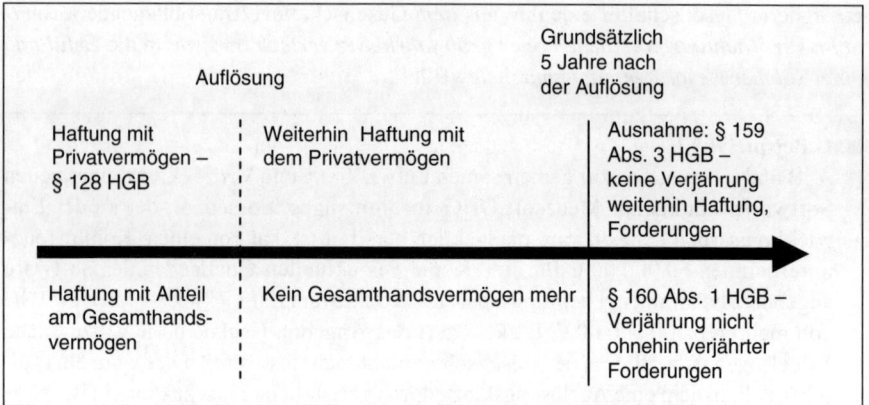

Abbildung B.9.3.3: Haftung bei Auflösung

 ## Zusammenfassung

In diesem Kapitel haben Sie sich zunächst mit der Frage des *Eintritts neuer Gesellschafter* in eine bereits bestehende OHG beschäftigt. Sie haben insofern erfahren, dass der Eintritt eines neuen Gesellschafters den Abschluss eines *Aufnahmevertrages* voraussetzt. Soll ein neuer Gesellschafter an die Stelle eines bisherigen Gesellschafters treten, so bedarf es hierzu der Übertragung der Beteiligung an der OHG. Im Hinblick auf den Charakter der OHG als Personengesellschaft ist es aber erforderlich, dass sämtliche Gesellschafter der *Übertragung zustimmen*. Der eintretende Gesellschafter haftet gem. § 130 HGB auch für vor seinem Eintritt begründete Verbindlichkeiten.

Ferner haben Sie sich mit der Frage beschäftigt, unter welchen Voraussetzungen ein Gesellschafter aus der Gesellschaft ausscheidet. Sie haben insofern gesehen, dass die Gründe für das *Ausscheiden* in § 131 Abs. 3 HGB geregelt sind. Eine weitere Möglichkeit, das Ausscheiden eines Gesellschafters herbeizuführen, ist die *Ausschließungsklage* nach § 140 HGB, wenn in der Person des Gesellschafters ein wichtiger Grund i. S. d. § 133 Abs. 2 HGB vorliegt. Gem. § 160 Abs. 1 HGB endet die Haftung des ausgeschiedenen Gesellschafters grundsätzlich mit Ablauf von fünf Jahren.

Schließlich haben Sie sich mit der *Beendigung der Gesellschaft* auseinandergesetzt. Sie haben hierzu die Auflösungsgründe aus § 131 Abs. 1 HGB kennengelernt. Ferner besteht die Möglichkeit der Auflösung durch gerichtliche Entscheidung gem. § 133 HGB, die dann in Betracht kommt, wenn ein wichtiger Grund vorliegt. Die Auflösungsklage tritt bei der OHG an die Stelle der außerordentlichen Kündigung. Bei Eintritt eines Auflösungsgrundes wandelt sich der Zweck der OHG. Diese ist nunmehr auf die Auflösung gerichtet. Das *Liquidationsverfahren* ist in den §§ 145 ff. HGB geregelt. Für Altverbindlichkeiten haften die Gesellschafter grundsätzlich trotz der Auflösung der Gesellschaft weiterhin mit ihrem Privatvermögen. § 159 HGB begründet hier eine Begrenzung der Nachhaftung.

Aufgaben zur Selbstüberprüfung

1. A und B haben sich zu einer OHG zusammengeschlossen, deren Zweck die Vermittlung von Finanzanlagen ist. B hat in diesem Zusammenhang vor Kurzem einen Tipp eines befreundeten Börsenmaklers erhalten. Daraufhin hat er, da er knapp bei Kasse war und eine Chance sah, seine finanzielle Misere endlich zu beenden, einen Kredit über 150.000,00 € aufgenommen. Leider ist die Börsenspekulation nicht wie erhofft verlaufen. B ist nunmehr pleite. Die Eröffnung des Insolvenzverfahrens wurde mangels Masse abgelehnt. A meint, es sei ihm nicht zuzumuten, mit so jemand die Gesellschaft noch fortzusetzen und will daher die Gesellschaft fristlos kündigen. Ist eine fristlose Kündigung möglich?

2. A und B betreiben ein Hotel in Form einer OHG. A möchte C als neuen Gesellschafter aufnehmen. A meint, er könne einen entsprechenden Aufnahmevertrag als Vertreter der Gesellschaft abschließen. Zu Recht?

B.10 Kommanditgesellschaft – Begriff, Bedeutung, Entstehung

In diesem Kapitel werden Sie sich mit der dritten Gesellschaftsform, nämlich mit der Kommanditgesellschaft (abgekürzt: KG), beschäftigen. Sie werden lernen, dass sich die Kommanditgesellschaft vor allen Dingen durch eine bestimmte Form von Gesellschaftern, nämlich durch die sog. *Kommanditisten*, von der OHG unterscheidet. Die KG baut auf der OHG und letztlich auch der GbR auf. Die zu diesen Gesellschaftsformen vermittelten Grundlagen werden hier nun vorausgesetzt (lesen Sie eventuell nochmals in den vorherigen Kapiteln nach). Zunächst werden Sie sich mit dem Begriff der KG, mit der Bedeutung und mit der Entstehung der KG befassen.

B.10.1 Begriff

Die KG kann zunächst als Sonderform der OHG bezeichnet werden. Es handelt sich letztlich um eine spezielle OHG, wobei sich die Besonderheiten aus § 161 ff. HGB ergeben. Um eine Kommanditgesellschaft handelt es sich dann, wenn bei einem oder mehreren der Gesellschafter *die Haftung gegenüber den Gesellschaftsgläubigern auf den Betrag einer bestimmten Vermögenseinlage beschränkt ist.* Die Besonderheit der KG gegenüber

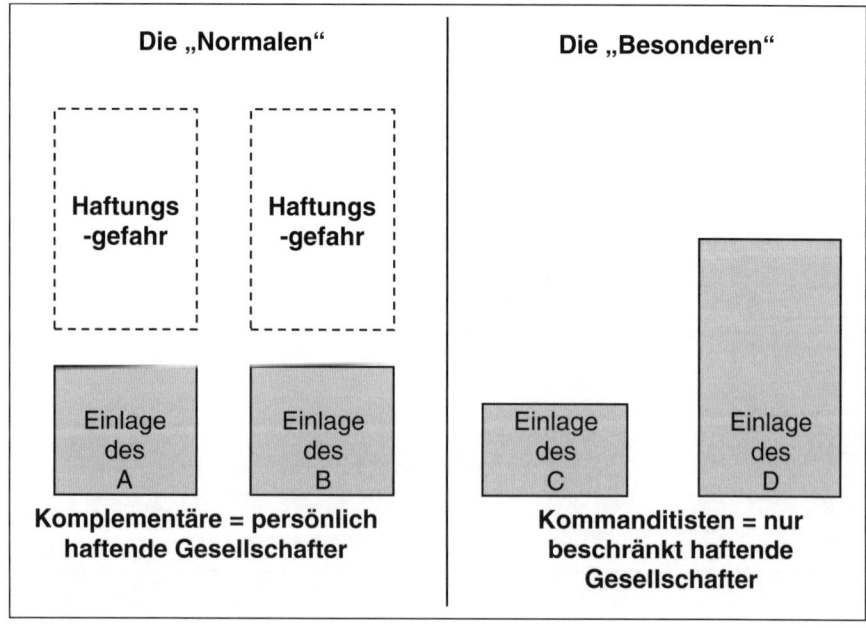

Abbildung B.10.1: Grundlagen der KG

Jens Tersteegen

der OHG besteht also darin, dass bei der OHG alle Gesellschafter persönlich und unbeschränkt haften. Bei der KG gibt es dagegen zwei Arten von Gesellschaftern:

- Zunächst die Gesellschafter, die wie bei der OHG persönlich und unbeschränkt haften. Diese Gesellschafter bezeichnet man als *Komplementäre* oder persönlich haftende Gesellschafter. Die Rechtsstellung dieser Gesellschafter entspricht grundsätzlich derjenigen der Gesellschafter einer OHG.
- Solche Gesellschafter, die nur beschränkt auf eine bestimmte Vermögenseinlage haften. Diese Gesellschafter bezeichnet man als *Kommanditisten*. Diese Gesellschafter haben rechtlich und wirtschaftlich eine andere Stellung als die Gesellschafter einer OHG.

Begriffliche Voraussetzung einer KG ist, dass jeweils *mindestens ein Komplementär* und *ein Kommanditist* vorhanden ist. Eine Gesellschaft, die nur Komplementäre hat, ist eine OHG. Eine Gesellschaft, die nur Kommanditisten hat, ist vom Gesetz nicht zugelassen.

Die KG ist wie die OHG eine *Personengesellschaft*, deren Zweck auf den Betrieb eines *Handelsgewerbes* unter einer gemeinschaftlichen Firma gerichtet ist (§ 161 Abs. 1 HGB). Sie ist stets *Handelsgesellschaft* i.S.v. § 6 HGB. Für die KG sind, soweit es nicht die Stellung der Kommanditisten (der „besonderen" Gesellschafter) betrifft und die §§ 161 bis 177a HGB keine spezielle Regelung enthalten, grundsätzlich *alle Regelungen über die OHG anwendbar (§ 161 Abs. 2 HGB)*. Soweit auch in den §§ 105 ff. HGB über die OHG keine Regelung enthalten ist, werden gem. § 105 Abs. 2 HGB die Vorschriften über die BGB-Gesellschaft angewendet. Daraus ergibt sich nebenstehende *Normenhierarchie* innerhalb der KG.

> **!** Die KG unterscheidet sich von der OHG dadurch, dass es Gesellschafter gibt, die nur begrenzt auf ihre Einlage haften (Kommanditisten). Die übrigen Gesellschafter werden Komplementäre bzw. persönlich haftende Gesellschafter genannt.

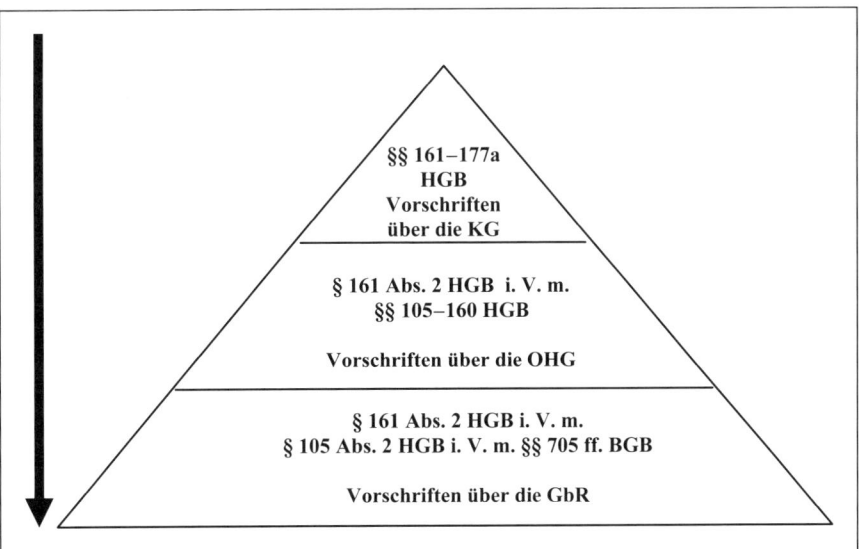

Abbildung B.10.2: Anzuwendende Regelungen

Jens Tersteegen

B.10.2 Bedeutung

Die KG ist auch heute noch die typische Gesellschaftsform für *mittelständische Unternehmen*. Insbesondere *Familiengesellschaften* werden regelmäßig in der Form einer KG errichtet. Die KG bietet sich immer dann an, wenn eine Personengesellschaft gewünscht ist, andererseits aber einzelne Gesellschafter nur mit einer bestimmten Einlage haften wollen. Viele Unternehmen bestehen daher heute noch in der Rechtsform einer KG.

Besondere Bedeutung hat die Rechtsform der *GmbH & Co. KG* (dazu unten Kapitel B.14). Bei der GmbH & Co. KG übernimmt die Stellung des persönlich haftenden Gesellschafters eine GmbH.

B.10.3 Entstehung

B.10.3.1 Abschluss eines Gesellschaftsvertrages

Wie jede Personengesellschaft entsteht auch die KG durch den *Abschluss eines entsprechenden Gesellschaftsvertrages*. Der Zweck der Gesellschaft muss wie bei der OHG auf den Betrieb eines Handelsgewerbes unter einer gemeinsamen Firma gerichtet sein.

B.10.3.2 Vorhandensein von Kommanditisten

Der wesentliche Unterschied zur OHG besteht – wie bereits gesehen – darin, dass jede KG zumindest einen *Kommanditisten* haben muss. Im Gesellschaftsvertrag muss die beschränkte Haftung jedes Kommanditisten und die Höhe dieser Haftung vereinbart sein. Insofern muss im Gesellschaftsvertrag zwingend eine *Haftsumme*, die auch als *Hafteinlage* bezeichnet wird, angegeben sein. Die Haftsumme bzw. Hafteinlage kann mit der Einlage des Kommanditisten übereinstimmen. Dies ist aber nicht zwingend erforderlich. Die Einlage, zu der sich der Kommanditist im Verhältnis zu den übrigen Gesellschaftern verpflichtet, kann von der Haftsumme, d. h. demjenigen Kapital, mit dem er Gesellschaftsgläubigern haftet, abweichen.

➡ Beispiel B.10.1

So ist es möglich, dass der Kommanditist sich verpflichtet, als Einlage bestimmte Sachen (Maschinen, Waren, Grundstücke) oder sonstige Rechte (Patente, Warenzeichen etc.) einzubringen. In diesem Fall wird dann im Gesellschaftsvertrag noch eine bestimmte Geldsumme als Haftsumme festgelegt. Diese muss vom Kommanditisten nicht erbracht werden, sondern wird vielmehr durch die (Sach-)Einlage gedeckt.

B.10.3.3 Eintragung in das Handelsregister

Auch die KG ist in das Handelsregister einzutragen (§ 162 Abs. 1 HGB). Dabei müssen alle Angaben gemacht werden, die auch nach § 106 Abs. 2 HGB für die OHG erforderlich sind. Ferner muss die Anmeldung die *Bezeichnung aller Kommanditisten* und den *Betrag der Hafteinlage* eines jeden von ihnen enthalten.

Jens Tersteegen

Ebenso wie bei der OHG ist auch bei der KG die Eintragung in das Handelsregister nur *deklaratorisch*. Die wirksame Entstehung der Kommanditgesellschaft hängt also nicht von der Eintragung in das Handelsregister ab. Allerdings haben bei der KG die Kommanditisten ein Interesse an der Eintragung der KG in das Handelsregister. Gem. § 176 Abs. 1 HGB haftet jeder Kommanditist, der *vor der Eintragung in das Handelsregister der Aufnahme der Geschäfte der Handelsgesellschaft zugestimmt hat*, für die bis zur Eintragung begründeten Verbindlichkeiten der Gesellschaft *gleich einem persönlich haftenden Gesellschafter*, es sei denn, dass seine Beteiligung als Kommanditist dem Gläubiger bekannt war. *Die Kommanditisten können sich also Dritten gegenüber nur auf ihre Haftungsbeschränkung berufen, wenn dieser Dritte entweder die Haftungsbeschränkung kannte oder wenn die Eintragung ins Handelsregister erfolgt ist.*

B.10.3.4 Firma

Aus § 161 Abs. 1 HGB ergibt sich, dass auch die KG eine Firma führt. Gem. § 19 HGB muss die Firma den Rechtsformzusatz „Kommanditgesellschaft" oder die Abkürzung „KG" beinhalten. Wenn der persönlich haftende Gesellschafter keine natürliche Person ist, muss gem. § 19 Abs. 2 HGB in der Firma auch angegeben werden, dass dieser nur beschränkt haftet. Dann ist z. B. anzugeben, dass es sich um eine GmbH & Co. KG handelt.

B.10.3.5 Umwandlung aus einer OHG

Eine Kommanditgesellschaft kann auch dadurch entstehen, dass in eine OHG ein neuer Gesellschafter eintritt, der nur beschränkt haftet. Gleiches gilt auch, wenn ein bisher unbeschränkt haftender Gesellschafter seine Haftung beschränkt. Die Haftungsbeschränkung greift freilich nur für neue Verbindlichkeiten ein. Einen Sonderfall stellt der Fall des § 139 HGB (lesen!) dar (Tod eines Gesellschafters).

 Zusammenfassung

In diesem Kapitel haben Sie eine neue Gesellschaftsform, nämlich die KG, kennengelernt. Die KG unterscheidet sich von der OHG maßgeblich dadurch, dass es nicht nur einen Typ von Gesellschaftern, sondern zwei Typen von Gesellschaftern gibt. Es gibt zum einen *die persönlich haftenden Gesellschafter* wie bei der OHG (die *Komplementäre*) und zum anderen gibt es Gesellschafter, die nur beschränkt auf eine bestimmte Haftsumme, die im Gesellschaftsvertrag anzugeben ist, haften *(Kommanditisten)*. Jede KG muss mindestens einen Komplementär und einen Kommanditisten haben. Die KG entsteht durch Abschluss eines entsprechenden Gesellschaftsvertrages. Wie bei der OHG ist die Eintragung in das Handelsregister nur deklaratorisch. Bis zum Zeitpunkt der Eintragung in das Handelsregister haften die Kommanditisten allerdings, sofern der Gläubiger die Stellung als Kommanditist nicht kennt, gem. § 176 HGB persönlich.

Jens Tersteegen

Aufgaben zur Selbstüberprüfung

1. In welchen Fällen würden Sie dazu raten, statt einer OHG eine Kommanditgesellschaft zu gründen?

2. A und B haben eine neue Erfindung gemacht. Sie gehen davon aus, dass sich ihre Erfindung am Markt gut verwerten lässt. Allerdings sind zunächst hohe Produktionskosten aufzubringen. Sie gewinnen daher C als Kapitalgeber, der zunächst 100.000,00 € vorschießt. Überlegen Sie, wie die jeweilige Gesellschafterstellung auszugestalten ist.

3. A, B und C haben eine Kommanditgesellschaft gegründet. A und B sind persönlich haftende Gesellschafter. C ist nur Kommanditist. Die Eintragung in das Handelsregister ist noch nicht erfolgt, weil A, B und C es nicht geschafft haben, beim Notar vorbeizugehen. Als ein wichtiges Geschäft keinen Aufschub mehr duldet, schließen sie das Geschäft vor der Eintragung in das Handelsregister ab. C fragt, ob es auch für dieses Geschäft eine Möglichkeit gibt, seine Haftungsbeschränkung zu erreichen.

B.11 Kommanditgesellschaft – Innenverhältnis

In diesem Kapitel werden wir uns mit dem Innenverhältnis der Gesellschafter bei der KG und insbesondere mit der Rechtsstellung der Kommanditisten beschäftigen. Es geht dabei um das Erfassen der Grundstrukturen.

B.11.1 Rechtsstellung der Komplementäre

Die Komplementäre, d. h. die persönlich haftenden Gesellschafter, werden im Ergebnis *weitgehend genauso behandelt wie die Gesellschafter der OHG.* Die Komplementäre sind im Zweifel geschäftsführungsbefugt (§§ 161 Abs. 2, 114 ff. HGB), unterliegen dem Wettbewerbsverbot gem. §§ 161 Abs. 2, 112 f. HGB und nehmen an Gewinn und Verlust gem. §§ 161 Abs. 2, 121 ff. HGB teil.

B.11.2 Rechtsstellung der Kommanditisten

Die Kommanditisten *haften nur beschränkt* und nehmen häufig auch nicht aktiv an der Tätigkeit der Gesellschaft teil. Häufig beschränkt sich ihre Funktion darauf, als Kapitalgeber zu fungieren. Daher gelten für sie nicht dieselben Vorschriften wie für die Komplementäre. Die §§ 164 ff. HGB enthalten insofern abweichende Regelungen. Außerhalb der Sonderregelungen der §§ 164 ff HGB haben die Kommanditisten aber grundsätzlich die gleichen Rechte wie die Komplementäre. Bei Grundlagengeschäften (vgl. z.B. BGHZ 122, 263 = NJW 1996, 1678) und Änderungen des Gesellschaftsvertrages haben sie also das gleiche Stimmrecht.

B.11.2.1 Ausschluss von der Geschäftsführung

Gem. § 164 Satz 1 HGB sind die Kommanditisten *von der Geschäftsführung ausgeschlossen.* Wie sich allerdings aus § 163 HGB ergibt, ist die Vorschrift des § 164 HGB nicht zwingendes Recht. Der Gesellschaftsvertrag kann also eine abweichende Regelung vorsehen und insbesondere den Kommanditisten auch Geschäftsführungsbefugnisse übertragen (vgl. BGHZ 13, 392).

 Übung B.11.1

Was halten Sie von einer Regelung, nach der zur Geschäftsführung im Innenverhältnis nur die Kommanditisten berechtigt sind und den Komplementären für die Vertretung im Außenverhältnis entsprechende Weisung erteilen? Lesen Sie hierzu die Entscheidung des BGH vom 9.12.1998 (BGHZ 51, 198).

Jens Tersteegen

Kommanditisten können entsprechend der ausdrücklichen Regelung in § 164 HGB einer Geschäftsführungsmaßnahme der Komplementäre nicht widersprechen. Insofern ist auch die Vorschrift des § 115 HGB auf sie nicht anwendbar (vgl. § 164 HGB). Allerdings regelt § 164 HGB, dass ein *Widerspruchsrecht* dann besteht, wenn die Geschäftsführungsmaßnahme über den gewöhnlichen Betrieb des Handelsgewerbes der Gesellschaft hinausgeht. Die herrschende Meinung geht daher davon aus, dass § 164 HGB bei außergewöhnlichen Geschäften ein *Zustimmungserfordernis* aufstellt (RGZ 158, 302).

➡ Beispiel B.11.1

C ist Kommanditist in der Metallwaren Otto Müller KG. Die Metallwaren Otto Müller KG produziert auf ihrem eigenen Betriebsgrundstück metallene Beschläge. Der persönlich haftende Gesellschafter und Geschäftsführer Otto Müller beabsichtigt nun, das Betriebsgrundstück zu veräußern. Hierbei handelt es sich um ein außergewöhnliches Geschäft, so dass eine Zustimmung des Kommanditisten erforderlich ist.

? Übung B.11.2

Im vorgenannten Beispiel erteilt der Kommanditist C seine Zustimmung nicht. Otto Müller verkauft gleichwohl das Betriebsgrundstück. Ist dies wirksam?

! Die Kommanditisten sind gem. § 164 HGB *von der Geschäftsführung ausgeschlossen.* Bei *außergewöhnlichen Maßnahmen* müssen sie zustimmen. Die Regelung des § 164 HGB ist dispositiv, d. h. den Kommanditisten kann Geschäftsführungsbefugnis eingeräumt werden.

B.11.2.2 Kontrollrechte

Die Kommanditisten befinden sich in einer schwierigen Lage. Einerseits sind sie an Gewinn und Verlust der Gesellschaft beteiligt. Andererseits sind sie von der Geschäftsführung regelmäßig ausgeschlossen. Dieses Missverhältnis kompensiert das Gesetz dadurch, dass es den Kommanditisten *Kontrollrechte* einräumt. Die Kontrollrechte sind in § 166 HGB geregelt. Die Kommanditisten haben danach ein *Informations- und Prüfungsrecht*. Sie sind berechtigt, die Richtigkeit der Jahresbilanz der Gesellschaft nachzuprüfen bzw. nachprüfen zu lassen. § 166 Abs. 1 HGB gewährt den Kommanditisten dazu ein Einsichtsrecht. Sie können den Jahresabschluss grundsätzlich jährlich verlangen. § 166 Abs. 3 HGB gibt jedem Kommanditisten aber auch ein *außerordentliches Prüfungsrecht*, wenn ein wichtiger Grund vorliegt. Ein wichtiger Grund liegt immer dann vor, wenn die Erfüllung der ordentlichen Informationsrechte für die sachgemäße Ausübung eines Mitgliedschaftsrechts nicht ausreicht und ein besonderer Gefährdungstatbestand vorliegt. Das ist immer dann der Fall, wenn:

- der Kommanditist den durch Tatsachen gerechtfertigten Verdacht hat, dass eine *Schädigung der Gesellschaft* oder der Rechte der Kommanditisten droht
- einem Kommanditisten die *Abschrift der Jahresbilanz oder der Einblick in die Bücher verweigert* wurde.

Auch die Regelung des § 166 HGB ist nicht zwingend. Im Gesellschaftsvertrag kann also das Kontrollrecht erweitert, aber auch eingeschränkt werden.

 Übung B.11.3

Was halten Sie von folgender Regelung im Gesellschaftsvertrag einer KG:

„Die Gesellschaft unterrichtet die Kommanditisten jährlich durch Übersendung der Abschrift des Jahresabschlusses über die Verhältnisse der Gesellschaft. Das Recht gem. § 166 Abs. 3 HGB aus wichtigem Grund, die Vorlage von Büchern und Papieren bzw. einen Jahresabschluss zu verlangen, wird ausgeschlossen."

B.11.2.3 Beteiligung an Gewinn und Verlust

Für die Beteiligung an Gewinn und Verlust sind auch hier grundsätzlich die für die OHG maßgeblichen Regelungen zu berücksichtigen. Abweichungen sind in § 167 HGB festgelegt.

B.11.2.3.1 Kapitalanteil

Der Stand der Beteiligung wird auch für den Kommanditisten durch den sog. *Kapitalanteil* vorgegeben. § 167 Abs. 2 HGB enthält hierzu allerdings eine Sonderregelung. Dem Kommanditisten werden Gewinne nur so lange gutgeschrieben, wie noch nicht der Betrag der Kommanditeinlage erreicht ist. Sobald der Kommanditist also seine Einlage voll erbracht hat oder ihm Gewinne gutgeschrieben wurden, die seiner Einlage entsprechen, erhöht sich der Kapitalanteil durch Gewinne nicht weiter. Der Kapitalanteil ist von diesem Zeitpunkt an fest. Weitere Gewinne werden auf einem Privatkonto des Kommanditisten verbucht.

 Übung B.11.4

Bitte überlegen Sie sich, warum das Gesetz vorsieht, dass Gewinne dem Kommanditisten nur so lange gutgeschrieben werden, bis die Hafteinlage erreicht ist.

In der Praxis ist es üblich, dass ebenso wie bei der OHG auf einem *Kapitalkonto I* feste Kapitalanteile gebucht werden. Auf diese Weise wird die Gewinnverteilung vereinfacht und die Beteiligungsverhältnisse eindeutig festgestellt. Gewinne werden in diesem Fall dann regelmäßig auf einem veränderlichen Kapitalkonto, dem sog. *Kapitalkonto II*, verbucht. Dadurch wird erreicht, dass Gewinne über den Festbetrag der Kapitaleinlage hinaus nicht sofort entnommen werden oder auf einem Forderungskonto gutgeschrieben werden müssen. Bei den meisten KGs findet sich dieses System.

B.11.2.3.2 Verteilung von Gewinn und Verlust

Die Gewinnverteilung ist *in § 168 HGB abweichend* von den Vorschriften der §§ 120, 121 HGB, die für die OHG gelten, *geregelt. Die §§ 120, 121 HGB gelten nur für die Vordividende.* Hinsichtlich der Verteilung des restlichen Gewinns gilt nicht die Verteilung

Jens Tersteegen

nach Köpfen gem. § 121 Abs. 3 HGB. *Ausnahmsweise gelten diese Sonderregeln auch für die persönlich haftenden Gesellschafter.*

 Übung B.11.5
Überlegen Sie sich bitte, warum bei der Gewinnverteilung nicht nur die Rechtsstellung der Kommanditisten, sondern auch die Rechtsstellung der Komplementäre abweichend geregelt ist und auch für die Komplementäre nicht ausschließlich § 121 HGB gilt.

Vom Gewinn erhalten zunächst alle Gesellschafter eine *Vordividende* in Höhe von 4 % auf ihren Kapitalanteil gem. §§ 168 Abs. 1, 121 Abs. 1 HGB. Für die Verteilung des restlichen Gewinns, der über die Vordividende hinausgeht, bestimmt § 168 Abs. 2 HGB, dass zwischen den Gesellschaftern ein *„den Umständen nach angemessenes Verhältnis der Anteile"* gelten soll. Hier weicht das Gesetz also deutlich von der für die OHG geltenden Verteilung nach Köpfen (§ 121 Abs. 3 HGB) ab. Das Gesetz will damit erreichen, dass der persönlich haftende Gesellschafter wegen seines besonderen Risikos eine höhere Beteiligung an Gewinn und Verlust erhält. Freilich ist die Regelung, die auf eine angemessene Verteilung abstellt, *für die Praxis wenig tragfähig* und vor allem konfliktträchtig. Daher enthalten praktisch alle KG-Verträge ausdrückliche Regelungen über die Verteilung von Gewinn und Verlust zwischen den Gesellschaftern. Die *Verteilung des Verlusts* erfolgt gem. § 168 Abs. 2 HGB ebenfalls in einem angemessenen Verhältnis. Dies ist nicht notwendigerweise dasselbe Verhältnis wie für die Verteilung des Gewinns. Regelmäßig enthalten die KG-Verträge auch hierzu ausdrückliche Regelungen.

Für die Beteiligung am Verlust ist noch § 167 Abs. 3 HGB zu berücksichtigen. Danach nimmt der Kommanditist nur bis zum Betrage seines Kapitalanteils und seiner noch rückständigen Einlage am Verlust teil. Zwar kann das Kapitalkonto des Kommanditisten grundsätzlich negativ werden, der Kommanditist ist aber über seine Einlage hinaus nicht zum Ausgleich verpflichtet. Es wird damit nur das bestätigt, was bereits bekannt ist: *Der Kommanditist haftet nicht über seine Einlage hinaus.* Ein negativer Kapitalanteil ist aber durch spätere Gewinne aufzufüllen.

B.11.2.3.3 Entnahmerecht

Gewinne können die Kommanditisten unter den Voraussetzungen des § 169 Abs. 1 HGB entnehmen. *Der Kommanditist erhält grundsätzlich nur den ihm zustehenden Gewinn.* Die Regelung des § 122 HGB, nach der jeder Gesellschafter einen Betrag von 4 % seines letzten für das Geschäftsjahr festgestellten Kapitalanteils entnehmen kann, findet nur auf die Komplementäre und nicht auf die Kommanditisten Anwendung. Die Kommanditisten können Gewinne auch nur insoweit entnehmen, als dadurch ihre Hafteinlage nicht geschmälert wird.

B.11.2.4 Treuepflicht und Wettbewerbsverbot

§ 165 HGB regelt, dass die §§ 112 und 113 HGB auf den Kommanditisten keine Anwendung finden. Der *Kommanditist unterliegt also nicht dem speziellen Wettbewerbsverbot.* Freilich können derartige Wettbewerbsverbote vertraglich vereinbart werden.

Jens Tersteegen

Dies bedeutet allerdings nicht, dass für den Kommanditisten keinerlei Wettbewerbsverbot gilt. Die *allgemeine Treuepflicht* verlangt, dass der Kommanditist unmittelbare Schädigungen der KG unterlässt. Die Treuepflicht kann auch dazu führen, dass die Kontrollrechte des Kommanditisten eingeschränkt sind.

 ## Zusammenfassung

Sie haben in diesem Abschnitt gesehen, dass für die *Rechtsstellung der Komplementäre* im Wesentlichen die Vorschriften über die OHG anzuwenden sind. Lediglich im Hinblick auf die Verteilung von Gewinn und Verlust gilt auch für die Komplementäre die Regelung des § 168 Abs. 2 HGB, nach der eine angemessene Verteilung von Gewinn und Verlust erfolgt.

Die *Rechtsstellung der Kommanditisten* ist dagegen im Gesetz abweichend geregelt. Sie sind zunächst von der Geschäftsführung ausgeschlossen (§ 164 HGB). Als Kompensation hierfür billigt ihnen das Gesetz Kontrollrechte zu (§ 166 HGB). Die Verteilung von Gewinn und Verlust ist in den §§ 167 und 168 HGB abweichend geregelt. Die Kommanditisten unterliegen grundsätzlich auch nicht dem Wettbewerbsverbot (§ 165 HGB).

Aufgaben zur Selbstüberprüfung

1. C ist an der Otto Müller Metallwaren KG als Kommanditist beteiligt. Ferner ist er auch als persönlich haftender Gesellschafter an der C-Metallwaren OHG beteiligt. Der persönlich haftende Gesellschafter der Otto Müller Metallwaren KG bittet Sie nun um Rat, ob man die Tätigkeit für die C-OHG C nicht im Hinblick auf das Wettbewerbsverbot des § 112 HGB untersagen könne.

2. Der Kommanditist C hat erfahren, dass die Otto Müller KG einen besonders günstigen Lieferanten für Metallrohstoffe hat. Er hat sich überlegt, dass er Einsicht in die Bücher nehmen möchte, um aus den Rechnungen zu ersehen, wer dieser Lieferant ist. C möchte diesen Lieferanten dann auch für die C-OHG in Anspruch nehmen. Der persönlich haftende Gesellschafter der Otto Müller KG verweigert C aber die Einsicht in die entsprechenden Bücher. C beruft sich auf § 166 Abs. 1 HGB und ist bereit, sein Einsichtsrecht nötigenfalls nach § 166 Abs. 3 HGB gerichtlich durchsetzen zu lassen. Er bittet Sie um Rat.

3. C ist an der Otto Müller KG mit einer Kommanditeinlage von 10.000,00 € beteiligt. Die Einlage ist in Höhe von 5.000,00 € bereits erbracht. Für die Verteilung von Gewinn und Verlust sieht der Gesellschaftsvertrag vor, dass 10 % des Gewinns auf C entfallen. Im laufenden Geschäftsjahr hat die Gesellschaft 10.000,00 € Gewinn gemacht. C ist der Meinung, er könne hiervon 1.000,00 € entnehmen. Zu Recht?

B.12 Kommanditgesellschaft – Außenverhältnis

Wie Sie bereits gesehen haben, ist die KG letztlich eine „spezielle OHG". Für die Frage der Rechtsfähigkeit der KG im Außenverhältnis gilt also dasselbe wie für die OHG. Auch die KG ist *teilrechtsfähig*. Wir werden uns in diesem Kapitel nun mit den zwei Bereichen beschäftigen, in denen sich im Hinblick darauf, dass an der KG auch nur beschränkt haftende Gesellschafter beteiligt sind, Besonderheiten ergeben. Dies ist einmal die Frage der *Vertretung* der KG nach außen und zum anderen die Frage der *Haftung* der Gesellschafter. Auf die Darstellung weiterer Besonderheiten, die eher von untergeordneter Bedeutung sind, verzichten wir hier, da nur ein Überblick über das Recht der Personengesellschaften beabsichtigt ist.

B.12.1 Vertretung

Über die Vertretung regelt § 170 HGB, dass die *Kommanditisten zur Vertretung der Gesellschaft nicht ermächtigt sind*. Gesetzlich vertreten wird die KG also lediglich gem. §§ 161 Abs. 2, 125, 170 HGB von den persönlich haftenden Gesellschaftern, d. h. von den Komplementären. Die Regelung des § 170 HGB ist zwingendes Recht, d. h. durch Gesellschaftsvertrag kann die Vertretungsmacht der Kommanditisten nicht begründet werden.

> **?** **Übung B.12.1**
> Überlegen Sie sich, welche Möglichkeit bestehen könnte, um dennoch eine Vertretung der KG auch durch die Kommanditisten zu ermöglichen.

> **!** Die Kommanditisten sind grundsätzlich von der organschaftlichen Vertretung der KG ausgeschlossen (§ 170 HGB). Die Erteilung einer Vollmacht bleibt allerdings möglich. Möglich ist auch die Erteilung einer Prokura (§§ 48 ff. HGB).

B.12.2 Haftung für Verbindlichkeiten der Gesellschaft

In der Praxis herrschen oftmals Fehlvorstellungen darüber, wie die Haftung der Kommanditisten ausgestaltet ist. Hier müssen verschiedene Konstellationen unterschieden werden.

B.12.2.1 Grundsatz

Für Schulden der KG haftet zunächst die KG mit ihrem Gesellschaftsvermögen. Daneben haftet der Komplementär für die Gesellschaftsschulden wie die Gesellschafter einer OHG, §§ 161 Abs. 2, 128 HGB. *Der Komplementär haftet also persönlich, unbeschränkt und unbeschränkbar.*

Jens Tersteegen

Auch die Kommanditisten haften grundsätzlich den Gläubigern der Gesellschaft genauso wie die Komplementäre *unmittelbar*. Die Haftung der Kommanditisten beschränkt sich nicht auf die Leistung der Einlage an die KG. Gläubiger können den Kommanditisten grundsätzlich auch persönlich in Anspruch nehmen. Allerdings haftet der *Kommanditist gem. § 171 Abs. 1 HGB nur bis zur Höhe seiner Einlage.*

B.12.2.2 Haftung der Kommanditisten vor Eintragung in das Handelsregister

Dass die Eintragung der KG in das Handelsregister gerade für die Kommanditisten eine große Bedeutung hat, haben Sie bereits im Kapitel B.10.3.3 gelernt. Gem. § 176 Abs. 1 HGB haftet jeder Kommanditist, der vor der Eintragung in das Handelsregister der Aufnahme der Geschäfte der Handelsgesellschaft zugestimmt hat, für die bis zur Eintragung begründeten Verbindlichkeiten der Gesellschaft *gleich einem persönlich haftenden Gesellschafter*, es sei denn, dass seine Beteiligung als Kommanditist den Gläubigern bekannt war.

B.12.2.3 Haftungsausschluss durch Leistung der Einlage

Soweit die Einlage des Kommanditisten geleistet ist, haftet er gem. § 171 Abs. 1 HGB nicht mehr unmittelbar. Hat der Kommanditist lediglich eine Teilleistung erbracht, so vermindert sich seine Haftung entsprechend.

Es ist stets zu fragen, in welcher Höhe der Kommanditist befreiend auf seine Hafteinlage geleistet hat. Dies ist unproblematisch, wenn der Kommanditist tatsächlich Geld geleistet hat. Problematisch ist dies dann, wenn der Kommanditist andere Sachen als Geld geleistet hat (zur Sacheinlage aus der Rechtsprechung: BGHZ 95, 188, 197; BGHZ 109, 334, 337). Der Kommanditist wird dann nur in Höhe des objektiven Wertes seiner Leistung von der Haftung frei.

 Beispiel B.12.1

A hat sich im Gesellschaftsvertrag verpflichtet, eine Kommanditeinlage von 10.000,00 € zu erbringen. Er bringt hierfür zwei von ihm gehaltene Patente ein. A vereinbart mit den übrigen Gesellschaftern, dass die Patente mit 10.000,00 € bewertet werden und seine Hafteinlage damit erbracht ist. In Wahrheit sind die Patente nur 5.000,00 € wert. Den Gläubigern der Gesellschaft haftet A folglich weiterhin in Höhe von 5.000,00 € unmittelbar, da er tatsächlich nur eine Hafteinlage von 5.000,00 € erbracht hat.

 Sobald und soweit der Kommanditist seine Hafteinlage erbracht hat, ist die unmittelbare Haftung gegenüber Gesellschaftsgläubigern ausgeschlossen.

B.12.2.4 Wiederaufleben der Haftung durch Einlagenrückgewähr

§ 172 Abs. 4 Satz 1 HGB regelt, dass die Einlage des Kommanditisten als nicht geleistet gilt, *wenn sie ihm zurückgezahlt worden ist*. Der Kommanditist haftet dann wieder gem.

§ 171 HGB den Gläubigern bis zur Höhe seiner in das Handelsregister eingetragenen Einlage.

Die Rückzahlung der Einlage muss allerdings nicht in Geld bestehen. Dem Kommanditisten können auch andere Sachwerte zufließen. Wird ihm also beispielsweise eine überhöhte Vergütung für seine Tätigkeit gezahlt, kann darin auch eine *Einlagenrückgewähr* liegen. Gleiches gilt, wenn dem Kommanditisten im Rahmen eines zwischen KG und Kommanditist geschlossenen Kaufvertrages ein überhöhter Kaufpreis gezahlt wird. Als Rückgewähr der Einlage i. S. v. § 172 Abs. 4 HGB versteht man jede Zuwendung aus dem Gesellschaftsvermögen an den Kommanditisten, mit der dem Gesellschaftsvermögen in Höhe der geleisteten Einlage Vermögenswerte entzogen werden, ohne dass dafür eine gleichwertige Gegenleistung erbracht wird, und die damit die Fähigkeit der Gesellschaft vermindert, die Gläubiger zu befriedigen (OLG Düsseldorf GmbHR 1959, 114).

B.12.2.5 Wiederaufleben der Haftung durch Gewinnentnahme

Der Rückzahlung der Einlage steht gem. § 172 Abs. 4 Satz 2 HGB die *Entnahme von Gewinnanteilen* gleich, wenn durch diese Entnahme letztlich die Hafteinlage des Kommanditisten nicht mehr gedeckt ist oder bereits zuvor nicht mehr gedeckt war. Ist die Auszahlung allerdings aufgrund einer Bilanz erfolgt, die der Geschäftsführer der KG in gutem Glauben erstellt hat, so ist der Kommanditist nicht zur Rückzahlung verpflichtet (§ 172 Abs. 5 HGB).

B.12.2.6 Übersicht Haftung der Kommanditisten

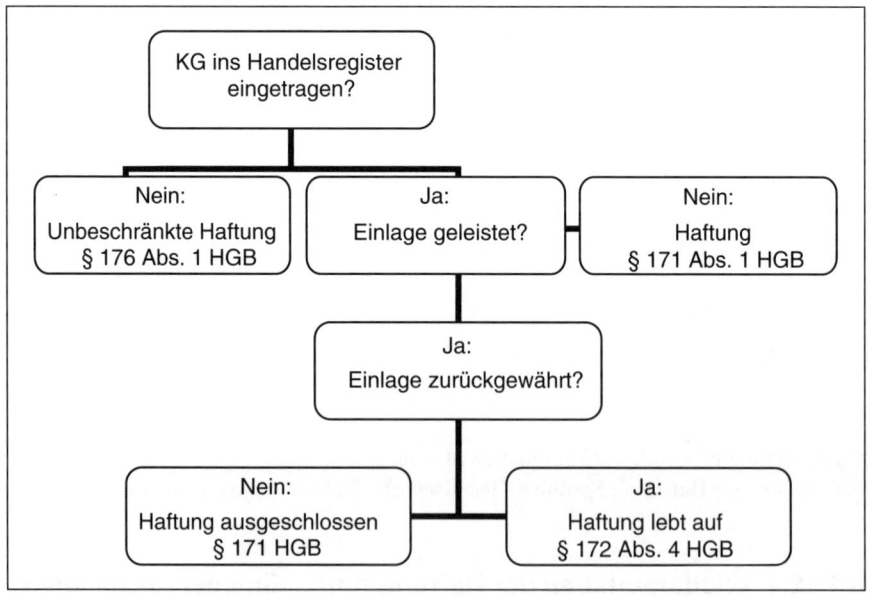

Abbildung B.12.2.6: Haftung der Kommanditisten

Jens Tersteegen

Zusammenfassung

In diesem Kapitel haben Sie zunächst gelernt, dass die Kommanditisten grundsätzlich *von der Vertretung der KG ausgeschlossen sind (§ 170 HGB)*. Ihnen kann allerdings Vollmacht erteilt werden.

Sodann haben Sie sich mit der *Haftung der Kommanditisten* beschäftigt. Die Haftung ist grundsätzlich auf die Einlage beschränkt. Die Kommanditisten haften dann den Gläubigern der Gesellschaft nicht mehr unmittelbar, wenn die Einlage geleistet ist und auch nicht zurückgewährt wurde.

Aufgaben zur Selbstüberprüfung

1. C ist als Kommanditist an der Otto Müller Metallwaren KG mit einer Hafteinlage von 10.000,00 € beteiligt. Er hat diese Hafteinlage erbracht. Der Gläubiger G möchte ihn persönlich auf Zahlung von 5.000,00 € in Anspruch nehmen. Mit Erfolg?
2. Wie im Fall 12.1 hat auch C hier ursprünglich die Hafteinlage in Höhe von 10.000,00 € erbracht. Er hat sodann der KG aus seinem Privatvermögen einen Pkw, der 5.000,00 € wert war, für 7.000,00 € verkauft. Gläubiger G möchte C auf Zahlung von 5.000,00 € in Anspruch nehmen.
3. C ist wiederum an der Otto Müller Metallwaren KG mit 10.000,00 € beteiligt. Er hat seine Hafteinlage erbracht. Er schließt mit der Gesellschaft einen Kaufvertrag über den Pkw und verkauft den Pkw diesmal für 5.000,00 €. Die Gesellschaft ist aber praktisch zahlungsunfähig. Auch der einzige Komplementär der Gesellschaft verfügt nur noch über geringe Mittel. Gleichwohl zahlt er aus alter Freundschaft C 5.000,00 €. Diese Zahlung erbringt er allerdings nicht aus dem Gesellschaftsvermögen der KG, denn dort ist nichts mehr zu holen, sondern aus seinem Privatvermögen. Andere Gläubiger meinen, hierin läge eine Einlagenrückgewähr i. S. v. § 172 Abs. 4 HGB.

Jens Tersteegen

B.13 Kommanditgesellschaft – Gesellschafterwechsel und Beendigung

In diesem Kapitel werden wir uns mit dem *Wechsel der Gesellschafter* und mit der *Beendigung* der KG beschäftigen. Im Grundsatz gelten auch hier wieder die Regeln über die OHG. Lediglich soweit es den Bestand der Kommanditisten betrifft, ergeben sich Abweichungen. Diese wollen wir uns im Überblick erarbeiten.

B.13.1 Beitritt eines neuen Gesellschafters

Der Beitritt eines neuen Gesellschafters in die KG erfolgt grundsätzlich genauso wie bei der OHG durch *Abschluss eines Aufnahmevertrages*.

Beim Beitritt eines neuen Komplementärs ergeben sich keinerlei Besonderheiten.

Beim Beitritt eines neuen Kommanditisten sieht § 162 Abs. 3 HGB vor, dass der Beitritt in das Handelsregister eingetragen werden muss. Besonderheiten ergeben sich für die *Haftung des beitretenden Kommanditisten*: Hier bestimmt § 173 HGB zunächst, dass der beitretende Kommanditist nach Maßgabe der §§ 171, 172 HGB auch für die vor seinem Eintritt begründeten Verbindlichkeiten haftet. Außerdem regelt § 176 Abs. 2 HGB, dass der beitretende Kommanditist unbegrenzt und unmittelbar für Verbindlichkeiten haftet, die in der Zeit zwischen seinem Eintritt und dessen Eintragung in das Handelsregister begründet werden.

> **? Übung B.13.1**
>
> D möchte der Otto Müller Metallwaren KG als neuer Kommanditist mit einer Hafteinlage von 10.000,00 € beitreten. Allerdings möchte er vermeiden, dass er bis zur Eintragung in das Handelsregister gem. § 176 Abs. 2 HGB persönlich und unbeschränkt haftet. Er fragt, wie man dies erreichen könne, denn der Aufnahmevertrag, den er mit den bisherigen Gesellschaftern schlösse, würde ja nie zeitgleich mit der Eintragung in das Handelsregister geschlossen. Insofern ergäbe sich für ihn immer eine Haftungsgefahr aus § 176 Abs. 2 HGB.

B.13.2 Ausscheiden eines Gesellschafters

Wenn ein Komplementär aus der KG ausscheidet, so gelten für seine Haftung dieselben Regeln wie oben bei der OHG. Er haftet also zunächst weiterhin persönlich und unbeschränkt. Eine Enthaftung kommt lediglich nach § 160 HGB in Betracht.

Die Haftung des ausscheidenden Kommanditisten ist *im HGB nicht besonders geregelt*. Für ihn gelten grundsätzlich weiterhin die §§ 171, 172 HGB. Wird dem Kommanditisten

Jens Tersteegen

im Zeitpunkt des Ausscheidens eine Abfindung bezahlt, so stellt sich dies als eine Einlagenrückgewähr i. S. v. § 172 Abs. 4 Satz 1 HGB dar. Die Haftung des Kommanditisten lebt also wieder auf.

Das Ausscheiden eines Kommanditisten muss gem. § 162 Abs. 3 HGB ins Handelsregister eingetragen werden.

B.13.3 Übertragung der Gesellschafterstellung

Für die Übertragung der Gesellschafterstellung gilt wiederum dasselbe wie bei der OHG. Einen Kommanditistenwechsel kann man entweder als *Austritt des alten und Eintritt eines neuen Kommanditisten* oder aber als *rechtsgeschäftliche Übertragung der Gesellschafterstellung* unter Zustimmung der übrigen Gesellschafter auffassen. Die neuere Meinung geht davon aus, dass es sich um die Übertragung des bisherigen Kommanditanteils handelt. Der Erwerber des Anteils rückt, wenn nichts anderes vereinbart ist, ohne Weiteres in die Rechtsstellung ein, die bis dahin der ausscheidende Gesellschafter hatte.

Bei einem Kommanditistenwechsel stellt sich die Frage, ob das Entgelt, das der neue Kommanditist dem alten Kommanditisten zahlt, eine Rückgewähr der Einlage darstellt. Dies wird heute allgemein verneint, weil letztlich das Vermögen der KG nicht gemindert wurde. Allerdings muss die Übertragung der Beteiligung im Handelsregister kenntlich gemacht werden, um den Rechtsschein zu vermeiden, dass ein weiterer Kommanditist hinzugetreten ist und nun zwei Kommanditisten haften (der alte Kommanditist neben dem neuen Kommanditisten). Daher wird ein Nachfolgevermerk ins Handelsregister eingetragen.

 Die Übertragung der Beteiligung des alten Kommanditisten auf den neuen Kommanditisten muss im Handelsregister durch einen Nachfolgevermerk kenntlich gemacht werden. Dadurch wird der Rechtsschein vermieden, dass nun zwei Kommanditisten haften.

B.13.4 Tod eines Gesellschafters

Stirbt ein Komplementär, so gelten die Regeln, die oben bei der OHG dargestellt wurden (vgl. oben Kapitel 9.2). Stirbt ein Kommanditist, so regelt § 177 HGB, dass die Gesellschaft mangels abweichender vertraglicher Bestimmung *mit den Erben fortgesetzt* wird. Letztlich tritt hier aufgrund des Gesetzes dasselbe Ergebnis ein, wie wenn bei der OHG eine Nachfolgeklausel im Gesellschaftsvertrag enthalten wäre. *Die Erben treten als Kommanditisten in die Gesellschaft ein.* § 173 HGB über die Haftung des eintretenden Kommanditisten gilt für die Erbfolge nicht. Ebenso gilt auch § 176 Abs. 2 HGB hier nicht.

Jens Tersteegen

B.13.5 Auflösung und Beendigung

Hinsichtlich Auflösung und Beendigung der KG ergeben sich keine grundlegenden Besonderheiten gegenüber der OHG, die im Rahmen des hier beabsichtigten Überblicks dargestellt werden müßten. Es kann auf die Ausführungen oben verwiesen werden (Kapitel B.9.3). Allerdings ist zu berücksichtigen, dass das *Ausscheiden des einzigen verbliebenen Komplementärs* dazu führt, dass die Gesellschaft aufgelöst ist, weil eine KG ohne Komplementär nicht bestehen kann.

 Zusammenfassung

Für den Gesellschafterwechsel und die Beendigung gilt im Wesentlichen dasselbe wie bei der OHG. Lediglich wenn die Kommanditisten betroffen sind, ergeben sich Besonderheiten.

Beim *Eintritt eines neuen Kommanditisten* ist zu berücksichtigen, dass dieser nach § 173 Abs. 1 HGB auch für die vor seinem Eintritt begründeten Verbindlichkeiten nach §§ 171, 172 HGB haftet. Außerdem haftet der neu eintretende Kommanditist bis zu seiner Eintragung in das Handelsregister unbeschränkt und persönlich. Daher wird in der Praxis so verfahren, dass der Eintritt des Kommanditisten aufschiebend bedingt auf seine Eintragung in das Handelsregister vorgenommen wird. Beim *Ausscheiden eines Kommanditisten* kann seine Haftung wieder aufleben, wenn ihm i. S. v. § 172 Abs. 4 HGB seine Einlage zurückgewährt wird.

Die *Übertragung der Gesellschafterstellung* führt dazu, dass der ausscheidende Kommanditist nicht mehr haftet, wenn die Rechtsnachfolge im Handelsregister vermerkt wird. Beim *Tod eines Kommanditisten* wird die Gesellschaft mit seinen Erben weitergeführt (§ 177 HGB).

Aufgaben zur Selbstüberprüfung

1. D tritt als neuer Kommanditist mit einer Hafteinlage von 10.000,00 € in die Otto Müller Metallwaren KG ein. Es wird ein entsprechender Aufnahmevertrag geschlossen. Im Aufnahmevertrag ist vorgesehen, dass sein Eintritt erst mit der Eintragung im Handelsregister wirksam wird. Die Eintragung im Handelsregister erfolgt am 2.1.2008. Aus einem im Mai 2007 geschlossenen Vertrag sind 10.000,00 € rückständig. Gläubiger G nimmt D auf Zahlung von 10.000,00 € in Anspruch. Mit Erfolg?
2. C war Kommanditist der Otto Müller Metallwaren KG. Er hatte seine Hafteinlage voll erbracht. D kauft C nun seine Kommanditistenstellung ab. Er zahlt hierfür 10.000,00 €. Die übrigen Gesellschafter stimmen seinem Eintritt zu. G möchte D auf Zahlung von 10.000,00 € in Anspruch nehmen. Die Rechtsnachfolge war ordnungsgemäß in das Handelsregister eingetragen.

Jens Tersteegen

B.14 GmbH & Co KG

In diesem Kapitel werden Sie sich mit der GmbH & Co. KG beschäftigen. Die GmbH & Co. KG ist für das Wirtschaftsleben *von großer praktischer Bedeutung*. Es handelt sich um eine weit verbreitete Konstruktion. Streng genommen handelt es sich bei der GmbH & Co. KG *nicht um eine eigene Gesellschaftsform*. Bei der GmbH & Co. KG handelt es sich vielmehr um eine KG, deren Komplementär eine GmbH ist. Die große Bedeutung rechtfertigt gleichwohl eine eigenständige Behandlung an dieser Stelle. Dabei ist allerdings zu berücksichtigen, dass zur GmbH & Co. KG eine umfangreiche Spezialliteratur existiert. Hier sollen nur die Grundzüge der GmbH & Co. KG (Systemverständnis) dargestellt werden. Für die Arbeit in der Praxis müssen Sie die Spezialliteratur heranziehen.

B.14.1 Begriff und Bedeutung

Die GmbH & Co. KG ist eine KG, d. h. eine Personengesellschaft. Die Besonderheit gegenüber einer anderen KG besteht darin, *dass Komplementär eine GmbH ist.* Diese Konstruktion führt im Ergebnis dazu, dass es bei der GmbH & Co. KG häufig keine natürliche Person gibt, die unbeschränkt haftet. Die natürlichen Personen sind regelmäßig nur als Kommanditisten an der Gesellschaft beteiligt.

Früher wurde die Verbindung der GmbH mit der KG als problematisch angesehen. Es wurde zum Teil sogar die Auffassung vertreten, die Vermischung dieser Typen sei unzulässig. Mittlerweile ist aber ganz unstreitig davon auszugehen, dass die GmbH & Co. KG zulässig ist. Sie ist auch *vielfach im Gesetz anerkannt* (vgl. nur § 19 Abs. 2 HGB), und spielt für das Wirtschaftsleben – wie ausgeführt – eine große Rolle.

Neben der GmbH kommt nach der Reform des GmbH-Rechts durch das MoMiG wohl auch eine UG als Komplementär in Frage. Dies ist zwar noch nicht abschließend geklärt, es sprechen aber die besseren Argumente dafür, auch eine *UG & Co. KG* zuzulassen. Dies stellt für die Zukunft sicher eine interessante Gestaltungsalternative dar.

Die *Motive für die Wahl der GmbH & Co. KG* liegen zum Teil im Gesellschaftsrecht. Maßgeblich für die Entwicklung dieser typenvermischten Gesellschaft waren allerdings *steuerrechtliche Gesichtspunkte.* Für die Wahl der GmbH & Co. KG sprechen allerdings auch *gesellschaftsrechtliche Gesichtspunkte:* Gegenüber der reinen GmbH gewährt die GmbH & Co. KG einen größeren Spielraum für die Ausgestaltung des Innenverhältnisses und insbesondere auch für finanzielle Transaktionen. Für das Vermögen der KG besteht – anders als gem. § 30 Abs. 1 GmbHG für das der GmbH – kein Verbot der Rückzahlung an die Gesellschafter (zu beachten ist freilich § 172 Abs. 4 HGB). Die Gesellschafter können also auch dann, wenn längere Zeit keine Gewinne erzielt wurden, Entnahmen tätigen. Insgesamt lässt sich auch das Innenverhältnis bei der KG flexibler gestalten. Die GmbH & Co. KG ist regelmäßig auch ein *Instrument zur Lösung von*

Jens Tersteegen

Nachfolgeproblemen. Wenn die Gesellschafter zur Geschäftsführung und Vertretung der KG entweder nicht bereit oder nicht fähig sind, können qualifizierte Kräfte als Geschäftsführer der Komplementär-GmbH mit der Unternehmensleitung betraut werden, ohne dass diese selbst an der Gesellschaft beteiligt sind. All dies spricht häufig für die Rechtsform der GmbH & Co. KG.

> **? Übung B.14.1**
>
> Versuchen Sie sich ein Gefühl für die wirtschaftliche Bedeutung der GmbH & Co. KG zu schaffen. Geben Sie hierzu in einer beliebigen Internetsuchmaschine den Suchbegriff GmbH & Co. KG ein. Suchen Sie nach bekannten Firmen, die die Rechtsform GmbH & Co. KG führen.

Die GmbH & Co. KG kann unterschiedlich *strukturiert* sein:
* Zum einen können die Gesellschafter der Komplementär-GmbH insgesamt oder zum Teil andere Personen sein als diejenigen, die die Kommanditisten der KG sind.
* Zum anderen können die Gesellschafter sowohl Gesellschafter der Komplementär-GmbH als auch Kommanditisten der KG sein.
* Schließlich ist es möglich, dass die Komplementär-GmbH einziger persönlich haftender Gesellschafter der KG und die KG ihrerseits einziger Gesellschafter der GmbH ist. Man spricht bei dieser Konstruktion von einer sog. *Einheitsgesellschaft.* Die Zulässigkeit der Einheitsgesellschaft, bei der GmbH und KG wechselseitig aneinander beteiligt sind, wird mittlerweile allgemein anerkannt. Ihr praktischer Nutzen ist aber umstritten (K. Schmidt, Gesellschaftsrecht § 56 II 3 e).

Die GmbH & Co. KG hat den *Vorteil*, dass einziger persönlich haftender Gesellschafter die Komplementär-GmbH ist und diese beschränkt auf ihr Gesellschaftsvermögen als Kapitalgesellschaft haftet. Außerdem liegt ein Vorteil der Konstruktion als GmbH & Co. KG darin, dass *vertretungsberechtigt der Komplementär*, d. h. die GmbH, ist. Diese wird durch ihren (Fremd-)Geschäftsführer vertreten. Soll nun ein anderer Manager die Geschäfte der KG übernehmen, so ist es nicht erforderlich, die Beteiligung an der KG umzugestalten, sondern es muss vielmehr nur ein neuer Geschäftsführer für die GmbH eingestellt werden.

B.14.2 Anzuwendendes Recht

Die Frage, welches Recht auf die GmbH & Co. KG anzuwenden ist, ist eigentlich einfach zu beantworten. *Die GmbH & Co. KG ist eine KG.* Dies bedeutet, dass auf die GmbH & Co. KG in erster Linie die Vorschriften über die KG angewandt werden (§§ 161 ff. HGB). Auf die GmbH selbst sind freilich die Vorschriften des GmbHG anzuwenden.

> **Beispiel B.14.1**
>
> So beurteilt sich die Frage, wer die GmbH & Co. KG vertritt, zunächst nach den §§ 161 Abs. 2, 125, 170 HGB. Die GmbH & Co. KG wird durch die Komplementäre der KG vertreten. Soweit – wie üblich – die GmbH einziger Komplementär ist, vertritt die GmbH die KG nach außen. Allerdings handelt es sich bei der GmbH um eine juristische Person, so dass für die GmbH wiederum eine natürliche Person handeln muss. Wer die GmbH nach außen vertritt, regelt sich nach GmbH-Recht. Gem. § 35 Abs. 1 GmbHG wird die GmbH durch ihren Geschäftsführer vertreten.

Beispiel B.14.2

Die Haftung der Gesellschafter in der GmbH & Co. KG richtet sich nach dem Recht der KG. Die Komplementäre haften gem. §§ 161, 128 HGB unmittelbar, persönlich und unbeschränkt mit dem gesamten Vermögen. Ist die GmbH der einzige Komplementär, so haftet sie unmittelbar und persönlich. Die Haftung der Gesellschafter der GmbH richtet sich dagegen nach GmbH-Recht. Gem. § 13 Abs. 2 GmbHG haftet für die Verbindlichkeiten der Gesellschaft den Gläubigern nur das Gesellschaftsvermögen.

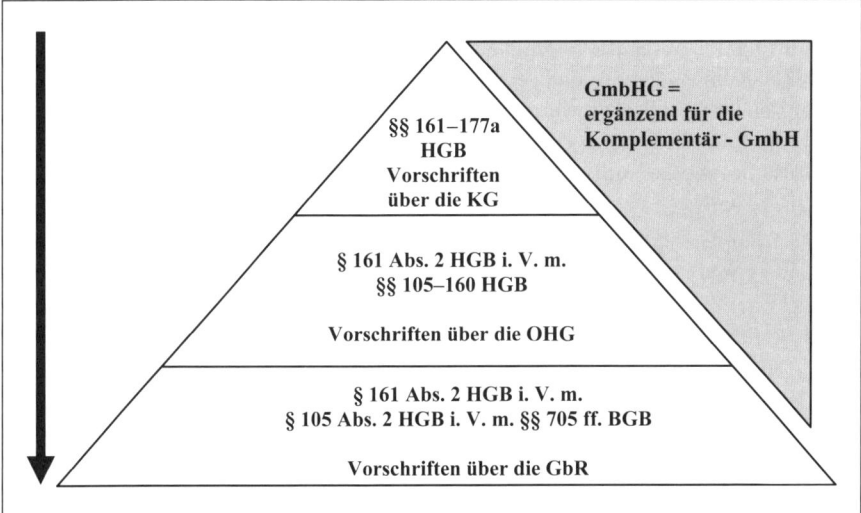

Abbildung B.14.2: Anzuwendendes Recht

B.14.3 Firma

Die Besonderheit bei der GmbH & Co. KG besteht regelmäßig darin, dass einziger Komplementär, d. h. einziger persönlich haftender Gesellschafter, die GmbH ist. Hierbei handelt es sich freilich um einen besonderen Komplementär. Die GmbH haftet nämlich gem. § 13 Abs. 2 GmbHG nur beschränkt auf ihr Gesellschaftsvermögen. Auf diese Besonderheit muss der Rechtsverkehr hingewiesen werden. § 19 Abs. 2 HGB regelt folglich, dass die Firma eine Bezeichnung enthalten muss, welche die Haftungsbeschränkung kennzeichnet. Im Regelfall geschieht dies dadurch, dass die GmbH & Co. KG den Rechtsformzusatz „GmbH & Co. KG" führt. Außerdem schreiben die §§ 177a, 125a HGB bestimmte Angaben auf Geschäftsbriefen vor.

Jens Tersteegen

B.14.4 Geschäftsführung und Vertretung

B.14.4.1 Geschäftsführung

Für die *Geschäftsführung bei der GmbH & Co. KG* sind die Regeln über die KG anwendbar. Soweit der Gesellschaftsvertrag also keine abweichende Regelung enthält, ist § 164 HGB maßgeblich. Nach § 164 HGB sind die Kommanditisten von der Führung der Geschäfte der Gesellschaft ausgeschlossen. Die Geschäftsführung obliegt im Zweifel – soweit der Gesellschaftsvertrag keine abweichende Regelung enthält – den Komplementären (§§ 161 Abs. 2, 114 ff. HGB).

Soweit – wie üblich – die GmbH die einzige Komplementärin ist, bedeutet dies, dass die Führung der Geschäfte durch die GmbH wahrgenommen wird (§§ 161, 114 Abs. 1 HGB). Die Komplementäre sind gem. § 115 Abs. 1 HGB *einzelgeschäftsführungsbefugt*. Sofern also im Gesellschaftsvertrag keine abweichende Regelung enthalten ist, ist die GmbH als Komplementärin der KG einzelgeschäftsführungsbefugt. Der Umfang der Geschäftsführungsbefugnis ergibt sich wie bei jeder anderen KG auch aus §§ 161 Abs. 2, 116 Abs. 1 HGB.

Für die Komplementär-GmbH selbst handelt deren Geschäftsführer. Zum Geschäftsführer der GmbH kann jede beliebige natürliche Person bestellt werden. Bei der GmbH gilt nicht der Grundsatz der Selbstorganschaft. Es kann also auch eine Person zum Geschäftsführer der GmbH bestellt werden, die nicht Gesellschafter der GmbH ist.

Für das System der GmbH & Co. KG ist wichtig, dass der Geschäftsführer der GmbH nicht der Geschäftsführer der GmbH & Co. KG ist. Geschäftsführer der GmbH & Co. KG ist vielmehr die GmbH selbst. Diese wird vertreten durch ihren Geschäftsführer gem. § 35 Abs. 1 GmbHG.

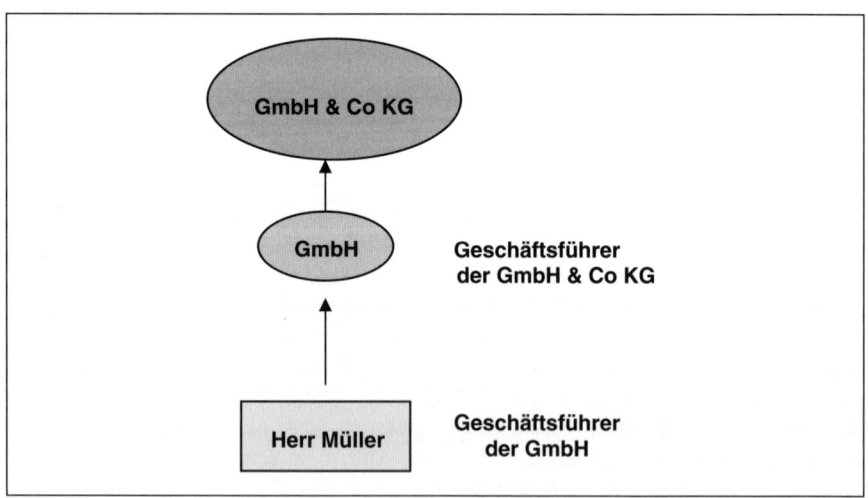

Abbildung. B.14.3: Geschäftsführung

B.14.4.2 Vertretung

Die GmbH & Co. KG wird nach den Regeln über die KG vertreten. *Vertreter der GmbH & Co. KG* sind also die Komplementäre gem. §§ 161 Abs. 2, 125 Abs. 1, 170 HGB. Die Kommanditisten sind von der Vertretung der GmbH & Co. KG ausgeschlossen. Soweit – wie üblich – die GmbH der einzige Komplementär der GmbH & Co. ist, wird die GmbH & Co. KG also durch die GmbH und damit mittelbar durch den Geschäftsführer der GmbH vertreten.

> **? Übung B.14.2**
> Einziger Komplementär der Otto Müller Metallwaren GmbH & Co. KG ist die Otto Müller Beteiligungs GmbH. Einziger Gesellschafter der Otto Müller Beteiligungs GmbH ist Otto Müller. Dieser ist auch einziger Kommanditist der Otto Müller Metallwaren GmbH & Co. KG mit einer Kommanditeinlage von 150.000,00 €. Otto Müller möchte im Außenverhältnis alleiniger Vertreter der Otto Müller Metallwaren GmbH & Co. KG sein. Der Gesellschaftsvertrag der Otto Müller Metallwaren GmbH & Co. KG sieht daher vor, dass die Otto Müller Metallwaren GmbH & Co. KG durch den einzigen Kommanditisten Otto Müller vertreten wird. Ist dies möglich? Welche Alternativgestaltung gibt es?

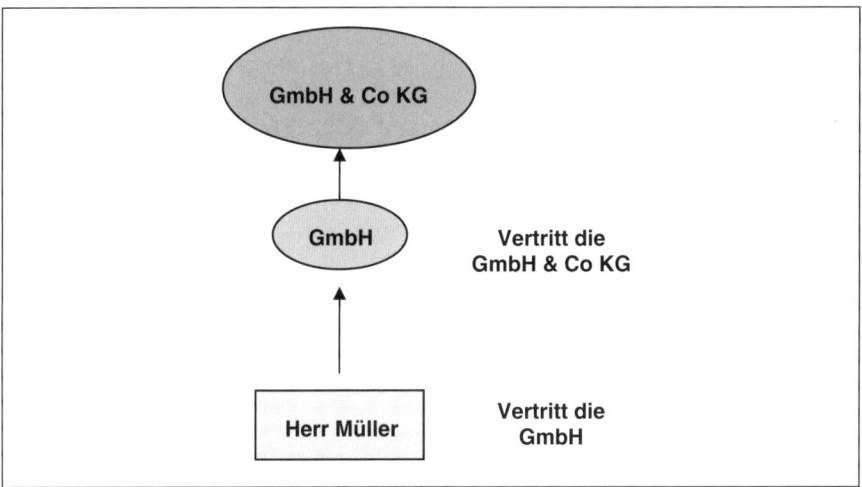

Abbildung B.14.4.2: Vertretung

B.14.5 Haftung

B.14.5.1 Grundsatz

Auch die Haftung in der GmbH & Co. KG richtet sich in erster Linie nach den Regeln der KG.

Für Schulden der KG haftet zunächst die *KG mit ihrem Gesellschaftsvermögen* selbst. Daneben haftet der *Komplementär für die Gesellschaftsschulden wie die Gesellschafter einer OHG gem. §§ 161 Abs. 2, 128 HGB.* Im Regelfall, wenn einziger Komplementär die GmbH ist, haftet diese für die Schulden der Gesellschaft *persönlich mit ihrem kompletten Gesellschaftsvermögen gem. §§ 161, 128 HGB.* Der Unterschied zu einer „normalen" KG besteht nun darin, dass die GmbH selbst nur begrenzt auf ihr Gesellschaftsvermögen haftet (§ 13 Abs. 2 HGB). Bei der GmbH & Co. KG gibt es also keinen persönlich haftenden Gesellschafter (Komplementär), der unbeschränkt haftet. Dies ist einer der wesentlichen Unterschiede zwischen der „normalen" KG und der GmbH & Co. KG.

Neben der GmbH als Komplementär haften die Kommanditisten nach den §§ 171 ff. HGB wie in einer ganz normalen KG. Sie haften also regelmäßig *beschränkt auf ihre Kommanditeinlage.*

B.14.5.2 Besonderheiten der Haftung im Gründungsstadium

Lange Zeit viel diskutiert war die *Haftung im Gründungsstadium der GmbH & Co. KG.* Haftungsprobleme treten dabei vor allem auf, wenn die Geschäfte der GmbH & Co. KG vor der Eintragung in das Handelsregister aufgenommen werden. Dabei kommt in Betracht, dass

- die Geschäfte aufgenommen werden, bevor die GmbH in das Handelsregister eingetragen ist
- die Geschäfte aufgenommen werden, bevor die KG in das Handelsregister eingetragen ist
- die Geschäfte aufgenommen werden, bevor die GmbH und die KG in das Handelsregister eingetragen sind.

Werden die Geschäfte aufgenommen, *bevor die GmbH in das Handelsregister* eingetragen ist, so finden die Regeln über die *Haftung in der Vor-GmbH* Anwendung. Auch die Vor-GmbH ist ein tauglicher Komplementär der KG und haftet daher gem. § 128 HGB unbeschränkt und persönlich für die Schulden der GmbH & Co. KG. Die Gesellschafter der Vor-GmbH haften wegen einer möglichen *Unterbilanz*, die durch die vorzeitige Geschäftsaufnahme entsteht, persönlich und unbeschränkt. Darüber hinaus besteht die *Handelndenhaftung nach § 11 Abs. 2 GmbHG* des Geschäftsführers der Vor-GmbH (siehe im Teil GmbH-Recht = D.2.5.3.5).

Sehr umstritten ist die Frage, wie die Kommanditisten haften, *wenn die GmbH & Co. KG ihre Geschäfte aufnimmt, bevor sie selbst in das Handelsregister eingetragen ist.* Wie Sie oben gesehen haben, haften in einer „normalen" KG die Kommanditisten, wenn sie der Aufnahme der Geschäfte vor Eintragung in das Handelsregister zugestimmt haben, gem. § 176 Abs. 1 HGB gleich einem persönlich haftenden Gesellschafter (vgl. oben Kapitel B.10.3.3 und Kapitel B.12.2.2). Ob diese unbeschränkte Haftung der Kommanditisten gem. § 176 Abs. 1 HGB auch bei der GmbH & Co. KG gilt, ist *umstritten.* Zum Teil wird die Auffassung vertreten, dass dem Rechtsverkehr bei einer GmbH & Co. KG schon aufgrund der Firma stets bekannt sei, dass einziger persönlich haftender Gesellschafter die GmbH sei. Daher nehmen die Vertreter diese Auffassung an, dass hier keine persönliche Haftung der Kommanditisten in Betracht kommt. Die Vertreter der Gegenauffassung argumentieren, dass es zwar nicht der Norm entspreche, aber keineswegs zwingend sei, dass die GmbH der einzige Komplementär sei. Insofern müssten auch alle Gesellschafter gem. § 176 Abs. 1 HGB unbeschränkt haften. Eine höchstrichterliche Klärung dieser Frage steht noch aus. Vorsichtshalber sollte man mit der letztgenannten Auffassung von einer unbeschränkten Haftung ausgehen.

Wenn die Geschäfte aufgenommen werden, *bevor die GmbH und die KG in das Handelsregister eingetragen sind,* kann es unter beiden vorstehend dargestellten Gesichtspunkten zur Haftung kommen.

B.14.5.3. Kapitalaufbringung in der GmbH & Co. KG

Im Teil GmbH-Recht werden Sie sich mit der Kapitalaufbringung bei der GmbH beschäftigen (vgl. D.2.5.1). Aber auch bei der GmbH & Co. KG spielt die Kapitalaufbringung eine Rolle. Wichtig ist insofern, dass die Regeln des GmbH-Rechts und des HGB über die KG nebeneinander Anwendung finden. Bei der GmbH sind die Einlagen nach § 19 GmbHG aufzubringen. Daneben muss bei der KG jeder Kommanditist, seine Einlage in Höhe der Haftsumme erbringen, um nicht nach § 171 HGB zu haften.

 Beispiel B.14.3

A und B gründen eine Textilhandels GmbH & Co. KG, in der sie mit je 12.500,– EUR Stammeinlage an der GmbH beteiligt sind und gleichzeitig jeweils 30.000,– EUR Kommanditeinlage und Haftsumme übernehmen.

In diesem Fall müssen A und B jeweils 12.500,– EUR in die GmbH einzahlen (vor Anmeldung mindestens insgesamt 12.500,– EUR gemäß § 7 Abs. 2 S. 2 GmbHG). Gleichwohl haften sie aber noch aus § 171 HGB als Kommanditisten in Höhe von 30.000,– EUR für die Verbindlichkeiten der Gesellschaft. Die Haftung auch als Kommanditist erlischt erst, wenn die Einlage vollständig erbracht und nicht wieder zurückgezahlt wurde.

Diese doppelte Kapitalaufbringung einmal bei der GmbH und zum anderen bei der KG führt dazu, dass stets geprüft werden muss, ob die GmbH-Stammeinlage auch dem GmbH-Vermögen und die Kommanditeinlage dem Vermögen der KG zugeflossen ist.

 Beispiel B.14.4

Problematisch ist es also im voranstehenden Beispiel, wenn die GmbH und die KG nicht über getrennte Konten verfügen und Zahlungen nur auf das Konto der GmbH oder nur auf das Konto der KG erfolgen. Dann kann zweifelhaft sein, dass die jeweiligen Einlagen jeweils der GmbH bzw. KG zur Verfügung stehen.

B.14.5.4 Kapitalerhaltung

Wie Sie im Teil GmbH-Recht (vgl. D.2.5.1 und D.12.6) erfahren werden, verfügt die GmbH über ein relativ striktes *Kapitalaufbringungs- und Kapitalerhaltungsrecht.* Dieses strikte Kapitalaufbringungs- und Kapitalerhaltungsrecht wird in manchen Fällen auch bei der GmbH & Co. KG angewandt.

So gibt es nur bei der GmbH in § 30 GmbHG ein Verbot der Auszahlung des zur Erhaltung des Stammkapitals erforderlichen Vermögens an die Gesellschafter. Bei der KG

Jens Tersteegen

dagegen führt eine Auszahlung an die Kommanditisten nur zur Haftung nach § 172 Abs. 4 HGB. Bei der GmbH & Co. KG können sich aus dem KG-Vermögen an den Kommanditisten geleistete Zahlungen auch zu Lasten der Komplementär-GmbH auswirken. Dies rechtfertigt es, in bestimmten Fällen die §§ 30, 31 GmbHG analog anzuwenden. Die Rückzahlung an die Kommanditisten steht der unzulässigen Zahlung zu Lasten des Stammkapitals gleich, wenn die Zahlung zwar aus dem Vermögen der KG erfolgt, mittelbar dadurch aber das Vermögen der Komplementär-GmbH unter den Wert des Stammkapitals absinkt.

 Übung B.14.3

Begeben Sie sich in eine juristische Bibliothek und lesen Sie die grundlegende Entscheidung des BGH in BGHZ 60, 324 nach. Alternativ können Sie diese Entscheidung auch im Internet recherchieren.

Früher regelte § 172a HGB zusätzlich, dass bei kapitalersetzenden Darlehen der Gesellschafter die §§ 32a, 32b GmbHG entsprechend anzuwenden waren. Im Rahmen der Änderung des GmbH-Rechts durch das MoMiG (Gesetz zur Modernisierung des GmbH-Rechts und zur Bekämpfung von Missbräuchen) hat der Gesetzgeber die §§ 32a, 32b GmbHG und § 172a HGB zugunsten einer insolvenzrechtlichen Lösung (§ 39 InsO) aufgehoben. Gesellschafterdarlehen werden nun als nachrangig im Insolvenzverfahren behandelt.

B.14.6 Wettbewerbsverbot

Das Wettbewerbsverbot trifft in der KG gem. §§ 161, 165, 112 HGB *nur den Komplementär*. Gerade bei der GmbH & Co. KG kann es aber so sein, dass ein Kommanditist, der möglicherweise auch Gesellschafter der Komplementär-GmbH ist, eine beherrschende Stellung innerhalb der Gesellschaft innehat. Deshalb entsteht eine besondere Gefährdungslage, wenn ein derartiger beherrschender Gesellschafter außerhalb der Gesellschaft unternehmerisch tätig wird. In der GmbH & Co. KG kann sich aus der allgemeinen Treuepflicht daher auch für denjenigen ein Wettbewerbsverbot ergeben, *der aufgrund seiner Kapitalbeteiligung sowohl an der KG als auch an der GmbH eine beherrschende Stellung innehat* (BGHZ 89, 162). Der Geschäftsführer der GmbH, der mittelbar auch Geschäftsführer der GmbH & Co. KG ist, unterliegt ebenfalls einem Wettbewerbsverbot, das sich nicht aus dem Recht der KG, sondern vielmehr aus dem Recht der GmbH ergibt.

 Zusammenfassung

Bei der GmbH & Co. KG, zu der umfangreiche Spezialliteratur existiert, handelt es sich um eine *Typenvermischung*. Die GmbH & Co. KG ist in erster Linie eine KG, so dass für die GmbH & Co. KG auch grundsätzlich in erster Linie die §§ 161 ff. HGB (ergänzt durch die §§ 105 ff. HGB über § 161 Abs. 2 HGB) maßgeblich sind. Regelmäßig ist bei einer GmbH & Co. KG der einzige persönlich haftende Gesellschafter (Komplementär) die Komplementär-GmbH. Bei der GmbH & Co. KG gibt es also regelmäßig keine natürliche Person, die persönlich und unbeschränkt haftet.

Geschäftsführung und *Vertretung* erfolgen in der GmbH & Co. KG regelmäßig durch die Komplementär-GmbH. Da es sich hierbei um eine juristische Person handelt, handelt für die Komplementär-GmbH wiederum ihr Geschäftsführer. Geschäftsführer der GmbH kann auch ein Nichtgesellschafter sein.

Für die *Haftung* in der GmbH & Co. KG gelten die allgemeinen Regeln für die KG. Die Kommanditisten haften grundsätzlich nur beschränkt auf ihre Einlage. Die GmbH haftet als Komplementär grundsätzlich unbeschränkt mit ihrem gesamten Gesellschaftsvermögen. Allerdings ist die Haftung in der GmbH selbst gem. § 13 Abs. 2 GmbHG nach der Eintragung in das Handelsregister auf das Gesellschaftsvermögen beschränkt. Hieraus ergibt sich die Besonderheit, dass es in der GmbH & Co. KG regelmäßig keine natürliche Person gibt, die unbeschränkt haftet.

Aufgaben zur Selbstüberprüfung

1. Vervollständigen Sie den folgenden Merksatz zur GmbH & Co. KG:
   „Bei der GmbH & Co. KG handelt es sich um eine Sonderform der …-gesellschaft, die dadurch gekennzeichnet ist, dass regelmäßig einziger … … Gesellschafter (…) eine GmbH ist.“
2. Ferdinand Frank betreibt seit nunmehr 20 Jahren die erfolgreiche Ferdinand Frank Druck KG. Persönlich haftender Gesellschafter ist Ferdinand Frank. Kommanditisten sind A, B und C. Nachdem die Gesellschaft nun ihr Geschäftsfeld deutlich erweitert hat, möchte Ferdinand Frank nicht mehr persönlich und unbeschränkt für die Verbindlichkeiten der Gesellschaft haften. Er schlägt daher den Kommanditisten vor, die Gesellschaft in eine GmbH umzuwandeln, an der sowohl er als auch die Kommanditisten beteiligt sein sollen. Die Kommanditisten wollen aber ihre Kommanditistenstellung nicht gegen eine Beteiligung an einer GmbH eintauschen. Welche Lösungsmöglichkeit besteht in einem solchen Fall?
3. Otto Müller ist Gründer und persönlich haftender Gesellschafter der Otto Müller Metallwaren KG. Kommanditisten sind seine drei Söhne Peter Müller, Frank Müller und Theodor Müller. Alle drei Söhne haben sich für die Führung des Unternehmens als ungeeignet erwiesen. Faktisch werden die Geschäfte daher schon seit Langem von Franz Mayer, einem Vertrauten von Otto Müller, der Prokurist der Gesellschaft ist, geführt. Nunmehr soll der Seniorchef Otto Müller komplett aus der KG ausscheiden. Einer der Söhne scheidet als geeigneter Nachfolger in der Stellung des Komplementärs aus. Auch Franz Mayer soll nicht die Stellung des Komplementärs einnehmen, da der Einfluss familienfremder Dritter gering gehalten werden soll. Welche Lösung bietet sich hier an, um zu ermöglichen, dass die Geschäfte zwar durch Franz Mayer geführt werden, dass aber Gesellschafter weiterhin nur Familienangehörige sind?

Jens Tersteegen

B.15 Partnerschaftsgesellschaft

In diesem Kapitel werden Sie sich einen Überblick über eine weitere Gesellschaftsform, nämlich die Partnerschaftsgesellschaft, verschaffen. Sie werden lernen, dass es sich dabei um eine besondere Gesellschaftsform handelt, *bei der sich Angehörige Freier Berufe zur Ausübung ihrer Berufe zusammenschließen.*

B.15.1 Begriff und Bedeutung

Die Partnerschaftsgesellschaft ist mit dem am 1. Juli 1995 in Kraft getretenen Gesetz über Partnerschaftsgesellschaften Angehöriger Freier Berufe (PartGG) geschaffen worden. Grund hierfür war, dass gesellschaftsrechtliche und standesrechtliche Einschränkungen es häufig für die Angehörigen der Freien Berufe unmöglich machen, sich in einer anderen Gesellschaftsform als der GbR zusammenzuschließen. Dies war insofern problematisch, als damit stets eine unbeschränkte persönliche und gesamtschuldnerische Haftung aller Gesellschafter verbunden war. Hier sieht nun § 8 Abs. 2 PartGG vor, *dass für berufliche Fehler mit dem Privatvermögen nur noch der jeweils handelnde Partner haftet.* Dies war ein entscheidender Grund für die Einführung der Rechtsform der Partnerschaftsgesellschaft. Andererseits ist zwischenzeitlich beispielsweise in der Bundesrechtsanwaltsordnung (BRAO) geregelt, dass auch Rechtsanwalts-GmbHs zulässig sind. Insofern haben die Partnerschaftsgesellschaften *nicht die Bedeutung erlangt, die der Gesetzgeber ihnen ursprünglich zugemessen hatte.* Insbesondere für kleinerer Zusammenschlüsse von Angehörigen der Freien Berufe bietet sich aber dennoch die Partnerschaftsgesellschaft an.

Gem. § 1 Abs. 1 PartGG ist die Partnerschaft eine *Gesellschaft, in der sich Angehörige Freier Berufe zur Ausübung ihrer Berufe zusammenschließen.* Die Partnerschaftsgesellschaft übt gem. § 1 Abs. 1 Satz 2 PartGG *kein Handelsgewerbe* aus. Angehörige einer Partnerschaftsgesellschaft können gem. § 1 Abs. 1 Satz 3 PartGG *nur natürliche Personen* sein. Der Begriff der Freien Berufe ist in § 1 Abs. 2 PartGG legal definiert. Insbesondere gehören hierzu Ärzte, Zahnärzte, Tierärzte, Heilpraktiker, Krankengymnasten, Hebammen, Heilmasseure, Diplom-Psychologen, Rechtsanwälte, Patentanwälte, Wirtschaftsprüfer, Steuerberater, Steuerbevollmächtigte, Ingenieure, Architekten, Lotsen, Sachverständige, Journalisten, Bildberichterstatter, Dolmetscher, Übersetzer, Wissenschaftler, Künstler, Schriftsteller, Lehrer und Erzieher.

Bei der Partnerschaft handelt es sich um eine Personengesellschaft, auf die gem. § 1 Abs. 4 PartGG *grundsätzlich die Vorschriften über die GbR anzuwenden* sind.

Die Partnerschaftsgesellschaft führt gem. § 2 PartGG eine Firma *mit dem Zusatz „& Partner" oder „Partnerschaft".* Außerdem ist die *Berufsbezeichnung* aller in der Partnerschaft vertretenen Berufe hinzuzufügen.

Jens Tersteegen

Beispiel B.15.1

Typische Bezeichnungen einer Partnerschaftsgesellschaft wären also beispielsweise:

„Rechtsanwälte Schneider & Partner"

„Müller, Schneider, Schiffer, Friedrich Partnerschaft von Rechtsanwälten, Steuerberatern und Wirtschaftsprüfern"

Mit ihrem Namen wird die Partnerschaft in ein durch das PartGG geschaffenes *Partnerschaftsregister* eingetragen (§§ 4 und 5 PartGG). Die Eintragung in das Partnerschaftsregister ist *konstitutiv*. Vor Eintragung besteht daher eine GbR (Vor-Partnerschaft).

B.15.2 Anzuwendendes Recht

Auf die Partnerschaftsgesellschaft ist zunächst das PartGG anzuwenden. Soweit dieses keine Regelung enthält, sind gem. § 1 Abs. 4 PartGG die Vorschriften des BGB über die GbR anzuwenden. In zahlreichen Vorschriften des PartGG wird allerdings nicht auf die Vorschriften des GbR-Rechts, sondern vielmehr auf Vorschriften des HGB für die OHG verwiesen. Grafisch dargestellt ergibt sich daher folgendes Bild:

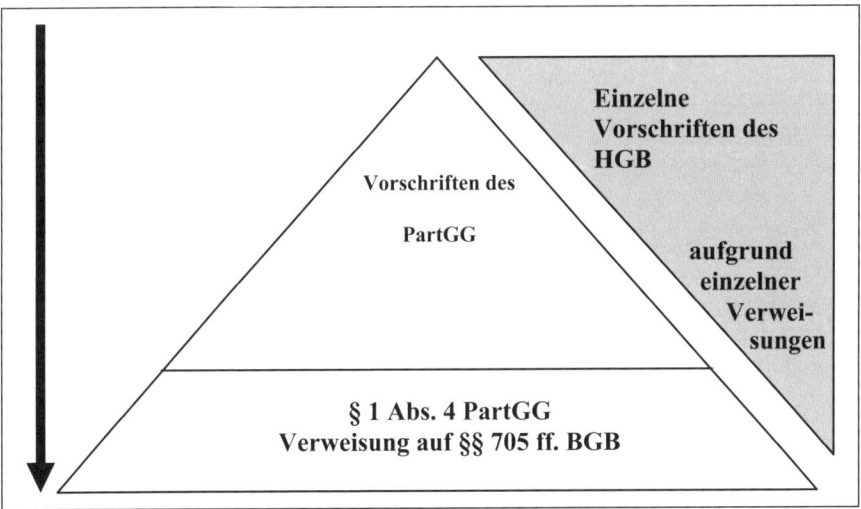

Abbildung B.15.2: Anwendbares Recht

B.15.3 Gründung

Die Gründung einer Partnerschaftsgesellschaft erfordert wie die Gründung jeder Personengesellschaft zunächst den *Abschluss eines Gesellschaftsvertrages*. Diesen Gesellschaftsvertrag bezeichnet man bei der Partnerschaft als *Partnerschaftsvertrag*. Er ist gem. § 3 Abs. 1 PartGG schriftlich zu schließen. Der Partnerschaftsvertrag muss von mindestens zwei Angehörigen der Freien Berufe geschlossen werden und muss den

Jens Tersteegen

Namen und Sitz der Partnerschaft, den Namen und Vornamen, Beruf und Wohnort jedes Partners und den Gegenstand der Partnerschaft enthalten. Die Partner müssen nicht zwingend denselben Beruf ausüben. Allerdings kann die interprofessionelle Kooperation durch berufsrechtliche Regelungen eingeschränkt oder ausgeschlossen werden.

 Beispiel B.15.2

So regelt beispielsweise § 9 Abs. 1 BNotO, dass sich hauptberufliche Notare (Notare, die nicht zugleich auch Anwälte sind) nur mit anderen hauptberuflichen Notaren zur gemeinsamen Berufsausübung zusammenschließen dürfen. Es ist insofern nicht möglich, dass sich hauptberufliche Notare beispielsweise mit Rechtsanwälten in einer Partnerschaftsgesellschaft zusammenschließen.

Im Außenverhältnis entsteht die Partnerschaft nicht schon mit dem Abschluss des Partnerschaftsvertrages. *§ 7 Abs. 1 PartGG regelt, dass die Partnerschaft im Verhältnis zu Dritten erst mit ihrer Eintragung in das Handelsregister wirksam wird.* Dies ist insbesondere deswegen bedeutsam, weil die besonderen Vorschriften über die Haftung in der Partnerschaftsgesellschaft (§ 8 PartGG) erst ab diesem Zeitpunkt gelten. Im Außenverhältnis ist eine nicht in das Handelsregister eingetragene Partnerschaftsgesellschaft eine GbR. Die Eintragung in das Partnerschaftsregister hat also *konstitutive Wirkung.*

B.15.4 Innenverhältnis

Für das Innenverhältnis bestimmt § 6 Abs. 3 Satz 1 PartGG, dass sich dieses in erster Linie nach dem Partnerschaftsvertrag richtet. Soweit der Partnerschaftsvertrag keine besonderen Bestimmungen enthält, sind die §§ 110 bis 116 Abs. 2 und 117 bis 119 HGB entsprechend anzuwenden. Sofern sich auch dort keine Regelung findet, sind gem. § 1 Abs. 4 PartGG die Vorschriften der §§ 705 ff. BGB anzuwenden. Das Innenverhältnis der Partner wird also ganz maßgeblich durch den Partnerschaftsvertrag bestimmt.

Soweit der Partnerschaftsvertrag keine besondere Regelung enthält, steht die *Geschäftsführung* gem. § 6 Abs. 3 Satz 2 PartGG, § 114 Abs. 1 HGB grundsätzlich allen Partnern zu. Einzelne Partner können gem. § 6 Abs. 2 PartGG nicht grundsätzlich von der Geschäftsführung ausgeschlossen werden.

? **Übung B.15.1**

Der Seniorpartner Mayer der Rechtsanwaltsgesellschaft Mayer & Partner Rechtsanwälte möchte sich weitgehend aus seiner beruflichen Tätigkeit zurückziehen. Es soll in dem Gesellschaftsvertrag geregelt werden, dass der Seniorpartner Mayer nicht an der Geschäftsführung der Partnerschaftsgesellschaft beteiligt ist. Ist dies zulässig?

B.15.5 Vertretung

Für die *Vertretung* verweist § 7 Abs. 3 PartGG auf § 125 Abs. 1 und 2 HGB sowie auf die §§ 126 und 127 HGB. Ebenso wie bei einer OHG ist also jeder Partner der Partnerschaftsgesellschaft grundsätzlich *einzelvertretungsberechtigt.* Allerdings kann im

Gesellschaftsvertrag gem. § 7 Abs. 3 PartGG, § 125 Abs. 2 HGB bestimmt werden, dass alle oder mehrere Gesellschafter nur in Gemeinschaft zur Vertretung der Gesellschaft ermächtigt sein sollen *(Gesamtvertretung)*. Gem. § 125 Abs. 1 HGB können auch einzelne Gesellschafter von der Vertretung ausgeschlossen sein. Der Umfang der Vertretungsmacht ist gem. § 7 Abs. 3 PartGG i. V. m. § 126 HGB grundsätzlich unbeschränkt. Die Vertretung erstreckt sich auf alle gerichtlichen oder außergerichtlichen Handlungen.

 Übung B.15.2
A, B und C haben sich zu einer Rechtsanwaltspartnerschaft zusammengeschlossen. Im Partnerschaftsvertrag soll geregelt werden, dass A und B die Partnerschaft grundsätzlich nur gemeinsam vertreten und dass C vollständig von der Vertretung der Partnerschaft ausgeschlossen ist. Ist dies zulässig?

B.15.6 Haftung

Wie in allen Gesellschaften ist auch bei der Partnerschaftsgesellschaft die Frage der Haftung der Gesellschafter besonders wichtig. Geregelt ist diese Frage in § 8 PartGG.

§ 8 Abs. 1 PartGG regelt zunächst, dass den *Gläubigern das Vermögen der Partnerschaftsgesellschaft haftet*. Darüber hinaus haften aber auch die *Partner als Gesamtschuldner mit ihrem Privatvermögen*. Ein Gläubiger kann also direkt einen der Partner in Anspruch nehmen, ohne zunächst zu versuchen, die Partnerschaft als solche in Anspruch zu nehmen.

 Beispiel B.15.3
Die Rechtsanwälte Reich und Arm haben sich zu einer Partnerschaftsgesellschaft zusammengeschlossen. Eine Regelung über die Vertretung ist im Gesellschaftsvertrag nicht enthalten. Reich schließt als Vertreter der Partnerschaft für diese mit einem Limousinendienst einen Rahmenvertrag ab, nach dem für ein Entgelt von 12.000,00 € im Monat der Gesellschaft permanent eine Stretchlimousine mit Fahrer zur Verfügung steht. Die Limousine wird von Reich gerne und häufig genutzt. Nachdem die Gesellschaft drei Monate lang mit der Zahlung der Vergütung in Verzug ist, nimmt der Mietwagenverleiher Arm auf Zahlung von 36.000,00 € in Anspruch. Hier wurde die Partnerschaft gem. § 7 Abs. 3 PartGG i. V. m. § 125 Abs. 1 HGB durch den Reich ordnungsgemäß vertreten. Der Vertrag ist also zwischen der Partnerschaft und dem Mietwagenunternehmen zustande gekommen. Für die Verbindlichkeiten der Partnerschaft haften gem. § 8 Abs. 1 Satz 1 PartGG die Partner als Gesamtschuldner. Das Mietwagenunternehmen kann hier also tatsächlich den Arm auf Zahlung von 36.000,00 € in Anspruch nehmen. Dieser kann lediglich im Innenverhältnis von Reich Ausgleich verlangen.

§ 8 Abs. 1 Satz 2 PartGG verweist auf die §§ 129 und 130 HGB. Aufgrund dieser Verweisung kann ein Gesellschafter, der wegen einer Verbindlichkeit der Gesellschaft in Anspruch genommen wird, alle Einwendungen geltend machen, die auch der Gesellschaft zuständen. § 130 HGB regelt die *Haftung des eintretenden Gesellschafters*. Eintretende Partner haften auch für Altverbindlichkeiten. Beim Austritt gilt § 10 Abs. 2 PartGG und § 160 HGB (lesen!).

Eine *Haftungsbeschränkung* enthält allerdings § 8 Abs. 2 PartGG. Nach § 8 Abs. 2 PartGG haften *für berufliche Fehler kraft Gesetzes nur diejenigen Partner, die mit der Bearbeitung eines Auftrags tatsächlich befasst waren.* Für Schadensersatzansprüche aufgrund von beruflichen Fehlern haftet also nur noch derjenige Partner, der auch mit der Angelegenheit befasst war. § 8 Abs. 3 PartGG ermöglicht es zudem, dass die Haftung wegen fehlerhafter Berufsausübung durch Gesetz auf einen Höchstbetrag beschränkt werden kann, wenn zugleich die Verpflichtung besteht, eine Berufshaftpflicht abzuschließen. Die Regelung des § 8 Abs. 2 und 3 PartGG durchbricht insofern in gewisser Weise das Haftungssystem der Personengesellschaften, bei dem grundsätzlich alle Gesellschafter unbeschränkt und unbeschränkbar haften.

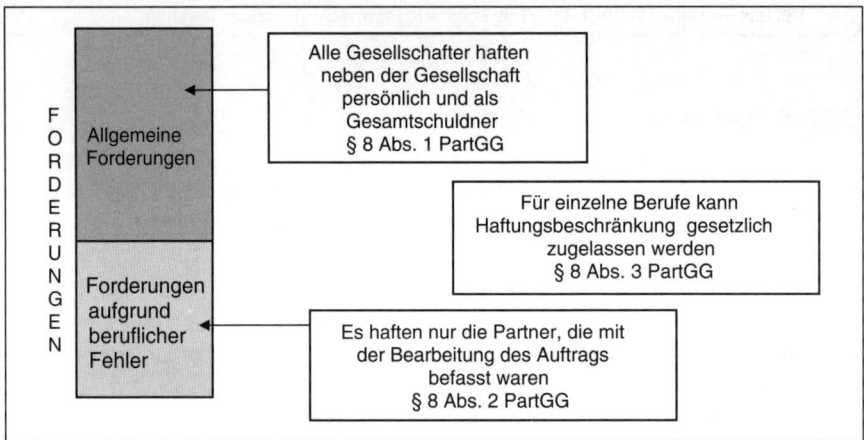

Abbildung B.15.6: Haftung in der Partnerschaft

 Zusammenfassung

Die Partnerschaftsgesellschaft wurde erst 1995 geschaffen. Sie dient dem *Zusammenschluss von Angehörigen Freier Berufe.* Die Entstehung der Partnerschaftsgesellschaft setzt den Abschluss eines *Partnerschaftsvertrages* voraus. Außerdem ist eine Eintragung in das *Partnerschaftsregister* erforderlich. Erst mit der Eintragung handelt es sich im Außenverhältnis um eine Partnerschaftsgesellschaft. Die *Vertretung* der Partnerschaftsgesellschaft richtet sich gem. § 7 Abs. 3 PartGG nach § 125 HGB. Die Partner sind also grundsätzlich einzelvertretungsberechtigt. Einzelne Partner können von der Führung der Geschäfte gem. § 6 Abs. 2 PartGG nicht vollständig ausgeschlossen werden. Für Verbindlichkeiten der Gesellschaft *haftet* neben der Gesellschaft grundsätzlich jeder Partner gesamtschuldnerisch und unbeschränkt. Für Forderungen aufgrund *beruflicher Fehler* haftet nur der Partner, der mit der Bearbeitung des Auftrags befasst war (§ 8 Abs. 2 PartGG).

Jens Tersteegen

Aufgaben zur Selbstüberprüfung

1. Rechtsanwalt Bauer ist Partner in der Partnerschaftsgesellschaft Müller, Schneider, Bauer & Partner Rechtsanwälte. Er ist mit der Durchführung einer großen Unternehmensfusion beauftragt. Aufgrund eines Beratungsfehlers entsteht einem der Unternehmen ein Schaden in Höhe von 500.000,00 €. Das Unternehmen wendet sich nunmehr an Sie mit der Frage, wen sie in Anspruch nehmen können?

2. Gilt die Beschränkung der Haftung nach § 8 Abs. 2 PartGG auch bereits vor der Eintragung in das Partnerschaftsregister?

B.16 Innengesellschaft

In diesem Kapitel werden Sie sich nun in einem kurzen Überblick mit einer Gesellschaft beschäftigen, die sich insofern von allen anderen bisher besprochenen Gesellschaften unterscheidet, als diese Gesellschaft *rein auf das Innenverhältnis beschränkt* ist.

B.16.1 Begriff und Bedeutung

Prägend für eine Innengesellschaft ist, dass sie *nicht nach außen in Erscheinung tritt* und nach dem Willen ihrer Gründer nicht als GbR am Rechtsverkehr teilnimmt. Die handelnden Gesellschafter treten vielmehr im Außenverhältnis stets für sich selbst auf. Lediglich im Innenverhältnis handeln die Gesellschafter für die Gesellschaft (auf deren Rechnung) zur Erreichung des gemeinsamen Gesellschaftszwecks.

Charakteristisch für die Innengesellschaft ist, dass diese *regelmäßig nicht über ein Gesellschaftsvermögen verfügt*. Ob eine Innengesellschaft ein Gesellschaftsvermögen bilden kann, ist umstritten. Die Rechtsprechung und die herrschende Meinung im Schrifttum verneinen dies. Es gibt also regelmäßig kein Vermögen, das der Gesellschaft zugeordnet ist. Vielmehr bestehen im Innenverhältnis nur Ausgleichspflichten untereinander.

Zu den Innengesellschaften gehören die zahlreichen *Gelegenheitsgesellschaften des täglichen Lebens*. Regelmäßig kann man bei einer Fahrgemeinschaft, einer Tippgemeinschaft und ähnlichen Gemeinschaften von einer Innengesellschaft ausgehen. Für das Rechtsverhältnis derartiger Innengesellschaften sind die §§ 705 ff. BGB anwendbar, sofern sich diese Vorschriften nicht gerade auf das Außenverhältnis beziehen.

Auch zwischen *Ehegatten oder nichtehelichen Lebenspartnern kann eine Innengesellschaft* (bei Ehegatten sog. Ehegatteninnengesellschaft) bestehen, wenn die Partner einen über das gemeinsame Zusammenleben hinausgehenden Zweck verfolgen.

➡ Beispiel B.16.1

Die Lebenspartner A und B haben nicht nur einen gemeinsamen Haushalt, sondern B arbeitet auch im Geschäft des A mit und ist dort gleichberechtigt neben B zur Entscheidung befugt. Gewinne und Verluste teilen A und B gleichmäßig auf. Nach außen hin tritt jedoch nur A in Erscheinung.

Nach den vorstehenden Ausführungen könnte man davon ausgehen, dass der Innengesellschaft keine große Bedeutung zukommt. Im Wirtschaftsleben spielen die Innengesellschaften aber doch eine gewisse Rolle. Innengesellschaften liegen so häufig im Fall der *Unterbeteiligung* vor. Auch bei der sogleich noch darzustellenden stillen Gesellschaft (vgl. Kapitel B.17) nach den §§ 230 ff. HGB handelt es sich um eine Innengesellschaft.

B.16.2 Innenverhältnis

Wenn es sich um eine BGB-Innengesellschaft handelt, sind *auf das Innenverhältnis die §§ 705 ff. BGB anwendbar.* Bei den Innengesellschaften, die bloße Gelegenheitsgesellschaften darstellen, fehlt regelmäßig jegliche Regelung durch Gesellschaftsvertrag. Dies ist allerdings nicht zwingend für eine Innengesellschaft. Es ist durchaus vorstellbar, dass auch in einer Innengesellschaft die internen Verhältnisse, d. h. eben das Innenverhältnis, ausdrücklich geregelt sind.

Da die Innengesellschaft über kein gesamthänderisch gebundenes Vermögen verfügt, erfolgt bei ihrer Auflösung auch *keine Liquidation.* Es bestehen lediglich schuldrechtliche Ansprüche der Innenbeteiligten gegen den Inhaber des Vermögens auf Auszahlung eines Abfindungsguthabens.

 Zusammenfassung

Bei der Innengesellschaft handelt es sich um eine Gesellschaft, *die nicht nach außen hin in Erscheinung tritt.* Sie nimmt nicht als BGB-Gesellschaft am Rechtsverkehr teil. Eine Innengesellschaft hat regelmäßig kein Gesellschaftsvermögen. Es bestehen nur im Innenverhältnis schuldrechtliche Ausgleichsansprüche. Gesellschaftsvertragliche Regelungen existieren – wenn überhaupt – nur für das Innenverhältnis.

Aufgaben zur Selbstüberprüfung

1. In welchem Gesetz ist das Außenverhältnis der Innengesellschaft geregelt?
2. A, B und C haben sich zu einer Lotto-Tippgemeinschaft zusammengeschlossen. Jeder der drei Gesellschafter zahlt jede Woche einen gleichen Anteil in den Pott. A obliegt es, jede Woche die Lottozahlen auszuwählen und den Tippschein abzugeben. In einer Woche erzielt die Tippgemeinschaft einen Gewinn von 200.000,00 €. Der Lottoschein ist auf A ausgestellt und A meint nun, ihm stünde der Gewinn alleine zu.
3. A möchte sich an einer Kommanditgesellschaft mit einer Kommanditeinlage von 50.000,00 € beteiligen. B möchte sich ebenfalls an der Kommanditgesellschaft beteiligen, ist aber nur bereit, 10.000,00 € einzusetzen. Da sich die übrigen Gesellschafter weigern, einen Kommanditisten mit nur 10.000,00 € aufzunehmen, vereinbaren A und B, dass A eine Kommanditeinlage von 60.000,00 € übernimmt und eine Unterbeteiligung für B in Höhe von 10.000,00 € hält. Welche Punkte sind Ihrer Meinung nach zwischen A und B regelungsbedürftig?

B.17 Stille Gesellschaft

Als besondere Form der Innengesellschaft werden Sie nun noch die *stille Gesellschaft* im Überblick kennenlernen. Lernziel dieses Kapitels ist es dabei, sich Begriff und Bedeutung der stillen Gesellschaft zu verdeutlichen. Hierzu werden wir uns mit der Grundstruktur der stillen Gesellschaft beschäftigen. Sämtliche Details der stillen Gesellschaft werden wir in diesem Abschnitt allerdings nicht erarbeiten. Hierzu muss bei Bedarf die umfängliche Spezialliteratur herangezogen werden.

B.17.1 Begriff

Der Begriff der stillen Gesellschaft ergibt sich aus den §§ 230 ff. HGB, in denen die stille Gesellschaft geregelt ist.

> **!** Die stille Gesellschaft ist eine Personengesellschaft, bei der sich der stille Gesellschafter am Handelsgewerbe eines Kaufmanns in der Weise beteiligt, dass er eine Vermögenseinlage leistet, die in das Vermögen des Kaufmanns übergeht, und dafür am Gewinn des Unternehmens teilnimmt. Der stille Gesellschafter nimmt nicht notwendig am Verlust des Unternehmens teil.

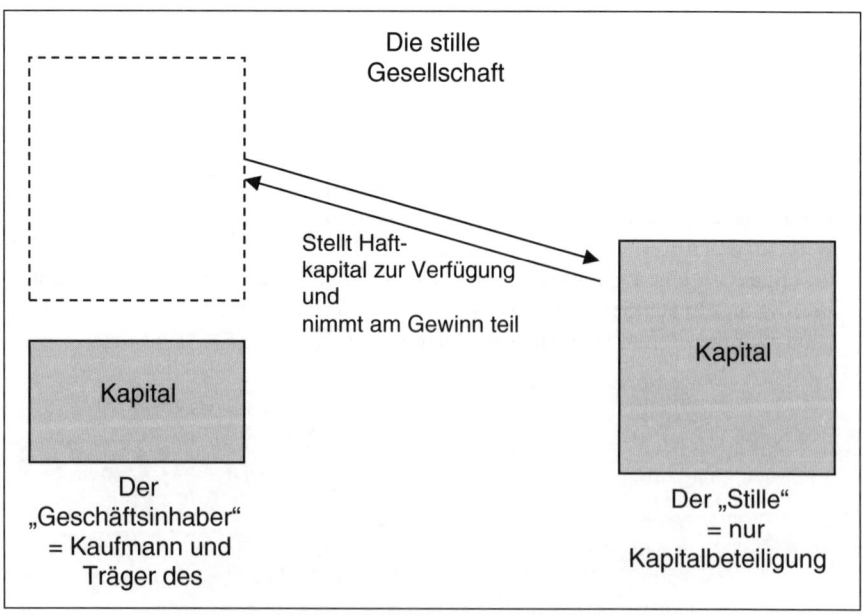

Abbildung B.17.1: Grundstruktur der stillen Gesellschaft

Jens Tersteegen

Auch die stille Gesellschaft entsteht durch den *Abschluss eines Gesellschaftsvertrages* und auch die stille Gesellschaft verfolgt wie jede Gesellschaft einen bestimmten *Gesellschaftszweck*. Zweck der stillen Gesellschaft ist es, das kaufmännische Unternehmen durch die Vermögenseinlage des Stillen zu stärken und so im Interesse aller Gesellschafter Gewinn zu erzielen.

In der stillen Gesellschaft gibt es ähnlich wie in der KG zwei Typen von Gesellschaftern:

- Zum einen gibt es den tätigen Gesellschafter *("Geschäftsinhaber/Komplementär")*. Er ist Inhaber eines Handelsgeschäfts und somit Kaufmann. Der Unternehmer muss nicht zwingend eine Einzelperson sein. Das Unternehmen, an dem sich der stille Gesellschafter beteiligt, kann vielmehr z. B. eine OHG, eine KG, eine GmbH oder eine Aktiengesellschaft sein.
- Zum anderen gibt es den *stillen Gesellschafter*, der nur eine Vermögensbeteiligung leistet. Der stille Gesellschafter muss nicht zwingend eine Einzelperson sein, sondern kann auch eine juristische Person, OHG, KG oder GbR sein.

Die stille Gesellschaft ist *Innengesellschaft* und tritt nach außen hin nicht in Erscheinung. Sie betreibt insbesondere auch kein Handelsgewerbe und ist somit nicht Handelsgesellschaft i. S. d. § 6 HGB. Das Handelsgewerbe wird vielmehr nur von dem Komplementär, dem Unternehmensträger, betrieben.

? Übung B.17.1

U handelt seit einigen Jahren mit Elektrogeräten. Als er mit den großen Ketten nicht mehr mithalten kann und das Unternehmen leicht kriselt, überlegt sich U, dass Angriff die beste Verteidigung ist. Er sucht sich daher einen Geldgeber, der ihm zu einem Zinssatz von 6 % für drei Jahre 400.000,00 € zur Verfügung stellt. Daraufhin mietet er ein großes Ladengeschäft an und stellt zehn Mitarbeiter ein. Nach zwei Jahren läuft das Geschäft prima. Der Geldgeber verlangt nun von U nicht nur Zahlung der versprochenen Verzinsung, sondern auch eine angemessene Beteiligung am Gewinn. In diesem Zusammenhang argumentiert der Geldgeber, es handele sich um eine stille Gesellschaft und in einer derartigen stillen Gesellschaft sei der stille Gesellschafter gem. § 231 Abs. 2 HGB zwingend angemessen am Gewinn zu beteiligen. Zu Recht?

B.17.2 Bedeutung

Die stille Gesellschaft hat für das Wirtschaftsleben durchaus eine gewisse Bedeutung. Sie ist ein *Instrument der mittelfristigen Geldbeschaffung für Unternehmen und der mittelfristigen Anlage für Investoren*, wobei der Hauptvorteil darin liegt, dass die Beteiligung des Stillen nicht nach außen bekannt wird. Der stille Gesellschafter haftet nicht und ist auch nicht zur Mitarbeit verpflichtet. Außerdem kann er steuern, inwieweit er sich mit seinem Kapital beteiligt.

Eine besondere Ausgestaltung der stillen Gesellschaft ist die sog. „GmbH & Still". Alleiniger Unternehmensträger ist auch hier die GmbH. Die Errichtung einer *GmbH & Still* ist vor allem steuerlich motiviert (zu den Einzelheiten: *Froning*, in: Sudhoff, Unternehmensnachfolge, 5. Aufl. 2005, § 43 Rn. 27).

Jens Tersteegen

B.17.3 Rechte und Pflichten des Stillen

Der stille Gesellschafter ist zunächst verpflichtet, die *versprochene Einlage in das Vermögen des Geschäftsinhabers zu erbringen.* Der Inhaber des Handelsgeschäfts ist nach dem Innenverhältnis zum *Betrieb des Gewerbes für die Rechnung der Gesellschafter* verpflichtet.

Der stille Gesellschafter hat gem. §§ 231, 232 HGB ein Recht auf *Beteiligung am Gewinn.* Die Beteiligung am Gewinn kann gem. § 231 Abs. 2 Satz 2 HGB nicht ausgeschlossen werden. Grundsätzlich gebührt dem stillen Gesellschafter gem. § 231 Abs. 1 HGB ein angemessener Anteil. Während die Beteiligung am Gewinn im Gesellschaftsvertrag nicht ausgeschlossen werden kann, kann der Gesellschaftsvertrag regeln, dass der stille Gesellschafter nicht am Verlust teilnimmt. Außerdem hat der stille Gesellschafter gewisse *Kontrollrechte* aus § 233 HGB.

Schließlich erwachsen für beide Parteien aus dem Gesellschaftsvertrag *Treuepflichten.* Die Beteiligten dürfen den gemeinsamen Gesellschaftszweck nicht schädigen (BGH NJW 1988, 413 f.).

Soweit die §§ 230 ff. HGB keine besonderen Regelungen enthalten, sind auf die stille Gesellschaft die §§ 705 ff. BGB anzuwenden. Dies gilt freilich nur, soweit die §§ 705 ff. BGB sich nicht auf das Außenverhältnis oder ein Gesamthandsvermögen beziehen.

In der Praxis verbreitet ist, dass man die *typisch stille Gesellschaft* von der *atypisch stillen Gesellschaft* unterscheidet. Die beiden Begriffe beziehen sich dabei nicht auf die Häufigkeit des Vorkommens im Wirtschaftsleben.

Von einer *typisch stillen Gesellschaft* spricht man, wenn diese entsprechend der (grundsätzlich dispositiven) gesetzlichen Regelungen ausgestaltet ist. Der stille Gesellschafter nimmt dann nur am Gewinn- und Verlust des Unternehmens teil, wobei die Verlustbeteiligung auch ausgeschlossen werden kann.

Eine *atypisch stille Gesellschaft* liegt dann vor, wenn die Gesellschaft gegenüber der gesetzlichen Regelung modifiziert ist. Dies ist dann der Fall, wenn eine echte Vermögensbeteiligung (nicht nur Gewinn- und Verlustbeteiligung) oder eine Geschäftsführungsbeteiligung auch des stillen Gesellschafters vorgesehen ist. Steuerrechtler meinen mit der atypisch stillen Gesellschaft eine Gesellschaft, bei der die Stellung des stillen Gesellschafters so weitgehend ausgestaltet ist, dass er im steuerlichen Sinne als Mitunternehmer anzusehen ist. Inwieweit die Gesellschaft atypisch ausgestaltet ist, ist aber immer eine Frage des Einzelfalls. Es gibt also keine „typische" atypisch stille Gesellschaft.

■➡ **Beispiel B.17.1**

Wenn der rechtliche Berater aufgefordert wird, eine Gründung einer „atypisch stillen Gesellschaft" vorzubereiten, dann kann er sich mit dieser Aussage allein nicht begnügen. Er muss immer fragen, inwieweit denn die stille Gesellschaft „atypisch" sein soll. Welche gesetzlichen Regelungen also modifiziert werden sollen. Häufig haben die Beteiligten hiervon gar keine genaue Vorstellung. Dies erfordert dann eine verstärkte Beratung.

Zusammenfassung

Als Besonderheit der Innengesellschaft haben Sie nun die stille Gesellschaft kennengelernt. Bei der stillen Gesellschaft *beteiligt sich der Stille i. S. einer Vermögensbeteiligung an dem Geschäft eines Unternehmers*. Er stellt diesem die Vermögensbeteiligung zur Verfügung und *nimmt dafür am Gewinn teil*. Die stille Gesellschaft ist eine reine Innengesellschaft und somit nicht Handelsgesellschaft i. S. v. § 6 HGB. Wichtigstes Recht des stillen Gesellschafters ist gem. § 231 HGB ein Recht auf angemessene Beteiligung am Gewinn. Die Gewinnbeteiligung kann durch Gesellschaftsvertrag nicht ausgeschlossen werden. Etwas anderes gilt für die Verlustbeteiligung.

Ferner haben Sie die grundlegende Abgrenzung zwischer typisch und atypisch stiller Gesellschaft kennengelernt. Zur stillen Gesellschaft existiert umfangreiche Spezialliteratur, in der Details behandelt werden.

Aufgaben zur Selbstüberprüfung

1. Was spricht nach Ihrer Ansicht dafür, einem Unternehmen Kapital nicht in der Form eines Darlehens, sondern als stiller Gesellschafter zur Verfügung zu stellen?
2. Wodurch unterscheidet sich die stille Gesellschaft von der KG?

Schlussbetrachtung

Nachdem Sie diesen Teil des Buches durchgearbeitet haben, sollten Ihnen die Grundbegriffe des Personengesellschaftsrechts bekannt sein. Die hier erarbeiteten Grundlagen des Personengesellschaftsrechts können (und müssen) Sie nun für Ihre praktische Tätigkeit oder im Studium mittels weiterführender Literatur vertiefen. Dabei sollten Sie sich stets die hier erarbeiteten Grundlagen ins Gedächtnis rufen.

Bei einer Personengesellschaft handelt es sich wie bei jeder Gesellschaft um den *Zusammenschluss mehrerer Personen zur Erreichung eines gemeinsamen Zwecks*. Die Verpflichtung zur Erreichung eines gemeinsamen Zwecks ist dabei wichtigstes Kriterium eines Gesellschaftsvertrages.

Sie haben gelernt, dass es verschiedene Typen von Personengesellschaften gibt, wobei sich Personengesellschaften von Kapitalgesellschaften grundsätzlich dadurch unterscheiden, dass bei der Kapitalgesellschaft die Kapitalbeteiligung wesentlich ist, während wesentlich an einer Personengesellschaft die Person des einzelnen Gesellschafters ist. Folgende Personengesellschaftstypen sind Ihnen bekannt:

- *Die GbR* – Die GbR ist in den §§ 705 ff. BGB geregelt. Die GbR ist der Zusammenschluss mehrerer Personen aufgrund eines Gesellschaftsvertrages zur Verfolgung eines gemeinsamen Zwecks und Grundtyp aller Personengesellschaften.
- *Die OHG* – Die OHG ist in den §§ 105 ff. HGB geregelt. Der wesentliche Unterschied zur GbR besteht darin, dass die OHG ein Handelsgewerbe betreibt.
- *Die KG* – Die KG ist in den §§ 161 ff. HGB geregelt, wobei § 161 Abs. 2 HGB auf das Recht der OHG (§§ 105 ff. HGB) verweist, sofern die §§ 161 ff. HGB keine Besonderheiten enthalten. Bei der KG besteht die Besonderheit darin, dass neben den persönlich haftenden Gesellschaftern (Komplementären) Gesellschafter existieren, die nur beschränkt auf ihre Einlage haften (Kommanditisten).

Jens Tersteegen

- *Die GmbH & Co. KG* – Die GmbH & Co. KG ist eigentlich kein eigener Gesellschaftstyp. Es handelt sich um eine KG. Die Besonderheit besteht darin, dass Komplementär dieser KG eine GmbH ist.
- *Die Partnerschaftsgesellschaft* – Die Partnerschaftsgesellschaft ist eine Gesellschaft, in der sich Angehörige Freier Berufe zur Ausübung ihrer Berufe zusammenschließen. Sie ist im PartGG geregelt.
- *Die Innengesellschaft* – Die Innengesellschaft ist eine Gesellschaft, die nicht nach außen hin in Erscheinung tritt. Sie hat kein Gesellschaftsvermögen, sondern es bestehen nur schuldrechtliche Ausgleichsansprüche im Innenverhältnis der Gesellschafter.
- *Die stille Gesellschaft* – Die stille Gesellschaft ist in den §§ 230 ff. HGB geregelt. Die stille Gesellschaft ist eine Innengesellschaft. Bei der stillen Gesellschaft beteiligt sich der Stille mit seiner Vermögensbeteiligung am Unternehmen eines Kaufmanns. Der stille Gesellschafter erhält zwingend eine Gewinnbeteiligung.
- Neben diesen Gesellschaftstypen sollte Ihnen insbesondere nunmehr die Unterscheidung des *Innenverhältnisses* (die Rechtsbeziehungen der Gesellschafter untereinander) vom sog. *Außenverhältnis* (die Rechtsbeziehungen der Gesellschaft zu Dritten) bekannt sein.

Teil C
Aktienrecht

von

Dr. Adolf Reul
Notar in Neu-Ulm

Einleitung

Nach § 1 Abs. 1 S. 1 AktG ist die Aktiengesellschaft (AG) eine Gesellschaft mit eigener Rechtspersönlichkeit. Für die Verbindlichkeiten der Gesellschaft haftet den Gläubigern nur das Gesellschaftsvermögen (§ 1 Abs. 1 S. 2 AktG). Die Aktiengesellschaft hat ein in Aktien zerlegtes Grundkapital (§ 1 Abs. 2 AktG). Mit diesen wenigen Begriffsmerkmalen definiert das Gesetz die Aktiengesellschaft.

Nachfolgend werden die Einzelheiten der AG sowie der im AktG ebenfalls geregelten Kommanditgesellschaft auf Aktien (KGaA) erläutert. Dargestellt wird in einem Überblick die Rechtsform der Europäischen AG (SE). Unterschiede zu den anderen Gesellschaftsformen insbesondere zur GmbH werden dargestellt. Dabei soll in einem Überblick auch das Recht der Kapitalgesellschaften vom Recht der Personengesellschaften abgegrenzt werden. Ziel dieser Ausführungen ist, die Grundstrukturen des Kapitalgesellschaftsrechts sowie insbesondere des Aktienrechts verstehen zu lernen.

Adolf Reul

C.1 Überblick über das Recht der Kapitalgesellschaften

Bevor wir uns die Einzelheiten des Aktienrechts erarbeiten, soll im Folgenden zunächst ein Überblick über das Kapitalgesellschaftsrecht im Vergleich zum Personengesellschaftsrecht gegeben werden.

Unter den Begriff der Kapitalgesellschaften fasst man Aktiengesellschaften, Kommanditgesellschaften auf Aktien (KGaA) und Gesellschaften mit beschränkter Haftung (GmbH) zusammen. Wesensmerkmal der Kapitalgesellschaften ist zunächst, dass der Gesetzgeber ein bestimmtes Garantiekapital festschreibt, dessen Höhe in der Satzung festzulegen ist und das als Kreditgrundlage und Haftungsstock für die Gläubiger dient. Das Gesetz schreibt dabei einen Mindestkapitalbetrag vor, der als Eingangsschwelle für diese Rechtsform dient. Bei der AG heißt dieses Kapital Grundkapital (§ 1 Abs. 2 AktG), sein Mindestbetrag lautet auf 50.000,00 € (§ 7 AktG) und ist in Aktien zerlegt (§ 1 Abs. 2 AktG). Bei der GmbH heißt das Kapital Stammkapital (§ 5 Abs. 1 GmbHG), lautet auf mindestens 25.000,00 € (Ausnahme ist hier die Sonderform der Unternehmergesellschaft (haftungsbeschränkt) nach § 5a GmbHG) und ist in Stammeinlagen zerlegt (§ 5 GmbHG).

Den Kapitalgesellschaften als Rechtsform gegenüber stehen zum einen die Personengesellschaften, zu denen die Gesellschaft bürgerlichen Rechts (GbR = BGB-Gesellschaft, §§ 705 ff. BGB), die Partnerschaftsgesellschaft (§§ 1 ff. PartGG), die offene Handelsgesellschaft (OHG, §§ 105 ff. HGB), die Kommanditgesellschaft (KG §§ 161 ff. HGB) und die stille Gesellschaft (§§ 230 ff. HGB) gehört. Zum anderen sind die Kapitalgesellschaften abzugrenzen von den (eingetragenen) Vereinen (§§ 21 ff. BGB), den eingetragenen Genossenschaften (eG, §§ 1 ff. GenG) und Versicherungsvereinen auf Gegenseitigkeit (VVAG, §§ 15 ff. VAG). Bei den Personengesellschaften gibt es wegen der im Grundsatz unbeschränkten persönlichen Haftung der Gesellschafter kein solches Garantiekapital. Auch das Vereinsrecht und Genossenschaftsrecht kennt kein Garantiekapital.

Weiteres Wesensmerkmal der Kapitalgesellschaften ist ihre körperschaftliche Struktur: Der Bestand der Gesellschaft ist unabhängig von der Person ihrer Mitglieder und insbesondere ihrer Gründer. Es besteht im Grunde ein freies Ein- und Austrittsrecht. Bei Personengesellschaften führt das Ausscheiden eines Gesellschafters grundsätzlich zur Auflösung der Gesellschaft (§ 727 BGB), neue Mitglieder können nur aufgenommen werden, wenn alle Gesellschafter damit einverstanden sind. Die Beteiligung an einer Kapitalgesellschaft ist „kapitalistisch". Die Aktie ist wie die Stammeinlage ein Bruchteil des Garantiekapitals (§§ 1 Abs. 2 AktG, 5 Abs. 3 GmbHG). Wesentliche Pflicht der Mitglieder ist die Einlagepflicht (§§ 54 AktG, 19 GmbHG). Im Personengesellschaftsrecht steht die persönliche Beteiligung und aktive Mitwirkung des einzelnen Mitglieds im Vordergrund (§ 705 BGB). Bei der Kapitalgesellschaft gilt das Mehrheitsprinzip, während im Personengesellschaftsrecht das Einstimmigkeitsprinzip gilt. Auch ist bei den Kapitalgesellschaften anders als bei Personengesellschaften Fremdorganschaft zugelas-

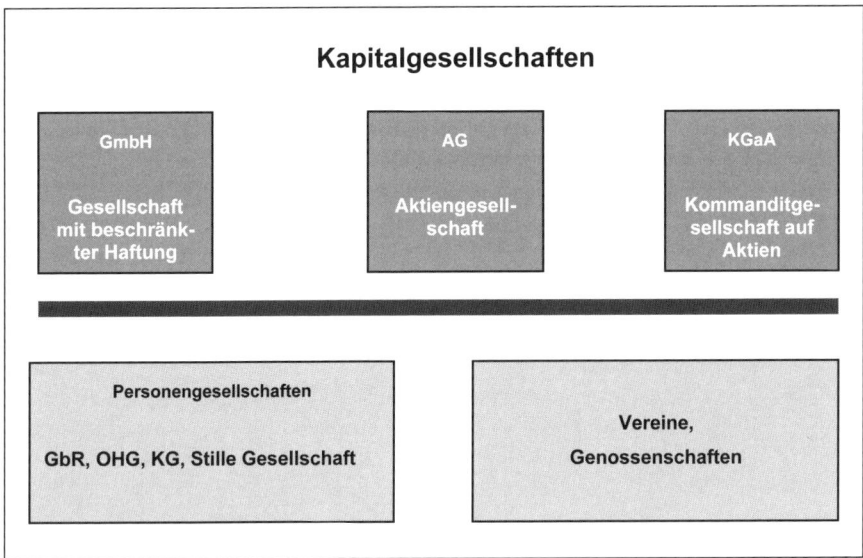

Abbildung C.1 Kapitalgesellschaften

sen, also die Möglichkeit, einen Nichtgesellschafter zum organschaftlichen Vertreter zu bestellen (§§ 76 AktG, 35 GmbHG).

Charakteristisch für Kapitalgesellschaften ist ebenso die auf das Gesellschaftsvermögen beschränkte Haftung; eine persönliche Haftung besteht grundsätzlich nur für die Erbringung der Einlage (Ausnahme: Durchgriffshaftung, Existenzvernichtungshaftung). Die Gesellschafter einer Personengesellschaft haften dagegen für Verbindlichkeiten der Gesellschaft im Grunde persönlich und unbeschränkt (Ausnahme: Haftung der Kommanditisten nach Eintragung der Haftungsbeschränkung im Handelsregister, §§ 171, 176 HGB).

Schließlich sind die Kapitalgesellschaften qua Gesetz juristische Personen, weil sie mit eigener Rechtsfähigkeit ausgestattet sind (§§ 1 Abs. 1 S. 1 AktG, 13 Abs. 1 GmbHG). Eine solche Rechtsfähigkeit ordnet das BGB der Gesellschaft bürgerlichen Rechts nicht zu. Für die Personenhandelsgesellschaften (OHG, KG) gibt es nur eine partielle Rechtsfähigkeit (§ 124 HGB). Für die Rechtsanwendung ist dieser Unterschied mittlerweile jedoch unerheblich. Nach Ansicht des BGH ist auch die GbR uneingeschränkt rechtsfähig (BGHZ 146, 341; BGH NJW 2006, 3716).

 Zusammenfassung

Kapitalgesellschaften unterscheiden sich von Personengesellschaften im wesentlichen aufgrund ihrer körperschaftlichen Struktur. Der Bestand der Gesellschaft ist unabhängig von ihren Mitgliedern; die Pflichten der Mitglieder sind grundsätzlich auf die Leistung der Einlagen beschränkt. Für Gesellschaftsverbindlichkeiten haftet nur das Gesellschaftsvermögen. „Preis" für diese Haftungsbeschränkung ist demgegenüber die Verpflichtung zur Aufbringung eines Garantiekapitals.

Adolf Reul

Aufgaben zur Selbstprüfung

1. Welche Gesellschaften rechnet man zu den Kapitalgesellschaften?
2. Welche „große" Gruppe von Gesellschaften gibt es neben den Kapitalgesellschaften?
3. In welche Kategorie lassen sich Vereine einordnen?
4. Was sind die Wesensmerkmale einer Kapitalgesellschaft?

C.2 Grundstrukturen des Aktienrechts im Gegensatz zur GmbH

Die Aktiengesellschaft hat bestimmte Grundstrukturen, die sie insbesondere von der GmbH abgrenzt. Diese sollen nachfolgend dargestellt werden.

Die Aktiengesellschaft ist als Kapitalgesellschaft – anders als die GmbH – auf eine Vielzahl von Aktionären mit ständig wechselndem Aktionärskreis ausgerichtet. Dies zeigt sich bereits darin, dass Aktien wesentlich leichter zu handeln sind als GmbH-Geschäftsanteile. Die Übertragung von Aktien geschieht formfrei, während die Übertragung von GmbH-Geschäftsanteilen notariell zu beurkunden ist (§ 15 GmbHG). Aktien können an der Börse gehandelt werden. Die AG hat damit einen besseren Zugang zu den Kapitalmärkten; die Kapitalbeschaffung ist somit einfacher als bei der GmbH. Anders als im GmbH-Recht gibt es im AktG ein bedingtes Kapital (§§ 192 ff. AktG). Weiter ist das Aktienrecht geprägt von einer **strikten Funktionsteilung** zwischen den Kapitalgebern und der Verwaltung der Gesellschaft. Zwingend gibt es als drittes Organ – neben dem **Vorstand** und der **Hauptversammlung** der Gesellschaft – den **Aufsichtsrat** als Kontrollorgan. Die Rolle der Aktionäre in der AG ist im Wesentlichen auf Leistung der Kapitaleinlagen beschränkt. Eine persönliche Mitarbeit ist nicht vorgesehen. Nach § 118 AktG üben die Aktionäre ihre Rechte in der Hauptversammlung aus (Ausnahme: Online-Teilnahme oder Briefwahl qua Satzungsregel nach § 118 Abs. 1 S. 2 und Abs. 2 AktG-E). Die Hauptversammlung als Versammlung der Anteilseigner wird in operativen Angelegenheiten nur in Ausnahmefällen gemäß § 119 Abs. 2 AktG eingebunden. Im Wesentlichen hat sie nur über Strukturmaßnahmen (Satzungsänderungen) sowie über die Gewinnverwendung zu entscheiden. Im Übrigen liegen die **laufenden Geschäfte** in der alleinigen Verantwortung des **Vorstandes**, der vom Aufsichtsrat bestellt und abberufen wird. Einfluss auf die Person des Vorstandes hat die Hauptversammlung nur mittelbar über die Wahl des Aufsichtsrates.

Als Gegengewicht zur **beschränkten Haftung der Kapitalgeber** verlangt das Gesetz ein in der Satzung beziffertes **Grundkapital**. Zur Sicherung dieses Grundkapitals bestehen **strenge Vorschriften zur Kapitalaufbringung und Kapitalerhaltung**. Im Gegensatz zum GmbH-Recht ist das Aktiengesetz geprägt durch den **Grundsatz der Satzungsstrenge**. Nach § 23 Abs. 5 AktG kann die Satzung der Gesellschaft nur dort von den gesetzlichen Bestimmungen abweichen, wo dies im Gesetz ausdrücklich zugelassen ist oder wo das Gesetz keine abschließende Regelung getroffen hat.

> **!** Aufgrund der Satzungsstrenge, aber auch der strikten Funktionsteilung eignet sich die AG als Rechtsform grundsätzlich nicht für kleine Unternehmen, bei denen die Anteilseigner selbst mitwirken. Die AG ist von ihrer Rechtsform her im Vergleich zur GmbH nicht flexibel genug.

Adolf Reul

Zusammenfassung

Die AG ist für eine Vielzahl von Aktionären mit ständig wechselndem Aktionärs-kreis konzipiert. Die Rolle des Aktionärs beschränkt sich im Wesentlichen auf die eines Kapitalgebers. Eine unmittelbare Einflussnahme auf den Vorstand der AG und damit auf die Geschäftsführung scheidet aus. Es gibt eine strikte Funktions-trennung zwischen den drei Organen der AG, nämlich Vorstand, Aufsichtsrat und Hauptversammlung. Die Satzung kann vom Gesetz nur abweichen, soweit dies im Gesetz ausdrücklich zugelassen ist, sonst nicht. Im Gegensatz zum GmbH-Recht ist die Übertragung von Aktien formlos zulässig; über eine Börsennotierung besteht ein erleichterter Zugang zu den Kapitalmärkten.

Aufgaben zur Selbsprüfung

1. Welche Organe hat die AG?
2. Wie sieht das Gesetz die Funktion der Aktionäre?
3. Was besagt der Grundsatz der Satzungsstrenge?
4. Welche Funktion hat das Grundkapital?

C.3 Gründung

Mit wirksamen Entstehen der Aktiengesellschaft kommt es zu einer Haftungsbeschrän-
kung nach § 1 Abs. 1 S. 2 AktG. Voraussetzung für das Entstehen der AG ist die Einhal-
tung der besonderen Gründungsvorschriften. Um diese geht es im folgenden Kapitel.

C.3.1 Bargründung

C.3.1.1 Gründungsprotokoll

C.3.1.1.1 Form

Die **Gründung der AG** bedarf nach § 23 Abs. 1 AktG der **notariellen Beurkundung**. Die
gleichzeitige Anwesenheit der Gründer ist nicht erforderlich.

Soll die **Satzung im Ausland festgestellt** werden, gilt das Beurkundungserfordernis
jedenfalls nach deutschem Gesellschaftsrecht dann, wenn die Gesellschaft ihren Satzungssitz im Inland haben soll. Maßgeblich ist hierfür das **sog. „Gesellschaftsstatut"**,
dessen Anknüpfungspunkt der tatsächliche Sitz der Hauptverwaltung ist. Ob im Hinblick auf Art. 11 EGBGB auch die Ortsform genügt, erscheint zwar denkbar, der BGH
hat sich zu dieser Ansicht jedoch zurückhaltend geäußert. Auch die Lit. erachtet die
Ortsform nach Art. 11 EGBGB grds. nicht für ausreichend.

Eine andere Frage ist, ob die **notarielle Beurkundung** durch einen **ausländischen Notar**
erfolgen kann. Nach allgemeiner Meinung ist dies dann zu bejahen, wenn die Person, die
die Beurkundung vornehmen soll, von ihrer Vorbildung und ihrer Stellung im Rechtsle-
ben her eine der Tätigkeit des deutschen Notars entsprechende Funktion ausübt.

> **Beispiel C.3.1**
>
> Als gleichwertig angesehen wird der österreichische, der niederländische, der eng-
> lische und ganz allgemein jeder Notar im Bereich des lateinischen Notariats. Keine
> Gleichwertigkeit besteht beim US-amerikanischen notary public. In der Schweiz
> ist wegen kantonaler Unterschiede zu differenzieren. Die Gleichwertigkeit wurde
> bislang für Basel, Bern, Luzern, Zürich und Zug bejaht.

C.3.1.1.2 Inhalt

Inhaltlich umfasst das Gründungsprotokoll die Angaben nach § 23 Abs. 2 AktG sowie
die Feststellung der Satzung.

Nach § 23 Abs. 2 Ziff. 1 AktG sind in der Gründungsurkunde die Gründer anzugeben.
Eine **Einmann-Gründung** ist nach § 2 AktG zulässig. Gründer einer AG kann dabei
jede natürliche oder juristische Person, sein. Eine Gründung kann auch durch einen
Bevollmächtigten erfolgen. Er bedarf einer **notariell beglaubigten Vollmacht** (§ 23
Abs. 1 Satz 2 AktG). Auch eine **vollmachtlose Vertretung** ist zulässig. Entgegen § 182

Abs. 2 BGB muss die Genehmigungserklärung notariell beglaubigt werden. Unzulässig ist die vollmachtslose Vertretung wegen § 180 BGB aber bei der Einmann-Gründung (LG Berlin, GmbHR 1996, 123; OLG Frankfurt/M., GmbHR 2003, 415, zur GmbH). Gemäß §§ 2, 29 AktG haben die Gründer in der Gründungsurkunde **sämtliche Aktien zu übernehmen**.

Nach § 23 Abs. 2 Ziff. 2 AktG ist bei **Nennbetragsaktien** der Nennbetrag, der Ausgabebetrag (§ 9 AktG) und ggf. die Aktiengattung, die jeder einzelne Gründer übernimmt, anzugeben. Bei **Stückaktien** lässt § 23 Abs. 2 Ziff. 2 AktG die Angabe ihrer Zahl sowie ihres Ausgabebetrages und ggf. die Gattung genügen.

Nach § 23 Abs. 2 Ziff. 3 AktG ist der **eingezahlte Betrag des Grundkapitals anzugeben**. Dies ist der auf das Grundkapital **wirklich eingezahlte Betrag** und bei Ausgabe der Aktien gegen Agio (§ 9 Abs. 2 AktG) auch das **volle Aufgeld**.

Daneben muss das Gründungsprotokoll auch die **Satzung** enthalten. § 23 Abs. 3 AktG fordert dabei bestimmte **Mindestangaben**. Anzugeben ist nach § 26 Abs. 1 AktG der einem Aktionär oder einem Dritten für seine Mitwirkung an der Gründung eingeräumte **Sondervorteil**. Anzugeben ist schließlich nach § 26 Abs. 2 AktG die Gesamtsumme des von der Gesellschaft zu tragenden Gründungsaufwandes.

C.3.1.2 Bestellung des ersten Aufsichtsrats

Nach § 3 Abs. 1 AktG haben die Gründer den **ersten Aufsichtsrat der Gesellschaft zu bestellen**. Die Bestellung bedarf der **notariellen Beurkundung** nach § 30 Abs. 1 Satz 2 AktG.

Auf die Zusammensetzung und die Bestellung des ersten Aufsichtsrats finden nach § 30 Abs. 2 AktG die Vorschriften über die Bestellung von Aufsichtsratsmitgliedern der Arbeitnehmer nach den mitbestimmungsrechtlichen Vorschriften keine Anwendung. Begrenzt wird diese Regelung durch die beschränkte Amtszeit des ersten Aufsichtsrats nach § 30 Abs. 3 Satz 1 AktG.

C.3.1.3 Bestellung des Abschlussprüfers

Neben der Bestellung des ersten Aufsichtsrats ist nach § 30 Abs. 1 AktG die **Bestellung des Abschlussprüfers** für das erste Voll- oder Rumpfgeschäftsjahr durch die Gründer erforderlich. Die Bestellung muss **notariell beurkundet** werden und erfolgt daher i. d. R. **ebenfalls im Gründungsprotokoll**.

Die **Bestellung eines Abschlussprüfers** kann unterbleiben, wenn die Gründer mit Sicherheit davon ausgehen können, dass die Gesellschaft im ersten Voll- oder Rumpfgeschäftsjahr als kleine Kapitalgesellschaft i. S. d. § 267 HGB nicht prüfungspflichtig gemäß § 316 HGB ist.

C.3.1.4 Bestellung des ersten Vorstandes

Der **erste Vorstand** wird nach § 30 Abs. 4 AktG **vom Aufsichtsrat bestellt**. Die Bestimmung ist zwingend. Gemäß § 84 Abs. 1 Satz 1 AktG darf die Bestellung höchstens für einen **Zeitraum von fünf Jahren** erfolgen. Eine notarielle Beurkundung ist nicht erforderlich.

Adolf Reul

C.3.1.5 Berichte/Prüfungen

C.3.1.5.1 Gründungsbericht der Gründer

Nach § 32 Abs. 1 AktG haben die Gründer einen **schriftlichen Bericht über den Hergang der Gründung** zu erstatten.

C.3.1.5.2 Gründungsprüfung durch Vorstand und Aufsichtsrat

Vorstand und Aufsichtsrat haben nach § 34 Abs. 2 AktG einen **schriftlichen Gründungsbericht** zu erstellen (§ 34 AktG). Gegenstand des Berichts ist ebenfalls der Hergang der Gründung.

C.3.1.5.3 Externe Gründungsprüfung

Gehört ein Mitglied des Vorstandes oder des Aufsichtsrats zu den Gründern, oder werden bei der Gründung Aktien für Rechnung dieser Personen übernommen, ist nach § 33 Abs. 2 Ziff. 1 und Ziff. 2 AktG auch bei der Bargründung eine besondere **Gründüngsprüfung durch externe Prüfer** erforderlich. **Prüfungsinhalt** und **Prüfungsmaßstab** richten sich nach § 34 Abs. 1 Ziff. 1 AktG. Nach § 33 Abs. 3 Satz 1 AktG kann in besonderen Fällen auch der **beurkundende Notar** im Auftrag der Gründer die Gründungsprüfung vornehmen.

C.3.1.6 Anmeldung

C.3.1.6.1 Zur Anmeldung Verpflichtete

Die Gesellschaft ist bei dem für ihren Sitz zuständigen AG von allen **Gründern, allen Mitgliedern des ersten Aufsichtsrates und des Vorstandes** zur Eintragung anzumelden (§ 36 Abs. 1 AktG). Alle Unterschriften sind **notariell zu beglaubigen** (§ 12 Abs. 1 HGB). Eine **rechtsgeschäftliche Vertretung** ist **nicht zulässig**.

C.3.1.6.2 Voraussetzung der Anmeldung, Leistung der Einlage

Die **Bargründung** darf erst zur Eintragung in das Handelsregister angemeldet werden, wenn der im Gründungsprotokoll oder später eingeforderte **Geldbetrag** gemäß §§ 36 Abs. 2, 36a AktG **ordnungsgemäß eingezahlt** worden ist.

C.3.1.6.2.1 Höhe der Einlageleistung

Der eingeforderte Betrag muss **mindestens 25 % des geringsten Ausgabebetrages** (Nennbetrag oder anteiligen Betrag des Grundkapitals) und **100 % des Agios** umfassen (§§ 36 Abs. 2, 36a Abs. 1 AktG). Gleiches gilt im Fall der **Einpersonengründung**. Anders als früher nach § 36 Abs. 2 Satz 2 AktG a. F. muss für den noch fehlenden Betrag keine zusätzliche Sicherheit mehr geleistet werden.

C.3.1.6.2.2 Zeitpunkt der Einlageleistung

Bareinlagen haben die Gründer **vor der Anmeldung** der Gesellschaft zur Eintragung in das Handelsregister, jedoch **zeitlich nach Gründung** der Gesellschaft und Übernahme der Aktien (§ 29 AktG), zu leisten. Eine Zahlung vor diesem Zeitpunkt, befreit den Gründer prinzipiell nicht von seiner Einlageschuld, da er nicht an den Einlagegläubiger geleistet hat. Teilweise wird aber auch vertreten, dass es genügt, wenn die Leistungshandlung gegenüber der Vorgründungsgesellschaft oder den künftigen Vorstandsmitgliedern erfolgt, die Zahlung mit einer klaren Zweckbestimmung, in engem zeitlichen Zusammenhang mit der Gründung geleistet wurde und noch isolierbar von dem übrigen Vermögen des Leistungsempfängers alsdann in die Verfügungsgewalt der Vorgesellschaft bzw. des dort bestellten Vorstandes übergeht (Großkommentar zum Aktienrecht/ *Röhricht*, 4. Auflage 1994, § 36 AktG Rn. 43; Münchener Kommentar zum Aktienrecht/ *Pentz*, 3. Auflage 2008, § 36 Rn. 71).

> **!** Einlagen sollten grundsätzlich erst erbracht werden, wenn zuvor der entsprechende Beschluss gefasst wurde. Dies gilt auch bei Kapitalerhöhungen. Andernfalls droht die Gefahr, dass Einlageleistungen doppelt erbracht werden müssen.

C.3.1.6.2.3 Leistung zur freien Verfügung des Vorstandes

Die **Leistung der Bareinlage muss zur freien Verfügung des Vorstandes** erfolgen (§ 36 Abs. 2 Satz 1 2. Halbs. AktG). Freie Verfügbarkeit liegt vor, wenn die Einlage aus dem Herrschaftsbereich des Einlegers ausgesondert und dem Vorstand so übergeben wurde, dass er nach eigenem Ermessen und ohne Einschränkung über die Einlage verfügen kann.

Problematisch ist, ob **Absprachen über die Verwendung der einbezahlten Gelder** die freie Verfügung des Vorstandes i. S. d. § 36 Abs. 2 Satz 1 AktG unterwandern. Die Rechtslage ist hierzu umstritten. Allgemein heißt es, dass solche Absprachen nicht per se unzulässig sind, soweit jedenfalls keine Rückzahlung der Einlage an die Gründer in Frage steht.

➡ **Beispiel C.3.2**

Wird der Einlagebetrag in ein **Cash-Pool-System** einbezogen, bei dem alle frei verfügbaren Geldmittel verschiedener Konzerngesellschaften in eine „gemeinsame Konzernkasse" einbezahlt und von dort wieder an die einzelnen Konzerngesellschaften je nach Liquiditätsbedarf ausbezahlt werden, fehlt die freie Verfügbarkeit wegen Rückflusses an den Inferenten. Weiter ist darin nach der Rechtsprechung eine verdeckte Sacheinlage zu erkennen (BGH ZIP 2006, 665). Eine schuldtilgende Leistung liegt nicht vor. Wegen § 19 Abs. 5 AktG unterscheidet sich damit die Rechtslage im Aktienrecht zum GmbH-Recht. Eine vergleichbare Vorschrift fehlt im AktG.

Umstritten ist, ob der **Vorstand berechtigt** ist, **vor der Eintragung** der Gesellschaft im Handelsregister **über die geleisteten Einlagen zu verfügen**. Im Grundsatz ist davon auszugehen, dass die Bareinlagen im Anmeldezeitpunkt nicht mehr gegenständlich vorhanden sein müssen. Andererseits ist im Gründungsstadium aber auch eine völlig freie Verfügungsmöglichkeit ohne jedwede Einschränkungen abzulehnen. Nach h. M. ist hier (im Gegensatz zum Fall der Kapitalerhöhung) der **Grundsatz der „wertgleichen Deckung"** zu beachten. Eine wertgleiche Deckung liegt vor, wenn an die Stelle der eingezahlten Bareinlagen wertgleiche aktivierungsfähige Vermögensgegenstände getreten sind. Für das ausgegebene Geld müssen Gegenstände des Anlage- und/oder Umlaufvermögens mit entsprechendem Wert angeschafft oder hergestellt worden sein.

Beispiel C.3.3
Wertgleiche Deckung liegt vor, wenn mit der Bareinlage Maschinen, Büroeinrichtung gekauft werden. Keine wertgleiche Deckung gegeben ist dagegen, wenn damit nicht-aktivierungsfähige Ausgaben wie z. B. Mietzahlungen sowie die Zahlung von Löhnen und Gehältern bestritten werden.

C.3.1.6.3 Inhalt der Handelsregisteranmeldung

Der **Inhalt der Handelsregisteranmeldung** richtet sich nach § 37 AktG. Die Anmelder haben zu erklären, dass die eingeforderten Bareinlagen, mindestens jedoch ein Viertel des geringsten Ausgabebetrages sowie im Falle der Ausgabe der Aktien gegen Aufgeld, auch das Aufgeld in voller Höhe eingezahlt wurde. Es ist nachzuweisen, dass die eingezahlten Beträge endgültig zur freien Verfügung des Vorstandes stehen. Bei Einzahlung auf ein Bankkonto der (Vor-)Gesellschaft oder des Vorstandes ist der Nachweis nach § 37 Abs. 1 Satz 3 AktG durch eine **schriftliche Bestätigung der Bank** zu führen (§ 37 Abs. 1 Satz 3 AktG). Soweit über die Bareinlagen bereits vor Anmeldung der Gesellschaft verfügt wurde, ist dies dem Handelsregister in der Anmeldung mitzuteilen und die wertgleiche Deckung unter Beifügung entsprechender Unterlagen nachzuweisen.

Durch die Vorstandsmitglieder ist zu **versichern**, dass sie **nicht vom Vorstandsamt** nach § 76 Abs. 3 Satz 2 Nr. 2 und 3 sowie S. 3 AktG **ausgeschlossen** sind und entsprechend belehrt wurden (§ 37 Abs. 2 AktG). Der Registeranmeldung sind die in § 37 Abs. 4 AktG im Einzelnen **genannten Anlagen beizufügen.**

C.3.1.7 Entstehen der AG; Vor-AG; Vorgründungsgesellschaft

Das **Handelsregister prüft** nach § 38 Abs. 1 AktG ob die Gesellschaft **ordnungsgemäß errichtet und angemeldet** ist. Die Eintragung der Gesellschaft in das Handelsregister erfolgt nach Maßgabe des § 39 Abs. 1 AktG. Sie wird im **elektronischen Bundesanzeiger** und mindestens einem weiteren Blatt mit ihrem gesamten Inhalt sowie den weiteren, in § 40 AktG erwähnten Angaben bekannt gemacht (§ 10 Abs. 1 Satz 1 und § 11 HGB).

Mit Eintragung im Handelsregister entsteht die AG (§ 41 Abs. 1 S. 1 AktG). Der Zeitpunkt der Übernahme der Aktien im Rahmen der Gründung durch die Gründer nach § 29 AktG und die Feststellung der Satzung bestimmen lediglich den Zeitpunkt des Entstehens der sog. **Vor-AG.** Die Vor-AG ist notwendiges Durchgangsstadium. Auf die Vor-AG als Gesamthandsgesellschaft eigener Art finden die Vorschriften der AG sinngemäß Anwendung, soweit diese nicht ausdrücklich eine Eintragung der Gesellschaft im Handelsregister voraussetzen (BGH ZIP 1998, 109; ZIP 2006, 2267). Rechte und Pflichten der Vor-AG gehen mit Eintragung der AG im Handelsregister automatisch auf die AG über. Str. ist, inwieweit der Vorstand die Vor-AG bereits unbegrenzt vertreten darf. Nach h. M. ist er ohne Zustimmung aller Gründer nur auf die Vornahme der Gründungsgeschäfte beschränkt.

Die Vor-AG ist schließlich noch von der **Vorgründungsgesellschaft** zu unterscheiden. Diese bezeichnet das Stadium vor Beurkundung der Gründung der AG. Hier gilt nicht Aktienrecht, sondern das Recht der GbR bzw. OHG. Einen automatischer Übergang der Rechte und Pflichten von der Vorgründungsgesellschaft auf die Vor-AG gibt es nicht. Notwendig ist eine Einzelrechtsübertragung.

Adolf Reul

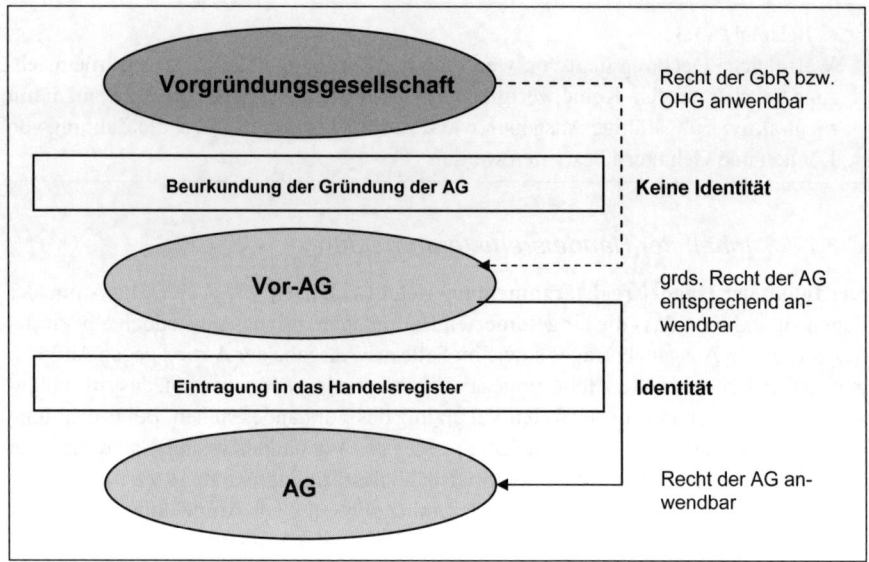

Abbildung C.3.1.7 Abgrenzung Vorgründungsgesellschaft
Vor-AG – AG

C.3.1.8 Mitteilung nach § 20 AktG und nach § 42 AktG

Besitzt ein Gründer 25 % der Aktien, so ist dies der Gesellschaft nach § 20 Abs. 1 Satz 1 AktG unverzüglich schriftlich mitzuteilen. Die **Mitteilungspflicht** besteht auch im Falle der Übernahme von Aktien bei Gründung. Unterbleibt die Mitteilung, so sind die Rechte aus den Aktien nach § 20 Abs. 7 AktG suspendiert. Ein Hauptversammlungsbeschluss, der unter Mitwirkung von nach § 20 Abs. 7 AktG nicht stimmberechtigten Aktionären gefasst wurde, ist lediglich anfechtbar (BGH ZIP 2006, 1134). Eine vergleichbare Mitteilungspflicht besteht für börsennotierte Gesellschaften nach §§ 20 Abs. 8 AktG, 21 WpHG)

Haben sich **alle Aktien in der Hand eines einzelnen Aktionärs** vereinigt, hat der Vorstand dem Handelsregister eine Mitteilung nach § 42 AktG zu machen. Diese Mitteilungspflicht gilt auch bei der Einpersonengründung. Sanktionen im Falle eines Verstoßes gegen diese Mitteilungspflicht wie nach § 20 Abs. 7 AktG bestehen nicht.

C.3.2 Besonderheiten bei der Sachgründung/ Sachübernahme

C.3.2.1 Festsetzungen in der Satzung und Einbringung

C.3.2.1.1 Sacheinlagen/Sachübernahmen

Nach § 27 Abs. 1 AktG ist zwischen Sacheinlagen und Sachübernahmen zu unterscheiden. Bei der **Sacheinlage** bringt der Gründer statt einer Bareinlage Vermögensgegenstände zu einem bestimmten Wert als Gegenleistung für die von ihm übernommenen

Aktien ein. Auch bei der **Sachübernahme** werden Vermögensgegenstände für die Gesellschaft eingebracht. Der Einbringende erhält als Gegenleistung jedoch keine Beteiligung an der Gesellschaft, sondern eine andere Gegenleistung.

C.3.2.1.2 Festsetzungen in der Satzung

Sowohl im Fall der Sachgründung durch Erbringung von Sacheinlagen als auch im Falle der Sachübernahme müssen in der Satzung nach § 27 Abs. 1 AktG über den notwendigen Inhalt des § 23 AktG hinaus **zusätzliche Festsetzungen** aufgenommen werden. Diese Angaben dienen zur Sicherung der Kapitalaufbringung. Anzugeben sind,

- der Gegenstand der Sacheinlage/Sachübernahme,
- die Person, von der die Gesellschaft den Gegenstand erwirbt,
- der Nennbetrag, bei Stückaktien die Zahl der bei der Sacheinlage zu gewährenden Aktien, und
- bei Sachübernahme die zu gewährende Vergütung.

Fehlende Festsetzungen können vor Eintragung der Gesellschaft durch Satzungsänderung in der Form des § 23 AktG bei Zustimmung aller Gründer „geheilt" werden. Nach Eintragung der Gesellschaft verbietet § 27 Abs. 4 AktG dagegen eine Heilung.

Der Wert der Sacheinlage muss nicht bezeichnet werden. Ausreichend und erforderlich ist, wenn die **Werthaltigkeit der Sacheinlage** bei der Anmeldung der Gründung nachgewiesen wird (§§ 36a Abs. 2 Satz 3, 37 Abs. 1 Satz 1 AktG). Dabei muss die Werthaltigkeit der Sacheinlage auch ein etwa vereinbartes Agio mitumfassen.

C.3.2.1.3 Gegenstand der Sacheinlage bzw. Sachübernahme

Als Sacheinlagen werden in § 27 Abs. 1 Satz 1 AktG solche Einlagen bezeichnet, die nicht durch Einzahlung des Nennbetrages oder des höheren Ausgabebetrages der Aktien in Geld zu leisten sind. Umgekehrt sind als Sacheinlagen **alle Einlagen** zu werten, **die nicht durch Zahlung erbracht werden. Dienstleistungen sind nicht einlagefähig** (§ 27 Abs. 2 2. Halbs. AktG).

 Beispiel C.3.4

Lizenzen, Patente, Markennamen („adidas"), Maschinen, Fahrzeuge sind sacheinlagefähig.

C.3.2.1.4 Einbringungsvertrag

Von den Festsetzungen in der Satzung über die Sacheinlage und Sachübernahme zu unterscheiden ist der **Einbringungsvertrag**. Der Einbringungsvertrag bedarf nicht der Form des § 23 AktG (besondere Formvorschriften wie z. B. §§ 311b Abs. 1 BGB, 15 GmbHG, sind aber ggf. zu beachten). Der Einbringungsvertrag dient der **Konkretisierung** und enthält **Regelungen über die Art und Weise der Einbringung**, die **Fälligkeit** sowie i. d. R. auch die **dingliche Einigung**.

C.3.2.1.5 Zeitpunkt der Leistung der Sacheinlage bzw. Sachübernahme

Sacheinlagen sind grds. vollständig **vor Registeranmeldung zu leisten** (§ 36a Abs. 2 Satz 1 AktG). Teilleistungen kann die Satzung innerhalb der Grenzen des § 36a Abs. 2 Satz 2

AktG vorsehen. Besteht die Sacheinlage in der Verpflichtung, einen Vermögensgegenstand auf die Gesellschaft zu übertragen (wie regelmäßig), genügt nach § 36a Abs. 2 Satz 2 AktG die Bewirkung der Übertragung binnen fünf Jahren nach Eintragung.

C.3.2.2 Bestellung des Aufsichtsrats

Für die **Bestellung des ersten Aufsichtsrats** enthält § 31 AktG Sondervorschriften, soweit Gegenstand der Sacheinlage oder Sachübernahme die Einbringung oder Übernahme eines Unternehmens oder eines Teils eines Unternehmens ist.

C.3.2.3 Berichte/Prüfungen

C.3.2.3.1 Gründungsbericht der Gründer

Bei einer **Sachgründung** müssen im Bericht der Gründer nach § 32 Abs. 2 AktG neben dem sonstigen Inhalt des Berichts auch die **wesentlichen Umstände** dargelegt werden, von denen die Angemessenheit der Leistung in der Gesellschaft für die Sacheinlagen oder Sachübernahmen abhängt. Die Gründer werden hierzu regelmäßig ein **Bewertungsgutachten** beifügen.

C.3.2.3.2 Gründungsbericht von Vorstand, Aufsichtsrat und Gründungsprüfer

Im **Prüfungsbericht** von Vorstand und Aufsichtsrat sind nach § 34 Abs. 1 AktG **zusätzlich Angaben** darüber zu machen, ob die Festsetzung in der Satzung über die Sacheinlagen oder Sachübernahmen richtig und vollständig sind und ob der Wert der Sacheinlagen den Nennbetrag der dafür zu gewährenden Aktien erreicht (§ 34 Abs. 2 Satz 2 AktG).

Bei der **Sachgründung** ist eine externe Gründungsprüfung nach § 33 Abs. 2 Ziff. 4 AktG obligatorisch.

C.3.2.3.3 Erleichterte Sachgründung nach dem ARUG

Nach § 33a AktG, der durch das **ARUG** (BT-Drucksache 16/11642) neu ins Gesetz aufgenommen wurde, kann in bestimmten Fällen eine **Sachgründung** (und Sachkapitalerhöhung, § 183a AktG-E) **auch ohne externe Gründungsprüfung** erfolgen. In Betracht kommt die erleichterte Sachgründung bei übertragbaren Wertpapieren oder Geldmarktinstrumenten, wenn sie mit dem ewrtpapierrechtlich ermittelten Durchschnittspreis bewertet werden sowie ganz allgemein bei Vermögensgegenständen, unter Vorlage eines Sachverständigengutachtens, das nicht älter als sechs Monate sein darf. In der **Registeranmeldung** sind nach § 37a AktG besondere Erklärungen und Versicherungen bei der erleichterten Sachgründung erforderlich.

C.3.2.4 Handelsregisteranmeldung

Die **Handelsregisteranmeldung** entspricht weitgehend der Bargründung. Zusätzlich muss nach § 37 Abs. 1 Satz 1 AktG erklärt werden, dass die Voraussetzungen des §§ 36 Abs. 2, 36a Abs. 2 AktG über die **Leistung der Sacheinlagen** erfüllt sind. Weiter ist zu erklären, dass der Wert der Sacheinlage dem geringsten Ausgabebetrag bzw. bei Ausgabe gegen Aufgeld auch dem höheren Wert entspricht, § 36a Abs. 2 Satz 3 AktG. Im Hinblick auf § 36a Abs. 2 Satz 2 AktG ist weiter anzugeben, ob die Sacheinlage zur freien Verfügung des Vorstandes steht, soweit die Sacheinlage nach § 36a Abs. 2 Satz 1 AktG bereits vor der Anmeldung vollständig geleistet wurde.

Der Anmeldung sind ebenso die nach § 37 Abs. 4 AktG erforderlichen **Anlagen** bei-zufügen sowie **zusätzlich** nach § 37 Abs. 4 Nr. 2 AktG die den Sacheinlagen zugrunde liegenden Verträge.

C.3.2.5 Handelsregistereintragung und Prüfung der Werthaltigkeit/Differenzhaftung

Das **Verfahren der Prüfung und Eintragung durch das Registergericht** entspricht im Wesentlichen dem der Bargründung. Nach § 38 Abs. 2 Satz 2 AktG kann das Gericht die Eintragung der Gesellschaft ablehnen, wenn die Gründungsprüfer erklären oder das Gericht der Auffassung ist, dass der **Wert der Sacheinlagen oder Sachübernahmen nicht unwesentlich hinter dem geringsten Ausgabebetrag zurückbleibt**. Ob eine nicht unwesentliche Wertdifferenz besteht, beurteilt sich danach, ob die übliche Bandbreite verschiedener Bewertungsmethoden überschritten ist. Nach dem **ARUG** ist bei der **erleichterten Sachgründung** nur zu prüfen, ob die Registeranmeldung die besonderen Angaben des § 37a AktG-E enthält und ob nicht eine offenkundige und erhebliche Über-bewertung der Sacheinlage vorliegt (§ 38 Abs. 3 AktG-E).

Soweit der Wert der Sacheinlageleistung den Einlagebetrag nicht erreicht, hat die AG aus der Übernahmeerklärung gegen die jeweiligen Gründer Anspruch auf Zahlung des Differenzbetrages (**Differenzhaftung**). Wegen des Verbots der Unterpari-Emission des § 9 Abs. 1 AktG gilt dies unabhängig davon, ob das Gericht die Eintragung der Gesell-schaft zunächst wegen einer nicht unerheblichen Wertdifferenz nach § 38 Abs. 2 Satz 2 AktG ablehnt. Umstritten ist, ob die Differenzhaftung auch ein etwa **vereinbartes Agio mitumfasst**.

C.3.3 Mischformen

C.3.3.1 Mischeinlage (auch gemischte Einlage)

Eine **Mischeinlage** oder **gemischten Einlage** liegt vor, wenn dem Gründer für seine Einlageleistung ausschließlich Gesellschafterrechte, also Aktien, gewährt werden. Sei-ne Einlageleistung besteht bei der Mischeinlage jedoch nicht ausschließlich aus einer Bar- oder Sacheinlage, sondern teilweise aus einer Sacheinlage und teilweise aus einer Geldzahlung. Liegt eine solche gemischte Einlage vor, ist jede Einlage gesondert nach den für sie maßgebenden Regeln zu behandeln.

C.3.3.2 Gemischte Sacheinlage

Eine **gemischte Sacheinlage** ist gegeben, wenn ein Gründer den von ihm in die Gesellschaft einzubringenden Gegenstand nur bis zu einem bestimmten Betrag als Einlage **gegen Gewährung von Anteilsrechten** leisten soll, während ihm der darüber hinaus gehende Wert des Gegenstandes in anderer Form vergütet werden soll. Liegt eine derartige gemischte Sacheinlage vor, darf sich die Satzung nicht darauf beschränken, nur die Einbringung als Sacheinlage gegen Gewährung von Aktien in Höhe eines bestimmten Nennbetrages zu verlautbaren. Vielmehr muss in der Satzung angegeben werden, dass der **Gründer zusätzlich einen Anspruch gegen die Gesellschaft auf Vergütung** eines etwa darüber hinausgehenden Wertes des von ihm einzulegenden Gegenstandes erwerben soll. Eine Aufspaltung in eine Bargründung und eine Sachübernahme ist nur zulässig, wenn die strengen Regeln über die Offenlegung nach § 27 Abs. 1 AktG eingehalten werden. Erfolgt dies nicht, gelten uneingeschränkt die Regeln über eine verdeckte Sacheinlage. Eine Beschränkung der Unwirksamkeit lediglich auf das Sachübernahmegeschäft ist nicht angezeigt (BGHZ 170, 47).

C.3.4 Verdeckte Sacheinlage

C.3.4.1 Voraussetzungen

Bei **verdeckten Sacheinlagen** handelt es sich um **Gestaltungen zur Umgehung der Sacheinlagevorschriften**, wobei der Gesellschaft nicht effektiv oder bleibend Barkapital und neue Liquidität zugeführt wird. Die verdeckte Sacheinlage kann bei der Gründung ebenso wie bei einer Barkapitalerhöhung vorkommen. Der **Tatbestand einer verdeckten Sacheinlage** setzt sich nach heute h. M. wie folgt zusammen:

- Begründung einer Bareinlagepflicht durch Bargründung oder Bar-Kapitalerhöhung;
- Verkehrsgeschäft zwischen der Gesellschaft und dem Einlageschuldner oder einem diesen nahestehenden Dritten; dieses zerfällt seinerseits in das schuldrechtliche Verpflichtungsgeschäft und das dingliche Vollzugsgeschäft;
- Umgehungsabrede zwischen der Gesellschaft und dem Einlageschuldner bzw. zwischen diesem und den übrigen Gesellschaftern.

Entscheidend kommt es nach Ansicht des BGH auf einen **unmittelbaren oder mittelbaren Einlagenrückfluss** an den Inferenten als Vergütung für eine von ihm erbrachte oder absprachegemäß zu erbringende Leistung an (BGHZ 171, 113). Sonstige Absprachen über die Verwendung der Einlagenmittel sind unter dem Gesichtspunkt der Kapitalaufbringung unschädlich (BGHZ 171, 113; BGHZ 153, 107, 110). **Dienstleistungen** sind nicht sacheinlagefähig und können daher auch **nicht Gegenstand einer verdeckten Sacheinlage sein** (BGH, ZIP 2009, 713 „**Qivive**"). Eine verdeckte Sacheinlage kann auch in der Form einer **verdeckten gemischten Sacheinlage** gegeben sein (BGH, ZIP 2007, 1751 „**Lurgi**"; BGHZ 175, 265 „**Rheinmöve**").

C.3.4.2 Beispielsfälle

Die häufigsten Fälle sind dabei die **Verrechnung der Einlageforderung** der Gesellschaft mit einem Anspruch des Gesellschafters auf Tilgung einer Altforderung oder Neuforderung bzw. das bloße **Hin- und Herzahlen von Geld**. Bei dem Vorgang des Hin- und Herzahlens wird zwar isoliert betrachtet die Einlageforderung in bar erfüllt. Im wirtschaftlichen Ergebnis soll der Gesellschaft jedoch nur die **Befreiung von ihrer jeweiligen Verbindlichkeit** zugeführt werden, was nur im Wege der Sacheinlage zulässig wäre. Die Reihenfolge der Zahlungen ist für die Beurteilung der Frage, ob eine verdeckte Sacheinlage vorliegt, ohne Bedeutung. Es macht keinen Unterschied, ob zunächst der Gesellschafter die Einlage erbringt und sie dann zurückerhält oder umgekehrt zuerst die Gesellschaft leistet und der Gesellschafter diese Zahlung zur Einlageleistung verwendet.

Besteht ein **enger sachlicher und zeitlicher Zusammenhang** zwischen diesen Vorgängen, ist dies ein beweiskräftiges Indiz für ein abgestimmtes Verhalten der Beteiligten, das auf die Herbeiführung des wirtschaftlichen Erfolgs des verdeckten Rechtsgeschäfts gerichtet ist. Nach der Rspr. besteht der zeitliche Zusammenhang bei einem Zeitraum von acht Monaten, die Lit. geht von einem Zeitraum von zwölf Monaten aus.

Auf der Seite des Einlageschuldners gilt nach der Rspr. des BGH, dass sich dieser die **Leistung an einen Dritten** i. S. e. Rückzahlung zurechnen lassen muss, wenn er dadurch in gleicher Weise begünstigt wird wie im Falle einer Leistung an ihn selbst.

C.3.4.3 Rechtsfolgen

Rechtsfolge der verdeckten Sacheinlage war bisher die **Anwendung der objektiv umgangenen Norm**. Es galten die § 27 Abs. 3 bzw. § 183 Abs. 2 AktG a. F., wonach auch die Verträge über die Sacheinlage und die Rechtshandlungen zu ihrer Ausführung der Gesellschaft gegenüber unwirksam sind, soweit im Gründungsprotokoll bzw. im Beschluss über die Erhöhung des Grundkapitals nicht bestimmte Mindestangaben hinsichtlich der Sacheinlage festgesetzt werden. Hat der Aktionär zwar bar geleistet, wurde jedoch zuvor oder danach von der AG oder für deren Rechnung eine bereits vor der Bargründung/Barkapitalerhöhung anderweitig bestehende Verbindlichkeit ihm gegenüber getilgt, so besteht die Einlageforderung der AG gegenüber dem Aktionär fort; eine **wirksame Tilgung ist nicht erfolgt**. Der Aktionär seinerseits hat bzgl. seiner angeblich geleisteten Bareinlage einen **insolvenzanfälligen Bereicherungsanspruch** gegen die AG. Ist dieser Anspruch vollwertig, ist nur die AG nach § 66 Abs. 1 Satz 2 AktG zur **Aufrechnung** befugt.

 Im Falle einer verdeckten Sacheinlage droht den Einlegern die Gefahr, die Einlageleistung im Ergebnis zweimal leisten zu müssen.

C.3.4.4 Heilung, Anrechnung nach dem ARUG

Im GmbH-Recht hat der BGH die **Heilung einer verdeckten Sacheinlage** zunächst dadurch zugelassen, dass der den Gesellschaftern zustehende Bereicherungsanspruch **im Wege einer neuen Sachkapitalerhöhung** in die GmbH eingebracht wird (BGH NZG 1998, 428). Da bei einer verdeckten Sacheinlage analog § 27 Abs. 3 AktG a. F. sowohl das schuldrechtliche Verpflichtungsgeschäft als auch das dingliche Verfügungsgeschäft unwirksam ist (BGHZ 155, 329), war zur Heilung der verdeckten Sacheinlage nicht der Anspruch auf Rückgewähr der verdeckten Bareinlagezahlung, sondern der – offen zu legende und auf seine Werthaltigkeit zu prüfende – **Sachwert (oder ein an seine Stelle getretener Anspruch) einzubringen** (BGHZ 155, 329).

Der AG stand aufgrund der §§ 183 Abs. 2, 27 Abs. 4 AktG a. F. bei der Gründung der Weg der Heilung nur solange offen, wie die Kapitalerhöhung/Bargründung **noch nicht in das Handelsregister eingetragen** wurde. Eine Heilung einer unwirksamen Sacheinlage durch Satzungsänderung nach Eintragung der Durchführung der Erhöhung des Grundkapitals bzw. der Gründung in das Handelsregister ist danach ausgeschlossen. Diskutiert und überwiegend bejaht wurde im Aktienrecht bislang eine **Heilung analog den Regeln zur Nachgründung gemäß § 52 AktG**. Als uneingeschränkt zulässige Alternative anerkannt war eine Kapitalherabsetzung (§ 66 Abs. 3 AktG) mit anschließender Sachkapitalerhöhung.

Im **GmbH-Recht** ist eine solche Heilung nach Inkrafttreten des **MoMiG** nicht mehr erforderlich. Nach **§ 19 Abs. 4 GmbHG n. F.** wird der Wert der verdeckten Sacheinlage auf die Bareinlageverpflichtung angerechnet.

Mit dem **ARUG** hat der Gesetzgeber diese **Anrechnungsvorschrift** ins AktG übernommen (**§ 27 Abs. 3 AktG n. F.**). Auch im Aktienrecht wird bei einer verdeckten Sacheinlage nunmehr der **Wert der Einlageleistung auf die Einlageverpflichtung angerechnet**. Wird in der **Handelsregisteranmeldung** ungeachtet der verdeckten Sacheinlage erklärt, die Geldleistung stünde endgültig zur freien Verfügung des Vorstandes (§ 37 Abs. 1 AktG), so ist dies auch nach Einführung des neuen § 27 Abs. 3 Akt-E unrichtig und nach § 399 Abs. 1 Nr. 1 AktG **strafbewährt**. Erkennt das **Registergericht** die verdeckte Sacheinlage, muss es die Eintragung ablehnen (§ 38 AktG). Darüber hinaus bestimmt § 27 Abs. 3 S. 5 AktG n. F., dass der Aktionär die **Beweislast** für die Werthaltigkeit der verdeckten Sacheinlage trägt.

Gleichzeitig fällt der alte § 27 Abs. 4 AktG, ersatzlos weg. Nach dieser Bestimmung konnte die Unwirksamkeit von Verträgen und Verfügungen, die nicht die (alten) Sacheinlagevorschriften beachteten und die nicht gem. § 27 Abs. 1 AktG in der Satzung bzw. im Kapitalerhöhungsbeschluss verlautbart wurden, nach Eintragung der AG im Handelsregister bzw. nach Eintragung der Kapitalerhöhung nicht mehr geheilt werden. Im Ergebnis soll damit auch für die AG die schon aus dem GmbH-Recht bekannte Möglichkeit eröffnet werden, eine **verdeckte Sacheinlage zu heilen**, in dem die ursprünglich **unterbliebenen Festsetzungen einer Sacheinlage nachträglich durch eine einfache Satzungsänderung sowie durch eine Werthaltigkeitskontrolle nachgeholt** werden (BT-Drucksache 16/13098, S. 2 f.). Damit soll den Beteiligten nicht zuletzt vor dem Hintergrund der **neuen Beweislastregel** des § 27 Abs. 3 S. 5 AktG n. F. die Möglichkeit gegeben werden, den Fehler nachträglich zu beseitigen.

C.3.4.5 Ordnungsgemäßes Hin- und Herzahlen

Für das **Hin- und Herzahlen** von Geld hat der BGH entschieden, dass eine verdeckte Sacheinlage jedenfalls dann nicht angenommen werden könne, wenn der zunächst an den Einleger als **Darlehen** oder im Wege einer **Treuhandvereinbarung** zurückgewährte

Bareinlagebetrag später vom Inferenten endgültig an die Gesellschaft geleistet wird (BGH, DStR 2006, 104 und DStR 2006, 382). Nach Ansicht des BGH stellt das Hin- und Herzahlen unter Kapitalaufbringungsgesichtspunkten einen **einheitlichen Vorgang** dar, bei dem der Gesellschaft nichts zugeführt wird und bei dem auch der Gesellschafter nichts von der Gesellschaft zurückerhält. Bestehen bleibt eine einzige Schuld des Gesellschafters, nämlich die Einlageschuld. Diese kann dann durch eine spätere Einzahlung getilgt werden, auch wenn dies fälschlicherweise etwa als „Darlehensrückzahlung" oder „Erfüllung des Treuhandverhältnisses" bezeichnet wird. Eine verdeckte Sacheinlage liegt nicht vor, denn ein Rückzahlungsanspruch gegen den Gesellschafter aus einem Darlehensvertrag oder einer Treuhandabrede scheidet als Sacheinlage aus, weil der unerfüllte Bareinlageanspruch nicht Gegenstand einer Sacheinlage sein kann.

Anders ist es, wenn anstelle der „Darlehenskonstruktion" bereits von vornherein eine Forderung vorhanden ist, die als Sacheinlage dienen kann. Schuldtilgend kann diese Forderung nur im Wege einer Sacheinlage eingebracht werden (BGH, DStR 2006, 104, 105). Dies ist z. B. der Fall, wenn eine Bareinlage auf eine Kapitalerhöhung nach vorgefasstem Plan alsbald in ein **Cash-Pool-System** einbezahlt wird, um dort bestehende Darlehensverbindlichkeiten der Gesellschaft zu tilgen (BGH, ZIP 2006, 665). Ein „**Sonderrecht**" für die in ein Cash-Pool-System einbezogenen Gesellschaften besteht im Hinblick auf die Kapitalaufbringungsvorschriften bei Gründung und Kapitalerhöhung nicht.

Mit dem **MoMiG** hat der Gesetzgeber **für die GmbH** eine ausdrückliche Regelung für das sog. **ordnungsgemäße Hin- und Herzahlen** in § 19 Abs. 5 GmbHG geschaffen. Mit dem **ARUG** wird diese Regelung im Aktienrecht in **§ 27 Abs. 4 AktG n. F. übernommen**.

Ist vor der Einlage eine Leistung an den Aktionär vereinbart worden, die wirtschaftlich einer Rückzahlung der Einlage entspricht und die nicht als verdeckte Sacheinlage i. S. d. § 27 Abs. 4 AktG n. F. zu beurteilen ist, befreit diese gem. § 27 Abs. 4 AktG n. F. den Aktionär von seiner Einlageverpflichtung dann, wenn die Leistung durch einen **vollwertigen Rückgewähranspruch** gedeckt ist, der **jederzeit fällig** ist oder durch fristlose Kündigung durch die Gesellschaft fällig werden kann. Eine solche Leistung oder die Vereinbarung einer solchen Leistung ist in der **Handelsregisteranmeldung** nach § 37 AktG **ausdrücklich offenzulegen**.

Ein Fall des **ordnungsgemäßen „Hin- und Herzahlens"** i. S. d. § 27 Abs. 4 AktG n. F. liegt vor, wenn im unmittelbaren Anschluss an eine erfolgte Bareinlage der eingezahlte Geldbetrag in Form eines Darlehens wird zurück an den Aktionär fließt. Diese Darlehensgewährung im Rahmen des Hin- und Herzahlens stellt keine verdeckte Sacheinlage dar (§ 27 Abs. 4 S. 1 und Abs. 3 S. 1 AktG n. F.). Zwar wird auch in diesem Fall angesichts der Auszahlung der Darlehensvaluta wirtschaftlich ein anderer Gegenstand als der geschuldete eingebracht, nämlich der jeweilige Zins- und Darlehensrückzahlungsanspruch. Derartige schuldrechtliche Ansprüche gegen den Aktionär sind jedoch nach allgemeiner Ansicht nicht sacheinlagefähig, da ansonsten die Einlageforderung der Gesellschaft gegen den einbringenden Gesellschafter durch eine schwächere schuldrechtliche Forderung gegen diesen ersetzt werden könnte (BGH, ZIP 2009, 713 „Qivive"). Da eine derartige Forderung nicht sacheinlagefähig ist, kann sie auch nicht als verdeckte Sacheinlage qualifiziert werden. Auf derartige Fälle findet daher nicht § 27 Abs. 3 AktG n. F., sondern ausschließlich § 27 Abs. 4 AktG n. F. Anwendung. Gleichgestellt sind die Fälle, die „wirtschaftlich" einer Rückzahlung der Einlage entsprechen. Erfasst wird dabei zum einen der umgekehrte Fall, dass im Rahmen eines „Her- und Hinzahlens" von der Gesellschaft dem Aktionär zunächst ein Darlehen gewährt wird, wobei der Aktionär dann mit der Darlehensvaluta die Bareinlageleistung erfüllt. Erfasst wird aber auch beispielsweise die Sicherheitsgewährung aus dem Vermögen der Gesellschaft zugunsten des Inferenten für einen Bankkredit in Höhe der baren Einlageleistung.

Voraussetzung für § 27 Abs. 4 AktG n. F. ist, dass die **Vereinbarung** einer solchen Leistung **„vor der Leistung"** erfolgt sein muss. Eine Rückzahlung ohne entsprechende Vereinbarung fällt nicht unter § 27 Abs. 4 AktG n. F. Die in § 27 Abs. 4 AktG n. F. angeordnete Erfüllungswirkung der ursprünglich auf die Einlageschuld getätigten Bareinzahlung tritt weiterhin nur dann ein, wenn (und nicht „soweit") diese an den Aktionär zurückgewährte Leistung durch einen vollwertigen Gegenleistungs- oder Rückgewähranspruch gedeckt ist. Der Gesetzgeber fordert dabei eine bilanzielle Betrachtungsweise, sodass man hier vorrangig auf eine zu 100 % aktivierungsfähige Forderung abstellen muss. Weiter muss der Rückgewähranspruch jederzeit fällig sein oder fällig gestellt werden können. Entscheidender Zeitpunkt für die Beurteilung der Vollwertigkeit ist die Mittelausreichung. Verschlechtert sich die Liquidität der Gesellschaft nachträglich, kann den Vorstand eine Rückforderungspflicht treffen, deren Verletzung zu einer Haftung nach §§ 92, 93 AktG führt.

Liegen die Voraussetzungen des § 27 Abs. 4 AktG n. F. vor, kommt es zu einer **echten Erfüllung** und nicht nur wie bei der verdeckten Sacheinlage zu einer wertmäßigen Anrechnung. Fehlt es hingegen an der Vollwertigkeit oder an den Anforderungen zur Fälligkeit der Rückzahlungsforderung, liegt keine wirksame Erfüllung der Einlageschuld vor. Es bleibt bei den oben dargestellten Grundsätzen zum Hin- und Herzahlen. § 27 Abs. 4 AktG n. F. geht von einem **„Alles-oder-Nichts-Prinzip"** aus. Entweder kommt es also hierbei zu einer echten Erfüllung der gesamten Einlageschuld oder die gesamte Einlageschuld wird gerade nicht erfüllt.

§ 27 Abs. 4 AktG-E hat vor allem Bedeutung für einen Cash Pool.

➡ Beispiel C.3.5

A, B und C sind drei AG's. Sie bilden zusammen der XY-AG den XY-Konzern. Mittels eines Cash-Pool-Systems reichen A, B und C ihre vorhandene Liquidität in Form von Darlehen an die den Cash Pool führende XY-AG weiter, die ihrerseits A, B oder C bei Liquiditätsbedarf jeweils Darlehen in entsprechender Höhe gewährt. Bei A wird eine Kapitalerhöhung durchgeführt, deren Einlage vollständig durch eine Bareinlage durch die XY-AG erbracht werden soll. Absprachegemäß wird die von der XY-AG geleistete Bareinlage sogleich wieder in das Cash-Pool-System eingestellt. Soweit das an die XY-AG zurückgewährte Kapital eine neue Darlehensforderung gegenüber der XY-AG begründet, liegt ein Fall des Hin- und Herzahlens i. S. d. § 27 Abs. 4 AktG vor. Ein Fall der verdeckten Sacheinlage ist nicht gegeben, weil eine Forderung gegen einen Aktionär nicht sacheinlagefähig ist.

➡ Gegenbeispiel:

Wird dagegen mit dem zurückgewährten Kapital eine bereits bestehende Darlehensforderung der XY-AG gegen die A getilgt, handelt es sich um eine verdeckte Sacheinlage. Die Forderung der XY-AG gegen die A-AG kann tauglicher Gegenstand einer Sacheinlage sein. Die Voraussetzungen des § 27 Abs. 4 AktG n. F. liegen damit nicht vor. Es erfolgt aber eine Anrechnung des Werts der Darlehensforderung nach § 27 Abs. 3 AktG n. F.

C.3.4.6 Übergangsvorschrift

In § 20 Abs. 7 EGAktG n. F. gibt es eine **ausdrückliche Übergangsvorschrift** für die Anwendung der neuen Regeln über verdeckte Sacheinlagen und das ordnungsgemäße Hin- und Herzahlen (§ 27 Abs. 3 und Abs. 4 AktG n. F.). Sie entspricht der Übergangsregelung des MoMiG in § 3 Abs. 3 EGGmbHG. Danach findet das neue Recht zur verdeckten Sacheinlage und zum ordnungsgemäßen Hin- und Herzahlen auch auf Fälle Anwendung, die sich vor dem Inkrafttreten des ARUG abgespielt haben, es sei denn, es liegt ein rechtskräftiges Urteil über die aus der Unwirksamkeit folgenden Ansprüche vor oder es ist hierüber zwischen der Geellschaft und dem Inferenten eine Vereinbarung getroffen worden.

Im Ergebnis bedeutet diese Übergangsregelung, dass **bislang schuldrechtlich und dinglich nach § 27 Abs. 3 AktG a. F. unwirksame Rechtsgeschäfte** mit Inkrafttreten des ARUG **ex nunc wirksam** werden. Dem ARUG kommt damit ebenso wie dem MoMiG in diesem Punkt eine „**echte Rückwirkung**" eines Gesetzes zu. **Verfassungsrechtlich** ist dies **höchst zweifelhaft**. Es handelt sich um abgeschlossene Tatbestände, die oftmals Jahre zurückliegen. Nach Auffassung des **BVerfG** ist eine echte Rückwirkung von Gesetzen auf abgeschlossene Sachverhalte **nicht zulässig**. Ob diese Übergangsregelung Bestand habe wird, ist daher fraglich.

C.3.5 Vorratsgründung bzw. Mantelverwendung oder Mantelkauf

Von einer **Vorratsgesellschaft** spricht man, wenn eine AG nur auf „Vorrat" gegründet wird, um bei Bedarf eine sofort handlungsfähige AG zu haben und nicht erst die Gründung und Eintragung der Gesellschaft im Handelsregister abwarten zu müssen. Vorratsgesellschaften werden im „normalen Verfahren der Bar- oder Sachgründung gegründet. Diese Gesellschaften werden aber zunächst nicht wirtschaftlich aktiv, betreiben also kein Unternehmen. Beginnt eine solche Gesellschaft aber später, selbst unternehmerisch tätig zu werden, liegt nach Ansicht der Rechtsprechung eine **wirtschaftliche Neugründung** vor. Diese ist gegenüber dem Handelsregister offenzulegen; es sind die Gründungsvorschriften (erneut) anzuwenden (BGHZ 153, 158). Eine wirtschaftliche Neugründung liegt in der Regel vor, wenn bei der auf Vorrat gegründeten Gesellschaft neue Vorstandsmitglieder bestellt und die Eintragung der Änderung des Sitzes, der Firma und des Unternehmensgegenstandes zum Handelsregister angemeldet werden.

Nach Ansicht des BGH gelten diese Grundsätze gleichermaßen bei der **Verwendung eines „alten Mantels"** einer früher aktiven, jetzt aber unternehmenslosen Gesellschaft (BGHZ 155, 318). Für eine wirtschaftliche Neugründung kommt es hier aber nicht auf eine Änderung des Unternehmensgegenstandes, eine Neufassung der Firma oder eine Sitzverlegung an; auch bedarf es hierzu nicht der Bestellung eines neuen Vorstandes

Adolf Reul

und/oder der Veräußerung von Aktien. Auch auf die Vemögenslosigkeit kommt es nicht an. Maßgebliches Kriterium ist nach Ansicht des BGH allein, ob (noch) ein aktives Unternehmen betrieben wird (BGHZ 155, 318, 324).

Die Verwendung des Mantels einer Vorratsgesellschaft als auch die Verwendung eines gebrauchten Gesellschaftsmantels ist **als wirtschaftliche Neugründung gegenüber dem Handelsregister aus Gründen des Gläubigerschutzes ausdrücklich offen zu legen. Unterbleibt eine solche Offenlegung, haften** die Gründer nach den **Grundsätzen der Unterbilanzhaftung.** Die Gesellschafter haften also für die Differenz zwischen dem Wert des Gesellschaftsvermögens und dem in der Satzung festgesetzten Grundkapital zum Zeitpunkt der (späteren) Offenlegung der wirtschaftlichen Neugründung gegenüber dem Handelsregister. In Betracht kommt auch eine Handelndenhaftung nach § 41 AktG.

> **!** Der Vorteil der Verwendung einer Vorrats-AG bzw. einer Mantel-AG im Gegensatz zu einer Neugründung besteht allein darin, dass die Eintragung der AG im Handelsregister nicht abgewartet werden muss. Es genügt die Offenlegung der „wirtschaftlichen" Neugründung gegenüber dem Handelsregister. Ansonsten ist in beiden Fällen Gründungsrecht anzuwenden.

C.3.6 Haftung im Gründungsstadium

C.3.6.1 Haftung in der Vorgründungs-AG

Die **sog. Vorgründungsgesellschaft** bezeichnet das **Stadium vor der notariellen Beurkundung** der Satzung. Sie entsteht nur, wenn sich die künftigen Gründer in einem notariell beurkundeten Vorvertrag zur gemeinsamen Errichtung der AG verpflichten und die dafür wesentlichen Eckdaten festlegen. Werden die Vorgründer in der Phase bis zur notariellen Gründung der AG selbst geschäftlich tätig, haften sie nach den Regeln der GbR bzw. der OHG unbeschränkt persönlich. Zur Geschäftsführung und Vertretung sind mangels abweichender Regelungen sämtliche Gesellschafter gemeinschaftlich berufen (§§ 709, 714 BGB).

C.3.6.2 Haftung der Gründer in der Vor-AG

Nach **Feststellung der Satzung** und der **Übernahme aller Aktien** durch die Gründer im Gründungsprotokoll entsteht die sog. Vor-AG oder auch Gründungsgesellschaft genannt (AG I.G.). Bis zur Eintragung derselben ins Handelsregister ergeben sich **vielfältige Haftungsrisiken** für die Gründer, wenn die Vor-AG ihre Geschäftstätigkeit bereits aufgenommen hat. Zwar gehen die Rechte und Pflichten aus solchen Geschäften im Gründungsstadium – anders als von der Vorgründungsgesellschaft auf die Vor-Gesellschaft – mit Eintragung der AG ohne weiteres von der Vor-Gesellschaft auf die AG über. Beim Scheitern der Eintragung als auch beim Verbrauchen des Grundkapitals bis zur Eintragung der AG gilt jedoch das vom BGH für die Vor-GmbH entwickelte **Haftungskonzept der Unterbilanz – und Verlustdeckungshaftung –** entsprechend.

C.3.6.2.1 Unterbilanzhaftung

Kommt es zur Eintragung der AG im Handelsregister, obgleich der Wert des Gesellschaftsvermögens abzüglich des in der Satzung festgelegten Gründungsaufwands etwa wegen vorzeitiger Geschäftsaufnahme hinter dem in der Satzung festgesetzten Grundkapitals zurückbleibt, haften die Gründer-Gesellschafter, die den Vorstand zur Geschäftsaufnahme ermächtigt haben, anteilig im Verhältnis ihrer Kapitalanteile gegenüber der Gesellschaft. Die Grundkapitalziffer muss im Zeitpunkt der Eintragung der Gesellschaft durch das vorhandene Vermögen der Gesellschaft gedeckt sein. Eine vorhandene Unterbilanz (Aktiva – Passiva < Grundkapital) oder eine Überschuldung (Aktiva – Passiva < 0) muss ausgeglichen werden. Diese Haftung der Aktionäre ist nicht auf die Höhe ihrer Einlageverpflichtung begrenzt.

 Für die Gründer ist daher die Geschäftsaufnahme durch die AG schon vor ihrer Eintragung besonders riskant. Wenn möglich, sollte daher die Eintragung der AG im Handelsreigster abgewartet werden.

Es besteht grds. ein **System der Innenhaftung**, so dass Gläubiger der Gesellschaft die Gründer nicht unmittelbar in Anspruch nehmen können, es sei denn, es liegt eine Einpersonengesellschaft vor oder die Gesellschaft verfügt über kein Vermögen mehr.

C.3.6.2.2 Verlustdeckungshaftung

Wenn die **Eintragung der AG scheitert** und die Vor-Gesellschaft liquidiert werden muss, haften die Gründer ebenfalls für die Verluste der Vor-Gesellschaft. Es gelten die vorstehenden Ausführungen zur Unterbilanzhaftung entsprechend. Das der Grundkapitalziffer entsprechende Vermögen ist allerdings nicht wiederherzustellen. Es genügt, wenn die Forderungen der Gläubiger befriedigt werden. Verschärft wird die Haftung für die Gründer bei der **sog. unechten Vor-AG**. Wird die Vor-AG insolvent oder ge-

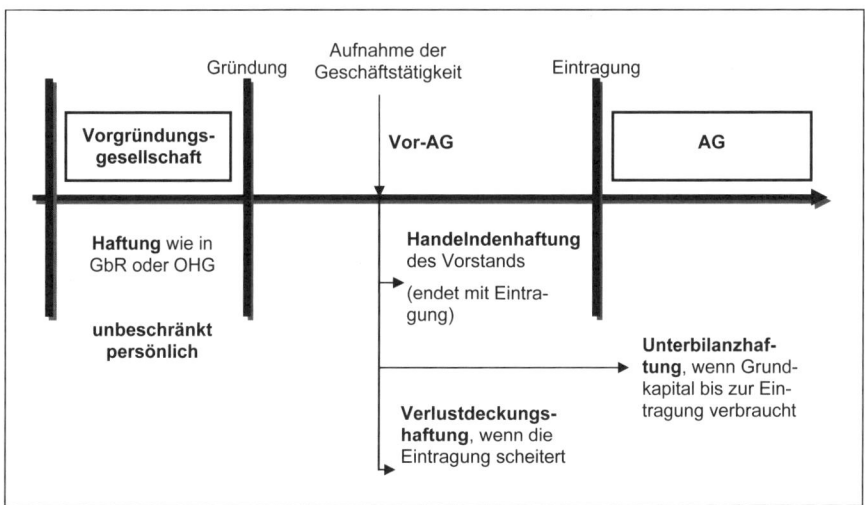

Abbildung C.3.6.2.2: Die Gründung

Adolf Reul

ben die Gründer ihre Eintragungsabsicht auf, handelt die Vor-AG aber weiterhin im Rechtsverkehr, wird die **Innenhaftung zur unbeschränkten gesamtschuldnerischen Außenhaftung** vergleichbar mit der Haftung nach BGB oder OHG-Recht bei der Vorgründungsgesellschaft.

C.3.6.2.3 Differenzhaftung des Sacheinlegers

Bleibt bei der Sachgründung der Wert des Einlagegegenstandes hinter dem Nennwert bzw. bei Stückaktien hinter dem anteiligen Betrag des Grundkapitals der dafür gewährten Aktien zurück, hat der Gründer die Differenz in bar nachzuzahlen. Diese in § 9 Abs. 1 GmbHG für die GmbH ausdrücklich geregelte Differenzhaftung kommt im AktG in den §§ 9 Abs. 1, 36a Abs. 2 Satz 3 AktG zum Ausdruck. Nach h. M. umfasst die Differenzhaftung auch ein etwa vereinbartes Agio.

C.3.6.2.4 Sonstige Haftungsgefahren

Die **Gründer haften** gemäß § 46 Abs. 1, 3 AktG der AG **als Gesamtschuldner**, wenn sie einen der dort aufgeführten Tatbestände schuldhaft erfüllen. Diese Ansprüche **verjähren nach § 51 AktG in fünf Jahren.**

C.3.6.3 Handelndenhaftung

Die **Mitglieder des Vorstandes** – nicht die Gründer – können nach § 41 Abs. 1 Satz 2 AktG als Gesamtschuldner für das haften, wofür die Gesellschaft auch haftet. Voraussetzung ist, dass sie **vor Eintragung der AG in deren Namen gehandelt** haben. Diese **unbeschränkte Außenhaftung** tritt neben die Haftung der Gründer. Sie erlischt allerdings mit Eintragung im Handelsregister.

C.3.6.4 Haftung von Vorstand und Aufsichtsrat

Die Mitglieder des Vorstands- und Aufsichtsrates unterliegen schon im Gründungsstadium den **allgemeinen Sorgfaltspflichten** aus den §§ 93, 116 AktG.

 Beispiel C.3.6
Bareinlagen stehen dem Vorstand nicht zur freien Verfügung; die Gründungsprüfung wurde nicht ordnungsgemäß durchgeführt.

C.3.6.5 Haftung von Gründungsprüfer und kontoführender Bank

§ 49 AktG verweist für die Haftung des Gründungsprüfers auf die in § 322 Abs. 1–4 HGB normierte **Verantwortlichkeit des Abschlussprüfers.**

Gemäß § 37 Abs. 1 AktG hat der Vorstand dem Registergericht bei der Anmeldung der Bargründung u. a. die **Bestätigung eines Kreditinstituts** einzureichen. Für die Richtigkeit der Bestätigung ist das Kreditinstitut der Gesellschaft nach § 37 Abs. 1 Satz 3 AktG verantwortlich.

Zusammenfassung

Die Gründung der AG bedarf der notariellen Beurkundung. Im Rahmen der Gründung ist die Satzung der AG festzustellen und die Organe Vorstand und Aufsichtsrat zu bestimmen. Ein Schwerpunkt der Gründung ist die Aufbringung des Grundkapitals als Korrelat zur nur beschränkten Haftung der Aktionäre. Zur Sicherstellung der Ordnungsmäßigkeit der Gründung und der Kapitalaufbringung sind verschiedene Gründungsberichte und Gründungsprüfungen erforderlich. Nachzuweisen ist insbesondere die tatsächliche Aufbringung der Mindesteinlage. Verantwortlich für die Rechtmäßigkeit der Gründung und auch für die Anmeldung sind die Gründer, alle Mitglieder des ersten Aufsichtsrats und der Vorstand. Besondere Vorschriften bestehen, wenn das Grundkapital nicht im Wege der Bareinlage, sondern als Sacheinlage erbracht wird. Notwendig ist hier insbesondere die Beibringung eines Gutachtens, mit der die Werthaltigkeit des Sacheinlagegegenstandes nachgewiesen wird. Der Sicherung der Kapitalaufbringung dient auch die Lehre von der verdeckten Sacheinlage. Eine verdeckte Sacheinlage liegt vor, wenn eine Bargründung vereinbart wird, der Gesellschaft aber nicht effektiv Barkapital zugeführt wird, sondern andere Vermögenswerte, ohne die Vorschriften über die Sacheinlage zu beachten. Die Rechtsfolgen der verdeckten Sacheinlage entsprechen den aus dem GmbH-Recht bekannten Regeln. Es erfolgt eine Anrechnung des Werts des verdeckt eingebrachten Wertes des Einlagegegenstandes auf die Bareinlage. Sondervorschriften enthält das Gesetz für das ordnungsgemäße Hin- und Herzahlen.

Ausfluss der Kapitalaufbringungsvorschriften ist schließlich auch die Rechtsprechung zu Vorrats- und Mantelgesellschaften. Wird danach eine unternehmenslose Vorratsgesellschaft oder eine vormals unternehmerisch tätige, aber jetzt unternehmenslose Mantelgesellschaft (erneut) wirtschaftlich tätig, liegt eine wirtschaftliche Neugründung vor. Diese ist gegenüber dem Handelsgegister offenzulegen. Es gelten dabei sämtliche Gründungsvorschriften.

Bei der Gründung sind verschieden Zeiträume zu unterscheiden. Die AG entsteht erst mit ihrer Eintragung im Handelsregister. Davor entsteht mit Abfassung des notariellen Gründungsprotokolls die Vor-AG. Rechte und Pflichten der Vor-AG gehen auf die später eingetragene AG automatisch über. Keine Identität besteht jedoch zwischen der Vorgründungsgesellschaft, bei der sich die Gründer zur (späteren) Gründung einer AG verabreden und der Vor-AG. Leistungen an die Vorgründungsgesellschaft wirken grundsätzlich nicht für die Vor-AG und damit auch nicht für die spätere AG. Enlageleistungen vor der Beurkundung der Gründung der AG sind daher nicht schuldtilgend.

Diese verschiedenen Zeiträume sind auch für die Haftung der Gründer von Bedeutung. Die Haftungsbeschränkung des § 1 Abs. 1 S. 2 AktG tritt erst mit Eintragung der AG im Handelsregister ein. Unabhängig von der allgemeinen Gründerhaftung haften die Gründer für Verbindlichkeiten der Vor-AG vor Eintragung nach dem Grundsatz der Unterbilanzhaftung. Danach muss im Zeitpunkt der Eintragung der AG im Handelsregister das in der Satzung eingetragene Grundkapital durch das Vermögen der Gesellschaft gedeckt sein. Kommt es nicht zu einer Eintragung der AG, haften die Gründer für die Verluste der Vor-AG. In beiden Fällen richtet sich die Haftung der Gründer nach ihrer Kapitalbeteiligung. Allerdings ist die Haftung nicht beschränkt auf die Einlageleistung. Erst recht unbeschränkt ist die Haftung für Verbindlichkeiten einer Vorgründungsgesellschaft, bzw. wenn nach Scheitern der Gründung der AG die Vor-AG weiter unternehmerisch tätig ist.

Aufgaben zur Selbstprüfung

1. Bedarf die Gründung einer AG einer bestimmten Form?
2. Kann auch ein Einzelner eine AG gründen?
3. Was ist der geringste Ausgabebetrag?
4. Wann ist eine externe Gründungsprüfung erforderlich?
5. Wann kann frühestens die Einlageleistung erbracht werden?
6. Wer meldet die Gründung der AG an?
7. Wann entsteht eine AG?
8. Was versteht man unter einer verdeckten Sacheinlage?
9. Was versteht man unter einer Unterbilanzhaftung?

C.4 Nachgründung

Die Nachgründung ist eine aktienrechtliche Besonderheit. § 52 AktG verlangt für bestimmte Rechtsgeschäfte, die innerhalb von 2 Jahren nach Eintragung der AG im Handelsregister geschlossen werden, die Beachtung besonderer Vorgaben. Diese Besonderheiten werden in dem folgenden Kapitel erläutert.

Nach § 52 Abs. 1 AktG werden **Verträge der Gesellschaft**, nach denen sie Vermögensgegenstände für eine den zehnten Teil des Grundkapitals übersteigende Vergütung erwerben soll und die in den ersten zwei Jahren seit der Eintragung der Gesellschaft in das Handelsregister geschlossen werden, nur mit **Zustimmung der Hauptversammlung** und **Eintragung im Handelsregister** wirksam. Die Verträge bedürfen der **Schriftform**. Zweck der Vorschrift des § 52 AktG ist es zu verhindern, dass die Kapitalaufbringungsvorschriften bei der Sachgründung dadurch umgangen werden, dass die Gesellschaft im Wege der Bargründung errichtet wird und dann eine von vornherein geplante Übernahme von Gegenständen erst nach der Eintragung der Gesellschaft vereinbart wird.

C.4.1 Vertragspartner der AG

Nach § 52 Abs. 1 AktG sind nur solche Verträge nachgründungspflichtig, die mit den Gründern oder mit mehr als 10 % des Grundkapitals an der Gesellschaft beteiligten Aktionären abgeschlossen werden. Geschäfte mit außenstehenden Dritten werden von § 52 AktG nicht erfaßt

Gründer i. S. d. § 52 Abs. 1 AktG sind gemäß § 28 AktG diejenigen Aktionäre, die die Satzung festgestellt haben. Dabei sind auch solche Aktionäre einzubeziehen, die zwar nicht bei Feststellung der Ursprungssatzung mitgewirkt haben, die aber der Gesellschaft vor deren Eintragung beigetreten sind. Erfaßt werden von § 52 Abs. 1 AktG weiterhin **Aktionäre, die mit mehr als 10 % am Grundkapital beteiligt** sind. Entscheidend kommt es auf diese Eigenschaft zum Zeitpunkt des Abschlusses des Nachgründungsvertrages an.

C.4.2 Vertragsgegenstand

Der gesetzliche Begriff der „**Anlagen oder anderen Vermögensgegenstände**" in § 52 Abs. 1 AktG wird soweit wie nur irgend möglich ausgelegt. Es kommt nicht darauf an, dass diese Vermögensgegenstände Gegenstand einer Sacheinlage oder Sachübernahme sein können. Dienstleistungen fallen genauso darunter.

Adolf Reul

C.4.3 Vergütung

Nach § 52 AktG kommt es darauf an, dass die hierfür **zu leistende Vergütung** 10 % des Grundkapitals übersteigt. Dabei wird auf den Betrag des satzungsmäßigen und im Handelsregister eingetragenen Grundkapitals zum Zeitpunkt des Vertragsschlusses abgestellt.

Grds. wird **jedes wirtschaftlich einheitliches Erwerbsgeschäft** für sich genommen und daran geprüft, ob die hierbei vereinbarte Vergütung diese 10 %-Grenze übersteigt. Bei **befristeten Dauerschuldverhältnissen** ist die volle Höhe der geschuldeten Vergütung maßgebend, die die Gesellschaft während der gesamten Laufzeit des Vertrages – auch nach Ablauf der Zwei-Jahres-Frist – erbringen muss. Bei **unbefristeten Dauerschuldverhältnissen** kommt es darauf an, welche Vergütungen die Gesellschaft bis zur erstmöglichen ordentlichen Kündigungsmöglichkeit zu zahlen hat.

Umstritten ist, ob § 52 AktG auch dann gilt, wenn die **Vergütung** nicht aus dem gebundenen Vermögen, sondern nur **aus künftigen Gewinnen oder freien Rücklagen zu erbringen** ist. Nach einer Ansicht gelten hier die Nachgründungsvorschriften nicht, weil es dabei allein um die Kapitalerhaltung geht. Eine Gefährdung des Kapitals ist aber nicht zu besorgen, wenn die Gegenleistung für den Vermögenserwerb auch frei ausschüttbar wäre. Nach a. A. gilt auch hier das Regime des § 52 AktG uneingeschränkt. Bei der 10 %-Grenze des § 52 AktG handelt es sich um einen starren Schwellenwert.

C.4.4 Ausnahme

Nach § 52 Abs. 9 AktG finden die Nachgründungsvorschriften keine Anwendung, wenn das Erwerbsgeschäft zu den **„laufenden Geschäften" des Unternehmens** gehört, in der Zwangsvollstreckung oder an der Börse erfolgt. Dadurch soll verhindert werden, dass die (normale) Geschäftstätigkeit der Gesellschaft durch die Nachgründungsvorschriften behindert wird. Erfaßt werden hiervon vor allem **sog. „Hilfsgeschäfte",** ohne die der Unternehmensgegenstand nicht sinnvoll verfolgt werden könnte. Ebenso dazu gezählt werden können Geschäfte des **Umlaufvermögens.**

 Beispiel C.4.1

Geschäfte mit Transportunternehmern, Mitarbeitern, dem Abschlussprüfer sowie beratenden Rechtsanwälten. Nicht erfasst werden dagegen Geschäfte, die erst der Verwirklichung des statutarischen Unternehmensgegenstandes dienen (Investitionsplan), wie z. B. die Anschaffung von Maschinen etc.

C.4.5 Rechtsfolgen

Vor der Eintragung des Vertrages im Handelsregister und vor der Zustimmung der Hauptversammlung ist der **Vertrag schwebend unwirksam.** Wird der Vertrag nicht schriftlich vereinbart, liegt ein zur Nichtigkeit nach § 125 BGB führender **Formmangel** vor. Gleiches gilt für die dinglichen Verfügungsgeschäfte nach § 52 Abs. 1 Satz 2 AktG.

C.4.6 Verfahren/Nachgründungsbericht/Eintragung im Handelsregister

Nach § 52 Abs. 1 AktG wird ein Nachgründungsvertrag nur dann wirksam, wenn die **Zustimmung der Hauptversammlung** vorliegt und der Vertrag im Handelsregister eingetragen worden ist. Vorher hat der **Aufsichtsrat den Vertrag zu prüfen** und einen schriftlichen Nachgründungsbericht zu erstatten (§ 52 Abs. 3 AktG). Ebenso ist vor dem Hauptversammlungsbeschluss noch eine externe Nachgründungsprüfung gemäß § 52 Abs. 4 AktG durchzuführen.

Der **Hauptversammlungsbeschluss** bedarf einer **3/4-Mehrheit** des vertretenen Grundkapitals (§ 52 Abs. 5 AktG). Er ist notariell zu beurkunden (§ 130 Abs. 1 Satz 3 AktG). Im ersten Jahr nach der Gründung ist zusätzlich erforderlich, dass die zustimmende Mehrheit mindestens 25 % des Grundkapitals repräsentiert. Für die Hauptversammlung gelten besondere Bekanntmachungs- und Auslegungspflichten (§§ 124 Abs. 2 Satz 2, 52 Abs. 2 AktG).

C.4.7 Heilung

Ob eine **Heilung** eines Vertrages in Betracht kommt, bei dem die Nachgründungsvorschriften des § 52 AktG nicht beachtet wurden, ist danach zu unterscheiden, oder der Vertrag lediglich **schwebend unwirksam** oder bereits endgültig unwirksam ist. Bei endgültiger Unwirksamkeit scheidet eine Heilung aus. Möglich ist nur eine Neuvornahme. Eine **endgültige Unwirksamkeit** ist gegeben, wenn die Hauptversammlung ihre Zustimmung verweigert, das Handelsregister den Vertrag nicht eingetragen hat oder das Schriftformgebot des § 52 Abs. 2 Satz 1 AktG nicht gewahrt wird (§ 125 BGB).

Schwebende Unwirksamkeit liegt dagegen vor, wenn entweder die Hauptversammlung noch nicht über die Zustimmung zu dem Nachgründungsvertrag ertrag beschlossen hat oder der Antrag auf Eintragung des Vertrages im Handelsregister noch nicht endgültig zurückgewiesen wurde. Allein der **Ablauf der Nachgründungsfrist** oder etwa eine zwischenzeitlich durchgeführte Kapitalerhöhung, so dass die Gegenleistung nicht mehr die 10 %-Grenze überschreitet, führen nicht automatisch zur Wirksamkeit des Nachgründungsvertrages. Notwendig ist entweder eine bestätigende Vereinbarung nach § 141 BGB oder eine Genehmigung durch die AG. Die AG wird durch ihren Vorstand vertreten.

C.4.8 Sachkapitalerhöhung als Nachgründung

Wird eine Sachkapitalerhöhung binnen zwei Jahren nach Gründung der Gesellschaft beschlossen, ist § 52 AktG analog anzuwenden, weil die Pflichtprüfung des § 52 Abs. 3 und 4 AktG und die sonstigen Erfordernisse der Nachgründung weitergehen als die der Sachkapitalerhöhung nach § 183 Abs. 3 AktG. Die Schwelle für das Eingreifen der Nachgründungsvorschriften, nämlich der Erwerb „für eine den 10. Teil des Grund-

Adolf Reul

kapitals übersteigende Vergütung" bemisst sich hier nicht nach dem ursprünglichen Grundkapital, sondern wegen §§ 67 Satz 3, 125 UmwG nach dem nach Eintragung der Sachkapitalerhöhung erhöhten Grundkapital.

Liegen gleichzeitig die Voraussetzungen einer **verdeckten Sacheinlage** vor, gelten uneingeschränkt die o.g. Grundsätze der verdeckten Sacheinlage. Sie werden durch die Vorschriften über die Nachgründung nicht verdrängt (BGHZ 173, 145 „**Lurgi**"; BGHZ 175, 265 „**Rheinmöve**").

 Übung C.4.1
Vergleichen Sie die Verfahrensvorschriften der Nachgründung mit denen der Sachgründung. Was stellen Sie fest?

 Beispiel C.4.2
Im Rahmen einer „**Stufengründung**" erfolgt zunächst eine Bargründung, um möglichst schnell die Eintragung einer AG im Handelsregister zu erlangen und so mit der voll rechtsfähigen und handlungsfähigen AG am Markt tätig zu werden. Im Anschluss an diese Bargründung werden dann Gegenstände, insbesondere ein aktives Unternehmen im Wege der Sachkapitalerhöhung in die Gesellschaft eingebracht. Eine unzulässige **verdeckte Sachgründung** läge dagegen vor, wenn mit der Bareinlage nach Eintragung der Gesellschaft – wie von Anfang an beabsichtigt – das aktive Unternehmen gekauft würde.

C.4.9 Änderungen durch das ARUG

Nach dem **ARUG** muss der Nachgründungsvertrag nicht mehr von der Einberufung an sowie in der Hauptversammlung ausgelegt werden, wenn er über die **Internetseite** der Gesellschaft zugänglich ist (§ 52 Abs. 2 S. 4 AktG n. F.). Eine externe **Nachgründungsprüfung** kann unter den Voraussetzungen des § 33a AktG n. F. entfallen (§ 52 Abs. 4 S. 3 AktG n. F.). Bei der Handelsregisteranmeldung ist dies nach § 37a AktG-E anzugeben (§ 52 Abs. 6 S. 4 AktG n. F.); § 38 Abs. 3 AktG n. F. gilt entsprechend (§ 52 Abs. 7 S. 2 AktG n. F.).

 Zusammenfassung

Mit den Nachgründungsvorschriften des § 52 AktG versucht der Gesetzgeber, die Umgehung der Anwendung der Sachgründungsvorschriften zu vermeiden. Maßgeblich ist, ob die Gesellschaft binnen 2 Jahren nach Eintragung im Handelsregister Rechtsgeschäfte mit Gründern oder mit mehr als 10 % an der Gesellschaft beteiligten Aktionären schließt und die Vergütung 10 % des Grundkapitals übersteigt. Diese Verträge einschließlich ihrer dinglichen Vollzugsgeschäfte sind nur wirksam, wenn die Hauptversammlung zugestimmt hat und der Vertrag im Handelsregister eingetragen wird. Der Hauptversammlungsbeschluss bedarf einer ¾ Kapitalmehrheit und muss notariell beurkundet werden. Weiter muss der Vertrag zumindest schriftlich geschlossen werden. Außerdem muss der Vertrag durch den Aufsichtsrat und einen externen Prüfer geprüft werden. Erfasst wird von der Nachgründung auch eine Sachkapitalerhöhung um mehr als 10 % des Grundkapitals innerhalb von 2 Jahren nach Gründung der Gesellschaft. Das Nachgründungsverfahren ist nach der Ausnahmevorschrift des § 52 Abs. 9 AktG nicht zu beachten bei Erwerbsgeschäften im Rahmen der laufenden Geschäfte.

Fragen zur Selbstprüfung

1. Wann liegt ein Nachgründungsgeschäft vor?
2. Was ist der Hintergrund der Nachgründungsvorschriften?
3. Gibt es Ausnahmen?
4. Welche Besonderheit besteht bei einer Sachkapitalerhöhung als Nachgründungsfall?

Adolf Reul

C.5 Satzung

Die Rechtsverhältnisse der Aktionäre untereinander werden durch die Satzung geregelt, soweit nicht das Gesetz hierzu abschließende Vorschriften enthält (§ 23 Abs. 5 AktG). Der zwingende Inhalt der Satzung ist in § 23 Abs. 3 und Abs. 4 AktG gergelt. Das folgende Kapitel stellt die – üblicherweise – in einer Satzung enthaltenen Regelungen dar. Erläutert werden weiter damit im Zusammenhang stehende Fragen.

C.5.1 Satzungsstrenge/Mindestinhalt

Im Gründungsprotokoll oder besser als **Anlage zum Gründungsprotokoll** ist die **Satzung der AG** festzustellen, § 23 Abs. 1 Satz 1 AktG. § 23 Abs. 3, Abs. 4 AktG enthält den Mindestinhalt einer Satzung. Nach § 23 Abs. 5 Satz 1 AktG kann die Satzung von den Vorschriften des Gesetzes nur abweichen, wenn dies ausdrücklich zugelassen ist. Gemäß § 23 Abs. 5 Satz 2 AktG sind ergänzende Bestimmungen zulässig, soweit nicht das AktG eine abschließende Regelung enthält. Eine Abweichung von den gesetzlichen Bestimmungen liegt vor, wenn gesetzliche Regelungen durch andere ersetzt werden. Zulässig ist eine solche Abweichung nur, wenn sie sich aus dem Wortlaut des Gesetzes ggf. mittels Auslegung eindeutig ergibt. Von einer Ergänzung der gesetzlichen Bestimmungen spricht man dann, wenn dem Gesetz ein entsprechender Regelungsinhalt fehlt oder die gesetzliche Regelung ihrem Gedanken nach weitergeführt wird, also im Grundsatz unberührt bleibt.

> **!** Die Satzungsstrenge des § 23 Abs. 5 AktG macht die AG im Vergleich zur GmbH relativ unflexibel.

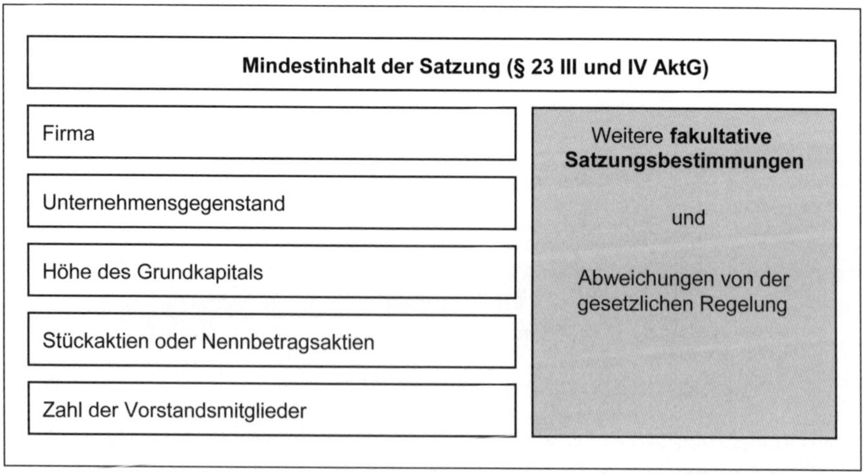

Mindestinhalt der Satzung (§ 23 III und IV AktG)	
Firma	**Weitere fakultative Satzungsbestimmungen**
Unternehmensgegenstand	und
Höhe des Grundkapitals	Abweichungen von der gesetzlichen Regelung
Stückaktien oder Nennbetragsaktien	
Zahl der Vorstandsmitglieder	

Abbildung C.5.1: Inhalt der Satzung

Adolf Reul

C.5.2 Firma, Sitz, Sitzverlegung

§ 23 Abs. 3 Ziff. 1 AktG verlangt die **Angabe von Firma und Sitz der Gesellschaft**. Bei der Firma muss nach § 4 AktG lediglich die Rechtsformbezeichnung „AG" oder eine allgemein verständliche Abkürzung dieser Bezeichnung in der Firma enthalten sein. Im Übrigen gelten für die Firma der AG die handelsrechtlichen Vorschriften der §§ 17 ff. HGB. Die Firma der AG muss nicht aus dem Gegenstand des Unternehmens entlehnt sein. Die verwendete Firma darf jedoch nicht zur Irreführung geeignet sein (§ 18 Abs. 2 HGB). Angezeigt ist hier weiter die Einholung einer Stellungnahme der IHK als auch im Hinblick auf das MarkenG die Durchführung einer Markenrecherche.

Anzugeben ist in der Satzung der **Sitz der Gesellschaft**. Nach § 5 AktG ist Sitz der Gesellschaft der Ort im Inland, den die Satzung bestimmt. Im Gegensatz zur früheren Rechtslage gibt es für den Sitz der Gesellschaft keine weiteren Anforderungen mehr. Insbesondere muss sich der Satzungssitz damit nicht mehr an einem Ort befinden, an dem die Gesellschaft einen Betrieb, ihre Geschäftsleitung oder ihre Verwaltung hat (§ 5 Abs. 2 AktG a. F.). Zulässig ist nach neuer Rechtslage, dass die Gesellschaft ihren „**Satzungssitz**" nach § 5 AktG im Inland wählt, während der eigentliche „**Verwaltungssitz**", an dem sich also die Geschäftsleitung befindet, im Ausland liegt.

Unzulässig ist es für eine deutsche AG, den Satzungssitz unmittelbar im Ausland zu begründen ins Ausland zu verlegen. Eine solche Verlegung des Satzungssitzes ins Ausland stellt nach deutschem Recht eine Auflösung der Gesellschaft dar. Europarechtlich ist diese **Wegzugsbeschränkung** nicht zu beanstanden („Cartesio" – Entscheidung des EuGH, NZG 2009, 61; siehe dazu *Leible/J. Hoffmann*, BB 2009, 58).

Anders ist es im umgekehrten Fall, wenn eine Gesellschaft, die nach dem Recht eines anderen Landes der Europäischen Union, das eine Wegzugsbeschränkung nicht kennt (d. h. nach nationalem Gesellschaftsrecht gilt für diese Gesellschaft die Gründungstheorie), gegründet wurde, ihren Sitz beispielsweise von England nach Deutschland verlegt. Das nationale Recht des Zuzugsstaates muss diese Sitzverlegung anerkennen. **Zuzugsbeschränkungen** verstoßen gegen die Niederlassungsfreiheit und sind innerhalb der Europäischen Union verboten (vgl. die Entscheidungen des EuGH „**Centros**", ZIP 1999, 438; „**Überseering**", ZIP 2002, 2037; „**Inspire Art**", ZIP 2003, 1885). Wiederum anders ist es gegenüber Gesellschaften aus nicht der Europäischen Union angehörenden Ländern. Hier sind Zuzugsbeschränkungen statthaft. Danach kann z. B. eine nach Schweizerischem Recht gegründete AG ihren Verwaltungssssitz unter Wahrung ihrer Identität nicht nach Deutschland verlegen. Ihr gegenüber gilt weiterhin die Sitztheorie („Trabrennbahn", BGH NJW 2009, 289). Nach dieser ansich unzulässigen Sitzverlegung ist die Gesellschaft in Deutschland nicht als Aktiengesellschaft rechtsfähig. Sie ist aber als rechtsfähige Personengesellschaft deutschen Rechts zu behandeln, nämlich als offene Handelsgesellschaft oder Gesellschaft bürgerlichen Rechts, die keiner Eintragung in ein deutsches Register bedürfen (BGH NJW 2009, 289; BGHZ 151, 204).

Die **Verlegung des Satzungssitzes** im Inland ist unproblematisch zulässig. Sie stellt eine Satzungsänderung dar (§§ 179 ff. AktG). Zusätzlich gilt § 45 AktG. Die **Verlegung des Verwaltungssitzes** ist dagegen eine bloße Geschäftsführungsmaßnahme. Der Vorstand entscheidet alleine. Eine Mitwirkung der Hauptversammlung ist nicht erforderlich und zwar auch dann nicht, wenn der Verwaltungssitz ins Ausland verlegt wird.

Adolf Reul

Der Sitz der Gesellschaft muss nach § 39 Abs. 1 S. 1 AktG im **Handelsregister** angegeben werden. Im Hinblick auf die von § 5 AktG eröffnete Möglichkeit eines ausländischen Verwaltungssitzes ist dabei weiter erforderlich, dass in der Handelsregistereintragung stets eine **inländische Geschäftsanschrift** angegeben wird. Die notwendigen Angaben werden hierzu in der Handelsregisteranmeldung gem. § 37 Abs. 3 Nr. 1 AktG gemacht. Unter dieser Anschrift kann an den oder die Vertreter der Gesellschaft wirksam zugestellt werden. Die Angabe muss Straße und Hausnummer wie auch Ort und Postleitzahl enthalten.

C.5.3 Unternehmensgegenstand

Anzugeben ist der **Gegenstand des Unternehmens** (§ 23 Abs. 3 Ziff. 2 AktG). Gemeint ist damit die Tätigkeit, die die Gesellschaft zu betreiben beabsichtigt. Bei der Angabe des Unternehmensgegenstandes ist eine **hinreichende Individualisierung** erforderlich. Bei Angabe des Unternehmensgegenstandes ist weiter zu prüfen, ob eine öffentlich-rechtliche **Genehmigung** erforderlich ist. Bei der Gründung ist die Genehmigung **nicht mehr dem Handelsregister vorzulegen**.

 Beispiel C.5.1
  Genehmigungen nach der HandwO, der GewO und dem KWG.

C.5.4 Bekanntmachungen

Nach § 25 Satz 1 AktG erfolgen die **Pflicht-Bekanntmachungen im elektronischen Bundesanzeiger**. Für freiwillige Bekanntmachungen gilt dagegen die Bestimmung, die in der Satzung getroffen worden ist (§ 23 Abs. 4 AktG).

C.5.5 Grundkapital/Aktien

C.5.5.1 Grundkapital

Nach § 1 Abs. 2 AktG hat die AG ein **in Aktien zerlegtes Grundkapital**. Das Grundkapital muss auf einen Nennbetrag lauten (§ 6 AktG). Es ist nach § 23 Abs. 3 Ziff. 3 AktG in der Satzung festzusetzen. Das Grundkapital dient als „Mindestkapitalausstattung" zum Ausgleich der persönlichen Haftung der Aktionäre. Der Mindestnennbetrag beträgt gemäß § 7 AktG 50.000 €. Für Altgesellschaften, die vor dem 1.1.1999 im Handelsregister eingetragen wurden oder deren Anmeldung zur Eintragung vor diesem Termin erfolgt ist, verbleibt es bei dem Mindestgrundkapital von 100.000 DM nach § 7 AktG a. F. Eine **Pflicht zur Anpassung des Grundkapitals** besteht erst, wenn eine Kapitaländerung vorgenommen und der ändernde Beschluss nach dem 31.12.2001 in das Handelsregister eingetragen werden soll (§ 3 Abs. 5 EGAktG).

Vom Grundkapital zu unterscheiden ist das **Gesellschaftsvermögen** sowie das in der Bilanz ausgewiesene **Eigenkapital**. Das Gesellschaftsvermögen umfasst sämtliche Sachen, Rechte und sonstige Vermögensgegenstände, die der Gesellschaft gehören. Das Eigenkapital schließlich ist auf der Passivseite der Bilanz auszuweisen (§ 266 Abs. 3 A HGB). Zum Eigenkapital im bilanzrechtlichen Sinn gehört das Grundkapital, die Kapitalrücklage sowie Gewinnrücklagen.

C.5.5.2 Zerlegung in Stück- bzw. Nennbetragsaktien

Das Grundkapital ist gemäß § 1 Abs. 1 AktG in „Aktien" zerlegt. Jede Aktie verkörpert damit einen Bruchteil des Grundkapitals. Weiter verkörpert es das Beteiligungsrecht des Aktionärs als Inbegriff der mit der Beteiligung verbundenen Rechte und Pflichten.

Nach § 8 Abs. 1 AktG können die Aktien **entweder als Nennbetrags- oder Stückaktien** begründet werden. Die **Satzung der Gesellschaft** muss nach § 23 Abs. 3 Ziff. 4 AktG hierzu Angaben machen. Bei der **Nennbetragsaktie** wird die „Beteiligungsquote" am Grundkapital durch Angabe eines Euro-Betrages auf der Aktie verlautbart. Bei der Stückaktie handelt es sich um eine **sog. „unechte nennwertlose Aktie"**. Die Gesellschaft verfügt nach wie vor über ein nennbetragsmäßig festgesetztes Grundkapital, das in Aktien zerlegt ist. Diese Stückaktie trägt jedoch keinen Nennwert mehr. Gleichwohl hat sie einen rechnerischen Nennwert, der sich aus der Division des festen Grundkapitals durch die Zahl der Aktien ergibt. Das Gesetz nennt diesen Wert den „auf die einzelne Stückaktie entfallenden anteiligen Betrag am Grundkapital".

Der Mindestnennbetrag von Nennbetragsaktien beträgt nach § 8 Abs. 2 AktG € 1,00. Höhere Nennbeträge sind zulässig. Diese müssen auf volle Euro lauten. Hat die Gesellschaft **Stückaktien** ausgegeben, darf der auf sie entfallende anteilige Betrag des **Grundkapitals** € 1,00 nicht unterschreiten (§ 8 Abs. 3 Satz 2 AktG). Anders als bei Nennbetragsaktien kann die Stückaktie oberhalb dieses Mindestbetrags jeden beliebigen Betrag annehmen. Dieser Betrag muss also **nicht auf volle Euro** lauten. Damit hat die Gesellschaft namentlich bei Kapitalmaßnahmen eine weit größere Flexibilität. Während der rechnerische „Nennbetrag" bzw. die Beteiligungsquote bei Stückaktien für alle Stückaktien gleich ist, können bei Nennbetragsaktien Aktien mit verschieden hohen Nennbeträgen ausgegeben werden, soweit sie nur auf volle Euro lauten.

Ein **Wechsel von einem Aktientyp auf den anderen** ist zulässig. Notwendig ist eine Satzungsänderung mit qualifizierter Mehrheit. Eine Mitwirkung aller von der Umstellung betroffener Aktionäre ist nicht erforderlich. Die Umwandlung von Nennbetragsaktien in Stückaktien vollzieht sich dabei in **zwei Schritten**. Zunächst muss das gesamte Grundkapital in **aktiengleiche Nennbetragsaktien neu gestückelt** werden. Anschließend sind die gleichlautenden Nennbetragsaktien **in Stückaktien umzuwandeln**.

C.5.5.3 Aufgeld/Agio

Nach § 9 Abs. 1 AktG dürfen Aktien nicht für einen geringeren Betrag als den Nennbetrag oder den auf die einzelne Stückaktie entfallenden anteiligen Betrag am Grundkapital ausgegeben werden **(geringster Ausgabebetrag)**. Zulässig ist jedoch eine **Ausgabe zu einem höheren Betrag**, das sog. Aufgeld oder Agio. Dieser höhere Ausgabebetrag muss unabhängig von der Einlagepflicht stets voll geleistet werden (§ 36a Abs. 1 AktG) Sollen die Aktien bei der Gründung gegen einen höheren Betrag ausgegeben werden, muss dies in der Satzung angegeben werden (§ 23 Abs. 2 Ziff. 2 AktG).

Adolf Reul

C.5.5.4 Schuldrechtliches Agio, „investors agreement"

Vom „gesellschaftsrechtlichen" Agio zu unterscheiden ist das **sog. schuldrechtliche Agio** (**„Investors agreement"**). Eine derartige Leistung der Aktionäre an die Gesellschaft außerhalb der eigentlichen Kapitalaufbringungsvorschriften ist als schuldrechtliche Nebenabrede oder „investors agreement" zulässig. **Im Registerverfahren ist nachzuweisen,** dass es sich um ein schuldrechtliches Agio, nicht aber um ein gesellschaftsrechtlich begründetes Agio handelt (BayObLG DB 2002, 940; OLG Köln NZG 2007, 108).

C.5.5.5 Verbriefung von Aktien

Das AktG enthält über die Pflicht zur Herstellung und Ausgabe von Aktienurkunden **keine ausdrückliche Regelung.** Dennoch besteht ein **mitgliedschaftlicher Anspruch auf Verbriefung.** Nach § 10 Abs. 5 AktG satzungsdispositiv ist lediglich das Recht auf Einzelverbriefung.

C.5.4.6 Namens- und/oder Inhaberaktien

Nach § 10 Abs. 1 AktG können die Aktien auf den Inhaber oder auf den Namen lauten. Die Satzung muss hierzu gemäß § 23 Abs. 3 Ziff. 5 AktG Angaben enthalten. § 10 Abs. 1 AktG erlaubt eine **Wahlfreiheit;** beide Formen können auch nebeneinander bestehen. Namensaktien sind zwingend auszugeben, wenn der Ausgabebetrag auf die Aktien noch nicht vollständig geleistet wurde (§ 10 Abs. 2 AktG).

Inhaberaktien lauten auf den Inhaber. Sie sind Inhaberpapiere, die wertpapierrechtlichen Grundsätzen analog der §§ 793 ff. BGB unterliegen. **Namensaktien** lauten demgegenüber auf den Namen des Inhabers. Bei der Namensaktie handelt es sich um ein geborenes Orderpapier, für das die entsprechenden wertpapierrechtlichen Vorschriften gelten.

C.5.5.7 Aktienregister

Nach § 67 Abs. 1 AktG sind **Namensaktien in das Aktienregister** der Gesellschaft, **einzutragen.** Nach § 67 Abs. 2 AktG gilt im Verhältnis zur Gesellschaft nur als Aktionär, wer als solcher im Aktienregister eingetragen ist (**unwiderlegliche Vermutung**). Es besteht eine Eintragungspflicht (§ 67 Abs. 1 S. 2 AktG). Einzutragen ist grundsätzlich der wahre Aktionär. Statthaft sind aber auch Eintragungen im eigenen Namen für Aktien, die einem anderen gehören, soweit die Satzung nichts anderes bestimmt („**Fremdbesitz**", § 67 Abs. 1 S. 3 AktG). Wird gegen eine solche Satzungsbestimmung verstoßen, droht ein Stimmrechtsverlust (§ 67 Abs. 2 S. 2 und 3 AktG).

Nach § 67 Abs. 6 AktG kann der Aktionär nur Auskunft über die **zu seiner Person in das Aktienregister eingetragenen Daten** verlangen. Bei nicht börsennotierten Gesellschaften kann die Satzung davon abweichen (§ 67 Abs. 6 Satz 2 AktG).

Geht die Namensaktie auf einen anderen über, erfolgen **Löschung und Neueintragung** im Aktienregister gemäß § 67 Abs. 3 AktG auf Mitteilung und Nachweis. Auf das Erfordernis der Vorlage der Aktien bei der Gesellschaft zum Nachweis des Übergangs,

§ 68 Abs. 3 Satz 2 AktG, wird verzichtet. Der Gesellschaft ist auf Verlangen mitzuteilen, ob die Aktien im eigenen oder fremden Namen gehalten werden (§ 67 Abs. 4 S. 2 und 3 und Abs. 2 S. 3 AktG). Wird dieses Verlangen nicht befolgt, besteht kein Stimmrecht (§ 67 Abs. 2 S. 3 AktG).

Für **Inhaberaktien** gilt § 67 AktG nicht und zwar auch dann, wenn auf freiwilliger Basis ein Register geführt wird.

C.5.5.8 Vinkulierung

Die Satzung kann bei Namensaktien die Übertragung an die Zustimmung der Gesellschaft binden (§ 68 Abs. 2 AktG). Bei Inhaberaktien ist dies nicht möglich. Zulässig sind dort nur **schuldrechtliche Verfügungsbeschränkungen (Poolvertrag)**.

Über den in § 68 Abs. 2 AktG abgesteckten Rahmen hinaus kann die **Übertragbarkeit nicht weiter eingeschränkt** werden. Zulässig ist dagegen, für bestimmte unerwünschte Fälle des Rechtsübergangs die Möglichkeit der **Zwangseinziehung** nach § 237 AktG vorzusehen. Möglich sind auch **schuldrechtliche Vereinbarungen** außerhalb der Satzung zwischen den Aktionären. Denkbar ist ebenso, dass sich die Inhaber dieser vinkulierten Namensaktien in einer GbR zusammenschließen und dann im Rahmen des Gesellschaftsvertrags derartige Rechte und Pflichten vereinbaren.

Eine **Vinkulierungsklausel** wird entweder im Rahmen der Gründungssatzung vereinbart. Im Falle ihrer nachträglichen Einführung ist für die Satzungsänderung nach § 180 Abs. 2 AktG ein **einstimmiger Beschluss** aller Aktionäre erforderlich.

Erfasst werden von der Vinkulierung grds. nur die **rechtsgeschäftliche Übertragung** der Aktie und dort nur das Verfügungsgeschäft, nicht aber auch das Verpflichtungsgeschäft. Betroffen sind die der dieser Übertragung gleichgestellten Fälle der **Verpfändung** bzw. **Bestellung eines Nießbrauchs**, nicht aber die Gesamtrechtsnachfolge (Erbfall bzw. Umwandlung nach dem UmwG).

Die **Zustimmung zur Übertragung** der Aktien erteilt der Vorstand (§ 68 Abs. 2 Satz 2 AktG). Die Satzung kann bestimmen, dass der Aufsichtsrat oder die Hauptversammlung über die Erteilung der Zustimmung beschließen. Ebenso kann die Satzung die Gründe nennen, nach denen die Zustimmung verweigert werden darf (§ 68 Abs. 2 Satz 3 AktG). Ein gänzlicher Ausschluss der Übertragung der Aktien kann in der Satzung nicht angeordnet werden.

C.5.5.9 Übertragung von Aktien

Die **Übertragbarkeit** der Aktie gehört zum Wesen der AG. Soweit die Mitgliedschaft nicht in Aktienurkunden verbrieft ist, erfolgt die Übertragung gemäß der §§ 413, 398 BGB durch **Abtretung**. Formvorschriften bestehen nicht. Bei Namensaktien gilt der Erwerber gegenüber der Gesellschaft aber erst dann als Aktionär, wenn er als solcher gemäß § 67 Abs. 2 AktG im Aktienregister eingetragen ist. Die **Eintragung im Aktienregister** ist allerdings für die Übertragung der Mitgliedschaft **nicht konstitutiv**. Konstitutiv ist jedoch die Zustimmung der Gesellschaft bei **vinkulierten Namensaktien** nach § 68 Abs. 2 AktG.

Hat die Gesellschaft **Aktienurkunden** ausgegeben, erfolgt die Übertragung grds. nach den allgemeinen Vorschriften durch Einigung und Übergabe bzw. Übergabesurrogat nach §§ 929–936 BGB. Das Recht aus dem Papier (Mitgliedschaft) folgt dem Recht am Papier (Eigentum). Bei Namensaktien kann die Übereignung **auch durch Indossament** erfolgen (§ 68 Abs. 1 AktG), d. h. die schriftliche Übertragungserklärung auf der Aktienurkunde nach Art. 12 ff. WG (mindestens Unterschrift). Hinzukommen muss dabei aber noch die Übereignung der Aktienurkunde nach den §§ 929 ff. BGB. Es gilt dann die Legitimationswirkung des § 16 WG. Im Übrigen kann sowohl bei Namensaktien also auch bei Inhaberaktien die Mitgliedschaft ebenso im Wege der Abtretung nach den §§ 413, 398 BGB übertragen werden. In diesem Fall folgt das Recht am Papier dem Recht aus dem Papier (§ 952 Abs. 2 BGB). Umstritten ist, ob bei Namensaktien die Übertragung durch Abtretung die Übergabe der Aktienurkunde voraussetzt.

C.5.5.10 Aktiengattungen

Aktien können verschiedene Rechte gewähren. Aktien mit gleichen Rechten bilden eine Gattung (§ 11 Satz 2 AktG). Soweit **mehrere Aktiengattungen** bestehen, muss die Satzung nach § 23 Abs. 3 Ziff. 4 AktG Angaben hierzu enthalten. In den Fällen der §§ 179 Abs. 3, 182 Abs. 2 und 222 Abs. 2 AktG sind bei Satzungsergänzungen und Kapitalmaßnahmen weiter Sonderbeschlüsse der Aktionäre der einzelnen Aktiengattungen vorgesehen.

In der Praxis wird regelmäßig zwischen Stamm- und Vorzugsaktien unterschieden. Vorzugsaktien räumen im Verhältnis zu den Stammaktien bestimmte „Vorzüge" ein. Daneben gibt es **Vorzugsaktien „ohne Stimmrecht"**, die mit einem nachzuzahlenden Vorzug bei der Verteilung des Gewinns ausgestattet sind (§ 139 Abs. 1 AktG). Das Stimmrecht lebt wieder auf, wenn der Vorzug in zwei aufeinander folgenden Jahren nicht oder nicht vollständig bezahlt wird und erlischt erst mit vollständiger Nachzahlung der Rückstände (§ 140 Abs. 2 AktG). Vorzugsaktien können nach § 139 Abs. 2 AktG nur in Höhe der Hälfte des Grundkapitals ausgegeben werden.

C.5.6 Vorstand

C.5.6.1 Rechtsstellung des Vorstandes

Der Vorstand ist **notwendiges Organ der Gesellschaft**. Er leitet nach § 76 Abs. 1 AktG die Gesellschaft. Gemeint ist damit die Planung, Geschäftspolitik und Strategie des Unternehmens sowie die Organisation und Überwachung ihrer Umsetzung im Unternehmen. Die Leitungsaufgabe ist dabei dem Vorstand als Kollegialorgan zugewiesen, ein Handeln in vertretungsberechtigter Zahl genügt nicht. Hat die Gesellschaft **mehrere Vorstandsmitglieder**, so sind diese **gleichberechtigt**; jeder Vorstand trägt demgegenüber auch Gesamtverantwortung. Dies gilt auch dann, wenn einzelnen Vorstandsmitgliedern bestimmte Geschäftsbereiche zur eigenständigen Wahrnehmung übertragen wurden.

§ 76 Abs. 1 AktG manifestiert den **Grundsatz der eigenverantwortlichen Leitung** der AG durch den Vorstand. Der Vorstand ist damit nicht gebunden an Weisungen anderer Organe oder Aktionäre. Eine Ausnahme besteht bei Vorliegen eines Beherrschungsvertrages nach § 308 AktG gegenüber einem herrschenden Unternehmen. Eine **Weisungsgebundenheit** besteht auch nicht gegenüber der Hauptversammlung, es sei denn der Vorstand hat nach § 119 Abs. 2 AktG in Fragen der Geschäftsführung die Hauptversammlung angerufen. Auch der Aufsichtsrat hat kein Weisungsrecht. Er ist auf eine Überwachungstätigkeit nach § 111 Abs. 1 AktG beschränkt. Über den Katalog der zustimmungspflichtigen Geschäfte kann er nur bestimmte Maßnahmen verhindern, nicht aber positiv auf den Weg bringen.

C.5.6.2 Geschäftsführung durch den Vorstand

Dem Vorstand obliegt nach § 77 Abs. 1 AktG die **Geschäftsführung**. Geschäftsführung ist jede tatsächliche oder rechtliche Tätigkeit für die Gesellschaft. Herausgehobener Teil dieser Geschäftsführung ist die Leitungsfunktion des Vorstandes nach § 76 AktG und meint allein dessen Führungsfunktion.

Das Gesetz geht bei einem mehrgliedrigen Vorstand in § 77 Abs. 1 Satz 1 AktG von einer **Gesamtgeschäftsführungsbefugnis** aus. Notwendig ist also die Zustimmung aller Vorstandsmitglieder, es sei denn, es liegt Gefahr im Verzug vor. Die Satzung oder die Geschäftsführung kann davon jedoch gemäß § 77 Abs. 1 Satz 2 AktG abweichen.

 Beispiel C.5.2
Erteilung einer Einzelgeschäftsführungsbefugnis mit oder ohne regionalen/sachbezogenen Einschränkungen. Ebenso vorgesehen werden kann die Zulässigkeit von Mehrheitsentscheidungen bzw. eines Stichentscheids eines Vorstandsmitglieds (meistens des Vorstandsvorsitzenden) bei Stimmengleichheit.

C.5.6.3 Vertretung der Gesellschaft

Der Vorstand vertritt die Gesellschaft nach außen (§ 78 Abs. 1 AktG). § 78 Abs. 2 AktG geht bei der **Aktivvertretung** vom **Prinzip der Gesamtvertretung** aus; bei der Entgegennahme von Willenserklärungen (**Passivvertretung**) besteht **Einzelvertretungsbefugnis**. Nach § 78 Abs. 3 AktG kann die Satzung oder der Aufsichtsrat qua Satzungsermächtigung bei der Aktivvertretung davon abweichen.

 Beispiel C.5.3
Einzelvertretung durch einzelne Vorstandsmitglieder (zwingend bei nur einem Vorstand) oder etwa durch zwei Vorstandsmitglieder ohne Mitwirkung der anderen Vorstände (gemeinschaftliche Vertretung); unechte Gesamtvertretung, bei der einzelne gesamtvertretungsberechtigte Vorstandsmitglieder die Gesellschaft gemeinsam mit einem Prokuristen vertreten; Einzelermächtigung einzelner Gesamtvertreter (Vorstände/Prokuristen) nach § 78 Abs. 4 AktG zur alleinigen Vornahme bestimmter Rechtsgeschäft oder bestimmter Arten von Rechtsgeschäften.

Die Vertretungsmacht steht dem Vorstand mit Beginn seiner Amtsstellung zu. Die Anmeldung zum Handelsregister nach § 81 AktG hat nur **deklaratorische Wirkung**.

Ist der mehrgliedrige **Vorstand unterbesetzt**, wird davon die Handlungsfähigkeit der Gesellschaft selbst nicht tangiert, soweit ein Handeln von Vorstandsmitgliedern in

Adolf Reul

vertretungsberechtigter Zahl genügt und diese Zahl vorhanden ist. Umstritten ist es dagegen, soweit der Vorstand als Kollegialorgan tätig werden muss, wie insb. in den Fällen der §§ 90–92, 121 Abs. 2, 170 Abs. 1 und 2, 172, 245 Ziff. 4 AktG. Nach h. M. ist der Vorstand handlungsunfähig (BGH AG 2002, 241, 242).

Hat die Gesellschaft keinen Vorstand (Führungslosigkeit), erfolgt die Passivvertretung durch den Aufsichtsrat (§ 78 Abs. 1 S. 2 AktG). Es genügt grundsätzlich die Abgabe gegenüber einem einzelnen Aufsichtsratsmitglied (§ 78 Abs. 2 S. 2 AktG) an die im Handelsregister eingetragene Geschäftsanschrift (§ 78 Abs. 2 S. 3 AktG).

Der Umfang der **Vertretungsmacht** des Vorstandes ist nach § 82 Abs. 1 AktG **grds. unbeschränkt**. Soll die Gesellschaft gegenüber einem aktiven oder ausgeschiedenen Vorstand vertreten werden, geschieht dies **zwingend durch den Aufsichtsrat** (§ 112 AktG); daneben ist in bestimmten Fällen von Gesetz wegen zusätzlich die **Zustimmung der Hauptversammlung** erforderlich (§§ 50 Satz 1, 52 Abs. 1, 53 Satz 1, 93 Abs. 4 Satz 3, 179a, 293 AktG). Der **Zustimmungsvorbehalt für den Aufsichtsrat** nach § 111 Abs. 4 Satz 2 AktG wirkt nur im Innenverhältnis.

Insichgeschäfte können dem Vorstand im Rahmen des § 181 BGB wegen § 112 AktG nur gestattet werden, soweit es um eine **Mehrfachvertretung** geht, nicht aber im Falle des Selbstkontrahierens. Ein Verstoß gegen § 112 AktG führt nicht zur Nichtigkeit, sondern nur zur schwebenden Unwirksamkeit und kann genehmigt werden (§ 177 BGB). Die **Gestattung der Mehrfachvertretung** erteilt allein der Aufsichtsrat. Dies gilt auch für die Genehmigung nach § 177 BGB.

C.5.6.4 Vergütung

Nach § 87 AktG müssen die **Vorstandsbezüge in einem angemessenen Verhältnis** zu den Aufgaben des Vorstandes und zur Lage der Gesellschaft stehen. Wann von einer Angemessenheit der Vorstandsvergütung ausgegangen werden kann, ist nicht zuletzt vor dem Hintergrund der **Mannesmann-Entscheidung** im Einzelfall umstritten (BGH AG 2006, 110). Es fehlen feststehende Parameter. In der Praxis wichtigste Kriterien sind die Üblichkeit der Vergütung entsprechend der Größe und der Branche des Unternehmens sowie der Marktwert des einzelnen Vorstandsmitglieds, vor allem aber die Leistungen des Vorstandes. Ist die Vergütung unangemessen hoch, führt dies nicht zur Nichtigkeit des Anstellungsvertrages; es können sich daraus jedoch **Schadensersatzansprüche** gegen den Aufsichtsrat nach §§ 116, 93 AktG herleiten. Zuviel gezahlte Beträge hat der Aufsichtsrat nach § 812 BGB zurückzufordern.

C.5.6.5 Haftung

Nach § 93 Abs. 1 Satz 1 AktG haben Vorstandsmitglieder bei ihrer Geschäftsführung die **Sorgfalt eines ordentlichen und gewissenhaften Geschäftsleiters** anzuwenden. § 93 Abs. 1 Satz 2 AktG bestimmt ergänzend, dass eine Pflichtverletzung dann nicht vorliegt, wenn das Vorstandsmitglied bei einer unternehmerischen Entscheidung vernünftigerweise annehmen durfte, auf der Grundlage angemessener Information zum Wohle der Gesellschaft zu handeln (BGHZ 135, 244). Besondere Pflichten bestehen nach § 92 AktG bei Verlust, Überschuldung oder Zahlungsunfähigkeit.

Adolf Reul

Verstoßen Vorstände schuldhaft gegen diese Sorgfaltspflicht, haften sie der Gesellschaft gegenüber als Gesamtschuldner nach § 93 Abs. 2 AktG. Gleiches gilt bei einem Verstoß gegen die Verschwiegenheitspflicht nach § 93 Abs. 1 Satz 3 AktG und erst recht in den in § 93 Abs. 3 AktG genannten Fällen. Nach § 93 Abs. 2 Satz 2 AktG besteht eine **Beweislastumkehr** zulasten des Vorstandes.

Jedes Vorstandsmitglied ist zunächst für **sein Ressort** verantwortlich. Nicht zuständige Vorstandsmitglieder haben insoweit eine allgemeine Aufsichtspflicht wahrzunehmen. Die **haftungsrechtliche Gesamtverantwortung** wird durch eine Geschäftsverteilung nicht aufgehoben. Grds. haftet danach das einem rechtswidrigen Beschluss zustimmende Vorstandsmitglied. Eine Pflicht, die Beschlussunfähigkeit des Vorstandes herbeizuführen, besteht nicht. Das überstimmte oder sich enthaltende Vorstandsmitglied muss aber das ihm Mögliche und Zumutbare unternehmen, die Ausführung eines rechtswidrigen Vorstandsbeschlusses zu verhindern.

Nach § 93 Abs. 4 Satz 1 AktG ist die Schadensersatzpflicht ausgeschlossen, wenn die **Handlung des Vorstandes auf einem Hauptversammlungsbeschluss beruht**. Ein Beschluss des Aufsichtsrats genügt nicht (§ 93 Abs. 4 Satz 2 AktG). Der Vorstand kann über § 119 Abs. 2 AktG einen derartigen Beschluss der Hauptversammlung herbeiführen.

Zuständig für die Geltendmachung des Anspruchs aus § 93 Abs. 2 AktG ist seitens der Gesellschaft primär der Aufsichtsrat im Rahmen seiner Überwachungsaufgaben. Eine Verpflichtung hierzu besteht im Falle des § 147 Abs. 1 AktG. Einzelne Aktionäre können den Anspruch nur unter den Voraussetzungen des § 148 Abs. 1 AktG geltend machen. Gesellschaftsgläubiger können gegen den Vorstand nur gem. § 93 Abs. 5 AktG vorgehen.

Außerhalb dieses Haftungssystems des § 93 AktG kommt eine **unmittelbare Außenhaftung** des Vorstandes bei börsennotierten Gesellschaften in Form der **sog. kapitalmarktrechtlichen Informationshaftung** auf der Grundlage des § 826 BGB wegen unterlassener oder fehlerhafter Ad-hoc-Mitteilungen. Als Grundlagenentscheidungen sind hier die Fälle „**Infomatec**" und „**EMTV**" zu nennen (BGHZ 160, 149; ZIP 2005, 1270).

Regelmäßig versichern sich Vorstandsmitglieder gegen dieses Haftungsrisiko durch eine **sog. D & O Versicherung**. Versicherungsnehmer und Prämienschuldner ist die Gesellschaft; die versicherten Organmitglieder erhalten aus dem Versicherungsvertrag eigene Rechte. Nach § 93 Abs. 2 AktG muss dabei für den Vorstand ein bestimmter Betrag als Mindest-Selbstbehalt vorgesehen werden.

C.5.6.6 Persönliche Voraussetzungen

Die **Eignungsvoraussetzungen für den Vorstand** sind in den §§ 76 Abs. 3 und 105 AktG enthalten. § 105 Abs. 1 AktG verbietet es, zugleich Vorstand und Aufsichtsrat zu sein; einzelne Aufsichtsratsmitglieder können nach § 105 Abs. 2 AktG jedoch zu **stellvertretenden Vorstandsmitgliedern** bestellt werden.

Ausländer können grds. ebenso zum Vorstand bestellt werden wie Inländer. Sollen Nicht-EU-Bürger zum Vorstand bestellt werden, ist umstritten, ob sie hierfür eine **dauernde Aufenthaltsgenehmigung** und **Arbeits- oder Gewerbeerlaubnis** besitzen müssen, um so die gesetzlichen Mindestpflichten zu erfüllen, oder ob eine lediglich **beschränkte Einreisemöglichkeit per Visum** genügt.

Adolf Reul

C.5.6.7 Bestellung und Abberufung des Vorstandes, Amtsniederlegung

Der Vorstand wird durch den **Aufsichtsrat** bestellt (§ 84 Abs. 1 AktG). In dringenden Fällen kann das Gericht ein fehlendes Vorstandsmitglied bestellen, dessen Amt nach § 85 Abs. 2 AktG allerdings nur besteht, bis der Aufsichtsrat das fehlende Vorstandsmitglied bestellt und dieser das Amt angenommen hat. Die Bestellung erfordert einen **Beschluss des Aufsichtsrates** nach § 108 AktG. Eine Delegation auf einen Ausschuss ist unzulässig (§ 107 Abs. 3 Satz 2 AktG). Die Bestellung erfolgt auf höchstens **fünf Jahre** (§ 84 Abs. 1 Satz 1 AktG); eine **wiederholte Bestellung** wiederum auf max. fünf Jahre ist zulässig (§ 84 Abs. 1 Satz 2 AktG).

Der Aufsichtsrat kann die Bestellung zum Vorstandsmitglied und die Ernennung zum Vorsitzenden des Vorstandes nach § 84 Abs. 3 AktG **widerrufen.** Erforderlich ist dafür aber das Vorliegen eines **wichtigen Grundes.** Zulässig ist auch eine **Amtsniederlegung** durch den Vorstand selbst. Diese ist gegenüber der Gesellschaft, vertreten durch den Aufsichtsrat (§ 112 AktG) zu erklären. Nach h. M. führt diese analog § 84 Abs. 3 Satz 4 AktG zur **sofortigen Beendigung des Vorstandsamtes.** Eine gleichzeitige Kündigung des Anstellungsvertrages ist dabei nicht erforderlich.

C.5.6.8 Fehlerhafte Bestellung des Vorstandes

Ist der Vorstandsbestellung nichtig, ist der Vorstand aber gleichwohl für die Gesellschaft tätig geworden, gelten Grundsätze zur **Lehre von der fehlerhaften Organstellung.** Danach wird die Bestellung des Vorstandes bis zur Geltendmachung des Beschlussmangels als (vorläufig) wirksam betrachtet (BGHZ 41, 282, 291). Dasbei hat das fehlerhaft bestellte Vorstandsmitglied Geschäftsführungs- und Vertretungsbefugnis. Im Außenverhältnis ist der Rechtsverkehr nicht etwa bloß nach Rechtscheingrundsätzen, insbesondere nach § 15 Abs. 3 HGB geschützt. Im Innenverhältnis gelten diese Grundsätze nur bedingt: Der von einem Nicht-Vorstand aufgestellte Jahresabschluss ist nach § 256 Abs. 2 AktG nichtig. Die Nichtigkeit kann aber nach sechs Monaten geheilt werden (§ 256 Abs. 6 AktG). Die Einberufung der Hauptversammlung ist dagegen wirksam, wenn der Nicht-Vorstand im Handelsregister eingetragen ist (§ 121 Abs. 1 S. 2 AktG).

Sind Rechtshandlungen des fehlerhaft bestellten Vorstandes wirksam, gebietet es die Sicherheit des Rechtsverkehrs, dass die Beendigung dieses fehlerhaften Organverhältnisses eines formalen Beendigungstatbestandes bedarf. Notwendig ist ein Widerruf der Bestellung durch den Aufsichtsrat bzw. eine Amtsniederlegung durch das Vorstandsmitglied sowie ggf. eine Eintragung im Handelsregister.

C.5.6.9 Anmeldung zum Handelsregister

Jede **Änderung des Vorstandes oder der Vertretungsbefugnis** eines Vorstandsmitglieds ist nach § 81 AktG zur Eintragung in das **Handelsregister anzumelden.** Die Anmeldung hat nur deklaratorische Wirkung. Zuständig für die Anmeldung ist der Vorstand in vertretungsberechtigter Zahl. Stellvertretung ist zulässig.

Adolf Reul

C.5.6.10 Anstellungsvertrag

Von der organschaftlichen Bestellung des Vorstandes zu unterscheiden ist der **Anstellungsvertrag** mit dem Vorstand im Sinne eines Dienstvertrages. Zuständig ist für den Abschluss ebenso der Aufsichtsrat als Vertreter der AG nach § 112 AktG. Inhaltlich enthält der Anstellungsvertrag die **üblichen Regelungen** eines Dienst- oder Arbeitsvertrages.

 Beispiel C.5.4
Höhe der Vergütung und Versorgung, die Gewährung von Tantiemen und Nebenleistungen, Urlaub, nachvertragliches Wettbewerbsverbot, D & O Versicherung etc.

C.5.6.11 Zahl der Vorstandsmitglieder

Nach § 23 Abs. 2 Ziff. 6 AktG muss die Satzung auch die **Zahl der Mitglieder des Vorstandes** oder die Regeln, nach denen diese Zahl festgelegt wird, angeben. Der Vorstand kann dabei nach § 76 Abs. 2 AktG aus einer oder mehreren Personen bestehen. Bei Gesellschaften mit einem Grundkapital von mehr als 3 Mio. € muss der Vorstand mindestens aus zwei Personen bestehen, wenn die Satzung nichts anderes bestimmt (§ 76 Abs. 2 Satz 2 AktG).

C.5.6.12 Geschäftsordnung

Gemäß § 77 Abs. 2 AktG kann sich der Vorstand eine **Geschäftsordnung** geben. Der Vorstand muss nach § 77 Abs. 2 Satz 3 AktG dazu einen **einstimmigen Beschluss** fassen. Der Vorstand kann nicht tätig werden, wenn die Satzung die Kompetenz hierfür dem Aufsichtsrat zuweist sowie dann nicht, wenn die Satzung dazu schweigt, aber der Aufsichtsrat von sich aus eine Geschäftsordnung erlassen hat. Inhaltlich enthält die Geschäftsordnung regelmäßig Bestimmungen über die Geschäftsverteilung, Gesamtverantwortung, Beschlussfassung und den Vorsitz in Vorstandssitzungen, sowie über die Zusammenarbeit mit dem Aufsichtsrat.

C.5.7 Aufsichtsrat

C.5.7.1 Aufgaben des Aufsichtsrats

Aufgabe des Aufsichtsrats ist es, die Tätigkeit des Vorstandes gemäß § 111 AktG zu kontrollieren und zu überwachen. Inhalt dieser **Überwachungspflicht** ist zum einen eine ex post Kontrolle der Vorstandstätigkeit, aber auch die regelmäßige Beratung mit dem Vorstand über die künftige Geschäftspolitik. In Zeiten wirtschaftlicher Schwierigkeiten intensiviert sich die Prüfungs- und Überwachungspflicht des Aufsichtsrats.

Weitere wesentliche Aufgaben des Aufsichtsrats bestehen darin, den **Vorstand zu bestellen und abzuberufen** (§ 84 AktG), die Gesellschaft ggb. dem Vorstand zu vertre-

ten (§ 112 AktG), dem **Abschlussprüfer den Prüfungsauftrag zu erteilen** (§ 111 Abs. 2
Satz 3 AktG) und über den **Jahresabschluss** nach §§ 170 ff. AktG mit zu entscheiden.
Eine **Kreditvergabe an Vorstandsmitglieder oder Prokuristen** der Gesellschaft sowie
an Konzerngesellschaften bedarf nach § 89 AktG der Zustimmung des Aufsichtsrat.
Von der Geschäftsführung ist der Aufsichtsrat ausgeschlossen (§ 111 Abs. 4 S. 1 AktG).
In bestimmten Bereichen besteht jedoch ein **Zustimmungsvorbehalt für Geschäfts-
führungsmaßnahmen** des Vorstandes (§ 111 Abs. 4 S. 2 AktG), der allerdings nur im
Innenverhältnis wirkt.

C.5.7.2 Aufgaben im Zusammenhang mit der Hauptversammlung

Der Aufsichtsrat ist daneben berechtigt und verpflichtet, die Hauptversammlung gemäß
§ 111 Abs. 3 AktG **einzuberufen**, wenn es das Wohl der Gesellschaft verlangt.

Weitere Aufgaben in Bezug auf die Hauptversammlung bestehen vornehmlich in der
Teilnahmepflicht nach § 118 AktG, in der **Berichtspflicht** nach §§ 171 Abs. 2, 314 AktG
und in der Pflicht zur Prüfung und Feststellung des Jahresabschlusses (§§ 170 ff. AktG).
Für die Berichtspflicht besteht eine Frist von einem Monat (§ 171 Abs. 3 AktG). Die
bloße formelhafte Versicherung, der Aufsichtsrat habe die Geschäftsführung aufgrund
der Vorstandsberichte und gemeinsamer Sitzungen mit dem Vorstand etc. laufend überwacht, genügt der Berichtspflicht nur dann, sofern es dem Unternehmen gut geht. Nach
der neueren Rspr. muss der Aufsichtsrat über die einzelnen von ihm vorgenommenen
Prüfungsmaßnahmen berichten, insb. über die Zahl der Sitzungen des Aufsichtsrats,
über den Gegenstand der einzelnen Prüfungen sowie über die angewendete Prüfungs-
methodik (LG München AG 2007, 417; OLG Stuttgart AG-Report 7/2006, R 135). Ein
Hauptaugenmerk der Berichterstattung liegt weiter beim **Jahresabschluss.** Die mit der
Prüfungspflicht korrespondierende **Berichtspflicht intensiviert sich bei wirtschaftlichen
Schwierigkeiten.**

➡ Beispiel C.5.5

Anforderungsberichte nach § 90 Abs. 3 AktG, Einsicht in die Bücher der Gesellschaft
nach § 111 Abs. 2 Satz 2 AktG, die Beauftragung besonderer Sachverständiger (§ 111
Abs. 2 Satz 2 AktG); Zustimmungsvorbehalte nach § 111 Abs. 4 AktG.

Weitere Aufgabe des Aufsichtsrats ist es, **Vorschläge zur Beschlussfassung** in der Hauptversammlung nach § 124 Abs. 3 AktG zu unterbreiten. Kompetenzen bestehen schließlich im Zusammenhang mit Satzungsänderungen und Handelsregisteranmeldungen bei
Kapitalmaßnahmen (§§ 179 Abs. 1 S. 2, 184 AktG).

C.5.7.3 Mittel der Überwachung

Dem Aufsichtsrat stehen **grds. nur Informationsrechte** zu (§§ 111 Abs. 2 und 125 Abs. 2
und 3 AktG). Daneben besteht ihm gegenüber eine **Berichtspflicht des Vorstandes** nach
§ 90 AktG. Auch die **Prüfung des Jahresabschlusses** nach §§ 170 ff. AktG ist letztlich
ein Mittel der Überwachung. **Präventiv** kann der Aufsichtsrat tätig werden, indem er für

den Vorstand eine **Geschäftsordnung** erlässt (§ 77 Abs. 2 AktG) und – unabhängig von einer etwaigen Satzungsregelung – (weitere) bestimmte Arten von Geschäften festlegt, die von der **Zustimmung des Aufsichtsrates** abhängig sind (§ 111 Abs. 4 Satz 2 AktG).

C.5.7.4 Vertretung der Gesellschaft gegenüber dem Vorstand

Nach § 112 AktG wird die Gesellschaft Vorstandsmitgliedern gegenüber **zwingend durch den Aufsichtsrat vertreten**. § 112 AktG ist nicht anwendbar, wenn es um einen Vertrag der AG mit einer anderen Gesellschaft geht, an der ein Vorstandsmitglied (maßgeblich) beteiligt ist, es sei denn, es liegt ein Fall **wirtschaftlicher Identität** (z. B. Einmann-Gesellschaft) vor.

 Übung C.5.1
Ein Vorstandsmitglied der AG soll zum Geschäftsführer in der Tochter-GmbH bestellt werden. Wer vertritt die AG in der Gesellschafterversammlung der Tochter-GmbH?

Zuständig zur Vertretung ist der **gesamte Aufsichtsrat**. Erforderlich ist ein Beschluss des Aufsichtsrates nach § 108 Abs. 1 AktG voraus, der nach § 107 Abs. 3 AktG auch einem Ausschuss, nicht aber einem einzelnen Mitglied oder etwa dem Aufsichtsratsvorsitzenden, übertragen werden kann.

C.5.7.5 Verträge mit Aufsichtsratsmitgliedern

Für Verträge mit Aufsichtsratsmitgliedern besteht in § 114 AktG eine **Sondervorschrift**. Die Gesellschaft wird dabei durch ihren Vorstand Aufsichtsratsmitgliedern gegenüber vertreten. Geht es jedoch um einen **Dienstvertrag oder Werkvertrag höherer Art** i. S. d. § 114 AktG, ist zusätzlich der Zustimmung des Aufsichtsrats als Organ erforderlich. Für das betroffene Aufsichtsratsmitglied besteht ein **Stimmrechtsausschluss**. Verträge, die gegen § 114 AktG verstoßen, führen zu einem **Rückgewähranspruch** nach § 114 Abs. 2 AktG.

 Beispiel C.5.6
Beraterverträge, u. U. auch mit Sozien des Aufsichtsratsmitglieds oder mit im Umfeld des Aufsichtratsmitglieds stehenden Gesellschaften.

C.5.7.6 Zusammensetzung

Nach § 95 Abs. 1 Satz 1 AktG besteht der Aufsichtsrat aus **drei Mitgliedern**. Die Satzung kann eine **höhere, durch drei teilbare Zahl festsetzen**. Besonderheiten bestehen im Fall der Arbeitnehmermitbestimmung.

Soweit der Vorstand der Ansicht ist, dass der Aufsichtsrat unter mitbestimmungsrechtlichen Gesichtspunkten nicht ordnungsgemäß zusammengesetzt ist, ist nach §§ 97 ff. AktG ein **sog. Statusverfahren** durchzuführen. Ziel dieses Verfahrens ist es, die für die Zusammensetzung des Aufsichtsrats maßgeblichen mitbestimmungsrechtlichen Vorschriften zur Anwendung zu bringen.

C.5.7.7 Bestellung und Abberufung der Aufsichtsratsmitglieder

Die Bestellung und Abberufung des Aufsichtsrats erfolgt grds. **durch die Hauptversammlung** (§ 101 AktG); nach § 103 Abs. 3 AktG kann der Aufsichtsrat selbst auch Antrag stellen auf gerichtliche Abberufung eines seiner Mitglieder. Die Satzung kann auch das Recht einräumen, Mitglieder in den Aufsichtsrat zu entsenden (§ 101 Abs. 2 AktG). **Wahlvorschläge** für die Hauptversammlung kann hierzu der Aufsichtsrat selbst nach § 124 Abs. 3 Satz 1 AktG oder jeder Aktionär machen (§ 127 AktG), nicht aber der Vorstand machen (§ 124 Abs. 3 Satz 1 AktG). Unter den Voraussetzungen des § 137 AktG ist über den Wahlvorschlag eines Aktionärs vor dem Vorschlag des Aufsichtsrats abzustimmen. Die Wahl der Aufsichtsräte erfolgt in Form einer **Einzelwahl**; auch eine **Simultanwahl** ist zulässig. Statthaft ist nach h. M. ebenso eine **Block- oder Listenwahl**, bei der mehrere Aufsichtsratsmitglieder zu wählen sind und bei der die Liste nur insgesamt angenommen oder abgelehnt werden kann. Voraussetzung hierfür ist eine entsprechende **Satzungsregelung** (BGH, ZIP 2009, 460 „Kirch/Deutsche Bank"). Fehlt diese, bedarf es eines **Hinweises des Versammlungsleiters vor der Abstimmung**, dass Aktionäre, die bei der Listenwahl auch nur gegen einen der Vorgeschlagenen stimmen wollen, insgesamt gegen die Liste bzw. den Vorschlag stimmen müssen. Wird dann die Liste insgesamt abgelehnt, findet eine **Einzelwahl** statt.

Notwendig für die Bestellung zum Aufsichtsrat ist weiter die **Annahme des Gewählten**. Bis zur Annahme ist die Wahl schwebend unwirksam. Es gilt allgemeine Rechtsgeschäftslehre.

Für den Fall des **Ausscheidens eines Aufsichtsratsmitglieds während der laufenden Amtsperiode** kann die Wahl von **Ersatzaufsichtsratsmitgliedern** vorgesehen werden (§§ 101 Abs. 3 Satz 2 f., 102 Abs. 2 AktG). Ersatzmitglieder können nur gleichzeitig mit dem eigentlichen Aufsichtsratsmitglied gewählt werden (§ 101 Abs. 3 Satz 3 AktG).

In **Ausnahmefällen** kommt auch eine **gerichtliche Bestellung von Aufsichtsratsmitgliedern** in Betracht, wenn der Aufsichtsrat weniger Mitglieder hat, als für die Beschlussfähigkeit notwendig ist (§ 104 AktG).

Der Vorstand hat bei jeder Änderung in den Personen der Aufsichtsratsmitglieder gem. § 106 AktG unverzüglich eine Liste der Mitglieder des Aufsichtsrats zum **Handelsregister** einzureichen.

C.5.7.8 Persönliche Voraussetzungen der Aufsichtsratsmitglieder

Die zu wählenden Aufsichtsratsmitglieder müssen bestimmte, i. E. in den §§ 100, 105 AktG genannte **Voraussetzungen** erfüllen. Aufsichtsrat kann z. B. nicht sein, wer Mitglied des Vorstandes oder Prokurist der Gesellschaft bzw. gesetzlicher Vertreter eines von der AG abhängigen Unternehmens ist (§§ 105, 100 Abs. 2 Nr. 2 AktG). Nur das gleichzeitige Innehaben der Funktionen/Ämter ist schädlich. Es gilt das Prioritätsprinzip. Das erste Rechtsverhältnis ist wirksam, das nachfolgende wegen Verstoß gegen ein gesetzliches Verbot dagegen nicht (§ 134 BGB). Der Wechsel vom Vorstand in den Aufsichtsrat war bisher uneingeschränkt zulässig. Nach § 100 Abs. 2 Ziff. 4 AktG besteht nunmehr im Grunde ein Verbot, binnen 2 Jahren nach Ausscheiden aus dem Vorstand in den Aufsichtsrat zu wechseln, es sei denn, die Wahl erfolgt auf Vorschlag von Aktionären mit mehr als 25 % der Stimmen.

Nach dem **BilMoG** muss bei **kapitalmarktorientierten Gesellschaften i. S. d. § 264d HGB-E** künftig **mindestens ein unabhängiges Mitglied des Aufsichtsrats über Sachverstand auf den Gebieten Rechnungslegung oder Abschlussprüfung** verfügen (§ 100 Abs. 5 AktG-E). Unabhängig ist ein Aufsichtsratsmitglied nach dieser Vorschrift, wenn es **in keiner geschäftlichen, familiären oder sonstigen Beziehung zu der Gesellschaft, ihrem Mehrheitsaktionär oder deren Geschäftsführung** steht, die einen Interessenkonflikt begründet, der sein Urteilsvermögen beeinflussen könnte.

C.5.7.9 Amtszeit

Die **Amtszeit der Aufsichtsratsmitglieder** ist nach § 102 AktG auf vier Geschäftsjahre begrenzt und knüpft für die Höchstdauer an einen Entlastungsbeschluss an. Der Rest des Geschäftsjahres, in dem die Bestellung erfolgt, zählt dabei nicht mit (§ 102 Abs. 1 Satz 2 AktG). Die Amtszeit muss nicht für alle Aufsichtsratsmitglieder gleich sein.

Faßt die Hauptversammlung über die Entlastung eines Aufsichtsratsmitgliedes in der gesetzlichen oder einer in der Satzung vorgesehenen geringeren Frist keinen Beschluss, endet seine Zugehörigkeit zum Aufsichtsrat wegen der zwingenden Regelung des § 102 Abs. 1 AktG spätestens in dem Zeitpunkt, in dem die Hauptversammlung über die Entlastung für das vierte Geschäftsjahr seit seinem Amtsantritt hätte beschließen müssen (BGH, AG 2002, 676, 677; *Spindler/Stilz*, AktG § 102 Rn. 8; MünchKomm-AktG/*Semler*, § 102 Rn. 32).

C.5.7.10 Sitzungen des Aufsichtsrats/Beschlussfassung/ Beschlussfähigkeit

§ 110 Abs. 3 AktG schreibt ein zweimaliges Zusammentreffen des Aufsichtsrats im Kalenderhalbjahr vor. Nur bei **nicht börsennotierten Gesellschaften** kann der Aufsichtsrat einen geringeren Sitzungsturnus beschließen (§ 110 Abs. 3 Satz 2 AktG).

Nach § 108 Abs. 1 AktG entscheidet der Aufsichtsrat **durch Beschluss**. Zulässig ist eine schriftliche Stimmabgabe nach § 108 Abs. 3 AktG durch ein einzelnes Aufsichtsratsmitglied sowie überhaupt eine schriftliche, fernmündliche oder vergleichbare Art der Beschlussfassung, sofern nicht ein Mitglied widerspricht (§ 108 Abs. 4 AktG). Eine **Stellvertretung** von Aufsichtsratsmitgliedern ist **unzulässig** (§§ 108 Abs. 3 S. 1, 111 Abs. 5 AktG). Die Satzung oder die Geschäftsordnung können aber davon Abweichendes vorsehen. Grundsätzlich muss bei der Beschlussfassung **mindestens die Hälfte der Mitglieder** teilnehmen. In jedem Fall müssen **mindestens drei** Mitglieder teilnehmen (§ 108 Abs. 2 AktG). Auch Stimmenthaltung ist **Teilnahme i. S. d. Beschlussfähigkeit** (BGH ZIP 2007, 1056). Für die Beschlussfassung genügt die **einfache Stimmenmehrheit**.

> **? Übung C.5.2**
> Ein Aufsichtsrat besteht aus drei Mitgliedern. Aufsichtsrat A liegt nach einem Verkehrsunfall im Koma. Können die beiden anderen Aufsichtsratsmitglieder B und C für die bevorstehende Hauptversammlung einen Beschlussvorschlag unterbreiten?

C.5.7.11 Fehlerhafte Aufsichtsratsbeschlüsse

Das Gesetz enthält **keine Regelungen** über die Voraussetzungen und die Rechtsfolgen fehlerhafter Aufsichtsratsbeschlüsse. Es besteht weitgehend Einigkeit darüber, dass eine Differenzierung nach der **Schwere des Fehlers** nötig ist. Nach Ansicht der Rechtsprechung sind Aufsichtsratsbeschlüsse, die in verfahrensmäßiger oder inhaltlicher Beziehung gegen zwingendes Gesetzes- und/oder Satzungsrecht verstoßen, **im Grundsatz nichtig** und nicht lediglich anfechtbar. Beschlüsse, deren Inhalt gegen zwingende Vorschriften des Gesetzes oder der Satzung verstoßen (**sog. Inhaltsmängel**), sind **grds. uneingeschränkt nichtig.** Anderenfalls besteht nur eine **eingeschränkte Nichtigkeit.** Auf die uneingeschränkte Nichtigkeit kann sich grds. jedes Mitglied des Aufsichtsrats und des Vorstandes (Aktionäre wohl nur bei Vorliegen eines besonderen Feststellungsinteresses) berufen. Es gilt eine **Rügefrist** von einem Monat analog § 246 AktG, ansonsten ist die Einwendung gegen den Beschluss verwirkt (BGHZ 122, 342, 346).

Rechtshandlungen eines nicht (mehr) im Amt befindlichen Aufsichtsrats sind nach den Grundsätzen der **Lehre von der fehlerhaften Organbestellung** ebenso wie die Rechtshandlungen eines fehlerhaft bestellten Vorstandsmitglieds jedenfalls im Außenverhältnis wirksam.

C.5.7.12 Vergütung des Aufsichtsrats

§ 113 Abs. 1 Satz 1 AktG bestimmt, dass den Aufsichtsratsmitgliedern für ihre Tätigkeit eine **Vergütung qua Satzung** oder **durch Hauptversammlungsbeschluss** gewährt werden kann.

C.5.7.13 Haftung

Der Aufsichtsrat hat gemäß § 116 AktG ebenso wie ein Vorstandsmitglied bei seiner Tätigkeit die **Sorgfalt eines ordentlichen und gewissenhaften Geschäftsleiters** anzuwenden. § 93 AktG gilt sinngemäß (§ 116 Satz 1 AktG).

 Im Hinblick auf diese Haftung darf die Übernahme eines Aufsichtsratsmandats und der damit einhergehenden Pricht zur Überwachung des Vorstandes nicht unterschätzt werden.

C.5.8 Rechte und Pflichten der Aktionäre

C.5.8.1 Einlage, Nebenleistungspflichten

Die Hauptverpflichtung der Aktionäre beruht in der Leistung ihrer Einlage (nebst Agio) nach § 54 AktG. Nebenleistungspflichten können auf gesellschaftsrechtlicher Ebene nur über § 55 AktG bei vinkulierten Namensaktien, ansonsten nur auf schuldrechtlicher Basis begründet werden. Daneben bestehen vielfältige Treuepflichten. Vornehmlich geht es dabei um einen Schutz der Mitgliedschaft des einzelnen Aktionärs vor „ausufernden" Mehrheitsentscheidungen und die hieraus resultierende materielle Beschlusskontrolle.

C.5.8.2 Persönliche Haftung

Eine persönliche Haftung der Aktionäre für die Verbindlichkeiten der AG scheidet nach § 1 Abs. 1 Satz 2 AktG im Grunde aus. Ausnahmsweise kommt es zu einer **Durchgriffshaftung** im Falle einer Vermögens- oder Sphärenvermischung. Str. ist, ob im Aktienrecht ähnlich wie im GmbH-Recht eine persönliche **Haftung wegen existenzvernichtenden Eingriffs** (vgl. BGHZ 149, 10) droht. Anknüpfungspunkt könnte die Haftung nach §§ 117, 317 AktG sein. Alternativ droht die Haftung nach den Grundsätzen im qualifiziert faktischen Konzern. Ein **qualifiziert faktischer Konzern** liegt vor, wenn aufgrund eines bestehenden Abhängigkeitsverhältnisses i. S. d. § 17 AktG außerhalb eines Beherrschungsvertrages nach § 291 Abs. 1 AktG die Einflussnahme des herrschenden Unternehmens auf die abhängige Gesellschaft derart intensiv ist, dass nachteilig auf die abhängige Gesellschaft eingewirkt wird und dass das auf Einzeleingriff, Nachteilsausgleich und Schadenersatzpflicht aufgebaute gesetzliche Haftungssystem der §§ 311, 317 AktG bei einer solchen nachteiligen Einflußnahme nicht mehr funktioniert. Hier haftet das herrschende Unternehmen analog §§ 302, 303 AktG. Eine Haftung wegen **materieller Unterkapitalisierung** scheidet mangels gesetzlicher Grundlage aus (BGHZ 176, 204 = NJW 2008, 2437). Auf die Ausführungen zum GmbH-Recht kann verwiesen werden.

C.5.8.3 Bilanzgewinn, Verbot der Einlagenrückgewähr

In vermögensrechtlicher Sicht haben die Aktionäre grds. nur Anspruch auf den Bilanzgewinn (§ 58 Abs. 4 AktG). Eine Vergütung für statutarische Nebenleistungen ist darüber hinaus nach § 61 AktG zulässig.

Alle anderen Leistungen der Gesellschaft ohne ausreichende Gegenleistung stellen dagegen grundsätzlich eine verbotene Einlagenrückgewähr dar (§ 57 AktG). Dazu zählen vor allem auch Leistungen der AG gegenüber ihren Aktionären aus einem Vertragsverhältnis, wenn ein objektives Missverhältnis zwischen Leistung und Gegenleistung besteht.

 Beispiel C.5.7
Aktionärsdarlehen an die AG mit nicht marktgerechter Verzinsung; Anmietung von Geschäftsräumen zu einem überhöhten Mietzins; Verkauf eines Firmen-Pkw's unter Listenpreis.

Erfasst werden vom Verbot der Einlagenrückgewähr nicht nur Aktionäre. Unter diese Vorschrift können auch **faktische Aktionäre**, der, wirtschaftlich betrachtet, eine Aktionärsposition bekleidet und als Treugeber die Aktien durch einen anderen halten lässt. Auch **zukünftige Aktionäre** können in Anspruch genommen werden, wenn zwischen der verbotswidrigen Leistung und dem Erwerb der Aktien ein enger sachlicher und zeitlicher Zusammenhang besteht und die Leistung mit Rücksicht auf die künftige Aktionärs-

Adolf Reul

eigenschaft erfolgt zukünftige Aktionäre fallen (BGH, ZIP 2008, 118). Leistungen an **Dritte** gehören ebenso dazu, wenn diese aufgrund eines besonderen Näheverhältnisses einem Aktionär zugerechnet werden können.

Aktionärsdarlehen (absteigende Darlehen von den Aktionären an die AG) unterfallen nach § 57 Abs. 1 S. 4 AktG n. F. grundsätzlich nicht mehr wie früher dem Eigenkapitalersatzrecht, so dass ihre Rückzahlung eine verbotene Einlagenrückgewähr darstellt. Statt dessen richten sich die Rechtsfolgen für Aktionärsdarlehen ausschließlich nach dem Insolvenzrecht (Nachrangigkeit nach § 39 Abs. 1 Nr. 5 InsO bzw. Insolvenzanfechtung nach § 135 InsO bzw. der Gläubigeranfechtung (§ 6 AnfG). Während früher die Beteiligungsschwelle im Aktienrecht für eigenkapitalersetzende Darlehen bei 25 % lag, beträgt diese nunmehr wie im GmbH-Recht einheitlich 10 % (§ 39 Abs. 5 InsO). Außerhalb des Sanierungsprivilegs nach § 39 Abs. 4 S. 2 InsO kommt es auf eine Darlehensgewährung oder ein Stehenlassen des Darlehens in der Krise nicht mehr an. Auch eine (eigenkapitalersetzende) **Nutzungsüberlassung,** mit der der AG in der Krise anstelle von Eigenkapital lediglich ein schuldrechtliches Nutzungsrecht gewährt wird, gibt es wegen § 135 Abs. 3 InsO nicht mehr.

Aufsteigende Darlehen, d. h. Darlehen der AG an ihre Aktionäre, stellen nach § 57 Abs. 1 S. 3 AktG keine verbotene Einlagenrückgewähr dar, wenn diese durch einen vollwertigen Gegenleistungs- oder Rückgewähranspruch gegen den Aktionär gedeckt sind. Maßgeblich kommt es auf eine bilanzielle Betrachtungsweise an (BGH NJW 2009, 850). Grundsätzlich sind derartige Darlehen zu verzinsen und mit üblichen Banksicherheiten zu belegen. Unabdingbar ist weiter, laufend etwaige Änderungen des Kreditrisikos zu prüfen und auf eine sich nach der Darlehensgewährung aundeutende Bonitätsverschlechterung mit einer Kreditkündigung oder der Anforderung von Sicherheiten zu reagieren (BGH, ZIP 2009, 70 „MPS"; OLG Jena, DB 2007, 2079). Notwendig ist somit die Einrichtung eines Informationssystems, das eine laufende Risikoanalyse ermöglicht.

Schließlich liegt nach § 57 Abs. 1 S. 3 AktG auch keine verbotene Einlagenrückgewähr vor bei bestehen eines Beherrschungs- oder Gewinnabführungsvertrages. Die Regelung entspricht weitgehend dem § 291 Ab.s 3 AktG, geht jedoch noch darüber hinaus. Aufgrund dieser Neuregelungen in § 57 Abs. 1 AktG werden Zahlungen im Rahmen eines Cash-Pool weitgehend legalisiert.

Werden Einlagen entgegen § 57 Abs. 1 AktG zurückgewährt, besteht ein **Anspruch der Gesellschaft** nach § 62 AktG. Der Anspruch **verjährt in 10 Jahren** (§ 62 Abs. 3 AtG). Eine subsidiäre Inanspruchnahme der übrigen Aktionäre ähnlich wie im GmbH-Recht droht nicht. Allerdings können nicht befriedigte Gläubiger der AG den Anspruch geltend machen (§ 62 Abs. 2 S. 1 AktG).

C.5.8.4 Ausübung der Rechte in der Hauptversammlung

Die Aktionäre üben ihre Rechte nach § 118 Abs. 1 AktG grds. in der **Hauptversammlung** aus. Hierzu dient auch das **neu geschaffene Aktionärsforum** nach § 127a AktG. Nur im Rahmen der Hauptversammlung haben die Aktionäre **Anspruch auf Gewinnausschüttung** (§§ 57 ff., 174 AktG) bzw. **auf Auskunftserteilung** (§ 131 Abs. 1 und 4 AktG). Aus dem Zusammenhang mit der Hauptversammlung ergeben sich ihre **weiteren Rechte** wie insb. das Teilnahmerecht (vgl. § 123 AktG), das Rede- und Stimmrecht (§ 134 AktG), das Recht zur Antragstellung (§ 126 AktG), sowie die Möglichkeit, die Rechtmäßigkeit von Hauptversammlungsbeschlüssen gerichtlich überprüfen zu lassen, überhaupt eine Hauptversammlung einzuberufen bzw. bestimmte Gegenstände zur Beschlussfassung in der Hauptversammlung bekannt zu machen (§ 122 AktG) oder etwa eine Sonderprüfung über die Gründung oder über einzelne Geschäftsvorgänge durchzuführen (§ 142 AktG).

 Die Aktionäre haben wegen § 118 AktG grundsätzlich keine Möglichkeit, auf Geschäftsführungsmaßnahmen des Vorstandes Einfluss zu nehmen.

Durch das **ARUG** neu geschaffen wurde § 118 Abs. 1 S. 2 AktG. Hiernach kann entweder in der **Satzung** selbst oder mittels **Ermächtigung an den Vorstand** vorgesehen werden, dass die Aktionäre an der Hauptversammlung auch ohne Anwesenheit an deren Ort und ohne einen Bevollmächtigten teilnehmen und **sämtliche oder einzelne ihrer Rechte ganz oder teilweise** im Wege elektronischer Kommunikation ausüben können (**online-Teilnahme**). Nach § 118 Abs. 3 AktG n. F. kann die Satzung auch eine schriftliche Stimmabgabe einführen oder den Vorstand hierzu ermächtigen (**Briefwahl**).

C.5.9 Hauptversammlung

Nach der Konzeption der AG ist die **Hauptversammlung das oberste Organ der Gesellschaft**. Sie ist die **Versammlung aller Aktionäre**. Sie bestimmt über die Bestellung und Abberufung der Aufsichtsratmitglieder (§§ 101, 103 AktG) und damit mittelbar auch über die Bestellung des Vorstandes durch den Aufsichtsrat. Ebenso ist die Hauptversammlung maßgebliches Organ für die Beschlussfassung über Satzungsänderungen gemäß der §§ 179 ff. AktG.

In der Praxis wird zwischen der **ordentlichen** und der **außerordentlichen Hauptversammlung** unterschieden. Rechtlich gibt es zwischen beiden Arten kein Unterschied. In der ordentlichen Hauptversammlung, die nach § 175 Abs. 1 Satz 2 AktG regelmäßig in den **ersten acht Monaten eines Geschäftsjahres** stattfindet, werden die jährlich wiederkehrenden Beschlüsse gefasst, nämlich:

- Vorlage des Jahresabschlusses,
- Verwendung des Bilanzgewinns,
- Entlastung von Vorstand und Aufsichtsrat,
- Bestellung des Abschlussprüfers.

Um eine **außerordentliche Hauptversammlung** handelt es sich dagegen, wenn zusätzlich zu der ordentlichen Hauptversammlung eine weitere Hauptversammlung einberufen wird, um Tagesordnungspunkte zu behandeln, die nicht zu den o. g. Gegenständen gehören und die aufgrund ihrer Aktualität auch nicht im Rahmen der ordentlichen Hauptversammlung mit abgearbeitet werden können.

Adolf Reul

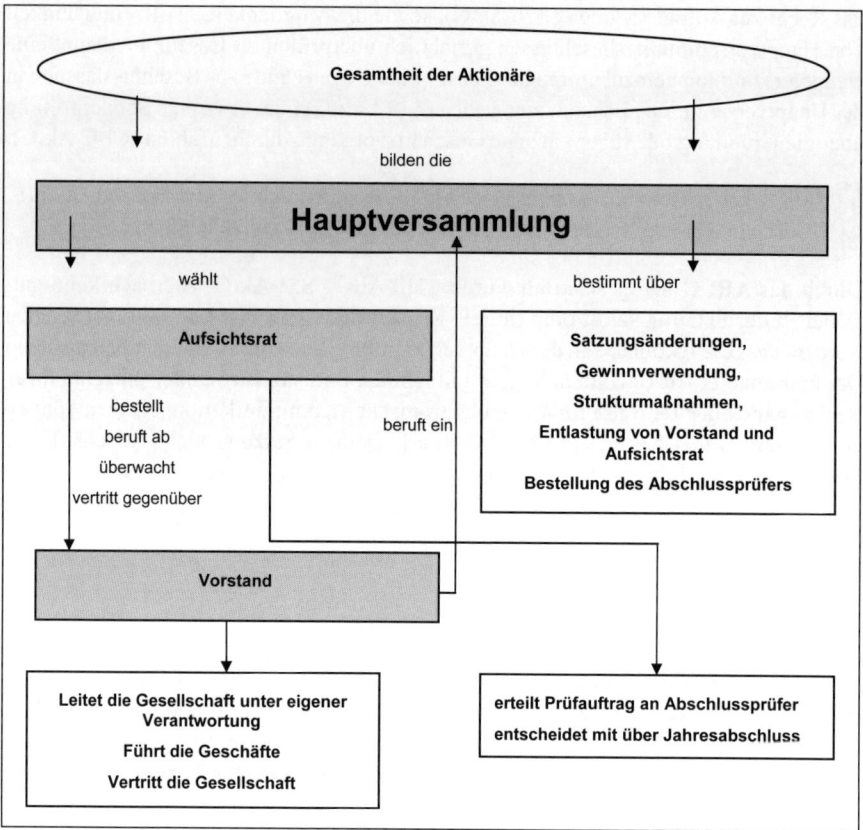

Abbildung C.5.9: Die Organe der AG und ihre Funktionen

C.5.10 Jahresabschluss

Die **Bestimmungen über den Jahresabschluss** sind in den §§ 264, 267 HGB, §§ 170 ff. AktG enthalten. Die Feststellung des Jahresabschlusses obliegt grds. dem Aufsichtsrat (§ 172 AktG), es sei denn, Vorstand und Aufsichtsrat beschließen, dies der Hauptversammlung zu übertragen.

C.5.11 Gründungsaufwand

Trägt die Gesellschaft den **Gründungsaufwand**, ist dieser nach § 26 Abs. 2 AktG **in der Satzung anzugeben**.

Zusammenfassung

Die Satzung ist neben dem AktG die wichtigste Rechtsquelle für AG. In ihr wird das „Innenrecht" der AG geregelt. Nach § 23 Abs. 5 AktG gilt das Prinzip der Satzungsstrenge. Danach kann die Satzung nur dort vom Gesetz abweichen, wo dies ausdrücklich zugelassen wird, ansonsten jedoch nicht.

Der Mindestinhalt der Satzung ergibt sich aus § 23 Abs. 3 und Abs. 4 AktG. Sie muss Bestimmungen enthalten über die Firma und den Unternehmensgegenstand der Gesellschaft, die Höhe des Grundkapitals und seine Zerlegung in Stückaktien oder Nennbetragsaktien. Anzugeben ist ebenso, ob Inhaber und/oder Namensaktien ausgegeben werden. Auch zu der Zahl der Vorstandsmitglieder muss sich die Satzung äußern.

Soweit Namensaktien ausgegeben wurden, ist die Eintragung im Aktienregister entscheidend. Nur wer dort eingetragen ist, gilt gegenüber der Gesellschaft als Aktionär (§ 67 Abs. 2 AktG). Die Übertragung von Aktien geschieht entweder durch bloße Abtretung. Sind Aktienurkunden ausgegeben, kann die Übertragung ebenso nach §§ 929 ff. BGB, bei Namensaktien auch durch Indossament erfolgen. Bei Namensaktien kann die Übertragung an die Zustimmung der Gesellschaft geknüpft werden (§ 68 Abs. 2 AktG). Bei Inhaberaktien ist eine Vinkulierung unzulässig. Statthaft sind aber – lediglich schuldrechtlich wirkende – Aktionärsvereinbarungen.

Nach § 76 Abs. 1 AktG wird die AG durch ihren Vorstand geleitet. An Weisungen anderer Organe oder der Aktionäre ist er nicht gebunden. Dem Vorstand obliegt die Geschäftsführung. Er ist organschaftlicher Vertreter der Gesellschaft. Das Gesetz geht beim mehrgliedrigen Vorstand von einer Gesamtvertretung aus. Die Satzung kann allerdings Abweichendes regeln. Der Umfang der Vertretungsmacht ist grds. unbeschränkt. Dem Vorstand selbst ggb. wird die AG nach § 112 AktG aber stets durch den Aufsichtsrat vertreten. Gewählt und abberufen wird der Vorstand vom Aufsichtsrat.

Zweites Organ neben dem Vorstand ist in der AG der Aufsichtsrat. Seine wesentliche Aufgabe ist die Überwachung der Vorstandstätigkeit. Weiter obliegen ihm verschiedene Aufgaben im Zusammenhang mit der Hauptversammlung, so insb. eine Berichtpflicht und eine Pflicht zur Unterbreitung von Beschlussvorschlägen. Die Aufsichtsratsmitglieder werden von der Hauptversammlung gewählt und abberufen. Der Aufsichtsrat muss mindestens aus drei Mitgliedern bestehen. Er ist beschlussfähig, wenn mindestens die Hälfte seiner Mitglieder, wenigstens aber drei an der Beschlussfassung teilnehmen.

Die Hauptverpflichtung der Aktionäre besteht in der Erbringung ihrer Einlage (§ 54 AktG). Daneben gibt es Treuepflichten ggb. der Gesellschaft und den übrigen Aktionären. Nebenleistungspflichten sind nur bei Namensaktien möglich. Eine persönliche Haftung der Aktionäre für Verbindlichkeiten der Gesellchaft ist grundsätzlich ausgeschlossen (§ 1 Abs. 2 AktG). Ihre Rechte üben die Aktionäre (nur) in der Hauptversammlung aus (§ 118 AktG).

Die Hauptversammlung ist das dritte Organ in der AG. Als Versammlung der Anteilseigner wird dort über die Wahl des Aufsichtsrats und damit mittelbar auch über die Wahl des Vorstandes bestimmt. Ebenso ist die Hauptversammlung zuständig für Satzungsänderungen und sonstige Strukturentscheidungen. Damit ist die Hauptversammlung oberstes Organ in der AG. Es wird zwischen der ordentlichen und einer außerordentlichen Hauptversammlung unterschieden.

Aufgaben zur Selbstprüfung

1. Welchen Mindestinhalt muss die Satzung haben?
2. Welche Aufgaben hat der Vorstand?
3. Welche Aufgaben hat der Aufsichtsrat?
4. Wann ist der Aufsichtsrat beschlussfähig?
5. Wo üben die Aktionäre ihre Rechte aus?
6. Worin besteht der Unterschied zwischen einer ordentlichen und einer außerordentlichen Hauptversammlung?

C.6 Hauptversammlung

Die Hauptversammlung ist oberstes Organ der AG. In ihr werden die maßgeblichen Beschlüsse gefasst. Das folgende Kapitel erläutert das Recht der Hauptversammlung.

C.6.1 Ort

Nach § 121 Abs. 5 AktG findet die Hauptversammlung am Sitz der Gesellschaft statt, wenn die Satzung nichts anderes bestimmt. Ob der Ort der Hauptversammlung stets im **Inland** belegen sein muss, ist umstritten. Die neuere Ansicht in der Lit. bejaht eine Durchführung auch im Ausland. Voraussetzung soll allerdings sein, dass die Satzung einen ausländischen Versammlungsort bestimmt oder es sich um eine Vollversammlung nach § 121 Abs. 6 AktG handelt. Probleme treten dann aber auf, wenn es um die **Beurkundung der Hauptversammlung im Ausland** geht. Im Kern geht es hier wieder um die Frage, ob die Beurkundung durch einen ausländischen Notar gleichwertig ist mit der Beurkundung eines Deutschen Notars.

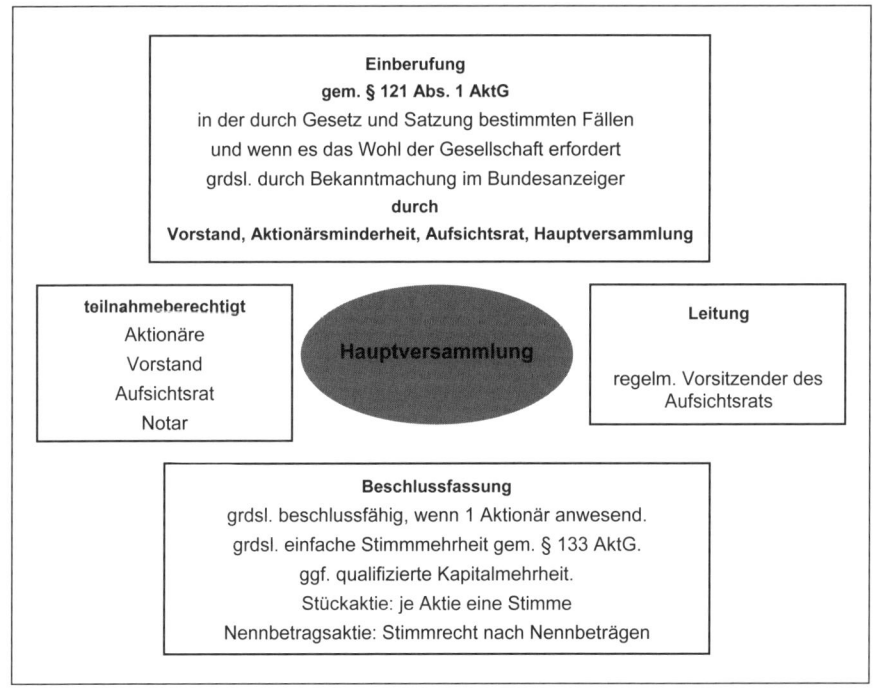

Abbildung C.6.1: Die Hauptversammlung der AG

Adolf Reul

C.6.2 Einberufung

C.6.2.1 Einberufungsgründe

Die Hauptversammlung ist nach § 121 Abs. 1 AktG in den durch Gesetz und Satzung bestimmten Fällen sowie dann einzuberufen, wenn es das **Wohl der Gesellschaft erfordert**. Es muss eine **sachliche Entscheidungsbefugnis** der Hauptversammlung bestehen. Dies ist in den in § 119 Abs. 1 AktG genannten Fällen zu bejahen, aber auch dann, wenn es um **Strukturentscheidungen** geht und das Gesetz eine Zuständigkeit der Hauptversammlung annimmt, so etwa bei Satzungsänderungen ((§ 179 AktG), Kapitalmaßnahmen (§§ 182 ff. und 222 ff. AktG), Gesamtvermögensgeschäften (§ 179a AktG), Abschluss und Änderung von Unternehmensverträgen (§§ 291 ff. AktG), Eingliederungen (§§ 319 ff. AktG), Squeeze-Out (§§ 327a AktG), Umwandlungsvorgängen nach dem UmwG, Übernahmeangeboten nach dem WpÜG, oder der Liquidation der Gesellschaft (§§ 262 ff. AktG).

In **Geschäftsführungsmaßnahmen** besteht grds. keine Zuständigkeit, es sei denn der Vorstand legt die Frage der Hauptversammlung gemäß § 119 Abs. 2 AktG zur Entscheidung vor. Anders ist es bei solchen Geschäftsführungsmaßnahmen, die wegen ihrer besonderen Bedeutung für die Gesellschaft den gesetzlich geregelten Strukturmaßnahmen nahe kommen und daher ebenfalls „in offener Rechtsfortbildung" eine originäre Zuständigkeit der Hauptversammlung begründen.

 Beispiel C.6.1

Ausgliederung der wervollsten Unernehmenstcilc („**Holzmüller-Fall**," BGHZ 83, 122), Rückzug von der Börse (**Delisting**, BGHZ 153, 47).

Einzuberufen ist die Hauptversammlung ebenso, wenn es um eine **Verlustanzeige** nach § 92 Abs. 1 AktG geht oder ein **Minderheitsverlangen** nach § 122 AktG erfolgreich gestellt wurde. Die Hauptversammlung muss weiter einberufen werden, wenn ein **durch die Satzung bestimmter Einberufungsgrund** vorliegt. Wegen § 23 Abs. 5 AktG hat dies allerdings nur eine geringe praktische Bedeutung. Als statutarischer Einberufungsgrund kommt etwa die Zustimmung der Hauptversammlung bei der Übertragung vinkulierter Namensaktien nach § 68 Abs. 2 Satz 3 AktG in Betracht.

C.6.2.2 Zuständigkeit

Zuständig für die Einberufung ist nach § 121 Abs. 2 AktG grds. der **ordnungsgemäß besetzte Vorstand**. Dieser entscheidet durch **einfachen Mehrheitsbeschluss**. Nach § 122 AktG ist eine Einberufung ebenso durch eine **Aktionärsminderheit** möglich. Der **Aufsichtsrat** kann die Hauptversammlung einberufen, wenn es das Wohl der Gesellschaft erfordert (§ 111 Abs. 3 AktG). Schließlich kann die **Hauptversammlung selbst** mit Mehrheitsbeschluss eine neue Hauptversammlung einberufen (§ 124 Abs. 4 Satz 2 AktG), oder auch nur die Fortsetzung der Hauptversammlung mit der bereits bekannt gemachten Tagesordnung beschließen (Vertagung). Die Satzung kann weitere Einberufungszuständigkeiten begründen.

C.6.2.3 Art und Weise der Einberufung

Die Einberufung erfolgt mittels **Bekanntmachung im elektronischen Bundesanzeiger** (§§ 121 Abs. 3, 25 AktG). Sind die Aktionäre namentlich bekannt, kann die Satzung auch eine andere Art der Einberufung als **durch eingeschriebenen Brief** bestimmen (§ 121 Abs. 4 AktG). Neben der Bekanntmachung in den Gesellschaftsblättern ist die **Einberufung der Hauptversammlung** und die Tagesordnung auch Kreditinstituten und Aktionärsvereinigungen, die in der letzten Hauptversammlung Stimmrechte für Aktionäre ausgeübt haben, sowie auf Verlangen den Aktionären und Aufsichtsratsmitgliedern nach § 125 AktG **mitzuteilen.**

C.6.2.4 Inhalt der Einberufung/Bekanntmachung

Gemäß § 121 Abs. 3 Satz 2 AktG muss die Einberufung die Firma, den Sitz der Gesellschaft, Zeit und Ort der Hauptversammlung sowie die Bedingungen angeben, von denen die Teilnahme an der Hauptversammlung und die Ausübung des Stimmrechts abhängig ist. Streitig ist, ob eine Hauptversammlung, die nur für einen Tag einberufen wurde, zwingend um 24.00 Uhr dieses Tages beendet sein muss, so dass **nach Mitternacht gefasste Beschlüsse** nach § 241 Ziff. 1 AktG nichtig sind. Die h. M. bejaht dies (*Hüffer*, § 121 AktG Rn. 17).

Anzugeben sind in der Einberufung auch die **Teilnahmebedingungen**. Gemeint sind damit die **statutarischen Teilnahmeerfordernisse** der Anmeldung bzw. des **Legitimationsnachweises** gemäß § 123 Abs. 2 und 3 AktG. Fehlen solche statutarischen Vorgaben, so ist einzige Voraussetzung für die Teilnahme die **Aktionärseigenschaft**.

Mit der Einberufung der Hauptversammlung ist die **Tagesordnung bekannt zu machen** (§ 124 Abs. 1 Satz 1 AktG a. F.). Bekannt zu machen sind dabei gemäß § 124 Abs. 2 und Abs. 3 AktG auch die zu jedem Gegenstand der Tagesordnung von Vorstand und/oder Aufsichtsrat zu machenden **Beschlussvorschläge**. Nach **§ 124 Abs. 4 AktG** darf über nicht ordnungsgemäß bekannt gemachte Tagesordnungspunkte grds. nicht abgestimmt werden. Ein gleichwohl gefasster Beschluss kann angefochten werden, und zwar auch dann, wenn alle erschienen/vertretenen Aktionäre damit einverstanden sind, es sei denn, es handelt sich um eine Vollversammlung nach § 121 Abs. 6 AktG. **Bekanntmachungsfrei** sind dagegen Anträge zu den Gegenständen der Tagesordnung, also Gegenanträge, ergänzende Anträge, aber auch Geschäftordnungsanträge. Keine ergänzenden Anträge bzw. Gegenanträge i. S. d. § 124 Abs. 4 S. 2 2. Alt. AktG liegen dagegen bei inhaltlich abweichenden Sachanträgen vor.

C.6.2.5 Vertagung/Absetzung/Wiedereröffnung/Unterbrechung der Hauptversammlung

Die Zuständigkeit des Vorstandes für die Einberufung der Hauptversammlung nach § 121 Abs. 2 Satz 1 AktG beinhaltet grds. auch die **Zuständigkeit, die Hauptversammlung zu vertagen, zu verschieben bzw. abzusetzen**. Es gelten **dieselben Förmlichkeiten wie bei der Einberufung**. Hat die Hauptversammlung dagegen bereits begonnen, ist für eine Vertagung allein die Hauptversammlung selbst zuständig. Wurde die Hauptversammlung vom Versammlungsleiter bereits geschlossen, kann die Hauptversammlung die Fortsetzung mit einfacher Mehrheit beschließen und zwar unabhängig davon, ob die vorzeitige Schießung der Hauptversammlung willkürlich war oder nicht. Erforderlich ist nur, dass der Fortsetzungsbeschluss im unmittelbaren Anschluss an die Schließung erfolgt und noch kein Aktionär die Hauptversammlung verlassen hat. Geht es dagegen um eine Unterbrechung der Hauptversammlung, so ist hierfür allein der **Versammlungsleiter**, nicht aber die Hauptversammlung zuständig.

C.6.2.6 Absetzung/Wiederaufnahme von Tagesordnungspunkten

Eine Absetzung oder Vertragung von einmal bekannt gemachten Tagesordnungspunkten kann allein von der Hauptversammlung mit **einfacher Stimmenmehrheit** selbst beschlossen werden. Zum Teil wird hierfür noch das **Vorliegen eines wichtigen Grundes** verlangt. Die Wiederaufnahme bereits abgeschlossener Tagesordnungspunkte in derselben Hauptversammlung obliegt demgegenüber dem Versammlungsleiter.

C.6.2.7 Einberufungsfrist

Die **ordentliche Hauptversammlung** wird wegen §§ 175 Abs. 1, 171 Abs. 3 AktG, 264 Abs. 1 HGB regelmäßig innerhalb der **ersten acht Monate** eines Geschäftsjahrs einberufen. Die eigentliche **Einberufungsfrist** beträgt nach § 123 Abs. 1 AktG mindestens 30 Tage. Die Frist verlängert sich um maximal sechs Tage, wenn die Satzung als Teilnahmevoraussetzung für die Hauptversammlung gemäß § 123 Abs. 2 AktG eine Anmeldung oder bei Inhaberaktien einen besonderen Nachweis verlangt.

C.6.2.8 Neuerungen durch das ARUG

Das ARUG enthält eine Vielzahl von Änderungen für die **Einberufung der Hauptversammlung**. Diese betreffen bereits den **Inhalt der Einberufung**, der in § 121 Abs. 3 AktG n. F. geregelt ist. Künftig ist die Tagesordnung zwingend als integrierter Bestandteil der Einberufung selbst bekannt zu machen. Wird die Tagesordnung nicht oder nicht vollständig bekannt gemacht, bleibt es jedoch bei den Rechtsfolgen der bloßen Anfechtbarkeit von gleichwohl gefassten Beschlüssen (§ 241 Nr. 1 AktG n. F.)

Weiterhin müssen wie bisher **Firma** und **Sitz** der Gesellschaft sowie **Zeit und Ort der Hauptversammlung** im Rahmen der Einberufung angegeben werden. Bei nicht börsennotierten Gesellschaften genügen diese Angaben. Sie werden damit gegenüber der bisherigen Rechtslage entlastet (keine Angabe der Bedingungen, von denen die Teilnahme an der Hauptversammlung und die Ausübung des Stimmrechts abhängen (§ 121 Abs. 3 S. 2 AktG a. F.). **Börsennotierte Gesellschaften** müssen dagegen **noch weitere Angaben** in der Einberufung mitteilen (Voraussetzungen für die Teilnahme an der Versammlung und die Ausübung des Stimmrechts sowie ggf. den Nachweisstichtag (record date); Verfahren für die Stimmabgabe durch Briefwahl, im Wege der elektronischen Kommunikation oder durch einen Bevollmächtigten; Rechte der Aktionäre auf Ergänzung der Tagesordnung und Stellung von Anträgen, das Wahlvorschlagsrecht und das Auskunftsrecht; die Internetseite der Gesellschaft).

Adolf Reul

Die Verletzung dieser weiteren Pflichtangaben haben nach § 241 Nr. 1 AktG n. F. **nicht die Nichtigkeit** der Hauptversammlungsbeschlüsse zur Folge. Anders als nach bisherigem Recht führt es also nicht zur Nichtigkeit, wenn die Einberufung falsche Angaben über die Bedingungen enthält, von denen die Teilnahme an der Hauptversammlung und die Ausübung des Stimmrechts abhängen.

Für die **Form der Einberufung** bleibt es dabei, dass diese in den Gesellschaftsblättern bekannt zu machen ist. Sind die Aktionäre der Gesellschaft namentlich bekannt, genügt nach § 121 Abs. 4 S. 2 AktG n. F. ein eingeschriebener Brief. Börsennotierte Aktiengesellschaften, die nicht ausschließlich Namensaktien ausgegeben haben und die Einberufung den Aktionären nicht unmittelbar übersenden können, müssen darüber hinaus die Einberufung nach § 121 Abs. 4a AktG n. F. spätestens zum Zeitpunkt der Bekanntmachung solchen Medien zur Veröffentlichung zur Verfügung stellen, bei denen davon ausgegangen werden kann, dass die Information in der gesamten Europäischen Union verbreiten.

§ 124a Akt n. F. verpflichtet börsennotierte Gesellschaften dazu, ihre **Internetseite** zum zentralen Medium des Informationsaustausches zwischen Gesellschaft und Aktionären auszubauen und dort hauptversammlungsrelevante Informationen zugänglich zu machen.

Vollständig neu geregelt wird im ARUG das **Fristensystem** im Vorfeld der Hauptversammlung. Hierzu wurde ein neuer § 121 Abs. 7 AktG eingefügt. Alle Fristen und Termine werden in Zukunft von der Versammlung zurückberechnet. Die allgemeinen BGB-Vorschriften finden grundsätzlich keine Anwendung mehr. Der Tag der Versammlung ist nicht mitzurechnen. Nicht mitzurechnen ist ebenfalls der Tag, an dem bekannt gemacht, mitgeteilt, beantragt, nachgewiesen werden muss.

Die maßgeblichen **Übergangsvorschriften** des ARUG sind in Art. 2 § 20 EGAktG n. F. enthalten: Die hauptversammlungsbezogenen neuen Vorschriften gelten für Hauptversammlungen, für die nach dem 31.10.2009 einberufen wird. Satzungsbestimmungen betreffend die Anmeldung zur Hauptversammlung und zum record date (vgl. § 123 Abs. 3 AktG) treten bereits mit Ablauf der ersten Hauptversammlung nach Inkrafttreten des ARUG außer Kraft.

C.6.3 Beschlussfähigkeit

Das Aktienrecht enthält mit Ausnahme des § 52 Abs. 5 Satz 2 AktG **keine Bestimmungen über die Beschlussfähigkeit** der Hauptversammlung. Die Hauptversammlung ist daher immer beschlussfähig, soweit nur ein Aktionär anwesend/vertreten ist. Die Satzung kann jedoch als „weiteres Erfordernis" nach § 133 Abs. 1 AktG u. a. auch die Beschlussfähigkeit regeln.

C.6.4 Beschlussmehrheit

Hat die Gesellschaft Stückaktien ausgegeben, gewährt zwingend **jede Aktie eine Stimme**. Bei Nennbetragsaktien richtet sich das Stimmrecht nach den Nennbeträgen. Grds.

beginnt das Stimmrecht beginnt erst mit der vollständigen Leistung der Einlage (§ 134 Abs. 2 Satz 1 AktG).

Für Beschlüsse der Hauptversammlung genügt grds. die **einfache Stimmenmehrheit** (133 AktG). Bei Stimmengleichheit ist ein Beschluss nicht gefasst bzw. abgelehnt. Stimmenthaltungen sind ohne Bedeutung. Sofern das Gesetz außer der Stimmenmehrheit eine **Mehrheit des vertretenen Kapitals** vorschreibt, genügt die **einfache Mehrheit** des bei der Beschlussfassung vertretenen Kapitals, es sei den, das Gesetz verlangt eine größere Mehrheit (z. B. § 179 Abs. 2 AktG). Die Kapitalmehrheit muss in diesem Fall stets zur Stimmenmehrheit hinzukommen.

Sind mehrere Aktiengattungen vorhanden, ist in bestimmten Fällen noch ein **Sonderbeschluss erforderlich**, mit dem die jeweiligen Gattungen gesondert entscheiden (§ 138 AktG).

➡ **Beispiel C.6.2**

Aufhebung oder Beschränkung der Rechte von Vorzugsaktionären nach § 141 AktG; Benachteiligung einzelner Aktiengattungen durch Satzungsänderung gemäß § 179 Abs. 3 AktG; Kapitalmaßnahmen gemäß § 182 Abs. 2 AktG; Unternehmensverträge nach §§ 295 Abs. 2, 296, 297 Abs. 2, 302 Abs. 3, 309 Abs. 3, 317, 318 AktG; Umwandlungsvorgänge nach § 65 Abs. 2 UmwG.

Eine **Zustimmung aller Aktionäre** bzw. aller betroffenen Aktionäre ist zusätzlich erforderlich, wenn gemäß § 180 Abs. 2 AktG **nachträglich Vinkulierungsklauseln** in die Satzung aufgenommen werden oder wenn es um die nachträgliche **Begründung von Sonderrechten** für einzelne Aktionäre bzw. Nebenpflichten für Aktionäre geht (§ 180 Abs. 1 AktG). Eine solche Zustimmung aller Aktionäre ist auch erforderlich, wenn es um den Verzicht auf etwaige Berichtspflichten bei Unternehmensverträgen nach § 293a Abs. 3 AktG oder Umwandlungsvorgängen nach § 8 Abs. 3 AktG geht.

C.6.5 Stimmverbote

Stimmverbote sind in § 136 AktG enthalten. Ausgeschlossen ist danach das Stimmrecht des Aktionärs oder seines Vertreters, wenn es um die eigene **Entlastung**, um die **Befreiung von einer Verbindlichkeit** oder um die **Geltendmachung eines Anspruchs** der Gesellschaft gegen ihn geht. Insoweit handelt es sich um eine abschließende Regelung. Die Satzung kann die Stimmverbote des § 136 AktG weder erweitern noch einschränken; insb. genügt ein bloßer Interessenkonflikt noch nicht für ein Stimmverbot. Im Falle der **Gesamtentlastung aller Mitglieder des Vorstandes** oder des Aufsichtsrates sind alle Organmitglieder, um deren Entlastung es geht, von der Abstimmung ausgeschlossen. Bei der Einzelentlastung dürfen aber die Aktionäre, um deren Entlastung es als Organmitglied gerade nicht geht, mit abstimmen. Weitere Stimmverbote bestehen im Rahmen des § 142 Abs. 1 Satz 2 AktG, wenn es um die Beschlussfassung zur Durchführung einer **Sonderprüfung** steht und diese im Zusammenhang mit der Entlastung eines Mitglieds des Vorstandes oder des Aufsichtrates steht. Schließlich bestehen **Stimmverbote bei Namensaktien** im Zusammenhang mit der Eintragung vom Fremdbesitz im Aktienregister und bestimmten Mitteilungspflichten nach § 67 Abs. 2 AktG.

Adolf Reul

Wird **trotz Stimmverbot an der Abstimmung teilgenommen**, dürfen diese bei der Ermittlung des Stimmergebnisses nicht mitgezählt werden. Die Stimmen sind nichtig. Werden sie gleichwohl berücksichtigt, liegt ein **Anfechtungsgrund** vor, soweit die Nichtbeachtung des Stimmverbots relevant für das Beschlussergebnis war.

 Übung C.6.1
In der Hauptversammlung soll über die Entastung des Vorstandes A beschlossen werden. Aktionärin der AG ist u. a. die X-GmbH. Alleiniger alleiniger Gesellschafter und Geschäftsführer der X-GmbH ist A. Darf die X-GmbH über die Entlastung des A abstimmen?

C.6.6 Teilnahmerecht

C.6.6.1 Aktionäre

Berechtigt, an der Hauptversammlung teilzunehmen, sind **alle Aktionäre**. **Stellvertretung** ist nach § 134 Abs. 3 AktG **zulässig**. Für die Vollmacht gilt im Grundsatz Schriftform (§ 134 Abs. 3 AktG). Soweit die Satzung nichts anderes bestimmt, gelten für institutionelle Stimmrechtsvertreter Erleichterungen (§ 135 Abs. 2 S. 4 AktG). Nach § 123 Abs. 2 und Abs. 3 AktG kann die Satzung das **Teilnahmerecht** der Aktionäre und/oder die **Ausübung des Stimmrechts** an eine vorherige **Anmeldung** bei der Gesellschaft knüpfen. (Nur) bei Inhaberaktien kann die Satzung einen besonderen **Nachweis** der Aktionärseigenschaft verlangen. Bei Namensaktien ist ggf. ein von der Gesellschaft vorgesehener **Umschreibestopp** im Aktienregister im Vorfeld der Hauptversammlung zu beachten. Stets zulässig ist bei **börsennotierten Gesellschaften** ein **sog. Institutsnachweis** gemäß § 123 Abs. 3 Satz 2 und 3 AktG. Darin bescheinigt das depotführende Institut den Nachweis des Anteilsbesitzes, bezogen auf den Beginn des 21. Tages vor der Hauptversammlung („**record date**" faktisch ist der Nachweis also auf den 22. Tag vor der Versammlung zu beziehen).

C.6.6.2 Vorstand/Aufsichtsrat/Notar

Teilnahmeberechtigt und -verpflichtet sind nach § 118 Abs. 2 Satz 1 AktG auch die **Mitglieder des Vorstandes und des Aufsichtsrates**. Die Satzung kann anstelle der Teilnahme der Aufsichtsratsmitglieder in bestimmten Fällen eine **Bild- und Tonübertragung** zulassen (§ 118 Abs. 3 Satz 2 AktG). Im Rahmen des § 176 Abs. 2 AktG besteht ein Teilnahmerecht auch für den **Abschlussprüfer** (nur für den Tagesordnungspunkt: „Feststellung des Jahresabschlusses") sowie im Falle der notariellen Beurkundung der Hauptversammlung nach § 130 Abs. 1 AktG für den **Notar**.

C.6.6.3 Andere Personen

Andere Personen, insb. auch **Medienvertreter**, haben **kein Teilnahmerecht**, da die Hauptversammlung keine öffentliche Veranstaltung darstellt. Über die Teilnahme von Gästen entscheidet der **Versammlungsleiter**.

C.6.7 Vorsitzender der Hauptversammlung/ Versammlungsleiter

Das AktG geht von einem Vorsitzenden in der Hauptversammlung aus. Bestimmungen darüber, wer Vorsitzender ist, fehlen jedoch. Regelmäßig enthält die Satzung eine Regelung, dass der **Vorsitzende des Aufsichtrates Versammlungsleiter** ist. Fehlt in der Satzung eine entsprechende Bestimmung, so muss dieser **durch die Hauptversammlung gewählt** werden. Ausnahmsweise kommt auch die Bestellung eines Versammlungsleiters durch das Gericht in Betracht, wenn der Vorstand einem Minderheitsverlangen nach § 122 AktG nicht nachkommt.

Die Hauptversammlung kann den Versammlungsleiter grds. wieder **abberufen**. Zu unterscheiden ist dabei, wie der Versammlungsleiter sein Amt übernommen hat. Wurde er durch die Hauptversammlung gewählt, kann diese ihn jederzeit wieder abberufen. Ist der Versammlungsleiter **qua Satzung berufen**, ist nach h.M. eine Abberufung bei Vorliegen eines wichtigen Grundes zulässig. Für den Beschluss genügt nach h.M. die **einfache Mehrheit**. Eine **Amtsniederlegung** ist durch den Versammlungsleiter jederzeit durch Erklärung gegenüber der Hauptversammlung möglich.

Wird eine Hauptversammlung **ohne bzw. durch den falschen Versammlungsleiter** durchgeführt, sind die darin gefassten Beschlüsse nach § 241 Ziff. 1 AktG nichtig, weil die Beschlussfassung nicht nach § 130 Abs. 2 AktG durch „den Vorsitzenden" festgestellt ist und damit auch nicht ordnungsgemäß protokolliert werden kann. Ausgenommen hiervon ist nur **sog. Einmann-AG**, bei der kein Versammlungsleiter nötig ist.

Aufgabe des Versammlungsleiters ist es, für die ordnungsgemäße Durchführung (**Ordnung**) und sachgemäße Erledigung der Geschäfte der Hauptversammlung (**Leitung**) zu sorgen. Der Versammlungsleiter hat deshalb aus eigenem Recht alle Leitungs- und Ordnungsbefugnisse, die er für seine Aufgabenerfüllung benötigt. Die Ausübung seiner Befugnisse steht im **pflichtgemäßen Ermessen**.

Der Versammlungsleiter ist zuständig für die **Eröffnung der Hauptversammlung** sowie für die **Prüfung und Entscheidung über die Teilnahmeberechtigung**. Sodann ist es Aufgabe des Versammlungsleiters, für die **ordnungsgemäße Erledigung der Tagesordnung** zu sorgen. Er hat darauf hinzuwirken, dass die Tagesordnungspunkte in einem geordneten und zügigen Verfahren sachlich erörtert, die relevanten Fragen ausreichend beantwortet und rechtmäßige Beschlüsse gefasst werden. An die **Reihenfolge der bekannt gemachten Tagesordnung** ist der Versammlungsleiter grds. nicht gebunden. Der Versammlungsleiter kann das **Rede- und Fragerecht der Aktionäre einschränken**.

 Beispiel C.6.3

  Zeitliche Beschränkungen; Schließung der Rednerliste, Nichtzulassung weiterer Fragen; Schluss der Debatte (ultima ratio).

Neben dieser Leitungsfunktion ist der Versammlungsleiter berechtigt, **Ordnungsmaßnahmen** zu treffen, um den **geordneten Ablauf der Hauptversammlung** zu gewährleisten. Hierzu kann er vor allem einem **Redner das Wort entziehen**, wenn dieser etwa die festgesetzte Redezeit überschreitet oder unsachliche Ausführungen macht, die mit der Tagesordnung nicht in Zusammenhang stehen. Es gilt der **Verhältnismäßigkeitsgrund-**

satz. Regelmäßig setzen Ordnungsmaßnahmen eine einmalige vorherige **Abmahnung** voraus. Befolgt der Redner diesen Wortentzug nicht und kann die Störung nicht auf andere Weise beseitigt werden, kann er ihn äußersten Falls **des Saales verweisen** und ihn notfalls zwangsweise entfernen lassen.

Für Ordnungsmaßnahmen ist ausschließlich der Versammlungsleiter zuständig. Er kann die Entscheidung hierüber weder an die Hauptversammlung delegieren, noch ist diese berechtigt, in diesem Bereich Beschlüsse zu fassen.

C.6.8 Rederecht/Auskunftsrecht

Das **Rederecht** der Aktionäre in der Hauptversammlung ist **Ausfluss des Teilnahmerechts**. Das Rederecht ist nicht abhängig vom Umfang des Aktienbesitzes. Die Redebeiträge müssen sich auf Angelegenheiten der Gesellschaft und nach überwiegender Ansicht analog § 131 AktG auch auf Gegenstände der Tagesordnung beziehen.

Nach § 131 AktG hat jeder einzelne Aktionär das Recht, (nur) „in" der Hauptversammlung **Auskunft über Angelegenheiten der Gesellschaft** zu verlangen, soweit dies zur sachgemäßen Beurteilung der Gegenstände der Tagesordnung erforderlich ist. Außerhalb der Versammlung von der Gesellschaft erteilte Informationen sind auf Verlangen (erneut) in der Hauptversammlung zu geben (§ 131 Abs. 4 AktG).

Zu den **auskunftspflichtigen Angelegenheiten der Gesellschaft** gehören alle Fakten, die die Vermögens-, Finanz- und Ertragslage der Gesellschaft betreffen, die rechtlichen und tatsächlichen Verhältnisse innerhalb der Gesellschaftsorgane sowie alle Tatsachen zur Geschäftspolitik, zur Darstellung des Unternehmens in der Öffentlichkeit. Erfasst werden ebenso Personalangelegenheiten, Beziehungen zu Kunden und Lieferanten und zu verbundenen Unternehmen (§ 131 Abs. 1 Satz 2 AktG).

 Das Teilnahmerecht an der Hauptversammlung als dem obersten Organ der AG ist für die Aktionäre das wichtigste Recht. Die Aktionäre üben ihre Rechte nach § 118 AktG grundsätzlich nur in der Hauptversammlung aus.

Besondere Auskunftsrechte bestehen im Zusammenhang mit der Auslegung bestimmter Unterlagen in der Hauptversammlung selbst bzw. ab dem Zeitpunkt der Einberufung in den Geschäftsräumen der Gesellschaft.

 Beispiel C.6.4
Jahresabschluss nebst Anhang, §§ 120 Abs. 3 Satz 2, 175 Abs. 2 AktG; Unternehmensverträge, §§ 293 f., 293 g Abs. 1 und Abs. 3, 295 Abs. 1 Satz 2 AktG; Eingliederung, §§ 319 Abs. 3, 320 Abs. 1 Satz 3 und Abs. 4 Satz 3, 326 AktG, Squeeze-Out, §§ 327c Abs. 3, 327d AktG; Verschmelzung/Spaltung, §§ 63 Abs. 1, 64 Abs. 1 Satz 1 und Abs. 2, 125 UmwG.

Unter den in § 131 Abs. 3 AktG abschließend genannten Gründen ist der Vorstand berechtigt, trotz Vorliegen der Voraussetzungen des § 131 Abs. 1 AktG die **Auskunft zu verweigern**. Im Vordergrund steht dabei eine Auskunftsverweigerung wegen eines **dro-**

henden Nachteils für die Gesellschaft, etwa wegen einer Geheimhaltungsvereinbarung (§ 131 Abs. 3 Satz 1 Ziff. 1 AktG) bzw. wegen Rechtsmissbrauchs (§ 242 BGB). Ein Auskunftsverweigerungsrecht besteht nach § 131 Abs. 3 Satz 1 Ziff. 7 AktG auch für **vorab auf der Internetseite der Gesellschaft veröffentlichte Informationen**. Ein **ungeschriebener Auskunftsverweigerungsgrund** besteht für den Fall, dass das **Auskunftsrecht missbräuchlich ausgeübt** wird.

> ➡ **Beispiel C.6.5**
>
> 100 oder mehr Fragen dürften danach stets unzulässig sein; 50 Fragen sind nur dann zu beantworten, wenn dafür ein berechtigtes Interesse dargelegt wird; teilweise wird die Grenze schon bei 20 Fragen gesehen.

Nach **§ 131 Abs. 2 Satz 2 AktG** kann die **Satzung** oder die Geschäftsordnung den Versammlungsleiter ermächtigen, das **Frage- und Rederecht der Aktionäre zeitlich angemessen zu beschränken** und Näheres dazu bestimmenNach § 131 Abs. 2 S. 2 AktG steht jedwede Beschränkung unter dem **Vorbehalt der Angemessenheit**. Dem **Versammlungsleiter** obliegt es nach seinem Ermessen, die widerstreitenden Interessen auszugleichen und eine angemessene Rede- und Fragezeit zu gewähren (BVerfG NJW 2000, 349, 351; OLG Frankfurt MittBayNot 2007, 334).

Verweigert der Vorstand die Auskunft auf eine Frage, kann der Aktionär nach § 131 Abs. 5 AktG verlangen, dass seine Frage und der Grund, weshalb die Auskunft verweigert worden ist, in die Hauptversammlungsniederschrift aufgenommen wird. Hält der Aktionär die Auskunftsverweigerung für unberechtigt, kann er nach § 132 AktG ein **Auskunftserzwingungsverfahren** einleiten und/oder **Anfechtungsklage** gemäß § 243 Abs. 4 AktG gegen den gefassten Hauptversammlungsbeschluss erheben.

C.6.9 Anträge zur Tagesordnung, Gegenanträge, Anträge zur Geschäftsordnung

Zum Rederecht der Aktionäre gehört das **Recht, Anträge in der Hauptversammlung zu stellen**. Die Beschlussfassung über einen eigenen Tagesordnungspunkt und die entsprechende Bekanntmachung in der Einberufung (§ 124 Abs. 4 AktG) kann der einzelne Aktionär aber nur verlangen, wenn er mit mindestens 5 % oder einem anteiligen Betrag von 500.000 € an der Gesellschaft beteiligt ist (§ 122 Abs. 2 AktG). Die Stellung von Gegenanträgen oder sachlich ergänzenden Anträgen zu der bereits bekannt gemachten Tagesordnung ist unabhängig von einem Quorum zulässig. Gleiches gilt für die Stellung sog. Geschäftsordnungsanträge, die das Verfahren der Durchführung der Hauptversammlung selbst betreffen. Unter den Voraussetzungen der §§ 126, 127 AktG sind **Gegenanträge und Wahlvorschläge der Aktionäre** und ihre Begründung durch die Gesellschaft zugänglich zu machen (z. B. Internetseite der Gesellschaft).

Anträge in der Hauptversammlung können **auch durch den Vorstand oder den Aufsichtsrat** gestellt werden. Nach § 124 Abs. 3 AktG sind sie sogar verpflichtet, zu jedem Gegenstand der Tagesordnung Vorschläge zur Beschlussfassung zu machen; im Falle der Wahl von Aufsichtsratsmitgliedern oder des Abschlussprüfers steht dieses Recht nur dem Aufsichtsrat zu.

Adolf Reul

Anträge zur Beschlussfassung müssen stets in der Hauptversammlung gestellt werden. Die bloße Bekanntmachung von Beschlussvorschlägen genügt hierfür noch nicht.

C.6.10 Abstimmungsverfahren

Abgestimmt wird grds. über jeden Beschlussantrag einzeln. Zulässig sind auch **Blockabstimmungen** bzw. eine **sog. Listenwahl**. Eine Blockabstimmung liegt vor, wenn über mehrere Beschlusspunkte einheitlich abgestimmt wird. Von Listenwahl spricht man, wenn mehrere Aufsichtsratsmitglieder zu wählen sind, hierbei aber nicht eine Einzelwahl stattfindet, sondern die Liste nur insgesamt angenommen oder abgelehnt werden kann. Erst wenn die Liste insgesamt abgelehnt wird, findet eine Einzelwahl statt. Voraussetzung für die Zulässigkeit der **Listenwahl bzw. Blockabstimmung** ist der vor der Abstimmung zu erfolgende Hinweis des Versammlungsleiters, dass Aktionäre, die bei der Listenwahl auch nur gegen einen der Vorgeschlagenen stimmen wollen, bzw. die bei der Blockabstimmung auch nur gegen einen Vorschlag sind, insgesamt gegen die Liste bzw. den Vorschlag stimmen müssen. Weiter ist Voraussetzung einer solchen Blockabstimmung, dass zwischen den in einem Beschlussvorgang zusammengefassten Vorschlägen ein enger sachlicher Zusammenhang besteht. Wird dann die Liste insgesamt abgelehnt, findet eine Einzelabstimmung statt. Letztlich darf kein Aktionär widersprechen (BGH AG 2003, 625).

Über die **Art der Abstimmung** entscheidet grds. der Versammlungsleiter im Rahmen seines **Organisationsermessens**. Gemäß § 134 Abs. 4 AktG kann die Satzung hierzu Vorgaben machen. Die Abstimmung selbst erfolgt entweder nach dem Additionsverfahren oder nach dem Subtraktionsverfahren. Beim **Additionsverfahren** werden die Ja-Stimmen und die Nein-Stimmen getrennt gezählt und die Zahl der abgegebenen Stimmen durch Addition ermittelt wird. **Stimmenthaltungen werden nicht erfasst**, weil es auf sie für die Feststellung der Mehrheit nicht ankommt. Beim **Subtraktionsverfahren** werden im Regelfall nur die Nein-Stimmen und die Stimmenthaltungen gezählt. Ausgangsgröße ist die Gesamtzahl der an der Abstimmung teilnehmenden Aktionäre. Von ihr werden alsdann zunächst die Stimmenthaltungen abgezogen, woraus sich die Zahl der abgegebenen Stimme errechnet. Davon ist sodann die Zahl der Nein-Stimmen zu subtrahieren. Die Differenz entspricht der Zahl der Ja-Stimmen.

C.6.11 Teilnehmerverzeichnis

Nach § 129 Abs. 1 Satz 2 AktG ist in der Hauptversammlung ein **Teilnehmerverzeichnis** zu erstellen. Es muss nach § 129 Abs. 4 Satz 1 AktG **vor der ersten Abstimmung allen Teilnehmern zugänglich** gemacht werden. Gemeint sind damit die originär zur Teilnahme an der Hauptversammlung berechtigten Personen. Schließlich ist jedem Aktionär nach § 129 Abs. 4 Satz 2 AktG ein bis zu zwei Jahren nach der Hauptversammlung eine **Einsichtnahme in das Teilnehmerverzeichnis** am Sitz der Gesellschaft zu gewähren.

C.6.12 Folgen der Hauptversammlung

Der Vorstand ist verpflichtet, die in der Hauptversammlung getroffenen Beschlüsse **unverzüglich nach § 83 Abs. 2 AktG umzusetzen**. Die Hauptversammlungsniederschrift ist gemäß § 130 Abs. 5 AktG nebst Anlagen in der entsprechenden Form zum Handelsregister einzureichen.

> Die vorgenannten Formalien der Hauptversammlung sind strikt einzuhalten. Andernfalls droht die Nichtigkeit oder zumindest die Anfechtbarkeit von Hauptversammlungsbeschlüssen. Zur Vermeidung von Fehlern ist es dringend geboten, sich bei der Vorbereitung und Durchführung der Hauptversammlung des fachkundigen Rats eines Anwalts oder Notars zu bedienen.

C.6.13 Sonderfälle

C.6.13.1 Vollversammlung

Eine Hauptversammlung kann **ohne Einhaltung von Form- und Fristvorschriften** einberufen werden, wenn alle Aktionäre erschienen oder vertreten sind und kein Aktionär der Beschlussfassung widerspricht. § 121 Abs. 6 AktG regelt insoweit die **Vollversammlung** und befreit von der Einhaltung sämtlicher Vorschriften der §§ 121–128 AktG.

> **Übung C.6.2**
> Kann bei einer Vollversammlung nur für die gesamte Hauptversammlung auf die Einhaltung der §§ 121 ff. AktG verzichtet werden oder ist ein punktueller Verzicht möglich?

C.6.13.2 Einmann-AG

Hat eine AG nur einen einzigen Aktionär, kann über den Wortlaut des § 121 Abs. 6 AktG hinaus auch auf die Erstellung eines **Teilnehmerverzeichnisses** nach § 129 Abs. 1 AktG sowie auf die **Feststellung über die Art und das Ergebnis der Abstimmung** nach § 130 Abs. 2 AktG in der Hauptversammlungsniederschrift **verzichtet werden**. Ebenso bedarf es keines **Versammlungsleiters**. Die Stimmverbote des § 136 AktG gelten in der Einmann-AG nicht. Auch ist dort keine Entlastung nach § 120 AktG erforderlich, soweit der alleinige Aktionär über seine Entlastung als Vorstand oder Aufsichtsratsmitglied befindet.

C.6.13.3 Virtuelle Hauptversammlung

Nach § 118 AktG üben die Aktionäre ihre Rechte „in der Hauptversammlung" aus, soweit das Gesetz nichts anderes bestimmt. Die Hauptversammlung ist damit eine **Präsenzversammlung zu einem bestimmten Zeitpunkt an einem bestimmten Ort**.

Adolf Reul

§ 118 Abs. 1 S. 2 AktG n. F. sieht nunmehr die Möglichkeit vor, bei einer entsprechenden Satzungsregel qua internet ganz oder teilweise an der Hauptversammlung teilzunehmen und einzelne oder alle Aktionärsrechte ausüben zu können.

Grundlage der Hauptversammlung ist auch weiterhin die **Zusammenkunft der Aktionäre zu einem bestimmten Zeitpunkt an einem bestimmten Ort**. Eine **ausschließliche virtuelle Hauptversammlung** ist aber auch danach noch **nicht zulässig**. Auch zwingt das **Gesetz niemanden zur Zulassung der Online-Teilnahme**. Es überlässt die Entscheidung darüber ganz dem Unternehmen und ihren Aktionären. Die Satzung kann hierbei Grundzüge vorsehen und/oder die Verfahrenseinzelheiten in die Vorstandskompetenz legen. Je nach Satzungsregelung können **„sämtliche oder einzelne" Rechte „ganz oder teilweise"** elektronisch ausgeübt werden. Dem Online-Teilnehmer kann der ganze Kanon der Verwaltungsnebenrechte – Teilnahme-, Rede-, Frage- und Widerspruchsrechte – oder jede Zwischenstufe eingeräumt werden. Elektronisch gestellte Fragen können beispielsweise aber auch nach Anzahl und Umfang begrenzt werden. Das Recht auf Antwort oder auch zum Widerspruch kann andererseits den Präsenzteilnehmern vorbehalten bleiben. **Praktisch relevant** dürfte die Einschränkung dahingehend werden, dass den **Online-Teilnehmern lediglich das Stimmrecht, nicht aber das Rede- und Auskunftsrecht** zugestanden wird.

 Zusammenfassung

Die Hauptversammlung ist in bestimmten im Gesetz aufgeführten Gründen sowie dann einzuberufen, wenn ein sachliche Entscheidungsbefugnis der Hauptversammlung besteht. Zuständig für die Einberufung ist grds. der Vorstand. Die Einberufung ist normalerweise im Bundesanzeiger zu veröffentlichen. Ausnahmen sind zulässig, wenn die Aktionäre namentlich bekannt sind. Die Einberufungsfrist beträgt mindestens 30 Tage (§ 123 Abs. 1 AktG). Gemäß § 121 Abs. 3 Satz 2 AktG muss die Einberufung die Firma, den Sitz der Gesellschaft, Zeit und Ort der Hauptversammlung sowie die Bedingungen angeben, von denen die Teilnahme an der Hauptversammlung und die Ausübung des Stimmrechts abhängig ist. Für die Vertagung der Hauptversammlung ist der Vorstand zuständig. Hat die Versammlung dagegen bereits begonnen, entscheidet hierüber der Versammlungsleiter. Geht es lediglich um die Absetzung einzelner Tagesordnungspunkte, ist die Hauptversammlung selbst zuständig. Besondere Vorschriften für die Beschlussfähigkeit der Hauptversammlung bestehen nicht. Die Beschlüsse werden dort mit einfacher Stimmenmehrheit gefaßt, soweit nicht das Gesetz oder die Satzung zusätzlich eine besondere Kapitalmehrheit verlangt. Bei Nennbetragsaktien richtet sich das Stimmrecht nach den Nennbeträgen; bei Stückaktien gewährt jede Aktie eine Stimme. Die Stimmverbote Nennbeträgen; bei Stückaktien gewährt jede Aktie eine Stimme. Die Stimmverbote in der Hauptversammlung sind in § 136 AktG grundsätzlich enumerativ aufgezählt. Daneben gibt es besindere Stimmverbote in §§ 67 Abs. 2 und 142 AktG. Die Hauptversammlung ist eine nichtöffentliche Veranstaltung. Teilnahmeberechtigt sind die Aktionäre, die Mitglieder des Vorstandes und des Aufsichtsrats sowie der Notar. Über das Teilnahmerecht Dritter entscheidet der Versammlungsleiter. Stellvertretung ist zulässig. Die Hauptversammlung hat einen Versammlungsleiter. Dies ist regelmäßig der Aufsichtsratsvorsitzende. Ihm obliegt die ordnungsgemäße Durchführung und Leitung der Hauptversammlung. Für Ordnungsmaßnahmen ist ausschließlich der Versammlungsleiter, nicht aber die Hauptversammlung selbst zuständig. Von wesentlicher Bedeutung für die Aktionäre ist in der Hauptversammlung nicht nur ihr Stimmrecht, sondern auch ihr Rede- und Auskunftsrecht. Beschränkt werden diese jedoch dadurch, dass sie auf Gegenstände der Tagesordnung beziehen müssen. Ein Auskunftsverweigerungsrecht besteht nur in den Fällen des § 131 Abs. 3 AktG. Die Rechtmäßigkeit der Auskunftsverweigerung kann im Wege der Auskunftsklage nach § 132 AktG oder mittels Anfechtungsklage überprüft werden. Aktionäre können auch Anträge zur Tagesordnung stellen. Die Beschlussfassung über einen eigenen Tagesordnungspunkt und die entsprechende Bekanntmachung setzt aber ein bestimmtes Quorum voraus (§ 122 Abs. 2 AktG). Bloße Gegenanträge, Ergänzungsanträge und erst recht Geschäftsordnungsanträge sind bekanntmachungsfrei. Über das Abstimmungsverfahren entscheidet grundsätzlich der Versammlungsleiter. Über die Tagesordnungspunkte wird einzeln abgestimmt. Zulässig ist aber auch eine Blockabstimmung über mehrere sachlich zusammengehörende Tagesordnungspunkte, wenn dies in der Satzung so vorgesehen ist oder der Versammlungsleiter auf die Besonderheiten dieses Abstimmungsverfahrens hinweist. Die eigentliche Abstimmung erfolgt entweder im Additions- oder Subtraktionsverfahren.

Aufgaben zur Selbstprüfung

1. Wer ist zuständig für die Einberufung der Hauptversammlung?
2. Welchen Inhalt muss die Einberufung haben?
3. Wo erfolgt die Einberufung?
4. Gibt es eine Einberufungsfrist?
5. Kann über nicht ordnungsgemäß bekanntgemachte Tagesordnungspunkte abgestimmt werden?
6. Kann auf die Einhaltung der Einberufungsvorschriften verzichtet werden?
7. Mit welcher Mehrheit werden Hauptversammlungsbeschlüsse gefasst?
8. Wer ist berechtigt, an der Hauptversammlung teilzunehmen?
9. Welche Aufgaben hat der Versammlungsleiter?

C.7 Niederschrift über die Hauptversammlung

Nach § 130 AktG ist jeder Beschluss der Hauptversammlung grundsätzlich durch eine über die Verhandlung notariell aufgenommene Niederschrift zu beurkunden. Nachfolgend wird das Beurkundungsverfahren, der Inhalt der Niederschrift, aber auch die Rechtsfolgen einer fehlerhaften Beurkundung dargestellt.

C.7.1 Notarielle Beurkundung

Nach § 130 Abs. 1 AktG ist jeder Beschluss der Hauptversammlung einer AG durch eine über die Verhandlung notariell aufgenommene Niederschrift zu beurkunden. Eine **privatschriftliche Hauptversammlungsniederschrift** genügt bei nicht börsennotierten Gesellschaften, soweit keine Beschlüsse gefasst werden, für die das Gesetz eine ¾- oder größere Mehrheit bestimmt (§ 130 Abs. 1 Satz 3 AktG). Erfasst werden von dieser Regelung zunächst Fälle, in denen eine **qualifizierte Kapitalmehrheit** erforderlich ist. Beurkundungsbedürftig sind danach auch sog. **Holzmüller-Beschlüsse**, die nach der Rspr. einer ¾-Kapitalmehrheit bedürfen (BGHZ 159, 30). Offen ist, ob ein Hauptversammlungsbeschluss bei einer qualifizierten Stimmenmehrheit (z. B. § 103 Abs. 1 AktG) ebenfalls notariell zu beurkunden ist.

C.7.2 Art, Ergebnis und Feststellung des Vorsitzenden über die Beschlussfassung

Wie die Beschlüsse der Hauptversammlung zu beurkunden sind, ist im Einzelnen in § 130 Abs. 2 AktG geregelt. Anzugeben sind danach **Ort** und **Tag** der Verhandlung, der **Name des Notars** sowie **Art und Ergebnis der Beschlussfassung** und die **Feststellung des Vorsitzenden** über die Beschlussfassung.

Unter der **„Art" der Abstimmung** wird eine Beschreibung des Vorgangs verstanden, auf welche Weise die Aktionäre ihre Stimmen abgeben, also z. B. durch Handheben, Aufstehen von den Plätzen, Stimmkarten. Ebenso werden dazu gerechnet Angaben über die Fragen, **„welche" Stimmen** abgegeben werden (Ja-/Nein-Stimmen, Stimmenthaltungen) und „wo" dies erfolgt. Auch eine **sog. „Blockabstimmung"** ist hierbei ebenso anzugeben wie das Abstimmungsverfahren selbst (**Additionsverfahren** oder **Subtraktionsverfahren**). Das „Ergebnis" der Abstimmung stellt die ziffernmäßige Erfassung der Ja- und Nein-Stimmen sowie ggf. der Stimmenthaltungen (beim Subtraktionsverfahren) dar. Die Angaben im Protokoll über die **„Feststellung des Vorsitzenden über die Beschlussfassung"** betreffen nicht die tatsächliche, sondern vielmehr die rechtliche, konstitutive Erklärung des Vorsitzenden, die das von ihm festgestellte Beschlussergebnis – jedenfalls vorläufig – als Beschluss in Kraft setzt.

Adolf Reul

Nach der Neufassung des § 130 AktG durch das ARUG genügen für nicht börsennotierte Gesellschaften diese Angaben. Bei **börsennotierten AG's** muss die Niederschrift nach § 130 Abs. 2 S. 2 AktG n. F. künftig für jeden Beschluss **grundsätzlich die Zahl der Aktien, für die gültige Stimmen abgegeben wurden, den Anteil des durch die gültigen Stimmen vertretenen Kapitals und die Zahl der für einen Beschluss abgegebenen Stimmen und Gegenstimmen sowie ggf. die Zahl der Enthaltungen angeben.** Falls kein Aktionär eine umfassende Feststellung nach § 130 Abs. 2 S. 2 AktG verlangt, kann sich der **Versammlungsleiter** nach § 130 Abs. 2 S. 3 AktG n. f. jedoch **abweichend davon** bei der Feststellung über die Beschlussfassung für jeden Beschluss darauf beschränken, dass die erforderliche Mehrheit erreicht wurde. Nach § 130 Abs. 6 AktG n. F. sind die **genauen Zahlen über die Beschlussfeststellung** nach § 130 Abs. 2 S. 2 AktG bei börsennotierten Gesellschaften **innerhalb von 7 Tagen nach der Hauptversammlung auf der Internetseite der Gesellschaft zu veröffentlichen.** Auf ein entsprechendes Verlangen eines Aktionärs kommt es nicht an.

C.7.3 Minderheitsverlangen/Auskunftsverweigerung/ Widersprüche

Beurkundungsbedürftig sind nach der **enumerativen Aufzählung in § 130 Abs. 1 Satz 2 AktG** die Minderheitsverlangen nach den §§ 120 Abs. 1 Satz 2, 137 und 147 Abs. 1 AktG. Wird ein solches Minderheitsverlangen nicht oder nicht vollständig protokolliert, bleibt es dennoch gültig. Die Nichtigkeitsfolge des § 241 Ziff. 2 AktG erfasst ausschließliche Beschlüsse.

Ist einem Aktionär seine in der Hauptversammlung gestellte **Frage nicht oder nicht ausreichend beantwortet** worden, kann er nach § 131 Abs. 5 AktG verlangen, dass die Frage und der Grund, aus dem die Auskunft verweigert worden ist, **in die Niederschrift aufgenommen** werden.

Nach § 245 Ziff. 1 AktG ist weiter jeder von einem Aktionär **zu Protokoll erklärte Widerspruch** zu beurkunden. Als Widerspruch ist dabei jede Erklärung aufzufassen, aus der hervorgeht, dass der Aktionär mit dem Beschluss nicht einverstanden ist und sich „damit nicht abfinden will".

C.7.4 Zwingende zusätzliche Angaben im Protokoll

Beurkundungspflichtig sind darüber hinaus all diejenigen Vorgänge, die nach Auffassung des Notars **„unmittelbar beschlussrelevant"** sind, also Bedeutung für die Wirksamkeit des Beschlusses haben können. Hierzu gehören etwa Angaben über **Geschäftsordnungsmaßnahmen des Versammlungsleiters.**

 Beispiel C.7.1

Redezeitbeschränkungen, Wortentzug, Entfernung aus dem Saal. Beginn und Ende der Hauptversammlung

C.7.5 Anlagen

Nach § 130 Abs. 3 AktG sind der Niederschrift die **Belege über die Einberufung** als Anlagen beizufügen. In bestimmten Fällen ordnet das Gesetz an, dass noch **weitere Dokumente und Verträge** der Niederschrift **beizufügen sind.**

 Beispiel C.7.2

Vollständiger Satzungswortlaut bei Satzungsänderungen (§ 181 AktG); Nachgründungsverträge (§ 52 Abs. 2 Satz 6 AktG), Unternehmensverträge (§ 293 g Abs. 2 Satz 2 AktG), Umwandlungsverträge (§ 13 Abs. 3 Satz 2 UmwG).

C.7.6 Unterschrift des Notars

Nach § 130 Abs. 4 Satz 1 AktG ist die Hauptversammlungsniederschrift **vom Notar zu unterzeichnen.** Abgeschlossen ist damit die Niederschrift allerdings noch nicht, sondern erst dann, wenn sie mit dem Willen des Notars **in den Rechtsverkehr gelangt** (BGH, ZIP 2009, 460 „Kirch/Deutsche Bank").

C.7.7 Mängel der notariellen Niederschrift und Fehlerfolge

Fehler der Hauptversammlungsniederschrift führen nach § 241 Nr. 3 AktG in den dort genannten Fällen zur Nichtigkeit. Das Protokoll muss also sämtliche in der Hauptversammlung getroffenen Beschlüsse enthalten, Art und Ergebnis der Abstimmung und die Feststellung des Vorsitzenden über die Beschlussfassung angeben, Ort und Tag der Hauptversammlung und den Namen des Notars nennen und vom Notar unterschrieben sein (§ 130 Abs. 1, Abs. 2 und aBs. 4 AktG). Andere Fehler der Niederschrift führen dagegen nicht zur Nichtigkeit, mindern aber den Beweiswert der notariellen Urkunde und können ggf. zur Anfechtbarkeit führen.

 Beispiel C.7.3

Der Versammlungsleiter verkündet ein falsches Abstimmungsergebnis, z. B. 10 Ja-Stimmen und 5 Nein-Stimmen, während tatsächlich 10 Nein-Stimmen und 5 Ja-Stimmen abgegeben wurden. Protokolliert der Notar dieses vom Versammlungsleiter verkündete, jedoch falsche Abstimmungsergebnis, ist der Beschluss nicht nichtig (es wurde das vom Versammlungsleiter festgestellte Abstimmungsergebnis nach § 130 Abs. 2 AktG beurkundet). Das festgestellte und protokollierte Abstimmungsergebnis ist jedoch materiell unrichtig.

Zusammenfassung

Die notarielle Niederschrift dient der Rechtssicherheit über die in der Hauptversammlung gefassten Beschlüsse. Nach § 130 Abs. 1 S. 3 AktG kann nur ausnahmsweise auf die notarielle Beurkundung verzichtet werden. Die Hauptversammlungsniederschrift muss mindestens den in § 130 Abs. 1, Abs. 2 und Abs. 4 AktG genannten Vorgaben genügen. Andernfalls sind die Beschlüsse der Hauptversammlung nichtig.

Aufgaben zur Selbstprüfung

1. Ist jede Hauptversammlung notariell zu protokollieren?
2. Welche Folgen ergeben sich bei Verstößen gegen § 130 Abs. 2 AktG?

C.8 Rechtsschutzmöglichkeiten

Beschlüsse der Hauptversammlung können fehlerhaft sein; die Auskunft auf Fragen kann in der Hauptversammlung zu unrecht verweigert werden. Fehleranfällig sind naturgemäß auch Geschäftsführungsmaßnahmen. Das folgende Kapitel behandelt die Möglichkeiten, wie man hiergegen gerichtlich Vorgehen kann.

C.8.1 Hauptversammlungsbeschlüsse

Hauptversammlungsbeschlüsse sind fehlerhaft, wenn sie gegen Gesetz oder Satzung verstoßen. Unterschieden wird dabei zwischen **inhaltlichen Mängeln** und **Verfahrensmängeln**. Hinsichtlich der **Rechtsfolgen** wird zwischen **anfechtbaren und nichtigen Beschlüssen** unterschieden. Während ein nichtiger Beschluss von Anfang an keine Rechtswirkung zeitigt und nur nach Maßgabe des § 242 AktG **geheilt** werden kann, ist ein anfechtbarer Beschluss zunächst voll wirksam. Er kann jedoch nachträglich durch Erhebung der Anfechtungsklage vernichtet werden (§ 248 Abs. 1 AktG). Schließlich gibt es noch die **Unwirksamkeit** von Hauptversammlungsbeschlüssen. Hier liegt kein Verstoß gegen Gesetz oder Satzung vor; es fehlen für die Wirksamkeit des Beschlusses jedoch noch weitere Erfordernisse wie z. B. Sonderbeschlüsse beteiligter Aktiengattungen (§§ 179 Abs. 3, 182 Abs. 2, 222 Abs. 2 AktG) oder etwa die Eintragung im Handelsregister (§ 181 Abs. 3 AktG).

Auf die **Nichtigkeit** eines Hauptversammlungsbeschlusses kann sich **jedermann berufen**. Aktionäre, der Vorstand und einzelne Mitglieder des Vorstandes oder des Aufsichtsrats können die Nichtigkeit nur mit der Nichtigkeitsklage nach § 249 AktG geltend machen. Bei **Anfechtbarkeit** können sie nach Maßgabe der §§ 243 ff. AktG Anfechtungsklage erheben. **Dritten** stehen diese Klagebefugnisse nicht zu. Im Falle der Nichtigkeit können sie aber bei Vorliegen eines Rechtsschutzbedürfnisses nach § 256 ZPO eine allgemeine Feststellungsklage erheben.

C.8.1.1 Nichtigkeit

Die **Gründe für die Nichtigkeit** eines Hauptversammlungsbeschlusses sind in § 241 AktG **enumerativ aufgezählt**. Besondere Nichtigkeitsgründe gibt es noch in § 250 AktG für die Wahl von Aufsichtsratsmitgliedern, in §§ 253, 173 Abs. 3 AktG für Gewinnverwendungsbeschlüsse und in §§ 256, 173 Abs. 3 AktG für festgestellte Jahresabschlüsse.

In der Praxis von Bedeutung sind die Nichtigkeitsfälle des § 241 Ziff. 1–Ziff. 6 AktG. Nach § 241 Ziff. 1 AktG nichtig sind Beschlüsse, die in einer **nicht ordnungsgemäß einberufenen Hauptversammlung** getroffen wurden.

Adolf Reul

Beispiel C.8.1

Fehlende Einberufung; Einberufung durch unbefugte Personen; nicht ordnungs-gemäße Bekanntmachung der Einberufung; inhaltliche Mängel der Einberufung (Bagatellverstöße führen hier jedoch nicht ohne weiteres zur Nichtigkeit).

 Übung C.8.1

Wie sind Einberufungsmängel zu beurteilen, wenn in der Hauptversammlung alle Aktionäre anwesend oder vertreten sind?

Verstöße bei der Beurkundung gegen § 130 Abs. 1, 2 und 4 AktG führen nach **§ 241 Ziff. 2 AktG** grds. zur Nichtigkeit. **Nichtig** sind nach **§ 241 Ziff. 3 AktG** ebenso Beschlüsse, die mit dem **Wesen der AG** nicht vereinbar sind oder gläubigerschützende bzw. im öffentlichen Interesse stehende Vorschriften verletzen.

 Beispiel C.8.2

Satzungsändernde Beschlüssen unter Überschreitung der Grenze des § 23 Abs. 5 AktG; kompentenzüberschreitende Hauptversammlungsbeschlüsse, die in die Ge-schäftsführungszuständigkeit des Vorstandes eingreifen.

Nach **§ 241 Ziff. 4 AktG** nichtig sind ferner Hauptversammlungsbeschlüsse, die ihrem Inhalt nach gegen die **guten Sitten** verstoßen. Schließlich ist ein Beschluss der Haupt-versammlung nichtig nach erfolgreicher Anfechtungsklage (**§ 241 Ziff. 5 AktG**) oder wenn er aufgrund rechtskräftiger Entscheidung des Registergerichts nach § 144 Abs. 2 FGG gelöscht wurde (**§ 241 Ziff. 6 AktG**).

C.8.1.2 Anfechtbarkeit, insbes. wegen Verletzung von Informationspflichten

Verstößt ein Hauptversammlungsbeschluss gegen Gesetz oder Satzung, führt dieser Verstoß aber nicht zur Nichtigkeit, so ist er nach § 243 Abs. 1 AktG anfechtbar. Zu denken ist hier vornehmlich an **Verfahrensfehler bei der Einberufung** oder bei der Durchführung der Hauptversammlung.

 Beispiel C.8.3

Fehler bei der Berechnung der Einberufungsfrist (str.) oder bei der Bekanntmachung der Tagesordnung; Nichtzulassung von Aktionären, Missachtung von Stimmverbo-ten; Fehler bei der Feststellung des Abstimmungsergebnisses; Beeinträchtigung des Rede- und/oder Fragerechts der Aktionäre.

Nach dem **ARUG** ist gem. § 243 Abs. 3 AktG n. F. eine Anfechtungsklage ausgeschlos-sen, wenn diese mit einer Verletzung von Rechten bei einer internet-Teilnahme begrün-det wird, die Rechtsverletzung aber auf **technischen Störungen** beruht, es sei denn, der Gesellschaft ist Vorsatz oder grobe Fahrlässigkeit vorzuwerfen.

Übung C.8.2

Der Versammlungsleiter stellt als Beschlussergebnis fest: 9 Ja-Stimmen, 8 Nein-Stimmen, eine Enthaltung. So protokolliert auch der Notar das Abstimmungsergebnis. Das Abstimmungsergebnis beruht jedoch auf einem „Zahlendreher." Es wurden tatsächlich 8 Ja-Stimmen, 9 Nein-Stimmen und eine Enthaltung abgegeben. Liegt hier ein bloßer zur Anfechtbarkeit führender Fehler oder Nichtigkeit vor? Grenzen Sie hier anfechtbare von nichtigen Fehlern ab.

Auch **inhaltliche Fehler** führen zur Anfechtbarkeit.

 Beispiel C.8.4

Es werden Sondervorteile verfolgt (§ 245 Abs. 2 AktG); Verstoß gegen die gesellschaftsrechtliche Treuepflicht bzw. das Gleichbehandlungsgebot (sachliche Rechtfertigung; Missbrauch der Mehrheitsmacht gegenüber Interessen der Minderheit).

Ergänzend besteht eine Anfechtbarkeit bei **Kapitalerhöhungsbeschlüssen mit Bezugsrechtsausschluss** nach § 255 Abs. 2 AktG, wenn der Ausgabebetrag oder der Mindestausgabebetrag für die neuen Aktien unangemessen niedrig ist.

Nicht jeder Verfahrensverstoß genügt aber. Der Verfahrensverstoß muss **relevant für das Beschlussergebnis** sein. Es ist darauf abzustellen, ob es bei wertender Betrachtungsweise möglich oder ausgeschlossen ist, dass sich der Verfahrensfehler auf das Beschlussergebnis ausgewirkt hat.

Eine Anfechtungsklage kommt schließlich nach § 243 Abs. 4 AktG in Betracht bei der **Verletzung von Informationspflichten** (BGHZ 149, 158, 164; BGHZ 160, 385). Ausgeschlossen ist die Anfechtungsklage wegen Verletzung von Informationspflichten bzgl. der Ermittlung bzw. der Höhe oder Angemessenheit von Ausgleich, Abfindung, Zuzahlung oder sonstiger Kompensation, wenn das Gesetz für Bewertungsrügen ein **Spruchverfahren** vorsieht (§ 243 Abs. 4 Satz 2 AktG).

C.8.1.3 Rechtsfolgen für das Registergericht

Ein nichtiger Beschluss der Hauptversammlung zeitigt **keinerlei Rechtsfolgen.** Das **Registergericht** darf ihn **nicht im Handelsregister eintragen.** Wird er gleichwohl eingetragen, kann das Registergericht den Beschluss unter den weiteren Voraussetzungen des § 144 Abs. 2 FGG **von Amts wegen löschen.** § 38 Abs. 3 AktG gilt für Hauptversammlungsbeschlüsse nicht. Auch die bloße Anfechtbarkeit eines Beschlusses ist im Registerverfahren zu prüfen. Die Anfechtbarkeit begründet jedoch **kein Eintragungshindernis.** Es besteht lediglich die Möglichkeit, den **Registervollzug** nach § 127 FGG bis zur Entscheidung über die Anfechtungsklage **auszusetzen.** Ergeht ein rechtskräftiges Anfechtungsurteil, das der Klage statt gibt, ist das Registergericht aufgrund der Gestaltungswirkung des Urteils (§ 248 AktG) an die Entscheidung des Prozessgerichts gebunden. Bleibt eine Klage aus oder wird sie abgewiesen, ist der Beschluss wirksam und vom Registergericht zu vollziehen.

Mit der Erhebung von Anfechtungs-/Nichtigkeitsklagen haben die Aktionäre gegenüber der Gesellschaft ein erhebliches Drohpotential, da sie damit den Registervollzug verhindern können. Bei rechtsmißbräuchlichen Klagen spricht man von räuberischen Aktionären. Die Gesellschaft kann in diesem Fall Schadensersatzansprüche geltend machen (OLG Frankfurt, ZIP 2009, 271).

C.8.1.4 Heilung und Bestätigung

Nichtige Hauptversammlungsbeschlüsse können in bestimmten Fällen nach § 242 AktG **geheilt**. Heilung bedeutet **materiell-rechtliche Wirksamkeit mit rückwirkender Wirkung**. Beruht die Nichtigkeit auf einem Beurkundungsfehler, wird die Nichtigkeit sofort mit **Eintragung** des Beschlusses im **Handelsregister** geheilt (§ 242 Abs. 1 AktG). Aufgrund von Einberufungsmängeln oder Inhaltsmängeln nach § 241 Ziff. 1 und Ziff. 3 oder Ziff. 4 AktG nichtige Beschlüsse werden geheilt, wenn diese in das Handelsregister eingetragen worden und seit dem **drei Jahre verstrichen** sind. Möglich bleibt allerdings eine Amtslöschung nach § 144 Abs. 2 FGG, wenn weiterhin ein öffentliches Interesse daran besteht. Eine besondere Heilung ist in § 242 Abs. 2 Satz 4 AktG vorgesehen, wenn einzelne Aktionäre bei der Einberufung nach § 121 Abs. 4 AktG übergangen worden sind. Hier kann der **nicht geladene Aktionär** die Heilung durch **Genehmigung** bewirken. Da sich die Norm an der Rechtslage im GmbH-Recht orientiert, kommt anstelle einer Genehmigung ebenso wie im GmbH-Recht auch ein vorheriger **Rügeverzicht** durch den nicht geladenen Aktionär in Betracht. Schließlich ist eine Heilung gemäß § 242 Abs. 3 AktG bei **nicht fristgemäß eingetragenen Kapitalveränderungen** möglich. Hieraus folgt, dass auch sonst unwirksame Hauptversammlungsbeschlüsse analog § 242 Abs. 2 AktG durch Handelsregistereintragung und Ablauf einer Drei-Jahresfrist geheilt werden. Für nicht in § 242 AktG genannte Fälle scheidet demgegenüber eine Heilung aus. Dies gilt namentlich für solche Hauptversammlungsbeschlüsse, die von vornherein nicht ins Handelsregister einzutragen sind.

 Beispiel C.8.5
Gewinnverwendungsbeschlüsse.

Eine besondere Heilungsvorschrift besteht in § 256 Abs. 6 AktG im Falle der **Nichtigkeit des festgestellten Jahresabschlusses**.

§ 244 AktG gibt die Möglichkeit, einen (möglicherweise) anfechtbaren Hauptversammlungsbeschluss zu bestätigen. Damit wird die Anfechtbarkeit beseitigt. Die Vorschrift dient der Rechtssicherheit, wenn die Gültigkeit eines Hauptversammlungsbeschlusses zweifelhaft ist. Das Gegenstück ist die **Wiederholung oder Neuvornahme**. Auch darf der Bestätigungsbeschluss vom Erstbeschluss nicht inhaltlich abweichen. Eine Bestätigung ist nur bei **anfechtbaren Beschlüssen** und auch dort nur bei Verfahrens-, nicht aber bei Inhaltsmängeln möglich. Bei nichtigen Beschlüssen kommt grds. nur eine **Neuvornahme** in Betracht.

C.8.1.5 Anfechtungsklage

Die Anfechtung von Hauptversammlungsbeschlüssen kann gemäß § 243 Abs. 1 AktG **nur durch Anfechtungsklage** geltend gemacht werden. Die Klage ist gegen die Gesellschaft, vertreten durch **Vorstand und Aufsichtsrat**, zu richten (§ 246 Abs. 2 S. 2 AktG)

C.8.1.5.1 Anfechtungsbefugnis

Die **Anfechtungsbefugnis** ist in § 245 AktG geregelt. Ein Anfechtungsrecht besteht für Aktionäre nach § 245 Ziff. 1–3 AktG. Zusätzliche **Voraussetzung** ist, dass der Aktionär seine **Aktien vor Bekanntmachung der Tagesordnung erworben** haben muss. Anfechtungsbefugt sind weiter die in der Hauptversammlung erschienen/vertretenen Aktionäre, wenn sie gegen den Beschluss **Widerspruch zu Protokoll erklärt** haben (§ 245 Ziff. 1 AktG). Widerspruch ist die Erklärung, mit einem Hauptversammlungsbeschluss nicht einverstanden zu sein. Allein die Stimmabgabe gegen den Beschluss genügt dafür noch nicht. Der Widerspruch ist „zur Niederschrift" zu erklären. Die Aufnahme des Widerspruchs in der Niederschrift ist aber nicht Voraussetzung; der Kläger kann die Erklärung des Widerspruchs auch in anderer Form beweisen. In **zeitlicher Hinsicht** kann Widerspruch erklärt werden während der gesamten Dauer der Hauptversammlung (OLG Jena AG 2006, 417; OLG Düsseldorf NZG 2007, 235).

Aktionäre, die nicht in der Hauptversammlung erschienen sind, haben ein **Anfechtungsrecht nur bei Einberufungsmängeln** (§ 245 Ziff. 2 AktG). Dazu zählt auch der Fall der unberechtigten Nichtzulassung zur Hauptversammlung oder die unberechtigte Verweisung aus dem Saal. Wer (auch nur teilweise) in der Hauptversammlung anwesend/vertreten ist, muss aber auch in den Fällen des § 245 Ziff. 2 AktG Widerspruch erheben.

Wird die Anfechtungsklage auf eine **Verletzung der Auskunftsrechte** nach § 243 Abs. 2 AktG gestützt, ist nach § 245 Ziff. 3 AktG eine Anfechtungsbefugnis für Aktionäre nur gegeben, wenn sie ihre Aktien schon vor Bekanntmachung der Tagesordnung erworben haben.

Anfechtungsbefugt ist auch der **Vorstand** (§ 245 Ziff. 4 AktG) sowie in den Fällen des § 245 Ziff. 5 AktG jedes **einzelne Vorstands- oder Aufsichtsratsmitglied.**

C.8.1.5.2 Anfechtungsfrist

Die Anfechtungsklage muss innerhalb **eines Monats** nach der Beschlussfassung eingelegt werden (§ 246 Abs. 1 AktG).

C.8.1.5.3 Urteilswirkung

Das Anfechtungsurteil hat **Gestaltungswirkung** gegenüber jedermann (§ 241 Ziff. 5 AktG) Das Urteil ist **im Handelsregister einzutragen** und bekannt zu machen (§ 248 Abs. 1 Satz 2–4 AktG).

C.8.1.6 Nichtigkeitsklage

Aktionäre, der Vorstand und der Aufsichtsrat können nach § 249 AktG **Nichtigkeitsklage** erheben. **Nichtigkeitsklage und Anfechtungsklage** zielen gleichermaßen darauf ab, die

Rechtsbeständigkeit eines Hauptversammlungsbeschlusses mit Wirkung für und gegen jedermann zu klären. Von daher enthält jeder Antrag auf Feststellung der Nichtigkeit auch die Erhebung der Anfechtungsklage und umgekehrt. Die Nichtigkeitsklage ist **nicht fristgebunden**, ausgenommen jedoch bei Nichtigkeitsklagen gegen Verschmelzungsvorgänge (§ 14 UmwG); auch müssen die Voraussetzungen des § 245 AktG nicht beachtet werden.

C.8.1.7 Freigabeverfahren

Mit dem Freigabeverfahren nach § 246a AktG erhält die Gesellschaft die Möglichkeit, trotz erhobener Klage(Anfechtungs-/Nichtigkeits-/Feststellungsklage) für bestimmte im Handelsregister einzutragende Kapitalmaßnahmen oder Unternehmensverträge eine Eintragung im Handelsregister zu erreichen, ohne das Ergebnis der Klage abwarten zu müssen. Die Gesellschaft kann hierzu beim **Oberlandesgericht** einen Antrag einreichen, wonach die erhobene Klage der Eintragung des Hauptversammlungsbeschlusses nicht entgegensteht und die Mängel des Hauptversammlungsbeschlusses die Wirkung der Eintragung unberührt lassen. Es handelt sich dabei um ein **Eilverfahren** (§ 246a Abs. 3 Satz 5 AktG), für das die ZPO und nicht das FGG gilt. Das Freigabeverfahren unterscheidet sich von den Freigabeverfahren der § 319 AktG, § 16 Abs. 3 UmwG, dadurch, dass hier anders als dort für die im Handelsregister einzutragenden und mit der Klage angegriffenen Hauptversammlungsbeschlüsse **keine Registersperre** besteht. Das **Registergericht** ist an die rechtskräftigen Freigabeentscheidung des Prozessgerichts **gebunden**. Gemäß § 246a Abs. 2 AktG darf die Freigabeentscheidung nur ergehen, wenn die **Klage unzulässig** oder **offensichtlich unbegründet** ist oder wenn das **Vollzugsinteresse der Gesellschaft** die mit der Klage geltend gemachten Rechtsverletzungen **überwiegt. Nur das wirtschaftliche Interesse des klagenden Aktionärs**, nicht das der Aktionärsgesamtheit, ist gegen die Unternehmensnachteile abzuwägen. Die **konkrete Nachteilsschwelle bestimmt das Gericht**. Die **Schwere des Rechtsverstoßes** ist nicht in die Interessenabwägung einzustellen, sondern außerhalb dieser Interessenabwägung zu berücksichtigen Eine Beschwerde gegen die Entscheidung des OLG findet nicht statt.

Um den Missbrauch von Anfechtungsklagen weiter einzudämmen, wurden in § 246 Abs. 2 AktG n. F. durch das **ARUG** weitere Erleichterungen für das Ergehen eines Freigabebeschlusses aufgenommen. Ein Freigabebeschluss ergeht künftig u. a. bereits dann, wenn der klagende Aktionär nicht binnen Wochenfrist nach Zustellung des Freigabeantrags nachweist, dass er mit 1.000,00 € am Grundkapital der Gesellschaft beteiligt ist (**Bagatellquorum**).

C.8.1.8 Aufsichtsratswahlen

Für Wahlen zum Aufsichtsrat bestehen **Sondervorschriften** über die Nichtigkeit (§ 250 AktG) und Anfechtbarkeit (§ 251 AktG).

C.8.1.9 Gewinnverwendungsbeschluss/Jahresabschluss

Für Gewinnverwendungsbeschlüsse gelten die **allgemeinen Nichtigkeitsgründe** des § 241 AktG uneingeschränkt. Eine Nichtigkeit kommt darüber hinaus nach §§ 173 Abs. 3, 217 Abs. 2 AktG sowie nach 253 AktG in Betracht. Für die Anfechtung gelten neben den allgemeinen Vorschriften des § 243 AktG die Regelungen des § 255 AktG. **Sondervorschriften** für die Nichtigkeit, Anfechtbarkeit und Heilung des festgestellten Jahresabschlusses enthalten die §§ 256, 257 AktG.

C.8.2 Spruchverfahren

Das Spruchverfahren ist eine Folge des im Gesetz an verschiedenen Stellen ausgeprägten **Grundsatz des „Dulde und Liquidiere."** Es kommt in Betracht, wenn Strukturentscheidungen Abfindungsansprüche zur Folge haben, die Strukturentscheidung selbst aber nicht in Frage gestellt werden soll, sondern nur um die Höhe der Abfindung gestritten wird. Die Verfahrensordnung für diese Streitigkeiten ist im SpruchG enthalten. Subsidiär gilt das FGG.

Die **wichtigsten Anwendungsfälle des Spruchverfahrens** sind in § 1 SpruchG aufgezählt. In Betracht kommt es bei
- §§ 304, 305 AktG (Ausgleich und Abfindung aussenstehender Aktionäre bei Beherrschungs- und Gewinnabführungsverträgen),
- § 320b AktG (Abfindung ausgeschiedener Aktionäre bei Eingliederung),
- §§ 327 ff. AktG (Abfindung der Minderheitsaktionäre beim Squeeze-Out),
- §§ 15, 29, 30, 176 ff., 184, 186, 212 UmwG (Zuzahlung oder Abfindung bei Umwandlungsvorgängen).

Diese **Aufzählung ist nicht abschließend**. Auch im Falle des Delisting gilt nach Ansicht des BGH das SpruchG (BGH NZG 2003, 280).

C.8.3 Auskunftserzwingungsverfahren

Nach § 131 AktG haben die Aktionäre bestimmte **Auskunftsansprüche** in der Hauptversammlung. Wurde ihr Informationsrecht verletzt, können sie deswegen entweder nach § 243 Abs. 4 AktG Anfechtungsklage erheben. Daneben oder alternativ können sie auch gemäß § 132 AktG ein gerichtliches **Auskunftserzwingungsverfahren** anstrengen. Für das Verfahren gilt eine **Antragsfrist von zwei Wochen**. Wird dem Antrag stattgegeben, ist die Auskunft nach § 132 Abs. 4 Satz 1 AktG auch außerhalb der Hauptversammlung zu geben. Sie ist nach § 132 Abs. 3 Satz 1 i. V. m. § 99 Abs. 5 Satz 3 HGB **zum Handelsregister einzureichen** und kann dort von jedermann nach § 9 HGB eingesehen werden.

Das **Auskunftserzwingungsverfahren** ist unabhängig von einer etwaigen Anfechtungsklage; auch bindet die Entscheidung nach § 132 AktG nicht im Anfechtungsprozess (str.). **Antragsberechtigt** ist nach § 132 Abs. 2 AktG zunächst jeder Aktionär, dem die **verlangte Auskunft** nicht gewährt worden ist. Ob er verlangt hat, dass die Auskunftsverweigerung nach § 131 Abs. 5 AktG protokolliert wird, ist unerheblich. Auch muss er selbst nicht Widerspruch eingelegt haben.

Adolf Reul

Neben dem fragenden Aktionär ist auch jeder andere in der Hauptversammlung **anwesende Aktionär** antragsberechtigt, wenn über den Gegenstand der Tagesordnung, auf den sich die Auskunft bezog, ein Beschluss gefasst worden ist, und er **Widerspruch zur Niederschrift** erklärt hat (§ 132 Abs. 2 AktG).

 Wer nichts gefragt und auch keinen Widerspruch eingelegt hat, ist nicht antragsbefugt.

C.8.4 Sonderprüfung

Nach §§ 142 ff. AktG kann die Hauptversammlung mit **einfacher Mehrheit** einen **Sonderprüfer** zur Prüfung von Vorgängen bei der Gründung oder der Geschäftsführung, insb. auch bei der Durchführung von Kapitalmaßnahmen bestellen. Daneben besteht die Möglichkeit einer Sonderprüfung bestimmter Posten des Jahresabschlusses wegen unzulässiger Unterbewertung (§ 258 Abs. 1 Ziff. 1 AktG) und des Anhangs zum Jahresabschluss auf Vollständigkeit (§ 258 Abs. 1 Ziff. 2 AktG) sowie einer Sonderprüfung in Konzernverhältnissen nach § 315 AktG. Steht die Sonderprüfung im Zusammenhang mit der Entlastung eines Mitgliedes des Vorstandes oder des Aufsichtsrats, besteht für sie ein **Stimmverbot** nach § 142 Abs. 1 Satz 2 AktG.

Gegenstand der Sonderprüfung können nur **einzelne konkret zu bezeichnende Vorgänge**, nicht aber ein etwa bestimmte Zeiträume sein. Hierzu kann die Hauptversammlung zwar ebenso eine Prüfung beschließen. Dabei handelt es sich dann aber nicht um eine Sonderprüfung nach § 142 AktG. Eine **zeitliche Begrenzung** für Vorgänge gibt es nicht. Eine Sonderprüfung kann auch **von einer Minderheit erzwungen** werden, wenn die Hauptversammlung eine Sonderprüfung zunächst abgelehnt hat. Es besteht allerdings eine zeitliche Begrenzung für die Überprüfung von Geschäftsführungsvorgängen. Diese dürfen nach § 142 Abs. 2 Satz 1 AktG nicht länger als fünf Jahre, gerechnet ab dem Zeitpunkt des ablehnenden Hauptversammlungsbeschlusses zurückliegen. Ausreichend ist nach § 142 Abs. 2 AktG ein Antrag bei Gericht von Aktionären, die zusammen mit mindestens 1 % des Grundkapitals oder den anteiligen Betrag von 100.000 € an der Gesellschaft beteiligt sind. Dabei müssen die Antragsteller nachweisen, dass sie seit mindestens drei Monaten vor der Hauptversammlung Inhaber der Aktien sind und dass sie die Aktien bis zur Entscheidung über den Antrag halten (§ 142 Abs. 2 Satz 3 AktG). **Weitere (materielle) Voraussetzung** ist, dass Tatsachen vorliegen, die den Verdacht rechtfertigen, dass bei dem Vorgang **Unredlichkeiten** oder **grobe Verletzungen** von Gesetz oder Satzung vorgekommen sind. Unredlichkeit ist zu bejahen bei einem sittlich anstößigen Verhalten, insb. also bei Treuepflichtverletzungen.

In § 145 AktG ist die **Durchführung der Sonderprüfung** geregelt. Die **Kosten** der Sonderprüfung trägt nach § 146 AktG grds. die Gesellschaft. Die Sonderprüfung endet mit einem entsprechenden **Bericht** gemäß § 145 Abs. 6 AktG gegenüber dem Vorstand. Der Bericht ist dem **Handelsregister** einzureichen. Weiter hat der Vorstand den Bericht jedem Aktionär auf Verlangen auszuhändigen. Der Bericht ist ebenso dem Aufsichtsrat vorzulegen sowie bei der **nächsten Hauptversammlung** zum Gegenstand der Tagesordnung zu machen.

C.8.5 Geltendmachung von Ersatzansprüchen

In den §§ 147, 148 AktG ist die **Geltendmachung bestimmter Schadensersatzansprüche** der Gesellschaft gegen die Gründer, besonders aber gegen die Mitglieder des Vorstandes oder des Aufsichtsrats geregelt. Da die Vertretung der Gesellschaft in den Händen des Vorstandes (§ 78 AktG) oder des Aufsichtsrates (§ 112 AktG) liegt und die Verwaltungsorgane in der Gefahr stehen, das Gesellschaftsinteresse hinter das eigene Interesse zurücktreten zu lassen, soll die Regelung der § 147, 148 AktG die Durchsetzung entsprechender Ersatzansprüche erleichtern. Die Gesellschaft ist verpflichtet, diese Ersatzansprüche **binnen sechs Monaten** geltend zu machen, wenn die Hauptversammlung dies mit einfacher Mehrheit beschließt. Die Geltendmachung selbst soll dann durch das an sich zuständige Gesellschaftsorgan erfolgen. Die Hauptversammlung oder eine **Aktionärsminderheit** kann aber nach § 147 Abs. 2 AktG hierzu einen **besondere Vertreter** bestellen. Nach Durchführung eines **Klagezulassungsverfahrens** nach § 148 AktG kann die Minderheit auch selbst die Ansprüche geltend machen.

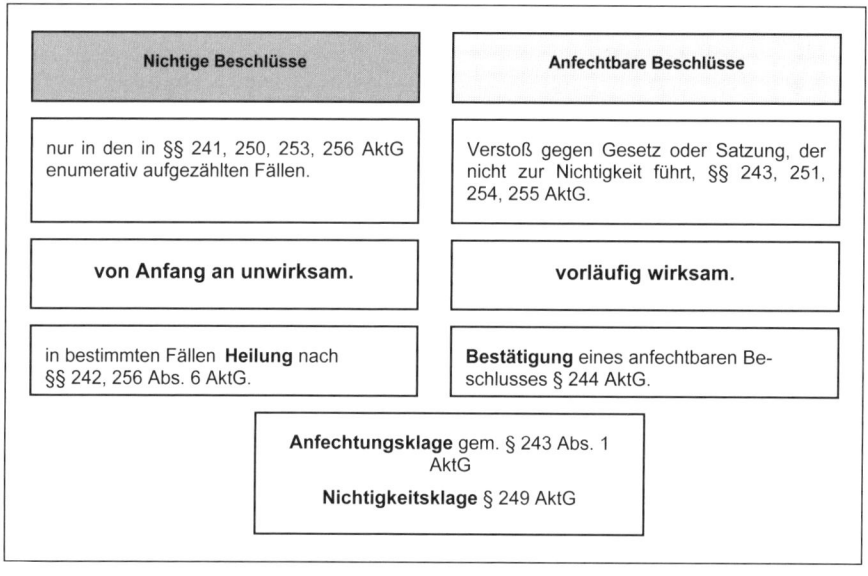

Abbildung C.8.5: Rechtsfolgen fehlerhafter Hauptversammlungsbeschlüsse

Zusammenfassung

Fehlerhafte Hauptversammlungsbeschlüsse können nichtig oder nur anfechtbar sein. Während nichtige Beschlüsse unwirksam sind, sind anfechtbare Beschlüsse zunächst einmal wirksam. Die Wirksamkeit kann jedoch rückwirkend mittels Anfechtungsklage beseitigt werden. Nichtig ist ein Hauptversammlungsbeschluss nur in den in § 241 AktG enumerativ aufgezählten Fällen. Ansonsten führt ein Verstoß gegen Gesetz oder Satzung lediglich zur Anfechtbarkeit. Eine Anfechtungsklage kommt auch bei der Verletzung von Informationspflichten in Betracht (§ 243 Abs. 4 AktG). Daneben besteht die Möglichkeit einer Auskunftserzwingungsklage nach § 132 AktG. Nichtige Hauptversammlungsbeschlüsse können unter den Voraussetzungen des §§ 242, 256 Abs. 6 AktG geheilt werden; anfechtbare Beschlüsse können nach § 244 AktG bestätigt werden.

Die Befugnis zur Erhebung der Anfechtungsklage ist in § 245 AktG geregelt. Anfechtungsbefugt sind die Aktionäre, der Vorstand und der Aufsichtsrat. Wesentliche Voraussetzung für in der Hauptversammlung erschienene Aktionäre ist die Einlegung eines Widerspruchs. Ein Widerspruch ist verzichtbar, wenn Aktionäre wegen eines Einberufungsmangels nicht an der Hauptversammlung teilgenommen haben (§ 245 Ziff. 2 AktG). Es besteht eine Anfechtungsfrist von einem Monat (§ 246 AktG). Eine solche Frist besteht für die Nichtigkeitsklage nicht. Mittels Freigabeverfahren nach § 246a AktG kann die Gesellschaft sich bei im Handelsregister einzutragenden Kapitalmaßnahmen oder Unternehmensverträgen über erhobene Anfechtungs- und Nichtigkeitsklagen hinwegsetzen. Die Entscheidung im Freigabeverfahren bindet das Registergericht. Konkrete Vorgänge bei der Gründung oder der Geschäftsführung kann die Hauptversammlung durch einen Sonderprüfer überprüfen lassen (§ 142 AktG). Eine Sonderprüfung kann auch von einer Minderheit erzwungen werden. Ersatzansprüche gegen die Gründer oder gegen den Vorstand und den Aufsichtsrat aus der Geschäftsführung müssen nach § 147 AktG von den jeweils zuständigen Gesellschaftsorganen geltend gemacht werden, wenn es die Hauptversammlung verlangt. Zur Geltendmachung kann auch ein besonderer Vertreter bestellt werden (§ 147 Abs. 2 AktG). Nach Durchführung eines Klagezulassungsverfahrens gem. § 148 AktG können diese Ansprüche der Gesellschaft auch von einer Aktionärsminderheit selbst geltend gemacht werden.

Aufgaben zur Selbstprüfung

1. Worin liegt der Unterschied zwischen einem zur Nichtigkeit und einem zur Anfechtbarkeit führenden Rechtsverstoß?
2. Wann ist ein Hauptversammlungsbeschluss nichtig?
3. Wer ist befugt, Anfechtungs- oder Nichtigkeitsklage zu erheben?
4. Kann wegen einer Verletzung von Informationsrechten Anfechtungsklage erhoben werden?
5. Genügt für eine erfolgreiche Anfechtungsklage allein der Nachweis eines Rechtsverstoßes?
6. Wann kommt ein Spruchverfahren in Betracht?
7. Was ist Gegenstand einer Sonderprüfung?
8. Können Aktionäre Schadensersatzansprüche gegen den Vorstand wegen fehlerhafter Geschäftsführung unmittelbar selbst geltend machen?

Adolf Reul

C.9 Corporate Governance

Unter dem Schlagwort Corporate Governance versteht man die korrekte Leitung und Überwachung von Unternehmen. Was es damit auf sich hat, wird im nächsten Kapitel erläutert.

Corporate Governance ist die **Lehre von der korrekten Leitung und Überwachung von Unternehmen**. Niedergelegt sind die Regeln zum Corporate Governance in dem im elektronischen Bundesanzeiger veröffentlichten und jährlich fortgeführten **Deutschen Corporate Governance Kodex (= DCGK)**. Nach § 161 AktG sind (nur) **börsennotierte AG's** verpflichtet, jährlich zu erklären, ob diesen Regeln entsprochen wurde und wird oder welche Empfehlungen nicht angewendet wurden oder werden. Für **nicht börsennotierte Gesellschaften** gilt der Corporate Governance Kodex nicht. Auch genügt allen die bloße Notierung im Freiverkehr nicht.

Mit dem **BilMoG** wird der sachliche Anwendungsbereich des § 161 AktG erweitert. Außerdem ist nunmehr eine **Begründung** mit anzugeben, warum einzelnen Empfehlungen des DCGK nicht gefolgt wird („**comply or explain**")

 Übung C.9.1
Informieren Sie sich im im Internet über den Inhalt des Deutschen Corporate Governance Kodex.

Durch den Kodex soll den Teilnehmern am Kapitalmarkt ein Überblick über die in Deutschland geltende **Unternehmensverfassung** gegeben werden; ebenso sollen sie in Erfahrung bringen können, ob sich ein Unternehmen an den Verhaltenskodex hält. Für die Unternehmen selbst hat der Kodex weder unmittelbare noch mittelbare Gesetzeskraft. Auch die Entsprechenserklärung nach § 161 AktG führt nicht zu einer Bindungswirkung. **Anfechtungsklagen** können im Grunde nicht mit einem Verstoß gegen den Deutschen Corporate Governance Kodex begründet werden. Anders ist es, wenn Vorstand und Aufsichtsrat ihrer Verpflichtung nach § 161 AktG zur Abgabe einer Erklärung überhaupt nicht nachgekommen sind bzw. diese Erklärungen unrichtig oder unvollständig sind. Die Beschlüsse über die Entlastung von Vorstand und Aufsichtsrat sind dann anfechtbar (BGH, ZIP 2009, 460 „Kirch/Deutsche Bank", OLG München, ZIP 2008, 742 und ZIP 2009, 718).

Der Kodex enthält einmal die **Wiedergabe zwingenden Gesetzesrechts**, daneben aber auch **bloße Empfehlungen und Anregungen** für das Verhalten von Vorstand und Aufsichtsrat („soll", „kann"). Nur **Abweichungen von den Empfehlungen** sind nach § 161 AktG offenlegungspflichtig, **Abweichungen von den Anregungen** dagegen nicht.

Bislang musste im Anhang zum Jahresabschluss nach § 285 Nr. 16 nur angegeben werden, dass die Entsprechenserklärung nach § 161 AktG abgegeben wurde, nicht jedoch der Inhalt. Nach dem **BilMoG** muss nunmehr die **Entsprechenserklärung** nach § 161 **AktG als Teil der** (neuen) **Erklärung zur Unternehmensführung gem. § 289a Abs. 2 Nr. 1 HGB-E a. F. in den Lagebericht** mit aufgenommen werden. Ist die **Entsprechenserklä-**

rung fehlerhaft, droht künftig eine **Strafbarkeit nach § 331 Abs. 1 Nr. 1 HGB**. Danach macht sich strafbar, wer in der Eröffnungsbilanz, im Jahresabschluss, im Lagebericht oder in einem Zwischenabschluss die Verhältnisse der Kapitalgesellschaft unrichtig oder verschleiert wiedergibt. Über die Aufnahme der Entsprechenserklärung in den Lagebericht werden die dort enthaltenen Angaben zur Einhaltung des DCGK Teil der Wiedergabe der Verhältnisse der Gesellschaft. Neben der Strafbarkeit droht über **§ 823 Abs. 2 BGB i. V. m. § 331 HGB schließlich auch noch eine deliktische Schadensersatzhaftung.** Für Vorstand und Aufsichtsrat nimmt damit die Bedeutung der Entsprechenserkärung erheblich zu.

 Zusammenfassung

Corporate Governance ist die Lehre von der korrekten Leitung und Überwachung von Unternehmen. Hierzu werden Regeln aufgestellt indem jährlich fortentwickelten Corporate Governance Kodex. Börsennotierte AG's müssen nach § 161 AktG jährlich zu erklären, ob sie diese Regeln anwenden oder welche Regeln sie nicht anwenden. Für nicht börsennotierte Gesellschaften hat § 161 AktG und auch der Corporate Governance Kodex keine Bedeutung.

Aufgaben zur Selbstprüfung

1. Was bedeutet der Begriff Corporate Governance?
2. Wo ist der Corporate Governance Kodex geregelt?
3. Für welche Gesellschaften gilt der Corporate Governance Kodex?

C.10 Erwerb eigener Aktien

Erwirbt eine AG eigene Aktien, so gehört sich die Gesellschaft im Umfang dieser eigenen Aktien selbst. Der mittels Aufbringung des Grundkapitals bezweckte Gläubigerschutz und damit die gesamten Regelungen zur Kapitalaufbringung und Kapitalerhaltung laufen damit zum Teil leer. Gleichwohl ist der Erwerb eigener Aktien nicht gänzlich verboten. Über die Verbotsausnahmen handelt das folgende Kapitel.

Nach § 56 Abs. 1 AktG darf die **Gesellschaft keine eigenen Aktien zeichnen**. Eine solche Zeichnung ist nichtig. Nach § 56 Abs. 2 AktG gilt diese **Verbotsnorm** auch für abhängige bzw. im Mehrheitsbesitz stehende Unternehmen (vgl. §§ 16, 17 AktG). Auch der **derivative Erwerb eigener Aktien** ist gemäß § 71 Abs. 1 AktG **grds. verboten**. Dem Umgehungsschutz dienen die §§ 71a und 71d AktG. Anders als im Rahmen des § 56 AktG beim originären Erwerb bestehen von diesem Verbot jedoch vielfältige **Ausnahmen**. Diese sind in § 71 Abs. 1 Ziff. 1–Ziff. 8 AktG enumerativ aufgezählt.

Von Bedeutung ist **§ 71 Abs. 1 Ziff. 8 AktG**. Danach kann die Hauptversammlung den Vorstand für längstens 18 Monate (nach dem **ARUG** 5 Jahre) ermächtigen, eigene Aktien bis höchstens 10 % des Grundkapitals zu erwerben. Die Besonderheit dieser Ausnahmevorschrift besteht darin, dass der **Zweck dieses Erwerbs** vom Gesetz nicht vorgegeben ist. Der **Gesamtnennbetrag** der zu den Zwecken des § 71 Abs. 1 Ziff. 1–Ziff. 3, Ziff. 7 und Ziff. 8 AktG erworbenen Aktien darf zusammen mit dem Betrag anderer Aktien der Gesellschaft, die die Gesellschaft bereits erworben hat und noch besitzt, 10 % des Grundkapitals nicht übersteigen (§ 71 Abs. 2 Satz 1 AktG). Zulässig ist dieser Erwerb im Übrigen nur, wenn die Gesellschaft die nach § 272 Abs. 4 HGB vorgeschriebene **Rücklage für eigene Aktien** bilden kann. Soweit die Gesellschaft hiernach Aktien in zulässiger Weise erwerben darf, darf sie diese Aktien nach § 71c Abs. 2 AktG nur behalten, soweit diese nicht 10 % des Grundkapitals übersteigen.

Wird gegen § 71 AktG verstoßen, ist das **schuldrechtliche Rechtsgeschäft** nach § 71 Abs. 4 AktG **nichtig**. Von der Nichtigkeit nicht betroffen ist das **dingliche Rechtsgeschäft**. Der Erwerb der Aktien durch die AG ist also wirksam. Die AG muss aber die Aktien nach § 71c AktG innerhalb eines Jahres veräußern oder einziehen.

Hat die Gesellschaft eigene Aktien erworben, kann sie nach § 71b AktG aus diesen Aktien selbst **keine Rechte** herleiten (Ausnahme: Kapitalerhöhung aus Gesellschaftsmitteln, § 215 Abs. 1 AktG). Dabei kommt es nicht darauf an, ob diese eigenen Aktien in zulässiger oder verbotswidriger, aber gleichwohl wirksamer Art und Weise erworben hat.

Adolf Reul

Zusammenfassung

Der Erwerb eigener Aktien ist grundsätzlich unzulässig. Eine Ausnahme besteht nur beim derivativen Erwerb in den Fällen des § 71 AktG und auch dort nur in einem Volumen vom max. 10 % des Grundkapitals. Die AG kann aus eigenen Aktien keine Rechte ausüben (§ 71b AktG). Der Erwerb von Aktien unter Verstoß gegen § 71 AktG ist zwar wirksm. Die AG muss die Aktien veräußern oder einziehen (§ 71c AktG).

Aufgaben zur Selbstprüfung

1. Ist der Erwerb eigener Aktien zulässig?
2. Welche Rechte kann die AG aus eigenen Aktien geltend machen?

C.11 Entlastung

Nach § 120 Abs. 1 AktG hat die Hauptversammlung über die Entlastung der Mitglieder des Vorstandes und des Aufsichtsrates zu beschließen. Zweck und Regelungsbereich der Entlastung werden im nächsten Kapitel erläutert.

Nach § 120 Abs. 1 AktG ist in den ersten acht Monaten eines Geschäftsjahres über die **Entlastung der Mitglieder des Vorstandes und des Aufsichtsrates** zu beschließen. Durch die Entlastung **billigt** die Hauptversammlung **die Tätigkeit** des Vorstandes und des Aufsichtsrates für das **vorangegangene Geschäftsjahr** (§ 120 Abs. 2 Satz 1 AktG). Ein Verzicht auf etwaige Schadensersatzansprüche geht mit der Entlastung jedoch nicht einher (§ 120 Abs. 2 Satz 2 AktG).

 Die Entlastung bedeutet keinen Verzicht auf die Geltendmachung von Schadensersatzansprüchen.

Regelmäßig erfolgt eine **Gesamtentlastung** von Vorstand und Aufsichtsrat; eine gemeinsame Entlastung beider Organe in einem Beschluss ist unzulässig. Möglich ist eine **Einzelentlastung** der jeweiligen Organmitglieder. Erforderlich ist dafür ein Beschluss der Hauptversammlung oder ein Minderheitsverlangen nach § 120 Abs. 1 Satz 2 AktG. Soweit die Organmitglieder selbst Aktionäre sind, gilt bei der Gesamtentlastung für alle das **Stimmverbot des § 136 Abs. 1 AktG**, nicht aber im Falle der Einzelentlastung eines Organmitglieds für die übrigen Organmitglieder.

 Zusammenfassung

Mit der Entlastung wird die Tätigkeit des Vorstandes und des Aufsichtsrats von der Hauptversammlung gebilligt. Ein Verzicht auf Schadensersatz ist damit nicht verbunden. Grundsätzlich erfolgt eine Gesamtentlastung für das jeweilige Organ. Einzelentlastung ist aber nach § 120 Abs. 1 S. 2 AktG möglich.

Aufgaben zur Selbstprüfung

1. Welche Aufgabe hat die Entlastung?
2. Wie erfolgt die Entlastung?
3. Können trotz Entlastung Schadensersatzansprüche geltend gemacht werden?

C.12 Satzungsänderungen

Die Satzung ist neben dem AktG die wichtigste Rechtsquelle für das Recht der AG. Dementsprechend groß ist auch die Bedeutung von Satzungsänderungen. Das nachfolgende Kapitel stellt das Verfahren der Satzungsänderung dar. Ein Schwerpunkt liegt dabei auf Satzungsänderungen, die das Grundkapital ändern.

C.12.1 Allgemeines zur Satzungsänderung

C.12.1.1 Zuständigkeit/Beschlussmehrheit

Nach § 179 Abs. 1 AktG bedarf jede Satzungsänderung grds. eines **Beschlusses der Hauptversammlung**. Geht es nur um eine **Änderung der Fassung**, so kann die Hauptversammlung diese Befugnis dem Aufsichtsrat übertragen (§ 179 Abs. 1 Satz 2 AktG).

Nach § 179 Abs. 2 AktG bedarf der Beschluss der Hauptversammlung über die Satzungsänderung einer ¾-**Mehrheit** des bei der Beschlussfassung vertretenen Grundkapitals. Daneben ist die **einfache Mehrheit** der abgegebenen Stimmen nach § 133 Abs. 1 erforderlich. Nach § 179 Abs. 2 AktG kann die Satzung auch eine „andere", also auch eine geringere Kapitalmehrheit festlegen. Bestehen Aktien verschiedener Gattungen und soll deren Verhältnis untereinander geändert werden, so ist ein **Sonderbeschluss** der benachteiligten Aktionäre nach § 179 Abs. 3 AktG notwendig, der auf einer gesonderten Versammlung zu treffen ist (§ 138 AktG).

C.12.1.2 Verfahren

Satzungsändernde Beschlüsse der Hauptversammlung sind wegen der erforderlichen ¾-Kapitalmehrheit zwingend **notariell zu beurkunden** (§ 130 AktG). Sie sind gem. § 181 Abs. 1 AktG vom Vorstand in vertretungsberechtigter Zahl zur **Eintragung in das Handelsregister** anzumelden ist. Eine Mitwirkung des Aufsichtsratsvorsitzenden ist nicht erforderlich. Als **Anlagen** sind der Anmeldung die notarielle Niederschrift über den Hauptversammlungsbeschluss und der vollständige Wortlaut der (geänderten) Satzung mit einer entsprechenden **Notarbescheinigung** beizufügen (§ 181 Abs. 1 Satz 2 AktG). Die Satzungsänderung wird erst **wirksam**, wenn sie im Handelsregister eingetragen worden ist (§ 181 Abs. 3 AktG).

C.12.1.3 Aufhebung/Änderung

Soll der satzungsändernde Beschluss geändert oder aufgehoben werden, kommt es darauf an, ob dieser Beschluss **bereits im Handelsregister eingetragen** und damit wirksam geworden ist oder nicht. Soweit die Satzungsänderung bereits wirksam geworden ist, sind

Adolf Reul

für den ändernden Beschluss dieselben Wirksamkeitsvoraussetzungen wie für eine Satzungsänderung zu beachten. Ist der Beschluss noch nicht im Handelsregister eingetragen, kann die Hauptversammlung ihn **mit einfacher Stimmenmehrheit** nach § 133 Abs. 1 AktG **aufheben.** Für die **Änderung** eines Satzungsänderungsbeschlusses gelten dagegen auch schon vor Eintragung im Handelsregister die **Bestimmungen der §§ 179 ff. AktG.**

C.12.1.4 Bedingungen/Befristungen

Eine **Satzungsänderung** unter einer **auflösenden bzw. aufschiebenden Bedingung** in der Art, dass einzelne Regelungen nur gelten oder nicht gelten sollen, wenn ungewisse Ereignisse eintreten, ist **grds. unwirksam.** Davon zu unterscheiden ist die Vereinbarung sog. „**unechter Bedingungen oder Befristungen**" sowie zum anderen die Fassung eines sog. „**bedingten/befristeten Hauptversammlungsbeschlusses**".

Bei einer **sog. unechten Bedingung oder Befristung** wird der Satzungsänderungsbeschluss unbedingt gefasst. Die Hauptversammlung weist den Vorstand an, die Anmeldung dieser beschlossenen Satzungsänderung zur Eintragung ins Handelsregister nicht vor Eintritt eines bestimmten Ereignisses/Datums vorzunehmen. Eine derartige Vereinbarung ist ohne weiteres zulässig. Zulässig ist es auch, wenn die **Wirksamkeit des Satzungsänderungsbeschlusses unter eine Bedingung gestellt** wird. Nach h. M. kann dieser bedingte Satzungsänderungsbeschluss aber erst nach Eintritt der Bedingung zur Eintragung in das Handelsregister angemeldet werden. Eine **befristete Satzungsänderung** kann, auch wenn sie erst später in Kraft treten soll, dagegen sofort ins Handelsregister eingetragen werden.

In beiden Fällen der zulässigen Bedingung ist darauf zu achten, dass die entsprechende Anmeldung der Satzungsänderung zum Handelsregister bis zur nächsten Hauptversammlung erfolgt ist. Ist dies nicht geschehen, ist ein neuerlicher Hauptversammlungsbeschluss erforderlich. Der bereits gefasste Beschluss hat sich aufgrund Zeitablaufs erledigt.

C.12.1.5 Satzungsdurchbrechung

Unter „**Satzungsdurchbrechung**" versteht man den Fall, dass die Hauptversammlung einer AG für eine konkrete Einzelsituation durch Beschluss bewusst von einer Bestimmung ihrer Satzung abweicht, diese selbst aber unverändert lässt. **Nichtig** sind derartige Beschlüsse, wenn sie **zustandsbegründend** wirken sollen und die Formalien einer regulären Satzungsänderung nicht beachten, insbes also nicht im Handelsregister eingetragen werden. Erforderlich ist im Übrigen bei **punktuell** wirkenden Satzungsdurchbrechungen, dass der Beschluss mit **satzungsändernder Mehrheit gefasst und notariell beurkundet** wird; notwendig ist ebenso seine **ordnungsgemäße Ankündigung** bei der Einberufung der Hauptversammlung. Ob der Beschluss im Handelsregister eingetragen werden muss, ist str.

C.12.2 Satzungsänderungen im Gründungsstadium

Eine Satzungsänderung kann **schon im Gründungsstadium** der AG, also vor Eintragung der Gesellschaft im Handelsregister, jedoch nach Feststellung der Gründungssatzung erfolgen. Notwendig ist hierfür eine **Mitwirkung sämtlicher Gründer der Gesellschaft**. Die §§ 179 ff. AktG gelten nicht.

C.12.3 Kapitalerhöhung

C.12.3.1 Überblick

Im Wege der **Kapitalerhöhung** kann sich die AG neues Eigenkapital verschaffen. Das Gesetz sieht hierzu **verschiedene Möglichkeiten** vor:
- die Kapitalerhöhung gegen Bar- und/oder Sacheinlage nach den §§ 182 ff. AktG,
- die bedingte Kapitalerhöhung nach den §§ 192 ff. AktG sowie
- das genehmigte Kapital nach den §§ 202 ff. AktG,
- die Kapitalerhöhung aus Gesellschaftsmitteln nach den §§ 207 ff. AktG. Hierbei werden der Gesellschaft jedoch keine neuen Mittel zugeführt, sondern es wird lediglich bisher schon vorhandenes Vermögen (Rücklagen) der Gesellschaft in Grundkapital umgewandelt.

C.12.3.2 Kapitalerhöhung gegen Einlagen

C.12.3.2.1 Allgemeine Voraussetzungen

Bei der Kapitalerhöhung gegen Einlagen wird das **Grundkapital** zwingend durch Ausgabe neuer Aktien **gegen Bar- oder Sacheinlagen erhöht**.

Eine bloße **Aufstockung der Nennbeträge** der bereits ausgegebenen Aktien ist wegen § 182 Abs. 1 Satz 4 AktG nicht möglich. Eine Erhöhung des Kapitals soll nach § 182 Abs. 4 AktG nicht erfolgen, solange noch Einlagen auf das bisherige Kapital ausstehen.

Der Ablauf einer Kapitalerhöhung gegen Einlagen kann anhand einer **Übersicht** wie folgt dargestellt werden:

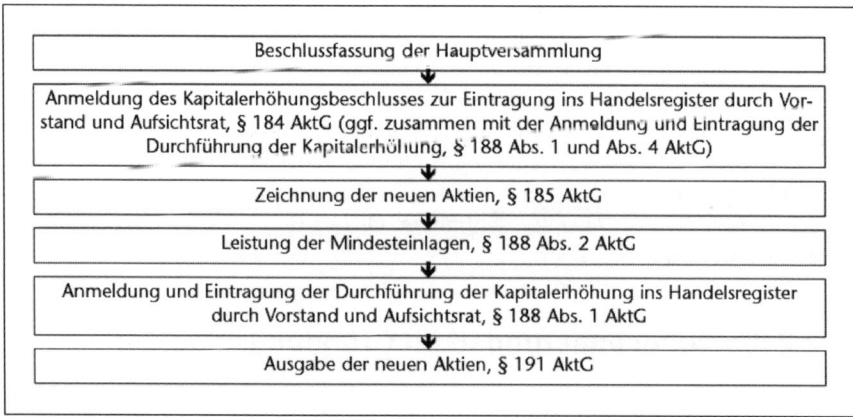

Abbildung C.12.3.2.1: Übersicht einer Kapitalerhöhung gegen Einlagen

C.12.3.2.2 Kapitalerhöhungsbeschluss

Kapitalerhöhungen sind **Satzungsänderungen**; notwendig ist ein Beschlusses der Hauptversammlung mit einer ¾-Mehrheit des bei der Beschlussfassung vertretenen Grundkapitals (§ 182 Abs. 1 Satz 1 AktG). Der Beschluss ist **notariell zu beurkunden**. Die Satzung kann eine andere Kapitalmehrheit bestimmen (§ 182 Abs. 1 Satz 2 AktG); ggf. sind Sonderbeschlüsse erforderlich (§ 182 Abs. 2 AktG).

Der Kapitalerhöhungsbeschluss muss den **Erhöhungsbetrag** nennen. Zulässig ist es, lediglich eine Mindest- und Höchstgrenze oder auch nur eine Höchstgrenze festzulegen, und den endgültigen Erhöhungsbetrag davon abhängig zu machen, wie viele neue Aktien innerhalb einer von der Hauptversammlung zu bestimmenden Zeichnungsfrist gezeichnet werden. Wird im Kapitalerhöhungsbeschluss keine solche Frist bestimmt, ist der Beschluss anfechtbar. Für die Praxis werden **Verfallfristen von zwei bis vier Monaten** genannt.

Anzugeben ist weiter die **Zahl der neu auszugebenden Aktien**, bei Gesellschaften mit Nennbetragsaktien auch deren Nennbeträge, sowie die **Art der neuen Aktien** (Inhaber- oder Namensaktien). Bei Gesellschaften mit **Stückaktien** muss sich die Zahl der aufgegebenen Aktien in demselben Verhältnis wie das Grundkapital erhöhen (§ 182 Abs. 1 Satz 5 AktG), damit sich der anteilige Wert am Grundkapital pro Stückaktie nicht verändert (§ 8 Abs. 2 S. 3 AktG). Anzugeben ist ebenso der Ausgabebetrag nach § 9 Abs. 1 AktG (§ 182 Abs. 3 AktG). **Besonderheiten für die Höhe des Ausgabebetrages** bestehen nach §§ 255 Abs. 2, 186 Abs. 3 und 4 AktG, wenn das Bezugsrecht der Aktionäre ganz oder teilweise ausgeschlossen wird. Es soll damit sichergestellt werden, dass die Beteiligungsquote der Altaktionäre nicht verwässert wird.

Angaben enthält der Kapitalerhöhungsbeschluss im Regelfall auch über den **Beginn der Gewinnberechtigung** der neuen Aktien, über eine **Frist zur Durchführung der Kapitalerhöhung** für den Vorstand sowie über eine **Verfallfrist**, nach deren Ablauf die Zeichnungen unverbindlich werden, wenn bis dahin die Durchführung der Erhöhung des Grundkapitals nicht im Handelsregister eingetragen worden ist (§ 185 Abs. 1 Satz 3 Ziff. 4 AktG). Ebenso kann die **Fälligkeit der Einlagen** geregelt werden, soweit diese nicht schon vor Eintragung der Durchführung der Kapitalerhöhung eingezahlt sein müssen (Mindesteinlagebetrag, §§ 188 Abs. 2 Satz 1, 36 Abs. 2, 36a AktG).

C.12.3.2.3 Anmeldung und Eintragung des Kapitalerhöhungsbeschlusses

Nach § 184 AktG ist der **Kapitalerhöhungsbeschluss zur Eintragung in das Handelsregister** anzumelden. Von dieser Anmeldung zu unterscheiden ist die **spätere Anmeldung der Durchführung der Kapitalerhöhung** nach § 188 AktG. Beide Anmeldungen können miteinander verbunden werden (§ 188 Abs. 5 Akt). Zuständig für die Anmeldung ist der **Vorstand und der Aufsichtsratsvorsitzende** (§ 184 Abs. 1 Satz 1 AktG).

C.12.3.2.4 Zeichnung der Aktien

Der Erwerb der neuen Aktien aus der Kapitalerhöhung erfolgt durch **Zeichnung i. S. d. § 185 AktG**. Er bedarf der **Schriftform** (§ 185 Abs. 1 Satz 1 AktG). Im Zeichnungsschein müssen die zu erwerbenden Aktien entsprechend § 185 Abs. 1 Satz 1 AktG konkret bezeichnet werden. Nach § 185 Abs. 1 S. 3 AktG muss der Zeichnungsschein einen **besonderen Inhalt** haben.

C.12.3.2.5 Zeitpunkt der Einzahlung/Voreinzahlung

Mit **Zustandekommen des Zeichnungsvertrages** durch Annahme der Zeichnungserklärung der Gesellschaft wird die Einlageverpflichtung des Zeichners begründet. Als **Mindesteinlage** sind bei Bareinlagen 25 % des geringsten Ausgabebetrages sowie das gesamte Aufgeld zu entrichten (§§ 188 Abs. 2, 36a Abs. 1 AktG). Der eingezahlte Betrag muss dabei **endgültig zur freien Verfügung des Vorstandes** stehen. Nicht erforderlich ist, dass die Einlagen im Anmeldezeitpunkt noch unverändert und unverbraucht sind. Es genügt, wenn der **Einlagebetrag** nach dem Kapitalerhöhungsbeschluss **in den uneingeschränkten Verfügungsbereich** der Geschäftsführung gelangt ist und nicht an den Einleger zurückfließt. Der **Grundsatz der wertgleichen Deckung** gilt bei der Kapitalerhöhung anders als bei der Gründung nicht mehr (BGHZ 119, 177, 187 f. = NJW 2002, 1716). Ausgenommen sind freilich Fälle der **verdeckten Sacheinlage**. Auch die unmittelbare Zahlung an einen Gesellschaftsgläubiger hat wegen § 54 Abs. 3 AktG keine schuldtilgende Wirkung (BGHZ 119, 177, 188).

Problematisch ist ähnlich wie bei der Gründung, wenn der Einlagebetrag in ein **Cash-Pool-System** einbezogen wird. Es fehlt zum einen die freie Verfügbarkeit wegen Rückflusses an den Inferenten. Zum andern ist darin nach der Rechtsprechung eine verdeckte Sacheinlage zu erkennen (BGH, ZIP 2006, 665). Zulässig dürfte allein die Einzahlung auf ein Kapitalerhöhungssonderkonto sein, das nicht in den Cash-Pool einbezogen ist, soweit die Mittel nicht tatsächlich zeitnah und in planmäßigem Zusammenwirken der Beteiligten (wieder) in den Cash-Pool einbezogen werden. Die Neufassung des § 57 Abs. 1 AktG durch das MoMiG hat daran nichts geändert.

Einzahlungen schon vor Beschlussfassung über die Kapitalerhöhung haben nur dann **schuldbefreiende Wirkung,** wenn der eingezahlte Betrag **im Zeitpunkt der Beschlussfassung** als solcher noch im Gesellschaftsvermögen zweifelsfrei und **gegenständlich vorhanden** ist. Ist der Betrag zu diesem Zeitpunkt nicht mehr vorhanden, genügt die Voreinzahlung, wenn andernfalls die Rettung der sanierungsbedürftigen und sanierungsfähigen Gesellschaft scheitern würde (BGH ZIP 2004, 849).

C.12.3.2.6 Durchführung der Kapitalerhöhung

Die Durchführung der Kapitalerhöhung ist vom **Vorstand und dem Aufsichtsratsvorsitzenden** zur **Eintragung in das Handelsregister** anzumelden (§ 188 Abs. 1 AktG). Der Erhöhungsbetrag muss in vollem Umfang wirksam gezeichnet und die Mindesteinlagen müssen geleistet sein; die Zeichnungen dürfen nicht durch Fristablauf unverbindlich geworden sein (§ 185 Abs. 1 S. 3 Ziff. 4 AktG). Es gilt Gründungsrecht (§ 188 Abs. 2 AktG). Mit der **Eintragung der Durchführung** der Erhöhung des Grundkapitals im Handelsregister ist die **Kapitalerhöhung wirksam.** Von diesem Zeitpunkt an ist das Grundkapital erhöht. Die neuen Mitgliedschaftsrechte sind zu diesem Zeitpunkt entstanden.

C.12.3.3 Bezugsrecht

Den Aktionären steht gemäß § 186 Abs. 1 AktG ein Bezugsrecht bei Kapitalerhöhungen auf eine ihrer bisherigen **Beteiligung entsprechenden Anzahl neuer Aktien** zu. § 186 Abs. 2 AktG bestimmt, dass der Vorstand den Ausgabebetrag oder die Grundlagen für seine Festlegung und zugleich die Frist für die Ausübung des Bezugsrechts bekannt zu machen hat. Das Bezugsrecht **entsteht mit dem Kapitalerhöhungsbeschluss** und ist von da ab übertragbar. Vom **mittelbaren Bezugsrecht** spricht man, wenn nach § 186 Abs. 5 AktG den Aktionären die Aktien durch Zwischenschaltung von Banken zum Bezug angeboten werden.

Änderungen des Bezugsrechts durch die Satzung sind unzulässig. Statthaft ist ein **Ausschluss des Bezugsrechts** im Einzelfall gemäß § 186 Abs. 3 und Abs. 4 AktG. Das Bezugsrecht kann **nur im Beschluss über die Kapitalerhöhung** selbst ausgeschlossen werden (§ 186 Abs. 3 Satz 1 AktG). Notwendig ist außerdem ein **schriftlicher Bericht** des Vorstandes (§ 186 Abs. 3 AktG). Der **Bezugsrechtsausschluss** muss einschließlich des Vorstansberichts (analog § 124 Abs. 2 S. 2 AktG) mit der Einberufung der Hauptversammlung gemäß § 186 Abs. 4 Satz 1 AktG bekannt gemacht werden.

Wegen der Schwere des Eingriffs in die Mitgliedschaft bedarf der Bezugsrechtsausschluss einer **sachlichen Rechtfertigung**, es sei denn, alle betroffenen Aktionäre stimmen dem Bezugsrechtsausschluss zu. Sachlich gerechtfertigt ist der Bezugsrechtsausschluss, wenn er im Interesse der Gesellschaft liegt, zur Erreichung des beabsichtigten Zwecks geeignet und erforderlich sowie verhältnismäßig ist.

 Beispiel C.12.1
> Anerkannt wurde der Bezugsrechtsausschluss zur Ausgabe von Belegschaftsaktien, zur Erleichterung einer Kooperation mit einem anderen Unternehmen oder etwa zur Börseneinführung.

Unabhängig davon ist nach § 186 Abs. 3 Satz 4 AktG ein Bezugsrechtsausschluss zulässig, soweit die Kapitalerhöhung gegen Bareinlage 10% des Grundkapitals nicht übersteigt und der Ausgabebetrag nicht wesentlich niedriger als der Börsenwert ist. Die Regelung betrifft ihrem Wortlaut nach nur **Bareinlagen bei börsennotierten Gesellschaften**. Eine analoge Anwendung auf nicht börsennotierte Gesellschaften scheidet aus.

C.12.3.4 Kapitalerhöhung gegen Sacheinlagen

Eine Kapitalerhöhung kann auch **mittels Sacheinlagen** durchgeführt werden. § 183 AktG stellt hierfür **besondere Anforderungen** auf, wobei zusätzlich zu den Vorschriften über die Barkapitalerhöhung im Wesentlichen dieselben Regeln wie bei der Gründung gelten. Die Sachkapitalerhöhung ist bei der Einberufung der Hauptversammlung nach § 124 Abs. 1 AktG **ausdrücklich bekannt zu machen**. Dabei sind der **Gegenstand der Sacheinlage**, die **Person**, die die Einlage erbringen soll, sowie der **Nennbetrag**, bei Stückaktien die Zahl der zu gewährenden Aktien mitzuteilen (§ 183 Abs. 1 Satz 2 AktG). Im Kapitalerhöhungsbeschluss müssen diese Angaben ebenso gemacht werden (§ 183 Abs. 1 Satz 1 AktG). **Fehlen diese Festsetzungen oder sind diese unrichtig**, so sind die Kapitalerhöhung und die Verträge über die Sacheinlage unwirksam. Wird die

Kapitalerhöhung gleichwohl im Handelsregister eingetragen, ist die Kapitalerhöhung wirksam, allerdings nicht als Sachkapitalerhöhung, sondern als Barkapitalerhöhung (§ 183 Abs. 2 Satz 2 und Satz 3 AktG). Erfolgt die Sachkapitalerhöhung binnen zwei Jahren nach Gründung der Gesellschaft und übersteigt der Kapitalerhöhungsbetrag 10 % des Grundkapitals, sind unter den weiteren Voraussetzungen des § 52 AktG auch die **Nachgründungsvorschriften** zu beachten.

Ebenso wie bei der Gründung ist auch bei der Kapitalerhöhung mit Sacheinlagen eine **externe Prüfung** nach § 183 Abs. 3 AktG durchzuführen. **Gegenstand der Prüfung** ist die Werthaltigkeit der Sacheinlagen. Erreicht der Wert der eingebrachten Sacheinlage nicht den geringsten Ausgabebetrag der dafür ausgegebenen Aktien, kann nach § 183 Abs. 3 Satz 3 AktG die Eintragung der Kapitalerhöhung im Handelsregister unterbleiben. Wird die Kapitalerhöhung gleichwohl eingetragen, ist sie wirksam. Die Einleger haften aber verschuldensunabhängig auf Wertdifferenz in Geld, **sog. Differenzhaftung**.

Mit der Sachkapitalerhöhung einher geht regelmäßig ein **Bezugsrechtsausschluss**. Dieser Bezugsrechtsausschluss muss im Kapitalerhöhungsbeschluss – wie sonst auch – ausdrücklich festgesetzt werden (§ 186 Abs. 4 Satz 1 AktG). Ebenso bedarf er einer **sachlichen Rechtfertigung**.

Nach dem **ARUG** gibt es auch bei der Kapitalerhöhung die Möglichkeit einer **erleichterten Sachkapitalerhöhung** ohne externe Prüfung (§ 183a AktG n. F.). Nach § 183a Abs. 3 AktG n. F. muss das Registergericht aber auf Antrag einer **Aktionärsminderheit** aber einen externen Prüfer bestellen. Die neuen Vorschriften über die **Anrechnung einer verdeckten Sacheinlage** und das **ordnungsgemäße Hin- und Herzahlen** (§ 27 Abs. 3 und Abs. 4 AktG n. F.) gelten bei der Kapitalerhöhung entsprechend (§ 183 Abs. 2 AktG n. F.)

C.12.3.5 Genehmigtes Kapital

Nach § 202 Abs. 1 AktG kann der Vorstand durch Satzungsbestimmung für die Dauer von höchstens fünf Jahren ermächtigt werden, das **Grundkapital** bis höchstens zur Hälfte des zum Zeitpunkt der Ermächtigung vorhandenen Grundkapitals **zu erhöhen** (**genehmigtes Kapital**). Dabei handelt es sich um einen Vorratsbeschluss auf Kapitalerhöhungen, der dem Vorstand die Möglichkeit gibt, im eigenen Ermessen und ohne die langwierige Einberufung und Durchführung einer Hauptversammlung Kapitalerhöhungen durchzuführen.

 Mit dem genehmigten Kapital kann der Vorstand schnell und flexibel reagieren, wenn eine Kapitalerhöhung erforderlich ist, die Hauptversammlung aber nicht rechtzeitig einberufen werden kann.

In der **Übersicht** stellt sich das genehmigte Kapital wie folgt dar:

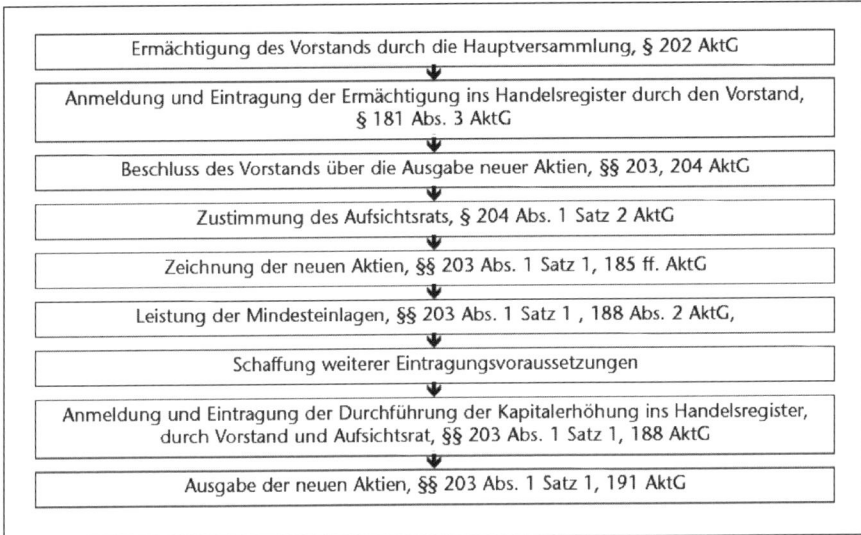

Abbildung C.12.3.5: Kapitalerhöhung mittels genehmigtem Kapital

C.12.3.5.1 Inhalt/Durchführung

Grundlage der Ermächtigung an den Vorstand zur Kapitalerhöhung ist entweder die **Gründungssatzung** (§ 202 Abs. 2 Satz 1 AktG) oder ein **Beschluss der Hauptversammlung** mit einer Mehrheit von mindestens ¾ des vertretenen Grundkapitals (§ 202 Abs. 2 Satz 2 AktG). Der Beschluss ist **notariell zu beurkunden**.

Inhaltlich muss der Hauptversammlungsbeschluss die Dauer der Ermächtigung des Vorstandes konkret angeben und den **Nennbetrag** des genehmigten Kapitals **konkret beziffern**. Maßgeblich ist der Zeitpunkt der Eintragung der Ermächtigung zur Schaffung genehmigten Kapitals im Handelsregist, nicht der Zeitpunkt des Ermächtigungsbeschlusses. **Maximal** darf das genehmigte Kapital die **Hälfte des Grundkapitals**, das zur Zeit der Ermächtigung vorhanden ist, betragen (§ 202 Abs. 3 Satz 1 AktG). Ein etwa **bereits bestehendes genehmigtes Kapital** ist mitzurechnen, soweit dieses noch nicht ausgenutzt ist. Ein ggf. bestehendes bedingtes Kapital zählt nicht dazu. Soll der Vorstand ermächtigt werden, eine Kapitalerhöhung gegen **Sacheinlagen** durchzuführen, ist dies nach § 205 Abs. 1 AktG besonders festzusetzen. Gleiches gilt, wenn der Vorstand ermächtigt werden soll, das gesetzliche Bezugsrecht der Aktionäre auszuschließen (§ 203 Abs. 2 AktG).

Nach dem **ARUG** ist auch beim genehmigten Kapital eine **erleichterte Sachkapitalerhöhung** möglich (§ 205 Abs. 5 AktG n. F.). Ebenso gelten beim genehmigten die neuen Vorschriften über die **Anrechnung einer verdeckten Sacheinlage** und das **ordnungsgemäße Hin- und Herzahlen** (§ 205 Abs. 3 AktG n. F.).

Soweit der Vorstand über den **Inhalt der Aktienrechte** und die **Bedingungen der Aktienausgabe** beim genehmigten Kapital entscheidet, bedarf er hierzu der **Zustimmung**

des Aufsichtsrates. Gleiches gilt für die Entscheidung über den Bezugsrechtsausschluss nach § 203 Abs. 2 AktG, § 204 Abs. 1 AktG. Die **Zustimmung des Aufsichtsrats ist hier Wirksamkeitserfordernis** (anders als bei der Ausgabe der Aktien nach § 202 Abs. 3 S. 2 AktG).

Wird das genehmigte Kapital mittels **Satzungsänderung** beschlossen, ist der Beschluss nach § 181 Abs. 1 Satz 1 AktG allein durch den Vorstand zum **Handelsregister** anzumelden. Lediglich die Anmeldung der Durchführung der Kapitalerhöhung bedarf gemäß §§ 203 Abs. 1 Satz 1, 188 Abs. 1 AktG der Mitwirkung des Aufsichtsratsvorsitzenden. Nach § 202 Abs. 3 Satz 2 AktG sollen die neuen Aktien nur mit Zustimmung des Aufsichtsrats ausgegeben werden. Die **fehlende Zustimmung** des Aufsichtsrats bei der Aktienausgabe berührt jedoch nicht die Wirksamkeit der Kapitalerhöhung. Zulässig ist, dass die Satzung **mehrere genehmigte Kapitalia** mit unterschiedlichen Ausgestaltungsformen nebeneinander vorsieht, soweit die **Höchstgrenzen des § 202 Abs. 3 AktG** insgesamt nicht überschritten werden. Auch kann das genehmigte Kapital in mehreren Tranchen ausgeübt werden.

C.12.3.5.2 Genehmigtes Kapital mit Bezugsrechtsausschluss

Nach § 203 Abs. 1 und Abs. 2 AktG kann auch beim genehmigten Kapital das Bezugsrecht der Aktionäre ganz oder teilweise ausgeschlossen werden. **Zwei Möglichkeiten** bestehen:

- Die **Hauptversammlung** kann **selbst** das Bezugsrecht ausschließen (§§ 203 Abs. 1, 186 AktG).
- Die Hauptversammlung kann den **Vorstand ermächtigen**, bei Ausnutzung des genehmigten Kapitals über den Bezugsrechtsausschluss zu entscheiden (§ 203 Abs. 2 Satz 1 AktG). Will der Vorstand von dieser Ermächtigung Gebrauch machen, bedarf er hierzu der **Zustimmung des Aufsichtsrats** (§ 204 Abs. 1 S. 2, 2. HS AktG).

Für den Bezugsrechtsausschluss gelten die **allgemeinen Voraussetzungen.** Der Bezugsrechtsausschluss muss **sachlich gerechtfertigt und verhältnismäßig** sein. Diese Voraussetzungen müssen aber nicht schon zum Zeipunkt des Ermächtigungsbeschlusses vorliegen. Nach der „**Siemens/Nold-Entscheidung**" des BGH (BGHZ 133, 136) genügt es, dass die Maßnahme, zu deren Durchführung der Vorstand ermächtigt werden soll, **im wohlverstandenen Interesse der Gesellschaft** liegt und der Hauptversammlung allgemein und in abstrakter Form bekannt gegeben wird. Sowohl beim direkten Bezugsrechtsausschluss als auch bei der Ermächtigung zum Bezugsrechtsausschluss hat dann der Vorstand in eigener Verantwortung zu prüfen, ob aus unternehmerischer Sicht der Ausschluss des Bezugsrechts der Aktionäre im Interesse der Gesellschaft liegt, sachlich gerechtfertigt ist und die zu Grunde liegenden konkreten Tatsachen der abstrakten Umschreibung des Vorhabens entsprechen. Nur wenn dies der Fall ist, darf der Vorstand das Vorhaben durchführen bzw. von der Ermächtigung zum Bezugsrechtsausschluss Gebrauch machen; andernfalls muss er das geplante Vorhaben insgesamt unterlassen bzw. das genehmigte Kapital nur unter Wahrung des Bezugsrechts ausüben.

In der „Siemens/Nold-Entscheidung" hat der BGH weiter ausgeführt, dass die Einhaltung dieser Bindungen nach § 204 AktG der **Kontrolle des Aufsichtsrats** unterliegt und dass der Vorstand **der Hauptversammlung** über die Einzelheiten seines Vorgehens bei der Ausübung der Ermächtigung zum Bezugsrechtsausschluss **im Nachhinein Bericht erstatten muss.**

In den Entscheidungen „**Mangusta/Commerzbank I und II**" vom Oktober 2005 hat der BGH diese Rspr. fortgeführt. Danach ist der Vorstand nicht verpflichtet, die Aktionäre im Rahmen einer Vorabberichterstattungspflicht über die beabsichtigte Ausnutzung des genehmigten Kapitals zu informieren (BGHZ 164, 241 und BGH ZIP 2005, 2207). Statthaft ist aber eine **nachträgliche gerichtliche Überprüfung des Vorgehens von Vorstand und Aufsichtsrat** in Gestalt einer **vorbeugenden Unterlassungsklage** und nach Eintragung des genehmigten Kapitals im Handelsregister in Form einer **Feststellungsklage**. Der Aktionär darf erwarten, dass aufgrund der (möglichen) Feststellung der Nichtigkeit die Gesellschaft inhaltsgleiche Kapitalmaßnahmen unterlässt. Ein Rückgängigmachen der Kapitalerhöhung nach Eintragung kommt dagegen nicht in Betracht. Die im Handelsregister eingetragene Kapitalerhöhung ist bestandskräftig.

C.12.3.6 Bedingte Kapitalerhöhung

Die **bedingte Kapitalerhöhung** ist in den §§ 192 ff. AktG geregelt. Sie bietet der Gesellschaft die Möglichkeit, Dritten **Umtausch- und Bezugsrechte** einzuräumen, wobei das Ob und Wann der Ausübung dieser Rechte unbestimmt bleibt. Entgegen dem Wortlaut des § 192 Abs. 2 AktG („Soll-Vorschrift") ist die bedingte Kapitalerhöhung nur zu den dort genannten **Zwecken** zulässig, nämlich zur Gewährung von Umtausch- oder Bezugsrechten an die Gläubiger von Wandelschuldverschreibungen i. S. d. § 221 AktG, zur Vorbereitung von Unternehmenszusammenschlüssen sowie zur Gewährung von Bezugsrechten an Arbeitnehmer und Mitglieder der Geschäftsführung (**nicht** Aufsichtsräte, BGH, AG 2004, 265 „Mobilcom"). Lediglich bei solchen Gestaltungen, die einem der im Gesetz genannten Fälle „hinreichend ähnlich" ist, ist eine Analogie anerkannt.

> ➡ **Beispiel C.12.2**
> Zur Bedienung von Optionsanleihen (ausländischer) Tochtergesellschaften, zur Bedienung von Optionsrechten im Zusammenhang mit Aktienemissionen (Huckepack-Emission) oder zur Bedienung reiner Optionsrechte, die ohne jede Anleihe oder Aktie ausgegeben werden, sog. „naked warrants" (str., vgl. OLG Stuttgart ZIP 2002, 1807).

Ein **gesetzliches Bezugsrecht** der Aktionäre auf Aktien aus einer bedingten Kapitalerhöhung gibt es nicht. Stattdessen besteht nach § 221 Abs. 4 AktG grds. ein Bezugsrecht auf die **Ausgabe von Wandelschuldverschreibungen, Gewinnschuldverschreibungen und Genussrechten**. Auch hier kann allerdings das Bezugsrecht nach den allgemeinen Vorschriften ausgeschlossen werden (§ 221 Abs. 4 Satz 2 AktG).

In der Praxis kommt die **bedingte Kapitalerhöhung** regelmäßig im Zusammenhang mit der Ausgabe von **Wandel- und Optionsanleihen** sowie bei der Ausgabe von Aktien im Rahmen von Aktienoptionen bzw. Mitarbeiterbeteiligungsprogrammen in Betracht.

Übersicht

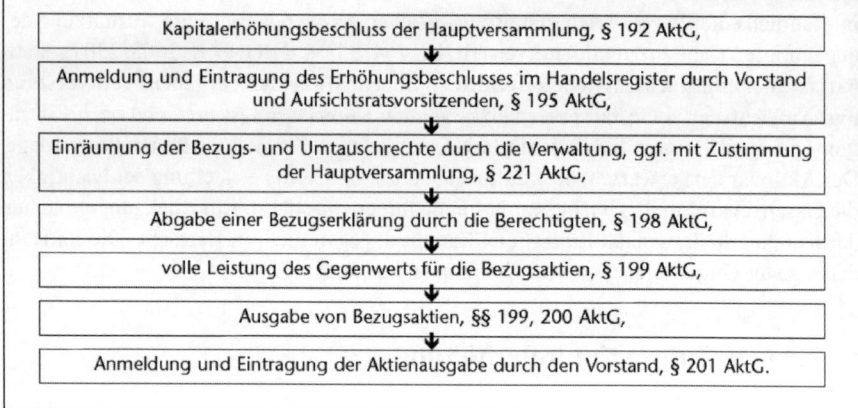

Abbildung C.12.3.6: Kapitalerhöhung durch Schaffung eines bedingten Kapitals

Für die bedingte Kapitalerhöhung gilt ähnlich wie im Falle des genehmigten Kapitals, dass das bedingte Kapital **höchstens 50 % des Grundkapitals** betragen darf. Im Falle des § 192 Abs. 2 Ziff. 3 AktG beträgt die Höchstgrenze 10 % (§ 192 Abs. 3 Satz 1 AktG). Maßgeblich ist das im **Zeitpunkt der Beschlussfassung** über die Kapitalerhöhung bestehende und im Handelsregister eingetragene Grundkapital. Hier besteht ein **Unterschied** zum genehmigten Kapital. Dort wird maßgeblich auf den Zeitpunkt der Eintragung des genehmigten Kapitals im Handelsregister abgestellt.

Bei der bedingten Kapitalerhöhung handelt es sich um eine **Satzungsänderung**. Notwendig ist ein Beschluss der Hauptversammlung mit einer **Mehrheit von ¾** des bei der Beschlussfassung vertretenen Grundkapitals (§ 193 Abs. 1 Satz 1 AktG). Die Satzung kann eine größere Kapitalmehrheit und weitere Erfordernisse bestimmen (§ 193 Abs. 1 Satz 2 AktG). Der Beschluss ist **notariell zu beurkunden.**

Inhaltlich muss der Kapitalerhöhungsbeschluss neben den allgemeinen Vorgaben nach § 193 Abs. 2 AktG **Angaben über den Zweck** der bedingten Kapitalerhöhung, den **Kreis der Bezugsberechtigten**, den **Ausgabebetrag** der neuen Aktien oder **Grundlagen seiner Berechnung** sowie im Falle des § 192 Abs. 2 Ziff. 3 AktG auch Angaben über die Aufteilung der Bezugsrechte auf Mitglieder der Geschäftsführung und Arbeitnehmer, Erfolgsziele, Erwerbs- und Ausübungszeiträume und Wartezeiten für die erstmalige Ausübung enthalten.

Mit dem **ARUG** wurde § 193 Abs. 2 Nr. 3 AktG dahingehend geändert, dass künftig bei Wandelschuldverschreibungen im Beschluss über das bedingte Kapital oder in der Ermächtigung nach § 221 AktG **nur der Mindestausgabebetrag** der neuen Aktien anzugeben ist.

Mit Ausgabe der Bezugsaktien erhöht sich das das Grundkapital beim bedingten Kapital automatisch nach § 200 AktG. Der Satzungswortlaut wird damit unrichtig. Zulässig und empfehlenswert ist deshalb, im Rahmen des Beschlusses über die bedingte Kapitalerhöhung zugleich den Aufsichtsrat zu einer Fassungsänderung der Satzung nach § 179 Abs. 1 Satz 2 AktG zu ermächtigen.

Schließlich kann eine bedingte Kapitalerhöhung nach § 194 AktG auch **mittels Sacheinlagen** erfolgen. Von Bedeutung ist dies namentlich, wenn die bedingte Kapitalerhöhung zur Vorbereitung von Unternehmenszusammenschlüssen dient. Nach dem **ARUG** ist auch eine **erleichterte Sachkapitalerhöhung** beim bedingten Kapital möglich (§ 194 Abs. 5 AktG-E). Ebenso Anwendung finden nach § 194 Abs. 2 AktG n. F. die neuen Vorschriften über die **Anrechnung einer verdeckten Sacheinlage** und das **ordnungsgemäße Hin- und Herzahlen** (§ 27 Abs. 3 und Abs. 4 AktG n. F.).

Der **Beschluss** über die bedingte Kapitalerhöhung ist gemäß § 195 AktG vom Vorstand und Aufsichtsratsvorsitzenden zur Eintragung in das **Handelsregister anzumelden**. Das **Bezugsrecht** auf die neuen Aktien wird **durch die Erklärung der Berechtigten ausgeübt** (§ 198 Abs. 1 Satz 1 AktG). Es gilt das Schriftformerfordernis des § 126 BGB. Werden daraufhin die **neuen Aktien ausgegeben**, wird damit die Kapitalerhöhung gemäß § 200 AktG **wirksam**. Der Vorstand hat innerhalb eines Monats nach Ablauf des Geschäftsjahres zur Eintragung in das Handelsregister anzumelden, in welchem Umfang im abgelaufenen Geschäftsjahr Bezugsaktien ausgegeben worden sind (§ 201 Abs. 1 AktG).

C.12.3.7 Kapitalerhöhung aus Gesellschaftsmitteln

C.12.3.7.1 Übersicht

| Ausweis umwandelbarer Kapitalrücklagen bzw. Gewinnrücklagen in einer Bilanz, §§ 207 Abs. 1 und 3, 208 AktG |
| Alternativ: Zuführung zu diesen Rücklagen im letzten Beschluss über die Verwendung des Jahresüberschusses pder des Bilanzgewinns, § 208 Abs. 1 AktG |
| Feststellung und Prüfung des Jahresabschlusses für das letzte vor der Beschlussfassung abgelaufene Geschäftsjahr, wenn die letzte Jahresbilanz zugrunde gelegt wird; Beachtung der Acht-Monats-Frist, § 209 Abs. 1 AktG |
| Alternativ Aufstellung und Prüfung einer Zwischenbilanz, § 209 Abs. 2 und 3 AktG; Beachtung der Acht-Monats-Frist, § 209 Abs. 2 Satz 2 AktG |
| Beschluss der Hauptversammlung und Ausübung des Wahlrechts über die Art der Erhöhung, § 207 Abs. 2 Satz 2 AktG |
| Anmeldung und Eintragung der Kapitalerhöhung ins Handelsregister durch Vorstand und Aufsichtsrat, §§ 207 Abs. 2 Satz 1, 182 Abs. 1, 184 Abs. 1 AktG |
| Eintragung der Kapitalerhöhung, § 211 AktG, Ausgabe der neuen Aktien und Aufforderung an die Aktionäre, § 214 AktG |

Abbildung C.12.3.7.1: Kapitalerhöhung aus Gesellschaftsmitteln

C.12.3.7.2 Inhalt

Bei der Kapitalerhöhung aus Gesellschaftsmitteln nach den §§ 207 ff. AktG wird das Grundkapital der Gesellschaft dadurch erhöht, dass **Beträge aus den Kapital- und Ge-**

winnrücklagen oder Zuführungen zu diesen Rücklagen aus dem letzten Beschluss über die Verwendung des Jahresüberschusses oderdes Bilanzgewinns in das Grundkapital eingestellt werden. Neues Kapital wird nicht zugeführt. Notwendig ist ein satzungsändernder Beschluss der Hauptversammlung. Es gelten die Vorschriften über eine reguläre Kapitalerhöhung (§§ 207 Abs. 2 Satz 1, 182 Abs. 1 AktG). Der Beschluss ist **notariell zu beurkunden**. Die neuen Aktien stehen (zwingend) den Aktionären im Verhältnis ihrer Anteile am bisherigen Grundkapital zu (§ 212 AktG). Die AG nimmt mit eigenen Anteilen an der Kapitalerhöhung teil (§ 215 Abs. 1 AktG). **Sonderbeschlüsse** der Aktionäre verschiedener Aktiengattungen sind **nicht erforderlich**, da nach § 216 AktG die Anzahl der Aktien proportional erhöht wird und jeder Aktionär Aktien nur derjenigen Gattung erhält, die er vorher schon besaß. Durchgeführt wird die Kapitalerhöhung aus Gesellschaftsmitteln nach § 207 Abs. 2 AktG grds. durch die **Ausgabe neuer Aktien**. Gesellschaften mit **Stückaktien** können das Grundkapital auch ohne Ausgabe neuer Aktien erhöhen, § 207 Abs. 2 Satz 2 AktG. Für Nennbetragsaktien besteht eine Ausnahme bei der Euro-Umstellung (§ 4 Abs. 2 und 3 EGAktG). **Besonderheiten** bestehen nach § 215 Abs. 2 AktG für **teileingezahlte Aktien**.

Der **Beschluss** über die Kapitalerhöhung aus Gesellschaftsmitteln muss den **Betrag**, um den das Grundkapital erhöht werden soll, **genau festlegen**. Anzugeben ist, ob die Kapitalerhöhung durch Ausgabe neuer Aktien bzw. Erhöhung des Nennbetrags oder bei Stückaktien etwa durch bloße Erhöhung des Grundkapitals erfolgt.Weiter muss der Beschluss angeben, dass die Kapitalerhöhung **durch Umwandlung von Rücklagen erfolgen** soll und um welche Rücklagen es sich im konkreten Fall handelt. Notwendig ist schließlich die **Angabe der Bilanz**, welche dem Erhöhungsbeschluss zu Grunde liegt. Dies kann die letzte Jahresbilanz sein, soweit diese festgestellt und nicht älter als acht Monate ist (§ 209 Abs. 1 AktG). Anderenfalls muss eine **Zwischenbilanz** aufgestellt werden (§ 209 Abs. 2–6 AktG). Die **Bilanz muss** durch einen Abschlussprüfer (vgl. §§ 316, 319 HGB) **geprüft sein**.

? **Übung C.12.1**

Eine AG mit 10 Mitarbeitern, einem Umsatz von ca. 2 Mio. € und einer Bilanzsumme von 1,2 Mio. € mit ausreichenden Rücklagen in der Jahresbilanz möchte eine Kapitalerhöhung aus Gesellschaftsmitteln durchführen. Worauf ist hier besonders zu achten?

Voraussetzung für die Kapitalerhöhung aus Gesellschaftsmitteln ist, dass eine **ausreichende Kapitalrücklage oder Gewinnrücklage** vorhanden ist, die gemäß der §§ 208 f. AktG in einer Bilanz enthalten sind. Nach § 208 Abs. 1 AktG kann jedoch auch der **Jahresüberschuss** und der **Bilanzgewinn** des letzten Geschäftsjahres verwandt werden, sofern dort Zuführungen zu diesen Rücklagen ausgewiesen werden.

Die Kapitalerhöhung aus Gesellschaftsmitteln ist nach § 210 Abs. 1 AktG zur **Eintragung in das Handelsregister** anzumelden. Anmeldepflichtig ist nach § 207 Abs. 2 Satz 1 AktG der **Vorstand zusammen mit dem Aufsichtsratsvorsitzenden**, § 184 Abs. 1 Satz 1 AktG. **Mit Eintragung ist das Kapitalerhöhung wirksam** (§ 211 AktG). Die Aktionäre sind nach § 214 AktG aufzufordern, die neuen Aktien abzuholen. Nicht abgeholte Aktien können von der Gesellschaft nach Ablauf eines Jahres seit der Bekanntmachung der Aufforderung und dreimaliger Androhung verkauft werden (§ 214 Abs. 1 Satz 4, Abs. 2 und 3 AktG). **Bedingtes Kapital erhöht sich automatisch** im gleichen Verhältnis (§ 218

AktG). Das Handelsregister ist lediglich durch den Vorstand zu berichtigen. Auswirkungen auf ein **genehmigtes Kapital** hat die Kapitalerhöhung aus Gesellschaftsmitteln dagegen **nicht**.

C.12.4 Kapitalherabsetzung

Das AktG kennt **drei Formen der Kapitalherabsetzung**:
- die ordentliche Kapitalherabsetzung nach §§ 222 – 228 AktG,
- die vereinfachte Kapitalherabsetzung nach §§ 229 – 236 AktG und
- die in den §§ 237 – 239 AktG genannte Kapitalherabsetzung durch Einziehung von Aktien.

Ziel der Kapitalherabsetzung ist die **Herabsetzung der Grundkapitalziffer** nach den §§ 6 f. AktG. Mit der Herabsetzung der Grundkapitalziffer kann dann ein eingetretener Jahresfehlbetrag gesenkt, die Entstehung von ausschüttungsfähigen Gewinnen erleichtert bzw. die Liquidation eines Teils des zuvor gebundenen Vermögens ermöglicht werden. Dafür sieht das AktG grds. **vier Durchführungswege** vor:
- bei Nennbetragsaktien durch **Herabsetzung des Nennbetrages** der Aktien nach § 222 Abs. 4 Satz 1 AktG,
- durch **Zusammenlegung von Aktien** nach § 222 Abs. 4 Satz 2 AktG,
- durch die **Einziehung von Aktien** nach § 237 AktG und schließlich
- bei Stückaktien die bloße **Herabsetzung der Grundkapitalziffer**.

C.12.4.1 Ordentliche Kapitalherabsetzung

C.12.4.1.1 Übersicht

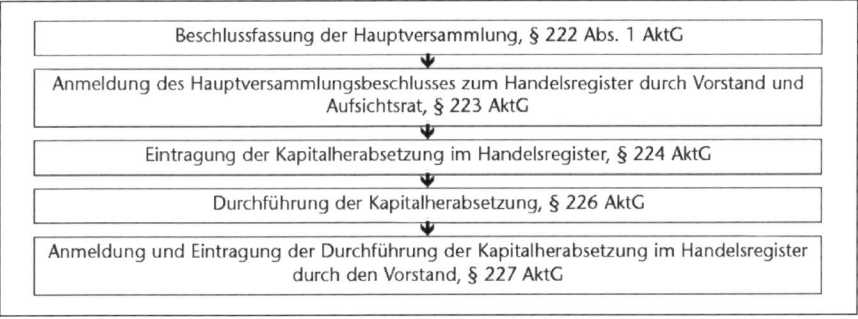

Abbildung C.12.4.1.1: Ordentliche Kapitalherabsetzung

C.12.4.1.2 Inhalt

Die Kapitalherabsetzung ist **Satzungsänderung**. Notwendig ist ein **Beschluss der Hauptversammlung** mit einer Mehrheit von mindestens ¾ des bei der Beschlussfassung vertretenen Grundkapitals. Die Satzung kann eine größere Kapitalmehrheit und weitere Erfordernisse bestimmen (§ 222 Abs. 1 AktG). Der Beschluss ist **notariell zu beurkunden**. Nach § 222 Abs. 4 AktG sind ggf. **Sonderbeschlüsse** nötig. **Inhaltlich** muss der

Kapitalherabsetzungsbeschluss zwingend die Höhe des **Herabsetzungsbetrages**, den **Zweck** der Kapitalherabsetzung und die **Art der Durchführung** angeben (§ 222 Abs. 3 und Abs. 4 AktG). Stattdessen kann lediglich ein **Höchstbetrag** angegeben werden. Der Verwaltung darf dabei jedoch **kein eigenes Ermessen** eingeräumt werden. Ein solcher Beschluss muss von daher ein **zeitliches Limit** haben. Unter den Voraussetzungen des § 228 Abs. 1 AktG darf der Kapitalherabsetzungsbeschluss auch das Mindestnennkapital des § 7 AktG unterschreiten, soweit gleichzeitig (in derselben Hauptversammlung) dieser Mindestnennbetrag durch eine Barkapitalerhöhung wieder erreicht wird.

Bei der **Art der Kapitalherabsetzung** nach § 222 Abs. 4 Satz 3 AktG ist anzugeben, ob das Grundkapital durch Herabsetzung von Nennbeträgen oder (subsidiär) durch Zusammenlegung von Aktien etc. herabgesetzt wird. Der Kapitalherabsetzungsbeschluss bedarf **keinerlei sachlicher Rechtfertigung** mehr (BGH NJW 1998, 2054; OLG Schleswig NZG 2004, 281). Ein Vorstandsbericht analog § 186 Abs. 4 AktG ist nicht erforderlich.

Der Kapitalherabsetzungsbeschluss ist nach § 223 AktG durch den Vorstand und den Aufsichtsratsvorsitzenden zur **Eintragung in das Handelsregister** anzumelden. Mit der **Eintragung des Kapitalherabsetzungsbeschlusses im Handelsregister** ist das Grundkapital nach § 224 AktG herabgesetzt. Eine **Rückwirkung** ist nicht möglich. Die spätere Anmeldung und Eintragung der Durchführung der Kapitalherabsetzung gemäß § 226 AktG hat nur deklaratorische Wirkung. Unter der Durchführung ist die **Anpassung der Summe der Aktiennennbeträge** an das herabgesetzte Grundkapital zu verstehen. Keine Auswirkungen hat die Kapitalherabsetzung auf ein bereits geschaffenes **bedingtes** oder **genehmigtes Kapital**.

§ 225 AktG sieht bei der **regulären Kapitalherabsetzung** einen **Gläubigerschutz** vor. Die Gläubiger haben unter den dortigen Voraussetzungen **Anspruch auf Sicherheitsleistung**, und zwar grds. ohne Rücksicht darauf, ob ein konkretes Sicherungsbedürfnis besteht oder nicht. Erfüllt wird der Anspruch durch Sicherheitsleistung nach §§ 232 ff. BGB.

Die Kapitalherabsetzung kann mit anderen Kapitalmaßnahmen wie insbesondere einer gleichzeitig beschlossenen Kapitalerhöhung verbunden werden (sog. „**Kapitalschnitt**" als wichtige Maßnahme zur Sanierung: mit der Kapitalherabsetzung wird eine Unterbilanz beseitigt; mit der Kapitalerhöhung wird neues Kapital zugeführt).

C.12.4.2 Vereinfachte Kapitalherabsetzung

In der Praxis am häufigsten anzutreffen ist die **vereinfachte Kapitalherabsetzung** gemäß §§ 229 ff. AktG. Der **wesentliche Unterschied** zur ordentlichen Kapitalherabsetzung besteht einmal darin, dass **keine Verpflichtung zur Sicherheitsleistung** nach § 225 AktG besteht (§ 229 Abs. 3 AktG). Zum andern kann der der vereinfachten Kapitalherabsetzung **rückwirkende Wirkung** beigemessen werden (§ 234 AktG). Eine Rückwirkung kann auch für eine gleichzeitig mit der Kapitalherabsetzung beschlossene Kapitalerhöhung vereinbart werden (§ 235 AktG).

C. 12.4.2.1 Übersicht

Die vereinfachte Kapitalherabsetzung ist nur zu den **in § 229 Abs. 1 AktG genannten Zwecken statthaft** (Ausgleich von Wertminderungen und zur Deckung sonstiger Verluste sowie zur Einstellung von Beträgen in die Kapitalrücklage). Im Beschluss ist

Auflösung der gesetzlichen Rücklagen, Kapitalrücklagen, Gewinnrücklagen und Gewinnvorträge, § 229 Abs. 2 AktG
↓
Beschlussfassung der Hauptversammlung, §§ 229 Abs. 1 und 3 AktG sowie ggf. notwendige Sonderbeschlüsse, §§ 229 Abs. 3, 222 Abs. 2 AktG
↓
Anmeldung des Beschlusses zum Handelsregister durch Vorstand und Aufsichtsrat, §§ 229 Abs. 3, 223 AktG
↓
Eintragung der vereinfachten Kapitalherabsetzung im Handelsregister, §§ 229 Abs. 3, 224 AktG

Abbildung C.12.4.2.1: vereinfachte Kapitalherabsetzung

festzusetzen, dass die Herabsetzung zu diesen Zwecken stattfindet (§ 229 Abs. 1 Satz 2 AktG); ausdrücklich anzugeben ist, dass eine „vereinfachte Kapitalherabsetzung" angestrebt wird.

Voraussetzung der vereinfachten Kapitalherabsetzung ist nach § 229 Abs. 2 AktG, dass zunächst **vorhandene Rücklagen aufgelöst** werden. Für den Hauptversammlungsbeschluss über die vereinfachte Kapitalherabsetzung gelten die **Vorschriften über die ordentliche Kapitalherabsetzung** entsprechend (§ 229 Abs. 3 AktG). Ggf. sind **Sonderbeschlüsse** erforderlich. Auch die weitere Abwicklung der vereinfachten Kapitalherabsetzung geschieht nach denselben Regeln wie die ordentliche Kapitalherabsetzung.

Für die Praxis von Bedeutung ist die Frage der **Rückbeziehung der Kapitalerhöhung** sowie ggf. einer gleichzeitig beschlossenen Kapitalerhöhung (§§ 234, 235 AktG). Eine solche rückwirkende Kapitalherabsetzung mit gleichzeitiger Erhöhung des Grundkapitals erfolgt i. d. R. zum Zwecke der Sanierung von Gesellschaften („**Kapitalschnitt**"). Entscheidend ist hier, dass

- beide Beschlüsse in einer Frist von drei Monaten in das Handelsregister eingetragen werden müssen (§§ 234 Abs. 3 Satz 1 und 235 Abs. 2 Satz 1 AktG),
- bei der gleichzeitig beschlossenen Kapitalerhöhung nach § 235 Abs. 1 Satz 2 und 3 AktG nur Bareinlagen zulässig sind,
- die neuen Aktien gezeichnet und
- die Mindesteinlagen bereits eingezahlt sein müssen.

Dies ist dem Urkundsnotar nachzuweisen (§ 235 Abs. 1 Satz 3 AktG).

Letztlich darf im Falle der Rückbeziehung auch der **Jahresabschluss erst bekannt gemacht** werden, wenn die Eintragung der Kapitalherabsetzung und ggf. der gleichzeitigen Kapitalerhöhung im Handelsregister erfolgt ist (§ 236 AktG).

C.12.4.3 Kapitalherabsetzung durch Einziehung

Von der **ordentlichen bzw. vereinfachten Kapitalherabsetzung** durch Herabsetzung der Aktiennennbeträge bzw. durch Zusammenlegung von Aktien oder durch die bloße Herabsetzung des Grundkapitals bei Stückaktien werden **alle Aktionäre gleichmäßig betroffen**. Demgegenüber führt die **Einziehung von Aktien nach §§ 237 ff. AktG** dazu, dass **einzelne Aktien untergehen** und das Grundkapital sich um den Anteil der eingezogenen Aktien vermindert. Die Einziehung geht daher im Aktienrecht – anders als im GmbH-Recht – **zwingend mit einer Kapitalherabsetzung** einher. Von dem Ausschluss eines säumigen Aktionärs nach § 64 Abs. 3 AktG, der **Kaduzierung**, unterscheidet sich die Einziehung dadurch, dass bei der Kaduzierung der betreffende Aktionär zwar sein Mitgliedschaftsrecht verliert, diese Mitgliedschaft aber im Gegensatz zur Einziehung in ihrem rechtlichen Bestand fortbesteht und nach den Regeln des § 65 AktG zu verwerten ist. Bei der **Kraftloserklärung** von Aktienurkunden nach den §§ 72, 73, 226 AktG kommt es demgegenüber nur zur Wirkungslosigkeit der betreffenden Aktienurkunden. Das Mitgliedschaftsrecht selbst bleibt davon unberührt. Der betroffene Aktionär bleibt weiterhin Gesellschafter.

Bei der Einziehung unterscheidet das Gesetz die **Zwangseinziehung** und die **Einziehung eigener Aktien**. Für beide Arten bestehen zwei Verfahren, nämlich die **ordentliche Einziehung** sowie die **vereinfachte Einziehung**. Der Unterschied besteht darin, dass beim vereinfachten Verfahren anders als bei der ordentlichen Einziehung die Vorschriften über die ordentliche Kapitalherabsetzung nicht beachtet werden müssen (§ 237 Abs. 3 AktG).Weitere Unterschiede bestehen nicht.

C.12.4.3.1 Übersicht

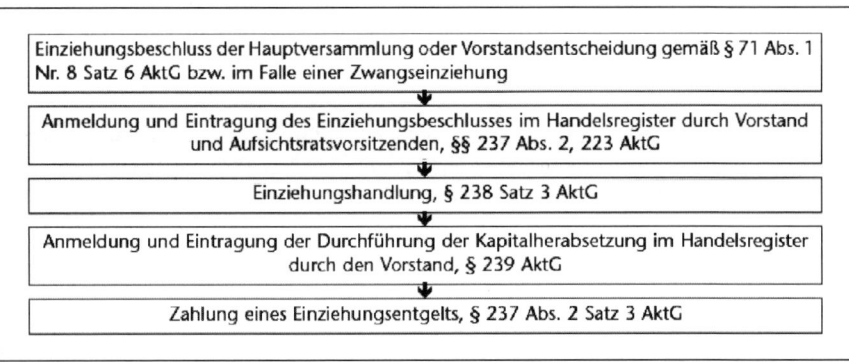

Abbildung C.12.4.3.1: Kapitalherabsetzung durch Einziehung

Die Zwangseinziehung muss **in der Satzung zugelassen** sein, bevor die betreffenden Aktien erworben wurden (§ 237 Abs. 1 Satz 2 AktG). Später kann die Zwangseinziehung durch Satzungsänderung **mit Zustimmung sämtlicher betroffener Aktionäre** zugelassen werden. Dabei kann die Satzung entweder selbst die Einziehung der Aktien unter bestimmten Voraussetzungen Aktien anordnen (**angeordnete Zwangseinziehung**). Die Satzung kann sich aber auch darauf beschränken, eine Zwangseinziehung nur zu gestatten, ohne im Einzelnen das Verfahren anzuordnen (**gestattete Zwangseinziehung**). Unter welchen Voraussetzungen die Satzung die Zwangseinziehung anordnet, ist gesetzlich nicht bestimmt. Die Satzung ist daher frei. Es gilt jedoch das Gleichbehandlungsgebot des § 53a AktG.

Beispiel C.12.3

Die Zwangseinziehung kann angeordnet werden, wenn bei vinkulierten Namensaktien die notwendige Zustimmung zur Übertragung verweigert wird, oder wenn Zwangsvollstreckungsmaßnahmen gegen einzelne Aktionäre durchgeführt werden.

Liegen die Voraussetzungen einer angeordneten Zwangseinziehung vor, bedarf es eines **Beschlusses der Hauptversammlung nicht** (§ 237 Abs. 6 Satz 1 AktG). Es entscheidet der Vorstand (§ 237 Abs. 6 Satz 2 AktG). Ist die Zwangseinziehung lediglich gestattet, trifft die Entscheidung die Hauptversammlung. Die Zwangseinziehung ist nur zulässig, wenn sie im Interesse der Gesellschaft **sachlich gerechtfertigt** ist.

Im AktG nicht geregelt ist die Frage, ob und in welcher Höhe die AG dem betroffenen Aktionär ein **Einziehungsentgelt** schuldet. Bei **angeordneter Zwangseinziehung** sind Fragen des Einziehungsentgelts zwingend in der Satzung zu regeln. Bei **gestatteter Zwangseinziehung** ist eine Satzungsregelung möglich. Grundsätzlich ist eine Abfindung nach dem wahren Wert der Beteiligung geschuldet. Die Satzung kann aber davon abweichen. Umstritten ist, ob der gänzliche Ausschluss eines Entgelts für die Einziehung zulässig ist.

Ohne Einschränkung zulässig ist die **Einziehung eigener Aktien** (§ 237 Abs. 1 Satz 1 AktG). Eine Ermächtigung in der Satzung ist nicht erforderlich, jedoch kann die Satzung die Einziehung eigener Aktien beschränken (§§ 237 Abs. 2 Satz 1, 222 Abs. 1 Satz 2 AktG), nicht aber ausschließen. Notwendig ist stets ein Beschluss der Hauptversammlung.

Das **ordentliche Einziehungsverfahren** bestimmt sich nach § 237 Abs. 2 Satz 1 AktG im Wesentlichen nach den Vorschriften der ordentlichen Kapitalherabsetzung. Notwendig ist ein Beschluss der Hauptversammlung, soweit es nicht um eine angeordnete Zwangseinziehung geht (§ 237 Abs. 6 Satz 1 AktG). **Inhaltlich** muss der Beschluss angeben, dass eine Kapitalherabsetzung durch Einziehung von Aktien erfolgt. Weiter ist anzugeben, welche Aktien eingezogen werden sollen, ob und welches Einziehungsentgelt gezahlt wird und welchem Zweck die Kapitalherabsetzung durch Einziehung dient. Schließlich muss der **Hauptversammlungsbeschluss** auch die **weiteren Voraussetzungen** der Zwangseinziehung und die Einzelheiten ihrer Durchführung festsetzen, sofern dies nicht bereits in der Satzung geschehen ist, § 237 Abs. 2 Satz 2 AktG. Gibt die Satzung nichts vor, muss der Hauptversammlungsbeschluss ergänzend alles regeln, was bei einer angeordneten Zwangseinziehung bereits in der Satzungsbestimmung enthalten sein muss. Die Anmeldung der Kapitalherabsetzung durch **Einziehung zum Handelsregister** erfolgt gemäß §§ 237 Abs. 2 Satz 1, 223 AktG durch Vorstand und Aufsichtsratsvorsitzenden. Im Übrigen gelten auch hier die Gläubigerschutzvorschriften des § 225 AktG (§ 237 Abs. 2 Satz 1 AktG).

§ 237 Abs. 3 AktG gestattet ein sog. **vereinfachtes Einziehungsverfahren**. Voraussetzung hierfür ist, dass die Aktien, die eingezogen werden sollen, voll eingezahlt sind. Alternativ muss hinzukommen, dass diese Aktien der Gesellschaft unentgeltlich zur Verfügung gestellt sind, zulasten des Bilanzgewinns oder einer anderen Gewinnrücklage eingezogen werden können oder es sich um **Stückaktien** handelt und der Beschluss der Hauptversammlung bestimmt, dass sich durch die Einziehung der Anteil der übrigen

Aktien am Grundkapital nach § 8 Abs. 3 AktG erhöht. Im letztgenannten Fall handelt es sich eigentlich nicht um eine Kapitalherabsetzung, weil eine Verringerung des Grundkapitals nicht zwingend mit einhergehen muss. Möglich ist jedoch eine **Verringerung des Grundkapitals**, so dass der Hauptversammlungsbeschluss ausdrücklich angeben muss, ob bei Einziehung von Stückaktien eine Kapitalherabsetzung erfolgt oder ob lediglich der anteilige Betrag am Grundkapital angepasst werden soll.

Auch im **vereinfachten Einziehungsverfahren** muss die Kapitalherabsetzung grds. von der **Hauptversammlung** beschlossen werden (§ 237 Abs. 4 Satz 1 AktG). Es genügt die **einfache Stimmenmehrheit** (§ 237 Abs. 4 Satz 2 AktG), soweit nicht die Satzung eine größere Mehrheit und weitere Erfordernisse bestimmt (§ 237 Abs. 4 Satz 3 AktG). Nach § 237 Abs. 6 AktG entscheidet bei einer angeordneten Zwangseinziehung anstelle der Hauptversammlung der **Vorstand**. Gleiches gilt für die Einziehung eigener Aktien, die gemäß § 71 Abs. 1 Ziff. 8 Satz 6 AktG erworben wurden, soweit der Vorstand entsprechend ermächtigt wurde. **Sonderbeschlüsse** entsprechend § 222 Abs. 2 AktG sind nicht erforderlich, weil § 237 Abs. 4 AktG eine abschließende Regelung enthält. Notwendig sein kann ein Sonderbeschluss im Anwendungsbereich des § 179 Abs. 3 AktG. Im Übrigen muss der Hauptversammlungsbeschluss auch beim vereinfachten Einziehungsverfahren den **Zweck der Kapitalherabsetzung** benennen (§ 237 Abs. 4 Satz 4 AktG). Ebenso muss der Beschluss erkennen lassen, dass die Kapitalherabsetzung durch Einziehung von Aktien in vereinfachter Form erfolgt.

Auch bei der vereinfachten Einziehung muss der **Beschluss vom Vorstand und vom Aufsichtsratsvorsitzenden zur Eintragung in das Handelsregister angemeldet** werden. Eine Anmeldung und Eintragung im Handelsregister ist dagegen bei der angeordneten Zwangseinziehung, über die der Vorstand nach § 237 Abs. 6 AktG entscheidet, im Hinblick auf § 238 Satz 2 AktG nicht erforderlich. In diesem Fall beginnt die Sperrfrist des § 225 Abs. 2 AktG erst mit der Bekanntmachung der Durchführung der Kapitalherabsetzung. Gleiches gilt im Falle des § 71 Abs. 1 Ziff. 8 Satz 6 AktG.

Nach § 238 Satz 3 AktG bedarf die Kapitalherabsetzung durch Einziehung schließlich einer **Einziehungshandlung** durch die Gesellschaft, die auf Vernichtung der Rechte aus den einzuziehenden Aktien gerichtet ist. Erst mit **Eintragung des Einziehungsbeschlusses** und **Vornahme der Einziehungshandlung** wird die Kapitalherabsetzung nach § 238 Satz 1 AktG **wirksam**. Soweit der Vorstand über die Einziehung nach § 237 Abs. 6 AktG bzw. nach § 71 Abs. 1 Ziff. 8 Satz 6 AktG entscheidet, kommt es für die Wirksamkeit der Kapitalherabsetzung auf die Einziehungshandlung an (§ 238 Satz 2 AktG). Schließlich ist die Durchführung der Herabsetzung des Grundkapitals durch Einziehung zur Eintragung in das Handelsregister anzumelden (§ 239 Abs. 1 AktG). **Durchgeführt ist die Kapitalherabsetzung**, wenn sie wirksam geworden ist, also im **Handelsregister eintragen** und die **Einziehungshandlung vorgenommen** ist. Zu beachten ist, dass die Anmeldung der Durchführung allein vom Vorstand der Gesellschaft, also ohne Mitwirkung des Aufsichtsratsvorsitzenden zu bewirken ist. Wird die Anmeldung des Kapitalherabsetzungsbeschlusses mit der Anmeldung der Durchführung verbunden, bleibt es jedoch dabei, dass hier der Vorstand an die Mitwirkung des Aufsichtsratsvorsitzenden gebunden ist.

C.12.5 Strukturmaßnahmen

C.12.5.1 „Holzmüller-Beschlüsse"

Seit der Holzmüller-Entscheidung des BGH (BGHZ 83, 122) ist anerkannt, dass außerhalb des § 119 Abs. 1 und Abs. 2 AktG bestimmte Maßnahmen der Geschäftsführung der **gesonderten Zustimmung der Hauptversammlung bedürfen (die Eintragung im Handelsregister ist dagegen nicht erforderlich)**, wenn diese mit einem **wesentlichen Eingriff** in die Mitgliedsrechte und in die Vermögensinteressen der Aktionäre verbunden sind. Entsprechend der Holzmüller-Entscheidung gilt dieses Zustimmungserfordernis regelmäßig bei der Ausgliederung wesentlicher Unternehmensbereiche.

Im Holzmüller-Fall ging es um die **Ausgliederung von etwa 80 % des Gesellschaftsvermögens auf ein Tochterunternehmen**. Als weitere Fälle einer außerordentlichen Zustimmung der Hauptversammlung kommen das **sog. „Delisting"**, also der ganz oder teilweise Rückzug einer AG von der Börse, in Betracht oder etwa sonstige Fälle einer „faktischen Satzungsänderung", in denen der Vorstand dauerhaft den satzungsmäßigen Unternehmensgegenstand über- oder unterschreitet. Auch **wesentliche Strukturentscheidungen in einer Tochtergesellschaft** können darunter fallen, insbesondere wenn sie Haftungsrisiken bei der Muttergesellschaft begründen (z. B. Abschluss eines Beherrschungs- und Gewinnabführungsvertrages zwischen der Tochter und einem Dritten bei einer durchgängigen Haftungskette nach § 302 AktG).

Zweifelhaft ist die Anwendung der Holzmüller-Doktrin dagegen, wenn es um den **Erwerb von Vermögensgegenständen**, insb. Unternehmensbeteiligungen geht, oder wenn bedeutende Geschäftsführungsmaßnahmen bei einer Tochtergesellschaft im Raum stehen, insb. ein bevorstehender Börsengang. Nach einer Ansicht stellt der bloße Beteiligungserwerb noch keinen „Holzmüller-Fall" dar, sondern unterfällt namentlich bei Bestehen einer Konzernklausel noch der normalen vorstandsautonomen Geschäftsführungstätigkeit (OLG Frankfurt, AG 2008, 862, 864). Die Gegenansicht stellt darauf ab, dass auch dem Beteiligungserwerb stets ein **Mediatisierungseffekt** innewohne und aus Sicht der Aktionäre weiter die Gefahr einer Vermögensverschiebung drohe, so dass bei Erreichen bestimmter quantitativer Grenzen eine Zustimmung der Hauptversammlung nach den Holzmüller-Grundsätzen erforderlich ist (Emmerich/Habersack, Aktien- und GmbH-Konzernrecht, vor § 311 Rn. 34 und 42). Die **Veräußerung von Vermögensgegenständen und Beteiligungen** stellt nach Ansicht des BGH keinen Holzmüller-Fall dar (BGH, ZIP 2007, 24; OLG Hamm, AG 2008, 421, 422). Mit einer Veräußerung kommt es zu keinem Mediatisierungseffekt. Die AG kann über den Veräußerungserlös verfügen. Ein Holzmüller-Fall liegt dagegen vor, wenn eine **100 %-ige Tochtergesellschaft** in eine andere Tochtergesellschaft eingegliedert wird. Hierdurch wird eine weitere **hierarchische Ebene** eingeführt, die den Einfluss der Aktionäre auf die nunmehr zur Enkelgesellschaft gewordenen Tochtergesellschaft weiter schmälert (BGHZ 159, 30).

In einer späteren Entscheidung hat der BGH seine Rspr. präzisiert („**Gelatine**" BGHZ 159, 30). Nach Ansicht des BGH sind solche ungeschriebenen Mitwirkungsbefugnisse der Hauptversammlung bei Maßnahmen, die das Gesetz dem Vorstand als Leitungsaufgabe zuweist, nur ausnahmsweise und in engen Grenzen anzuerkennen. Dies ist nach Ansicht des BGH dann der Fall, wenn die wirtschaftliche Bedeutung der Maßnahme in etwa die Ausmaße wie im Holzmüller-Fall erreicht. Weiter entschied der BGH, dass

„Holzmüller-Beschlüsse" einer ¾-**Kapitalmehrheit** bedürfen. Der Beschluss ist **notariell zu beurkunden**. Str. ist, ob analog § 186 Abs. 4 AktG ein Bericht des Vorstandes an die Hauptversammlung erforderlich ist und ob etwaige Verträge auszulegen sind (BGHZ ZIP 2003, 387, 391; BGHZ 146, 288, 295).

Wird hiernach die erforderliche Zustimmung der Hauptversammlung nicht eingeholt, beeinträchtigt dies nach außen hin nicht die Wirksamkeit der Maßnahme. Allerdings hat jeder Aktionär einen eigenen **Abwehr- und Beseitigungsanspruch,** wenn der Vorstand die Zuständigkeit der Hauptversammlung missachtet. Diese Ansprüche können aber nur in den durch die gesellschaftsrechtliche Treuepflicht und das Rücksichtnahmegebot gesetzten Grenzen ausgeübt werden.

> **!** Geschäftsführungsmaßnahmen bedürfen nur ausnahmsweise der Zustimmung der Hauptversammlung, nämlich dann, wenn sie als Strukturmaßnahmen mit einem wesentlichen Eingriff in die Mitgliedschaftsrecht und Vermögensinteressen der Aktionäre einhergehen.

> **?** **Übung C.12.2**
> Was bedeutet die vom BGH geforderte ¾-Kapitalmehrheit für den Hauptversammlungsbeschluss?

C.12.5.2 „Delisting"

Zieht sich eine AG ganz oder teilweise von der Börse zurück, wird dieser Vorgang allgemein mit dem Begriff „**Delisting**" bzw. „**Going Private**" umschrieben.

Zur Durchführung des „Going Private" bestehen **verschiedene Möglichkeiten**, das **sog. „reguläre Delisting"**, nämlich der Widerruf der Börsenzulassung nach dem BörsenG, und das **sog. „kalte Delisting"**, also

- Verschmelzung der börsennotierten AG auf eine nicht börsennotierte Erwerbergesellschaft (z. B. GmbH),
- Umwandlung der börsennotierten AG in eine Gesellschaft nicht börsenfähiger Rechtsform (z. B. GmbH, OHG, KG),
- Eingliederung in eine andere Gesellschaft und
- Verkauf sämtlicher Einzelwirtschaftsgüter und Auflösung der AG.

Beim regulären „Delisting" geht es **gesellschaftsrechtlich** um die Frage, wer für das „Delisting" innerhalb der AG zuständig, ob insb. ein Zustimmungserfordernis der Hauptversammlung und wenn ja mit welcher Mehrheit gegeben ist. Weiter geht es dabei um die Frage, ob flankierende Schutzmaßnahmen für die Minderheitsaktionäre in Form eines Barabfindungsgebots geboten sind.

Auf **kapitalmarktrechtlicher Ebene** wird lediglich ein Antrag auf Widerruf der Börsenzulassung vorausgesetzt. Daraufhin wird ein verwaltungsrechtliches Widerrufsverfahren bei der jeweils zuständigen Börsenzulassungsstelle eingeleitet. Grundlage der Widerrufsentscheidung ist § 38 Abs. 4 Satz 1 BörsenG, ergänzt durch die jeweilige Bestimmung in der anwendbaren Börsenordnung. Die Börsen treffen hierbei eine freie Ermessensentscheidung. Eine Koppelung der börsenrechtlichen Voraussetzungen des „Delisting" mit den gesellschaftsrechtlichen Voraussetzungen findet nicht statt.

Nach der „**Macrotron-Entscheidung**" des BGH (BGHZ 153, 47) ist ein **Beschluss der Hauptversammlung notwendig,** für den allerdings die einfache Stimmenmehrheit nach § 133 AktG genügt. Daneben bedarf es eines **Pflichtangebots** der AG oder des Großaktionärs über den Kauf der Aktien der Minderheitsaktionäre. Der Schutz der Minderheit ist dabei nur dann gewährleistet, wenn das Pflichtangebot die Erstattung des vollen Werts des Aktieneigentums gewährleistet und die Minderheitsaktionäre die Möglichkeit haben, die Höhe dieser Abfindung in einem **gerichtlichen Spruchverfahren** überprüfen zu lassen. Ein Vorstandsbericht analog § 186 Abs. 3 AktG ist nicht erforderlich. Desgleichen verneint der BGH eine **sachliche Rechtfertigung**.

C.12.5.3 „Squeeze-Out"

Nach den §§ 327a ff. AktG können **Minderheitsaktionäre** gegen **Barabfindung** aus der Gesellschaft ausgeschlossen werden, wenn dem Hauptaktionär mehr als 95 % der Aktien gehören, sog. „Squeeze-out". Notwendig ist dafür ein **Beschluss der Hauptversammlung**. Die ausgeschlossenen Aktionäre haben Anspruch auf eine angemessene Abfindung (§§ 327a, 327b AktG). Die **Höhe der Abfindung** kann im Rahmen eines Spruchverfahrens gerichtlich überprüft werden (§ 327f. AktG). Für das Spruchverfahren gilt das SpruchG. Den „Squeeze-Out"-Beschluss können die Minderheitsaktionäre danach nicht mit einer Rüge der Höhe der Barabfindung angreifen. **Verfassungsrechtliche Bedenken** gegen die Zulässigkeit des „Squeeze-Out" wegen Art. 14 GG sind unbegründet (BGH ZIP 2006, 2080).

Vergleichbar mit dem „Squeeze-Out" ist die „**übertragende Auflösung**". Davon spricht man, wenn eine AG bei gleichzeitiger Veräußerung aller Vermögensgegenstände an einen einzigen Erwerber aufgelöst wird. Umstritten ist dabei vor allem, ob dafür ein Beschluss der Hauptversammlung mit ¾-Mehrheit genügt oder die 95 %-Grenze wie beim „Squeeze-Out" zu beachten ist und ob zum **Schutz der Minderheitsaktionäre** die Anfechtungsklage Platz greift oder ein Spruchverfahren zulässig ist.

Neben dem aktienrechtlichen Squeeze-Out nach §§ 327a ff. AktG gibt es einen **übernahmerechtlichen Squeeze-Out** nach §§ 39a f. WpÜG, wenn einem Bieter nach einem erfolgreichen Übernahme- oder Pflichtangebot 95 % des Grundkapitals einer börsennotierten Gesellschaft gehören. Die §§ 327a bis 327f. AktG gelten nicht. Eine Beteiligung der Hauptversammlung findet beim übernahmerechtlichen Squeeze-Out nicht statt. Dem Bieter steht es frei, ob er ein aktienrechtliches oder übernahmerechtliches Squeeze-Out-Verfahren betreiben will.

C.12.5.4 Gesamtvermögensveräußerung

Nach § 179a AktG ist eine Zustimmung der Hauptversammlung mit satzungsändernder Mehrheit erforderlich, wenn sich die AG zur Übertragung ihres gesamten Vermögens verpflichtet. Die Vorschrift greift auch dann ein, wenn zwar nicht das gesamte Gesellschaftsvermögen veräußert wird, die verbleibenden Vermögensgegenstände aber nicht mehr ausreichen, um den in der Satzung festgesetzten Unternehmensgegenstand weiter zu verwirklichen. Kann infolge der Übertragung nur ein Teil des bisherigen Unternehmensgegenstandes nicht mehr weiterbetrieben werden, scheidet § 179a AktG aus. Den Vertrag selbst schließt der Vorstand der AG. Wegen § 311b Abs. 3 BGB ist notarielle Beurkundung erforderlich.

Zusammenfassung

Neben dem Gesetz ist die Satzung die wichtigste Rechtsquelle der AG. Demgemäß sind auch Satzungsänderungen von wesentlicher Bedeutung. Zuständig für Satzungsänderungen ist grundsätzlich die Hauptversammlung als oberstes Organ der AG. Nur bei sog. Fassungsänderungen kann die Zuständigkeit auf den Aufsichtsrat delegiert werden (§ 179 Abs. 1 S. 2 AktG). Notwendig ist für eine Satzungsänderung eine doppelte Mehrheit, nämlich einmal die normale Stimmenmehrheit nach § 133 AktG sowie zum andern eine ¾-Kapitalmehrheit, es sei denn, die Satzung sieht eine andere Kapitalmehrheit vor. Satzungsändernde Beschlüsse der Hauptversammlung sind grundsätzlich notariell zu beurkunden. Wirksam wird die Satzungsänderung erst mit Eintragung im Handelsregister. Zuständig für die Anmeldung zum Handelsregister ist der Vorstand. Nur bei Satzungänderungen, die das Grundkapital verändern, ist zusätzlich die Mitwirkung des Aufsichtsratsvorsitzenden erforderlich.

Soll das Grundkapital erhöht werden, geschieht dies entweder durch Bar- oder Sachkapitalerhöhung. Daneben besteht die Möglichkeit der Kapitalerhöhung mittels genehmigten und/oder bedingtem Kapital. Mit dem genehmigten Kapital wird die Zuständigkeit für Kapitalerhöhungen von der Hauptversammlung qua Ermächtigung auf den Vorstand delegiert. Dieser kann dann binnen fünf Jahren entsprechend der Ermächtigung das Kapital maximal jedoch nur um 50% erhöhen (§ 202 AktG). Beim bedingten Kapital kann die Gesellschaft Umtausch- oder Bezugsrechte auf Aktien einräumen. Das Grundkapital wird erhöht und damit die Satzung geändert, wenn die Bezugsaktien ausgegeben werden (§ 200 AktG). Die Handelsregistereintragung des geänderten Grundkapitals erfolgt nachträglich und hat nur deklaratorische Wirkung. Anzumelden und einzutragen ist freilich die Schaffung eines bedingten Kapitals. Im Hinblick auf die Kapitalaufbringung gelten bei der Kapitalerhöhung grundsätzlich dieselben Maßstäbe wie bei der Gründung der AG. Keine Geltung beansprucht allerdings der Grundsatz der wertgleichen Deckung. Es genügt, wenn die Einlage an den Vorstand zur freien Verfügung geleistet wurde. Schuldtilgende Leistungen auf die Einlage können grundsätzlich erst nach Beschlussfassung über die Kapitalerhöhung erbracht werden. Vorausleistungen sind allerdings dann schuldtilgend, wenn sie zum Zeitpunkt des Kapitalerhöhungsbeschlusses noch gegenständlich vorhanden sind oder sie im Zusammenhang mit einer Sanierung der Gesellschaft dringend geboten waren. Zur Sicherung der Beteiligungsquote steht den Altaktionären nach § 186 AktG ein gesetzliches Bezugsrecht zu. Dieses kann nur im Beschluss über die Kapitalerhöhung ausgeschlossen werden. Hierfür sind bestimmte förmliche Voraussetzungen zu beachten. Der Bezugsrechtsausschluss bedarf außerhalb des § 186 Abs. 3 S. 4 AktG einer sachlichen Rechtfertigung. Beim bedingten Kapital gibt es kein Bezugsrecht. Die Altaktionäre haben aber ein Bezugsrecht auf die Umtauschrechte nach § 221 Abs. 4 AktG. Eine Kapitalerhöhung ist auch aus Gesellschaftsmitteln möglich. Dabei wird aber der Gesellschaft kein neues Kapital zugeführt, sondern vorhandene Rücklagen oder Gewinne in Haftungskapital umgewandelt. Bei einer Kapitalerhöhung sind zwingend neue Aktien auszugeben (§ 182 Abs. 1 S. 4 AktG). Eine Ausnahme besteht lediglich bei Stückaktien im Falle einer Kapitalerhöhung aus Gesellschaftsmitteln (§ 207 Abs. 2 S. 2 AktG).

Adolf Reul

Zulässig ist auch eine Satzungsänderung, mit der das Grundkapital herabgesetzt wird. Zu unterscheiden ist die ordentliche und die vereinfachte Kapitalherabsetzung sowie die Kapitalherabsetzung durch Einziehung. Zur Durchführung der Kapitalherabsetzung kommt neben der Einziehung ein Herabsetzung des Nennbetrages von Aktien, die Zusammenlegung von Aktien und bei Stückaktien die bloße Herabsetzung der Grundkapitalziffer in Betracht. Die ordentliche Kapitalherabsetzung unterscheidet sich von der vereinfachten Kapitalherabsetzung dadurch, dass nur bei der ordentlichen Kapitalherabsetzung die Gläubiger eine Sicherheitsleistung fordern können (§§ 225, 229 Abs. 3 AktG). Auch ist dort keine Rückwirkung möglich ((§ 234 AktG). Bei der Einziehung unterscheidet das Gesetz zwischen der Zwangseinziehung und der Einziehung eigener Aktien. Für beide Verfahren gibt es die ordentliche und die vereinfachte Einziehung.

Ähnlich bedeutsam wie Satzungsänderungen sind besondere Geschäftsführungsmaßnahmen, wenn diese mit einem wesentlichen Eingriff in die Mitgliedschaftsrechte und in die Vermögensinteressen der Aktionäre verbunden sind. Als „Holzmüller-Beschlüsse" bedürfen solche Geschäftsführungsmaßnahmen eines Beschlusses der Hauptversammlung, der mit satzungsändernder Mehrheit gefasst werden muss. Gesetzliche Strukturmaßnahmen in diesem Sinn ist v. a. die Gesamtvermögensveräußerung nach § 179a AktG und der sog. Squeeze-Out des Mehrheitsaktionärs nach § 327a ff. AktG. Auch das Delisting rechnet dazu. In den beiden letztgenannten Fällen genügt allerdings ein Hauptversammlungsbeschluss mit einfacher Mehrheit.

Aufgaben zur Selbstprüfung

1. Wer ist für eine Satzungsänderung zuständig?
2. Kann auch der Aufsichtsrat eine Satzungsänderung beschließen?
3. Wann wird eine Satzungsänderung grundsätzlich wirksam?
4. Welche Ausnahme gibt es von diesem Grundsatz?
5. Was ist bei einer Satzungsänderung im Gründungsstadium zu beachten, wenn also die AG selbst noch nicht im Handelsregister eingetragen ist?
6. Ist bei einer Kapitalerhöhung eine bloße Aufstockung der Nennbeträge zulässig?
7. Was ist das Besondere bei einem genehmigten Kapital?
8. Was bedeutet der Grundsatz der wertgleichen Deckung und muss dieser Grundsatz auch bei der Kapitalerhöhung beachtet werden?
9. Können Einlageleistungen auf eine Kapitalerhöhung mit schuldtilgender Wirkung auch schon vor dem Kapitalerhöhungsbeschluss erbracht werden?
10. Was ist ein „Holzmüller-Beschluss?"

Adolf Reul

C.13 Auflösung, Liquidation

Die Beendigung einer AG erfolgt außerhalb eines Insolvenzverfahrens durch Auflösung und Liquidation. Darum geht es im folgenden Kapitel.

Die **Auflösung und Liquidation der AG** ist in den §§ 262 ff. AktG geregelt. **Aktienrechtliche Besonderheiten** bestehen nicht. Mit der **Auflösung** verändert die Gesellschaft ihren Zweck, der nunmehr darauf gerichtet ist, das Gesellschaftsvermögen zu veräußern, alle Verbindlichkeiten zu tilgen und den Überschuss an die Aktionäre auszuschütten.

> **!** Mit der Auflösung ändert die Gesellschaft ihren Zweck dahingehend, das Gesellschaftsvermögen zu veräußern, die Gesellschaftverbindlichkeiten zu tilgen und den Überschuss unter den Aktionären zu verteilen.

Die **Auflösungsgründe** sind in § 262 AktG genannt. Die Auflösung ist zur **Eintragung in das Handelsregister** anzumelden (§ 263 AktG). Zuständig ist dafür grds. der Vorstand. Im Falle der Insolvenz, der Ablehnung der Eröffnung des Insolvenzverfahrens oder der gerichtlichen Feststellung eines Satzungsmangels erfolgt die Eintragung von Amts wegen (§ 263 AktG).

Von der Auflösung der Gesellschaft ist ihre **Beendigung** oder **Vollbeendigung** zu unterscheiden. Gemeint ist damit die „rechtliche" Beendigung i. S. d. Untergangs der juristischen Person. **Str.** sind die **Voraussetzungen für eine Vollbeendigung**: Nach **teilweiser Ansicht der Rspr.** führt schon die **Vermögenslosigkeit** zur Vollbeendigung (§ 262 Abs. 1 Nr. 6 AktG bzw. Vermögenslosigkeit als Abwicklungsfolge). Die **Handelsregistereintragung ist nur deklaratorisch** (BGH, WM 1957, 975; BGHZ 53, 264, 266; BGHZ 94, 105, 108). Nach **a. A.** führt allein die Löschung im Handelsregister zur Vollbeendigung (**konstitutive Eintragung**; MünchKomm-AktG/Hüffer, § 262 85 ff. und 273 Rn. 16). Nach überwiegender Ansicht gilt dagegen die Lehre vom **„Doppeltatbestand."** Danach führen nur Vermögenslosigkeit und Löschung der Gesellschaft im Handelsregister gemeinsam zur Vollbeendigung (BAG, NJW 1988, 2637; BayObLG, NZG 1998, 228; ZIP 2002, 1845; OLG Düsseldorf, AG 2004, 916, 918; OLG Koblenz, ZIP 2007, 2166; OLG Stuttgart, AG 1999, 280, 281).

Stellt sich nach Löschung der Gesellschaft im Handelsregister heraus, dass noch **verteilungsfähiges Vermögen** vorhanden ist, ist grds. eine **Nachtragsliquidation** durchzuführen (§ 273 Abs. 4 AktG). Diese orientiert sich an § 264 Abs. 2 AktG.

Die Gesellschaft bleibt nach ihrer Auflösung **rechts- und parteifähig**. An die Stelle des Vorstandes treten die Abwickler. Die Vorstände sind dabei nach § 265 Abs. 1 AktG **„geborene" Abwickler"**. Die Satzung oder ein Beschluss der Hauptversammlung (nicht der Aufsichtsrat) kann andere Abwickler bestellen (**„gekorene" Abwickler**). Auf Antrag des Aufsichtsrats oder einer Aktionärsminderheit nach § 265 Abs. 3 AktG und bei Vorliegen eines wichtigen Grundes erfolgt die Bestellung und Abberufung der Abwickler durch das Gericht.

Adolf Reul

Keine Bedeutung hat die Auflösung der Gesellschaft **für den Aufsichtsrat**. Dieser bleibt im Amt und behält seine Befugnisse. Gleiches gilt für die **Kompetenzen der Hauptversammlung**. Die Pflicht zur Leistung noch ausstehender Einlagen besteht nur gemäß §§ 268 Abs. 1 Satz 1, 271 Abs. 3 AktG, wenn also die Einlagen zur Befriedigung der Gläubiger oder zum Ausgleich zwischen den Aktionären benötigt werden. Zulässig sind in der Liquidationsphase Satzungsänderungen, insb. auch Kapitalerhöhungen und wohl auch Kapitalherabsetzungen.

Nach § 268 AktG haben die **Abwickler** die laufenden Geschäfte zu beenden, die Forderungen einzuziehen, das Gesellschaftsvermögen zu liquidieren und die Gläubiger zu befriedigen. Hierzu haben sie die Gläubiger der Gesellschaft in den Gesellschaftsblättern aufzufordern, ihre Ansprüche gegen die Gesellschaft anzumelden. Nach dem **ARUG** ist – anders als bisher – ein dreimaliger Gläubigeraufruf nicht mehr erforderlich (§§ 267 S. 2, 272 Abs. 1 AktG n. F.). Zu Beginn der Abwicklung ist eine **Eröffnungsbilanz** aufzustellen (§ 270 AktG). Nach Beendigung der Liquidation ist eine **Schlussrechnung** aufzustellen (§ 273 Abs. 1 AktG). Sind alle Verbindlichkeiten erfüllt ist ein etwaiger **Liquidationsüberschuss** unter den Aktionären **zu verteilen** (§ 271 AktG). Diese Verteilung darf erst nach einem **Sperrjahr**, gerechnet ab dem Zeitpunkt des Gläubigeraufrufs, nach § 272 Abs. 1 AktG erfolgen. Verteilungsmaßstab ist grds. das Verhältnis der Beteiligung am Grundkapital (§ 271 Abs. 2 AktG), soweit in der Satzung nicht Liquidationsvorzugsrechte für bestimmte Aktien begründet wurden.

Nach § 274 Abs. 1 AktG kann die Hauptversammlung die **Fortsetzung der Gesellschaft** beschließen, soweit noch nicht mit der Verteilung des Vermögens unter den Aktionären begonnen wurde. Erforderlich ist eine ¾-Kapitalmehrheit. Der Beschluss ist **notariell zu beurkunden**. Der Fortsetzungsbeschluss ist zur Eintragung in das Handelsregister anzumelden; die Eintragung ist konstitutiv (§ 274 Abs. 4 AktG).

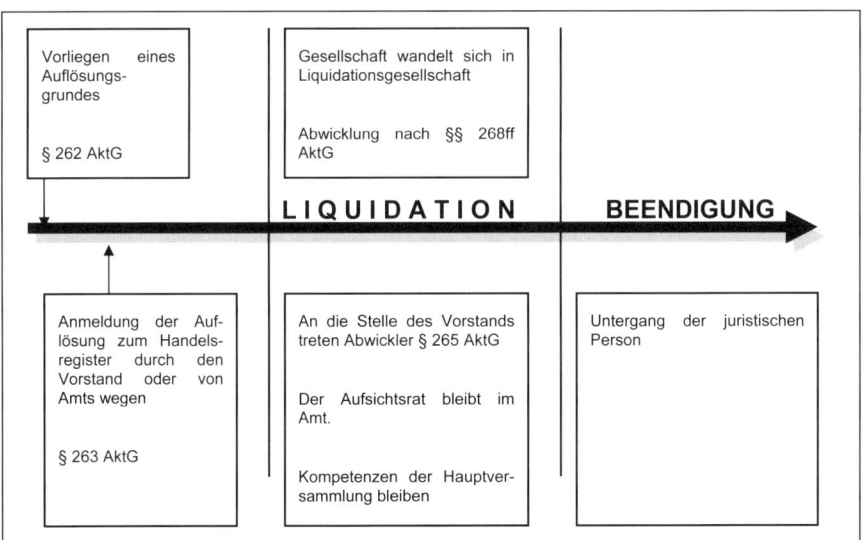

Abbildung C.13: Liquidation und Beendigung einer AG

Zusammenfassung

Mit der Auflösung wird die werbende Tätigkeit einer AG beendet. Die Gesellschaft ändert ihren Zweck. Das Gesellschaftsvermögen ist zu veräußern, die Verbindlichkeiten sind zu tilgen und der Überschuß an die Aktionäre auszukehren. Die Auflösung erfolgt grundsätzlich durch den Vorstand als Liquidatoren, soweit nicht die Satzung etwas anderes vorsieht oder die Hauptversammlung etwas anderes beschließt. Die Abwicklung ist zur Eintragung in das Handelsregister anzumelden. Ebenso ist die Beendigung der Liquidation im Handelsregister einzutragen. Davon zu unterscheiden ist die eigentliche Vollbeendigung der AG. Diese tritt nur ein, wenn die Gesellschaft kein Vermögen mehr hat und ihr Erlöschen im Handelsregister einetragen ist. Stellt sich nach Beendigung der Liquidation noch Vermögen heraus, ist eine Nachtragsliquidation durchzuführen.

Aufgaben zur Selbstprüfung

1. Was bedeutet die Auflösung der Gesellschaft?
2. Wann hört die AG letztlich auf, als eigene Rechtspersönlichkeit zu existieren?

C.14 Insolvenz

Ist der Schuldner zahlungsunfähig oder überschuldet, ist sein Vermögen zum Zwecke der gemeinschaftlichen und gleichmäßigen Befriedigung seiner Gläubiger nach den Regeln der InsO zu verwerten. Im folgenden Kapitel geht es um die Besonderheiten aus gesellschaftsrechtlicher Sicht, wenn bei der AG oder einem Aktionär Insolvenzgründe gegeben sind.

C.14.1 Insolvenz der AG

C.14.1.1 Allgemeines

Die AG ist nach § 11 Abs. 1 Satz 1 InsO **insolvenzfähig**. Insolvenzfähig ist auch die **Vor-AG**. Die **Vorgründungsgesellschaft** ist regelmäßig nur reine Innengesellschaft und daher nicht insolvenzfähig. Hat die Vorgründungsgesellschaft bereits eigenes Vermögen, handelt es sich um eine Gesellschaft bürgerlichen Rechts oder um eine OHG. Sie ist in diesem Fall ebenso insolvenzfähig (§ 11 Abs. 2 Nr. 1 InsO).

Die Eröffnung des Insolvenzverfahrens führt zur **Auflösung der Gesellschaft** (§ 262 Abs. 1 Ziff. 3 AktG). Gleiches gilt, wenn die Eröffnung eines Insolvenzverfahrens **mangels Masse** abgelehnt wird (§ 262 Abs. 1 Ziff. 4 AktG). Dies wird im Handelsregister eingetragen (§§ 31 InsO, 6, 32 Abs. 1 HGB).

C.14.1.2 Besonderheiten bei AG

C.14.1.2.1 Insolvenzantragspflicht, Einberufung einer Hauptversammlung, Zahlungsverbot

Bei Eintritt der Zahlungsunfähigkeit oder Überschuldung ist der Vorstand verpflichtet, ohne schuldhaftes Zögern, spätestens aber nach drei Wochen **Insolvenzantrag** zu stellen (§ 15a Abs. 1 S. 1 InsO). Im Falle der Führungslosigkeit (§ 78 Abs. 1 S. 2 AktG) trifft diese Pflicht jedes Aufsichtsratsmitglied, es sei denn, diese Person hat von der Zahlungsunfähigkeit und der Überschuldung oder der Führungslosigkeit keine Kenntnis (§ 15a Abs. 3 InsO). Unabhängig von einer solchen Kenntnis ist im Falle der Führungslosigkeit jeder Aktionär, aber auch jedes Aufsichtsratsmitglied berechtigt, den Insolvenzantrag zu stellen (§ 15 Abs. 1 S. 3 InsO).

Nach Eintritt der Zahlungsunfähigkeit oder Überschuldung darf der Vorstand nach § 92 Abs. 2 S. 1 AktG **keine Zahlungen** mehr leisten, soweit dies nicht mit der Sorgfalt eines ordentlichen und gewissenhaften Geschäftsleiters vereinbar sind (**Massesicherungspflicht**).

Hier besteht für den Vorstand ggf. die Gefahr einer **Pflichtenkollision**. Führt er beispielsweise Arbeitnehmerbeiträge bzw. Lohnsteuer ab, droht ihm wegen Verletzung seiner

Massesicherungspflicht eine Haftung aus §§ 92 Abs. 2 S. 2, 93 Abs. 2 AktG. Unterlässt er dies, droht ihm eine Haftung nach § 823 Abs. 2 BGB i. V. m. § 266a StGB bzw. aus §§ 34, 69 AO. In der Rspr. hat sich hierzu folgende **Leitlinie** herausgebildet (BGH, ZIP 2008, 1275; ZIP 2007, 1265; BFH, ZIP 2009, 122).: Für eine **Schonfrist von maximal drei Wochen**, während der der Vorstand das Vorliegen einer Insolvenz prüfen darf, besteht ein **Vorrang für die Massesicherungspflicht**. Arbeitnehmerbeiträge etc. sind daher nicht abzuführen, wenn auch sonst keine Gesellschaftsschulden getilgt werden. Wird diese Dreiwochenfrist überschritten und gleichwohl trotz fortbestehender Insolvenzreife kein Insolvenzantrag gestellt, droht keine Haftung nach § 93 Abs. 2 AktG, wenn der Vorstand zur Vermeidung strafrechtlicher Folgen fällige Arbeitnehmeranteile zur Sozialversicherung etc. bezahlt oder fällige Steuern bezahlt (z. B. Lohnsteuer). Umgekehrt geht die Rechtsprechung davon aus, dass eine Haftung wegen Nichtabführung der fälligen Steuern dann nicht ausgeschlossen ist, wenn die Nichtzahlung der fälligen Steuern in die dreiwöchige Schonfrist fällt, die dem Vorstand zur Massesicherung ab Feststellung der Zahlungsunfähigkeit gemäß § 15a Abs. 1 InsO eingeräumt ist, er in diesem Zeitraum aber sonst Schulden der Gesellschaft tilgt. Zahlt der Vorstand z. B. in diesem Zeitraum Löhne aus, muss er davon soviel einbehalten, dass die auf diese Beträge entfallende Steuer bereit liegt, wenn die Lohnsteuer fällig wird (BGH, ZIP 2008, 2220; BFH, ZIP 2009, 122).

Dieses Zahlungsverbot wurde durch § 92 Abs. 2 S. 2 AktG n. F. erweitert. Danach sind auch solche Zahlungen verboten, die zwar das zur Erhaltung des Grundkapitals erforderliche Vermögen nicht antasten (vgl. § 57 Abs. 1 AktG), die aber die Zahlungsunfähigkeit der Gesellschaft herbeiführen müssen und auch tatsächlich herbeiführen (adäquate Kausalität), es sei denn, dies war auch Anwendung der erforderlichen Sorgfalt nicht erkennbar.

Nach § 92 Abs. 1 AktG muss unverzüglich eine Hauptversammlung einberufen werden, wenn sich bei Aufstellung einer Bilanz ergibt oder bei pflichtgemäßem Ermessen anzunehmen ist, dass ein **Verlust in Höhe des halben Grundkapitals** besteht. Wird gegen diese Pflichten verstoßen, macht sich der Vorstand **schadensersatzpflichtig**. Insbesondere droht ihm aufgrund des neuen § 92 Abs. 2 S. 2 AktG eine erweiterte **Insolvenzverursachungshaftung**. Daneben drohen strafrechtliche Sanktionen wegen **Insolvenzverschleppung** (§ 401 Abs. 1 Ziff. 2 AktG).

C.14.1.2.2 Organe der Gesellschaft, Befugnisse des Insolvenzverwalters

Die **Organe der insolventen Gesellschaft** bestehen fort. Der Vorstand wird in seiner Zuständigkeit zur Geschäftsführung und Vertretung der Gesellschaft wegen § 80 InsO jedoch durch den **Insolvenzverwalter** verdrängt. Die Befugnisse des Vorstandes beschränken sich auf das nicht von der Insolvenz betroffene Innenverhältnis der Gesellschaft sowie auf nicht in die Insolvenzmasse fallendes und/oder vom Insolvenzverwalter freigegebenes Gesellschaftsvermögen.

> **!** In der Insolvenz bestehen die Organe der Gesellschaft fort. Allerdings werden die Befugnisse des Vorstandes durch die Aufgaben des Insolvenzverwalters beschränkt.

Die **Mitglieder des Aufsichtsrats** behalten ihr Amt auch während des Insolvenzverfahrens. Der Insolvenzverwalter kann den Aufsichtsrat nicht abberufen. Der Aufsichtsrat hat aber gegenüber dem Insolvenzverwalter **keine Kontrollbefugnisse**. Im Übrigen kann der Aufsichtsrat bisherige **Vorstände abberufen und auch neue bestellen**. In der Insolvenz der Gesellschaft kann ebenso eine **Hauptversammlung** durchgeführt werden. Darin können neue Aufsichtsratsmitglieder gewählt (§ 101 AktG), oder abberufen werden (§ 103 AktG). Ebenso kann Beschluss über die Entlastung von Vorstand und Aufsichtsrat getroffen werden. Zuständig für die **Einberufung der Hauptversammlung** ist und bleibt allein das nach Gesetz oder Satzung hierfür zuständige Organ der Gesellschaft, regelmäßig also der Vorstand, nicht aber der Insolvenzverwalter. Die InsO hat dem **Insolvenzverwalter keine Kompetenzen im innerverbandlichen Bereich** zugewiesen.

C.14.1.2.3 Geltendmachung offener Einlageansprüche

Bestehen noch **offene Einlageansprüche**, sind diese vom Insolvenzverwalter geltend zu machen.

C.14.1.2.4 Satzungsänderungen, Kapitalmaßnahmen

Die **Hauptversammlung** bleibt weiterhin zuständig, über **Satzungsänderungen und Kapitalmaßnahmen** zu befinden. Eine **Ausnahme** besteht nur, soweit von der Satzungsänderung die Insolvenzmasse betroffen ist, wie dies bspw. bei der Firma der Fall ist. In der Insolvenz können grds. auch **sämtliche Kapitalerhöhungen beschlossen und durchgeführt** werden. Die Ausnutzung eines vor Eröffnung des Insolvenzverfahrens beschlossenen genehmigten Kapitals erlischt aber mit der Eröffnung des Insolvenzverfahrens erlöschen. Eine „normale" Kapitalerhöhung, die vor Insolvenzeröffnung beschlossen wurde, wird mit Eintragung der Durchführung wirksam, auch wenn die Eintragung erst nach Insolvenzeröffnung erfolgt. Zuzubilligen ist in diesem Fall aber den Zeichnern der neuen Aktien das Recht, den **Zeichnungsvertrag aus wichtigem Grund zu kündigen**, sofern freilich die Kapitalerhöhung noch nicht zur Eintragung in das Handelsregister angemeldet wurde (BGH, DNotZ 1995, 478 = NJW 1985, 460; KG, NZG 2000, 103, 104). Die im Rahmen der Kapitalerhöhung der Gesellschaft zugeführten Mittel fallen als Neuerwerb in die Insolvenzmasse (§ 35 InsO).

Auch eine **vereinfachte Kapitalherabsetzung** sowie ein **Kapitalschnitt**, also die vereinfachte Kapitalherabsetzung mit gleichzeitiger Kapitalerhöhung ist **zulässig**.

C.14.1.2.5 Handelsregisteranmeldung

Für die **Anmeldungen** zum Handelsregister nach Insolvenzeröffnung ist nicht der Insolvenzverwalter, sondern der **bisherige Vorstand (und ggf. der Aufsichtsratsvorsitzende) zuständig**.

C.14.1.2.6 Fortsetzungsbeschluss

Nach Einstellung des Insolvenzverfahrens auf Antrag des Schuldners oder im Zusammenhang mit einem Insolvenzplan kann die Hauptversammlung einen **Fortsetzungsbeschluss** fassen (§ 274 Abs. 2 Ziff. 1 AktG).

C.14.2 Insolvenz des Aktionärs

C.14.2.1 Beteiligung als Teil der Insolvenzmasse

Beteiligungen an Gesellschaften stellen grds. pfändbares Vermögen dar und fallen daher nach § 35 InsO in die **Insolvenzmasse**. Die Beteiligung wird als solche auch von der Verwaltungs- und Verfügungsbefugnis des Insolvenzverwalters erfasst (§ 80 InsO). Der Insolvenzverwalter nimmt daher sämtliche Rechte des Insolvenzschuldners in der Gesellschaft wahr.

C.14.2.2 Ausscheiden aus der Gesellschaft und Auflösung der Gesellschaft

Die **Insolvenz eines Aktionärs** löst die Gesellschaft nicht auf. Umstritten ist wegen § 23 Abs. 5 AktG, ob eine derartige **Bestimmung in der Satzung** der AG zulässig ist. Zulässig ist es dagegen, in der Satzung im Falle der Insolvenz oder etwa schon bei Stellung des Antrags auf Eröffnung des Insolvenzverfahrens die **Einziehung der Aktien** vorzusehen.

C.14.2.3 Abfindungsklauseln

Scheidet sonach ein Aktionär aufgrund Eröffnung des Insolvenzverfahrens über sein Vermögen aus der Gesellschaft aus, ist ihm hierfür grds. eine Abfindung zu gewähren. Im Grundsatz ist als **Abfindung** der volle Wert der Beteiligung zu gewähren, also der **Verkehrswert**. Ob eine Abfindung unter diesem Wert (z. B. „**Buchwertklausel**") erfolgen oder sogar insgesamt unterbleiben kann, ist im Einzelnen umstritten. Prinzipiell kann die Abfindung auch unter diesem Wert bleiben (z. B. „**Buchwertklausel**"). Die Einzelheiten sind jedoch str. Überwiegend für unzulässig gehalten wird der **gänzliche Ausschluss eines Einziehungsentgelts**. Soweit eine solche Vereinbarung gegenüber den Gesellschafter wirksam ist, wirkt sie auch gegenüber deren Gläubigern bzw. dem Insolvenzverwalter. Ist eine Abfindungsklausel ansich zulässig, ergibt sich jedoch ein **grobes Missverhältnis** zwischen satzungsmäßigem Abfindungswert und tatsächlichem Verkehrswert (z. B. infolge Zeitablaufs), führt dies nicht zur Unwirksamkeit, sondern nur zur **Anpassung der Satzungsbestimmung** (BGHZ 123, 281). Unzulässig ist eine **Beschränkung** der Abfindung oder der **Ausschluss** einer Abfindung im Fall der Insolvenz wegen **Gläubigerbenachteiligung**, wenn die Satzung bei anderen in der Person des Gesellschafters liegenden Einziehungs- oder Ausschlussgründen ein (höheres) Entgelt festsetzt.

C.14.2.4 Vinkulierungsklauseln

Umstritten ist, ob **Vinkulierungsklauseln**, die die Übertragbarkeit von Aktien an die Zustimmung Dritter knüpfen (§ 68 Abs. 2 AktG), auch **vom Insolvenzverwalter zu beachten sind**.

Adolf Reul

C.14.2.5 Insolvenzschuldner als Vorstand

Die Eröffnung des Insolvenzverfahrens führt nicht automatisch dazu, dass der insolvente Gesellschafter seine etwaige Stellung als **Vorstand** verliert. Lediglich die strafrechtliche Verurteilung wegen eines Insolvenzdelikts führt zur Unvereinbarkeit mit dem Vorstandsamt (§ 76 Abs. 3 AktG) und zum Verlust der Stellung als Vorstand. Der **Verlust des Amtes** tritt ipso jure ein, ohne dass eine Abberufung erforderlich ist.

C.14.2.6 Fortbestehen der Einlagepflichten

Etwa **noch ausstehende Einlagepflichten** werden durch die Insolvenz des Aktionärs nicht tangiert. Die Gesellschaft kann wählen, ob sie die Einlageforderung als Insolvenzforderung geltend macht oder den Anteil kaduziert und nur den Ausfall zur Tabelle anmeldet (§ 64 Abs. 4 Satz 2 AktG). Führt die Insolvenz zum **Ausscheiden des Gesellschafters**, ist eine Aufrechnung der noch ausstehenden Einlagepflicht mit dem Abfindungsanspruch möglich. § 66 Abs. 1 AktG steht dem nicht entgegen.

 Zusammenfassung

Die AG ist insolvenzfähig. Für den Vorstand besteht eine Insolvenzantragspflicht nach § 92 Abs. 2 AktG; Zahlungen dürfen nur noch eingeschränkt geleistet werden (§ 93 AktG); eine Einberufung der Hauptversammlung ist angezeigt (§ 92 Abs. 1 AktG). Mit Eröffnung des Insolvenzverfahrens wie auch im Falle der Ablehnung der Eröffnung des Verfahrens mangels Masse wird die AG aufgelöst. Trotz Eröffnung des Insolvenzverfahrens bestehen die Organe der AG fort. Der Vorstand kann allerdings nur tätig werden, soweit nicht der Insolvenzverwalter zuständig ist. Keine Zuständigkeit besteht für den Insolvenzverwalter für nicht zur Insolvenzmasse gehörendes Vermögen sowie für das Innenverhältnis der Gesellschaft. Von daher kann die Hauptversammlung trotz Insolvenz auch Satzungsänderungen beschließen. Zuständig für die Anmeldung ist Vorstand und ggf. der Aufsichtsratsvorsitzende.

In der Insolvenz eines Aktionärs fällt dessen Beteiligung in die Insolvenzmasse. Sämtliche Beteiligungsrechte und damit auch das Stimmrecht in der Hauptversammlung werden nach § 80 InsO vom Insolvenzverwalter wahrgenommen. Die Insolvenz eines Aktionärs führt nicht zu einer Auflösung der AG. Bei einer entsprechenden Satzungsklausel können aber die Aktien des Insolvenzschuldners eingezogen werden.

Aufgaben zur Selbstprüfung

1. Welche Aufgaben hat der Vorstand in der Insolvenz der AG?
2. Sind Satzungsänderungen in der Insolvenz der AG noch zulässig?
3. Wer übt das Stimmrecht in der Hauptversammlung einer AG aus, wenn der Aktionär insolvent ist.

Adolf Reul

C.15 Die Kommanditgesellschaft auf Aktien (KGaA)

Im AktG ist neben der eigentlichen AG auch die Kommanditgesellschaft auf Aktien (KGaA) als weitere Gesellschaftsform geregelt. Sie stellt sich als Mischform aus einer AG und einer KG dar, auf die zum einen Aktienrecht, zum andern aber auch Personengesellschaftsrecht Anwendung findet. Im nächsten Kapitel werden die Besonderheiten der KGaA dargstellt.

C.15.1 Rechtsnatur

Die KGaA ist in den §§ 278 ff. AktG geregelt. Die KGaA ist nach dem gesetzlichen Leitbild gekennzeichnet durch das Vorhandensein eines **Komplementärs**, der den Gläubigern der Gesellschaft gegenüber unbeschränkt haftet. Daneben gibt es die am Grundkapital der Gesellschaft beteiligten **Kommanditaktionäre**. Die KGaA ist wie die AG eine **juristische Person**. Das Gesetz enthält für sie nur **wenige Sondervorschriften**. I.Ü. gelten nach §§ 278 Abs. 2 und 3 AktG sowohl die Vorschriften des **HGB** über die KG als auch die Vorschriften des **AktG** über die AG. Insofern ist die KGaA eine Mischform aus KG und AG. Mit der AG hat die KGaA die Zerlegung eines Teils des Kapitals in Aktien und die Börsenfähigkeit gemeinsam. Eine Parallele zur KG besteht bei der KGaA dadurch, dass mindestens ein persönlich haftender Gesellschafter vorhanden sein muss. Wie bei der KG gibt es zwei Gesellschaftergruppen: die persönlich haftenden Gesellschafter und die Kommanditaktionäre.

Dies führt zu insgesamt fünf verschiedenen Rechtsbeziehungen, für die entweder die Vorschriften des HGB über die KG oder des AktG für die AG gelten:

- für das **Verhältnis der Komplementäre untereinander** gelten die Vorschriften über die **KG**, § 278 Abs. 2 AktG;
- für das **Verhältnis der Kommanditaktionäre untereinander** gilt **Aktienrecht**, § 278 Abs. 3 AktG;
- für das **Verhältnis** zwischen den **persönlich haftenden Gesellschaftern** und der **Gesamtheit der Kommanditaktionäre** gelten die Vorschriften über die **KG**, § 278 Abs. 2 AktG;
- für das Verhältnis zwischen den **persönlich haftenden Gesellschaftern und Dritten** gelten die Vorschriften über die **KG**, § 278 Abs. 2 AktG;
- für das Verhältnis der **KGaA als solcher zu Dritten** gilt aufgrund ihrer Eigenschaft als juristische Person die Vorschriften des **Aktienrecht**.

Hierbei besteht eine gewisse **Normenhierarchie**. Soweit nicht durch ausdrückliche Verweisung die Vorschriften des HGB Anwendung finden, gelten die Vorschriften des AktG. Innerhalb des AktG gilt wiederum das Spezialitätsprinzip, d.h. die Sonderbestimmungen über die KGaA gehen den allgemeinen aktienrechtlichen Bestimmungen vor, § 278 Abs. 3.

Adolf Reul

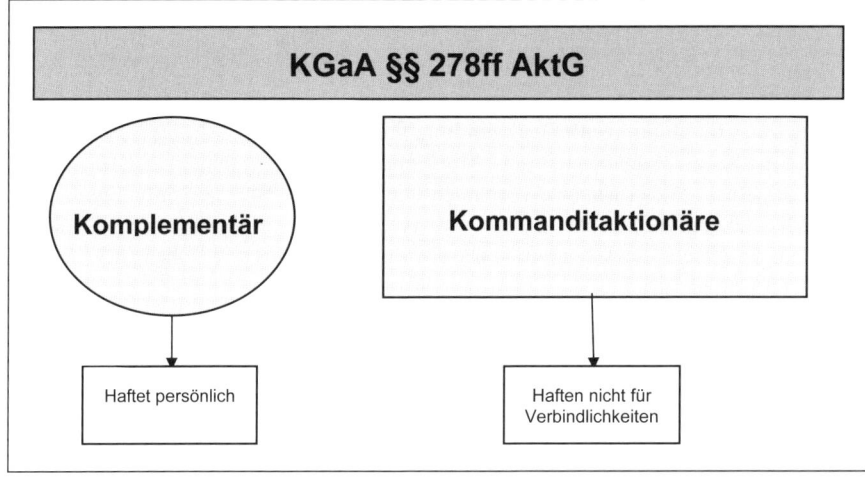

Abbildung C.15.1: Haftung in der KGaA

Soweit die Vorschriften des HGB über die KG Anwendung finden, gilt nicht der Grundsatz der Satzungsstrenge des AktG nach § 23 Abs. 5 AktG. Im Gegensatz zur AG besteht damit eine **wesentlich größere Gestaltungsfreiheit** für die Rechtsbeziehungen der Komplementäre zu den Kommanditaktionären und der Komplementäre untereinander, so namentlich für die **Ausgestaltung der Geschäftsführung** und für die **Mitwirkungsrechte** der Kommanditaktionäre bei Geschäftsführungsmaßnahmen.

 Die KGaA ist eine Kombination zwischen Aktienrecht und Personengesellschaftsrecht mit einer Vielfalt unterschiedlicher Rechtsbeziehungen, für die teilweise Aktienrecht, teilweise Personengesellschaftsrecht gilt.

C.15.2 Gründung/Kapital/Einlagen

C.15.2.1 Gründung

Die Gründung der KGaA erfolgt wie die Gründung einer AG (§ 278 Abs. 3 AktG). § 280 Abs. 1 AktG enthält keine Sonderregelungen. Auch eine **Ein-Mann-Gründung ist zulässig**.

Zulässig ist insbesondere, dass die persönlich haftenden Gesellschafter im Rahmen der Gründung zugleich Aktien übernehmen, also auch Kommanditaktionäre sein können. **Personenverschiedenheit** ist **nicht erforderlich**. Die Gründung der KGaA kann als **Bar- oder Sachgründung** erfolgen. Die an der Gründung beteiligten Personen müssen sämtliche Aktien übernehmen, § 280 Abs. 2 Satz 2 AktG. I.Ü. gelten für die Gründung der KGaA die allgemeinen Vorschriften der §§ 23 – 53 AktG. Sämtliche Gründer – einschließlich der persönlich haftenden Gesellschafter – haben einen **Gründungsbericht** nach § 32 AktG abzugeben. Nach § 33 Abs. 1 AktG ist eine **Gründungsprüfung** vorzu-

Adolf Reul

nehmen. Beteiligt an der Gründungsprüfung sind nicht nur die Mitglieder des Aufsichtrats, sondern gemäß § 283 Nr. 3 AktG auch die persönlich haftenden Gesellschafter. Da die persönlich haftenden Gesellschafter zwingend auch Mitgründer sind, hat stets eine Gründungsprüfung durch unabhängige Prüfer nach § 33 Abs. 2 AktG stattzufinden. Die Satzung muss durch **notarielle Beurkundung** festgestellt werden (§ 280 Abs. 1 AktG). Die Satzung hat die Angabe nach § 23 Abs. 2 und 3 AktG zu enthalten. Weiter müssen nach § 281 Abs. 1 AktG Namen, Vornamen und Wohnort jedes persönlich haftenden Gesellschafters aufgeführt sowie nach § 281 Abs. 2 AktG die Einlagen der persönlich haftenden Gesellschafter, sofern sie solche erbringen, nach Art und Höhe in der Satzung festgesetzt werden.

Die **Firma** der KGaA muss gemäß § 279 Abs. 1 AktG die Bezeichnung „Kommanditgesellschaft auf Aktien" oder „KGaA" enthalten. Soweit eine **juristische Person als persönlich haftende Gesellschafterin** auftritt, was zulässig ist (BGHZ 134, 392), muss die Firma nach § 279 Abs. 2 AktG eine Bezeichnung enthalten, die die beschränkte Haftung des persönlich haftenden Gesellschafter kennzeichnet, wie etwa „Firma GmbH & Co. KGaA".

C.15.2.2 Aktien und Vermögenseinlagen

Für das in Aktien zerlegte **Grundkapital** gelten die §§ 6 ff. AktG. Es können alle Arten von Aktien ausgegeben werden. Insbesondere können die Aktien auch von den persönlichen haftenden Gesellschaftern übernommen werden. Zur Vermeidung von Interessenkollisionen ist allerdings ihr Stimmrecht in den von § 285 Abs. 1 Satz 2 AktG aufgeführten Fällen ausgeschlossen.

Neben einer Beteiligung durch die Übernahme von Aktien können sich die **persönlich haftenden Gesellschafter** auch mittels **Vermögenseinlagen** am Kapital der Gesellschaft beteiligen. Diese Vermögenseinlagen werden nicht auf das Grundkapital geleistet, § 281 Abs. 2 AktG. Die Leistung der Vermögenseinlage ist dabei Teil des Rechtsverhältnisses der persönlich haftenden Gesellschafter untereinander sowie ihres Verhältnisses gegenüber der Gesamtheit der Kommanditaktionäre. Die Leistung der Vermögenseinlage bestimmt sich deshalb nach dem **Recht der KG**. Es gelten die §§ 161 Abs. 2, 105 Abs. 2 HGB i. V. m. §§ 705 f. BGB. Die Verpflichtung zur Leistung wird durch die Satzung begründet. Die Satzung muss gemäß § 281 Abs. 2 AktG festsetzen, welche persönlich haftenden Gesellschafter eine Vermögenseinlage zu erbringen haben, woraus diese besteht und wie hoch sie sein soll. Die **Fälligkeit der Vermögenseinlage** richtet sich nach den Festsetzungen in der Satzung. § 36 Abs. 2 AktG findet keine Anwendung. Auch sonst gelten für diese Vermögenseinlagen nicht die Grundsätze der Kapitalaufbringung und Kapitalerhaltung. Es erfolgt keine Einlagenprüfung. Eine Erhöhung der Einlagen kann nur im Wege der Satzungsänderung vereinbart werden. Auch die Rückgewähr einer Vermögenseinlage richtet sich nach den Festsetzungen der Satzung. Sieht die Satzung keine Rückzahlung oder Rückübertragung vor, ist der Komplementär nicht zu einer entsprechenden Entnahme während der Dauer seines Gesellschaftsverhältnisses berechtigt. Die Entnahme ist i. Ü. nur zulässig, wenn sie zwischen ihm und den übrigen Gesellschaftern durch Satzungsänderung vereinbart wird. Die Vermögenseinlagen der persönlich haftenden Gesellschafter werden nicht im Handelsregister eingetragen Zulässig ist es, die **Vermögenseinlagen** der Komplementäre **in Aktien umzuwandeln.** Dies stellt einerseits eine Herabsetzung oder Auflösung des Kapitalanteils dar. Gleichzeitig wird damit das Grundkapital gegen Sacheinlage unter Ausschluss des Bezugsrechts der übrigen Kommanditaktionäre erhöht. Die Satzung kann ein solches Umtauschrecht für die Komplementäre vorsehen. Dann können die Komplementäre von den Kommanditaktionären verlangen, dass sie eine entsprechende Sachkapitalerhöhung beschließen.

C.15.3 Rechtsverhältnisse der Komplementäre und Kommanditaktionäre

C.15.3.1 Komplementäre

Die Komplementärstellung wird entweder im Stadium der Gründung oder später im Wege einer Satzungsänderung übernommen. Nach § 281 Abs. 1 AktG sind die Angaben über die Identität der persönlich haftenden Gesellschafter **zwingender Satzungsbestandteil**. Sämtliche Komplementäre, auch die nicht vertretungsberechtigten und nicht geschäftsführungsbefugten Komplementäre, müssen dieser Satzungsänderung zustimmen. Die Aufnahme neuer Komplementäre kann in der Satzung abweichend geregelt werden.

Komplementär einer KGaA kann sowohl jede natürliche Person als auch eine Personengesellschaft, sowie eine **juristische Person** sein (BGHZ 134, 392).

Die persönlich haftenden Gesellschafter sind aufgrund ihrer Gesellschafterstellung „geborene Leitungsorgane". Nach § 278 Abs. 2 AktG i. V. m. §§ 161 Abs. 2, 114 HGB besteht jedoch die Möglichkeit, sie von der Geschäftsführung insgesamt auszuschließen (§ 109 HGB). Ein von der **Geschäftsführung ausgeschlossener Komplementär** hat dann die **Kontrollrechte** des § 118 HGB. Ein Ausschluss aller persönlich haftender Gesellschafter verstößt gegen den Grundsatz der Selbstorganschaft und ist unzulässig. Nach § 278 Abs. 2 AktG i. V. m. §§ 161 Abs. 2, 125 Abs. 1 HGB ist jeder persönlich haftende Gesellschafter berechtigt, die Gesellschaft allein zu vertreten. Auch die Vertretungsberechtigung kann durch Satzung ausgeschlossen werden. Die **Geschäftsführungsbefugnis** als auch die **Vertretungsbefugnis** steht dabei **grds. jedem Komplementär allein** zu. Dies gilt auch, wenn die Gesellschaft mehrere Komplementäre hat. Es gilt also anders als im Aktienrecht nicht der Grundsatz der Gesamtgeschäftsführungs- bzw. Gesamtvertretungsbefugnis. Die Komplementäre der KGaA haften unbeschränkt (§§ 161 Abs. 2, 125 ff. HGB).

C.15.3.2 Kommanditaktionäre

Die Stellung als Kommanditaktionär wird entweder bei der Gründung durch Übernahme von Aktien bzw. durch Übertragung von Aktien von einem anderen sowie schließlich durch die Übernahme von Aktien bei einer Kapitalerhöhung begründet. Auch die persönlich haftenden Gesellschafter können Aktionäre der KGaA sein. Die Rechtsstellung der Kommanditaktionäre bestimmt sich gemäß § 278 Abs. 3 AktG nach den Vorschriften des AktG. Die **Kommanditaktionäre haften nicht** für die Verbindlichkeiten der Gesellschaft.

Die **Rechtsstellung** der Kommanditaktionäre bemisst sich nach den Vorschriften des **AktG**, soweit sich nicht aus den Sondervorschriften über die KGaA etwas anderes ergibt. Anders als bei der AG beschließen sonach z. B. die Kommanditaktionäre in der Hauptversammlung über den Jahresabschluss, § 286 Abs. 1 Satz 1 AktG. I.Ü. gilt für die Rechte der Kommanditaktionäre das Recht der KG nur im Rahmen des § 278 Abs. 2 AktG, nämlich im Verhältnis zwischen den persönlich haftenden Gesellschaftern und der Gesamtheit der Kommanditaktionäre. Bei der **„Gesamtheit der Kommanditaktionäre"** i. S. d. § 278 Abs. 2 AktG handelt es sich aber nicht um ein besonderes Verbandsverhältnis, so dass die Gesamtheit der Kommanditaktionäre auch keinen aktiv und passiv parteifähigen Verband darstellt. Vielmehr werden die Rechte der Gesamtheit der Kommanditaktionäre durch die **„Hauptversammlung"** wahrgenommen und zwar sowohl die ihr durch das Aktienrecht zugewiesenen Rechte als auch die den Kommanditisten der KG zustehenden Rechte.

Der Umfang der Rechte der Kommanditaktionäre richtet sich danach, inwieweit die Gesellschaft von der Gestaltungsfreiheit nach § 278 Abs. 2 AktG Gebrauch macht. Maßgebend ist hier **§ 164 HGB**. Danach können die von der Geschäftsführung grundsätzlich ausgeschlossenen Kommanditisten einer Handlung der persönlich haftenden Gesellschafter widersprechen, soweit diese über den gewöhnlichen Betrieb des Handelsgewerbes der Gesellschaft hinausgeht. § 164 HGB ist wegen § 163 HGB jedoch dispositiv. Dieses **Widerspruchsrecht** der Kommanditisten kann von daher im Gesellschaftsvertrag der KGaA eingeschränkt bzw. ganz ausgeschlossen werden (§ 278 Abs. 2 AktG). Schließt die Satzung der KGaA dieses Recht des § 164 HGB nicht aus, haben die Kommanditaktionäre ein Mitwirkungsrecht auch bei Geschäftsführungsmaßnahmen. Dieses Widerspruchsrecht steht aber nicht dem einzelnen Kommanditaktionär zu. Vielmehr wir dieses Recht durch die Gesamtheit der Kommanditaktionäre in der Hauptversammlung ausgeübt. **Außergewöhnliche Geschäfte** können hiernach nur dann vorgenommen werden, wenn die Hauptversammlung nicht widerspricht bzw. eine **Zustimmung der Hauptversammlung** vorliegt. Zu diesen außergewöhnlichen Geschäften zählen solche, die nach Inhalt und Umfang über den Rahmen des laufenden Geschäftsbetriebes hinausgehen oder durch ihre Bedeutung und die mit ihre verbundenen Risiken Ausnahmecharakter haben.

 Beispiel C.15.1

Grundlagengeschäfte bzw. strukturändernde Maßnahmen (ähnlich den Grundsätzen der „**Holzmüller-Entscheidung**," BGHZ 83, 122, und der „**Gelatine-Entscheidung**," BGHZ 159, 30); Bestellung und Abberufung des Geschäftsführers der Komplementär-GmbH (OLG München NZG 2004, 374, str.).

C.15.4 Hauptversammlung

C.15.4.1 Anwendung der aktienrechtlichen Vorschriften

Die Hauptversammlung der KG ist nicht eine Versammlung aller Gesellschafter, sondern eine **Versammlung der Kommanditaktionäre**. Es gelten die Vorschriften über die Hauptversammlung der AG grds. entsprechend. **Teilnahmeberechtigt** sind jedoch nicht nur die **Kommanditaktionäre**, sondern auch die **Komplementäre.** Für die Ausübung des Stimmrechts durch die Kommanditaktionäre gelten die §§ 134 ff. AktG. **Stimmrechtsbeschränkungen** gelten für diejenigen Kommanditaktionäre, die gleichzeitig persönlich haftenden Gesellschafter sind, § 285 Abs. 1 AktG. Für die **Form** der Beschlussfassung und die Mehrheitserfordernisse gelten grds. die allgemeinen aktienrechtlichen Bestimmungen.

C.15.4.2 Zustimmung der persönlich haftenden Gesellschafter

Nach § 285 Abs. 2 Satz 1 AktG bedürfen Beschlüsse der Hauptversammlung der Zustimmung der persönlich haftenden Gesellschafter, soweit diese Angelegenheiten betreffen, für die bei der KG das Einverständnis des persönlich haftenden Gesellschafters und der Kommanditisten erforderlich ist. Zustimmungsbedürftig sind danach Beschlüsse über **Satzungsänderungen** sowie sonstige Grundlagenbeschlüsse wie z. B. die Zustimmung zu Unternehmensverträgen oder zu Umwandlungsvorgängen. Auch der **Wechsel des Komplementärs**, den die Hauptversammlung im Wege der Satzungsänderung beschlossen hat, ist zustimmungspflichtig.

Bedarf der Beschluss der Hauptversammlung einer KGaA der Zustimmung des persönlich haftenden Gesellschafters nach § 285 Abs. 2 AktG, handelt es sich bei dieser Zustimmungserklärung um eine **empfangsbedürftige Willenserklärung** i. S. d. § 130 BGB. Die Zustimmungserklärung ist dabei grds. gegenüber der Hauptversammlung oder gegenüber dem **Aufsichtsrat** abzugeben. Die Satzung kann darüber hinaus einen anderen Erklärungsempfänger vorsehen, insbesondere ein besonderes Vertretungsorgan der Kommanditaktionäre. Für die Zustimmungserklärung selbst gelten die Vorschriften der §§ 182 ff. BGB. Mithin kann die Zustimmung also bereits vor der Beschlussfassung der Hauptversammlung (**Einwilligung**) oder nachträglich (**Genehmigung**) erteilt werden. Bis zur Entscheidung der persönlich haftenden Gesellschafter ist ein zustimmungsbedürftiger Beschluss der Hauptversammlung schwebend unwirksam, nicht aber nichtig.

C.15.4.3 Form der Zustimmungserklärung

Die Zustimmungserklärung des persönlich haftenden Gesellschafters in der KGaA ist gemäß § 285 Abs. 3 AktG **grds. formfrei.** Lediglich bei Beschlüssen, die in das Handelsregister einzutragen sind, ist die Zustimmung zu **beurkunden**. Die Beurkundung kann in der Niederschrift über die Hauptversammlung selbst, aber auch in einer besonderen, der Niederschrift als Anlage beizufügenden Urkunde erfolgen, § 285 Abs. 3 Satz 2 AktG. Es genügt nicht, dass die Zustimmung in einer besonderen notariellen Urkunde enthalten ist. Diese andere notarielle Urkunde muss als Anlage zur Verhandlungsniederschrift genommen werden.

Strittig ist, ob **konkludentes Handeln** genügt. Stimmen z. B. Komplementäre, die gleichzeitig Kommanditaktionäre sind, in der Hauptversammlung für einen bestimmten Beschluss, ist nach h. M. in ihrer Stimmabgabe gleichzeitig auch die Zustimmung in ihrer Eigenschaft als Komplementäre zu sehen. Dies gilt jedenfalls dann, wenn das Protokoll der Hauptversammlung ordnungsgemäß geführt wurde, es alle Komplementäre als erschienen aufführt und festellt, dass der Beschluss einstimmig erfolgt ist.

Adolf Reul

C.15.5 Aufsichtsrat

Die KGaA hat wie die AG auch einen Aufsichtrat. Es gelten grundsätzlich die Vorschriften des Aktienrechts. Der Aufsichtsrat ist ein Organ der Gesellschaft, nicht allein der Kommanditaktionäre. Von seinen Aufgaben her hat er wie in der AG die Geschäftsführung zu **überwachen**. Darüber hinaus hat er nach § 287 Abs. 1 AktG die **Beschlüsse der Kommanditaktionäre auszuführen** und diese in einem Rechtsstreit gegenüber den Komplementären zu **vertreten**. Anders als bei der AG hat aber der Aufsichtsrat keine Personalkompetenz (§ 84 AktG), er kann keinen Zustimmungsvorbehalt anordnen (§ 111 AktG) und er wirkt auch an der Feststellung des Jahresabschlusses nicht mit. § 287 Abs. 1 AktG ist jedoch dispositiv, so dass die Satzung andere Regelungen vorsehen kann.

Was die Ausführungskompetenz des Aufsichtsrats anlangt, sind damit Beschlüsse der Hauptversammlung gemeint, mit denen von der Gesamtheit der Kommanditaktionäre Rechte geltend gemacht werden, die nach Personengesellschaftsrecht den Kommanditisten im Verhältnis zu den Komplementären zustehen. Nicht erfasst sind davon dagegen solche Beschlüsse, die von der Hauptversammlung aufgrund ihrer aktienrechtlichen Kompetenz gefasst werden (z. B. der Vollzug satzungsändernder Beschlüsse). Dies ist Teil der Geschäftsführung und obliegt den Komplementären.

Die Zusammensetzung und die Wahl des Aufsichtrats richtet sich ebenfalls nach dem AktG. Nach § 287 Abs. 3 AktG können persönlich haftende Gesellschafter nicht Aufsichtsratsmitglieder sein. Ist eine juristische Person Komplementärin in der KGaA, gilt die **Inhabilitätvorschrift** grundsätzlich auch für die Funktionsträger der Komplementärin. Ihre Gesellschafter sind davon jedoch prinzipiell nicht erfasst. Etwas anderes gilt allenfalls nur für solche Gesellschafter, die „mehr als nur unmaßgeblich" an der Komplementärgesellschaft beteiligt sind, oder dort eine organähnliche Leitungsfunktion tatsächlich ausüben.

C.15.6 Satzungsänderung

Ausdrückliche Vorschriften über die Satzungsänderung in der KGaA fehlen. Entsprechend der o. g. Normenhierarchie des § 278 Abs. 2 und 3 AktG findet deshalb teilweise Kommanditgesellschaftsrecht, teilweise aber auch Aktienrecht Anwendung.

Allgemein ist davon auszugehen, dass nach dem gesetzlichen Grundmodell im Recht der Kommanditgesellschaft eine Änderung des Gesellschaftsvertrages nur einstimmig, also unter Mitwirkung aller Gesellschafter, der Komplementäre wie der Kommanditisten, erfolgen kann (§§ 161, 119 HGB). § 285 Abs. 2 S. 1 AktG bestimmt für die KGaA, dass eine Zustimmung des Komplementärs zu Beschlüssen der Hauptversammlung erforderlich ist, für die bei der KG das Einverständnis des persönlich haftenden Gesellschafters erforderlich sind. Von daher folgt für eine Satzungsänderung in der KGaA, dass hierzu zwingend die **Zustimmung des persönlich haftenden Gesellschafters** erforderlich ist.

Aktienrechtlich ist für eine Satzungsänderung ein Hauptversammlungsbeschluss nach § 179 AktG mit ¾-Kapitalmehrheit sowie mit einfacher Stimmenmehrheit (§ 133 AktG) erforderlich. Da in der KGaA nach § 278 Abs. 3 AktG für das Verhältnis der Kommanditaktionäre Aktienrecht gilt, ist auch für die Satzungsänderung in der KGaA ein derartiger **Beschluss der Hauptversammlung mit qualifizierter Kapitalmehrheit und einfacher Stimmenmehrheit** erforderlich.

Diese Grundsätze gelten prinzipiell auch für Beschlüsse über **Kapitalmaßnahmen** sowie für **Grundlagenbeschlüsse** sowie für den Fall, dass neue Komplementäre in die Gesellschaft eintreten oder etwa die Vermögenseinlage der Komplementäre verändert werden soll.

Für die **Anmeldung und Eintragung der Satzungsänderung** im Handelsregister gelten allein die aktienrechtlichen Vorschriften; das Kommanditgesellschaftsrecht enthält hierzu keine Vorgaben. **Zuständig** für die Anmeldung sind nach § 283 Nr. 1 AktG die persönlich haftenden Gesellschafter.

 Zusammenfassung

Die KGaA ist eine Mischform aus AG und KG. Mit der AG hat die KGaA die Zerlegung eines Teils des Kapitals in Aktien gemeinsam. Eine Parallele zur KG besteht bei der KGaA dadurch, dass mindestens ein persönlich haftender Gesellschafter vorhanden sein muss und es daneben Kommanditaktionäre gibt. Für die Rechtsbeziehungen der KGaA gelten von daher teils die Vorschriften des AktG, teils die des HGB. Im Verhältnis der Komplementäre untereinander gelten die Vorschriften über die KG, § 278 Abs. 2 AktG. Für das Verhältnis der Kommanditaktionäre untereinander gilt Aktienrecht, § 278 Abs. 3 AktG. Für das Verhältnis zwischen den persönlich haftenden Gesellschaftern und der Gesamtheit der Kommanditaktionäre gelten die Vorschriften über die KG, § 278 Abs. 2 AktG. Für das Verhältnis zwischen den persönlich haftenden Gesellschaftern und Dritten gelten die Vorschriften über die KG, § 278 Abs. 2 AktG. Für das Verhältnis der KGaA als solcher zu Dritten gilt aufgrund ihrer Eigenschaft als juristische Person die Vorschriften des Aktienrecht.

Die Gründung der KGaA erfolgt prinzipiell wie die einer AG. Komplementär und Kommanditaktionär kann grundsätzlich jede natürliche oder juristische Person oder Personengesellschaft sein. Auch eine Einmann-Gründung ist zulässig. Das Grundkapital der KGaA ist ebenso in Aktien zerlegt. Daneben besteht für die Komplementäre die Möglichkeit, sich mit Vermögenseinlagen am Kapital der Gesellschaft zu beteiligen. Die Vermögenseinlage ist nicht Teil des Grundkapitals.

Die Rechtsstellung der Kommanditaktionäre richtet sich grundsätzlich nach Aktienrecht. Im Verhältnis gegenüber den Komplementären gilt aber das HGB. Die Gesamtheit der Kommanditaktionäre hat daher ein Widerspruchsrecht nach § 164 HGB bei außergewöhnlichen Geschäften. Die Satzung kann dieses Recht aber einschränken oder ausschließen. Die Kommanditaktionäre haften für Verbindlichkeiten der Gesellschaft nicht persönlich. Eine solche persönliche Haftung trifft aber die Komplementäre. Es gelten die §§ 161 Abs. 2, 105 HGB. Die Komplementäre sind geborene Leitungsorgane der KGaA. Einzelne Komplementäre können aber von der Geschäftsführung ausgeschlossen werden. Angaben zu ihrer Identität sind zwingender Satzungsbestandteil der KGaA.

Für die Hauptversammlung der KGaA als Versammlung der Kommanditaktionäre gilt Aktienrecht. In bestimmten Fällen wie insbesondere bei Satzungsänderungen ist die Zustimmung der Komplementäre nach § 285 Abs. 3 AktG erforderlich.

Adolf Reul

Aufgaben zur Selbstprüfung

1. Wer leitet die KGaA?
2. Können die Kommanditaktionäre Geschäftsführungsmaßnahmen widersprechen?
3. Können Komplementäre von der Geschäftsführung ausgeschlossen werden?

Wer ist für eine Satzungsänderung in der KGaA zuständig?

C.16 Die Europäische Aktiengesellschaft (SE)

Neben der nationalen Deutschen Aktiengesellschaft gibt es mittlerweile auch eine Europäische Aktiengesellschaft als supranationale Rechtsform. Die Grundzüge dieser Rechtsform werden im folgenden Kapitel dargestellt.

C.16.1 Rechtsnatur, Grundzüge

Die Europäische Aktiengesellschaft (Societas Europaea = SE) ist nach der Europäischen Wirtschaftlichen Interessenvereinigung (EWIV) die zweite europäische Gesellschaftsform (mittlerweile gibt es auch eine Europäische Genossenschaft (SCE; SCE-Ausführungsgesetz vom 14.08.2006, BGBl. 2006 I, 1911). Eine Europäische Privatgesellschaft (EPG/EPC), die der inländischen GmbH vergleichbar ist, ist in der Diskussion). Während die EWIV als kleine, der klassischen deutschen Handelsgesellschaft ähnelnde Gesellschaftsform für grenzüberschreitende Kooperationen geschaffen wurde, dient die SE demgegenüber den **Großunternehmen**. Mit der SE hat der europäische Gesetzgeber eine supranationale Rechtsform geschaffen, die sich innerhalb der Gemeinschaft unabhängig von nationalen Grenzen entfalten kann. Für die gewünschte Akzeptanz in ganz Europa soll in erster Linie die im Wesentlichen einheitliche Struktur der SE in ganz Europa sorgen.

Maßgebliche Rechtsgrundlage ist die aufgrund Art. 308 des EGV erlassene Verordnung (EG) Nr. 2157/2001 des Rates vom 8.10.2001 (ABl. EG Nr. L 294 v. 10.11.2001, nachfolgend: SE-VO). Zwar gilt die VO nach Art. 249 EGV unmittelbar in jedem Mitgliedsstaat und bedarf daher keiner Umsetzung in nationales Recht. Die SE-VO enthält jedoch verschiedene Regelungsaufträge und Wahlrechte für den nationalen Gesetzgeber, so dass ein besonderes Ausführungsgesetz erforderlich ist. In Deutschland sind die maßgeblichen Vorschriften im SE-Einführungsgesetz (SEEG) vom 22.12.2004 enthalten, welches am 29.12.2004 in Kraft getreten ist. Dort ist in Artikel 1 das SE-Ausführungsgesetz (SEAG) enthalten, das die gesellschaftsrechtlichen Fragen der SE regelt. In Artikel 2 ist das SE-Beteiligungsgesetz (SEBG) mit den Regelungen zur Arbeitnehmermitbestimmung enthalten.

Ihrer **Rechtsnatur** nach ist die SE eine **Aktiengesellschaft** mit eigener Rechtspersönlichkeit (Art. 3 Abs. 1 SE-VO), die über ein festes **in Aktien zerlegtes Kapital** (Art. 1 Abs. 2 Satz 1 SE-VO) von **mindestens 120.000 Euro** verfügt (Art. 4 Abs. 2 SE-VO). Die Aktionäre schulden lediglich die Erbringung der Einlage und haften darüber hinaus nicht für die Verbindlichkeiten der Gesellschaft. Grundvoraussetzung für die Gründung ist ein Bezug der Gesellschaft zu mindestens zwei Mitgliedsstaaten der EU. Eine strukturelle Besonderheit der SE gegenüber dem deutschen Aktienrecht liegt in der Wahlmöglichkeit zwischen dem gewohnten dualistischen System mit Vorstand und Aufsichtsrat und dem monistischen System mit einem einheitlichen Verwaltungsorgan, das zugleich Leitungs- und Überwachungsfunktionen ausübt. Als Verordnung des Rates beansprucht

Adolf Reul

die SE-VO gemäß Art. 249 Abs. 2 EGV innerhalb der EU unmittelbare Geltung, ohne dass es eines mitgliedstaatlichen Transformationsaktes bedürfte. Dennoch verzichtet die SE-VO auf eine umfassende Ausgestaltung der SE, sondern schafft nur einen Regelungsrahmen und verweist im Übrigen auf das Recht des Mitgliedstaates, in dem die SE ihren Sitz hat.

C.16.2 SE-Verordnung (SE-VO)

C.16.2.1 Normenhierarchie

Auf die SE finden nebeneinander ganz **unterschiedliche Rechtsquellen** in einer bestimmten Normenhierarchie Anwendung (Art. 9 SE-VO).

- Kraft Anordnung in Art. 9 Abs. 1 lit. a SE-VO unterliegt eine SE zunächst den **Bestimmungen der Verordnung selbst**. Darin sind insbesondere geregelt die Grundstruktur der SE, ihre Gründungsmodalitäten, Fragen der Sitzverlegung und Firmierung sowie der Aufbau und die Zuständigkeit der Organe. Daneben finden sich in der SE-VO kursorische Hinweise auf Bekanntmachungen, Registereintragung, Jahresabschluss, Auflösung, Liquidation, Zahlungsunfähigkeit und Zahlungseinstellung der Gesellschaft.

- Soweit es die Verordnung ausdrücklich zulässt, greift sodann die **Regelung der Satzung der SE** ein, Art. 9 Abs. 1 lit. b SE-VO. Die SE-VO sieht die Möglichkeit zur Satzungsgestaltung in 18 Vorschriften ausdrücklich vor.

- Soweit die Verordnung Bereiche nicht oder nur teilweise geregelt hat, greifen zunächst die Rechtsvorschriften ein, die die Mitgliedstaaten in Anwendung der speziell die SE betreffenden Gemeinschaftsmaßnahmen erlassen hat (**Ausführungsgesetze**).

- Enthalten weder die SE-VO, noch die Ausführungsgesetze eine Regelung, ist auf das **Recht des Sitzstaates** zurückzugreifen, welches **für nationale Aktiengesellschaft** gilt, also in Deutschland insbesondere auf das AktG und das UmwG (Art. 9 lit. c) Unterpunkt ii) SE-VO).

- Auf der **untersten Ebene** liegen die Vorschriften der **Satzung der SE**, die nach dem Aktienrecht des Sitzstaates zulässig sind (Art. 9 lit. c Unterpunkt iii) SE-VO).

Aufgrund dieser Normenhierarchie überlagern sich europäisches und nationales Recht. Es gibt also nicht eine einheitliche SE, sondern so viele SE wie es EU-Mitgliedstaaten gibt. Trotz der in Art. 9 Abs. 1 SE-VO angelegten Verzahnung zwischen europäischen und nationalem Recht ist anzunehmen, dass der Markt ebenso wie das Erfordernis kautelarjuristisch verlässlicher und vorhersehbarer Lösungen nur eine begrenzte Zahl verschiedener SE herausbilden wird.

C.16.2.2 Gründung

Zwingende Voraussetzung aller Gründungsformen ist die **Mehrstaatlichkeit**, d. h. es müssen mindestens zwei Mitgliedstaaten berührt sein. Die SE-VO geht in Art. 2 SE-VO zunächst von **vier verschiedenen Gründungsvarianten** aus; daneben gibt es noch eine **fünfte Möglichkeit**. Die Gründung einer SE durch natürliche Personen ist möglich.

Die SE eignet sich nur für Großunternehmen und setzt zwingend die Mehrstaatlichkeit voraus.

C.16.2.2.1 Verschmelzung

Zunächst können **verschiedene AG's**, die nach dem Recht eines Mitgliedstaates gegründet worden sind und die ihren Sitz und ihre Hauptverwaltung in der Gemeinschaft haben, eine Gründung durch Verschmelzung vollziehen, wenn mindestens zwei der zu verschmelzenden Gesellschaften dem Recht **verschiedener Mitgliedstaaten** unterliegen (Art. 2 Abs. 1 SE-VO; Einzelheiten in den Art. 17–31 SE-VO).

C.16.2.2.2 Gründung einer Holding-SE

AG's und GmbH's, die nach dem Recht eines Mitgliedstaates gegründet worden sind und ihren Sitz und ihre Hauptverwaltung in der Gemeinschaft haben, können die Gründung einer **Holding-SE** anstreben, wenn mindestens zwei von ihnen dem Recht unterschiedlicher Mitgliedstaaten unterliegen oder mindestens zwei von ihnen seit mindestens zwei Jahren eine dem Recht eines anderen Mitgliedstaats unterliegende Tochtergesellschaft oder eine Niederlassung in einem anderen Mitgliedstaat haben (Art. 2 Abs. 2 SE-VO). Die Holding-SE entsteht durch Anteilstausch, an dem sich jeder Gesellschafter der Ausgangsgesellschaften beteiligen kann (Art. 33 Abs. 1 SE-VO).

C.16.2.2.3 Gründung einer Tochter-SE

Gesellschaften i. S. v. Art. 48 Abs. 2 EGV sowie juristische Personen des öffentlichen oder privaten Rechts, die nach dem Recht eines Mitgliedstaats gegründet worden sind und ihren Sitz sowie ihre Hauptverwaltung in der Gemeinschaft haben, können eine **gemeinsame Tochter-SE** durch Zeichnung ihrer Aktien gründen, wenn mindestens zwei von ihnen dem Recht verschiedener Mitgliedstaaten unterliegen oder mindestens zwei von ihnen seit mindestens zwei Jahren eine dem Recht eines anderen Mitgliedstaats unterliegende Tochtergesellschaft oder eine Niederlassung in einem anderen Mitgliedstaat haben (Art. 2 Abs. 3 und 35, 36 SE-VO).

C.16.2.2.4 Formwechselnde Umwandlung

Ebenso kann eine SE durch **formwechselnde Umwandlung** einer AG, die nach dem Recht eines Mitgliedstaats gegründet worden ist und ihren Sitz wie ihre Hauptverwaltung in der Gemeinschaft hat, entstehen, wenn sie seit **mindestens zwei Jahren** eine dem Recht eines anderen Mitgliedstaats unterliegende **Tochtergesellschaft** (nicht auch eine Zweigniederlassung) hat (Art. 2 Abs. 4 SE-VO).

C.16.2.2.5 Gründung einer Tochter-SE durch eine SE

Zu den vier genannten Möglichkeiten einer Gründung einer SE in Art. 2 SE-VO kommt noch die in Art. 3 Abs. 2 SE-VO genannte Möglichkeit für eine bereits bestehende SE, eine oder mehrere weiterer Töchter-SE zu gründen. Die Grenzüberschreitung ist hier nicht erforderlich.

Adolf Reul

C.16.2.2.6 Beteiligung von Nicht-EU-Gesellschaften an der Gründung

Nach Art. 2 Abs. 5 SE-VO kann ein Mitgliedstaat vorsehen, dass sich auch eine Gesellschaft an der Gründung beteiligen kann, die ihre Hauptverwaltung nicht in der Gemeinschaft hat, sofern sie nach dem Recht eines Mitgliedstaats gegründet wurde und in diesem Staat ihren Sitz hat und mit der Wirtschaft eines Mitgliedstaats in wirtschaftlicher und dauerhafter Verbindung steht. I.Ü. können sich nicht EU-Gesellschaften nicht unmittelbar an der Gründung einer SE beteiligen. Denkbar ist freilich, dass deren Unternehmen im Wege einer Sacheinlage in die SE eingebracht wird.

C.16.2.2.7 Entstehung

Die SE erlangt ihre Rechtspersönlichkeit am Tage ihrer **Eintragung in das Register** (Art. 12, 16 SE-VO). Für die vor ihrer Eintragung im Namen der SE vorgenommenen Rechtshandlungen, haften diejenigen, die die Rechtshandlungen vorgenommen haben grds. unbegrenzt und gesamtschuldnerisch. Die SE kann jedoch die Verpflichtungen aus den vorgenannten Rechtshandlungen übernehmen (Art. 16 Abs. 2 SE-VO). Die Entstehung einer Vorgesellschaft, wie sie etwa für das deutsche nationale Kapitalgesellschaftsrecht angenommen wird, scheidet damit aus.

C.16.2.3 Inhalt der Satzung

C.16.2.3.1 Sitz

Art. 7 Satz 1 SE-VO bestimmt, dass der Sitz der SE in der Gemeinschaft liegen muss, und zwar in dem Mitgliedstaat, in dem sich auch die **Hauptverwaltung** befindet.

C.16.2.3.2 Firma

Die SE muss ihrer Firma den Zusatz „SE" voran- oder nachstellen (Art. 11 Abs. 1 SE-VO).

C.16.2.3.3 Satzungsgestaltung

Für den Umfang der Gestaltungsfreiheit ergibt sich eine **zweigeteilte Regelung**: Soweit das Europäische Recht Satzungsregelungen ausdrücklich zulässt (Art. 9 Abs. 1 lit. b SE-VO), ist deren **Zulässigkeit an der Verordnung** zu messen. Enthält die Verordnung i. S. v. Art. 9 SE-VO keine Regelung und gilt deshalb **nationales Recht** – sei es spezielles SE-Recht oder all- gemeines Aktienrecht –, bestimmt dieses auch über den Umfang der Gestaltungsfreiheit. Für in Deutschland ansässige SE kommt damit der im internationalen Vergleich relativ strenge **§ 23 Abs. 5 AktG** zum Zuge.

C.16.2.4 Organisationsverfassung

C.16.2.4.1 Systemwahl

Jede SE verfügt zunächst über eine Hauptversammlung der Aktionäre (Art. 38 lit. a SE-VO). Art. 38 lit. b SE-VO ermöglicht es, in der Satzung und damit auch mittels Satzungsänderung wieder änderbar zwischen dem klassisch-deutschen **dualistischen**

System einer Trennung von Aufsichts- und Leitungsorgan (Aufsichtsrat und Vorstand) und dem (vor allem angloamerikanischen) **monistischen System** eines einheitlichen Verwaltungsorgans zu wählen. In Deutschland ist ein derartiges monistisches System bisher nicht bekannt.

 Mit der SE kann nach deutschem Recht erstmals eine AG mit monistischem Leitungssystem gegründet werden.

C.16.2.4.2 Gemeinsame Vorschriften

Die Art. 46–51 SE-VO enthalten gemeinsame Vorschriften für beide Systeme. Es gilt eine einheitliche Amtszeit von maximal sechs Jahren für die Organmitglieder. Von zentraler Bedeutung ist die Haftungsnorm für sämtliche Organe in § 51 SE-VO. Eine Regelung für die Haftung gegenüber Dritten existiert nicht. Hier gilt nach Art. 9 SE-VO nationales Recht.

Allgemein, aber satzungsdispositiv geregelt sind auch die **Vorschriften** über die **Beschlussfähigkeit** und **Beschlussfassung** der Organe (Art. 50 SE-VO). Schließlich sind in der Satzung diejenigen Geschäfte festzulegen, für die im dualistischen System der Aufsichtsrat zustimmen und im monistischen System das Verwaltungsorgan ausdrücklich Beschluss fassen muss (Art. 48 Abs. 1 SE-VO).

C.16.2.5 Dualistisches System

C.16.2.5.1 Leitungsorgan (Vorstand)

Die Zahl der Mitglieder des Leitungsorgans oder die Regeln für ihre Festlegung werden durch die Satzung der SE bestimmt (Art. 39 Abs. 4 Satz 1 SE-VO). **Vorstands- und Aufsichtsratsamt sind inkompatibel** (Art. 39 Abs. 3 Satz 1 SE-VO). Das Leitungsorgan wird **vom Aufsichtsrat bestellt** und abberufen (Art. 39 Abs. 2 SE-VO). Das Leitungsorgan führt die Geschäfte der SE in eigener Verantwortung (Art. 39 Abs. 1 Satz 1 SE-VO).

C.16.2.5.2 Aufsichtsorgan (Aufsichtsrat)

Für die Zahl der Mitglieder des Aufsichtsrats gelten die gleichen Regeln wie für das Leitungsorgan (Art. 40 Abs. 3 SE-VO). Es ist ein Vorsitzender zu wählen (Art. 42 Abs. 1 SE-VO). Im Falle hälftiger Bestellung der Aufsichtsratsmitglieder durch die Arbeitnehmer muss diese zu der von der Hauptversammlung gewählten Mitgliedern des Aufsichtsrats gehören (Art. 42 Satz 2 SE-VO). Die Mitglieder des Aufsichtsrats werden von der Hauptversammlung gewählt, die des ersten Aufsichtsorgans durch die Satzung bestimmt (Art. 40 Abs. 2 SE-VO).

Hauptpflicht des Aufsichtsorgans ist die Überwachung der Führung der Geschäfte der SE durch das Leitungsorgan (Art. 40 Abs. 1 S1 SE-VO). Dazu hat es ein Informationsrecht gegenüber der Verwaltung. Dem steht eine Berichtpflicht des Leitungsorgans mindestens alle drei Monate gegenüber (Art. 41 SE-VO). Keine Regelung findet sich für eine ggf. bestehenden Ausnahmezuständigkeit des Aufsichtsrats, wie etwa nach § 112 AktG bzgl. der Vertretung der Gesellschaft gegenüber ihren Vorstandsmitgliedern. Hier gilt deshalb nationales Recht.

C.16.2.5.3 Insbesondere Mitbestimmung

Fragen des Mitbestimmungsrechts, die sich maßgeblich in der Besetzung von Aufsichtsratsposten auswirken, sind in der ergänzenden Richtlinie geregelt (Richtlinie 201/86 des Rats vom 08.10.2001, ABl. EG L 294/22 v. 10.11.2001). Ausgangspunkt ist dabei der **Grundsatz der Besitzstandswahrung**, also der Beibehaltung der Mitbestimmung in ihrer bisherigen Form. Die Umsetzung in Deutsches Recht nach Art. 249 Abs. 3 EGV erfolgte durch das **SE-Beteiligungsgesetz (SEBG)**. Danach haben Unternehmensleitung und Arbeitnehmervertretung die Möglichkeit, sich im Wege der Verhandlung auf eine den Besonderheiten der konkreten SE angemessene Mitbestimmung zu einigen, ohne an die gesetzlichen Lösungen in bestimmten Staaten gebunden zu sein. Für den Fall, dass diese Verhandlungen scheitern, hat jeder Mitgliedstaat eine Auffanglösung vorzusehen.

C.16.2.6 Monistisches System

C.16.2.6.1 Zahl/Zusammensetzung und Organisation

Die Zahl der Mitglieder des Verwaltungsorgans richtet sich nach der **Satzung**. Die Mitgliedstaaten können hier Mindest- und Höchstzahlen festlegen (Art. 43 Abs. 2 SE-VO). Soweit Mitbestimmungsvorschriften eingreifen, müssen mindestens drei Vorstände bestellt werden. Aus seiner Mitte hat alsdann das Verwaltungsorgan einen Vorsitzenden zu wählen (Art. 45 Satz 1 SE-VO), der im Falle hälftiger Bestellung der Mitglieder des Verwaltungsorgans durch die Arbeitnehmer zu den von der Hauptversammlung gewählten Mitgliedern gehören muss (Art. 45 Satz 2 SE-VO). I.Ü. bestehen keine zwingenden Vorschriften. Die Mitglieder des Verwaltungsorgans werden von der Hauptversammlung bestellt, die des ersten Verwaltungsorgans durch die Satzung bestimmt (Art. 43 Abs. 3 SE-VO).

C.16.2.6.2 Aufgaben und Pflichten

Das Verwaltungsorgan **führt die Geschäfte der Gesellschaft**. Dazu müssen mindestens alle drei Monate Beratungen über den Geschäftsablauf und die zukünftige Entwicklung stattfinden (Art. 44 Abs. 1 SE-VO). Jedes Vorstandsmitglied hat einen Anspruch auf Kenntnisnahme von allen, dem Gesamtvorstand übermittelten Informationen.

C.16.2.7 Hauptversammlung

Die Hauptversammlung ist gemäß Art. 30 SE-VO zuständig für die in der SE-VO oder in der Richtlinie ausdrücklich geregelten Fragen. Weiter besteht eine Zuständigkeit entsprechend dem Recht des Sitzstaates der SE oder die ihr durch die Satzung im Einklang mit dem Recht des Sitzstaats zugewiesen wurde (Art. 52 SE-VO). Bzgl. der zentralen Frage der Kompetenzabgrenzung zwischen Hauptversammlung und Verwaltung besteht deshalb keine Vereinheitlichung.

Organisation und Ablauf einer Hauptversammlung richten sich – wie auch das Abstimmungsverfahren – **nach nationalem Recht** (Art. 53 SE-VO). Die Hauptversammlung muss mindestens einmal im Kalenderjahr stattfinden (Art. 54 SE-VO). Möglich ist, dass eine Kapitalminderheit von 10 % die Hauptversammlung einberufen und eine

Ergänzung der Tagesordnung veranlassen kann (Art. 55, 56 SE-VO). Die Beschlussfassung erfolgt nach Art. 57 SE-VO mit mindestens der Mehrheit der abgegebenen gültigen Stimmen. Enthaltungen zählen nicht dazu. Regelungen über Anfechtbarkeit und Nichtigkeit von Hauptversammlungsbeschlüssen bestehen nicht. Es gilt über Art. 9 SE-VO nationales Recht. Gleiches gilt für die Frage der notariellen Beurkundung einer Hauptversammlung.

C.16.2.8 Kapitalaufbringung und Kapitalerhaltung

Die SE muss ein gezeichnetes Kapital aufweisen, das mindestens 120.000 EUR beträgt (Art. 4 Abs. 2 SE-VO). Fragen, wie die Zulässigkeit von Sacheinlagen der des Erwerbs eigener Aktien, sind in der SE-VO nicht geregelt. Es gilt daher nationales Recht.

C.16.2.9 Haftung der Gesellschafter für Verbindlichkeiten der SE

Nach Art. 1 Abs. 2 Satz 2 SE-VO haften die Gesellschafter nur bis zur Höhe des von ihnen gezeichneten Kapitals. Eine Ausnahme gilt in Fällen der Durchgriffshaftung, insbesondere, wenn die Rechtsform der juristischen Person missbraucht wird.

C.16.2.10 Satzungsänderung, Kapitalmaßnahmen

Satzungsänderungen wie auch Kapitalmaßnahmen sind in der SE-VO nicht eigens geregelt. Art. 49 Abs. 1 SE-VO sieht lediglich vor, dass die Änderung der Satzung eines Beschlusses der Hauptversammlung mit einer Mehrheit von mindestens zwei Dritteln der abgegebenen Stimmen erfolgen kann, sofern nicht das nationale Recht eine höhere Mehrheit vorsieht.

C.16.3 SE-Ausführungsgesetz (SEAG)

Das **Deutsche Einführungsgesetz zur SE (SEEG)** ist am 29.12.2004 in Kraft getreten. Die für das Gesellschaftsrecht maßgebenden Bestimmungen sind in dem im Art. 1 SEEG enthaltenen **SE-Ausführungsgesetz (SEAG)** geregelt. Der Schwerpunkt liegt zum einen in Vorschriften zum Minderheitenschutz bei der Gründung sowie zum andern in der Ausgestaltung des speziell für die SE neu einzuführenden monistischen Systems der Gesellschaftsverfassung.

C.16.3.1 Allgemeine Vorschriften des SEAG

Nach § 1 SEAG findet das Gesetz auf SE mit Sitz im Inland Anwendung, soweit nicht die SE-VO gilt. § 2 SEAG definiert den Sitz der SE als dem Ort, an dem die Verwaltung geführt wird. § 3 SEAG bestimmt für die Eintragung im Handelsregister die Anwendung der aktienrechtlichen Vorschriften. § 4 SEAG regelt die sachliche Zuständigkeit des Registergerichts. Für die örtliche Zuständigkeit bleibt es bei der Geltung des § 14 AktG.

Adolf Reul

C.16.3.2 Gründung

Art. 2 SE-VO bestimmt abschließend die Varianten, wie eine SE gegründet werden kann. Das SEAG enthält in den §§ 6 – 11 Vorschriften über den Minderheitenschutz bei der Gründung einer SE durch Verschmelzung bzw. durch Gründung einer Holding-SE. Für die beiden anderen Gründungsarten enthält das SEAG keine Bestimmungen. Nach Art. 36 SE-VO gelten deshalb für die Gründung einer Tochter-SE die Vorschriften einer Tochter-AG. Bei der SE-Gründung durch formwechselnde Umwandlung gilt prinzipiell das nationale Umwandlungsrecht.

Für die **Gründung durch Verschmelzung** erfolgt der Minderheitenschutz im Wege eines Spruchverfahrens, soweit es um die Verbesserung des Umtauschverhältnisses geht (§ 6 SEAG). § 7 SEAG enthält Bestimmungen über eine Abfindung und Verschmelzungsprüfung, wenn die im Wege der Verschmelzung zu gründende SE ihren Sitz im Ausland hat. Auch hier ist die Durchführung eines Spruchverfahrens vorgesehen, wenn es lediglich um die Höhe der Abfindung geht.

Für die **Holding-Gründung** enthalten die §§ 9 – 11 SEAG Vorschriften zur Verbesserung des Umtauschverhältnisses. Ebenso ist danach ein Austrittsrecht gegen Barabfindung möglich. Dieses Austrittsrecht besteht allerdings nur bei einer Gründungsgesellschaft in der Rechtsform einer AG und wenn die Holding-SE ihren Sitz im Ausland hat oder selbst abhängiges Unternehmen nach § 17 AktG ist. Ist Gründungsgesellschaft eine GmbH, besteht ein solches Austrittsrecht nicht. Ein Schutz der GmbH-Gesellschafter erfolgt bei ihnen auf der Ebene des GmbH-Gesellschaftsvertrages und dort i. d. R. über eine Vinkulierungsklausel.

C.16.3.3 Sitz der SE im Ausland/Sitzverlegung

Liegt der künftige Sitz der SE im Ausland oder wird ihr Sitz dorthin verlegt, haben die Gläubiger Anspruch auf Sicherheitsleistung nach § 13 SEAG. Im Falle der Sitzverlegung haben Aktionäre, die gegen die Sitzverlegung Widerspruch eingelegt haben ein Austrittsrecht gegen Abfindung zu.

C.16.3.4 Organisationsverfassung

In Art. 38 SE-VO wird der SE ermöglicht, für ihre Verwaltung zwischen dem dualistischen System und dem monistischen System zu wählen.

C.16.3.4.1 Dualistisches System

Für das dualistische System enthält das SEAG in den §§ 15–19 nur allgemeine Vorschriften, die durch die entsprechenden Vorschriften des AktG ergänzt werden und so zu einem weitgehenden Gleichlauf zwischen einer SE mit dualistischer Unternehmensführung und einer deutschen AG führen.

C.16.3.4.2 Monistisches System

Eingehende Regelungen sind in den §§ 20–49 SEAG zum monistischen System enthalten. Sie ersetzen die Vorschriften der §§ 76 ff. AktG. Inhaltlich gleichen sich die Vorschriften jedoch in vielen Bereichen.

Die Gesellschaft wird von einem sog. **Verwaltungsrat** geleitet, der die Grundlinien ihrer Tätigkeit bestimmt und deren Umsetzung überwacht (§ 22 SEAG). Der Verwaltungsrat übernimmt also die Funktionen, die im dualistischen System von Vorstand und Aufsichtsrat wahrgenommen werden. Der Verwaltungsrat besteht nach § 23 SEAG grds. aus drei Mitgliedern. Die Satzung kann in den Grenzen des § 23 SEAG nach oben oder unten abweichen. Bei Gesellschaften mit einem Grundkapital von mehr als drei Millionen Euro muss er mindestens aus drei Personen bestehen. Gewählt wird der Verwaltungsrat von der Hauptversammlung. Soweit im Verwaltungsrat Arbeitnehmer beteiligt sind, ist die Hauptversammlung an die von den Arbeitnehmern gemachten Vorschläge gebunden. Nach § 40 SEAG bestellt der Verwaltungsrat einen oder mehrere geschäftsführenden Direktoren. Diese führen die laufenden Geschäfte und vertreten die SE, §§ 40 Abs. 2, 41 SEAG. Auch Verwaltungsratsmitglieder können nach § 41 Abs. 1 S. 2 SEAG zu geschäftsführenden Direktoren bestellt werden, wenn die Mehrheit des Verwaltungsrats weiterhin aus nicht geschäftsführenden Mitgliedern besteht.

C.16.3.5 Hauptversammlung/Satzungsänderung

Auch bei der SE ist eine **Einberufung der Hauptversammlung** oder eine **Ergänzung der Tagesordnung durch eine Minderheit** möglich (§ 50 SEAG). § 51 SEAG erlaubt eine Regelung in der Satzung, wonach für einen Beschluss der Hauptversammlung über die Änderung der Satzung die einfache Mehrheit der abgegebenen Stimmen ausreicht, sofern mindestens die Hälfte des Grundkapitals vertreten ist. Ausgenommen davon sind eine Änderung des Unternehmensgegenstandes, eine Sitzverlegung in einen anderen Mitgliedsstaat oder Fälle, in denen eine höhere Kapitalmehrheit zwingend erforderlich ist.

C.16.4 SE-Beteiligungsgesetz (SEBG)

Im SEBG sind die Fragen des **Mitbestimmungsrechts** und der **Beteiligung der Arbeitnehmer in der SE** geregelt. Das SEBG gilt für eine SE mit Sitz im Inland sowie – unabhängig vom Sitz – für die im Inland beschäftigten Arbeitnehmer einer SE (§ 3 SEBG). Nach § 1 Abs. 2 SEBG werden die Rechte der Arbeitnehmer in der SE grds. mittels einer Vereinbarung gesichert. Nur subsidiär gelten die gesetzlichen Bestimmungen der §§ 22 ff. SEBG. Diese Vereinbarung wird seitens der Arbeitnehmer durch ein sog. „besonderes Verhandlungsgremium" geschlossen (§ 13 SEBG). I.Ü. bleiben die nationalen Beteiligungsrechte der Arbeitnehmer weiterhin anwendbar, in deutschen Betrieben der SE gilt also weiterhin die Mitbestimmung nach dem BetrVG. Die SE selbst unterliegt mit Ausnahme der Fälle der §§ 34 Abs. 1, 35 Abs. 1 SEBG dagegen nicht den nationalen Mitbestimmungsvorschriften.

Kommt eine Vereinbarung zwischen den Unternehmen und dem besonderen Verhandlungsgremium nicht spätestens binnen eines Jahres zustande (§ 20 SEBG) und fasst das besondere Verhandlungsgremium auch keinen Beschluss i. S. d. § 16 SEBG, erfolgt eine Arbeitnehmerbeteiligung durch einen SE-Betriebsrat (§§ 22–33 SEBG). Eine Unternehmensmitbestimmung ist nach dem SEBG nur vorgesehen, wenn schon vorher bereits in mindestens einem der beteiligten Unternehmen Mitbestimmung herrschte. Nach dem SEBG kann eine Mitbestimmung nur eingeführt werden, wenn die Verhandlungen des besonderen Verhandlungsgremiums gescheitert sind. Dann sind die Arbeitnehmervertreter zahlenmäßig im gleichen Verhältnis im Aufsichtsrat oder Verwaltungsorgan zu berücksichtigen, wie dies in der an der SE-Gründung beteiligten Gesellschaft mit dem höchsten Anteil an Arbeitnehmervertretern der Fall ist. Damit ist das „Vorher-Nachher-Prinzip" nur quantitativ nach der Zahl der Arbeitnehmervertreter im Verhältnis zum Gesamtorgan, nicht aber qualitativ nach dem Umfang der Rechte der Arbeitnehmer beachtet. Wenn jedoch bisher keine Mitbestimmung auf Ebene der beteiligten Unternehmen gab, wird sie auch durch das SEBG nicht eingeführt, unabhängig von der Zahl der Arbeitnehmer.

 ## Zusammenfassung

Die SE ist als supranationale Rechtsform für Großunternehmen konzipiert, die mindestens in zwei Mitgliedstaaten der EU aktiv sind. Die Grundlagen der SE sind in der SE-VO niedergelegt; daneben gelten die Ausführungsgesetze der Mitgliedsstaaten, das nationale Aktienrecht und schließlich die Satzung. Art. 9 SE-VO bestimmt eine Normenhierarchie.

Voraussetzung für die Gründung einer SE ist die Mehrstaatlichkeit. Liegt diese vor, so gibt es vier Möglichkeiten für die Gründung, die Verschmelzung, die Gründung einer Holding-SE, die Gründung einer Tochter-SE und die formwechselnde Umwandlung. Daneben kann eine bereits bestehende SE weitere Tochter-SE gründen. Das Grundkapital muss mindestens 120.000 € betragen.

Die Besonderheit im Gegensatz zum nationalen Aktienrecht besteht in der Organisationsverfassung der SE. Die Gesellschaft kann zwischen dem (normalen) dualistischen System mit Vorstand und Aufsichtsrat und dem monistischen System mit einem einheitlichen Verwaltungsrat mit geschäftsführenden Direktoren wählen.

Die Umsetzung in nationales Recht ist in Deutschland durch das SE-Ausführungsgesetz und das SE-Beteiligungsgesetz erfolgt. Wesentlicher Regelungsbereich dieser Gesetze ist zum einen die Einführung des monistischen Systems. Zum anderen geht es darin um die Wahrung des Mitbestimmungsrechts.

Aufgaben zur Selbstprüfung

1. Was ist Grundvoraussetzung für die Gründung einer SE?
2. Welche Möglichkeiten der Gründung gibt es für eine SE?
3. Muss eine Deutsche SE zwingend einen Aufsichtsrat haben?
4. Gibt es in Europa eine einheitliche SE, d. h. mit denselben für sie geltenden Regeln, unabhängig vom Sitz der Gesellschaft?

Schlussbetrachtung

Das vorliegende Studienheft hat Ihnen die Grundzüge des Aktienrechts erläutert. Nach einem allgemeinen Überblick über das Kapitalgesellschaftsrecht im Gegensatz zum Personengesellschaftsrecht wurden die Grundstrukturen des Aktienrechts im Vergleich zum GmbH-Recht dargestellt. Die Ausführungen erfolgten dann entsprechend dem Lebenszyklus einer Gesellschaft von der Gründung bis zur Auflösung/Insolvenz. Erläutert wurde die Gründung einer AG in Form einer Bar- und/oder einer Sachgründung. Eingegangen wurde dabei auf die Haftung im Gründungsstadium sowie auf die Probleme bei einer verdeckten Sacheinlage und beim Erwerb einer Vorrats-AG bzw. einer Mantelverwendung. Die aktienrechtliche Besonderheit der Nachgründung wurde dargestellt. Anschließend wurde der wesentliche Inhalt der Satzung einer AG erläutert. Näher eingegangen wurde dabei auf die aktienrechtlichen Grundbegriffe des Grundkapitals und dessen Zerlegung in Aktien sowie auf die drei Organe der AG, nämlich Vorstand, Aufsichtsrat und Hauptversammlung. Die Rechtsschutzmöglichkeiten der Aktionäre gegen Beschlüsse der Hauptversammlung sowie gegen Maßnahmen der Geschäftsführung wurden dargestellt. Ebenso erläutert wurde der Bereich Satzungsänderungen und dort insbesondere der Bereich von Kapitalmaßnahmen. Hinweise zum Insolvenzrecht schließen sich daran an. Abgerundet wurden die Ausführungen mit einem Überblick zur Rechtsform der KGaA und der Europäischen Aktiengesellschaft SE mit ihrem monistischen bzw. dualistischen Leitungssystem.

Anhand dieses Studienhefts sollten Ihnen nunmehr die Grundbegriffe des Aktienrechts, die Besonderheiten einer Aktiengesellschaft, aber auch das „Funktionieren" einer AG im Innen- wie im Außenverhältnis vertraut sein.

Adolf Reul

Teil D
GmbH-Recht

von

Dr. Adolf Reul

Notar in Neu-Ulm

Einleitung

Die GmbH als Rechtsform wurde in Deutschland 1892 „erfunden". Gegenüber anderen Gesellschaftsformen wie der OHG, KG und der AG ist damit die GmbH deutlich jünger. Der Gesetzgeber hat sie für kleine und mittlere Unternehmen, bei denen die Gesellschafter keiner unbeschränkten Haftung ausgesetzt sein wollen, geschaffen. Mittlerweile hat sich die GmbH zur beliebtesten Rechtsform in Deutschland entwickelt. Derzeit gibt es fast 1 Mio. GmbHs (*Kornblum*, GmbHR 2009, 25, 30). Auch international hat die Rechtsform der GmbH besondere Bedeutung. In über 100 Ländern gibt es eine Rechtsform, die der deutschen GmbH vergleichbar ist.

Das nachfolgende Kapitel erläutert die Einzelheiten des GmbH-Rechts. Unterschiede zu anderen Gesellschaftsformen sowie insbesondere zur AG werden dargestellt. Ziel ist es, das Wesen der GmbH in ihren Grundstrukuturen kennen und verstehen zu lernen. Dabei knüpfen die Ausführungen an das Kapitel Aktienrecht an. Es empfiehlt sich daher, zunächst das Kapitel zum Aktienrecht durchzuarbeiten.

Adolf Reul

D.1 Wesensmerkmale der GmbH

Bevor wir die Einzelheiten des GmbH-Rechts dargestellt werden, sollen in einem kurzen Überblick zunächst die Wesensmerkmale der GmbH insbesondere im Vergleich zur AG dargestellt werden.

Die GmbH ist ebenso wie die Aktiengesellschaft eine **juristische Person** mit eigener Rechtspersönlichkeit (§ 13 Abs. 1 GmbHG). Die GmbH ist Kapitalgesellschaft. Für Verbindlichkeiten der Gesellschaft **haftet** den Gläubigern **nur das Gesellschaftsvermögen** (§ 13 Abs. 2 GmbHG). Die Gesellschafter haften im Grundsatz nur für die Aufbringung des Stammkapitals durch Erbringung der Einlagen (§ 19 GmbHG; zuletzt BGH ZIP 2008, 1232 = NZG 2008, 547). Das **Stammkapital** der Gesellschaft beträgt **mindestens 25.000,00 €.** Ein Zugang zu den Kapitalmärkten über eine Börsennotierung ist bei der GmbH nicht möglich. Mit dem MoMiG neu eingeführt wurde die **Unternehmergesellschaft (haftungsbeschränkt)** nach § 5a GmbHG. Hierbei handelt es sich um eine Sonderform der GmbH, die ebenfalls zu einer Haftungsbeschränkung führt. Das Mindeststammkapital von 25.000,00 € muss hierbei jedoch nicht erreicht werden (§ 5a Abs. 1 GmbHG). Daneben enthält § 5a GmbHG noch weitere Sondervorschriften für die UG (haftungsbeschränkt); im Übrigen finden auf die Unternehmergesellschaft (haftungsbeschränkt) die allgemeinen Vorschriften des GmbHG Anwendung.

Weiteres **Wesensmerkmal** der GmbH ist – entsprechend ihrer Ausrichtung auf einen überschaubaren Kreis von (ggf. mitarbeitenden) Gesellschaftern – die weitgehende **Freiheit** der Gesellschafter bei der Ausgestaltung ihrer Satzung. Das GmbHG gibt einen Regelungsrahmen, der die Gestaltungsfreiheit in den Vordergrund stellt, wohingegen im Aktienrecht der Grundsatz der Satzungsstrenge nach § 23 Abs. 5 AktG gilt.

 Wesensmerkmal der GmbH ist neben der Möglichkeit der Haftungsbeschränkung der Grundsatz der Satzungsautonomie.

Dass die GmbH als Gesellschaftsform für einen kleinen Kreis von Gesellschaftern konzipiert ist, zeigt sich auch in den Vorschriften über die Beteiligung an einer GmbH sowie in den Regeln über die Einflussnahme der Gesellschafter auf die Geschäftsführung. Die Geschäftsanteile der GmbH sind zwar veräußerlich und vererblich. Notwendig ist hierfür allerdings ein notariell beurkundeter Vertrag (§ 15 Abs. 3 und 4 GmbHG). Die Übertragung von Aktien geschieht dagegen formfrei. Möglich ist auch ein gutgläubiger Erwerb von GmbH-Geschäftsanteilen (§ 16 Abs. 3 GmbHG). Die Gesellschafter können mit **Weisungen** unmittelbar auf die Geschäftsführung der GmbH Einfluss nehmen (§ 37 Abs. 1 GmbHG). Ein derartiges Weisungsrecht gibt es im Aktienrecht wegen §§ 76 Abs. 1, 308 Abs. 1 S. 1 AktG nur bei Bestehen eines Beherrschungsvertrages. Schließlich gibt es in der GmbH nur zwei Organe, nämlich den oder die Geschäftsführer sowie die Gesellschafterversammlung. Ein Aufsichtsrat ist anders als im Aktienrecht nicht zwingend vorgesehen, kann aber in der Satzung gebildet werden (§ 52 GmbHG). Zwingend ist ein Aufsichtsrat nur zu bilden, wenn die besonderen Voraussetzungen des Mitbestimmungsrechts gegeben sind

Adolf Reul

Beispiel D.1.1

§§ 1 Abs. 1, 6 Abs. 1 MittBestimmungsG: In Unternehmen, die in der Rechtsform einer AG, KGaA, GmbH oder eG betrieben werden und die in der Regel mehr als 2.000 Arbeitnehmer beschäftigen, haben die Arbeitnehmer ein Mittbestimmungsrecht. Es ist ein Aufsichtsrat zu bilden, in dem ein oder mehrere Vertreter der Arbeitnehmer Sitz und Stimme haben (§§ 7 ff. MitBestimmungsG). § 1 Abs. 1 Ziff. 3 DrittelBG: Die Arbeitnehmer haben ein Mitbestimmungsrecht im Aufsichtsrat in einer GmbH mit in der Regel mehr als 500 Arbeitnehmern. Der Aufsichtsrat muss sich zu einem Drittel aus Arbeitnehmervertretern zusammensetzen (§ 4 Abs. 1 DrittelBG).

Von ihren Erscheinungsformen kommt die GmbH sowohl als Einmann-GmbH als auch als Gesellschaft mit mehreren hundert Gesellschaftern vor. Am häufigsten findet sich die GmbH bei mittelständischen Unternehmen, bei denen die Gesellschafter insgesamt oder zum ganz überwiegenden Teil selbst in dem Unternehmen mitarbeiten.

Bei der Wahl der Rechtsform steht die GmbH einerseits in Konkurrenz zum einzelkaufmännischen Unternehmen, zur Personengesellschaft bzw. Personenhandelsgesellschaft sowie zur AG. Dabei spricht für die GmbH zuvörderst die Möglichkeit der Haftungsbeschränkung (im Gegensatz zum einzelkaufmännischen Unternehmen, zur Personengesellschaft oder Personenhandelsgesellschaft). Andererseits spricht für die GmbH aber auch ihre Flexibilität bei der Satzungsgestaltung (im Gegensatz zur Rechtsform der AG). Zu berücksichtigen ist andererseits, dass die Haftungsbeschränkung auch bei der GmbH von einem stringenten System der Kapitalaufbringung und Kapitalerhaltung begleitet wird. Auch bestehen nach §§ 325 ff. HGB vielfältige Publizitätspflichten. Was die Seriosität der GmbH anlangt, kommt es zunächst auf die Höhe des Stammkapitals an. Wie insbesondere das zunächst erfolgte Ausweichen in die Rechtsform einer englischen Limited mit keinerlei Stammkapital zeigt, fehlt einer solchen Gesellschaft jedwede Seriosität, sodass die Limited in Deutschland heute praktisch keine Bedeutung mehr hat (vgl. *Niemeier*, ZIP 2007, 1794, 1799).

Zusammenfassung

Die GmbH ist juristische Person und damit mit eigener Rechtspersönlichkeit ausgestattet. Sie ist Kapitalgesellschaft mit einem Mindeststammkapital in Höhe von 25.000,00 €. Für Verbindlichkeiten der Gesellschaft haftet grundsätzlich nur das Gesellschaftsvermögen. Die Haftung der Gesellschafter ist auf die Erbringung der Einlagen beschränkt. „Preis" dieser Haftungsbeschränkung sind strenge Vorschriften, die die Kapitalaufbringung als auch die Kapitalerhaltung sicherstellen sollen. Als Kapitalgesellschaft ist die GmbH weiter publizitätspflichtig (§§ 325 ff. HGB). Die GmbH ist auf einen kleinen überschaubaren Kreis von Gesellschaftern ausgerichtet.

Dies zeigt sich zum einem im Grundsatz der Satzungsautonomie, wonach die Gesellschafter in der Regelung ihrer Angelegenheiten weitgehend frei sind. Dies zeigt sich aber auch darin, dass die Gesellschafter den Geschäftsführern Weisungen erteilen können. Beides sind wesentliche Vorteile der GmbH gegenüber der AG.

Aufgaben zur Selbstprüfung

1. Welche Organe hat die GmbH?
2. Für welche Unternehmen ist die GmbH konzipiert?
3. Welcher Grundsatz gilt bei der Gestaltung der Satzung einer GmbH?

D.2 Gründung

Nach § 11 Abs. 1 GmbHG besteht die GmbH als solche vor Eintragung im Handelsregister noch nicht. Wie die Gründung einer GmbH erfolgt, wird im nachfolgenden Kapital dargestellt.

D.2.1 Bargründung

D.2.1.1 Gründungsprotokoll

Der eigentliche Gründungsvorgang beginnt mit dem Abschluss des Gesellschaftsvertrages. Dieser bedarf nach § 2 Abs. 1 S. 1 GmbHG der **notariellen Beurkundung**. Er ist von sämtlichen Gesellschaftern zu unterzeichnen (§ 2 Abs. 1 S. 2 GmbHG). Die Beurkundung muss grundsätzlich durch einen deutschen Notar erfolgen. Inwieweit eine Beurkundung im Ausland durch einen ausländischen Notar erfolgen kann, richtet sich danach, ob das ausländische Beurkundungsverfahren dem deutschen Verfahrensrecht gleichwertig ist. Zwingend notwendig ist für eine solche Gleichwertigkeit beispielsweise die Verlesung der Urkunde (BGHZ 80, 76, 78).

➡️ **Beispiel D.2.1**

Gegen die Gleichwertigkeit der Beurkundung spricht es, wenn der ausländische Notar seine Haftung für die Beurkundung ausschließt oder wenn das ausländische Beurkundungsverfahren beispielsweise ein Verlesen der Urkunde nicht vorsieht, das Beurkundungsorgan aber eine solche Verlesung freiwillig vornimmt. Unzulässig ist danach etwa die Beurkundung der Gründung in England oder in den USA.

D.2.1.2 Inhalt des Gründungsprotokolls

Das Gründungsprotokoll muss zum einen den Gesellschaftsvertrag (Satzung) enthalten. Der zwingende **Mindestinhalt** bestimmt sich nach § 3 GmbHG. Danach muss der Gesellschaftsvertrag enthalten

- die Firma und den Sitz der Gesellschaft,
- den Gegenstand des Unternehmens,
- den Betrag des Stammkapitals und
- die Zahl und die Nennbeträge der Geschäftsanteile, die jeder Gesellschafter gegen Einlage auf das Stammkapital (Stammeinlage) übernimmt (§ 3 Abs. 1 GmbHG).

Soll das Unternehmen auf eine gewisse Zeit beschränkt sein oder soll den Gesellschaftern außer der Leistung von Kapitaleinlagen noch andere Verpflichtungen gegenüber der Gesellschaft auferlegt werden, so sind auch hierzu Angaben im Gesellschaftsvertrag zu machen (§ 3 Abs. 2 GmbHG).

Adolf Reul

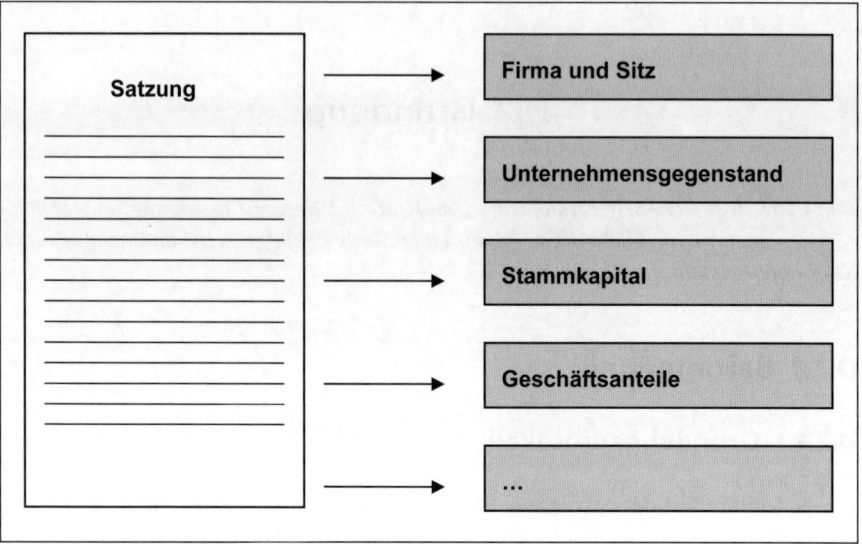

Abbildung D.2.1.2: (Mindest-)Inhalt der Satzung

Die Gesellschafter können den oder die Geschäftsführer bereits im Gesellschaftsvertrag benennen (§ 6 Abs. 3 S. 2 GmbHG).

> **!** Um nicht die Bestellung neuer Geschäftsführer von einer Satzungsänderung abhängig zu machen, empfiehlt sich, den Geschäftsführer nicht in der Satzung zu bestellen. Zu diesem Zweck wird die Gründungsurkunde aufgeteilt in das eigentliche Gründungsprotokoll und in die Satzung der Gesellschaft, die dem Gründungsprotokoll als (mitbeurkundete) Anlage beigefügt wird. Die Geschäftsführerbestellung erfolgt im eigentlichen Gründungsprotokoll.

D.2.1.3 Gründer

Gründer einer GmbH können natürliche oder juristische Personen sein. Eine **Einmanngründung** ist zulässig. Statthaft ist ebenso eine Vertretung bei der Gründung. Nach § 2 Abs. 2 GmbHG bedarf es hierzu einer notariell beurkundeten oder notariell beglaubigten Vollmacht. Eine vollmachtlose Stellvertretung ist möglich. Dann unterliegt die Genehmigung dem Formgebot des § 2 Abs. 2 GmbHG. Im Fall der Einpersonengründung verstößt eine vollmachtlose Vertretung allerdings gegen § 180 BGB und ist nichtig (LG Berlin GmbHR 1996, 123; DNotI-Report 2001, 23). Handelt ein Gründer gleichzeitig als Vertreter für andere Gründer, ist eine Befreiung von den Beschränkungen des § 181 BGB erforderlich.

D.2.1.4 Anmeldung zur Eintragung im Handelsregister

D.2.1.4.1 Zur Anmeldung Verpflichtete

Die Gesellschaft ist nach § 7 Abs. 1 GmbHG bei dem Gericht, in dessen Bezirk sie ihren Sitz hat, zur Eintragung in das Handelsregister anzumelden. Anmeldeverpflichtet sind nach § 78 GmbHG **sämtliche Geschäftsführer**, insbesondere also auch etwa vorhandene stellvertretende Geschäftsführer (§ 44 GmbHG). Keine Anmeldepflicht besteht für die Gesellschafter. Eine Stellvertretung ist ausgeschlossen.

 Übung D.2.1
Warum ist eine Stellvertretung bei der Anmeldung der Gründung unzulässig?

D.2.1.4.2 Voraussetzung der Anmeldung, Leistung der Einlage

Die Bargründung der Gesellschaft darf erst zur Eintragung in das Handelsregister angemeldet werden, wenn gem. § 7 Abs. 2 GmbHG auf jeden Geschäftsanteil ein **Viertel des Nennbetrags** eingezahlt ist. Insgesamt muss auf das Stammkapital mindestens so viel eingezahlt sein, dass der Gesamtbetrag der eingezahlten Geldeinlagen die Hälfte des Mindeststammkapitals nach § 5 Abs. 1 GmbHG erreicht.

 Beispiel D.2.2
Eine GmbH hat ein Stammkapital von 25.000,00 €. Es werden vier Geschäftsanteile mit einem Nennbetrag von 10.000,00 €, 5.000,00 €, 7.000,00 € und 3.000,00 € gebildet. Die Mindesteinzahlung von 25 % bei Bareinlagen muss für jeden übernommenen Geschäftsanteil geleistet werden. Im Übrigen ist für die Schwelle des § 7 Abs. 2 S. 2 GmbHG in Höhe von 12.500,00 € unerheblich, wie der Gesamtbetrag im Ergebnis gedeckt wird. Auf die vorgenannten Geschäftsanteile müssen also mindestens 2.500,00 €, 1.250,00 €, 1.750,00 € bzw. 750,00 € geleistet werden.

D.2.1.4.3 Leistung zur freien Verfügung

Voraussetzung für die Anmeldung ist weiter, dass der **Mindesteinlagebetrag gem. § 7 Abs. 2 GmbHG zur (endgültigen) freien Verfügung der Geschäftsführer geleistet** wurde (§§ 7 Abs. 3 und 8 Abs. 2 GmbHG). Die Einlageleistung muss der Verfügungsmacht des Gesellschafters in objektiv erkennbarer Weise entzogen sein. Regelmäßig erfolgt dies bei einer Bareinlageleistung durch vorbehaltlose Gutschrift auf einem Bankkonto der Gesellschaft.

 Beispiel D.2.3
Bei einer Einmanngründung genügt nicht die Einzahlung auf ein eigenes Konto des Einmanngründers. Ebenso wenig zulässig ist es, wenn der Alleingesellschafter und Alleingeschäftsführer den Betrag in einem Briefumschlag in seinem Safe verwahrt oder wenn der entsprechende Geldbetrag in einem Koffer zur Beurkundung des Gesellschaftsvertrages in bar mitgebracht und vorgezeigt wird (OLG Hamburg NZG 2002, 53; OLG Oldenburg ZIP 2008, 267).

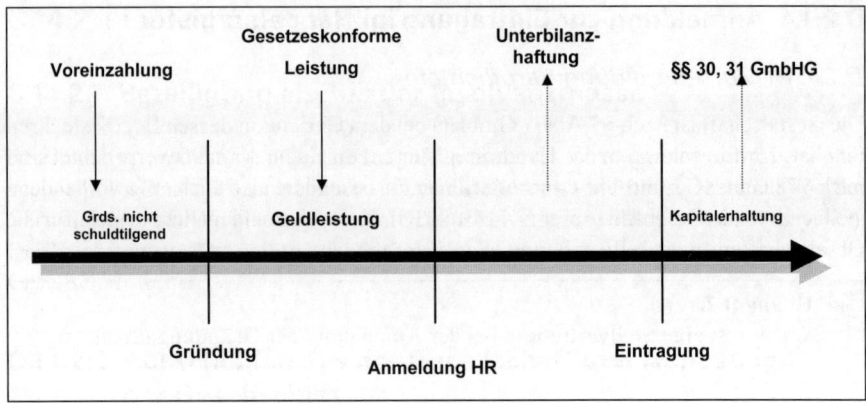

Abbildung D.2.1.4.3: Bargründung

D.2.1.4.4 Inhalt der Handelsregisteranmeldung

Der Inhalt der Handelsregisteranmeldung richtet sich nach § 8 GmbHG. Der Anmeldung müssen beigefügt sein der Gesellschaftsvertrag und etwaige Vollmachten, Nachweise über die Bestellung der Geschäftsführer und eine von den Geschäftsführern unterschriebene Liste der Gesellschafter, mit konkreten Angaben zu den Gesellschaftern und den Nennbeträgen und die laufenden Nummern der von jedem derselben übernommenen Geschäftsanteile. Soweit für die Tätigkeit der GmbH eine Genehmigung erforderlich ist, muss die Genehmigung anders als früher nicht mehr im Rahmen der Handelsregisteranmeldung vorgelegt werden. An der fehlenden Genehmigung scheitert die Eintragung der Gesellschaft nicht. Der fehlenden Genehmigung kann nur noch mit den Mitteln des Gewerbe- und/oder Ordnungswidrigkeitenrechts begegnet werden (s. zu möglichen Genehmigungserfordernissen beispielsweise *Heckschen/Heidinger*, Die GmbH in der Gestaltungs- und Beratungspraxis, 2. Aufl. 2009, § 2 Rn. 91).

Nachweise über die ordnungsgemäße Leistung der geschuldeten Einlagen sind im Rahmen der Anmeldung anders als im Aktienrecht (§ 37 Abs. 1 S. 4 AktG) grundsätzlich nicht zu erbringen. Im GmbH-Recht genügt die in der Anmeldung abzugebende Versicherung der Geschäftsführer, dass die in § 7 Abs. 2 und 3 GmbHG bezeichneten Leistungen auf die Geschäftsanteile bewirkt sind und dass der Gegenstand der Leistungen sich endgültig in der freien Verfügung der Geschäftsführer befindet. Nur bei erheblichen Zweifeln an der Richtigkeit der Versicherung kann das Registergericht weitere Nachweise verlangen (§ 8 Abs. 2 S. 2 GmbHG).

In der Anmeldung haben die Geschäftsführer nach § 8 Abs. 3 GmbHG weiter zu versichern, dass keine Umstände vorliegen, die ihrer Bestellung nach § 6 Abs. 2 S. 2 Nr. 2 und 3 sowie S. 3 GmbHG entgegenstehen und dass sie über ihre unbeschränkte Auskunftspflicht gegenüber dem Gericht belehrt worden sind (§ 8 Abs. 3 S. 1 GmbHG).

Ferner ist in der Anmeldung nach § 8 Abs. 4 GmbHG eine inländische Geschäftsanschrift sowie Art und Umfang der Vertretungsbefugnis der Geschäftsführer anzugeben.

Adolf Reul

Beispiel D.2.4

Die anzumeldende Vertretungsregelung muss ausdrücklich, vollständig und generell formuliert sein. Eine bloße Bezugnahme auf den Gesellschaftsvertrag genügt nicht. Es ist die für die Geschäftsführer generell bestehende Vertretungsbefugnis anzugeben und darüber hinaus auch die konkrete Vertretungsbefugnis, soweit diese für einzelne oder auch alle bestellten Geschäftsführer abweichend bestimmt ist. Anzugeben ist ferner eine Befreiung vom Verbot des § 181 BGB.

D.2.1.5 Entstehen der GmbH

Nach § 11 Abs. 1 GmbHG entsteht die GmbH erst **mit ihrer Eintragung im Handelsregister**. Nach § 9c GmbHG darf nur eine ordnungsgemäß errichtete und angemeldete Gesellschaft in das Register eingetragen werden. Das Registergericht prüft hierbei sämtliche formellen und materiellen gesetzlichen Eintragungsvoraussetzungen.

Auch wenn die GmbH erst mit Eintragung im Register entsteht, durchläuft die GmbH bereits vor diesem Zeitpunkt verschiedene rechtlich relevante Stadien. Ebenso wie im Aktienrecht ist neben der Eintragung der Gesellschaft im Handelsregister als maßgeblicher Zeitpunkt der Zeitpunkt der Beurkundung der Satzung entscheidend. Bis zum Zeitpunkt der Beurkundung der Satzung spricht man lediglich von einer sog. **Vorgründungsgesellschaft**. Rechtlich gesehen handelt es sich dabei um eine Gesellschaft bürgerlichen Rechts oder um eine OHG. Die Haftungsbeschränkung nach GmbH-Recht gilt nicht. Ebenso werden Forderungen und Verbindlichkeiten dieser Vorgründungs-GmbH nicht automatisch auf die im Handelsregister eingetragene GmbH übertragen. Es besteht keine Identität. Mit dem Zeitpunkt der notariellen Beurkundung des Gesellschaftsvertrages entsteht dagegen die sog. **Vor-GmbH** oder GmbH in Gründung (GmbH i. G.). Sie ist ein Personenverband eigener Art, der einem Sonderrecht unterstellt ist, das aus den im Gesetz und im Gesellschaftsvertrag enthaltenen Gründungsvorschriften und dem Recht der eingetragenen GmbH besteht, soweit dieses nicht schon die Eintragung voraussetzt (BGHZ 51, 30, 32; BGHZ 117, 323, 326). Die Vorgesellschaft ist körperschaftsrechtlich strukturiert und praktisch voll rechtsfähig. Rechte und Pflichten der Vor-GmbH gehen mit Eintragung in das Handelsregister automatisch auf die GmbH über (BGHZ 80, 129, 137 ff.). Vertreten wird die Vor-GmbH durch ihre Geschäftsführer. Deren Vertretungsmacht ist grundsätzlich auf den Zweck der Vorgesellschaft (die Eintragung der GmbH im Handelsregister zu bewirken) beschränkt. Eine Erweiterung dieser beschränkten Vertretungsmacht kann von den Gesellschaftern jedoch einstimmig beschlossen werden. Etwas anderes gilt, wenn im Wege einer Sachgründung ein bereits laufendes Unternehmen in die GmbH eingebracht werden soll. Hier ist notwendigerweise die Vertretungsmacht der Geschäftsführer nicht auf den Gründungszweck beschränkt.

 Bei der Gründung sind die verschiedenen Stadien Vorgründungsgesellschaft – Vor-Gesellschaft – eingetragene GmbH zu unterscheiden. Die Vor-GmbH entsteht erst mit der Beurkundung der Satzung der GmbH. Eine Identität besteht nur zwischen der Vor-GmbH und der GmbH.

D.2.2 Sachgründung

Nach § 5 Abs. 4 GmbHG kann die Gründung einer GmbH auch mittels Sacheinlagen erfolgen. § 5 Abs. 4 GmbHG verwendet dabei nur den Begriff der Sacheinlage, ohne ihn näher zu definieren. Erfasst ist damit die Sacheinlage im eigentlichen Sinn, bei welcher die Einlagepflicht selbst unmittelbar auf Erbringung von Sachen oder sonstigen Vermögensgegenständen gerichtet ist und nicht in Geld besteht. Erfasst werden von dieser Vorschrift auch Sachübernahmen, d. h. die Übernahme solcher Vermögenswerte durch die Gesellschaft gegen Vergütung, die auf die als Bareinlage vereinbarte Stammeinlage angerechnet wird (vgl. § 27 Abs. 1 S. 2 AktG). „Normale" Sachübernahmen i. S. d. § 27 Abs. 1 AktG, bei denen Vermögensgegenstände in die Gesellschaft eingebracht werden, für die der Einbringende aber als Gegenleistung keine Beteiligung an der Gesellschaft, sondern eine andere Gegenleistung erhält, sind für die Kapitalaufbringung im GmbH-Recht ohne Bedeutung.

Werden Sacheinlagen vereinbart, müssen Gegenstand der Sacheinlage und der Nennbetrag des Geschäftsanteils, auf den sich die Sacheinlage bezieht, nach § 5 Abs. 4 S. 1 GmbHG **im Gesellschaftsvertrag** festgesetzt werden. Weiter haben die Gesellschafter einen Sachgründungsbericht zu erstellen. Dieser muss alle für die Beurteilung der Angemessenheit der Sacheinlage durch das Registergericht wesentlichen Angaben enthalten. Die bei Sacheinlagen notwendigen Festsetzungen nach § 5 Abs. 4 S. 1 GmbHG müssen analog § 27 Abs. 5 AktG für die Dauer von fünf Jahren beibehalten werden.

⇒ **Beispiel D.2.5**

In Betracht kommen z. B. Anschaffungs- bzw. Herstellungspreise; ein gegenwärtiger Markt- oder Börsenpreis; bei Grundstücken Wertangaben des Gutachterausschusses; bei Fahrzeugen die von Sachverständigen erstellten Listenpreise. Soll ein Unternehmen eingebracht werden, ist zusätzlich das Jahresergebnis der beiden letzten Geschäftsjahre anzugeben (§ 5 Abs. 4 S. 2 GmbHG).

Werden Sacheinlagen geleistet, sind diese gem. § 7 Abs. 3 GmbHG **zwingend vor der Anmeldung** der Gesellschaft zur Eintragung in das Handelsregister so an die Gesellschaft **zu bewirken**, dass sie endgültig zur freien Verfügung der Geschäftsführer stehen. Sacheinlagen sind also anders als Bareinlagen vor der Anmeldung vollständig zu bewirken. § 36a Abs. 2 S. 2 AktG gilt nicht. Die Einbringung erfolgt mittels **Einbringungsvertrag**. Dieser kann grundsätzlich formfrei geschlossen werden, es sei denn, es gelten besondere Formvorschriften (z. B. §§ 311b BGB, 15 GmbHG).

Werden im Rahmen der Gründung Bar- und Sacheinlagen geleistet, reduzieren die Sacheinlagen nach § 7 Abs. 2 S. 2 GmbHG den Mindesteinlagebetrag bei den Bareinlagen. Es bleibt aber dabei, dass auf jeden Geschäftsanteil, auf den eine Bareinlage geleistet werden muss, mindestens ein Viertel des Nennbetrags einzuzahlen ist (§ 7 Abs. 2 S. 1 GmbHG).

Beispiel D.2.6

Die GmbH hat ein Stammkapital von 25.000,00 €. Es wird ein Geschäftsanteil in Höhe von 10.000,00 € und ein Geschäftsanteil in Höhe von 15.000,00 € gebildet. Auf den Geschäftsanteil in Höhe von 10.000,00 € soll eine Sacheinlage erbracht werden. Der Mindestbarleistungsbetrag auf die Bareinlage beträgt wegen § 7 Abs. 2 S. 1 GmbHG 3.750,00 €.

Für die **Handelsregisteranmeldung** gilt ebenso § 8 GmbHG. Zuzüglich zu den Voraussetzungen für die Anmeldung einer Bargründung sind nach § 8 Abs. 1 Nr. 4 und 5 GmbHG die Verträge, die den Festsetzungen zugrunde liegen oder zu ihrer Ausführung geschlossen worden sind, der Sachgründungsbericht als auch Unterlagen darüber, dass der Wert der Sacheinlagen den Nennbetrag der dafür übernommenen Geschäftsanteile erreicht, der Anmeldung beizufügen. Von diesen Festsetzungen in der Satzung zu unterscheiden ist der Einbringungsvertrag. Der Einbringungsvertrag enthält selbst die Regelungen über die Art und Weise der Einbringung des Sacheinlagegegenstandes sowie in der Regel die dingliche Einigung nach §§ 925, 929 BGB. Der Einbringungsvertrag kann, muss aber nicht in einer separaten Urkunde zum Gesellschaftsvertrag geschlossen werden.

Das Verfahren der Prüfung und Eintragung durch das Registergericht entspricht im Wesentlichen dem der Bargründung. Im Falle einer **Überbewertung** der Sacheinlagen liegt

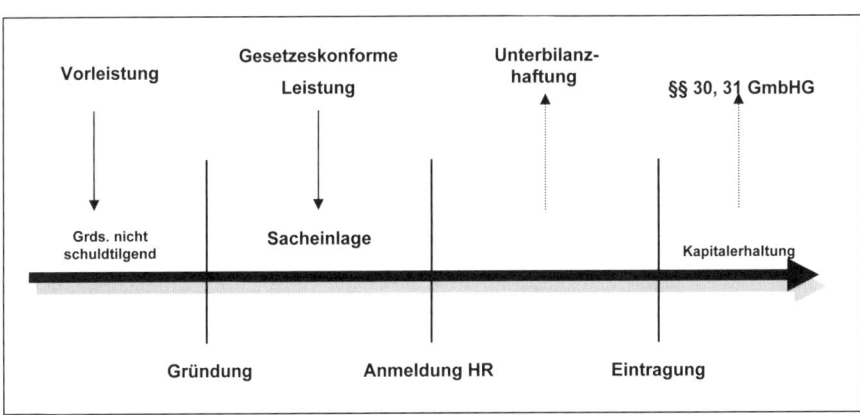

Abbildung D.2.2: Sachgründung

ein Eintragungshindernis nur dann vor, wenn die Überbewertung nicht unwesentlich ist (§ 9c Abs. 1 S. 2 GmbHG). Unabhängig davon haftet im Falle einer Überbewertung der Sacheinlagen der Gesellschafter auf den jeweiligen Differenzbetrag (§ 9 Abs. 1 GmbHG; sog. **Differenzhaftung**). Maßgeblich sind die Wertverhältnisse im Zeitpunkt der Anmeldung beim Handelsregister. Unschädlich ist eine Unterbewertung der Sacheinlagen.

 Übung D.2.2

Gibt es einen Nachteil der Sachgründung gegenüber einer Bargründung?

Adolf Reul

D.2.3 Mischformen

Ebenso wie im Aktienrecht ist es auch im GmbH-Recht möglich, eine Bareinlage mit einer Sacheinlage in Form einer sog. **Mischeinlage** oder **gemischten Einlage** zu kombinieren.

 Beispiel D.2.7

Auf einen Geschäftsanteil von 20.000,00 € wird ein Teilbetrag in Höhe von 12.000,00 € als Sacheinlage durch Einbringung einer Maschine erbracht. Der restliche Teilbetrag in Höhe von 8.000,00 € wird in bar geleistet.

Bei der gemischten Einlage erhält der Einleger des Sacheinlagegegenstandes nur zum Teil Anteilsrechte an der Gesellschaft. Der Rest der Vergütung wird anderweitig geleistet.

 Beispiel D.2.8

Auf einen Geschäftsanteil in Höhe von 15.000,00 € werden vereinbarungsgemäß Patente und Lizenzen eingebracht. Der Wert dieser Patente und Lizenzen beträgt 50.000,00 €. Der Differenzbetrag (50.000,00 € – 15.000,00 €) wird der Gesellschaft als Darlehen gewährt.

D.2.4 Vereinfachtes Gründungsverfahren

Zulässig ist nunmehr ein vereinfachtes Gründungsverfahren nach **§ 2 Abs. 1a GmbHG**. Die vereinfachte Gründung erfolgt durch Verwendung des in der Anlage 1 zum GmbH-Gesetz beigefügten **Musterprotokolls**. Dieses beinhaltet drei Dokumente in einem, den Gesellschaftsvertrag, die Gesellschafterliste und die Bestellung des Geschäftsführers. Bei Verwendung des Musterprotokolls ist daher die Einreichung einer zusätzlichen Gesellschafterliste entbehrlich. Zusätzlich bedarf es noch einer Handelsregisteranmeldung. Das Musterprotokoll selbst ist notariell zu beurkunden. Insgesamt gibt es vier Musterprotokolle:

- Gründung einer UG (haftungsbeschränkt) durch einen Gründer,
- Gründung einer UG (haftungsbeschränkt) durch zwei oder drei Gründer,
- Gründung einer GmbH (haftungsbeschränkt) durch einen Gründer und
- Gründung einer GmbH (haftungsbeschränkt) durch zwei oder drei Gründer.

Voraussetzung für die vereinfachte Gründung ist, dass die Gesellschaft maximal drei Gesellschafter sowie einen einzigen Geschäftsführer hat.

Der **Vorteil** der vereinfachten Gründung liegt in der kostenrechtlichen Privilegierung durch § 41d KostO. Ein weiterer Vorteil soll in der Beschleunigung des Gründungsverfahrens liegen, weil das Registergericht lediglich prüfen muss, ob das Musterprotokoll ohne unzulässige Abweichungen beurkundet wurde, mithin also die weitergehenden materiell-rechtlichen Prüfungen nach § 9c Abs. 2 GmbHG unterbleiben können. Wesentlicher **Nachteil** bei der Verwendung des Musterprotokolls ist es, dass von den Vorgaben des Musterprotokolls bis zur Eintragung der Gesellschaft nicht abgewichen werden kann. Individuelle Regelungen, wie sie insbesondere für eine Mehrpersonen-GmbH zwingend erforderlich sind, können erst im Wege einer Satzungsänderung vereinbart werden. Unklar ist auch, ob die Bestellung des Geschäftsführers im Musterprotokoll dazu führt, dass bei einem Geschäftsführerwechsel eine Satzungsänderung erforderlich ist oder ein einfacher Gesellschafterbeschluss wie sonst auch genügt.

 Beispiel D.2.9

Bei Gründung einer GmbH durch Verwendung des gesetzlichen Musterprotokolls bei einer Mehrpersonen-GmbH fehlen insbesondere folgende Regelungen: Vinkulierungsklauseln, Regelungen zur Erbfolge, Güterstandsklauseln, Regelungen zu Zustimmungsvorbehalten, Kündigungsklauseln, Einziehungs- und Abtretungsklauseln, Regelungen zur Beschlussfähigkeit und Beschlussfassung, Wettbewerbsverbot und Schiedsklauseln.

? **Übung D.2.3**

Bei welchem „Typ" von GmbH kommt die vereinfachte Gründung am ehesten in Betracht?

§ 2 Abs. 1a GmbHG bezieht die Verwendung des Musterprotokolls nur auf die Eintragung der Gesellschaft. **Spätere Änderungen** des Musterprotokolls im Wege normaler Satzungsänderungen werden dadurch nicht verboten. Unklar ist allein, ob solche späteren Änderungen noch von der kostenrechtlichen Privilegierung des § 41d KostO erfasst werden. Nach der Regierungsbegründung dürfte dies nur anzunehmen sein, wenn sich diese Änderungen innerhalb des vorgegebenen Rahmens des Musterprotokolls halten.

Änderungen des Musterprotokolls vor Eintragung der Gesellschaft sind dagegen nur insoweit zulässig, als es im Musterprotokoll ausdrücklich vorgesehen ist. Individuelle Angaben können daher gemacht werden zum Sitz und zur Firma der Gesellschaft, zum Unternehmensgegenstand, zur Höhe und Aufteilung des Stammkapitals sowie zur Erbringung der Einlagen in bar zur Hälfte oder in voller Höhe. Aus dem Wortlaut des Musterprotokolls folgt mithin, dass bei Verwendung des Musterprotokolls nur Bareinlagen zulässig sind. Ebenso unzulässig ist die Bestellung von mehreren Geschäftsführern.

Str. ist, ob die **Bestellung des Geschäftsführers** im Musterprotokoll den Charakter einer Satzungsklausel hat, so dass sowohl ein Wechsel in der Person des Gesschäftsführers als auch (erst recht) die Bestellung eines zweiten Geschäftsführers eine Satzungsänderung unter Beachtung der entsprechenden Förmlichkeiten (§§ 53 ff. GmbHG) erforderlich macht. Die h.M. verneint dies.

Werden Satzungsänderungen nach Eintragung der Gesellschaft vorgenommen und überschreiten diese den vorgegebenen Rahmen des Musterprotokolls (z.B. Bestellung eines zweiten Geschäftsführers; Aufnahme eines vierten Gesellschafters; Teilung von Geschäftsanteilen), muss der Gesellschaft ein (neuer) Gesellschaftsvertrag gegeben sowie eine neue Gesellschafterliste erstellt und diese zum Handelsregister eingereicht werden, denn das Musterprotokoll ersetzt den Gesellschaftsvertrag und die Gesellschafterliste nur in dem vom Musterprotokoll vorgegebenen Inhalt (*Heckschen/Heidinger*, Die GmbH in der Gestaltungs- und Beratungspraxis, 2. Auflage 2009, § 2 Rn. 24 ff.).

D.2.5 Detailprobleme im Zusammenhang mit der Gründung

D.2.5.1 Grundsatz der Kapitalaufbringung

Wesensmerkmal der Kapitalgesellschaften ist u. a. die Beschränkung der Haftung auf das Gesellschaftsvermögen (§ 13 Abs. 2 GmbHG). Im Gegensatz dazu dient das Stammkapital der Gesellschaft als Mindestgarantiekapital bzw. als Haftkapital. Das Kapitalgesellschaftsrecht und damit auch das GmbHG versucht daher sicherzustellen, dass das im Handelsregister genannte Stammkapital zumindest einmal ordnungsgemäß an die Gesellschaft geleistet wurde.

 Wesentlich für die Haftungsbeschränkung ist die ordnungsgemäße Kapitalaufbringung.

D.2.5.1.1 Voreinzahlung

Bei der Gründung ist sicherzustellen, dass zumindest einmal im Zeitpunkt der Eintragung der Gesellschaft im Handelsregister das Stammkapital unbelastet vorhanden ist (**Unversehrtheitsgrundsatz**). Die Kapitalaufbringung wird stichtagsbezogen beurteilt. Entscheidend für die Erbringung der Einlageleistung ist damit, dass diese auch tatsächlich in das Vermögen der GmbH gelangt ist. Wie bereits oben dargestellt (Ziffer 2.1.5), ist im Rahmen der Gründung zwischen der Vorgründungsgesellschaft, der Vor-GmbH und der im Handelsregister eingetragenen GmbH zu unterscheiden. Da eine „Identität" aber nur zwischen der Vor-GmbH und der eingetragenen GmbH besteht, nicht aber gegenüber der Vorgründungsgesellschaft, ergibt sich von selbst, dass die Einlageleistung mit schuldtilgender Wirkung erst dann erbracht werden kann, wenn der **Gesellschaftsvertrag der GmbH notariell beurkundet** worden ist. Eine Zahlung vor diesem Zeitpunkt stellt eine **Voreinzahlung** dar und führt bei der Gründung grundsätzlich **nicht zur Tilgung der Einlageschuld**. Auch wenn großzügige Stimmen in der Literatur davon ausgehen, dass solche Leistungen bei einem engen zeitlichen Zusammenhang zwischen Einzahlung und Beurkundung des Gesellschaftsvertrages als „technische Voreinzahlung" zugunsten der Vor-GmbH zu werten sind und daher schuldtilgende Wirkung haben, sollten solche Voreinzahlungen in der Praxis tunlichst vermieden werden (vgl. dazu OLG Schleswig GmbHR 2003, 1058; OLG Frankfurt GmbHR 2005, 681). Es besteht die Gefahr, dass die schuldtilgende Wirkung dieser Zahlungen nicht anerkannt wird, sodass ggf. die Einlageleistung erneut erbracht werden muss.

 Bei Voreinzahlungen der Einlage vor Abfassung des notariellen Gründungsprotokolls droht ein erhebliches Haftungsrisiko für die Gründer.

D.2.5.1.2 Vorbelastungsverbot/wertgleiche Deckung

Die allein schuldtilgende Leistung zur endgültigen freien Verfügung der Geschäftsführung erfordert, dass die Einlage der Verfügungsmacht des Gesellschafters entzogen ist und endgültig rechtlich und tatsächlich in das Vermögen der (Vor-)GmbH übergegangen ist. Anerkannt ist, dass dieser Einlagebetrag bei der GmbH nicht zwingend bis zum Zeitpunkt der Eintragung der Gesellschaft im Handelsregister unversehrt liegen bleiben muss. Es gilt der sog. **Grundsatz der wertgleichen Deckung**. Es genügt, wenn die Einlageleistungen bei der Gesellschaft zumindest ihrem Wert nach noch uneingeschränkt, jedoch nicht notwendig gegenständlich unverändert vorhanden sind (BGHZ 119, 177, 186 ff.). Eine wertgleiche Deckung liegt vor, wenn an die Stelle der eingezahlten Bareinlagen wertgleiche aktivierungsfähige Vermögensgegenstände getreten sind. Nicht ausreichend ist dagegen die bloße Verwendung der Einlageleistung für Zwecke der Gesellschaft (beispielsweise Zahlungen von Mieten und Löhnen). Ein Eintragungshindernis stellt es ebenso dar, wenn das Stammkapital der Gesellschaft durch anderweitige Verbindlichkeiten vorbelastet ist und nicht durch weitere Vermögensleistungen wieder ausgeglichen wurde. Minderungen durch den Gründungsaufwand sind unschädlich und müssen nicht angegeben werden, sofern dies im Gesellschaftsvertrag ausdrücklich festgesetzt ist. Unschädlich sind demgegenüber schuldrechtliche Verwendungsabreden, wenn also vereinbart wird, dass mit den Einlageleistungen bestimmte Rechtsgeschäfte getätigt werden sollen. Nicht zu einer schuldtilgenden Leistung führt es aber, wenn die eingezahlten Mittel mittelbar oder unmittelbar an den Einleger zurückfließen (BGH NJW 2006, 509; s. hierzu aber die Ausnahme des § 19 Abs. 5 GmbHG n. F.).

D.2.5.1.3 Verdeckte Sacheinlage

D.2.5.1.3.1 Voraussetzungen

Bei verdeckten Sacheinlagen handelt es sich um Gestaltungen zur **Umgehung der Sacheinlagevorschriften,** wobei der Gesellschaft nicht effektiv oder bleibend Barkapital und neue Liquidität zugeführt wird. Die verdeckte Sacheinlage kann bei der Gründung ebenso wie bei einer Barkapitalerhöhung vorkommen. Der Tatbestand einer verdeckten Sacheinlage setzt sich nach heute h. M. wie folgt zusammen:

- Begründung einer Bareinlagepflicht durch Bargründung oder Barkapitalerhöhung;
- Verkehrsgeschäft zwischen der Gesellschaft und dem Einlageschuldner oder einem Dritten; dieses zerfällt seinerseits in das schuldrechtliche Verpflichtungsgeschäft und das dingliche Vollzugsgeschäft;
- Umgehungsabrede zwischen der Gesellschaft und dem Einlageschuldner bzw. zwischen diesem und den übrigen Gesellschaftern.

Mit Inkrafttreten des MoMiG gibt es in § 19 Abs. 4 S. 1 GmbHG auch eine **Legaldefinition** für die verdeckte Sacheinlage als „Geldeinlage eines Gesellschafters [, die] bei wirtschaftlicher Betrachtung und aufgrund einer im Zusammenhang mit der Übernahme der Geldeinlage getroffenen Abrede vollständig oder teilweise als Sacheinlage zu bewerten [ist]."

Beispiel D.2.10

Die häufigsten Fälle sind dabei die Verrechnung der Einlageforderung der Gesellschaft mit einem Anspruch des Gesellschafters auf Tilgung einer Altforderung oder Neuforderung. Die Reihenfolge der Zahlungen ist für die Beurteilung der Frage, ob eine verdeckte Sacheinlage vorliegt, ohne Bedeutung. Es macht keinen Unterschied, ob zunächst der Gesellschafter die Einlage erbringt und sie dann zurückerhält oder umgekehrt zuerst die Gesellschaft leistet und der Gesellschafter diese Zahlung zur Einlageleistung verwendet.

Auch das **Hin- und Herzahlen** von Geld (die Einlageleistung wird z. B. sofort wieder an den Gesellschafter als Darlehen zurückbezahlt) ist grundsätzlich als Fall der verdeckten Sacheinlage zu werten. Hierzu hat der BGH aber entschieden, dass eine verdeckte Sacheinlage dann nicht vorliegt, wenn der zunächst an den Einleger als Darlehen oder im Wege einer Treuhandvereinbarung zurückgewährte Bareinlagebetrag später vom Inferenten endgültig an die Gesellschaft geleistet wird. Hier stellt das Hin- und Herzahlen unter Kapitalaufbringungsgesichtspunkten einen einheitlichen Vorgang dar, bei dem der Gesellschaft nichts zugeführt wird und bei dem auch der Gesellschafter nichts von der Gesellschaft zurückerhält. Bestehen bleibt eine einzige Schuld des Gesellschafters, nämlich die Einlageschuld. Diese kann dann durch eine spätere Einzahlung getilgt werden, auch wenn dies fälschlicherweise etwa als „Darlehensrückzahlung" oder „Erfüllung des Treuhandverhältnisses" bezeichnet wird. Eine verdeckte Sacheinlage liegt nicht vor, denn ein Rückzahlungsanspruch gegen den Gesellschafter aus einem Darlehensvertrag oder einer Treuhandabrede scheidet als Sacheinlage aus, weil der unerfüllte Bareinlageanspruch nicht Gegenstand einer Sacheinlage sein kann (BGH ZIP 2005, 2203, ZIP 2006, 331; ZIP 2006, 1633). Anders ist es, wenn anstelle der „Darlehenskonstruktion" bereits von vornherein eine Forderung vorhanden ist, die als Sacheinlage dienen kann. Schuldtilgend kann diese Forderung nur im Wege einer Sacheinlage eingebracht werden. Dies ist z. B. der Fall, wenn eine Bareinlage auf eine Kapitalerhöhung nach vorgefasstem Plan alsbald in ein Cash-Pool-System einbezahlt wird, um dort bestehende Darlehensverbindlichkeiten der Gesellschaft zu tilgen (BGH ZIP 2006, 665).

Besteht ein **enger sachlicher und zeitlicher Zusammenhang** zwischen diesen Vorgängen, ist dies ein beweiskräftiges Indiz für ein abgestimmtes Verhalten der Beteiligten, das auf die Herbeiführung des wirtschaftlichen Erfolgs des verdeckten Rechtsgeschäfts gerichtet ist. Nach der Rechtsprechung besteht der zeitliche Zusammenhang bei einem Zeitraum von acht Monaten, die Literatur geht von einem Zeitraum von zwölf Monaten aus.

Auf der Seite des Einlageschuldners gilt nach der Rechtsprechung des BGH, dass sich dieser die Leistung an einen Dritten i. S. einer Rückzahlung zurechnen lassen muss, wenn er dadurch in gleicher Weise begünstigt wird wie im Falle einer Leistung an ihn selbst.

D.2.5.1.3.2 Rechtfolgen

Rechtsfolge der verdeckten Sacheinlage ist die Anwendung der objektiv umgangenen Norm. Bislang galten auch im GmbH-Recht die §§ 27 Abs. 3 bzw. 183 Abs. 2 AktG a. F. analog, wonach auch die Verträge über die Sacheinlage und die Rechtshandlungen zu ihrer Ausführung der Gesellschaft gegenüber unwirksam sind, soweit im Gründungsprotokoll bzw. im Beschluss über die Erhöhung des Stammkapitals nicht bestimmte Mindestangaben hinsichtlich der Sacheinlage festgesetzt werden. Hat der Gesellschafter zwar bar geleistet, wurde jedoch zuvor oder danach von der GmbH oder für deren Rechnung eine bereits vor der Bargründung/Barkapitalerhöhung anderweitig bestehende Verbindlichkeit ihm gegenüber getilgt, so besteht die Einlageforderung der GmbH gegenüber dem Gesellschafter fort; eine wirksame Tilgung ist nicht erfolgt. Der Gesellschafter seinerseits hat bezüglich seiner angeblich geleisteten Bareinlage einen insolvenzanfälligen Bereicherungsanspruch gegen die GmbH. Ist dieser Anspruch vollwertig, ist wegen § 19 Abs. 2 S. 2 GmbHG im Grunde nur die GmbH zur Aufrechnung befugt.

Im Falle einer verdeckten Sacheinlage droht den Einlegern grundsätzlich die Gefahr, die Einlageleistung im Ergebnis zweimal leisten zu müssen.

Diese strengen Haftungsfolgen bei einer verdeckten Sacheinlage hat der Gesetzgeber mit Inkrafttreten des **MoMiG** jedoch für das GmbH-Recht (zunächst nicht aber auch für das Aktienrecht) wesentlich gemildert. Wie bisher kommt der baren Einlageleistung bei Vorliegen einer verdeckten Sacheinlage zwar keine Erfüllungswirkung zu (§ 19 Abs. 4 S. 1 GmbHG n. F.). Es kann aber in Zukunft der objektive Wert der verdeckt eingelegten Sacheinlage auf die Geldeinlageverpflichtung **angerechnet** werden (§ 19 Abs. 4 S. 3 GmbHG n. F.). Damit beschränkt sich im Grundfall der verdeckten Sacheinlage die Haftung des betreffenden Gesellschafters künftig nur noch auf den Differenzbetrag, um den der Wert des eingebrachten Vermögensgegenstandes den Nennbetrag des übernommenen Geschäftsanteils unterschreitet. Entgegen der bisherigen Rechtslage ist bei Vorliegen einer verdeckten Sacheinlage im GmbH-Recht weder das damit verbundene schuldrechtliche noch das dingliche Rechtsgeschäft zu ihrer Ausführung nichtig ist (§ 19 Abs. 4 S. 2 GmbHG n. F.).

Bei Vorliegen einer verdeckten Sacheinlage befreit die Geldleistung nicht von der Einlageverpflichtung. Daher kann der **Geschäftsführer** nicht wahrheitsgemäß die nach § 8 Abs. 2 S. 1 GmbHG notwendige **Versicherung** abgeben. Tut er dies gleichwohl, macht er sich nach § 82 Abs. 1 Nr. 1 GmbHG strafbar. Auch muss der Registerrichter nach § 9c Abs. 1 GmbHG die Eintragung ablehnen, wenn er die verdeckte Sacheinlage erkennt. Zugunsten des Inferenten besteht aber die in § 19 Abs. 4 S. 3 GmbHG genannte Anrechnungslösung. Die Anrechnung erfolgt automatisch kraft Gesetzes. § 19 Abs. 4 S. 4 GmbHG legt den Zeitpunkt der Anrechnung auf die Eintragung oder eine evtl. spätere Überlassung des Sacheinlagegegenstandes fest. Davon zu unterscheiden ist der Zeitpunkt der Bewertung des Gegenstandes im Hinblick auf die Anrechnung. Dies ist nach § 19 Abs. 4 S. 3 GmbHG der Zeitpunkt der Anmeldung.

D.2.5.1.3.3 Heilung

Vor Inkrafttreten des § 19 Abs. 4 GmbHG n. F. hat der BGH die Heilung einer verdeckten Sacheinlage zunächst dadurch zugelassen, dass der den Gesellschaftern zustehende Bereicherungsanspruch bzw. das Eigentum des verdeckt eingelegten Gegenstandes (vgl. § 27 Abs. 3 AktG analog) im Wege einer neuen Sachkapitalerhöhung in die GmbH eingebracht wird (BGH NZG 1998, 428). Ob diese Grundsätze zur Heilung einer verdeckten Sacheinlage auch nach Neufassung des § 19 Abs. 4 GmbHG noch weiter gelten, ist unklar. Die Regierungsbegründung bejaht dies (BT-Drucks. 16/6140, S. 95). M. E. ist dies zu bezweifeln, da bei Werthaltigkeit des verdeckt eingelegten Sacheinlagegegenstandes eine Heilung wirtschaftlich unattraktiv erscheint. Die offene bare Einlageverpflichtung ist dann schon durch die **gesetzlich angeordnete Anrechnung** automatisch erloschen. Relevant könnte die Heilung allenfalls deshalb sein, um beweiskräftig den Wert des Sacheinlagegegenstandes festzustellen (vgl. dazu Heckschen/Heidinger, Die GmbH in der Gestaltungs- und Beratungspraxis, § 11 Rn. 297 ff.).

D.2.5.1.4 Ordnungsgemäßes Hin- und Herzahlen

Für das sog. ordnungsgemäße Hin- und Herzahlen enthält § 19 Abs. 5 S. 1 GmbHG n. F. eine weitere **Spezialregelung**. Ist vor der Einlage eine Leistung an den Gesellschafter vereinbart worden, die wirtschaftlich einer Rückzahlung der Einlage entspricht und die nicht als verdeckte Sacheinlage i. S. d. § 19 Abs. 4 GmbHG zu beurteilen ist, befreit diese den Gesellschafter von seiner Einlageverpflichtung nur dann, wenn die Leistung durch einen vollwertigen Rückgewähranspruch gedeckt ist, der jederzeit fällig ist oder durch fristlose Kündigung durch die Gesellschaft fällig werden kann. Eine solche Leistung oder die Vereinbarung einer solchen Leistung ist in der Handelsregisteranmeldung nach § 8 GmbHG anzugeben (§ 19 Abs. 5 S. 2 GmbHG).

Ein Fall des ordnungsgemäßen „Hin- und Herzahlens" i. S. d. § 19 Abs. 5 GmbHG liegt vor, wenn im unmittelbaren Anschluss an eine erfolgte Bareinlage der eingezahlte Geldbetrag in Form eines Darlehens wird zurück an den Gesellschafter fließt. Diese Darlehensgewährung im Rahmen des Hin- und Herzahlens stellt keine verdeckte Sacheinlage dar (§ 19 Abs. 5 S. 1 und Abs. 4 S. 1 GmbHG). Zwar wird auch in diesem Fall angesichts der Auszahlung der Darlehensvaluta wirtschaftlich ein anderer Gegenstand als der geschuldete eingebracht, nämlich der jeweilige Zins- und Darlehensrückzahlungsanspruch. Derartige schuldrechtliche Ansprüche gegen den Gesellschafter sind jedoch nach allgemeiner Ansicht nicht sacheinlagefähig, da ansonsten die Einlageforderung der Gesellschaft gegen den einbringenden Gesellschafter durch eine schwächere schuldrechtliche Forderung gegen diesen ersetzt werden könnte (BGH GmbHR 2006, 43, 44). Da eine derartige Forderung nicht sacheinlagefähig ist, kann sie auch nicht als verdeckte Sacheinlage qualifiziert werden. Auf derartige Fälle findet daher nicht § 19 Abs. 4 GmbHG, sondern ausschließlich § 19 Abs. 5 GmbHG Anwendung (BT-Drucks. 16/6140, S. 78). Gleichgestellt sind die Fälle, die „wirtschaftlich einer Rückzahlung der Einlage entsprechen. Erfasst wird dabei zum einen der umgekehrte Fall, dass im Rahmen eines „Her- und Hinzahlens" von der Gesellschaft dem Gesellschafter zunächst ein Darlehen gewährt wird, wobei der Gesellschafter dann mit der Darlehensvaluta die Bareinlageleistung erfüllt. Erfasst wird aber auch beispielsweise die Sicherheitsgewährung aus dem Vermögen der Gesellschaft zugunsten des Inferenten für einen Bankkredit in Höhe der baren Einlageleistung.

Voraussetzung für § 19 Abs. 5 GmbHG ist weiter, dass die Vereinbarung einer solchen Leistung „vor der Leistung" erfolgt sein muss. Eine Rückzahlung ohne entsprechende Vereinbarung fällt nicht unter § 19 Abs. 5 GmbHG. Die in § 19 Abs. 5 GmbHG angeordnete Erfüllungswirkung der ursprünglich auf die Einlageschuld getätigten Bareinzahlung tritt weiterhin nur dann ein, wenn (und nicht „soweit") diese an den Gesellschafter zurückgewährte Leistung durch einen vollwertigen Gegenleistungs- oder Rückgewähranspruch gedeckt ist. Der Gesetzgeber fordert dabei eine bilanzielle Betrachtungsweise, sodass man hier vorrangig auf eine zu 100 % aktivierungsfähige Forderung abstellen muss. Weiter muss der Rückgewähranspruch jederzeit fällig sein oder fällig gestellt werden können. Entscheidender Zeitpunkt für die Beurteilung der Vollwertigkeit ist die Mittelausreichung. Verschlechtert sich die Liquidität der Gesellschaft nachträglich, kann den Geschäftsführer eine Rückforderungspflicht treffen, deren Verletzung zu einer Haftung nach § 43 Abs. 2 GmbHG führt.

Liegen die Voraussetzungen des § 19 Abs. 5 GmbHG vor, kommt es zu einer echten Erfüllung und nicht nur wie bei der verdeckten Sacheinlage gegebenen wertmäßigen

Anrechnung. Fehlt es hingegen an der Vollwertigkeit oder an den Anforderungen zur Fälligkeit der Rückzahlungsforderung, liegt keine wirksame Erfüllung der Einlageschuld vor. Es bleibt bei den oben dargestellten Grundsätzen zum Hin- und Herzahlen. § 19 Abs. 5 GmbHG geht von einem „Alles-oder-Nichts-Prinzip" aus. Entweder kommt es also hierbei zu einer echten Erfüllung der gesamten Einlageschuld oder die gesamte Einlageschuld wird gerade nicht erfüllt.

§ 19 Abs. 5 GmbHG n. F. hat vor allem Bedeutung für einen **Cash Pool**.

Beispiel D.2.11

A, B und C sind drei GmbHs. Sie bilden zusammen der XY-AG den XY-Konzern. Mittels eines Cash-Pool-Systems reichen A, B und C ihre vorhandene Liquidität in Form von Darlehen an die den Cash Pool führende XY-AG weiter, die ihrerseits A, B oder C bei Liquiditätsbedarf jeweils Darlehen in entsprechender Höhe gewährt. Bei A wird eine Kapitalerhöhung durchgeführt, deren Einlage vollständig durch eine Bareinlage durch die XY-AG erbracht werden soll. Absprachegemäß wird die von der XY-AG geleistete Bareinlage sogleich wieder in das Cash-Pool-System eingestellt. Soweit das an die XY-AG zurückgewährte Kapital eine neue Darlehensforderung gegenüber der XY-AG begründet, liegt ein Fall des Hin- und Herzahlens i. S. d. § 19 Abs. 5 GmbHG vor. Ein Fall der verdeckten Sacheinlage ist nicht gegeben, weil eine Forderung gegen einen Gesellschafter nicht sacheinlagefähig ist. Wird dagegen mit dem zurückgewährten Kapital eine bereits bestehende Darlehensforderung der XY-AG gegen die A getilgt, handelt es sich um eine verdeckte Sacheinlage. Die Forderung der XY-AG gegen die A-GmbH kann tauglicher Gegenstand einer Sacheinlage sein. Die Voraussetzungen des § 19 Abs. 5 GmbHG liegen damit nicht vor.

D.2.5.1.5 Verrechnungen und Aufrechnungen

Nach § 19 Abs. 2 S. 2 GmbHG ist die Aufrechnung gegen den Anspruch der Gesellschaft auf Leistung der Einlage nur zulässig mit einer Forderung aus der Überlassung von Vermögensgegenständen, deren Anrechnung auf die Einlageverpflichtung nach § 5 Abs. 4 S. 1 GmbHG vereinbart worden ist.

§ 19 Abs. 2 S. 2 GmbHG erfasst zunächst das **Verbot der Aufrechnung** gegen die Einlageforderung durch den Gesellschafter. Darüber hinaus wird von dieser Bestimmung auch der Fall einer Sachübernahme erfasst, bei welcher vereinbart wird, dass die Gesellschaft einen Vermögensgegenstand übernimmt und die Vergütung auf die Einlageverpflichtung des Gesellschafters angerechnet werden soll. Auf die Sachübernahme finden die für Sacheinlagen geltenden Vorschriften Anwendung. Nicht erfasst wird vom Verbot der Aufrechnung nach § 19 Abs. 2 S. 2 GmbHG der umgekehrte Fall der einseitigen Aufrechnung durch die Gesellschaft mit dem Bareinlageanspruch gegen eine Forderung des Gesellschafters. Eine solche Aufrechnung ist zulässig und schuldtilgend, wenn die verrechnete Forderung vollwertig, liquide und fällig ist. Es kann darin aber eine verdeckte Sacheinlage i. S. d. § 19 Abs. 4 GmbHG zu erkennen sein (bei entsprechender Abrede). Verboten ist demgegenüber nach dem Wortlaut des § 19 Abs. 2 S. 2 GmbHG eine Aufrechnung durch den Gesellschafter. Fraglich sind jedoch die Rechtsfolgen. Nach dem Wortlaut des Gesetzes muss man davon ausgehen, dass die Einlageforderung in vollem Umfang nicht erfüllt worden ist. Denkbar ist allerdings auch, hier die Regeln der verdeckten Sacheinlage nach § 19 Abs. 4 GmbHG anzuwenden (s. dazu *Veil*, ZIP 2007, 1241, 1245 f.; *Wicke*, § 19 GmbHG Rn. 10 ff.). Vertreten wird aber ebenso, dass eine Aufrechnung seitens der Gesellschaft nur gegen Neuforderungen, nicht aber gegen Altforderungen des Gesellschafters zulässig ist, da Altforderungen als Sacheinlage eingebracht werden könnten (OLG Celle GmbHR 2006, 433; OLG Hamburg GmbHR 2006, 934; *Wicke*, § 19 GmbHG Rn. 14).

D.2.5.2 Vorratsgründung bzw. Mantelverwendung oder Mantelkauf

Von einer **Vorratsgesellschaft** spricht man, wenn eine GmbH nur auf „Vorrat" gegründet wird, um bei Bedarf eine sofort handlungsfähige GmbH zu haben und nicht erst die Gründung und Eintragung der Gesellschaft im Handelsregister abwarten zu müssen. Vorratsgesellschaften werden im „normalen Verfahren der Bar- oder Sachgründung gegründet. Diese Gesellschaften werden aber zunächst nicht wirtschaftlich aktiv, betreiben also kein Unternehmen. Beginnt eine solche Gesellschaft später, selbst unternehmerisch tätig zu werden, liegt nach Ansicht der Rechtsprechung eine **wirtschaftlich Neugründung** vor. Diese ist gegenüber dem Handelsregister offenzulegen; es sind die Gründungsvorschriften (erneut) anzuwenden (BGHZ 153, 158). Eine wirtschaftliche Neugründung liegt in der Regel vor, wenn bei der auf Vorrat gegründeten Gesellschaft neue Geschäftsführer bestellt und die Eintragung der Änderung des Sitzes, der Firma und des Unternehmensgegenstandes zum Handelsregister angemeldet werden.

Nach Ansicht des BGH gelten diese Grundsätze gleichermaßen bei der **Verwendung eines „alten Mantels"** einer früher aktiven, jetzt aber unternehmenslosen Gesellschaft (BGHZ 155, 318). Für eine wirtschaftliche Neugründung kommt es hier aber nicht auf eine Änderung des Unternehmensgegenstandes, eine Neufassung der Firma oder eine Sitzverlegung an; auch bedarf es hierzu nicht der Bestellung eines neuen Vorstandes und/oder der Veräußerung von Aktien. Auch auf die Vermögenslosigkeit kommt es nicht an. Maßgebliches Kriterium ist nach Ansicht des BGH allein, ob (noch) ein aktives Unternehmen betrieben wird (BGHZ 155, 318, 324). Wird kein aktives Unternehmen mehr betrieben, liegt ein Fall der wirtschaftlichen Neugründung vor.

Die Verwendung des Mantels einer Vorratsgesellschaft als auch die Verwendung eines gebrauchten Gesellschaftsmantels ist **als wirtschaftliche Neugründung gegenüber dem Handelsregister aus Gründen des Gläubigerschutzes ausdrücklich offenzulegen**. **Unterbleibt eine solche Offenlegung**, **haften** die Gründer nach den **Grundsätzen der Unterbilanzhaftung**. Die Gesellschafter haften danach für die Differenz zwischen dem Wert des Gesellschaftsvermögens und dem in der Satzung festgesetzten Grundkapital zum Zeitpunkt der (späteren) Offenlegung der wirtschaftlichen Neugründung gegenüber dem Handelsregister. In Betracht kommt auch eine Handelndenhaftung nach § 11 Abs. 2 GmbHG.

> **!** Der Vorteil der Verwendung einer Vorrats-GmbH bzw. einer Mantel-GmbH im Gegensatz zu einer Neugründung besteht allein darin, dass die Eintragung der GmbH im Handelsregister nicht abgewartet werden muss. Es genügt die Offenlegung der „wirtschaftlichen" Neugründung gegenüber dem Handelsregister. Ansonsten ist in beiden Fällen Gründungsrecht anzuwenden.

Adolf Reul

D.2.5.3 Haftung im Gründungsstadium

D.2.5.3.1 Haftung in der Vorgründungsgesellschaft

Die Vorgründungsgesellschaft bezeichnet das **Stadium vor der notariellen Beurkundung** der Satzung. Sie entsteht nur, wenn sich die künftigen Gründer in einem notariell beurkundeten Vorvertrag zur gemeinsamen Errichtung der GmbH verpflichten und die dafür wesentlichen Eckdaten festlegen. Werden die Vorgründer in der Phase bis zur notariellen Gründung der GmbH selbst geschäftlich tätig, haften sie nach den Regeln der GbR bzw. der OHG **unbeschränkt persönlich**. Zur Geschäftsführung und Vertretung sind mangels abweichender Regelungen sämtliche Gesellschafter gemeinschaftlich berufen (§§ 709, 714 BGB).

D.2.5.3.2 Haftung der Gründer in der Vor-GmbH

Nach Feststellung der Satzung und der Übernahme aller Geschäftsanteile durch die Gründer im Gründungsprotokoll entsteht die sog. Vor-GmbH oder auch Gründungsgesellschaft genannt (GmbH i. G.). Haftungsrisiken drohen vor allem, wenn die Vor-GmbH schon vor der Handelsregistereintragung geschäftlich tätig geworden ist. Zwar gehen die Rechte und Pflichten aus solchen Geschäften im Gründungsstadium – anders als von der Vorgründungsgesellschaft auf die Vorgesellschaft – mit Eintragung der GmbH automatisch von der Vorgesellschaft auf die GmbH über. Ein **Vorbelastungsverbot** in dem Sinne, dass das Stammkapital bis zur Gründung noch unversehrt vorhanden sein muss, gibt es nicht mehr. Allerdings verlangt der BGH **wertgleiche Deckung**. Beim Scheitern der Eintragung als auch beim Verbrauchen des Stammkapitals bis zur Eintragung der GmbH gilt das vom BGH entwickelte Haftungskonzept der **Unterbilanz – und Verlustdeckungshaftung** – entsprechend.

D.2.5.3.2.1 Unterbilanzhaftung

Kommt es zur **Eintragung der GmbH ins Handelsregister**, obgleich der **Wert des Gesellschaftsvermögens abzüglich des in der Satzung festgelegten Gründungsaufwands etwa wegen vorzeitiger Geschäftsaufnahme hinter dem in der Satzung festgesetzten Stammkapital** zurückbleibt, haften die Gründer-Gesellschafter, die den Vorstand zur Geschäftsaufnahme ermächtigt haben, anteilig im Verhältnis ihrer Kapitalanteile gegenüber der Gesellschaft. Die Stammkapitalziffer muss im Zeitpunkt der Eintragung der Gesellschaft durch das vorhandene Vermögen der Gesellschaft gedeckt sein. Eine vorhandene Unterbilanz (**Aktiva – Passiva < Stammkapital**) oder eine Überschuldung (Aktiva – Passiva < 0) muss ausgeglichen werden. Die Gründer haften proratarisch entsprechend ihrer Beteiligungen. Fällt einer aus, haften die übrigen für den fehlenden Betrag nach § 24 GmbHG. Diese Haftung ist daher nicht auf die Höhe ihrer Einlageverpflichtung begrenzt.

 Für die Gründer ist daher die Geschäftsaufnahme durch die GmbH schon vor ihrer Eintragung besonders riskant. Wenn möglich, sollte daher die Eintragung der GmbH im Handelsregister abgewartet werden.

Es besteht grundsätzlich ein System der **Innenhaftung**, sodass Gläubiger der Gesellschaft die Gründer nicht unmittelbar in Anspruch nehmen können. Dies gilt auch, wenn

Adolf Reul

eine Einpersonengesellschaft vorliegt oder die Gesellschaft über kein Vermögen mehr verfügt.

D.2.5.3.2.2 Verlustdeckungshaftung

Wenn die **Eintragung der GmbH scheitert** und die Vorgesellschaft liquidiert werden muss, haften die Gründer ebenfalls für die Verluste der Vorgesellschaft. Es gelten die vorstehenden Ausführungen zur Unterbilanzhaftung entsprechend. Die Haftung ist als **Innenhaftung** ausgestaltet. Nur im Fall der Vermögenslosigkeit oder einer **Einmann-Vor-GmbH** ist eine **Außenhaftung** zu bejahen. Das der Stammkapitalziffer entsprechende Vermögen ist allerdings nicht wiederherzustellen. Es genügt, wenn die Forderungen der Gläubiger befriedigt werden. Verschärft wird die Haftung für die Gründer bei der sog. unechten Vor-GmbH. Wird die Vor-GmbH insolvent oder geben die Gründer ihre Eintragungsabsicht auf, handelt die Vor-GmbH aber weiterhin im Rechtsverkehr, wird die Innenhaftung zur unbeschränkten gesamtschuldnerischen Außenhaftung, vergleichbar mit der Haftung nach BGB oder OHG-Recht bei der Vorgründungsgesellschaft.

D.2.5.3.3 Haftung wegen falscher Angaben oder durch Einlagen bzw. Gründungsaufwand

Die Gründer haften gem. § 9a GmbHG der GmbH als Gesamtschuldner, wenn sie einen der dort aufgeführten Tatbestände schuldhaft erfüllen. Diese Ansprüche verjähren nach § 9 Abs. 2 GmbHG in zehn Jahren. In gleicher Weise haften nach § 9a Abs. 4 GmbHG die Hintermänner der Gründer.

D.2.5.3.4 Ausfallhaftung

Im Rahmen der Gründung droht weiter eine **Ausfallhaftung nach § 24 GmbHG**, wenn Leistungen auf Stammeinlagen von einzelnen Gesellschaftern nicht erbracht und auch nicht zu erlangen sind. Hier haften die übrigen Gesellschafter im Verhältnis ihrer Anteile auf den ausgefallenen Betrag. Wegen der Einzelheiten ist auf die zusammenhängende Darstellung zu den sonstigen Fällen einer persönlichen Haftung in der GmbH zu verweisen (unten Ziff. D.8.8, D.12 und D.12.5).

D.2.5.3.5 Handelndenhaftung

Drittgläubigern gegenüber haften nach **§ 11 Abs. 2 GmbHG** diejenigen persönlich, die im Namen der GmbH vor deren Eintragung handeln, soweit sie Organe der GmbH sind oder als solche auftreten. Wird eine solche Person in Anspruch genommen, kann sie von der GmbH grundsätzlich Freistellung verlangen. Die Handelndenhaftung erlischt mit Eintragung der GmbH.

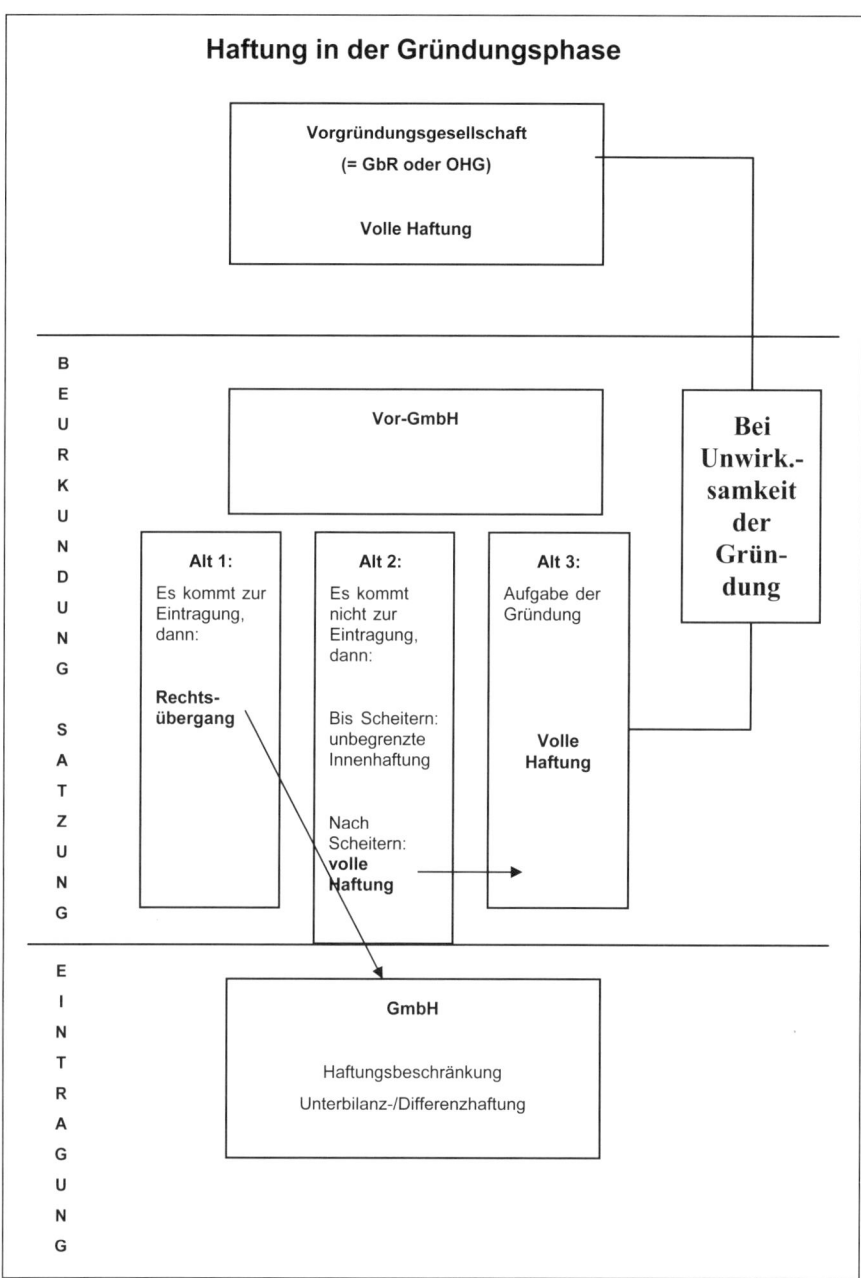

Abbildung D.2.5.3.5: Haftung im Zusammenhang mit der Gründung

D.2.5.4 Satzungsänderung im Gründungsstadium/ Gesellschafterwechsel

Satzungsänderungen im Stadium der Vor-GmbH, also vor Eintragung der Gesellschaft im Handelsregister, sind zulässig. Die **Vorschriften über Satzungsänderungen** nach §§ 53 ff. GmbHG gelten **nicht**. Rechtstechnisch handelt es sich hierbei um eine **Ergänzung oder Änderung des Gründungsvertrages**. Es gelten daher die Gründungsvorschriften. Notwendig ist ein Mitwirken aller Gründungsgesellschafter. Es gelten die Formvorschriften des § 2 Abs. 1 und 2 GmbHG. Als solche Änderung des Gründungsvertrages ist auch der Gesellschafterwechsel vor Eintragung der GmbH zu bewerten (BGH NZG 2005, 263).

 Zusammenfassung

Die Gründung einer GmbH bedarf der notariellen Beurkundung. Dabei ist die Satzung der Gesellschaft festzustellen (§ 2 GmbHG). Im Zusammenhang mit der Gründung erfolgt regelmäßig auch die Bestellung der Geschäftsführer. Diese Bestellung sollte allerdings außerhalb des Gesellschaftsvertrages erfolgen, um bei einem Geschäftsführerwechsel nicht eine Satzungsänderung notwendig zu machen. Die Gründung als solche kann entweder in Form einer Bargründung oder in Form einer Sachgründung erfolgen. Auch Mischformen sind zulässig. Soweit eine Sachgründung erfolgt, ist zusätzlich von den Gesellschaftern ein Sachgründungsbericht zu erstellen. Weiter sind hierzu besondere Angaben im Gesellschaftsvertrag erforderlich (§ 5 Abs. 4 GmbHG). Eine vereinfachte Gründung ist nach § 2 Abs. 1a GmbHG möglich durch Verwendung eines gesetzlich vorgegebenen Musterprotokolls. Zulässig ist die vereinfachte Gründung nur im Falle einer Bargründung. Weitere Voraussetzung ist, dass die Gesellschaft höchstens drei Gesellschafter und lediglich einen Geschäftsführer hat. Von dem Musterprotokoll darf prinzipiell nicht abgewichen werden. Sinnvoll ist die Verwendung des Musterprotokolls nur bei der Einmann-AG oder bei einer Vorrats-Gesellschaft. Auch bei Verwendung des Musterprotokolls muss die Gründung notariell beurkundet werden.

Die Gründung der Gesellschaft darf erst dann in das Handelsregister eingetragen werden, wenn bei Bareinlagen auf jeden Geschäftsanteil mindestens ein Viertel, insgesamt mindestens die Hälfte des Stammkapitals einbezahlt ist. Werden Sacheinlagen vereinbart, sind diese vollständig vor der Handelsregisteranmeldung zu leisten (§ 7 Abs. 3 GmbHG). Die Anmeldung zum Handelsregister geschieht allein durch die Geschäftsführer der Gesellschaft. Diese haben zu versichern, dass die Mindesteinlagen sowie die Sacheinlagen tatsächlich bewirkt sind und sich endgültig in ihrer freien Verfügung befinden. Schuldrechtliche Verwendungsabreden sind dabei unschädlich. Unschädlich ist ebenso ein „ordnungsgemäßes Hin- und Herzahlen" i. S. d. § 19 Abs. 5 GmbHG. Notwendig ist hierzu, dass die Beteiligten vor Erbringung der Einlage eine entsprechende Vereinbarung getroffen haben. Weiter darf keine verdeckte Sacheinlage vorliegen. Schließlich ist erforderlich, dass an die Stelle der Einlageleistung ein vollwertiger Rückgewähranspruch tritt, der jederzeit fällig ist oder durch fristlose Kündigung durch die Gesellschaft fällig werden kann. Abzustellen ist auf eine bilanzielle Betrachtungsweise. Zusätzlich ist erforderlich, dass dieses

Hin- und Herzahlen bei der Handelsregisteranmeldung ausdrücklich angegeben wird. Unzulässig ist dagegen eine sog. verdeckte Sacheinlage. Diese liegt vor, wenn eine Bargründung vereinbart wird, der Gesellschaft aber nicht effektiv Barkapital zugeführt wird, sondern andere Vermögenswerte, ohne die Vorschriften über eine Sacheinlage zu beachten. Nach § 19 Abs. 4 S. 3 GmbHG wird jedoch der Wert der verdeckten Sacheinlage auf die Bareinlageforderung angerechnet.

Der mit der Eintragung im Handelsregister verbundene Eintritt der Haftungsbeschränkung nach § 13 Abs. 2 GmbHG setzt voraus, dass das Stammkapital zumindest einmal vollständig und unversehrt in der GmbH aufgebracht worden ist. Hierzu dienen die Grundsätze der Kapitalaufbringung. Notwendig ist hierzu, dass die Einlageleistungen an die Vor-GmbH, nicht aber schon an die Vorgründungsgesellschaft erbracht werden. Erst nach Abschluss der notariellen Protokollierung der Gründungsurkunde entsteht die Vor-GmbH. Rechte und Pflichten der Vor-GmbH gehen mit Eintragung der Gesellschaft im Handelsregister automatisch auf die GmbH über. Eine solche „Identität" besteht dagegen nicht, wenn für eine sog. Vorgründungsgesellschaft noch vor der notariellen Beurkundung des Gesellschaftsvertrages Rechte und Pflichten begründet worden sind. Diese Rechte und Pflichten sind im Wege der Einzelrechtsübertragung auf die GmbH zu übertragen. Der Grundsatz der realen Kapitalaufbringung bedeutet im Übrigen nicht, dass die geleisteten Einlagen bis zum Zeitpunkt der Eintragung noch unversehrt im Vermögen der GmbH vorhanden sein müssen. Ausreichend, aber auch erforderlich ist, dass sie zumindest wertmäßig noch vorhanden sind (Grundsatz der wertgleichen Deckung). Im Übrigen besteht ein Vorbelastungsverbot. Dieses gilt jedoch nicht, wenn – wie üblich – in der Gründungssatzung festgestellt wird, dass die Gründungskosten von der Gesellschaft zu tragen sind. Kommt es ungeachtet des Grundsatzes der wertgleichen Deckung zu einer Eintragung im Handelsregister, obgleich das Stammkapital wertmäßig nicht (mehr) vorhanden ist, haften die Gesellschafter proratarisch nach den Grundsätzen der sog. Unterbilanzhaftung. Diese Haftung ist nicht auf den Einlagebetrag beschränkt. Es besteht die Gefahr einer Ausfallhaftung nach § 24 GmbHG. Die Unterbilanzhaftung ist eine ausschließliche Innenhaftung, d. h. die Gesellschafter haften nur der Gesellschaft gegenüber, nicht aber außenstehenden Dritten. Wird im Rahmen der Kapitalaufbringung das in der Satzung genannte Stammkapital nicht erreicht und scheitert daher die Gründung der GmbH, bleibt die Haftung der Gesellschafter bestehen. Insoweit handelt es sich allerdings nicht um eine Unterbilanzhaftung, sondern um eine sog. Verlustdeckungshaftung. Diese ist auf den Ausgleich der entstandenen Verluste beschränkt, erstreckt sich also nicht auf das in der Satzung genannte Stammkapital. Auch hierbei handelt es sich um eine Innenhaftung. Zur Außenhaftung wird diese jedoch nur dann, wenn die Gesellschaft vermögenslos ist oder wenn es sich um eine Einmanngesellschaft handelt. Diese auf den Verlustausgleich beschränkte Innenhaftung wandelt sich automatisch in eine unbeschränkte Außenhaftung der Gesellschafter, wenn diese im Rahmen der Vorgesellschaft weiterhin unternehmerisch tätig werden, obgleich die Gründung der Gesellschaft gescheitert ist.

Besonderheiten bestehen bei Vorrats- und Mantelgesellschaften. Werden solche auf Vorrat gegründete bzw. nicht mehr unternehmerisch tätige Gesellschaften (erneut) unternehmerisch tätig, liegt eine wirtschaftliche Neugründung vor. Zum Zwecke der Sicherung der Kapitalaufbringung ist diese wirtschaftliche Neugründung

Adolf Reul

dem Handelsregister offenzulegen. Es gelten dabei sämtliche Gründungsvorschriften.

Soll der Gesellschaftsvertrag noch vor Eintragung der Gesellschaft im Handelsregister geändert werden oder erfolgt ein Gesellschafterwechsel vor Eintragung der Gesellschaft, liegt jeweils eine Änderung des Gründungsvertrages vor. Notwendig ist eine Mitwirkung aller Gesellschafter. Der Vertrag ist notariell zu beurkunden.

Aufgaben zur Selbstprüfung

1. Kann im Rahmen der vereinfachten Gründung einer GmbH auf die notarielle Beurkundung verzichtet werden?
2. Wie viel Gründer sind für die Gründung einer GmbH notwendig?
3. Wer unterzeichnet die Anmeldung der Gründung zum Handelsregister?
4. Wann tritt die Haftungsbeschränkung ein?
5. Was versteht man unter dem Prinzip der wertgleichen Deckung?
6. Wann kommt es zu einer Unterbilanzhaftung?
7. Wann kommt es zu einer Verlustdeckungshaftung?
8. Wann spricht von einer wirtschaftlichen Neugründung?

D.3 Satzungsgestaltung

Wesentliche Grundlage für die Rechtsverhältnisse der Gesellschafter einer GmbH sind neben dem Gesetz die Regelungen in der Satzung. Die Satzung ist zwingender Bestandteil der Gründung. Anders als das Aktienrecht ist das GmbH-Recht dominiert von einer weitgehenden Gestaltungsfreiheit bei der Satzung. Einen Grundsatz der Satzungsstrenge wie in § 23 Abs. 5 AktG gibt es für die GmbH nicht. Dies ist u. a. ein entscheidender Vorteil der Rechtsform der GmbH. Welche Regelungen zwingend in die Satzung aufzunehmen und welche Regelungen darüber hinaus auf freiwilliger Basis in die Satzung aufgenommen werden sollen, behandelt das nachfolgende Kapitel.

D.3.1 Mindestinhalt

Der gesetzliche Mindestinhalt der Satzung einer GmbH ist in § 3 GmbHG genannt. Danach muss der Gesellschaftsvertrag enthalten

1. die Firma und den Sitz der Gesellschaft,
2. den Gegenstand des Unternehmens,
3. den Betrag des Stammkapitals und
4. die Zahl und die Nennbeträge der Geschäftsanteile, die jeder Gesellschafter gegen Einlage auf das Stammkapital (Stammeinlage) übernimmt.

Ist das Unternehmen auf eine gewisse Zeit beschränkt oder sollen von den Gesellschaftern außer der Leistung von Kapitaleinlagen noch weitere Verpflichtungen übernommen werden, sind auch diese zwingend im Gesellschaftsvertrag aufzunehmen.

D.3.1.1 Firma

Nach § 3 Abs. 1 Nr. 1 GmbHG ist die **Firma als Name** der Gesellschaft zwingend Bestandteil des Gesellschaftsvertrages. Es gelten zum einen die firmenrechtlichen Grundsätze der §§ 17 ff. HGB. Weiter muss die Firma gem. § 4 GmbHG die Bezeichnung „**Gesellschaft mit beschränkter Haftung**" oder eine allgemein verständliche Abkürzung dieser Bezeichnung enthalten. Gebräuchlich ist die Abkürzung „GmbH". Neben der Verwendung einer Personen- oder Sachfirma bzw. einer Kombination daraus ist auch eine reine Phantasiefirma möglich. Entscheidend ist, dass die Firma zur Kennzeichnung geeignet ist, Unterscheidungskraft hat sowie nicht irreführend ist (§ 18 HGB).

➡ Beispiel D.3.1

„Max Müller GmbH" (Personenfirma); „Steintechnik-GmbH" (Sachfirma); „Dachdeckerei Müller GmbH" (Kombination zwischen Personen- und Sachfirma); „ABC-GmbH" (Phantasiefirma). Es reicht als notwendige, aber zugleich hinreichende Bedingung die Aussprechbarkeit der Firma im Sinne der Artikulierbarkeit (BGH ZIP 2009, 168)

D.3.1.2 Sitz

Zum Mindestinhalt der Satzung gehört weiter die Angabe des Sitzes der Gesellschaft. Nach § 4a GmbHG ist **Sitz der Gesellschaft der Ort im Inland**, den der Gesellschaftsvertrag bestimmt. Im Gegensatz zur früheren Rechtslage gibt es an den örtlichen Sitz der Gesellschaft keine weiteren Anforderungen mehr. Anders als nach bisherigem Recht muss sich der Satzungssitz damit nicht mehr an einem Ort befinden, an dem die Gesellschaft einen Betrieb, ihre Geschäftsleitung oder ihre Verwaltung hat. Zulässig ist es nach neuem GmbH-Recht, dass die Gesellschaft ihren „**Satzungssitz**" nach § 4a GmbHG im Inland wählt, während der eigentliche „**Verwaltungssitz**", an dem sich also die Geschäftsleitung befindet, im Ausland liegt (BT-Drucks. 16/9737, S. 94). Unzulässig ist es dagegen für eine deutsche GmbH, den Satzungssitz unmittelbar im Ausland zu begründen bzw. qua Satzungsänderung ins Ausland zu verlegen. Eine solche Verlegung des Satzungssitzes ins Ausland stellt nach deutschem Recht eine Auflösung der Gesellschaft dar. Europarechtlich ist diese Wegzugsbeschränkung nicht zu beanstanden („**Cartesio**" – Entscheidung des EuGH, NZG 2009, 61; siehe dazu Leible/J. Hoffmann, BB 2009, 58) Im Ergebnis kann daher ein deutsche GmbH ihren Satzungssitz ins Ausland mittelbar nur durch grenzüberschreitende Verschmelzung verlegen. Voraussetzung dafür ist aber, dass mindestens zwei aus verschiedenen EU-/EWR-Mitgliedstaaten stammende Gesellschaften sich verschmelzen. Im Zielstaat muss also bereits eine verschmelzungswillige Gesellschaft vorhanden sein (vgl. zu den Einzelheiten §§ 122a ff. UmwG).

Mittelbar hat sich damit der deutsche Gesetzgeber für die sog. **Gründungstheorie** entschieden. Danach ist nach Internationalem Privatrecht auf eine Gesellschaft dasjenige Recht anwendbar, das im Zeitpunkt der Gründung anwendbar war, und zwar unabhängig von einer etwaigen späteren Sitzverlegung. Dem gegenüber steht die sog. **Sitztheorie**. Danach gilt für eine Gesellschaft das Recht am Ort des jeweiligen Verwaltungssitzes. Wird also beispielsweise der Verwaltungssitz einer Gesellschaft von einem Land in ein anderes verlegt, ändert sich auch das auf die Gesellschaft anwendbare Recht (sog. Gesellschaftsstatut). Dies ist gleichzusetzen mit einer (automatischen) Auflösung der Gesellschaft in dem „Wegzugsstaat" und einer alsdann erforderlichen Neugründung im „Zugzugsstaat."

Europarechtlich ist die Sitzverlegung über die Grenze im Hinblick auf die in Art. 48 EG-Vertrag geregelte Niederlassungsfreiheit noch nicht entgültig geklärt. Nach derzeitiger Rechtslage sind nach der „Cartesio" – Entscheidung des EuGH (nationale) Wegzugsbeschränkungen (d. h. die Geltung der Sitztheorie) zulässig (EuGH NZG 2009, 61). Unzulässig ist aber der umgekehrte Fall, wenn eine Gesellschaft, die nach dem Recht eines anderen Landes der Europäischen Union, das eine Wegzugsbeschränkung nicht kennt (d. h. nach nationalem Gesellschaftsrecht gilt für diese Gesellschaft die Gründungstheorie), gegründet wurde, ihren Sitz beispielsweise von England nach Deutschland verlegt. Das nationale Recht des Zuzugsstaates muss diese Sitzverlegung anerkennen. Zuzugsbeschränkungen verstoßen gegen die Niederlassungsfreiheit und sind innerhalb der Europäischen Union verboten (vgl. die Entscheidungen des EuGH „**Centros**", ZIP 1999, 438; „**Überseering**", ZIP 2002, 2037; „**Inspire Art**", ZIP 2003, 1885). Wiederum anders ist es gegenüber Gesellschaften aus nicht der Europäischen Union angehörenden Ländern. Hier sind Zuzugsbeschränkungen statthaft.

Beispiel D.3.2

Eine nach Schweizerischem Recht gegründete AG kann ihren Verwaltungsssitz unter Wahrung ihrer Identität nicht nach Deutschland verlegen. Ihr gegenüber gilt weiterhin die Sitztheorie („**Trabrennbahn**" BGH NJW 2009, 289). Eine in der Schweiz gegründete AG mit Verwaltungssitz in Deutschland ist also nach Deutschem Recht nur rechtsfähig, wenn sie im Deutschen Handelsregister eingetragen ist, was einer Neugründung in Deutschland gleichkommt. Hat eine AG schweizerischen Rechts gleichwohl ihren Verwaltungssitz nach Deutschland verlegt, ist sie zwar nicht als Aktiengesellschaft rechtsfähig. Sie ist aber als rechtsfähige Personengesellschaft deutschen Rechts zu behandeln, nämlich als offene Handelsgesellschaft oder Gesellschaft bürgerlichen Rechts, die keiner Eintragung in ein deutsches Register bedürfen (BGH NJW 2009, 289; BGHZ 151, 204).

Der Sitz der Gesellschaft muss nach § 10 Abs. 1 GmbHG auch im **Handelsregister** angegeben werden. Im Hinblick auf die von § 4a GmbHG eröffnete Möglichkeit eines ausländischen Verwaltungssitzes ist dabei weiter erforderlich, dass in der Handelsregistereintragung stets eine **inländische Geschäftsanschrift** angegeben wird. Die notwendigen Angaben werden hierzu in der Handelsregisteranmeldung gem. § 8 Abs. 4 Nr. 1 GmbHG gemacht. Unter dieser Anschrift kann an den oder die Vertreter der Gesellschaft wirksam zugestellt werden. Die Angabe muss Straße und Hausnummer wie auch Ort und Postleitzahl enthalten.

Neben der zwingenden Eintragung der inländischen Geschäftsanschrift besteht nach § 10 Abs. 2 S. 2 GmbHG die freiwillige Möglichkeit, eine Person in das Handelsregister einzutragen, die den Gläubigern als weiterer Zustellungsempfänger dient.

 Nach Europarecht sind innerhalb der Europäischen Union nur Wegzugsbeschränkungen bei der Sitzverlegung ins Ausland zulässig, nicht aber Zuzugsbeschränkungen bei Verlegung des Verwaltungssitzes ins Inland.

D.3.1.3 Unternehmensgegenstand

Anzugeben ist nach § 3 Abs. 1 Nr. 2 GmbHG der Gegenstand des Unternehmens. Dieser beschreibt den **Bereich und die Art der Tätigkeit der Gesellschaft**. Er ist zu unterscheiden vom Zweck der Gesellschaft. Durch die Angabe des Gegenstandes des Unternehmens sollen sich interessierte Verkehrskreise über die Tätigkeit der Gesellschaft in groben Zügen unterrichten können. Im Innenverhältnis steckt der Unternehmensgegenstand den Handlungsrahmen ab, innerhalb dessen die Geschäftsführung zur Verwirklichung des Gesellschaftszwecks aktiv werden soll. Gleichzeitig wird damit der Umfang der Treuepflicht der Mitglieder sowie die Reichweite des Wettbewerbsverbots von Gesellschaftern und Geschäftsführern abgesteckt. Die Angaben zum Unternehmensgegenstand müssen hinreichend aussagekräftig und informativ sein. Farblose und nichtssagende Umschreibungen genügen nicht. Erforderlich ist eine Konkretisierung, wonach der Schwerpunkt der Tätigkeit erkennbar ist und in welchem Geschäftszweig und in welcher Art die Gesellschaft tätig werden will. Die Gründung einer Vorratsgesellschaft ist danach zulässig, wenn als Unternehmensgegenstand beispielsweise die „Verwaltung eigenen Vermögens" angegeben wird.

Übung D.3.1
Was halten Sie davon, wenn als Unternehmensgegenstand der „Handel mit Waren aller Art" angegeben wird?

D.3.1.4 Stammkapital, Geschäftsanteile

Anzugeben ist nach § 3 Abs. 1 Nr. 3 GmbHG der Betrag des Stammkapitals. Der **Mindeststammkapitalbetrag** einer GmbH lautet 25.000,00 € (§ 5 Abs. 1 GmbHG). Eine **Ausnahme** besteht für eine **Unternehmergesellschaft (haftungsbeschränkt)** i. S. d. § 5a GmbHG. Der Betrag des Stammkapitals muss auf volle Euro lauten (§ 5 Abs. 2 S. 1 GmbHG) und ist im Gesellschaftsvertrag als genau bezifferter Betrag anzugeben.

Zum Mindestinhalt des Gesellschaftsvertrages gehören weiter die Zahl und die Nennbeträge der Geschäftsanteile, die jeder Gesellschafter gegen Einlage auf das Stammkapital übernimmt. Notwendig ist hierzu die Angabe der **Namen der Gesellschafter**. Die von den jeweiligen Gesellschaftern übernommenen Geschäftsanteile müssen in der Satzung nicht nummeriert werden. Eine solche Nummerierung ist nur in der Gesellschafterliste notwendig. Eine entsprechende Nummerierung in der Satzung ist aber sinnvoll. Anders als früher ist es nunmehr zulässig, dass ein Gesellschafter bei der Gründung der Gesellschaft auch mehrere Geschäftsanteile übernimmt (§ 5 Abs. 2 S. 2 GmbHG).

D.3.1.5 Nebenleistungsverpflichtungen

Soweit vereinbart, sind auch Nebenleistungspflichten nach § 3 Abs. 2, 2. Alt. GmbHG zwingend in den Gesellschaftsvertrag aufzunehmen. Diese Nebenverpflichtungen stellen echte Satzungsbestandteile dar, sodass sie im Falle einer Veräußerung eines Geschäftsanteils oder bei Tod des Gesellschafters auf den Erwerber bzw. die Erben übergehen. Nebenleistungspflichten können aber nicht nur statutarisch, sondern auch schuldrechtlich vereinbart werden. Man spricht insoweit von Beteiligungsverträgen wie insbesondere Stimmbindungsverträgen, Konsortial- oder Poolverträgen.

 Beispiel D.3.3
Geldleistungen, insbesondere die Verpflichtung zur Zahlung eines Aufgelds oder Agios; die Hingabe von Darlehen oder sonstiger Sicherheiten.

D.3.2 Fakultative Satzungsbestimmungen

Das GmbH-Recht ist geprägt von der **Freiheit bei der Gestaltung des Gesellschaftsvertrages**. Über den vorstehend genannten zwingenden Inhalt einer Satzung empfiehlt es sich, namentlich bei einer Gesellschaft mit mehreren Gesellschaftern weitergehende Regelungen mit in die Satzung aufzunehmen. Derartige Regelungen sind jedoch nicht unbedingt zu empfehlen, wenn demgegenüber eine Einpersonen-GmbH gegeben ist. Maßgebend sind die konkreten Umstände des Einzelfalls. Von daher verbietet es sich von selbst, Mustersatzungen unbesehen zu übernehmen. Vielmehr ist jede einzelne Klausel daraufhin zu prüfen, ob sie im Einzelfall tatsächlich vereinbart werden soll und wenn ja, mit welchem Inhalt.

 Im GmbH-Recht gilt das Prinzip der Satzungsautonomie.

D.3.2.1 Geschäftsführung/Vertretung

Regelmäßiger Satzungsbestandteil sind Angaben zur Geschäftsführung und Vertretung. Das Gesetz geht bei mehreren Geschäftsführern von einer **Gesamtvertretungsbefugnis** aus (§ 35 Abs. 1 GmbHG). Häufig enthalten die Satzungen Regelungen, dass für alle oder für einzelne Geschäftsführer eine **unechte Gesamtvertretung** zusammen mit einem Prokuristen oder auch **Einzelvertretungsbefugnis** angeordnet werden kann. Weiter findet sich regelmäßig eine Regelung über die Möglichkeit der **Befreiung von den Beschränkungen des § 181 BGB** durch einfachen Beschluss der Gesellschafterversammlung (bzw. mit qualifizierter Mehrheit).

Schließlich enthalten GmbH-Satzungen häufig einen Katalog von Geschäften, für die der Geschäftsführer vorher die Zustimmung der Gesellschafterversammlung einholen muss. Zu regeln ist in diesem Fall neben dem Katalog der zustimmungspflichtigen Geschäfte zum einen die Frage, mit welcher Mehrheit die Gesellschafter diesen Geschäften zustimmen müssen. Zu regeln ist zum anderen, mit welcher Mehrheit dieser Katalog geändert werden kann.

D.3.2.2 Rechte und Pflichten der Gesellschafter

Vereinbart werden können zunächst satzungsmäßige Sonderrechte für einzelne Gesellschafter.

 Beispiel D.3.4

Recht, einen oder mehrere Geschäftsführer zu bestellen; Recht auf Benutzung von Einrichtungen der Gesellschaft; Warenbezugsrechte; Abberufungsrecht für Geschäftsführer.

Derartige satzungsmäßige **Sonderrechte** können nur mit satzungsändernder Mehrheit sowie mit der Zustimmung des betreffenden Gesellschafters aufgehoben werden (§ 35 BGB). Besteht beispielsweise das Sonderrecht darin, den Geschäftsführer zu benennen, kann der Geschäftsführer grundsätzlich auch nur mit Zustimmung des Sonderberechtigten wieder abberufen werden, es sei denn, es liegt ein wichtiger Grund vor (*Baumbach/Hueck/Zöllner/Noack*, § 38 GmbHG Rn. 48).

Weiter können in der Satzung Nebenleistungsverpflichtungen begründet werden (§ 3 Abs. 2 GmbHG). Häufig sind Regelungen zu finden über **Auskunfts- und Einsichtsrechte**. Diese sind zwar in § 51a GmbHG gesetzlich geregelt. Zulässig ist es, diese Rechte in der Satzung zu erweitern. Unzulässig ist demgegenüber eine Einschränkung dieser Rechte.

Weiter sind in der Satzung Regelungen zum **Stimmrecht** zu treffen. Nach § 47 Abs. 2 GmbHG gewährt bei Gesellschafterbeschlüssen jeder Euro eines Geschäftsanteils eine Stimme. Diese Bestimmung ist dispositiv. Zulässig ist es daher beispielsweise auch, Geschäftsanteile ohne Stimmrecht zu bilden (RGZ 167, 65, 73; BGHZ 14, 264, 269 ff.). Der Ausschluss des Stimmrechts kann dabei für alle Beschlüsse, aber auch nur für bestimmte Beschlüsse vorgesehen werden.

D.3.2.3 Wettbewerbsverbot

Geschäftsführer unterliegen während ihrer Tätigkeit grundsätzlich einem Wettbewerbsverbot aus gesellschaftsrechtlicher Treuepflicht bzw. aus ihrer Organstellung. Dieses Wettbewerbsverbot endet im Grundsatz mit Beendigung der Tätigkeit als Geschäftsführer. Häufig finden sich in der Satzung daher Regelungen zum einen über ein nachvertragliches Wettbewerbsverbot, aber auch zu einer Befreiung vom Wettbewerbsverbot bzw. zu einer entsprechenden **Öffnungsklausel** (Bsp. „Die Gesellschafterversammlung kann mit einfachem Mehrheitsbeschluss den Geschäftsführer ganz oder teilweise vom Wettbewerbsverbot befreien.") Grundlage solcher Satzungsklauseln war die Auffassung zum Steuerrecht, wonach bei einem Verstoß gegen das Wettbewerbsverbot grundsätzlich eine **verdeckte Gewinnausschüttung** anzunehmen war (BFH GmbHR 1992, 191). Bei solchen satzungsmäßigen Wettbewerbsverboten empfiehlt es sich, den sachlichen und örtlichen Anwendungsbereich und etwa zu zahlende Entschädigungen so konkret wie möglich zu regeln. Weiter empfiehlt es sich, hierbei zwischen Gesellschaftern und Gesellschafter-Geschäftsführern sowie Fremdgeschäftsführern zu differenzieren.

D.3.2.4 Gesellschafterversammlung

Sind an einer GmbH mehrere Personen beteiligt, empfiehlt es sich dringend, Regelungen zur Gesellschafterversammlung in der Satzung zu treffen. Zu denken ist etwa an Regelungen über die **Zuständigkeit und das Verfahren der Einberufung** (Form und Frist der Einberufung; Ort der Gesellschafterversammlung; Einberufungspflichten bei Vorliegen bestimmter Sachverhalte). Anzutreffen sind teilweise auch Regelungen zur **Beschlussfähigkeit**. Soweit solche Regelungen enthalten sind, muss die Satzung dann zwingend auch Regelungen treffen, was geschehen soll, wenn die zunächst einberufene Versammlung beschlussunfähig ist.

➡ **Beispiel D.3.5**

Ist die Beschlussunfähigkeit nicht gegeben, wird in der Satzung häufig bestimmt, dass binnen einer bestimmten Frist eine weitere Versammlung einzuberufen ist, die bei Hinweis auf diese Folge in jedem Fall beschlussfähig ist. Unzulässig wäre es, bereits vor Durchführung der ersten Versammlung die zweite Versammlung zusammen mit der ersten Versammlung einzuberufen für den Fall der Beschlussunfähigkeit der ersten Versammlung (**Eventualeinberufung**; BGH GmbHR 1998, 287).

Regelungen finden sich weiter zur Ausgestaltung des **Teilnahmerechts**, zur Zulässigkeit der Einschaltung von Vertretern (beispielsweise eines gemeinsamen Vertreters bei mehreren Mitberechtigten an einem Gesellschaftsanteil) sowie zur Person des **Versammlungsleiters**. Die gesetzlichen Vorgaben über die Beschlussmehrheiten können ebenfalls im Rahmen einer Satzungsregelung verändert werden. Schließlich kann die Satzung bestimmen, ob Beschlüsse der Gesellschafter nur in einer Gesellschafterversammlung getroffen werden können oder ob auch eine schriftliche, mündliche oder Abstimmung auf sonstigem Wege zulässig ist (vgl. § 48 Abs. 2 GmbHG). Schließlich kann die Satzung auch festschreiben, dass beispielsweise eine Protokollierungspflicht für Gesellschafterbeschlüsse besteht (BayObLG BB 1991, 2104).

D.3.2.5 Veränderungen im Gesellschafterbestand, Vinkulierung, Vorkaufsrechte

Geschäftsanteile an einer GmbH sind grundsätzlich übertragbar (§ 15 GmbHG). Um das Eindringen Dritter zu verhindern bzw. zu kontrollieren, findet sich in einer Vielzahl von GmbH-Satzungen die sog. **Vinkulierung** der Geschäftsanteile nach § 15 Abs. 5 GmbHG. Nach dieser Regelung kann durch den Gesellschaftsvertrag die Abtretung der Geschäftsanteile an weitere Voraussetzungen geknüpft, insbesondere von der Genehmigung der Gesellschaft abhängig gemacht werden. Die Verwertung durch den Insolvenzverwalter oder durch einen Pfändungsgläubiger können diese Vinkulierungsklauseln jedoch nicht verhindern. Diese müssen eine solche Klausel nicht beachten. Ebenso kann die Versagung der Zustimmung zu einer Veräußerung treuwidrig und damit unzulässig sein. Bei Vereinbarung einer Vinkulierungsklausel ist zu regeln, **wer die Zustimmung zur Anteilsübertragung zu erteilen hat**. In Betracht kommt die Gesellschaft, sodass es Aufgabe der Geschäftsführung ist. Denkbar ist aber auch, dass diese zunächst einen Gesellschafterbeschluss herbeiführen müssen. Hier ist zu regeln, mit welcher Mehrheit dieser Gesellschafterbeschluss zu treffen ist (z. B. Mehrheit der anwesenden Gesellschafter; qualifizierte Mehrheit; einstimmiger Beschluss aller anwesenden bzw. aller Gesellschafter). Schließlich ist bei der Satzungsgestaltung zu überlegen, wie ein Schutz vor Umgehungen gegen diese Vinkulierungsklausel erreicht werden kann (in der Regel durch Einziehung oder Zwangsabtretung; s. dazu weiter unten).

In GmbH-Satzungen können ebenso Regelungen zu einem **Vorkaufsrecht** zugunsten der Mitgesellschafter getroffen werden. Problematisch ist hierbei, dass Vorkaufsrechte nur bei einem tatsächlichen Verkauf greifen, nicht aber bei sonstigen Veräußerungen. Sollen auch diese Veräußerungen erfasst werden, muss dies entsprechend geregelt werden, etwa durch Vereinbarung eines Ankaufsrechts. In Betracht kommt dabei auch die Vereinbarung einer Andienungspflicht, wonach veräußerungswillige Gesellschafter den zu übertragenden Geschäftsanteil zunächst den Mitgesellschaftern zu festgelegten Bedingungen anbieten muss. Häufig gibt es schließlich noch „**Pool-Vereinbarungen**" zwischen den Gesellschaftern außerhalb des Gesellschaftsvertrages mit Regelungen zu Vorkaufsrechten, einer einheitlichen Stimmrechtsausübung etc.

D.3.2.6 Einziehung, Kündigung, Ausschließung

Dringend anzuraten ist, bei der Satzung einer Mehrpersonen-GmbH auch Regelungen zur Kündigung, zur Einziehung (§ 34 GmbHG) und zum Ausschluss von Gesellschaftern aufzunehmen. Ohne entsprechende Regelungen kann eine Kündigung oder eine Ausschließung nur aus wichtigem Grund erfolgen. Gegenstand einer solchen Kündigungs-regelung ist nicht nur das Ob der Kündigung, sondern insbesondere auch der Zeitpunkt des Ausscheidens sowie die Zahlung einer Abfindung.

Von Bedeutung ist eine Regelung über die Einziehung. Die **Einziehung führt zur Ver-nichtung des Geschäftsanteils** und zum Untergang der Mitgliedsschaftsrechte und -pflichten. Die Einziehung von Geschäftsanteilen darf nach § 34 Abs. 1 GmbHG nur erfolgen, wenn sie im Gesellschaftsvertrag zugelassen ist. In der Bestimmung der **Ein-ziehungsgründe** sind die Gesellschafter frei.

➡ **Beispiel D.3.6**

Vorliegen eines wichtigen Grundes; Insolvenz; Pfändungsmaßnahmen, Verstoß ge-gen Wettbewerbsverbote; Verstoß gegen Andienungspflichten oder eine Vinkulie-rungsklausel.

Da bei der statutarisch zugelassenen Einziehung weiter die Eigenkapitalerhaltungsre-geln des § 30 GmbHG zu beachten sind (§ 34 Abs. 3 GmbHG), ist eine Einziehung nur zulässig, wenn der einzuziehende Geschäftsanteil **voll eingezahlt** ist und die Einzahlung nicht aus gebundenem Vermögen der Gesellschaft geleistet werden muss (BGH, DB 2009, 340). Liegen diese Voraussetzungen nicht vor, bietet es sich an, in der Satzung entsprechende Vorkehrungen zu treffen. Zu denken ist hier an eine **Zwangsabtretung** an einen von der Gesellschaft zu benennenden Dritten oder – soweit zulässig – an die Gesellschaft selbst.

Dringend anzuraten ist weiter, bei Vereinbarung einer Einziehung eine Regelung zu treffen, wann die Einziehung **wirksam** wird. Ohne entsprechende Satzungsregelung wird die Einziehung erst aufschiebend bedingt mit der Zahlung des Einziehungsentgelts wirksam. Statutarisch kann aber auch festgelegt werden, dass die Einziehung bereits mit Zustellung des Einziehungsbeschlusses wirksam wird (ähnlich zum sofortigen Aus-scheiden bei einer Kündigung BGH GmbHR 2003, 1062, sowie im Fall des Ausschlusses BGB DB 2009, 340).

Schließlich zu regeln sind die Folgen der Einziehung im Hinblick auf die Regelung des § 5 Abs. 3 GmbHG. Mit der Einziehung wird der Geschäftsanteil vernichtet. Das **Stammkapital** bleibt jedoch im Grunde unverändert. Dies führt damit zwangsläufig zu einem Verstoß gegen § 5 Abs. 3 S. 2 GmbHG. Damit die Einziehung wegen dieses Ver-stoßes gegen § 5 Abs. 3 S. 2 GmbHG nicht unwirksam wird, müssen die Gesellschafter die Einziehung entweder mit einer Kapitalherabsetzung, mit einer Aufstockung der vorhandenen Geschäftsanteile oder mit einer Neubildung eines Geschäftsanteils und Übernahme durch die Gesellschaft, einen Gesellschafter oder einen Dritten verbinden. Um die Zulässigkeit solcher Maßnahmen abzusichern, empfiehlt sich ebenso, dies in der Satzung festzulegen.

Von der Einziehung zu unterscheiden ist ebenfalls die statutarisch mögliche **Ausschlie-ßung** eines Gesellschafters. Während sich die Einziehung unmittelbar gegen den ein-zelnen Geschäftsanteil richtet, betrifft die **Ausschließung nur den Gesellschafter selbst**, nicht aber seinen Anteil. Der Anteil bleibt vielmehr bestehen. Auch ohne Satzungsre-gelung ist eine Ausschließung zulässig, wenn in der Person eines Gesellschafters ein **wichtiger Grund** vorliegt. Der Ausschluss erfolgt regelmäßig im Wege der Ausschluss-klage aufgrund eines entsprechenden Gesellschafterbeschlusses. Die Satzung kann den

Ausschluss näher regeln, insbesondere die Voraussetzungen, das Verfahren und den Zeitpunkt des Wirksamwerdens der Ausschließung näher ausgestalten. Weiter kann die Satzung die Rechtsfolgen der Ausschließung bestimmen. In der Regel wird ein Wahlrecht für die Gesellschaft eingeräumt, den Geschäftsanteil des Ausgeschlossenen entweder durch Einziehung oder Übertragung auf sich, einen Mitgesellschafter oder einen Dritten zu verwerten.

Das **Gegenstück zur Ausschließung ist die Kündigung** der Gesellschaft durch den Gesellschafter. Im Grunde gilt das vorstehend zu Ausschließung Gesagte entsprechend. Ohne Satzungsregel führt die Kündigung allerdings im Zweifel nicht bloß zum Ausscheiden des kündigenden Gesellschafters, sondern zur Auflösung der Gesellschaft. Auch hier ist in der Satzung eindeutig zu regeln, ob die Kündigung lediglich zu einem Austrittsrecht oder zu einer Auflösung der Gesellschaft führt. Weiter zu klären sind die Rechtsfolgen der Kündigung. In Betracht kommen die Einziehung der Geschäftsanteile des Kündigenden, der Erwerb durch die Gesellschaft oder durch die übrigen Gesellschafter oder von diesen benannte Dritte.

In allen Fällen der Ausschließung eines Gesellschafters, sei es durch Zwangseinziehung, Zwangsabtretung oder durch Gestaltungsurteil bei der Ausschließung, aber auch beim Austritt bzw. der Kündigung eines Gesellschafters selbst, hat dieser im Grunde einen **Anspruch auf Zahlung einer Abfindung**. Die verfassungsrechtlich gewährleistete Eigentumsgarantie nach Art. 14 GG gebietet es, dass sich die Höhe des Abfindungsbetrages nach dem **vollen wirtschaftlichen Wert der Beteiligung** richtet. Im Hinblick auf den damit drohenden Mittelabfluss bei der Gesellschaft und den Gefahren für den Fortbestand der Gesellschaft selbst, aber auch zur Vermeidung etwaiger Abfindungsstreitigkeiten kann (und sollte) die Satzung Regelungen über Art und Höhe der Abfindung sowie über die Auszahlungsmodalitäten enthalten. Mittels Satzungsbestimmung kann dabei auch die Abfindung beschränkt werden.

 Beispiel D.3.7
Abfindung zum Buchwert (Buchwertklausel), Abfindung zum Nennwert; Abfindung nach dem „Stuttgarter Verfahren"

Eine **Grenze der Gestaltungsfreiheit** besteht jedoch bei einem **groben Missverhältnis** zwischen der satzungsmäßigen Bestimmung der Abfindung und dem wahren Anteilswert. Besteht ein solches grobes Missverhältnis bereits bei Einführung der Abfindungsklausel (anfängliches Missverhältnis), ist von einer Nichtigkeit der entsprechenden Klausel auszugehen (BGHZ 116, 359, 368; BGHZ 144, 365, 367). Die Abfindung bemisst sich dann nach dem vollen Wert der Beteiligung. Bei einem nachträglichen Missverhältnis bleibt die ursprünglich gültige Abfindungsklausel weiterhin wirksam. Nach der Rechtsprechung hat der ausscheidende Gesellschafter jedoch Anspruch auf Abfindung in angemessener Höhe. Die Abfindungshöhe wird dabei im Wege der ergänzenden Vertragsauslegung ermittelt (BGHZ 116, 359, 371; BGHZ 126, 226, 242; BGHZ 144, 365, 369). In diesem Fall wird dann weder das gerade noch zulässige Mindestmaß noch der volle Anteilswert als Abfindung geschuldet. Es ist vielmehr nach einem beiderseitigen Interessenausgleich unter Berücksichtigung des Zwecks der Abfindungsklausel, des Einziehungsgrundes und der Entwicklung der Vermögens- und Ertragslage der Gesellschaft zu suchen (*Baumbach/Hueck/Fastrich*, GmbHG, 18. Auflage 2006, § 34 Rn. 28). Der vollständige Ausschluss der Abfindung ist nur in Ausnahmefällen zulässig.

Adolf Reul

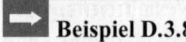 **Beispiel D.3.8**
Bei freiwilliger Einziehung; bei Gesellschaften mit ideellem Zweck; im Rahmen von Mitarbeiterbeteiligungsmodellen, wenn die Beteiligung unentgeltlich überlassen wurde oder zumindest Erwerbskosten erstattet werden.

Unzulässig ist auch ein **vollständiger Ausschluss der Abfindung** wegen einseitiger Benachteiligung der Gesellschaftsgläubiger, wenn etwa die Abfindung nur bei Pfändung des Geschäftsanteils oder im Falle der Insolvenzeröffnung beschränkt oder ausgeschlossen wird, nicht aber in sonstigen Fällen.

! Im Falle des Ausscheidens eines Gesellschafters durch Einziehung, Ausschließung, Kündigung besteht grundsätzlich ein Anspruch auf Abfindung in Höhe des vollen wirtschaftlichen Werts der Beteiligung.

? **Übung D.3.2**
Was versteht man unter einer „Buchwertklausel" und welche Probleme bestehen hierbei?

D.3.2.7 Teilung und Zusammenlegung von Geschäftsanteilen

Nach § 46 Nr. 4 GmbHG ist die Teilung und Zusammenlegung von Geschäftsanteilen zulässig, wenn die **Gesellschafter dem zustimmen**. Anders als früher ist nunmehr die Teilung auch dann zulässig, wenn sie lediglich „auf Vorrat" geschieht, also nicht im Zusammenhang mit einer Veräußerung oder Vererbung steht (§ 17 GmbHG a. F.). Nach dem Gesetz genügt ein Beschluss der Gesellschafterversammlung **mit einfacher Mehrheit**. Inwieweit der betroffene Gesellschafter zustimmen muss, ist unklar, dürfte aber zu bejahen sein. Die Satzung kann die Teilung und Zusammenlegung erschweren oder ganz ausschließen. Sie kann ferner die Zuständigkeit zur Teilung und Zusammenlegung auch abweichend regeln. Sinnvoll erscheint es, ausdrücklich die Zustimmung des betroffenen Gesellschafters zu verlangen. Gleichermaßen kann die Satzung aber auch bestimmen, dass die Zusammenlegung und Teilung überhaupt keinen Gesellschafterbeschluss bedarf. In Betracht kommt dies bei einer Gesellschaft mit kapitalistischer Struktur.

Zu beachten ist, dass der Geschäftsführer unverzüglich nach Wirksamwerden des Teilungsbeschlusses eine **neue Gesellschafterliste** nach § 40 Abs. 1 GmbHG einzureichen hat. Die Zuweisung der neuen Nummern für die Geschäftsanteile obliegt dem Verfasser der Liste. Dabei empfiehlt es sich, kenntlich zu machen, wie und aus welchen Geschäftsanteilen die neuen Geschäftsanteile entstanden sind. Die Nummerierung der neuen Anteile kann prinzipiell entweder durch die Vergabe aufsteigender Nummern, aber auch durch die Anführung von Buchstaben (a, b, c usw.) erfolgen.

D.3.2.8 Aufsichtsrat, Beirat

Soll bei der GmbH ein Beirat oder Aufsichtsrat **als drittes Gesellschaftsorgan** installiert werden, ist nach § 52 GmbHG eine entsprechende **Satzungsregelung** erforderlich.

Anderes gilt freilich in Fällen der Mitbestimmung unter den dort genannten Voraussetzungen.

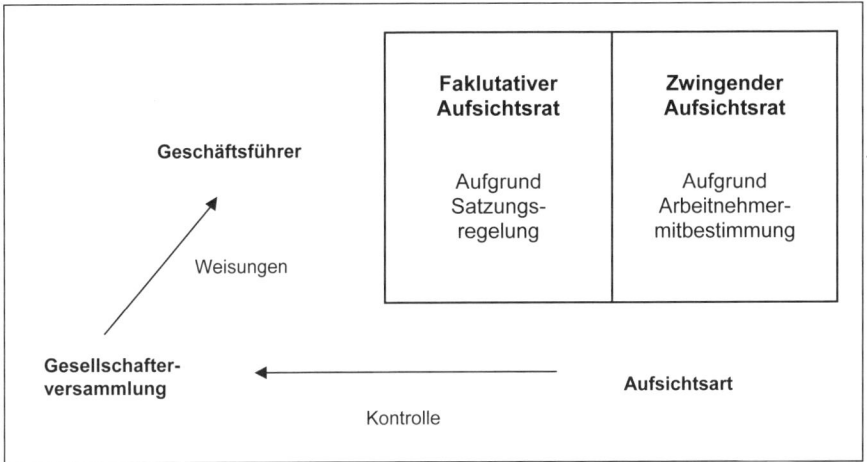

Abbildung D.3.2.8: fakultativer und zwingender Aufsichtsrat

Beispiel D.3.9

Nach § 1 Abs. 1 Nr. 3 DrittelbG ist bei Unternehmen mit in der Regel mehr als 500 Arbeitnehmern ein Aufsichtsrat notwendig. Dieser Aufsichtsrat ist zu einem Drittel mit Vertretern der Arbeitnehmer zu besetzen.

Bei der Ausgestaltung der Rechte und Pflichten des Aufsichtsrats ist der Satzungsgeber bei der GmbH nach § 52 GmbHG weitestgehend frei. **Subsidiär gilt Aktienrecht.** Von Bedeutung sind dabei namentlich die Vorschriften über die Sitzungen des Aufsichtsrats (§ 110 AktG), über die die Vertretung der Gesellschaft ihren Geschäftsführern gegenüber (§ 112 AktG), über die Vergütung der Aufsichtsratsmitglieder (§ 113 AktG) sowie über Verträge mit Aufsichtsratsmitgliedern (§ 114 AktG). Zwingende Aufgabe des Aufsichtsrats ist auch in der GmbH die Kontrollfunktion des Aufsichtsrats (§ 111 AktG).

D.3.2.9 Bekanntmachungen, Kosten der Gründung, Geschäftsjahr

Regelmäßig enthalten Satzungen einer GmbH schließlich noch Bestimmungen über die öffentlichen Bekanntmachungen. Standardmäßig erfolgen nach dem neuen § 12 GmbHG die Bekanntmachungen im **elektronischen Bundesanzeiger**.

Weiter enthalten die Satzungen häufig die Klausel, dass die **Gründungskosten** durch die Gesellschaft getragen werden. Nur wenn eine solche Klausel vorhanden ist, ist eine entsprechende Abwälzung der Kosten auf die Gesellschaft zulässig. Insoweit gilt § 26 Abs. 2 und 3 AktG entsprechend.

Letztlich enthält die Satzung häufig noch Angaben über das **Geschäftsjahr**. Fehlen solche Bestimmungen, ist Geschäftsjahr das Kalenderjahr.

Adolf Reul

D.3.2.10 Schiedsvereinbarung, Mediation

In der Satzung kann auch eine Regelung über eine Schiedsvereinbarung oder eine Klausel zur Mediation zum Zwecke der Streitbeilegung enthalten sein. Durch eine Schiedsvereinbarung wird die Entscheidung eines Rechtsstreits der staatlichen Gerichtsbarkeit entzogen und der Schiedsgerichtsbarkeit zugewiesen. Bei der Mediation hingegen wird die Streitbeilegung durch eine neutrale dritte Person lediglich unterstützt. Ziel des Mediationsverfahrens ist eine rechtsverbindliche Vereinbarung zur außergerichtlichen Konfliktbeilegung.

Im Falle einer Schiedsvereinbarung können die Gesellschafter für alle Streitigkeiten aus dem Gesellschaftsverhältnis, d. h. diejenigen, welche den Gegenstand statutarischer Bindung bilden, die Zuständigkeit eines Schiedsgerichts bestimmen. Aufgrund dieser körperschaftlichen Struktur ist das im Rahmen der Satzung bestimmte Schiedsgericht kein vertraglich vereinbartes Schiedsgericht i. S. d. § 1025 ZPO, sondern ein angeordnetes Schiedsgericht i. S. d. § 1066 ZPO. Die Schiedsvereinbarung bedarf daher nicht der Form des § 1031 ZPO, sondern kann vielmehr in die Satzung der GmbH aufgenommen werden (BGH NJW 2000, 1713; Baumbach/Hueck/Fastrich, § 13 GmbHG Rn. 7).

 Zusammenfassung

Grundlage jeder GmbH ist ihre Satzung. § 3 GmbHG bestimmt einen zwingenden Mindestinhalt. Hierzu gehören Angaben über die Firma, den Sitz, den Unternehmensgegenstand, das Stammkapital und die Geschäftsanteile. Darüber hinaus sind die Gesellschfter grundsätzlich frei, ihre Rechtsverhältnisse in der Satzung autonom zu regeln. Anders als im Aktienrecht gibt es im GmbH-Recht nicht den Grundsatz der Satzungsstrenge. Regelmäßig wird sich eine GmbH jedoch nicht mit diesem Mindestinhalt zufrieden geben können. Dies gilt vor allem, wenn an einer GmbH mehrere Personen beteiligt sind. Zum üblichen Inhalt einer Satzung gehören daher Angaben zur Geschäftsführung und Vertretung, zu den Rechten und Pflichten der Gesellschafter (z. B. die Festlegung der Stimmrechte für die Geschäftsanteile, Nebenleistungspflichten sowie Vereinbarung etwaiger Sonderrechte) und zur Gesellschafterversamlung. Zu regeln sind namentlich Form und Frist für die Einberufung der Gesellschafterversammlung, die Person des Versammlungsleiters, das Abstimmungsverfahren, die Beschlussfähigkeit, und die Protokollierung der Gesellschafterversammlung. Weiter finden sich in der Satzung häufig Regelungen, die die Veräußerung und Übertragung von Geschäftsanteilen von der Zustimmung der Gesellschaft abhngig machen (Vinkulierungsklauseln), um so das Eindringen fremder Dritter in die Gesellschaft zu verhindern. Dem dienen (indirekt) auch Klauseln zur Teilung und Zusammenlegung von Geschäftsanteilen. Soll die Gesellschaft einen Aufsichtsrat oder Beirat haben, ist auch dies in der Satzung zu regeln (§ 52 GmbHG). Zu regeln sind dann auch die Aufgaben des Aufsichtsrats sowie dessen innere Ordnung. Nur dann, wenn die gesetzlichen Mitbestimmungsregeln eingreifen, muss von Gesetz wegen ein Aufsichtsrat in der GmbH bestellt werden. Bestandteil von GmbH-Satzungen sind schließlich Angaben zu den Bekanntmachungen der Gesellschaft und zum Geschäftsjahr. Sollen die Gründungskosten von der Gesellschaft getragen werden, muss auch dies in der Satzung bestimmt werden.

Aufgaben zur Selbstprüfung

1. Gibt es einen Mindestinhalt für eine GmbH-Satzung?
2. Was ist unter dem Satzungssitz, was unter dem Verwaltungssitz zu verstehen?
3. Kann eine Deutsche GmbH ihren Verwaltungssitz im Ausland haben?
4. Was versteht man unter einer Vinkulierungsklausel?
5. Worin besteht der Unterschied zwischen einer Einziehung und einer Ausschließung?
6. Welche Vorschriften gibt es über die Teilung und Zusammenlegung von Geschäftsanteilen?
7. Muss eine GmbH zwingend einen Aufsichtsrat haben?

D.4 Unternehmergesellschaft (haftungsbeschränkt)

Mit dem MoMiG neu geschaffen wurde die sog. Unternehmergesellschaft (haftungsbeschränkt) als Unterform der GmbH. Wesentliches Merkmal der Unternehmergesellschaft (haftungsbeschränkt) ist, dass bei ihr auch ohne Aufbringung des Mindeststammkapitals für eine GmbH eine Haftungsbeschränkung auf das Gesellschaftsvermögen besteht. Das nachfolgende Kapitel erläutert die Besonderheiten der Unternehmergesellschaft (haftungsbeschränkt).

D.4.1 Allgemeines

Als **Unterform oder Sonderform der GmbH** ist es nunmehr möglich, gem. § 5a GmbHG eine sog. Unternehmergesellschaft (haftungsbeschränkt) zu gründen, ohne das für eine GmbH notwendige Mindeststammkapital von 25.000,00 € (§ 5 Abs. 1 GmbHG) aufbringen zu müssen. Der Gesetzgeber will mit Einführung der Unternehmergesellschaft (haftungsbeschränkt) als Variante einer GmbH der vermehrten Verwendung von Rechtsformen aus dem europäischen Ausland, allen voran der britischen Limited (Ltd.) auf dem deutschen Markt begegnen. Auch unterhalb des Mindeststammkapitals von 25.000,00 € soll es namentlich Existenzgründern möglich sein, durch Wahl der Unternehmergesellschaft (haftungsbeschränkt) eine Rechtsform mit beschränkter Haftung wählen zu können.

> **!** Die Unternehmergesellschaft (haftungsbeschränkt) ist keine eigene Rechtsform, sondern eine Unterform der GmbH. Auch ohne Aufbringung des für eine GmbH erforderliche Mindeststammkapital kann mit der UG (haftungsbeschränkt) eine Haftungsbeschränkung auf das Gesellschaftsvermögen erreicht werden.

Die Unternehmergesellschaft (haftungsbeschränkt) ist nach § 5a GmbHG eine Sonderform der GmbH. Es gilt daher **prinzipiell GmbH-Recht**, soweit § 5a GmbHG nicht etwas anderes bestimmt. Wie sich dabei aus § 5a GmbHG ergibt, soll die UG (haftungsbeschränkt) **transitorischen Charakter** haben und den oder die Gründer in einem gestreckten Verfahren in die GmbH führen, auch wenn es dem oder den Gründer zunächst nicht möglich ist, das hälftige Stammkapital einer regulären GmbH gem. §§ 5 Abs. 1, 7 Abs. 2 GmbHG aufzubringen. Entgegen dieser Intention des Gesetzgebers steht die UG (haftungsbeschränkt) **jedermann**, insbesondere also auch vermögenden Gründern, offen. In Betracht kommt die UG (haftungsbeschränkt) insbesondere für **reine Objektgesellschaften**, die ein bestimmtes Projekt durchführen wollen. Ebenso kann die UG (haftungsbeschränkt) als **persönlich haftende Gesellschafterin bei einer KG** eingesetzt werden (Unternehmergesellschaft (haftungsbeschränkt) & Co. KG). Darüber hinaus eignet sich die UG (haftungsbeschränkt) auch zur Verfolgung **gemeinnütziger Zwecke**,

Adolf Reul

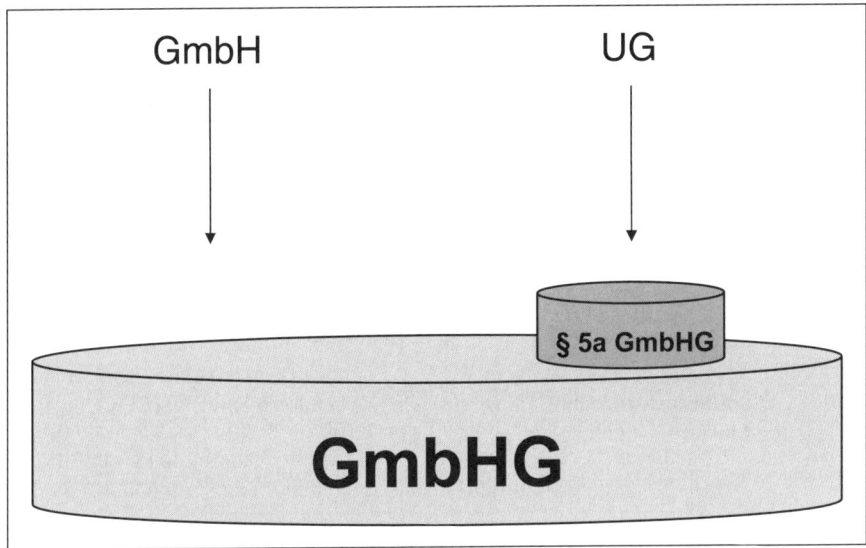

Abbildung D.4.1: Die UG als „kleine Schwester der GmbH".

als Sonderform der GmbH auch für eine **Freiberufler-GmbH** sowie schließlich als **Vorratsgesellschaft**.

Auch wenn mit der Unternehmergesellschaft (haftungsbeschränkt) nach § 5a GmbHG praktisch schon mit einem **Stammkapital von 1,00 €** (§ 5 Abs. 2 S. 1 GmbHG) eine Haftungsbeschränkung erreicht werden kann, verdeckt die UG (haftungsbeschränkt) doch den Blick darauf, dass auch eine Gesellschaft ohne Stammkapital letztlich ein Eigenkapital benötigt, um unternehmerisch tätig zu werden. Weiter wird häufig übersehen, dass sich der Rechtsverkehr für alle relevanten Rechtsgeschäfte nicht auf diese beschränkte Haftung einer 1,00-€-UG (haftungsbeschränkt) einlassen wird. Kreditgeber, Lieferanten, aber auch Kunden werden in der Regel beim Abschluss von Rechtsgeschäften (weitere) persönliche Sicherheiten durch den oder die Gründer fordern. Schließlich darf nicht übersehen werden, dass es sich auch bei der Unternehmergesellschaft (haftungsbeschränkt) i. S. d. § 5a GmbHG um eine Sonderform der GmbH und damit um eine Kapitalgesellschaft handelt. Auch für die Unternehmergesellschaft (haftungsbeschränkt) gelten deshalb die **Publizitätspflichten** der §§ 264 ff. HGB, sodass die Bilanz beim Bundesanzeiger einzureichen und zu veröffentlichen ist (§§ 325 ff. HGB). Wie bei allen Kapitalgesellschaften üblich, ist streng zwischen der **Sphäre der Gesellschaft und dem Privatvermögen der Gesellschafter zu unterscheiden**; Entnahmen aus dem Gesellschaftsvermögen sind nur eingeschränkt möglich (§ 30 GmbHG). Steuerrechtlich besteht die Gefahr der **verdeckten Gewinnausschüttung**. Anders als bei Personengesellschaften und dem Einzelkaufmann besteht weiter bei der Unternehmergesellschaft (haftungsbeschränkt) eine **Insolvenzantragspflicht** im Moment der Überschuldung. Die Verletzung dieser Antragspflicht ist strafrechtlich als auch haftungsrechtlich sanktioniert (§ 15a Abs. 4 und 5 InsO, § 64 GmbHG, § 823 Abs. 2 BGB). Zu beachten ist, dass bei Gründung einer Unternehmergesellschaft (haftungsbeschränkt) mit nur 1,00 € Stammkapital praktisch sofort eine Überschuldung und damit eine Insolvenzantragspflicht besteht, wenn die Unternehmergesellschaft (haftungsbeschränkt) die Gründungskosten wie etwa bei Verwendung des Musterprotokolls übernimmt. Den Gründern bleibt es freilich unbenommen, der Gesellschaft die für die Gründung erforderlichen Mittel auf andere Weise, etwa durch Zuzahlung in die freie Rücklage nach § 272 Abs. 2 Nr. 4 HGB oder durch Gewährung eines zwingend rangrücktrittsbehafteten Gesellschafterdarlehens (§ 19 Abs. 2 S. 3 InsO), zur Verfügung zu stellen.

D.4.2 Gründung

Die Gründung einer Unternehmergesellschaft (haftungsbeschränkt) erfolgt ebenso wie die Gründung einer normalen AG gem. § 2 Abs. 1 GmbHG durch **Abfassung einer notariellen Gründungsurkunde bzw. im vereinfachten Verfahren** durch Verwendung eines notariellen Musterprotokolls gem. § 2 Abs. 1a GmbHG.

Gründer einer Unternehmergesellschaft (haftungsbeschränkt) kann jedermann sein, der auch eine GmbH gründen kann. Besonderheiten bestehen nicht.

D.4.3 Firma

Hinsichtlich der Firmierung verlangt § 5a Abs. 1 GmbHG den **Rechtsformzusatz „Unternehmergesellschaft (haftungsbeschränkt)" oder „UG (haftungsbeschränkt)".** Die Verwendung des Rechtsformzusatzes „GmbH" nach § 4 GmbHG ist unzulässig. Wird überhaupt kein Rechtsformzusatz verwendet, droht eine unbeschränkte persönliche Haftung des Handelnden (BGH NZG 2007, 426). Bei Verwendung des Rechtsformzusatzes „GmbH" wird der Rechtsverkehr darüber getäuscht, dass kein Stammkapital von mindestens 25.000,00 € besteht. In Betracht kommt deshalb eine entsprechende persönliche Haftung auf den Differenzbetrag zwischen den 25.000,00 € und dem Stammkapital der UG (haftungsbeschränkt).

D.4.4 Stammkapital

D.4.4.1 Höhe des Stammkapitals

§ 5a GmbHG enthält keine ausdrücklichen Vorgaben für die Höhe des Stammkapitals der UG (haftungsbeschränkt). Es wird lediglich erlaubt, den Betrag des Mindeststammkapitals nach § 5 Abs. 1 GmbHG zu unterschreiten. Demgemäß bleibt es daher bei der allgemeinen Regelung des § 5 Abs. 2 S. 1, § 3 Abs. 1 Nr. 4 GmbHG. Der **Nennbetrag** eines jeden Geschäftsanteils muss auf volle Euro lauten. Bei der **Einmanngesellschaft** genügt ein Stammkapital von **mindestens 1,00 €**; bei einer **Mehrpersonengründung** muss das Stammkapital in Euro zumindest der Zahl der Gründer entsprechen.

 Übung D.4.1

  Ist die Gründung einer Unternehmergesellschaft (haftungsbeschränkt) mit einem Stammkapital von 25.000,00 € zulässig?

D.4.4.2 Kapitalaufbringung

Die UG (haftungsbeschränkt) darf gem. § 5a Abs. 2 S. 1 GmbHG nur dann zur Eintragung in das Handelsregister angemeldet werden, wenn das **Stammkapital in voller Höhe eingezahlt** ist. Zulässig ist **nur** eine **Bargründung**. Sacheinlagen sind nach § 5a Abs. 2 S. 2 GmbHG verboten. Die sonst in § 7 Abs. 2 GmbHG bestehende Möglichkeit, lediglich die Hälfte des Mindeststammkapitals sowie auf jeden Geschäftsanteil ein Viertel des Nennbetrags einzubezahlen, ist bei der UG (haftungsbeschränkt) nach § 5a Abs. 2 S. 1 GmbHG nicht gegeben. Statthaft ist es bei der UG (haftungsbeschränkt) dagegen, die Kapitalaufbringung im Wege des ordnungsgemäßen Hin- und Herzahlens i. S. d. § 19 Abs. 5 GmbHG zu leisten, denn eine Sacheinlage liegt hier nicht vor. Unzulässig sind dagegen verdeckte Sacheinlagen. Wegen des Verbots der Erbringung von Sacheinlagen nach § 5a Abs. 2 S. 2 GmbHG gilt dieses Verbot auch für die Anwendung des § 19 Abs. 4 GmbHG (Anrechnungsmodell; siehe dazu *Wicke*, § 5a GmbHG Rn. 7).

 Sacheinlagen sind bei der Unternehmergesellschaft (haftungsbeschränkt) unzulässig.

D.4.4.3 Gesetzliche Rücklage

Das GmbHG setzt für die GmbH nicht die Bildung einer gesetzlichen Rücklage voraus. Anders ist die Rechtslage dagegen im Aktienrecht (§ 150 AktG). § 5a Abs. 3 GmbHG macht für die UG (haftungsbeschränkt) eine Ausnahme. Danach ist für die UG (haftungsbeschränkt) eine gesetzliche Rücklage zu bilden, in die **ein Viertel des um einen Verlustvortrag aus dem Vorjahr geminderten Jahresüberschusses** einzustellen ist. Die Rücklage darf weiter nur für die in § 5a Abs. 3 S. 2 GmbHG genannten Zwecke verwandt werden (Kapitalerhöhung aus Gesellschaftsmitteln; Ausgleich eines Jahresfehlbetrages; Ausgleich eines Verlustvortrags).

§ 5a Abs. 3 GmbHG enthält **keine Höchstgrenze** für die gesetzliche Rücklage. Des Weiteren enthält § 5a GmbHG auch keine Frist, innerhalb der die UG (haftungsbeschränkt) in eine GmbH „umzuwandeln" ist. Solange eine UG (haftungsbeschränkt) besteht, besteht daher eine Pflicht zur Rücklagenbildung. Diese Pflicht darf jedoch nicht überbewertet werden. Die Gesellschafter haben vielfache Möglichkeiten, den Jahresüberschuss durch verschiedene Gestaltungsmaßnahmen insbesondere durch die Festsetzung eines hohen Geschäftsführergehaltes oder über Tantiemeregelungen entsprechend zu **minimieren**, sodass die Pflicht zur Rücklagenbildung letztlich leerläuft. Wird trotz Jahresüberschusses eine gesetzliche Rücklage nicht gebildet, ist ein etwa festgestellter Jahresabschluss unwirksam und ein Gewinnverwendungsbeschluss nichtig. Im Übrigen hat die Gesellschaft einen Rückzahlungsanspruch gegen den Gesellschafter aus § 812 BGB. Ebenso kommt ein Anspruch aus §§ 30, 31 GmbHG in Betracht (*Wicke*, § 5a GmbHG Rn. 11).

D.4.5 Einberufung der Gesellschafterversammlung

Nach § 49 Abs. 3 GmbHG muss bei einer normalen GmbH die Gesellschafterversammlung unverzüglich einberufen werden, wenn aus der Jahresbilanz oder aus einer im

Laufe des Geschäftsjahres aufgestellten Bilanz sich ergibt, dass die **Hälfte des Stamm-kapitals verloren** ist. § 5a Abs. 4 GmbHG modifiziert diese Regelung für die UG (haftungsbeschränkt). Dort muss die Versammlung erst bei drohender Zahlungsunfähigkeit einberufen werden. In der Praxis wird die Gesellschafterversammlung in diesen Fällen regelmäßig zu spät kommen. Von daher dürfte der Gesellschafter in der UG (haftungsbeschränkt) verpflichtet sein, die Gesellschafterversammlung bereits bei Eintritt der Krise nach § 49 Abs. 2 GmbHG einzuberufen (*Wicke*, § 5a GmbHG Rn. 13).

D.4.6 „Umwandlung" einer UG (haftungsbeschränkt) in eine GmbH

Erhöht eine UG (haftungsbeschränkt) ihr Stammkapital so, dass es den Betrag des Mindeststammkapitals einer GmbH nach § 5 Abs. 1 GmbHG erreicht oder übersteigt, finden die Regelungen des § 5a Abs. 1–4 GmbHG keine Anwendung mehr. Maßgebender Zeitpunkt ist die Handelsregistereintragung der Kapitalerhöhung. § 5a Abs. 5, 2. Halbs. GmbHG gestattet es in diesem Fall ausdrücklich, den Rechtsformzusatz für eine Unternehmergesellschaft (haftungsbeschränkt) in der Firmenbezeichnung nach § 5a Abs. 1 GmbHG beizubehalten.

Die „Umwandlung" einer UG (haftungsbeschränkt) in eine GmbH erfolgt **im Wege einer (normalen) Kapitalerhöhung**. Zur Verfügung steht zum einen eine **Barkapitalerhöhung** nach § 55 GmbHG sowie zum anderen eine **Kapitalerhöhung aus Gesellschaftsmitteln** nach § 57c GmbHG durch Umwandlung der gesetzlichen Rücklage (§ 5a Abs. 3 Nr. 1 GmbHG). **Streitig** ist, ob bei einer solchen Kapitalerhöhung nach § 5a Abs. 5 GmbHG auch die Einschränkungen des § 5a Abs. 2 GmbHG gelten. Fraglich ist also zum einen, ob eine „Umwandlung" in eine GmbH auch mittels **Sacheinlage** möglich ist. Fraglich zum anderen ist, ob bei dieser Kapitalerhöhung (schon) die Regelung des § 57 Abs. 2 S. 1, § 7 Abs. 2 S. 1 GmbHG gilt, wonach auf jeden Geschäftsanteil nur ein Viertel des Nennbetrags einzubezahlen ist. Im Kern geht es hier um die Frage, ob die Regelung des § 5a Abs. 2 GmbHG nur für die Gründung einer Unternehmergesellschaft (haftungsbeschränkt) gilt oder für sämtliche Kapitalmaßnahmen bis zu dem Zeitpunkt, zu welchem der Betrag des Mindeststammkapitals erreicht oder überschritten wird (maßgeblicher Zeitpunkt ist dann die Eintragung der Kapitalerhöhung im Handelsregister, § 54 Abs. 3 GmbHG). Die Ansichten in der Literatur gehen auseinander. Für die Praxis empfiehlt sich, davon auszugehen, dass die Regelung des § 5a Abs. 2 GmbHG bis zu dem in § 5 Abs. 5 GmbHG maßgeblichen Zeitpunkt gilt, sodass also auch diejenige Kapitalerhöhung noch von der Regelung des § 5a Abs. 2 GmbHG erfasst wird, mit der das Mindeststammkapital erreicht oder überstiegen wird.

Ist die UG (haftungsbeschränkt) einmal in eine GmbH „umgewandelt" worden, scheidet eine **Rückumwandlung** aus. Die Gründung einer UG (haftungsbeschränkt) kann nur gem. § 5a GmbHG im Wege der Bargründung erfolgen. Andere Möglichkeiten der Gründung sind ausgeschlossen.

D.4.7 Umwandlung der UG (haftungsbeschränkt) nach dem UmwG

Da die UG (haftungsbeschränkt) eine Sonderform der GmbH ist, kann sich die UG (haftungsbeschränkt) grundsätzlich an allen Umwandlungsmaßnahmen innerhalb und außerhalb des UmwG in demselben Umfang beteiligen, in dem auch eine GmbH sich daran beteiligen könnte. Einschränkungen ergeben sich nur im Hinblick auf § 5a GmbHG. Danach kann eine UG (haftungsbeschränkt) nicht im Wege der Sachgründung entstehen. Ebenso unzulässig ist eine Sacheinlage und damit auch eine Sachkapitalerhöhung.

Entsprechend diesen Vorgaben kann die UG (haftungsbeschränkt) **Ausgangsrechtsträger** bei jedweder Umwandlung sein. Unzulässig ist es dagegen, wenn die UG (haftungsbeschränkt) **Zielrechtsträger** ist. Insbesondere scheidet die UG (haftungsbeschränkt) als Zielgesellschaft bei einem Formwechsel nach § 197 UmwG bzw. bei einer Verschmelzung zur Neugründung aus. Gleiches gilt bei einer Verschmelzung zur Aufnahme, wenn eine Kapitalerhöhung erforderlich ist, um Geschäftsanteile beim Zielunternehmen zu schaffen (§§ 54, 55 UmwG). In all diesen Fällen handelt es sich um eine Sacheinlage. § 5a Abs. 2 S. 2 GmbHG verbietet aber für die UG (haftungsbeschränkt) Sacheinlagen.

D.4.8 Die Bedeutung der UG (haftungsbeschränkt) in der Praxis

Inwieweit sich die UG (haftungsbeschränkt) in der Praxis durchzusetzen vermag, muss die Entwicklung zeigen. Für sie spricht sicherlich, dass es sich dabei um eine Art „**GmbH light**" handelt, die sich an die praxisbewährte Rechtsform der GmbH anlehnt. Ein Ausweichen auf ausländische Rechtsformen wie insbesondere die englische Limited zum Zwecke der Haftungsbeschränkung ohne Aufbringung des Mindeststammkapitals für eine GmbH ist nicht mehr erforderlich. Diesem **Vorteil**, die **Haftungsbeschränkung ohne Aufbringung des Mindeststammkapitals** für eine GmbH zu erlangen, steht der **Nachteil** gegenüber, dass auch die UG (haftungsbeschränkt) eine Kapitalgesellschaft ist. Demgemäß gelten auch für die UG (haftungsbeschränkt) uneingeschränkt die **Publizitätspflichten** sowie das **Verbot der Einlagenrückgewähr (Kapitalerhaltungsgrundsatz)**. Darüber hinaus wird sich der Rechtsverkehr oftmals nicht mit einer UG (haftungsbeschränkt) als Vertragspartner zufriedengeben, sondern darüber hinaus weitere (persönliche) Sicherheiten verlangen. Davon auszugehen ist, dass ein wesentlicher Anwendungsbereich der UG (haftungsbeschränkt) sein wird die Gründung von Objektgesellschaften zur Durchführung bestimmter Projekte, die Übernahme der persönlichen Haftung in einer Kommanditgesellschaft (Unternehmergesellschaft (haftungsbeschränkt) & Co. KG) sowie die Gründung von Vorratsgesellschaften.

Adolf Reul

Zusammenfassung

Die Unternehmergesellschaft (haftungsbeschränkt) stellt keine neue Rechtsform dar. Vielmehr handelt es sich dabei um eine Unterform der GmbH. Wesentliches Merkmal der Unternehmergesellschaft (haftungsbeschränkt) ist, dass bei ihr auch ohne Aufbringung des Mindeststammkaptials für eine GmbH eine Haftungsbeschränkung auf das Gesellschaftsvermögen besteht. § 5a GmbHG entält verschiedene Sonderregelungen für die Unternehmergesellschaft (haftungsbeschränkt); im Übrigen gilt allgemeines GmbH-Recht. Gegründet werden darf die UG (haftungsbeschränkt) nur im Rahmen er Bargründung. Der Geschäftsanteil eines jeden Gesellschafters muss mindestens einen Euro betragen. Das Stammkapital der Unternehmergesellschaft (haftungsbeschränkt) muss bei der Gründung stets voll eingezahlt sein (§ 5a Abs. 2 GmbHG). Sacheinlagen sind unzulässig. Als Rechtsformzusatz muss in der Firma zwingend die Bezeichnung Unternehmergesellschaft (haftungsbeschränkt) oder UG (haftungsbeschränkt) enthalten sein. Der Rechtsformzusatz „GmbH" ist unzulässig. Anders als bei der GmbH gibt es bei der Unternehmergesellschaft (haftungsbeschränkt) die Pflicht zur Bildung einer gesetzlichen Rücklage. In diese Rücklage ist jeweils ein Viertel des Jahresüberschusses einzustellen, solange die UG (haftungsbeschränkt) besteht. Die Rücklage darf nur für bestimmte Zwecke verwendet werden (§ 5a Abs. 3 GmbHG). Zur GmbH wird die UG (haftungsbeschränkt) durch (normale) Kapitalerhöhung. Str. ist, ob für diese Kapitalerhöhung noch die Einschränkungen des § 5a Abs. 2 GmbHG gelten oder schon das „normale" GmbH-Recht gilt, d. h. auch Sacheinlagen zulässig sind bzw. bei Bareinlagen nur jeweils ein Viertel des Nennbetrages einbezahlt werden muss. An Umwandlungsvorgängen nach dem UmwG kann sich eine Unternehmergesellschaft (haftungsbeschränkt) als Ausgangsrechtsträger grundsätzlich wie jede GmbH beteiligen. Zielrechtsträger bei einem Formwechsel oder bei einer Verschmelzung zur Neugründung kann die UG aber nicht sein, weil es sich hierbei stets um Sacheinlagen handelt, die bei der Unternehmergesellschaft (haftungsbeschränkt) nach § 5a Abs. 2 S. 2 GmbHG verboten sind. Gleiches gilt bei einer Verschmelzung zur Aufnahme mit Kapitalerhöhung nach § 55 UmwG. Wesentliche Bedeutung hat die UG (haftungsbeschränkt) in der Praxis vor allem bei der Gründung von Objektgesellschaften zur Durchführung bestimmter Projekte, bei der Übernahme der persönlichen Haftung in einer Kommanditgesellschaft (Unternehmergesellschaft (haftungsbeschränkt) & Co. KG) sowie bei der Gründung von Vorratsgesellschaften.

Aufgaben zur Selbstprüfung

1. Ist die Unternehmergesellschaft (haftungsbeschränkt) eine eigene Rechtsform?
2. Muss der Gesellschaftsvertrag einer Unternehmergesellschaft (haftungsbeschränkt) notariell beurkundet werden?
3. Gibt es ein Mindeststammkapital bei der Unternehmergesellschaft (haftungsbeschränkt)?
4. Welche Besonderheiten bestehen bei der Firmierung einer Unternehmergesellschaft (haftungsbeschränkt)?
5. Gibt es bei der Unternehmergesellschaft (haftungsbeschränkt) eine gesetzliche Rücklage?
6. Kann eine Unternehmergesellschaft (haftungsbeschränkt) in eine normale GmbH mittels Sachkapitalerhöhung umgewandelt werden? Wie könnte ein entsprechendes Ergebnis begründet werden?
7. Kann die in eine GmbH umgewandelte Unternehmergesellschaft (haftungsbeschränkt) als Unternehmergesellschaft weiter firmieren?
8. Welche Besonderheiten bestehen bei einer Umwandlung nach dem Umwandlungsgesetz?

D.5 Geschäftsführung und Vertretung

Die GmbH ist als juristische Person selbst nicht handlungsfähig. Gesetzlich vertreten wird sich durch ihre Geschäftsführer. Das nachfolgende Kapitel erläutert die Einzelheiten zur Rechtsstellung der GmbH-Geschäftsführer.

D.5.1 Organstellung des Geschäftsführers

Die GmbH muss nach § 6 Abs. 1 GmbHG einen oder mehrere Geschäftsführer haben. Nach der Grundregel des § 35 Abs. 1 S. 1 GmbHG wird die Gesellschaft durch die Geschäftsführer gerichtlich und außergerichtlich vertreten. Es handelt sich um eine organschaftliche und nicht bloß rechtsgeschäftliche Vertretungsmacht, da die Gesellschaft nur durch die Geschäftsführer handlungsfähig wird und im Rechtsverkehr auftreten kann. Der **Geschäftsführer** ist damit **Organ der Gesellschaft**.

Die Organstellung des Geschäftsführers selbst umfasst die **Vertretung der Gesellschaft und die Geschäftsführung**. Vertretung meint das gerichtliche und außergerichtliche Handeln im Rechtsverkehr. Die Geschäftsführung betrifft die Entschließung über Art und Weise der Verfolgung des Gesellschaftszwecks, soweit nicht die Gesellschafter diese Aufgabe an sich ziehen oder sie durch die Satzung einem anderen Organ über-

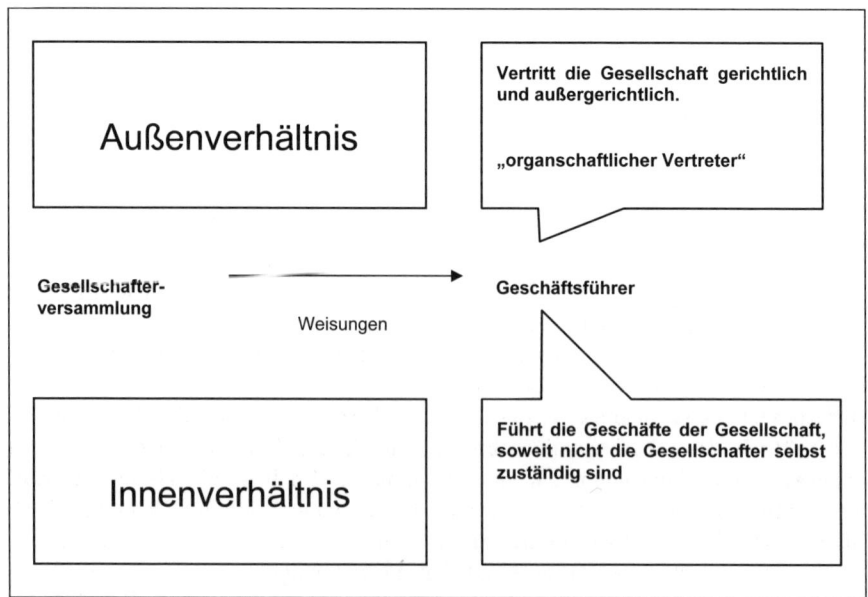

Abbildung D.5.1: Geschäftsführer

Adolf Reul

tragen. Im Rahmen der Geschäftsführung und Vertretung haben die Geschäftsführer nach § 37 Abs. 1 GmbHG die Begrenzungen nach der Satzung der Gesellschaft, aber auch nach den Beschlüssen der Gesellschafterversammlung zu beachten. Geprägt ist damit die Geschäftsführungs- und Vertretungsbefugnis von einer grundsätzlichen **Weisungsgebundenheit der Geschäftsführer**. Darin besteht ein wesentlicher Unterschied zum Aktienrecht. Im Aktienrecht besteht nach § 76 Abs. 1 AktG der Grundsatz der eigenverantwortlichen Leitung der AG durch ihren Vorstand.

 Die Geschäftsführer der GmbH sind von der Gesellschafterversammlung weisungsabhängig.

Die **Anzahl der Geschäftsführer** wird grundsätzlich in der Satzung festgelegt. Fehlt eine solche Regelung, entscheidet die Gesellschafterversammlung hierüber mit einfacher Mehrheit (§§ 46 Nr. 5, 47 Abs. 1 GmbHG). Unklar ist, ob bei Verwendung des Musterprotokolls nach § 2 Abs. 1a GmbHG, das nur einen Geschäftsführer vorsieht, die Bestellung eines zweiten Geschäftsführes stets eine Satzungsänderung erforderlich macht.

D.5.2 Bestellung

Die Bestellung der Geschäftsführer erfolgt gem. § 6 Abs. 3 S. 2 GmbHG entweder im Gesellschaftsvertrag oder nach § 46 Nr. 5 GmbHG durch **Beschluss der Gesellschafterversammlung**. Die Satzung (vgl. § 45 Abs. 2 GmbHG) kann die Bestellung auf ein anderes Organ wie etwa einen Aufsichtsrat oder einen Beirat übertragen. Soweit die Bestellung im Gesellschaftsvertrag erfolgt, ist für den Wechsel eines Gesellschafters grundsätzlich eine Satzungsänderung (§ 53 ff. GmbHG) erforderlich. Auf eine Bestellung in der Satzung sollte deshalb verzichtet werden.

Erfolgt die Bestellung des Geschäftsführers gem. § 2 Abs. 1a GmbHG in dem gesetzlichen **Musterprotokoll**, ist fraglich, ob es sich dabei um eine satzungsmäßige Bestellung handelt oder nur um eine im Musterprotokoll integrierte Bestellung. Im Zweifel wird man davon ausgehen müssen, dass es sich hierbei um einen echten Satzungsbestandteil handelt.

Zu Geschäftsführern können gem. § 6 Abs. 3 GmbHG Gesellschafter oder Dritte bestellt werden. Nach § 6 Abs. 2 GmbHG kann Geschäftsführer allerdings nur eine natürliche, unbeschränkt geschäftsfähige Person sein. Auch dürfen nicht die Ausschlussgründe des § 6 Abs. 2 S. 2 und S. 3 GmbHG gegeben sein. Dies ist von den Geschäftsführern in der Anmeldung zum Handelsregister ausdrücklich zu versichern (§§ 6 Abs. 3 S. 1, 8 Abs. 3, 39 Abs. 3 GmbHG).

D.5.3 Vertretung

Nach § 35 Abs. 1 S. 1 GmbHG wird die GmbH durch ihre Geschäftsführer gerichtlich und außergerichtlich vertreten. **Im Außenverhältnis** ist die Vertretungsmacht der Geschäftsführer nach § 37 Abs. 2 GmbHG **unbeschränkt**. Im **Innenverhältnis** haben die

Geschäftsführer die Beschränkungen des Gesellschaftsvertrages, vor allem aber auch Weisungen der Gesellschafterversammlung zu beachten (§ 37 Abs. 1 GmbHG).

D.5.3.1 Aktivvertretung

Für die Aktivvertretung geht § 35 Abs. 2 S. 1 GmbHG davon aus, dass bei der Bestellung mehrerer Geschäftsführer diese **alle nur gemeinschaftlich vertretungsberechtigt** sind. Im Gesellschaftsvertrag kann diese Vertretungsregelung jedoch abbedungen werden. Möglich ist eine Satzungsbestimmung, die bereits eine konkrete Regelung selbst enthält, etwa dahingehend, dass ein Geschäftsführer auch **einzelvertretungsbefugt** ist. Regelmäßig wird aber ein anderes Gesellschaftsorgan wie insbesondere die Gesellschafterversammlung ermächtigt, die Art und Weise der Vertretung der Gesellschaft zu bestimmen. Ist nur ein Geschäftsführer vorhanden, so ist dieser nach dem Wortlaut des § 35 Abs. 2 S. 1 GmbHG einzelvertretungsbefugt. Eine besondere Regelung bedarf es insoweit im Gesellschaftsvertrag nicht.

 Beispiel D.5.1

Der Gesellschaftsvertrag kann bestimmen, dass, wenn mehrere Geschäftsführer vorhanden sind, diese durch zwei Geschäftsführer gemeinsam vertreten wird (echte Gesamtvertretung) oder die Gesellschaft durch einen Geschäftsführer gemeinsam mit einem Prokuristen (sog. unechte Gesamtvertretung).

Unzulässig ist die **unechte Gesamtvertretung**, wenn nur ein Geschäftsführer bestellt wird. Dieser darf in seiner Organstellung nicht abhängig sein von der Mitwirkung eines Prokuristen. Insoweit muss stets auch eine Vertretung allein durch Geschäftsführer möglich sein. Problematisch ist der Fall, wenn zunächst mehrere Geschäftsführer bestellt wurden und neben einer Gesamtvertretungsregelung auch eine unechte Gesamtvertretung vereinbart wurde. Fällt in diesem Fall einer der beiden Geschäftsführer weg, ist durch Auslegung zu ermitteln, ob die Vertretungsmacht des verbleibenden Geschäftsführers zu einer Einzelvertretungsbefugnis erstarkt. Sinnvoll ist eine entsprechende Regelung im Gesellschaftsvertrag.

> **? Übung D.5.1**
> Eine GmbH wird unter Verwendung des Musterprotokolls nach § 2 Abs. 1a GmbHG gegründet. Nach Eintragung der Gesellschaft im Handelsregister soll ein zweiter Geschäftsführer bestellt werden. Dieser soll die Gesellschaft allein vertreten können. Welche Besonderheiten sind zu berücksichtigen?

D.5.3.2 Passivvertretung

Geht es um die Vertretung einer GmbH auf Passivseite und damit um die Frage, wie Willenserklärungen gegenüber der GmbH wirksam werden, enthält das Gesetz **wesentliche Erleichterungen**. Es müssen nicht stets die Voraussetzungen wie bei der Aktivvertretung gegeben sein. Bei mehreren Geschäftsführern genügt nach § 35 Abs. 2 S. 2 GmbHG die Abgabe gegenüber einem Vertreter der Gesellschaft.

Adolf Reul

Eine besondere Regelung zur Passivvertretung enthält das Gesetz im Falle der sog. „**Führungslosigkeit**". Führungslosigkeit liegt nach § 35 Abs. 1 S. 2 GmbHG vor, wenn die Gesellschaft kein Geschäftsführungsorgan hat. Die bloße Abwesenheit genügt dafür nicht. Vielmehr muss das Organ insgesamt weggefallen sein. Führungslosigkeit besteht daher nicht, wenn die Gesellschaft einen Geschäftsführer oder Liquidator hat, auch wenn dessen Bestellung auf einem anfechtbaren Beschluss beruht. Dieser ist so lange im Amt, bis der Beschluss rechtskräftig für nichtig erklärt wurde (*Wicke*, § 35 GmbHG Rn. 26). Auf die Kenntnis von der Führungslosigkeit kommt es nicht an. Im Falle der Führungslosigkeit, wird die Gesellschaft durch jeden einzelnen Gesellschafter passiv vertreten (§ 35 Abs. 1 S. 2 und Abs. 2 S. 2 GmbHG). Dabei genügt es, wenn an die Vertreter der Gesellschaft die Willenserklärungen unter der im Handelsregister eingetragenen Geschäftsanschrift abgegeben und zugestellt werden (§ 35 Abs. 2 S. 3 GmbHG).

D.5.3.3 Befreiung von den Beschränkungen des § 181 BGB

Die Frage, ob Geschäftsführer von den Beschränkungen der Mehrfachvertretung und des In-sich-Geschäfts nach § 181 BGB befreit werden sollen, ist im Rahmen der **Satzungsgestaltung** bzw. der Bestellung der Geschäftsführer zu regeln. Das Musterprotokoll nach § 2 Abs. 1a GmbHG sieht bereits eine Befreiung vor. Im Übrigen gilt das Verbot des § 181 BGB auch bei der Einmann-AG (§ 35 Abs. 4 S. 1 GmbHG).

Soll eine generelle Befreiung von den Beschränkungen des § 181 BGB ermöglicht werden, ist nach wohl überwiegender Auffassung zwingend eine Regelung in der Satzung notwendig. Es genügt allerdings auch eine entsprechende Ermächtigung in der Satzung, dass die Gesellschafterversammlung bzw. das sonst zur Bestellung der Geschäftsführer zuständige Organ über die Befreiung von den Beschränkungen des § 181 BGB befindet (KG ZIP 2006, 2085; großzügiger demgegenüber LG Köln RNotZ 2001, 401). Geht es lediglich um eine Befreiung von den Beschränkungen des § 181 BGB im Einzelfall, genügt eine Gestattung durch dasjenige Organ, dass den Geschäftsführer bestellt, regelmäßig also ein einfacher Gesellschafterbeschluss. Eine entsprechende Satzungsregelung ist hierfür allerdings nicht erforderlich (a. A. BayObLG DB 1984, 1517). Die Satzung kann hierzu abweichende Regelungen enthalten.

 Übung D.5.2
Die GmbH gründet als Alleingesellschafterin eine Tochter-GmbH. Der Geschäftsführer der Mutter-GmbH soll zum Geschäftsführer in der Tochter-GmbH bestellt werden. Liegt ein Fall des § 181 BGB vor?

D.5.3.4 Vertretung der Gesellschaft gegenüber den Geschäftsführern

Soweit keine Befreiung von den Beschränkungen des § 181 BGB besteht, wird die Gesellschaft ihren Geschäftsführern gegenüber **durch die Gesellschafterversammlung** vertreten. Insbesondere ist auch die Gesellschafterversammlung für den Abschluss, die Änderung und Beendigung des Anstellungsvertrages des Geschäftsführers zuständig (OLG Hamm Rpfleger 2007, 327). Hat die Gesellschaft einen **Aufsichtsrat**, gilt mangels anderweitiger Satzungsregel aufgrund der Verweisung in § 52 Abs. 1 GmbHG § 112 AktG. Die GmbH wird dann durch ihren Aufsichtsrat vertreten.

D.5.4 Handelsregisteranmeldung

Nach § 8 Abs. 1 Nr. 2 GmbHG ist im Rahmen der Anmeldung der Gründung die Legitimation der Geschäftsführer mitanzugeben. Ebenso ist nach § 39 Abs. 1 GmbHG jede Änderung in den Personen der Geschäftsführer sowie die Beendigung der Vertretungsbefugnis eines Geschäftsführers zur Eintragung in das Handelsregister anzumelden. **Anzumelden ist nach § 39 GmbHG damit jede Änderung der Vertretungsbefugnis.** Hierzu gehört auch die Eintragung der Befreiung von den Beschränkungen des § 181 BGB. Neue Geschäftsführer haben eine Versicherung wie bei der Gründung anzugeben, wonach keine Gründe vorliegen, die ihrer Besetellung nach § 6 Abs. 2 GmbHG entgegenstehen und dass sie über ihre unbeschränkte Auskunftspflicht von einem Notar belehrt worden sind (§§ 39 Abs. 3, 8 Abs. 3 GmbHG). Die Eintragung im Handelsregister hat dabei selbst nur deklaratorische Wirkung. Wirksam wird die Bestellung zum Geschäftsführer, wenn der Bestellte den körperschaftlichen Bestellungsakt angenommen hat. Die Eintragung im Handelsregister hat nur deklaratorische Wirkung.

Anmeldeverpflichtet sind die Geschäftsführer in vertretungsberechtigter Zahl (§ 78 GmbHG). Eine Anmeldung durch bevollmächtigte Dritte ist möglich. Die Versicherungen nach § 39 Abs. 3 GmbHG sind freilich vom neu angemeldeten Geschäftsführer höchstpersönlich abzugeben.

 Beispiel D.5.2

Ein neu bestellter, einzelvertretungsbefugter Geschäftsführer kann sich selbst ohne Mitwirkung der übrigen Geschäftsfüher anmelden, sofern er seine Bestellung nachweist.

D.5.5 Rechte und Pflichten des Geschäftsführers

Grundaufgabe des Geschäftsführers ist die Geschäftsführung und die **Vertretung der Gesellschaft** unter Beachtung der Grenzen des § 37 Abs. 1 GmbHG. Diese Pflichten beginnen mit Wirksamwerden der Organstellung und enden im Grundsatz mit der Beendigung der Geschäftsführerstellung. Daneben bestehen für den Geschäftsführer vielfältige **Treuepflichten** gegenüber der Gesellschaft. Hierzu gehört namentlich die **Verschwiegenheitspflicht** (vgl. § 85 GmbHG), vor allem aber auch ein **Wettbewerbsverbot**, wonach die Geschäftsführer während der Dauer ihres Amtes auch ohne ausdrückliche Regelung in der Satzung oder im Anstellungsvertrag einem Wettbewerbsverbot unterliegen. Das bedeutet, dass sie kein Handelsgewerbe konkurrierender Art betreiben dürfen. Weiter von dem Wettbewerbsverbot erfasst ist der Fall, dass die Geschäftsführer nicht zu ihrem eigenen Vorteil handeln dürfen (BGH NJW 1986, 586; sog. **Geschäftschancenlehre**). Von dem Wettbewerbsverbot können in der Satzung jedoch Ausnahmen getroffen werden. Keine Bedeutung hat das Wettbewerbsverbot grundsätzlich in der Einmann-GmbH (BGHZ 142, 92, 95). Ein **Verstoß** gegen das Wettbewerbsverbot begründet aus steuerrechtlicher Sicht nicht per se eine (steuerschädliche) **verdeckte Gewinnausschüttung**, sondern nur dann (dann aber auch in der Einmann-GmbH), wenn entweder der Gesellschaft Vermögen entzogen wird, dass zur Deckung des Stammkapitals benötigt wird (§ 30 GmbHG), oder wenn der Gesellschafter Informationen oder Geschäftschancen der GmbH nutzt, für die ein Dritter ein Entgelt bezahlt hätte (BFH ZIP 1995, 1890; vgl. auch BFHE 209, 320). In der Praxis ist allerdings eine vorsichtige Haltung zu empfehlen. **Klare Regelungen in der Satzung** oder eindeutige Zuordnungen durch Gesellschafterbeschlüsse, aber z. B. auch die Vereinbarung eines Entgelts für die Befreiung von einem Wettbewerbsverbot (z. B. für die Überlassung von Mandantenverträgen an einen beherrschenden Geschäftsführer einer Steuerberatungs-GmbH; vgl. BFH GmbHR 2004, 918) können vermeiden, dass Verstöße gegen das Wettbewerbsverbot vorliegen und damit eine verdeckte Gewinnausschüttung angenommen wird. Soweit der Gesellschaftsvertrag bzw. der Anstellungsvertrag nichts anderes vereinbart, endet dieses Wettbewerbsverbot mit Beendigung der Geschäftsführerstellung. Soweit eine nachvertragliche Bindung gelten soll, ist eine besondere Vereinbarung erforderlich (BGH GmbHR 1977, 43).

 Verstöße gegen das Wettbewerbsverbot können zu einer steuerschädlichen verdeckten Gewinnausschüttung führen.

Weiter bestehen für den Geschäftsführer **Buchführungs- und Rechnungslegungspflichten**. Der Geschäftsführer ist den Gesellschaftern über die Angelegenheiten der Gesellschaft auskunftspflichtig (§ 51a GmbHG). Die Geschäftsführer sind für die Einberufung der Gesellschafterversammlung zuständig (§ 49 Abs. 1 GmbHG). Gleiches gilt für die Anmeldepflichten beim Handelsregister (§ 78 GmbHG).

Umgekehrt haben die Geschäftsführer zwar nicht aus dem Organverhältnis, in der Regel aber doch aus dem parallel geschlossenen Anstellungsvertrag **Anspruch auf angemessene Vergütung**. Die aktienrechtliche Regelung des § 87 AktG kann entsprechend herangezogen werden. Eine unangemessen hohe Vergütung an einen Gesellschafter-Geschäftsführer begründet die Gefahr einer steuerrechtlich schädlichen verdeckten Gewinnausschüttung. Gleiches gilt bei einer unangemessen hohen Tantieme. Zusätzlich wird in den Anstellungsverträgen häufig eine Ruhegehaltsregelung oder Hinterbliebenenversorgung vereinbart.

D.5.6 Kreditgewährung

Eine Sondervorschrift enthält **§ 43a GmbHG** für die Kreditgewährung an Geschäftsführer, andere gesetzliche Vertreter, Prokuristen oder Handlungsbevollmächtigte. Derartige Kredite dürfen nicht aus dem zur Erhaltung des Stammkapitals erforderlichen Vermögen gewährt werden. Andernfalls besteht ein sofortiger Rückzahlungsanspruch.

D.5.7 Haftung

Die Haftung der Geschäftsführer ist in § 43 GmbHG geregelt. Danach haben die Geschäftsführer in Angelegenheiten der Gesellschaft die **Sorgfalt eines ordentlichen Ge-**

schäftsmanns anzuwenden. Andernfalls haften sie gegenüber der GmbH solidarisch für den entstandenen Schaden. Dabei gilt die Haftung unabhängig vom Bestehen eines Anstellungsvertrages. Eine **Haftungsverschärfung** für Geschäftsführer ergibt sich nach § 43 Abs. 3 GmbHG im Falle einer **verbotenen Einlagenrückgewähr** bzw. einem Verstoß gegen die Vorschriften über den Erwerb eigener Anteile nach § 33 GmbHG. Umgekehrt ist die Haftung des Geschäftsführers aber ausgeschlossen, wenn die schädigende Maßnahme in Übereinstimmung mit dem Gesetz und der Satzung auf einem Beschluss der Gesellschafter beruht. Dies ist Folge der den Geschäftsführern nach § 37 GmbHG obliegenden Pflicht zur Befolgung der Weisungen der Gesellschafter. Fehlerhafte Weisungen darf ein Geschäftsführer hingegen nicht ausführen.

➡ **Beispiel D.5.3**
Misswirtschaft; Befolgen fehlerhafter Weisungen; Überschreiten der Vertretungsmacht; persönliche Bereicherung; Verletzung der Buchführungspflicht; Kreditgewährung an Gesellschafter zu unangemessen niedrigen Bedingungen aus dem gebundenen Vermögen nach § 30 GmbHG; Insolvenzverschleppungshaftung nach § 64 GmbHG.

Bei **unternehmerischen Entscheidungen** steht dem Geschäftsführer ein **Ermessensspielraum** zu. Erfasst wird davon auch das bewusste Eingehen unternehmerischer Risiken mit der Gefahr von Fehlbeurteilungen und Fehlentscheidungen. Um dem erforderlichen Sorgfaltsmaßstab gerecht zu werden, bedarf es jedoch einer gemessen an der Bedeutung des Geschäfts und der Investition für die Gesellschaft sorgfältigen Vorbereitung der Entscheidung, insbesondere ein Ausschöpfen aller verfügbaren Informationsquellen. Im Falle eines Unternehmenskaufs wird man den Geschäftsführer regelmäßig als verpflichtet ansehen müssen, eine Due-Diligence-Prüfung durchführen zu lassen (OLG Oldenburg NZG 2007, 434).

Der Haftungsmaßstab des § 43 Abs. 1 GmbHG gilt für den einzelnen Geschäftsführer auch dann, wenn mehrere Geschäftsführer vorhanden sind. Zunächst ist jeder Geschäftsführer für seinen Bereich verantwortlich. Daneben trifft jeden eine Gesamtverantwortung für die Leitung der Gesellschaft.

D.5.8 Entlastung

Im GmbH-Recht gibt es ebenso wie im Aktienrecht nach § 120 AktG eine Entlastung der Geschäftsführer. Zuständig hierfür ist im Grundsatz die Gesellschafterversammlung nach § 46 Nr. 5 GmbHG. **Rechtsfolge** der Entlastung im GmbH-Recht ist es, dass die Gesellschaft **mit Ersatzansprüchen und Kündigungsgründen ausgeschlossen** ist, die der Gesellschafterversammlung bei sorgfältiger Prüfung aller Vorlagen und Berichte erkennbar sind oder von denen alle Gesellschafter privat Kenntnis haben (BGH NZG 2003, 528). Diese Freistellungswirkung wird nur dann nicht erzielt, soweit Ansprüche im Interesse der Gesellschaftsgläubiger unverzichtbar sind. Im Aktienrecht führt die Entlastung nach § 120 Abs. 2 S. 2 AktG dagegen nicht zu einem solchen Verzicht auf Ersatzansprüche.

Beispiel D.5.4
Ansprüche aus §§ 43 Abs. 3, 9b Abs. 1, 30, 31 GmbHG.

D.5.9 Beendigung des Geschäftsführeramtes

Nach § 38 Abs. 1 GmbHG ist die Bestellung der Geschäftsführer grundsätzlich **jederzeit widerruflich**. Im Gesellschaftsvertrag kann die Zulässigkeit des Widerrufs jedoch eingeschränkt werden. Ein Widerruf aus wichtigem Grund muss allerdings immer möglich sein (§ 38 Abs. 2 GmbHG). Die rechtmäßige Abberufungsentscheidung der Gesellschafterversammlung ist sofort mit Bekanntgabe des Beschlusses an den betreffenden Geschäftsführer wirksam. Dabei ist die Abberufung, mit der die Organstellung des Geschäftsführers beendet wird, von der Beendigung des Anstellungsvertrages zu unterscheiden, sodass dieses trotz Beendigung des Organverhältnisses fortbestehen kann (vgl. BGH NJW 2003, 351).

Zulässig ist daneben auch die **Amtsniederlegung** durch den Geschäftsführer selbst. Die Niederlegung kann grundsätzlich jederzeit durch formfreie einseitige Erklärung mit sofortiger Wirkung erfolgen (BGH NJW 1993, 1198). Richtiger Adressat der Niederlegungserklärung ist das für die Bestellung zuständige Organ, regelmäßig also die Gesellschafterversammlung. Bei mehreren Gesellschaftern genügt entsprechend § 35 Abs. 2 S. 1 GmbHG die Erklärung gegenüber einem von ihnen. Unzulässig ist die Amtsniederlegung wegen Rechtsmissbrauchs, wenn sie zur Unzeit erklärt wurde oder wenn sie durch den einzigen Geschäftsführer und Alleingesellschafter erfolgt ist und nicht für die Bestellung eines Nachfolgers Sorge getragen wurde (OLG Köln NZG 2008, 340). In diesem Fall ist die Amtsniederlegung unwirksam.

Die Abberufung als auch die Amtsniederlegung eines Geschäftsführers ist gem. § 39 GmbHG **zur Eintragung in das Handelsregister anzumelden**. Beizufügen sind die entsprechenden Nachweise gem. § 39 Abs. 2 GmbHG in öffentlich beglaubigter Form. Problematisch ist, wenn es entsprechende Urkunden über die Amtsniederlegung nicht gibt. Ein umfassendes materielles Prüfungsrecht des Registergerichts ist jedoch abzulehnen. Das Registergericht ist nur verpflichtet, offenkundige Mängel aufzugreifen. Sind Urkunden über die Amtsniederlegung nicht vorhanden, können auch keine entsprechenden Nachweise vorgelegt werden. Nach anderer Ansicht ist dagegen nicht nur die Erklärung über die Amtsniederlegung, sondern auch ein Zugang bei dem zuständigen Organ nachzuweisen (OLG Düsseldorf NZG 2004, 1068; OLG Naumburg GmbHR 2001, 571). Zuständig für die Handelsregisteranmeldung sind wiederum die Geschäftsführer in vertretungsberechtigter Zahl (§ 78 GmbHG). Die Handelsregistereintragung hat nur **deklaratorische Wirkung**. Der ausgeschiedene Geschäftsführer kann bei der Anmeldung nur mitwirken, wenn er im Zeitpunkt der Handelsregisteranmeldung noch im Amt ist.

 Beispiel D.5.5
Der einzelvertretungsbefugte Geschäftsführer legt sein Amt nieder aufschiebend bedingt mit Eintragung der Amtsniederlegung im Handelsregister.

D.5.10 Fehlerhafte Organstellung, faktischer Geschäftsführer

Ist die Bestellung des Geschäftführers nichtig oder unwirksam, amtiert der Geschäftsführer jedoch, ist sein Organhandeln einschließlich der Vertretung der Gesellschaft für die Zeit bis zur Geltendmachung des Mangels nach den für fehlerhafte Personengesellschaften und fehlerhafte Arbeitsverhältnisse maßgebenden Grundsätzen in der Regel als wirksam zu behandeln. Darüber hinaus wird überwiegend angenommen, dass die **gesamte Rechts- und Pflichtenstellung** des fehlerhaft bestellten Organs der eines wirksam bestellten Organmitglieds entspricht (BGHZ 41, 282, 287; BGH NJW 2000, 2983). Ist der Geschäftsführer im Handelsregister eingetragen, gelten daneben die Rechtsscheinsgrundsätze des § 15 HGB.

Davon zu unterscheiden ist ein sog. **faktischer Geschäftsführer**. Dabei handelt es sich um eine natürliche Person, die ohne Vorliegen eines Bestellungsakts faktisch nach außen für die Gesellschaft wie ein Geschäftsführer tätig wird. Handlungen des faktischen Geschäftsführers muss sich die Gesellschaft nur dann zurechnen lassen, wenn die allgemeinen Voraussetzungen der Anscheins- und Duldungsvollmacht gegeben sind. Ob der faktische Geschäftsführer nach § 43 GmbHG haftet ist str., wohl aber zu bejahen.

 Zusammenfassung

Die Geschäftsführer der GmbH sind notwendiges Organ. Durch sie wird die GmbH gerichtlich und außergerichtlich vertreten. Anders als im Aktienrecht sind die GmbH-Geschäftsführer jedoch weisungsabhängig. Im Außenverhältnis ist ihre Vertretungsmacht jedoch unbeschränkt. Für die Bestellung der Geschäftsführer ist im Grunde die Gesellschafterversammlung zuständig. Eine Annexkompetenz besteht für die Gesellschafterversammlung ebenso für den Abschluss (und auch für die Kündigung) des Anstellungsvertrages. Die Bestellung ist zur Eintragung in das Handelsregister anzumelden. Die Eintragung im Handelsregister hat nur deklaratorische Wirkung. Bei der Vertretung der Gesellschaft wird im Übrigen zwischen der Aktiv- und Passivvertretung unterschieden. Bei der Aktivvertretung gilt im Grundsatz Gesamtvertretungsbefugnis, wenn mehrere Geschäftsführer vorhanden sind. Im Gesellschaftsvertrag kann jedoch eine abweichende Regelung (Einzelvertretungsbefugnis, unechte Gesamtvertretungsbefugnis etc.) vereinbart werden. Bei der Passivvertretung genügt es, wenn die Erklärungen nur einem von mehreren Geschäftsführern der GmbH zugehen. Besondere Regelungen bestehen im Falle der Führungslosigkeit der Gesellschaft, wenn also keine Geschäftsführer vorhanden sind. Hier genügt für einen Zugang die Abgabe der Erklärung an einen der Gesellschafter unter der im Handelsregister eingetragenen Geschäftsanschrift (§ 35 Abs. 1 S. 2 und Abs. 2 S. 2 GmbHG). Möglich ist bei den Geschäftsführern eine Befreiung von den Beschränkungen des § 181 BGB. Dies ist bei der Handelsregisteranmeldung anzugeben. Notwendig für eine Befreiung ist im Grunde eine Regelung in der Satzung bzw. eine Ermächtigung, eine entsprechende Befreiung zu erteilen. Befreiungen im Einzelfall können von dem zur Bestellung zuständigen Organ erteilt werden, auch wenn keine Satzungsregelung zugrunde liegt.

Die Geschäftsführer sind verpflichtet, die Geschäfte der Gesellschaft zu leiten und die Gesellschaft zu vertreten. Sie unterliegen einer Treuepflicht, insbesondere einer Verschwiegenheitspflicht und einem Wettbewerbsverbot. Daneben bestehen vielfältige Pflichten im Zusammenhang mit der Buchführung und Rechnungslegung, mit der Einberufung der Gesellschafterversammlung sowie im Hinblick auf Informationsrechte der Gesellschafter (§ 51a GmbHG). Für ihre Tätigkeit haben die Gesellschafter Anspruch auf eine angemessene Vergütung. Der Vergütungsanspruch leitet sich aber nicht allein aus der Organstellung ab. Notwendig ist hierfür der Abschluss eines Anstellungsvertrages. Verletzen die Geschäftsführer ihre vorstehenden Pflichten, haften sie der Gesellschaft gegenüber nach § 43 GmbHG. Diese Haftung scheidet grundsätzlich aus bei ordnungsgemäßen Weisungen der Gesellschafterversammlung. Im GmbH-Recht gibt es ebenso wie im Aktienrecht eine Entlastung der Geschäftsführer. Anders als im Aktienrecht hat die Entlastung im GmbH-Recht die Wirkung, dass etwaige Schadensersatzansprüche gegenüber den Gesellschaftern grundsätzlich nicht mehr geltend gemacht werden können. Die Beendigung des Geschäftsführeramtes erfolgt entweder durch Widerruf der Bestellung bzw. durch Amtsniederlegung. In beiden Fällen endet das Amt sofort mit Zugang der Erklärung beim jeweils anderen Teil. Auch hier wirkt die Handelsregistereintragung nur deklaratorisch.

Aufgaben zur Selbstprüfung

1. Wer vertritt die GmbH?
2. Welcher Grundsatz gilt, wenn mehrere Geschäftsführer vorhanden sind?
3. Wie können Erklärungen gegenüber der GmbH abgegeben werden, wenn diese keine Geschäftsführer mehr hat?
4. Welche Bedeutung hat die Handelsregisteranmeldung im Zusammenhang mit der Bestellung und Abberufung von Geschäftsführern?
5. Wie unterscheidet sich die Entlastung des Vorstandes im Aktienrecht von der Entlastung der Geschäftsführer im GmbH-Recht?
6. Welche Auswirkungen hat der Widerruf der Bestellung als Geschäftsführer auf einen Anstellungsvertrag?
7. Was versteht man unter der Lehre von der fehlerhaften Organstellung?

Adolf Reul

D.6 Gesellschafterversammlung

Die Gesellschafter in ihrer Gesamtheit sind das oberste Willensbildungsorgan der Gesellschaft. Ihre Beschlüsse fassen sie in Versammlungen (§ 48 Abs. 1 GmbHG). Die Gesellschafterversammlung ist zuständig für die Fassung als auch Änderung des Gesellschaftsvertrages (§ 54 GmbHG). Sie ist berechtigt, den Geschäftsführern Weisungen zu erteilen. Das folgende Kapitel erläutert die wesentlichen Einzelheiten zur Gesellschafterversammlung.

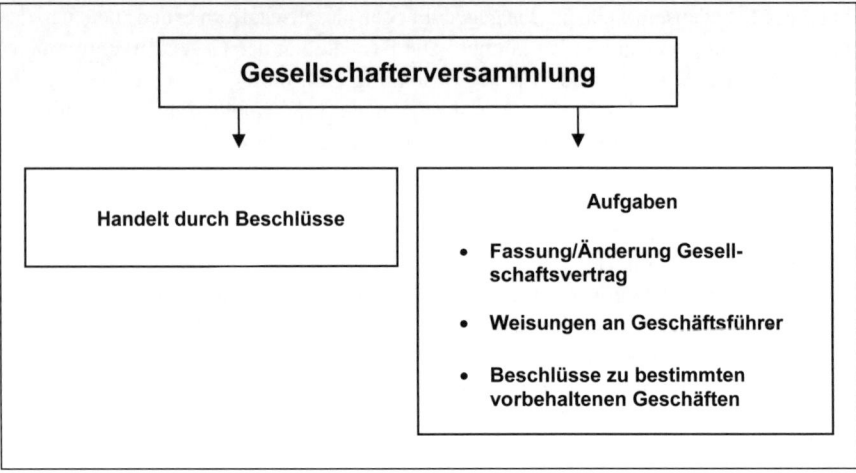

Abbildung D.6: Gesellschafterversammlung

D.6.1 Einberufung der Gesellschafterversammlung

D.6.1.1 Einberufungsgründe

Die Gesellschafterversammlung der GmbH kann nur einberufen werden, wenn zunächst ein sachlicher Grund für die Einberufung besteht. Dies ist der Fall bei einer **sachlichen Entscheidungsbefugnis der Gesellschafterversammlung**. Soweit der Gesellschaftsvertrag keine abweichenden Regelungen enthält (§ 45 Abs. 2 GmbHG), ist die Gesellschafterversammlung zunächst zuständig in den in § 46 GmbHG genannten Fällen.

 Beispiel D.6.1

Feststellung des Jahresabschlusses und Verwendung des Ergebnisses; Einforderung der Einlagen; Teilung, Zusammenlegung und Einziehung von Geschäftsanteilen; Bestellung und Abberufung von Geschäftsführern sowie Entlastung; Bestellung von Prokuristen und von Handlungsbevollmächtigten zum Geschäftsbetrieb.

Darüber hinaus ist die Gesellschafterversammlung in weiteren im Gesetz explizit genannten Fällen zuständig.

 Beispiel D.6.2

Satzungsänderung (§ 53 Abs. 1 GmbHG); Strukturentscheidungen i. S. d. Holzmüller-Entscheidung (BGHZ 83, 122); Auflösung der Gesellschaft (§ 60 Abs. 1 Nr. 2 GmbHG); Weisungen in Geschäftsführungsangelegenheiten (§ 37 Abs. 1 GmbHG); Verlust des hälftigen Stammkapitals (§ 49 Abs. 3 GmbHG); drohende Zahlungsunfähigkeit bei der UG (haftungsbeschränkt; § 5a Abs. 4 GmbHG).

Einzuberufen ist die Hauptversammlung ebenso bei einem **Minderheitsverlangen** i. S. d. § 50 GmbHG. Notwendig ist ein Minderheitenquorum in Höhe von 10 % des Stammkapitals. Weiter müssen bei dem Minderheitsverlangen Zweck und Gründe für die Einberufung der Versammlung angegeben werden (§ 50 Abs. 1 GmbHG).

Weitere **Einberufungsgründe** können **in der Satzung** der Gesellschaft bestimmt werden. Der Zuständigkeitskatalog des § 46 GmbHG ist insoweit nicht abschließend. Schließlich besteht ein allgemeiner Einberufungsgrund nach § 49 Abs. 2 GmbHG. Danach ist die Gesellschafterversammlung einzuberufen, wenn es im Interesse der Gesellschaft erforderlich erscheint. Dies ist der Fall, wenn der Gesellschaft ohne Abhaltung der Gesellschafterversammlung ein nicht unerheblicher Schaden droht oder wenn die Geschäftsführer Maßnahmen vornehmen wollen, zu denen sie im Innenverhältnis der Herbeiführung eines Gesellschafterbeschlusses bedürfen.

Der **Abhaltung einer Versammlung** bedarf es nach § 48 Abs. 2 GmbHG **nicht**, wenn sämtliche Gesellschafter in Textform mit der zu treffenden Bestimmung oder mit der schriftlichen Abgabe der Stimmen sich einverstanden erklären. Die Satzung kann darüber hinaus Regelungen treffen, sodass beispielsweise auch eine **Beschlussfassung per Telefonkonferenz oder per Internet** zulässig ist.

D.6.1.2 Zuständigkeit für die Einberufung

Die Einberufung der Gesellschafterversammlung erfolgt nach § 49 Abs. 1 GmbHG durch die **Geschäftsführer**. Auch wenn die Gesellschaft mehrere Geschäftsführer hat, ist jeder Einzelne von ihnen zur Einberufung berechtigt (BayObLG NJW-RR 2000, 181). Hat die Gesellschaft einen Aufsichtsrat, ist auch dieser im Rahmen der ihm nach Satzung und Gesetz zugewiesenen Zuständigkeiten für die Einberufung zuständig (§ 52 Abs. 1 GmbHG i. V. m. § 111 Abs. 3 AktG), soweit die Satzung der Gesellschaft nichts anderes bestimmt.

Minderheitenrechte sind in § 50 GmbHG geregelt. Gesellschafter, deren Geschäftsanteile zusammen mindestens 10 % des Stammkapitals entsprechen, können nach § 50 Abs. 1 GmbHG unter Angabe des Zwecks und der Gründe die Einberufung einer Gesellschafterversammlung oder die Ergänzung der Tagesordnung um weitere Beschlusspunkte verlangen (§ 50 Abs. 2 GmbHG). Wird dem Verlangen nicht entsprochen, sind haben die Gesellschafter ein Ersatzvornahmerecht nach § 30 Abs. 3 GmbHG.

D.6.1.3 Form, Frist und Inhalt der Einberufung

Nach § 51 Abs. 1 GmbHG erfolgt die Einberufung der Versammlung durch Einladung der Gesellschafter **mittels eingeschriebenem Brief**. Ausreichend ist neben dem Übergabeeinschreiben auch ein Einwurfeinschreiben. Dem gleichgestellt ist eine Zustellung durch Gerichtsvollzieher. Eine Ladung mittels Telefax genügt nicht (OLG Naumburg GmbHR 1998, 90, 92). Die Satzung kann Erleichterungen vorsehen.

Die Einberufung ist mit einer **Frist von mindestens einer Woche** zu bewirken (§ 51 Abs. 1 S. 2 GmbHG). Die Fristberechnung erfolgt nach §§ 187 Abs. 1, 188, 193 BGB. Die Frist läuft demnach an demselben Wochentag ab, an dem die Einladung in der Woche zuvor bewirkt wurde. Soll daher die Gesellschafterversammlung am Freitag stattfinden, muss das letzte Einberufungsschreiben am Donnerstag der Woche zuvor „bewirkt" sein. Bei der Einberufungsfrist handelt es sich um eine Mindestfrist. Die Satzung die Einberufungsfrist nur verlängern, nicht aber verkürzen.

Adressat der Einberufung sind alle Gesellschafter, und zwar auch diejenigen, für die ein Stimmverbot besteht. Maßgeblich ist, wer in der im Handelsregister eingereichten Gesellschafterliste eingetragen ist (§ 16 Abs. 1 S. 1 GmbHG). Soll im unmittelbaren Anschluss an eine Anteilsübertragung eine Gesellschafterversammlung durchgeführt werden, ohne dass die Einreichung der geänderten Gesellschafterliste beim Handelsregister abgewartet werden kann (§ 40 GmbHG), empfiehlt es sich, dass der Veräußerer den Erwerber zur Ausübung des Stimmrechts in der Gesellschafterversammlung bevollmächtigt. Im Übrigen muss die Einberufung an die vom Gesellschafter mitgeteilte Anschrift erfolgen.

Der **Inhalt der Einberufung** muss **Zeit und Ort** der Gesellschafterversammlung angeben. Die Versammlungszeit muss verkehrs- und ortsüblich sein. Ort der Gesellschafterversammlung ist mangels anderweitiger Satzungsregelung analog § 121 Abs. 4 S. 1 AktG der Sitz der Gesellschaft. Weiter muss die Einberufung unmissverständlich erkennen lassen, für welche Gesellschaft sie erfolgt und dass die Gesellschafter mit ihr zur Gesellschafterversammlung geladen werden. Der Einberufende muss aus der Einladung erkennbar sein.

Mit der Einladung soll nach § 51 Abs. 2 GmbHG der **Zweck der Versammlung** angekündigt werden. Inhalt der Ankündigung sind die Gegenstände der **Tagesordnung**, d. h. alle Punkte, über die Beschluss gefasst oder auch nur beraten werden soll. Die Gegenstände müssen dabei so genau bezeichnet werden, dass der Empfänger der Tagesordnung sich ein hinreichendes Bild davon machen kann, worum es geht (OLG Düsseldorf NZG 2000, 1182). Beschlussvorschläge müssen nicht zwingend mit bekannt gemacht werden. Eine vorgeschlagene Satzungsänderung ist aber als solche anzukündigen und auch näher zu beschreiben. Demgemäß ist auch bei Kapitalerhöhung zumindest eine ungefähre Größenordnung anzugeben. Soll Beschluss gefasst werden über bestimmte Geschäftsführungsmaßnahmen, so genügt die bloße Angabe „Geschäftsführungsangelegenheit" nicht. Die vollständige Tagesordnung muss dabei allerdings nicht schon mit der Einberufung mitgeteilt werden. Wie sich aus § 51 Abs. 4 GmbHG ergibt, kann diese noch innerhalb einer Dreitagesfrist nachgereicht werden.

D.6.1.4 Ladungsmängel, Verzicht, Vollversammlung

Fehler bei der Einberufung führen analog zur Rechtslage im Aktienrecht **grundsätzlich** zur **Nichtigkeit** (§ 241 Nr. 1 AktG). Hierher gehören insbesondere das Fehlen einer Einberufung, die Einberufung durch Unbefugte oder die unterbliebene Einladung einzelner Gesellschafter. Demgegenüber führt ein **Fehlen der Tagesordnung** oder sonstige Unvollständigkeiten lediglich zur **Anfechtbarkeit**.

Etwaige **Ladungsmängel** können dadurch geheilt werden, dass die Gesellschafter nachträglich ihr Einverständnis mit der Beschlussfassung trotz des Ladungsmangels oder einen **Rügeverzicht** erklären (§ 242 Abs. 2 S. 4 AktG analog).

Im Übrigen können die Gesellschafter jederzeit in der Form einer sog. Universalversammlung oder **Vollversammlung** unter Verzicht auf Formen und Fristen zusammentreten. Die auf einer solchen Versammlung gefassten Beschlüsse sind wirksam, wenn sämtliche Gesellschafter anwesend sind und darüber hinaus kein Gesellschafter fehlende Einberufungsvoraussetzungen rügt, d. h. zumindest konkludent mit der Abhaltung einer Gesellschafterversammlung zum Zwecke der Beschlussfassung einverstanden sind (§ 51 Abs. 3 GmbHG; BGH DB 2008, 754; ZIP 2009, 562).

 Übung D.6.1
Die beiden einzigen Gesellschafter einer GmbH befinden sich in einer Besprechung mit ihrem Steuerberater. Dieser macht sie auf das Problem des Wettbewerbsverbots und der verdeckten Gewinnausschüttung aufmerksam. Können die Gesellschafter kurzfristig hierzu einen Beschluss fassen?

D.6.1.5 Vertagung/Absetzung von Tagesordnungspunkten

Die Zuständigkeit zur Einberufung der Gesellschafterversammlung nach § 49 Abs. 1 GmbHG beinhaltet zugleich die Befugnis, die einberufene Gesellschafterversammlung abzusetzen bzw. zu vertagen. Hat die Gesellschafterversammlung jedoch bereits begonnen, besteht hierfür eine Zuständigkeit der Gesellschafterversammlung selbst.

Einmal bekannt gemachte Tagesordnungspunkte können ebenso allein von der Gesellschafterversammlung abgesetzt werden. Weder ein etwa vorhandener Versammlungsleiter noch der oder die Geschäftsführer können eine derartige Absetzung allein durchsetzen.

D.6.2 Teilnahmerecht/Stellvertretung

Berechtigt, an der Gesellschafterversammlung teilzunehmen, sind alle Gesellschafter. Dies gilt auch dann, wenn für sie ein **Stimmverbot** nach § 47 Abs. 4 GmbHG besteht. Eine **Stellvertretung** ist zulässig. Vollmachten bedürfen nach § 47 Abs. 3 GmbHG der Textform (§ 126b BGB). Dritte, wie Treuhänder oder Gläubiger, aber auch Geschäftsführer, Aufsichtsrats- oder Beiratsmitglieder, die nicht gleichzeitig Gesellschafter sind, haben kein eigenes Teilnahmerecht. Insbesondere bei der Stimmabgabe durch Vertreter kann der Gesellschaftsvertrag abweichende Regelungen vorsehen. Zulässig ist auch eine Einschränkung der rechtsgeschäftlichen Vertretung.

 Beispiel D.6.3

Zulässig ist Satzungsbestimmung, nach der eine Vertretung nur durch Mitgesellschafter oder Angehörige von zur Verschwiegenheit verpflichteten Berufen (Rechtsanwälte, Steuerberater) zulässig ist. Ebenso kann die Satzung Regelungen zum Nachweis der Bevollmächtigung treffen.

Die Vertretung eines Gesellschafters durch einen anderen oder die Vertretung mehrerer Gesellschafter durch ein und dieselbe Person bei der Stimmabgabe bedarf nur bei Grundsatzbeschlüssen einer **Befreiung von § 181 BGB**. Eine Befreiung von § 181 BGB ist ebenso erforderlich, wenn es um die Bestellung des Bevollmächtigten zum Geschäftsführer geht (*Baumbach/Hueck/Zöllner*, § 47 GmbHG Rn. 60). Einfache Beschlüsse wie insbesondere der Beschluss über die Feststellung des Jahresabschlusses und die Gewinnverwendung bedürfen dagegen keiner solchen speziellen Befreiung.

D.6.3 Beschlussfähigkeit

Bei ordnungsgemäßer Einberufung der Gesellschafterversammlung ist die Gesellschafterversammlung beschlussfähig, **wenn nur ein Gesellschafter anwesend** ist. Die Satzung kann zur Beschlussfähigkeit etwas anderes regeln und beispielsweise die Anwesenheit eines bestimmten Kapitalanteils oder Stimmquorums verlangen. Für diesen Fall muss die Satzung eine weitere Regelung enthalten, was geschieht, wenn dieses Quorum nicht erreicht wird. Diese geht regelmäßig dahin, dass eine zweite Gesellschafterversammlung einzuberufen ist, die unabhängig von dem für die Beschlussfähigkeit notwendigen Quorum beschlussfähig ist. Eine solche zweite Gesellschafterversammlung kann allerdings erst einberufen werden, wenn die Beschlussunfähigkeit der zunächst einberufenen Gesellschafterversammlung feststeht. Eine gleichzeitig mit der ersten Einberufung der Gesellschafterversammlung erfolgte **Eventualeinberufung** ist **unzulässig** (BGH ZIP 1998, 335; OLG Frankfurt NZG 1999, 833, mit Anm. *Heidinger*).

D.6.4 Stimmrecht, Stimmabgabe

Nach § 47 Abs. 2 GmbHG gewährt bei der Abstimmung **jeder Euro eines Geschäftsanteils eine Stimme**. Die Mehrheit bestimmt sich somit nach der Nominalgröße der Geschäftsanteile und nicht nach Köpfen. Der Gesellschaftsvertrag kann jedoch von dieser Regelung abweichen.

 Beispiel D.6.4

Abstimmung nach Köpfen; Einführung von Mehrstimmrechtsanteilen; Einführung stimmrechtsloser Geschäftsanteile.

Was die Stimmabgabe anlangt, kann die Abstimmung aus einem einzelnen Geschäftsanteil prinzipiell nur einheitlich erfolgen. Eine **gespaltene Stimmabgabe ist unzulässig**. Anders ist die Rechtslage dagegen, wenn ein Gesellschafter mehrere Geschäftsanteile hat. Hier ist grundsätzlich eine unterschiedliche Abstimmung für jeden Geschäftsanteil möglich. Auch hier kann die Satzung anderweitige Regelungen treffen.

D.6.5 Stimmverbote

Die Frage der Stimmverbote ist im GmbH-Recht in § 47 Abs. 4 GmbHG ausdrücklich geregelt. Ein Gesellschafter, welcher durch die Beschlussfassung **entlastet oder von einer Verbindlichkeit befreit** werden soll, hat hierbei kein Stimmrecht und darf ein solches auch nicht für andere ausüben. Dasselbe gilt von einer Beschlussfassung, welche die Vornahme eines Rechtsgeschäfts oder die Einleitung oder Erledigung eines Rechtsstreits gegenüber einem Gesellschafter betrifft.

Soweit ein Gesellschafter vom Stimmrecht ausgeschlossen ist, kann er das Stimmverbot nicht durch Einschaltung eines Vertreters umgehen. Unterliegt der Gesellschafter einer OHG oder einer juristischen Person einem Stimmverbot, wird auch deren Stimmabgabe von dem Stimmverbot erfasst, sofern der Gesellschafter dort maßgeblichen Einfluss ausüben kann. Allein ein bloßes Näheverhältnis etwa durch Verwandtschaft genügt dagegen nicht für ein Stimmverbot. Eben so ist die Rechtslage, wenn alle vorhandenen Gesellschafter von dem Stimmverbot betroffen sind. Entgegen dem Stimmverbot abgegebenen Stimmen sind nichtig und dürfen bei der Abstimmung nicht mitgezählt werden. Werden sie mitgezählt, ist der Abstimmungsfehler nur dann von Bedeutung, wenn er Einfluss auf das Abstimmungsergebnis hatte.

Durch Regelung im **Gesellschaftsvertrag** können die Stimmverbote ergänzt oder erweitert werden. Inwieweit das Stimmrechtsverbot eingeschränkt werden kann, ist streitig. Bejaht wird es überwiegend bei der Vornahme von Rechtsgeschäften (OLG Hamm NZG 2003, 545). Verneint wird es dagegen, wenn es um eine Entlastung oder die Befreiung von einer Verbindlichkeit geht (BGH DStR 1994, 869). Kein Stimmverbot besteht dagegen im Grunde, wenn es um die Bestellung eines Gesellschafters zum Mitglied eines Gesellschaftsorgans geht. Eben so ist die Rechtslage im Falle der gewöhnlichen Abberufung eines Organmitglieds. Im Falle der Abberufung aus wichtigem Grund gilt jedoch ein Stimmrechtsverbot, da niemand Maßnahmen durch seine Stimme verhindern darf, die sich aus wichtigem Grund gegen ihn richten (Baumbach/Hueck/Zöllner, § 47 Rn. 85).

D.6.6 Beschlussfassung

Grundsätzlich erfolgt die Beschlussfassung **in einer Gesellschafterversammlung**. § 48 Abs. 2 GmbHG gestattet jedoch die Abstimmung außerhalb einer Versammlung in zwei Fällen, wenn entweder alle Gesellschafter (auch die nicht stimmberechtigten Gesellschafter) sich in Textform mit dem zu fassenden Beschluss einverstanden erklären oder wenn

Adolf Reul

alle Gesellschafter mit einer schriftlichen Stimmabgabe zustimmen. Die Satzung kann davon abweichende Regelungen aufstellen.

Die Stimmabgabe ist eine **empfangsbedürftige Willenserklärung** i. S. d. § 130 BGB. Sie wird daher mit Zugang bei der Gesellschaft wirksam. Im Nachhinein kommt allenfalls noch eine Anfechtung nach § 119 BGB in Betracht.

Für die **Form der Abstimmung** enthält das Gesetz keine Vorgaben. Die Satzung kann Anordnungen treffen. Soweit kein Versammlungsleiter vorhanden ist, kann die Gesellschaft mit einfacher Mehrheit den Abstimmungsmodus festlegen. Im Übrigen sind alle Formen zulässig, die eine zweifelsfreie Ergebnisfeststellung ermöglichen.

D.6.7 Beschlussmehrheit

Beschlüsse der Gesellschafterversammlung werden **mit der einfachen Mehrheit der Stimmen** gefasst (§ 47 Abs. 1 GmbHG). Entscheidend ist die Mehrheit der abgegebenen Stimmen. Bei Stimmengleichheit oder bei überwiegenden Neinstimmen ist der Beschluss abgelehnt. **Stimmenthaltungen** und ungültige Stimmen sind nicht mitzuzählen. Darüber hinaus verlangt das Gesetz in bestimmten Fällen eine qualifizierte Mehrheit, so etwa im Falle der Satzungsänderung nach § 53 Abs. 2 GmbHG. Hier kommt es auf eine ¾-Mehrheit der abgegebenen Stimmen an. In diesem Fall, aber auch sonst kann der Gesellschaftsvertrag noch andere, auch geringere Erfordernisse für die erforderliche Beschlussmehrheit aufstellen. In bestimmten Fällen, so insbesondere bei einer Satzungsänderung, kann der Gesellschaftsvertrag wegen § 53 Abs. 2 GmbHG nur weitere Voraussetzungen anordnen, nicht aber die von Gesetz wegen erforderliche Mehrheit herabsetzen.

 Beispiel D.6.5

Abstellen nicht auf die Stimmenmehrheit der abgegebenen Stimmen, sondern auf die Stimmenmehrheit aller Stimmen; Einstimmigkeit bei den abgegebenen Stimmen oder Allstimmigkeit.

D.6.8 Formerfordernisse, Notwendigkeit eines Versammlungsleiters

Beschlüsse der Gesellschafterversammlung bedürfen im GmbH-Recht grundsätzlich keiner Form. **Satzungsänderungen** sind nach § 53 Abs. 2 S. 1 GmbHG **notariell zu beurkunden**. Gleiches gilt für **Kapitalmaßnahmen** und sonstige **Grundsatzentscheidungen** (**„Holzmüller-Bschlüsse,"** Gesamtvermögensveräußerung). § 48 Abs. 3 GmbHG sieht das Erfordernis einer **Niederschrift bei der Gesellschafterversammlung nur bei einer Einmann-GmbH** vor. Anders als im Fall des § 53 Abs. 2 S. 1 GmbHG hat ein etwaiger Formverstoß jedoch nicht die Nichtigkeit der in der Gesellschafterversammlung gefassten Beschlüsse zur Folge. Auch hier kann die Satzung abweichende Bestimmungen enthalten.

Nicht geregelt ist im GmbH-Recht dagegen die Frage, ob die Gesellschafterversammlung zwingend eines **Versammlungsleiters** bedarf. Regelmäßig enthält hierzu die Satzung Vorgaben. Besteht keine Satzungsregelung, sind Beschlüsse, die ohne Versammlungsleitung gefasst werden, nicht deswegen mangelhaft. Bei Gesellschaften mit wenigen Gesellschaftern ist eine Versammlungsleitung häufig entbehrlich. Im Übrigen kann sich die Gesellschafterversammlung mit einfacher Mehrheit einen Versammlungsleiter bestellen. Sinnvoll erscheint es in diesem Zusammenhang, auch die Kompetenzen des Versammlungsleiters festzulegen. Namentlich bei Gesellschaften mit mehreren Gesellschaftern empfiehlt es sich, Regelungen in Anlehnung an das Aktienrecht in die Satzung aufzunehmen. Zwingend sind solche Satzungsregelungen vor allem im Hinblick auf die Kompetenz des Versammlungsleiters zur verbindlichen Feststellung des Beschlussergebnisses (vgl. § 130 Abs. 2 AktG). Liegt keine entsprechende Satzungsregelung vor, dürfte wegen der Bedeutung der Beschlussfeststellung nur ein einstimmiger Beschluss aller anwesenden Gesellschafter genügen, um dem Versammlungsleiter diese Befugnis einzuräumen (Ulmer/Hüffer, § 48 GmbHG Rn. 33). Aufgabe des Versammlungsleiters im Übrigen ist es, die Gesellschafterversammlung zu eröffnen und zu schließen, sowie die Beratung und Abstimmung zu leiten. Er entscheidet über die Reihenfolge der Wortmeldungen, über die Behandlung der Anträge sowie über sonstige Formalien bei der Gesellschafterversammlung. Ferner hat er die Ordnungsgewalt in der Sitzung, sodass er auch das Recht hat, einem Gesellschafter das Wort zu entziehen. Auf die Ausführungen zum Aktienrecht kann verwiesen werden.

D.6.9 Aufhebung/Änderung von Beschlüssen

Die Gesellschafterversammlung kann jederzeit einen von ihr gefassten Beschluss wieder aufheben oder ändern. Dies ist grundsätzlich auch in der gleichen Gesellschafterversammlung, die den Beschluss gefasst hat, möglich.

Für die **Aufhebung genügt stets die einfache Mehrheit**, und zwar selbst dann, wenn der zunächst gefasste Beschluss einer qualifizierten Mehrheit bedurfte. Hat der Beschluss jedoch bereits zu einer Rechtsänderung geführt, können darüber hinausgehende Anforderungen zu erfüllen sein, so beispielsweise ein wichtiger Grund zur Abberufung nach der Bestellung zum Geschäftsführer oder die Zustimmung der Gesellschafter im Fall eines Gewinnverwendungsbeschlusses. Sofern eine beschlossene Satzungsänderung bereits im Handelsregister eingetragen und damit wirksam ist (§ 54 Abs. 3 GmbHG), ist deren nachträgliche Aufhebung nur durch erneute Satzungsänderung möglich.

Bei der **Änderung von Beschlüssen** ist dagegen **zu differenzieren**. Beschlüsse, die mit einfacher Mehrheit gefasst werden, können auch mit einfacher Mehrheit geändert werden. Beschlüsse, die eine qualifizierte Mehrheit erfordern, können nur mit qualifizierter Mehrheit geändert werden.

 Übung D.6.2
Die Firma der GmbH wurde geändert. Bei der Beschlussfassung über die Firmenänderung ist ein Fehler unterlaufen. Wie kann der Fehler behoben werden?

D.6.10 Fehlerhafte Beschlüsse

Ausdrückliche Regelungen zur Frage der Fehlerhaftigkeit von Gesellschafterbeschlüssen und ihren Rechtsfolgen im GmbH-Recht fehlen. Nach allgemeiner Meinung kann auf die gesetzlichen Regelungen im **Aktienrecht** nach §§ 241 ff. AktG zurückgegriffen werden. Auch im GmbH-Recht ist deshalb zwischen **nichtigen Beschlüssen** (d. h. solchen, auf deren Mangelhaftigkeit sich jedermann ohne Weiteres berufen kann) und lediglich **anfechtbaren Beschlüssen** (d. h. solchen, deren Mangelhaftigkeit einer besonderen Geltendmachung unter besonderen Anfechtungsgründen bedarf) zu unterscheiden. Auf die Ausführungen zum Aktienrecht kann deshalb an dieser Stelle verwiesen werden.

 Zusammenfassung

Die Gesellschafterversammlung ist im GmbH-Recht ebenso wie die Hauptversammlung im Aktienrecht oberstes Willensbildungsorgan der Gesellschaft. Die Gesellschafterversammlung entscheidet über die Satzung der Gesellschaft. Sie ist berechtigt, den Geschäftsführern Weisungen zu erteilen. Die Einberufung der Gesellschafterversammlung obliegt im Grunde den Geschäftsführern. Auch eine Minderheit ist berechtigt, die Einberufung der Gesellschafterversammlung zu verlangen. Im Übrigen ist die Gesellschafterversammlung einzuberufen, wenn eine sachliche Beschlusskompetenz der Gesellschafterversammlung besteht. Maßgeblich ist hierfür zum einen der nicht abschließende Katalog des § 46 GmbHG sowie weitere im Gesetz ausdrücklich genannte Fälle. Weitere Einberufungsgründe kann die Satzung bestimmen. Um jedem Gesellschafter eine Teilnahme an der Gesellschafterversammlung zu ermöglichen, sind bei der Einberufung bestimmte Förmlichkeiten nach § 51 GmbHG zu wahren. Auch hier kann die Satzung Näheres regeln. Das Teilnahmerecht der Gesellschafter darf dadurch jedoch nicht beeinträchtigt werden. Zur Teilnahme in der Gesellschafterversammlung sind grundsätzlich allein die Gesellschafter berechtigt. Ein originäres Teilnahmerecht besteht für die Geschäftsführer oder etwaige Mitglieder des Aufsichtsrates nicht. Auch hierzu kann die Satzung Regelungen enthalten. Ebenso kann die Satzung Regelungen treffen zur Frage einer Stimmrechtsvollmacht. Eine solche ist grundsätzlich möglich. Sie bedarf zu ihrer Gültigkeit der Textform gem. § 47 Abs. 3 GmbHG. Die Gesellschafterversammlung ist beschlussfähig, wenn sie ordnungsgemäß einberufen wurde und wenn zumindest ein Gesellschafter erschienen ist. Für die Beschlussmehrheit genügt die einfache Stimmenmehrheit nach § 47 Abs. 1 GmbHG. Jeder Euro eines Geschäftsanteils gewährt im Grunde eine Stimme. Die Satzung kann hierzu Weiteres bestimmen. Bei Satzungsänderungen kann die Satzung selbst nur weitere Erfordernisse anordnen, nicht aber das gesetzliche Quorum einer ¾-Mehrheit herabsetzen (§ 53 Abs. 2 GmbHG). Die Frage der Stimmverbote ist in § 47 Abs. 4 GmbHG geregelt. Die Satzung kann auch hierzu weitere Fälle eines Stimmverbots anordnen. Zweifelhaft ist es dagegen, ob es das gesetzliche Stimmverbot ganz oder zum Teil abbedingen kann. Anders als im Aktienrecht bestehen für die Beschlussfassung selbst prinzipiell keine Formerfordernisse.

Lediglich satzungsändernde Beschlüsse bedürfen einer notariellen Beurkundung. Auch ist anders als im Aktienrecht grundsätzlich kein Versammlungsleiter erforderlich. Die Satzung kann jedoch die Notwendigkeit eines Versammlungsleiters als auch seine Kompetenzen näher regeln. Im Übrigen kann die Gesellschafterversammlung einen Versammlungsleiter mit einfacher Mehrheit bestellen. Sinnvoll ist es, eine Regelung in der Satzung aufzunehmen, dass der Versammlungsleiter Beschlüsse der Gesellschafterversammlung feststellt, mit der Folge, dass die Wirksamkeit der Beschlüsse mit der Beschlussfeststellung ebenso wie im Aktienrecht zweifelsfrei feststeht. Beschlüsse der Gesellschafterversammlung können schließlich mit einfacher Mehrheit im Grunde jederzeit wieder aufgehoben werden. Geht es um eine Änderung von Beschlüssen, ist die dieselbe Mehrheit erforderlich wie für die Fassung des zu ändernden Beschlusses sebst. Soweit diese Beschlüsse bereits Außenwirkung erlangt haben, können allerdings weitere Voraussetzungen erforderlich sein. Eine eingetragene Satzungsänderung kann deshalb nur mittels erneuter Satzungsänderung wieder aufgehoben oder geänadert werden. Für fehlerhafte Beschlüsse im GmbH-Recht gelten schließlich die Regelungen des Aktienrechts entsprechend.

Aufgaben zur Selbstprüfung

1. Wer beruft die Gesellschafterversammlung im GmbH-Recht ein?
2. Kann der Aufsichtsrat einer GmbH ebenfalls die Gesellschafterversammlung einberufen?
3. Gibt es stimmrechtslose Geschäftsanteile in der GmbH?
4. Mit welcher Mehrheit werden Beschlüsse in der Gesellschafterversammlung einer GmbH gefasst?
5. Wo ist die Frage der Stimmverbote im GmbH-Recht geregelt?
6. Welche Unterscheidungen gibt es bei fehlerhaften Beschlüssen der Gesellschafterversammlung im GmbH-Recht?
7. Müssen Beschlüsse der Gesellschafter zwingend in einer Versammlung getroffen werden?
8. Können die Gesellschafter einer GmbH auch ad hoc und ohne Beachtung irgendwelcher Förmlichkeiten einen Beschluss fassen?

D.7 Satzungsänderungen

Wesentliche Grundlage für die Rechtsverhältnisse der Gesellschafter einer GmbH ist die Satzung. Diese wird im Rahmen der Gründung festgestellt. Im Laufe der Zeit kann sich jedoch die Notwendigkeit ergeben, die Satzung zu ändern und etwaigen neuen Gegebenheiten anzupassen. Das nachfolgende Kapitel behandelt die mit einer Satzungsänderung zusammenhängenden Fragen.

D.7.1 Begriff der Satzungsänderung

Eine Satzungsänderung liegt vor, wenn Bestandteile des wesentlichen Inhalts des Gesellschaftsvertrages wie insbesondere die Firma, der Sitz der Gesellschaft, der Unternehmensgegenstand etc. nachträglich geändert werden sollen. Da der Gesellschaftsvertrag die Grundlage für die Rechtsverhältnisse der GmbH, die Beziehung zu den Gesellschaftern und die Rechtsstellung ihrer Organe bildet, haben Änderungen des Gesellschaftsvertrages für die Gesellschaft eine besondere Bedeutung. Allerdings haben nicht alle Bestimmungen, die Teil der Satzungsurkunde sind, in diesem Sinne materielle Satzungsqualität in dem Sinne, dass sie auch für künftige Gesellschafter von Bedeutung sind. Beispielsweise können die Gesellschafter im Rahmen der Satzung auch rein schuldrechtliche Absprachen untereinander treffen. Diese binden nur die Vertragschließenden selbst. Denkbar ist es aber auch, Regelungen i. S. v. einfachen Beschlüssen in der Satzung zu treffen, die dann auch ohne satzungsändernde Mehrheit wieder außer Kraft gesetzt werden können. Soweit – wie etwa im Musterprotokoll nach § 2 Abs. 1a GmbHG – die Bestellung des Geschäftsführers im Gesellschaftsvertrag erfolgt, ist im Zweifel ebenfalls davon auszugehen, dass es sich hierbei nicht um einen echten materiellen Satzungsbestandteil handelt. Ein Wechsel des Geschäftsführers bedarf daher nicht zwingend einer Satzungsänderung.

Problematisch ist bei alledem die **Abgrenzung zwischen echten und unechten Satzungsbestandteilen**. Für die Praxis ist daher zu empfehlen, eindeutige Regelungen hierzu in der Satzung aufzunehmen oder unechte Bestandteile von vornherein nicht zum Inhalt der Satzung zu machen.

 Beispiel D.7.1

Bestellung des Geschäftsführers außerhalb der Satzung; Vereinbarung einer zusätzlichen Regelung, wonach die konkrete Abrede formlos mit einem mit einfacher Mehrheit getroffenen Gesellschafterbeschluss geändert oder aufgehoben werden kann.

D.7.2 Verfahren

D.7.2.1 Qualifizierter Mehrheitsbeschluss der Gesellschafterversammlung

Nach § 53 Abs. 1 GmbHG kann eine Satzungsänderung nur durch Beschluss der Gesellschafter erfolgen. Notwendig ist hierfür ein Gesellschafterbeschluss mit einer **Mehrheit von ¾ der abgegebenen Stimmen**. Der Gesellschafterbeschluss ist **notariell zu beurkunden**. Der Gesellschaftsvertrag kann noch andere Erfordernisse aufstellen (§ 53 Abs. 2 S. 2 GmbHG). Implizit ergibt sich damit aus § 53 Abs. 2 S. 2 GmbHG weiter, dass es sich bei diesen Vorschriften um zwingende Regelungen handelt. Der Gesellschaftsvertrag kann die Voraussetzungen für Satzungsänderungen nur heraufsetzen, nicht aber die gesetzlichen Vorgaben unterschreiten.

 Übung D.7.1
Eine GmbH hat einen Aufsichtsrat, in dem die ursprünglichen Gründungsgesellschafter sitzen. Kann die Gesellschafterversammlung dem Aufsichtsrat das Recht zur Satzungsänderung übertragen? Welche Alternativen bestehen?

D.7.2.2 Eintragung im Handelsregister

Gem. § 54 Abs. 3 GmbHG wird die Satzungsänderung **erst wirksam**, wenn sie **im Handelsregister eingetragen** ist. Das Handelsregisterverfahren beurteilt sich nach § 54 Abs. 1 und 2 GmbHG. Die Anmeldung zum Handelsregister haben die **Geschäftsführer** in vertretungsberechtigter Zahl zu bewirken (§ 78 GmbHG). Die Anmeldung muss schriftlich erfolgen und ist in notariell beglaubigter Form zu unterzeichnen (§ 12 Abs. 1 HGB, § 129 BGB, §§ 39, 40 BeurkG). Die Handelsregisteranmeldung ist sodann in elektronisch beglaubigter Abschrift zum Handelsregister einzureichen (§ 12 Abs. 2 HGB, § 39a BeurkG).

Gem. § 54 Abs. 1 S. 2 GmbHG ist der Anmeldung der vollständige Wortlaut des Gesellschaftsvertrages beizufügen. Er muss mit einer sog. **Satzungsbescheinigung eines Notars** versehen sein. Hieraus muss hervorgehen, dass die geänderten Bestimmungen des Gesellschaftsvertrages mit dem Beschluss über die Änderung des Gesellschaftsvertrages und die unveränderten Bestimmungen mit dem zuletzt zum Handelsregister eingereichten vollständigen Wortlaut des Gesellschaftsvertrages übereinstimmen.

In der Handelsregisteranmeldung ist **schlagwortartig** anzugeben, ob und wenn ja, welche der in § 10 GmbHG bezeichneten und im Handelsregister zu veröffentlichenden Angaben geändert werden. Im Übrigen genügt eine Bezugnahme auf die beim Handelsregister einzureichenden Unterlagen (§ 54 Abs. 2 GmbHG). Diese Angaben sind auch dann erforderlich, wenn die Satzung komplett neu gefasst wird. Auch in diesem Fall kann auf eine Satzungsbescheinigung des Notars nicht verzichtet werden (*Baumbach/Hueck/Zöllner*, § 54 GmbHG Rn. 11; a. A. aber LG Magdeburg NotBZ 2004, 445; BayObLG Rpfleger 1978, 143).

D.7.3 Prüfung durch das Registergericht

Das Registergericht hat die Wirksamkeit der Satzungsänderung **in formeller und mate-rieller Hinsicht** zu prüfen. Dazu gehört, ob die Anmeldung von den richtigen Anmeldern in der gehörigen Form unterzeichnet wurde und ob die beizufügenden Unterlagen ordnungsgemäß und vollständig eingereicht sind. Weiter nimmt das Registergericht auch eine Inhaltskontrolle vor. Dabei ist es auf die Prüfung der eingereichten Satzungsänderungen beschränkt. Es darf also nicht die Eintragung einer Satzungsänderung verweigern, wenn es andere Satzungsbestandteile bemängelt, die bei der konkreten Satzungsänderung nicht verändert worden sind (*Priester*, GmbHR 2007, 296; BayObLG DNotZ 1997, 506). Hier kommt nur ein Vorgehen nach § 144a FGG in Betracht. Anders ist die Rechtslage jedoch, wenn eine Neufassung der Satzung beschlossen wurde, bei der lediglich einige Regelungen aus der alten Satzung übernommen wurden. Hier kann das Registergericht die komplette Satzung prüfen (KG DNotZ 2006, 304; OLG München NZG 2006, 35).

Insgesamt darf das Registergericht bei der Inhaltskontrolle der Satzung nur solche Fehler bemängeln, die zu einer Nichtigkeit bzw. Unwirksamkeit führen. Lediglich zur Anfechtbarkeit führende Mängel sind im Registerverfahren unerheblich, soweit diese Beschlüsse nicht von den Gesellschaftern angefochten wurden. Hier besteht für das Registergericht lediglich die Möglichkeit, nach § 127 FGG das **Eintragungsverfahren auszusetzen** und abzuwarten, ob eine Anfechtungsklage innerhalb der Anfechtungsfrist erhoben wird. Ist dies nicht der Fall, muss auch das Registergericht von der Wirksamkeit lediglich anfechtbarer Beschlüsse ausgehen (vgl. dazu *Scholz/Priester*, § 54 GmbHG Rn. 36). Etwas anderes gilt allenfalls dann, soweit der Rechtsverstoß solche Vorschriften betrifft, die Interessen der Gläubiger, der künftigen Gesellschafter oder der Öffentlichkeit tangieren oder wenn es sich sonst um zwingende Vorschriften des GmbH-Gesetzes handelt (z. B. Verstöße gegen §§ 51a, 53 Abs. 2, 60 Abs. 1 Nr. 2–5 GmbHG; vgl. *Ulmer*, § 54 GmbHG Rn. 53).

D.7.4 Bedingungen/Befristungen

Bedingungen und Befristungen sind als sog. „**unechte Bedingungen oder Befristungen**" unbedenklich, wenn sie etwa nur als Anweisung an den Geschäftsführer zu verstehen sind, die Satzungsänderung erst mit Eintritt eines bestimmten Zeitpunkts oder Umstandes zur Eintragung in das Handelsregister anzumelden. Statthaft ist ebenso, eine Satzungsänderung mit einer sog. **Rechtsbedingung** zu versehen. Dies ist der Fall, wenn die Satzungsänderung z. B. von einer staatlichen Genehmigung oder einer anderweitigen Registereintragung abhängig ist (*Scholz/Priester*, GmbHG, 10. Aufl. 2005, § 53 Rn. 188). Darüber hinaus sind echte Befristungen als Inhalt der Satzungsänderung selbst zulässig, wenn die Frist für Gesellschafter und Dritte klar feststellbar ist.

Echte auflösende bzw. aufschiebende Bedingungen in der Art, dass einzelne Regelungen nur gelten oder nicht gelten sollen, wenn ungewisse Ereignisse eintreten, sind unwirksam, weil sie die Rechtsklarheit und Rechtssicherheit beeinträchtigen. Zulässig ist es wiederum, die Wirksamkeit des Satzungsänderungsbeschlusses selbst unter eine

Bedingung zu stellen. In diesem Fall kann diese bedingte Satzungsänderung freilich erst nach Eintritt der Bedingung zur Eintragung in das Handelsregister angemeldet werden (*Lutter/Hommelhoff*, § 53 GmbHG Rn. 36).

D.7.5 Aufhebung/Änderung

Satzungsändernde Beschlüsse können wie andere Gesellschafterbeschlüsse auch im Grunde jederzeit geändert oder aufgehoben werden. Für die Aufhebung eines satzungsändernden Beschlusses genügt dabei ein einfacher, nicht beurkundungsbedürftiger Beschluss der Hauptversammlung. Anders ist es dagegen, wenn ein satzungsändernder Beschluss geändert werden soll. Hierfür ist ein notariell zu beurkundender Beschluss der Gesellschafterversammlung mit ¾-Mehrheit erforderlich (§ 53 Abs. 2 GmbHG). Ist der satzungsändernde Beschluss bereits im Handelsregister eingetragen, muss insgesamt für die Aufhebung oder Änderung ein neuer satzungsändernder Beschluss gem. § 53 Abs. 2 GmbHG getroffen werden.

D.7.6 Zustimmung aller bzw. bestimmter Gesellschafter

Einige Beschlüsse bedürfen schon kraft Gesetzes neben der erforderlichen Mehrheit der Zustimmung aller oder bestimmter Gesellschafter.

Die Zustimmung aller Gesellschafter wird verlangt für eine **Änderung des Gesellschaftszwecks** (nicht aber für eine Änderung des Unternehmensgegenstandes; § 33 Abs. 1 S. 2 BGB). Entsprechendes gilt nach überwiegender Ansicht für den **Abschluss von Unternehmensverträgen**, wenn die GmbH abhängiges Unternehmen ist (*Scholz/K. Schmidt*, § 47 GmbHG Rn. 5). Nach anderer Ansicht genügt hierfür eine qualifizierte Mehrheit analog § 53 GmbHG.

Eine **Zustimmung nur der betroffenen Gesellschafter** ist dagegen erforderlich bei einer Vermehrung der ihnen nach dem Gesellschaftsvertrag obliegenden Leistungen (§ 53 Abs. 3 GmbHG), aber auch bei Eingriff in bestehende Sonder- oder Vorzugsrechte. Ebenso muss der betroffene Gesellschafter nach § 34 Abs. 2 GmbHG im Falle der Einführung oder Erleichterung der Zwangseinziehung seines Anteils zustimmen. Zustimmen müssen die betroffenen Gesellschafter auch bei einer Ungleichbehandlung zu ihrem Nachteil sowie bei Eingriffen in den Kernbereich ihrer Mitgliedschaft.

Die Zustimmung als solche stellt eine Willenserklärung dar, die formlos, vor, während oder nach der Beschlussfassung erklärt werden kann (§§ 182–184 BGB). Bis zur Erteilung der Genehmigung ist der Gesellschafterbeschluss schwebend unwirksam. Die Satzung kann weitere Zustimmungserfordernisse aufstellen oder auch bestimmten Gesellschaftern ein Vetorecht einräumen.

D.7.7 Satzungsdurchbrechung

Ein Gesellschafterbeschluss, der entgegen §§ 53, 54 GmbHG ohne notarielle Beurkundung und Eintragung in das Handelsregister ergangen ist und eine von der Satzung abweichende allgemein geltende Regelung zum Gegenstand hat, ist unwirksam. Fraglich ist, ob Gesellschafterbeschlüsse jedenfalls **in einem konkreten Einzelfall** von einer Satzungsregelung abweichen können, ohne die Satzungsregelung im Übrigen für die Zukunft aufzuheben.

 Beispiel D.7.2

Abweichungen von satzungsmäßigen Bilanzierungsregelungen für ein bestimmtes Geschäftsjahr; Thesaurierung von Gewinnen trotz eines Vollausschüttungsgebots in der Satzung; Änderung der Amtszeit für Organmitglieder.

Die Rechtslage ist umstritten. Eine Ausnahme von der grundsätzlichen Nichtigkeitsfolge eines Verstoßes gegen §§ 53, 54 GmbHG lässt die Rechtsprechung allenfalls in den Fällen einer nicht formgerechten Beschlussfassung zu einer nur punktuell wirkenden Regelung zu, bei denen die Wirkung des Beschlusses sich in der betreffenden Maßnahme erschöpft bzw. bei denen keine Dauerwirkung besteht.

 Beispiel D.7.3

Befreiung eines Gesellschafters von einem satzungsmäßigen Wettbewerbsverbot für ein konkretes Geschäft; Befreiung von den Beschränkungen des § 181 BGB für eine konkrete Maßnahme.

Ob solche Beschlüsse anfechtbar sind, hat der BGH offengelassen. Zwingend erforderlich ist jedenfalls, dass der **Beschluss mit satzungsmäßiger Mehrheit** getroffen und **notariell beurkundet** wurde (§ 53 Abs. 2 GmbHG; *Scholz/K. Schmidt*, § 45 GmbHG Rn. 34; *Michalski/Hoffmann*, § 53 GmbHG Rn. 35). Zum Teil verzichtet diese Ansicht aber auf eine **Eintragung im Handelsregister** (*Scholz/Priester*, § 53 GmbHG Rn. 30). Diese Auffassung stützt sich auf das Argument, dass bei einem solchen Beschluss mit nur punktuellen Wirkungen letztlich keine Satzungsänderung vorliegt, sondern ein normaler, wenn auch die Satzung verletzender Gesellschafterbeschluss (*Lutter/Hommelhoff*, § 53 GmbHG Rn. 26). Übrig bleibt allein die Gefahr der Anfechtung. Soll auch diese vermieden werden, bleibt nichts anderes übrig, als das normale Verfahren eines satzungsändernden Beschlusses einschließlich einer Eintragung im Handelsregister durchzuführen.

Zur Vermeidung dieser rechtlichen Unsicherheiten bei Satzungsdurchbrechungen verwendet die Praxis sog. **„Öffnungsklauseln"** in der Satzung. Darunter ist ein ausdrücklicher Vorbehalt im Satzungstext zu verstehen, der es der (einfachen) Gesellschaftermehrheit erlaubt, von einer konkret bezeichneten Satzungsregelung abzuweichen.

 Beispiel D.7.4

Befreiung vom Wettbewerbsverbot; Befreiung von den Beschränkungen des § 181 BGB („Die Geschäftsführer unterliegen den Beschränkungen des § 181 BGB. Die Gesellschafterversammlung kann mit einfacher Mehrheit von diesen Beschränkungen ganz oder teilweise befreien.").

Zusammenfassung

Der Gesellschaftsvertrag ist neben dem GmbHG die wesentliche Grundlage für die Gesellschaft. §§ 53, 54 GmbHG sehen daher besondere Vorschriften für den Fall der Änderung des Gesellschaftsvertrages vor. Der Gesellschaftsvertrag kann nur durch Beschluss der Gesellschafter geändert werden. Zwingend erforderlich ist ein Beschluss mit einer ¾-Stimmenmehrheit. Der Beschluss muss notariell beurkundet werden. Die Satzung kann nur weitere Erfordernisse, jedoch keine geringeren Erfordernisse für Satzungsänderungen aufstellen (§ 53 Abs. 2 GmbHG). Wirksam wird die Satzungsänderung erst mit Eintragung im Handelsregister. § 54 GmbHG stellt hierzu besondere Verfahrensvorschriften auf. Notwendig ist die Beifügung des gesamten Wortlauts der Satzung einschließlich der geänderten Bestimmungen. Weiter beizufügen ist eine sog. Satzungsbescheinigung des Notars über die Änderungen. Bei Änderungen der im Handelsregister nach § 10 GmbHG zu machenden Angaben sind auch diese in der Anmeldung der Satzungsänderung schlagwortartig anzugeben.

Satzungsändernde Beschlüsse können jederzeit aufgehoben oder geändert werden. Für die Aufhebung genügt ein einfacher formloser Gesellschafterbeschluss. Änderungsbeschlüsse bedürfen selbst wiederum einer qualifizierten Mehrheit und notariellen Beurkundung nach § 53 Abs. 2 GmbHG. Ist der satzungsändernde Beschluss bereits im Handelsregister eingetragen worden, muss für die Aufhebung oder Änderung ebenfalls das komplette Verfahren der Satzungsänderung durchgeführt werden. Bedingungen und Befristungen sind prinzipiell möglich. Unzulässig ist es allerdings, wenn Satzungsänderungen nur bei Eintritt ungewisser Ereignisse wirksam sind oder nicht. Die Praxis behilft sich mit der Vereinbarung sog. unechter Bedingungen. Statthaft ist auch, den satzungsändernden Beschluss selbst vom Eintritt einer Bedingung abhängig zu machen. In diesem Fall kann die Satzungsänderung erst nach Eintritt der Bedingung im Handelsregister eingetragen werden.

Streitig ist es dagegen, inwieweit für den Einzelfall von Satzungsregelungen durch Beschluss abgewichen werden kann. Nach der strengen Auffassung ist dies nur möglich, wenn das komplette Verfahren der Satzungsänderung einschließlich Eintragung im Handelsregister beachtet wird. Nach anderer Ansicht liegt in diesem Fall kein satzungsändernder Beschluss vor, wenn nur punktuell gegen Satzungsbestimmun gen ohne Dauerwirkung verstoßen wird. In diesem Fall genügt ein einfacher Mehrheitsbeschluss der Gesellschafterversammlung ohne Beachtung jedweder Form. Der Beschluss ist lediglich anfechtbar. Eine vermittelnde Ansicht geht davon aus, dass zumindest ein satzungsändernder Beschluss i. S. d. § 53 Abs. 2 GmbHG einschließlich notarieller Beurkundung erforderlich ist, wohingegen auf die Handelsregistereintragung verzichtet werden kann.

Aufgaben zur Selbstprüfung

1. Welche Voraussetzungen sind für eine Satzungsänderung notwendig?
2. Was versteht man unter einer Satzungsdurchbrechung?
3. Was versteht man unter einer Öffnungsklausel?
4. Ein satzungsändernder Beschluss soll noch vor Eintragung im Handelsregister geändert werden. Ist dies möglich und wenn ja, welche Voraussetzungen sind dafür erforderlich?
5. Gibt es Fälle, in denen eine Satzungsänderung nur zulässig ist, wenn alle bzw. bestimmte Gesellschafter diesem satzungsändernden Beschluss ausdrücklich zustimmen?

D.8 Kapitalerhöhungen

Wesentlich für den Erfolg eines Unternehmen ist die Ausstattung mit Kapital. Bei ausreichend hohem Stammkapital (§ 5 Abs. 1 GmbHG), das die Gründer bei der Gründung aufbringen. entstehen für die Gesellschaft keine Finanzierungskosten durch Inanspruchnahme von Fremdkapital (Kreditzinsen). Das Stammkapital ist grundsätzlich nicht zu verzinsen (vfl. § 30 GmbHG. Die Gesellschafter haben nur Anspruch auf Gewinnausschüttung (§ 29 GmbHG). Weiter ist bei einer hohen Stammkapital die Kreditwürdigkeit der Gesellschaft wesentlich besser. Das Stammkapital ist bestimmender Faktor für das Gesellschaftsvermögen und damit für die Haftungsgrundlage der Gläubiger (§ 13 Abs. 2 GmbHG). Die Festlegung der Höhe des Stammkapitals im Rahmen der Gründung ist dabei für die Gesellschft nicht für alle Zeit bindend. Vielmehr kann die Gesellschaft ihr Stammkapital später beliebig erhöhen. Das nachfolgende Kapitel erläutert die Einzelheiten von Kapitalerhöhungen.

D.8.1 Allgemeines

Mit Erhöhung des Stammkapitals ändert sich die **Stammkapitalziffer** in der Satzung (§ 3 Abs. 1 Nr. 3 GmbHG). Es gelten daher die §§ 53, 54 GmbHG. Notwendig ist ein **notariell zu beurkundender Beschluss der Gesellschafterversammlung mit satzungsändernder Mehrheit** (§ 53 Abs. 2 GmbHG).

 Jede Kapitalerhöhung ist zugleich eine Satzungsänderung.

Zusätzlich sehen die §§ 55–57o GmbHG besondere Verfahrensvorschriften vor, deren Zweck die Sicherung der Kapitalaufbringung ist. Die §§ 55–57b GmbHG betreffen die Kapitalerhöhung gegen Einlagen, womit also effektiv neues Kapital der Gesellschaft zugeführt wird. Die §§ 57c ff. GmbHG beschäftigen sich dagegen mit der Kapitalerhöhung aus Gesellschaftsmitteln. Dabei werden bereits vorhandene Rücklagen bzw. ein erwirtschafteter Gewinn in Stammkapital umgewandelt. Neues Kapital wird der Gesellschaft hierbei also nicht zugeführt. Ebenso wie im Aktienrecht gibt es auch im GmbH-Recht eine Kapitalerhöhung mittels Bareinlage oder mittels Sacheinlage. Statthaft ist im GmbH-Recht neuerdings auch ein genehmigtes Kapital (§ 55a GmbHG). Nicht vorgesehen ist dagegen eine bedingte Kapitalerhöhung (anders aber im Aktientrecht § 192 AktG).

Hat eine GmbH ihr Stammkapital noch nicht auf Euro umgestellt, darf nach § 1 Abs. 1 S. 4 EGGmbHG die Kapitalmaßnahme im Handelsregister nur eingetragen werden, wenn gleichzeitig das Stammkapital auf Euro umgestellt wird.

Eine Kapitalerhöhung kann **bereits im Gründungsstadium** beschlossen werden. Dabei handelt es sich um eine Änderung des Gründungsvertrages. Notwendig hierfür ist eine Vereinbarung sämtlicher Gesellschafter. Zulässig ist es aber auch, eine Kapitalerhöhung

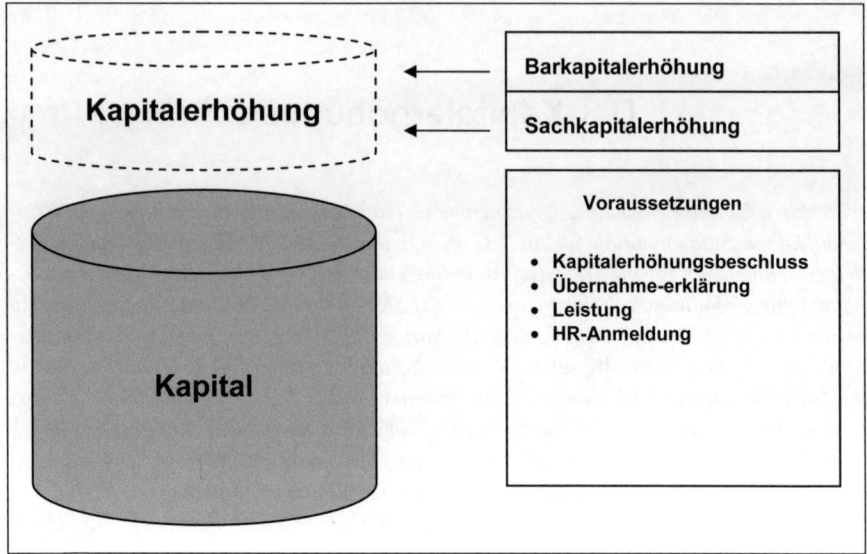

Abbildung D.8.1: Kapitalerhöhung

nach Maßgabe der §§ 53 ff. GmbHG zu beschließen, die erst nach Eintragung der GmbH wirksam werden soll (*Lutter/Hommelhoff*, § 55 GmbHG Rn. 24). Weiter können Kapitalerhöhungen auch **noch im Stadium der Liquidation oder in der Insolvenz** der Gesellschaft beschlossen werden. Eine Kapitalerhöhung wird nicht automatisch unwirksam, wenn nach der Beschlussfassung, aber noch vor ihrer Eintragung im Handelsregister das Insolvenzverfahren über das Vermögen der Gesellschaft eröffnet wird. Es besteht jedoch die Möglichkeit zu einer Rückgängigmachung durch Aufhebung des Beschlusses oder Nichtanmeldung zum Handelsregister. Ebenso statthaft ist eine Anfechtbarkeit der Übernahmeerklärung aus wichtigem Grund (*Wicke*, § 55 GmbHG Rn. 3).

Die Kapitalerhöhung als solche erfolgt durch **Ausgabe neuer Geschäftsanteile**. Die Regelungen des § 5 Abs. 2 und 3 GmbHG gelten entsprechend (§ 55 Abs. 4 GmbHG). Anders als im Aktienrecht ist es allerdings im GmbH-Recht zulässig, anstelle der Ausgabe neuer Geschäftsanteile die **Nennbeträge** der vorhandenen Geschäftsanteile aller oder einzelner bestehender Geschäftsanteile **aufzustocken**. Eine solche Nennwerterhöhung kommt wegen des möglichen Rückerwerbs der Rechtsvorgänger nach § 22 Abs. 4 GmbHG jedoch nur für solche Geschäftsanteile in Betracht, die entweder vollständig eingezahlt oder noch in der Hand des ersten Übernehmers bzw. dessen Gesamtrechtsnachfolgers sind oder wenn ein Rückgriff auf den Vormann gem. § 22 Abs. 3 GmbHG ausgeschlossen ist (KG NZG 2005, 397). Die Aufstockung der Nennbeträge kann mit einer Ausgabe neuer Geschäftsanteile kombiniert werden. Statthaft ist ebenso wie bei der Gründung, dass bei der Kapitalerhöhung mehrere Geschäftsanteile übernommen werden (§ 55 Abs. 4 i. V. m. § 5 Abs. 2 S. 2 GmbHG). Dies ist im Kapitalerhöhungsbeschluss anzugeben (vgl. § 3 Abs. 1 Nr. 4 GmbHG).

Schließlich kann im GmbH-Recht ebenso wie im Aktienrecht bei einer Kapitalerhöhung auch ein **Aufgeld oder Agio** vereinbart werden. Möglich ist hierbei sowohl eine bloße schuldrechtliche Vereinbarung als auch eine korporative Vereinbarung eines Agios (BGH ZIP 2007, 2416). Ein Volleinzahlungsgebot besteht beim Agio im GmbH-Recht anders als im Aktienrecht (§ 36 Abs. 1 AktG) allerdings nicht, und zwar unabhängig davon, ob ein schuldrechtliches oder ein korporatives Agio vereinbart wurde (*Wicke*, § 56a GmbHG Rn. 1).

Der Ablauf einer Kapitalerhöhung im GmbH-Recht stellt sich im Überblick wie folgt dar:

- Satzungsändernder Beschluss der Gesellschafterversammlung über die Kapitalerhöhung nach §§ 53, 55 GmbHG;
- Zulassung der Übernehmer zur Zeichnung des Erhöhungsbetrages (ggf. Bezugsrechtsausschluss);
- Übernahme des Erhöhungsbetrages durch die Gesellschafter oder Dritte gem. § 55 GmbHG;
- Leistung der Zeichner auf die übernommenen Einlagen nach § 57 Abs. 2 GmbHG;
- Anmeldung der Erhöhung zur Eintragung im Handelsregister nach § 57 GmbHG und Eintragung.

D.8.2 Barkapitalerhöhung

D.8.2.1 Kapitalerhöhungsbeschluss

Mit dem notariell zu beurkundenden Kapitalerhöhungsbeschluss wird das in der Satzung festgelegte Stammkapital nach § 3 Abs. 1 Nr. 3 GmbHG geändert. Der Kapitalerhöhungsbeschluss muss zwingend den **Kapitalerhöhungsbetrag** festlegen. Möglich ist dabei anstelle eines fixen Kapitalerhöhungsbetrages lediglich einen Maximalbetrag (und daneben ggf. einen Mindestbetrag) für die Kapitalerhöhung zu bestimmen und den endgültigen Umfang vom Ausmaß der erfolgten Übernahme des erhöhten Kapitals abhängig zu machen.

Beispiel D.8.1
„Das Stammkapital der Gesellschaft wird von 25.000,00 € um mindestens 5.000,00 € auf höchstens 50.000,00 € erhöht."

Ähnlich wie im Aktienrecht muss in diesem Fall der Kapitalerhöhungsbeschluss weiter eine **angemessene Frist** für die Übernahme der neuen Geschäftsanteile bestimmen. Diese Frist darf sechs Monate nicht übersteigen. Der genaue Inhalt der Satzungsänderung ist in diesem Fall in der Satzungsbescheinigung des Notars (§ 54 Abs. 1 S. 2 GmbHG) anlässlich der Anmeldung der Kapitalerhöhung zur Eintragung in das Handelsregister zu bestätigen. Da die Stammkapitalziffer durch den Erhöhungsbeschluss automatisch geändert wird, muss in diesem Fall der Wortlaut der neuen Satzung nicht schon zwingend im Kapitalerhöhungsbeschluss selbst spezifiziert werden (*Wicke*, § 55 GmbHG Rn. 5; BGH ZIP 2007, 2416).

Angaben **zur Höhe der neuen Geschäftsanteile** und zur **Person der Übernehmer** braucht der Kapitalerhöhungsbeschluss dagegen **nicht** zu enthalten. § 3 Abs. 1 Nr. 4 GmbHG findet im Rahmen der Kapitalerhöhung keine Anwendung (BayObLG NJW 1982, 1400). Insoweit genügt es, wenn diese Angaben im Rahmen der Anmeldung der Kapitalerhöhung nach § 57 Abs. 3 Nr. 2 GmbHG gemacht werden. Angaben zum Ausgabepreis sind ebenfalls nicht erforderlich. Auch im GmbH-Recht gilt freilich das **Verbot der Unter-pari-Emission**. Soll zusätzlich ein **Aufgeld** für die Übernahme der Geschäftsanteile zu leisten sein, muss dies ausdrücklich im Kapitalerhöhungsbeschluss festgelegt werden (BGH ZIP 2007, 1416). Möglich ist aber auch ein lediglich **schuldrechtlich vereinbartes Agio** außerhalb eines Kapitalerhöhungsbeschlusses (BGH ZIP 2007, 1416; BayObLG NZG 2002, 583).

Streitig ist, ob die neuen Geschäftsanteile zu pari (d. h. zum Nennbetrag) übernommen werden können oder ob der Ausgabepreis stets den **inneren Wert der neuen Anteile** im Verhältnis zum Vermögen der Gesellschaft angemessen widerspiegeln muss (Berücksichtigung der Beteiligung auch an den stillen Reserven). Die wohl herrschende Ansicht bejaht dies, weil andernfalls die Gesellschafter faktisch gezwungen wären, sich an der Kapitalerhöhung zu beteiligen, um eine Verwässerung ihrer Beteiligung zu vermeiden (OLG Stuttgart DB 2000, 135; *Baumbach/Hueck/Zöllner*, § 55 Rn. 13; a. A. *Lutter/Hommelhoff*, § 55 GmbHG Rn. 13).

Auf freiwilliger Basis enthält daneben der Kapitalerhöhungsbeschluss regelmäßig weitere Angaben über den Gewinn der Bezugsberechtigung, über die Fälligkeit der Resteinlage sowie über etwaige Fristen der Durchführung. Unschädlich ist freilich auch, wenn im Kapitalerhöhungsbeschluss selbst schon Angaben über die Zahl und Höhe der neuen Geschäftsanteile bzw. über die Aufstockung vorhandener Geschäftsanteile gemacht werden.

D.8.2.2 Zulassung zur Übernahme

Der Kapitalerhöhungsbeschluss braucht grundsätzlich keine Angaben über die Person der Übernehmer der neuen Geschäftsanteile enthalten. § 3 Abs. 1 Nr. 4 GmbHG gilt im Rahmen einer Kapitalerhöhung nicht (BayObLG NJW 1982, 1400). Ebenso wenig ist ein Zulassungsbeschluss notwendig, wer gem. § 55 Abs. 2 GmbHG zur Übernahme des Erhöhungsbetrages (neuer Geschäftsanteile/Aufstockung) berechtigt ist. Die bisherigen Gesellschafter haben ein **gesetzliches Bezugsrecht** auf das erhöhte Stammkapital entsprechend ihrem Anteil (BGH NZG 2005, 552). Ein besonderer Zulassungsbeschluss ist nur dann erforderlich, wenn das Bezugsrecht ganz oder teilweise ausgeschlossen wird, um sodann (formlos, mit einfacher Mehrheit) zu bestimmen, wer zur Übernahme der neuen Stammeinlage zugelassen wird. Analog zur Rechtslage im Aktienrecht ist ein **Bezugsrechtsausschluss** auch im GmbH-Recht wegen der Schwere des Eingriffs in das Mitgliedschaftsrecht des einzelnen Gesellschafters nur zulässig, wenn dem ein **Gesellschafterbeschluss mit einer ¾-Mehrheit** der abgegebenen Stimmen vorliegt (weitergehend *Baumbach/Hueck/Zöllner*, § 55 GmbHG Rn. 25: zusätzlich ¾-Kapitalmehrheit). Darüber hinaus ist der Bezugsrechtsausschluss nur zulässig, wenn er **sachlich gerechtfertigt** ist, d. h. im Interesse der Gesellschaft erforderlich ist und nicht außer Verhältnis zu den Nachteilen der Gesellschafter steht. Im Übrigen gilt **§ 186 AktG analog**. Der Bezugsrechtsausschluss muss ausdrücklich **in der Tagesordnung angekündigt** worden sein. Vor der Beschlussfassung muss analog § 186 Abs. 4 S. 2 AktG eine **schriftliche Begründung** für den Bezugsrechtsausschluss und dem vorgesehenen Ausgabebetrag vorgelegt werden. Diese Voraussetzungen entfallen freilich, wenn alle Gesellschafter damit einverstanden sind.

Adolf Reul

Ebenso wie im Aktienrecht ist der **Bezugsrechtsausschluss unmittelbarer Bestandteil des Kapitalerhöhungsbeschlusses** selbst. Fehler des Bezugsrechtsausschlusses wirken sich daher auch auf den Kapitalerhöhungsbeschluss aus. Im Falle der bloßen Anfechtbarkeit der Fehler kommt es zu keinen besonderen Folgen, wenn die Anfechtbarkeit nicht geltend gemacht wird. Führt der Fehler jedoch zur Nichtigkeit bzw. wird eine Anfechtungsklage erfolgreich erhoben, kommt es zur rückwirkenden Vernichtung des Kapitalerhöhungsbeschlusses (§ 248 Abs. 1 AktG analog). Die Rückabwicklung erfolgt über Bereicherungsrecht. Nach anderer Ansicht gelten hier jedoch die Grundsätze über die fehlerhafte Gesellschaft, sodass die Unwirksamkeit des angegriffenen Beschlusses erst ex nunc, d. h. nur für die Zukunft gilt (*Heckschen/Heidinger*, § 10 Rn. 77 f. m. w. N.).

D.8.2.3 Übernahme

§ 55 Abs. 1 GmbHG verlangt im Falle einer Kapitalerhöhung eine **besondere Übernahmeerklärung in zumindest notariell beglaubigter Form**. Möglich ist auch eine notarielle Beurkundung als Willenserklärung gem. §§ 6 ff. BeurkG. Dieselbe Form gilt in entsprechender Anwendung des § 2 Abs. 2 GmbHG auch für eine Vollmacht zur Übernahme.

Die Übernahmeerklärung muss inhaltlich auf die Übernahme einer Mitgliedschaft in der kapitalerhöhenden GmbH durch „**Zeichnung**" eines Betrages aus einer bestimmten Kapitalerhöhung gerichtet sein. In ihr muss daher zum einen die Gesellschaft eindeutig bezeichnet sein, zum anderen die Kapitalerhöhungsmaßnahme bestimmbar oder identifizierbar beschrieben sein. Notwendiger Inhalt ist weiter der Betrag der übernommenen Stammeinlage und die Person des Übernehmers. Ein etwa zu leistendes Aufgeld ist ebenfalls zu erwähnen, soweit es nicht lediglich schuldrechtlich vereinbart wird. Übernimmt ein Nichtgesellschafter neue Geschäftsanteile, müssen auch sonstige Leistungen, die er künftig kraft Beitritts aufgrund der Satzung zu erbringen hat (Nebenleistungs-/Nachschusspflichten) zumindest durch Bezugnahme auf den Gesellschaftsvertrag in die Erklärung aufgenommen werden.

Für die tatsächliche Übernahme der Stammeinlage genügt die bloße Übernahmeerklärung noch nicht. Notwendig ist ein sog. Übernahmevertrag zwischen dem Übernehmer und der Gesellschaft, mit welcher die Gesellschaft die Übernahmeerklärung des Zeichners annimmt. Die Erklärung der Gesellschaft kann der Erklärung des Zeichners vorausgehen oder nachfolgen. Die Gesellschaft wird bei Annahme der Übernahmeerklärung durch die Gesellschafter vertreten. Diese kann hierzu eine dritte Person wie insbesondere den Geschäftsführer ermächtigen (BGH NJW 1968, 398). Die Annahmeerklärung der Gesellschaft ist selbst nicht formgebunden und kann auch konkludent erfolgen.

Mit Abschluss des Übernahmevertrages wird der Übernehmer sofort zur Leistung der Einlage verpflichtet. Ein Erfüllungsanspruch auf Durchführung der Kapitalerhöhung besteht gegenüber der Gesellschaft dagegen nicht, sodass diese im Falle des Scheiterns der Kapitalerhöhung auch nicht auf Schadensersatz haftet (BGH NZG 1999, 495).

D.8.2.4 Zeitpunkt der Einlageleistung/Voreinzahlung/ Mindesteinlage

Entstanden ist die Einlageverpflichtung, wenn der **Beschluss über die Kapitalerhöhung** gefasst wurde und eine Übernahmeerklärung der Zeichner vorliegt, die von der Gesellschaft angenommen wurde. **Ab diesem Zeitpunkt** ist die Einlageleistung jedenfalls **erfüllbar**. Bezüglich der Fälligkeit ist im Übrigen zwischen der Mindesteinlage und der Resteinlage zu differenzieren. Nach § 56a GmbHG gelten für die Leistungen der Einlagen auf das neue Stammkapital § 7 Abs. 2 S. 1 und Abs. 3 sowie § 19 Abs. 5 GmbHG entsprechend. Es muss also auf jeden neuen Geschäftsanteil **mindestens ein Viertel des Nennbetrags** einbezahlt werden (§ 7 Abs. 2 S. 1 GmbHG). Auch ist ein ordnungsgemäßes Hin- und Herzahlen i.S.d. § 19 Abs. 5 GmbHG bei entsprechender Offenlegung zulässig. Mangels ausdrücklicher Verweisung findet dagegen bei der Kapitalerhöhung die Regelung des § 7 Abs. 2 S. 2 GmbHG keine Anwendung (Leistung der Hälfte des Mindeststammkapitals).

Die Mindesteinlage wird regelmäßig schon im Kapitalerhöhungsbeschluss auf den Abschluss des Übernahmevertrages fällig gestellt. Ohne Leistung der Mindesteinlage ist eine Anmeldung der Kapitalerhöhung nicht zulässig (§ 57 Abs. 2 GmbHG). Die Fälligkeit der Resteinlage richtet sich dagegen nach den Regelungen des Kapitalerhöhungsbeschlusses. Fehlt eine Regelung, entscheidet die Gesellschafterversammlung (§ 46 Nr. 2 GmbHG).

Auch bei der Kapitalerhöhung ist der Einzahlungsbetrag **endgültig zur freien Verfügung** zu leisten. Anders als bei der Gründung genügt es aber, wenn der Einlagebetrag einmal in den uneingeschränkten Verfügungsbereich der Geschäftsführung gelangt ist und nicht an den Einleger zurückfließt. Der Grundsatz der wertgleichen Deckung gilt bei der Kapitalerhöhung anders als bei der Gründung nicht (BGHZ 119, 177, 187 f.). Der Einlagebetrag muss also im Anmeldezeitpunkt nicht mehr, auch nicht mehr wertmäßig vorhanden sein.

 Der Grundsatz der wertgleichen Deckung gilt nur bei der Gründung, nicht aber bei der Kapitalerhöhung. Es genügt, wenn der Einlagebetrag einmal in den uneingeschränkten Verfügungsbereich der Geschäftsführung gelangt ist und nicht an den Einleger zurückfließt.

Problematisch ist es, wenn die Einlageleistung schon vor ihrem eigentlichen Entstehen erbracht wird (sog. **Voreinzahlung**). Nach einer Grundsatzentscheidung des BGH hat eine solche Vorleistung nur dann schuldtilgende Wirkung, wenn sich die Einlageleistung **im Zeitpunkt der Entstehung der Einlageverpflichtung noch gegenständlich im Vermögen der Gesellschaft** befindet (BGH ZIP 2004, 849). Soweit die Einlageleistung zu diesem Zeitpunkt bereits verbraucht ist, hat eine Vorleistung nur dann schuldtilgende Wirkung, wenn ein **akuter Sanierungsfall** vorliegt und andernfalls die Rettung der Gesellschaft scheitern würde. In diesem Fall ist die Voreinzahlung ausdrücklich offenzulegen (BGH ZIP 2004, 849). Anders als bei der regulären Einlageleistung (d.h. bei der Leistung der Einlage nach Ergehen des Kapitalerhöhungsbeschlusses, BGH, GmbHR 2005, 229) lässt der BGH bei der Vorleistung auch keine **Zahlung auf ein debitorisches Konto** einer Bank genügen. Dies gilt selbst dann, wenn die kontoführende Bank der Gesellschaft eine erneute Verfügung über das Konto in entsprechender Höhe gestattet (BGH, GmbHR 2004, 736; ZIP 2006, 2214).

Die Problematik der Voreinzahlung bezieht sich allein auf den Einlagebetrag (Nennbetrag). **Nicht erfasst** wird davon die Vereinbarung eines **Agios**. Hierfür gelten diese strengen Voraussetzungen nicht. Ebenso wenig gelten diese strengen Voraussetzungen für eine etwaige Voreinzahlung der Resteinlageleistung. Diese können schuldtilgend geleistet werden, auch wenn die Fälligkeit noch nicht eingetreten ist. Es genügt jedenfalls, wenn die Leistung nach dem Kapitalerhöhungsbeschluss erfolgt. Soweit die Resteinlageleistung (in der Regel gemeinsam mit der Mindesteinlageleistung) insgesamt schon vor dem Kapitalerhöhungsbeschluss geleistet wurde, ist dagegen zu befürchten, dass auch hier die strengen Vorgaben des BGH Anwendung finden (zweifelnd *Heckschen/ Heidinger*, § 11 Rn. 32 f.). Soweit eine unzulässige Voreinzahlung gegeben ist und diese nicht zu einer Tilgung der Einlageschuld führt, bleibt es zunächst dabei, dass nur ein Rückzahlungsanspruch des Inferenten nach § 812 BGB besteht. Dieser kann freilich im Wege der offenen Sacheinlage eingebracht werden. Geschieht außer der Voreinzahlung nichts, bleibt die Bareinlageforderung einfach offen. Erfolgt dagegen eine einseitige Aufrechnung, scheitert diese an § 19 Abs. 2 S. 2 GmbHG. Erfolgt ein Hin- und Herzahlen, liegt eine verdeckte Sacheinlage i. S. d. § 19 Abs. 4 GmbHG vor. Insoweit besteht die Möglichkeit der Anrechnung.

 Voreinzahlungen haben grundsätzlich keine schuldtilgende Wirkung und sollten daher unbedingt vermieden werden.

D.8.2.5 Handelsregisteranmeldung

Der Kapitalerhöhungsbeschluss ist als Satzungsänderung zur Eintragung in das Handelsregister anzumelden. **Erst mit Eintragung im Handelsregister wird die Kapitalerhöhung wirksam** (§ 54 Abs. 3 GmbHG). Zuständig für die Handelsregisteranmeldung sind sämtliche Geschäftsführer (§ 78 GmbHG).

§ 57 GmbHG bestimmt für die Anmeldung der Kapitalerhöhung besondere Voraussetzungen. Notwendig ist, dass das erhöhte Kapital durch Übernahme von Geschäftsanteilen gedeckt ist. Weiter ist Voraussetzung die Leistung der Mindesteinlage nach § 56a i. V. m. § 7 Abs. 2 S. 1 GmbHG. Dies ist in der Anmeldung von den Geschäftsführern zu versichern (§ 57 Abs. 2 GmbHG). Sind die Angaben der Geschäftsführer in der Anmeldung falsch, haften diese gem. § 57 Abs. 4 GmbHG.

Schließlich sind der Anmeldung nach § 57 Abs. 3 GmbHG beizufügen

- die Übernahmeerklärungen;
- eine von den Anmeldenden unterschriebene Liste der Personen, welche die neuen Geschäftsanteile übernommen haben. Aus der Liste müssen Nennbeträge der von jedem übernommenen Geschäftsanteile ersichtlich sein.

Beizufügen ist ebenso eine vollständige Abschrift der Neufassung der Satzung mit einer Satzungsbescheinigung des Notars (§ 54 Abs. 1 S. 2 GmbHG). Beizufügen ist letztlich noch eine aktuelle Gesellschafterliste gem. § 40 Abs. 2 GmbHG (*Wicke*, § 57 GmbHG Rn. 5). Für die Prüfung durch das Registergericht gilt das oben zur Gründung der Gesellschaft Gesagte entsprechend (§§ 57a, 9c, 57 Abs. 2 S. 2 i. v. m. § 8 Abs. 2 S. 2 GmbHG).

 Übung D.8.1
Was fällt auf, wenn man die Handelsregisteranmeldung einer Kapitalerhöhung mit der Handelsregisteranmeldung einer normalen Satzungsänderung vergleicht?

D.8.2.6 Mängel des Kapitalerhöhungsbeschlusses

Wird die Kapitalerhöhung ungeachtet von Mängeln im Handelsregister eingetragen, kommt zunächst eine **Heilung analog § 242 Abs. 1 und 2 AktG** in Betracht. Im Falle der Nichtigkeit oder erfolgreichen Anfechtungsklage ist zwar der Kapitalerhöhungsbeschluss unwirksam. Die Nichtigkeit kann nach den **Grundsätzen über die fehlerhafte Gesellschaft** aber **nur ex nunc** geltend gemacht werden (vgl. umfassend *Temme/Küperkoch*, GmbHR 2004, 1556). Als Folge davon ist von einer vorläufigen Entstehung der neuen Mitgliedschaft auszugehen. Die Neugesellschafter sind stimmberechtigt. Die von ihnen gefassten Beschlüsse sind wirksam. Analog § 77 Abs. 3 GmbHG haben sie ihre Einlage zu erbringen, soweit diese zur Erfüllung der eingegangenen Verbindlichkeiten erforderlich ist.

D.8.3 Sachkapitalerhöhung

Eine Kapitalerhöhung kann im GmbH-Recht ebenfalls mittels Sacheinlagen durchgeführt werden. **§ 56 GmbHG** enthält hierzu besondere Vorschriften. Im **notariell zu beurkundenden Kapitalerhöhungsbeschluss** wie auch in der Übernahmeerklärung muss der **Gegenstand der Sacheinlage und der Nennbetrag** des Geschäftsanteils, auf den sich diese bezieht, angegeben werden. Die Regelung entspricht der Rechtslage bei der Gründung (§ 5 Abs. 4 S. 1 GmbHG). Nach § 56 Abs. 2 GmbHG gelten die Vorschriften über die **Differenzhaftung** nach § 9 GmbHG sowie über die Aufrechnung und eine verdeckte Sacheinlage entsprechend (§ 19 Abs. 2 S. 2 und Abs. 4 GmbHG). § 56 GmbHG verweist allerdings nicht auf die §§ 5 Abs. 4 S. 2 und 8 Abs. 1 Nr. 5 GmbHG, sodass zweifelhaft ist, ob ein **Sachkapitalerhöhungsbericht** sowie Unterlagen über die Werthaltigkeit der Sacheinlage beizubringen sind. Da bei der Anmeldung der Kapitalerhöhung nach § 56 Abs. 2 S. 2 GmbHG die Regelung des § 8 Abs. 2 S. 2 GmbHG entsprechend gilt, dürfte das Registergericht jedoch berechtigt sein, bei Zweifeln diese Unterlagen anzufordern (LG Memmingen NZG 2005, 322). Von vornherein beizufügen sind der Handelsregisteranmeldung nach § 56 Abs. 2 Nr. 3 GmbHG aber die Verträge mit etwaigen Sacheinlegern. Im Übrigen kann die Anmeldung einer Sachkapitalerhöhung gem. §§ 56a, 7 Abs. 3 GmbHG erst erfolgen, wenn die Sacheinlagen vollständig geleistet wurden. Auch dies ist in der Versicherung der Geschäftsführer im Rahmen der Anmeldung nach § 56 Abs. 2 GmbHG ausdrücklich anzugeben. Auf die obigen Ausführungen zur Sachgründung kann verwiesen werden.

D.8.4 Genehmigtes Kapital

Gem. § 55a GmbHG gibt es seit Inkrafttreten des MoMiG auch im GmbH-Recht ein genehmigtes Kapital. In der **Gründungssatzung** oder durch **notariell beurkundeten satzungsändernden Beschluss** (vgl. § 54 Abs. 3 GmbHG) kann der **Geschäftsführer** für **höchstens fünf Jahre** nach Eintragung der Gesellschaft **ermächtigt** werden, das Stammkapital bis zu einem bestimmten Nennbetrag durch Ausgabe neuer Geschäftsanteile gegen Einlagen zu erhöhen. Der Nennbetrag des genehmigten Kapitals darf die **Hälfte**

des Stammkapitals, das zur Zeit der Ermächtigung vorhanden ist, nicht übersteigen. § 55a GmbHG zielt zunächst allein auf Bareinlagen. Im Wege des genehmigten Kapitals sind allerdings auch Sacheinlagen zulässig. Dies muss aber im Ermächtigungsbeschluss besonders festgelegt werden (§ 55a Abs. 3 GmbHG).

Die Regelung entspricht im Wesentlichen dem aus dem Aktienrecht bekannten genehmigten Kapital nach §§ 202 ff. AktG. Auf die Ausführungen zum Aktiengesetz kann verwiesen werden. Im Unterschied zum Aktienrecht gibt es jedoch im GmbH-Recht keinen Aufsichtsrat, sodass der Geschäftsführer nach eigenem Ermessen über die Ausübung der Ermächtigung entscheidet. Gleiches gilt für den Inhalt der neuen Geschäftsanteile, soweit der Ermächtigungsbeschluss hierzu keine Angaben enthält. Ein **Bezugsrechtsausschluss** ist allerdings nur zulässig, wenn dies im Ermächtigungsbeschluss so vorgesehen ist oder wenn der Geschäftsführer zu einem etwaigen Bezugsrechtsausschluss ermächtigt wurde (§ 203 Abs. 2 AktG analog).

D.8.5 Kapitalerhöhung aus Gesellschaftsmitteln

Statthaft ist schließlich auch eine Kapitalerhöhung aus Gesellschaftsmitteln. Die §§ 57c–57o GmbHG enthalten hierzu Sonderregelungen. Voraussetzung ist ein **notariell beurkundeter Beschluss** der Gesellschafterversammlung mit ¾-Stimmenmehrheit (§ 57c Abs. 4 GmbHG). **Wesentlicher Unterschied** zu den normalen Kapitalerhöhungen ist, dass bei der Kapitalerhöhung aus Gesellschaftsmitteln **kein neues Eigenkapital zugeführt** wird. Es werden lediglich bereits **vorhandene Eigenmittel** (bilanzielles Eigenkapital, vgl. § 266 Abs. 3 HGB) in Stammkapital **umgewandelt**.

 Bei einer Kapitalerhöhung aus Gesellschafsmitteln wird der GmbH kein neues Kapital zugeführt.

Voraussetzung für eine Kapitalerhöhung aus Gesellschaftsmitteln ist ein satzungsändernder Gesellschafterbeschluss (§ 57c Abs. 4 GmbHG). Der Beschluss muss folgende Angaben enthalten:
- Genauer Erhöhungsbetrag,
- Angabe des Stammkapitals,
- Angabe, dass die Erhöhung aus Gesellschaftsmitteln erfolgt,
- Angabe der zugrunde gelegten Bilanz,
- Angabe der umzuwandelnden Rücklagenpositionen aus der Bilanz und
- Angabe, ob eine Erhöhung des Nennwerts der Anteile oder die Schaffung neuer Anteile oder eine Mischung aus beidem erfolgt (s. zusammenfassend *Lutter/Hommelhoff*, § 57c GmbHG Rn. 10).

Umwandlungsfähig sind nach § 57d GmbHG **nur Kapital- und Gewinnrücklagen**, die sich aus der letzten Jahresbilanz ergeben. Soweit eine andere Bilanz zugrunde gelegt wird, muss die umzuwandelnde Rücklage zusätzlich auch in dieser Zwischenbilanz ausgewiesen sein. **Gewinne des letzten Geschäftsjahres** können umgewandelt werden, wenn sie entweder bei der Feststellung des Jahresabschlusses als Gewinnrücklage nach § 268 Abs. 1 HGB bereits berücksichtigt wurden oder wenn sie im letzten Gewinnverwendungsbeschluss als Zuführung zu den Gewinnrücklagen ausgewiesen sind. In diesem Fall muss als „Basisbilanz" die letzte Jahresbilanz dienen. Es braucht also diese Jahresbilanz nicht rückwirkend unter Einstellung der entsprechenden Beträge in Rücklagen geändert werden. Wird allerdings als Basisbilanz eine Zwischen- oder Sonderbilanz verwendet, so muss in dieser (zusätzlich zu dem entsprechenden Ausweis im der letzten Jahresbilanz zuzuordnenden Gewinnverwendungsbeschluss) die Zuführung zur Rücklage vollzogen, d. h. in der Regel ein Ausweis unter Gewinnrücklagen gegeben sein (*Baumbach/Hueck/Zöllner*, § 57d GmbHG Rn. 5). Zweckgebundene Rücklagen können nur umgewandelt werden, wenn dies mit der Zweckbestimmung vereinbar ist (§ 57d Abs. 3 GmbHG). Sonderposten mit Rücklagenanteil oder stille Reserven sind nicht umwandlungsfähig, sondern müssen selbst erst in Rücklagen i. S. d. § 266 HGB umgewandelt werden (*Lutter/Hommelhoff*, § 57d GmbHG Rn. 4). In der Bilanz ausgewiesene Verluste oder ein Verlustvortrag mindern den Rücklagenwert und beschränken die Umwandlungsfähigkeit der Rücklagen (§ 57d Abs. 2 GmbHG).

Dem Kapitalerhöhungsbeschluss ist die **letzte geprüfte Jahres- oder Zwischenbilanz** zugrunde zu legen (§§ 57e und 57 f. GmbHG). Die Bilanz darf **nicht älter als acht Monate** sein. Die Bilanz ist durch einen **Abschlussprüfer** zu prüfen und mit einem Bestätigungsvermerk zu versehen (vgl. §§ 316 ff. HGB). Bei kleinen und mittleren GmbH's genügt die Prüfung durch einen vereidigten Buchprüfer (§ 57e Abs. 2 GmbHG).

 Übung D.8.2

Kann eine vom Steuerberater der GmbH aufgestellte und testierte Bilanz einer Kapitalerhöhung aus Gesellschaftsmitteln zugrunde gelegt werden? Wie ist es, wenn der Steuerberater gleichzeitig vereidigter Buchprüfer ist?

Soweit das Registergericht behebbare Mängel im Wege einer Zwischenverfügung rügt, bleibt die Acht-Monatsfrist gewahrt. Im Übrigen schadet schon eine geringfügige Fristüberschreitung.

Bei der Kapitalerhöhung aus Gesellschaftsmitteln können nach § 57 h Abs. 1 GmbHG entweder **neue Geschäftsanteile** gebildet oder bisherige **Geschäftsanteile aufgestockt** werden. Im Kapitalerhöhungsbeschluss ist dies anzugeben (§ 57h Abs. 2 S. 1 GmbHG). Die neuen Geschäftsanteile stehen den Gesellschaftern im Verhältnis ihrer bisherigen Geschäftsanteile zu (§ 57j GmbHG). Soweit die Gesellschaft eigene Anteile besitzt, erhält sie ebenso neue Anteile (57l Abs. 1 GmbHG). Die mit den Geschäftsanteilen verbundenen Rechte dürfen zueinander nicht verändert werden (§ 57m Abs. 1 GmbHG). Solche Veränderungen können entstehen, wenn die Rechte sich nicht gleichzeitig mit der Kapitalziffer ändern.

 Beispiel D.8.2

Bei Vorzügen für einen Gesellschafter, die sich an der Höhe des Nennbetrags orientieren.

 Übung D.8.3

Können Dritte, die bislang noch nicht an der GmbH beteiligt sind, an einer Kapitalerhöhung aus Gesellschaftsmitteln beteiligt werden und neue Anteile erwerben?

Die bei der **Handelsregisteranmeldung** zu beachtenden Besonderheiten sind in § 57i GmbHG genannt. Nach § 57i Abs. 1 S. 2 GmbHG haben die Anmeldenden in der Anmeldung zu erklären, dass nach ihrer Kenntnis seit dem Stichtag der zugrunde gelegten Bilanz bis zum Tag der Anmeldung keine Vermögensverminderungen eingetreten sind, die der Kapitalerhöhung entgegenstünden. Zur Anmeldung verpflichtet sind sämtliche Geschäftsführer (§ 78 GmbHG).

D.8.6 Kapitalerhöhung im Wege des Schütt-aus-hol-zurück-Verfahrens

Eine Spielart der Kapitalerhöhung aus Gesellschaftsmitteln ist die Kapitalerhöhung im Wege des Schütt-aus-hol-zurück-Verfahrens. Im Kern geht es dabei darum, dass an die Gesellschafter auszuschüttende Gewinne sogleich wieder von diesen der Gesellschaft im Wege einer Kapitalerhöhung zugeführt werden. Gleich steht es, wenn ein stehen gelassener Gewinnanspruch für eine Kapitalerhöhung verwendet werden soll. Hintergrund dieser besonderen Form der Kapitalerhöhung war das früher bestehende Steuergefälle zwischen einbehaltenen und ausgeschütteten Gewinnen bei der GmbH. Seit Inkrafttreten des Halbeinkünfteverfahrens ist dieser steuerliche Anreiz weggefallen.

Tatsächlich liegt hier eine Kapitalerhöhung mittels Sacheinlagen vor. Nach Auffassung der Rechtsprechung genügt es, wenn hierbei die Voraussetzungen für eine **Kapitalerhöhung aus Gesellschaftsmitteln** beachtet werden (BGH NJW 1997, 2516; s. zu den Einzelheiten auch *Lutter/Hommelhoff*, § 56 GmbHG Rn. 12 ff.).

D.8.7 Sonstige gesellschaftsrechtliche Formen der Finanzierung

Die Kapitalerhöhung gegen Einbringung neuer Bar- oder Sacheinlagen ist prinzipiell die einzige Möglichkeit für die GmbH, unmittelbar Eigenkapital zu generieren. Daneben stehen der GmbH – jedenfalls zum Teil – auch andere Formen der Kapitalbeschaffung zur Verfügung.

D.8.7.1 Wandelschuldverschreibungen/Gewinnschuldverschreibungen

Wandelschuldverschreibungen sind aus dem Aktienrecht bekannt (**§ 221 AktG**). Danach kann die Gesellschaft Schuldverschreibungen ausgeben, bei denen den Gläubigern ein Umtausch- oder Bezugsrecht auf Aktien eingeräumt wird (§ 221 Abs. 1 S. 1 AktG). Es handelt sich dabei um eine Maßnahme der **Fremdkapitalbeschaffung**. Im Aktienrecht werden solche Wandelschuldverschreibungen regelmäßig mit einem bedingten Kapital (§ 192 Abs. 2 Nr. 1 AktG), ggf. auch mit einem genehmigten Kapital (§§ 202 ff. AktG) hinterlegt. Im GmbH-Recht waren solche Wandelschuldverschreibungen bislang nicht praktikabel, da für die Gesellschaft die Schwierigkeit bestand, im Falle der Ausübung des Wandlungsrechts Geschäftsanteile leisten zu können. Ein bedingtes Kapital ist im GmbH-Recht nicht möglich (*Lutter/Hommelhoff*, § 55 GmbHG Rn. 42; *Maidl*, NZG 2006, 778). Denkbar ist jedoch, nunmehr solche Wandelschuldverschreibungen im GmbH-Recht aus einem zuvor geschaffenen genehmigten Kapital nach § 55a GmbHG zu bedienen (*Wicke*, § 55 GmbHG Rn. 2). Daneben besteht die Möglichkeit, – soweit vorhanden – eigene Anteile i. S. d. § 33 GmbHG zu verwenden.

Gewinnschuldverschreibungen dienen ebenso der Beschaffung von Fremkapital. Zusätzlich zum Recht auf Rückzahlung gewähren sie ein Recht, das mit den Gewinnanteilen der Aktionäre in Verbindung steht. Gewinnschuldverschreibungen sind auch im GmbH-Recht zulässig.

 Beispiel D.8.3
Die Verzinsung des Nennbetrags richtet sich nach der Höhe des Dividendenbezugs; der Gläubiger erhält neben einer festen Verzinsung eine von der Dividende abhängige Zusatzzahlung.

D.8.7.2 Genussrechte

Eine Ausgabe von Genussrechten nach den §§ 793 ff. BGB ist auch für die GmbH zulässig (*Lutter/Hommelhoff*, § 55 GmbHG Rn. 43).

Das im Genussschein verbriefte Genussrecht ist ein schuldrechtliches Verhältnis eigener Art, das dem Gläubiger Vermögens-, aber keine Verwaltungsrechte gewähren kann, insbesondere also kein Stimmrecht in der Gesellschafterversammlung, wohl aber einen Anteil am Gewinn. Mangels gesetzlicher Regelung sind die Gestaltungsmöglichkeiten vielfältig (vgl. dazu MünchHB-AG/*Krieger*, § 63 Rn. 60 ff.).

Genussrechte können sowohl Fremdkapitalcharakter haben, so dass insbes. die Rückzahlungsmodalitäten zu regeln sind. Str. ist, ob auch die Ausgabe von Genussrechten mit Eigenkapitalcharakter zulässig ist (bejahend Hüffer, AktG, 8. Auflage 2008, § 220 Rn. 31 ff.; verneinend MünchKomm-AktG/*Habersack*, 2. Auflage 2005, § 220 Rn. 123 ff.).

D.8.7.3 Stille Beteiligung

Statthaft ist es, sich im Wege einer stillen Beteiligung nach §§ 230 ff. HGB an einer GmbH zu beteiligen. Bei der Einlage des stillen Gesellschafters handelt es sich um Fremdkapital (*Baumbach/Hopt*, HGB, 33. Auflage 2008, § 230 Rn. 21).

Str. ist, ob die stille Beteiligung an einer GmbH ebenso wie die stille Beteiligung an einer AG einen **Teilgewinnabführungsvertrag i. S. d. § 292 Abs. 2 Nr. 2 AktG** darstellt, der zwingend in das Handelsregister der GmbH einzutragen ist (und nur zulässig ist, wenn die Gesellschafterversammlung der GmbH mit mindestens ¾-Stimmenmehrheit (§ 293 Abs. 1 AktG oder §§ 53, 54 GmbHG) oder mit einstimmigem Beschluss zugestimmt hat, vgl. „**Supermarktbeschluss**" BGHZ 105, 324; DNotI-Report 2004, 57 ff.; siehe dazu insgesamt: *Emmerich/Habersack*, Aktien- und GmbH-Konzernrecht, 5. Auflage 2008, § 293 AktG, Rn. 43a). Das BayObLG hat diese Frage verneint (BayObLG, GmbHR 2003,

534; ebenso LG Darmstadt, AG 2005, 488; a. A. aber hessisches FG vom 05.09.2006 (11 K 2034/03); offen lassend FG Berlin-Brandenburg, EFG 2008, 548; s. dazu *Wälzholz*, DStR 2003, 1218; *Weigl*, GmbHR 2003, 536).

D.8.7.4 Sonstige Finanzierungsmöglichkeiten

An sonstigen Finanzierungsinstrumenten steht der GmbH zur Generierung von **Eigenkapital** die Vereinbarung von **Nachschüssen nach § 26 GmbHG** bzw. die Vereinbarung von **Nebenleistungspflichten** (§ 3 Abs. 2 GmbHG) zur Verfügung. Diese kommen namentlich bei der Kapitalerhöhung durch Vereinbarung eines statutarischen bzw. schuldrechtlichen **Agios** in Betracht. Zu denken ist auch an Gesellschafterdarlehen. Diese haben allerdings prinzipiell Fremdkapitalcharakter. In der Krise der Gesellschaft haben sie jedoch eigenkapitalersetzenden Charakter. Nach Neufassung des Eigenkapitalersatzrechts ist dies allerdings nur noch im Falle einer Insolvenz bzw. Gläubigeranfechtung von Bedeutung (§§ 39 Abs. 1 Nr. 5, 135 InsO, § 6 AnfG).

D.8.8 Haftungsrisiken, Ausfallhaftung, Differenzhaftung

Bei der Kapitalerhöhung bestehen im Hinblick auf den **Grundsatz der Kapitalaufbringung** grundsätzlich dieselben Haftungsrisiken, wie sie auch bei der Gründung einer GmbH gegeben sind. Eine Unterbilanzhaftung droht freilich nicht. Der Grundsatz der wertgleichen Deckung gilt nur bei der Gründung, nicht aber auch bei der Kapitalerhöhung. Im Übrigen beschränkt sich die Haftung auf die Einlage und ein etwa zusätzlich vereinbartes Agio. Ebenso besteht bei der Sachkapitalerhöhung die Gefahr einer **Differenzhaftung** nach § 9 GmbHG.

Problematisch ist bei der Kapitalerhöhung die **Ausfallhaftung nach § 24 GmbHG**. Nach dieser Regelung haften die übrigen Gesellschafter bei nicht vollständig geleisteten Einlagen anderer Gesellschafter. Im Rahmen der Kapitalerhöhung erfasst diese Ausfallhaftung nicht nur die durch die Kapitalerhöhung neu geschaffenen Geschäftsanteile. Erfasst werden von dieser Ausfallhaftung auch die schon bereits bestehenden Geschäftsanteile. Weiter erstreckt sich die Ausfallhaftung nicht nur auf Altgesellschafter, sondern auch auf die Neugesellschafter, die erst Geschäftsanteile aus der Kapitalerhöhung übernommen haben. Eine Ausnahme besteht lediglich für die Altgesellschafter, die der Kapitalerhöhung nicht zugestimmt und auch keine neuen Geschäftsanteile übernommen haben. Diesen steht ein Sonderkündigungsrecht zu, das sie dann ausüben können, wenn die mit der von ihnen nicht mitgetragenen Kapitalerhöhung verbundenen Haftungsrisiken für sie unzumutbar werden. Fraglich ist in diesem Fall noch, ob und wenn ja, welchen Ersatz der ausscheidende Gesellschafter für seinen GmbH-Anteil bekommt. Sinnvoll erscheint hier, eine Satzungsregelung zu fassen, die eine Verpflichtung der übrigen Gesellschafter zur wertgerechten Abfindung begründet (vgl. *Heidinger/Blath*, GmbHR 2007, 1185, 1189; *Heckschen/Heidinger*, § 10 Rn. 161).

Die Einzelheiten zur Ausfallhaftung nach § 24 GmbHG werden weiter unten im Zusammenhang dargestellt (siehe unten Ziff. 12.5).

Zusammenfassung

Wesentliches Instrument für die wirtschaftliche Tätigkeit einer GmbH ist die Generierung von Eigenkapital mittels Kapitalerhöhung. Neues Kapital kann die Gesellschaft grundsätzlich durch Bar- oder Sacheinlagen einwerben. Es gelten im Wesentlichen dieselben Regelungen wie bei der Gründung einer Gesellschaft. Notwendig ist ein satzungsändernder Beschluss der Gesellschafterversammlung. Auf den Kapitalerhöhungsbetrag haben die Gesellschafter grundsätzlich ein Bezugsrecht. Dieses Bezugsrecht kann nur unter besonderen Voraussetzungen eingeschränkt oder ausgeschlossen werden. § 186 AktG gilt entsprechend. Notwendig ist ein Beschluss mit einer ¾-Stimmenmehrheit. Weiter Voraussetzung ist, dass für den Bezugsrechtsausschluss ein sachlicher Grund vorhanden ist. Im Kapitalerhöhungsbeschluss selbst ist prinzipiell der Kapitalerhöhungsbetrag anzugeben. Es genügt die Angabe eines Höchstbetrages. Möglich ist die Vereinbarung eines statutarischen oder schuldrechtlichen Aufgelds.

Voraussetzung für das Wirksamwerden der Kapitalerhöhung ist, dass der Kapitalerhöhungsbetrag von Inferenten übernommen wird (§ 55 GmbHG). Eine zumindest beglaubigte Übernahmeerklärung ist erforderlich (§ 55 Abs. 1 GmbHG). Das Gesetz geht dabei davon aus, dass grundsätzlich neue Geschäftsanteile gebildet werden. Möglich ist aber auch eine Aufstockung schon vorhandener Geschäftsanteile. Für die Einlageleistung auf das erhöhte Stammkapital gilt zunächst die Regelung des § 7 Abs. 2 S. 1 GmbHG entsprechend. Auf jeden neuen Geschäftsanteil ist mindestens ein Viertel des Nennbetrags zu bezahlen. Vorher darf die Anmeldung der Kapitalerhöhung zur Eintragung in das Handelsregister nicht angemeldet werden (§ 56a GmbHG). Die Leistungen sind zur freien Verfügung der Geschäftsführer zu leisten. Möglich ist allerdings ein ordnungsgemäßes Hin- und Herzahlen gem. § 19 Abs. 5 GmbHG. Die Forderung auf Erbringung der Einlageleistung entsteht erst mit dem Kapitalerhöhungsbeschluss und mit dem Übernahmevertrag zwischen der Gesellschaft und dem Übernehmer. Erst ab diesem Zeitpunkt kann daher die Einlage mit schuldtilgender Wirkung geleistet werden. Voreinzahlungen haben nur dann schuldtilgende Wirkung, wenn sie zum Zeitpunkt des Entstehens der Einlageforderung gegenständlich und wertmäßig noch vorhanden sind. Eine Ausnahme besteht lediglich für den Fall der Sanierung der Gesellschaft. Im Übrigen gilt der Grundsatz der wertgleichen Deckung im Rahmen der Kapitalerhöhung nicht. Es genügt also, wenn der Mindesteinlagebetrag zumindest einmal nach Fassung des Kapitalerhöhungsbeschlusses zur freien Verfügung der Geschäftsführer geleistet wurde. Der Mindesteinlagebetrag muss im Zeitpunkt der Handelsregisteranmeldung nicht mehr wertmäßig vorhanden sein. Die Zahlung des Agios spielt im Rahmen der Handelsregisteranmeldung keine Rolle. Maßgeblich sind die Regelungen im Kapitalerhöhungsbeschluss. § 36a AktG gilt nicht. Für die Handelsregisteranmeldung sind die Vorgaben des § 57 GmbHG zu beachten. Die Anmeldung erfolgt durch sämtliche Geschäftsführer. Darüber hinaus ist dem Handelsregister eine neue Gesellschafterliste nach § 40 GmbHG einzureichen. Es gelten im Übrigen die Voraussetzungen für eine Satzungsänderung (§ 54 GmbHG).

Dieselben Grundsätze gelten prinzipiell auch bei einer Kapitalerhöhung mittels Sacheinlage. Zusätzlich sind hierbei noch besondere Angaben zum Sacheinlagegegenstand nach § 56 GmbHG zu machen. Sacheinlagegegenstände sind gem. § 56a GmbHG vor der Anmeldung zum Handelsregister vollständig zu leisten (§ 7 Abs. 3 GmbHG). Im Übrigen gilt Gründungsrecht. Ein Sacheinlagebericht bzw. eine Werthaltigkeitsprüfung ist allerdings nicht zwingend erforderlich. Bei Zweifeln an der Werthaltigkeit kann das Registergericht jedoch entsprechende Nachweise verlangen.

Mit Einführung des § 55a GmbHG gibt es auch im GmbH-Recht ein genehmigtes Kapital. Darin kann die Gesellschafterversammlung den Geschäftsführer ermächtigen, binnen fünf Jahren das Stammkapital der Gesellschaft um maximal 50 % zu erhöhen. Das GmbH-Recht folgt damit den aktienrechtlichen Vorgaben (§§ 202 ff. AktG). Soweit der Ermächtigungsbeschluss keine Vorgaben enthält, entscheidet der Geschäftsführer nach freiem Ermessen über die Ausübung der Ermächtigung. Gleiches gilt für die Ausgestaltung der Kapitalerhöhung und den Inhalt der neuen Geschäftsanteile. Ein Bezugsrechtsausschluss ist allerdings nur möglich, wenn dies in der Ermächtigung so vorgesehen ist (§ 203 Abs. 2 AktG analog). Ebenso ist eine Sachkapitalerhöhung im Rahmen eines genehmigten Kapitals nur zulässig, wenn der Ermächtigungsbeschluss dies ausdrücklich vorsieht.

Von der Kapitalerhöhung durch Einlage grundsätzlich zu unterscheiden ist die Kapitalerhöhung aus Gesellschaftsmitteln. Hier wird der Gesellschaft kein neues Kapital zugeführt, sondern lediglich bestimmte Rücklagen oder ein Bilanzgewinn/Jahresüberschuss in Eigenkapital umgewandelt. Grundlage dieser besonderen Form der Kapitalerhöhung ist eine Bilanz, die nicht älter als acht Monate sein darf. Die Bilanz muss geprüft sein. Im Übrigen können an der Kapitalerhöhung aus Gesellschaftsmitteln nur Gesellschafter beteiligt werden. Die Rechte der Gesellschafter sind strikt zu wahren. Außenstehende Dritte können daran nicht beteiligt werden.

Sonstige Finanzierungsmöglichkeiten stehen der GmbH nur beschränkt zur Verfügung. Zu denken ist vornehmlich an die Ausgabe von Wandelschuldverschreibungen oder Genussrechten, stille Beteiligungen, die Vereinbarung von Nachschusspflichten, Nebenleistungspflichten oder (eigenkapitalersetzende) Gesellschafterdarlehen.

Aufgaben zur Selbstprüfung

1. Welche Möglichkeiten einer Kapitalerhöhung gibt es im GmbH-Recht?
2. Welche Besonderheit gilt bei einer Kapitalerhöhung aus Gesellschaftsmitteln?
3. Wie hoch ist der Mindesteinlagebetrag bei einer Barkapitalerhöhung?
4. Wie hoch ist der Mindesteinlagebetrag bei einer Sachkapitalerhöhung?
5. Müssen bei einer Kapitalerhöhung zwingend neue Geschäftsanteile ausgegeben werden?
6. Wer meldet die Kapitalerhöhung zur Eintragung in das Handelsregister an?
7. Ist bei einer Sachkapitalerhöhung zwingend ein Werthaltigkeitsnachweis zu erbringen?
8. Kann bei einem genehmigten Kapital das Bezugsrecht ausgeschlossen werden?

Adolf Reul

D.9 Kapitalherabsetzung

Ebenso wie die GmbH ihr Stammkapital erhöhen kann, kann sie es auch wieder verringern. Da damit der Gesellschaft und ihren Gläubigern gleichzeitig haftendes Eigenkapital entzogen wird (§ 13 Abs. 2 GmbHG), sind besondere Vorgaben zu beachten. Davon handelt das folgende Kapitel.

D.9.1 Allgemeines

Spiegelbildlich zur Kapitalerhöhung ist es ebenso möglich, die Stammkapitalziffer zu reduzieren und damit das den Gläubigern zur Verfügung stehende Haftungskapital zu verringern. Das Verbot einer Einlagenrückgewähr nach §§ 30, 31 GmbHG kann dadurch vermieden werden. Das Mindeststammkapital nach § 5 Abs. 1 GmbHG darf im Ergebnis aber nicht unterschritten werden (vgl. jedoch die Ausnahme des § 58a Abs. 4 GmbHG). Grundlage de Kapitalherabsetzung ist wiederum ein **notariell beurkundeter Beschluss der Gesellschafterversammlung mit satzungsändernder Mehrheit. Wirksam** wird die Kapitalherabsetzung mit **Eintragung im Handelsregister.**

Bei der Kapitalherabsetzung unterscheidet man zwei Varianten, die **ordentliche Kapitalherabsetzung** nach § 58 GmbHG und die **vereinfachte Kapitalherabsetzung** nach §§ 58a–58 f. GmbHG.

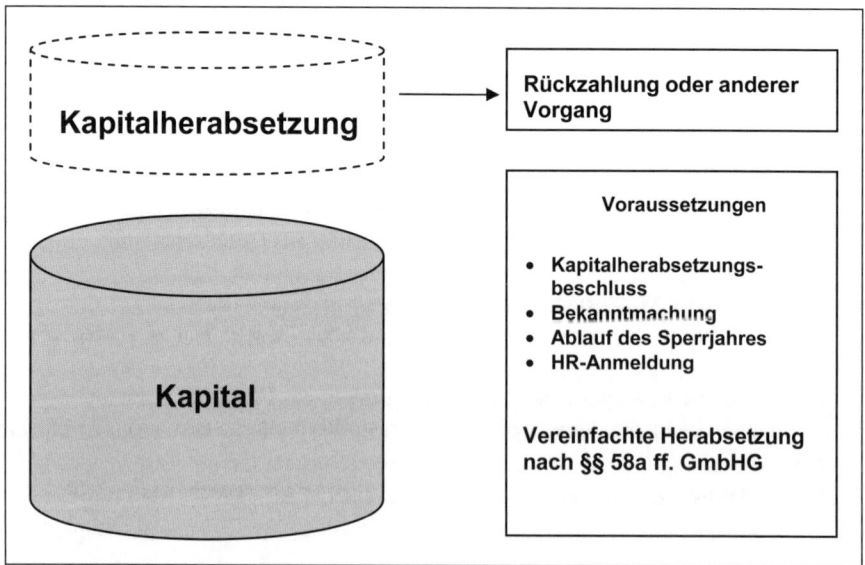

Abbildung D.9.1: Kapitalherabsetzung

Adolf Reul

Mit einer Kapitalherabsetzung lassen sich vielfältige Zwecke erreichen.

 Beispiel D.9.1
Rückzahlung und Erlass von Einlagen; Abfindung ausgeschiedener Gesellschafter; Heilung fehlerhafter Kapitalerhöhungen, insbesondere bei verdeckten Sacheinlagen; Beseitigung eigener Anteile (§ 33 GmbHG); Rücklagenbildung oder Aufhebung einer Unterbilanz.

Analog § 222 Abs. 3 AktG ist nach h.M. die **Angabe des Zwecks** der Kapitalherabsetzung im Kapitalherabsetzungsbeschluss **erforderlich**. Der Kapitalherabsetzungsbeschluss muss genau angeben, um welchen Betrag das Stammkapital verringert wird. Möglich ist auch die Bestimmung eines Maximalbetrages bei gleichzeitiger Festlegung der Umstände, aufgrund derer der genaue Herabsetzungsbetrag ermittelt werden kann.

 Beispiel D.9.2
Abhängigkeit vom Ausmaß der Unterbilanz nach Maßgabe eines noch nicht vorliegenden Jahresabschlusses.

Die Summe der Nennbeträge der Geschäftsanteile muss mit dem herabgesetzten Stammkapital übereinstimmen. Der Mindeststammkapitalbetrag des § 5 Abs. 1 GmbHG darf nicht unterschritten werden (§ 58 Abs. 2 S. 1 GmbHG). Etwas anderes gilt nur, wenn gleichzeitig mit der ordentlichen Kapitalherabsetzung eine den Mindestbetrag zumindest wiederherstellende Kapitalerhöhung verbunden wird (*Baumbach/Hueck/Zöllner*, § 58 Rn. 4).

 Übung D.9.1
Welchen Zweck hat es, wenn mit einer Kapitalherabsetzung gleichzeitig eine Kapitalerhöhung verbunden wird?

Bei der Herabsetzung der Nennbeträge darf der **Mindestnennbetrag von 1,00 € pro Geschäftsanteil grundsätzlich nicht unterschritten** werden (§ 58 Abs. 2 S. 2 GmbHG). Dies gilt jedoch nur im Falle der Herabsetzung zum Zwecke der Zurückzahlung von Einlagen oder zum Zwecke des Erlasses zu leistender Einlagen, nicht aber in sonstigen Fällen, insbesondere wenn also die Kapitalherabsetzung zum Zwecke der Sanierung der Gesellschaft erfolgt. In diesem Fall ist auch eine kleinere Stückelung zulässig.

Regelmäßig erfolgt die Kapitalherabsetzung durch eine quotale Herabsetzung aller Anteile. Statthaft ist aber auch eine nicht verhältniswahrende Kapitalherabsetzung, die nur zulasten der Geschäftsanteile bestimmter Gesellschafter geht. Zulässig ist eine solche disquotale Kapitalherabsetzung nur, wenn zum einen die betreffenden Geschäftsanteile mit den herabgesetzten Nennbeträgen in dem Kapitalherabsetzungsbeschluss angegeben werden. Erforderlich dürfte weiter sein, dass nicht nur die betroffenen Gesellschafter, sondern sämtliche Gesellschafter der GmbH diesem Verfahren zustimmen, da die einen durch geringere Zahlungen und die anderen durch einen stärkeren Verlust gesellschaftlicher Rechte benachteiligt würden (*Scholz/Schneider*, § 58 GmbHG Rn. 41).

Zu beachten ist weiter, dass Kapitalherabsetzungen nunmehr nur noch nach einer Umstellung des Stammkapitals auf Euro und Glättung der Nennbeträge im Handelsregister eingetragen werden dürfen (§ 1 Abs. 1 S. 4 EGGmbHG).

Adolf Reul

D.9.2 Ordentliche Kapitalherabsetzung

Wesentliches Merkmal einer ordentlichen Kapitalherabsetzung ist die **Sicherung der Gläubigerinteressen**. Schon aus diesem Grunde ist die Angabe des Zwecks, der mit der Kapitalherabsetzung verfolgt wird, im Kapitalherabsetzungsbeschluss erforderlich. Die Gläubiger sollen davon Kenntnis erhalten. Zu diesem Zweck ist der Kapitalherabsetzungsbeschluss gem. § 58 Abs. 1 Nr. 1 GmbHG von den Geschäftsführern **zu drei verschiedenen Zeitpunkten in den Gesellschaftsblättern bekannt zu machen**. Die Bekanntmachung hat nach § 12 GmbHG im elektronischen Bundesanzeiger sowie etwa daneben noch in weiteren Gesellschaftsblättern zu erfolgen. Dabei genügt es beispielsweise, wenn diese Bekanntmachung in drei aufeinanderfolgenden Ausgaben des elektronischen Bundesanzeigers (oder sonstiger Gesellschaftsblätter) erfolgt. Dabei sind die Gläubiger der Gesellschaft zugleich aufzufordern, sich bei derselben zu melden. Bei dieser Bekanntmachung muss allerdings der Zweck der Kapitalherabsetzung noch nicht bekannt gemacht werden. Eine solche Mitteilung ist nur auf besondere Anfrage hin erforderlich. Weiter sind die aus den Handelsbüchern ersichtlichen oder in anderer Weise bekannten Gläubiger besonders zu informieren (§ 58 Abs. 1 Nr. 1, 2. Halbs. GmbHG).

Nach § 58 Abs. 1 Nr. 2 GmbHG sind Gläubiger, welche sich bei der Gesellschaft melden und der Kapitalherabsetzung nicht zustimmen, wegen der von ihnen erhobenen **Ansprüche zu befriedigen oder sicherzustellen**. Die Entscheidung hierüber obliegt der Gesellschaft. Die Art der Sicherheitsleistung bestimmt sich nach §§ 233 ff. BGB.

Die Anmeldung des Kapitalherabsetzungsbeschlusses darf nach § 58 Abs. 1 Nr. 3 GmbHG nicht vor Ablauf eines **Sperrjahres** erfolgen, welches nach der letzten Bekanntmachung der Kapitalherabsetzung zu laufen beginnt. Die Handelsregisteranmeldung ist hier ebenso wie im Fall der Kapitalerhöhung von sämtlichen Geschäftsführern zu bewirken (§ 78 GmbHG). Dabei haben sie in der Anmeldung nach § 58 Abs. 1 Nr. 4 GmbHG die Bekanntmachungen des Kapitalherabsetzungsbeschlusses einzureichen. Zugleich haben sie die Versicherung abzugeben, dass Gläubiger, die sich bei der Gesellschaft gemeldet und der Herabsetzung nicht zugestimmt haben, befriedigt oder sichergestellt sind.

Nach der Kapitalherabsetzung muss die Summe der Geschäftsanteile und die Stammkapitalziffer wieder übereinstimmen (§ 58 Abs. 2 S. 1 GmbHG). Ein Unterschreiten des Mindeststammkapitals darf auch nicht im Hinblick auf die Zulässigkeit der UG (haftungsbeschränkt) erfolgen.

Da die Kapitalherabsetzung als Satzungsänderung gem. § 54 Abs. 3 GmbHG erst mit ihrer Eintragung im Handelsregister wirksam wird, besteht bis zu diesem Zeitpunkt das Verbot der Einlagenrückgewähr nach §§ 30, 31 GmbHG. Soll gleichwohl der Kapitalherabsetzungsbetrag schon vorher an die Gesellschafter zurückbezahlt werden, bietet sich ein sog. Darlehensmodell an. Darin gewährt die Gesellschaft den Gesellschaftern den aus der Kapitalherabsetzung auszuschüttenden Betrag als Darlehen. Nach Ablauf der Sperrfrist und Eintragung der Kapitalherabsetzung wird mit dem Anspruch gegen die Gesellschaft auf Darlehensrückzahlung aufgerechnet. Eine solche Darlehenskonstruktion dürfte nach der Neufassung des § 30 Abs. 1 S. 2 GmbHG zulässig sein, wenn die Auszahlung durch einen vollwertigen Gegenleistungs- oder Rückgewähranspruch gedeckt ist.

Problematisch ist jedoch die Kapitalerhaltung im Hinblick auf Verschmelzungs- und Spaltungsmaßnahmen. Nach dem deutschen Umwandlungsrecht ist es nicht erforderlich, dass das Stammkapital des Zielrechtsträgers nach dem Umwandlungsvorgang dem (addierten) Betrag des Stammkapitals der Ausgangsrechtsträger entsprechen muss. Diskutiert wird hier eine Ausschüttungssperre nach § 58d GmbHG ananolg (*Heckschen/ Heidinger*, § 10 Rn. 220 ff.).

D.9.3 Vereinfachte Kapitalherabsetzung

Die vereinfachte Kapitalherabsetzung ist in den §§ 58a ff. GmbHG geregelt. Sie zeichnet sich im Wesentlichen dadurch aus, dass die sonst für die ordentliche Kapitalherabsetzung geltenden besonderen **Gläubigerschutzvorschriften** (Einhaltung eines Sperrjahres, Gläubigerbenachrichtigung und Gläubigerbefriedigung bzw. Sicherstellung) **nicht gelten. Stattdessen** sehen die §§ 58a ff. GmbHG eine **verschärfte Vermögensbindung** vor. Rücklagen dürfen nur zum Zwecke der Wertminderung aufgelöst werden. Neue Rücklagen sind zu bilden. Weiter besteht eine Beschränkung von Gewinnausschüttungen.

Nach § 58a Abs. 1 GmbHG dient die vereinfachte Kapitalherabsetzung **zur Beseitigung einer Unterbilanz**. Sie ist damit eine **wichtige Sanierungsmaßnahme**. Weiter kommt die vereinfachte Kapitalherabsetzung zur Vermeidung einer Unterbilanz der übertragenden GmbH im Falle einer Abspaltung und Ausgliederung in Betracht (§ 139 UmwG; die Kapitalherabsetzung kann dort notwendig sein, um eine durch den Abgang von Vermögenswerten eintretende Unterbilanz zu vermeiden). Häufig verbunden wird die vereinfachte Kapitalherabsetzung mit einer **gleichzeitig durchgeführten Kapitalerhöhung**. Damit wird der Gesellschaft zusätzlich neues Kapital zugeführt (sog. **Kapitalschnitt**).

Zulässig ist die vereinfachte Kapitalherabsetzung nur zum **Ausgleich von Wertminderungen** oder zur **Deckung sonstiger Verluste**. Die Aufstellung einer besonderen Bilanz ist hierzu nicht erforderlich. Es genügen drohende Verluste aus schwebenden Geschäften. Ergibt sich aufgrund einer später vorliegenden Bilanz, dass ein Verlust nicht gegeben ist, ist der Beschluss nur anfechtbar, wenn die Prognose unvertretbar war. Das Registergericht hat insofern ein überschlägiges Prüfungsrecht.

Als weitere Voraussetzung dürfen sich die Verluste nicht nach Maßgabe des § 58a Abs. 2 GmbHG beseitigen lassen. **Kapital- und Gewinnrücklagen müssen aufgelöst werden**, soweit sie 10% des nach der Herabsetzung verbleibenden Stammkapitals übersteigen. Ein etwaiger Gewinnvortrag muss vorher aufgelöst werden (§ 58a Abs. 2 S. 2 GmbHG).

> **➡ Beispiel D.9.3**
> Eine GmbH hat ein Stammkapital von 50.000,00 € sowie eine Kapitalrücklage von 8.000,00 €. Der Verlust beträgt 25.000,00 €. Hier ist eine Kapitalherabsetzung bis auf 30.000,00 € zulässig. Im Umfang von 5.000,00 € sind Rücklagen aufzulösen (*Wicke*, § 58a GmbHG Rn. 3).

Die Auflösung der Rücklagen geschieht durch einen gesonderten Gesellschafterbeschluss, der nicht ohne Weiteres in dem Kapitalherabsetzungsbeschluss enthalten ist. Eine Auflösung der stillen Reserven oder einer etwaigen Rücklage für eigene Geschäftsanteile ist nicht erforderlich.

Nach § 58a Abs. 3 GmbHG sind im Beschluss über die vereinfachte Kapitalherabsetzung die Nennbeträge der Geschäftsanteile dem herabgesetzten Stammkapital anzupassen.

Adolf Reul

Die Nennbeträge müssen auf volle Euro lauten. Ebenso muss der Herabsetzungsbeschluss den Herabsetzungsbetrag als auch den Zweck der Kapitalherabsetzung benennen. Weiter ist anzugeben, dass es sich um eine vereinfachte Kapitalherabsetzung handelt. Ebenso wie die ordentliche Kapitalherabsetzung ist die vereinfachte Kapitalherabsetzung von sämtlichen Geschäftsführern persönlich anzumelden (§ 78, 2. Halbs. GmbHG entsprechend).

Auch bei der vereinfachten Kapitalherabsetzung kann der Mindeststammkapitalbetrag des § 5 Abs. 1 GmbHG unterschritten werden, wenn gleichzeitig eine Kapitalerhöhung auf den Mindestnennbetrag beschlossen wird und keine Sacheinlagen festgesetzt werden (§ 58a Abs. 4 GmbHG). Die vereinfachte Kapitalherabsetzung muss dann zusammen mit der Kapitalerhöhung binnen drei Monaten nach der Beschlussfassung zum Handelsregister eingetragen werden. Die bloße Anmeldung innerhalb der Dreimonatsfrist ist nicht fristwahrend (vgl. § 58a Abs. 4 S. 2 GmbHG).

Der aus der Kapitalherabsetzung und ggf. der Auflösung von Rücklagen erzielte Buchgewinn muss gegen die Verluste verrechnet werden. Übrig bleibende Beträge können in die Kapitalrücklage bis maximal 10 % des neuen Stammkapitals eingestellt werden (§ 58b Abs. 1 und 2 GmbHG). Für die Kapitalrücklage besteht nach § 58b Abs. 3 GmbHG eine fünfjährige Verwendungsbindung zum Ausgleich eines Jahresfehlbetrages bzw. eines Verlustvortrages sowie zu einer Kapitalerhöhung aus Gesellschaftsmitteln.

Weiter darf während dieser Fünfjahresfrist grundsätzlich keine Gewinnausschüttung erfolgen, soweit die Kapital- und Gewinnrücklagen zusammen 10 % des Stammkapitals nicht erreichen. Im Übrigen ist eine Gewinnausschüttung von mehr als 4 % erst für ein Geschäftsjahr zulässig, das später als zwei Jahre nach der Beschlussfassung über die Kapitalherabsetzung beginnt (§ 58d Abs. 2 S. 1 GmbHG). Die Frist kann abgekürzt werden, wenn Gläubiger der Gesellschaft entsprechend den Regeln für die ordnungsgemäße Kapitalherabsetzung befriedigt oder sichergestellt werden (§ 58d Abs. 2 S. 2 GmbHG). In der Bekanntmachung des betreffenden Jahresabschlusses im elektronischen Bundesanzeiger nach § 325 Abs. 4 HGB müssen die Gläubiger auf diese Möglichkeit der Befriedigung oder Sicherstellung hingewiesen werden. Wer als Gläubiger bereits über ausreichende Sicherheit verfügt, bedarf keiner zusätzlichen Sicherheit mehr (§ 58d Abs. 2 S. 3 GmbHG).

§ 58e GmbHG ermöglicht es schließlich, den Vollzug der vereinfachten Kapitalherabsetzung hinsichtlich Stammkapital und Rücklagen bereits im Jahresabschluss des Vorjahres zu berücksichtigen. Nach § 58 f. GmbHG kann zudem eine gleichzeitig mit der Kapitalherabsetzung durchgeführte Kapitalerhöhung schon im Jahresabschluss des Vorjahres berücksichtigt werden. Folge davon ist, dass auf der Passivseite des Jahresabschlusses die erhöhte Ziffer des Stammkapitals steht, während auf der Aktivseite die neuen Einlagen bzw. Einlageforderungen positiv zum Ausdruck kommen. Voraussetzung ist hierfür, dass der Beschluss über die Feststellung des Jahresabschlusses und der Kapitalherabsetzungsbeschluss einschließlich des Kapitalerhöhungsbeschlusses in derselben Gesellschafterversammlung getroffen werden. Eine solche Beschlussfassung ist nach § 58 f. Abs. 1 S. 2 GmbHG nur zulässig, wenn die neuen Geschäftsanteile übernommen, keine Sacheinlagen festgesetzt sind und wenn auf jeden neuen Geschäftsanteil die Mindesteinlage bereits geleistet ist. Dies ist dem Notar nachzuweisen, der den Beschluss der Kapitalerhöhung beurkundet. Sämtliche Beschlüsse sind nichtig, wenn die Beschlüsse über die Kapitalherabsetzung und Kapitalerhöhung nicht binnen drei

Monaten nach der Beschlussfassung in das Handelsregister eingetragen worden sind (§ 58 f. Abs. 2 S. 1 GmbHG). Schließlich darf der Jahresabschluss nach § 325 HGB erst offengelegt werden, nachdem die Beschlüsse über die Kapitalherabsetzung und Kapitalerhöhung eingetragen worden sind (§ 58 f. Abs. 3 GmbHG).

 ## *Zusammenfassung*

Mit der Kapitalherabsetzung wird das den Gläubigern zur Verfügung stehende Haftungsvermögen verringert. Rückzahlungen an die Gesellschafter in Höhe des Kapitalherabsetzungsbetrages sind dann ohne Verstoß gegen die Vorschriften über die Eigenkapitalrückgewähr nach §§ 30, 31 GmbHG zulässig. Bei der Kapitalherabsetzung gibt es zwei Möglichkeiten, nämlich die ordentliche und die vereinfachte Kapitalherabsetzung. Unterscheidungsmerkmal ist, dass bei der ordentlichen Kapitalherabsetzung die Gläubigerinteressen im Wesentlichen im Vorfeld der Eintragung des Kapitalherabsetzungsbeschlusses im Handelsregister und damit vor seinem Wirksamwerden geschützt werden. Dies geschieht durch eine mehrmalige Veröffentlichung des Beschlusses über die Kapitalherabsetzung, die Einhaltung eines Sperrjahres und durch den Anspruch auf Sicherung oder Befriedigung ihrer Forderungen. Demgegenüber existieren bei der vereinfachten Kapitalherabsetzung diese Schutzmechanismen nicht. Dafür bestehen hier im Nachhinein Schutzmechanismen. Es besteht binnen einer fünfjährigen Frist nur eine eingeschränkte Möglichkeit zur Gewinnausschüttung. Weiter bestehen innerhalb dieses Zeitraums besondere Vorgaben über die Auflösung und Bildung von Gewinn- und Kapitalrücklagen. Darüber hinaus ist die vereinfachte Kapitalherabsetzung nur zulässig zum Ausgleich von Wertminderung und zur Deckung (drohender) Verluste. Beide Arten der Kapitalherabsetzung können auch dazu führen, dass der Betrag des Mindeststammkapitals unterschritten wird. Erforderlich ist in beiden Fällen aber weiterhin, dass der Mindeststammkapitalbetrag des § 5 Abs. 1 GmbHG durch eine gleichzeitig beschlossene Kapitalerhöhung wieder erreicht wird.

Schließlich ist in beiden Fällen der Zweck der Kapitalherabsetzung im Kapitalherabsetzungsbeschluss zu benennen. Letztlich besteht bei der vereinfachten Kapitalherabsetzung noch die Möglichkeit, diese schon rückzubeziehen durch Anpassung der Bilanz des Vorjahres. Die wahren Vermögensverhältnisse können dann nur der Gewinn- und Verlustrechnung entnommen werden. Auch bei einer rückwirkenden Kapitalherabsetzung kann diese mit einer Kapitalerhöhung verbunden werden. Der Beschluss über die Kapitalherabsetzung sowie ggf. der gleichzeitig zu fassende Beschluss über die Kapitalerhöhung sind innerhalb von drei Monaten nach der Beschlussfassung im Handelsregister einzutragen, andernfalls sind sämtliche Beschlüsse nichtig (§§ 58e Abs. 3 und 58 f. Abs. 2 GmbHG).

Aufgaben zur Selbstprüfung

1. Zu welchen Zwecken kann eine Kapitalherabsetzung beschlossen werden?
2. Müssen die Zwecke in dem Kapitalherabsetzungsbeschluss benannt werden?
3. Ist eine Kapitalherabsetzung unter den Mindeststammkapitalbetrag zulässig?
4. Was versteht man unter dem Sperrjahr?
5. Zu welchem Zeitpunkt wird die Kapitalherabsetzung wirksam?

D.10 Jahresabschluss

Die GmbH ist verpflichtet, einen Jahresabschluss aufzustellen. Hieraus leiten sich z. B. Gewinnansprüche der Gesellschafter ab. Erste Hinweise für eine Überschuldung im Hinblick auf eine etwaige Insolvenzantragspflicht (§ 15a InsO) können daraus abgeleitet werden. Das folgende Kapitel erläutert die Grundzüge zum Jahresabschluss.

D.10.1 Pflicht zur Aufstellung eines Jahresabschlusses

Die GmbH ist nach § 13 Abs. 3 GmbHG als Handelsgesellschaft **Formkaufmann** i. S. d. § 6 HGB. Sie ist deshalb zur Aufstellung eines Jahresabschlusses nach § 242 HGB verpflichtet. Auch gelten sonst für die GmbH die **Buchführungspflichten** nach §§ 238 ff. HGB (Buchführungspflicht im engeren Sinn; Pflicht zur Aufbewahrung bestimmter geschäftlicher Unterlagen; Inventarpflicht; Aufstellung einer Eröffnungsbilanz und eines Jahresabschlusses; Offenlegungspflichten).

Adressat dieser Buchführungspflicht sind gem. § 41 GmbHG die **Geschäftsführer**. Sie können die Buchführung aber auf Mitarbeiter der GmbH, aber auch auf externe Beauftragte (insbesondere Steuerberater) übertragen. Der Jahresabschluss selbst ist nach § 245 HGB von allen Geschäftsführern zu unterzeichnen. „Kaufmann" i. S. d. §§ 238 ff. HGB sind sämtliche Geschäftsführer einer GmbH, auch die stellvertretenden Geschäftsführer nach § 44 GmbHG. § 245 S. 2 HGB gilt entsprechend. Nach § 264 Abs. 1 S. 2 HGB ist der **Jahresabschluss in den ersten drei Monaten des Geschäftsjahres** für das vergangene Geschäftsjahr aufzustellen. Bei kleinen Kapitalgesellschaften i. S. d. § 267 Abs. 1 HGB wird diese Frist auf sechs Monate verlängert.

D.10.2 Inhalt

Die Pflicht zur Aufstellung des Jahresabschlusses bezieht sich inhaltlich nach § 242 Abs. 3 HGB auf die **Aufstellung einer Bilanz und Gewinn- und Verlustrechnung**. Nach § 264 Abs. 1 S. 1 HGB ist außerdem der Jahresabschluss um einen Anhang zu erweitern. Ebenso ist ein Lagebericht aufzustellen. Bei kleinen GmbH's i. S. d. § 267 Abs. 1 HGB ist die Aufstellung eines Lageberichts jedoch nicht erforderlich. Auch sonst bestehen unterschiedliche Pflichten für die Aufstellung der Bilanz und der Gewinn- und Verlustrechnung, je nachdem, ob es sich um eine kleine, mittelgroße oder große Kapitalgesellschaft handelt (§§ 274a und 276 HGB). Die Größeneinteilung selbst beurteilt sich nach § 267 HGB.

Adolf Reul

D.10.3 Prüfungspflicht

Der Jahresabschluss einer GmbH ist nach §§ 316 ff. HGB nur dann durch einen besonderen **Abschlussprüfer** zu prüfen, wenn es sich um eine **mittelgroße oder große Kapitalgesellschaft** i. S. d. § 267 HGB handelt. Die „normale" GmbH stellt regelmäßig eine lediglich kleine Kapitalgesellschaft dar, sodass keine Prüfungspflicht besteht. Soweit eine Prüfungspflicht aber zu bejahen ist, kann Abschlussprüfer nur ein Wirtschaftsprüfer, bei mittelgroßen Kapitalgesellschaften auch ein vereidigter Buchprüfer sein (§ 319 HGB). Ein Steuerberater scheidet als Abschlussprüfer aus. Ausscheiden muss als Abschlussprüfer aber auch der Wirtschaftsprüfer oder vereidigte Buchprüfer, wenn er selbst an der Aufstellung des Jahresabschlusses mitgewirkt hat (§ 319 Abs. 3 Ziff. 3 lit. a) HGB).

Eine **Besonderheit** besteht im Falle einer **Kapitalerhöhung aus Gesellschaftsmitteln**. § 57e GmbHG fordert zwingend, dass die dem Kapitalerhöhungsbeschluss zugrunde liegende Bilanz geprüft und die festgestellte Bilanz mit einem unbeschränkten Bestätigungsvermerk eines Abschlussprüfers versehen ist. Auch kleine GmbHs müssen daher ihre Bilanz prüfen lassen, wenn sie eine Kapitalerhöhung aus Gesellschaftsmitteln durchführen wollen. Es genügt die Prüfung durch einen vereidigten Buchprüfer.

D.10.4 Offenlegung

Der Jahresabschluss ist nach §§ 325 ff. HGB beim Betreiber des **elektronischen Bundesanzeigers** elektronisch einzureichen. Dies ist im elektronischen Bundesanzeiger nach § 325 Abs. 2 HGB bekannt zu machen. Unabhängig von der Größenklasse der Kapitalgesellschaft gilt, dass die Unterlagen unverzüglich nach Vorlage des Jahresabschlusses an die Gesellschafterversammlung, spätestens jedoch vor Ablauf von zwölf Monaten nach dem Abschlussstichtag, einzureichen sind (§ 325 Abs. 1 S. 2 HGB). Hinsichtlich der einzureichenden Unterlagen bestehen größenabhängige Unterschiede (§§ 326 ff. HGB).

Der Betreiber des elektronischen Bundesanzeigers prüft, ob die einzureichenden Unterlagen fristgemäß und vollzählig eingereicht worden sind (§ 329 Abs. 1 S. 1 HGB). Soweit dies nicht der Fall ist, wird die für die Durchführung von Ordnungsverfahren zuständige Verwaltungsbehörde, das Bundesamt für Justiz in Bonn, unterrichtet (§§ 329 Abs. 4 und 335 HGB). Es droht ein Ordnungsgeld in Höhe von mindestens 2.500,00 € (§ 335 Abs. 1 S. 4 HGB).

D.10.5 Feststellung des Jahresabschlusses

Die **Aufstellung des Jahresabschlusses ist Aufgabe der Geschäftsführer** nach § 41 GmbHG. Davon **zu unterscheiden** ist die **Feststellung des Jahresabschlusses**. Erst mit der Feststellung wird der **Jahresabschluss verbindlich**. Die Feststellung des Jahresabschlusses unterliegt in Ermangelung abweichender Regelungen im Gesellschaftsvertrag nach §§ 42a Abs. 1 S. 1, 46 Nr. 1 GmbHG der **Gesellschafterversammlung**. Soweit der Jahresabschluss durch einen Abschlussprüfer zu prüfen ist, kann der Jahresabschluss nicht festgestellt werden, soweit keine Prüfung stattgefunden hat (§ 316 Abs. 1 S. 2 HGB).

Adolf Reul

Damit korrespondiert § 42a Abs. 1 S. 2 GmbHG. Soweit der Jahresabschluss durch einen Abschlussprüfer zu prüfen ist, haben die Geschäftsführer ihn zusammen mit dem Lagebericht und dem Prüfungsbericht des Abschlussprüfers unverzüglich nach Eingang des Prüfungsberichts vorzulegen. Hat die Gesellschaft einen Aufsichtsrat, ist auch dessen Bericht über das Ergebnis seiner Prüfung vorzulegen (§ 42a Abs. 1 S. 3 GmbHG).

Die Feststellung muss nach § 42a Abs. 2 S. 1 GmbHG grundsätzlich in den ersten acht Monaten des Folgegeschäftsjahres, bei kleinen Kapitalgesellschaften bis zum Ablauf der ersten elf Monate des Folgegeschäftsjahres dem Jahresabschluss erfolgen.

D.10.6 Ergebnisverwendung, Gewinnanspruch

Innerhalb derselben Frist des § 42a Abs. 2 S. 1 GmbHG haben die Gesellschafter auch über die Ergebnisverwendung zu beschließen. Sie können also darüber entscheiden, ob und in welcher Höhe ausschüttungsfähiger Gewinn an die Gesellschafter zur Ausschüttung gelangt oder eine Gewinnthesaurierung vorgenommen werden soll (§ 29 GmbHG). Über die Gewinnthesaurierung kann ebenso schon im Beschluss über die Feststellung des Jahresabschlusses entschieden werden (Einstellung in Rücklagen oder in einen Gewinnvortrag). Bei einer UG (haftungsbeschränkt) ist die Einstellung in die gesetzliche Rücklage nach § 5a Abs. 3 GmbHG zu berücksichtigen.

Nach § 29 GmbHG haben die Gesellschafter **Anspruch auf den Gewinn**, vorbehaltlich einer abweichenden Bestimmung im Gesellschaftsvertrag. Auch der Gewinnanspruch selbst ist jedoch – sofern die Satzung nichts anderes bestimmt – nach dem Regelungszusammenhang des § 29 Abs. 1 und 2 GmbHG von einem Ergebnisverwendungsbeschluss abhängig (BGH NJW 2004, 912).

§ 29 GmbHG spricht allein vom Jahresüberschuss bzw. Gewinn. Anders als im Aktienrecht sind sonstige Leistungen aus dem Gesellschaftsvermögen jedoch nicht ausgeschlossen. Eine Grenze besteht in dem Verbot der Einlagenrückgewähr nach §§ 30, 31 GmbHG in Höhe des nominalen Stammkapitals. Außerhalb dieser verbotenen Einlagenrückgewähr können den Gesellschaftern neben einem Gewinnanspruch Rechte verschiedener Art eingeräumt werden. Möglich ist insbesondere auch eine Sachdividende „bzw. ein Recht auf Benutzung von Einrichtungen der Gesellschaft".

An den **Verlusten der GmbH** sind die Gesellschafter nicht unmittelbar beteiligt. Ein Verlust wird in das folgende Geschäftsjahr übertragen, geht zulasten künftiger Gewinnausschüttungen und hat Auswirkungen auf den Liquidationserlös bzw. führt zur Insolvenz.

Die Ergebnisverwendung im Rahmen des § 29 GmbHG ist flexibel gestaltet. Die Gesellschafter können jährlich darüber beschließen. Vorrangige Regelungen im Gesetz sind freilich zu beachten (§§ 5a Abs. 3, 58d GmbHG, §§ 249 Abs. 1, 272 Abs. 2 und 4, 274 Abs. 2 S. 3 HGB). Auch die Satzung kann dazu Regelungen treffen. Hier besteht prinzipiell Gestaltungsfreiheit, sodass in der Satzung ein Vollausschüttungsgebot, aber auch ein Ausschluss von Gewinnausschüttungen vereinbart werden kann. Weiter kann die Gesellschafterversammlung durch die Satzung ermächtigt werden, dass der Beschluss über die Ergebnisverwendung nicht mit einfacher, sondern mit qualifizierter Mehrheit zu treffen ist bzw. dass die Gesellschafter mit einfacher oder qualifizierter

Mehrheit vom Gewinnbezug ausgeschlossen werden und der Gewinn stattdessen in Rücklagen eingestellt wird (zu Gestaltungsmöglichkeiten s. beispielsweise *Wälzholz*, GmbH-StB 2005, 144). Im Rahmen einer solchen Satzungsregelung kann die Gesellschafterversammlung darüber hinaus die Fassung des Feststellungsbeschlusses und des Ergebnisverwendungsbeschlusses auf andere Organe übertragen. Dies gilt auch für die Befugnis zur Bildung von Rücklagen. Zulässig ist dabei sogar, die Geschäftsführer zu ermächtigen, ihrerseits über den Verbleib des Jahresergebnisses ganz oder teilweise zu entscheiden. Wegen der Bedeutung dieser Satzungsregelungen für die Gesellschafter ist dabei ein besonderes Augenmerk auf eine klare und verständliche Formulierung bei der Satzungsgestaltung zu legen.

 Beispiel D.10.1

„Der Jahresüberschuss wird zu einem Drittel thesauriert, zu einem weiteren Drittel an die Gesellschafter im Verhältnis ihrer Geschäftsanteile ausgeschüttet. Der danach verbleibende Rest steht zur freien Verwendung der Gesellschaft. „Vom Jahresüberschuss werden zunächst X % auf die Inhaber folgender Geschäftsanteile … vorab ausgeschüttet. Der verbleibende Rest wird an alle Gesellschafter im Verhältnis ihrer Geschäftsanteile verteilt."

? Übung D.10.1

Es soll eine GmbH mit mehreren Gesellschaftern gegründet werden. Die Gesellschafter fragen sich, ob sie wegen der Gewinnverwendung Regelungen in die Satzung aufnehmen sollen oder nicht. Was ist zu raten?

Schließlich sind auch Vorabausschüttungen möglich, also Ausschüttungen vor der Feststellung des Jahresabschlusses zulasten des Ergebnisses des Geschäftsjahres, dessen Jahresabschluss noch nicht festgestellt worden ist. Auch hier ist das Verbot der Einlagenrückgewähr nach § 30 GmbHG zu beachten.

 Beispiel D.10.2

„Für das laufende Geschäftsjahr ist noch kein Jahresabschluss erstellt worden. Nach den vorliegenden Unterlagen ist von einem Jahresüberschuss in Höhe von … zu erwarten. Ein Teilbetrag in Höhe von … wird, soweit er nicht zur Erhaltung des Stammkapitals benötigt wird, unter den Gesellschaftern wie folgt verteilt … Die Gesellschafter verpflichten sich zur Rückzahlung der Vorabausschüttung, soweit der durch den Jahresabschluss ausgewiesene Gewinn den hier angenommenen Überschuss unterschreitet oder der Jahresüberschuss zur Erhaltung des Stammkapitals benötigt wird."

Der im Gewinnverwendungsbeschluss zur Ausschüttung bestimmte Gewinn ist im letzten Schritt unter den Gesellschaftern zu verteilen. Als Verteilungsmaßstab legt § 29 Abs. 1 S. 1 GmbHG das Verhältnis der Geschäftsanteile zueinander nach ihrem Nennbetrag fest. Eigene Anteile der Gesellschaft und eingezogene Anteile werden nicht berücksichtigt (BGH NJW 1995, 1027). Neu im Rahmen einer Kapitalerhöhung während des laufenden Geschäftsjahres gebildete Geschäftsanteile sind mangels anderweitiger Regelung im Kapitalerhöhungsbeschluss für das ganze Jahr gewinnberechtigt. In der Satzung kann ein anderer Maßstab für die Gewinnverteilung festgelegt werden.

Adolf Reul

Eine Gewinnausschüttung an außenstehende Dritte ist aufgrund besonderer vertraglicher Regelungen möglich. In Betracht kommen zum einen Unternehmensverträge i. S. eines Gewinnabführungsvertrages bzw. Teilgewinnabführungsvertrages (§§ 291 ff. AktG), stille Beteiligungen an der GmbH (§ 230 HGB). Streitig ist, ob es sich bei der stillen Beteiligung an der GmbH ähnlich wie im Aktienrecht um einen Teilgewinnabführungsvertrag handelt, sowie die Ausgabe von Genussrechten oder die Vereinbarung partiarischer Rechtsverhältnisse.

Gewährt die Gesellschaft einzelnen oder allen Gesellschaftern **außerhalb der förmlichen Gewinnverteilung Leistungen** aus dem Gesellschaftsvermögen ohne gleichwertige Gegenleistung, liegt eine **verdeckte Gewinnausschüttung** vor. Diese ist gesellschaftsrechtlich zulässig, soweit nicht gegen das Verbot der Einlagenrückgewähr verstoßen wird. Steuerrechtlich müssen verdeckte Gewinnausschüttungen dem Einkommen der GmbH zugerechnet werden und erhöhen hier die Körperschaftsteuerbelastung. Beim Empfänger werden sie einer offenen Gewinnausschüttung gleichgestellt (*Wicke*, § 29 GmbHG Rn. 21).

 Beispiel D.10.3

Der Geschäftsführer hat ohne ausdrückliche Regelung in seinem Anstellungsvertrag die Möglichkeit, den Firmenwagen privat zu nutzen. In einer Steuerberatungs-GmbH erhält der Gesellschafter-Geschäftsführer unentgeltlich die Mandantenverträge von der GmbH. Dem Geschäftsführer einer Steuerberatungs-GmbH ist ohne Regelung im Anstellungsvertrag oder im Gesellschaftsvertrag gestattet, bestimmte Mandate außerhalb der GmbH privat zu betreuen.

 Zusammenfassung

Die GmbH ist Formkaufmann und unterliegt daher den allgemeinen Buchführungspflichten für Kaufleute nach §§ 238 ff. HGB. Sie ist verpflichtet, innerhalb der ersten drei Monate eines Folgegeschäftsjahres einen Jahresabschluss für das vorangegangene Geschäftsjahr aufzustellen. Bei kleinen GmbHs i. S. d. § 267 HGB verlängert sich die Frist auf sechs Monate. Verpflichtet zur Aufstellung des Jahresabschlusses sind in der GmbH ihre Geschäftsführer. Der Inhalt des Jahresabschlusses richtet sich nach den handelsrechtlichen Vorschriften. Unterschiede bestehen im Hinblick auf die Größe der GmbH (§ 267 HGB). Zusätzliche Regelungen finden sich in § 42 GmbHG. Ob der Jahresabschluss einer GmbH prüfungspflichtig durch einen Abschlussprüfer ist, richtet sich wiederum nach der Größe der GmbH entsprechend den Größenklassen des § 267 HGB. Eine Prüfungspflicht besteht nur für große und mittelgroße Kapitalgesellschaften. Soll eine Kapitalerhöhung aus Gesellschaftsmitteln beschlossen werden, ist ausnamsweise auch bei einer kleinen GmbH der Jahresabschluss zu prüfen (§ 57e GmbHG). Ein Steuerberater scheidet in jedem Fall als Abschlussprüfer aus. Weiter ist der Jahresabschluss beim Betreiber des elektronischen Bundesanzeigers einzureichen und dort gem. §§ 325 ff. HGB zu veröffentlichen.

Von der Aufstellung des Jahresabschlusses zu unterscheiden ist dessen Feststellung und die anschließende Beschlussfassung über die Ergebnisverwendung. Mit der Feststellung wird der Jahresabschluss verbindlich. Zuständig für die Feststellung des Jahresabschlusses und den Beschluss über die Ergebnisverwendung ist grundsätzlich die Gesellschafterversammlung. Der Gesellschaftsvertrag kann hierzu Abweichendes regeln. In der Ergebnisverwendung sind die Gesellschafter grundsätzlich frei. Es sind allerdings die vom Gesetz und von der Satzung vorgegebenen Einschränkungen zu beachten. Insbesondere im Hinblick auf die unterschiedlichen Interessen der Gesellschafter nach einer Ausschüttung bzw. Gewinnthesaurierung ist dringend darauf zu achten, entsprechende Regelungen im Gesellschaftsvertrag zur Ergebnisverwendung zu vereinbaren.

Aufgaben zur Selbstprüfung

1. Wer ist in der GmbH für die Aufstellung des Jahresabschlusses zuständig?
2. Wer stellt den Jahresabschluss fest?
3. Ist der Jahresabschluss einer GmbH durch einen Abschlussprüfer zu prüfen?
4. Kann ein Steuerberater Abschlussprüfer sein?
5. Ist der Jahresabschluss einer GmbH offenzulegen?
6. Wer entscheidet über die Gewinnverwendung in der GmbH?
7. In welchem Verhältnis steht der Beschluss über die Feststellung des Jahresabschlusses zum Gewinnverwendungsbeschluss?

D.11 Erwerb eigener Geschäftsanteile

Erwirbt eine GmbH eigene Anteile, so gehört sich die Gesellschaft im Umfang dieser eigenen Anteile selbst. Nach § 33 GmbHG ist der Erwerb eigener Anteile grundsätzlich zulässig, schränkt diesen aber zum Zwecke der Kapitalaufbringung und Kapitalerhaltung ein. Das nachfolgende Kapitel erläutert Grundzüge zum Erwerb eigener Geschäftsanteile.

Von vornherein **unzulässig** ist der **originäre Erwerb eigener Geschäftsanteile** bei der Gründung oder bei der Kapitalerhöhung. Hier gilt die Regelung des § 56 Abs. 2 AktG entsprechend. Eine **Ausnahme** besteht lediglich im Fall einer **Kapitalerhöhung aus Gesellschaftsmitteln** (§ 57l Abs. 1 GmbHG). § 33 Abs. 1 GmbHG lässt dagegen den **derivativen Erwerbs** eigener Anteile durch die GmbH zu, beschränkt diesen Erwerb jedoch unter dem Aspekt der realen Kapitalaufbringung. Ein Anteilserwerb ist nur bei solchen Anteilen zulässig, auf welche die Einlagen bereits vollständig geleistet sind. Das Verbot erfasst jeden Fall rückständiger Einlageleistung. Es kommt dabei freilich nur auf die Einlage selbst an. Ein Rückstand sonstiger Leistungen wie etwa das Aufgeld, Zinsen oder Nebenleistungen ist unerheblich. Vom Verbot des § 33 Abs. 1 GmbHG ist grundsätzlich jede Form des Erwerbs nicht vollständig eingezahlter Geschäftsanteile erfasst, also auch Fälle des unentgeltlichen Erwerbs. Nach h. M. zulässig ist allerdings der Erwerb durch Gesamtrechtsnachfolge analog § 71 Abs. 1 Nr. 5 AktG (*Lutter/Hommelhoff*, § 33 GmbHG Rn. 5; a. A. *Baumbach/Hueck/Fastrich*, § 33 Rn. 3). Rechtsfolge eines Verstoßes gegen § 33 Abs. 1 GmbHG ist die Nichtigkeit des Erwerbs (§ 134 BGB), und zwar sowohl des schuldrechtlichen wie auch des dinglichen Rechtsgeschäfts. Eine Heilung bei nachträglicher Leistung der Einlage tritt nicht ein. Im Falle der Weiterveräußerung ist ein gutgläubiger Erwerb unter den Voraussetzungen des § 16 Abs. 3 GmbHG möglich.

Sind die Einlagen dagegen vollständig geleistet, ist ein derivativer Anteilserwerb durch die GmbH selbst nach § 33 Abs. 2 GmbHG in weitem Umfang möglich. Im Unterschied zu §§ 71 ff. AktG besteht keine Höchstgrenze und auch keine Bindung an sachliche Gründe. Voraussetzung ist neben der Volleinzahlung nur, dass der Erwerb aus freiem Vermögen der Gesellschaft erfolgt, also keine Einlagenrückgewähr in Betracht kommt. Dieses Problem stellt sich von vornherein nicht im Falle eines unentgeltlichen Erwerbs. Weitere Voraussetzung des § 33 Abs. 2 GmbHG ist, dass zugleich die nach § 272 Abs. 4 HGB gebotene Rücklage für eigene Anteile aus freien Mitteln (Gewinn, Gewinnvortrag, frei verfügbare Rücklagen) in entsprechender Höhe der Anschaffungskosten (bei unentgeltlichem Erwerb in Höhe des Zeitwerts bzw. des niedrigeren Nominalwerts) gebildet werden kann. Hierdurch wird der eigene Geschäftsanteil bilanziell neutralisiert.

Trotz Wirksamkeits des Erwerbs nach § 33 Abs. 2 GmbHG kann die GmbH **keine Rechte und Pflichten aus dem eigenen Geschäftsanteil** geltend machen. Rechte und Pflichten „ruhen" (§ 71b AktG analog). Der auf den eigenen Anteil rechnerisch entfallende Gewinn kann unter den übrigen Gesellschaftern verteilt werden (BGH NJW 1995, 1027).

Streitig ist, ob die Geschäftsführer für einen zulässigen Erwerb nach § 33 Abs. 2 GmbHG im Innenverhältnis der **Zustimmung der Gesellschafterversammlung** (mit einfacher oder qualifizierter Mehrheit) bedürfen und ob ein solcher zustimmender Beschluss auch im Falle der Weiterveräußerung notwendig ist. Die wohl herrschende Ansicht bejaht ein solches Zustimmungsbedürfnis (*Baumbach/Hueck/Fastrich*, § 33 GmbHG Rn. 28; einschränkend nur für den Fall der Veräußerung dagegen *Lutter/Hommelhoff*, § 33 GmbHG Rn. 15). Im Falle der **Weiterveräußerung** stellt sich weiter die Frage des **Bezugsrechts**. Hier dürfte es erforderlich sein, den eigenen Geschäftsanteil zunächst den Gesellschaftern entsprechend ihrer Beteiligungsquoten anzubieten.

Liegen dagegen die Voraussetzungen des § 33 Abs. 2 GmbHG nicht vor, ist im Gegensatz zu einem Verstoß gegen § 33 Abs. 1 GmbHG nur das schuldrechtliche Geschäft nichtig, nicht aber der dingliche Rechtserwerb.

Die Regelungen des § 33 Abs. 1 und 2 GmbHG gelten ebenso im Falle der Bestellung eines rechtsgeschäftlichen Pfandrechts, nicht aber bei einer Pfändung im Wege der Zwangsvollstreckung. Über die Grenzen des § 33 Abs. 1 und 2 GmbHG hinaus zulässig ist der Erwerb eigener Anteile in Umwandlungsfällen nach § 33 Abs. 3 GmbHG.

➡ Beispiel D.11.1

Nach dem UmwG hat die Gesellschaft unter bestimmten Voraussetzungen einem Anteilsinhaber, der gegen einen Beschluss zur Verschmelzung oder zu einem Form-wechsel Widerspruch zur Niederschrift erklärt, den Erwerb seiner Anteile gegen Zahlung einer angemessenen Abfindung anzubieten. In diesen Fällen ermöglicht § 33 Abs. 3 GmbHG eine begrenzte Durchbrechung der Regelungen des § 33 Abs. 1 und 2 GmbHG.

Die Grundsätze des § 33 Abs. 1 und 2 GmbHG gelten ebenso, wenn ein **Erwerb durch Dritte für Rechnung der GmbH** erfolgt. Gleich stehen die Fälle des Erwerbs durch eine Tochtergesellschaft, aber auch Fälle einer wechselseitigen Beteiligung ab einer kriti-schen Höhe von mindestens 25 % (*Lutter/Hommelhoff*, § 33 GmbHG Rn. 21; *Baumbach/ Hueck/Fastrich*, § 33 GmbHG Rn. 21).

Da § 33 Abs. 2 GmbHG unter den dort genannten Voraussetzungen **keine Höchstgrenze** für die Zulässigkeit des Erwerbs eigener Anteile vorsieht, kann es dazu kommen, dass die Gesellschaft sämtliche Anteile an ihr erwirbt. Es käme zu einer sog. „**Keinmann-GmbH**". Strittig ist, ob eine solche Gesellschaft jedenfalls für einen Übergangszeitraum bestehen kann. Die wohl herrschende Ansicht geht davon aus, dass als Dauerlösung eine solche Gesellschaft unzulässig ist, sondern zur Auflösung führt, die entweder so-fort eintritt, wobei nach Veräußerung eines Geschäftsanteils ein Fortsetzungsbeschluss durch den oder die Erwerber möglich bleibt oder erst dann, wenn der Zustand nicht nach angemessener Zeit beendet wird (*Baumbach/Hueck/Fastrich*, § 33 GmbHG Rn. 19).

Hat die Gesellschaft eigene Anteile in zulässiger Weise erworben, können diese durch Beschluss der Gesellschafterversammlung mit einfacher Mehrheit eingezogen wer-den, sofern dafür eine satzungsmäßige Grundlage vorhanden ist (§§ 34 Abs. 1, 46 Nr. 4 GmbHG). Die Einziehung eigener Anteile ist bilanzneutral, da gleichzeitig in entspre-chender Höhe die nach § 272 Abs. 4 HGB gebildete Rücklage für eigene Anteile aufgelöst wird. Die Gefahr einer Unterbilanz droht hierbei nicht.

Adolf Reul

Zusammenfassung

Im GmbH-Recht ist ebenso wie im Aktienrecht der derivative Erwerb eigener Anteile zulässig. Ausgeschlossen ist der originäre Erwerb im Rahmen der Gründung oder einer Kapitalerhöhung. Im Übrigen ist der Erwerb nur zulässig bei voll eingezahlten Geschäftsanteilen sowie dann, wenn eine entsprechende Rücklage für eigene Anteile aus dem freien Vermögen gebildet werden kann. Höchstgrenzen für den Erwerb eigener Anteile bestehen im Übrigen nicht. Im Falle des zulässigen Erwerbs eigener Anteile kann die Gesellschaft keine Rechte aus den Anteilen herleiten. Insoweit hat der Erwerb eigener Anteile Auswirkung auf die Verhältnisse der Gesellschafter untereinander. Die herrschende Ansicht verlangt deshalb, dass sowohl für den Erwerb als auch für die Veräußerung zumindest im Innenverhältnis die Gesellschafterversammlung dem mit einfacher Mehrheit zustimmt. Im Falle der Weiterveräußerung ist zusätzlich das Bezugsrecht der Gesellschafter zu beachten.

Aufgaben zur Selbstprüfung

1. Ist im GmbH-Recht der Erwerb eigener Anteile zulässig?
2. Kann eine GmbH auch sämtliche Geschäftsanteile an sich selbst erwerben?
3. Wie ist der Erwerb von Todes wegen zu beurteilen?
4. Welche Rechte kann die GmbH aus den eigenen Anteilen geltend machen?

Adolf Reul

D.12 Persönliche Haftung der Gesellschafter

Nach Eintragung der GmbH im Handelsregister haftet gem. § 13 Abs. 2 GmbHG für Verbindlichkeiten der GmbH den Gläubigern gegenüber nur das Gesellschaftsvermögen. Es gibt jedoch Sonderfälle, in denen auch nach Eintragung der Gesellschaft eine persönliche Haftung der Gesellschafter in Betracht kommt. Die Haftungsbeschränkung des § 13 Abs. 2 GmbHG gilt in diesen Fällen nicht. Die Haftung ist unbeschränkt und nicht auf die Höhe der Einlageschuld beschränkt. Dieses Kapitel erläutert die Fallgruppen einer solchen perönslichen unbeschränkten Haftung der GmbH-Gesellschafter.

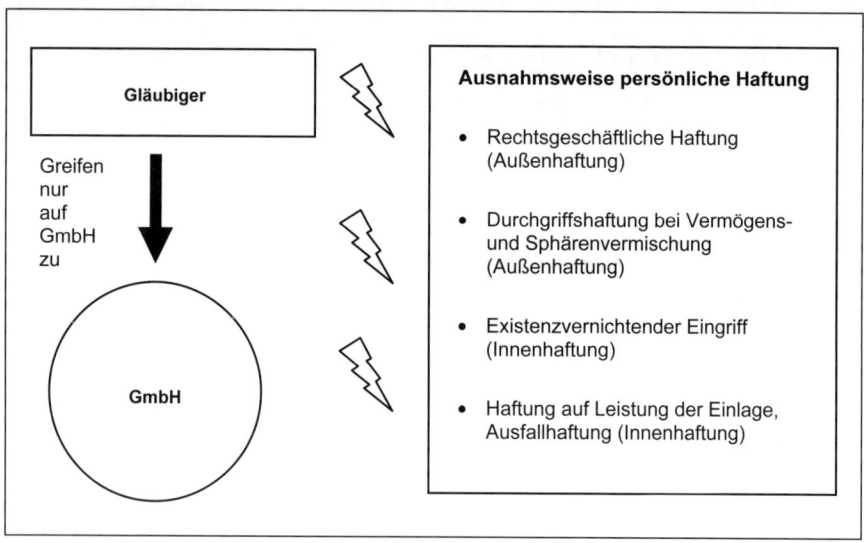

Abbildung D.12: Persönliche Haftung der Gesellschafter einer GmbH

D.12.1 Rechtsgeschäftliche Haftung

In Betracht kommt zunächst eine (normale) rechtsgeschäftliche Haftung der Gesellschafter, wenn diese beispielsweise im Zusammenhang mit Rechtsgeschäften der GmbH einen **Schuldbeitritt, Bürgschaften, Garantien oder Haftungsübernahmen** erklärt haben. Eine solche Haftung droht auch nach den Grundsätzen der **c.i.c.** (§ 311 Abs. 2 BGB), wenn im Rahmen von Vertragsverhandlungen sie besonderes persönliches Vertrauen in Anspruch genommen haben und hierdurch die Vertragsverhandlungen oder den Vertragsschluss erheblich beeinfluss hat (BGH NJW 1983, 2696; *Palandt/Grüneberg*, BGB, 68. Auflage 2009, § 311 BGB Rn. 60).

D.12.2 Durchgriffshaftung

Die Haftungsbeschränkung des § 13 Abs. 2 GmbHG gilt außerhalb einer schuldrechtlichen Sonderbeziehung i. S. d. vorstehenden Ausführungen nicht in der Fallgruppe der sog. Durchgriffshaftung. Nach herrschender Ansicht in Rechtsprechung und Literatur kommt eine unmittelbare Durchgriffshaftung gegenüber Gläubigern in den Fällen der **Vermögens- oder Sphärenvermischung** in Betracht. Voraussetzung ist, dass die Abgrenzung zwischen Gesellschafts- und Gesellschaftervermögen (= Privatvermögen) durch eine undurchsichtige Buchführung oder auf andere Weise verschleiert worden ist und deshalb die Kapitalerhaltungsvorschriften nicht funktionieren können (BGH NJW 2006, 1344, 1346; NJW 2007, 2689, 2691; NZG 2008, 187 f.). Das Fehlen einer doppelten Buchführung und die teilweise Abwicklung der Geschäfte über das Privatkonto genügen dafür aber noch nicht. Anders ist es dagegen, wenn die Zahlungsvorgänge unkontrollierbar sind, sodass sich die Vermögensmassen von GmbH und Gesellschafter nicht mehr unterscheiden lassen. Die Durchgriffshaftung trifft dabei nur denjenigen Gesellschafter, der für den Vermögensvermischungstatbestand verantwortlich ist. Es handelt sich um eine Verhaltenshaftung. Dabei kommt allerdings auch eine Haftung desjenigen in Betracht, der diese Vermögensvermischung als faktischer Gesellschafter veranlasst hat (KG ZIP 2008, 1535).

Vergleichbar mit dieser Durchgriffshaftung wegen Vermögensvermischung ist die Durchgriffshaftung wegen Sphärenvermischung. In diesem Fall trennt der Gesellschafter bei seinem Auftreten im Rechtsverkehr nicht deutlich zwischen der Gesellschaft und seiner eigenen Sphäre oder der Sphäre anderer Gesellschafter. Hier kommt eine Rechtsscheinshaftung in Betracht (BGH NJW-RR 1987, 335; NJW 2001, 2176).

 Beispiel D.12.1
Benutzung ähnlicher Firmen, derselben Geschäftsräume, desselben Personals.

Rechtsfolge der Durchgriffshaftung ist, dass sich die Gläubiger direkt an den haftenden Gesellschafter wenden können. Dieser haftet ihnen gegenüber unmittelbar persönlich und unbeschränkt (Außenhaftung).

 Die Durchgriffshaftung ist eine Außenhaftung.

D.12.3 Haftung wegen existenzvernichtenden Eingriffs

Ein weiterer Tatbestand, der zu einer persönlichen Haftung der Gesellschafter führt, liegt im Fall des sog. existenzvernichtenden Eingriffs vor. Im Kern geht es bei dieser auf einer sittenwidrigen Schädigung des Gesellschaftsvermögens beruhenden Haftung um **Fälle des missbräuchlichen Auspländerns des Gesellschaftsvermögens**. Ausgangspunkt dieser Fallgruppe war der Fall **„Bremer Vulkan"** (BGHZ 149, 10 ff.). Dort hatte der Alleingesellschafter praktisch alle liquiden Mittel der Gesellschaft abgerufen und in einen konzernweiten Liquiditätsverbund eingestellt, ohne dafür Sorge zu tragen, dass die Gesellschaft die für die Begleichung ihrer eigenen Verbindlichkeiten notwendige

Liquidität wieder zurückerhält. Grundlage der Haftung wegen existenzvernichtenden Eingriffs ist die allgemeine Vorschrift des § 826 BGB. Der Haftungstatbestand des § 826 BGB tritt dabei neben etwa konkurrierenden Ansprüchen aus §§ 30, 31 GmbHG (BGHZ 173, 276 **„Trihotel"**). Eine Existenzvernichtungshaftung des GmbH-Gesellschafters aus § 826 BGB für missbräuchliche, zur Insolvenz der GmbH führende oder diese vertiefende kompensationslose Eingriffe in das der Zweckbindung zur vorrangigen Befriedigung der Gesellschaftsgläubiger dienende Gesellschaftsvermögen kommt **auch im Stadium der Liquidation** der Gesellschaft in Betracht (BGH vom 09.02.2009, Az.: II ZR 292/07 **„Sanitary"**).

Die Haftung wegen Existenzvernichtung verlangt einen **kompensationslosen Eingriff in das im Gläubigerinteresse zweckgebundene Gesellschaftsvermögen** der GmbH. Der Gesellschaft werden Vermögenswerte entzogen, welche die Gesellschaft zur Begleichung ihrer Verbindlichkeiten benötigt. Der **Vermögensentzug muss die Insolvenz der Gesellschaft verursachen oder vertiefen.**

 Beispiel D.12.2
Geldabflüsse, Verlagerung von Produktionsfeldern, Eingriff in Geschäftschancen, nicht aber bloße Managementfehler, da hier ein „betriebsfremder Zweck" fehlt.

Hauptanwendungsfall des existenzvernichtenden Eingriffs ist der Fall des **nicht quantifizierbaren Nachteils,** wenn also riskante strukturändernde Maßnahmen in der Gesellschaft durchgeführt werden, für die der Gesellschaft kein angemessener Lohn zugebilligt und bei der auf die Belange der Gesellschaft keinerlei Rücksicht genommen wird. Umgekehrt kommt eine Haftung nicht in Betracht, wenn der Gesellschaft für derartige Strukturmaßnahmen eine angemessene Entlohnung gewährt wird.

Weitere Voraussetzung ist ein **Verschulden.** Bedingter Vorsatz genügt. Ebenso muss der Schuldner dieser Haftung wegen existenzvernichtenden Eingriffs mit der GmbH nicht konzernrechtlich verbunden sein. Es genügt seine bloße Stellung als Gesellschafter. Auch nur mittelbare oder faktische Gesellschafter können Schuldner dieser Haftung sein.

Der Schaden bemisst sich nach dem Differenzgewinnausfall der Gesellschaft durch den existenzvernichtenden Eingriff und ist zu ersetzen, soweit er für die Fähigkeit der Gesellschaft, ihre Schulden zu begleichen, erforderlich ist. Der zu ersetzende Betrag ist ab dem Tag des existenzvernichtenden Eingriffs zu verzinsen (§ 288 Abs. 1 S. 2 BGB).

Anders als die vorgenannten Fallgruppen der „Durchgriffshaftung" stellt die Existenzvernichtungshaftung eine **reine Innenhaftung** dar. Gläubiger des Anspruchs ist allein die Gesellschaft. Gläubiger der Gesellschaft selbst können diese Existenzvernichtungshaftung nicht für sich reklamieren (keine Außenhaftung). Sie können freilich die Ansprüche der Gesellschaft pfänden und auf sich überleiten.

 Die Haftung wegen existenzvernichtenden Eingriffs ist eine reine Innenhaftung.

D.12.4 Materielle Unterkapitalisierung

Eine Haftung wegen materieller Unterkapitalisierung droht dagegen im Grundsatz **nicht**. Von einer materiellen Unterkapitalisierung spricht man, wenn eine Gesellschaft von vornherein mit einem völlig unzureichenden Eigenkapital ausgestattet wird. In der „**Gamma-Entscheidung**" (BGH NJW 2008, 2437) hat der BGH festgestellt, dass das **Unterlassen einer hinreichenden Kapitalausstattung** i. S. einer Unterkapitalisierung dem als besondere Fallgruppe des § 826 BGB einzuordnenden existenzvernichtenden Eingriffs nicht gleichsteht. Der existenzvernichtende Eingriff verlangt einen kompensationslosen Eingriff in das im Gläubigerinteresse zweckgebundene Gesellschaftsvermögen. Ein solcher „Vermögensentzug" ist jedoch nicht gegeben, wenn einer Gesellschaft von vornherein gar nicht das notwendige Eigenkapital zur Verfügung gestellt wird. Für die Statuierung einer allgemeinen gesellschaftsrechtlichen verschuldensabhängigen oder verschuldensunabhängigen Haftung wegen materieller Unterkapitalisierung besteht nach derzeit geltendem Gesellschaftsrecht kein Raum. In Betracht kommt allenfalls eine persönliche Haftung der Gesellschafter nach § 826 BGB. Voraussetzung ist hierfür wiederum eine vorsätzliche sittenwidrige Schädigung (§ 826 BGB).

 Beispiel D.12.3
Ausgestaltung der Rechtsbeziehungen zwischen den Gesellschaftern und der Gesellschaft einseitig zu deren Nachteil, dass die Verluste notwendigerweise die Gläubiger treffen müssen, während etwaige Gewinne immer bei den Gesellschaftern anfallen.

 Eine Haftung wegen materieller Unterkapitalisierung gibt es nicht.

D.12.5 Haftung auf Leistung der Einlagen, Ausfallhaftung

Zuvörderste Pflicht der GmbH-Gesellschafter ist die **Erbringung der Einlagen**. Nach § 19 Abs. 2 GmbHG können die Gesellschafter von der Verpflichtung zur Leistung der Einlagen nicht befreit werden. Eine Aufrechnung ist nur eingeschränkt zulässig (§ 19 Abs. 2 S. 2 GmbHG). Durch eine Kapitalherabsetzung ist eine Befreiung von der Einlageleistung nur in Höhe des Kapitalherabsetzungsbetrages möglich.

Zur Durchsetzung der Kapitalaufbringung enthält das GmbHG in den §§ 21–24 zwingende Vorschriften (§ 25 GmbHG). Zunächst kann die Gesellschaft im Falle verzögerter Einzahlung den säumigen Gesellschafter auffordern, die Einlageleistung zu erbringen und ihm hierbei seinen Ausschluss androhen (sog. **Kaduzierung**, § 21 GmbHG). Zuständig für die Aufforderung sind die Geschäftsführer. Leistet der Gesellschafter auch innerhalb der Nachfrist, die mindestens einen Monat betragen muss, nicht, kann der Ausschluss erklärt werden. Dieser muss ausdrücklich mit dem Inhalt des § 21 Abs. 2 GmbHG erklärt werden. Es empfiehlt sich eine Orientierung am Gesetzeswortlaut. Folge der Kaduzierung ist, dass mit Zugang der Ausschlusserklärung der Gesellschafter seinen Geschäftsanteil mit sämtlichen Mitgliedschaftsrechten ohne Erhalt irgendwelcher Ersatzansprüche oder einer Abfindung verliert. Der Gesellschaftsanteil geht dabei kraft

Gesetzes auf die GmbH über. Diese kann dann über den Geschäftsanteil nach Maßgabe der §§ 22, 23 GmbHG verfügen. Das Verfahren der §§ 21 ff. GmbHG findet dabei nur im Falle einer verzögerten Einzahlung von Bareinlagen Anwendung. Nicht anwendbar ist das Verfahren dagegen bei rückständigen Sacheinlagen, wohl aber, wenn anstelle der Sacheinlageverpflichtung die Verpflichtung zur Bareinlage getreten ist oder Zahlungen wegen Differenzhaftung nach § 9 GmbHG oder im Falle einer Unterbilanzhaftung zu leisten sind. Soweit diese Ansprüche nicht getilgt werden, kann ebenfalls ein Kaduzierungsverfahren eingeleitet werden.

Nach § 21 Abs. 3 GmbHG haftet der ausgeschlossene Gesellschafter auch nach Kaduzierung für den Ausfall der Gesellschaft an rückständigen sowie an später auf den Geschäftsanteil eingeforderten Beträgen der Einlage. Die Ausfallhaftung ist allerdings nur subsidiär und greift nur ein, soweit die Einlage weder bei Vormännern nach § 22 GmbHG noch durch Verwertung des Geschäftsanteils gem. § 23 GmbHG erlangt werden kann. Zur Ausfallhaftung nach § 24 GmbHG der übrigen Mitgesellschafter ist diese Haftung allerdings vorrangig.

§ 22 GmbHG regelt die **Haftung der Rechtsvorgänger** im Falle der Kaduzierung. Die Haftung der Rechtsvorgänger erfolgt dabei in Stufen. In erster Linie haftet zunächst der unmittelbare Rechtsnachfolger des Ausgeschlossenen. Die Zahlungsfähigkeit oder Zahlungsunfähigkeit des ausgeschlossenen Gesellschafters ist dabei unerheblich. Es genügt, dass die Einlage nicht geleistet wird. Frühere Rechtsvorgänger haften demgegenüber nur hilfsweise, wenn eine Zahlung von ihren Rechtsnachfolgern nicht zu erlangen ist (§ 22 Abs. 2, 1. Halbs. GmbHG). Dies wird vermutet, wenn der Rechtsnachfolger die Zahlung nicht bis zum Ablauf eines Monats geleistet hat, nachdem an ihn die Zahlungsaufforderung und an den Rechtsvorgänger die Benachrichtigung von derselben erfolgt ist (§ 22 Abs. 2, 2. Halbs. GmbHG). Die Haftung des Rechtsvorgängers ist dabei auf die innerhalb der Frist von fünf Jahren auf die Einlageverpflichtung eingeforderten Leistungen beschränkt (§ 22 Abs. 3 GmbHG). Leistet der Rechtsvorgänger die rückständigen Einlagen, erwirbt er nach § 22 Abs. 4 GmbHG den Geschäftsanteil des ausgeschlossenen Gesellschafters. Auch in diesem Fall handelt es sich um einen Erwerb kraft Gesetzes.

Kann die rückständige Einlageleistung auch von den Rechtsvorgängern nicht erlangt werden, kann der **kaduzierte Geschäftsanteil** nach § 23 GmbHG **öffentlich versteigert** werden. Eine andere Art des Verkaufs ist nur mit Zustimmung des ausgeschlossenen Gesellschafters zulässig (§ 23 S. 2 GmbHG). Die rückständigen Einlagebeträge werden mit dem Versteigerungserlös beglichen, soweit dieser ausreicht. Im Übrigen haftet der Erwerber nicht. Rechte Dritter am Geschäftsanteil erlöschen bereits durch die Kaduzierung, sodass es auf die Versteigerung nicht mehr ankommt. Im Übrigen steht der Erlös aus dem Verkauf der Gesellschaft zu, einschließlich eines etwaigen Übererlöses.

Schließlich ist in § 24 GmbHG noch eine sog. **Ausfallhaftung** bestimmt. Sie greift dann ein, wenn trotz Kaduzierung, Inanspruchnahme der Rechtsvorgänger und öffentlicher Versteigerung des kaduzierten Geschäftsanteils gem. §§ 21–23 GmbHG die offene Einlageleistung nicht vollständig erlangt werden kann. In diesem Fall haften die übrigen Gesellschafter für den Fehlbetrag nach dem Verhältnis ihrer Geschäftsanteile.

Streitig ist, ob bei dieser Ausfallhaftung eine summenmäßige Begrenzung auf den Betrag der Stammeinlage des ausgefallenen Gesellschafters bzw. auf die Höhe des Stammkapitals bei einer Differenz- und Unterbilanzhaftung wegen Einbringung etwa

Adolf Reul

eines unerkannt mit Altlasten behafteten Grundstücks oder überschuldeten Unternehmens zu rechtfertigen ist. Die wohl herrschende Ansicht bejaht eine solche Begrenzung, weil andernfalls die Beteiligung an einer GmbH mit untragbaren Risiken verbunden ist (Baumbach/Hueck/Fastrich, § 24 GmbHG Rn. 7). Die Rechtsprechung hat zu dieser Frage noch nicht abschließend Stellung genommen.

 Eine besondere Haftungsgefahr droht GmbH-Gesellschaftern, wenn Mitgesellschafter ihre Einlageleistung nicht erbringen.

D.12.6 Kapitalerhaltung und Erstattung verbotener Rückzahlungen

Nach § 30 Abs. 1 S.1 GmbHG darf das zur Erhaltung des Stammkapitals erforderliche Vermögen der Gesellschaft nicht an die Gesellschafter ausgezahlt werden. Dieser **Kapitalerhaltungsgrundsatz** ist damit neben dem Grundsatz der Kapitalaufbringung die zweite tragende Säule des Gläubigerschutzsystems bzw. die Konsequenz aus der mit der GmbH einhergehenden Haftungsbeschränkung nach § 11 Abs. 2 GmbHG. Die Gläubiger, aber auch der Bestand der Gesellschaft wird geschützt, dass ein „Mindestbetriebsvermögen" vorhanden ist und nicht an die Gesellschafter zurückbezahlt wird. Gegen einen Verbrauch durch Verluste im Geschäftsbetrieb schützt der Kapitalerhaltungsgrundsatz freilich nicht.

Voraussetzung einer nach § 30 GmbHG verbotenen Auszahlung ist ein Vermögenstransfer von der Gesellschaft an einen Gesellschafter, der zu einer „Unterbilanz" (Aktiva – Passiva < Stammkapital) führt oder eine solche vertieft. „Auszahlung" ist dabei **jede Verringerung des Gesellschaftsvermögens**. Dazu zählen vor allem Leistungen der GmbH gegenüber ihren Gesellschaftern, wenn ein **objektives Missverhältnis zwischen Leistung und Gegenleistung** besteht.

 Beispiel D.12.4
Auszahlung überhöhter Gehälter an einen Gesellschafter-Geschäftsführer, Überlassung von Gesellschaftsvermögen ohne gleichwertige Gegenleistung, Verzicht auf eine Forderung.

Umgekehrt sind Leistungen zu marktgerechten Preisen an einen Gesellschafter, die einem Drittvergleich standhalten, auch bei einer bestehenden Unterbilanz statthaft. Es liegt dann ein reiner (bilanzneutraler) Aktivtausch vor. Maßgeblicher Zeitpunkt ist derjenige der effektiven Auszahlung oder der sonstigen Leistung. Es kommt auf eine bilanzielle Betrachtungsweise an (vgl. § 30 Abs. 1 S. 2 GmbHG). Soweit „stille Reserven" vorhanden sind, sind aber auch diese auszugleichen.

Verboten sind nach § 30 GmbHG nicht nur Leistungen an einen Gesellschafter. Erfasst werden auch **Leistungen an Dritte**, wenn diese selbst rechtlich wie ein Gesellschafter einzuordnen sind (z.B. atypisch stille Gesellschafter) oder einem Gesellschafter wirtschaftlich zugerechnet werden müssen (z.B. konzernrechtlich verbundene Unternehmen, Treuhandverhältnisse, Leistungen an Ehegatten und Kinder). Auch künftige Gesellschafter können darunter fallen, wenn zwischen der verbotswidrigen Leistung und dem Erwerb der Anteile ein enger zeitlicher und sachlicher Zusammenhang besteht und die Leistung mit Rücksicht auf die künftige Gesellschafterstellung erfolgt (BGH, ZIP 2008, 118, zur AG).

Eine **Ausnahme** von der Kapitalerhaltung macht § 30 Abs. 1 S. 2 und 3 GmbHG in drei Fällen:

- Ein Auszahlungsverbot besteht nicht bei Bestehen eines **Beherrschungs- oder Gewinn-abführungsvertrages** (§ 291 AktG). Der Schutz der Gläubiger und der Gesellschaft ist über §§ 302, 303 AktG gewährleistet.
- Ein Auszahlungsverbot besteht weiter nicht, wenn die Leistung der GmbH durch einen **vollwertigen Gegenleistungs- oder Rückgewähranspruch** gegen den Gesellschafter gedeckt ist.
- **Rückzahlungen eines Gesellschafterdarlehens** und Leistungen auf Forderungen aus Rechtshandlungen, die einem Gesellschafterdarlehen wirtschaftlich entsprechen, verstoßen ebenso nicht gegen den Kapitalerhaltungsgrundsatz.

Mit den beiden letztgenannten Ausnahmeregelungen (ebenso wie durch das „ordnungs-gemäße Hin- und Herzahlen" nach § 19 Abs. 5 GmbHG) legalisiert der Gesetzgeber weitgehend das sog. **Cash-pooling**, also die gegenseitige Gewährung von Darlehen zwischen der Gesellschaft und ihren Gesellschaftern. Regelmäßig gibt es einen Cash-Pool innerhalb eines Konzern zwischen den verschiedenen Konzerngesellschaften.

Beim Cash-Pool werden alle Konten der Beteiligten zum Tagesultimo auf Null gestellt („**Zero Balancing**") und auf einem Zentral- oder Zielkonto der Betreibergesellschaft zusammengefasst. Weist das Konto der Tochtergesellschaft einen positiven Saldo aus, wird die Liquidität abgezogen. Bei negativem Saldo wird Liquidität zugeführt. Damit werden also zwischen der Betreibergesellschaft und der Tochtergesellschaft Darlehens-forderungen hin- und hergereicht (aufsteigende/absteigende Darlehen). Man spricht insoweit auch von einem **physischen oder echten cash-pooling**. Davon zu unterscheiden ist das sog. **unechte oder virtuelle cash-pooling**. Hier kommt es nicht zu einer tat-sächlichen Vermögensverschiebung durch die Gewährung und Inanspruchnahme von Darlehen. Statt dessen erfolgt lediglich eine virtuelle, rechnerische Zusammenführung der einzelnen Konten der am cash-pool beteiligten Unternehmen auf einem fiktiven gemeinsamen Konto.

Problematisch ist im Hinblick auf die Kapitalerhaltung nur das physische, echte cash-pooling, denn nur hier kommt es tatsächlich zu Vermögensverschiebungen zwischen den beteiligten Unternehmen.

Die Vergabe „**absteigender Darlehen**" eines Gesellschafters zugunsten der GmbH bzw. im Konzern von der Konzernmutter zugunsten von Tochterunternehmen unterfielen nach altem Recht dem Eigenkapitalersatzrecht (§§ 32a/b GmbHG a. F.). Folge war, dass diese Darlehen in der Krise der Tochtergesellschaft wie Eigenkapital behandelt wurden und von der Konzernmutter nicht zurückgefordert werden konnten. Mit dem **MoMiG** wurde das **Eigenkapitalersatzrecht insgesamt neu geregelt**. Nach der Neufassung des § 30 Abs. 1 S. 3 GmbHG gelten diese Regeln zum Eigenkapitalersatz nicht mehr. Statt dessen unterfallen diese Gesellschafterdarlehen ausschließlich dem Insolvenzrecht (Nachrangigkeit nach § 39 Abs. 1 Nr. 5 InsO bzw. Insolvenzanfechtung nach § 135 InsO) bzw. der Gläubigeranfechtung (§ 6 AnfG).

Problematisch war bislang der umgekehrte Fall, nämlich die Gewährung „**aufsteigender Darlehen**" von der Gesellschaft an ihre Gesellschafter oder im Konzern von einer abhängigen Gesellschaft an die Konzernmutter. Nach § 30 Abs. 1 S. 2 GmbHG sind solche Darlehen nunmehr statthaft, wenn sie bei bilanzieller Betrachtungsweise durch einen vollwertigen Gegenleistungs- oder Rückgewähranspruch gedeckt sind. „Vollwertig" ist der Gegenleistungs- oder Rückgewähranspruch grundsätzlich nur bei angemessener Verzinsung und ausreichender (marktüblicher) Besicherung. Ob bei Darlehen mit einer geringen Laufzeit (bis zu einem Jahr) auf eine Verzinsung und Besicherung verzichtet werden kann, wenn sie ordentlich kündbar sind bzw. zeitnah abgezogen werden können, ist zweifelhaft. Notwendig ist – im Hinblick auf die Haftung der Geschäftsführer nach §§ 43 Abs. 3, 31 Abs. 6 GmbHG – auf jeden Fall eine ständige Kontrolle des Kreditrisikos, um auf eine sich nach der Darlehensgewährung andeutende Bonitätsverschlechterung mit einer Kreditkündigung oder der Anforderung von Sicherheiten zu reagieren.

Auch die **Besicherung einer Forderung** des Gesellschafters gegen einen Dritten wie auch die Besicherung der Forderung eines Dritten gegen einen Gesellschafter kann eine gegen § 30 GmbHG verstoßende Auszahlung darstellen (vgl. *Heckschen/Heidinger*, Die GmbH in der Gestaltungs- und Beratungspraxis, § 16 Rn. 46.

 Beispiel D.12.5

Die Gesellschaftsanteile einer GmbH werden an einen Dritten verkauft. Das Vermögen der verkauften GmbH wird als Sicherheit für den fremdfinanzierten Unternehmenskauf eingesetzt (sog. leveraged-buy-out; vgl. BGH, ZIP 2007, 1705).

Wird das zur Erhaltung des Stammkapitals erforderliche Vermögen entgegen § 30 Abs. 1 S. 1 GmbHG zurückbezahlt, muss der Gesellschafter, der die Leistung empfangen hat, diese zurückgewähren (§ 31 Abs. 1 GmbHG). Der **Erstattungsanspruch** der GmbH bleibt auch dann bestehen, wenn das Gesellschaftskapital bis zur Höhe der Stammkapitalziffer zwischenzeitlich wieder hergestellt, die Unterbilanz also beseitigt ist (BGH, NJW 2000, 2577). Subsidiär haften die übrigen Gesellschafter im Verhältnis ihrer Beteiligung (§ 31 Abs. 2 GmbHG). Diese können nach § 31 Abs. 6 GmbHG bei den Geschäftsführern Regress nehmen, wenn diese schuldhaft gegen § 30 GmbHG verstoßende Leistungen bewirkt haben. Ansprüche gegen den begünstigten Gesellschafter verjähren in 10 Jahren, die gegen die subsidiar haftenden Mitgesellschafter in 5 Jahren (§ 31 Abs. 5 GmbHG).

 Zusammenfassung

Grundsätzlich haften die Gesellschafter in der GmbH für Verbindlichkeiten der Gesellschaft nach deren Eintragung nicht persönlich. Ihre Haftung ist auf den Betrag der Einlageleistung beschränkt. Eine darüber hinausgehende Haftung droht den Gesellschaftern jedoch, wenn sie durch besondere rechtsgeschäftliche Vereinbarung Verbindlichkeiten der Gesellschaft übernommen oder eigene Haftungserklärungen abgegeben haben. In Betracht kommt auch eine Haftung aus vorvertraglichem Schuldverhältnis im Falle der besonderen Inanspruchnahme persönlichen Vertrauens. In Ausnahmefällen kommt es zu einer unmittelbaren Außenhaftung i. S. einer Durchgriffshaftung, wenn eine Vermögensvermischung gegeben und das Gesellschaftsvermögen von dem Privatvermögen des Gesellschafters nicht mehr unterscheidbar ist. Eine persönliche Haftung kommt daneben auch in Betracht, wenn der Gesellschaft Vermögen zu betriebsfremden Zwecken entzogen und hierfür kein gleichwertiger Ausgleich geleistet wird. Man spricht insoweit von einer Haftung wegen existenzvernichtenden Eingriffs. Hierbei handelt es sich um eine reine Innenhaftung. Gläubiger des Anspruchs ist die Gesellschaft selbst. Voraussetzung dieser Haftung ist zum einen, dass dieser existenzvernichtende Eingriff zur Insolvenz der Gesellschaft führt bzw. diese noch weiter verstärkt. Weitere Voraussetzung ist ein schuldhaftes Handeln i. S. d. § 826 BGB. Keine Existenzvernichtungshaftung droht jedoch im Falle einer sog. materiellen Unterkapitalisierung, wenn einer Gesellschaft von vornherein das für ihre Tätigkeit notwendige Eigenkapital nicht gegeben wird. In einem solchen Fall kommt es grundsätzlich nicht zu einer Haftung der Gesellschafter. In Ausnahmefällen ist auch hier aber an eine Haftung nach § 826 BGB zu denken.

Eine besondere Haftung über die eigene Einlageleistung hinaus droht, wenn andere Mitgesellschafter ihre Bareinlageverpflichtung nicht vollständig erbringen (§ 24 GmbHG). Gleiches gilt im Falle einer Unterbilanzhaftung bzw. im Falle einer Differenzhaftung nach § 9 GmbHG. Eine solche Haftung droht indessen nur, wenn zunächst der säumige Gesellschafter mit seinem Geschäftsanteil nach § 21 GmbHG ausgeschlossen wurde und eine Befriedigung für die ausstehenden Einlagen auch nicht von den Rechtsvorgängern des ausgeschlossenen Gesellschafters bzw. im Wege einer öffentlichen Versteigerung des kaduzierten Geschäftsanteils erlangt werden konnte. In diesem Fall haften die übrigen Mitgesellschafter für den Fehlbetrag nach dem Verhältnis ihrer Geschäftsanteile. Beiträge, die von einzelnen Gesellschaftern nicht zu erlangen sind, werden nach dem bezeichneten Verhältnis auf die übrigen Gesellschafter verteilt. Nach wohl herrschender, wenngleich umstrittener Ansicht ist diese Ausfallhaftung auf den Betrag der Stammeinlage des ausgeschlossenen Gesellschafters bzw. auf den Betrag des Stammkapitals begrenzt.

Nach dem Grundsatz der Kapitalerhaltung darf das zur Erhaltung des Stammkapitals erforderliche Vermögen nicht an Gesellschafter zurückbezahlt werden. Erfasst werden davon sämtliche Fälle eines Vermögensabflusses zugunsten eines Gesellschafters oder eines diesem nahestehenden Dritten, die eine Unterbilanz herbeiführen oder verstärken. Keine verbotene Rückzahlung liegt dagegen vor bei einem reinen Aktivtausch, wenn Leistung und Gegenleistung gleichwertig sind. Ebenso liegt eine verbotene Einlagenrückgewähr nicht vor bei einem bestehenden Beherrschungs- und/oder Gewinnabführungsvertrag, bei der Rückgewähr von Gesellschafterdarlehen, sowie dann, wenn Leistungen an einen Gesellschafter durch einen vollwertigen Gegenleistungs- oder Rückgewähranspruch gedeckt sind. Bedeutung hat dies vor allem bei der Gewährung von Darlehen der Gesellschaft an ihre Gesellschafter und umgekehrt im Rahmen eines Cash-Pools.

Aufgaben zur Selbstprüfung

1. Wann spricht man von einer Durchgriffshaftung im GmbH-Recht?
2. Was ist entscheidendes Kriterium für eine Haftung wegen existenzvernichtenden Eingriffs?
3. Wie unterscheiden sich die Rechtsfolgen der Durchgriffshaftung von denen der Haftung wegen existenzvernichtenden Eingriffs?
4. Gibt es eine Haftung wegen materieller Unterkapitalisierung?
5. Was versteht man unter einer Ausfallhaftung?

Adolf Reul

D.13 Veränderung und Veräußerung von Geschäftsanteilen

Veränderungen im Bestand der Gesellschafter einer GmbH sind gängige Praxis. In diesem Zusammenhang kommt es auch häufig zur Teilung und Zusammenlegung von Geschäftsanteilen. Das folgende Kapitel bringt hierzu die notwendigen Erläuterungen.

D.13.1 Teilung und Zusammenlegung von Geschäftsanteilen

Die frühere gesetzliche Regelung in § 17 GmbHG a. F., die eine Teilung von Geschäftsanteilen nur für den Fall der Veräußerung und Vererbung gestattete und gleichzeitig die Übertragung mehrerer Teile von Geschäftsanteilen eines Gesellschafters an einen Erwerber untersagte, wurde durch das MoMiG aufgehoben. Nach der neuen Rechtslage kann die Teilung auch ohne Zusammenhang mit einer Veräußerung oder Vererbung erfolgen. Zulässig ist insbesondere eine **Vorratsteilung**. Damit korrespondiert die Rechtslage mit § 5 Abs. 2 S. 2 GmbHG, wonach es nunmehr ebenso zulässig, bei der Gründung oder einer Kapitalerhöhung mehrere Geschäftsanteile zu übernehmen.

Nach § 46 Nr. 4 GmbHG erfolgt die Teilung und Zusammenlegung (ebenso wie die Einziehung) mit **Beschluss der Gesellschafterversammlung**. Teilung bedeutet dabei Realteilung in jeweils nach einem Nennbetrag bezeichnete Stücke, deren Summe den Nennbetrag des ursprünglichen Anteils bildet. Durch die wirksame Teilung entstehen jeweils selbstständige Geschäftsanteile. Für die Teilung gilt die Regelung des § 5 Abs. 3 GmbHG entsprechend. Eine andere Art der Teilung, z. B. durch Schaffung von Teilen mit offener und einbezahlter Einlageschuld, bei gemischter Sacheinlage mit Bar- und Sacheinlageteil oder durch Schaffung von Anteilen mit Stimmrechten und sonstigen Rechten, ist dagegen unzulässig. Vielmehr verteilen sich die Rechte und Pflichten aus dem ursprünglichen Geschäftsanteil proportional auf die neu gebildeten Geschäftsanteile. Unteilbare Rechte wie insbesondere das Teilnahmerecht an der Gesellschafterversammlung oder Informationsrechte nach § 51a GmbHG bleiben für jeden Teil bestehen.

Zulässig ist nach § 46 Nr. 4 GmbHG auch die Zusammenlegung von Geschäftsanteilen, ebenfalls mit Zustimmung der Gesellschafterversammlung. Voraussetzung dürfte dabei sein, dass die Einlagen voll erbracht wurden und eine Nachschusspflicht nicht besteht oder eine Inanspruchnahme eines Rechtsvorgängers nach § 22 Abs. 3 GmbHG ausgeschlossen ist. Bei nicht voll eingezahlten Einlagen wäre ein Rückgriff gegen die Vormänner nach § 22 GmbHG problematisch. Ebenso scheidet eine Zusammenlegung aus, wenn die Geschäftsanteile unterschiedlich mit Rechten Dritter belastet oder nach dem Gesellschaftsvertrag mit verschiedenen Rechten und Pflichten ausgestattet sind (Wicke, § 46 GmbHG Rn. 12).

Adolf Reul

§ 46 Nr. 4 GmbHG lässt im Grundsatz für jede Teilung oder Zusammenlegung von Geschäftsanteilen einen Gesellschafterbeschluss genügen. Es genügt **einfache Stimmenmehrheit**. Eine Satzungsänderung liegt in der Teilung oder Zusammenlegung von Geschäftsanteilen nicht vor. Satzungsbestimmungen der eingetragenen GmbH müssen wegen zwischenzeitlich erfolgter Anteilsveränderungen nicht angepasst werden (KG NZG 2000, 787). Erforderlich ist freilich eine **Zustimmung des betroffenen Gesellschafters**. § 46 Nr. 4 GmbHG sieht dies zwar nicht ausdrücklich vor. Eine Teilung oder Zusammenlegung entgegen des Willens des betroffenen Gesellschafters stellt jedoch einen erheblichen Eingriff in seine Mitgliedschaftsrechte dar, sodass schon deshalb seine Zustimmung erforderlich erscheint.

Jedwede Teilung oder Zusammenlegung von Geschäftsanteilen führt zu einer Veränderung im Umfang der Beteiligung des betroffenen Gesellschafters. Nach § 40 Abs. 1 S. 1 GmbHG ist daher eine **neue Gesellschafterliste** zum Handelsregister einzureichen.

 Übung D.13.1
Welche Gestaltungsmöglichkeiten bestehen, bei der Teilung und Zusammenlegung von Geschäftsanteilen über den Gesetzeswortlaut hinaus mehr Rechtssicherheit zu erhalten?

D.13.2 Veräußerung von Geschäftsanteilen

D.13.2.1 Zulässigkeit der Veräußerung

Geschäftsanteile an einer GmbH können nach § 15 Abs. 1 GmbHG veräußert werden (§ 15 Abs. 1 GmbHG). Nach dem im deutschen Recht geltenden Abstraktionsprinzip ist hierbei zwischen dem schuldrechtlichen Rechtsgeschäft und der dinglichen Übertragung zu unterscheiden. § 15 Abs. 3 und 4 GmbHG folgen diesem System. Es gilt allgemeine Rechtsgeschäftslehre. Die ein GmbH-Geschäfsanteil letzlich die mit der Beteiligung an der GmbH verbundenen Rechte und Pflichten „verkörpert," gelten dabei im Besonderen die Vorschriften über die Übertragung von Rechten nach **§ 413 BGB**. Für die dingliche Übertragung von Geschäftsanteilen ist eine Abtretung erforderlich. Insbesondere kann die Anteilsabtretung auch unter einer Bedingung oder einer Befristung erfolgen. Ist die Anteilsübertragung wie häufig von der Zahlung eines Kaufpreises abhängig, wird die Anteilsabtretung regelmäßig unter der aufschiebenden Bedingung der vollständigen Kaufpreiszahlung vereinbart (siehe dazu das Beispiel unten D.13.7).

D.13.2.2 Form

§ 15 Abs. 3 und 4 GmbHG verlangen sowohl für die Abtretung von Geschäftsanteilen als auch für den zugrunde liegenden schuldrechtlichen Vertrag die **notarielle Beurkundung**. Das Beurkundungserfordernis erfasst dabei den gesamten Vertrag. Beurkundungspflichtig sind deshalb alle Vereinbarungen und Nebenabreden, die nach dem Willen der Parteien Bestandteil der Vereinbarung über die Verpflichtung zur Abtretung sind. Es gilt der sog. Vollständigkeitsgrundsatz.

Wird die notarielle Form nicht gewahrt, ist die Abtretung als auch das schuldrechtliche Rechtsgeschäft nach §§ 125, 139 BGB nichtig. Ein Formmangel bei der schuldrechtlichen Vereinbarung wird nach § 15 Abs. 4 S. 2 GmbHG jedoch durch eine formgültige Abtretungsvereinbarung geheilt.

Streitig ist, ob eine **Beurkundung im Ausland** genügt. Hier kann auf die obigen Ausführungen zur Beurkundung der Gründung verwiesen werden. Eine Auslandsbeurkundung genügt grundsätzlich dann, wenn die Urkundsperson und das Beurkundungsverfahren mit der Beurkundung durch einen deutschen Notar gleichwertig sind.

 Die Veräußerung von GmbH-Geschäftsanteilen ist notariell zu beurkunden.

D.13.2.3 Beschränkungen, Ausschluss der Abtretung

§ 15 Abs. 5 GmbHG sieht ausdrücklich vor, dass die Abtretung der Geschäftsanteile durch den Gesellschaftsvertrag an weitere Voraussetzungen geknüpft, insbesondere von der Genehmigung der Gesellschaft abhängig gemacht werden kann (sog. **Vinkulierungsklauseln**). Solche Klauseln sind relativ häufig.

 Übung D.13.2
Welcher Zweck steht hinter der Einführung einer Vinkulierungsklausel?

Vinkulierungsklauseln erfassen nur die rechtsgeschäftliche Abtretung, nicht aber den gesetzlichen Erwerb, etwa die Gesamtrechtsnachfolge im Erbfall. Inwieweit eine Vinkulierungsklausel auch im Rahmen der Zwangsvollstreckung bzw. im Insolvenzverfahren gelten ist str. Die h. M. verneint dies. Um in diesem Fall unliebsame Rechtsnachfolger eines Gesellschafters nicht in die Gesellschaft mitaufnehmen zu müssen, empfiehlt es sich, für diesen Fall in der Satzung eine Einziehung des Geschäftsanteils gem. § 34 GmbHG vorzusehen.

Bei der inhaltlichen Ausgestaltung einer Vinkulierungsklausel ist die **Satzung frei.** Die Abtretung kann ganz oder teilweise eingeschränkt, ja sogar insgesamt ausgeschlossen werden. Dem Gesellschafter verbleibt immer noch das Recht zum Austritt oder zur Kündigung aus wichtigem Grund. Die nachträgliche Einführung oder Erschwerung der Abtretung bedarf einer Satzungsänderung. Zusätzlich müssen alle betroffenen Gesellschafter zustimmen. Zu beachten ist, dass die Vinkulierungsklausel sich allein auf die Abtretung, nicht aber auf die schuldrechtliche Vereinbarung bezieht. Diese ist und bleibt trotz Vinkulierungsklausel wirksam. Scheitert der Vollzug der Abtretung an der Vinkulierungsklausel, ist der Veräußerers wegen Nichterfüllung schadensersatzpflichtig.

Inhaltlich differenzieren Vinkulierungsklauseln häufig zwischen verschiedenen Fällen. Insbesondere wird oftmals nach der Person des Erwerbers unterschieden.

 Beispiel D.13.1
Die Abtretung eines Geschäftsanteils an den Ehegatten oder an Abkömmlinge des Veräußerers ist zustimmungsfrei. Die Abtretung an Dritte bedarf der Zustimmung der Gesellschafterversammlung.

Adolf Reul

Ebenso kann die Vinkulierungsklausel **Vorkaufs- und Erwerbsvorrechte** begründen oder erhöhte Formerfordernisse aufstellen. Ferner kann die Zuständigkeit auf ein anderes Gesellschaftsorgan bzw. in die alleinige Zuständigkeit des Geschäftsführers gelegt werden. Bei der Formulierung einer Vinkulierungsklausel ist dabei auf eine besonders klare und eindeutige Regelung hinzuwirken. Lautet die Vinkulierungsklausel beispielsweise dahingehend, dass für die Veräußerung die Zustimmung der Gesellschaft erforderlich ist, ist die Zustimmung von den Geschäftsführern in vertretungsberechtigter Zahl zu erklären. Dem muss allerdings ein Beschluss der Gesellschafterversammlung vorausgehen. Streitig ist bei dieser Klausel, ob dieser Gesellschafterbeschluss nur im Innenverhältnis oder auch im Außenverhältnis wirkt. Ist nach der Satzung die Zustimmung der Gesellschafterversammlung erforderlich, erteilt oder verweigert die Zustimmung hier die Gesellschafterversammlung selbst, nicht aber jeder einzelne Gesellschafter. Streitig ist bei einer solchen Klausel, mit welcher Mehrheit die Gesellschafterversammlung zustimmen muss.

Liegt eine Vinkulierungsklausel vor, so ist der Abtretungsvertrag vor Erteilung bzw. Versagung der Zustimmung schwebend unwirksam. Die Vertragsteile sind für eine angemessene Frist an den Abtretungsvertrag gebunden. Wird die Zustimmung versagt, ist der Vertrag endgültig unwirksam. Im Übrigen kann die Zustimmung bereits vor der Übertragung als auch nachträglich erklärt werden (§ 182 BGB). Nach Versagung der Genehmigung muss stets eine neue Abtretung erfolgen, die dann selbst wiederum dem Zustimmungsvorbehalt unterliegt.

D.13.2.4 Haftung des Erwerbers

Eine besondere Haftungsgefahr droht dem Erwerber für den Fall, dass auf den veräußerten Geschäftsanteil die Einlageleistung noch nicht vollständig erfüllt ist. Gem. **§ 16 Abs. 2 GmbHG** haftet der Erwerber für die noch offenen Einlageverpflichtungen gegenüber der Gesellschaft neben dem Veräußerer. Auf die Kenntnis des Erwerbers von der rückständigen Einlageverpflichtung kommt es nicht an. Erst recht haftet der Erwerber für alle noch offenen nach der Eintragung in der im Handelsregister aufgenommenen Gesellschafterliste fällig werdenden Einlageverpflichtungen. Entscheidend ist dabei die Eintragung in der im Handelsregister eingereichten Gesellschafterliste. Diese ist nach § 16 Abs. 1 GmbHG maßgeblich, wer im Verhältnis zur Gesellschaft als Gesellschafter gilt.

> **!** Der Erwerber eines Geschäftsanteils haftet für ausstehenden Einlagen.

§ 16 Abs. 2 GmbHG beschränkt die Haftung auf **„rückständige Einlageverpflichtungen."** **Streitig** ist, ob ähnlich wie unter Geltung des alten § 16 Abs. 3 GmbHG auch eine Haftung für Ansprüche aus Vorbelastungen, die Verlustdeckungshaftung, die Differenzhaftung nach § 9 GmbHG und eine Haftung für Nachschüsse und Nebenleistungspflichten nach §§ 19, 26 GmbHG darunter fallen. Knüpft man streng an den Wortlaut des § 16 Abs. 2 GmbHG an, haftet der Erwerber für diese Verbindlichkeiten nicht mehr. Die Begründung des Gesetzgebers zu § 16 Abs. 2 GmbHG n. F. bejaht dagegen eine Haftung auch für diese Ansprüche (ebenso *Wicke*, § 16 GmbHG Rn. 12; kritisch *Heckschen/Heidinger*, § 13 Rn. 59). Nicht unter eine „rückständige Einlageverpflichtung" zu subsumieren sein dürfte jedenfalls die Haftung auf Erstattung einer verbotenen Einlagenrückgewähr nach § 31 Abs. 3 GmbHG, während die Ausfallhaftung nach § 24 GmbHG wohl darunter fällt.

D.13.2.5 Eintragung in die Gesellschafterliste

D.13.2.5.1 Bedeutung der Gesellschafterliste

Nach § 40 Abs. 1 GmbHG haben die Geschäftsführer unverzüglich nach Wirksamwerden jeder Veränderung in der Person der Gesellschafter oder des Umfangs ihrer Beteiligung eine von ihnen unterschriebene Liste der Gesellschafter zum Handelsregister einzureichen. Aus dieser Liste muss Name, Vorname, Geburtsdatum und Wohnort der Gesellschafter sowie die Nennbeträge und die laufende Nummer der von einem jeden derselben übernommenen Geschäftsanteile zu entnehmen sein. Die **Änderung der Liste durch die Geschäftsführer erfolgt auf Mitteilung und Nachweis.** Soweit ein **Notar** an diesen vorgenannten Veränderungen mitgewirkt hat, hat er unverzüglich nach deren Wirksamwerden ohne Rücksicht auf etwa später eintretende Unwirksamkeitsgründe die Liste anstelle der Geschäftsführer zu unterschreiben, zum Handelsregister einzureichen und eine Abschrift der geänderten Liste an die Gesellschaft zu übermitteln (§ 40 Abs. 2 S. 1 GmbHG). Weiter muss die Liste des Notars mit seiner Bescheinigung versehen sein, dass die geänderten Eintragungen den Veränderungen entsprechen, an denen er mitgewirkt hat, und die übrigen Eintragungen mit dem Inhalt der zuletzt im Handelsregister aufgenommenen Liste übereinstimmen.

§ 40 GmbHG bestimmt, dass jedwede Änderung der Beteiligungsverhältnisse an der GmbH durch die Geschäftsführer bzw. den involvierten Notar mit einer aktualisierten Gesellschafterliste beim Handelsregister einzureichen ist. § 40 GmbHG verfolgt das Ziel, **Transparenz über die Anteilseignerstrukturen der GmbH** zu schaffen. Seine **wesentliche Bedeutung liegt im Zusammenhang mit § 16 GmbHG,** der die Rechtsfolgen der zum Handelsregister eingereichten Gesellschafterliste regelt. Bedeutung hat die Gesellschafterliste vor allen Dingen im Hinblick auf die Regelungen des § 16 Abs. 1 und 3 GmbHG. Nach § 16 Abs. 1 GmbHG gilt **im Verhältnis zur Gesellschaft bei einer Veränderung in der Person der Gesellschafter oder des Umfangs ihrer Beteiligung als Inhaber eines Geschäftsanteils nur, wer als solcher in der im Handelsregister aufgenommenen Gesellschafterliste eingetragen** ist. § 16 Abs. 1 S. 2 GmbHG schwächt diese Wirkung für einen Sonderfall ab. Danach ist eine vom Erwerber in Bezug auf das Gesellschaftsverhältnis vorgenommene Rechtshandlung von Anfang an als wirksam anzusehen, wenn die Liste unverzüglich nach Vornahme der Rechtshandlung in das Handelsregister aufgenommen wird. Entscheidend ist die Gesellschafterliste weiter für einen **gutgläubigen Erwerb** nach § 16 Abs. 3 GmbHG. Nach dieser Bestimmung kann der Erwerber einen Geschäftsanteil oder ein Recht daran durch Rechtsgeschäft wirksam von einem Nichtberechtigten erwerben, wenn der Veräußerer als Inhaber des Geschäftsanteils in der im Handelsregister aufgenommenen Gesellschafterliste eingetragen ist. Etwas anderes gilt nur, wenn die Liste zum Zeitpunkt des Erwerbs des Geschäftsanteils weniger als drei Jahre unrichtig und die Unrichtigkeit dem Berechtigten nicht zuzurechnen ist. Ebenso scheidet ein gutgläubiger Erwerb aus, wenn der Erwerber bösgläubig oder in der Liste ein Widerspruch eingetragen ist.

Adolf Reul

Schließlich hat die Gesellschafterliste aber auch Bedeutung im Zusammenhang mit der Haftung des Erwerbers eines Geschäftsanteils für offene Einlageverpflichtungen nach § 16 Abs. 2 GmbHG. Die Haftung entsteht mit Eintragung in der Gesellschafterliste (§ 16 Abs. 1 GmbHG).

 Die Gesellschafterliste hat wesentliche Bedeutung. Nur wer dort eingetragen ist, gilt gegenüber der GmbH als Gesellschafter. Ist ein Nichtgesellschafter in der Gesellschafterliste eingetragen, ist ein gutgläubiger Erwerb möglich.

D.13.2.5.2 Inhalt

Entsprechend der Regelung für die Gesellschafterliste bei der Gründung (§ 8 Abs. 1 Nr. 3 GmbHG) muss die Gesellschafterliste zwingenden inhaltlichen Vorgaben entsprechen. § 40 Abs. 1 S. 1 GmbHG nennt die einschlägigen Angaben. Weiter erforderlich ist die Angabe der Nennbeträge und die laufende Nummer der von einem jeden Gesellschafter übernommenen Geschäftsanteile. Auch insoweit entspricht die Regelung der bei der Gründung nach § 8 Abs. 1 Nr. 3 GmbHG. Die laufende Nummerierung soll sicherstellen, dass letztlich der einzelne Geschäftsanteil zweifelsfrei identifizierbar ist (wichtig im Hinblick auf den sachenrechtlichen Bestimmtheitsgrundsatz bei der Abtretung und Belastung). Auch im Falle der Teilung und Zusammenlegung von Geschäftsanteilen sind neue Nummern zu vergeben. Sinnvoll erscheint es hier, in einer Veränderungsspalte zusätzliche Hinweise zu geben, woher diese Geschäftsanteile stammen.

D.13.2.5.3 Anlass für die Einreichung einer neuen Gesellschafterliste

Nach § 40 Abs. 1 S. 1 GmbHG ist eine Gesellschafterliste einzureichen „nach Wirksamwerden jeder Veränderung in den Personen der Gesellschafter oder des Umfangs ihrer Beteiligung". Gemeint ist damit jede Änderung der dinglichen Gesellschafterstellung.

 Beispiel D.13.2
Abtretung, Vererbung, Gesamtrechtsnachfolge bei Umwandlungsvorgängen, Kapitalmaßnahmen.

Streitig ist, ob auch die Bestellung eines **Pfandrechts, eines Nießbrauchs oder anderer Treugeberrechte** in die Gesellschafterliste eingetragen werden müssen oder ob zumindest eine fakultative Eintragung möglich ist. Die herrschende Ansicht verneint dies. Vergleicht man die Rechtslage zum Aktienregister nach § 67 Abs. 2 AktG, der die Regelung zur Gesellschafterliste teilweise nachgebildet ist, erscheint die Eintragung solcher beschränkter dinglicher Rechte zumindest möglich. Eine solche Eintragung erscheint im Hinblick auf die Fiktionswirkung des § 16 Abs. 1 GmbHG sinnvoll. Lässt man eine Eintragung dieser Belastungen zu, ist naheliegend, dass es dann auch einen gutgläubigen lastenfreien Erwerbs nach § 16 Abs. 3 GmbHG gibt. Nach h. M. soll ein solcher gutgläubiger lastenfreier Erwerb aber nicht durch § 16 Abs. 3 GmbHG ermöglicht werden (*Heckschen/Heidinger*, § 13 Rn. 134 ff.; a. A. *Reymann*, WM 2008, 2095 ff.).

D.13.2.5.4 Verpflichtete Person

Zur Einreichung der Gesellschafterliste verpflichtet sind entweder die **Geschäftsführer oder ein Notar.** Soweit ein Notar an einer Veränderung nach § 40 Abs. 1 S. 1 GmbHG mitgewirkt hat, ist er primär zuständig (§ 40 Abs. 2 GmbHG). Andernfalls besteht eine Zuständigkeit des Geschäftsführers. Dieser muss tätig werden gem. § 40 Abs. 1 S. 2 GmbHG „auf Mitteilung und Nachweis" der Veränderungen.

Wie im gesamten Registerverfahren muss die Gesellschafterliste elektronisch eingereicht werden (§ 12 Abs. 2 S. 1 HGB). Es genügt dabei die Einreichung einer einfachen elektronischen Aufzeichnung. Eine notarielle Beglaubigung ist nicht erforderlich.

Verstößt der Geschäftsführer gegen seine Pflichten aus § 40 GmbHG, haftet er gem. § 40 Abs. 3 GmbHG den Beteiligten gegenüber. Für den Notar ist Haftungsgrundlage im Falle eines Fehlverhaltens nicht § 40 Abs. 3 GmbHG, sondern die allgemeine Notarhaftung nach § 19 BNotO.

D.13.2.5.5 Sonderfälle

Problematisch ist die Einreichungspflicht des Notars nach § 40 Abs. 2 GmbHG, wenn seine Tätigkeit nicht unmittelbar auf eine Veränderung der Verhältnisse nach § 40 Abs. 1 S. 1 GmbHG gerichtet war, sondern wenn der Notar nur mittelbar daran mitgewirkt hat. Dies ist beispielsweise der Fall bei der **Beurkundung eines Testaments**, wenn zum künftigen Nachlass GmbH-Geschäftsanteile gehören. Ähnlich ist die Situation bei der Beurkundung eines Umwandlungsvorgangs, wenn zum Vermögen einer beteiligten Gesellschaft GmbH-Geschäftsanteile gehören. Da der Notar nicht feststellen kann, ob letztlich seine mittelbare Mitwirkung tatsächlich zu einer solchen Veränderung i. S. d. § 40 Abs. 1 S. 1 GmbHG führt, weil er nicht weiß, ob zu dem von der Testamentsgestaltung bzw. vom Umwandlungsvorgang betroffenen Vermögen auch GmbH-Geschäftsanteile gehören, scheidet hier eine Pflicht des Notars nach § 40 Abs. 2 S. 1 GmbHG aus. Weiß der Notar allerdings davon, hat er eine neue Gesellschafterliste einzureichen.

Problematisch ist weiterhin, dass die Pflicht des Notars zur Einreichung einer neuen Gesellschafterliste an das Wirksamwerden der Veränderung in den Gesellschafterverhältnissen anknüpft, der Notar aber ebenso häufig nicht feststellen kann, wann diese Veränderungen tatsächlich wirksam geworden sind.

➡️ **Beispiel D.13.3**

Eine Anteilsabtretung ist unter der aufschiebenden Bedingung der Kaufpreiszahlung vereinbart. Es ist nicht sichergestellt, dass der Notar vom Eintritt der Bedingung Kenntnis erhält.

In diesem Fall sollte der Notar im Rahmen der Beurkundung eine entsprechende Klausel aufnehmen, die sicherstellt, dass er vom Eintritt der Bedingung Kenntnis erhält.

Unproblematisch ist demgegenüber der Fall, wenn beispielsweise Geschäftsanteilsabtretungen bei verschiedenen Notaren beurkundet werden und die Notare neue Gesellschafterlisten fertigen und einreichen, ohne von der jeweils anderen Gesellschafterliste schon Kenntnis zu haben. Da nach § 40 Abs. 2 S. 1, 2. Halbs. GmbHG der Notar verpflichtet ist, eine Abschrift der von ihm gefertigten Gesellschafterliste an die Gesellschaft zu über-

Adolf Reul

mitteln, erfährt letztlich der Geschäftsführer von den sich kreuzenden Gesellschafterlisten. In diesem Fall ist daher der Geschäftsführer verpflichtet, die Gesellschafterliste
gem. § 40 Abs. 1 S. 1 GmbHG auf den aktuellen Stand zu bringen.

D.13.2.6 Gutgläubiger Erwerb

§ 16 Abs. 3 GmbHG lässt nunmehr (erstmals) einen gutgläubigen Erwerb von GmbH-
Geschäftsanteilen zu. Insoweit handelt es sich um eine Ausnahme von den allgemeinen Vorschriften. Danach ist ein gutgläubiger Rechtserwerb nicht möglich (Beispiel:
Tritt der Inhaber eine Forderung zunächst an einen Ersterwerber ab und anschließend
noch einmal an einen Zweiterwerber, so ist Inhaber der Forderung der Ersterwerber
aufgrund der zeitlich vorgehenden Abtretung, sog. „Prioritätsprinzip"). Grundlage für
den gutgläubigen Erwerb von GmbH-Geschäftsanteilen ist der **Rechtsschein**, der an die
Eintragung in der Gesellschafterliste, wie sie im Handelsregister aufgenommen ist,
geknüpft wird. Die Gesellschafterliste muss dabei den Anforderungen des § 40 GmbHG
genügen (eine Gesellschafterliste, die z. B. lediglich von einem nicht nicht einzelvertre-
tungsbefugten Geschäftsführer unterzeichnet ist, genügt nicht). Weitere Voraussetzung
für den gutgläubigen Erwerb ist das Vorliegen einer rechtsgeschäftlichen Übertragung,
die **Gutgläubigkeit des Erwerbers** sowie eine **dreijährige Dauer der unrichtigen Eintragung in der Gesellschafterliste** (§ 16 Abs. 3 S. 2 GmbHG). Ist die Unrichtigkeit dem
eigentlich materiell Berechtigten zurechenbar, ist ein gutgläubiger Erwerb auch dann
statthaft, wenn die Liste weniger als drei Jahre den falschen Gesellschafter ausweist.

➡ **Beispiel D.13.4**
Nicht zurechenbar ist die Unrichtigkeit, wenn der Geschäftsführer ohne Wissen des
Gesellschafters eine falsche Liste einreicht, in der seine Rechtsstellung nicht mehr vollständig aufgeführt ist. Zurechenbar ist demgegenüber die Unrichtigkeit, wenn sich der
wahre Rechtsinhaber nach Erwerb seines Geschäftsanteils nicht darum gekümmert hat,
dass die Gesellschafterliste geändert wird und seine Rechtsstellung richtig wiedergibt.

Weitere Voraussetzung für einen Erwerb von Nichtberechtigten nach § 16 Abs. 3 GmbHG
ist die Gutgläubigkeit des Erwerbers. Dieser darf also die Unrichtigkeit der Liste nicht
oder grob fahrlässig nicht kennen. Schließlich scheidet ein gutgläubiger Erwerb aus,
wenn in der Gesellschafterliste ein Widerspruch eingetragen ist. Nach § 16 Abs. 3 S. 4
GmbHG erfolgt die Eintragung eines Widerspruchs aufgrund einer einstweiligen Verfügung oder aufgrund einer Bewilligung desjenigen, gegen dessen Berechtigung sich
der Widerspruch richtet. Eine Gefährdung des Rechts des Widersprechenden muss nicht
glaubhaft gemacht werden. Widerspruchsberechtigt ist jedenfalls der tatsächliche oder
angebliche Anteilsinhaber.

Problematisch ist im Rahmen des § 16 Abs. 3 GmbHG die **Reichweite des Gutglaubens-
schutzes**. Unstreitig bezieht sie sich zunächst auf die **materiell-rechtliche Berechtigung**
am Geschäftsanteil, also wer Inhaber desselben ist. Weiter erfasst die Gutglaubenswir-
kung nicht nur den Vollrechtserwerb, sondern auch den Erwerb eines Rechts daran,
so insbesondere also die Bestellung eines Pfandrechts oder Nießbrauchs. Unklar ist
dagegen, ob die Einräumung einer Unterbeteiligung oder einer Treuhand davon erfasst
wird. Ein **gutgläubiger lastenfreier Erwerb** soll dagegen **nicht** von § 16 Abs. 3 GmbHG

erfasst werden, d. h. also insgesamt ausscheiden (*Heckschen/Heidinger*, § 13 Rn. 134 ff.; a. A. *Reymann*, WM 2008, 2095 ff.).

 Beispiel D.13.5

Ein GmbH-Geschäftsanteil ist mit einem rechtsgeschäftlichen Pfandrecht oder Nießbrauch belastet. Die Pfandrechtsbestellung bzw. der Nießbrauch ist nicht in der Gesellschafterliste eingetragen.

Geht man mit der h. M. davon aus, dass auch die Bestellung eines Pfandrechts etc. nicht in der Gesellschafterliste aufgenommen werden kann, scheidet auch ein gutgläubiger lastenfreier Erwerb aus. Hält man dagegen eine solche Eintragung für möglich, muss dann auch ein gutgläubiger lastenfreier Erwerb möglich sein, wenn die dingliche Belastung nicht eingetragen ist.

Vom Wortlaut des gutgläubigen Erwerbs nach § 16 Abs. 3 GmbHG ebenfalls **nicht** erfasst ist der Fall, dass gegen eine **Vinkulierungsklausel** verstoßen wurde. Hier liegt kein Fall des Erwerbs „vom Nichtberechtigten" vor. Der Veräußerer ist tatsächlich berechtigt. Es fehlt lediglich die Zustimmung. Im Übrigen ist die Vinkulierung nicht aus der Gesellschafterliste ersichtlich.

Ebenso **nicht erfasst** wird ein Erwerb von **nicht existenten Geschäftsanteilen**.

 Beispiel D.13.6

Ein Geschäftsanteil wird ohne der notwendigen Zustimmung der Gesellschafterversammlung geteilt und die Teilung in der Gesellschafterliste vermerkt.

Schwierig zu beurteilen ist der Fall des **aufschiebend bedingten Erwerbs eines Geschäftsanteils** und damit das Zusammenspiel zwischen § 161 Abs. 1 und Abs. 3 BGB und § 16 Abs. 3 GmbHG.

 Beispiel D.13.7

Der in der Gesellschafterliste eingetragene Gesellschafter A veräußert seinen Anteil aufschiebend bedingt an den B. Vor Eintritt der Bedingung veräußert A denselben Geschäftsanteil an den C. Im Hinblick auf die Regelung des § 161 Abs. 1 BGB ist die Verfügung zugunsten des C bei Eintritt der Bedingung unwirksam, sodass er den Geschäftsanteil an den B verlieren würde. Nach § 161 Abs. 3 BGB gelten allerdings die Vorschriften zum gutgläubigen Erwerb, also auch § 16 Abs. 3 GmbHG entsprechend. Problematisch ist, ob der gutgläubige Erwerb an die Unrichtigkeit der Gesellschafterliste anknüpfen kann, sprich an die fehlende Transparenz der aufschiebend bedingten Abtretung. Geht man davon aus, dass die aufschiebend bedingte Abtretung nicht in die Gesellschafterliste eingetragen werden kann (vgl. § 40 Abs. 1 GmbHG, der auf die „Wirksamkeit" abstellt; vor Bedingungseintritt ist aber die Abtretung noch nicht wirksam), müßte in diesem Fall ein gutgläubiger Erwerb und damit auch § 161 Abs. 3 GmbHG ausscheiden. Der aufschiebend bedingte Erwerber wäre danach gem. § 161 Abs. 1 BGB gesichert. Geht man dagegen davon aus, dass bereits die aufschiebend bedingte Abtretung eine „Veränderung" i. S. d. § 40 Abs. 1 S. 1 GmbHG darstellt, könnte auch die aufschiebend bedingte Abtretung selbst bzw. ein Widerspruch nach § 16 Abs. 3 GmbHG eingetragen werden. An einem gutgläubigen Erwerb eines Zweiterwerbers nach § 161 Abs. 3 BGB wäre dann ohne weiteres zulässig.

Übung D.13.3

Welche alternative Sicherheit kommt bei einer aufschiebend bedingten Anteilsabtretung in Betracht, um das Risiko einer Verfügung des Veräußerers in der Schwebezeit zu vermeiden?

 Zusammenfassung

GmbH-Geschäftsanteile können grundsätzlich frei veräußert und übertragen werden. Um das Eindringen unliebsamer Gesellschafter zu verhindern, kann die Gesellschaft jedoch die Abtretung an bestimmte Voraussetzungen knüpfen oder insgesamt unterbinden. Notwendig ist die Aufnahme einer sog. Vinkulierungsklausel in die Satzung. Diese erfasst allerdings nur rechtsgeschäftliche Übertragungsfälle. Andere Übertragungen wie insbesondere auch erbrechtliche Übertragungen werden nicht erfasst. Eine vergleichbare Wirkung lässt sich erzielen, wenn in diesem Fall eine Einziehungsklausel in der Satzung vereinbart wird. Für die Übertragung als auch für den schuldrechtlichen Vertrag zur Übertragung von GmbH-Geschäftsanteilen ist zwingend notarielle Beurkundung erforderlich. Eine Heilung eines Formmangels kommt nur dann in Betracht, wenn zumindest die Geschäftsanteilsabtretung ordnungsgemäß beurkundet wurde. Für die Beurkundung des schuldrechtlichen Rechtsgeschäfts gilt der Vollständigkeitsgrundsatz. Eine Heilung kommt nicht in Betracht allein durch bloße Eintragung in die Gesellschafterliste. Allerdings kann sich hieran ein gutgläubiger Erwerb unter den Voraussetzungen des § 16 Abs. 3 GmbHG anschließen.

Unabhängig von einer Veräußerung ist die Teilung oder Zusammenlegung von Geschäftsanteilen zulässig. Soweit der Gesellschaftsvertrag keine anderen Regelungen vorsieht, bedarf es hierzu einer Zustimmung der Gesellschafterversammlung mit einfacher Mehrheit. Darüber hinaus ist erforderlich eine Zustimmung des betroffenen Gesellschafters. Die Zusammenlegung erfordert dabei weiter, dass die betroffenen Geschäftsanteile bereits voll eingezahlt sind oder Regressansprüche gegen die Vormänner nach § 22 GmbHG ausscheiden.

Wesentliche Bedeutung hat nunmehr die Eintragung in die Gesellschafterliste nach § 40 GmbHG. Jedwede Veränderung in den Gesellschafterverhältnissen erfordert die Aufnahme einer neuen Gesellschafterliste und deren Einreichung zum Handelsregister. Zuständig für die Einreichung sind grundsätzlich die Geschäftsführer. Wirkt ein Notar an einer solchen Veränderung mit, ist stattdessen der Notar verpflichtet, die Gesellschafterliste neu zu fertigen und beim Registergericht einzureichen. Die wesentliche Bedeutung der Gesellschafterliste beruht in den Regelungen des § 16 GmbHG. Gegenüber der Gesellschaft gilt als Gesellschafter nur, wer in der Gesellschafterliste eingetragen ist. Eine Ausnahme besteht im Falle des § 16 Abs. 1 S. 2 GmbHG. Weiter ist die Eintragung in der Gesellschafterliste maßgeblich für die Haftung des Erwerbers nach § 16 Abs. 2 GmbHG bei rückständigen Einlageverpflichtungen. Schließlich ist die Eintragung in der Gesellschafterliste maßgebend für einen nunmehr zulässigen gutgläubigen Erwerb von GmbH-Geschäftsanteilen nach § 16 Abs. 3 GmbHG. § 16 Abs. 3 GmbHG lässt allerdings nur einen gutgläubigen Erwerb vom Nichtberechtigten zu. Ein gutgläubiger Erwerb scheidet danach aus bei nicht existenten Geschäftsanteilen, wie dies etwa der Fall ist, wenn gegen Teilungsvorschriften nach der Satzung verstoßen wurde. Ebenso scheidet ein gutgläubiger Erwerb aus, wenn eine Anteilsübertragung unter Verstoß gegen eine Vinkulierungsklausel in die Gesellschafterliste eingetragen wurde. Problematisch ist, ob ein gutgläubiger lastenfreier Erwerb sich an eine Eintragung in die Gesellschafterliste anschließen kann. Dies ist wohl nur dann zu bejahen, wenn man es für zulässig hält, dass auch die Bestellung beschränkter dinglicher Rechte an GmbH-Geschäftsanteilen in die Gesellschafterliste eingetragen werden kann. Die Rechtslage ist hierzu umstritten.

Aufgaben zur Selbstprüfung

1. Ist die Teilung von GmbH-Geschäftsanteilen zulässig und welche Voraussetzungen sind hierfür erforderlich?
2. Welche Formvorschriften gibt es für die Übertragung von GmbH-Geschäftsanteilen?
3. Was versteht man unter einer Vinkulierungsklausel?
4. Welche Bedeutung hat die Gesellschafterliste?
5. Ist ein gutgläubiger Erwerb eines GmbH-Geschäftsanteils auch dann möglich, wenn gegen Vinkulierungsklauseln verstoßen wurde? Wie verhält es sich mit einem gutgläubigen lastenfreien Erwerb? Was sind die Grundüberlegungen?
6. Gibt es Fristen für einen gutgläubigen Erwerb?

Adolf Reul

D.14 Liquidation, Insolvenz

Die Beendigung einer GmbH erfolgt entweder mittels Auflösung und sich daran anschließendem Liquidationsverfahren oder im Rahmen eines Insolvenzverfahrens. Beide Verfahren sollen in ihren Grundzügen nachfolgend dargestellt werden.

D.14.1 Auflösung

Die Auflösung der GmbH ist in den §§ 60 ff. GmbHG geregelt. Unterschiede zwischen einer (normalen) GmbH und einer Unternehmergesellschaft (haftungsbeschränkt) bestehen nicht. Beide Formen der GmbH werden gleich behandelt.

Ebenso wie im Aktienrecht ist auch im GmbH-Recht **zwischen der Auflösung der Gesellschaft und ihrer Beendigung zu unterscheiden**. Mit Eintritt eines Auflösungsgrundes ist die Gesellschaft als solche noch nicht beendet. Vielmehr tritt die Gesellschaft in ein Abwicklungsstadium (Liquidation) ein, dessen Ziel es ist, die Gläubiger der Gesellschaft zu befriedigen und das verbleibende Vermögen unter den Gesellschaftern zu verteilen (§§ 65–74 GmbHG). Während dieses Liquidationsverfahrens besteht die Gesellschaft als solche noch unverändert fort. Lediglich ihr „**werbender" Zweck verändert sich**. Ist Zweck einer aktiven, noch nicht auflösten GmbH die Erreichung des Unternehmensgegenstandes, ist Zweck der aufgelösten Gesellschaft, das Gesellschaftsvermögen zu veräußern, alle Verbindlichkeiten zu tilgen und den Überschuss an die Gesellschafter auszukehren. Die **Vollbeendigung** der Gesellschaft tritt von daher erst dann ein, wenn nach der Liquidation der Gesellschaft **kein Vermögen** mehr vorhanden ist. Zusätzliche Voraussetzung ist die **Eintragung der Vollbeendigung im Handelsregister**, d. h. die Beendigung der Liquidation (§ 74 Abs. 1 S. 1 GmbHG). Auch hier hat die Handelsregistereintragung allerdings nur deklaratorische Bedeutung. Entscheidend ist die Vermögenslosigkeit der Gesellschaft (BGHZ 53, 264, 266; BayObLGZ 1955, 288, 291).

 Es ist zwischen der Beendigung der Gesellschaft und ihrer Vollbeendigung zu unterscheiden.

Stellt sich nach Löschung der Gesellschaft im Handelsregister (§ 74 Abs. 1 S. 2 GmbHG) heraus, dass tatsächlich noch Gesellschaftsvermögen vorhanden ist, ist die Gesellschaft tatsächlich noch nicht beendet, sondern besteht ungeachtet der Handelsregistereintragung als Abwicklungsgesellschaft weiterhin fort. Gleiches gilt für den Fall, dass für die aufgelöste GmbH noch weitere Abwicklungsmaßnahmen erforderlich sind. Es ist eine **Nachtragsliquidation** durchzuführen.

Beispiel D.14.1

Als weitere erforderliche Abwicklungsmaßnahmen kommen etwa die Grundbuchberichtigung, die Erteilung eines Zeugnisses für Arbeitnehmer oder der Empfang einer Zustellung in Betracht. Auch die Abgabe von Löschungsbewilligungen zu im Grundbuch eingetragenen Rechten kann Abwicklungsmaßnahme in diesem Sinn sein., die Löschungsbewilligung abgibt.

Das Verfahren der Nachtragsliquidation richtet sich nach **§ 273 Abs. 4 S. 1 AktG analog**. Notwendig für die Durchführung der Nachtragsliquidation ist ein entsprechender Antrag. Diesen können Gläubiger, Gesellschafter, frühere Liquidatoren oder sonstige Dritte stellen, die daran ein rechtliches Interesse glaubhaft machen. Voraussetzung für eine Nachtragsliquidation ist im Grunde, dass entweder so viel Gesellschaftsvermögen vorhanden ist, die Kosten der Nachtragsliquidation zu decken oder dass sonst Kostenvorschuss geleistet wird. Die Durchführung einer Nachtragsliquidation kann jedoch im Einezlfall unverhältnismäßig sein, wenn es nur um die bloße Zustellung eines Schriftstücks oder sonstige Abwicklungsmaßnahmen von untergeordneter Bedeutung geht, ohne dass noch Vermögen der Gesellschaft vorhanden ist (z. B. Löschung eines im Grundbuch eingetragenen Geh- und Fahrtrechts in Form einer beschränkten persönlichen Dienstbarkeit für die GmbH). Hier kann die Erklärung gegen den ggf. gerichtlich zu bestellenden Verwahrer der Bücher und Schriften (vgl. § 74 Abs. 2 GmbHG) gerichtet werden (OLG Jena NZG 2007, 717). Dieser oder ein vom Gericht nach § 1913 BGB bestellter Pfleger, ggf. aber auch ein bloß vom Gericht (erneut) bestellter Liquidator kann die entsprechende Löschungsbewilligung für die Löschung des Rechts im Grundbuch abgeben (vgl. *Scholz/Karsten Schmidt*, GmbHG, § 66 Rn. 53).

> **!** Stellt sich nach Auflösung der Gesellschaft und Eintragung der Beendigung der Liquidation noch Gesellschaftsvermögen heraus oder sind weitere Abwicklungsmaßnahmen erforderlich, ist grundsätzlich eine Nachtragsliquidation durchzuführen.

Im Falle der Nachtragsliquidation wird die GmbH wieder im Handelsregister eingetragen. Im Übrigen führt die Nachtragsliquidation zur Fortsetzung des alten Liquidationsverfahrens. Dieses muss nicht mehr wiederholt werden. Insbesondere läuft das Sperrjahr (§ 73 GmbHG) nicht von Neuem.

Soweit eine Nachtragsliquidation erforderlich ist, müssen auch Nachtragsliquidatoren bestellt werden. Das Amt der bisherigen Liquidatoren wird nicht fortgesetzt. Auch ist die Gesellschafterversammlung nicht befugt, solche Nachtragsliquidatoren zu bestellen. Vielmehr werden diese analog § 273 Abs. 4 S. 1 AktG, § 66 Abs. 5 S. 2 GmbHG vom Gericht bestellt.

D.14.1.1 Auflösungsgründe

Die Auflösungsgründe für eine GmbH ergeben sich aus § 60 GmbHG. Zuvörderst zu nennen ist hier der **Auflösungsbeschluss** der Gesellschafterversammlung nach § 60 Abs. 1 Nr. 2 GmbHG. Notwendig ist eine ¾-Mehrheit der abgegebenen Stimmen. Der Auflösungsbeschluss braucht grundsätzlich nicht die Voraussetzungen für eine Satzungsänderung zu erfüllen. Anders ist dies, wenn er inhaltlich einer Satzungsänderung gleichkommt.

 Beispiel D.14.2

Auflösungsbeschluss ist Satzungsänderung, wenn der Gesellschaftsvertrag eine Zeitdauer für die Gesellschaft bestimmt oder wenn ein Auflösungsbeschluss nach der Satzung erst bei Eintritt bestimmter Bedingungen wirksam werden soll.

Soweit keine Satzungsänderung vorliegt, bedarf der Auflösungsbeschluss **keiner besonderen Form**. Es genügt die nach § 60 Abs. 1 Nr. 2 GmbHG erforderliche Stimmenmehrheit. Ebenso wenig bedarf es eines besonderen sachlichen Grundes für die Auflösung.

Weiterer Auflösungsgrund ist ein **gerichtliches Urteil auf Auflösungsklage** eines Gesellschafters. Bedeutsam ist aber vor allem die Auflösung der Gesellschaft im Falle der **Eröffnung des Insolvenzverfahrens** (§ 60 Abs. 1 Nr. 4 GmbHG), die **Auflösung wegen Ablehnung der Insolvenzeröffnung mangels Masse** (§ 60 Abs. 1 Nr. 5 GmbHG) sowie der Fall der Löschung der Gesellschaft wegen **Vermögenslosigkeit** nach § 141a FGG.

Die Löschung wegen Vermögenslosigkeit führt anders als das „normale" Auflösungsverfahren zur sofortigen Beendigung der Gesellschaft. Es muss also nicht erst ein Liquidationsverfahren durchgeführt werden, wenn tatsächlich kein Vermögen mehr vorhanden ist. Ist beispielsweise eine GmbH Komplementärin einer GmbH & Co. KG, stellt schon diese Beteiligung einen Vermögenswert dar, und zwar auch dann, wenn sie nicht am Vermögen der KG beteiligt ist. Eine Löschung wegen Vermögenslosigkeit scheidet aus.

D.14.1.2 Ablauf der Liquidation

An die Auflösung der Gesellschaft schließt sich ein Abwicklungs- oder Liquidationsverfahren an. Zuständig hierfür sind die **Liquidatoren anstelle der Geschäftsführer**. Die Geschäftsführer sind nach § 66 Abs. 1 GmbHG jedoch geborene Liquidatoren, es sei denn, die Satzung oder ein Gesellschafterbeschluss hat hierzu etwas anderes bestimmt. Die Liquidatoren haben dabei die Anmeldung der Auflösung zur Eintragung in das Handelsregister nach § 65 GmbHG anzumelden. Ausnahmsweise sind die Geschäftsführer in dieser Eigenschaft zur Anmeldung befugt, wenn die Auflösung eine Satzungsänderung zur Voraussetzung hat und beide Ereignisse gleichzeitig angemeldet werden sollen (BayObLG GmbHR 1994, 478). Zweckmäßigerweise wird die Anmeldung der Auflösung der Gesellschaft mit der Anmeldung der Liquidatoren nach § 67 GmbHG sowie dem Erlöschen der Vertretungsbefugnis derjenigen Geschäftsführer verbunden, die nicht Liquidatoren sind. Sind keine Geschäftsführer/Liquidatoren vorhanden, werden diese vom Gericht bestellt (§§ 29, 48 Abs. 1 BGB). Die Anmeldung muss in beglaubigter Form unterzeichnet werden und ist elektronisch in notariell beglaubigter Form zum Handelsregister einzureichen (§ 12 HGB, § 129 BGB, § 39a BeurkG). Soweit gleichzeitig die ersten Liquidatoren angemeldet werden, haben diese eine Versicherung abzugeben ähnlich wie im Falle der Bestellung und Anmeldung eines neuen Geschäftsführers. Missverständlich ist dabei der Wortlaut des § 67 Abs. 1 GmbHG. Für die Anmeldung der ersten Liquidatoren einschließlich ihrer Vertretungsbefugnis sind danach die Geschäftsführer zuständig. Da die Vertretungsmacht der Geschäftsführer jedoch mit Auflösung der Gesellschaft (automatisch) erlischt, können nur die nunmehr zur Vertretung der Gesellschaft berufenen ersten Liquidatoren selbst die Anmeldung vornehmen (OLG Oldenburg GmbHR 2005, 367, 368; BayObLG GmbHR 1994, 478, 479).

Die in der Satzung enthaltenen Vertretungsbefugnisse der Geschäftsführer sowie eine etwaige Befreiung von § 181 BGB gelten für die Liquidatoren nicht, und zwar auch dann nicht, wenn die Geschäftsführer als geborene Liquidatoren weiterhin für die Gesellschaft tätig sind (BGH ZIP 2009, 34). Gleiches gilt für eine etwa in der Satzung bestimmte Einzelvertretungsbefugnis der Geschäftsführer. Auch diese gilt nicht für die Liquidatoren, soweit nicht in der Satzung ausdrücklich etwas anderes bestimmt ist (BGH ZIP 2009, 34).

Ab Beschlussfassung der Gesellschafter über die Auflösung der Gesellschaft muss die im Rechtsverkehr verwandte Firma die Liquidation erkennen lassen.

 Beispiel D.14.3
Max Meier GmbH „in Liquidation" oder „i. L.".

Aufgabe der Liquidatoren ist es, die laufenden Geschäfte zu beenden, die Verpflichtungen der aufgelösten Gesellschaft zu erfüllen, Forderungen einzuziehen und das Vermögen in Geld umzusetzen. Weiterhin sind sie befugt, die Gesellschaft gerichtlich und außergerichtlich zu vertreten (§ 70 GmbHG). Es ist eine Eröffnungsbilanz zu erstellen (§ 71 GmbHG). Im Übrigen gelten für die aufgelöste GmbH die normalen Vorschriften des GmbH-Gesetzes, soweit sich nicht aus dem Wesen der Liquidation etwas anderes ergibt.

Bleibt nach Tilgung sämtlicher Verbindlichkeiten der GmbH noch Vermögen übrig, ist dies unter den Gesellschaftern zu verteilen (§ 72 GmbHG). Die Verteilung darf nicht vor Tilgung oder Sicherstellung aller Schulden der Gesellschaft und nicht vor Ablauf eines Sperrjahres erfolgen (§ 73 Abs. 1 GmbHG). Das **Sperrjahr** beginnt mit dem Tag, an welchem die Aufforderung an die Gläubiger in den Gesellschaftsblättern zusammen mit der Auflösung der Gesellschaft zum dritten Mal erfolgt ist (§§ 73 Abs. 1, 65 Abs. 2 GmbHG). Von der Einhaltung des Sperrjahres kann jedoch abgesehen werden, wenn kein verteilungsfähiges Vermögen der GmbH mehr vorhanden ist.

Ist die Liquidation beendet, ist diese nach § 74 GmbHG zur Eintragung in das Handelsregister anzumelden. Die Gesellschaft ist im Handelsregister zu löschen. Die Bücher und Schriften der Gesellschaft sind auf die Dauer von zehn Jahren einem der Gesellschafter oder einem Dritten zur Verwahrung zu übergeben (§ 74 Abs. 2 GmbHG).

D.14.1.3 Fortsetzung

Solange die Liquidationsgesellschaft noch nicht mit der Verteilung des Vermögens unter den Gesellschaftern (§ 72 GmbHG) begonnen hat, kann die Gesellschaft als werbende Gesellschaft wieder fortgesetzt werden (§ 274 Abs. 1 AktG analog). Gleiches gilt nach Eröffnung des Insolvenzverfahrens über das Vermögen der Gesellschaft, wenn dieses Verfahren auf Antrag des Schuldners oder nach der Bestätigung eines Insolvenzplans aufgehoben wurde (§ 60 Abs. 1 Nr. 4 GmbHG).

Der **Fortsetzungsbeschluss** muss mit einer ¾-**Mehrheit** von den Gesellschaftern gefasst werden (analog § 60 Abs. 1 Nr. 2 GmbHG). Eine **besondere Form** ist **nicht erforderlich**. Der Fortsetzungsbeschluss ist zur Eintragung in das Handelsregister anzumelden, da das Amt der Liquidatoren aufgrund der konstitutiven Wirkung des Fortsetzungsbeschlusses erloschen ist. Ebenso ist die Handelsregisteranmeldung nicht Wirksamkeitserfordernis für den Fortsetzungsbeschluss. Schließlich kann das Vorliegen von Vermögen in Höhe des Stammkapitals erforderlich sein, wenn gleichzeitig die Voraussetzungen einer offenzulegenden wirtschaftlichen Neugründung gegeben sind. Weitere Voraussetzung ist schließlich neben dem Ergehen eines Fortsetzungsbeschlusses die Beseitigung des Auflösungsgrundes.

D.14.2 Insolvenz

Die GmbH wie auch die Vor-GmbH ist als juristische Person und Handelsgesellschaft **insolvenzfähig** (§ 11 InsO). Das Insolvenzverfahren über das Vermögen einer GmbH ist mit dem Insolvenzverfahren über das Vermögen einer AG vergleichbar. Auf die Ausführungen zum Aktienrecht kann daher verwiesen werden.

Besonders zu beachten ist dabei die **Pflicht zur Stellung des Insolvenzantrags**. Bestand diese nach § 64 GmbHG a. F. nur für die **Geschäftsführer**, wird diese Verpflichtung nunmehr in § 15a InsO verlagert und darüber hinaus erweitert auf die **Gesellschafter bei Führungslosigkeit** der Gesellschaft. Diese Verpflichtung zur Stellung des Insolvenzantrags besteht im Falle der Zahlungsunfähigkeit oder Überschuldung ohne schuldhaftes Zögern, **spätestens** aber **drei Wochen nach Eintritt der Zahlungsunfähigkeit oder Überschuldung**. Betroffen von dieser Verpflichtung sind die Geschäftsführer bzw. Liquidatoren. Darunter fallen aber auch sog. faktische Geschäftsführer, also diejenigen, die die Geschäfte der Gesellschaft wie ein Geschäftsführer tatsächlich führen, ohne jedoch zum Geschäftsführer bestellt zu sein, sei es, dass die Bestellung unwirksam ist, sei es, dass diese Personen maßgebend die Geschäftsführungsfunktionen mit Duldung der Geschäftsführer übernommen haben.

Hat die Gesellschaft keinen Geschäftsführer, ist nunmehr auch jeder Gesellschafter zur Stellung des Insolvenzantrags verpflichtet, es sei denn, er hat von der Zahlungsunfähigkeit oder Überschuldung oder der Führungslosigkeit der Gesellschaft keine Kenntnis (§ 15a Abs. 3 InsO).

Wird gegen die Pflicht zur Stellung des Insolvenzantrags schuldhaft verstoßen, drohen den Betroffenen **strafrechtliche Sanktionen.** Darüber hinaus drohen Schadensersatzansprüche nach § 823 Abs. 2 BGB, § 15a InsO. Schließlich droht auch eine Haftung nach § 826 BGB wegen sittenwidriger Schädigung.

▶ **Beispiel D.14.4**
Vorsätzliche Insolvenzverschleppung, wenn der Geschäftsführer das Unternehmen so lange wie möglich fortführt und dabei die Schädigung seiner Gläubiger billigend in Kauf nimmt.

Neben einer solchen Haftung wegen Verletzung der Pflicht zur Insolvenzantragstellung droht den Geschäftsführern nach § 64 GmbHG n. F. eine weitere **Haftung** für den Fall, dass sie nach Eintritt der Zahlungsunfähigkeit der Gesellschaft oder nach Feststellung ihrer Überschuldung Zahlungen geleistet haben, die nicht mit der Sorgfalt eines ordentlichen Geschäftsmannes vereinbar sind.

 Beispiel D.14.5

Mit der Sorgfalt eines ordentlichen Geschäftsmannes vereinbar sind Leistungen zur Aufrechterhaltung des Geschäftsbetriebes, die auch vom Insolvenzverwalter erfüllt worden wären oder die der Abwendung höherer Schäden aus einer sofortigen Betriebsstilllegung dienen.

Hier besteht für den Geschäftsführer das Problem einer **Pflichtenkollision**. Führt er beispielsweise **Sozialversicherungsbeiträge der Arbeitnehmer** bzw. **Lohnsteuer** ab, droht ihm wegen Verletzung seiner Massesicherungspflicht eine Haftung aus § 64 S. 1 GmbHG. Unterlässt er dies, droht ihm eine Haftung nach § 823 Abs. 2 BGB i. V. m. § 266a StGB bzw. aus §§ 34, 69 AO. Hier hat sich folgende Linie herausgebildet:

Für einen Zeitraum von maximal drei Wochen, während der der Geschäftsführer das Vorliegen einer Insolvenz prüfen darf, besteht ein Vorrang für die Massesicherungspflicht. Arbeitnehmerbeiträge etc. sind daher nicht abzuführen. Wird diese Dreiwochenfrist überschritten und gleichwohl trotz fortbestehender Insolvenzreife kein Insolvenzantrag gestellt, droht eine Haftung nach § 64 GmbHG nicht, wenn der Geschäftsführer zur Vermeidung strafrechtlicher Folgen fällige Arbeitnehmeranteile zur Sozialversicherung etc. bezahlt (BGH ZIP 2008, 1275). Die gleiche Problematik stellt sich bei einer etwaigen Haftung wegen Nichtabführung der fälligen Steuern. Auch hier ist davon auszugehen, dass jedenfalls nach Ablauf der Dreiwochenfrist eine Haftung nach § 64 GmbHG nicht droht, wenn die fälligen Steuern bezahlt werden.

Eine ähnliche Haftung trifft den Geschäftsführer nach § 64 S. 3 GmbHG schließlich, wenn er Zahlungen an die Gesellschafter geleistet hat, soweit diese zur Zahlungsunfähigkeit der Gesellschaft führen mussten, es sei denn, dies war auch bei Beachtung der üblichen Sorgfaltspflichten nicht erkennbar. Erfasst sind dabei vor allem die Fälle, in denen der Geschäftsführer aufgrund Weisungen der Gesellschafter handelt.

 Dem Geschäftsführer droht im Rahmen des § 64 GmbHG eine Pflichtenkollision, wenn er nach Eintritt der Zahlungsunfähigkei oder Überschuldung noch Steuern oder Sozialversicherungsbeiträge abführen will.

Eine **Neuerung** hat das Insolvenzverfahren schließlich durch das MoMiG im Hinblick auf **Gesellschafterdarlehen** und **Nutzungsüberlassungen** erfahren. Die früher in den §§ 30 ff. GmbHG a. F. bzw. von der Rechtsprechung entwickelte Lehre zum Eigenkapitalersatzrecht ist vollständig in das Insolvenzrecht überführt worden. **Alle Gesellschafterdarlehen**, unabhängig davon, ob sie eigenkapitalersetzenden Charakter haben oder nicht, sind nunmehr im Falle der Insolvenz nach § 39 Abs. 1 Nr. 5 InsO nur als **nachrangige Insolvenzforderungen** zu befriedigen. Auch kommt es nicht darauf an, ob diese Darlehen innerhalb oder außerhalb einer Krise der Gesellschaft gewährt oder stehen gelassen wurden. Soweit Gesellschafterdarlehen **im letzten Jahr vor dem Antrag auf Insolvenzeröffnung befriedigt** werden, kann dies gem. **§ 135 Abs. 1 Nr. 2 InsO** vom **Insolvenzverwalter angefochten** werden. Geht es um die **Leistung von Sicherheiten** für die Rückzahlung von Gesellschafterdarlehen, beträgt die **Anfechtungfrist** für eine

Insolvenzverwalteranfechtung **zehn Jahre** (§ 135 Abs. 1 Nr. 1 InsO). **„Gefährlich"** ist diese Regelung, wenn Gesellschafterdarlehen zurückbezahlt werden und der Darlehensgeber seine GmbH-Beteiligung an einen Dritten überträgt. Führt der Erwerber die GmbH binnen Jahresfrist in die Insolvenz, ist die Rückzahlung des Darlehens an den alten Gesellschafter anfechtbar.

> **!** Hat ein Gesellschafter der GmbH ein Darlehen gewährt und veräußert er seine Beteiligung, sollte das gewährte Darlehen gemeinsam mit dem GmbH-Anteil veräußert werden. Andernfalls droht bei Darlehensrückzahlung und späterer Insolvenz der Gesellschaft eine Insolvenzverwalteranfechtung.

Im Übrigen gelten für die Rückgewähr von Gesellschafterdarlehen oder **gleichgestellte Leistungen** nach § 30 Abs. 1 S. 3 GmbHG n. F. die Kapitalerhaltungsregeln des § 30 Abs. 1 S. 1 GmbHG n. F. nicht. Gesellschafterdarlehen können danach also auch trotz bestehender Unterbilanz zurückbezahlt werden.

Schließlich sind Gesellschafterdarlehen auch bei der Frage der **Überschuldungsprüfung** nach § 19 Abs. 2 InsO von Bedeutung. Sofern hierfür ein ausdrücklicher Rangrücktritt vereinbart wurde, sind sie bei den Verbindlichkeiten nicht zu berücksichtigen. Nach dem Wortlaut des § 19 Abs. 2 InsO gilt diese Regelung nur befristet bis zum 31.12.2010. Da sich im Gesetzgebungsverfahren zwei verschiedene Gesetzesinitiativen überschnitten haben (MoMiG und Finanzmarktstabilisierungsgesetz im Zuge der Bankenkrise Ende 2008) dürfte davon auszugehen sein, dass es sich hier um ein gesetzgeberisches Versehen handelt, das der Gesetzgeber bei nächster Gelegenheit korrigieren wird.

Mit dem Gesellschafterdarlehen eng verknüpft ist der sog. **Finanzplankredit**. Dabei handelt es sich um ein Darlehen, zu dessen Gewährung sich ein Gesellschafter in der Satzung oder qua schuldrechtlicher Vereinbarung verpflichtet und das einlageähnlichen Charakter haben und dementsprechend behandelt werden soll (BGHZ 142, 116). Maßgeblich hierfür ist die Abrede, dass die Kündigungsrechte nach §§ 490 Abs. 1, 314 BGB nicht gelten. Der Gesellschafter ist danach gebunden. Dar Darlehen ist dabei nicht nur in der Krise der Gesellschaft stehenzulassen, d. h. es kann nicht zurückgefordert werden. Soweit das Darlehen nur versprochen wurde, ist es selbst in der Krise oder sogar noch in der Insolvenz an die Gesellschaft auszuzahlen. Der Gesellschafter kann sich nichtr auf die eingetretene Vermögensverschlechterung bei der GmbH berufen. In der Insolvenz ist der Finanzplankredit wie ein normales Gesellschafterdarlehen nachrangig (§ 39 Abs. 1 Nr. 5 InsO). Zurückgezahlt werden kann das Darlehen nur außerhalb der Krise der Gesellschaft. Ebenso kann die Darlehensvereinbarung nur außerhalb der Krise aufgehoben werden.

Im Rahmen des **MoMiG** wurde letztlich noch die frühere Rechtsprechung zur sog. **eigenkapitalersetzenden Nutzungsüberlassung** aufgegeben. Wird der Gesellschaft in der Krise anstelle von Eigenkapital lediglich ein Nutzungsrecht zugeführt (z. B. Verpachtung eines Grundstücks), so war nach frührerer Rechtslage eine darlehensähnliche und damit eigenkapitalersetzende Gesellschafterleistung gegeben (§ 32a GmbHG a. F.). Nach Inkrafttreten des MoMiG gilt hierfür nur noch die Regelung des **§ 135 Abs. 3 InsO** n. F. Mit dieser Änderung macht der Gesetzgeber deutlich, dass die **Nutzungsüberlassung keine mit einem Gesellschafterdarlehen vergleichbare Finanzierungsform** i. S. d. § 30 Abs. 1 S. 3 GmbHG darstellt. Der Gesellschafter ist lediglich gehindert, seinen insolvenzrechtlichen Aussonderungsanspruch als Eigentümer des zur Nutzung überlassenen

Gegenstandes (vgl. §§ 47 InsO, 985 BGB) während der Insolvenz, maximal jedoch für die Dauer von einem Jahr geltend zu machen, soweit der Gegenstand für die Fortführung, der an die Gesellschaft zur Nutzung überlassen worden ist, für die Fortführung des Unternehmens von erheblicher Bedeutung ist. Als Ausgleich steht dem Gesellschafter dafür allerdings ein Nutzungsentgelt zu (*Karsten Schmidt*, DB 2008, 1727).

 ## Zusammenfassung

Eine GmbH endet ebenso wie eine Aktiengesellschaft nicht von selbst. Notwendig hierfür ist das Vorliegen eines Auflösungsgrundes. Auch der Auflösungsgrund führt grundsätzlich noch nicht unmittelbar zur Beendigung der Gesellschaft. An die Auflösung schließt sich vielmehr ein (geordnetes) Abwicklungs- bzw. Liquidationsverfahren. Im Ergebnis spricht man von einer Vollbeendigung einer GmbH erst dann, wenn ein Auflösungsgrund gegeben und die Gesellschaft vermögenslos ist. Die Eintragung im Handelsregister ist insoweit nur deklaratorisch. Anders ist die Rechtslage im Falle der Vermögenslosigkeit der Gesellschaft. Hier führt die Eintragung der Auflösung im Handelsregister unmittelbar zur Vollbeendigung der Gesellschaft.

Mit Auflösung der Gesellschaft ändert im Übrigen die Gesellschaft ihren Zweck. Das Gesellschaftsvermögen ist zu liquidieren. Die Verbindlichkeiten sind zu tilgen und das verbleibende Vermögen ist an die Gesellschafter auszukehren. Eine solche Auskehrung des Gesellschaftsvermögens ist dabei erst nach Ablauf eines Sperrjahres zulässig.

Das Liquidationsverfahren wird durch sog. Liquidatoren durchgeführt. Soweit der Gesellschaftsvertrag nichts anderes bestimmt, sind Liquidatoren die Geschäftsführer der Gesellschaft. Etwaige Vertretungsregelungen für die Geschäftsführer der werbenden Gesellschaft gelten dabei nicht für sie als Liquidatoren, es sei denn, die Satzung bestimmt hierzu anderes.

Bis zur Verteilung des Vermögens kann im Liquidationsverfahren jederzeit ein Fortsetzungsbeschluss gefasst und damit die Gesellschaft wieder zur werbenden Gesellschaft gemacht werden. Notwendig ist hierzu ein Beschluss der Gesellschafter mit ¾-Stimmenmehrheit. Die notwendige Handelsregistereintragung ist nur deklaratorisch. Ist das Liquidationsverfahren beendet und die Gesellschaft im Handelsregister gelöscht, stellt sich jedoch nachträglich noch das Vorhandensein von Gesellschaftsvermögen heraus oder sind noch weitere Abwicklungsmaßnahmen erforderlich, erfolgt grundsätzlich eine Nachtragsliquidation analog den Regelungen zum Aktienrecht. Notwendig ist hierzu ein entsprechender Antrag. Diesen Antrag kann jeder stellen, der ein berechtigtes Interesse an einer solchen Nachtragsliquidation hat. Die Nachtragsliquidatoren werden dann vom Gericht bestellt. Das Amt der bisherigen Liquidatoren besteht nicht fort.

Von der Auflösung der Gesellschaft und dem sich daran anschließenden Liquidationsverfahren ist schließlich das Insolvenzverfahren über das Vermögen der GmbH zu unterscheiden. Auch die Insolvenz führt zur Auflösung der Gesellschaft. Allerdings gibt es hier keine Liquidatoren. Vielmehr wird die Aufgabe der Liquidatoren durch den Insolvenzverwalter im Rahmen des Insolvenzverfahrens wahrgenommen. Zu beachten ist hier eine besondere Insolvenzantragspflicht der Geschäftsführer nach § 15a InsO. Diese Pflicht trifft auch die Gesellschafter, soweit die Gesellschaft füh-

Adolf Reul

rungslos ist. Daneben haften die Geschäftsführer für Zahlungen, die sie nach Eintritt der Zahlungsunfähigkeit oder Überschuldung vorgenommen haben, soweit diese Zahlungen nicht der Sorgfalt eines ordentlichen Geschäftsführers entsprechen.

Neu gefasst wurde im Rahmen des MoMiG das gesamte Eigenkapitalersatzrecht. Eigenkapitalersetzende Gesellschafterdarlehen gibt es nach § 30 Abs. 1 S. 3 GmbHG prinzipiell nicht mehr. Allerdings ist jedwedes Gesellschafterdarlehen im Falle der Insolvenz der Gesellschaft nach § 39 Abs. 1 Nr. 5 InsO nachrangig. Weiter kann der Insolvenzverwalter nach § 135 InsO innerhalb der dort genannten Fristen die Rückzahlung von solchen Gesellschafterdarlehen oder deren Besicherung anfechten. Eine Sondervorschrift enthält schließlich § 135 Abs. 3 InsO für Nutzungsüberlassungen des Gesellschafters an die Gesellschaft.

Aufgaben zur Selbstprüfung

1. Das Insolvenzverfahren über das Vermögen einer GmbH wird mangels Masse abgelehnt. Welche Rechtsfolgen ergeben sich für die GmbH?
2. Was versteht man unter einer Auflösung, was unter Vollbeendigung der Gesellschaft?
3. Welche Besonderheit besteht bei einer vermögenslosen GmbH?
4. Was versteht man unter einer Nachtragsliquidation?
5. Welche Bedeutung haben Darlehen eines Gesellschafters an die GmbH in deren Insolvenz?

Schlussbetrachtung

Das vorliegende Studienheft hat Ihnen die Grundzüge des GmbH-Rechts erläutert. Nach einer kurzen Darstellung der Wesensmerkmale der GmbH wurde die Gründung und das Entstehen der GmbH als juristische Person sowie vor allem der Eintritt der für die GmbH wesentlichen Haftungsbeschränkung näher erläutert. Sonderformen der Gründung, aber vor allem auch im Zusammenhang mit der Kapitalaufbringung bestehende Haftungsgefahren wurden dargestellt. Es folgten Ausführungen zum Mindestinhalt sowie zum fakultativen Inhalt einer GmbH-Satzung, zur neuen Unternehmergesellschaft (haftungsbeschränkt) sowie zur Geschäftsführung und Vertretung der GmbH durch ihre Geschäftsführer. In einem weiteren Abschnitt wurden die Besonderheiten der Gesellschafterversammlung näher dargestellt. Daran schlossen sich Erläuterungen zur Beschlussfassung in der Gesellschafterversammlung sowie vor allem zu Satzungsänderungen und Kapitalmaßnahmen an. Grundzüge zum Jahresabschluss und zum Erwerb eigener Geschäftsanteile wurden ebenso erklärt wie die Ausnahmen zur Haftungsbeschränkung in der GmbH in den Fällen der Durchgriffshaftung, des existenzvernichtenden Eingriffs sowie im bei der Ausfallhaftung wegen nicht geleisteter Einlagen. Erläuterungen finden sich schließlich zu der für die Praxis wichtigen Frage der Veräußerung und Teilung von Geschäftsanteilen, aber auch zur Auflösung und Insolvenz der Gesellschaft.

Nachdem Sie nunmehr dieses Studienheft durchgearbeitet haben, sollte Ihnen das Wesen der GmbH jedenfalls in seinen Grundstrukturen bekannt sein.

Teil E
Umwandlungsrecht

von

Dr. Andreas Heidinger, Dipl. Kfm.
Rechtsanwalt

Einleitung

Das heutige Wirtschaftleben ist schnelllebig. Flexibilität ist oberstes Gebot. Dies gilt auch für die rechtlichen Strukturen der Unternehmen. Das Umwandlungsrecht bietet hierfür ein geregeltes, gesichertes und hochflexibles Verfahren. Sie können in den jeweiligen Teilen dieses Lehrbuches die verschiedenen Rechtsformen, in denen ein Unternehmen geführt werden kann, kennen lernen. Das Umwandlungsrecht ist nun die Krönung des Gesellschaftsrechts. Denn dort werden fast alle Gesellschaftsformen miteinander vernetzt, verbunden, aber auch strukturell differenziert. Daher benötigen Sie bei der Bearbeitung dieses Teiles nicht nur das UmwG, sondern auch die anderen Gesetze, in denen die möglichen Gesellschaftsformen geregelt sind (GmbHG, AktG, HGB, GenG, PartGG, BGB). Die zitierten Paragrafen sollten von Ihnen bei der Arbeit mit diesem Lehrbuch immer gelesen werden. Sinnvoll ist es auch, zuvor kurz nach dem Inhaltsverzeichnis ihre Stellung im Gesetz zu verorten.

Lernziel

Wenn Sie diesen Teil des Lehrbuches durchgearbeitet haben, sollten Sie die verschiedenen rechtlichen Möglichkeiten der Umstrukturierung von Unternehmen kennen und unterscheiden können. In Zusammenarbeit mit den involvierten externen Beratern (Steuerberater und Notar, ggf. auch Rechtsanwalt) oder der hausinternen Rechtsabteilung werden Sie einschätzen können, welche Umwandlungsmaßnahme für eine jeweilige betriebswirtschaftliche Situation am Besten geeignet ist. Bei der Betreuung einer konkret durchzuführenden Umwandlungsmaßnahme sollten Sie ein angepasstes Zeitmanagement für die erforderlichen Teilakte der Umwandlung erstellen können. Darüber hinaus wird ihr Blick für Fallstricke und vermeidbare Problemstellungen im Umwandlungsverfahren geschärft. Gehört das Umwandlungsrecht zum relevanten Stoff für eine von Ihnen angestrebte Prüfung, haben Sie ein umfassendes Grundwissen im Umwandlungsrecht.

Übersicht über den Inhalt des Lehrbuchteiles zum Umwandlungsrecht

Im Teil Umwandlungsrecht werden Ihnen zunächst die Entstehungsgeschichte, die Gesetzesstruktur des UmwG und die vielfältigen praktischen Anwendungsbereiche des Umwandlungsrechts dargestellt. Nach einem kurzen Überblick über die einzelnen notwendigen Schritte eines Umwandlungsverfahrens wird die Verschmelzung als Grundlage für alle Umwandlungsarten ausführlich erörtert. Sie lernen deren Systematik und deren einzelne Bausteine kennen. Welche Rechtsträger können verschmolzen werden? Was muss beim Verschmelzungsvertrag und bei den erforderlichen Zustimmungsbeschlüssen beachtet werden? Welche weiteren Pflichten zur Information, Einreichung und Anmeldung treffen die beteiligten Rechtsträger, um eine wirksame Verschmelzung zu gestalten? Welche Wirkungen hat die Eintragung der Verschmelzung im Handels-

Andreas Heidinger

register? Diese und viele andere Fragen werden in gesonderten Kapiteln für die Verschmelzung und für die anderen Umwandlungsarten, namentlich die Spaltung und den Formwechsel, beantwortet. Abschließend lernen Sie noch prozessuale Besonderheiten des Umwandlungsrechts insbesondere bei Anfechtungsklagen kennen. Zuletzt runden europarechtliche Aspekte und Fragen grenzüberschreitender Sachverhalte Teil des Lehrbuches ab.

Andreas Heidinger

E.1 Allgemeine Informationen zum Umwandlungsrecht

Im ersten Kapitel sollen Sie einen Einblick in den Kontext erhalten, in dem sich das Umwandlungsrecht rechtstechnisch und praktisch realisiert. Seit wann gibt es ein Umwandlungsrecht? Wie ist es entstanden? Was bezweckt das Umwandlungsgesetz? Welche Umwandlungsmöglichkeiten eröffnet das Gesetz? Welche Motive finden sich in der Praxis für einen Umwandlungsvorgang? Welcher Regelungstechnik bedient sich das Umwandlungsgesetz hierfür? Auf all diese Fragen werden Sie im nachfolgenden Kapitel Antworten finden.

Das Umwandlungsrecht ermöglicht die rechtliche Umgestaltung von Rechtssubjekten in den verschiedensten Rechtsformen. Seine gesetzliche Regelung findet es hauptsächlich im Umwandlungsgesetz (UmwG). Bei seiner praktischen Umsetzung erfordert es aber die ergänzende Anwendung der jeweiligen betroffenen gesellschaftsrechtlichen Gesetze. Zu nennen sind hier insbesondere das GmbHG (Gesellschaft mit beschränkter Haftung), das AktG (Aktiengesellschaft), das GenG (eingetragene Genossenschaft), das HGB (Offene Handelsgesellschaft und Kommanditgesellschaft), das PartGG (Partnerschaftsgesellschaft) und das BGB (eingetragener Verein und Gesellschaft bürgerlichen Rechts). Im Vordergrund steht die Umstrukturierung von Wirtschaftsunternehmen. Anwendungsbereiche ergeben sich aber auch bei Freiberuflern, vermögensverwaltenden Gesellschaften, gemeinnützigen Einrichtungen und im öffentlich-rechtlichen Bereich.

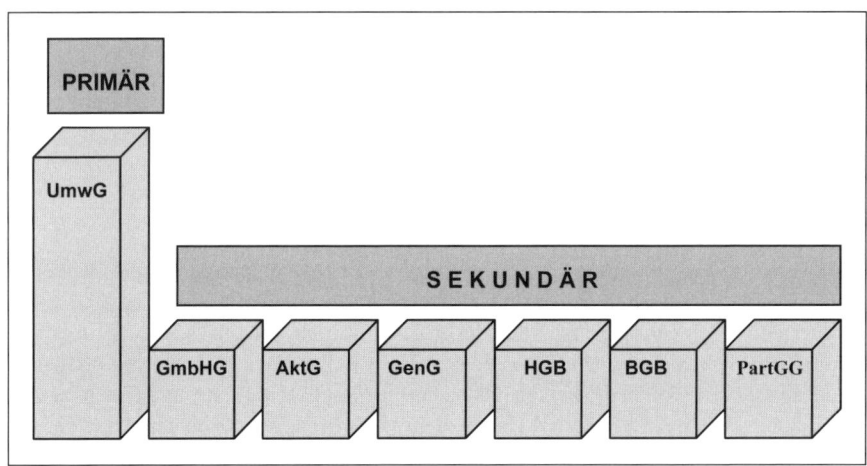

Abbildung E.1: Maßgebliche Rechtsvorschriften

Andreas Heidinger

E.1.1 Entstehungsgeschichte

Die **Gesamtreform des Umwandlungsrechts im Jahre 1994** geht zurück auf einen bereits aus dem Jahre 1980 stammenden Antrag des Deutschen Bundestages. Hintergrund dieses Reformauftrags war die starke Zersplitterung und Unübersichtlichkeit des früheren Rechts. Die früheren Einzelregelungen waren auf die verschiedensten Spezialgesetze für die einzelnen Gesellschaftsrechtsformen verteilt (z. B. GmbHG, AktG oder GenG). Dadurch waren die Bestimmungen in vielen Punkten uneinheitlich. Zugleich sollten die im bisherigen Umwandlungsrecht bestehenden Lücken geschlossen werden.

Dadurch wurde die Möglichkeit der Umwandlung für **zusätzliche Rechtsformen**, die bisher nicht oder nicht generell von diesen Möglichkeiten Gebrauch machen konnten, eröffnet:

- Umwandlung von Personenhandelsgesellschaften in Kapitalgesellschaften und umgekehrt;
- Formwechsel von Kapitalgesellschaften in Genossenschaften;
- Umwandlung von rechtsfähigen Vereinen in Kapitalgesellschaften und Genossenschaften;
- Umwandlung von Stiftungen in Kapitalgesellschaften;
- seit dem 1.8.1998 Umwandlung von Partnerschaftsgesellschaften.

Darüber hinaus wird durch das neue Umwandlungsrecht erstmals allgemein die **Möglichkeit der Spaltung** von Rechtsträgern eingeführt. Hierfür gab es vorher seit 1991 lediglich Regelungen für Sonderbereiche in den neuen Bundesländern im Zusammenhang mit der Wiedervereinigung, wie z. B. im Landwirtschaftsanpassungsgesetz (LwAnpG) und im Gesetz über die Spaltung der von der Treuhandanstalt verwalteten Unternehmen (SpTruG).

Insgesamt ergeben sich über **300 Kombinationsmöglichkeiten** bei der Wahl der Umwandlungsvorgänge nach dem UmwG.

E.1.2 Gesetzgeberische Ziele

 Beispiel E.1.1
Hans Listig betreibt einen kleinen Fahrradhandel zusammen mit seinem Bruder in der Rechtsform der OHG. Da sie sich wesentlich vergrößern und zusätzlich einen internationalen Fahrradversandhandel eröffnen wollen, zeichnet sich ein großer Kapitalbedarf ab. Sie träumen, davon diesen an der Börse durch Ausgabe von Aktien zu decken. Daher wollen die beiden das bisherige Geschäft auflösen und eine neue AG gründen. Der Steuerberater rät Ihnen zu einer Umwandlung nach dem UmwG.

Ziel des UmwG von 1994 ist es, den Unternehmen ein rechtliches Instrumentarium an die Hand zu geben, **Änderungen der Unternehmensstrategie und der Unternehmensstruktur** umzusetzen, ohne den kosten- und zeitaufwendigen Weg der Liquidation der bisherigen Gesellschaft und anschließenden Neugründung in der gewünschten Gesellschaftsform gehen zu müssen. Im Zusammenspiel mit dem UmwStG wird steuerlich

Buchwertfortführung ermöglicht. Dadurch kommt es anders als bei der Liquidation einer Gesellschaft nicht zur Aufdeckung stiller Reserven und einer Gewinnrealisierung.

Im Beispielsfall kommt der Formwechsel in eine AG in Frage, der aber mit aufwendigen Verfahrensschritten und Kapitalschutzmechanismen verbunden ist.

E.1.3 Umwandlungsarten im Überblick

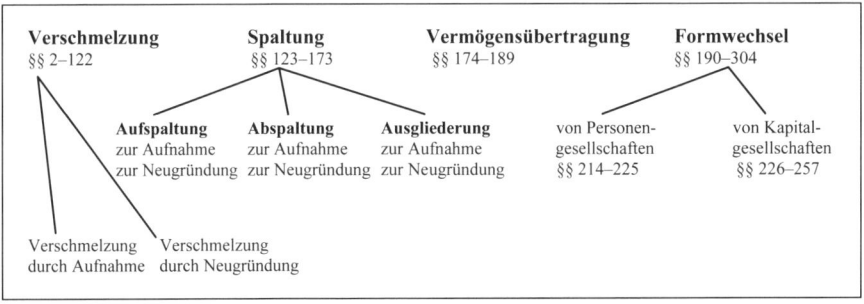

Abbildung E.1.3 Umwandlungsarten

Die Aufzählung der zulässigen Umwandlungsarten in § 1 UmwG ist entsprechend dem gesellschaftsrechtlichen Typenzwang abschließend (**numerus clausus**). In Frage kommen daher nur die **Verschmelzung**, die **Spaltung** in den Varianten der Aufspaltung, Abspaltung und Ausgliederung, die **Vermögensübertragung** und der **Formwechsel**. Die Verschmelzung und alle Spaltungsarten kommen jeweils in der Variante zur Aufnahme auf einen bestehenden Rechtsträger und zur Neugründung in Frage. Sonstige Umwandlungen sind nach § 1 Abs. 2 UmwG nur aufgrund anderweitiger ausdrücklicher Regelungen zuzulassen (sog. **Analogieverbot** i. e. S. ≈ numerus clausus). Ein Beispiel dafür war die Umwandlung der DG-Bank aufgrund des DG-Bank-Umwandlungsgesetzes v. 13.8.1998 (BGBl. I, 2102) als Sondergesetz. In vielen Kommunalgesetzen sind heutzutage ebenfalls Umwandlungen öffentlich-rechtlicher Rechtssubjekt möglich (siehe z. B. Art. 89 BayGO: Umwandlung eines kommunalen Eigenbetriebes in eine rechtsfähige Anstalt d.ö.R.)

Nach § 1 Abs. 3 UmwG kann von den Vorschriften des UmwG nur abgewichen werden, wenn dies ausdrücklich zugelassen ist. Die Regelungen des UmwG sind also grundsätzlich zwingend zu beachten. Dies entspricht in etwa der **Gesetzesstrenge** nach § 23 Abs. 5 AktG für die Aktiengesellschaften.

Andreas Heidinger

E.1.4 Umstrukturierung außerhalb des Umwandlungs-
gesetzes

 Beispiel E.1.2

Im Beispielsfall 1.1. erläutert der Notar in der Vorbesprechung zur geplanten Umwandlung den beiden Brüdern, dass sie die geplante Änderung der Rechtsform auch steuerneutral durch eine Sachgründung nach dem AktG durchführen können.

Durch das Analogieverbot (i. e. S.) und den numerus clausus im UmwG werden **Umstrukturierungsmaßnahmen nach den allgemeinen zivilrechtlichen und gesellschaftsrechtlichen Regeln** nicht ausgeschlossen. Verzichtet man auf die Vorteile des UmwG, die insbesondere in der Gesamtrechtsnachfolge bestehen, so sind zahlreiche alternative Wege für jede der genannten Umwandlungsmöglichkeiten nach allgemeinem Recht eröffnet. Bei der Vertrags- und Beschlussgestaltung muss allerdings dann genau differenziert werden.

Die **wirtschaftliche Zielsetzung eines Verschmelzungsverfahrens** kann z. B. weitgehend durch einen Anteilskauf, durch eine Einbringung der Mitgliedschaft (share) als Sacheinlage gegen Anteilsgewährung oder aber auch durch Einzelübertragung des Aktivvermögens, eventuell flankiert mit einem Unternehmensvertrag, erreicht werden.

In vielen Fällen wird gerade bei kleineren und wirtschaftlich unbedeutenderen Umstrukturierungswünschen an die Stelle einer Ausgliederung nach dem UmwG die bloße Einzelübertragung im Wege der **Kapitalerhöhung gegen Sacheinlage** (assets) treten. Bei Personengesellschaften bieten sich als Alternative die sog. Anwachsungs- oder Abwachsungsmodelle beim Austritt oder Beitritt von Gesellschaftern an. Beim **Anwachsungsmodell** wächst durch Austritt des vorletzten Gesellschafters dem letzten Gesellschafter einer Personenhandelsgesellschaft nicht nur dessen Gesellschafterstellung an. Die ganz herrschende Lehre geht davon aus, dass eine Einpersonenhandelsgesellschaft nicht existenzfähig ist und kraft Gesetz liquidationslos erlischt. Dadurch wächst dem letzten Gesellschafter auch das gesamte Vermögen der erloschenen Personenhandelsgesellschaft an.

Nach allgemeinen Regeln des HGB ist auch weiterhin die **identitätswahrende „Umwandlung"** einer BGB-Gesellschaft in eine OHG oder eine KG sowie einer KG in eine GmbH & Co KG durch bloße Satzungsänderung und Anmeldung beim Handelsregister zulässig.

 Beispiel E.1.3

Bei der Beteiligung einer AG gibt das UmwG zum Schutz der Aktionäre aufwendige Verfahrensschritte vor. So sieht das UmwG bei der Verschmelzung oder Spaltung z. B. vor, dass vor der Einberufung der Hauptversammlung, die über die Umwandlung zu entscheiden hat – somit mindestens einen Monat vor der entsprechenden Entschlussfassung –, diverse Unterlagen (Jahresabschlüsse, Berichte, Prüfungsberichte uvm.) ausgelegt und der Verschmelzungs- bzw. Spaltungsvertrag beim Handelsregister eingereicht werden müssen. (§§ 61, 63, 125 UmwG).

Andreas Heidinger

In der Praxis muss im Einzelfall abgewogen werden, welche Vorgehensweise für die Beteiligten am einfachsten und gleichzeitig am sichersten ist. Die **Vorteile**, die das UmwG gerade durch die Gesamtrechtsnachfolge bietet, sind insbesondere dann, wenn es sich nicht um konzerninterne Maßnahmen handelt (sonst viele Verzichtsmöglichkeiten), durch zahlreiche, zum Teil **aufwendige Verfahrensschritte** zu erkaufen.

E.1.5 Motive für Umwandlungen

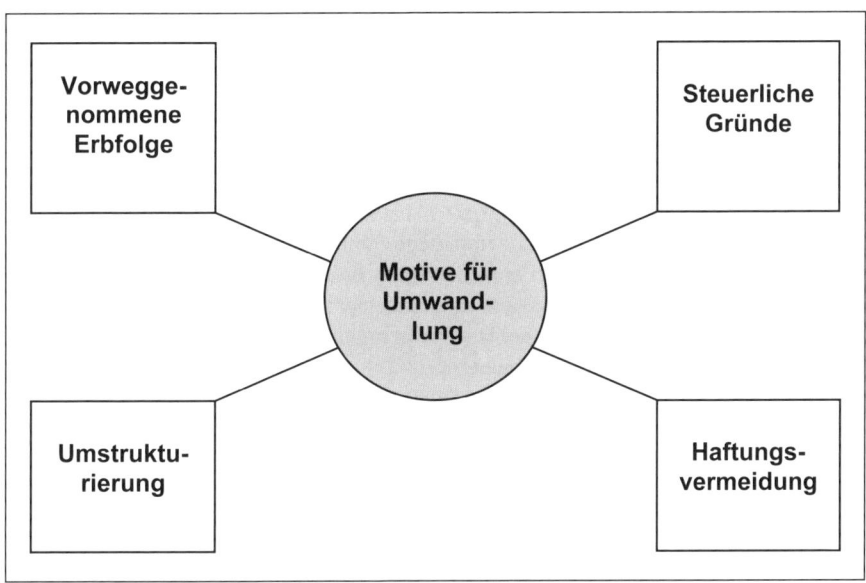

Abbildung E.1.5: Umwandlungsmotive

In der Praxis sind die Motive für Umwandlungen nach dem UmwG äußerst vielfältig. Nachfolgend sollen einige der häufigsten kurz erläutert werden.

E.1.5.1 Steuerliche Gründe

 Beispiel E.1.4

Der kränkelnde 95-jährige Unternehmer „Jungspund" betreibt einen einzelkaufmännischen Gewerbebetrieb. Sein Steuerberater rät ihm aus einkommen- und erbschaftsteuerlichen Gründen dazu, sein Unternehmen in eine „Betriebs-GmbH" auszugliedern und durch Abspaltung seines Anlagevermögens auf eine „Besitz-GmbH & Co KG" eine Betriebsaufspaltung zu begründen.

Anders als bei Liquidation einer Gesellschaft kann durch eine Umwandlung die Aufdeckung stiller Reserven vermieden werden (siehe oben Beispiel E.1.1). Die **steuerliche**

Buchwertfortführung ist dabei sogar mit 8-monatiger Rückwirkung möglich, so dass bis Ende August des Nachfolgejahres noch eine steuerliche Auswirkung im vorangegangenen Veranlagungszeitraum erreicht werden kann. Dies eröffnet für dieses Wirtschaftjahr ggf. eine ansonsten steuerlich nicht mehr mögliche Übertragung und Verrechnung von Verlusten.

Aus einkommensteuerlichen Gründen kann es sinnvoll sein, eine **Betriebsaufspaltung** durch Umstrukturierung nach dem Umwandlungsgesetz zu schaffen.

Für eine (vorweggenommene) Erbfolge ergeben sich **erbschaftsteuerliche Bewertungsvorteile** bei Personenhandelsgesellschaften gegenüber einer GmbH. Seit dem 1.1.2009 gilt dies wegen der Erbschaftsteuerreform nur noch eingeschränkt.

E.1.5.2 Vorweggenommene Erbfolge

 Beispiel E.1.5

Der 95-jährige Unternehmer „Jungspund" hat als Erben drei unternehmerisch völlig untalentierte, untereinander tief zerstrittene Söhne und eine Tochter, die Betriebswirtschaft studiert. Um seinen einzelkaufmännischen Gewerbetrieb auch nach seinem Tod zu erhalten, rät der Steuerberater zu einer Ausgliederung auf eine GmbH & Co KG mit geeigneten Nachfolgeklauseln im Gesellschaftsvertrag und einem darauf abgestimmten notariellen Testament.

Insbesondere die Spaltung nach dem Umwandlungsrecht kann zur **Vorbereitung der reibungslosen Nachfolge** in ein Unternehmen im Erbfall oder durch vorweggenommene Erbfolge (Schenkung zu Lebzeiten) dienen. Oberste Priorität gilt der Vermeidung von das Überleben des Unternehmens bedrohenden, zerstrittenen Erbengemeinschaften z. B. durch die Ausgliederung vom e.K. auf eine GmbH & Co KG. Zur Sicherung günstigerer Erbschaftsteuerwerte und individuellerer Bestimmung der Erbfolge kommt in der Praxis auch der Formwechsel einer GmbH in GmbH & Co KG in Frage. Die Verteilung von Betriebsvermögen (Teilbetriebe) schon zu Lebzeiten kann steuerneutral auch im Wege der Aufspaltung oder Abspaltung einer GmbH bzw. GmbH & Co KG erfolgen. Ist es schon zum Streit unter den Gesellschaftern gekommen, dient die Spaltung der **Trennung von (verfeindeten) Gesellschafterstämmen**.

E.1.5.3 Umstrukturierung

Geeignet ist das Umwandlungsrecht auch zum Aufbau oder zur Änderung von **Konzernstrukturen**. So kann z. B. durch Ausgliederung eine Holdingkonstruktion, durch Abspaltung eine Schwesterkonstruktion geschaffen werden. Betriebswirtschaftlich erwünschte Schaffung rechtlich selbständiger „profit center" ist durch Abspaltung oder Ausgliederung zu erreichen.

Um am Markt bestehen zu können, sind in vielen Branchen bestimmte **Betriebsgrößen** erforderlich. So konnte man in den letzten Jahren Konzentrationsprozesse insbesondere durch Fusionen nach dem UmwG von Raiffeisenbanken e.G., von Vereinen (Sportvereine und -verbände) sowie von internationalen Großkonzernen gleichermaßen beobachten.

Andreas Heidinger

Eine Umwandlung dient in der Praxis manchmal auch der **Einsparung von Kosten**. Wechselt man aus der AG, kann ggf. der Aufsichtsrat eingespart werden. Nach dem Wechsel in die Personenhandelsgesellschaft können Kosten für Veröffentlichungen entfallen.

Jede Gesellschaftsrechtsform hat individuelle **strukturelle Vor-, aber auch Nachteile**. Findet sich z. B. unter den Gesellschaftern einer Personenhandelsgesellschaft kein geeigneter Unternehmer, erscheint ein Wechsel in die GmbH mit ihrer Fremdorganschaft sinnvoll. Umgekehrt kann bei der Personenhandelsgesellschaft ggf. die Mitbestimmung vermieden werden. Für eine Börsenzulassung muss zunächst aus der GmbH in eine AG gewechselt werden.

E.1.5.4 Haftungsvermeidung

 Beispiel E.1.6
Hans Listig betreibt einen kleinen Fahrradhandel zusammen mit seinem Bruder in der Rechtsform der OHG. Da sie sich wesentlich vergrößern und zusätzlich einen internationalen Fahrradversandhandel eröffnen wollen, zeichnen sich erhebliche zukünftige Haftungsrisiken ab. Der Steuerberater rät Ihnen zu einer Umwandlung in eine GmbH.

Insbesondere die Rechtsformen des Einzelkaufmanns (e.K.) und der offenen Handelsgesellschaft (OHG) sind durch die persönliche unbeschränkte Haftung für ihren Geschäftsinhaber bzw. ihre Gesellschafter gekennzeichnet. Will man diese vermeiden, bietet sich ein **Wechsel in die GmbH oder die GmbH & Co KG** an. Beim Einzelkaufmann kann dies durch Ausgliederung in eine GmbH, bei der OHG durch Formwechsel oder Verschmelzung in bzw. auf eine GmbH erreicht werden.

Manchmal wird auch versucht **Altlasten** (z. B. auch Pensionsverpflichtungen) oder risikoreiche Geschäftsbereiche durch Verselbständigung eines Betriebsteils abzuspalten. Dabei kann man aber der auch im Umwandlungsrecht verankerten fünfjährigen – für Betriebsrenten sogar auf 10 Jahre verlängerten – **Nachhaftung** wie beim Ausscheiden aus einer Personengesellschaft oder bei der Auflösung einer solchen nicht entgehen.

E.1.6 Gesetzessystematik

 Übung E.1.1
Nehmen Sie einen Gesetzestext des UmwG zur Hand und verfolgen Sie die nachfolgenden Erläuterungen zur Struktur des UmwG jeweils unmittelbar im Inhaltsverzeichnis des UmwG selbst nach.

Das UmwG ist in 7 Bücher gegliedert:

Das erste Buch umfasst nur § 1, der die verschiedenen Möglichkeiten der Umwandlung aufzählt und einige Grundprinzipien festlegt. Die nachfolgenden Bücher behandeln jeweils diese einzelnen Formen der Umwandlung:

* Verschmelzung (2. Buch),
* Spaltung (3. Buch),

Andreas Heidinger

- Vermögensübertragung (4. Buch),
- Formwechsel (5. Buch).
- das 6. Buch enthält die Strafvorschriften und Zwangsgeldandrohungen,
- das 7. Buch Übergangs- und Schlussvorschriften.

Schwierigkeiten bei der Anwendung des neuen UmwG bereitet der Praxis die vom Gesetzgeber bewusst gewählte **Verweisungstechnik** (auch Baukastentechnik genannt). Diese vermeidet, dass gleichgelagerte Regelungsinhalte im Gesetz immer wiederholt werden müssen. Dadurch begnügt sich das UmwG mit 325 Paragrafen.

Besondere Bedeutung hat in diesem Zusammenhang das 2. Buch, das die Verschmelzung behandelt, da es ein **allgemeines Modell der Umwandlung** darstellt, das für alle nachfolgenden Umwandlungsarten Vorbild ist. Demgemäß wird in den nachfolgenden Büchern 3, 4 und 5 (Spaltung, Vermögensübertragung, Formwechsel) in vielen Fällen auf die Vorschriften des Verschmelzungsrechts verwiesen.

Die einzelnen Bücher mit den jeweiligen Umwandlungsformen als solchen sind wiederum gegliedert in **allgemeine und besondere Vorschriften**. In dem allgemeinen Teil sind – gleichsam vor die Klammer gezogen – die Vorschriften aufgenommen, die für alle Fälle der jeweiligen Umwandlungsart gelten. In dem besonderen Teil finden sich dann Sonderregelungen, die aus der Rechtsform der jeweils beteiligten Unternehmen resultieren.

Bei der Verschmelzung und bei der Spaltung wird teilweise nochmals differenziert zwischen dem **Umwandlungsvorgang zur Aufnahme oder zur Neugründung**. In diesem Fall enthalten die Abschnitte über die Umwandlung zur Aufnahme die grundlegenden Regelungen für den jeweiligen Vorgang und die Abschnitte über die Umwandlung zur Neugründung die ergänzenden Regelungen nur für den Vorgang zur Neugründung.

Bei der Rechtsanwendung im konkreten Falle sind daher bis zu **4 Ebenen im UmwG zu beachten** und heranzuziehen:

1. der allgemeine Teil des Verschmelzungsrechts, der im Wege der Verweisung in vielen Fällen anwendbar ist,
2. das allgemeine Recht des jeweiligen Umwandlungsvorgangs (entfällt bei Verschmelzung),
3. die besonderen Vorschriften für die einzelnen Rechtsformen im Verschmelzungsrecht (zur Neugründung/zur Aufnahme) und
4. die besonderen Vorschriften für die einzelnen Rechtsformen bei der jeweiligen Umwandlungsart (zur Neugründung/zur Aufnahme) (entfällt bei Verschmelzung).

 Übung E.1.2
Suchen Sie alle Normen aus dem Gesetz heraus, die bei einer Abspaltung von einer GmbH zur Neugründung einer GmbH zu beachten sein können.

Die einzelnen Bücher und die einzelnen Paragrafen sind oft nach dem **Prinzip einer Checkliste** aufgebaut. Diese sollte dann in der Praxis Schritt für Schritt abgearbeitet und überprüft werden. Mit diesem Aufbau wird das Ziel verfolgt, Fehler in der Kautelar- und Registerpraxis zu vermeiden.

Zusammenfassung

Das Umwandlungsrecht hat sich zunächst in kleineren Einheiten verstreut bei den einzelnen Spezialgesetzen entwickelt und wurde erst 1994 umfassend und zentral im UmwG geregelt. Mit seinen über 300 Kombinationsmöglichkeiten bietet es für die Praxis ein wichtiges rechtliches Instrumentarium zur wirtschaftlichen Umstrukturierung ohne steuerliche Realisierung von Gewinnen. Daneben bleiben vielfältige Möglichkeiten der Veränderung von gesellschaftsrechtlichen Strukturen nach allgemeinen gesellschaftsrechtlichen Regeln und Grundsätzen. Als Motive für eine Umwandlung kommen steuerliche Gründe genauso wie die Vorbereitung der Erbfolge bzw. deren vorweggenommene Durchführung in Frage. Darüber hinaus veranlassen häufig Umstrukturierungen im Konzern oder der Wunsch nach Verringerung von Haftungsgefahren eine Umwandlung. Das UmwG löst den hierfür erforderlichen Regelungsbedarf durch einen stringenten Aufbau in 7 Büchern, die durch eine ausgefeilte Verweisungstechnik mit der überschaubaren Anzahl von 325 Paragrafen auskommen. Ergänzend müssen allerdings immer die Spezialgesetze für die jeweils betroffenen Rechtsformen mit herangezogen werden.

Aufgaben zur Selbstüberprüfung

1. Gab es Vorgängergesetze zum UmwG, die bereits einzelne Möglichkeiten zur Umwandlung eröffnet haben?
2. Nennen Sie alle im UmwG vorgesehenen Umwandlungsarten.
3. Bestehen neben den Möglichkeiten, die das UmwG eröffnet, nach allgemeinen Regeln Umstrukturierungsmöglichkeiten?
4. Nennen Sie die 4 Hauptgruppen der Motive für Umwandlungsvorgänge.
5. Welche Aufbausysteme sind für das UmwG prägend?

Andreas Heidinger

E.2 Ablauf eines Umwandlungsverfahrens

Jedes Umwandlungsverfahren hat auch eine zeitliche Dimension. Nachfolgend lernen sie die einzelnen Schritte eines Umwandlungsverfahrens in ihrer chronologischen Reihenfolge kennen.

Beispiel E.2.1

Unternehmer Eilig wird am 31.8.2009 von seinem Steuerberater zum Notar Schlau mit einem Jahresabschluss seiner GmbH zum 31.12.2008 unter dem Arm geschickt und will sein Unternehmen in eine GmbH & Co KG umwandeln. Eilig will am nächsten Tag mit seiner Sekretärin 4 Wochen auf Geschäftsreise nach Bali starten. Auch aus steuerlichen Gründen soll alles Erforderliche noch im August erledigt werden.

In der Praxis sollte bei einer Umwandlung immer ein mehrmonatiger Vorlauf eingeplant werden. Denn zunächst muss in jedem Einzelfall überlegt werden, welche Umwandlungsart zulässig und welche für die konkreten Gegebenheiten am besten geeignet ist. Jeder Umwandlungsvorgang bedarf auch eines je nach beteiligter Rechtsform mehr oder weniger zeitaufwendigen Verfahrens. Das Umwandlungsverfahren vollzieht sich bei allen Umwandlungsvorgängen im Wesentlichen in drei Hauptschritten.

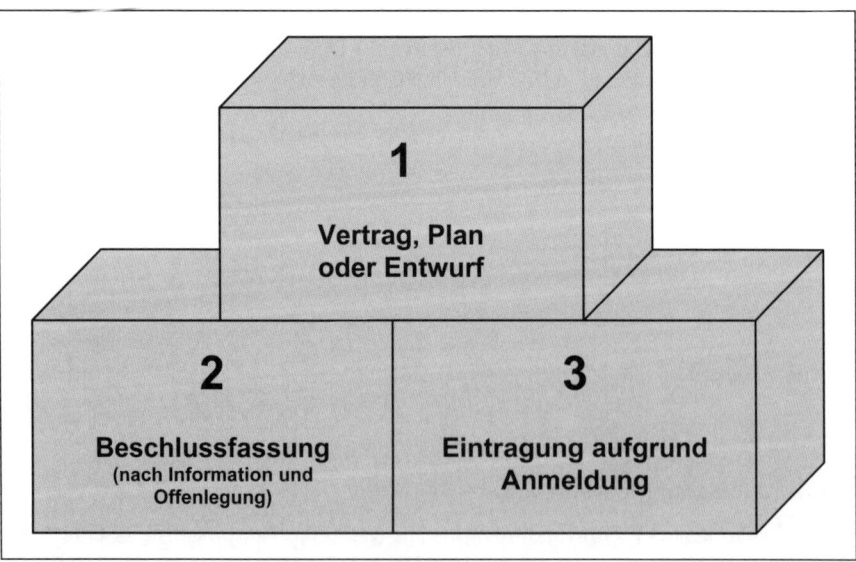

Abbildung E.2: Umwandlungsschritte

Schritt 1 (Vertrag, Plan oder Entwurf)

Als **rechtsgeschäftliche Grundlage** für die Übertragung des Vermögens im Wege der Verschmelzung oder der Spaltung ist zunächst von den beteiligten Rechtsträgern ein **Vertrag** abzuschließen. Wenn bei einer Spaltung erst neue Rechtsträger als aufnehmende entstehen sollen, tritt an die Stelle des Vertrages ein **Spaltungsplan** als einseitiges Rechtsgeschäft des übertragenden Rechtsträgers. Beim Formwechsel, wo es ebenfalls an einem Vertragspartner fehlt, wird diese vorbereitende Funktion durch den einseitigen Entwurf des **Umwandlungsbeschlusses** erfüllt. Für alle genannten Rechtsakte wird jeweils ein bestimmter Mindestinhalt im Umwandlungsgesetz vorgeschrieben.

Schritt 2 (Beschlussfassung nach Information und Offenlegung)

Der von den Rechtsträgern selbst geschaffenen rechtsgeschäftlichen Grundlage für die Umwandlung (siehe Schritt 1) müssen die betroffenen Gesellschafter bzw. Mitglieder aller beteiligten Rechtsträger in Form eines Beschlusses zustimmen. Vor diese **Zustimmungsbeschlüsse** stellt das Gesetz eine Fülle von **Informationspflichten und Formalitäten** insbesondere zum Schutz der Anteilsinhaber.

Systemwidrige Bestimmungen des Umwandlungsrechts (§§ 5 Abs. 3, 126 Abs. 3 UmwG) versuchen durch **Information des Betriebsrates** einen Monat vor der Beschlussfassung über die beabsichtigte Verschmelzung, Spaltung oder den Formwechsel die Arbeitnehmer und die Arbeitnehmervertretungen zu schützen. Die **Anteilsinhaber** der beteiligten Rechtsträger sind grds. durch einen besonderen **Bericht** über die Einzelheiten der geplanten Umwandlung zu unterrichten. Dem Schutz ihrer Interessen dient im Übrigen die – generell oder nur unter bestimmten Voraussetzungen – vorgeschriebene **Prüfung** durch unabhängige Sachverständige (z. B. im Konzern verzichtbar). Je nach beteiligtem Rechtsträger sind bestimmte **Einberufungs- und Informationsvorschriften** zu beachten. Insbesondere bei der AG, KGaA und dem VVaG enthalten das Umwandlungsgesetz und die jeweiligen Spezialgesetze für den betreffenden Rechtsträger besondere Offenlegungs- und Bekanntmachungspflichten.

Auf der Grundlage der erhaltenen Informationen **beschließen die Anteilsinhaber** aller beteiligten Rechtsträger über die Umwandlung, i. d. R. mit der für Satzungsänderungen vorgeschriebenen Mehrheit. Beim Formwechsel kommt wegen der zwingenden Beteiligung nur eines Rechtsträgers nur ein Formwechselbeschluss in Frage, der als Entwurf schon als rechtsgeschäftliche Grundlage gedient hat. Für den Beschluss ist generell die notarielle Beurkundung vorgeschrieben (Protokollform genügt). Darüber hinaus bedarf es im Einzelfall ebenfalls notariell (als Willenserklärungen) zu beurkundender **Zustimmungserklärungen** bestimmter besonders betroffener Anteilseigner. Erst mit den erforderlichen Zustimmungsbeschlüssen wird der jeweilige Verschmelzungs- bzw. Spaltungsvertrag wirksam.

Schritt 3 (Eintragung aufgrund Anmeldung)

Die Wirksamkeit der Umwandlung, insbesondere des Vermögensübergangs, des Entstehens und Erlöschens der beteiligten Rechtsträger bzw. beim Formwechsel das Fortbestehen in der neuen Rechtsform wird erst durch die **Eintragung** im zuständigen Register herbeigeführt (§§ 19, 20, 130, 131, 202 UmwG). Eine Eintragung erfolgt bei der Verschmelzung und bei der Spaltung nur aufgrund einer **Anmeldung** durch die zuständigen Vertretungsorgane innerhalb von acht Monaten seit dem Datum, auf das

Andreas Heidinger

die beizufügende Schlussbilanz des übertragenden Rechtsträgers aufgestellt wurde. Der Formwechsel bedarf zwar umwandlungsrechtlich keiner Einreichung einer Schlussbilanz. Steuerrechtlich ergibt sich aber ebenfalls eine Bindung an die auf einen maximal 8 Monate zurückliegenden Zeitpunkt erstellte Steuerbilanz.

Im **Beispielsfall** könnte man grds. mit einer Verschmelzung, einer Abspaltung, einem Formwechsel oder der Sachgründung einer GmbH & Co KG zum Ziel kommen. Wäre eine AG oder eine Publikumsgesellschaft beteiligt oder gibt es einen Betriebsrat, könnten die Fristen im Umwandlungsrecht nicht mehr eingehalten werden. Bei der hier bestehenden Einmann-GmbH (ohne Betriebsrat) sind aber alle störenden Fristen verzichtbar. Daher könnte noch am gleichen Tag z. B. ein Formwechsel von der GmbH in eine GmbH & Co KG beschlossen und elektronisch beim Handelsregister angemeldet werden (zur Problematik der fehlenden Komplementär-GmbH siehe unten Kapitel E.5). Die erst spätere Eintragung im Handelsregister schadet steuerlich nicht.

 Zusammenfassung

Jedes Umwandlungsverfahren hat systematisch 3 Schritte zu durchlaufen. Der rechtsgeschäftlichen Grundlage folgt die Zustimmung aller Anteilseigner. Erst durch die Eintragung im Handelsregister auf Grund einer Anmeldung wird der Umwandlungsvorgang materiell-rechtlich wirksam.

Aufgaben zur Selbstüberprüfung

1. Nennen Sie die drei Schritte bei einer Verschmelzung.
2. Welche Besonderheit besteht beim Formwechsel?

E.3 Die Verschmelzung

Als erste konkrete Umwandlungsart lernen Sie nachfolgend die Verschmelzung kennen. Da sie die „Mutter aller Umwandlungen" darstellt, ist dieses Kapitel das Längste im Lehrbuchteil. Zunächst sollen Sie die Grundstruktur der Verschmelzung erfassen und sich einen Überblick über die Möglichkeiten der Beteiligung von Rechtsträgern in den verschiedensten Rechtsformen verschaffen. Danach werden die Ihnen im Kapitel E.2 dargestellten 3 Schritte eines Umwandlungsverfahrens für die Verschmelzung konkretisiert. Was muss beim Abschluss des Verschmelzungsvertrages beachtet werden? Welche Probleme kann es mit dem Betriebsrat geben? Welche Berichts- und Prüfungspflichten bestehen zur Vorbereitung der Zustimmungsbeschlüsse? Wo liegen Fehlerquellen bei der erforderlichen Zustimmung durch die Gesellschafter oder Mitglieder der beteiligten Rechtsträger? Der in der Praxis streitigste Punkt bei der Verschmelzung, die Anteilsgewährungspflicht und die damit korrespondierende Frage von Kapitalerhöhungsverbot, -wahlrecht oder- pflicht wird in gesonderten Unterkapiteln erläutert. Auch die erforderliche Anmeldung und die darauf gründende Eintragung im Handelsregister mit der Konsequenz der Gesamtrechtsnachfolge werden näher beleuchtet Die grundlegenden Erörterungen nehmen meist Bezug auf die in der Praxis am häufigsten vorkommende Gesellschaftsform, die GmbH. Abschließend beschäftigen Sie sich noch mit den Besonderheiten einzelner ausgewählter Verschmelzungkonstellationen wie z. B. der Verschmelzung der GmbH auf ihren Alleingesellschafter oder von Vereinen untereinander. Zuletzt sollen Sie sensibilisiert werden für die bei einer Verschmelzung drohenden Haftungsgefahren für die Geschäftsführungsorgane, die beteiligten Rechtsträger sowie die betroffenen Anteilsinhaber.

Die Verschmelzung ist die wichtigste im neuen UmwG vorgesehene Umwandlungsform. Einerseits kommt sie in der Praxis am häufigsten vor. Zum anderen wird in den anderen Umwandlungsarten mehr oder weniger vollständig auf die Regelungen des Verschmelzungsrechtes verwiesen, so dass dort die gleichen Grundsätze anzuwenden sind (vgl. nur die §§ 125, 176 Abs. 1, 180 UmwG).

E.3.1 Definition und Grundprinzipien

Beispiel E.3.1

Der Unternehmer Tüchtig betreibt in Würzburg die Tüchtig-Mercedes-GmbH. In Schweinfurt existiert die Listig-Mercedes-GmbH des befreundeten Unternehmers Listig. Um ihre betriebswirtschaftlichen Strukturen zu verbessern, wollen die beiden ihre Unternehmen zu einer GmbH zusammenführen, an der jeder zu 50 % beteiligt ist. Ihr gemeinsamer Steuerberater rät ihnen zu einer Verschmelzung nach dem Umwandlungsrecht, da dies die Steuerneutralität des Vorgangs sichert. Außerdem bleiben alle Vertragsbeziehungen erhalten, ohne dass Kunden, Lieferanten oder Banken gefragt werden müssen.

Andreas Heidinger

Die Verschmelzung beinhaltet folgende **Wesensmerkmale**:
* Verbindung zweier oder mehrerer Rechtsträger
* durch Übergang aller Aktiva und Passiva ipso iure (durch Gesamtrechtsnachfolge)
* von einem oder mehreren liquidationslos erlöschenden Rechtsträgern
* auf den (einen) aufnehmenden oder neu zu bildenden Rechtsträger
* unter Gewährung von Anteilen oder Mitgliedschaften des übernehmenden oder neu-en Rechtsträgers an die Anteilsinhaber (Gesellschafter, Aktionäre, Genossen oder Mitglieder) des übertragenden Rechtsträgers.

Bei der Verschmelzung ist der **Untergang des übertragenden Rechtsträgers** zwingend. Sein Fortbestand kann nicht wirksam vereinbart werden. Dabei geschieht die Verschmelzung jedoch unter Ausschluss der Abwicklung. Dies ergibt sich ebenfalls aus dem Prinzip der Gesamtrechtsnachfolge, die keinen Raum für eine Liquidation lässt.

§ 20 Abs. 1 Nr. 1 UmwG kodifiziert das Prinzip der **Gesamtrechtsnachfolge** für die Verschmelzung. Das Vermögen des übertragenden Rechtsträgers geht als Ganzes auf den übernehmenden oder neu gegründeten Rechtsträger über. Von der praktischen Vorstellung her kommt dies der Gesamtrechtsnachfolge im Erbfall nahe. Aus ihrer Definition folgt auch, dass **einzelne Aktiva oder Passiva** von der Gesamtrechtsnachfolge durch die Verschmelzung **nicht ausgenommen** werden können. Entsprechende Vereinbarungen sind nichtig. Einzelne Gegenstände der erlöschenden Gesellschaft können aber noch bis zum Wirksamwerden der Verschmelzung mit dinglicher Wirkung aus dem Vermögen des übertragenden Rechtsträgers ausgeschieden werden. In unserem Beispiel E.2.1 könnte der Listig also noch einen Mercedes aus der Listig-Mercedes-GmbH vor der Verschmelzung entnehmen, indem er diesen auf sich selbst übereignet.

Bei von der Gesamtrechtsnachfolge erfassten **gegenseitigen Verträgen** kann sich ein **Sonderkündigungsrecht** aus einer entsprechenden Vertragsklausel (change of control-Klausel), aber auch aus den Gesamtumständen ergeben. § 21 UmwG enthält diesbezüglich eine Billigkeitsregelung.

Des Weiteren folgt aus der Definition der Verschmelzung, dass die „**Gegenleistung**" für die Anteilsinhaber der übertragenden Rechtsträger, die dadurch ja ihre Anteile bzw. Mitgliedschaften am erlöschenden Rechtsträger verlieren, in der **Gewährung von – gleichwertigen – Anteilen** oder Mitgliedschaften an dem aufnehmenden bzw. neu entstehenden Rechtsträger bestehen muss. Verschmilzt der Listig in unserem Beispiel 2.1 seine GmbH auf die Tüchtig-Mercedes-GmbH, erhält er als Ausgleich für den Verlust seines Unternehmens eine 50%ige Beteiligung an der aufnehmenden Tüchtig-Mercedes-GmbH. Der Übergang der Anteile erfolgt ex lege (kraft Gesetz). Das UmwG sieht in §§ 54 Abs. 1 S. 3 und 68 Abs. 1 S. 3 neuerdings (Zweites Gesetz zur Änderung des Umwandlungsgesetzes, in Kraft seit 25. April 2007, BGBl. 2007, I Nr. 15 v. 24. April 2007) die Möglichkeit eines **einvernehmlichen notariellen Verzichts** auf die Gewährung von Anteilen vor. Dies ist vor allem im Konzern- und im Familienbereich relevant, in dem nicht zwingend ein wirtschaftlicher Ausgleich zwischen den Beteiligten erfolgt.

Mit dem **Erlöschen des übertragenden Rechtsträgers** endet auch das bisherige mitgliedschaftliche Verhältnis der Gesellschafter. Es wird durch das neue fortgesetzt. Rechte und Pflichten (bei Kapitalgesellschaften insbesondere die Einlagepflicht) aus der alten Mitgliedschaft ergeben sich im selben Umfang jetzt aus dem neuen Mitgliedschaftsverhältnis. Wenn in unserem Beispielsfall E.2.1 die GmbH-Geschäftsanteile des Listig z. B. von einer Bank zur Sicherung von Krediten gepfändet sind, setzt sich das Bankenpfandrecht wegen dieser „**Kontinuität der Mitgliedschaft**" automatisch an den neuen Geschäftsanteilen des Listig an der Tüchtig-Mercedes-GmbH fort. (§ 20 Abs. 1 Nr. 3 Satz 2 UmwG).

E.3.2 Verschmelzungsfähige Rechtsträger

In § 3 UmwG sind alle gängigen Rechtsträgerformen als verschmelzungsfähig genannt, so dass sich eine Vielzahl an Kombinationsmöglichkeiten ergibt. Neben diesen in der nachfolgenden Matrix erfassten Kombinationen sollen nachfolgend noch einige Grenzfälle kurz einzeln erörtert werden.

Die **Europäische Aktiengesellschaft** (SE) mit Sitz in Deutschland ist umwandlungsrechtlich wie eine deutsche Aktiengesellschaft zu behandeln, da sie ihrer Natur nach eine Aktiengesellschaft ist (vgl. insbesondere den Verweis aufs Aktiengesetz im Ausführungsgesetz). Davon zu unterscheiden ist die Frage, wie die SE durch grenzüberschreitende Verschmelzung oder durch Umwandlung aus einer Aktiengesellschaft gegründet werden kann. Die Regelungen hierfür befinden sich in der europäischen SE-VO selbst sowie im nationalen SEAG (siehe dazu unten Kapitel E.7).

Nicht verschmelzungsfähig sind insbesondere die GbR, die Erbengemeinschaft, der nichtrechtsfähige Verein, die stille Gesellschaft und die Stiftung. Die **GbR** kann jedoch seit dem HRefG von 1998, auch wenn sie vermögensverwaltend oder kleingewerbetreibend (nicht aber freiberuflich) tätig ist, über einen Zwischenschritt durch die Eintragung ins Handelsregister nach § 105 Abs. 2 HGB zur verschmelzungsfähigen OHG oder mit entsprechender Satzungsänderung zur KG avancieren (vgl. schon oben Kapitel E.1.4).

Bei der Gründung einer GmbH oder AG entsteht zwischen der notariellen Beurkundung des Gesellschaftsvertrages mit der Gründungsurkunde und der Entstehung der GmbH bzw. der AG mit Eintragung im Handelsregister eine sog. Vor-Gesellschaft. Die **Vor-GmbH** wie auch die **Vor-AG** sind noch nicht umwandlungsfähig (Gesellschaften sui generis), können aber schon den Verschmelzungsvertrag abschließen, die Zustimmungsbeschlüsse fassen lassen und die Anmeldung zum Handelsregister durchführen. Die GmbH/AG muss nur vor der Eintragung der Verschmelzung durch ihre eigene Eintragung entstanden sein.

Die neu durch das MoMiG in § 5a GmbHG eingeführte „Unternehmergesellschaft (haftungsbeschränkt)" ist im Grundsatz eine GmbH und wie diese umwandlungsfähig. Einschränkungen ergeben sich allerdings daraus, dass die AG nicht im Wege der Sachgründung entstehen (§ 5a Abs. 2 S. 2 GmbH) und nicht an einer Sachkapitalerhöhung teilnehmen kann.

Nach § 3 Abs. 3 UmwG können auch **aufgelöste Rechtsträger** an der Verschmelzung als übertragende Rechtsträger teilnehmen, wenn die Fortsetzung beschlossen werden könnte. Dies ist z. B. der Fall nach einem Auflösungsbeschluss, wenn mit der Verteilung des Vermögens noch nicht begonnen wurde. Kein Hinderungsgrund ist jedoch **allein die insolvenzrechtliche Überschuldung** des übertragenden Rechtsträgers, da der Rechtsträger dann noch gar nicht aufgelöst ist (siehe z. B. OLG Stuttgart, Beschl. v. 4. 10.2005, DStR 2006, 338 mit zustimmender Anmerkung von *Wälzholz* = DB 2005, 2681 = GmbHR 2006, 380, zur Verschmelzung einer GmbH auf ihren

von \ auf	PHG	PartG	GmbH	AG	KGaA	e.G.	e.V/ wirt.V	Gen.Pr. Vbd	VVaG	nat. Pers. als AlleinGter
PHG	A/N §§ 39 - 45, 45a - 45e	A/N, §§ 39 - 45, 45a - 45e	A/N, §§ 39 - 45, 46 - 59	A/N, §§ 39 - 45, 60 - 77	A/N, §§ 39 - 45, 78	A/N, §§ 39 - 45, 79 - 98	-	-	-	-
PartG	A/N §§ 39 - 45, 45a - 45e	A/N §§ 45a - 45e	A/N §§ 45a - 45e, 46 - 59	A/N §§ 45a - 45e, 60 - 77	A/N §§ 45a - 45e, 78	A/N §§ 45a - 45e, 79 - 98	-	-	-	-
GmbH	A/N, §§ 39 - 45, 46 - 59	A/N, §§ 45a - 45e, 46 - 59,	A/N §§ 46 - 59	A/N, §§ 46 - 59, 60 - 77	A/N, §§ 46 - 59, 78	A/N, §§ 46 - 59, 79 - 98	-	-	-	§§ 120 - 122 i.V.m. §§ 46 - 59
AG	A/N, §§ 39 - 45, 60 - 77	A/N, §§ 45a - 45e, 60 - 77	A/N §§ 46 - 59, 60 - 77	A/N §§ 60 - 77	A/N §§ 60 - 77	A/N §§ 60 - 77, 79 - 98	-	-	-	§§ 120 - 122 i.V.m. §§ 60 - 77
KGaA	A/N, §§ 39 - 45, 78	A/N §§ 45a - 45e, 78	A/N §§ 46 - 59, 78	A/N, §§ 60 - 77, 78	A/N § 78	A/N §§ 78, 79 - 98	-	-	-	§§ 120 - 122 i.V.m. § 78
e.G	A/N, §§ 39 - 45, 79 - 98	A/N, §§ 45a - 45e, 79 - 98	A/N, §§ 46 - 59, 79 - 98	A/N, §§ 60 - 77, 79 - 98	A/N, §§ 78, 79 - 98	A/N §§ 79 - 98	-	-	-	-
e.V./ wirt. V.	A/N, §§ 39 - 45, 99 - 104a	A/N, §§ 45a - 45e, 99 - 104a	A/N, §§ 46 - 59, 99 - 104a	A/N, §§ 60 - 77, 99 - 104a	A/N, §§ 78, 99 - 104a	A/N, §§ 79 - 98, 99 - 104a	A/N §§ 99 - 104a	A/N §§ 105 - 108	-	-
Gen. Pr. Vbd.	-	-	-	-	-	-	-	A/N §§ 105 - 108	-	-
VVaG	-	-	-	A/N nur Versicherung §§ 60 - 77, 109 - 119	-	-	-	-	A/N §§ 109 - 119	-

Tabelle E.3.1: Verschmelzungsfähige Rechtsträger

Andreas Heidinger

Alleingesellschafter). Ist die Auflösung wie bei der Eröffnung des Insolvenzverfahrens und der Ablehnung der Insolvenzeröffnung mangels Masse zwingende gesetzliche Folge, kommt eine Verschmelzung nicht mehr in Frage.

> **!** **Verschmelzungshindernisse** können sich auch aus gesellschaftsrechtlichen Vorgaben der jeweiligen Rechtsform der beteiligten Rechtsträger oder aus **berufsrechtlichen Gesichtspunkten** ergeben. So kann z.B. eine Steuerberater-GmbH nicht mit einer ein Handelsgewerbe betreibenden Gesellschaft verschmolzen werden. Denn die Steuerberater-GmbH darf nicht gewerblich tätig sein. Die Verschmelzung auf oder auch der Formwechsel in eine Partnerschaftsgesellschaft ist nur zulässig, wenn alle Gesellschafter der übertragenden oder formwechselnden Gesellschaft „partnerschaftsfähig" i.S.d. § 1 PartGG sind (vgl. § 45a UmwG) Die neue UG(haftungsbeschränkt) kann nicht durch Sachgründung entstehen (§ 5a Abs. 2 S. 2 GmbHG) oder an einer Sachkapitalerhöhung beteiligt sein. Da sie maximal 24.999 € Stammkapital haben kann, kommt wegen § 247 UmwG auch ein Formwechsel in die AG (mindestens 50.000 €) nicht in Frage.

E.3.3 Verschmelzungsvertrag

Nachfolgend werden einzelne Fragen zum Verschmelzungsvertrag erläutert. Um seine Auswirkungen besser zu verstehen, ist es wichtig, sich seine Rechtsnatur klarzumachen. Praktisch bedeutsam ist vor allem die Frage, wer einen Verschmelzungsvertrag abschließen kann und welchen Inhalt er haben muss, um wirksam zu sein.

E.3.3.1 Rechtsnatur

Der Verschmelzungsvertrag ist ein **schuldrechtlicher Vertrag** zwischen den beiden oder mehreren an der Verschmelzung beteiligten Rechtsträgern, der schwerpunktmäßig **organisationsrechtlich** wirkt. Anders als ein nur schuldrechtlicher Vertrag zwischen den Vertragsparteien entfaltet er auch Rechtswirkungen gegenüber Dritten. Durch ihn werden nämlich die Strukturen der beteiligten Rechtsträger und die Rechtsverhältnisse der Anteilseigner untereinander und im Verhältnis zum übernehmenden Rechtsträger neu geordnet. Daher ist er vorrangig einer nur **objektiven Auslegung** zugänglich. Er steht unter dem Vorbehalt der Zustimmung der Anteilseigner, ist also **zunächst schwebend unwirksam**. Die Vereinbarung einer zusätzlichen aufschiebenden Bedingung ist allgemein möglich, eine auflösende nur, wenn die Bedingung nach der Eintragung nicht mehr eintreten kann, z.B. weil sie mit der Eintragung entfällt (vgl. § 7 UmwG). Letzteres ergibt sich aus der Bestandskraft einer Verschmelzung durch ihre Eintragung im Handelsregister nach § 20 Abs. 2 UmwG, die auch nicht durch eine auflösende Bedingung des Verschmelzungsvertrages durchbrochen werden kann.

Andreas Heidinger

E.3.3.2 Abschlusskompetenz

 Beispiel E.3.2
Die A-GmbH soll schnellstmöglich auf die B-GmbH verschmolzen werden. Jeweils einer der gesamtvertretungsberechtigten Geschäftsführer ist derzeit längere Zeit wegen Urlaubs bzw. Geschäftsreisen schwer zu erreichen. Für die A-GmbH soll ihr Prokurist, für die B-GmbH der vor Urlaubsantritt von den Geschäftsführern dazu schriftlich bevollmächtigte Steuerberater den Verschmelzungsvertrag abschließen. Notfalls soll der Verschmelzungsvertrag nach Rückkehr der Geschäftsführer genehmigt werden.

Der Verschmelzungsvertrag wird durch die **Vertretungsorgane** der beteiligten Rechtsträger in vertretungsberechtigter Zahl entsprechend den gesetzlichen bzw. satzungsmäßigen Bestimmungen abgeschlossen. **Prokuristen** haben daher nur im Rahmen einer satzungsmäßigen unechten Gesamtvertretung mit einem organschaftlichen Vertreter (z. B. Geschäftsführer oder Vorstand) Abschlusskompetenz. Die Vertretungsorgane können sich allerdings auch durch grds. formlos **rechtsgeschäftlich Bevollmächtigte** vertreten lassen. Das Handeln eines **vollmachtlosen Vertreters** kann nachträglich genehmigt oder die Vollmacht bestätigt werden (§§ 182, 184 BGB). Das Verbot von Insichgeschäften und der Mehrfachvertretung nach § 181 BGB (mit Außenwirkung) sowie statutarische Mitwirkungsrechte weiterer Organe (mit Innenwirkung) sind zu beachten. Im Beispielsfall könnte der Prokurist den Verschmelzungsvertrag nicht wirksam abschließen, sein Auftreten als Vertreter ohne Vertretungsmacht aber nachträglich genehmigt werden.

E.3.3.3 Inhalt

 Übung E.3.1
Bitte lesen Sie jeweils zunächst die jeweilige Textziffer im Gesetzestext, bevor Sie die dazugehörigen Erläuterungen durcharbeiten.

Der **zwingende Inhalt** eines Verschmelzungsvertrages – ebenso wie der Inhalt seines schriftlichen Entwurfes (§ 4 Abs. 2 UmwG) – ergibt sich aus dem Katalog des § 5 Abs. 1 Nr. 1–9 und Abs. 2 UmwG.

(1). **Bezeichnung der Vertragspartner nach Name oder Firma und Sitz.** Für die Firmenfortführung findet sich eine besondere Regelung in § 18 UmwG. Danach ist eine Firmenfortführung bei der Verschmelzung weitestgehend zulässig. Daneben gelten die allgemeinen firmenrechtlichen Vorschriften der §§ 17 ff. HGB.

(2). **Vermögensübertragung als Ganzes gegen Gewährung von Anteilen.** Von der Gesamtrechtsnachfolge durch die Verschmelzung können keine Vermögensgegenstände ausgenommen werden. Zum Dogma der Anteilsgewährungspflicht siehe genauer unten E.3.6.

(3). **Umtauschverhältnis und bare Zuzahlung** oder **Angaben über die Mitgliedschaft.** Dies betrifft die Angabe, wie viele Anteile am übernehmenden Rechtsträger auf einen Anteil des übertragenden Rechtsträgers entfallen (z. B. 1 zu 2 oder bei Kapitalgesellschaften durch Angabe der Nennbeträge). Das Umtauschverhältnis ergibt sich grds. aus der Wertrelation der beteiligten Unternehmen aufgrund einer Bewertung nach einer anerkannten Bewertungsmethode (siehe dazu auch bei der Konzernverschmelzung: OLG Stuttgart Beschl. v. 6.7.2007, AG 2007, 705), kann aber auch frei durch die Parteien bestimmt werden (z. B. im Konzern; siehe dazu OLG Stuttgart Beschl. v. 8.3.2006 – 20 W 5/05, DStR 2006, 626 = AG 2006, 420). Daher ist auch eine quotenabweichende Verschmelzung möglich. Das Umtauschverhältnis ist nicht Gegenstand der registergerichtlichen Prüfung, kann aber nach § 15 UmwG in einem gesonderten Verfahren (sog. Spruchverfahren) der gerichtlichen Überprüfung unterstellt werden (siehe dazu genauer später in Kapitel E.6.2).

Bare Zuzahlungen sollen nur dem Spitzenausgleich beim Umtauschverhältnis dienen und nicht zum „Auskaufen" eines Gesellschafters missbraucht werden können. Daher sehen z. B. §§ 54 Abs. 4 und 68 Abs. 3 UmwG bei aufnehmender GmbH bzw. AG eine Grenze von max. 10 % des Nennbetrages der gewährten Anteile vor.

Bei Verein oder VVaG als übernehmendem Rechtsträger sind statt des Umtauschverhältnisses **Angaben über die Mitgliedschaft** im Verschmelzungsvertrag aufzunehmen.

(4). **Einzelheiten für den Erwerb der Anteile.** Die erforderlichen Anteile werden regelmäßig durch Kapitalerhöhung beim oder Neugründung des aufnehmenden Rechtsträger(s) geschaffen. Es können z. B. aber auch vorhandene eigene Anteile verwendet werden (siehe dazu genauer unten E.3.7).

(5). **Zeitpunkt der Gewinnberechtigung am übernehmenden Rechtsträger.** Regelmäßig wird der Beginn des Geschäftsjahres der übernehmenden Gesellschaft, das auf den Stichtag der letzten Jahresbilanz der übertragenden Gesellschaft folgt, gewählt. Dies ist aber nicht zwingend.

(6). **Verschmelzungsstichtag.** Dies ist der Termin, von welchem an die Handlungen des übertragenden Rechtsträgers im Innenverhältnis als für Rechnung des übernehmenden Rechtsträgers vorgenommen gelten. Dieser muss nach überwiegender Auffassung mit dem Stichtag der Schlussbilanz nach § 17 Abs. 2 UmwG übereinstimmen. Siehe zu den verschieden Stichtagen auch näher unten E.3.3.4.

(7). **Rechte einzelner Anteils- und Rechtsinhaber.** Inhaltlich bezieht sich die Angabepflicht auf jede Form gesellschaftsrechtlicher Sonderrechte oder sonstiger gegenüber dem neuen Rechtsträger eingeräumter schuldrechtlicher Sondervorteile, wie z. B. Optionsrechte auf Aktien oder Wandelschuldverschreibungen, Vorzugsrechte auf Gewinn- oder Liquidationserwerb, Vorerwerbsrechte, Sonderstimmrechte oder Recht zur Bestellung von Organen. § 23 UmwG bestimmt, wie in einigen dieser Fälle die Gegenleistung auszusehen hat. Insbesondere bei der AG sind oft gleichwertige Rechte aktienrechtlich gar nicht zulässig oder Sonderbeschlüsse der einzelnen Aktiengattungen erforderlich. Fehlende Angaben können die Anfechtung und Schadensersatz begründen sowie die Eintragung verhindern.

(8). **Besondere Vorteile für Vertretungsorgane, Aufsichtsräte etc.** Aufzuführen sind Vergünstigungen jeglicher Art wie z. B. Abfindungszahlungen oder die Zusage an Verwaltungsorgane des übertragenden Rechtsträgers, in der übernehmenden Gesellschaft wiederum Organfunktionen zu erhalten. Fehlende Angaben machen die Vereinbarung unverbindlich.

Andreas Heidinger

(9). **Folgen für die Arbeitnehmer.** Diese Angabepflicht korrespondiert mit der Zuleitungspflicht an den Betriebsrat nach § 5 Abs. 3 UmwG (siehe dazu genauer unten E.3.3.6).

Dieser für alle Rechtsformen geltende Katalog wird durch **Sonderregelungen** für die **unterschiedlichen Rechtsformen** der beteiligten Rechtsträger ergänzt (vgl. z. B. für die Verschmelzung der GmbH in die GmbH § 46 UmwG: Nennbetrag des zu gewährenden Anteiles für jeden Anteilsinhaber gesondert). Darüber hinaus kann der Verschmelzungsvertrag noch **fakultative Regelungen** wie z. B. die Verpflichtung zu Satzungsänderungen, Änderung des Geschäftsjahres, Kostentragung oder Kündigungsrechte usw. enthalten.

Liegt ein mangelhafter Verschmelzungsvertrag vor, darf der Registerrichter die Verschmelzung nicht eintragen. Der darauf beruhende Zustimmungsbeschluss ist jedoch nicht nichtig, sondern nur anfechtbar. Fehlt eine der zwingenden Angaben nach Nr. 1–3 (essentialia negotii) ist der **Verschmelzungsvertrag** selbst **nichtig**. Allerdings entfallen gemäß § 5 Abs. 2 UmwG die den Anteilstausch betreffenden Angaben nach § 5 Abs. 1 Nr. 2–5 UmwG im Verschmelzungsvertrag, wenn es bei der Verschmelzung der Tochter-Gesellschaft auf die Muttergesellschaft zu keinem Anteilstausch kommt (zur Anteilsgewährungspflicht siehe unten E.3.6).

➡ **Beispiel E.3.3**

Bei einer Konzernverschmelzung waren sich alle Beteiligten einig, dass nur ein symbolischer Mindestanteil i.H.v. 100 € an die betroffenen Gesellschafter gewährt werden soll. Der Verschmelzungsvertrag enthielt keinerlei Angaben über das Umtauschverhältnis. Der Registerrichter verweigert die Eintragung im Handelsregister und verlangt die Änderung bzw. Ergänzung des Verschmelzungsvertrages sowie erneute Zustimmungsbeschlüsse und Anmeldung. Da schon September ist, hält er die Verwendung der Jahresschlussbilanz zum 31.12. des vorangegangen Jahres nicht mehr für möglich.

Bei der sog. „Mischverschmelzung bzw. -spaltung" (Rechtsträger unterschiedlicher Rechtsformen) zur Aufnahme, im Falle von (stärker) vinkulierten Anteilen beim aufnehmenden Rechtsträger und für die Verschmelzung einer börsennotierte AG auf eine nicht börsennotierte AG ist nach § 29 UmwG im Verschmelzungsvertrag jedem widersprechenden Anteilsinhaber eine **Abfindung anzubieten**. Diese Vorschrift dient dem Minderheitenschutz gegen wesentliche Verschlechterung ihrer Rechtsposition durch die Austrittsmöglichkeit gegen gerichtlich überprüfbare (§ 34 UmwG), angemessene Abfindung (zur Berechnung: OLG Stuttgart Beschl. v. 16.2.2007, AG 2007, 596). Daher ist die Abfindung durch notariell beurkundete Erklärung verzichtbar.

E.3.3.4 Stichtage

Zur besseren Klarstellung sollen nachfolgend nochmals alle im Rahmen von Umwandlungsvorgängen relevanten Stichtage zusammengefasst im Vergleich erläutert werden. Bei der Verschmelzung wie auch bei der Spaltung ist zwischen verschiedenen **Stichtagen** zu unterscheiden. Der Zeitpunkt der **Gewinnberechtigung** nach § 5 Abs. 1 Nr. 5 UmwG kann frei gewählt werden, fällt nur aus praktischen Erwägungen meist auf den Stichtag der letzten Jahresbilanz des übertragenden Rechtsträgers. Gleiches gilt für den

Bewertungsstichtag auf den die Berechnung eines angemessenen Umtauschverhältnisses abstellt. Der **Verschmelzungsstichtag** nach § 5 Abs. 1 Nr. 6 UmwG legt demgegenüber fest, von welchem Tage an die Handlungen des übertragenden Rechtsträgers im Innenverhältnis als für Rechnung des übernehmenden Rechtsträgers vorgenommen gelten und dient der Abgrenzung der Rechnungslegung. Auch ein zukünftiger Stichtag ist grds. zulässig. Dieser wird dann auf der Basis einer erst noch zu erstellenden Bilanz festgelegt. Der **Stichtag der Schlussbilanz** hat insbesondere für die Einhaltung der 8-Monats-Frist bei der Anmeldung nach § 17 Abs. 2 Satz 4 UmwG Bedeutung. Nach noch überwiegender Auffassung muss der Verschmelzungsstichtag mit dem Schlussbilanzstichtag übereinstimmen, genau genommen ihm unmittelbar nachfolgen. Die Zulässigkeit eines variablen Stichtages ist streitig.

> **!** Der **steuerliche Übertragungsstichtag** muss zwingend dem Ablauf des Stichtages der Schlussbilanz des übertragenden Rechtsträgers entsprechen, dem der **Verschmelzungsstichtag** unmittelbar nachfolgen muss (§ 2 Abs. 1 Satz 1 UmwStG: steuerlicher Übergang mit Ablauf des Stichtages).

> **?** **Übung E.3.2**
> Schreiben Sie diejenigen Stichtage heraus, die dem Handelsregister mitgeteilt werden müssen.

E.3.3.5 Form

Nach § 6 UmwG ist der Verschmelzungsvertrag **notariell zu beurkunden**. Der **Entwurf**, der als Grundlage für den Zustimmungsbeschluss genügt (§ 4 Abs. 2 UmwG), bedarf nur der Schriftform. Ob **Auslandsbeurkundung** genügt, ist sehr streitig. Ein eventueller **Formmangel** wird nach § 20 Abs. 1 Nr. 4 UmwG durch die Eintragung **geheilt**.

E.3.3.6 Zuleitung an den Betriebsrat

Nach § 5 Abs. 3 UmwG muss der vollständige Verschmelzungsvertrag oder sein Entwurf einen Monat vor den Zustimmungsbeschlüssen den zuständigen Betriebsräten der jeweiligen Rechtsträger zugeleitet werden. Diese Zuleitung dient der Information des Betriebsrates, aber auch den Interessen aller Arbeitnehmer. Daher kann vom Betriebsrat auf die Monatsfrist, nicht aber die Zuleitung als solche **verzichtet** werden. Die fehlende oder nicht fristgerechte Zuleitung ist ein **Eintragungshindernis** (§ 17 Abs. 1 UmwG), begründet aber kein Anfechtungsrecht der Anteilsinhaber oder gar der Arbeitnehmer. Der Betriebsrat soll lediglich in die Lage versetzt werden, seine mitbestimmungsrechtlichen Kompetenzen auszuüben.

§ 5 Abs. 3 UmwG korrespondiert mit § 5 Abs. 1 Nr. 9 UmwG, wonach der Verschmelzungsvertrag auch **Angaben über die Folgen der Verschmelzung für die Arbeitnehmer** und ihre Vertretungen sowie die insoweit vorgesehenen Maßnahmen zu enthalten hat. Fehlen die Angaben im Verschmelzungsvertrag oder sind diese unvollständig, kann die Informationspflicht des Betriebsrates nicht erfüllt werden. Die Richtigkeit der Angaben hat das Registergericht jedoch nicht zu prüfen. Der genaue **Umfang der Angaben** im

Andreas Heidinger

Verschmelzungsvertrag ist derzeit noch sehr umstritten. Neben den nur unmittelbaren Folgen der Verschmelzung müssen meines Erachtens auch Angaben über die mittelbaren Folgen gemacht werden, soweit diese bereits abzusehen sind.

 Beispiel E.3.4

Anzugeben ist z. B., dass die Arbeitsverhältnisse übergehen, ob die Tarifbestimmungen und ein bestehender Betriebsrat erhalten bleiben. Überwiegend werden auch Angaben über Veränderungen der Betriebsstruktur (Entlassungen, Werksstilllegungen, Zusammenlegungen von Abteilungen u. v, m.) im direkten zeitlichen und sachlichen Zusammenhang mit der Verschmelzung gefordert.

Fehlt ein Betriebsrat, bedarf es keiner Zuleitung, erst recht keiner Schaffung eines Betriebsrates. Angaben im Verschmelzungsvertrag nach § 5 Abs. 1 Nr. 9 UmwG dürfen allein deshalb jedoch nicht ganz entfallen. Fehlen überhaupt Arbeitnehmer, genügt dies als Angabe im Verschmelzungsvertrag. Besteht neben den Betriebsräten für die einzelnen beteiligten Unternehmen ein **Gesamt- oder Konzernbetriebsrat**, sollte wegen der diesbezüglich unklaren Rechtslage allen Betriebsräten zugeleitet werden. Denn regelmäßig sind durch den Umwandlungsvorgang die Belange aller Betriebsräte betroffen.

Neben den rein umwandlungsrechtlichen Normen bleiben die arbeitsrechtlichen Regelungen anwendbar. So bleibt gemäß § 324 UmwG auch **§ 613a BGB** – die allgemeine Regelung über Rechte und Pflichten der Arbeitgeber und der Arbeitnehmer für einen Betriebsübergang – bei Umwandlungen anwendbar. Wenn die Voraussetzung des **Betriebsübergangs** vorliegt, sind z. B. nach § 613a Abs. 5 BGB die Arbeitnehmer über den Übergang der Arbeitsverhältnisse zu informieren. Diese individuelle Benachrichtigung der Arbeitnehmer muss zusätzlich zu der Mitteilung an den Betriebsrat erfolgen. Denn die 1-Monatsfrist für einen eventuell gegebenen Widerspruch des Arbeitnehmers gegen den Übergang seines Arbeitsverhältnisses beginnt erst mit dem Zugang dieser Benachrichtigung. Das BAG (*Beck*, RS 2008, 53845) billigt den betroffenen Arbeitnehmern bei der Verschmelzung allerdings nur ein außerordentliches Kündigungsrecht zu.

E.3.3.7 Aufhebung und Änderung

Bzgl. der Aufhebung oder Änderung eines Verschmelzungsvertrages ist nach dem zeitlichen Fortschritt des Umwandlungsvorganges zu differenzieren:

(1). Die Aufhebung oder Änderung des Verschmelzungsvertrages **vor dem letzten erforderlichen Zustimmungsbeschluss** ist ohne weiteres durch die Vertretungsorgane selbst möglich, da der Verschmelzungsvertrag noch nicht wirksam ist. Änderungen müssen beurkundet und ggf. die Betriebsratszusendung und bereits erfolgte Zustimmungsbeschlüsse wiederholt werden. Die Aufhebung soll in diesem Stadium privatschriftlich zulässig sein.

(2). Nachdem die **Zustimmungsbeschlüsse zum Verschmelzungsvertrag bereits gefasst** wurden, bedarf sowohl die Aufhebung als auch die Änderung entsprechender Zustimmungsbeschlüsse mit der gleichen gesetzlich erforderlichen Mehrheit.

(3). **Nach Eintragung** im Handelsregister kann der Verschmelzungsvertrag weder aufgehoben noch geändert werden, weil die Verschmelzung vollzogen ist (§ 20 Abs. 1 UmwG).

➡ **Beispiel E.3.5**

Änderungen ergeben sich z. B. bezüglich des Umtauschverhältnisses oder wenn zwingende Bestandteile des Verschmelzungsvertrages ergänzt werden sollen.

E.3.4 Berichts- und Prüfungspflichten

Die beteiligten Gesellschafter oder Mitglieder sollen gut informiert sein, wenn sie über den geschlossenen oder beabsichtigten Verschmelzungsvertrag abstimmen. Darüber hinaus sollen sie vor Benachteiligung insbesondere durch die Geschäftsführung oder die Mehrheitsgesellschafter geschützt werden. Daher sieht das Gesetz abhängig von der Rechtsform des jeweils beteiligten Rechtsträgers unterschiedlich intensive Informations- und Prüfungspflichten vor. Weil sowohl die Informationspflichten als auch die Prüfungspflichten dem individuellen Schutz der Gesellschafter dienen, können diese regelmäßig darauf verzichten.

E.3.4.1 Verschmelzungsbericht

Die Vertretungsorgane jedes beteiligten Rechtsträgers haben grds. immer einen (ggf. gemeinsamen) **Verschmelzungsbericht** zu erstellen (§ 8 UmwG). Unter bestimmten Voraussetzungen sind in den besonderen Regelungen für Rechtsträger bestimmter Rechtsformen auch Ausnahmen von der Berichtspflicht vorgesehen (z. B. § 41 UmwG für Personenhandelsgesellschaften, bei denen alle Gesellschafter zur Geschäftsführung berechtigt sind). Entbehrlich ist ein Verschmelzungsbericht auch, wenn alle Anteilsinhaber aller Rechtsträger darauf **in notarieller Form verzichtet** haben oder die Verschmelzung einer Tochter- auf ihre Muttergesellschaft erfolgt (§ 8 Abs. 3 UmwG). Da der Verzicht keine höchstpersönliche Erklärung darstellt, ist Vertretung aufgrund formloser Vollmacht möglich. Der Bericht muss **schriftlich abgefasst**, aber nur von den Mitgliedern des Vertretungsorgans in vertretungsberechtigter Zahl unterzeichnet sein (BGH Beschl. v. 21.5.2007, ZIP 2007, 1524 = NZG 2007, 714).

Der Verschmelzungsbericht dient der **Vorabinformation der Gesellschafter** zur sachgerechten Vorbereitung auf die Versammlung der Anteilseigner (vgl. § 47 UmwG: auch Übersenden mit Einberufung). Er muss zeitnah (ca. innerhalb von 8 Monaten) zum Umwandlungsstichtag erstellt werden. Der Bericht soll den Anteilsinhabern eine Plausibilitätskontrolle des vorgeschlagenen Umtauschverhältnisses ermöglichen, nicht aber den Verschmelzungsvorgang bis in alle Einzelheiten nachzuvollziehen. Hierfür muss die wirtschaftliche Zweckmäßigkeit der Maßnahme, insbesondere durch Darstellung der Ermittlung der Unternehmenswerte und der wirtschaftlichen Hintergründe erläutert werden. Es bedarf zwar keines detaillierten Synergiefahrplans, aber einer groben Schätzung und der schlagwortartigen Aufzählung der durch die Verschmelzung geplanten Kosteneinsparungen. Unzureichende Informationen führen i. d. R. zur Anfechtbarkeit der Zustimmungsbeschlüsse.

Andreas Heidinger

E.3.4.2 Verschmelzungsprüfung

Die §§ 9–12 UmwG sehen die Prüfung des Verschmelzungsvertrages oder seines Entwurfes durch einen oder mehrere vom Vertretungsorgan bestellte (§ 10 Abs. 1 UmwG) sachverständige Prüfer vor. Im Zentrum der Prüfung steht die **Angemessenheit des Umtauschverhältnisses** unter Berücksichtigung der baren Zuzahlung und der für die Anteilsinhaber vorgesehenen Mitgliedschaften. Ob eine Verschmelzungsprüfung erforderlich ist, bestimmt sich nach den besonderen Regelungen jeweils bei den einzelnen beteiligten Rechtsträgern, die dies ausdrücklich anordnen müssen. Bei der GmbH muss sie z. B. nach § 48 UmwG nur auf Verlangen eines Gesellschafters durchgeführt werden. Gemäß § 9 Abs. 1, 3 i. V. m. § 8 Abs. 3 UmwG ist bei allen beteiligten Rechtsträgern die Verschmelzungsprüfung **in notarieller Form verzichtbar** und bei der Verschmelzung einer Tochter auf ihre Mutter entbehrlich. Die Muttergesellschaft als alleinige Gesellschafterin bedarf nicht des besonderen Schutzes durch eine Verschmelzungsprüfung, da das Vermögen der Tochter sowieso auf die Muttergesellschaft verschmolzen wird und in diesem Zusammenhang keine Anteile zu gewähren sind.

E.3.4.3 Prüfungsbericht

Das Ergebnis der Verschmelzungsprüfung wird in einem Prüfungsbericht niedergelegt und testiert. Auch dieser ist **verzichtbar** und bei der Tochter/Mutterverschmelzung entbehrlich (§ 12 Abs. 3 i. V. m. § 8 Abs. 3 UmwG). Ein Verstoß gegen die Pflicht zur Vorlage des Prüfungsberichts führt zur Anfechtbarkeit des Umwandlungsbeschlusses.

E.3.5 Zustimmungsbeschlüsse

Den Zustimmungsbeschlüssen kommt grds. bei allen beteiligten Rechtsträgern eine zentrale Bedeutung zu. Alle Gesellschafter können bestimmen, ob sie mit der geplanten Verschmelzung, die sie hauptsächlich betrifft, einverstanden sind. Erst mit den Zustimmungsbeschlüssen wird der Verschmelzungsvertrag wirksam. Daher sind sie auch erforderlich, um eine fristwahrende Anmeldung innerhalb der 8-Monatsfrist des § 17 Abs. 2 Satz 4 UmwG zu erreichen.

E.3.5.1 Einberufung und Offenlegung

Das UmwG sieht für die beteiligten Rechtsträger je nach vorliegender Rechtsform unterschiedlich strenge Pflichten zur Bekanntmachung und Offenlegung vor.

 Beispiel E.3.6

Am strengsten sind die Anforderungen bei der Beteiligung einer AG. Nach § 61 UmwG ist dann der **Verschmelzungsvertrag** oder sein Entwurf vor der Einberufung der Hauptversammlung, die über die Zustimmung beschließen soll, zum Zweck der Bekanntmachung **beim Registergericht** jeder beteiligten AG **einzureichen**. Darüber hinaus sieht § 63 UmwG in Abs. 1 die **Auslegung diverser Unterlagen** (insbesondere Verschmelzungsvertrag, Verschmelzungsbericht, Prüfungsbericht und Jahresabschlüsse mit Lageberichten aller beteiligten Rechtsträger der letzten drei Jahre) vor. Diese muss in den Geschäftsräumen der jeweiligen AG zur Einsicht der Aktionäre von der Einberufung der Hauptversammlung an erfolgen, die über die Zustimmung zum Verschmelzungsvertrag beschließen soll. Die letzte auszulegende Jahresbilanz darf einen höchstens 6 Monate zurückliegenden Stichtag haben (§ 63 Abs. 1 Nr. 3 UmwG), so dass sich hierdurch faktisch die 8-Monatsfrist des § 17 Abs. 2 Satz 4 UmwG verkürzen kann. Der Jahresabschluss des vergangenen Jahres muss dann nicht ausgelegt werden, wenn er noch nicht aufgestellt sein musste. § 63 Abs. 3 UmwG enthält das Recht jedes Aktionärs auf eine Abschrift dieser Unterlagen.

Für die **Ladung zur Mitgliederversammlung** gelten grds. die allgemeinen Regeln für den jeweiligen Rechtsträger. Zusätzlich ist bei einzelnen Rechtsträgern vorgesehen, dass der Verschmelzungsvertrag oder sein Entwurf und ggf. der Verschmelzungsbericht mit der Ladung zu übersenden sind (vgl. z. B. § 47 UmwG für die GmbH).

 Beispiel E.3.7
Bei der AG ist regelmäßig eine Ladungsfrist von 1 Monat, bei der Genossenschaft von 2 Wochen, bei der GmbH von 1 Woche einzuhalten.

E.3.5.2 Beschlussfassung

Die Anteilsinhaber aller an der Verschmelzung beteiligten Rechtsträger müssen der Verschmelzung auf der Grundlage des vollständigen Vertrages oder seines Entwurfes **zustimmen** (§ 13 Abs. 1 UmwG). Ergeben sich an dem zugestimmten Entwurf **Änderungen**, bedarf es erneuter Zustimmungsbeschlüsse. Auch der Zustimmungsbeschluss zunächst nur bei einem beteiligten Rechtsträger lässt für diesen eine Bindungswirkung vergleichbar mit einem Angebot entstehen.

Formalitäten

Das UmwG sieht hierfür bei der Beteiligung der verschiedensten Rechtsträger ¾- **Mehrheit** vor (§§ 43 Abs. 2, 50 Abs. 1, 65, 78, 84, 112 UmwG), bei der Beteiligung von Personenhandelsgesellschaften und Partnerschaftsgesellschaften, – vorbehaltlich anderweitiger Regelung im Gesellschaftsvertrag – **Einstimmigkeit** (§§ 43 Abs. 1, 45d UmwG). Dies trägt der auch im allgemeinen Gesellschaftsrecht verankerten personalistischen Struktur der Personengesellschaften Rechnung. Strengere satzungsmäßige Mehrheiten sind zu beachten, selbst wenn sie nur für Satzungsänderungen/bei übertragendem Rechtsträger auch für die Auflösung geregelt sind.

Die Beschlüsse müssen in einer **notariell beurkundeten Versammlung** gefasst werden, so dass ein Umlaufbeschluss unzulässig ist. Eine **Auslandsbeurkundung** wird überwiegend für unzulässig gehalten, da sie nicht in gleicher Weise die erforderliche Richtigkeitsgewähr für die nachfolgende Handelsregistereintragung gewährleisten kann. Schon die Verpflichtung zum Zustimmungsbeschluss ist jedenfalls dann beurkundungsbedürftig, wenn eine wirtschaftlich bedeutende Strafe beim Scheitern der Verschmelzung zu zahlen ist (sog. break-up fee).

Andreas Heidinger

Vertretung

Anteilsinhaber können sich grds. nach den Regeln des jeweiligen beteiligten Rechtsträgers bei der Beschlussfassung von einem durch **Vollmacht** legitimierten Dritten vertreten lassen. Nur bei einer **Verschmelzung zur Neugründung** ist die Vollmacht zu beglaubigen (§ 2 Abs. 2 GmbHG; § 23 Abs. 1 Satz 2 AktG). Bei der Stimmabgabe im Verschmelzungsbeschluss ist wie bei satzungsändernden Beschlüssen grds. § 181 BGB (Verbot des Insichgeschäfts und der Mehrfachvertretung) zu beachten. Daher benötigen Minderjährige ggf. jeweils einen **Ergänzungspfleger**. Die Notwendigkeit einer **vormundschaftsgerichtlichen Genehmigung** für die Mitwirkung eines Minderjährigen an einem Verschmelzungsbeschluss ist höchst umstritten. Dies hängt davon ab, ob der Minderjährige durch Übernahme von Verbindlichkeiten in die persönliche Haftung geraten kann, was sich insbesondere hängt insbesondere auch nach der Rechtsform des beteiligten Rechtsträgers richtet.

Sonderfall bei aufnehmender AG

Bei einer **AG** als übernehmenden Rechtsträger kann ein **Verschmelzungsbeschluss** der übernehmenden AG bei einer Beteiligung von mindestens 90 % an der übertragenden Kapitalgesellschaft **entbehrlich** sein, vgl. § 62 Abs. 2 UmwG. Damit sollen unnötige, hohe Kosten einer Hauptversammlung erspart bleiben. Für die Aktionäre der aufnehmenden Aktiengesellschaft ist die Hineinverschmelzung einer Tochtergesellschaft nur von geringer wirtschaftlicher Bedeutung (sog. Bagatellverschmelzung). Anteile sind, soweit einer Verschmelzung der Mutter auf ihre Tochter vorliegt, nicht zu gewähren. 5 % der Aktionäre der übernehmenden AG können aber entgegen den Plänen des Vorstandes ohne Angabe von Gründen die Beschlussfassung (§ 62 Abs. 1 und 2 UmwG) verlangen.

Um die Aktionäre von diesem Vorhaben zu informieren, müssen nach § 62 Abs. 3 UmwG einen Monat vor der Hauptversammlung der übertragenden Gesellschaft, die den Zustimmungsbeschluss fassen soll, in den Geschäftsräumen der übernehmenden Gesellschaft zur Einsicht der Aktionäre die in § 63 Abs. 1 UmwG genannten **Unterlagen ausgelegt** werden. Darüber hinaus bedarf es einer **speziellen Bekanntmachung** (§ 62 Abs. 3 S. 2 UmwG). Die 90 %ige Beteiligung muss nach überwiegender Meinung spätestens zum Zeitpunkt der Anmeldung der Verschmelzung vorliegen.

E.3.5.3 Einzelzustimmungserklärungen

Von dem Zustimmungsbeschluss durch Stimmabgabe der Anteilsinhaber sind die zum Teil erforderlichen **individuellen Zustimmungserklärungen** aller oder bestimmter Anteilsinhaber zu unterscheiden. Gemäß § 13 Abs. 3 UmwG sind auch diese **notariell zu beurkunden**. In diesem Zusammenhang sind insbesondere

- die Zustimmung bei vinkulierten Anteilen (§ 13 Abs. 2 UmwG),
- die Zustimmung aller beim Zustimmungsbeschluss nicht anwesender Gesellschafter von Personenhandelsgesellschaften oder Partnerschaftsgesellschaften (§§ 43 Abs. 1, 45d Abs. 1 UmwG),
- die Zustimmung der Beteiligten GmbH-Gesellschafter, wenn bestimmte Minderheitsrechte eines einzelnen Gesellschafters beeinträchtigt (§§ 50 Abs. 2 UmwG) werden,

Andreas Heidinger

- die Zustimmung bei nicht voll eingezahlten Geschäftsanteilen (§ 51 UmwG) wegen der darin enthaltenen Erhöhung des Haftungsrisikos
- und wenn persönliche Haftung übernommen werden soll,

zu nennen.

E.3.6 Anteilsgewährungspflicht

E.3.6.1 Allgemeines

Die Frage, ob im Rahmen einer Verschmelzung an die Anteilsinhaber der übertragenden Rechtsträger als Ersatz für den Verlust ihrer Rechtsposition Anteile am übernehmenden Rechtsträger gewährt werden müssen, ist von der Frage zu trennen, woher diese zu gewährenden Anteile kommen (z. B. bei Kapitalgesellschaften aus einer Kapitalerhöhung). Das Gesetz sieht eine **allgemeine Ausnahme von der Anteilsgewährungspflicht** allein vor, soweit die Verschmelzung der 100 %igen Tochtergesellschaft auf ihre Mutter (vgl. §§ 5 Abs. 2, 20 Abs. 1 Nr. 3 Satz 1 2. HS. 1. Alt. UmwG) oder der übertragenden Rechtsträgers eigene Anteile hält (§ 20 Abs. 1 Nr. 3 Satz 1 2. HS 2. Alt. UmwG). Die bei dieser Konstellation ansonsten erfolgende Gewährung eigener Anteile an dem aufnehmenden Rechtsträger soll bei Kapitalgesellschaften vermieden werden und wäre bei Personenhandelsgesellschaften nach allgemeinen gesellschaftsrechtlichen Regeln gar nicht möglich.

Auch durch **bare Zuzahlungen** kann die Anteilsgewährung nur bis 10 % des Nennbetrags der gewährten Anteile ersetzt werden (§§ 54 Abs. 4, 68 Abs. 3 UmwG). Eine **Darlehensgewährung** als Gegenleistung ist wie Sachleistungen ganz unzulässig. Ein eventueller Mehrwert des übertragenden Rechtsträgers muss in die **Kapitalrücklagen** gestellt werden.

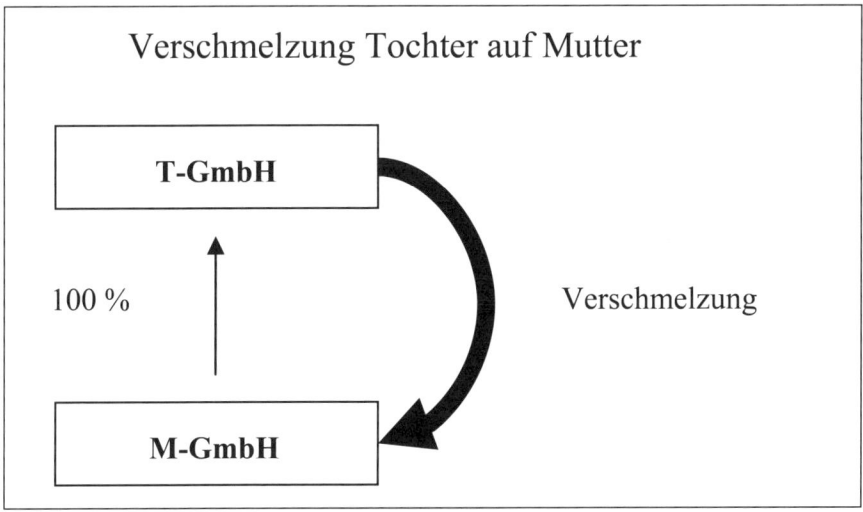

Abbildung E.3.6.1: Verschmelzung Tochter auf Mutter

Andreas Heidinger

E.3.6.2 Verzicht auf Anteilsgewährung

Früher war die Frage sehr umstritten, ob durch die Berechtigten auf die **Gewährung von Anteilen verzichtet** werden kann. Das UmwG sieht in §§ 54 Abs. 1 S. 3 und 68 Abs. 1 S. 3 neuerdings (eingeführt durch das zweite Gesetz zur Änderung des Umwandlungsgesetzes, in Kraft seit 25. April 2007, BGBl. 2007, I Nr. 15 v. 24. April 2007) die Möglichkeit eines einvernehmlichen notariellen Verzichts auf die Gewährung von Anteilen jedenfalls für die GmbH und die AG als aufnehmenden Rechtsträger ausdrücklich vor.

Nach bisherigem Rechtsstand wurde die Anteilsgewährungspflicht als Wesensmerkmal der Verschmelzung und Spaltung angesehen sowie die hierbei zu berücksichtigenden Gläubigerschutzgesichtspunkte betont. Da insbesondere bei gleichem Gesellschafterbestand beim übertragenden und beim übernehmenden Rechtsträger (sog. **Schwesterverschmelzung**) aus Sicht der Anteilseigner eine Anteilsgewährung wirtschaftlich unsinnig erscheint, sprachen sich schon vor der Gesetzesänderung große Teile der Literatur und einzelne Instanzgerichte gegen eine Anteilsgewährungspflicht in den verschiedensten Konstellationen aus.

Demgegenüber hatten sich die Obergerichte (OLG Frankfurt/M., DNotZ 1999, 154; KG, DNotZ 1999, 158 jeweils mit Anm. *Heidinger*; jüngst wieder OLG Hamm, NJW-RR 2004, 1556 = GmbHR 2004, 1533) zumindest bei der Verschmelzung von Kapitalgesellschaften unter Berufung auf den in der Regierungsbegründung zu § 54 UmwG (abgedruckt bei *Ganske*, Umwandlungsrecht, 2. Aufl. 1995, S. 103) bereits betonten Gläubigerschutzgedanken ausdrücklich für eine Anteilsgewährungspflicht entschieden. In der Praxis wurde dieser Grundgedanke des Gläubigerschutzes aber auch bisher schon dadurch ausgehebelt, dass – von den Registergerichten inzwischen allgemein anerkannt – bei Kapitalgesellschaften die kleinstmögliche Anteilsgewährung mit einer entsprechend kleinen Kapitalerhöhung bei der aufnehmenden Kapitalgesellschaft akzeptiert wird. Bei der GmbH genügt die Gewährung eines 1-€-Geschäftsanteiles und bei der AG eine 1-€-Aktie.

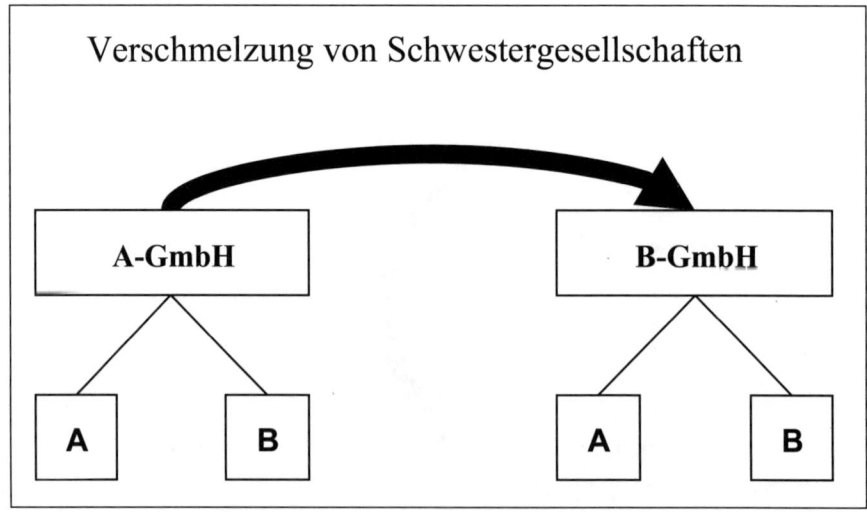

Abbildung E.3.6.2: Verschmelzung von Schwestergesellschaften

Andreas Heidinger

E.3.6.3 Anteilsgewährung bei Personengesellschaften

Bei der Verschmelzung von Personenhandelsgesellschaften ist – insbesondere bei der Schwesterkonstellation – weiterhin streitig, ob auf die Gewährung von Anteilen ganz verzichtet werden kann. Da bei der Kommanditgesellschaft nur in geringem Maße und bei der OHG als aufnehmendem Rechtsträger überhaupt keine Gläubigerschutzgesichtspunkte relevant werden können, erscheint diese Frage der Anteilsgewährungspflicht derzeit offen. Die neuen **Verzichtsmöglichkeiten** in §§ 54 und 68 UmwG betreffen sowohl ihrem Wortlaut als auch ihrem Standort nach nur Verschmelzungen auf eine GmbH oder eine AG. Für die Praxis bleibt die derzeit noch ungeklärte Frage, ob die Verzichtsmöglichkeit „erst recht" analog §§ 54, 68 UmwG für Personengesellschaften gilt, oder ob es sich bei dieser Regelung um eine bewusste Sonderregelung für den praktisch wichtigen Fall der Verschmelzung auf eine Kapitalgesellschaft handelt.

Ist der Gesellschafter eines übertragenden Rechtsträgers bereits Gesellschafter bei der aufnehmenden Personenhandelsgesellschaft (sog. **Schwesterkonstellation**), kann ihm wegen des personengesellschaftsrechtlichen Verbots der Mehrfachbeteiligung keine zweite Gesellschafterstellung eingeräumt werden, sondern nur seine bereits vorhandene aufgestockt werden. Beim Kommanditist einer aufnehmenden KG, wird allgemein anerkannt, dass die Erhöhung des Kapitalkontos genügt, d.h. dass die Hafteinlage nicht verändert werden muss.

Bei der **Verschmelzung einer GmbH & Co KG** auf eine weitere GmbH & Co KG mit anderer Komplementär-GmbH stellt sich die Frage nach der Anteilsgewährungspflicht an die Komplementär-GmbH der übertragenden KG. Auch eine 0-Kapitalbeteiligung vermittelt eine Mitgliedschaft i.S.d. Umwandlungsrechts. Daher muss der Komplementär-GmbH der übertragenden GmbH & Co KG eine neue Gesellschafterstellung bei der aufnehmenden GmbH & Co KG gewährt werden. Möglich ist die Einräumung einer Kommanditistenstellung (evtl. mit 0 Kapitalanteil, und geringfügiger Hafteinlage). Alternativ könnte ihr auch eine Komplementärstellung ohne Kapitalbeteiligung eingeräumt werden, was aber zu ihrer persönlichen Haftung auch für Verbindlichkeiten der übernehmenden GmbH & Co KG führt. In allen Fällen kann die überflüssige „Ex-Komplementärin" nach allgemeinen Regeln unmittelbar nach der Verschmelzung ausscheiden oder auch auf die übernehmende KG verschmolzen werden.

Ist der aufnehmende oder der neu gegründete Rechtsträger eine Personenhandelsgesellschaft, muss im **Verschmelzungsvertrag** bestimmt werden, welche Stellung

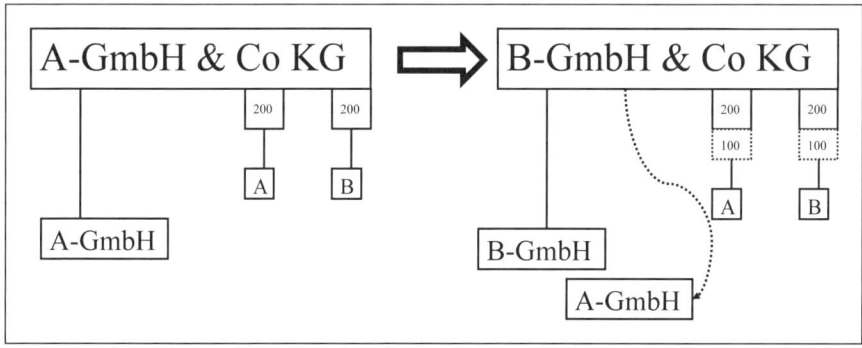

Abbildung E.3.6.3: Anteilsgewährung bei Personenhandelsgesellschaften

Andreas Heidinger

(**Kommanditist/Komplementär**) die Anteilseigner des übertragenden Rechtsträgers erhalten (§ 40 Abs. 1 UmwG). Bei bestimmten Konstellationen (z. B. vorher keine persönliche Haftung) ist dem Gesellschafter eines übertragenden oder auch aufnehmenden Rechtsträgers die Stellung eines Kommanditisten zu gewähren (§§ 40 Abs. 2 Satz 1, 43 Abs. 2 Satz 3 UmwG).

Die neue oder erhöhte **Hafteinlage** eines Gesellschafters des übertragenden Rechtsträgers bei einer aufnehmenden oder neu gegründeten Kommanditgesellschaft ist i. S. d. § 172 Abs. 1 HGB nur **haftungsbefreiend erbracht**, wenn sein Anteil am Vermögen der übertragenden Gesellschaft werthaltig war. Die Überschuldung des übertragenden Rechtsträgers ist kein Hindernis für die Verschmelzung auf eine Personenhandelsgesellschaft. Der Kommanditist bleibt dann in Höhe der nicht erbrachten Hafteinlage allerdings persönlich für die Verbindlichkeiten der Kommanditgesellschaft haftbar.

E.3.7 Kapitalerhöhung oder Neugründung

Von der Frage, ob Anteile zu gewähren sind, ist die Frage zu trennen, woher diese Anteile kommen. Bei der Verschmelzung zur Aufnahme auf eine bestehende Kapitalgesellschaft können diese regelmäßig durch eine Kapitalerhöhung geschaffen werden. Alternativ können bereits z. B. als eigene Anteile vorhandene Anteile verwendet werden. Bei der Verschmelzung zur Neugründung entstehen die zu gewährenden Beteiligungen durch die Neugründung des aufnehmenden Rechtsträgers im Zuge der Verschmelzung.

E.3.7.1 Kapitalerhöhung bei Verschmelzung zur Aufnahme

Wenn keine Anteile zu gewähren sind, besteht auch keine Notwendigkeit Anteile durch eine Kapitalerhöhung zu schaffen. Daher korrespondiert bei Kapitalgesellschaften mit der Anteilsgewährungspflicht ein **Kapitalerhöhungsgebot bzw. -verbot** (§ 54 UmwG für die GmbH und § 68 UmwG für die AG). Der jeweilige Abs. 1 Satz 1 und Abs. 2 normiert ein **Kapitalerhöhungsverbot,** soweit

- eine Tochter auf ihre Mutter verschmolzen werden soll (Nr. 1),

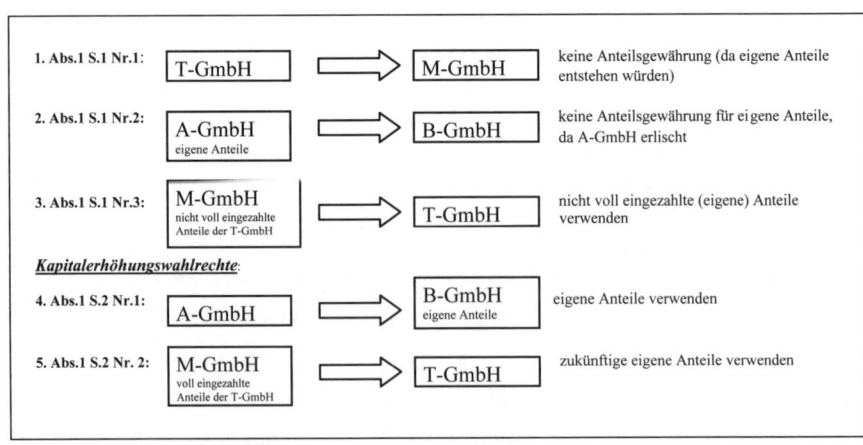

Abbildung E.3.7.1: Kapitalerhöhung

Andreas Heidinger

- beim übertragenden Rechtsträger eigene Anteile vorhanden sind (Nr. 2) oder
- bei der Verschmelzung einer Mutter auf ihre Tochter bei der Mutter nicht voll eingezahlte Anteile der Tochter vorhanden sind (Nr. 3).

Damit soll korrespondierend mit der Ausnahme zur Anteilsgewährungspflicht (§ 20 Abs. 1 Nr. 3 UmwG) die Schaffung oder Erhaltung eigener Anteile bzw. der Verlust von Stammeinlageforderungen durch Konfusion verhindert werden.

Abs. 1 Satz 2 und Abs. 2 gibt der jeweils aufnehmenden Kapitalgesellschaft ein **Wahlrecht** zwischen der Kapitalerhöhung und der Verwendung bereits vorhandener Anteile zur Erfüllung ihrer Anteilsgewährungspflicht, soweit

- die übernehmende Gesellschaft eigene Anteile innehat (Nr. 1) oder
- ein übertragender Rechtsträger voll eingezahlte Geschäftsanteile/Aktien des übernehmenden Rechtsträgers innehat (Nr. 2).

Vom Standort her systemwidrig regeln §§ 54 Abs. 1 S. 3 und 68 Abs. 1 S. 3 UmwG neuerdings die Möglichkeit, auf die **Anteilsgewährung zu verzichten** (siehe dazu bereits oben E.3.6.3 bei der Anteilsgewährungspflicht).

E.3.7.2 Kapitalaufbringung

Die **Kapitalerhöhung zur Erfüllung der Anteilsgewährungspflicht** im Rahmen einer Verschmelzung bei der aufnehmenden Kapitalgesellschaft ist von der Verschmelzung **wechselseitig abhängig** (vgl. §§ 53, 66 UmwG). Sie unterliegt den allgemeinen Regeln einer **Sachkapitalerhöhung**, soweit nicht § 55 Abs. 1 UmwG diese ausschließt. Eine gesonderte Übernahmeerklärung muss daher z. B. nicht abgegeben werden. Auch sind die Vorgaben für die Bewirkung der Sacheinlage (§§ 56a, 7 GmbHG) sowie die Versicherung des Geschäftsführers (§ 57 Abs. 2 und 3 Nr. 1 GmbHG) entbehrlich. Wegen des **Verbots der Unterpari-Emission** muss der Wert des übertragenden Rechtsträgers den Kapitalerhöhungsbetrag decken, was die Verschmelzung eines materiell-überschuldeten

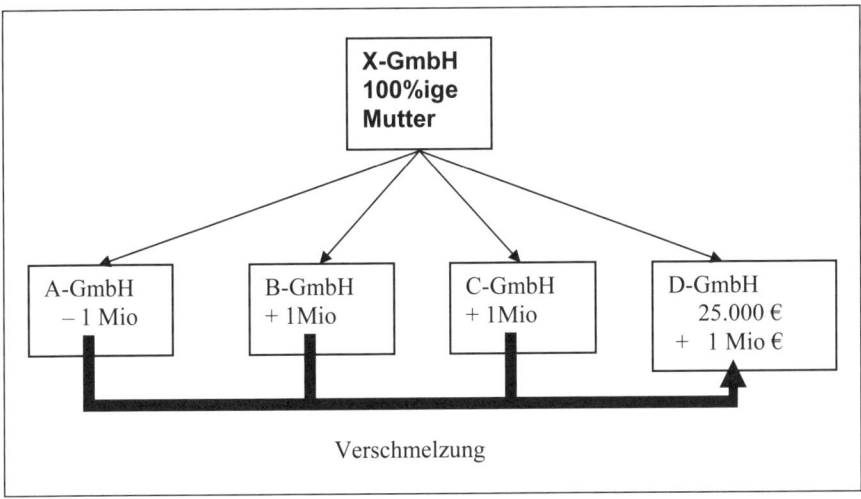

Abbildung E.3.7.2: Mehrfachverschmelzung

Andreas Heidinger

Rechtsträgers auf eine Kapitalgesellschaft grds. ausschließt, wenn eine Kapitalerhöhung erforderlich ist. Die Verschmelzung **auf einen überschuldeten, übernehmenden Rechts-träger** ist demgegenüber bei Berücksichtigung einer eventuellen Insolvenzantragspflicht grds. zulässig.

Werden mehrere Schwestergesellschaften in einem Verschmelzungsvertrag auf eine Kapitalgesellschaft verschmolzen (sog. **Mehrfachverschmelzung**), muss nur eine einheitliche Kapitalerhöhung bei der aufnehmenden Kapitalgesellschaft durchgeführt werden (a. A.: noch OLG Frankfurt, DB 1998, 917; jetzt aber auch LG Frankfurt v. 15.2.2005, GmbHR 2005, 940 = Der Konzern 2005) und dem gemeinsamen Anteilsinhaber (Muttergesellschaft) nur ein Geschäftsanteil insgesamt, nicht für jeden aufgenommenen Rechtsträger ein gesonderter gewährt werden. Der Wert der übertragenden Rechtsträger kann wie bei jeder Sachkapitalerhöhung saldiert werden. Hat ein übertragender Rechtsträger einen negativen Wert i.H.v. –1 Mio. € und zwei übertragende Rechtsträger i. H. v. jeweils + 1 Mio. € kann damit eine Kapitalerhöhung bis maximal 1 Mio. € gespeist werden.

E.3.7.3 Neugründung

Bei der Verschmelzung zur Neugründung entsteht der aufnehmende Rechtsträger mit dem Wirksamwerden der Verschmelzung durch deren Eintragung im Handelsregister.

Daraus ergeben sich einige Unterschiede zur Verschmelzung zur Aufnahme.

 Beispiel E.3.8

Der Mehrheitsgesellschafter Tüchtig will seine X-GmbH mit der Y-GmbH des Mehrheitsgesellschafters Listig zusammenlegen. Dabei ist mit erheblichem Widerstand der jeweiligen Mitgesellschafter zu rechnen.

Das Ziel zwei Unternehmen (X-GmbH und Y-GmbH) sollen fusioniert werden, kann entweder durch eine Verschmelzung zur Aufnahme oder durch eine Verschmelzung zur Neugründung realisiert werden. Die Unterschiede ergeben sich aus dem nachfolgenden Schaubild.

Grds. sind bei der Verschmelzung zur Neugründung die gleichen Schritte vorzunehmen wie bei der Verschmelzung zur Aufnahme. Da die aufnehmende Gesellschaft erst im Zuge der Verschmelzung gegründet wird, gelten zusätzlich die Sonderregeln der §§ 36 – 38 UmwG. Danach sind vor allem die **Gründungsvorschriften** des jeweiligen neuen Rechtsträgers anzuwenden (§ 36 Abs. 2 Satz 1 UmwG). Die Gründung im Wege der Verschmelzung steht systematisch einer **Sachgründung** gleich.

Die **Satzung** bzw. der Gesellschaftsvertrag oder das Statut des neu gegründeten Rechtsträgers muss im Verschmelzungsvertrag enthalten oder festgestellt, also mit beurkundet werden (§ 37 Abs. 2 Satz 2 UmwG). Daher wird überwiegend auch die Entstehung einer **Vorgesellschaft** ab Beurkundung des Verschmelzungsvertrages bis zur Eintragung der Verschmelzung angenommen.

Es gilt wie bei der Sachgründung das **Verbot der Unterpari-Emission**, so dass die Sacheinlagen, d.h. die Vermögen der übertragenden Gesellschaften, die Stammeinlagen der neu gebildeten Gesellschaft decken müssen. Das Stammkapital der neuen Gesellschaft muss allerdings nicht der Summe der Stammkapitalien der übertragenden Gesellschaften entsprechen.

Andreas Heidinger

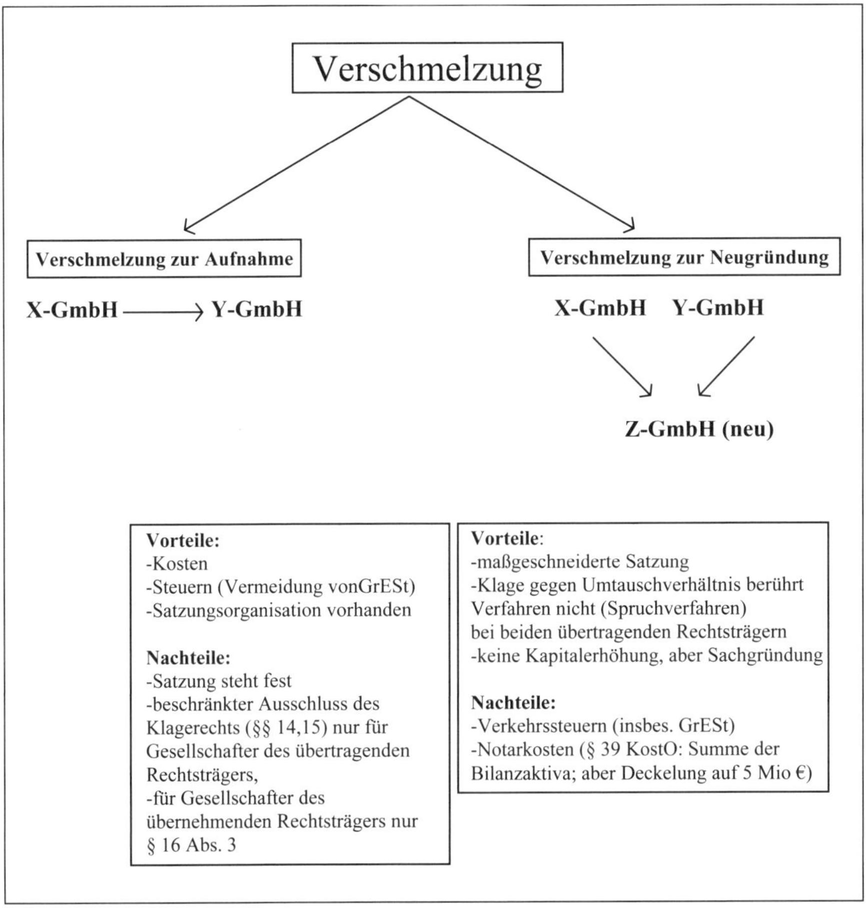

Verschmelzung

Verschmelzung zur Aufnahme

X-GmbH ──────→ Y-GmbH

Verschmelzung zur Neugründung

X-GmbH   Y-GmbH

Z-GmbH (neu)

Vorteile:	**Vorteile:**
-Kosten	-maßgeschneiderte Satzung
-Steuern (Vermeidung vonGrESt)	-Klage gegen Umtauschverhältnis berührt
-Satzungsorganisation vorhanden	Verfahren nicht (Spruchverfahren)
	bei beiden übertragenden Rechtsträgern
Nachteile:	-keine Kapitalerhöhung, aber Sachgründung
-Satzung steht fest	
-beschränkter Ausschluss des	**Nachteile:**
Klagerechts (§§ 14,15) nur für	-Verkehrssteuern (insbes. GrESt)
Gesellschafter des übertragenden	-Notarkosten (§ 39 KostO: Summe der
Rechtsträgers,	Bilanzaktiva; aber Deckelung auf 5 Mio €)
-für Gesellschafter des	
übernehmenden Rechtsträgers nur	
§ 16 Abs. 3	

Abbildung E.3.7.3: Verschmelzung zur Neugründung

 Beispiel E.3.9

Die X-GmbH mit 200.000 € Stammkapital kann in Beispiel E.3.8 mit der Y-GmbH mit einem Stammkapital von 100.000 € zur Neugründung auf die Z-GmbH mit einem satzungsmäßigen Mindest-Stammkapital i. H. v. 25.000 € verschmolzen werden.

Nach den §§ 57 und 74 UmwG sind in die Satzung von Kapitalgesellschaften die (**alten**) **Festsetzungen über Sondervorteile, Gründungsaufwand, Sacheinlagen und Sachübernahmen**, die in den Gesellschaftsverträgen, Satzungen und Statuten der übertragenden Gesellschaften enthalten waren, zu übernehmen. Darüber hinaus müssen auch **neu** begründete Sondervorteile und aus dem Vermögen der neuen Gesellschaft zu zahlender Gründungsaufwand in der Satzung erscheinen. Schließlich muss die in der Verschmelzung liegende Sacheinlage gesondert in die Satzung aufgenommen werden (§ 36 Abs. 2 UmwG i. V. m. § 27 AktG und § 5 Abs. 4 GmbHG):

„Die Stammeinlagen sind erbracht im Wege der Verschmelzung zur Neugründung der XY-GmbH ...".

Andreas Heidinger

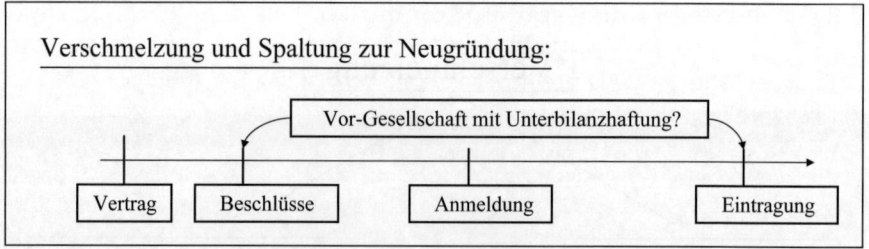

Abbildung E.3.7: Vor-Gesellschaft

Gemäß § 59 UmwG für die GmbH bzw. § 76 Abs. 2 UmwG für die AG bedarf die **Satzung** bzw. der Gesellschaftsvertrag (bei der GmbH auch die Geschäftsführerbestellung) der neu gegründeten Gesellschaft zu ihrer Wirksamkeit der **Zustimmung** der Gesellschafter jeder der übertragenden Gesellschaften durch Verschmelzungsbeschluss. I. d. R. erfolgen Zustimmungsbeschluss zur Verschmelzung und der Zustimmungsbeschluss zum Gesellschaftsvertrag in einer Gesellschafter- bzw. Hauptversammlung.

Abhängig von der Rechtsform der übertragenden Rechtsträger sind nach § 58 UmwG bei der GmbH ein **Sachgründungsbericht,** nach § 75 UmwG für die AG ein Gründungsbericht und eine **Gründungsprüfung** erforderlich.

E.3.8 Anmeldung

Ohne die Anmeldung der Verschmelzung zum Handelsregister kommt es dort zu keiner Eintragung. Ohne die Eintragung im Handelsregister wird die Verschmelzung nicht wirksam. Daher sind auch bei der Anmeldung strenge formale Vorgaben zu beachten. Dies wird insbesondere im Licht der 8-Monatsfrist für eine Rückwirkung auf den 31.12. des vorangegangen Wirtschaftsjahres und steuerlichen Veranlagungszeitraumes wichtig. Ist die Anmeldung nicht bis zum 31.08. des Folgejahres erfolgt, kann die Verschmelzung nur noch mit (steuerlicher) Wirkung des laufenden Veranlagungszeitraumes realisiert werden.

E.3.8.1 Anmeldebefugnis und Form

Die Verschmelzung muss von den Vertretungsorganen der beteiligten Rechtsträger grds. in **vertretungsberechtigter Zahl,** bei der Anmeldung einer Kapitalerhöhung bei der GmbH durch alle Geschäftsführer (§ 55 UmwG i. V. m. § 78 GmbHG) in beglaubigter Form sowohl bei den Registergerichten aller übertragenden als auch des übernehmenden Rechtsträgers zur Eintragung angemeldet werden (§ 16 Abs. 1 UmwG).

Seit 1.1.2007 (Gesetz über elektronische Handelsregister und Genossenschaftsregister sowie das Unternehmensregister (EHUG), BGBl. I 2006, 2553 v. 15. November 2006) müssen die Anmeldungen zum Handels-, Genossenschafts- und Partnerschaftsregister in **elektronischer** – allerdings weiterhin öffentlich beglaubigter – Form erfolgen (§ 12 Abs. 1 und 2 HGB). Die näheren Anforderungen regeln die Regierungen der registerführenden Bundesländer in einer Verordnung (§ 8a Abs. 2 HGB).

Andreas Heidinger

E.3.8.2 Anlagen und Kapitalerhöhung

Die erforderlichen **Anlagen** für die Anmeldung bei den Registern der übertragenden Rechtsträger ergeben sich hauptsächlich aus § 17 UmwG. Hinzukommen kann ggf. die Erklärung über den Eintritt etwa im Verschmelzungsvertrag vereinbarter aufschiebender Bedingungen. Soweit eine Kapitalerhöhung beim aufnehmenden Rechtsträger erfolgen muss, ist diese dort spätestens mit der Verschmelzung zusammen anzumelden. Auch bei dem übertragenden Rechtsträger bedarf es eines Nachweises über ihre Durchführung (vgl. zur GmbH § 53 UmwG, zur AG § 66 UmwG) und ggf. der Übernahmeerklärung des Treuhänders (§ 71 Abs. 1 Satz 2 UmwG). Ob die Eintragung der Kapitalerhöhung beim Register des aufnehmenden Rechtsträgers schon für die Anmeldung oder erst für die Eintragung der Verschmelzung bei den Registern der übertragenden Rechtsträger vorliegen muss, ist streitig. Bei der übernehmenden GmbH ist auch eine Liste der Übernehmer beizufügen. Eine berichtigte Gesellschafterliste muss bei Eintragung der Verschmelzung dann noch nach § 40 GmbHG vom beurkundenden Notar nachgereicht werden.

E.3.8.3 Negativerklärung

Nach § 16 Abs. 2 UmwG wird von den Vertretungsorganen in vertretungsberechtigter Anzahl bei der Anmeldung der Verschmelzung, der Spaltung (Verweis in § 125 Satz 1 UmwG) und beim Formwechsel (Verweis in § 198 Abs. 3 UmwG) eine Erklärung verlangt, dass eine Klage gegen die Wirksamkeit eines Umwandlungsbeschlusses nicht oder nicht fristgerecht erhoben wurde oder dass eine solche Klage rechtskräftig abgewiesen oder zurückgenommen worden ist. Diese so genannte **Negativerklärung** bezieht sich auf die Verschmelzungsbeschlüsse aller beteiligten Rechtsträger. Eine Vertretung ist bei dieser Erklärung nicht möglich, da es sich um eine Wissenserklärung der Vertretungsorgane handelt. Vorgänge, die Gegenstand der Negativerklärung sein können, aber erst nach der Anmeldung eintreten, müssen gem. § 16 Abs. 2 Satz 1 2. HS. UmwG dem Registergericht nachträglich mitgeteilt werden. Fehlt eine Negativerklärung, besteht ein Eintragungsverbot i. S. e. **Registersperre**. Sie kann allerdings auch noch nach Ablauf der 8-Monats-Frist des § 17 Abs. 2 Satz 4 UmwG nachgereicht werden. Wird die Verschmelzung dennoch eingetragen, ist sie wirksam und muss nicht rückgängig gemacht werden. Wegen verfrühter Eintragung kommt allerdings **Staatshaftung wegen Amtspflichtverletzung** des Rechtspflegers in Frage (BGH Urt. v. 5.10.2006, NJW 2007, 224).

Die **Negativerklärung** ist ausnahmsweise **entbehrlich**, wenn alle klageberechtigten Anteilsinhaber ausdrücklich in notarieller Form auf die Anfechtungsklage verzichten (§ 16 Abs. 2 Satz 2 2. HS. UmwG) oder wenn alle Anteilsinhaber dem Verschmelzungsbeschluss zugestimmt haben, weil Anfechtungsklagen mangels Rechtsschutzbedürfnis dann auch nicht mehr möglich sind. Daher bedarf es auch bei der Ausgliederung aus dem Vermögen eines Einzelkaufmannes zur Neugründung einer GmbH (vgl. § 152 UmwG) keiner Negativerklärung.

Der Negativerklärung nach § 16 Abs. 2 Satz 1 UmwG steht es gleich, wenn ein Prozessgericht in einem so genannten **Unbedenklichkeitsverfahren** rechtskräftig festgestellt hat, dass die Erhebung einer Klage gegen die Wirksamkeit eines Verschmelzungsbeschlusses der Eintragung der Verschmelzung nicht entgegensteht (§ 16 Abs. 3 Satz 1

UmwG). Zu diesem Unbedenklichkeitsverfahren wird auf die Ausführungen in Kapitel E.6 verwiesen.

E.3.8.4 Schlussbilanz und 8-Monatsfrist

Besondere Bedeutung kommt der Einreichung einer auf einen höchstens **8 Monate** vor der Anmeldung liegenden Stichtag aufgestellten **Schlussbilanz** zum Register des **übertragenden Rechtsträgers** zu (§ 17 Abs. 2 Satz 4 UmwG). Um eine einigermaßen zeitnahe Bewertung des übertragenden Rechtsträgers für die Gläubiger, die Anteilsinhaber und den Registerrichter zu ermöglichen, muss innerhalb dieser 8-Monatsfrist die Anmeldung mit den essentialia des Verschmelzungsvorgangs (Vertrag, Zustimmungsbeschlüsse) beim **Register des übertragenden Rechtsträgers** eingereicht sein. Bei dem **Register des aufnehmenden Rechtsträgers** besteht hingegen keine Pflicht zum fristgerechten Einreichen der Schlussbilanz (vgl. BayObLG, ZIP 1999, 968 für die Ausgliederung zur Neugründung). Diese kann allenfalls zum Wertnachweis im Zusammenhang mit der Kapitalaufbringung verlangt werden. Alle übrigen Unterlagen können nachgereicht werden.

> **!** Streitig ist, ob dies auch für die Bilanz gilt. Das Erstellen und Nachreichen der Bilanz nach Ablauf der 8-Monats-Frist widerspricht meines Erachtens dem Sinn des § 17 Abs. 2 Satz 4 UmwG, den Gläubigern und Anteilsinhabern eine zur (möglichen) Eintragung der Verschmelzung einigermaßen zeitnahe Information über den Vermögensstand des übertragenden Rechtsträgers zu bieten. Das zeitnahe Nachreichen einer bereits fristgerecht erstellten, lediglich bei der fristgerechten Anmeldung vergessenen Bilanz sollte aber zugelassen werden (so auch LG Frankfurt, GmbHR 1998, 380; OLG Zweibrücken, RNotZ 2002, 516 und OLG Jena, NZG 2003, 43; OLG Schleswig DNotZ 2007, 957).

Kleinere Korrekturen im Verschmelzungsvertrag sollen auch nach Ablauf der 8-Monatsfrist auf Zwischenverfügung des Registergerichtes möglich sein (OLG Hamm, Beschl. v. 19.12.2005, GmbHR 2006, 255). Bei einer inhaltlichen Änderung bedarf es jedoch auch neuer Zustimmungsbeschlüsse und einer neuen Anmeldung unter Berücksichtigung der 8-Monatsfrist.

E.3.9 Eintragung und Bestandskraft

Die Eintragung in die Register der übertragenden und des aufnehmenden Rechtsträgers erfolgt in der in § 19 UmwG geregelten **Reihenfolge**:
- Register des übertragenden Rechtsträgers mit Wirksamkeitsvorbehalt,
- Register des übernehmenden Rechtsträgers:
- Eventuelle Kapitalerhöhung,
- Eintragung der Verschmelzung → Wirksamkeit,
- Mitteilung von Amts wegen von übernehmendem Register an übertragendes Register,
- Register des übertragenden Rechtsträgers:
- Vermerk des Tages der Eintragung beim übernehmenden Register.

Soweit eine Kapitalerhöhung erforderlich ist, muss diese vor der Verschmelzung im Register der übernehmenden Kapitalgesellschaft eingetragen werden (§§ 53, 66 UmwG). Die Verschmelzung ist erst **mit ihrer Eintragung** im Register des übernehmenden Rechtsträgers (§ 20 Abs. 1 UmwG) **wirksam.** Bis zu diesem Zeitpunkt, also auch noch nach Fassung der Zustimmungsbeschlüsse, können Anteilseigner ihre Anteile veräußern. In diesem Zeitpunkt erlischt der übertragende Rechtsträger, alle Aktiva und Passiva gehen auf den aufnehmenden Rechtsträger über.

 Beispiel E.3.10

Die börsennotierte T-Online-AG wurde auf die ebenfalls börsennotierte Telecom-AG verschmolzen. Auch nach Abschluss des Verschmelzungsvertrages und der Zustimmungsbeschlüsse in den Hauptversammlungen beider Gesellschaften wurden die Aktien der T-Online-AG noch bis zur Eintragung der Verschmelzung im Handelsregister an der Börse gehandelt.

Durch die Eintragung im Register des übernehmenden Rechtsträgers sind alle **Beurkundungsmängel** des Verschmelzungsvertrages und eventueller Zustimmungs- und Verzichtserklärungen **geheilt** (§ 20 Abs. 1 Nr. 4 UmwG). Darüber hinaus genießt die Verschmelzung auch bei sonstigen Mängeln Bestandsschutz (§ 20 Abs. 2 UmwG). Selbst eine begründete Anfechtungsklage kann nicht bewirken, dass die einmal eingetragene Verschmelzung rückgängig gemacht wird. Eine Amtslöschung nach §§ 142, 144 FGG kommt nicht in Betracht. Auch Insolvenzanfechtung ist ausgeschlossen. Eine widerrechtliche Amtslöschung muss seinerseits wieder gelöscht werden. Schadensersatzansprüche z.B. gegen die Vorstände oder Geschäftsführer der beteiligten Gesellschaften bleiben demgegenüber möglich. Eine Rechtsnachfolge durch die eingetragene Verschmelzung findet nur dann nicht statt, wenn die **ganze Verschmelzung wegen gravierender Mängel nichtig** ist. Dies wird in der Rechtsprechung angenommen, wenn z.B. die gewählte Umwandlungsform oder die Gesellschaftsform nicht dem Gesetz entspricht.

 Beispiel E.3.11

Dies wurde z.B. bei den fehlgeschlagenen LPG-Umwandlungen im Zusammenhang mit der Wiedervereinigung angenommen (BGH, ZIP 2001, 2006 mit Verweis auf BGHZ 132, 353; BGHZ 137, 134; BGH, ZIP 1999, 840; BGH, ZIP 1999, 1126; BGH Urt. v. 16.10.2006, NZG 2007, 69). In Frage kommt aber dann ggf. die Entstehung einer faktischen Gesellschaft durch Eintragung im Handelsregister.

E.3.10 Besondere Verschmelzungskonstellationen

Nachfolgend sollen Sie einige außergewöhnliche Konstellationen, die in der Praxis Bedeutung haben, genauer kennen lernen.

Andreas Heidinger

E.3.10.1 Verschmelzung einer GmbH auf den Alleingesellschafter

Die Verschmelzung einer GmbH auf ihren Alleingesellschafter ist strukturell die Verschmelzung einer Tochtergesellschaft auf ihre 100 %ige Mutter. Die Sonderregeln der §§ 120 ff. UmwG finden nur Anwendung auf die Verschmelzung von Kapitalgesellschaften zur Aufnahme auf den Alleingesellschafter, der eine natürliche Person ist. Beim Abschluss des Verschmelzungsvertrages zwischen der GmbH bzw. AG und ihrem Alleingesellschafter sind § 181 BGB (Verbot des Insichgeschäfts und der Mehrfachvertretung) bzw. § 112 AktG (Vertretung der AG gegenüber Vorstandsmitgliedern durch den Aufsichtsrat) zu beachten. Gemäß § 5 Abs. 2 UmwG entfallen die den Anteilstausch betreffenden Angaben nach § 5 Abs. 1 Nr. 2–5 UmwG im Verschmelzungsvertrag. Ein gesonderter Zustimmungsbeschluss des aufnehmenden Alleingesellschafters ist entbehrlich, da dieser ja schon Vertragspartner des Verschmelzungsvertrages ist.

Nach dem erst 1998 ausdrücklich geänderten (Art. 7 HRefG v. 22.6.1998, BGBl. I S. 1474) § 122 Abs. 2 UmwG kann auch eine Verschmelzung auf einen nicht eintragungsfähigen Alleingesellschafter stattfinden. In diesem Fall wird die Verschmelzung mit der Eintragung im Handelsregister der übertragenden Gesellschaft wirksam. Wird auf einen bereits eingetragenen Einzelkaufmann verschmolzen, kann dieser seine eingetragene Einzelfirma beibehalten.

Das OLG Stuttgart (DB 2005, 2681 = NZG 2006, 159, zustimmend *Wälzholz*, DStR 2006, 338) hat die Verschmelzung einer GmbH auf ihren Alleingesellschafter ausdrücklich auch dann zugelassen, wenn die übertragende GmbH insolvenzrechtlich überschuldet ist. Die damit verbundene Gläubigergefährdung durch eine Flucht aus der Insolvenzantragspflicht wegen Überschuldung könne das Registergericht mangels diesbezüglicher Prüfungskompetenz nicht verhindern.

E.3.10.2 Verschmelzung von Vereinen

Ein eingetragener Verein kann durch Verschmelzung **keine Rechtsträger anderer Rechtsformen** aufnehmen und nicht durch Verschmelzung anderer Rechtsträger neu gegründet werden (§ 99 Abs. 2 UmwG; vgl. dazu oben Übersicht E.3). Der wirtschaftliche Verein kann nur als übertragender Rechtsträger beteiligt sein (§ 3 Abs. 2 Nr. 1 UmwG). Für altrechtliche Vereine gilt § 317 UmwG.

Eine **Verschmelzungsprüfung** erfolgt bei wirtschaftlichen Vereinen stets, beim eingetragenen Verein nur, wenn mindestens 10 % der Mitglieder dies schriftlich verlangen (§ 100 UmwG) § 101 UmwG verweist zur Vorbereitung der Mitgliederversammlung auf die Informationspflichten für die AG nach § 63 Abs. 1 und Abs. 2 UmwG (siehe dazu oben Beispiel E.3.6). Ist ein Verein **nicht bilanzierungspflichtig**, muss er nur seine Rechnungslegung der letzten 3 Jahre auslegen. Statt einer eventuell erforderlichen Zwischenbilanz (§ 63 Abs. 2 UmwG) genügt ein nach den Regeln der Schlussbilanz erstellter Zwischenabschluss. Ein Verein wird auch nicht bilanzierungspflichtig, nur damit er eine Schlussbilanz nach § 17 Abs. 2 UmwG im Handelsregister einreichen kann.

Der **Verschmelzungsbeschluss** muss in einer **Generalversammlung mit ¾-Mehrheit** der erschienen Mitglieder gefasst werden (§ 103 UmwG), soweit nicht eine größere Mehrheit oder weitere Erfordernisse in der Satzung bestimmt sind. Das Zustimmungserfordernis aller Mitglieder kann sich auch aus der Änderung des Vereinszwecks durch die Verschmelzung ergeben (§ 33 Abs. 1 Satz 2 BGB).

 Beispiel E.3.12

Das Nationale Olympische Komitee für Deutschland e. V. (NOK) und der Deutsche Sportbund e. V. (DSB) wurden im Wege der Verschmelzung zur Neugründung miteinander als „Deutscher Olympischer Sportbund" (DOSB) verschmolzen. Die Satzung des fusionierten Vereins DSB weicht in ihrem Wortlaut bzgl. des Förderzweckes von der Satzung des NOK und des DOSB ab. Bei einer Zahl von mehreren Millionen Mitgliedern war eine Zustimmung aller Mitglieder praktisch nicht zu erreichen. Letztlich wurde die Verschmelzung auf der Grundlage der mit ¾ Mehrheit der anwesenden Mitglieder gefassten Zustimmungsbeschlüsse ins Handelsregister eingetragen.

Die **Delegiertenversammlung** kann den Verschmelzungsbeschluss fassen, wenn diese kraft Satzungsregelung die Mitgliederversammlung ersetzt.

Jedem Vereinsmitglied eines übertragenden Vereins kann nur eine Vereinsmitgliedschaft beim aufnehmenden Verein gewährt werden. Besteht bereits eine Vereinsmitgliedschaft beim aufnehmenden Verein, ist eine **Doppelmitgliedschaft** ausgeschlossen.

E.3.10.3 Verschmelzung von Partnerschaftsgesellschaften

Seit dem Gesetz zur Änderung des UmwG v. 22.7.1998 wurde auch der Partnerschaftsgesellschaft die Möglichkeit der Verschmelzung eröffnet. Da nur Angehörige eines freien Berufes Partner einer Partnerschaftsgesellschaft sein können, ist die Verschmelzung auf eine Partnerschaft nur möglich, wenn alle Anteilsinhaber der übertragenden Rechtsträger **natürliche Personen sind, die einen freien Beruf ausüben** (§ 45a UmwG).

Ein Verschmelzungsbericht ist nur erforderlich, wenn ein Partner gemäß § 6 Abs. 2 PartGG von der Geschäftsführung ausgeschlossen ist (§ 45c UmwG). Hiervon sind die von der Geschäftsführung ausgeschlossenen Partner entsprechend § 42 UmwG zu unterrichten.

Soweit der Partnerschaftsgesellschaftsvertrag keine Mehrheitsentscheidung vorsieht, bedarf der Verschmelzungsbeschluss der Zustimmung aller anwesenden Partner in einer Gesellschafterversammlung und zusätzlich aller nicht erschienen Partner in notariell beurkundeter Form.

Die Anmeldung der Verschmelzung erfolgt wie bei der Personenhandelsgesellschaft durch die organschaftlichen Vertreter in vertretungsberechtigter Zahl, allerdings zu den zuständigen Partnerschaftsregistern.

E.3.10.4 Verschmelzung von Genossenschaften

Neben den allgemeinen Vorschriften des UmwG zur Verschmelzung und des GenG zur Generalversammlung gelten die §§ 79–98 UmwG für die Verschmelzung unter Beteiligung von Genossenschaften.

Andreas Heidinger

Der Grundsatz der **Anteilsgewährungspflicht** (vgl. dazu oben E.3.6) gilt auch bei der Genossenschaftsverschmelzung (außer im Fall der Tochter-/Mutterverschmelzung nach § 20 Abs. 1 Nr. 3 UmwG), ist dort sogar besonders detailliert geregelt (siehe z. B. §§ 87 und 88 UmwG). Die Verschmelzung ist auch unter Genossenschaften unterschiedlicher Haftart und unterschiedlicher Geschäftsanteilsstückelung zulässig.

Aus § 80 UmwG ergibt sich die Verpflichtung zu genaueren Angaben im Verschmelzungsvertrag zu den zu gewährenden Anteilen. Bei der Regelung des Anteiltausches ist die besondere Struktur der Genossenschaftsanteile zu berücksichtigen, deren Wert sich vorrangig nach dem Geschäftsguthaben richtet (vgl. §§ 80, 87 UmwG). Da der Wert der jeweiligen Geschäftsguthaben nur aus der Bilanz zu ersehen ist, kann einer Verschmelzung ohne Vorliegen der für die Verschmelzung relevanten Schlussbilanz nicht wirksam zugestimmt werden. Ob bei der Genossenschaftsverschmelzung – anders als bei der Verschmelzung unter Beteiligung anderer Rechtsträger – ein **zukünftiger Bilanzstichtag** möglich ist, ist derzeit noch streitig.

Neben dem nach allgemeinen Grundsätzen erforderlichen **Verschmelzungsbericht** ist für jede beteiligte Genossenschaft statt der **Verschmelzungsprüfung** ein **Gutachten des Prüfungsverbandes** zu erstellen, das bei der Generalversammlung, die über die Verschmelzung beschließt, verlesen (§ 83 Abs. 2 UmwG) und der Anmeldung zum Handelsregister beigefügt (§ 86 UmwG) werden muss. Da dieses auch der Information der Gläubiger dient, ist es nicht verzichtbar. Wegen der Informationspflichten gegenüber den Genossen vor der Generalversammlung verweist § 82 UmwG auf die Regelung des § 63 Abs. 1 und 2 UmwG für die AG.

Der Verschmelzungsbeschluss muss grds. in einer notariell protokollierten **Generalversammlung** mit einer **Mehrheit von ¾** der abgegebenen Stimmen gefasst werden. Dabei muss – anders als bei § 130 AktG für die Aktiengesellschaft- nicht die ganze Generalversammlung beurkundet werden, sondern nur der Zustimmungsbeschluss. Die Einberufung und Durchführung der Generalversammlung richtet sich nach den Bestimmungen des GenG (insbesondere §§ 43, 44, 46, 47). Wegen § 43a GenG kommt bei einer großen Genossenschaft auch eine Vertreterversammlung zur Beschlussfassung über die Verschmelzung in Frage.

E.3.11 Haftungsgefahren

Durch die gravierenden materiellen Eingriffe insbesondere im Zuge einer Verschmelzung und Spaltung wird nicht nur massiv in die Rechte der Anteilseigner, sondern auch der Gläubiger und der Verkehrskreise allgemein eingegriffen. Daher treten die Beteiligten vielfältige Pflichten, die durch eine persönliche Haftungsandrohung untermauert werden. Diese werden hier im Kontext der Verschmelzung z.Tl. auch schon für die Spaltung (Kapitel E.4) und den Formwechsel (Kapitel E.5) erörtert. Bei einem formalen Verfahren, wie es das Umwandlungsrecht vorgibt, können in der Praxis auch haftungsträchtige Fehler unterlaufen.

E.3.11.1 Haftungssystem des UmwG

Zum Schutz der Gläubiger sowohl der übertragenden als auch des aufnehmenden Rechtsträgers regelt § 22 UmwG, dass diese binnen sechs Monaten nach dem Tag der Eintragung der Verschmelzung in das Handelsregister **Sicherheitsleistung** verlangen können, soweit sie nicht Befriedigung verlangen könnten und glaubhaft machen, dass die Verschmelzung die Erfüllung ihrer Forderung gefährden wird. Diese Regelung gilt über § 133 Abs. 1 Satz 2 UmwG auch für die Spaltung und nach § 204 UmwG für den Formwechsel, stellt aber praktisch ein stumpfes Schwert dar. Insbesondere geht dieses Recht der Gläubiger ins Leere, wenn keine Sicherheiten mehr geleistet werden können. In der Praxis ergibt sich aber ein beachtliches Erpressungspotential der Gläubiger gegenüber der Geschäftsleitung, die eine Verschmelzung plant.

Grds. werden alle **vermögenswerten schuldrechtlichen Forderungen** erfasst, die zum Zeitpunkt des Wirksamwerdens der Verschmelzung begründet wurden. Dazu zählen auch Dauerschuldverhältnisse, auch wenn die Teilansprüche erst später fällig werden. Die Gefährdung der Forderungserfüllung muss konkret sein, kann aber auch durch Liquiditätsgefährdung in Richtung einer drohenden Zahlungsunfähigkeit entstehen. Die Gefährdung der Gläubiger muss sich allerdings durch die Verschmelzung selbst objektiv erhöhen. Es genügt die Glaubhaftmachung der Gefährdung i. S. d. § 294 ZPO.

Bei der Verschmelzung kommt bei Fortführung eines erworbenen Handelsgeschäftes mit **Firmenfortführung** eine Haftung nach der allgemeinen Haftungsnorm des § 25 HGB in Frage (vgl. § 133 Abs. 1 S. 2 UmwG). Auch die **Verwaltungsträger der beteiligten Rechtsträger** (Geschäftsführer, Vorstand u. Ä.) können sich schadensersatzpflichtig machen. § 25 UmwG regelt insofern bei den übertragenden Rechtsträgern eine gesamtschuldnerische Haftung sowohl gegenüber den Gläubigern als auch gegenüber den Anteilsinhabern.

An verschiedenen Stellen im UmwG ist der Grundgedanke des **Nachhaftungsbegrenzungsgesetzes** fortgeführt worden, nach dem regelmäßig eine Haftungsbegrenzung auf fünf Jahre besteht (§ 25 Abs. 3 UmwG für die Verwaltungsträger der übertragenden Rechtsträger; § 45 UmwG bei persönlich haftenden Gesellschaftern einer übertragenden Personengesellschaft und § 133 Abs. 3 UmwG für beteiligte Rechtsträger bei der Spaltung). § 27 UmwG begrenzt auch die aufgrund anderer Anspruchsgrundlagen bestehende Haftung der Verwaltungsträger des übernehmenden Rechtsträgers auf fünf Jahre seit dem Tage, an dem die Eintragung der Verschmelzung ins Handelsregister als bekannt gemacht gilt.

E.3.11.2 Haftung nach dem jeweiligen Gesellschaftsrecht

Darüber hinaus finden sich im Umwandlungsrecht verschiedene Haftungsregelungen, die wie im allgemeinen Gesellschaftsrecht insbesondere die mit der **Sachgründung bzw. Sachkapitalerhöhung vergleichbare** Situation berücksichtigen.

So kann bei einer Neugründung einer GmbH im Rahmen einer Verschmelzung oder einer Kapitalerhöhung zur Durchführung einer Verschmelzung nach § 56 Abs. 2 i. V. m. § 9 GmbHG eine **Differenzhaftung** der beteiligten Gesellschafter eingreifen, falls der Wert des Unternehmens des übertragenden Rechtsträgers den Gesamtnominalbetrag der gewährten neuen Geschäftsanteile unterschreitet (§ 55 Abs. 1 UmwG). Nach allgemei-

Andreas Heidinger

nem Kapitalgesellschaftsrecht (GmbH und AG) müssen die Gründungsgesellschafter
dann die Wertdifferenz nachschießen. Dies gilt über § 125 UmwG grds. auch für die
Spaltung sowie nach § 220 UmwG bzw. § 197 UmwG i. V. m. § 9 GmbHG auch für den
Formwechsel. Die Haftung trifft auch bei der Verschmelzung oder Spaltung zur Neugründung die Gesellschafter des(r) übertragenden Rechtsträger(s), obwohl §§ 36 Abs. 2
S. 2 und 135 Abs. 2 S. 2 UmwG erklären, dass den Gründern der bzw. die übertragen-
den Rechtsträger gleich stehen. Beim Formwechsel gelten nach §§ 245 Abs. 1–3, 219
UmwG als Gründer einer entstehenden Kapitalgesellschaft die für den Formwechsel
stimmenden, bei der KGaA auch die persönlich haftenden Gesellschafter. Für die Ver-
schmelzung zweier Aktiengesellschaften zur Aufnahme mit Kapitalerhöhung lehnt die
Rechtsprechung jedoch die Differenzhaftung der Aktionäre ab (BGH Urt. v. 12.3.2007,
DB 2007, 1241).

Daneben kommt bei der Verschmelzung und Spaltung zur Neugründung sowie beim
Formwechsel über die Verweisung in § 197 UmwG auch noch die **Gründerhaftung** nach
§ 9a GmbHG und § 46 AktG der Gesellschafter bzw. Gründer für die Richtigkeit und
Vollständigkeit der zum Zwecke der Gründung einer GmbH oder einer AG gemachten
Angaben in Frage.

Streitig ist, ob die Verschmelzung einer Mutter auf ihre Tochter (sog. **down-stream-mer-
ger**) bei Kapitalgesellschaften eine Haftung nach §§ 30, 31 GmbHG bzw. §§ 57, 62 AktG
wegen verbotener Auszahlung an einen Gesellschafter auslösen kann. Die GmbH darf
an ihre Gesellschafter nichts „auszahlen", wenn dadurch eine Unterbilanz entsteht oder
vertieft wird. Bei der AG ist grds. jede „Auszahlung" an Aktionäre untersagt, die nicht
auf einer Gewinnausschüttung fußt. Diese Problematik ergibt sich insbesondere, wenn
die Muttergesellschaft den Erwerb der Tochtergesellschaft früher einmal überwiegend
mit Fremdkapital finanziert hatte und die daraus noch bestehenden Verbindlichkeiten
jetzt in die Tochtergesellschaft „hineinverschmolzen" werden. Die Muttergesellschaft
wird als Gesellschafterin von den Verbindlichkeiten befreit und deren Gesellschafter erhalten Anteile an der Tochtergesellschaft. Durch das MoMiG sind sowohl § 30 GmbHG
als auch § 57 AktG entschärft aber nicht ganz abgeschafft worden. Diskutiert wird diese
Fallkonstellation auch unter dem Gesichtspunkt des existenzvernichtenden Eingriffs.

 ## Zusammenfassung

Die verschiedensten Rechtsträger können unter **Auflösung** ohne Liquidation durch
Übertragung des gesamten Vermögens (**Gesamtrechtsnachfolge**) eines oder mehrerer
Rechtsträger (übertragende Rechtsträger) zur Aufnahme auf einen anderen bestehenden
Rechtsträger (übernehmender Rechtsträger) oder zur Neugründung auf einen dadurch
gegründeten Rechtsträger gegen **Gewährung von Anteilen** verschmolzen werden.

Hierfür ist ein durch die Vertretungsorgane der beteiligten Rechtsträger abzuschlie-
ßender **Verschmelzungsvertrag** erforderlich. Dessen Inhalt ist im Gesetz weitgehend
zwingend geregelt und bedarf der notariellen Beurkundung. Praktisch besonders
schwierig ist die Angabe der Folgen für die Arbeitnehmer, die mit der fristgebunde-
nen Zuleitung an den Betriebsrat korrespondiert.

Vor den Zustimmungsbeschlüssen durch die Anteilsinhaber bzw. Mitglieder aller beteiligten Rechtsträger bedarf es zu deren **Information und Schutz** je nach beteiligten Rechtsformen eines Verschmelzungsberichtes, einer Verschmelzungsprüfung und eines Verschmelzungsprüfungsberichtes. Für die Beschlussfassung müssen die Formalitäten der Einberufung für die Rechtsform des jeweiligen Rechtsträgers beachtet werden. Das UmwG stellt insbesondere bei beteiligten Aktiengesellschaften zusätzliche Anforderungen an die Offenlegung und Fristwahrung. Auch die **Zustimmungsbeschlüsse** selbst unterliegen strengen Formvorgaben wie z. B. Beschlussfassung in einer Versammlung, Beurkundungserfordernis, mindestens ¾- Mehrheit bis zur Einstimmigkeit, Einzelzustimmungserklärungen usw.

Das wirtschaftlich bedeutendste Interesse der betroffenen Gesellschafter und Mitglieder der übertragenden Rechtsträger rankt sich um die **Gewährung von gleichwertigen Anteilen** an dem übernehmenden Rechtsträger. Dieser Ausgleich dafür, dass sie ihre Beteiligung an einem der übertragenden Rechtsträger verlieren, findet seinen Niederschlag im Umtauschverhältnis und ist nur in bestimmten, im Gesetz vorgesehenen Fällen verzichtbar. Geschaffen werden die erforderlichen Anteile regelmäßig durch eine **Kapitalerhöhung** bei der aufnehmenden Kapitalgesellschaft oder durch deren **Neugründung**. Dabei sind gesetzliche Vorgaben in Form von Wahlrecht, Verbot oder Zwang zur Kapitalerhöhung, aber auch die Kapitalaufbringungsgrundsätze im allgemeinen Kapitalgesellschaftsrecht zu beachten.

Auch die **Anmeldung** der Verschmelzung beim Handelsregister und das dortige Eintragungsverfahren unterliegen strengen Vorgaben im Gesetz. Zu einer stringenten Zeitplanung und einer maximalen Rückwirkung von 8 Monaten führt die Notwendigkeit einer auf einen höchstens **acht Monate** vor der Anmeldung liegenden Stichtag aufgestellten Schlussbilanz des übertragenden Rechtsträgers als Anlage bei der Anmeldung. Erst mit der **Eintragung** im Handelsregister wird die Verschmelzung wirksam, erlöschen die übertragenden Rechtsträger, geht das gesamte Vermögen im Wege der Gesamtrechtsnachfolge über und erlangen die berechtigten Gesellschafter neue Anteile. Mängel werden durch die Eintragung **geheilt**.

Die Rückführung des Vermögens einer GmbH ist durch **Verschmelzung auf ihren Alleingesellschafter** möglich, der nicht einmal eintragungsfähig sein muss. Besondere Fragen wirft die **Verschmelzung von Vereinen** auf. Auf den Verein können keine Rechtsträger anderer Rechtsformen verschmolzen werden. Der Verein wird nicht bilanzierungspflichtig, nur um eine Schlussbilanz bei der Verschmelzung mit beifügen zu können. Bei der **Verschmelzung von Partnerschaftsgesellschaften** ist zu beachten, dass nur Freiberufler Partner einer Partnerschaftsgesellschaft werden können. Die Genossen einer **Genossenschaft** genießen bei der Verschmelzung einen besonders hohen Schutz. Daher gibt es dort besonders strenge Regelungen zur Anteilsgewährung und der genossenschaftliche Prüfungsverband muss zwingend eine Prüfung der Verschmelzung durchführen.

Schutz der Gläubiger vor Schädigung durch eine Verschmelzung wird vorrangig durch die Möglichkeit gewährleistet, **Sicherheitsleistung** zu verlangen (§ 22 UmwG). Darüber hinaus befinden sich im Umwandlungsrecht **Haftungsnormen** für die beteiligten Rechtsträger, die Gesellschafter und die Verwaltungsträger der beteiligten Rechtsträger. Daneben ergeben sich vor allem für die Gesellschafter von Kapitalgesellschaften Haftungsrisiken aus den jeweiligen gesellschaftsrechtlichen Spezialregelungen.

Aufgaben zur Selbstüberprüfung

1. Bedarf es zum Übergang des Vermögens bei der Verschmelzung einzelner Übertragungsakte oder geht dieses kraft Gesetz durch Gesamtrechtsnachfolge über?
2. Kann eine GmbH auf eine GmbH & Co KG zur Aufnahme verschmolzen werden?
3. Kann der Inhalt des Verschmelzungsvertrages zwischen den Parteien frei bestimmt werden?
4. Bedarf der Verschmelzungsvertrag der Schriftform?
5. Ist ein Verschmelzungsbericht nur erforderlich, wenn er ausdrücklich von den Gesellschaftern verlangt wird?
6. Müssen die Zustimmungsbeschlüsse notariell beurkundet werden?
7. Können neben den Zustimmungsbeschlüssen mit regelmäßig ¾-Mehrheit können zusätzlich notariell beurkundete Zustimmungserklärungen einzelner oder aller Gesellschafter erforderlich sein?
8. Können die beteiligten Gesellschafter auf die Anteilsgewährung einvernehmlich verzichten?
9. Ist bei einer Verschmelzung zur Aufnahme auf eine GmbH immer eine Kapitalerhöhung erforderlich?
10. Warum werden häufig die Anträge auf Eintragung einer Verschmelzung zum Handelsregister noch bis Ende August eines jeden Jahres gestellt?
11. Wann wird die Verschmelzung materiell wirksam?
12. Welche Möglichkeit besteht nach dem UmwG, die Rechtsform einer GmbH in ein einzelkaufmännisches Unternehmen umzuwandeln?
13. Wie können sich Gläubiger gegen negative Auswirkungen einer Verschmelzung schützen?

E.4 Die Spaltung

Im nächsten Kapitel lernen Sie die oben im Zusammenhang vielfach erwähnte Spaltung genauer kennen. Zunächst sollen die einzelnen Spaltungsarten mit ihren Wesensmerkmalen sowie die möglichen beteiligten Rechtsträger vorgestellt werden. Bei den Einzelheiten zur Spaltung werden Sie feststellen, dass diese strukturell der Verschmelzung sehr ähnelt. Daher verweist das UmwG in § 125 UmwG für die Spaltung allgemein und in § 135 UmwG für die Spaltung zur Neugründung auch weitgehend auf die Regeln für die Verschmelzung. Bei der nachfolgenden Erörterung wird deshalb auf die Erläuterungen zur Verschmelzung Bezug genommen und der Schwerpunkt auf die Besonderheiten der Spaltung gegenüber der Verschmelzung gelegt. Entsprechend dem Ablauf eines Spaltungsverfahrens werden der Spaltungsvertrag bzw. -plan, die Zustimmungsbeschlüsse, die Anmeldung und die Eintragung genauer erörtert. Abschließend sollen nochmals gezielt die Unterschiede zur Verschmelzung herausgearbeitet und einige besondere Spaltungskonstellationen vorgestellt werden.

E.4.1 Definition und Grundprinzipien

Die Spaltung ist ein Umwandlungsvorgang spiegelbildlich zur Verschmelzung. Ziel einer Spaltung ist – im Gegensatz zur Verschmelzung – die vollständige und teilweise **Aufteilung des Gesellschaftsvermögens** auf eine oder mehrere andere Gesellschaften. Dabei kommt es zur Übertragung der abzuspaltenden Vermögensteile im Wege der Sonderrechtsnachfolge, die oft auch als **„partielle Gesamtrechtsnachfolge"** bezeichnet wird und bei der die Notwendigkeit von Einzelübertragungsakten entfällt. Ein Rechtsträger kann auch nur einen einzigen Gegenstand, etwa ein Grundstück mit seinen wesentlichen Bestandteilen, im Wege der Ausgliederung gemäß den §§ 123 ff. UmwG, „als Gesamtheit" auf den anderen Rechtsträger übertragen (beachte aber das Erfordernis des **Teilbetriebes** in § 15 UmwStG, um Buchwertfortführung zu sichern).

E.4.1.1 Spaltungsarten

In § 123 UmwG werden die möglichen **Spaltungsarten** dargelegt:

Aufspaltung:
Übertragung des gesamten Vermögens auf mehrere neue oder bereits bestehende übernehmende Rechtsträger unter Auflösung des übertragenden Rechtsträgers unter Gewährung von Anteilen an den neuen/übernehmenden Rechtsträgern an die Anteilsinhaber des übertragenden Rechtsträgers (§ 123 Abs. 1 UmwG). Der übertragende Rechtsträger erlischt.

Andreas Heidinger

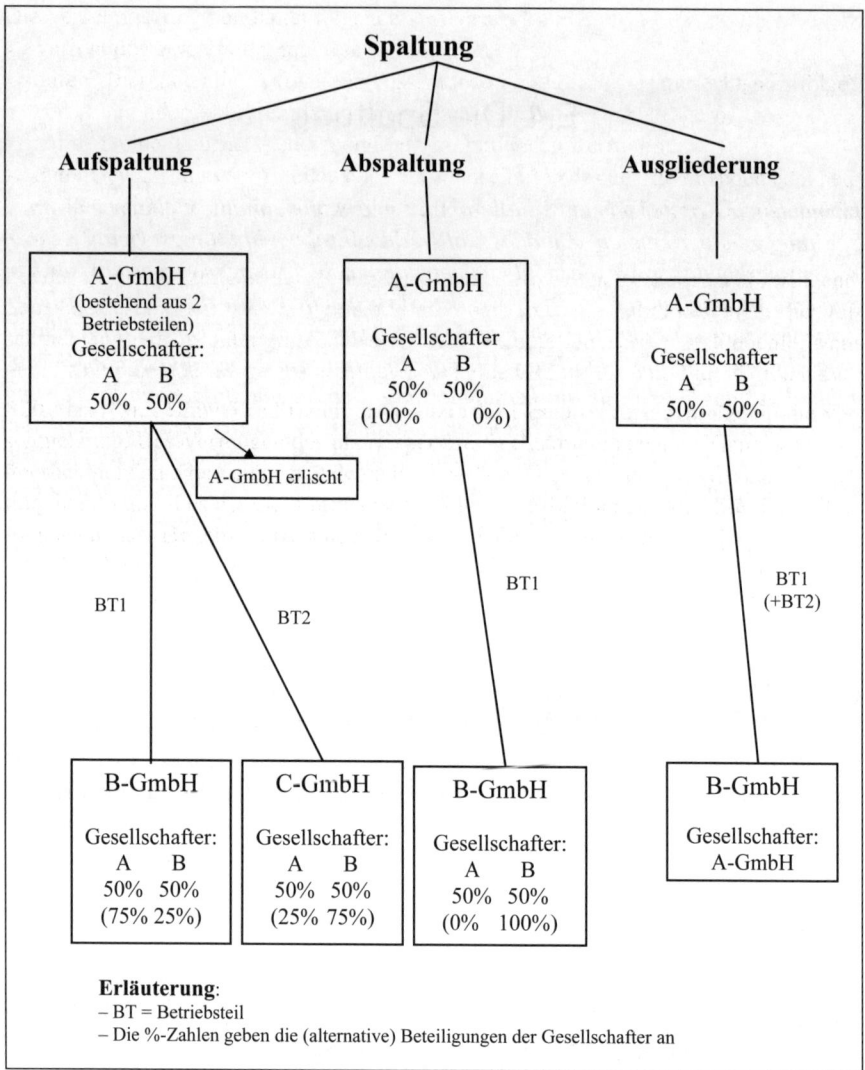

Abbildung E.4.1.1: Unterschiede zwischen Aufspaltung/
Abspaltung/Ausgliederung

Beispiel E.4.1

Der Unternehmer Tüchtig will sich zur Ruhe setzen und seine drei bisher in einer GmbH geführten Autohäuser auf seine drei Kinder verteilen, die bisher nur kleine Anteile an der bestehenden GmbH hielten. Daher spaltet er seine GmbH zur Neugründung auf drei neue GmbH ab, deren Alleingesellschafter jeweils eines seiner Kinder wird.

Abspaltung:

Abgabe einzelner Vermögensteile des übertragenden Rechtsträgers auf einen oder mehrere neue/übernehmende Rechtsträger unter Anteilsgewährung an die Anteilsinhaber des übertragenden Rechtsträgers. Hierbei bleibt, anders als bei der Aufspaltung, der übertragende Rechtsträger erhalten (§ 123 Abs. 2 UmwG).

Die Gegenleistung, welche der oder die neuen/übernehmenden Rechtsträger bei der Auf- und Abspaltung für das übertragende Vermögen erbringen, liegt in der Gewährung von Anteilen an diesen an die Anteilsinhaber des übertragenden Rechtsträgers. Die zu gewährenden Anteile müssen bei schon bestehenden aufnehmenden Rechtsträgern grds. durch Kapitalerhöhung (bei Kapitalgesellschaften) oder Erhöhung des Eigenkapitals (bei Personengesellschaften) geschaffen werden.

 Beispiel E.4.2
Der Unternehmer Listig will ganz aus dem Geschäftsleben aussteigen und seine GmbH an einen Konkurrenten veräußern. Dieser will aber einen kleineren unrentablen Geschäftszweig nicht mit übernehmen. Daher spaltet der Listig diesen zur Neugründung auf eine GmbH ab, wo er den unrentablen Geschäftszweig geregelt auflösen will.

Ausgliederung:

Der übertragende Rechtsträger überträgt Teile seines Vermögens an einen oder mehrere neue bzw. übernehmende Rechtsträger unter Gewährung von Anteilen an diesen an den übertragenden Rechtsträger selbst. Im Unterschied zur Auf- und Abspaltung werden bei der Ausgliederung also die Anteile/Mitgliedschaftsrechte an dem neuen/übernehmenden Rechtsträger nicht dem Gesellschafter der übertragenden Gesellschaft, sondern dem übertragenden Rechtsträger als solchen gewährt (§ 123 Abs. 3 UmwG).

Nach jetzt ganz h. M. ist auch eine **Totalausgliederung** des gesamten Vermögens des übertragenden Rechtsträgers zulässig. Der übertragende Rechtsträger wird dadurch nicht vermögenslos. Im Ergebnis entsteht eine Holding-Konstruktion (Mutter-Tochter-Verhältnis).

 Beispiel E.4.3
Die Telekom-AG will ihre Serviceabteilung in eine rechtlich selbständige Gesellschaft überführen, um den Mitarbeitern einen schlechteren Tarifvertrag aufzwingen zu können. Daher gliedert sie diese auf eine neue 100%ige Tochter-Service-GmbH aus.

Kombinationen:

Bei allen drei Spaltungsformen ist es grds. möglich, dass die Übertragung von Vermögensteilen auf einen bereits bestehenden (**Spaltung zur Aufnahme**) oder einen erst neu zu gründenden Rechtsträger (**Spaltung zur Neugründung**) erfolgt. Nach § 123 Abs. 4 UmwG ist auch die Kombination beider Spaltungsformen zugelassen. Daneben wird auch eine Verbindung von Abspaltung und Ausgliederung für möglich gehalten. Eine „**verschmelzende Spaltung**" oder „mehrfache Spaltung" (mehrere übertragende Rechtsträger gleichzeitig) ist nicht im Umwandlungsgesetz vorgesehen und unzulässig, da sie gegen das Analogieverbot aus § 1 UmwG verstoßen würde.

E.4.1.2 Ablauf einer Spaltung

Wie die Verschmelzung besteht ein Spaltungsvorgang aus insgesamt 3 Teilakten (siehe dazu schon oben Kapitel E.2). Die rechtsgeschäftliche Grundlage für jede Spaltung bildet der Spaltungsvertrag bzw. -plan (siehe unten E.4.3). Danach müssen zunächst bei allen beteiligten Rechtsträgern Zustimmungsbeschlüsse durch die betroffenen Gesellschafter bzw. Mitglieder gefasst werden (siehe unten E.4.4). Im Vorfeld dieser Beschlussfassungen ergeben sich vergleichbare Informationspflichten (siehe unten E.4.4.1) gegenüber den Gesellschaftern und Mitgliedern wie bei den Zustimmungsbeschlüssen zu einer Verschmelzung. Aufgrund der Anmeldung (siehe unten E.4.5) durch die Vertretungsorgane der beteiligten Rechtsträger tragen die betroffenen Handelsregister die Spaltung ein (siehe unten e.4.6). Erst mit der Eintragung im Handelsregister wird die Spaltung wirksam.

E.4.2 Spaltungsfähige Rechtsträger

Die Möglichkeiten von Rechtsträgern in den verschiedensten Rechtsformen zur Teilnahme an einer Spaltung sind ähnlich vielfältig wie bei der Verschmelzung. Nachfolgend werden in einer Matrix alle Kombinationsmöglichkeiten aufgezeigt und einzelne besondere Konstellationen näher beleuchtet.

E.4.3 Spaltungsvertrag bzw. -plan

E.4.3.1 Allgemeiner Inhalt

Für den Spaltungsvertrag gelten weitestgehend die Grundsätze wie für den Verschmelzungsvertrag (vgl. oben e.3.3.3). Der genaue Inhalt ergibt sich aus § 126 UmwG. Dieser entspricht weitestgehend dem oben genauer erörterten Inhalt eines Verschmelzungsvertrages. Zusätzlich sind nur Nr. 10 „Angabe über die Aufteilung der Anteile" und Nr. 9 „genaue Bezeichnung und Aufteilung der Gegenstände" (sog. Bestimmtheitsgrundsatz, siehe unten e.4.7.1) zu beachten. Die Angaben zu Nr. 10 sind erforderlich, wenn die Anteile an die berechtigten Gesellschafter nicht-verhältniswahrend gewährt werden (dazu unten e.4.7.2 genauer zur Anteilsgewährungspflicht).

E.4.3.2 Fakultativer Inhalt

Als fakultative Regelung im Spaltungsvertrag sollten Vereinbarungen über **vergessene Vermögenswerte** oder **gescheiterte Übertragungen** (z. B. mangels ausreichender Bestimmtheit) aufgenommen werden. Bei der Abspaltung und der Ausgliederung

von \ auf	PHG	PartG	GmbH	AG/KGaA	e.G	e.V.	Gen. Pr. Vbd	VVaG
PHG	A/N §§ 125, 135	A/N §§ 125, 135	A/N §§ 125, 135; 138 - 140	A/N §§ 125, 135; 141 - 146	A/N §§ 125, 135; 147,148	-	-	-
PartG	A/N §§ 125, 135	A/N §§ 125, 135	A/N §§ 125, 135, 138,140	A/N §§ 125,135, 141 - 146	A/N §§ 125, 135, 147,148	-	-	-
GmbH	A/N §§ 125, 135; 138 - 140	A/N §§ 125, 135; 138 - 140	A/N §§ 125, 135; 138 - 140	A/N §§ 125, 135; 138 - 140; 141 - 146	A/N §§ 125, 135; 138 - 140; 147, 148	-	-	-
AG/KGaA	A/N §§ 125, 135; 141 - 146	A/N §§ 125, 135; 141 - 146	A/N §§ 125, 135; 138 - 140; 141 - 146	A/N §§ 125, 135; 141 - 146	A/N §§ 125, 135; 141 - 146; 147, 148	-	-	-
e.G.	A/N §§ 125, 135; 147,148	A/N §§ 125, 135; 147, 148	A/N §§ 125, 135; 138 - 140; 147, 148	A/N §§ 125, 135; 141 - 146; 147, 148	A/N §§ 125, 135; 147, 148	-	-	-
e.V./wirt.V.	A/N §§ 125, 135	A/N §§ 125, 135	A/N §§ 125, 135; 138 - 140	A/N §§ 125, 135; 141 - 146	A/N §§ 125, 135; 147, 148	A/N §§ 125, 135; 149	-	-
Gen. Pr.V.	-	-	nur Ausgliederung A/N §§ 125, 135; 138 - 140; 150	nur Ausgliederung A/N §§ 125, 135; 141 - 146; 150	-	-	nur A §§ 125; 150	-
VVaG	-	-	nur Ausgliederung/ ohne Vers.-verträge A/N §§ 125, 135; 138 - 140 151	nur Vers.-AG nur Auf-/ Abspaltung A/N §§ 125, 135; 141 - 146; 151	-	-	-	nur Auf-/ Abspaltung A/N §§ 125, 135, 151
Einzel-kaufmann	nur Ausgliederung A §§ 125, 152 - 157	-	nur Ausgliederung A/N §§ 125,135; 138 - 140, 152 - 160	nur Ausgliederung A/N §§ 125, 135; 141 - 146; 152 - 160	nur Ausgliederung A §§ 125; 147, 148; 152 - 157	-	-	-
Stiftungen	nur Ausgliederung A §§ 125; 161 - 167	-	nur Ausgliederung A/N §§ 125, 135; 138 - 140; 161 - 167	nur Ausgliederung A/N §§ 125, 135; 141 - 146; 161 - 167		-		
Gebiets-körper-schaften	nur Ausgliederung A §§ 125, 168 - 173	-	nur Ausgliederung A/N §§ 125,135; 138 - 140; 168 - 173	nur Ausgliederung A/N §§ 125,135; 141 - 146; 168 - 173	nur Ausgliederung A/N §§ 125, 135; 147, 148; 168 - 173	-		

Erläuterungen:

*A: Vorgang ist nur zur Aufnahme durch einen übernehmenden Rechtsträger (obere waagerechte Spalte) möglich

*N: Vorgang ist nur zur Neugründung eines neuen Rechtsträgers (obere waagerechte Spalte) möglich

Sonstige Abkürzungen siehe auch Tabelle E.3.1

Tabelle E.4.1: Spaltungsfähige Rechtsträger

Andreas Heidinger

verbleiben sie sonst beim übertragenden Rechtsträger, bei der Aufspaltung greift für **vergessene Aktiva** die Auslegungsregelung des § 131 Abs. 3 UmwG (quotale Aufteilung des Gegenstandes selbst, bei seiner Unteilbarkeit Aufteilung seines Wertes nach der Quote der allgemeinen Aufteilung der Aktiva und Passiva).

Darüber hinaus können sich **Regelungen über Satzungsänderungen** beim aufnehmenden Rechtsträger oder Bestimmungen über die Geschäftsführung beim neu zu gründenden Rechtsträger als sinnvoll erweisen.

➡ **Beispiel E.4.4**

In Spaltungsverträgen kommt beim aufnehmenden Rechtsträger die Verpflichtung zur Änderung des vom Kalenderjahr abweichenden Geschäftsjahres, zur Firmenänderung oder zur Organkompetenz in Frage. Sinnvoll ist ggf. auch ein Gewährleistungsausschluss, eine interne Haftungsfreistellung oder auch ein Kündigungsrecht bei Verzögerung der Eintragung bis zu einem bestimmten Datum.

Eine **Firmenfortführung** nach § 18 UmwG scheidet bei der Abspaltung und der Ausgliederung aus (§ 125 UmwG), da eine Firmenverdoppelung vermieden werden muss. Dies gilt nicht strikt für die Aufspaltung, da dabei der übertragende Rechtsträger erlischt. Firmenfortführung nach § 22 HGB bleibt nach h. M. allerdings möglich, wenn das ganze Handelsgeschäft übertragen wird.

Für die **Aufhebung oder Änderung** des Spaltungsvertrages gelten die gleichen Grundsätze wie bei der Verschmelzung (vgl. oben E.3.3.7).

E.4.3.3 Besonderheiten bei der Spaltung zur Neugründung

Mangels Vertragspartner kann hier nur einseitig durch den abspaltenden Rechtsträger ein Spaltungsplan aufgestellt werden (§ 136 UmwG). Der **Gesellschaftsvertrag** des neu zu gründenden Rechtsträgers muss mitenthalten sein oder festgestellt (§ 125 i. V. m. § 37 UmwG) und damit – unabhängig von der Rechtsform – auch mit beurkundet werden (zu Besonderheiten bzgl. des Inhaltes siehe oben bei Verschmelzung E.3.7.3). Nach § 135 Abs. 2 UmwG gelten die für die jeweilige Rechtsform einschlägigen Gründungsvorschriften. Da es sich systematisch um eine **Sachgründung** handelt, bedarf es auch genauer Festsetzung der Sacheinlage in der Satzung selbst (§ 5 Abs. 4 GmbHG), nicht nur in dem Spaltungsplan. Die Mindestzahl der Gründer muss allerdings nicht vorhanden sein (§ 135 Abs. 2 Satz 3 UmwG).

E.4.4 Zustimmungsbeschlüsse

Wie bei der Verschmelzung müssen auch bei der Spaltung regelmäßig bei allen beteiligten Rechtsträgern die Gesellschafter oder Mitglieder die geplante Umwandlung im Wege eines Zustimmungsbeschlusses absegnen. Auch bei der Spaltung bedarf es zunächst einer qualifizierten Information und des Schutzes der Entscheidungsträger durch einen Spaltungsbericht und die Spaltungsprüfung. Die formellen Anforderungen an Ladung und Beschlussfassung ergeben sich auch hier aus den jeweiligen Spezialgesetzen für den betroffenen Rechtsträger.

Andreas Heidinger

E.4.4.1 Spaltungsbericht und -prüfung

Grds. ist nach § 127 Satz 1 UmwG ein **Spaltungsbericht** jedes Rechtsträgers, der an der Spaltung beteiligt ist, erforderlich. Über § 125 UmwG gelten sowohl für den Spaltungsbericht als auch die **Spaltungsprüfung** weitgehend die gleichen Regelungen wie bei der Verschmelzung (vgl. dazu oben E.3.4). Bei der Ausgliederung findet allerdings keine Prüfung statt (§ 125 Satz 2 UmwG), da keine Anteile an die beschließenden Gesellschafter oder Mitglieder selbst, sondern nur an den ausgliedernden Rechtsträger gewährt werden. Bei Beteiligung einer GmbH ist auch bei der Spaltung zur Aufnahme ein **Sachgründungsbericht** erforderlich (vgl. § 138 UmwG).

E.4.4.2 Zuleitung an Betriebsrat

§ 126 Abs. 3 UmwG sieht wie § 5 Abs. 3 UmwG für die Verschmelzung die Zuleitung des Spaltungsvertrages bzw. seines Entwurfes an die Betriebsräte aller beteiligten Rechtsträger einen Monat vor der jeweiligen Beschlussfassung vor. Damit korrespondierend enthält § 126 Abs. 1 Nr. 11 UmwG die Pflicht, in den Spaltungsvertrag die **Folgen der Spaltung für die Arbeitnehmer** und ihre Vertretungen sowie die insoweit vorgesehenen Maßnahmen aufzunehmen (vgl. zu diesem Problemkreis bei der Verschmelzung oben E.3.3.6).

Nach § 323 Abs. 1 UmwG verschlechtert sich im Fall einer Unternehmensspaltung die kündigungsrechtliche Stellung der betroffenen Arbeitnehmer aufgrund der Spaltung für die Dauer von zwei Jahren ab dem Zeitpunkt ihres Wirksamwerdens nicht. Dies steht allerdings einer **Kündigung durch den Insolvenzverwalter wegen Betriebsstilllegung** in der Insolvenz eines abgespaltenen Unternehmens nicht entgegen (BAG Urt. v. 22.9.2005, ZIP 2006, 631).

E.4.4.3 Beschlussanforderungen und Zustimmungs- bedürftigkeit

Für Form und Beschlussmehrheit des Spaltungsbeschlusses sowie Informationspflichten und Zustimmungserfordernisse gelten über § 125 UmwG die **Regelungen für die Verschmelzungen** (vgl. E.3.5). Einschränkungen der Verweisung ergeben sich zum Teil bei der Ausgliederung, da in diesem Fall keine Anteile an die Gesellschafter oder Mitglieder des übertragenden Rechtsträgers, sondern an den übertragenden Rechtsträger selbst gewährt werden. § 128 UmwG sieht für die nicht verhältniswahrende Auf- oder Abspaltung zusätzlich zum Zustimmungsbeschluss ein **Zustimmungserfordernis** aller Anteilsinhaber des übertragenden Rechtsträgers vor.

E.4.5 Anmeldung

Grds. haben **die Vertretungsorgane** aller an der Spaltung beteiligten Gesellschaften die Spaltung beim Handelsregister des Sitzes ihrer Gesellschaft anzumelden (§ 125 i. V. m. § 16 Abs. 1 Satz 1 UmwG). Zusätzlich ist zur Anmeldung das Vertretungsorgan jedes der übernehmenden Rechtsträger auch beim Register des übertragenden Rechtsträgers berechtigt (§ 129 UmwG). Die beizufügenden Unterlagen richten sich nach § 125 i. V. m. § 17 UmwG (vgl. bei der Verschmelzung oben E.3.8). Die erforderliche **Schlussbilanz** ist auch bei der Abspaltung eine Gesamtbilanz des übertragenden Rechtsträgers. **Teilbilanzen** über die abzuspaltenden Vermögensgegenstände ergänzen diese sinnvoll insbesondere auch zum Zwecke eines Wertnachweises gegenüber dem Register einer aufnehmenden Kapitalgesellschaft bei einer eventuell erforderlichen Kapitalaufbringung. Das Register des übertragenden Rechtsträgers kann aber nach § 17 Abs. 2 UmwG keine Teilbilanzen verlangen.

E.4.6 Eintragung und partielle Gesamtrechtsnachfolge

Die Spaltung wird entsprechend der in § 130 UmwG vorgegebenen Reihenfolge zuerst im Register jedes übernehmenden (mit Wirksamkeitsvorbehalt), dann des übertragenden Rechtsträgers eingetragen. Die **Wirksamkeit der Spaltung** ist von **der Eintragung beim übertragenden** Rechtsträger abhängig (§ 131 Abs. 1 UmwG). Nach dieser Eintragung sind **Mängel** der notariellen Beurkundung und fehlende Zustimmungs- oder Verzichtserklärungen **geheilt** (§ 131 Abs. 1 Nr. 4 UmwG). Auch sonstige Mängel der Spaltung beeinträchtigen die Wirkung der Spaltung nicht mehr (§ 131 Abs. 2 UmwG).

Mit der Eintragung gehen grds. alle Vermögensgegenstände, die im Spaltungsvertrag hinreichend bestimmt sind, im Wege der **partiellen Gesamtrechtsnachfolge** auf den aufnehmenden oder neugegründeten Rechtsträger über (§ 131 Abs. 1 Nr. 1 UmwG). In diesem Zusammenhang ergaben sich aber aus **§ 132 UmwG a. F. erhebliche Einschränkungen.** Denn dieser forderte bzgl. bestimmter Voraussetzungen (insbesondere staatlicher Genehmigungen) die gleichen Anforderungen wie bei einer Einzelrechtsübertragung des betreffenden Vermögensgegenstandes zu erfüllen. Wegen seiner spaltungshemmenden Wirkung war die genaue Reichweite des § 132 UmwG sehr umstritten und die Lit. versuchte, sie einschränkend (teleologisch) auszulegen.

Das Zweite Gesetz zur Änderung des Umwandlungsgesetzes (in Kraft seit 25. April 2007, BGBl. 2007, I Nr. 15 v. 24. April 2007) hat zu einer **vollständigen Aufhebung** der „Spaltungsbremse" in Gestalt des § 132 UmwG durch dessen ersatzlose Streichung wegen der erheblichen Schwierigkeiten bei seiner praktischen Anwendung und der Rechtsunsicherheit infolge seiner Auslegung geführt. Weiterhin können allerdings nur übertragbare Rechtspositionen übergehen (insbesondere problematisch bei Aufspaltung). Um die zukünftige Schutzlücke für Versorgungsrenten zu schließen wurde in § 133 Abs. 3 S. 2 UmwG n. F. speziell für diese Verbindlichkeiten eine **verlängerte Nachhaftung** der beteiligten Rechtsträger von **10 Jahren** vorgesehen.

> **!** Bei Grundstücken bedarf es zum Übergang des Eigentums bei einer Spaltung keiner Auflassung, sondern nur einer Grundbuchberichtigung. Höchstpersönliche Rechtspositionen, die überhaupt nicht übertragbar sind (z. B. das Urheberpersönlichkeitsrecht, die Verwalterstellung nach WEG usw.) gehen wohl auch weiterhin nicht über; ebenso wenig öffentlich-rechtliche Erlaubnisse, die personenbezogen erteilt wurden.

Andreas Heidinger

E.4.7 Besonderheiten gegenüber der Verschmelzung

Auch wenn in § 125 UmwG für die Spaltung weitgehend auf das Verschmelzungs-recht verwiesen wird und die Grundstruktur der Spaltung und der Verschmelzung starke Ähnlichkeit aufweist, sind doch Unterschiede unverkennbar. Nachfolgend werden nochmals ausdrücklich die praktisch wichtigsten Besonderheiten der Spal-tung gegenüber der Verschmelzung herausgearbeitet.

E.4.7.1 Bestimmtheitsgrundsatz

Besonderheiten zur Verschmelzung ergeben sich insbesondere daraus, dass für alle Beteiligten, aber auch für Dritte (Gläubiger oder zukünftige Gesellschafter) aus der notariellen Urkunde selbst heraus genau bestimmt oder **zumindest bestimmbar** sein muss, welche **Vermögensgegenstände** auf welchen Rechtsträger übergehen bzw. bei welchem Rechtsträger verbleiben. Daher bedarf es nach § 126 Nr. 9 UmwG der genauen Bezeichnung aller übergehenden Aktiva und Passiva, die dem **sachen-rechtlichen Bestimmtheitsgrundsatz** (dazu allgemein *Staudinger/Seiler*, BGB, [2000], Einl. zum SachenR Rn. 54 f.; *Baur/Stürner*, Sachenrecht, Rn. 4.17 ff.; *Trendelenburg*, MDR 2003, 1329 zum Asset-Deal) entspricht. Die Praxis hilft sich häufig mit der generalklauselartigen „Allformel" (als zulässig anerkannt: BGH, Urt. v. 8.10.2003, NZG 2003, 1172 = NJW-RR 2004, 123). Dabei ist der Spaltungsvertrag auch der Auslegung zugänglich. Eine **Bezugnahme auf die beigefügte Bilanz** ist zwar hilfreich, aber regelmäßig nicht ausreichend. § 14 BeurkG hat mit der Möglichkeit, auf das **Vorlesen bei der Beurkundung zu verzichten**, eine beurkundungstechnische Erleichte-rung für alle weiteren zur Erfüllung des Bestimmtheitsgrundsatzes beigefügten Bi-lanzen oder Inventare eröffnet. Allerdings müssen dann alle in Bezug genommenen Seiten einzeln abgezeichnet werden, damit sie Bestandteil der Urkunde werden.

Zusätzlich sieht § 126 Abs. 2 UmwG für bestimmte Gegenstände, insbesondere **für Grundstücke**, eine besondere Art der Bezeichnung vor. Bei Grundstücken ist eine § 28 GBO entsprechende Bezeichnung erforderlich. Allerdings war lange streitig, ob ein Nichtbeachten dazu führt, dass das Grundstück mangels gesetzmäßiger Be-zeichnung materiell nicht übergeht oder nur ein Verfahrensfehler vorliegt. Der BGH (ZIP 2008, 600) hält die Angaben nach § 28 GBO im Spaltungsvertrag jetzt für ein materiell-rechtliches Erfordernis für den Eigentumsübergang am Grundstück.

E.4.7.2 Anteilsgewährungspflicht

Für die Frage der **Anteilsgewährungspflicht** (vgl. § 123 Abs. 1–3 UmwG „gegen An-teile") gelten grds. die gleichen Überlegungen wie bei der Verschmelzung (siehe oben E.3.6). In § 131 Abs. 1 Nr. 3 Satz 1 2. HS. UmwG ist eine allgemeine Ausnah-me von der Anteilsgewährungspflicht nur bei der **Tochter-Mutterspaltung** im Ge-setz vorgesehen. Über § 125 UmwG gelten (außer bei der Ausgliederung) auch die Kapitalerhöhungsverbote bzw. -wahlrechte der §§ 54, 68 UmwG. Die Möglichkeit eines **einvernehmlichen notariellen Verzichts** auf die Gewährung von Anteilen, die in §§ 54 Abs. 1 S. 3 und 68 Abs. 1 S. 3 UmwG jedenfalls bei aufnehmenden Kapitalgesellschaften eröffnet ist, gilt über § 125 UmwG auch für die Abspaltung und die Aufspaltung.

Weitere Möglichkeiten, von der **Anteilsgewährung abzusehen**, werden insbesondere bei der Übertragung eines negativen Vermögens diskutiert, wenn alle Beteiligten darauf verzichten und wenn eine Spaltung auf eine Personenhandelsgesellschaft zur Aufnahme erfolgt, an der schon ein Anteilsinhaber der Übertragerin beteiligt ist (Schwestergesellschaft).

Ausdrücklich anerkannt hat der Gesetzgeber in § 128 UmwG, dass Anteile mit Zustimmung aller Gesellschafter **nicht verhältniswahrend** zugeteilt werden. § 131 Abs. 1, 3 UmwG („Anteilsinhaber der beteiligten Rechtsträger") bringt zum Ausdruck, dass statt Anteilen an den übernehmenden Rechtsträgern auch zusätzliche Anteile am übertragenden Rechtsträger gewährt werden können. Daraus wird zum Teil in Lit. und Rspr. geschlossen, dass es genügt, wenn dem betreffenden Anteilsinhaber keine neuen Anteile gewährt werden, er vielmehr nur Gesellschafter des übertragenden Rechtsträgers bleibt oder sogar ganz ausscheidet (sog. **„Spaltung zu Null"**). Die Angaben hierzu, wie die Aufteilung der Anteile und Mitgliedschaften jedes der beteiligten Rechtsträger auf die Anteilsinhaber des übertragenden Rechtsträgers erfolgen soll, muss nach § 126 Abs. 1 Nr. 10 UmwG der Spaltungs- bzw. Übernahmevertrag enthalten.

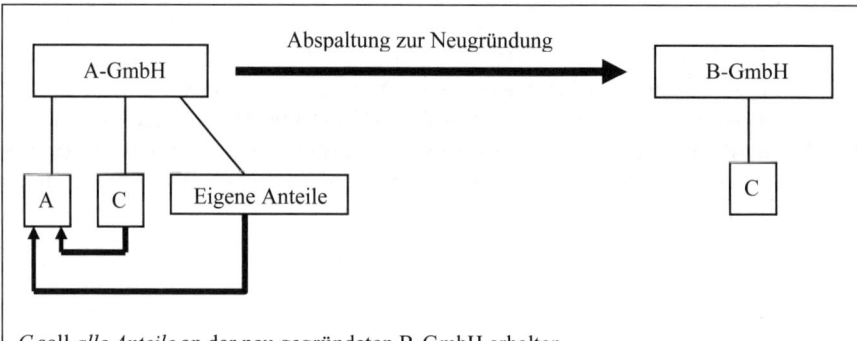

C soll *alle Anteile* an der neu gegründeten B-GmbH erhalten.

Für die *Anteilsgewährung an den A* ergeben sich mehrere Alternativen:

A erhält entweder Anteile an der A-GmbH von C, aus dem Bestand der eigenen Anteile oder keine Anteile. Die Zulässigkeit letzterer Alternative ist streitig.

Für die *eigenen Anteile* werden nach § 131 Abs. 1 Nr. 3 Satz 1 2.HS. UmwG keine Anteile gewährt. Nach dem neuen § 54 Abs. 1 S. 3 UmwG (i. V. m. § 125 UmwG) kann A jetzt auch gänzlich auf Anteilsgewährung verzichten.

Abbildung E.4.7.2: Abspaltung zu Null bei eigenen Anteilen

E.4.7.3 Kapitalaufbringung und -erhaltung

Bei der Spaltung muss der tatsächliche Wert der übertragenen Vermögensgegenstände den bei einer aufnehmenden Kapitalgesellschaft eventuell **erforderlichen Kapitalerhöhungsbetrag** abdecken. Gleiches gilt bei der Spaltung zur Neugründung für **das neue Stammkapital** bzw. Grundkapital. Hierbei sind die Grundsätze einer Sachkapitalerhöhung bzw. Sachgründung anzuwenden. In diesem Zusammenhang prüft das Registergericht auch, ob die im Spaltungsvertrag bezeichneten Vermögensgegenstände durch partielle Gesamtrechtsnachfolge wirklich übergehen (zum Bestimmtheitsgrundsatz oben E.4.7.1). Die beteiligten Rechtsträger sind im Rahmen der Kapitalaufbringungsgrundsätze aber dahingehend frei, wie viele Anteile sie gewähren und damit auch, wie hoch die Kapitalerhöhung beschlossen wird. Eine **Versicherung** des Geschäftsführers entsprechend § 8 Abs. 2 GmbHG, dass die Einlageleistung zur freien Verfügung der Geschäftsführung bewirkt ist, kann beim übernehmenden Rechtsträger nicht gefordert werden (str.).

Soweit es sich um eine Kapitalgesellschaft handelt, sind darüber hinaus beim übertragenden Rechtsträger die **Kapitalerhaltungsgrundsätze** zu beachten (siehe insbesondere § 30 GmbHG und § 57 AktG). Die Geschäftsführer der übertragenden GmbH haben strafbewehrt (§ 313 Abs. 2 UmwG) zu versichern, dass das verbleibende Vermögen zu Buchwerten noch das Stammkapital deckt (§ 140 UmwG). Wenn durch die Abspaltung eine Unterbilanz entstehen würde, ist eine **Kapitalherabsetzung** durchzuführen und vor der Spaltung im Handelsregister einzutragen (§ 139 Satz 2 UmwG). Soweit diese erforderlich ist, kann eine **vereinfachte Kapitalherabsetzung** erfolgen (§§ 139 UmwG i. V. m. §§ 58a ff. GmbHG), also insbesondere ohne dreimalige Gläubigeraufforderung und Sperrjahr für die Eintragung.

Bei der **Ausgliederung zur Neugründung** erscheint dieses Problem nicht sehr virulent, da die Anteile an den ausgliedernden Rechtsträger selbst und nicht an seine Gesellschafter gewährt werden. Damit erhält der übertragende Rechtsträger regelmäßig einen bilanziellen Ausgleich in Gestalt der Anteile für die abfließenden Vermögensgegenstände. Dennoch kann eine Kapitalherabsetzung erforderlich werden, wenn der Wert der gewährten Anteile (insbesondere bei der Ausgliederung zur Aufnahme) hinter dem Wert des ausgegliederten Vermögens zurückbleibt.

E.4.7.4 Haftung

Nach § 133 Abs. 1 bis 6 UmwG **haften** alle an der Spaltung beteiligten Rechtsträger für alle bestehenden Verbindlichkeiten des übertragenden Rechtsträgers neben dem Primärschuldner **gesamtschuldnerisch** 5 Jahre (Abs. 3) ab Eintragung ins Handelsregister. Für Betriebsrentenverpflichtungen gilt neuerdings sogar eine 10-jährige First (§ 133 Abs. 3 S. 2 UmwG) Besonderheiten ergeben sich zusätzlich aus § 134 UmwG insbesondere für die Betriebsaufspaltung. Daneben kommt bei Firmenfortführung eine Haftung eines aufnehmenden Rechtsträgers nach § 25 Abs. 1 HGB in Frage, die nur durch eine entsprechende ins Handelsregister eingetragene Vereinbarung begrenzt werden kann (§ 25 Abs. 2 HGB). § 26 HGB begrenzt die Nachhaftung nur für den übertragenden Rechtsträger auf 5 Jahre.

Andreas Heidinger

E.4.8 Ausgewählte Spaltungsvorgänge

Nachfolgend lernen Sie einige in der Praxis öfter vorkommende Spaltungskonstellationen mit strukturellen Besonderheiten kennen.

E.4.8.1 Ausgliederung aus dem Vermögen eines Einzelkaufmanns

Die natürliche Person ist nur sehr eingeschränkt fähig, als betroffener Rechtsträger an Umwandlungsvorgängen teilzunehmen. So kann auf sie als Alleingesellschafter eine Kapitalgesellschaft verschmolzen werden (siehe oben E.3.10.1). Eine Spaltung ist nur als Ausgliederung vom Einzelkaufmann möglich. Da der Einzelkaufmann einerseits keine Anteilsinhaber hat, denen Anteile gewährt werden könnten (daher keine Abspaltung), andererseits als natürliche Person nicht erlöschen kann (daher keine Aufspaltung), hat das Gesetz systematisch zutreffend in den §§ 152 ff. UmwG allein die **Ausgliederung als einzige Umwandlungsform** für den Einzelkaufmann vorgesehen. Die Ausgliederung ist nur dem **eingetragenen Kaufmann** erlaubt. Die Eintragung unmittelbar vor Eintragung der Ausgliederung im Handelsregister genügt aber.

Als **alternative Gestaltungsmöglichkeit** zur Ausgliederung aus dem Vermögen eines Einzelkaufmannes kommt mit dem wirtschaftlich und steuerlich weitgehend gleichen Ergebnis auch die Einbringung in eine Kapitalgesellschaft im Wege der Sachgründung oder der Sachkapitalerhöhung oder in eine Personenhandelsgesellschaft in Frage (siehe ausführlich *Mayer* in: Widmann/Mayer, UmwR Stand Dezember 2004, Band 8, Anhang 5 Rn. 323 ff.).

Auf Kapitalgesellschaften kann zur Aufnahme oder zur Neugründung, auf **Personenhandelsgesellschaften nur zur Aufnahme** ausgegliedert werden (§ 152 Satz 1 UmwG). Da der Beitritt eines zusätzlichen Gesellschafters im Zuge der Ausgliederung nicht zugelassen wird (**Identität der Gesellschafter**), würde ansonsten eine nicht zulässige Einmann-Personengesellschaft entstehen. Die aufnehmende Personenhandelsgesellschaft kann aber kurz vor der Ausgliederung geschaffen werden. Sie kann schon durch Geschäftsbeginn (= Abschluss des Ausgliederungsvertrages) entstehen (§ 123 Abs. 1, Abs. 2 HGB). Daher genügt ihre Eintragung vor der Eintragung der Ausgliederung, jedenfalls wenn im Zeitpunkt des Ausgliederungsvertrages und des Zustimmungsbeschlusses zur Ausgliederung eine Personenhandelsgesellschaft, die auf den Betrieb eines in kaufmännischer Weise eingerichteten Geschäftsbetriebs gerichtet ist, gegründet war. Bei kleingewerblichen oder vermögensverwaltenden Gesellschaften entsteht eine OHG oder KG allerdings erst mit ihrer Eintragung im Handelsregister (§§ 105 Abs. 2, 123 Abs. 2, 161 Abs. 2 HGB), besteht also vorher nur eine BGB-Gesellschaft, die als Rechtsform nicht an einer Spaltung beteiligt sein dürfte.

■➡ **Beispiel E.4.5**

Der eingetragene Kaufmann Tüchtig will sein kleingewerbliches Unternehmen in eine GmbH überführen, um nach seinem Tod Streitigkeiten zwischen seinen Erben in Erbengemeinschaft zu vermeiden. Der Steuerberater rät ihm zu einer Ausgliederung nach dem UmwG. Notar Schlau empfiehlt ihm, erst die benötigte Komplementär-

GmbH und mit dieser die GmbH & Co KG zu gründen. Beide Gesellschaften sollten erst im Handelsregister eingetragen sein, bevor der erforderliche Ausgliederungs-vertrag abgeschlossen, alle erforderlichen Zustimmungsbeschlüsse gefasst und die Ausgliederung beim Handelsregister angemeldet werden kann.

Der ausgliedernde Einzelkaufmann darf – gemessen an seinem Gesamtvermögen zum Verkehrswert inklusive Privatvermögen – **nicht überschuldet** sein (§§ 152 Satz 2, 154, 160 Abs. 2 UmwG). Darüber muss er dem Handelsregister allgemein eine entsprechende Erklärung (str.), bei der Ausgliederung zur Neugründung auf eine AG oder KGaA dem Gründungsprüfer eine aussagekräftige Aufstellung abgeben (§ 159 Abs. 3 UmwG).

Es bedarf keines **Ausgliederungsberichtes** für den Einzelkaufmann (§ 153 UmwG), sehr wohl aber für den aufnehmenden Rechtsträger (§ 127 UmwG) sowie eines **Sach-gründungsberichts** und der **Gründungsprüfung** beim neu gegründeten aufnehmenden Rechtsträger (§ 159 UmwG). Ein **Zustimmungsbeschluss** ist nur durch den aufnehmen-den Rechtsträger, nicht gesondert durch den Einzelkaufmann erforderlich, da dieser ja bereits den Ausgliederungsvertrag selbst abgeschlossen hat. Bei der Ausgliederung zur Neugründung soll ein Zustimmungsbeschluss ganz entbehrlich sein, also der Ausglie-derungsplan des allein beteiligten Einzelkaufmanns genügen.

Die **Anmeldung** muss bei der Ausgliederung zur Neugründung durch den Einzelkauf-mann und sämtliche Mitglieder der Vertretungsorgane der neuen Gesellschaft erfolgen (§ 160 UmwG). Eine Negativerklärung i. S. d. § 16 Abs. 2 UmwG ist entbehrlich, da außer dem Anmeldenden selbst kein Anfechtungsberechtigter in Frage kommt.

Die **Eintragung** der Ausgliederung bewirkt neben den Rechtsfolgen nach § 131 UmwG bei der Totalausgliederung, dass die Firma des Einzelkaufmanns erlischt (§ 155 UmwG). Dann ist – anders als bei der Ausgliederung nur eines Teils des Unternehmens (vgl. auch § 125 Satz 1 UmwG, der die Firmenfortführung nach 18 UmwG ausdrücklich ausschließt) – die **Fortführung der Firma** nach allgemeinen firmenrechtlichen Grund-sätzen, insbesondere § 22 HGB zulässig. Durch den Übergang des Vermögens kann sich der Einzelkaufmann nicht von der Haftung für seine Verbindlichkeiten befreien (§ 156 UmwG), aber eine **Nachhaftungsbegrenzung** auf fünf Jahre erreichen (§ 157 UmwG).

E.4.8.2 Ausgliederung aus dem Vermögen einer Gebietskörperschaft

Beispiel E.4.6
Die Stadt Würzburg will ihre Eigenbetriebe der Gas-, Strom- und Wasserversorgung neu strukturieren, zu denen auch die Schwimmbäder gehören. Die organisatorisch selbständig geführten Hallenbäder der Stadt werden daher auf eine neu entstehende Würzburger-Hallenbad-GmbH ausgegliedert.

Die Ausgliederung aus dem Vermögen einer Gebietskörperschaft (**Bund, Länder, Gemeinden, Gemeindeverbände, Landkreise u. Ä.**) nach §§ 168 ff. UmwG hat große Ähnlichkeit mit der vorangehend erläuterten Ausgliederung aus dem Vermögen eines Einzelkaufmanns. Auf eine Personenhandelsgesellschaft kann auch hier nur zur Auf-nahme ausgegliedert werden. In der Praxis wird meist auf eine GmbH zur Neugründung ausgegliedert.

Andreas Heidinger

Der **Ausgliederungsplan** enthält die Ausgliederungserklärung durch das Vertretungsorgan der Gebietskörperschaft (z. B. des Bürgermeisters oder Landrats) und die Errichtung der „aufnehmenden" GmbH. Zu beachten ist, ob das jeweils einschlägige Bundes- oder Landesrecht eine Ausgliederung verbietet, Genehmigungspflichten, Vorbehalte oder Anzeigepflichten enthält.

Die Ausgliederung muss sich auf ein **gesamtes „Unternehmen"** beziehen, was nicht zwingend einen ganzen Eigen- oder Regiebetrieb umfasst. Es muss sich aber um eine organisatorisch verselbständigte als Sondervermögen geführte Vermögenseinheit handeln. Einzelne Gegenstände können ausdrücklich ausgenommen werden. Auch die gleichzeitige Ausgliederung mehrerer Regie- bzw. Eigenbetriebe in einem Ausgliederungsvorgang ist zulässig.

Ein **Ausgliederungsbericht oder eine Ausgliederungsprüfung** für die Gebietskörperschaft ist nicht erforderlich (§ 169 UmwG). Da hier Körperschaften des öffentlichen Rechts beteiligt sind, geht der Gesetzgeber davon aus, dass die erforderliche Informationsgrundlage für die Entscheidungsträger durch öffentlich-rechtliche Regelungen gesichert ist. Demgegenüber ist der Sachgründungsbericht auf Seiten der neu zu gründenden GmbH nach allgemeinen Vorschriften stets erforderlich, wobei sogar der Geschäftsverlauf und die Lage des übertragenen Eigenbetriebs darzustellen ist (§ 170 i. V. m. §§ 58, 75 Abs. 1 UmwG).

Die **Anmeldung** erfolgt nach allgemeinen Regeln (§ 137 Abs. 1 UmwG) durch das Vertretungsorgan der Gebietskörperschaft (z. B. der Bürgermeister). Eine Erklärung nach § 16 Abs. 2 UmwG, dass keine Anfechtung gegen den Ausgliederungsbeschluss vorliegt, kann nicht verlangt werden, da kein Anfechtungsberechtigter existiert.

Ob ein **Ausgliederungsbeschluss** erforderlich ist, ergibt sich aus den jeweils einschlägigen öffentlich-rechtlichen Regelungen (§ 169 S. 2 UmwG). Diese bestimmen auch die Frage, ob ein solcher Beschluss Wirksamkeitsvoraussetzung oder nur ein Internum ist. Außer in Bayern hat der Bürgermeister nach den einschlägigen Kommunalgesetzen im Außenverhältnis unbeschränkte Vertretungsmacht. In Frage kommt auch eine kommunalaufsichtliche Genehmigung. Eventuell erforderliche Gemeinderatsbeschlüsse bedürfen nicht der notariellen Beurkundung.

 Zusammenfassung

Die Spaltung wird auch als **spiegelbildlicher Umwandlungsvorgang zur Verschmelzung** bezeichnet. Denn hier wird nicht Vermögen zusammengeführt, sondern im Wege der **partiellen Gesamtrechtsnachfolge** aufgeteilt. Hierfür stellt das UmwG die **Aufspaltung**, die **Abspaltung** und die **Ausgliederung** jeweils zur Aufnahme oder zur Neugründung zur Verfügung. Die Beteiligungsmöglichkeiten von Rechtsträgern der verschiedensten Rechtsformen sind ähnlich vielfältig wie bei der Verschmelzung. Besonderes Augenmerk gilt den speziellen Konstellationen der Ausgliederung aus dem Vermögen eines Einzelkaufmannes und der Ausgliederung aus dem Vermögen einer Gebietskörperschaft. Strukturell kommt bei beiden nur die Ausgliederung in Frage, da die übertragenden Rechtsträger keine Anteilsinhaber haben, denen Anteile gewährt werden könnten.

Andreas Heidinger

Der **notwendige Inhalt des Spaltungsvertrages**, der bei der Abspaltung oder Ausgliederung zur Neugründung mangels Vertragspartners durch einen einseitigen Spaltungsplan ersetzt wird, gleicht im Wesentlichen dem Inhalt des Verschmelzungsvertrages. Da nur Teile des Vermögens übergehen, müssen die Angaben darüber im Spaltungsvertrag den **sachenrechtlichen Bestimmtheitsgrundsatz** erfüllen. Die quotenabweichende Abspaltung ist im Gesetz (§ 128 UmwG) ausdrücklich geregelt, die **Spaltung zu Null** allgemein anerkannt. Anteile können daher entweder nur an einem der aufnehmenden Rechtsträger oder auch nur an dem übertragenden Rechtsträger gewährt werden. Neben den auch bei der Verschmelzung zu beachtenden **Kapitalaufbringungsgrundsätzen** bei der Kapitalerhöhung oder Neugründung auf Seiten einer aufnehmenden Kapitalgesellschaft ist bei der Abspaltung und Ausgliederung von einer Kapitalgesellschaft dort auch der **Kapitalerhaltungsgrundsatz** (§ 30 GmbHG, § 57 AktG) zu beachten.

Auch die Spaltung entfaltet ihre **Rechtswirkungen erst mit der Eintragung** im Handelsregister. Allerdings erlischt nur bei der Aufspaltung der übertragende Rechtsträger. Mängel im Spaltungsverfahren werden wie bei der Verschmelzung durch die Eintragung der Spaltung im Handelsregister **geheilt**.

Aufgaben zur Selbstüberprüfung

1. Wie und wann geht bei der Spaltung das Vermögen des übertragenden Rechtsträgers über?
2. Wodurch unterscheidet sich die Abspaltung von der Ausgliederung?
3. Wie kann ein einzelkaufmännisches Unternehmen mit Mitteln des UmwG in eine GmbH überführt werden?
4. Eine Gemeinde will ihr organisatorisch selbständiges Altenheim in eine neu zu gründende GmbH „outsourcen". Geht dies mit Mitteln des Umwandlungsrechtes?
5. Welche zusätzlichen zwingenden Angaben enthält ein Spaltungsvertrag gegenüber einem Verschmelzungsvertrag?
6. Was kann eine abspaltende GmbH tun, um eine geplante Abspaltung zu realisieren, wenn das nach Abspaltung verbleibende Vermögen ihr Stammkapital bilanziell nicht mehr decken würde?

E.5 Der Formwechsel

Als letzte Umwandlungsform sollen Sie den Formwechsel kennen lernen. Die Vermögensübertragung in §§ 174–189 UmwG hat wegen der wenigen exotischen teilnahmefähigen Rechtsträger eine so geringe praktische Bedeutung, dass diese nicht gesondert behandelt wird. Der Formwechsel unterscheidet sich grundlegend von Verschmelzung und Spaltung, da bei ihm zwingend immer nur ein Rechtsträger beteiligt ist. Daher kommt es auch zu keinerlei Vermögenstransfer im Wege der Gesamtrechtsnachfolge. Dies bietet eine sehr schonende Möglichkeit die rechtliche Struktur eines Unternehmens zu ändern. In jetzt schon gewohnter Weise werden Ihnen nachfolgend die formwechselfähigen Rechtsträger, die Besonderheiten des Formwechselbeschlusses, der Anmeldung und der Eintragung beim Formwechsel erläutert.

E.5.1 Grundlagen

E.5.1.1 Motive für einen Formwechsel

Für einen Formwechsel gibt es die verschiedensten **Motive** wie z. B. beim Gang in die Kapitalgesellschaft die Haftungsbegrenzung, die Vorbereitung einer Betriebsaufspaltung, die Trennung von Kapital und Management, die Planung der Nachfolge, die Nutzungsüberlassung, die Vorbereitung von Kapitalbeschaffungsmaßnahmen durch Formwechsel in die AG („going public"), Rückzug von der Börse („going privat") durch Formwechsel aus der AG.

Aus grunderwerbsteuerlicher Sicht ist die Möglichkeit des Formwechsels hoch interessant. Da beim Formwechsel kein Rechtsträgerwechsel i. S. d. Grunderwerbsteuerrechtes stattfindet, ist der Formwechsel eines Rechtsträgers mit Grundstücken in seinem Vermögen **nicht grunderwerbsteuerbar.**

Für den **Wechsel von der Kapitalgesellschaft in die Personengesellschaft** sprechen steuerliche Vorteile, Senkung von fixen Kosten (Rechnungslegung etc.), Vermeidung der Gefahr verdeckter Gewinnausschüttungen, Flucht aus den Publizitätsvorschriften des HGB, Flucht aus der Unternehmensmitbestimmung nach dem Mitbestimmungsgesetz (MitbestG), dem Montanmitbestimmungsgesetz (MontanMitbestG) und dem früheren Betriebsverfassungsgesetz von 1952 (BetrVG, seit 1.7.2004 durch das sog. DrittelbeteiligungsG, BGBl. I 2004, S. 974, ersetzt) durch Wegfall des Aufsichtsrats.

Für den Wechsel vom **Verein in die Kapitalgesellschaft** können die Trennung von Mitgliedern und Management und die Anpassung aufgrund eines gewandelten Vereinszwecks (vgl. z. B. Bundesliga-Fußballvereine) sprechen. Hierfür wird in der Praxis allerdings die Ausgliederung der Lizenzspieler-Abteilung aus einem e. V. bevorzugt. (siehe zur Ausgliederung oben E.4.1.1).

Andreas Heidinger

E.5.1.2 Grundstruktur des Formwechsels

 Beispiel E.5.1

Listig hält viele gewerbliche Immobilien und Mietshäuser in der ganzen Welt in der Rechtsform einer GmbH. Um an neues Kapital für weitere Expansionen zu gelangen, will er an die Börse. Sein Steuerberater rät ihm zu einer Totalausgliederung auf eine AG zur Neugründung. Diese ist einkommensteuerfrei möglich. Dadurch wird aus der bisherigen GmbH eine Holding für die neu entstehende Immobilien-AG. Notar Schlau warnt den Listig vor erheblichen Grunderwerbsteuern und empfiehlt den grundwerwerbsteuerfreien Formwechsel in die AG.

Der wesentliche **Unterschied** des Formwechsels **gegenüber den anderen Arten der Umwandlung** liegt in der wirtschaftlichen Kontinuität des Rechtsträgers vor und nach dem Formwechsel. Diese Kontinuität beruht zum einen auf der Identität des Personenkreises (vgl. § 202 Abs. 1 Nr. 2 Satz 1 UmwG) und zum anderen auf der Tatsache, dass der Vermögensbestand des Rechtsträgers vor und nach dem Formwechsel gleich bleibt. Durch den Formwechsel soll sich lediglich die rechtliche Organisation des Unternehmensträgers, dem vor und nach der Umwandlung dasselbe Vermögen zugeordnet wird, ändern. Deshalb müsse nach der Begründung des Regierungsentwurfs der wirtschaftlichen Identität auch die rechtliche Identität entsprechen. In der Lit. spricht man auch von dem **„identitätswahrenden Formwechsel"** unter bloßem **„Rechtskleidwechsel"**. Konsequenz daraus ist z. B., dass nur ein Rechtsträger am Formwechsel beteiligt ist, so dass es keine Formwechselverträge, sondern nur einen **Formwechselbeschluss** bzw. dessen Entwurf gibt.

Das Rechtskleid der AG überlagert die ursprüngliche GmbH:

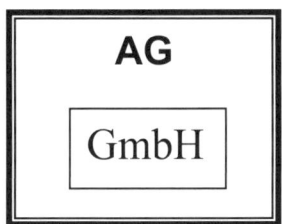

Durch die Möglichkeit des Formwechsels von **Kapitalgesellschaften in Personenhandelsgesellschaften** und umgekehrt wird die grundsätzliche Zweiteilung des deutschen Gesellschaftsrechts in juristische Personen und Gesamthandsgemeinschaften für den Bereich des Umwandlungsrechtes aufgehoben.

Auch ein **aufgelöster Rechtsträger** kann noch formgewechselt werden, wenn seine Fortsetzung in der bisherigen Rechtsform beschlossen werden könnte (§ 191 Abs. 3 UmwG, siehe aber auch § 214 Abs. 2 UmwG für die Personenhandelsgesellschaft). Das **Umwandlungssteuerrecht** behandelt demgegenüber auch den Formwechsel wie eine Verschmelzung als Vermögensübergang auf eine Personengesellschaft bzw. als Einbringung in eine Kapitalgesellschaft.

Andreas Heidinger

E.5.1.3 Identitätswahrung bei der GmbH & Co KG

Der Grundsatz der Identitätswahrung führt beim Formwechsel einer GmbH in eine
GmbH & Co KG und umgekehrt zur Problematik der **Beteiligung der zukünftigen bzw.
bisherigen Komplementär-GmbH.**

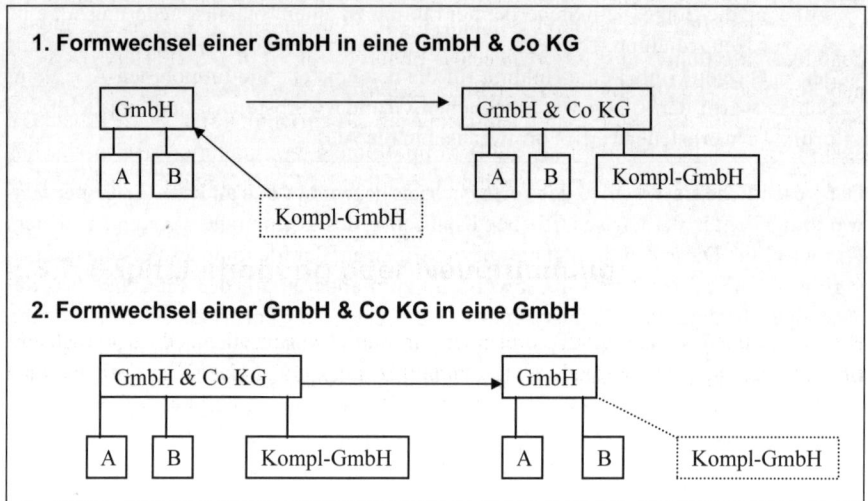

1. Formwechsel einer GmbH in eine GmbH & Co KG

2. Formwechsel einer GmbH & Co KG in eine GmbH

Abbildung E.5.1.3: Formwechsel von und in GmbH & Co KG

Die früher überwiegende Meinung folgte dabei der Gesetzesbegründung zu § 194
UmwG, die einen **Mitgliederwechsel** zum Zeitpunkt des Wirksamwerdens des Formwechsels durch dessen Eintragung im zuständigen Register ausschließt. Eine gesetzliche
Ausnahme sehen nur die §§ 221–236 UmwG für den persönlich haftenden Gesellschafter
beim Formwechsel in bzw. aus der KGaA vor. Da ein Ein- bzw. Austritt von Gesellschaftern kurz vor bzw. kurz nach dem Formwechsel nach allgemeinen Regeln für
den jeweils betroffenen Rechtsträgertypus möglich ist, wurde in der Praxis die beim
Formwechsel in die GmbH & Co KG benötigte Komplementär-GmbH schon bei der
Ausgangs-GmbH mit einem Minimal-Anteil von jetzt nur noch 1 EUR als Gesellschafter
beteiligt. Der Erwerb des Geschäftsanteils ist noch bis zur Eintragung des Formwechsels möglich (BayObLG, NJW-RR 2000, 627 = ZIP 2000, 230 = DB 2000, 36 f.; vgl.
auch BayObLG, ZIP 2003, 1145 = MittBayNot 2004, 200 ff. mit Anm. Gerber: Beim
Formwechsel einer AG in eine KG besteht kein Verfügungsverbot für die Aktien nach
dem Formwechselbeschluss). Es genügt sogar eine Vor-GmbH, die selbst noch nicht
im Handelsregister eingetragen ist, als zukünftige Komplementärin. Dies kann aber
zu erheblichen Haftungsrisiken für die Gründungsgesellschafter führen, da bis zur
Eintragung der Komplementär-GmbH bei dieser die unbeschränkte persönliche Gründerhaftung für die Gründungsgesellschafter greift.

Für den Formwechsel einer AG in eine GmbH & Co KG hat der **BGH** (Urt. v. 9.5.2005,
NZG 2005, 722, unter Verweis auf BGHZ 142, 1, 5) „obiter dictum" demgegenüber
ausgesprochen, dass der Komplementär mit dessen Zustimmung **im Zuge des Formwechsels neu hinzutreten** kann. Daher ist der umständliche Weg über die vorherige

(treuhänderische) Beteiligung der Komplementär-GmbH jetzt nicht mehr erforderlich. Gleichzeitig betont der BGH jedoch, dass aus dem Gebot der Kontinuität der Mitgliedschaft (lediglich) folgt, dass bisherige Gesellschafter auch Mitglieder des Rechtsträgers neuer Rechtsform werden. Daher lässt er es derzeit noch offen, ob auch das Ausscheiden eines Gesellschafters im Zuge des Formwechsels zulässig ist.

Mit Zustimmung aller Beteiligten wird allgemein der sog. „nicht verhältniswahrende" oder auch **„quotenabweichende Formwechsel"** für zulässig gehalten, bei dem sich nur die Beteiligungsverhältnisse der Gesellschafter untereinander verschieben. Daraus können sich aber ggf. Grunderwerbssteuer- oder Schenkungssteuerpflichten ergeben.

> **!** Trotz wirtschaftlicher, personeller und rechtlicher Identität des Ausgangs- und des Zielrechtsträgers beim Formwechsel hat der Gesetzgeber in § 197 Satz 1 UmwG die **Anwendbarkeit des Gründungsrechts** des jeweiligen Rechtsträgers neuer Rechtsform angeordnet. Daher wird ein Formwechsel in eine UG(haftungsbeschränkt) nicht für möglich gehalten.

E.5.2 Formwechselfähige Rechtsträger

Eine umwandlungsrechtliche Besonderheit liegt darin, dass auch die BGB-Gesellschaft als Zielrechtsträger durch Formwechsel aus einer Kapitalgesellschaft zulässig ist (§ 191 Abs. 2 Nr. 1 UmwG)

Neben den Vorschriften des allgemeinen Teils (§§ 190–213 UmwG) müssen bei einem Formwechsel von einer Kapitalgesellschaft (§§ 226–227 UmwG) in eine Personenhandelsgesellschaft **die besonderen Regelungen** der §§ 228–237 UmwG beachtet werden.

> **!** Gemäß § 228 Abs. 1 UmwG ist ein Formwechsel in eine KG nur möglich, wenn die Ausgangs-GmbH ein Handelsgewerbe betreibt oder die Voraussetzungen der §§ 161 Abs. 1, 105 Abs. 2 HGB (kleingewerbetreibend oder vermögensverwaltend, aber ins Handelsregister eingetragen) vorliegen. Ansonsten (insbesondere bei Freiberuflern) bleibt nur der Formwechsel in die GbR (§ 226 UmwG) oder die Partnerschaft (vgl. § 228 Abs. 2 UmwG).

E.5.3 Ablauf eines Formwechsels im Überblick

Der konkrete Ablauf eines Formwechsels ist dadurch geprägt, dass nicht mehrere Gesellschaften daran beteiligt sind und **keine Vermögensübertragung** durch Gesamtrechtsnachfolge erfolgt. Daher kann es keinen Vertrag als rechtsgeschäftliche Grundlage geben. An dessen Stelle tritt der Formwechselbeschluss in seiner Entwurfsform als (rechtsgeschäftliche) Grundlage für den Formwechsel. Wird dann der Beschluss wirksam gefasst, stellt er die erforderliche Zustimmung durch die betroffenen Anteilsinhaber dar. Insofern kommt ihm eine Doppelfunktion zu.

Auch wenn die Identität des Rechtsträgers gewahrt wird und nur sein Rechtskleid wechselt, müssen wegen der Verweisungen im Umwandlungsrecht auf die jeweiligen

Andreas Heidinger

auf von	GbR	PHG	PartG	GmbH	AG	KGaA	e.G.
PHG	§ 190 Abs.2	§ 190 Abs. 2	-	§§ 214 - 225	§§ 214 - 225	§§ 214 - 225	§§ 214 - 225
PartG	§190 Abs.2	§ 190 Abs.2	-	§§ 225a - 225c	§§ 225a - 225c	§§ 225a - 225c	§§ 225a - 225c
GmbH	§§ 226; 228 - 237	§§ 226; 228 - 237	§ 226; 228 - 237	-	§§ 226; 238 - 250	§§ 226; 238 - 250	§§ 226; 251 - 257
AG	§§ 226; 228 - 237	§§ 226; 228 - 237	§§ 226; 228 - 237	§§ 226; 238 - 250	-	§§ 226; 238 - 250	§§ 226; 251 - 257
KGaA	§§ 226 - 237	§§ 226 - 237	§§ 226 - 237	§§ 226, 227, 238 - 250	§§ 226, 227; 238 - 250	-	§§ 226, 227; 251 - 257
e.G.	-	-	-	§§ 258 - 271	§§ 258 - 271	§§ 258 - 271	-
e.V./wirt.V.	-	-	-	§§ 272 - 290	§§ 272 - 290	§§ 272 - 290	§§ 272; 283 - 290
VVaG	-	-	-	-	(nur größerer VVaG) §§ 291 - 300	-	-
Körperschaften/ Anstalten des öffentl. Rechts	-	-	-	§§ 301 - 304	§§ 301 - 304	§§ 301 - 304	-

Zu den Abkürzungen siehe Tabelle E.3.1

Tabelle E.5.1: Formwechselfähige Rechtsträger (§ 191 Abs. 1 und Abs. 2 UmwG)

Gründungsvorschriften des Zielrechtsträgers hierbei weitestgehend die Sachgründungsvorschriften in den einschlägigen Spezialgesetzen beachtet werden. Dies ist erforderlich, um nicht mit dem Formwechsel aus einer Personenhandelsgesellschaft in eine Kapitalgesellschaft die Kapitalaufbringungsvorschriften bei der Gründung umgehen zu können.

E.5.4 Formwechselbeschluss

E.5.4.1 Inhalt des Formwechselbeschlusses

§ 194 Abs. 1 UmwG legt den notwendigen Inhalt eines Umwandlungsbeschlusses fest. Neben der **Rechtsform** des Zielrechtsträgers (Nr. 1) muss der Formwechselbeschluss (bzw. dessen Entwurf) die zukünftige **Firma** (Nr. 2) enthalten. Dabei kann der Zielrechtsträger seine Firma unter Beachtung der §§ 17 ff. HGB und der besonderen Regeln für die jeweilige Rechtsform originär neu bilden oder unter Einhaltung des § 200 UmwG fortführen. Darüber hinaus sind Angaben über **Zahl, Art und Umfang der zukünftigen Beteiligung** aller bisherigen Gesellschafter (Nr. 4) und eventuelle **Sonderrechte** (Nr. 5) erforderlich.

Materiell-rechtlich entscheidend für die zukünftige Gesellschafterstellung beim Zielrechtsträger ist nach § 202 Abs. 1 Nr. 2 UmwG der **Bestand zum Zeitpunkt der Ein-**

tragung des Formwechsels im Register, nicht die Angaben im Formwechselbeschluss. Veräußerungen zwischen Formwechselbeschluss und Eintragung des Formwechsels im Handelsregister haben also noch materiell-rechtliche Auswirkungen auf den Mitgliederbestand des Zielrechtsträgers.

Auch beim Formwechsel besteht für jeden widersprechenden Gesellschafter die Möglichkeit, aus der betroffenen Gesellschaft gegen Zahlung einer Barabfindung auszuscheiden. Das **Barabfindungsangebot im Formwechselbeschluss** nach § 207 UmwG für ausscheidenswillige Gesellschafter entfällt bei der Einpersonengesellschaft, wenn alle Gesellschafter dem Formwechsel zustimmen müssen (§ 194 Abs. 1 Nr. 6 UmwG) oder wenn mit notariell beurkundeter Zustimmung aller Beteiligten darauf verzichtet wird. In all diesen Fällen verbleiben keine schutzwürdigen Interessen von Minderheitsgesellschaftern gegen die „zwangsweise" Veränderung ihrer bestehenden Mitgliedschaft. Eine Anfechtungsklage gegen den Formwechselbeschluss nur wegen eines zu niedrigen Abfindungsangebotes ist genauso wie bei der Verschmelzung und der Spaltung ausgeschlossen (§ 210 UmwG) und dem Spruchverfahren vorbehalten (§§ 212 UmwG i. V. m. Spruchverfahrensgesetz).

Die **Angaben** über die Folgen des Formwechsels **für die Arbeitnehmer und ihre Vertretungen** (Nr. 7) sowie die insoweit vorgesehenen Maßnahmen (vgl. dazu bereits oben bei Verschmelzung E.3.3.6) korrespondieren mit § 194 Abs. 2 UmwG, der festlegt, dass der Entwurf des Umwandlungsbeschlusses (ohne Umwandlungsbericht) spätestens einen Monat vor dem Tag des Formwechselbeschlusses dem zuständigen Betriebsrat zuzuleiten ist. Die fehlende rechtzeitige Zuleitung ist ein Eintragungshindernis (§ 199 UmwG). Der Verzicht auf die Zuleitungsfrist, nicht aber auf die Zuleitung als solche, ist also zulässig.

Der nach § 194 UmwG **zwingende Inhalt** wird durch verschiedene Vorschriften des besonderen Teiles ergänzt. Beim Formwechsel in eine Kommanditgesellschaft müssen im Formwechselbeschluss z. B. nach § 234 Satz 1 Nr. 1 und 2 UmwG der Sitz der Personengesellschaft und ggf. die Kommanditisten sowie deren jeweilige Hafteinlage angegeben werden. Die **Hafteinlage** der Kommanditisten (vgl. § 172 HGB) wird wie bei einer Sacheinlage durch den auf jeden Einzelnen entfallenden Anteil des tatsächlichen Reinvermögens der bisherigen Kapitalgesellschaft erbracht.

Sowohl beim Formwechsel in eine Kapitalgesellschaft oder Genossenschaft (siehe dazu §§ 218 Abs. 1, 243 Abs. 1 UmwG) als auch bei der Personenhandelsgesellschaft (§ 234 Nr. 3 UmwG) als Zielrechtsträger muss die **Satzung bzw. der Gesellschaftsvertrag** im Formwechselbeschluss mit enthalten sein und mit beurkundet werden.

E.5.4.2 Form und Durchführung des Umwandlungsbeschlusses

Nach § 193 Abs. 3 UmwG bedarf der Umwandlungsbeschluss der notariellen Beurkundung. Soweit keine beurkundungsbedürftigen Zustimmungserklärungen abgegeben werden müssen, genügt die Form der **Niederschrift** nach den §§ 36 ff. BeurkG. Über § 193 Abs. 2 UmwG und entsprechende Vinkulierungsregelungen in der Satzung ergibt sich häufig ein **Zustimmungsbedürfnis** aller Gesellschafter (siehe auch das Zustimmungserfordernis des § 233 Abs. 2 und 3 UmwG für alle zukünftigen Vollhafter).

Für **Informationspflichten, Inhalt und Ablauf** der beschlussfassenden Versammlung sowie die erforderlichen Mehrheiten bestehen jeweils besondere Regelungen für die

Andreas Heidinger

einzelnen Rechtsformen (siehe insbesondere die §§ 230–232 UmwG und die Regelungen in den Spezialgesetzen wie z. B. dem GmbHG, AktG oder GenG).

Die Frage der **Stellvertretung** beim Formwechselbeschluss richtet sich grds. nach der Rechtsform des formwechselnden Rechtsträgers. Wegen der Generalverweisung auf das Gründungsrecht gelten hier auch die strengen Anforderungen an die Gründungsvollmacht (siehe z. B. § 2 Abs. 2 GmbHG und § 23 Abs. 1 Satz 2 AktG, notarielle Beglaubigung). Auch **Vertretung ohne Vertretungsmacht** ist grds. mit beglaubigter Nachgenehmigung bzw. Vollmachtsbestätigung zulässig. § 181 BGB (Verbot des Insichgeschäftes und der Mehrfachvertretung) ist auch beim Formwechselbeschluss zu beachten.

E.5.5 Umwandlungsbericht und -prüfung

Auch beim Formwechsel besteht ein berechtigtes Informations- und Schutzbedürfnis für die beteiligten Anteilsinhaber. Daher muss nach § 192 UmwG grds. in allen Fällen des Formwechsels das Vertretungsorgan des formwechselnden Rechtsträgers einen **ausführlichen schriftlichen Bericht** erstatten und den Gesellschaftern vor der Gesellschaftsversammlung rechtzeitig übersenden (§ 230 Abs. 1 UmwG). In diesem ist der Formwechsel als solcher und insbesondere die künftige Beteiligung der Anteilsinhaber rechtlich und wirtschaftlich zu erläutern und zu begründen. Die Anteilsinhaber sollen sich ein Bild über die wirtschaftliche Zweckmäßigkeit der Umwandlung machen und die Angemessenheit einer eventuellen Barabfindung beurteilen können.

Nach § 192 Abs. 2 UmwG n. F. entfällt ein Umwandlungsbericht, wenn an dem formwechselnden Rechtsträger **nur ein Anteilsinhaber** beteiligt ist oder wenn alle Anteilsinhaber in notariell beurkundeter Form darauf **verzichten.** In diesem Fall bleibt kein Informations- und Schutzinteresse mehr bestehen.

Eine **Formwechselprüfung** findet grds. nicht statt (zur Ausnahme beim Formwechsel einer Genossenschaft, siehe § 259 UmwG, sowie die Ausnahme der Gründungsprüfung der AG nach den §§ 32 ff. AktG). Denn der Eingriff in die Gesellschafterrechte ist beim Formwechsel regelmäßig nicht so schwerwiegend wie bei der Verschmelzung, bei der der übertragende Rechtsträger vollständig erlischt.

E.5.6 Anmeldung

Grds. hat die Anmeldung nach § 198 UmwG **beim Register des Ausgangsrechtsträgers** zu erfolgen, darüber hinaus beim Register des Zielrechtsträgers, wenn wegen der Rechtsform ein anderes Registergericht (z. B. Genossenschaftsregister, nicht aber Handelsregister A und B) oder wegen einer enthaltenen Sitzverlegung ein Register am anderen Ort zuständig wird. Im Fall des Formwechsels einer GmbH in eine GmbH & Co KG müssen bei gleichbleibendem Sitz also die Vertretungsorgane der formwechselnden GmbH gemäß § 235 Abs. 2 UmwG den Formwechsel nur zur Eintragung beim Register des Sitzes der formwechselnden GmbH anmelden.

Gegenstand der Anmeldung ist nicht wie früher der Umwandlungsbeschluss, sondern die neue Rechtsform des Rechtsträgers, sowie weitere Beschlüsse neben dem eigentlichen Formwechselbeschluss (z. B. Geschäftsführerbestellung und Ähnliches).

Andreas Heidinger

Die **Anlagen** bestimmen sich nach § 199 UmwG, den jeweiligen Sonderregelungen für die einzelnen Rechtsformen sowie den Gründungsvorschriften (vgl. § 197 UmwG i. V. m. § 8 GmbHG bzw. § 37 Abs. 4 AktG). Ob beim Formwechsel in eine Kapitalgesellschaft auch eine modifizierte **Einlagenversicherung** entsprechend den §§ 8 Abs. 2 GmbHG und 37 Abs. 1 AktG abzugeben ist, ist streitig (siehe dazu *Limmer*, in: Handbuch der Unternehmensumwandlung, 3. Aufl. 2007, Rn. 2398 ff.).

Beispiel E.5.2:

Bei einem Formwechsel einer GmbH in eine GmbH & Co KG sind z. B. der Formwechselbeschluss, eventuelle Einzelzustimmungserklärungen nicht erschienener Gesellschafter, der Umwandlungsbericht oder eventuell diesbezügliche Verzichtserklärungen, Nachweis über die Zuleitung an den Betriebsrat, eventuell für den Formwechsel erforderliche staatliche Genehmigungen usw. als Anlagen beizufügen.

Der Anmeldung ist keine Schlussbilanz beizufügen, da § 17 Abs. 2 UmwG beim Formwechsel nicht gilt. Eine handelsrechtliche Rückbeziehung ist beim Formwechsel nicht möglich, sondern nur eine steuerliche (vgl. § 9 Satz 2 und § 25 Satz 2 UmwStG). Die Vereinbarung eines „Formwechselstichtages" hat nur schuldrechtliche Wirkung im Innenverhältnis zwischen den Beteiligten. Um auch spätere formlose Änderungen des steuerlichen Formwechselstichtages noch zu ermöglichen, kann es ratsam sein, eine diesbezügliche Festlegung im Formwechselbeschluss ganz zu unterlassen.

E.5.7 Eintragung

Der Registerrichter prüft auch, ob die Gesellschaft ordnungsgemäß errichtet und angemeldet ist. Erst **mit der Eintragung** des Formwechsels in das Register der neuen Rechtsform ist dieser wirksam und entfaltet seine **Rechtswirkungen** nach § 202 UmwG:
- Der formwechselnde Rechtsträger erhält seine **neue Rechtsform**,
- die Anteilsinhaber erhalten ihre **neuen Mitgliedschaften**,
- die **Rechtsinhaberschaft** von Forderungen, Rechten und Verträgen bleibt weitgehend unberührt,
- eine **Prokura** beim Ausgangsrechtsträger besteht grds. ohne diesbezügliche Anmeldung beim Zielrechtsträger fort,
- die **organschaftlichen Vertreter** verlieren jedoch ihre Organstellung. Es bedarf noch der Kündigung ihrer Anstellungsverträge und der Bestellung der neuen Organe,
- ein Unternehmensvertrag muss zu seinem Fortbestand die formellen Voraussetzungen beim Zielrechtsträger (vgl. insbesondere §§ 293, 294 AktG bei **stiller Beteiligung** als Teilgewinnabführungsvertrag) erfüllen,
- **Unterbeteiligungen** setzen sich grds. am Zielrechtsträger fort.

Der Mangel der notariellen Beurkundung wird durch die **Eintragung geheilt** (§ 202 Abs. 1 Nr. 3 UmwG), sonstige Mängel lassen die Wirkung der Eintragung unberührt (§ 202 Abs. 3 UmwG).

Andreas Heidinger

Übung E.5.1

Stellen Sie fest, welche Rechtsform ihr Arbeitgeber hat. Überlegen Sie sich (möglichst alle) Möglichkeiten, die das Umwandlungsrecht für einen Wechsel in eine GmbH & Co KG bietet.

 Zusammenfassung

Der Formwechsel ermöglicht den identitätswahrenden **Wechsel der Rechtsform**, ohne dass eine Übertragung des Vermögens erfolgt. Dennoch sind zum Schutz vor deren Umgehung die jeweiligen Gründungsvorschriften für den Zielrechtsträger anwendbar. Mangels Rechtsträgerwechsel entsteht auch bei Grundstücken im Vermögen der betroffenen Gesellschaft **keine Grunderwerbssteuer**. Daher wird in der Praxis vor allem zur Vorbereitung des Börsenganges von der GmbH in eine AG oder aus steuerlichen Gründen in die Personengesellschaft formgewechselt.

Der **Identitätsgrundsatz** beim Formwechsel erfordert vor allem bei der Beteiligung einer GmbH & Co KG eine sorgfältige Planung bezüglich der Komplementär-GmbH als Gesellschafterin. Die Möglichkeiten des Formwechsels sind teilweise auch eingeschränkt, weil bestimmte Zielrechtsträgerrechtsformen bestimmte Eigenschaften von ihren Gesellschaftern fordern oder Anforderungen an ihren Unternehmensgegenstand stellen (z. B. nicht freiberuflich bei Personenhandelsgesellschaft und Freiberufler bei Partnerschaftsgesellschaft).

In § 194 UmwG ist wie für den Verschmelzungsvertrag und den Spaltungsvertrag ein **zwingender Mindestinhalt** des Formwechselbeschlusses festgelegt. Die Anmeldung erfolgt meist nur beim Handelsregister des formwechselnden Rechtsträgers. Auch der Formwechsel wird erst mit seiner **Eintragung im Handelsregister wirksam** und Mängel werden geheilt. Die Unübertragbarkeit eines Vermögensgegenstandes führt beim Formwechsel mangels Übertragung nicht zu den gleichen Problemen wie bei der Verschmelzung oder Spaltung. Dennoch können aufgrund des Rechtsformwechsels Rechtspositionen verloren gehen (z. B. Organstellung, Unternehmensvertrag).

Aufgaben zur Selbstüberprüfung

1. Fällt beim Formwechsel einer grundstückshaltenden Gesellschaft Grunderwerbsteuer an?
2. Ist beim Formwechsel einer GmbH & Co KG in eine GmbH Gründungsrecht der GmbH anwendbar?
3. Ist der Formwechsel einer GmbH in eine Partnerschaftsgesellschaft zulässig? Was ist zu beachten?
4. Muss der Anmeldung des Formwechsels einer GmbH beim Handelsregister eine Schlussbilanz beigefügt werden?

Andreas Heidinger

E.6 Prozessuale Besonderheiten

Alle Umwandlungen nach dem UmwG unterliegen nicht nur einem strengen Verfahren bzgl. ihrer Durchführung und einem besonderen Registerverfahren, die Sie in den vorangegangen Kapiteln für die einzelnen Umwandlungsformen kennengelernt haben. Auch im streitigen Verfahren vor den Zivilgerichten sind Besonderheiten bzgl. der Anfechtungsklage zu beachten. Die Klageberechtigten werden ggf. ins Spruchverfahren gedrängt oder das Interesse an einer zügigen Eintragung der Umwandlung durch das Freigabeverfahren gewahrt. Diese Verfahren sollen nachfolgend kurz erläutert werden.

E.6.1 Grundsatz der Anfechtbarkeit

Grds. unterliegt – wie ein Satzungsänderungsbeschluss – **jeder Umwandlungsbeschluss der Anfechtung** entsprechend den Regeln für den jeweils beteiligten Rechtsträger. § 14 UmwG setzt eine Frist von einem Monat ab Beschlussfassung. Als Anfechtungsgrund kommen (soweit nicht Nichtigkeit anzunehmen ist) insbesondere Ladungsmängel, fehlendes Barabfindungsangebot, Unvollständigkeit des Umwandlungsbeschlusses u. v. m. in Frage.

 Beispiel E.6.1

Die Telekom-AG will ihr Tochterunternehmen T-Online-AG durch Verschmelzung wieder in die Mutter-AG zurückholen. Den Aktionären der T-Online-AG, die ausscheiden wollen, wird ein Abfindungsangebot von nur 7 € je Aktie gemacht. Verbleibende Aktionäre erhalten Telekomaktien im ungefähr gleichen Wert für ihre bisherigen T-Online-Aktien (Umtauschverhältnis). Die T-Online-Aktien waren erst 7 Jahre zuvor für ca. 27 DM je Aktie an die Börse gebracht worden, so dass sich für die Telekom-AG aus der Verschmelzung ein fiktiver Gewinn in Höhe von mehreren Milliarden EURO ergibt. Einzelne Minderheitsaktionäre fechten den Hauptversammlungsbeschluss der Telekom-AG an, weil das Abfindungsangebot und das Umtauschverhältnis zu gering seien. Andere reklamieren formale Fehler bei der Durchführung der Hauptversammlung als Anfechtungsgrund. Die Telekom-AG hat aus internationalen wettbewerbsstrategischen und wirtschaftlichen Gründen größtes Interesse daran, dass die Verschmelzung schnellstmöglichst durch Eintragung im Handelsregister wirksam wird. Der Anfechtungsprozess kann sich durch alle Instanzen mehrere Jahre hinziehen.

Andreas Heidinger

E.6.2 Einschränkung und Spruchverfahren

Die **Anfechtung** einer Umwandlung ist insofern **eingeschränkt** als sie durch die Gesellschafter der übertragenden oder formwechselnden Rechtsträger nicht darauf gestützt werden kann, dass das Umtauschverhältnis oder das Abfindungsangebot für ausscheidenswillige Gesellschafter zu schlecht ist (§§ 14 Abs. 2, 15, 32, 125 Satz 1, 195 Abs. 2, 196, 210 UmwG). Hierfür ist das Spruchstellenverfahren nach dem neuen am 1.9.2003 in Kraft getretene Spruchverfahrensneuordnungsgesetz (BGBl. I 2003, S. 838) vorgesehen. Damit soll einerseits den Minderheitsgesellschaftern der Ausgangsrechtsträger die Möglichkeit eröffnet werden, ihre wirtschaftlichen Interessen auch gegen einen Mehrheitsentscheid für eine Umwandlung zu wahren. Andererseits soll der Vollzug der Umwandlung durch Eintragung im Handelsregister aber allein aus diesem Grund nicht mit einer allgemeinen Anfechtungsklage verzögert werden. Diese umwandlungsrechtlichen Einschränkungen der Rechte von Minderheitsaktionären hat das BVerfG jüngst abgesegnet (BVerfG Beschl. v. 30.5.2007, ZIP 2007, 1600 = NZG 2007, 629–631 = AG 2007, 697 = NJW 2007, 3266).

Das **Spruchverfahren** wird durch einen Antrag eines Anteilsinhabers des übertragenden Rechtsträgers binnen dreier Monate nach der Bekanntmachung der Umwandlung (§ 4 Abs. 1 Nr. 4 SpruchG) eingeleitet (§ 3 S. 1 Nr. 3 SpruchG) und ist auf bare Zuzahlung gerichtet. Die Barabfindung ist nach dem Ertraggswertverfahren zu ermitteln (OLG Stuttgart, Beschl. v. 19.3.2008, AG 2008, 510). Anders als bei dem Anspruch auf Barabfindung nach § 29 UmwG ist es für den Anspruch auf bare Zuzahlung nach §§ 15 bzw. 196 UmwG nicht Voraussetzung, dass der Anteilsinhaber Widerspruch gegen den Verschmelzungs-, Spaltungs- oder Formwechselbeschluss zur Niederschrift erklärt hat und gegen diesen Beschluss gestimmt hat. Zulässigkeitsvoraussetzung für ein solches Spruchverfahren sind aber konkrete Einwendungen, nicht nur pauschale Angriffe gegen die Unternehmensbewertung. Eine rechtskräftige Entscheidung im Spruchverfahren wirkt für und gegen alle (inter omnes, § 13 S. 2 SpruchG). Bare Zuzahlungen im Spruchverfahren können entgegen der Regelung für freiwillige bare Zuzahlungen in §§ 54 Abs. 4 und 68 Abs. 3 UmwG auch höher als 10 % zugesprochen werden. Weicht das vom gerichtlichen Sachverständigen ermittelte Umtauschverhältnis nur geringfügig (in einem vom OLG München mit Beschl. v. 14.5.2007, FGPrax 2007, 197 = AG 2007, 701–705 = OLGR München 2007 entschiedenen Fall z. B. 1,5 %) von demjenigen des Verschmelzungsvertrages ab, ist ein Ausgleich durch bare Zuzahlung nicht veranlasst.

Der materielle Ausschluss der Klage nach § 14 Abs. 2 UmwG greift **nicht im Falle der Ausgliederung** zur Aufnahme nach § 123 Abs. 3 Nr. 1 UmwG, da dabei nicht die Anteilseigner des übertragenden Rechtsträgers Anteile bekommen, sondern der Rechtsträger selbst. Die Einschränkungen der Anfechtungsklage aus § 14 Abs. 2 UmwG gelten allgemein auch **nicht für die Anteilsinhaber der aufnehmenden Rechtsträger.**

E.6.3 Einschränkung und Freigabeverfahren

Ansonsten kann eine auf einen anderen Anfechtungsgrund gestützte Klage grundsätzlich die Eintragung einer **Umwandlung blockieren.** Denn nach § 16 Abs. 2 UmwG bedarf es für die Eintragung einer Verschmelzung, Spaltung oder eines Formwechsels einer so genannten Negativerklärung über bestehende Anfechtungsklagen (vgl. dazu genauer oben E.3.8.3). Wurde ein Umwandlungsbeschluss angefochten, kann die Umwandlung unter bestimmten Voraussetzungen auch vor Abschluss des Anfechtungsprozesses (Hauptverfahren) eingetragen werden. Voraussetzung ist ein entsprechender Gerichtsbeschluss in einem vorgeschalteten **Unbedenklichkeits- bzw. Freigabeverfahren** beim Gericht (seit Inkrafttreten des ARUG zum 1.9.2009 beim OLG ohne Möglichkeit auf Rechtsmittel) (vgl. §§ 16 Abs. 3, 125 Satz 1, 198 Abs. 3 UmwG). Nach § 16 Abs. 3 Satz 3 UmwG soll der Beschluss spätestens drei Monate nach Antragstellung ergehen.

Eine diesbezügliche Entscheidung des OLG ist **für den Registerrichter verbindlich.** Er muss die betreffende Umwandlung also, ohne den Anfechtungsprozess im Hauptverfahren abwarten zu dürfen, im Handelsregister eintragen. Ein solcher Unbedenklichkeitsbeschluss kann allerdings nur ergehen, wenn die Klage unzulässig bzw. offensichtlich unbegründet ist, der Kläger weniger als 1000 € Beteiligung hält oder das Vollzugsinteresse an einer Eintragung das Interesse des Klägers am Aufschub überwiegt (§ 16 Abs. 3 Satz 2 UmwG). Letzteres ist nur der Fall, wenn die mit dem weiteren Aufschub der Eintragung verbundenen Nachteile die Nachteile des Klägers überwiegen. Dies hat das OLG Frankfurt (Beschl. v. 8.2.2006, ZIP 2006, 370 = DB 2006, 438 = BB 2006, 1584 mit zustimmender Anm. *Gehrlein*) im Beispielsfall E.6.1 bejaht.

Ein Fall der **offensichtlichen Unbegründetheit** wird auch bei rechtsmissbräuchlich erhobenen Klagen angenommen. Dies ist z. B. der Fall, wenn der Kläger durch die Anfechtungsklage zum Nachgeben in einem gegen die Gesellschaft geführten Schadensersatzprozess zwingen will. Indiz für rechtsmissbräuchliche Klageerhebung ist z. B. der Erwerb von Aktien durch den Kläger erst nach den streitgegenständlichen Zustimmungsbeschlüssen. Hinzuweisen ist auch auf die durch das UMAG eingefügten noch strengeren § 245 Nr. 1 und 3 AktG für Anfechtungsklagen im Aktienrecht. Die Aktionärsstellung muss dort schon vor Verkündung der Tagesordnung in der Ladung zur Hauptversammlung bestanden haben.

 Zusammenfassung

Grundsätzlich ist jeder Umwandlungsbeschluss nach den allgemeinen Regeln anfechtbar. Den Anfechtungsgrund „zu niedriges Umtauschverhältnis" oder „zu niedriges Abfindungsangebot" können die Gesellschafter der übertragenden Rechtsträger bei der Verschmelzung und der Spaltung und des Ausgangsrechtsträgers beim Formwechsel aber nur im Spruchverfahren geltend machen. Im normalen Anfechtungsverfahren hat der betroffene Rechtsträger noch die Möglichkeit, mit einem schnellen Beschluss im Unbedenklichkeits- bzw. Freigabeverfahren die Eintragung der Umwandlung im Handelsregister schon vor Abschluss des Anfechtungsprozesses zu erwirken.

Aufgaben zur Selbstüberprüfung

1. Wann ist die Möglichkeit der Anfechtung eines Umwandlungsbeschlusses eingeschränkt?
2. Aus welchen Gründen kann ein Unbedenklichkeits- oder Freigabebeschluss ergehen?

Andreas Heidinger

E.7 Europarechtliche Aspekte

Abschließend soll bei Ihnen auch im Zusammenhang mit dem Umwandlungsrecht das Verständnis für die internationalen und insbesondere europäischen Zusammenhänge geschärft werden. Über die bahnbrechende Einführung der Europäischen Aktiengesellschaft und die Entwicklung der grenzüberschreitenden Verschmelzung wird ein Ausblick auf die Sitzverlegungsrichtlinie und noch vorhandene Regelungslücken gewährt.

E.7.1 Europäische Aktiengesellschaft

Auf europarechtlicher Ebene wird seit langem an der notwendigen Rechtsvereinheitlichung als Basis auch für grenzüberschreitende Umwandlungen gearbeitet. Mit der Schaffung der **Europäischen Aktiengesellschaft** (SE) (SE-VO (EG) Nr. 2157/2001, AmBl. (EG) v. 10.11.2001, L 294/10, in Kraft getreten am 8.10.2004; SE-Ausführungsgesetz (SEAG v. 22.12.2004, BGBl. I S. 3675), die u. a. durch grenzüberschreitende Verschmelzung gegründet werden kann, wurden die ersten europäischen Umwandlungen auf gesicherten Rechtsboden gesetzt. Auch kann eine SE innerhalb der Europäischen Gemeinschaft ihren Sitz verlegen.

E.7.2 Grenzüberschreitende Verschmelzung

Als mögliche Umwandlungsobjekte sind im Umwandlungsgesetz (§ 1 Abs. 1) ausdrücklich nur Rechtsträger mit Sitz im Inland erfasst. Nach dem Urteil des EuGH vom 13. Dezember 2005 (**Sevic** – Rechtssache C-411/03, BB 2006, 11 ff. mit Kommentar von *Claudia Schmidt* und *Silvja Maul* = ZIP 2005, 2311 = IStR 2006, 32) war § 1 Abs. 1 **UmwG aber europarechtswidrig** (Verstoß gegen Art. 43 und 48 EG – Niederlassungsfreiheit), da er das Hineinverschmelzen eines (europäischen) ausländischen Rechtsträgers auf einen im deutschen Handelsregister eingetragenen Rechtsträger generell verweigert. Daraus wird in der Literatur auf die grds. Zulässigkeit internationaler Verschmelzungen innerhalb der EU geschlossen (siehe nur *Lutter/Drygala*, JZ 2006, 770 ff.; dazu auch ausführlich Koppensteiner, Der Konzern, 2006, 40 ff.).

Zur Umsetzung der am 15.10.2005 in Kraft getretenen **Verschmelzungsrichtlinie** (zehnte gesellschaftsrechtliche Richtlinie) regelt das zweite Gesetz zur Änderung des Umwandlungsrechtes die **grenzüberschreitende Verschmelzung** von Kapitalgesellschaften in einem neuen zehnten Abschnitt des 2. Buches in §§ 122a bis 122l UmwG seit dem 25. April 2007 neu. Danach ist nicht mehr der früher einzige mögliche Umweg der grenzüberschreitenden Umwandlung über die Societas Europaea (SE) erforderlich.

Andreas Heidinger

> **Beispiel E.7.1**
>
> Eine deutsche GmbH kann jetzt mit einer französischen S.A.R.L. verschmolzen werden. Genauso kann man jetzt eine britische plc (Ltd.) auf eine deutsche AG verschmelzen.

Für eine grenzüberschreitende Verschmelzung innerhalb der Europäischen Gemeinschaft nach den neuen umwandlungsrechtlichen Regeln sind ein gemeinsamer Verschmelzungsplan, ein Verschmelzungsbericht und eine Verschmelzungsprüfung erforderlich. Zum Schutz von Minderheitsaktionären und Gläubigern sind Sonderregeln vorgesehen. Erfüllt die deutsche Gesellschaft alle Voraussetzungen, kann sie bei dem zuständigen Registergericht eine sog. Verschmelzungsbescheinigung beantragen, die für die Eintragung der Verschmelzung im ausländischen Register vorgelegt werden muss.

Flankierend dazu im **arbeitsrechtlichen Bereich** wurde ein Gesetzes zur Umsetzung der Regelung über die Mitbestimmung der Arbeitnehmer bei der Verschmelzung von Kapitalgesellschaften aus verschiedenen Mitgliedstaaten verabschiedet (BGBl. I 2006, 3332).

Die erforderlichen, korrespondierenden **steuerlichen Regelungen** sind mit Wirkung ab 13.12.2006 im Gesetz über steuerliche Begleitmaßnahmen zur Einführung der Europäischen Gesellschaft und zur Änderung weiterer steuerlicher Vorschriften (SEStEG) (BGBl. I 2006, 2782 v. 12.12.2006) umgesetzt. Es wurden die nationalen steuerlichen Vorschriften zur Umstrukturierung von Unternehmen an die jüngsten gesellschaftsrechtlichen und steuerrechtlichen Entwicklungen und Vorgaben des europäischen Rechts angepasst. Ferner sollten steuerliche Hemmnisse für die als Folge der zunehmenden internationalen wirtschaftlichen Verflechtung immer wichtiger werdende grenzüberschreitende Umstrukturierung von Unternehmen beseitigt werden. Betroffen sind insbesondere der § 12 KStG, die Wegzugsbesteuerung nach § 6 AStG und §§ 4 und 4g EStG (allgemeine Entnahmefiktion bei Verlagerung ins Ausland und Bildung eines Ausgleichspostens). Das UmwStG ist vollständig neu gefasst worden. Damit wurde auf einen Schlag die alte Fusionsrichtlinie und die neue Verschmelzungsrichtlinie umgesetzt sowie die steuerliche Flankierung der SE VO gewährleistet.

E.7.3 Sonstige Entwicklungen und Regelungslücken

Eine grenzüberschreitende Umwandlung soll auch die **zukünftige Sitzverlegungsrichtlinie** (14. Richtlinie, ursprünglicher Entwurf abgedruckt in ZIP 1997, 1721) durch Sitzverlegung in ein europäisches Ausland und Umwandlung nach dem dortigen Recht ermöglichen. Das GmbHG sieht im neuen durch das **MoMiG** ab 1.11.2008 geänderten § 4a die (Verwaltungs)Sitzverlegung der GmbH, also auch ins Ausland, ohne ihre Auflösung vor. Das neueste EuGH-Urteil vom 16.12.2008 – **Cartesio** (ZIP 2009, 24) hat auch die Diskussion über die grenzüberschreitende (Satzungs-)Sitzverlegung wieder neu angefacht. Der EuGH leitet darin ein Recht auf formwechselnde Umwandlung aus der Wegzugsfreiheit ab. Der Zuzugsstaat muss dies im Rahmen des Behinderungsverbotes akzeptieren, der Wegzugsstaat kann aber weiterhin verhindern, dass das betreffende Unternehmen seine nationale Rechtsform mitnimmt.

Andreas Heidinger

Die neuen Regelungen im Umwandlungsrecht für grenzüberschreitende Verschmelzungen erfassen ihrem Wortlaut nach bisher nur Kapitalgesellschaften. Grenzüberschreitende Verschmelzungen von **Personengesellschaften** müssen daher weiterhin nach allgemeinen europarechtlichen Grundsätzen (siehe dazu oben zum Sevic-Urteil) oder durch das sog. Anwachsungsmodell (siehe dazu schon oben E.1.4) erfolgen. Auch für **Spaltungen** über die Grenze gibt es noch keine gesicherten Rechtsregeln (dazu ausführlich *Veil*, Der Konzern 2007, 98).

Auf europäischer Ebene wird die Entwicklung der **SPE (europäische GmbH)** als eigenständige europäische Gesellschaftsform mit Macht vorangetrieben, die in jedem europäischen Land nach den gleichen Grundsätzen gegründet werden könnte. Dies würde neue Wege der grenzüberschreitenden Zusammenarbeit und Strukturen ermöglichen. Bisher ist dort allerdings kein Auseinanderfallen von Verwaltungs- und Satzungssitz vorgesehen.

 ## Zusammenfassung

Die erste grenzüberschreitende Verschmelzung wurde im Rahmen der Gründung einer Europäischen Aktiengesellschaft geregelt. Daran angelehnt wurde 2005 eine Verschmelzungsrichtlinie für die grenzüberschreitende Verschmelzung von Kapitalgesellschaften erlassen, die in §§ 122a bis 122l UmwG auch schon in deutsches Recht umgesetzt wurde. Eine europäische Sitzverlegungsrichtlinie steht noch aus. Derzeit gibt es daher noch keine gesicherte Rechtgrundlage für die grenzüberschreitende Sitzverlegung, die grenzüberschreitende Verschmelzung von Personengesellschaften sowie die grenzüberschreitende Spaltung.

Aufgaben zur Selbstüberprüfung

1. Ist die grenzüberschreitende Verschmelzung innerhalb Europas für jede Gesellschaftsform zulässig?

Schlussbetrachtung

Sie haben nun einige Zeit und Mühen verbracht, um das vorliegende Lehrbuch gründlich durchzuarbeiten. Dadurch können Sie eine in „Ihrem Unternehmen" eventuell angedachte Umstrukturierung strategisch begleiten und mit den juristischen Fachleuten „auf Augenhöhe" besprechen. Schon im Vorfeld der Einschaltung von Rechtsanwälten und Notaren können Sie bei der Planung kompetente Grundinformationen über Möglichkeiten, Ablauf und zeitlichen Rahmen der erforderlichen Maßnahmen geben. Auch das Verständnis für jedwede Umwandlung in Ihrem wirtschaftlichen Umfeld, bei Ihren Kunden oder wenn man nur davon in der Zeitung ließt, ist jetzt geschärft. Prüfungsklausuren auch zum Umwandlungsrecht können Sie jetzt nicht mehr schrecken.

Andreas Heidinger

Weiterführende Literatur

Das vorliegende Buch will Ihnen als Student eine erste Einführung und einen Überblick zum Unternehmensrecht geben. Sowohl zur Vertiefung Ihres Studiums als auch
dann, wenn Sie als Praktiker tätig sind, werden Sie ergänzende Spezialliteratur für
Ihre Prüfungsvorbereitung bzw. Ihre tägliche Arbeit heranziehen müssen. Der Markt
der juristischen Fachliteratur ist dabei nahezu unüberschaubar. Wir haben uns daher
bemüht, Ihnen nachfolgend einen kommentierten Überblick über die Literatur zu geben.
Sie finden sowohl Literatur für Studenten als auch für Praktiker. Freilich stellt auch
dies nur eine Auswahl dar.

I. Handelsrecht

Im Bereich Handelsrecht können sie als Student ergänzend auf folgende Lehrbücher
zurückgreifen:

Brox, Handelsrecht. 19. Auflage, 2007

Bülow, Handelsrecht, 6. Auflage 2009

Hadding/Hennrichs, Die HGB-Klausur, 3. Auflage 2003

Jung, Handelsrecht, 7. Auflage 2008

Klunzinger, Grundzüge des Handelsrechts, 13. Auflage, 2005

Martinek/Bergmann, Fälle zum Handels-, Gesellschafts und Wertpapierrecht,
4. Auflage 2008

Steinbeck, Handelsrecht, 2005

Zur Vertiefung eignen sich besonders:

Canaris, Handelsrecht, 24. Auflage 2006

K. Schmidt, Handelsrecht. 5. Auflage 1999

Für BWL-Studenten mit Jura im Nebenfach eignet sich auch folgendes kurzes Lehrbuch:

Wörlen, Handelsrecht mit Gesellschaftsrecht. 7. Auflage 2005

Für eine vertiefte praktische Tätigkeit werden Sie insbesondere die großen Kommentare
heranziehen. Die nachfolgend genannten Kommentierungen enthalten dabei neben der
Darstellung zum Handelsrecht auch eine Darstellung zu den Handelsgesellschaften. Sie
müssen also auch dann herangezogen werden, wenn Sie im Personengesellschaftsrecht
mit den Handelsgesellschaften befasst sind.

Baumbach/Hopt, Handelsgesetzbuch, 33. Auflage 2008

Ebenroth/Boujong/Joost/Strohn, Handelsgesetzbuch, Band 1, §§ 1–342, 2. Auflage
2008; Band 2, §§ 343–475h, 2. Auflage 2009

Heidelberger Kommentar zum HGB, 7. Auflage 2007 (zitiert: *Bearbeiter* in:
HK-HGB)

Münchener Kommentar zum Handelsgesetzbuch, Band 1, §§ 1–104, 2. Auflage 2005;
Band 2, §§ 105–160, 2. Auflage 2006; Band 3, §§ 161–237, 2. Auflage 2007; Band
6, §§ 373–406, 2. Auflage 2007

Wenn Sie insbesondere Fragen zum BilMoG interessieren, dann finden Sie Darstellungen zu dieser neuen Materie in:

Gesetzentwurf der Bundesregierung – Gesetz zur Modernisierung des Bilanzrechts (Bilanzmodernisierungsgesetz – BilMoG), BT-Drucksache 16/10067 v. 30.7.2008 mit Begründung (zitiert: Begr. RegE)

Hennrichs, Bilanzrechtsmodernisierung – erste Grundsatzfragen aus handels- und gesellschaftsrechtlicher Sicht, Festschrift für Karsten Schmidt, 2009, S. 581 ff.

Herzig/Briesemeister, Das Ende der Einheitsbilanz. Abweichungen zwischen Handels- und Steuerbilanz nach dem BilMoG-RegE, DB 2008, S.1 ff.

Küting, Das deutsche Bilanzrecht im Spiegel der Zeiten – Zugleich eine Einordnung des Bilanzrechtsmodernisierungsgesetzes in das aktuelle und historische Bilanzrecht, DStR 2009, S. 288 ff.

Theile, Der neue Jahresabschluss nach dem BilMoG, DStR, 2009, S. 21 ff.

Spezielle Fragen zu einzelnen Bereichen finden Sie erläutert bei:

Krafka/Willer, Registerrecht, 7. Auflage 2007

Martinek, Moderne Vertragstypen, (1992), Band II.

II. Gesellschaftsrecht – Allgemein

Zum Gesellschaftsrecht existieren zunächst eine Reihe von Lehrbüchern, die das gesamte Gesellschaftsrecht darstellen. Hier finden Sie neben Ausführungen zum Personengesellschaftsrecht auch Ausführungen zum GmbH-Recht und Aktienrecht. Ferner finden Sie in der angegebenen Literatur auch Darstellungen zum Vereinsrecht und zum Recht der Genossenschaft.

Eher kurze Darstellungen sind:

Eisenhardt, Gesellschaftsrecht, 13. Auflage 2007

Hüffer, Gesellschaftsrecht, 7. Auflage 2007

Breiter angelegt sind dagegen:

Hueck/Windbichler, Gesellschaftsrecht, 21. Auflage 2008

Grunewald, Gesellschaftsrecht, 6. Auflage 2005

Klunzinger, Grundzüge des Gesellschaftsrechts, 15. Auflage 2009

Kübler/Assmann, Gesellschaftsrecht, 6. Auflage 2006

K. Schmidt, Gesellschaftsrecht. 4. Auflage 2002

III. Personengesellschaftsrecht

Zum Personengesellschaftsrecht existieren auch zahlreiche große Gesamtdarstellungen und Kommentierungen, die allerdings in erster Linie für den Praktiker und nicht für Studenten geschrieben sind:

Beck'sches Handbuch der Personengesellschaften, 2. Auflage 2002

Münchener Anwaltshandbuch Personengesellschaftsrecht, 2005

Münchener Handbuch des Gesellschaftsrechts,

Band 1: BGB-Gesellschaft, Offene Handelsgesellschaft, Partnerschaftsgesellschaft, Partnerreederei, EWIV, 2. Auflage 2004

Band 2: Kommanditgesellschaft, GmbH & Co. KG, Publikums-KG, Stille Gesellschaft, 2. Auflage 2004

Münchener Kommentar zum Bürgerlichen Gesetzbuch,

Band 5 §§ 705–853 Partnerschaftsgesellschaftsgesetz, 4. Auflage 2004

Sudhoff, Personengesellschaften, 8. Auflage 2005

Wachter, Handbuch des Fachanwalts für Handels- und Gesellschaftsrecht, 2007

Wenn Sie sich als Praktiker speziell mit der GmbH & Co. KG beschäftigen wollen, werden Ihnen vor allem diese Handbücher hilfreich sein:

Binz/Sorg, Die GmbH & Co. KG, 10. Auflage 2005

Hesselmann/Tillmann/Mueller-Thuns, Handbuch der GmbH & Co. KG, 19. Auflage 2005

Schulze zur Wiesche/Ottersbach, GmbH & Co. KG, 3. Auflage 2005

Sudhoff, GmbH & Co. KG, 6. Auflage 2005

Wenn Sie sich mit den Handelsgesellschaften befassen, müssen Sie für Ihr Studium und insbesondere später als Praktiker auch die handelsrechtlichen Kommentare heranziehen. Diese finden Sie oben im Abschnitt Handelsrecht aufgeführt. Für die GbR können Sie auf zahlreiche Kommentierungen zum BGB zurückgreifen. Folgende seien exemplarisch genannt:

Palandt, Bürgerliches Gesetzbuch, 67. Auflage 2008 (zur GbR)

Münchener Kommentar zum Bürgerlichen Gesetzbuch, Band 5, §§ 705–893 BGB, 5. Auflage 2009

Bamberger/Roth, Kommentar zum Bürgerlichen Gesetzbuch, Band 2, §§ 611–1296 BGB, 2. Auflage 2008

Erman, Bürgerliches Gesetzbuch, Band 1, §§ 1–758 BGB, 12. Auflage 2008

Staudinger, Kommentar zum Bürgerlichen Gesetzbuch, §§ 705ff BGB, Neubearbeitung 2003

Spezielle Fragestellungen finden Sie in nachfolgenden Werken erläutert. Allerdings sind auch diese nicht in erster Linie für Studenten konzipiert.

Blaurock, Handbuch der Stillen Gesellschaft, 6. Auflage 2003

Meilicke/Graf von Westphalen/Hoffmann/Lenz/Wolff, Partnerschaftsgesellschaftsgesetz, PartGG, 2. Auflage 2006

IV. Aktienrecht

Für das Aktienrecht bietet es sich als Student in erster Linie an auf die oben genannten Lehrbücher zum Gesellschaftsrecht zurückzugreifen.

Der Praktiker wird insbesondere mit folgenden Kommentierungen arbeiten:

Bürgers/Körber, Aktiengesetz, Kommentar, 2008

Gadow/Heinichen, GroßKomm-AktG, 4. Auflage 1992 ff.

Geßler/Hefermehl/Eckardt/Kropff, AktG, Kommentar, 1974 ff.

Heidel, Aktienrecht, Kommentar, 2. Auflage 2007

Hüffer, AktG, 8. Auflage 2008

Kölner Kommentar zum Aktiengesetz, 3. Auflage 2004 ff.

Münchener Kommentar Aktiengesetz, 2. Auflage ab 2000

K. Schmidt/Lutter, AktG, Kommentar, 2008

Spindler/Stilz, AktG, Kommentar, 2008

Außerdem kann der Praktiker auf folgende Gesamtdarstellungen zurückgreifen:

Basler/Bokelmann/Ott/Piorreck, Die Aktiengesellschaft, 4. Auflage 2002

Deilmann/Lorenz, Die börsennotierte AG, 2005

Emmerich/Habersack, Aktien- und GmbH-Konzernrecht, 5. Auflage 2008

Happ, Aktienrecht, 3. Auflage 2007
Henn/Frodermann/Jannott, Handbuch des Aktienrechts, 8. Auflage 2009
Henze, Aktienrecht, Höchstrichterliche Rechtsprechung, 5. Auflage 2002
Hölters/Deilmann/Buchta, Die kleine Aktiengesellschaft, 2. Auflage 2002
Jäger, Aktiengesellschaft, 2004
Manz/Mayer/Schröder, Die Aktiengesellschaft, 5. Auflage 2007
Marsch-Barner/Schäfer (Hrsg.), Handbuch börsennotierte AG, 2. Auflage 2009
Münchener Anwaltshandbuch Aktienrecht, 2005
Münchener Handbuch des Gesellschaftsrechts, Band IV, Aktiengesellschaft, 3. Auflage 2007
W. Müller/Rödder (Hrsg.), Beck'sches Handbuch der AG, 2004
Schaumburg/Schulte, Die KGaA, 2000
Schlitt, Die Satzung der Kommanditgesellschaft auf Aktien, 1999
Schütze/Bürgers/Riotte, Die Kommanditgesellschaft auf Aktien, 2004
Seibert/Kiem/Schüppen, Handbuch der kleinen AG, 5. Auflage 2007

Spezielle Literatur existiert auch für die praktischen Fragen der Führung und Beratung einer AG. Wie die vorstehende Literatur auch, sind diese Werke aber allesamt nicht für Studenten sondern für Praktiker bestimmt.

Ek, Praxisleidfaden für die Hauptversammlung, 2005
Fleischer (Hrsg.), Handbuch des Vorstandsrechts, 2006
Lorz/Pfisterer/Gerber (Hrsg.), Beck'sches Formularbuch Aktienrecht, 2005
Meyer-Landrut/Wendel, Satzungen und Hauptversammlungsbeschlüsse der AG, 2. Auflage 2006
Obermüller/Werner/Winden/Butzke, Die Hauptversammlung der Aktiengesellschaft, 4. Auflage 2001
Schaaf, Die Praxis der Hauptversammlung, 2. Auflage 1999
Semler/Peltzer, Arbeitshandbuch für Vorstandsmitglieder, 2005
Semler/von Schenck, Arbeitshandbuch für Aufsichtsratsmitglieder, 3. Auflage 2009
Semler/Volhard, Arbeitshandbuch für die Hauptversammlung, 2. Auflage 2003

Interessiert sie besonders der Bereich Corporate Governance, so ist folgende Spezialliteratur zu nennen:

Peltzer, Deutsche Corporate Governance, 2. Auflage 2004
Pfitzer/Oser/Orth, Deutscher Corporate Governance Kodex, 2. Auflage 2005
Ringleb/Kremer/Luter/von Werder, Deutscher Corporate Governance Kodex, 3. Auflage 2008

Speziell mit der KGaA beschäftigen sich:

Schaumburg/Schulte, Die KGaA, 2000
Schlitt, Die Satzung der Kommanditgesellschaft auf Aktien, 1999
Schütze/Bürgers/Riotte, Die Kommanditgesellschaft auf Aktien, 2004

V. GmbH-Recht

Als Student finden Sie gute Darstellungen zum GmbH-Recht in den oben genannten allgemeinen Lehrbüchern zum Gesellschaftsrecht.

Als Praktiker muss man folgende Kommentare heranziehen:

Baumbach/Hueck, GmbHG, Kommentar, 19. Auflage 2009

Lutter/Hommelhoff, GmbHG, Kommentar, 17. Auflage 2009

Michalski, GmbHG, Kommentar, 2. Auflage 2009

Ring/Grziwotz, GmbH-Recht, Kommentar, 2009

Roth/Altmeppen, GmbHG, Kommentar, 6. Auflage 2009

Rowedder/Schmidt-Leithoff, GmbHG, Kommentar, 4. Auflage 2002

Scholz, GmbHG, Kommentar, 10. Auflage 2006

Ulmer/Habersack/Winter, GmbHG, Großkommentar, 2005

Wicke, GmbHG, Kommentar, 2008

Ferner sind folgende Handbücher für den Praktiker zu nennen:

Heckschen/Heidnger, Die GmbH in der Gestaltungs- und Beratungspraxis, 2. Auflage 2009

Hentze, Handbuch zum GmbH-Recht, 2. Auflage, 1997

Kroiß/Everts/Poller, GmbH-Registerrecht, 2008

Langenfeld, GmbH-Vertragspraxis, 6. Auflage 2009

Münchener Anwaltshandbuch GmbH-Recht, 2. Auflage 2009

Münchener Vertragshandbuch, Band 1, Gesellschaftsrecht, 6. Auflage 2005

Münchener Handbuch des Gesellschaftsrechts, Band 3, GmbH, 3. Auflage 2009

W. Müller/Hense (Hrsg.), Beck'sches Handbuch der GmbH, 3. Auflage 2002

Tillmann/Schiffers/Wälzholz, Die GmbH im Gesellschafts- und Steuerrecht, 5. Auflage 2009

Darstellungen insbesondere der Änderungen durch das MoMiG finden Sie bei:

Bunnemann/Zirngibl, Auswirkungen des MoMiG auf bestehende GmbHs, 2008

Goette, Einführung in das neue GmbH-Recht, 2008

Leistikow, Das neue GmbH-Recht, 2008

Miras, Die neue Unternehmergesellschaft, 2008

VI. Umwandlungsrecht

Zum Umwandlungsrecht gibt es relativ wenig Literatur, die für Studenten geeignet wäre. Teilweise finden Sie Darstellungen in den großen Lehrbüchern zum Gesellschaftsrecht.

Als Praktiker wird man folgende Kommentierungen und Handbücher heranziehen:

Heckschen/Simon, Umwandlungsrecht – Gestaltungsschwerpunkte in der Praxis, 2002

Limmer, Handbuch der Unternehmensumwandlung, 3. Auflage 2007

Schmitt/Hörtnagl/Stratz, UmwG, UmwStG, 4. Auflage 2006

Semler/Stengel, Umwandlungsgesetz, 2. Auflage 2007

Stoye-Benk, Handbuch Umwandlungsrecht, 2. Auflage 2008

Widmann-Mayer, Umwandlungsrecht, Kommentar Loseblattsammlung

Einzelne Themen sind in folgenden Büchern aufgearbeitet:

Huber, Anteilsgewährungspflicht im Umwandlungsrecht?, 2005

Ohlmeyer/Kuhn/Philipowski/Tischbein, Verschmelzung von Genossenschaften, 7. Auflage 2004

Suppliet, Ausgliederung nach § 168 UmwG, 2005

Petersen, Der Gläubigerschutz im Umwandlungsrecht, 2001, München: Beck-Verlag

Praxisrelevante Spezialfragen finden Sie in folgenden Aufsätzen erläutert:

Ablass/Link, Fortbestand, Zusammensetzung und Kompetenzen des Aufsichtsrates nach Umwandlung einer AG in eine GmbH, GmbHR 2005, 731

Austmann/Frost, Vorwirkungen von Verschmelzungen, ZHR 2005, 431

Blechmann, Die Zuleitung des Umwandlungsvertrags an den Betriebsrat, NZA 2005, 1143

Habersack/Schürnbrand, Das Schicksal gebundener Ansprüche beim Formwechsel, NZG 2007, 81 ff.

Heckschen, Umstrukturierung von Kapitalgesellschaften vor und während der Krise: Umwandlungsmaßnahmen vor dem Insolvenzeröffnungsantrag, DB 2005, 2283

Kollmorgen/Feldhaus, Probleme der Übertragung von Vermögen mit Auslandsbezug nach dem Umwandlungsgesetz, BB 2007, 2189

Lepper, Die Ausgliederung kommunaler Unternehmen in der notariellen Praxis, RNotZ 2006, 313 ff

D. Mayer, Unternehmensnachfolge und Umwandlung, ZEV 2005, 325

Meister, Die Auswirkungen des MoMiG auf das Umwandlungsrecht, NZG 2008, 767

Mertens, Aktuelle Probleme zur Verschmelzung von Mutter- auf Tochtergesellschaften – down stream merger, AG 2005, 785

Neye/Timm, Mehr Mobilität für die GmbH in Europa – Das neue Recht der grenzüberschreitenden Verschmelzungen, GmbHR 2007, 561

Priester, Personengesellschaften im Umwandlungsrecht, DStR 2005, 788

Schöne, Die Spaltung unter Beteiligung von GmbH, ZHR 2002, 510

Schröder, Ausgliederung aus gemeinnützigen Organisationen, DStR 2001, 1415

Terner, Zur Verschmelzung eines Vereins, RNotZ 2007, 480

Weiler, Zu den Grenzen des Verzichts auf Anteilsgewährung im Umwandlungsrecht, NZG 2008, 527

Weiler, Fehlerkorrektur im Umwandlungsrecht nach Ablauf der Acht-Monats-Frist des § 17 Abs. 2 Satz 4 UmwG, MittBayNot 2006, 377.

Die Herausgeber und Autoren

Dr. Thomas Tegen

Rechtsanwalt und Notar (Jg. 1962) ist Professor für Wirtschaftsrecht am Fachbereich Wirtschafts- und Sozialwissenschaften an der Fachhochschule Nordhausen (Thüringen). Nach Absolvierung einer Ausbildung zum Groß- und Außenhandelskaufmann in einer Hamburger Reederei studierte der Autor Rechtswissenschaften an den Universitäten Bayreuth und München. Nach Auslandsstationen in Riad/Saudi-Arabien und Orlando/ USA war der Autor zunächst mehrere Jahre als Rechtsanwalt im Bereich Corporate Finance für internationale Wirtschaftprüfungsgesellschaften (u. a. KPMG) tätig. Anschließend war er fünf Jahre Partner einer regionalen Rechtsanwaltssozietät und wurde 2003 zum Notar bestellt. Der Autor ist als Dozent für Vertragsgestaltung in der anwaltlichen Praxis im Rahmen der Referendarausbildung am Landgericht Lübeck sowie als Referent beim Auditorium Celle tätig.

Dr. Adolf Reul

(geb. 1965 in Hof/Saale, Bayern) 1986 bis 1991 Studium der Rechtswissenschaften an der Universität Bayreuth; 1991 erstes juristisches Staatsexamen; 1994 zweites juristisches Staatsexamen; 1994 bis 1995 Wissenschaftlicher Assistent am Lehrstuhl für Bürgerliches Recht, Gesellschafts- und Handelsrecht an der Universität Bayreuth bei Prof. Dr. Volker Emmerich; 1995 Notarassessor; 1996 Promotion zum Dr. jur. mit einer Arbeit zum Konzernrecht; 1997 Referent am Deutschen Notarinstitut (Tätigkeitsschwerpunkte: Aktienrecht, Insolvenzrecht, allgemeines Zivil- und Gesellschaftsrecht); von 2001 bis 2009 stellv. Geschäftsführer des Deutschen Notarinstituts; seit 2009 Notar in Neu-Ulm. Verschiedene Veröffentlichungen vornehmlich zum Gesellschaftsrecht und zum Insolvenzrecht; Vorträge an der Universität Bayreuth, an der Humboldt Universität Berlin und an der Universität Bonn; Referententätigkeit beim Deutschen Anwaltsinstitut und beim Auditorium Celle.

Dr. Andreas Heidinger

(Jahrgang 1958) ist derzeit als Referatsleiter für Handels-, Gesellschafts- und Steuerrecht beim Deutschen Notarinstitut in Würzburg tätig und begutachtet hauptsächlich Rechtsfragen für Notare in ganz Deutschland in den Fachbereichen seines Referates. Als Syndikusrechtsanwalt erstellt er auch gesellschaftsrechtliche Prozessgutachten für andere Rechtsanwälte. Nach seiner Ausbildung zum Bankkaufmann studierte er Rechtswissenschaften und Betriebswirtschaftlehre an den Universitäten Würzburg und Lausanne (Schweiz). Während seiner 3-jährigen Assistenzeit an der Universität Würzburg promovierte er im Thema „Rechtsschutz an Computersoftware". Nach dreijähriger Tätigkeit bei der Schwerpunktstaatsanwaltschaft für Wirtschaftskriminalität in Würzburg erfolgte 1994 der Wechsel zum Deutschen Notarinstitut. Der Autor hat vielfältige Veröffentlichungen in Fachzeitschriften, Monografien und Kommentaren im Gesellschaftsrecht u.a. auch im Umwandlungsrecht vorzuweisen. Seit fast 25 Jahren ist er als Dozent an der Universität, der Wirtschafts- und Verwaltungsakademie, bei Notaraus- und -fortbildung sowie Aus- und Fortbildung der Fachanwälte für Gesellschaftsrecht tätig.

Notarassessor Dr. Jens Tersteegen

Dr. Jens Tersteegen, Jahrgang 1974, ist derzeit als Notarassessor beim Deutschen Notarinstitut in Würzburg tätig.

Nach dem Studium der Rechtswissenschaft in Köln und der Referendarausbildung in Aachen wurde Dr. Jens Tersteegen von der Rheinischen Notarkammer als Notarassessor eingestellt. Dort war er zunächst in verschiedenen Notariaten als Notarassessor tätig. Seit einigen Jahren arbeitet er nunmehr beim Deutschen Notarinstitut in Würzburg. Dort bearbeitet Dr. Tersteegen insbesondere auch den Schnittstellenbereich zwischen Gesellschaftsrecht und Erbrecht. Dr. Tersteegen ist Mitautor des Beck'schen Formularbuches Erbrecht, des Anwaltkommentars Erbrecht und Sachenrecht, des Buches Erbrecht in Europa und Autor zahlreicher Fachaufsätze. Ferner ist er Referent für Fachanwaltslehrgänge.

Stichwortverzeichnis